清　代
近海管辖权
资料长编

王宏斌　汇编点校

上海古籍出版社

本书为

二〇一八年国家古籍整理出版专项经费资助项目

导言 /Introduction

摆在读者面前的是一本厚重的历史资料集,是一本反映清代近海(内洋和外洋)管辖权的历史资料集。历史学提出一个观点,得到一个结论,无不重视其资料依据。历史实证主义要求学者必须遵循"无证不信"、"孤证不立"和"一份材料一分话"等实事求是的原则,不得有任何偏见。正是基于这一原则,笔者在研究清代近海管辖权问题时,特别重视历史文献资料的搜集和整理。资料的搜集与整理既是一项艰难而细致的工作,又是一个不断选择和舍弃的过程。资料的搜集伴随着整个研究过程,随着资料的不断积累,写作主题和框架就会日渐清晰;随着主题和框架结构的建立,资料的选取标准和甄别也就越来越明确。

这本100万字的资料集实际上是从200万字的史料中精选出来的。笔者在筛选资料过程中有一个明确的标尺,即首先斟酌其资料的可靠性,然后再确定每一条资料究竟是本证还是旁证。不仅要求每一条资料必须与清代近海管辖问题密切相关,而且要求每一条资料都有一定的代表性,重复的二手的资料尽量不用或少用。

历史研究者不仅要求论著概念准确,观点明确,结论正确,而且要求证据充足,资料丰富,剪裁得当,使用正确。但是,一部书要达到上述标准又谈何容易!对于一个作者来说,即使具备了史学家必备的史德和史识素养,即使在主观上想拿出高质量的作品,然而由于自身知识结构和阅读范围的限制,其论著也难免出现这样或那样的片面性。因为,历史事实只能由间接资料通过研究者自己的思想来重建,更何况资料总归是不完全的,而且必然受作者主观条件的限制。因此,对于专业的严谨的读者来说,仅仅顺着作者的思路阅读一本论著是不够的,他们必定要询问论著的资料来源如何,是否可靠?为了不扰乱自己的正确思维和判断,最好先阅读一下原始资料。为了满足历史实证主义者的需要,为了防止偏见贻误读者,笔者在研究成果出版之前,首先推出这一套资料集,意在为专业的严谨的读者提供自由的思维空间。这些资料在专业的严谨的读者手中,不仅很可能得到不同的处理和应用,而且也很可能得出截然不同的结论。

对于比较忙碌的现代读者来说,花费大量时间,斟酌每一条资料内涵,尤其是把表面看来并不直接关联的一堆资料联系在一起并加以演绎推理和缜密思考,显然是很困难的。史学毕竟有史学的原理和方法,既不能用枯燥的资料代替原理,也不能用感性的认识代替严谨的思辨方法。只有通过思想,通过对资料的系统消化,通过了解前人的思想,历史事实才能从一堆枯燥的无生命的材料中形成一个有血有肉的新的生命体。因此,当责任编

1

辑要求我为这一部资料书写一篇导言时,我找不到婉拒的理由。

既然是一篇导言,便不得不回答两个问题:为什么编辑这一部书? 这部书的主要内容有哪些?

首先回答第一个问题。15世纪末,哥伦布发现新大陆。与此同时,葡萄牙人开辟了东方航线。为了解决两国关于如何占有新发现的大陆和东方航线的矛盾,西班牙和葡萄牙诉诸罗马教廷。教皇亚历山大六世承认西班牙对新发现的土地拥有主权,以佛得角以西约100里格(约3英里)的子午线为分界线,该线以西的一切土地和海洋划归西班牙,以东的一切土地和海洋划归葡萄牙。后来,两国经过协商,将该线向西移动了270里格。教皇对于海洋的这种划分,立即遭到了以荷兰为代表的新兴海洋国家的强烈反对。被誉为国际法之父的荷兰法学家雨果·格劳秀斯(Hugo Grotius)受命为此撰写了《论海洋自由或荷兰参与东印度贸易的权利》,开始讨论公海航行自由问题。由此引发了欧洲法学家关于海洋问题的广泛讨论,并涉及滨海国家对于领海的管辖权问题。

所谓"领海",是指沿海国主权管辖下与其海岸或内水相邻接的一定宽度的海域,是国家领土的重要组成部分。16至17世纪,西欧的条约和法令中规定:国家管辖的海域应达到视力所及的地平线附近。荷兰法学家雨果·格劳秀斯于1608年提出,国家管辖的海域范围取决于它的有效控制。从这一原则演变而为:一国的领海宽度应以大炮的射程为准,到《联合国海洋法公约》在1982年确定为12海里,经历了374年的复杂演变。有的学者认为中国人接受领海这一观念始于19世纪60年代《万国公法》(*Elements of International Law*)的翻译。[①] 是其然又不尽其然。"领海"一词属于舶来品,在中国出现得较晚,但不能因此说中国早期缺乏领海主权意识。

事实上,早在清代前期中国人对于近海水域的管理就已形成严密的制度,只是这种制度的名称不叫"领海"而已。本书资料无可辩驳地证明,早在18世纪初期清廷已经开始将近海划分为内洋与外洋,并加以行政的、军事的、治安的、经济的管辖。这就是说,当西欧正在讨论领海和公海问题时,远在东方的中国已经实施了对于近海的管辖。近海管辖问题出现在欧亚大陆两端,尽管从时间上讲有一个先后问题。那么,这种理念是各自发生的还是从西方传入的呢? 这是一个待解之谜。更为重要的问题是,中国人在18至19世纪是如何管辖自己的近海水域的,与西方的领海观念相比有哪些异同? 这是本书编纂的主要目的。

关于第二个问题,从书名可以看出,这是一部关于清代近海管辖权的资料汇编。读者不禁要问,清代是如何管辖近海的? 是如何划分内洋和外洋的? 水师巡洋会哨制度是如何建立的? 清代的水师有哪些职能? 中国的"外洋"是否类似于西方的"领海"? 清朝水师的职责与美国海岸警卫队相比又有哪些异同? 1840年以后近海管辖制度发生了哪些异变? 晚清"外洋"词义的嬗变究竟意味着什么? 从资料长编中我们不仅可以寻觅到上述问题的具体答案,而且可以得到许多有关海防问题的现代启示。

---

① "各国所管海面及海口、海湾、长矶所抱之海,此外更有沿海各处,离岸十里之遥,依常例亦归其管理也。盖炮弹所及之处,国权亦在焉,凡此全属其管辖,而他国不与也"。惠顿著,丁韪良等译:《万国公法》,上海:上海书店出版社,2002年,第73页。

一、内洋与外洋的划分

首先,需要指出的是,有的学者认为,中美《望厦条约》与中瑞《广州条约》中关于救护海难船只的条款中所说的"中国洋面",①是西方人对于中国领海的最初表述。这种看法是完全错误的。

清初,沿袭明朝制度,亦将沿海水域划归各省管辖。盛京管辖的海域包括辽东半岛三面,北以鸭绿江口与朝鲜比邻,西以天桥厂海面与直隶为界;直隶管辖的海面,分别以天桥厂与大口河与盛京、山东为界;山东所辖海面西自大河口,东达成山外洋,南以莺游山与江南为界,北以隍城岛与铁山之间的中线与盛京为界;②江南省管辖崇明至尽山一带海域,北以莺游山,南以大衢山与山东、浙江为界;浙江所辖海面分别以大衢山、沙角山与江南、福建为界;福建管辖的海域包括福建沿海和台湾、澎湖岛屿周围海域,南以巴士海峡与菲律宾为邻,北以沙角山为标志与浙江分界,西南以南澳岛中线与广东为界;广东管辖的海域包括本省大陆海岸和环琼州岛岸的所有海面。

为了行政和军事管辖的便利,按照水域的大小和远近,清朝官员进一步将临近中国大陆海岸和岛岸附近的水域区分为内洋与外洋两个部分。凡是靠近大陆沿岸的海面(包括小岛),凡是靠近设立府、州、县、厅衙门岛岸的海面(包括小岛),均划为内洋,责成州县官员与水师官兵共同管辖;凡是远离大陆沿岸的海面(包括小岛),凡是远离设立府、州、县、厅衙门岛岸的海面(包括小岛),均划入外洋。由于外洋距离海岸和岛岸较远,超出了州县官员的管辖能力,不得不将这一海域的巡哨任务全部赋予水师官兵负责。1736年,《钦定大清会典则例》明文规定:"内洋失事,文武并参;外洋失事,专责官兵,文职免其参处。"③这就是雍正时期河东总督田文镜所说的,"外洋责之巡哨官兵,内口(洋)责之州县有司"。④

关于内洋与外洋划分的标准,笔者没有找到清廷的明确旨意。不过,有这样一条资料,大致可以反映沿海各省划分内洋与外洋的基本原则:"中外诸洋,以老万山为界。老万山以外汪洋无际,是为黑水洋,非中土所辖。老万山以内,如零丁、九洲等处洋面,是为外洋,系属广东辖境。其逼近内地州县者,方为内洋,如金星门,其一也。"⑤显而易见,清朝人自内而外将海洋分为三个部分:一是靠近州县行政中心的海面,这一部分被称为"内洋",由地方政权和水师官兵共同管辖;二是以老万山为标志的附近海面,这一部分海面被

---

① 王铁崖编:《中外旧约章汇编》第一册,北京:生活·读书·新知三联书店,1957年,第55、76页。

② 1714年,规定:山东与盛京水师官兵各巡本管洋面,金州之铁山、旧旅顺、新旅顺、海帽坨、蛇山岛、并头双岛、虎坪岛、筒子沟、天桥厂、菊花岛等皆系盛京所属,令将军派拨官兵巡哨;北隍城岛、南隍城岛、钦岛、砣矶岛、黑山岛、庙岛、长山岛、小竹岛、大竹岛至直隶交界武定营等处止,并成山头、八家口、芝罘岛、崆峒岛、养马至江南交界等处止,皆归山东所属,令登州总兵官派拨官兵巡哨。至铁山与隍城岛中间相隔一百八十余里,其中并无泊船之所。规定自铁山起,九十里之内归盛京将军官兵巡哨,自隍城岛起九十里归山东官兵巡哨,如遇失事,各照划定疆界题参。《钦定大清会典则例》卷一百一十五,文渊阁四库全书第623册,上海:上海古籍出版社,2012年,第47—48页。

③ 《钦定大清会典则例》卷二十六,文渊阁四库全书第620册,第40页。

④ 《世宗宪皇帝朱批谕旨》卷一百二十六之二十三,文渊阁四库全书第421册,上海:上海古籍出版社,2012年,第36页。

⑤ 方濬师:《海洋纪略》,《蕉轩随录》卷八,北京:中华书局,1995年,第318页。

称为"外洋",属于中国的领水,为"广东辖境",由水师官兵专门负责巡哨;三是老万山以外的黑水洋(即深水洋)"非中土所辖",这一部分海域就是现代意义的公海。

清代划分内洋与外洋的时间,应当始于康熙晚期。"康熙四十八年(1709年)覆准:闽粤江浙四省每年轮委总兵官亲领官兵,自二月初一日出洋,在所属本汛洋面周遍巡查,至九月底撤回。遇有失事、获贼,照例分别题参、议叙"。[①] 我们不知道这是不是沿海各省内洋与外洋划分的开端,但是,可以确认在康熙晚期浙江已经划定其界限。王元仕纂修的《定海县志》刊刻于康熙末年。是书不仅详细记载了内外洋岛屿名称,而且详细说明了每一个岛礁的四至界限(详见表一)。由此可知,康熙晚期浙江内外洋界限已经初步划定。

表一 康熙时期定海镇三营所辖内外洋岛屿一览表

营别	汛地名称	内　　　　洋	外　　　洋
定海镇中营	旗头汛	龟山、小盘屿、吞铁港、火烧门、大渠山、小渠山、小渠山、摘箬山、虎胫头、乱石港、箬帽门、狮子礁、小茅山、猫门、粮长嶴、升罗山、旗头洋、虾歧门、虾歧山、稻蓬礁、插排山、洹泥港、六横山、椒潭、田嶴、缸片礁、大涂面、官山头、朴蛇山、梅山港、上梅山、箬帽屿、杨三山、黄牛礁	双屿山、双屿港、白马礁、尖仓山、五爪山、四礁头
	青龙汛	青龙山、青龙港、下梅山、汀齿港、汀齿山、佛肚山、温州屿、孝顺洋、蒲门、干门、东屿、西屿、鸡娘礁、鸡笼山、金地袱、道人港、乱礁洋、将军帽山、白岩山、白岩洋、碗盏礁、石擎礁、青门宫、鞍子头山	
定海镇左营	沈家门汛	道场礁、十六门、野猪礁、鲫鱼礁、嵩山、拗山、大干山、长屿、马秦门、马秦山、老鼠山、大佛头山、桃花山、蚂蚁山、点灯山、登埠山、树茨山、鸡冠礁、乌沙门、卢家屿、沈家门、藕胫头、分水礁、金钵盂山、顺母涂山、石牛港、朱家尖、白沙港、港片礁、莲花洋、普陀山、大洛伽山、洛伽门、小洛伽山、羊屿、东闪、西闪	倒头嶴、庄前竹、癞头屿、小衢山、石子门、潮头门、大衢山、衢东、鼠狼湖、烂冬爪山、狮子礁、五爪湖、霜子山、环山、西寨山、东寨山、菜花山、黄星山、庙子湖、青帮山、三星山、霍山、羊鞍山、船礁、九礁
	长涂汛	塘头嘴、幞头礁、茭杯礁、香炉花瓶山、黄大洋、官山、秀山、灌门、梁横山、钓门、青肚山、黄肚山、螺门、分水礁、泥礁、竹屿礁、长涂港、烤鳌山、南庄门、东剑山、西剑山、牧羊头、东岳嘴山、西岳嘴山、衢港洋、大衢山、礁潭、乍浦门、黄沙嶴、沙塘嶴	
定海镇右营	岑港汛	竹山门、盘屿、盘屿港、大王脚板、鸭蛋港、寡妇礁、蟹屿、蟹屿港、螺头门、洋螺山、横水洋、半洋礁、鸟屙礁、外钓山、中钓山、里钓山、岑港、潭头、泥湾、黄牛礁、双尖、三山、茅礁、黄歧港、穿鼻港、大榭山、水蛟门、寿门、售门、白鸭屿、大猫山、猫港、长柄	姚姓浦、尖刀头、售港门、东沙角、箎箕礁、烤门、燕窝山、眷蓬礁、东垦山、西垦山、双合山、分水礁、茭杯山、花果山、虾爬礁、大渔山、练槌、小渔山、鱼腥脑山

① 乾隆《福宁府志》卷三,《中国地方志集成·福建府县志辑》第12辑,上海、成都、南京:上海书店、巴蜀社、江苏古籍出版社,2000年影印本,第45页。

营别	汛地名称	内　　洋	外　洋
	沥港汛	沥港、天打岩、金塘山、横档山、西后门、小李罂、刁柯山、鱼龙山、菜花山、插翅山、兰山、桃天门、系马桩、爪连山、五屿	
	岱山汛	岱山、蒲门、高亭、南蒲、五虎礁、峙中山、鳌山、龟山、龟鳌山、长白山、长白港、马目山、马目港、虎嗓头、爪连门、桃花女山、韭菜塘、八斗罂	

资料来源：本表内容系根据光绪《定海厅志》卷二十附载之康熙《定海县志》内容录入，见《中国地方志集成·浙江府县志辑》第 38 辑，南京、上海、成都：江苏古籍出版社、上海书店、巴蜀书社，1993 年影印本，第 249—255 页；光绪《慈溪县志》卷十三，《中国地方志集成·浙江府县志辑》第 35 辑，南京、上海、成都：江苏古籍出版社、上海书店、巴蜀书社，1993 年影印本，第 309 页。

对照现代地图，阅读康熙《定海县志》所提供的四至界限，大致可以看到定海镇各营各汛水师官兵巡哨范围，但难以说明内洋与外洋划分的原则和标准。问题是内洋与外洋的界线在哪里？这条界线距离海岸或岛岸究竟有多远？

康熙《定海县志》不仅为我们提供了定海镇辖区各个岛礁的内外洋属性以及四至界限，而且在一些地方还特别注明是“内外洋交界”还是相邻水师辖区的接界处，由此我们可以看到内外洋划分的基本标准。现在将该书标注“内外洋交界”的地方全部汇集在一起（表二），共有 12 处，然后一一对照 2017 年出版的《浙江省军民两用交通地图册》，不难发现：凡是书中注明“内外洋交界”的地方，不是岛礁就是海角；凡是注明“内外洋交界”，且与大陆相连的狭长地方，都是突出海中若干里的海角。因此，海角成为划分内外洋的标志之一。例如，鹁鸪嘴、獭鳗嘴和燕窝山。凡是注明“内外洋交界”的岛礁，与海岸或岛岸垂直距离一般在 10 里左右。这里说的海岸是指大陆海岸，岛岸是指比较大的岛屿的岛岸。具体到定海县来说，比较大的岛屿是指舟山、金塘、秀山、岱山、衢山、朱家尖、普陀山、桃花岛和六横等。除了较远的衢山岛划入外洋之外，其余各岛因邻近舟山主岛，居民稠密，均划入内洋，其周围海域的小岛以其远近分别划入内洋或外洋。

表二　定海镇水师辖区内外洋交界岛屿距离海岸和岛岸一览表

地　名	四　至　界　限	与海岸岛岸垂直距离
五爪山	内外洋交界。东至大洋，南至大目山水程九十里，西至东屿山六十里，北至六横山六十里。	五爪山，即大小蚊虫岛、笔架山、砚瓦山等，位于六横岛东南，距离十里左右。
大目山	内外洋交界。东至韭山大洋约计水程一百二十里，南至外担门山五十里，西至珠山十里，北至将军帽山七十里。	大目山，即大漠山，位于大目洋西部，距离海岸不足十里。
平峰山	内外洋交界。东至大洋，南至牛栏基台山水程五十里，西至脑门山三里，北至担中擎山二十五里。	平峰山，即屏风山，距离象山海岸十里左右。
鹁鸪嘴	内外洋交界。东至大洋，南至淡水门山水程十里，西联象山老岸，北至半边山七里。	鹁鸪嘴，即鹁鸪山，位于象山县东陈乡盐田东面，半边山南面，与海岸相连。

地 名	四 至 界 限	与海岸岛岸垂直距离
牛栏基台山	内外洋交界。东至大洋,南至秤锤山水程六十里,西至淡水门山三里,北至平峰山五十里。	牛栏基台山,即牛栏基岛,位于象山石浦港东面,西距石浦镇陆岸七里。
獭鳗嘴	内外洋交界。东至大洋,南至黄标大洋,西联象山老岸,北至淡水门山约计水程十里。	位于石浦镇东南面,西联象山海岸。
小珞珈山	内外洋交界。东、南属东海大洋,西至缸爿礁水程五十里,北至大珞珈山五里。	位于大珞珈山南面海域,距朱家尖岛不足十里。
洋屿门	内外洋交界。东、南属东海大洋,西至白沙港山水程十里,北至普陀山二十里。	洋屿门,位于珞珈山之南,西至白沙港山水程十里。
白沙港	内外洋交界。东至洋屿门山水程十里,南至东海大洋,西至朱家尖山五里。	位于珞珈山之南海域,西距朱家尖岛五里左右。
大长涂山	内外洋交界。东至大海,南至普陀山计水程一百五十里,西至考鳖山十里,北至大衢山一百三十里。	位于岱山岛东面海域,距离岱山十里左右。
花果山	内外洋交界。东至双合山水程四里,南至菱杯山六里,西至练掏山十五里,北至虾爬礁十五里。	花果山,即花鼓山,位于岱山岛西面海域,东距岱山岛十里左右。
燕窝山	内外洋交界。东至左营水汛琵琶礁计水程四十里,南至岱山三里,西至虾爬礁四十里,北至江省双头大山一百二十里。	位于岱山岛西北面,与岱山岛断续相联。

资料来源:本表内容系根据光绪《定海厅志》卷二十附载之康熙《定海县志》内容录入,见《中国地方志集成·浙江府县志辑》第38辑,南京、上海、成都:江苏古籍出版社、上海书店、巴蜀书社,1993年影印本,第249—255页;《浙江省军民两用交通地图册》,北京:星球地图出版社,2017年,第20—21、28—29页。

此处需要指出的是,清代人在使用"内洋"这个词语时通常是严谨的,很少是泛称,而在使用"外洋"这个词语时,有时泛指非中国官府管辖的所有海洋,甚至包括非中国以外的各个国家。[①] 因此,在阅读清代文献时,需要仔细辨析。本文所探讨的"外洋"概念严格限制在"中土所辖"的范围之内,是狭义的"外洋",是纳入清朝行政管辖的邻近"内洋"的一条带状海洋区域,属于国家领水的重要组成部分。浙江的内外洋划分如此,其他沿海各省无不如此。

综上所述,清代前期将接近大陆海岸和岛岸的海域划分成三个部分:一是内洋,这部分海域靠近大陆海岸或岛岸,以一些小岛为标志,类似于内海,由沿岸州县和水师官兵共同管辖;二是大洋、深水洋或黑水洋,这部分海域无边无际,"非中土所辖",类似于现代的公海;三是介于二者之间的一条洋面,被清人称为外洋,这部分海域通常以距离中国海岸、岛岸的最远的岛礁为标志,由于超出了文官的管辖能力,清廷派水师官兵负责巡哨。

---

① 例如,直隶总督王文韶曾于附片奏陈采购外国机器、铸造银元时说:"定购外洋机器于九、十月间先后运到。"此处的外洋,显然指的是外国。《王文韶奏为定购外洋机器试铸银元事》光绪二十二年十二月二十二日,北京:中国第一历史档案馆藏录副奏折,档号:03-9532-088。

二、水师巡洋制度的建立与完善

划分内洋与外洋,目的是为了加强国家机关对近海水域的行政、军事和经济管理,便于维护中外商人的贸易利益和行船安全,便于维护沿海居民的生产和生活安全,便于维护国家的领水权益。

根据巡洋任务的轻重、海域范围的大小以及实际需要情况,清廷在沿海地区设立了不同规模的水师,一共配备了826艘外海战船。福建的防海任务最艰巨,因而配置的外海战船多达342艘;其次为浙江,配备197艘;依次为广东166艘,江南83艘,山东24艘;直隶与盛京的海防任务最轻,配置的外海战船分别为8艘和6艘。① 外海战船战时用于征战,平时用于巡洋会哨。承担巡洋任务的官弁按照分防范围的大小和职位的高低,区分为专汛、协巡、分巡、委巡、总巡、统巡。千总、把总为专汛,外委为协巡,这是最基层的巡洋单位;都司、守备为分巡;委署的官员参与巡哨叫委巡②;副将、参将、游击为总巡,需要周巡一营负责之内外洋;总兵官巡海被称为统巡,又称督巡。统巡是指总兵官与相邻水师镇协的定期会哨活动。

1839年,兵部议准《闽浙二省巡洋弁兵处分酌改章程》:"一,洋面巡弁以千、把为专巡,外委为协巡,都、守为分巡,副、参、游击为总巡,总兵为统巡。遇有失事,初参限满,不获,将专巡、协巡、分巡各官均降一级留任,贼犯限一年缉拿;二参,不获,各降一级调用,贼犯交接巡官照案缉拿;一,内河内洋附近汛口地方失事,即照陆路例,将专汛、兼辖、统辖官分别开参,亦以二参完结。初参,不获,专汛官降一级留任;二参,不获,降一级调用。兼辖官初参罚俸一年,二参,降一级留任。统辖官初参,罚俸六个月,二参,罚俸一年。如专汛、兼辖各官限内有轮派出洋事故,均照陆路例,扣除公出日期。遇有调台之差,仍准照离任官罚俸一年完结。一,总巡系周巡一营洋面,统巡系按期分路会哨。情势不同,旧例一律议处,未免无所区别。嗣后初参限满,不获,将总巡官罚俸一年,统巡官罚俸六个月,俱限一年缉拿。二参,不获,总巡官降一级留任,统巡官罚俸一年。一,随巡官按各省开报册内,有随统巡者、有随总巡者、有随分巡者,倘遇失事,各按所随之人处分,一律议处。一,委巡今改为协巡,应将委巡一项名目删除。一,海洋失事,该督抚查明失事地方界址,据实开参。如有统巡而无总巡,或有分巡而无随巡者,准其疏内声明,以免驳查。"③

各省水师官兵,驾驶巡船,沿海上下往来巡逻,以诘奸禁暴。水师官兵按照分防的洋面进行巡哨,参与巡哨的每艘战船官兵和装备均有额数限制。倘若出洋之后,水手不

---

① 《钦定大清会典则例》卷一一五,文渊阁四库全书第623册,第64—67页。

② 乾隆五十七年(1792)规定:各省水师署任人员轮派出洋巡哨,"遇有失事,如在疏防限内撤巡,并卸委署之任者,即照离任官例议结。如已经撤巡,尚未交卸者,仍照承缉官例议处"《钦定大清会典事例》(光绪朝)卷六百三十二,续修四库全书史部第807册,上海:上海古籍出版社,2002年,第793页。

③ 《清宣宗实录》卷二百八十九,道光十九年九月辛丑,《清实录》第37册,北京:中华书局,1985年影印本,第456—457页。

如额配足①,以致巡哨船只不能管驾,遭风损坏,负责调度的官员要受严厉的处分,同时参与巡哨的官兵要承担巨大的经济损失。条例明文规定:"将派拨之员革职,船只著落巡哨各员赔造。不行稽查之总巡官,降二级调用;总兵,降一级调用。"②

由于季风的影响,南北洋情况不同,各省水师巡洋的时间和班次亦不同:"江南省巡洋官兵以三个月为一班;广东省巡洋官兵以六个月为一班,每年分为上下两班;福建省巡洋官兵每年自二月起至五月止为上班,六月起至九月止为下班,十月起至次年正月按双、单月轮班巡哨;浙江省巡洋官兵每年二月至九月以两个月为一班,十月至次年正月以一个月为一班;山东登州水师每年于三月内出洋巡哨,于九月内回哨。各省水师俱令总兵统率,将备弁兵亲身出洋巡哨,遇有失事,分晰开参,照例议处。"③

则例规定:"水师各营配兵出洋,务须慎选明干弁兵,实力巡哨。……倘该弁兵等在洋遇有匪船退缩不前,转被盗劫,该督抚等查明,即将本船弁兵严行治罪,原派之将倍参奏革职,仍令自备资斧在于洋面效力三年,方准回籍。该总巡、总兵降三级调用。"④凡是巡海船只,在未出口之前,应取同船兵丁不敢抢劫为匪连名甘结,在船该管官加结申送上司存案。会哨之日,仍取同船兵丁在洋并无抢物为匪扶同隐匿事发愿甘并坐甘结,送该上司查核。如弁兵在洋抢夺商人财物,该管官不是同船,失于觉察,照失察营兵为盗例议处;若该管官通同隐匿、庇护,革职提问;督抚提镇不题参者,照徇庇例议处。⑤

邻境的盗匪被官兵追缉到汛,在洋巡哨的官兵必须协力缉拿。倘若巡缉之员不协力缉拿,盗犯被其他汛地官兵缉获归案,供出追捕地方并经由月日。条例规定:将该汛未能协捕之巡洋各员弁降二级留任,总巡上司降一级留任。

统巡是水师总兵官的按期督察活动,用意在于防范各哨官兵畏怯风涛,偷安停泊,不能在洋梭织游巡。"是以总兵官每于春、秋二季不时亲坐战船出洋督哨"。⑥康熙、雍正、乾隆时期,苏松水师所属内外洋汛,按照规定由本标中营、左营、右营、奇营以及川沙营、吴淞营按照各自疆界分月巡查。总兵官于春、秋两季不时督巡。例如,1773年,苏松水师除轮派总巡中营游击许文贵、分巡右营守备童天柱带领本标四营以及川沙、吴淞二营随巡官兵于5月21日开赴外洋巡哨之外,总兵官陈奎于5月30日乘坐战船前往吴淞会操,然后前往大戢山、小戢山、徐贡山、马迹山、尽山等处统巡。⑦

定海水师总兵官也是这样,通常于舟山捕鱼繁忙季节,亲自带领战船巡海。例如,1743年春末夏初,黄鱼起汛,闽浙沿海渔船三千余艘齐集舟山群岛捕鱼,蔚为壮观,商贾

---

① "春秋会哨外洋之例,艍船定额,每只配兵四十名,舢艚每只配兵二十名,快哨每只配兵一十五名。"(《世宗宪皇帝朱批谕旨》卷一百四十三,文渊阁四库全书第422册,第3—4页)

② 严如煜:《洋防经制上》,《洋防辑要》(一)卷二,台北:台湾学生书局,1975年,第62—63页。

③ 严如煜:《洋防经制上》,《洋防辑要》(一)卷二,第50页。

④ 严如煜:《洋防经制上》,《洋防辑要》(一)卷二,第63页。

⑤ 《钦定大清会典则例》卷一一五,文渊阁四库全书第623册,第51页。

⑥ 《江南水师总兵陈伦炯奏报外洋督巡情形》雍正十三年十月十五日,北京:中国第一历史档案馆藏朱批奏折,档号:04-01-30-0199-022.

⑦ 《江南苏松水师总兵陈奎奏报春季统巡内外洋面安静情形事》乾隆三十八年六月初三日,北京:中国第一历史档案馆藏朱批奏折,档号:04-01-03-0029-022.

携带银钱买鲜,就近晾晒,"海岸成市"。① 闽浙总督那苏图担心渔民得利则返,无利则易于在洋面为盗,因此饬令定海镇总兵官顾元亮亲自率领战船加紧巡哨内外洋面。

有时候,沿海省区的总督、巡抚也亲自参与巡海活动。例如,1744 年 3 月 19 日,浙江巡抚常安亲自巡海,先到镇海,再到定海内洋、外洋。②

从上述情况看,清朝前期关于水师官兵巡洋的规定涉及方方面面,相当严密。事实上,水师官兵巡洋制度的建立,经历了一个不断发现流弊、不断探讨对策、不断修改规定、由疏渐密的完善过程。

1689 年,规定:海洋巡哨,水师总兵官不亲身出洋督率者,照规避例革职。③

1704 年,规定:广东沿海以千总、把总会哨,副将、参将、游击每月分巡,总兵官每年于春、秋两季出洋总巡。

1708 年,规定:江南苏松、狼山二镇总兵官各于本管洋面亲身总巡,每岁一轮,年终将出洋回汛日期呈报该提督察核。又规定,浙江定海、黄岩、温州三镇总兵官出洋总巡,每年定于二月初一日起至九月底止。

1714 年,规定:盛京海洋以佐领、防御、骁骑校为分巡,协领为总巡。如有行船被盗,由该将军题参,将分巡、总巡各官照江、浙、闽、广之例议处。

1716 年,规定:福建水师五营、澎湖水师二营、台湾水师三营分拨兵船,各书本营旗号,巡逻台湾海峡,每月会哨一次,彼此交旗为验。"如由西路去者,提标哨至澎湖交旗,澎湖哨至台湾交旗,送至台湾协查验;由东路来者,台湾哨至澎湖交旗,澎湖哨至厦门交旗,皆送提督察验。如某月无旗交验,遇有失事,则照例题参"。

1717 年,由于山东登州水师营员较少,不能如浙江、福建等省按照总巡、分巡各名目轮派,遂规定山东水师分为南、北、东三汛:"南汛以千总、把总为专汛,以胶州游击为兼辖;北汛以千总、把总为专汛,以登州守备为兼辖;东汛以千总、把总为专汛,以成山守备为兼辖,俱以该管总兵为统巡统辖,遇有疏防案件,照闽浙海洋失事例议处。"④

同一年又规定:福建提督水师,台湾、澎湖两协副将每年必须率领三艘战船亲身出巡各本管洋面,两协游击、守备分巡各本汛洋面,海坛、金门二镇各分疆界为南北总巡,每年提标拨出十艘战船,以其中六艘归巡哨南洋总兵官调度,四艘战船归巡哨北洋总兵官调度。其台湾、澎湖二协副将,金门、海坛总兵官均于二月初一日起至九月底止期满,撤回至各营。分巡官兵挨次更换,如果遇到海洋失事,各照例题参。

1718 年,规定:南澳镇总兵、琼州水师副将各率营员专巡各本管洋面。自南澳以西,平海营以东分为东路,以碣石镇总兵官、澄海协副将轮为总巡,率领镇协标员以及海门、达

---

① 《闽浙总督那苏图奏为巡历内外洋面闽浙二省渔期告竣事》乾隆八年六月十三日,北京:中国第一历史档案馆藏朱批奏折,档号:04-01-01-0095-027.
② 《浙江巡抚常安奏为查勘定海内外洋面情形事》乾隆九年二月二十日,北京:中国第一历史档案馆藏朱批奏折,档号:04-01-01-0109-013.
③ 《钦定大清会典则例》卷一一五,本段及以下 11 个自然段内,如未特殊说明均引自该卷,文渊阁四库全书第623 册,第46—67 页。
④ 严如煜:《洋防经制上》,《洋防辑要》(一)卷二,第51 页。

濠、平海各营员为分巡;自大鹏营以西,广海寨以东分为中路,以虎门、香山二协副将为总巡,率领二协营员及大鹏、广海各营员为分巡;自春江协以西,龙门协以东分为西路,以春江、龙门二协副将轮为总巡,率领二协营员及电白、吴川、海安、硇洲各营员为分巡。共分为三路,每年分为两班巡察,如遇失事,照例题参。

1730年,规定:福建、浙江巡哨官兵船挨次两月更换,如风潮不顺,到汛愆期,应俟到汛交待,具报该上司查核。

1735年,规定:福建南澳镇左营以及金门镇之铜山洋汛归南澳镇巡察,每年上班巡期委右营守备与广东镇协会哨,左营游击与海坛、金门两镇会哨,该总兵官驻镇弹压;下班巡期委右营游击出巡,总兵官亲率兵船与两镇会哨,以左营游击留营弹压。

1736年,规定:广东西路洋面分为上下二路:自春江至电白、吴川、硇洲为上路,上班以春江协副将为总巡,下班以吴川营游击为总巡,率领春江、电白、吴川、硇洲各营员为分巡,均于放鸡洋面会巡至硇洲一带。自海安至龙门为下路,上班以海安营游击为总巡,下班以龙门协副将为总巡,率领海安、龙门各营员为分巡,均于琼州洋面会巡所属一带。至上路之电白营游击上班随巡,听春江协副将统领;电白营守备下班随巡,听吴川营游击统领。

1747年,两江总督尹继善奏请加派官兵巡海,由原来的两个营改为四个营,每班四个月改为两个月,一年轮巡一次,得到乾隆皇帝批准。① 从此开始,每年二月至九月,苏松镇标中、左、右、奇四营之游击、守备八人分为四班,每营游击各巡两个月,各营守备与游击错综换班,每人随游击分巡两个月,川沙、吴淞二营之参将、守备共四人,每人分巡两个月,未轮班之各营委拨弁兵驾船随巡。至于十月至正月,则令镇标四营、川沙、吴淞二营每营各管二十日,如有失事,将分管之营题参。该镇总兵官仍亲身巡察。所有出洋回汛日期报总督、提督稽核。狼山镇标于二月初一日起,右营游击率领中、左、右三营官兵在内外洋面巡哨,至九月底期满回营,该镇总兵官亦亲身巡察,将出洋、回汛日期呈报总督、提督查考。

1752年,规定,山东省登州镇水师,每年五、六、七、八月间,官兵出洋,分为南、北、东三汛,各汛在该管地界,彼此往来巡防。福建省海坛镇于三月初一、九月初一与金门镇会哨于涵头港,五月十五日与浙江温州镇会哨于镇下关;金门镇于三月初一、九月初一与海坛镇会哨于涵头港,六月十五日与南澳镇会哨于铜山大澳;南澳镇于六月十五日与金门镇会哨于铜山大澳。会哨之期,总督预先派遣标员前往指定处所等候,如两镇同时并集,即取联衔印文缴送;或一镇先到,点验兵船,取具印文,先行缴报,即准开行;一镇后到,别取印文缴送,以两镇到达指定处所为准,如迟至半月以后不到者,察系无故偷安,即行参处。至分巡洋汛相离本不甚远,一月会哨一次,该镇总兵官差员取结通报,如有违误,即行揭参,若徇隐及失察者,一并参处。又规定,浙江省定海镇于三月十五、九月十五日与黄岩镇会哨于健跳汛,属之九龙港;五月十五日与江南崇明镇会哨于大羊山;黄岩镇于三月初一、

① 《两江总督尹继善奏为酌定水师各营内外洋巡防章程事》乾隆十二年四月初九日,北京:中国第一历史档案馆朱批奏折,档号:04-01-01-0146-002.

九月初一日与温州镇会哨于沙角山,三月十五、九月十五日与定海镇会哨于九龙港;温州镇于三月初一、九月初一日与黄岩镇会哨于沙角山,五月十五日与福建海坛镇会哨于镇下关。其会哨之期,总督预先派遣标员前往指定处所等候,及两镇出具印文缴送之处,均同福建之例行。同年又规定,广东省水师各营总巡指定地点,定期会哨。如会哨官兵同时到达,即联衔具文通报。倘因风信不便,到达时间先后参差,先到者,即具文通报,巡回本辖洋面;后到者,于到达之日,具文通报,然后巡回本营所辖洋面。至于各分巡官每月与上下邻境会哨一次,或先西后东,或先东后西,预先约定。一经会面,即联衔通报。

1760年,江南提督王进泰认为,既往巡哨规定虽然严密,但仍有漏洞。例如十月至正月这四个月120天,尽管由六个营各自负责20日,而各营以风大浪急,例不出巡,致使此四个月内外洋面并无巡哨,"遇有失事,该管镇营彼此不无推诿,难以查参"。为此,他建议在此四个月中,轮值各营应派遣少量官兵,继续前往尽山一带外洋游巡,弹压奸匪。①

1789年,温州镇李定国带领战船巡洋会哨,因风大难行,停泊小门洋,没有按照规定于九月初一前往沙角山与黄岩镇会哨,为了逃避因不按时会哨的处分,伪造印文,希图蒙混交差。这件事情被揭发之后,经浙江巡抚题报,将李定国革职,遣送伊犁效力,以示惩戒。乾隆皇帝认为,巡洋会哨毕竟不是出兵打仗,若届期遇有飓风突然发作,该镇总兵官担心迟误,身获重谴,委派官兵冒险放洋,使专汛官兵冒险于暴风巨浪之中,则是对巡洋官兵身家性命不负责任。因此谕令:"嗣后,各该镇定期会哨,如实有风大难行,许其据实报明督抚,并令该镇等彼此先行知会,即或洋面风大,虽小船亦不能行走,不妨遣弁由陆路绕道札知,以便定期展限,再行前往。但该督抚等务须详加查察。设有借词捏饰,即应严参治罪。若果系为风所阻,方准改展日期,以示体恤而崇实政。"②考虑到江南、浙江、福建和广东沿海九月份飓风较多,乾隆皇帝谕令各督抚,各处洋面不必拘泥于三月、九月会哨。旋据伍拉纳覆奏:"海坛、金门二镇每年三、九两月于涵头港会哨之期,因其时风信靡常,并多海雾,改为四、八两月。"③

1800年,清廷发现沿海水师"向例设有统巡、分巡及专汛各员出洋巡哨,近因各省奉行日久,渐有代巡之弊,即如统巡一官,系总兵专责,今则或以参将、游击代之,甚至以千总、把总、外委及头目兵丁等递相代巡,遇有参案到部,则又声明代巡之员,希图照离任官例,罚俸完结。殊非慎重海疆之道"。为此,专门制订《巡洋水师人员代巡处分则例》,规定:"各省水师人员按季巡洋,应照新定章程轮派,不得滥行代替。无论何省,总以总兵为统巡,亲身出洋督率将备巡哨,以副将、参将、游击为总巡,都司、守备为分巡。倘总兵遇有紧要事故,不能亲身出洋,只准以副将代统巡;副将遇有事故,偶以参将代之,不得援以为常。其余游击、都司均不准代总兵为统巡,都司、守备不准代副、参、游击为总巡,千总、把总,不准代都、守为分巡,目兵不准代千总、把总外委为专汛。派员出洋,责令统巡

---

① 《江南提督王进泰奏为请严外洋巡哨事》乾隆二十五年三月二十一日,北京:中国第一历史档案馆录副奏折,档号:03 - 0463 - 018.
② 严如煜:《洋防经制上》,《洋防辑要》(一)卷二,第48—49页。
③ 严如煜:《洋防经制上》,《洋防辑要》(一)卷二,第49页。

总兵专司其事,按季轮派,一面造册送部,一面移送督抚、提督查核。如于造册报部后,原派之员遇有事故,不能出洋,应行派员更换者,亦即随时报明,出具印甘各结。倘违例滥派代替,或无故滥行更换者,该督抚、提督据实严参,将统巡总兵官降二级调用。督抚、提督如不据实查参,率行转报,题咨者,将督抚、提督降一级调用。倘本官畏怯风波,不肯出洋,临期托病,私行转委所属员弁代替,经总督、提督、总兵查出,揭参者,将本官革职提问。"①

综上所述,对于内洋,清朝前期实行的是文武兼辖制度;对于外洋,则主要依靠沿海水师官兵来巡哨。为了加强内洋与外洋的行政和军事管理,清廷不断根据情况变化制订和修改条例,形成了一套相当严密的水师巡洋制度。沿海水师巡洋,不仅按照专汛、协巡、分巡、总巡、统巡区分所辖海域的责任和义务,而且按照季节的不同,规定了会哨的方法、时间和地点,同时为了限制水师官员逃避风险和责任,还规定水师高级官员必须亲自带领战船在内洋和外洋巡哨,不得以低级官弁代巡,借此督促在洋巡哨的官兵尽职尽责。此外,为了确保巡洋制度的顺利贯彻,清廷还制订了明确的问责条例。

三、清代水师的职能

无论是内洋与外洋的划分,还是巡洋制度的建立与完善,都是为了确保国家机关对于近海水域的管辖权。为此,有必要解释一下管辖权的涵义。管辖权的概念有狭义和广义的分别,狭义的管辖权(Jurisdiction),是指法院对案件进行审理和裁判的权力或权限;广义的管辖权,是指国家对其领域内的一切人和物进行管辖的权力,自然也包含了司法管辖权。本文使用的管辖权是广义的概念。与此管辖权相关的还有独立权和自卫权等。独立权,是指国家按照自己的意志处理内政、外交事务,而不受他国控制和干涉的权力。自卫权,是指国家保卫自己生存和独立的权力。下面我们着重探讨一下清代前期关于内洋与外洋的管辖权。

(一)保护和救助外国商船

"外国商民船,有被风飘至内洋者,所在有司拯救之。疏报难夷名数,动公帑给衣食,治舟楫,候风遣归。若内地商民船被风飘至外洋者,其国能拯救资赡、治舟送归,或附载贡舟以还,皆降饬褒奖"。② 这是救助外国商船的早期条例规定。

1729年初,澳门番人前往越南贸易,在琼州府会同县外洋遭遇暴风袭击,商船损坏。该汛把总文秀等人驾舟搬取船上货物。登岸之后,只还事主缎四、银器数件,其余藏匿不还。这一见利忘义的事件传到京师,雍正皇帝非常震怒。他认为此等贪残不法之事,其他沿海地区在所难免,"此皆地方督抚、提镇等不能化导于平时,又不能稽查、追究于事后,以致不肖弁兵等但有图财贪利之心,而无济困扶危之念也"。为此,雍正皇帝于1729年8月

---

① 严如煜:《洋防经制上》,《洋防辑要》(一)卷二,第55—57页。
② 允祹等撰:《钦定大清会典》卷五十六,文渊阁四库全书第619册,上海:上海古籍出版社,2012年,第10页。

15 日(雍正七年七月二十一日)谕令内阁:"各省商民及外洋番估携资置货、往来贸易者甚多,而海风飘发不常,货船或有覆溺,全赖营汛弁兵极力抢救,使被溺之人得全躯命,落水之物不致飘零。此国家设立汛防之本意,不专在于缉捕盗贼已也。"①要求沿海督抚、提镇就此事各抒己见,提出从重治罪方案。议奏到后,九卿会议制订惩罚专条。"抚难夷。外洋夷民航海贸易,猝遇飘风,舟楫失利,幸及内洋、海岸者,命督抚饬所属官加意抚绥,赏给糇粮,修完舟楫。禁海滨之人利其资财,所携货物,商为持平市易,遣归本国,以广柔远之恩"。②

乾隆皇帝对于外国商船也主张加以保护,1737 年,下达谕旨说:"今年夏秋间,有小琉球国装载粟米、棉花船二只遭值飓风,断桅折舵,飘至浙江定海、象山地方,随经该省督抚察明人数,资给衣粮,将所存货物一一交还,其船及器具修整完固,咨送闽省,附伴归国。朕思沿海地方常有外国夷船遭风飘至境内者,朕胞与为怀,内外并无歧视,外邦民人既到中华,岂可令一夫失所。嗣后如有似此被风漂泊之船,著该督抚督率有司,加意抚恤,动用存公银,赏给衣粮,修理舟楫,并将货物给还,遣归本国,以示朕怀柔远人之至意,将此永著为例。"③

1795 年 6 月 19 日,一艘琉球国商船在温州南麂山附近外洋被拦劫,船上所载海参、银两、衣物被洗劫一空。事发之后,温州镇总兵谢斌立即派兵缉拿,很快捕获案犯。④

1801 年,兵部进一步明确了水师官兵保护外国商船安全的责任和义务。规定:"外国夷船被劫,巡洋各弁失于防范,初参,限满不获,将分巡、委巡、专汛、兼辖各官降二级调用,总巡、统辖降一级调用。盗犯交接巡各官,勒限缉拿,统巡总兵降一级留任。"⑤这种保护外国商船的措施,比起清朝官府承担的对于本国商船的保护力度强得多。

从以上这些条例、事例可以看出,尽管没有国际海事条约的约束,清朝官府已经自觉承担了对内洋和外洋航行的外国"商民船"的安全保护责任和救死扶伤义务。

(二)外夷兵船不准驶入内洋

在自觉承担保护和救护外国商船的责任和义务的同时,清朝官府为捍卫领水主权,明确表示反对外国兵船进入内外洋,尤其是对于寻衅滋事侵犯中国主权的外国兵船则采取坚决措施,加以驱逐。

嘉庆、道光时期,海盗活动猖獗,外国兵船借口保护商船,开始频繁到达中国所辖内外洋面。清廷对此越来越不安,多次谕令,不准外国兵船在中国外洋停泊,不准外国兵船驶入中国内洋。例如,1814 年,两广总督蒋攸铦奏报广州中外贸易情形:"近来英吉利国护货兵船不遵定制,停泊外洋,竟敢驶至虎门,其诡诈情形,甚为叵测。"为此,他奏请整顿水师,加强海防。嘉庆皇帝肯定蒋攸铦"所奏俱是"。并谕令:"嗣后所有各国护货兵船仍遵

---

① 李绂等编:《世宗宪皇帝上谕内阁》卷八十三,文渊阁四库全书第 415 册,第 21—22 页。
② 允祹等撰:《钦定大清会典》卷十九,文渊阁四库全书第 619 册,第 5 页。
③ 《钦定大清会典则例》卷五十三,文渊阁四库全书第 621 册,第 91—92 页。
④ 《浙江巡抚奏为已获盗犯林玉顶供认行劫琉球国商船地点系在南麂山外洋事》乾隆六十年,中国第一历史档案馆藏朱批奏折,档号:04-01-01-0466-052.
⑤ 伯麟等修:《钦定兵部处分则例》卷三十七,道光朝刻印本,第 5 页。

旧制,不许驶近内洋;货船出口,亦不许逗留。如敢阑入禁地,即严加驱逐。倘敢抗拒,即行施放枪炮,慑以兵威,使知畏惧。"①1835 年,两广总督卢坤针对外国护货兵船擅自进入澳门,侵犯中国内外洋的情形,提出了针锋相对的措施:"嗣后各国护货兵船如有擅入十字门及虎门各海口者,即将商船全行封舱,停止贸易,一面立时驱逐,并责成水师提督,凡遇有外夷兵船在外洋停泊,即督饬各炮台弁兵加意防范,并亲督舟师在各海口巡守,与炮台全力封堵……务使水陆声势联络,夷船无从闯越。"②为此还专门制订了《防范贸易夷人酌增章程八条》,其第一条即明确规定:"外夷护货兵船不准驶入内洋。"③

(三)查验和驱逐非法进入中国内洋夷船

为了加强海防管理,1757 年,清廷规定江、浙、闽三个海关继续管理日本、朝鲜、琉球等东洋南洋贸易,粤海关重点管理西洋各国贸易④。英国商人在对华贸易不断扩大时,对于粤海关、十三行贸易体制日益不满,多次派船前往宁波试探。

1832 年,一艘英国商船到达浙江洋面,"欲赴宁波海关销货"。浙江巡抚得到报告,立即谕令沿海水师官员驱逐。"当饬该管道府明白晓谕,不准该夷船通商。咨会提镇督令分巡各弁兵前往驱逐。该夷船挂帆开行,放洋而去。又飞咨江南、山东、直隶督抚饬属巡防,毋令阑入。并将未能先事豫防之备弁等奏请交部议处"。道光帝认为英国商船前往宁波贸易,违犯先前规定,着令沿海各省总督、巡抚,"严饬所属巡防将弁认真稽查。倘该夷船阑入内洋,立即驱逐出境,断不可任其就地销货"。⑤ 1833 年,道光皇帝得知英国鸦片走私船在江南、浙江、山东一带活动,再次下达谕令:"英吉利夷船不准往浙、东等省收泊,定例綦严。嗣后,着责成该省水师提督严督舟师官兵,在近省之外洋至万山一带,及粤闽交界洋面实力巡查。一遇夷船东驶,立令舟师严行堵截,并飞咨上下营汛及沿海州县一体阻拦,务令折回粤洋收口。倘再有阑入闽浙、江南、山东等省者,即着将疏玩之提镇将弁据实严参,分别从重议处。"⑥

西洋商船在广州贸易,通常由官方选派的引水带进黄埔,经过丈量船只规模、查验货物,缴纳货税、船钞之后,方准开仓贸易。如果违反上述规定,擅自进入内洋,走私贸易,水师官兵须"从严驱逐,不容任意逗留"。1834 年,外国鸦片商在中国沿海的走私贸易越来越猖獗。道光皇帝再三发出谕旨,"毋许夷船阑入内洋",⑦要求沿海督抚认真查究鸦片走私,从重拟办。

1836 年,道光皇帝谕令:严禁外国鸦片走私船进入内洋,不许在外洋停泊逗留。"着邓廷桢等严饬各营县及虎门各炮台,随时查察,严行禁阻、防范。并谕饬澳门西洋夷目派

① 《清仁宗实录》卷三百,嘉庆十九年十二月戊午,《清实录》第 31 册,北京:中华书局,1985 年影印本,第1121 页。
② 梁廷枏:《粤海关志》卷二十八,广州:粤东省城龙藏街业文堂刻本,第 29 页。
③ 《清宣宗实录》卷二百六十四,道光十五年三月癸酉,《清实录》第 37 册,第 46 页。
④ 王宏斌:《乾隆皇帝从未下令关闭江浙闽三海关》,《史学月刊》2011 年第 6 期。
⑤ 《清宣宗实录》卷二百一十三,道光十二年六月壬午,《清实录》第 36 册,第 139 页。
⑥ 《著沿海各省督抚按照已定章程严防外国船只侵入内地洋面事上谕》道光十三年正月二十日,中国第一历史档案馆编:《鸦片战争档案史料》第一册,天津:天津古籍出版社,1992 年,第 137 页。
⑦ 《清宣宗实录》卷二百五十,道光十四年三月壬辰,《清实录》第 36 册,第 784 页。

拨夷兵在南湾一带巡哨,勿使烟船水手人等登岸滋事,仍即驱逐开行回国,毋令久泊外洋。倘该夷人不遵法度,竟肆桀骜,立即慑之以威,俾知儆惧"。①

(四)盘查海船违禁货物

1684年,清廷准许开海贸易,规定:"直隶、山东、江南、浙江、福建、广东等省民人许令海上贸易、捕鱼。其东洋、南洋准令福建、广东、江南、浙江商民前往贸易,各于沿海州县给领照票,填明籍贯、年貌、系往何处贸易,于出口、入口之时呈明守口官查验。"②"凡海船贸易出洋者,给之照以稽察之,其出洋归港,皆凭照为信,因按其照税之有藏匿奸匪、私带违禁之物者,论如法。"③

开海贸易政策实施后,清廷对于贸易违禁品种类的规定越来越多,限制越来越严,诸如商船、渔船之建造规模和技术,火炮火药等军器,金、银、铜、铁等金属,丝绸、米粮、大黄等生活日用品,鸦片等违禁品以及水手人员等均有严格限制。④ 这方面的研究成果已经很多,毋庸赘述。这里我们需要指出的是,除了守口文武官弁之外,负责巡洋的水师官兵亦负有查验上述违禁品的责任和义务。

1712年,明文规定:"海洋巡哨官弁盘获形迹可疑之船,如人数与执照不符,并货物与税单不符者,限三日内稽查明白。如系贼船,交与地方官审究,果系商船,即速放行,申报该上司存案。如以贼船作为商船释放,或以商船作为贼船,故意稽迟扰害者,皆革职;索取财物者,革职提问;该上司察出揭参者,免议。如释放贼船,该上司失察者,照失察讳盗例议处;稽迟扰害商船,该上司失察者,照失察诬良为盗例议处。"⑤

(五)盘查渔民和海岛居民

凡是前往台湾、澎湖、舟山等大小岛屿谋生的民人,必须持有地方官发给的印票,由守口员弁稽查验放,同时饬令巡洋的官兵不时盘查。如果有无照人员偷渡台湾、澎湖,或者有人私自进入内外洋岛屿,搭盖房屋,均视为非法偷渡,概行驱逐。条例规定:"各省海岛除例应封禁者,不许民人、渔户扎搭寮棚居住、采捕外,其居住多年、不便驱逐之海岛村墟及渔户出洋采捕,暂在海岛搭寮栖止者,责令沿海巡洋各员弁实力稽查,毋致窝藏为匪。倘不严加稽查,致海岛居民及搭寮采捕之渔户有引洋盗潜匿者,将沿海巡洋各员均降三级调用,水师总兵及提督降一级留任。如沿海巡洋各员知情贿纵者,革职提问,水师总兵及提督降一级调用。"⑥因此,我们知道巡洋官兵负有盘查内外洋居民的责任。1793年,苏松水师总兵官孙全谋10月3日督巡外洋,督巡的内容包括督促巡洋各哨在洋梭织巡游、检查各个岛屿居住的渔民、农户是否合法等。返回驻地后,照例奏报说:

---

① 《清宣宗实录》卷二百七十七,道光十六年正月己酉,《清实录》第37册,第276页。
② 严如熤:《洋防经制上》,《洋防辑要》(一)卷二,第65—66页。
③ 《钦定大清会典》卷十六,文渊阁四库全书第619册,第152页。
④ 例如,1834年12月7日,香山协官兵在担杆外洋查获贩卖鸦片团伙,首犯梁显业等拒捕,被官兵杀死4名,擒获鸦片贩子梁亚兴等26名,缴获红单船一只,鸦片14000余斤。(《两广总督卢坤奏为拿获在洋贩卖鸦片犯梁显业等审明定拟事》道光十五年正月二十八日,北京:中国第一历史档案馆藏录副奏折,档号:03-4006-038.)
⑤ 《钦定大清会典则例》卷一百一十五,文渊阁四库全书第623册,第430页。
⑥ 严如熤:《洋防经制上》,《洋防辑要》(一)卷二,第81—82页。

"查点在山六澳厂头网户二百二十名,俱有地方官印给腰牌,并无无照之人……洋中均各宁静。"①

（六）海洋失事处分则例

除了短时期的征战之外,水师官兵巡洋的最重要的任务就是缉拿海盗,行使司法管辖权。为了有效维护中国内洋与外洋的航行安全,为了督促水师官兵尽职尽责,清廷制订了严密的海洋失事处分条例。②

顺治时期,关于缉拿海盗的条例较为粗疏,只是规定:沿海督、抚、提、镇严饬官弁及内地所属地方官立法擒拿海盗,务期净尽。如果无海盗,令该管官按季具结,申报督、抚、提、镇,报部。倘具结之后,此等海盗经别汛拿获,供出从前潜匿所在,将供出之该官汛口地方官降二级调用。③

康熙时期,缉拿海盗的司法条例日趋严密。例如,1707 年规定:江、浙、闽、广海洋行船被劫,无论内外洋,将分巡、委巡、兼辖官各降一级,留任;总巡、统辖官各罚俸一年,限一年缉拿盗犯。不获,将分巡、委巡、兼辖官各降一级调用,总巡、统辖官各降一级,罚俸一年。如被盗地方有专汛官,照分循官例议处。其巡哨期内,本汛并无失事,而能另外拿获一艘海盗船者,将专汛、分巡、分巡、委巡、兼辖各官各纪录一次;拿获二只海盗船者,将专汛、分巡、委巡、兼辖各官各纪录二次,总巡、统辖各官纪录一次;拿获多只盗船者,按数递加奖励。④

雍正、乾隆时期,对于海洋失事条例又进行了新的厘订,主要是就内洋与外洋的不同情况,确定了问责的对象。1729 年,议准:海盗从外洋行劫,咎在出洋巡哨之官,将守口官免议。至于海盗在外洋行劫之后,散伙登岸,混入海口,守口官弁失于觉察者,罚俸一年。如果海盗由海口夺船出洋行劫,将失察之守口官弁,降一级留任,限期一年缉拿盗犯,全获者,开复;限满不获,照所降之级调用。若本案盗犯被其它海汛侦破,以三年为期,有能拿获另案盗犯者,或本汛并无失事者,该督抚具题,准其开复。⑤ 1736 年,进一步规定:"内洋失事,文武并参;外洋失事,专责官兵,文职免其参处。其内洋失事,文职官员处分照内地无墩防处所武职处分之例,初参,停其升转;二参,罚俸一年;三参,罚俸二年;四参,降一级留任。"⑥

（七）惩处外洋失事水师官弁若干事例

内洋失事,惩罚疏防事例很多,由于文章篇幅限制,在此不必赘述。但为了说明清廷

---

① 《江南苏松水师总兵官孙全谋奏报外洋督巡情形事》乾隆五十八年九月二十一日,北京:中国第一历史档案馆藏朱批奏折,档号:04-01-04-0018-006.
② 清代惩罚文武官员过失有三种处分:一是罚俸,二是降级,三是革职。其中罚俸最轻,因为俸禄收入有限,官员大多不依赖俸禄。降级分为留任、调用两种,留任等于现代的行政警告,个人权利不受大的影响;调用是比较严重的处分,是从高级降一级或二级使用,对于官员仕途影响很大。革职,是勒令致仕,即罢官,通常还伴随边疆效力等处罚。有的革职,亦有留任的变例,这种革职留任,虽没有俸禄,不能升转,但保留有特旨开复的机会。雍正四年规定,四年无过,可以开复。所以,革职留任处分,与降一级调用大体相当,虽名义上受处分,但权责不受影响。
③ 《钦定大清会典则例》卷一百一十五,文渊阁四库全书第 623 册,第 58—59 页。
④ 《钦定大清会典事例》卷六百三十一,续修四库全书 807 册,第 775 页。
⑤ 《钦定大清会典则例》卷一百一十五,文渊阁四库全书第 623 册,第 61 页。
⑥ 《钦定大清会典则例》卷二十六,文渊阁四库全书第 620 册,第 40—41 页。

对于外洋的管辖权,这里有必要介绍几个事例。

1727 年 7 月 2 日,澄海县商人张合利带领舵水手,驾驶商船前往南澳贸易,于 7 日中午行至七星礁外洋,遇到海盗袭击,船中银钱货物被洗劫一空。事发之后,诏安知县得知消息,迅速派人侦缉,很快破获案件,除盗首林阿士逃逸外,其余七名盗伙全部被捉拿归案。是案疏防期限为四个月,并未到期。经过层层报告,最后由两广总督郝玉麟题参,“外洋失事文职职名例应免开,所有分巡七星礁外洋水汛疏防武职系南澳镇标左营游击邱有章,总巡系署理金门镇总兵官印务延平协副将李之栋”。①

1820 年 9 月 1 日,海丰县商人梁宏璜在阳江外洋南澎下大角被劫,商船被撞沉,水手四人被淹死。两广总督阮元闻讯,当即严令巡洋舟师赶紧查拿,很快将盗犯陈亚堂等缉拿到案,并依法予以严惩。②

1824 年 7 月 24 日,镇海县商人张翘的货船在定海县双屿港外洋被数艘海盗船抢劫。浙江省疏防例限六个月,限满,赃盗无获。按照规定,定海镇开具武职疏防人员名单:专汛系定海中营把总徐元龙、协汛系定海中营外委高奇彬、兼辖分巡系前署定海中营守备左营千总余云龙、统辖总巡系定海镇总兵龚镇海。全部按照规定予以处分。③

1839 年 8 月 13 日至 31 日,在短短 19 天时间内,连续有四艘商船分别在荣成县苏山岛、鸡鸣岛,蓬莱县北隍城岛、大竹山岛被劫,由于这些岛屿均被划分为外洋,按照海洋失事条例规定,荣成、蓬莱二县文职免参。苏山岛系登州水师前营东汛,千总杨成功为专汛,署任守备杨成功为分巡;鸡鸣岛、大竹山岛系水师前营北汛,把总李思志为专汛,守备车万清为分巡;北隍城岛系水师前营把总赵得福为专汛,守备车万清为分巡;前营游击、成山汛守备周耀廷为总巡。按照商船连续被劫疏防事例,全部摘去总巡、分巡、专汛官周耀廷、赵得福、车万清、杨成功、李思志的顶戴,勒令他们在三个月内缉拿盗犯。④

上述这些惩罚水师官弁的外洋失事案例,足以说明清廷对于外洋的管辖是有效的,“外洋”如同内洋、内地一样,属于清廷的有效的行政、军事管辖范围。

总而言之,从上述内容来看,清廷对于内洋外洋实行了有效的管辖权。无论是对于进入中国所辖内洋外洋的外国兵船进行监督、查验和驱赶,还是对于外国商船货物的检查、保护和救护,无不体现了中国政府对于内洋、外洋的完全管辖权,都无不体现了官兵捍卫国家主权的意志和能力。无论是在内洋对于中国商船、渔船、海岛货物、人员的查验、保护、救援,还是在外洋梭巡,缉拿海盗,无不体现了中国文臣武将对于内洋和外洋商业、渔业秩序的管理职能和行政、司法责任。

---

① 《两广总督郝玉麟题报》雍正十年九月十五日,《清代法制研究》,台北:“中研院”史语所专刊之七十六第 2 册,案例第 12,第 111—117 页。

② 《两广总督阮元奏为审拟新安县住民陈亚堂在南澎下大角外洋劫船杀人事》嘉庆二十五年十二月二十七日,北京:中国第一历史档案馆藏录副奏折,档号:03-3911-015.

③ 《浙江巡抚韩克均题报》道光六年十一月十六日,《清代法制研究》,台北:“中研院”史语所专刊之七十六第 2 册,案例第 45,第 310—313 页。

④ 《护理山东巡抚杨庆琛奏为水师前营东汛千总杨成功等巡缉不力致使商船在外洋连续被劫请先行摘去顶戴勒限严缉事》道光十九年九月二十五日,中国第一历史档案馆藏录副奏折,档号:03-2910-002.

四、中国的"外洋"与西方"领海"观念的异同

由于内洋类似于内海,沿海国家对于内海的有效管理都是符合人类自然惯例的。这里我们重点关注的是清朝前期关于"外洋"的管辖问题。在笔者看来,清朝前期的"外洋"类似于欧美各国的领海,关于外洋的管辖权亦与西方国家的领海权主张比较接近。

根据 1958 年《领海及毗连区公约》的规定,领海(territorial sea;territorial waters)是"国家主权扩展于其陆地领土及其内水以外邻接其海岸的一带海域",是国家领土的组成部分。因此,领海既与公海不同,又与内水有别。领海的概念是在 17 世纪产生的。大多数评论家认为,沿海国家有必要对于其海岸毗连的水域行使管辖权。一种主张认为,管辖权的范围应该以大炮的射程为限,另一种主张认为,该范围应当更大一些。18 世纪末,一些国家把领海确定为 3 海里;19 世纪,许多国家相继承认这一宽度。但大炮的射程不断扩大,三海里的主张因而失去其理论根据。学者们的意见以及各个国家的实践,在领海宽度问题上是很不一致的。中华人民共和国中央人民政府 1958 年 9 月 4 日声明:"中国大陆及其沿海岛屿的领海以连接大陆岸上和沿海岸外缘岛屿上各基点之间的各直线为基线,从基线向外延伸十二海里(浬)的水域是中国的领海。在基线以内的水域,包括渤海湾、琼州海峡在内都是中国的内海。在基线以内的岛屿,包括东引岛、高登岛、马祖列岛、白犬列岛、乌岵岛、大小金门岛、大担岛、二担岛、东碇岛在内,都是中国的内海岛屿。"[①]

清代前期关于"外洋"的划分与西方国家关于"领海"的概念既有相同的地方又有相异之处。"领海"与"外洋"二者的不同点在于:其一,领海是国家主权扩展于其陆地领土及其内水以外邻接其海岸的一带海域;外洋尽管也是以距离中国海岸或岛岸最远的岛礁为标志,却不仅仅向外划分,而是以此为中心向四周划分海域,并将这些海域相互连接在一起,形成一条广阔的带状海域,也就是说,"外洋"既包含了现今的领海部分又与中国的一部分内海相重叠。其二,在没有岛屿和内海的情况下,领海的划分直接以海岸为基线向外划分,而外洋的划分则与此稍有不同,通常将靠近海岸附近的海域首先划分为内洋,然后在内洋之外再划分外洋。其三,领海的划分强调的是沿海国家配置在海岸或岛岸的武器装备对于海域的有效控制宽度,而外洋的划分强调的是水师官兵对于外缘岛屿周围海域的安全控制范围。尽管存在上述三点区别,但这三点并非本质区别,只是划分的方式有所差异而已。

就"领海"与"外洋"划分的共同点来说,二者都是介于内海与公海之间的一条沿海岸或岛岸延伸的海域地带,二者都是以海岸或岛岸为标志向其他国家宣示本国海域的主权范围。正是由于这两个共同点,决定了二者的本质的相近。正像中国的名家与西方的逻辑学一样,"领海"与"外洋"名虽异而实相近。因此,我们可以把清代内外洋的划分看成是当时的中国人向世界各国宣示类似于西方领海的主权。这种宣示领海主权的方法之所以

18

---

① 国家海洋局政策法规办公室:《中华人民共和国海洋法规选编》,北京:海洋出版社,2001 年,第 1—2 页。

到今天尚未引起中外学者的关注,是因为它是用汉语表达的,是按照典型的中国思维方式处理的。因此,可以说,清代前期中国虽无领海之名却有领海之实,应是当时世界各国领海划分方式之一,只不过是一种典型的中国领海方式而已。

一条方志资料是这样描述定海内洋外洋划分情况的:

> 东自沈家门至塘头嘴、普陀、大小洛伽、朱家尖、树枕、洋岙、梁横、葫芦、白沙,南自龟山至大小渠山、小猫、六横、虾岐,西自大榭、金塘至野鸭、中钓、外钓、册子、菜花、刁柯鱼、龙兰山、太平、捣杵,北自灌门至荄杯、官山、秀山、长白、龟鳖山、岱山、峙中、双合、东垦、西恳、燕窝,东南自十六门至大小干拗山、桃花山、顺母、涂登埠、马蚁、点灯、马秦,西南自竹山至鸭蛋、盘岙、螺头、洋螺、蟹岙、寡妇礁、摘箬、大猫、穿鼻,西北自里钓至马目、爪连、菰茨、五岙、桃花女,东北自钓门至螺门、兰山、青黄肚、栲鳖、竹岙、东西岳、长涂、剑山、五爪湖、朴头王山、山俱内洋地;若东之浪冈、福山,北之大小衢山、鳌蓬、寨子烂、东爪,西北之大小渔山、鱼腥脑,东北之香炉、花瓶、青帮、庙子湖、鼠狼湖、东西寨、黄星、三星、霜子、菜花、环山,则皆外洋也[1]

将当时的地图与这一资料对照一下,就可以明白清人划分内外洋的用意、方法和标准。

语言的贫乏迫使人们以同一词语表示不同的事物。同样,语言的多样性又使人们用不同的词语表达相同的事物。就划分、管辖内海与公海之间的海域来讲,中国人与西方人的思想是相通的。无论是关于管辖权的认定,还是在具体案件的处理方法上都是相近的。下面我们再以若干案例,对照一下彼此观念的相同之处。

其一,任何外国武装船只均可无害通过领海和外洋。格劳秀斯认为,海洋对不同的民族、不同的人乃至对地球上所有的人都应当是自由的,每个人都可以在海洋上自由航行,"海洋无论如何不能成为任何人的私有财产"。[2] 19世纪末,无害通过的习惯法得以确立。"一国疆内有狭海,或通大海,或通邻境,不可禁止他国无损而往来"。[3] 随着这种思想的传播,随着领海制度的建立,无害通过逐渐成为一项航海权利。这种权利是沿海国家领海主权与公海航行自由权的相互平衡和妥协的产物,并在1958年的《领海与毗邻区公约》,1982年《联合国海洋法公约》中得以完善。无害通过最初的准确表述是外国商船在领海享有无害通过权,这一点,至今都没有任何异议。问题是这种无害通过思想观念在中国是否有过呢?尽管在清代前期的海洋理论中我们没有看到这种公开的主张,而在海洋实践中却不乏这类事例。

1792年,英国女王以给乾隆皇帝祝寿为名,派遣马戛尔尼出使中国。次年8月使团到达大沽口,受到清廷官员热情接待。9月,马戛尔尼在热河行宫谒见乾隆皇帝,提出开放宁波、天津为通商口岸,占据舟山一个岛屿,以便囤积货物的蛮横要求,加之叩拜礼仪之

---

① 沈翼机等编:《浙江通志》卷三,文渊阁四库全书第519册,上海:上海古籍出版社,2012年,第28—29页。
② 格劳秀斯著,马忠发译:《论海洋自由》,上海:上海人民出版社,2005年,第30页。
③ 惠顿著,丁韪良等译:《万国公法》,第73页。

争,乾隆皇帝拒绝了英国的请求。在马戛尔尼离开京师后,乾隆皇帝担心马戛尔尼空手返回,会在中国沿海地区挑起战争事端,为此谕令沿海军队严阵以待。

> 英吉利在西洋诸国中较为强悍,今既未遂所欲,或致稍滋事端。虽天朝法制森严,万方率服,英吉利僻处海外,过都历国,断不敢妄生衅隙。但观该国如此非分干求,究恐其心怀叵测,不可不留心筹计,豫为之防。因思各省海疆最关紧要,近来巡哨疏懈,营伍废弛,必须振作改观,方可有备无患。前已屡次谕知该督抚等督饬各营汛,于英吉利使臣过境时务宜铠仗鲜明,队伍整肃,使之有所畏忌,弭患未萌。今该国有欲拨给近海地方贸易之语,则海疆一带营汛,不特整饬军容,并宜豫筹防备。即如宁波之珠山等处海岛及附近呑门岛屿,皆当相度形势,先事图维,毋任英吉利夷人潜行占据。该国夷人虽能谙悉海道,善于驾驶,然便于水而不便于陆,且海船在大洋亦不能进内洋也。果口岸防守严密,主客异势,亦断不能施其伎俩。著传谕各该督抚饬属认真巡哨,严防海口。若该国将来有夷船驶至天津、宁波等处妄称贸易,断不可令其登岸,即行驱逐出洋。倘竟抗违不遵,不妨慑以兵威,使知畏惧。此外,如山东庙岛地方,该使臣曾经停泊,福建台湾洋面,又系自浙至粤海道,亦应一体防范,用杜狡谋。各该督抚惟当仰体朕心,会同该省提督及沿海各镇等,不动声色,妥协密办,不可稍有宣露,致使民情疑惧。如或办理疏懈,抑或过涉张皇,俱惟该督抚等是问。[1]

从这道谕旨可以明显看出,乾隆皇帝对于马戛尔尼率领的军舰采取了既严加防范,又允许其安全通过"外洋"的方针。清廷对于马戛尔尼的这种处置方案,与当今的领海无害通过原则基本吻合。

其二,任何外国兵船不得侵犯中国所辖海域的主权。按照国际惯例,当两国进入战争状态时,任何敌对一方的船只逃入非交战国的领海,无论商船还是兵船,任何外国兵船都不得进入非交战国的领海进行追捕。"船只既入此处,即不许敌船追捕"。[2]

1743年7月,一场飓风之后,有两艘英国大型战舰突然闯入虎门,停泊于狮子洋。史料如此记载道:

> 癸亥六月,海大风,有二巨舶进虎门,泊狮子洋,卷发狰狞,兵械森列,莞城大震。制府策公欲兴兵弹压,布政使富察托公庸笑曰:无须也,但委印令料理,抵精兵十万矣。公白制府曰:彼夷酋也,见中国兵,恐激生他变,某愿往说降之。即乘小舟,从译者一人,登舟诘问,方知英夷与吕宋仇杀,停其人五百以归,遇风飘入内地,篷碎粮竭,下椗收船。五百人者,向公号呼乞命。公知英酋有乞粮之请,而修船必须内地工匠,略捉搦之,可制其死命,乃归告制府及托公,先遏粜以饥之,再匿船匠以难之。英酋果

---

[1] 《清高宗实录》卷一千四百三十六,乾隆五十八年九月辛卯,《清实录》第27册,北京:中华书局,1985年影印本,第196—197页。

[2] 惠顿著,丁韪良译:《万国公法》,第73页。

不得已,命其头目叩关求见。公直晓之曰:天朝柔远,一视同仁,恶人争斗,汝能献所俘五百人,听中国处分,则米禁立开,当唤造船者替修篷桅,送汝归国。英酋初意迟疑,既而商之群酋,无可奈何,伏地唯唯。所俘五百人焚香欢呼,其声殷天。制府命交还吕宋,而一面奏闻,天子大悦,以为驭远人,深得大体,即命海面添设同知一员,而迁公驻扎焉。①

　　这是说,英国的两艘军舰在海上遭风,需要修理和补充粮食,紧急停泊于狮子洋。在布政使托庸的建议下,两广总督策楞委派东莞县知县印光任带领翻译登上英国战舰,询问事由。印光任得知"英夷"与"吕宋"之间爆发战争,英军捕获了五百名"吕宋"俘虏,准备返回英国,不幸在海上遭遇大风,篷碎粮竭,不得不停泊于中国内洋。船上的"吕宋"俘虏求救于印光任。印光任返回后,向总督策楞建议,"先遏粜以饥之,再匿船匠以难之",如此这般,可以救出"吕宋"战俘。策楞采纳了印光任的建议,依计而行。英军舰长无可奈何,只得听从中国官员处分,交出了俘虏。这一事件得以平息。

　　这一资料中所说的"英夷"与"吕宋"之间的仇杀事件,是指英国与西班牙之间因奥地利皇位继承而爆发的战争。1740 年 10 月 20 日,奥地利皇帝查理六世(Charles VI,1685—1740)逝世,没有男性后嗣。根据查理六世于 1713 年所颁布的《国事遗诏》,其长女玛利亚·特蕾西娅(Maria Theresa,1717—1780)有权继承其奥地利大公之位,她的丈夫弗兰茨·斯蒂芬则可以承袭奥地利王位。对于这一事件,欧洲国家分成两大对立的同盟国。西班牙与法国、普鲁士、巴伐利亚、萨克森、撒丁、瑞典和那不勒斯等国试图瓜分哈布斯堡王朝领地,拒绝承认玛利亚·特蕾西娅的继承权,不承认弗兰茨·斯蒂芬的帝位;而英国、荷兰、俄国等国从各自利益出发,则支持奥地利,赞同玛利亚·特蕾西娅的继承权。由此两个联盟之间爆发了长达 8 年之久的所谓奥地利王位继承战争。这场战争虽然以欧洲为主要战场,而战火事实上也蔓延到了美洲和亚洲。英国借此机会,派出两支舰队,试图一举夺取西班牙在中美洲和亚洲的殖民地,一支袭击墨西哥湾,另一支攻取吕宋,结果均未成功。前述事件即是英国与西班牙的战争进行到第三年,发生在中国海面引起中英官员交涉的一场风波。这里需要引起我们注意的是,在英国兵舰撤离之后,中国官员按照条例规定,派船遣送了西班牙的俘虏。1744 年 4 月,西班牙人"以赍书谢恩"为借口,派遣三艘兵船,停泊于澳门十字门外洋地方,"欲待英吉利商船以图报复"。对此,清朝官员明确表示,中国所辖洋面绝对不允许成为西班牙与英军的战场,"调度巡船相机弹压",经海防同知印光任等力劝之后,西班牙舰队撤走。②

　　第二年 7 月,英国 6 艘战船在澳门附近集结,"诡言将往日本贸易"。印光任接到报告,一面调集巡洋舟师,"分布防范",一面派人劝其从中国所辖内外洋面撤退。是年 9 月 14 日,英国战舰扬帆起航,准备夺取即将到达的法国商船。法国商人告急,印光任接到报

① 袁枚:《小仓山房文集》卷三十五,上海:图书集成印书局,光绪十八年(1892 年)铅印本。
② 《两广总督马尔泰署理广东巡抚策楞广东提督林君升奏明查办吕宋夷船缘由事》乾隆九年四月十一日,中国第一历史档案馆藏录副奏折,档号:03 - 0459 - 013.

告,当即与香山协副将林嵩一起调动水师战舰,一字横截海面,"且遣澳门夷目宣谕威德"。傍晚西南风起,法国三只船只迅速驶入澳门,"红夷计沮,乃逡巡罢去"。①

从这一事件的处理过程来看,无论是采取果断措施反对英国兵船进入中国内外洋追捕西班牙船只,还是坚决用水师战船驱逐英国、西班牙兵船,借以防范在中国所辖洋面可能发生的海战,清朝官员的主张及其采取的措施与西方国家相关的规定都是不约而同的。

其三,任何外国商船不得在中国海域进行走私贸易。按照国际惯例,任何一国的商船进入其他国家的领海以后,即不准擅自开仓卸货;如果要卸货,必须向该国海关缴纳进口货税之后,方可进行,否则一概被视为走私活动。英国、美国对于进入其领海的各国商船是这样管辖的,"英国海旁有大湾数处,名为王房,亦属本国专主,船只既入此处,即不许敌船追捕,且不许商船于三十五里内开仓卸货,如欲卸货,必纳进口税。美国之例亦同。二国法院皆以此例与公法甚吻合也"。②

清朝前期中国对于进入内洋和外洋的商船亦是这样处理的。1835 年 5 月 6 日,一艘西洋商船擅自驶入不该驶入的福建所辖内洋,福州将军乐善立即调动水师官兵查办、驱逐。据奏报:"本年四月初九日,闽省洋面有夷船一只,径由五虎门之偏东乘潮驶入熨斗内洋停泊。当经该将军等调派文武员弁驰往驱逐,稽查弹压。该夷船乘兵船未集之时,于初九日夜用小船剥【驳】载夷人十四名欲图阑入内港。经调集会堵之镇将等写帖晓谕,饬令回棹,藐抗不遵,当即施放枪炮拦阻。该夷船始知畏惧,窜入小港,经该把总林朝江等驾船赶及,宣示国威,随将该夷船牵引出港。"③1837 年,又有外国走私船借口风向不利,偏离传统航路,停泊于惠来县属内洋。两广总督邓廷桢认为,这艘商船长时间在海门营所辖汛地停泊,不无走私鸦片嫌疑,该营官兵未能及时盘查、驱逐,自然属于严重失职。为此,奏请追究失职者的责任。④

从以上这些事例来看,无论是对无害通过原则的认同,还是关于兵船的严格防范,抑或是关于商船停泊地点的限制性规定,中国人与西方人对于外洋与领海的管辖观念都是十分相近的,这也从另一个侧面证明了外洋与领海本质上的相近。今天,我们比较清朝内外洋制度和西方领海观念,不仅仅在于关注其异同之处,而且在于二者的顺利对接所产生的历史借鉴意义。

五、清朝前期的水师职责与美国海岸警卫队之比较

就清朝前期水师担负的职责来看,与各国海岸警卫队十分相似。各国海岸警卫队大多师法于美国。美国海岸警卫队(United States Coast Guard),是负责沿海水域、航道的

---

① 印光任、张汝霖:《澳门纪略》上卷,《中葡关系史资料集》上册,成都:四川人民出版社,1999 年,第 508 页。
② 惠顿著,丁韪良译:《万国公法》,第 73 页。
③ 《清宣宗实录》卷二百六十六,道光十五年五月乙酉,《清实录》第 37 册,第 92—93 页。
④ 《两广总督邓廷桢奏为海门营把总李英翘、参将谭龙光于夷船被风寄椗外洋汛弁玩不自禀应行斥革事》道光十七年七月初一日,北京:中国第一历史档案馆藏录副奏折,档号:03-2902-037。

执法、水上安全、遇难船只及飞机的救助、污染控制等任务的武装部队。它隶属于国土安全部,致力于保护公众、环境和美国经济利益,以及海域内的国家安全。美国海岸警卫队系由灯塔局、缉私巡逻艇局、航海与轮船检查局、救生局组合而成。灯塔局,是最早的机构,成立于1789年;缉私巡逻艇局,成立于1790年;救生局,成立于1831年;航海与轮船检查局,成立于1852年。1915年1月20日,美国国会通过《组建海岸警卫队》法令。根据法令规定,救生局和缉私巡逻艇局合并为海岸警卫队。"海岸警卫队在任何时候都是一个武装部门,在需要时,转隶属于美国海军,为其提供援助"。1939年,灯塔局隶属于海岸警卫队;1942年,航海与轮船检查局也并入海岸警卫队。从美国海岸警卫队的历史发展来看,显然有一个从分立到整合的趋势。"分立"意味着相互牵制、削弱和混乱;"整合"则标志着管理的统一、加强和整齐。

美国海岸警卫队的任务和职责大体可以分为五个方面。其一,保护美国领土完整,维护美国陆地和海洋权益。在战时,执行总统的命令,隶属于海军,或直接参战,或为海军提供后备人员,或负责后勤援助等事宜。在和平时期,作为联邦政府的海上执法机构,负有海防任务,主要管控海面、海口和海岸安全,以防止来自海上的各种危险发生。其二,美国海岸警卫队,既是军队又是警察,既具有军事武装力量的特征又拥有广泛的执法权。按照宪法规定,美国的执法机构必须有法院的正式授权才能执法,唯独海岸警卫队不受该规定限制。而美国海岸警卫队在没有法律部门批准的情况下,有权登船,实施安全检查,打击走私、贩毒、越境等犯罪活动。其三,搜救遇难海员和船只,维护海上安全是美国海岸警卫队的任务之一。现在,美国海岸警卫队负责的海上安全管理,包括海上救助、货船安全管理、渔船安全管理、客船安全管理、海员执照和港口安全等事宜。其四,负责导航、引水和航线等海上交通管理事宜,确保各种船只在近海的航行安全。具体任务是,负责灯塔维护,发布导航、气象信息,管理航线和冰上作业等。其五,负责海洋环境保护与资源保护,主要通过教育、宣传、预防和应急反应与恢复等手段,以确保美国的近海生态环境不受污染和破坏。[①]

基于上述情况,马大正先生指出:"美国是世界上最早组建海岸警卫队的国家,美国海岸警卫队是世界各国海岸警卫队的鼻祖,是美国海上惟一的综合执法机构,也是当今世界最强大的海上执法队伍之一,其执法体制和执法模式或为世界各国海上执法之典型,为许多国家所效仿。其职能覆盖了相当于我国当今海军、公安边防武装海警部队、交通、海洋、渔业、海关等部队和部门的大部分海上执法职能。"[②]

比较清代前期水师与美国海岸警卫队,除了保护海洋环境一项职责之外,二者的组织模式和职责十分相近,均是军警不分的近海武装力量,都担负着保卫国家主权、巡逻海洋、缉拿海盗、维护海上治安、查禁走私越境、救助海难和渔业管理等职能。但是,二者也有明确的区分:其一,从发展历程来看,清代水师自始至终就是一个统一的军事组织,承担着

---

① 李培志编译:《美国海岸警卫队》,北京:社会科学文献出版社,2005年,第138—201页。
② 马大正:《〈美国海岸警卫队〉序》,《美国海岸警卫队》,第3页。

各种海防任务。而美国海岸警卫队最初是各个分立的执法机构,最终合并为一个庞大的海上执法机构,既有明确分工又有合作和协调。其二,清代水师的职责始终是混沌的,缺乏明确的内部分工。没有明确的岗位分工,对于各级军事单位和个人来说,就缺乏责任、权力和利益。军队缺乏责任、权力和利益,则可能导致内部出现有权无责、有利无责、互相推诿、互相掣肘等各种弊端。因此执法效率难免低下。美国海岸警卫队的职能一开始就是明晰的,分工与合作机制是健康的,因此执法水平和效率很高。其优劣不言而自明。总之一句话,二者的职能尽管相近,而功效却有很大差别。

最后,需要指出的是,人类社会中没有恒久不变的制度。清朝的内外洋管辖制度在光绪、宣统时期发生了变化。至于光绪、宣统时期,中国官方为何舍弃"外洋"观念,而采用"领海"制度,这一问题极其复杂。在这篇导言中不便展开深入讨论。读者如有兴趣,可以阅读笔者即将出版的《清代近海管辖权研究》一书。本书的资料内容非常丰富,全面而细致的研究必须留待读者在批阅本书时进行。

我之所以将这一本厚重的资料献给喜欢历史的读者,就是要告诉各位,从第一次鸦片战争开始,到太平天国、洋务运动、维新运动,再到新政改革和辛亥革命等一系列政治运动过多地吸引了清史研究者的目光,清朝的内外洋管辖制度不应当被遗忘,不应当被历史尘封得太久。真理是世界上宝贵的东西,历史是人类智慧的承载。追求真理的勇气和对历史的热爱,必将引导读者发现宝库,揭示秘密。笔者相信,本书必将由于它的丰富内容得到广大读者尤其是关心海洋史学者的青睐,激起大家新的探索热情。

王宏斌

二〇一九年五月二日

目录 / Contents

雍正朝

乾隆朝

嘉庆朝

道光朝

道光二十八年(1848 年) …………………………………………… 355

道光二十九年(1849 年) …………………………………………… 368

道光三十年(1850 年) …………………………………………… 373

咸丰朝

同治朝

光绪朝

宣统朝

综合性资料

一、本书是一部关于清代近海管辖权历史资料长编,主要为研究者和阅读者提供综合性参考资料。

二、本书辑录重点在于国家机关对内洋、外洋和领海的管辖情况,因此以国家档案、官书、史传、政书为主,以个人文集和报刊资料为辅。

三、清代历史长达 267 年,关于近海管辖方面的资料十分丰富,既有浩如烟海的档案,又有各个皇朝编纂的各种官书、史志。将这些资料仔细翻检一遍,是相当困难的,选辑资料难免挂一漏万。本课题组已经搜集了 200 万字的资料,本书从中精选 100 万字。

四、本书选辑的资料中许多条目内容比较丰富,不便按照专题加以剪裁,分类编排。为了防止断章取义,也是为了保持资料的完整性,本书采用编年史体例。凡一事一议,有具体年月者,均按时间先后顺序编排;凡是记载时间不够确切,但可以判断为某个皇朝的资料,均附于本朝编年史资料之后;凡是叙事时间跨度较长的资料,例如,《大清会典事例》、《广东海防汇览》和地方志等编年史资料,均编入综合资料部分。

五、由于《清实录》影印版本使用较多,为节约文字起见,本书不便反复注明版本,仅依中华书局 1986 年影印本,注明其卷别、谕折发表时间和页码。其他非常见或选录条目不多的资料均在第一次出现时详细注明出版信息,之后出现时保留编著者、书名、卷数、页数信息,以利读者查核使用。

六、本书资料标题均采用原题,但在两种情况下重新拟定。其一,原始资料没有标题者;其二,原始资料的标题过长,需要进行删减处理者。

七、原始资料中有相近者,或互同,或少异,不便任意舍弃,遂一并编入,供读者参考甄别。

八、原始资料大多为竖排繁体字,均改为横排简体字。所录资料中,凡是有明显讹误者,酌予订正。改正字,均用【】号在文内注出;原文有漫漶不清者,用□号标识。

九、原始资料中涉及外国人名和国名,当年习惯加上"口"字旁,成为生僻字。为排印便利,本书将这些不常见的异体字,一般去掉"口"字旁。

十、本书选编的资料大都没有标点,为了便利读者阅读,本书编者对资料进行了断句和标点。限于学识,或有错误,敬请识者指正。

顺治朝

年月不详

1. 广东中路内外洋

官富山,在新安急水门东,佛堂门西。宋景炎中,御舟驻其下,建有行宫。其前为大奚山,林木蔽天,人迹罕至,多宋忠臣义士所葬。又其前有山曰梅蔚,亦有行宫。其西为大虎头门,张太尉奉帝保秀山,即此。秀山之东,有山在赤湾之前,为零丁山。其内洋曰小零丁洋,外洋曰大零丁洋。文丞相诗所云"零丁洋里叹零丁"是也。小零丁洋有二石,一乌一白,对峙中流,高可百余仞。当时以为行朝双阙,今渔人称曰双箸,其海门则曰双箸门。(屈大均:《广东新语》卷三,北京:中华书局,1985年,第105页。)

2.《洋船更数说》

大凡陆地往来,有里数,有程站,可以按程计日,分毫不谬。惟洋船则不然,盖大海之中,全凭风力。若风信不顺,则船势渐退,此不可以日期定也。汪洋所在,杳无山影,非同内洋可涯岸埃泊者比,此不可以程站计也。故设为更数,以定水程。夫更数者,洋船设一漏以贮沙,沙随漏尽,则为一更。然不得风力相称者,则又不可以计更。故持木片一块,在船头放于海中,人即疾趋至船尾;其木片亦即并流至船尾者,此其风力相称,即可随漏以计更矣。果有此风信,尽一日夜可得十更,一更可行六十里,如陆路之一站也。(俞正燮:《清初海疆图说》,台湾文献史料丛刊第155种,台北、北京:台湾大通书局与人民日报出版社,2009年,第2—3页。)

1

康熙朝

康熙四十八年(1709年)

1. 康熙四十八年七月戊寅户部议浙江巡抚黄秉中奏疏

浙省宁波、绍兴二府人稠地窄,连年薄收,米价腾贵。台州、温州二府上年丰熟,米价颇贱。请给殷实商民印照,将台州、温州之米从内洋贩运入宁波、绍兴,令沿海防汛官兵验照放行,以浙省之米接济浙省之民,实有裨益。应如所请。从之。(《清圣祖实录》卷二百三十八,康熙四十八年七月戊寅,第7页。)

康熙四十九年(1710年)

2. 康熙四十九年九月辛亥谕兵部

据山东巡抚蒋陈锡奏报:八月二十五日,文登营副将报有北来鸟船七只,泊成山头外洋等处。二十六日,贼船移入棉花岛,官兵攻打,又遁出外洋,等语。地方一有贼寇即当立时题报,该抚于彼时并未奏闻,及奉天将军报击败海贼之后,该抚始具折陈奏,殊属不合。贼船往盛京者原从东省经过,沿海官兵何以不行堵剿。今贼船败回,经行山东、江南、浙江,该管各汛官兵务必严加追擒,勿致疏纵,尔部作速通行。(《清圣祖实录》卷二百四十三,康熙四十九年九月辛亥,第13页。)

康熙五十一年(1712年)

3. 苏州织造李煦奏闻浙江台州府海盗杀伤官兵事

苏州织造臣李煦跪奏。今扬州纷纷传说,五月内浙江台州府燕海坞地方有海盗窃发,掳掠居民,其防汛官兵御敌,竟被杀伤二百八十余员名等情。但扬州与浙江之台州相去一千七八百里之远,此事未知真实。除一面星飞差人到该地方确查外,事关盗贼,谨先据风闻入告。容臣于访确之日再具折奏闻,伏乞圣鉴。朱批:知道了,再访。康熙五十一年六月二十二日。(北京:中国第一历史档案馆藏朱批奏折,档号:04-01-30-0361-007。)

4. 康熙五十一年八月戊寅谕礼部

朝鲜国王李焞奏,前往伊国境内海洋捕鱼船只请再行严禁。现今内地海洋小寇,虽饬地方官严行查拿,但海面辽阔,时或有之。迩来浙省海洋贼寇,潜行劫夺。官兵追捕,游击一员被伤身亡。曩者附近朝鲜海洋,潜行捕鱼船只,曾经申饬盛京将军及沿海地方官员,严加巡察缉拿。而今尚有八九船只,违禁潜出外洋,竟至朝鲜边界捕鱼,是即贼寇也。嗣后如有此等捕鱼船只,潜至朝鲜海面者,许本国即行剿缉。如有生擒,作速解送。毋因内地之人致有迟疑。特谕。(《清圣祖实录》卷二百五十,康熙五十一年八月戊寅,第22页。)

5. 康熙五十一年九月丙午兵部议

镇海将军侯马三奇疏言:浙江提督吴郡等咨称:拒杀官兵,焚毁战船之黄岩海寇今已擒获取供,伙党俱住闽广。现在会同江南督抚、提镇出洋搜缉。自当缉获无遗。但臣曾任湖镇、浙提,颇知海上情形。洋面丛杂,故飘突贼寇知有官兵会捕,即移彼匿此,遂难踪迹。每于春夏则乘东南风势来至浙江,邀劫商船。秋冬则乘西北风势,携带赃物,还归本籍。今际秋冬之候,正贼徒还归闽广之时,况数省兵船搜捕洋面,彼未有不弃船登陆,或径回原籍,或潜匿邻近地方。应严饬沿海管辖大吏并文武各官,于沿海口隘及内地所属,稽查访缉,则贼在外洋,可以俘获。贼归内地,可尽根株矣。应如所题。从之。(《清圣祖实录》卷二百五十一,康熙五十一年九月丙午,第4页。)

康熙五十五年(1716年)

6. 康熙五十五年闰三月癸亥兵部议范时崇奏疏

原任福建、浙江总督今升左都御史范时崇疏言:商船出海有在外洋被劫者,与汛地相去甚远,其兼辖、统辖官员请免题参。查外洋被劫者,惟责之分巡、总捕等官,限一年缉获;限满不获,分别议处。但海洋缉贼,较陆地倍难。嗣后无论内洋、外洋之贼,该管官能获一半者,免其处分。其各省内外洋名,臣部无凭稽查。应令该督抚造册咨部,以备查核。倘有以内洋失事捏称外洋者,守汛官及该管官俱照例议处。从之。(《清圣祖实录》卷二百六十八,康熙五十五年闰三月癸亥,第1—2页。)

康熙五十七年(1718年)

7. 康熙五十七年二月甲申兵部又议

福建、浙江总督觉罗满保疏言:海洋大弊全在船只之混淆,米粮之接济,商贩行私偷越,奸民贪利窝留。海洋出入商渔杂沓,应将客商责之保家,商船水手责之船户货主,渔船水手责之澳甲同艎,各取保结,限定人数,出入盘查。并严禁渔船不许装载货物,接渡人口。至于台湾、厦门,各省、本省往来之船虽新例各用兵船护送,其贪时之迅速者,俱从各处直走外洋,不由厦门出入。应饬行本省并咨明各省,凡往台湾之船,必令到厦门盘验,一体护送,由澎而台。其从台湾回者亦令盘验护送,由澎到厦。凡往来台湾之人必令地方官给照,方许渡载。单身游民无照者,不许偷渡。如有犯者,官兵民人分别严加治罪,船只入官。如有哨船私载者,将该管官一体参奏处分。应如所请。从之。(《清圣祖实录》卷二百七十七,康熙五十七年二月甲申,第13页。)

8. 康熙五十七年三月庚寅兵部等衙门议

广东广西总督杨琳疏言:粤东沿海要地以广、惠、潮三府为重,而三府之内惠、潮尤甚。敬陈防闲巡缉之法:

一,统巡职任之宜分路也。南澳为闽粤交界,应令南澳总兵官、琼州水师副将为统巡,派出标员为分巡,专巡本营洋面外,自南澳而西,平海营而东,为东路;自大鹏营而西,广海寨而东,为中路;自春江协而西,龙门协而东,为西路。各令总兵官、副将为统巡,标员、营员为分巡,每年轮班巡查。

一,外洋战船之宜添拨也。请于澄海协裁舢艚船六只,添造赶缯大船二只。于大鹏营内拨出艍船二只,归澄海协、春江协。添造赶缯大船二只,碣石镇改造艍船二只。庶巡哨不致缺船。

一,内河哨船之宜匀设也。请裁顺德等营内河哨船一十八只,以十六只移设左翼镇标,每营各分八只,以二只移设新安营。

一,水师要汛之宜添兵也。海门营、达濠营经制弁兵拨守炮台之外,出巡守汛,不敷应用。应于督抚将军提镇等标二十营内,每营各裁出兵丁四名,又将新会营裁出把总二员,臣标右营内裁出把总一员,添补海门、达濠两营。再,海门营并无额设马匹,应裁达濠营马匹,添设海门营。

一,滨海要地之宜驻官也。查潮州府饶平县属之黄冈虽设有副将,不便理民事,而文职止有巡检一员,不能驾驭,请将潮州海防同知移驻黄冈。海阳县属之庵埠,奸匪潜匿,县令隔远,难于兼顾,请将海阳县县丞移驻庵埠。

一,远地协将之宜属镇也。请将琼州水师副将归琼州总兵官管辖,龙门水师副将归高州总兵官管辖。俱应如所请。从之。(《清圣祖实录》卷二百七十八,康熙五十七年三月庚寅,第17页。)

年月不详

9.《班兵》

有文事必有武备,故兵可百年而不用,不可一日而不备。凡以固疆圉,辑人民,有备而无患也。闽中兵制,始于汉有南部之兵,晋则有典船之兵,唐则有泉山府兵。至宋,则置福建三军:曰水军、曰保节军、曰崇节军。元则以兵增戍,有万户翼、万户府之制。明初,置卫于闽,命江夏侯周德兴入闽防倭。后又设立南日、烽火、浯屿、小埕、铜山五寨游巡。万历年间,始增设澎湖游巡。然兵力单弱,不足以守也。至国朝,革明代戍卒之弊,置绿营以重镇守,分营协镇,棋布星罗,马步如云,舟师集鹢,五寨、七游之制,联千万人为一身,兵制实为大备矣。然兵有水有陆,夫防水之兵,难于防陆也。陆地虽极山川之险,犹有径可入,有力可通。至于水,则风潮水势,有非人力之所得而施者矣。然水兵亦有别焉。内河之水易防,而外洋之水难防也。何也?外海一片汪洋,水天一色,台飓之风,鲸鲵之浪,与内河汹涌之势迥不相同。故凡外海之兵,必须熟悉风期潮信、港道水口、礁石沙线而后可以胜厥任也。故曰难也。澎湖自康熙二十三年平台之后设立营制,原招募土著以充卒伍,以其人民生于斯,长于斯,熟习水性故也。至康熙六十年,台变之后,于一件恭陈台湾事宜等事案内,始定以内地水师营分兵丁轮班戍守,三年一换,以均劳逸,而兵制定焉。(胡建伟纂修:《澎湖纪略》卷之六,台湾文献史料丛刊第 109 种,台北、北京:台湾大通书局与人民日报出版社,2009年,第 119—121 页。)

10.《海寇策》

所谓治本者亦有四:一曰,申法令以一人心。夫人之所以饥寒困苦而不敢为非者,畏法耳。使为盗者必生,不为盗者必死,则民化为盗。使为盗者必死,不为盗者必生,则盗化为民。洋船之为日本非日本也无辨,而货物则有辨。盗贼之曾剽掠未剽掠也难迹,而奇富则易迹。严保甲焉,严津梁焉,穷贼而必窥其奥援之渊薮,获贼而即赏以所获之赃物。投辖不厌刻,鸣桴不惮勤。此子太叔所以戮萑苻也。

二曰,扼要害以壮形势。旧制,烽火寨北界浙江,南界西洋。小埕寨北界西洋,南界南茭。南日寨北界南茭,南界平海。浯屿寨北界平海,南界担屿。铜山寨北界担屿,南界柘林。五寨在海中,如处弓弦之上。每寨兵船,分二艚,屯扎外洋。会哨交界,声势联络,互相应援。自移寨内港而形势缩,判寨为游而兵力分,寇所以侮而动也。诚复外洋之信地,考会哨之故规,不惟使内寇灰心,且使外夷破胆。此太公望之所以廓四履也。

三曰,汰破冒以省兵饷。夫每寨兵船四十只,约用水兵二千二百名。五寨通计用船二百只,用兵一万一千,比国初已减,无容再减矣。今船则敝漏稀少。问之,辄曰缺饷而无从改造。兵则包揽虚无。问之,辄曰缺饷而莫能勾补。以敝船载弱兵,遇贼不敌也。甚者,舟在水而兵居岸。有急,反自焚其舟以先遁。夫额设兵船,原有额设之饷。隔汛,小修;五汛,中修;九汛,大修;十汛,改造。原有修造之费,今皆安在。而待别区画乎!诚核旧额而养新标,乘改造而易南鸟。新标习风涛,勇足鼓也。南鸟便追逐,制易就也。则有增兵增船之实,而省其费。此路博德所以靖东风也。

四曰,清海道以通商贩。全闽三面距海,山多田少,虽丰岁尚资邻粟,故漳、泉贩之惠、潮,兴、宁贩之温、台,省会贩之上四郡。上四郡皆不足,则又贩之江、广。此定界也。海寇多,外贩塞,遂交责其仰给于人者而给人。闭之,则有遏籴之讥;开之,则有从井之诮。彼寨游会哨,正为驱盗护商设耳。诚召商给牒,以兵卫之。贩粟故道,则兴、漳、泉不仰省会,而接济无从阑入,不亦彼此俱利乎?至于海坛地广可耕,内徙之后,隔为孤岛。东蕃淡水,乃夷汉出入樵汲之地,多粟少货。今红夷据之,民私互市,势不可绝。曷若大开海坛耕垦之路,明立东蕃市贩之格。收其税,资其粟。内充军实,外縻属夷。此刘晏所以通四方,羊祜所以絷邻敌也。

法令明，则民与上同意。要害扼，则致人而不致于人。破冒汰，则役不再籍，粮不三载。海道清，则无远输贵买。兼此四者，而有合于尉缭农战不外索权，救守不外索助，事养不外索资之旨，而后贼可销也。（贺长龄、魏源编：《皇朝经世文编》卷八十五，北京：中华书局，1992年影印本，第7—10页。）

11.《粤东海图说》

粤东列郡有十，滨海者分为三路：潮、惠为东路，高、廉、雷为西路，广州省会处中。若肇庆、南、韶，皆山也。琼州，海外也。东路与福建相接。外而南澳，为闽、粤交界之区，扼吭拊背之防，甚属紧要。而南界柘林、澄海、达濠、海门、靖海、神泉诸处，均属南澳镇属，又皆跬步海涛，在在设汛，安设炮台，可谓星罗棋布矣。若惠州海丰属东南滨海，而甲子所、碣石卫、白沙、遮浪、捷胜、汕尾、平海等处虽易藏奸，而重镇握兵，亦赖以无虞。继而大鹏、沱泞、龙船湾、佛堂门、急水门以及大俞山、伶仃洋、虎门、香山、三灶、广海等处，则为杂沓之区，而提、镇兼施，巡逻周密。外而弓鞋、珠池、担杆洲，远隔外洋。至于老万山，稍可藏奸，近今设防轮守，亦云周备。其广海以下之上下川、阳江、海陵、㦓船澳、双鱼、放鸡、硇州，皆称要地，今亦严密矣。过而琼南，风水各别，舟楫少通，非穷寇，亦不忍遽临其处也。窥之明季倭寇为患，则柘林为首严，南澳以外有三澎，为盗贼之门户必经之处，当为戒严也。如许朝宗、吴平之巢南澳，继而黄霸据之（霸浑名"三尺六"）。澄海，东陇朱良宝巢之；东湖，莫应敷巢之；蓬州，魏朝义巢之；达濠（即大头埔），林道乾巢之。下至碣石，则苏利占据二十年。䜵下，林奇材巢之；香山澳，夷赁居其处；外而老万山，则邱辉（潮人；诨名"臭红"，历授伪镇，没于澎湖），为劫掠住扎之区；阳江北津，有许思之巢；琼山，有李茂之巢。揣其由来，国乱民贫，相率为匪，渐至夜郎自大，峒虎莫撄，流毒生灵。自我朝率定以来，泽及枯骨，华夷宾服，梗化者引首就戮，俯伏者崇以贵秩，恩威并行。又何海氛之足虑乎！间有如蔡十三等辈乞降无路，偶尔猖獗，皆由防汛不严，两镇轮巡通省，前去后空，使知无备之防，得挺螳臂之力。及总督杨琳稔悉情形，奏分三路，筑造炮台以来，几何见潢池之兵乎！是杨琳之功为不泯矣！故为海疆计者，惟虑人地不宜，水务不谙。若能严于内以防出口，巡于外以防劫夺，饬渔船之为匪接济，禁奸人之越境生事……圣祖之训曰：海上原无贼，皆由内地而生。其旨广，其意深，诚实心为国者所宜共勉矣！（俞正燮：《清初海疆图说》，台湾文献丛刊第155种，第59—61页。）

12. 澎湖武备纪

澎湖一营，乃海中之孤岛也。论其地，则风多雨少，斥卤咸碱，不产稻麦，种植维艰，夙称硗确无用之地也。若据形势而论，则大山屿居中（营署、厅署在焉），东则有香炉诸屿之险，南则有八罩船路之险，西则有西屿、吼门之险，北则有吉贝屿藏沙之险。外而五十五屿周环布列，水口礁线犬牙交错，实乃闽、浙、江、广、燕、辽、山左七省之藩维，而为台、厦居中之咽喉也。故备澎正所以备边，澎固而腹心之地未有不固者也……康熙二十二年，荷庙谟神算,讨平郑逆,澎湖遂列版图,东南半壁,始安衽席。乃设官兵驻扎,控制外洋,而营制兴焉。协以统将、将以统备、备以率弁兵,一呼百诺,如身使臂、如臂使指。瀚海无波,则画方以守。戈船下濑,则合力以攻。如康熙六十年台匪朱一贵作逆,窃有全台,七日之内,渠凶芟没,此何莫非澎湖一营固若金汤,得以驻兵进剿之所致也哉!(胡建伟纂修:《澎湖纪略》卷之六,台湾文献史料丛刊第109种,第113页。)

13.《郭世隆传》

郭世隆,字昌伯,号逸斋,汉军镶红旗人,世居山西汾州府孝义县……康熙三十四年,升任福建浙江总督、兵部右侍郎仍兼都察院右副都御史……四十二年,移督两广。广东北阻层山,南滨大海,东自南澳,迤西至安南界,连延五千余里。濒海岛屿,难以呼名纪数;通诛作奸之徒,往往流毒商民,劫财杀人,官兵不能立擒,有司望洋叹息。更查年来提防粤海之师甲天下,而小大蒙蔽,恣其披猖。乃先调取水师各弁,问其船,则曰朽烂无用矣;问其兵,则曰登陆分防矣。盖水师战舰自二十八年发营以来,从未修艌。船既不可居,则不免分驻内地,以遥作声援。所以海面贼舟,得肆行无忌。于是委能员详查各口岸缓急情形,绘图呈核,尽知其要。七月,疏定广东营制。言:粤东自南澳起,经碣石镇与虎门协接界止,海面几二千余里,守汛辽阔。今应将遥对南澳之澄海协添设船只,与南澳对峙巡防。又海门一所最为紧要,应改为海门营,移达濠营游、守、千、把驻扎于此,分防广、钱二澳。达濠营亦系要汛,即移海门所守备改为达濠营守备。至甲子二所乃险要海口,从前止千总一员,今应将镇左营移驻甲子所,与碣石镇联络防守。又,吴川营隔海百余里有硇州一岛,宜设立专营。龙门协属之乾体营,名为水师,向驻于陆地,可归并廉州营,将乾体营兵令白鸽塞守备一员、千总一员、把总二员统之,驻扎硇州,改为硇州营,白鸽塞径以千总领营,照旧管束。平海大鹏一所至顺德地方,外有香山、虎门二协,内有省会之兵,应裁去顺德总兵官,止留中军游击,改为顺德营,其镇标左营改为平海营,右营为大鹏营。下部议行。于是分设要害,捐资委员往广州及闽省督造外海、内河战船三百余艘,配兵出洋搜擒。一败贼于泥【沱】汀,再杀贼于安海,三击贼艘三十余只于琼南,共阵斩、生擒五六百人。于是贼势衰息,奔窜于安南之江萍【坪】。复勒劲兵追杀,贼计穷蹙,遂相率投诚。前后二千有奇,船只、军器收获无算。嗣后南溟半万里,未有以劫夺闻者……康熙五十五年九月,卒,年七十有三。(《碑传集》卷十九,上海:上海书店,1988年影印本,第27—29页。)

14.《福建水师提督襄毅公廷珍家传》

蓝鼎元,公讳廷珍,字荆璞,福建漳浦人。世居苌溪乡,为闽南著姓……公少朴拙,耕于野,作苦,忽有所怀,喟然曰:"吾其为持戟之士乎!"义山公移镇舟山,不远二千里渡海,自请入伍。日习骑射,舞戈扬盾,趫捷如风。又善为火攻,枪炮无虚发,义山公壮之。康熙三十四年,擢把总。越四载,迁磐石守备。又六年,授温州镇右营游击,追贼于南麂外洋,乘风纵击,获其人船赃械。复在凤凰外洋巡捕贼艘,昼夜穷追至青水大洋,沉其一舟,又获其一,斩首十五级,生擒二十七人。当事以为能。调温镇中营游击。甲午夏,在官山外洋捕贼,复追至青水大洋,斩首二十一级,夺二巨舰,擒六十四人。凡汪洋绝岛险远僻深,从来官兵不到之地,穷搜靡遗。洋贼闻风破胆,皆曰:"谨避老蓝,他镇协如婴儿女耳!"自是威名日盛,诸将多忌嫉者。上官亦恶其形己,诮于总督满公保,将劾之。提督吴公升固争,谓此两浙第一良将。满公未信也。会关东大盗孙森等窃辽阳巨炮战舰,逸入海,圣祖震怒,责成沿海封疆诸臣。满公入觐,面奉谕旨,由海滨巡行南下,提督偕至温州时,方忧逸盗未获,温帅来迎,问将弁贤否及蓝某安在?帅曰:"彼在家观剧,未暇也。"满公怒,据帅揭密缮疏,明晨将拜,舟次瑞安,公跪迎于江浒。满公曰:"观剧忙耶!何为来此?"声色俱厉。公从容言:"某于某日,乃自海面缉贼来,在黑水外洋与贼大战,斩级、落水甚多,擒逸盗孙森等九十余人,尽获其战舰、赃物、炮械。"满公愕然曰:"有是哉!几失吾良将也!"召入舟,厚抚之。提督吴公继至,笑曰:"何如?余言不谬乎!"于是改弹章为荐牍。时丁酉夏四月也。(《碑传集》卷一百十五,第22—23页。)

15.《蓝廷珍传》

蓝廷珍,字荆璞,福建漳浦人。少习骑射,从祖理器之。入伍,自定海营把总累迁温州镇标左营游击。巡外洋,屡获盗,盗皆畏避。以是为诸将所忌,诮于总督满保,将劾之。会关东大盗孙森等窃辽阳巨炮、战舰逸入海。圣祖震怒,责沿海疆吏严缉。廷珍出巡海,至黑水外洋与遇,力战,尽获森等九十余人,及其船舰、炮械。满保按部至温州,廷珍迎谒以告。满保叹曰:"几失良将!"召入舟,厚抚之,亟疏荐,超擢福建澎湖副将。未几,迁南澳总兵。(赵尔巽主修:《清史稿》卷二百八十四,列传七十一,北京:中华书局,1977年,第10191页。)

16.《施世骠传》

施世骠,汉军镶黄旗人,靖海侯施琅第六子。圣祖仁皇帝康熙二十二年,随其父剿海贼郑克塽,委署守备;取澎湖及台湾叙功,加左都督衔。三十年,授山东济南城守营参将。三十五年二月,上亲征噶尔丹,天津总兵岳升龙奏荐世骠随征,召试骑射,命护粮运。即至奎素地,复随大将军马斯喀追贼至巴颜乌兰地。凯旋,仍任济南参将,乞归福建葬父。得旨:施琅久在海疆,功绩懋著。其子施世骠顷随军进剿,亦效力勤劳,准给假葬亲。事毕,即回任。三十七年,迁临清副将。四十年,擢浙江定海总兵。四十二年四月,上南巡,御书彰信敦礼匾赐之。时海中多盗,世骠累出洋巡缉。先遣神将假商船以饵盗,擒获甚众,斩盗首江仑。四十六年,上南巡,询及擒斩海盗事,温谕嘉奖,赐戴孔雀翎。四十七年,擢广东提督。五十一年,调福建水师提督。六十年四月,奸民朱一贵自称明裔,伪号中兴王下大元帅,聚众倡乱于凤山县之姜园地,害台湾总兵欧阳凯、副将许云、参将罗万仓、游击游崇功等,遂陷台湾府治。五月丙寅,世骠闻报,即率所部进扼澎湖,总督满保檄南澳总兵蓝廷珍等以师会。众议三路进攻。世骠谓南路打狗港在台湾正南,南风正盛,不可泊。北路之清风隙去府百余里,饷运颇艰。度贼心屯聚中路,宜直捣鹿耳门。时台湾文武官相率退回澎湖,惟北路淡水营守备陈策坚守汛地,世骠遣游击张骎等赴援,而自统师诣中路,选劲卒,乘两小舟,载旗帜先伏于南北港。六月丙午,抵鹿耳门外洋,贼踞台湾拒阻。世骠登楼船督战,击鼓发炮,中贼贮火药器,火大炽,贼惊溃。众军齐进,两港悉树我军旗帜。贼不敢犯,遂扬帆直渡鲲身。鲲身者,海沙也,大舟不能过。是日,海水骤涨八尺,战舰乘风迅达,遂复安平镇。明日,破贼四千于二鲲身。辛亥,贼率众八千来犯,复击败之。壬子,遣守备林亮等由西港进,游击朱文、谢希贤、林秀等越七鲲身由盐埕、大井头诸路奋登岸,并趋府城。世骠身先将士,指挥布阵,贼俱败溃,朱一贵窜遁,遂复府治。复遣参将林政等分路剿抚。闰六月丙寅,诸罗县沟尾庄民人杨旭等诱擒朱一贵及其党翁飞虎、王玉全、张阿三、李勇、陈印等以迎,参将林秀缚送世骠军前。贼党抗拒者先后擒斩略尽,余众就抚,台湾南、北两路悉平。上诏部臣优叙有功将士,赐世骠东珠帽、黄带、四团龙补服。九月,世骠卒于台湾军营。(李桓编:《清耆献类征选编》卷二百七十六,《清代传记丛刊》第40册,台北:明文书局,1986年影印本,第599—614页。)

雍正朝

雍正四年(1726 年)

1.《操练水师疏》

臣查福建水师兵丁内,颇有不谙水务之人,千、把多系中等,将、备亦然。浙江水师与福建相仿,而本领更觉不及。臣细访众论,大概熟悉水师之人内有三等:其最高者,不但本处海洋情形无不熟知,即各处港口之宽狭,沙线之有无,何处外洋岛澳是洋盗寄泊取水之所,何等日色云气是将作台飓回澜之候。因其熟极,故能生巧,实于巡防有益。此为第一等。其次,或熟知数处情形,或熟知本处情形,此第二等。又其次者,于本处情形亦知大概,在船不晕,能上下跳动,运使器械。此为第三等。其仅不甚晕吐,只坐舱内,不能上下跳动、运使器械者,此种不过充备人数而已。现在闽浙水师将弁兵丁之中,如第一等者,或一营之中竟无其人,或仅有二三人。而年近老迈,筋力就衰者居半。所有之好者、次好者,不过第二等、第三等之人。而仅不晕吐,不能上下跳动、运用器械者参半。此等不知港沙之可以行走与否,不知岛澳之可以寄泊与否,行船搁浅撞礁,立有性命之虞。即内洋遇贼,尚难期其缉获,安望其巡捕外洋之盗。臣愚昧所见,惟设法勤令操练,则二等者可至一等,三等者可至二等,或亦至一等。即仅不甚晕吐者,亦可使之能上下跳动,运使器械,渐习渐精。查闽浙之例,本处巡哨之兵只在本处洋面巡哨。即总巡、分巡之员,亦只福建者巡福建,浙江者巡浙江。如此行走操练,止熟本处,不知他处。止知本省,不知外省。臣欲稍为变通,每年总巡、分巡及在本洋巡哨者,俱仍令照常巡哨外,臣每年再于此外另派熟悉之员带领官兵,配给船只。南风起时,令自闽省直巡到浙省尽头。北风起时,复令自浙省回棹,直巡到闽省尽头。并令俱经由外洋岛澳,令本处巡船与之在彼合哨。不到者,据实揭报题参。如此则各处哨船不能偷安,而外洋大盗亦难藏闪。且各处哨巡官兵常到外洋经历,既熟,自渐无畏怯,不惮远出矣。至此巡查之员弁兵丁,臣派令极熟者五分,参以次熟者五分,令其同往。沿路所过,每到一处,即添带武官一员,兵十名,亦令同往,俾其操练。则二等、三等以及稍生之官兵,往返一番,自必俱有长进。若遇有海运米谷等项之事,或到江南、山东、广东等处,臣亦酌量派配官兵,令其押船行走。所走之处愈远,则所知情形愈广矣。至于闽省,现在外委兵丁之中,或尚有一等熟悉之人,未经试到者,臣亦现在留心搜求,以备水师之用。(贺长龄、魏源编:《皇朝经世文编》卷八十三,海防上,第48—49页。)

雍正六年(1728 年)

2. 江南崇明水师总兵林秀奏为本标外洋春哨事

江南崇明水师总兵臣林秀跪奏。为奏阅事。窃臣钦承皇上谕旨,调补苏松总兵官,于三月初四日抵崇明任事。随查本标外洋春哨,因前任总兵官臣陈天培已经派拨官兵、船只,行令右营游击顾金策带领出洋巡哨外。今臣接任例应不时亲身随督外,三月二十五日,坐驾小哨船,前赴外洋,统领原派官兵、船只来往游巡。仰仗我皇上德威远播,海疆宁谧,商贾无惊。现今二麦丰收,米价一两二三钱不等,四野□欢,万民乐业。臣身任海疆钦差景运,不胜踊跃欢忭之至,理合缮折具奏。伏乞皇上睿鉴施行。雍正六年六月初三日。

(北京:中国第一历史档案馆藏朱批奏折,档号:04-01-30-0159-031.)

雍正七年(1729 年)

3. 雍正七年十二月十七日上谕

天津水师营兵丁钱粮,前经部议每月定为一两五钱,朕近闻得兵丁用度稍有不敷,已降旨加为每月二两。浙江乍浦水师营兵丁亦应一体加恩。其新拨之兵丁等每月支银一两五钱者,著照天津之例加为二两,于雍正八年正月为始,著该部行文浙江总督等,遵谕施行。(唐执玉等撰:《畿辅通志》卷六,雍正十三年刻本,第28页。)

雍正八年(1730 年)

4. 雍正八年二月丁卯兵部议

浙江总督李卫条奏:一,步兵内有食水师营之粮者,查令改归水师。倘不能驾驶船只,另募补足。嗣后如有混食,查出,照冒支粮饷例治罪。一,内外洋面、大小船只,令于蓬上书为某处某号,并船户姓名刊刻船尾,以别奸良。并通行沿海各省督、抚、提、镇一体遵行。俱应如所请。从之。(《清世宗实录》卷九十一,雍正八年二月丁卯,第21页。)

雍正十一年(1733 年)

5. 苏松镇水师总兵官李灿奏为春秋两汛派拨兵船巡历外洋事

苏松镇水师总兵官驻扎崇明县臣李灿谨奏。为奏闻事,窃照崇明于春、秋两汛派拨兵船巡历外洋,向例将情形奏闻在案。本年二月初一日春哨届期,臣委右营游击顾金策,率领四营官兵,坐驾赶缯船六只,配齐军械,赴外洋一带及江浙洋面交界处所联络游巡。臣复不时亲统舟师督察,仰赖皇上德威远播,海宇清宁,商渔乐业,并无宵小踪迹。相应循例奏闻。至沿海地方,上年七月内偶被潮患,荷蒙皇上洪恩广沛,赏给兵丁一月饷银,咸获宁居。其被灾百姓,冬、春赈给三次。本年又奉特恩加赈四十日,俾青黄不接之时,糊口有资。皇上怀保万民,无远弗届,无微不周。臣仰体圣衷,身在地方,何敢膜视,协同署崇明县高国楹实心办理。又准抚臣以文员不敷查赈,咨臣就近委营员协办,臣随派委干员,会同分头查赈,已于四月十一日完竣。亿万户口莫不均沾实惠,感戴皇仁。再,崇邑田亩悉系沙土,向来多植木棉,少种禾稻。上年收成歉薄,臣于九月内率同崇令遍为劝谕广种豆麦,以资接济。今岁春夏雨旸时若,寒暖得宜,二麦长发茂盛。目前正在刈获,约略十分收成者十之五、九分者十之三、八分者十之二,农民得资口食耕作。雍正十一年四月二十七日。(北京:中国第一历史档案馆藏朱批奏折,档号:04-01-30-0199-004.)

6. 杭州将军阿里衮奏为满洲乍浦水师外洋行走事

杭州将军臣阿里衮等谨奏。为遵旨商酌,公同奏覆事。本年四月二十二日,乍浦副都统臣傅森到省,赍有大学士臣张廷玉、内大臣臣海望、总督臣李卫等字寄。内开:雍正十一年四月初四日,英诚公丰盛额等奉旨会同总督李卫,因议覆天津水师满兵定例出洋游巡、试演一事毕。李卫又奏称:上年乍浦副都统傅森亦曾奏请兵船开驾外洋行走。奉旨谕臣:满兵初习水师,务须驾驶纯熟,筹划万全,始可达去试演,不宜轻率,凡事慎重为主。等因。钦此。

今乍浦水师满兵应否亦令副都统傅森就近会同将军阿里衮、督臣程元章商酌万全,派出兵船渐次试演,于定海普陀等处游巡,面奉俞允。著寄信前去,照依办理。钦此。相应寄信前来等因。臣等伏查乍浦设立满营水师以来,各旗官兵感沐皇上世世豢养之恩,无时不勤加习学。凡一应施放枪炮以及拉篷、上桅、摇橹等事,悉皆优为。臣阿里衮上冬及本年三月两次亲往阅看操演,臣程元章今春会同内大臣臣海望等查勘塘工,前至乍浦阅视满营水师,实有可观。各兵仰戴皇仁,靡不踊跃欢心,亟思出洋游巡,以图报效。是以副都统臣傅森有亲领兵船,开驾外洋行走之请也。第查定海、普陀相隔乍浦三四百里,海洋风信靡常,各兵操演之事难属谙练,然究非生长海滨童年习学可比。伏读圣谕,务须筹划万全,始可达去。仰见皇上睿虑周详,无微不照。臣等公同商酌似应暂缓出洋,仍令照旧在就近海面勤加学习。臣傅森仍照常督率操演。臣阿里衮、臣程元章仍照例轮换前往查看。俟各兵驾驶精熟,转折自如,实可放心之日,另行请旨定例,远巡外洋,庶出万全。臣等谨会同恭折奏覆,伏乞皇上睿鉴。谨奏。雍正十一年五月初十日。浙江总督臣程元章,杭州将军臣阿里衮,乍浦副都统臣傅森。朱批:是。(北京:中国第一历史档案馆藏朱批奏折,档号:04-01-30-0190-005.)

7. 江南水师总兵官李灿奏为本标官兵船只巡缉外洋事

江南水师总兵官驻扎崇明县臣李灿谨奏。为奏闻事。窃照臣标官兵船只巡缉外洋,春秋两哨,例应更替,以均劳逸。本年六月初一日,届当更换秋哨之期,臣即委署理左营游击事守备杨天柱,率领四营官弁,共驾赶缯船六只,配足军火、炮械,前赴外洋,严饬加谨梭缉游巡,不得偷安怠误。嗣于七月十七日新补署左营游击王大德到营任事,出洋接巡,更换守备杨天柱回营。臣复不时躬亲出洋督察,以稽勤惰。仰赖皇上德威远播,海宇清宁,并无宵小潜踪,商渔船只往来贸捕,咸欣乐业。今自六月起至九月底,外洋汛期已满,循例撤巡,其内洋船只仍饬各弁小心巡逻防范。理合缮折恭奏。

再,崇邑各沙禾稻六月内虽雨泽稀少,有港水可车,足资灌溉。通计收成,八分者居十之六、七分者居十之三、六分者居十之一。其沿海所植木棉,约计收成有四五分不等,现在地方俱皆宁谧。合并奏闻。为此专差家人陈良自备脚力,赍捧恭进。伏乞皇上睿鉴施行。谨奏。雍正十一年十月初四日。(北京:中国第一历史档案馆藏朱批奏折,档号:04-01-30-0199-007.)

雍正十三年(1735年)

8. 福建水师提督王郡奏为拿获偷渡台湾客头客民事

福建水师提督臣王郡谨奏。为奏闻事。窃臣仰沐皇上天高地厚之恩,拔置封疆,夙夜兢兢,惟以安靖海洋为念,今岁循例派拨兵船十只游巡外,又另添兵船四只,挑选臣标将、备、千、把前往南、北二洋,督饬在洋各舟船上紧巡哨。今内外海洋以及澎湖、台湾各处,仰仗天威,悉皆宁谧,商渔俱各安业,只有偷渡过台一事,尚未能绝。臣身在水师,亟应严拿。因思偷渡之民,海边若无窝引之人,断不能自偷出口。缘客头姓名、住处不知,是以密令臣标中军参将王清,会同原厦门海防同知杨翼成,密差兵役,扮作偷渡客民,在路游移,以探客头姓名、住处。本年三月二十六日,果有客头之伙伴陈基向前兜揽,因此查出实情,方知客头名叫江升,父子四人住漳州府海澄县港尾地方,见招多人,即运出口。臣闻此信,就密令该将弁海防同知等亲往密拿,故就港尾地方,四处拿到无照客民等六十三名,客头江升一名,船一只,查出客头江场主、江妈、二苏、秀验、李子英、江兴。又,水手口从、董喜、苏秀、江妈生、苏名,余尚未获。

臣又闻陈基供称,该地多有僻港可通大洋,不必从大担汛出口,因此黑夜可以偷渡。臣随亲往勘明,该地果有僻港,偷出即系大洋港口,向无兵船防守。臣遂知会督臣,于该地港口之大径地方添设中营哨船一只,以资兜截。本年六月十四日,防守大径汛之外委千总黄琛于港尾之港口追获客民王君禄、谢合二名,舵工王全一名,供出客头赖往。而窝家黄长老见在拘拿。七月初十日,该汛外委黄琛又拿到无照客民张有等一十一名,江姑等众妇幼童四十八名,船一只,舵水、客头浮水脱逃。见获之人俱解交海防同知收审,供出客头黄图、蔡明、曾正、高六,尚未获到。今臣细查港尾地方,盖固江、黄二姓,恃其族大人强,因此设船诱客,四处招人,招引前来,银钱哄骗到手日,则将人藏匿山坑石洞,夜则乘空偷行出口。其至伙伴赴各府乡村四处招引前来,将人藏匿海边,先用小船泅渡出口,偷上大船。及至瞭见兵船,其招引作奸之辈,原系海边熟径之人,随地将船傍拢,浮水潜逃而去,将客民听官兵拿解,审出客头、招引之人,有司出票拘拿,伊将骗来之银,多方买嘱,而差役见有多钱可得,乐于卖放,于是以案悬半载有余,客头窝引之人终无获究。此获案之外,或于饭店,或于偏僻海边盘获欲行偷渡无照客民一十余起,解交有司审究,非因偷渡未成,即因客民应照例先行发落,递回原籍。夫客民业已寻回,客头又非比盗首定有限期追比差役,故差役更可卖放,客头在外又去招引,所以偷渡之害,终不能除。今臣咨会督、抚二臣,严饬有司先拿澳甲、地保、邻族人等,追出客头、窝家、船户、舵水、招引之人,照例治罪,则偷渡之害可除矣。事关海洋,为此具折,专差臣标把总许朝耀赍捧密奏,伏乞皇上睿鉴施行。朱批:办理甚好,具见实心任事,向后更当旨意。雍正十三年九月初六日。(北京:中国第一历史档案馆藏朱批奏折,档号:04-01-30-0199-020。)

9. 江南苏松水师总兵官陈伦炯奏为外洋督哨期满事

江南苏松水师总兵官臣陈伦炯谨奏。为恭报微臣外洋督哨期满事。窃臣任职海疆,每年轮派官弁,统领水师各带军火、器械,坐驾缯、沙战舰在于内外洋面巡哨,以缉奸匪,而靖地方。良以崇明一沙孤立海表,由高、廖二嘴出口,北路则达山东、北直、盛京,南路则通浙江、福建等省,东路则通高丽、日本诸岛,而自高、廖二嘴之内溯江而上,更可直至江西、湖广等省,实为南北海道扼要之区。惟恐各哨官兵畏惧风涛,偷安停泊,不能在洋梭织游巡,是以总兵官每于春、秋二季不时亲坐战船,出洋督哨。除本年秋哨日期照例报部外,臣于七月二十一日先至内洋稽查各哨官兵,并察外沙各汛,均安静无事。至八月初八日,臣换坐外海缯船出洋,督率在洋官兵周历大戢山、小戢山、大羊山、小羊山、徐公山、马迹山等处岛屿。乘风便利,直至与浙江交界之舟山,遍督哨巡,所有各处海汛并皆宁谧,商艘安行,随于二十三日回营。今留洋统兵侦巡之右营游击蔡应举等哨期已满,亦于九月二十九日回汛。除臣另派四营官兵船只于十月初一日出口在内洋巡缉外,所有臣督巡外洋,海宇升平及秋哨官兵期满缘由,理合缮折恭奏。再,今岁崇明地方海不扬波,雨旸时若,稻谷通计共有八分收成,合并奏闻。雍正十三年十月十五日。朱批:总兵乃专阃重寄,海疆更为紧要。汝蒙皇考圣恩简用,当竭诚宣力训练抚绥,务令武备修整。(北京:中国第一历史档案馆藏朱批奏折,档号:04-01-30-0199-022。)

10. 福建布政使张廷枚奏为封禁外洋岛屿开垦事

福建布政使臣张廷枚谨奏。为敬筹边海情形以收垦辟之实效事。雍正十三年四月初八日,奉总督郝玉麟、巡抚卢焯会行,查闽省依山濒海,旷土甚多,该司立即檄行各属详加查勘,凡坡陀、土岗、山岙、林麓及临河、滨海斥卤、淤滩,递一相度,各随水土之宜,设法布置,垦辟树艺,以尽地利,以养民生。庶几仰慰圣怀,无惭职守,等因。并将内阁咨送照誉,钦奉先帝御批,河东总督王士俊奏报:豫省开垦成效事一折,抄发到臣。臣随檄行十府二州,转饬所属实力查勘,详报去后,嗣据各厅、州、县陆续呈报,查勘得内地并沿海各岛屿与界联生番之处田地、山塘共一十一万余亩前来,除俟行查清楚,造报齐全,详请督抚具题,并汇册咨送内部查核、存案外,窃惟我朝承平日久,生齿日繁,惟竭尽地力,以惠养斯民,此诚经国之大纲。因将之急务,第各直省中有外洋、内地之别,又有番苗民人联界之处,自当权其可否,思患预防,务期有利无害,方为尽善。

查闽省内地之林麓、埔塘、港汊、洲渚,俱应全行查勘,召人报垦认课,以安无业之民,不得稍有遗漏,旷废地利。其台湾地方民番杂处,自应加意防范,令其两相宁静。如凤山县查报之琅桥,台湾县查报之猴洞口并罗汉门庄之虾墓林等处,俱与生番联界,原属从前禁地,未便任人报垦,借端越占,启衅。其沿海各岛屿,如闽县查报之上竿塘、连江县查报之下竿塘、长乐县查报之东狮、白犬、白沙、霞浦县查报之大嵛山、小嵛山、南关山、烽火山、浮鹰山、福安县查报之鹭鸶岛、澎湖厅查报之东吉、西吉、花屿、半屏、大屿、凤山县查报之小琉球,俱各孤立洋中,四面俱海,易滋接济盗贼米粮、薪水之弊。是以前明三百年来,彼地奸民勾引倭人入寇,沿海地方屡被残破。迨我朝顺治十八年,将沿海民人迁入界内三十里居住,由此,内奸既靖,外匪潜消。至康熙八年止,展复界外五里,许民移居。又至二十二年,始全行展复,听民人迁移界外居住。惟外洋各岛屿仍然严禁,不许民人移居及搭蓁、采捕。以故九十余年,海宇粳宁,人民乐业,此实防范严明之征验。更不便准其报垦、认课、潜弛禁令,使奸民乘机聚集生事,以致海洋不靖。臣已详明督抚,业奉批准,通饬遵照办理在案。但查垦荒地一案,各直省俱在仿照河东之例举行,其沿海各省外洋均有孤立之岛屿,其余各省亦有苗民联界之处,应请照旧严行禁止,一概不准报垦、认课。如有奸民蒙混,具呈。该地方官一时疏忽,未曾详查,误行批准者,早为查明、清理,不得支饰隐瞒,致贻后患。至于内地之林麓、埔塘、港汊、洲渚,凡有可以利民者全行查勘,召人报垦认课,不得稍有遗漏,庶无业民人可以资生,而海洋番苗亦不致滋事矣。臣刍荛之见,是否有当,谨此缮折具奏,伏乞皇上睿鉴,敕部议覆施行。谨奏。雍正十三年十月十五日。朱批:各省奏报开垦者,多属有名无实,竟成累民之举,而河南尤甚。前已颁发谕旨矣,闽省海洋之地,尤不可生事滋扰。并传谕尔督抚知之。雍正十三年十月十五日。(北京:中国第一历史档案馆藏朱批奏折,档号:04-01-30-0274-013.)

年月不详

11.《潮州海防图说》

潮郡东南皆海也,左控闽漳,右临广惠,壮全潮之形势,为两省之屏藩。春夏之交,南风盛发,扬帆北上,经闽省出烽火、流江,翱翔乎宁波、上海,然后穷尽山、花鸟,过黑水大洋,游奕登莱、关东、天津间,不过旬有五日耳。秋冬以后,北风劲烈,顺流南下,碣石、大鹏、香山、崖山、高、雷、琼、崖,三日可历遍也。外则占城、暹罗,一苇可杭。噶啰吧、吕宋、琉球,如在几席。东洋日本不难扼其吭,而捣其穴也。全潮海疆不过五百里,上自南澳,下迄甲子门,中间岛屿澳港,历历可数。柘林、大城所,居南澳上游,有鸡母澳、山后澳、虎屿、狮屿、红螺、鸡冠、西澳、诸山、横山、青山、盐漏、上里诸炮台与闽之铜山、悬钟接界。明人防海,知设水寨于柘林,而不知南澳之不可弃,迁其民而墟其地,遂使倭奴、红夷盘踞猖獗。吴平、林凤、林道乾、许朝光、曾一本,先后盗兵,边民涂炭。万历年间,始设总兵守之,国家镇以元戎,游魂永靖。盖闽广上下要冲,阨塞险阻,外洋番舶必经之途,内洋盗贼必争之地,去留明效,固彰彰若此也。南澳,四面大洋,周回三百里,分隆、深、云、青四澳。云、青属闽,诏安治之。隆、深属粤,饶平治之。左右两营分守各疆,亦以福广名。青澳在东,涛流险恶,无泊舟善地。云澳在南,近岸皆沙,水浅风飞,巨舰亦难停顿。是以左营舟师必分深澳驻泊,以深澳镇城所在,元戎旌节之区也。深澳面北,半倚山阿,外险内宽,千舟可聚。若北风狂发,则不如隆澳之安。隆澳在西南,南台骤起,则又宜于深澳。深澳之口为青屿,为蜡屿,青屿石峰奇砆,有“海阔天空”四字古迹,蜡屿炮台有兵防守,与长山尾汛,皆捍门要地也。黄冈之南为大澳,为狮头,为鸿门,为信洲,为柏洲,为井洲。南澳西北四十里,为海山。海山双峙汪洋中,与南澳、黄冈相犄角。溪南防汛为东石,溪北防汛为浮浔,各港洋面锁钥固焉。下此为侍郎屿,为三屿,为五屿,水际卷石,嗜然小星,贼艘偶冲,亦有不攻自破之妙。澄海洋中为大莱芜、小莱芜,为放鸡山。放鸡山为朝阳境,澄海协弁兵守之。过此为达濠,亦在海中,潮阳东之保障也。自明以来,屡为寇垒,许栋、张礼、邱辉凭陵肆毒,而辉杀掠无已,残酷最甚。康熙二十年,设副将两营屯扎,今改专汛守备,城池、战舰屹然称雄藩。内则磊口、河渡,分南北两门,外则放鸡、莲澳、广澳,炮台罗列,其谁敢撄之。下此为东屿,为西屿,西过龙潭鼻为钱屿炮台,则海门出口之要害也。海门城据山临海,有水师参将驻扎,猷湾河背两岸炮台,皆在城下,为潮阳东南保障。出口迤西为靖海所,靖海有城,有炮台,属惠来境,海门守备分守之。靖海而南,以石碑澳为要害,贼舟屡泊,登岸剽掠,赤山、铅锡、石井诸澳,皆苦海氛,而神泉为尤甚。神泉登岸十五里,则为惠来县南门,上下舟航,皆入此港,为惠邑第一要害,筑城港口,驻扎防兵,左右炮台,威武震叠,华清、甲子作我屏翰,而海滨有长城之势矣。甲子为惠潮枢轴,有碣石水师专守,不容越俎代谋。潮属海面如此而已,港澳虽多,沙礁暗阻,风涛不测,舸舰辄碎,非熟谙港道者,弗敢轻入。商艘往来,不过旗岭、汕头、神泉、甲子,他皆非所恋也。(蓝鼎元:《鹿洲初集》卷十二,台北:文海出版社,1977年影印本,第43—47页。)

12.《潮州府总图说》

潮为郡,当闽广之冲,上控漳汀,下临百粤,右连循赣,左为汪洋,广袤四五百里,固岭东第一雄藩也。附郭曰海阳,为十一邑领袖,潮阳在其南,澄海在东南,惠来在西南,皆海国。饶平疆域,亦大半海国焉。(揭阳、普宁为西南内地,大埔在郡北,程乡、镇平、平远在西北,饶平在东北,五邑皆介万山中,而饶疆亦大半海国焉。近海诸邑,多平原沃衍,宜稼圃佐之,以渔盐谋生较易,入山诸邑,人稠地狭,崇冈大阜,种稻、黍、薯、芋,如悬崖瀑布,尚苦不给,多佣力四方,则亦未如之何矣。)由闽入粤,以分水关为要害。由赣入潮,以平原、八尺为要害。(皆坦夷周道,戎马所经。)由汀入潮,以大埔、石上为要害。(溪险滩高,舟行石阻,贩夫之所往来也。若邓艾入蜀,则此途已为康庄。而上杭亦有山径,可达程乡、武平分水凹,可达平远,未可以羊肠而忽之。)自惠州、长乐而来,则畲坑为门户。自海丰而来,则葵潭为门户。自海丰、甲子所而来,则龙江、览表,居然天堑。自海而来,则南澳、澄海、达濠、海门、神泉,锁钥固执之。内溪水道,以三河为要害。三河堵截,则程太平镇与郡城声息不能相通。(独由城障出畲坑,为山行捷径耳。其半途有通判府在群山中,最为要害,纵横离县治皆数百里,守备空虚,倘有宵人伏莽,则心腹之疾也。揭邑极西有河婆,大山深僻,为从来盗贼窟穴,矿徒出没之区,莫有知其要害者。)经之,则惠潮之乐土;置之,实两郡之隐忧。曲突徙薪,于斯二者加之意乎!固官司土者之责。(蓝鼎元:《鹿洲初集》卷十二,第13—15页。)

13.《论海洋弭捕盗贼书》

国家东南环海,万里汪洋,舟楫利涉,为民生之大利,期间宵匪潜伏,出没行劫,亦为方隅之隐忧。江、浙、闽、广则自二、三月至九月,皆盗艘劫掠之时。原贼之起,其初甚微,止一二人,密约三五人,潜至港口,窥伺小艇,附岸径跳,登舟露刃,胁舟人驾出外港。遇有略大之渔船,则诈称卖鱼,又跳而上,再集匪类至十余人,便敢公然行劫,此粤东所谓踏斗者也。出遇商船,则乱流以截之,稍近则大呼落帆,商自度无火炮、军械,不能御敌,又船身重滞难以走脱,闻声落帆,惟恐稍缓,相顾屏息,俟贼登舟捆紧,贼或收其财物,将船放回,或连船劫驾他往,虽不愿从,亦暂相依,以冀旦晚劫换,一入其党,则与之化,日久日多,遂分为一二船,势渐以大。此等小辈无他伎俩,但使商船勿即惶恐下帆,又有炮械可以御敌,贼亦何能为乎?愚以为商船皆有身家,断不敢思为匪,以自丧其身家性命,而且一船下水,必有族邻、乡保具结,地方官查验、烙号,给予护船牌照,方敢出外贸易。此等有根有据之人,岂不可信?而必禁携枪炮,使拱手听命于贼。若以族邻保结不足凭,则不应给予牌照。既可给予牌照,则可听其随带防船器械。倘得请旨,勿为拘牵,弛商船军器之禁,则不出数月,洋盗尽为馁莩,未有不散伙回家者也。哨船之不能遇贼,皆谓万顷渺茫,从何捕起?风涛险恶,性命可虞。不知贼船在近不在远,沿边岛澳偏僻可以停泊之区,时往搜捕,百不失一。盖彼虽名为贼,未尝不自爱其生。陡遇飓风,未尝不自忧覆溺。各省匪类性虽不同,然皆必有按澳可避台飓,乃能徐俟商船之往来,必待天朗风和,乃敢驾驶出洋以行劫,其贪生惜死之心,同其哨缉之方,堵截之候,无不同也。向来各省巡哨,实心者少,每遇出巡,必预张声势,扬旗徐行一二月,未离江干。又于船中旦暮鼓乐,举炮作威,是何异呼贼船而使之避也?若使巡哨官兵密坐商船以出,勿张旗帜,勿举炮作威,迫贼船向迩可追,即追不可,则佯为逊避之状,以坚其来。挽舵争据上风,上风一得,贼已在我胯下。我则横逼贼船,如鱼比目并肩不离,顺风施放炮火,百发百中。两船既合,火罐火药桶一齐抛击,虽百贼,亦可擒也。所有银钱货物尽赏士卒,勿许将弁自私自利,首功兵丁,拔补把总,将弁以次升迁,无得掩抑,则将士之功名、财利俱在贼船,将不遑寝食,以思出哨也。抑愚闻在洋之盗,十犯广九,则弭盗之法尤宜加意于粤东。粤俗,自潮州沿海而下,千有余里,半以攘夺为生涯。水势习熟,往来如飞,将来流毒不知其何所届,此则杞人之隐忧,讵可以其天涯绝域,置为荒远,而不足介意哉?(蓝鼎元:《鹿洲初集》卷一,第11—13页。)

14.《与荆璞家兄论镇守南澳书》

南澳,为闽广要冲,贼艘上下所必经之地。三四月,东南风盛,粤中奸民哨聚驾驶,从南澳入闽,纵横洋面,截劫商船,由外浯屿、料罗、乌沙而上,出烽火、流江而入于浙。八九月,西北风起,则卷帆顺溜剽掠而下,由南澳入粤,劫获金钱货物多者,各回家营运卒岁,谓之散斗劫。少无所利者,则汛舟顺流避风于高州、海南等处。来岁二三月,土婆涌起,南方不能容,则仍驾驶北上,由南澳入闽,所以南澳一镇为天南第一重地,是闽、粤两省门户也。镇南之法,以搜捕贼艘为先。今承平日久,将卒疲玩,奉命巡哨,泊船近岸,迁延期满,扬帆回汛。贼连舻劫掠,莫过而问。或上命督责,不得已稍稍出洋,扬旃徐行,举炮作威,惟恐贼船不知远避。失事之处,偶属他镇地方,则此镇自相庆贺,以为贼不敢犯吾境,是则今日沿海水师之通病也。(蓝鼎元:《鹿洲初集》卷二,第1—2页。)

乾隆朝

乾隆元年（1736 年）

1. 浙江按察使胡瀛奏为勘查内外洋失盗地点事

浙江按察使臣胡瀛跪奏。为敬陈海洋盗案情形，恭请圣裁事。窃照商渔船只出入海洋，全赖水师官兵驾船巡哨，飞渡擒拿，以除奸宄。至于沿海州县同有稽察之责，是以定例内洋失事，凡疏防承缉文官，照内地四参不获，降调之例，一并议处。伏思内洋形势实与内地迥别，虽有山坳、岛屿名色，在州县原未经由，每于失事之日，虑及四参不获，即干降调，故为驳诘，推诿外洋，兼卸邻邑，辗转移查，经年不结，并有关提船户、事主前往失事处所指认内外洋面及某省某界址者，以致事主拖累无穷。臣愚以为海洋界址，自可预为分别。仰恳皇上饬部行文沿海督抚，除向有定界者毋庸复查外，其有内外洋并两三县及两省相邻，界限不清之处，转饬沿海州县会同营员，带领熟练舟师勘明在内在外洋面、山坳、岛屿名色，某省某县界址，逐一绘图造册，详报督抚，汇齐送部存案。遇有盗案发觉，州县官会同营员即日照图讯明的实处所，按供通报，则文武各官自无耽延、推诿之弊矣。至于处分之例，内洋失事，文职四参，不获，即降一级调用。此例开载已久，但查沿海州县，均系拣选之员，其防范海口偷渡、编查渔船、验给照票、盘察违禁物件，加以地方刑名钱谷诸事，职任已繁。且州县衙门从未设有巡海船只，而捕役又不能熟练水性，若因洋盗未获，即同水师武职一并降调，似觉处分过重。查定例内地失事，如无墩铺处所，武职初参，停其升转；二参，罚俸一年；三参，罚俸二年；四参，降一级留任，等因，在案，臣请嗣后内洋失事，州县限满，无获，亦照武职降级留任之例，庶文武处分各得其平，而沿海州县益加奋勉。是否有当？伏乞皇上睿鉴，敕部议覆，施行。谨奏。乾隆元年七月二十日。（北京：中国第一历史档案馆藏朱批奏折，档号：04-01-12-0004-001.）

2. 乾隆元年十月甲子谕总理事务王大臣

甲子，除外夷货船额外银税。谕总理事务王大臣曰：朕闻外洋红毛夹板船到广时，泊于黄埔地方，起其所带炮位，然后交易。俟交易事竣，再行给还。至输税之法，每船按梁头征银二千两左右，再照则抽其货物之税。此向来之例也。乃近来夷人所带炮位听其安放船中，而于额税之外，将伊所携置货现银另抽加一之税，名曰"缴送"，亦与旧例不符。朕思从前洋船到广,既有起炮之例,此时仍当遵行,何得改易。至于加添缴送银两,尤非朕嘉惠远人之意。著该督查照旧例,按数裁减,并将朕旨宣谕各夷人知之。(《清高宗实录》卷二十五,乾隆元年十月甲子,第5—6页。)

乾隆二年(1737年)

3. 江南苏松水师总兵官陈伦炯奏为外洋督哨期满事

江南苏松水师总兵官臣陈伦炯谨奏。为恭报微臣外洋督哨期满,海宇宁谧事。窃崇标水师本年外洋秋哨,臣于六月初一日委派臣标右营游击蔡□攀带领奇营守备常士德及千把员弁,乘坐缯船六只,领兵四百二十名,率同川沙营守备丁□□、吴淞营守备蔡士德等乘坐缯船四只,配兵二百九十六名,更替春哨官兵出洋巡哨,业经通报兵部在案。臣于七月十七日乘坐缯船二只,配带官兵,前赴外洋督巡,稽察在洋官兵勤惰,遍经大戢、羊山、马迹等山岛,于八月初二日回崇明。嗣又于九月初四日仍赴外洋督巡,并乘风至浙江交界之渔山及舟山之岑港等处游奕巡缉。仰赖皇上福祉,所到洋面俱各安澜,奸匪绝无来往,商渔乐业,共庆太平。臣于闰九月初三日巡回崇明内洋,稽察内海各汛,亦俱安静。其外洋官兵船只遵例于闰九月二十九日各收回本汛外,所有经臣外洋督巡秋哨官兵期满,海宇宁谧,理合缮折恭报。再,今岁崇明沿海地方秋收谷豆、木棉高低合算计有九分收成。合并奏闻。臣陈伦炯谨奏。乾隆二年十月初七日。朱批:知道了。(北京:中国第一历史档案馆藏朱批奏折,档号:04-01-01-0016-020.)

4. 署理广东巡抚王謩奏为兵船运载班兵回营遭风损毁事

署理广东巡抚臣王謩谨奏。为奏闻事。本年闰九月二十八日据香山县详报:有福建台湾协水师左营管队葛兴管驾定字六号赶缯船一只,配船目兵二十二名,装载枫岭营原拨防台弁兵王瓒等,换班回营。于闰九月初四日出鹿耳门口,初六日,被风打断碇缆,飘出大洋,舵折、篷坏,通船官兵幸赖保全。于十七日飘至香山地方收口。今船身渗漏,并无风篷、桅舵、桡缆,不能行驶,等情。到臣。臣随飞饬查明被风情由,令将原船牵驾赴省修复,并查知船内兵目、盘费、口粮已有缺乏,随即量给银米,资其日用。嗣据枫岭营外委把总王瓒、目兵周瑞等四十二名,呈请借支库银一百三十两,以作回闽盘费。又据台湾协标营队葛兴等二十二名因守候修理原船尚需时日,呈请借支库银六十六两以资用度,均请咨会闽省于各兵名下月饷内扣还。臣查台湾换班回营兵丁涉险外洋,勤劳王事,今因被风飘流至粤,虽人口幸获安全,而船只、什物咸有损坏,隔省遥远,盘费、衣食不无拮据之苦,自当仰体皇上爱养兵民之至意,加意周恤,不便歧视。当即批司于存公银内动支,并面谕布政使萨哈谅即日照数支给,各弁兵收领,回闽,俾免羁滞,其船只速令修复矣。完竣之日,驾驶回台,所有其借支银一百九十六两,免其扣还,以昭皇仁,并咨明福建督、抚二臣转行知照外,缘系动用司库存公银两,周恤邻省失风兵船事宜,理合缮折奏闻。伏乞睿鉴。臣谨奏。乾隆二年十一月十五日。朱批:如是办理甚妥。(北京:中国第一历史档案馆藏朱批奏折,档号:04-01-01-0018-022.)

乾隆三年(1738年)

5. 乾隆三年三月壬午谕

广东提督张天骏奏：外海水师人员遇千把、外委缺出，不必定以弓马较补。如舵工及水手战兵内验果人材壮健，施放鸟枪有准，器械步箭稍可观者，准较量拔补后，更令演习弓马。下部议。寻，以酌分等次考察练习复奏。得旨：此奏知道了。至汝不过据汝所知陈奏，朕前既交部议，自应静听。何存必行之见耶。(《清高宗实录》卷六十五，乾隆三年三月壬午，第29页。)

6. 乾隆三年八月乙巳谕

今年直隶各州县收成丰歉不一，米价未免稍昂，而奉天、山东二处，年岁俱获丰收。从来邻近省分必须商贾相通，以丰济歉，则需谷者既得以糊口，而粜贩者又借以营生，殊属两便之道。但奉天、山东俱届海滨，地方官吏因向有禁米出洋之例，未肯任从民便。用是特颁谕旨：奉天、山东沿海地方商贾有愿从内洋贩米至直隶粜卖者，文武大员毋得禁止。但商贾米船放行之时，该地方官给与印票，仍行文知照直隶总督。其沿途巡海官弁亦时加查验，毋令私出外洋。米船既抵天津，卸米之后，直隶地方官给与回照，仍行文知照奉天、山东两省，俾米谷流通，以副朕轸恤民瘼，一视同仁之意。该部即行文奉天将军、府尹、山东巡抚知之。(《清高宗实录》卷七十五，乾隆三年八月乙巳，第10—11页。)

乾隆四年(1739年)

7. 乾隆四年二月戊戌兵部等议禁头巾插花

江南狼山镇总兵许仕盛奏：海船驾帆，上有头巾，旁有插花，商船近多制用，乘风驶行。盗艘易滋弊混，应请禁止。下沿海各省督抚、提镇议。佥称：洋船头巾插花，借其风力迅行。遇有盗艘，可以立辨远捕。原与内河有别，若一概准用，恐不肖之徒，恃有迅速致远之具，反可出洋为匪。应如所请，外洋仍许制用，内河一例禁止。下部议行。(《清高宗实录》卷八十七，乾隆四年二月戊戌，第5页。)

乾隆五年(1740年)

8. 乾隆五年十二月癸丑兵部议

江南提督南天祥奏：外海水师参将迁转无期，请将内河副将通融升补，等语。查外海水师无题升内河例，但该省并无外海副将。应如所请。嗣后京口水师副将缺出，准将内河之太湖营参将及外海之川沙、吴淞二营参将，一体拣补。从之。(《清高宗实录》卷一百三十三，乾隆五年十二月癸丑，第2页。)

乾隆六年(1741 年)

9. 乾隆六年十一月癸未吏部议准

左都御史管广东巡抚王安国议按察使潘思榘奏:请东莞县缺口镇司巡检,原列要缺。雍正十三年,改为中缺。其地逼近外洋,易藏奸匪,请仍列为最要缺,于本省佐杂内拣选调补。博罗县石湾司巡检,原列要缺。雍正十三年,改为最要缺,地在内河,事务简少,请仍列为次要缺。归部铨选。从之。(《清高宗实录》卷一百五十五,乾隆六年十一月癸未,第 15 页。)

10. 乾隆六年十二月己亥兵部等部议准

原署两江总督杨超曾会议福建漳州总兵官黄有才奏:请将江南定海、崇明二镇快哨船,改照烂鼻头船式。查江浙洋面情势不同,浙洋宽深无沙,出洋便可扬帆,毫无阻碍。江南则有山前暗沙,洋面较窄,沙线有碍,故设崇明四营小哨船,巡缉诸沙,并非随带外洋之用,未便议改。烂鼻头船转折便利,戗风腾驶,海船中之利快者莫过于此。如舟师出洋哨捕,随带哨探,诚不可少。然水师有大队,有正有奇,方收先锋、哨探之用。此船梁头不过一丈四尺,配兵不过三十名,设遇巨舰夹舟临战,何以御敌。请将崇明镇中、左、右、奇四营,并川沙、吴淞二营额设沙船内轮届拆造之年,每营各改造烂鼻头船一只,随巡外洋,其原设小哨船九只,留资内洋巡缉。从之。(《清高宗实录》卷一百五十六,乾隆六年十二月己亥,第 20—21 页。)

乾隆七年(1742 年)

11. 两江总督镇国将军德沛奏折

为遵旨议奏事。窃查南洋噶喇吧戕害土生汉种一事,经前署福建总督臣策楞等奏称:噶喇吧恃其荒远,罔知顾忌,肆行戕害多人,番性贪残叵测,倘嗣后扰及贸易商人,势必大费周章,请照例禁止南洋商贩,摈绝不通,使知畏惧。俟其革心向化,悔过哀求,然后再为请旨。经部议:海洋商贩既禁,则出洋海口作何稽查防范,毋致偷往,并于沿海贸易商民生计有无关碍。正在议奏间,据御史李清芳奏:以商贩一加禁遏,有亏关税,有困民生,种种不便,等因。又据福建按察使王丕烈奏:海船出口,如在内地贸易,逾期未归,详查失风处所,或迟至二年以后始归者,不准复听其出海贸易。至船往外洋,迟至三四年以后始归者,永远不许复出海口。其外洋各汛如遇洋船停泊,船照已阅多年者,将该船勒令入口,讯究详报,不得任意开行,等因。部议请敕交闽、浙、江、广各省一并详查议奏。臣查外番肆横,固当禁洋,以俟革心,而商民生计,亦宜筹划万全,无致匮乏。今吧国残忍不道,戕害久居番地之汉种,遂而议禁南洋。然南洋商贩不止福建一省,而贸易地方又不止吧国一处,因吧国而全禁南洋,则海外诸国一切货物不能仰借为用,恐非圣朝柔远之至意。若止禁吧番,而弛禁诸国,则茫茫洋海若是处可通,风信靡常,商船设有随风驶入吧港,番人怀禁止之恨,更肆凶残,则愈费周章矣。且该番恐因此禁止通商,必致穷乏。是以商船回棹,加意抚慰周旋,是番性虽残,亦知畏惧,彼既有悔心之萌,宜予以自新之路,况其所害原系彼地土生,实与番人无异。窃以为南洋不须禁止商贩,仍听经营为便。至商船出口,在于内地贸易者,两省互相稽察外,如有迟至二年之后始归,应查明果系货值拖欠迟留,或回棹时遭风事故,自有地方官印文可查,年月相符,仍听出口贸易,如货值被欠,旋即清楚,并船只遭风,原可修整前行,而擅自逗留多时者,诚属可疑,应不许再行出口。至外洋贸易海船,途路既远,自应宽展限期。若迟至四年之后始归,为时既久,即称失风事故,或拖欠货值,然究属供语无凭,踪迹难信,应将商人舵水等勒还原籍,毋许复出海口滋弊。其外洋各汛如遇停泊洋船,查验船照,已阅多年即勒令入口送地方官讯究确查人货,详报完结,毋许勒索徇隐,庶商船不致有逗留外地之弊矣。再查每船带米之处,外洋番地米价贱于内地,商船曾有携带而归者,否则止带食米,雍正七年,江浙两省督臣会奏,原系听从商便,似可毋庸另立章程。合并声明。臣谨会同苏州巡抚臣陈大受合词具奏,伏祈皇上睿鉴施行。谨奏。乾隆七年八月初十日。朱批:原议之大臣等议。(《清代历朝外交奏折选编》《清代外交档案文献汇编》(全文数据库),第91—93页。)

12. 乾隆七年九月甲申户部议准

山东巡抚晏斯盛奏称:登莱等府不通河道,洋面水势最险,东省船只从无一至彼者。若令江省放舟逾越大洋至莱载谷,复航海至苏,挽运抵淮,不独风涛汹涌,抑且挽运迢遥。且今岁莱属被水,民食恐有不敷,未便以该处粮石,复行拨运。查东省临清、德州二处现在存贮本年奉旨截留江西漕米十万石,该地俱属河滨,船只甚便,若由运河顺流而下。十余日间即可抵淮,运费复省。其利便之处较外洋不啻百倍。从之。(《清高宗实录》卷一百七十五,乾隆七年九月甲申,第18页。)

13. 乾隆七年十二月壬寅兵部议准

闽浙总督那苏图奏称:浙江磐石营向设水师参将一员,雍正六年移驻玉环,该处另设陆路都司。查磐石面南一带尽属大洋,沿海悉系沙涂,船只往来,俱由磐石随潮而进,六十里直连郡城。该营止设小艇二只,仅可内港巡查,不能外洋历险。请以磐石地方添设之水师参将,玉环左营陆路守备改为水师,兼辖陆路。所需巡船,于玉环右营拨用。右营水师守备,移驻磐石,各海口悉归管辖。其巡查内地营汛,仍归陆路都司。磐石城内旧有守备衙署,止须修葺,添盖营房三百余间。从之。(《清高宗实录》卷一百八十一,乾隆七年十二月壬寅,第3页。)

乾隆八年(1743年)

14. 闽浙总督那苏图奏报渔期告竣海疆宁谧事

闽浙总督臣那苏图谨奏。为奏闻事。窃照闽、浙二省沿海居民田土稀少,每借捕鱼为生,一年出息全在春末夏初黄鱼起汛之候。闽省如漳州、泉州、兴化、福宁等府,浙省如温州、台州、宁波等府,各路渔船俱从各该管地方挂号查验出口,驶至浙洋之衢港等处撒网、放钓。商贾赍银买鲜,就近晒鲞,海岸成市。前值渔期,臣闻向来渔户得利则返,无利则易于在洋为匪。随令镇、协大员亲督舟师,巡历内外洋面,俾商渔安业。兹据定海镇总兵官顾元亮禀称:自闰四月初旬出洋,遍巡岛屿,匝月有余,所见温台诸郡之网笼船、对裤钓船约计二千余对,得鱼最盛,闽船千有余艘俱获利,陆续返棹,在洋拿获抢夺银鲞闽船一只,现在发县究审,等语。臣复留心体察海中鱼信衰旺靡常,今年鱼信倍旺,为数年来所仅见,惟我皇上圣德覃敷及于海澨,斯海滨乐利,庆逮编氓。今渔期告竣,海疆宁谧,理合具折奏闻。伏祈皇上睿鉴。臣谨奏。乾隆八年六月十三日。朱批:知道了。(北京:中国第一历史档案馆藏朱批奏折,档号:04-01-01-0095-027。)

15. 乾隆八年七月丙戌工部议

署两广总督策楞奏称:广东通省外海战船向分四厂,内高、雷、廉三府属战船,在高州芷茅地方设厂成造。嗣因木植稀少,另设子厂于龙门地方,专造龙门协战船。其高、雷两府战船仍在芷茅成造。惟是芷茅地处偏隅,所产木植有限。自设船厂迄今已二十年,不独附近水次木植无余。即深山邃谷亦渐无可采,恐误船工。应如所请,将芷茅一厂改设省城河南地方。高、雷二府属战船届修造之期,驾赴厂所。仍令高、雷等府属文武大员监督修造,由该管道员查核估销。龙门子厂照旧办理。又调任总督庆复奏修造战船,不必定用栎木,不如松杉等料更为驾驶便益,且料易购买。亦应如所请,嗣后不必采用栎木,以致扰民误工。从之。(《清高宗实录》卷一百九十六,乾隆八年七月丙戌,第10页。)

16. 乾隆八年十月乙丑谕

据直隶总督高斌奏称:直隶天津、河间等属,今年夏间被旱,业已蒙恩赈恤。第歉收之后,米价尚属昂贵,闻奉天米谷丰收,请弛海禁,俾商民贩运,米谷流通,接济天津等处民食,等语。奉天一省今年朕亲临幸,目睹收成丰稔,米价平贱,以之接济直隶,洵属哀多益寡。著照高斌所请准其前往贩运。自奉旨之日,至次年秋收为止,令该地方官给与商人印票,听奉天将军、府尹查验、收买之后,给以回照,仍行文知会直隶总督。并令沿海官弁时加稽查,毋令私出外洋,庶需谷者得以糊口,而粜贩者又借以获利,于奉天、直隶二省均有裨益。该部即行文该督抚将军、府尹等知之。(《清高宗实录》卷二百零三,乾隆八年十月乙丑,第1—2页。)

17. 乾隆八年十二月壬子户部议

奉天将军额尔图等议奏御史明德条陈,奸商私囤粮石,借边外蒙古人等进关贩卖之便挽载,运至临榆县属沿海有船地方,偷运入海,请设法查禁。查关内临榆、卢龙等州县向资奉天米粮接济,是以旧例止禁海运,不禁陆运。兹既有奸商私囤偷运他处,应交奉天府尹严查办理,嗣后如边外蒙古人等进关粜卖米粮,边门章京呈报西锦州副都统详查,给与印文,沿途查验。(《清高宗实录》卷二百零六,乾隆八年十二月壬子,第5—6页。)

18. 乾隆八年十二月癸丑工部议

署两广总督策楞疏称：广省河南厂及芷芧厂新归省厂修造外海船只,原定监修之广南韶道、高廉道驻扎鸢远。请将河南厂改归盐运司经管,芷芧厂改归粮驿道经管。其府修内河船只亦令该二道各半督修,不得仍前委佐杂千把微员料理。又本地木植稀少,请于六个月前委员领银购办。均应如所请。从之。(《清高宗实录》卷二百零六,乾隆八年十二月癸丑,第7页。)

乾隆九年(1744年)

19. 浙江巡抚常安奏为定海外洋岛屿封禁事

浙江巡抚臣常安谨奏。为奏闻事。窃臣查勘宁波府沿海地方,业于本年正月二十六日缮折,奏闻在案。兹臣于二月初三日起程,初六日更坐战船,驾入海洋,抵镇海县,复由镇海以抵定海县。当始入海洋之时,所见波涛汹涌,水天一色,实与寻常舟次不同。但臣本为办公至此,若不前赴,洋面其情形何由备悉,且臣既冲出风涛之后,从此兵弁游巡自无复有惮怯涉险,而不奋勇前进之理。随即巡视海面,细察情形,幸值风雨顺利,往来无阻。查定海县原名舟山,康熙二十六年圣祖仁皇帝以山名为舟,动而不静,因为钦易今名。旋于二十七年建立县治,并设营员以资抚绥弹压。现在镇臣衙门驻扎于此,其附近海面虽统为一海,而有内洋、外洋之分。内洋在在岛屿,多有人民垦种;外洋亦有岛屿,禁止开垦。臣不时与督臣那苏图严行缉查,今始亲沿其地,看得宁波之下为镇海,镇海之下为定海,定海虽处海中,实与镇海相为声援,所有内洋岛屿多与定邑相近。镇臣驻于城内,易于巡查,如金塘、排子、岱山、普陀、朱家尖、桃花、六横等山悉皆沃壤,泉甘土肥,洵足以裕民生而拓地利。若夫外洋如衢山之属,非不广衍,但外海悬山,惟候潮汐、风信以为来去,万难定里计程,其中藏奸甚易,防奸甚难,设有无籍之民其米粮转恐暗资洋匪,而煎烧所出之盐铁,兴贩私醎,制为器械,尤足贻害地方。纵有巡哨之弁兵,实属鞭长不及,此从前禁止之所由来。借非臣亲至其地,亦几疑从前之禁止为过于严紧也。是以臣此次查勘之后于内洋垦种未尽者,仍谕令地方官劝谕招徕。凡涉外洋之山,会同督臣再行饬禁,并咨移提镇各臣一体加意,断不令一人开垦,即采捕、煎烧等类亦一概禁止,庶地方文武员弁见既经查勘,更加严紧,益知外洋之不可以容人托足,彼此同心稽察,凡属无籍之民必不敢复萌觊觎之念矣。至定海水师官兵甚为整秩,现在地方俱属平宁。今臣已于十五日回署,理合一并奏闻。伏祈皇上睿鉴。谨奏。乾隆九年二月二十日(北京:中国第一历史档案馆藏朱批奏折,档号:04-01-01-0109-013.)

乾隆十年(1745年)

20. 乾隆十年四月辛未闽浙总督马尔泰浙江提督陈伦炯奏议

玉环营虽属海疆,究非外洋可比,各员弁应照内地一体论俸升转,停其议叙。得旨:是。知道了。(《清高宗实录》卷二百三十九,乾隆十年四月辛未,第36页。)

21. 乾隆十年八月己巳又谕

海洋内岛屿甚多,巡哨必须周密。查下江之苏、松,均系边海要区,而崇明尤为全省门户。自崇明出高、廖二嘴即为外洋,大羊山屹峙于中。其北则小羊山,为江浙两省分辖之处。每年派拨弁兵,坐驾战船,春秋两次出巡,立法已备。然出口之高、廖二嘴,名曰汇头,距崇明三百余里,暗伏水中,极称危险。兼之风信不常,将弁畏难规避,未免停泊日多。请嗣后出哨船只如遇有异常飓逆,自不得不守口停泊。倘风信本顺,而将弁任意偷安,巡查不力者,即行严参。再,小羊山地方,江浙两省商船、渔船尽泊于此。在山坳之下,搭盖芦篷,其中奸良莫辨。而巡洋鸟船因船大身重,不能收泊坳内。惟寄碇半洋,遥望而返,稽查究未亲切。应另设小哨船二只,挑选弁兵,前往小羊山驻泊,常川在彼弹压商渔等船。遇抢夺情事,严拿解究。探知某山某坳有奸匪形迹,即密报巡哨将、备,协力搜擒。俟秋底满哨,渔船进口,官兵一并撤回。得旨:立法固属周密,行之则仍须实力耳。(《清高宗实录》卷二百四十七,乾隆十年八月己巳,第 13 页。)

22. 乾隆十年十二月壬寅兵部等部议

奉天将军达勒当阿奏称:酌定水师营巡查训练一切事宜。一,海洋宜定会巡之例。请拨旅顺战船五只,每年六月至天津天桥厂会巡。查旅顺水师营战船,原为巡查海警而设。但自旅顺至天津计程若干,途中有无岛屿、沙线、泊船处所。六月内果否可以克期会合之处,俱未声明。应令该将军会同天津都统,妥商会题再议。

一,水师营缺出,未便将陆路官员概行补放。应如所请,嗣后水师营协领缺出,令该将军于佐领内拣选。佐领,于防御内拣选。防御,于骁骑校内拣选。骁骑校,于领催内拣选,引见补放。陆路官员,通晓水师者,亦准一体拣选补放。

一,旅顺战船停泊处所,宜因时改设。应如所请,每年二月,停泊金井山北,派官兵看守,遇贼船,即行追捕。至冬季,仍回娘娘庙停泊。

一,水师营兵,宜添设官弁,教习训练。应如所请,照天津水师营例,行令闽浙总督,于水师千把外委内,拣选熟习外洋者十员送部,发往奉天教习。应支饷项,亦照天津水师营例给发。有成效,照天津教习水师例议叙。

一,奉天将军、熊岳副都统巡查海疆,操验水师,宜定年限。应如所请,令熊岳副都统每年二月初旬,往旅顺操演水师官兵一次。牛庄、盖州、熊岳、复州、南金州、旅顺、岫岩、凤凰等城陆路官兵,令奉天将军三年考察一次。至西锦州所属海口无多,即令西锦州副都统不时就近查察。从之。(《清高宗实录》卷二百五十四,乾隆十年十二月壬寅,第 9 页。)

乾隆十一年(1746 年)

23. 乾隆十一年正月丁丑兵部议漕运总督顾琮奏议

漕运总督顾琮奏称:盐城营额设沙船四只,备巡哨之用。但外洋水势随潮消长,难以豫定。造船惟在适宜,沙船平底方头,体骨重大,不甚利便。且洋匪乘坐快船,抢风折戗,出入靡常。凡官兵巡缉,若非带有外洋快哨船,万难奋追。请将盐城营二号沙船一只改造外洋快哨船二只,船长七丈,较沙船所短无几,出洋入港,甚为利便。年例既当排造,以一改二,价无加增,船得实用。檄饬营县,及时办料兴工,无误巡期。应如所请。从之。(《清高宗实录》卷二百五十六,乾隆十一年正月丁丑,第9—10页。)

24. 乾隆十一年三月辛未户部议福建巡抚周学健奏议

福建巡抚周学健奏称:台湾供粟,自乾隆元年至十年,压欠谷九十九万九千余石,完补无期,另行筹画各事宜。

一,未运内地平粜谷,宜酌变通。查台运平粜谷年额征解一十六万九千六百七十余石,自二年至十年未运,是平粜已无借此。而台郡积存粟谷更无可拨。其年额征收供粟,又仅敷台澎内地兵食。嗣后倘有应在台购买运补内地平粜之处,随时酌办,毋庸定额拨运。

一,节年未运补内地兵米谷石,宜分年带运。查拨运谷石,系台厦往来商船按梁头搭运,赴内地交收。每船自一百石至三百石而止,从未整船装运。是以压欠谷三十四万九千余石。应请嗣后随年额运谷,每年带运七万石。自十一年为始,分五年运完。

一,严定运粟迟延处分。查从前拨运压欠,固由运额太多,征买未足,亦任意迟延所致。此后画清年款,止就实存谷石按年拨运。自该年正月为始,至岁底通完。倘该厅县未报通完,或已报通完,而台防同知岁内仍不全行配运者,一并报参。

一,在洋遭风宜核实题豁。查船商已至内港,因驾驶不慎,漂失谷石及虽在外洋而击碎船只,无实在形迹可验者,仍著落行保船户照时价赔补外,其有在外洋遭风船只,舵、水漂失无迹及在外洋冲礁击碎,有实在形迹可验者俱切结报部,俟岁底汇案题豁。

一,各仓积贮宜酌定实数,以备拨运。查福、兴、漳、泉四府仓储不能不仰借台郡,然必台郡积谷先充方可随时拨运。应请十一年春间,将司库现银拨七八万,运交台湾府库,分发各厅县,于秋成后向里民收买余粟二十万石,分贮各仓。并俟民欠供粟及应买谷石征完买足后,凑足四十万石,作为定额。遇有拨发,随时发价赴台买补。从之。(《清高宗实录》卷二百六十,乾隆十一年三月辛未,第8—9页。)

25. 乾隆十一年十一月辛酉两江总督尹继善又奏

查,苏松水师总兵胡贵晓畅水务,巡查甚勤。因初抵任时,即运米赴闽,水兵操演原未熟悉。自蒙恩留任以来,益加奋勉。臣上年查看海口,亲阅水操,与之讲论外洋形势巡哨事宜,立定章程,业经陈奏在案。本年春秋出洋巡哨,俱能不避艰险,于羊山、马迹山等处务必亲到。其折内所奏情由,并非虚饰。臣留心察访,该镇操守清洁,办事明白,实属有裨营伍之员。得旨:览奏,俱悉。(《清高宗实录》卷二百七十九,乾隆十一年十一月辛酉,第16页。)

乾隆十二年(1747年)

26. 乾隆十二年三月辛丑又谕

向来直隶有歉收地方需用米石。彼此商贩有将奉天米石由海道转运内地者,原属应行之事。至将奉天米石运往山东,惟雍正八年议行一次。此后间有歉收之年,俱未举行,或因山东与直隶天津不同,其海道遥远,逼近外洋,恐有奸商透漏,接济奸匪之弊。且奉天上年有被水州县,即直隶天津等处运贩亦已停止。今赵青藜请令山东小民往奉天采买海运,其应否举行之处,著大学士会同该部详悉定议。速行具奏。(《清高宗实录》卷二百八十六,乾隆十二年三月辛丑,第17页。)

27. 两江总督尹继善奏为酌定内外洋面巡防以专责成事

太子少保两江总督协办河务臣尹继善谨奏。为酌定内外洋面之巡防以专责成事。案据苏松水师总兵官胡贵咨呈条奏:内河、陆路将弁请改外海水师应出洋验试,并该镇中、奇二营游击应出洋巡哨一折。奉朱批:交尹继善听其酌量。钦此。

该臣查得胡贵奏称:水陆误用人员例应题请改调,但非涉历大洋演习,讵能晓畅情形,嗣后凡内河、陆路之将备欲改外海水师者,发往外海标营跟随巡洋官演习一回,如果不畏风涛胆略去得,据报核题,遇缺改调,等语。伏思定例外海水师误用陆路内河者,准其改调,原欲收人才之实用。若内河、陆路之武职改外海水师,不加试验,其果否习练大洋,无从得悉。应如胡贵所奏,嗣后内河、陆路将备欲改外海水师者,发往外海标、营演习,如果不畏风涛胆略去得,方准改调。

又据奏称:该镇标系外海水师,每年春、秋两哨派左、右两营游击,中、左、右、奇四营守备带同弁兵出洋巡缉,其中营游击职司粮饷,奇营游击职司城守,向不派巡。但身任水师,未熟海道,遇有遣用,将何以济?请嗣后奇营游击轮班出洋巡哨,中军游击若一体轮巡,恐案件、文册稽误。应于每年不拘春、秋两哨出巡一次,不计月日,巡单即回,遇有失事,请免处分,等语。伏查外海水师重在熟悉洋面,若不亲临海洋,则岛屿之向背,砂礁之隐见,胸无成竹,缓急何恃。臣检查海巡原案,康熙四十八年谨陈海洋分总等事,案内定议每年二月初一日出洋,至九月终撤回,原无分春、秋两班及指定左、右两营游击轮巡,中、奇两营免其巡哨也。彼时镇臣以中营职司粮饷,奇营职司城守,皆不在派巡海洋之内,原非至当。今胡贵请将奇营游击与左、右两营游击轮班出巡,乃职分之当然,亦应如所请,饬行该营遵照。至所称中营游击不拘春、秋两哨出巡一次,遇有失事请免处分,盖因中营有经营兵马、钱粮之责与别营稍有不同耳。但身膺外海之任,听其间一往巡,既非所以重职守,且于别营游击出巡之时,又令中军出巡,恐致彼此诿卸。臣再四斟酌,自应与各营一体轮巡,方为妥协。其出巡之月,所有中营事物即委别营代办,亦不致稽误。中、奇两营游击,既经酌议与各营游击一体轮巡,遇有失事,题参疏防亦应遵照定例,分别参处。惟是从前出洋止左、右两营轮巡,分为春、秋二班:春巡于二月初一日出洋,五月底撤回;秋巡于六月初一日出洋,九月底撤回。今已添派中、奇两营轮巡,共有四营。若仍照从前每年分为春、秋两班,四个月更换,是每员俱相隔二年轮巡一次,为日太久,海面情形难得熟悉。臣复详细商酌,自二月至九月计八个月,应将四营之游击、守备八员分为四班,每营游击各分巡两个月,各营守备与游击错综跟班,每员亦随同游击分巡两个月,俾一年一周,于洋面既可熟悉,而每班两个月亦不至过于劳苦。川沙、吴淞二营向同苏松水师镇标、营春、秋两季轮班春巡,今亦以两月一班,分为四班。查该二营每营参将一员、守备一员共四员,每员派巡两个月,亦令一年一周,其未轮班之各营,仍照旧例派拨弁兵一体驾舟随巡。至于十月至正月共四个月,此时商、渔船只星散,西北风狂,难以泊船,官兵例不出巡,各营向无专责,但海洋紧要亦不可不时刻留心。今计四个月共一百二十日,应令镇标四营暨川、吴二营每营各分管二十日,何营分管期内失事即参分管之营。俾汛守不致空悬,彼此不得推诿。然将弁勇怯不等,勤惰不齐,责成虽专,而督察尤不可不力,向来出哨官兵每有畏难规避,或借称风色不顺,久泊海口;或偶尔涉猎洋面,寄碇日多。臣前阅视苏松海口时与镇臣胡贵讲求厘剔,该镇不惮勤劳亲身出洋督率。迩年以来,洋巡颇为整顿,今哨期更定,各营之劳逸适均,益宜殚力操防,责成镇臣实心督察,不使日久玩生,复蹈从前积习,庶海疆可收哨巡之实益,而水师亦得谙练之真才。此酌定外洋巡哨之章程也。

臣又查内洋一切分汛事宜,亦有未妥之处,所当一并厘定者。通、崇接壤一带内洋为长江之尾闾,大海之咽喉。其间苏松、狼山两镇标暨川沙、吴淞、福山、刘河各营星罗棋布,营制最称严密。从前惟苏松、狼山两镇为水师,是以洋面独归两标营分管。其余各营虽处沿海,均系陆路,不管水面。至于康熙四十七年川、吴两营俱改为外海水师,迨雍正年间福山、刘河二营亦先后改为内河水师,添设巡缉船只,各巡水面,按期会哨。然各汛疆界不清,终无以专责成。除狼镇与苏松镇标等营向有界限外,其苏松镇标与川、吴等营,乾隆二年虽有以中流为界之议,乃当日未经共同勘议,随至遇事彼此争执。即如崇明县事主龚前筹在川沙营周家浜汛外被劫一案,该营酋以洋面非伊所管,诿之苏松镇各营。又川、吴两营壤地相连,有胡港口迤东至海口一汛,川沙营则称彼处商、渔船只验挂出入向属吴淞,应并归吴淞,而吴淞营又称应归两营分管。至汇头一带约有百里洋面,皆不在水师各营汛内,与南汇营陆汛相接,南汇因非汛内之地,视同膜外,似此推诿虚悬,必至贻误防守。海洋汛地攸关甚重,无事当为有事之防,岂可不亟于勘定,俾知遵守。臣饬委崇明、宝山两县知县暨川沙、吴淞二营参将,亲履各洋面,秉公会勘妥议。臣复详加斟酌,苏松镇标营西与福山营对峙,西南与刘河营对峙,东南与川沙、吴淞二营对峙,各就汛内洋面分管,悉以中流为界。又,川、吴二营彼此推诿之胡港口,黄浦迤东至杨家嘴一带洋面,亦各就川、吴附近地界划分,东南属川沙营,西北属吴淞营,并以中流为界。惟船只出口挂号仍循旧例,专归吴淞营。其汇头百里洋面,虽与南汇营陆汛相对,但该营专管陆路,难兼水师。今计其程途南至川沙营五十余里,北至苏松镇标营八十余里,西至吴淞营百有余里,程途俱不为近,且均非本汛洋面,亦难专责一营管辖。应作苏松镇四营暨川、吴两营公汛,每年每营分管两月,递轮更替出洋游巡,毋许间断。遇轮巡之月,具文通报。如此章程一定,实力奉行,则内外相维,海疆庶为严密,所以酌定水师各营内洋、外洋巡防章程。谨缮折具奏。伏乞皇上训示。谨奏。乾隆十二年四月初九日。(北京:中国第一历史档案馆藏朱批奏折,档号:04-01-01-0146-002.)

28. 乾隆十二年四月己丑两江总督尹继善议胡贵条奏各事

据苏松水师营总兵官胡贵条奏水师各事宜。一,请陆路将弁愿改外海水师者先应出洋演试。查定例：外海水师误用陆路内河者,准其改调,原欲收人才之实用。若不加试验,何从得悉。应如所奏,嗣后陆路将备欲改外海水师者,发海营演习。如果去得,方准改调。一,请令该镇中奇二营游击一体出洋巡哨。查外海水师,重在熟悉洋面。若不亲临,情形何从得悉。今胡贵请将奇营游击与左、右两营轮班出巡。亦应如所奏行。至所称中营游击,不拘春秋两哨,出巡一次。遇有失事,请免处分。盖因中营经管兵马钱粮,与别营不同。但身膺外海之任,应与各营一体轮巡。其出巡之月,中营事务,即委别营代办,亦不致稽误。惟是从前出洋止左右两营,自二月至九月,分春秋二班。今轮巡既有四营,若仍分春秋两班,是每员俱二年轮巡一次,仍难熟悉。请将四营之游守自二月起九月止,分为四班,一年一周,每班两月,亦不至过劳。其川沙、吴淞二营之将备四员,亦如之。至于十月至正月,西北风狂,例不出巡。但海洋紧要,不可不时刻留心。今计四个月共一百二十日,应令镇标四营暨川、吴二营,每营分管二十日。遇失事,各按分管之期查参。再内洋一切分汛事宜,亦当一并厘定。查苏镇标营西与福山、西南与刘河、东南与川、吴二营对峙,各就汛内洋面分管,悉以中流为界。又川、吴二营,彼此推诿之胡港口、黄浦迤东至杨家嘴一带洋面。亦各就川、吴附近地界划分,东南属川沙,西北属吴淞,并以中流为界。其汇头百里洋面,虽与南汇营陆汛相对,但该营专管陆路,难兼水师。今计程,南至川沙,北至苏镇,西至吴淞,五十里至百里不等,均非本汛洋面,难专责一营管辖。应作苏镇四营暨川、吴两营公汛,每年每营分管两月,更替出洋游巡。得旨：如卿所议行。(《清高宗实录》卷二百八十九,乾隆十二年四月己丑,第40—42页。)

29. 漕运总督顾琮奏为检阅庙湾佃湖东海盐城小关等五营水操事

漕运总督臣顾琮谨奏。为奏闻阅视水操情形,酌请对调都司,仰祈圣鉴,以重海疆事。窃臣于本年九月十六日起程,前往灌河口之开山外洋,阅视庙湾等五营会哨水操。于二十一日至灌河口,臣即乘坐海船出洋阅视操演,惟庙湾、佃湖二营船只抢风折戗皆属利便,盐城营新改巡洋快船亦属便利,小关营船只未能利便,而东海一营沙唬船只更不利便,及行三十里至开山大洋,东海营船只非惟不能跟接前进,且落臣舟之后。臣思小关营全系内洋,其外洋驾船未能便利,尚属有因。至东海营辖本属外洋,何至亦未便利。臣于二十二日复阅视一日,逐船留心验视,方知东海唬船其船身较长于沙船,不合战船之式,碍难抢风折戗。臣于二十三日将落后船只咸泊,另择利便之船令其一同操演,而抢风折戗,俱能跟接连环,是东海营船驾驶不能便利者,皆由船身较长之故也。臣查东海营十三年有大唬船三只应行拆造,必须今岁预为估计妥协,明年拆造方能如式利便。臣查东海营都司沈镇国原系庙湾营守备,臣因其为人谨慎,熟识内洋情形,前于乾隆九年预行保举兵部带领引见。奉旨：准注册。钦此。旋于乾隆十年推升东海营都司。但东海一营全系外洋,严关紧要,沈镇国于外洋情形尚未能熟谙。目下又值估造战船之时,更属吃紧。臣不敢因己保举之人因循贻误。查有佃湖营都司丁国升,系乾隆十一年由江宁水师守备熟谙外洋水师,准升佃潮营都司,本年经营修理沙船,悉能如法,较各营船只甚觉利便,且操演之时,挥旗击鼓,督率兵丁努力前进,一到抢风折戗,操演自如,洵为熟谙之员。查佃湖一营半属内洋,非东海全系外洋可比。臣请将佃潮营都司丁国升调补东海营都司,东海营都司沈镇国调补佃湖都司,一转移间,人地俱属相宜,而来年东海营拆造之船即令丁国升经营办理,必能如式妥协,实于海疆有裨。臣仰体皇上慎重海防之至意,谨据实恭折具奏。伏乞皇上睿鉴施行。谨奏。乾隆十二年十月初四日。朱批:著照所请行,该部知道。(北京:中国第一历史档案馆藏朱批奏折,档号:04-01-01-0147-016.)

乾隆十三年(1748 年)

30. 福建水师提督张天骏奏为本标官兵在大担外洋操演并缉拿海盗事

福建水师提督臣张天骏谨奏。为恭请圣鉴事。窃臣于乾隆十二年十二月十四日抵京陛见,敬聆圣训,谆切周详,隆恩异数,浃髓沦肌。本年正月初三日出京,顺途至臣辖烽火门阅看官兵技竣,由省旋厦。三月初三日接印视事,臣凛遵圣谕督率臣标五营将备等派定营分,查照局次,逐日亲加操练,务令官兵技艺日臻纯熟,以备防御,以收实效。其赶造大小船只除南、北洋哨巡及分防各水汛,臣现将本标存营战船配足兵械,亲带赴大担外洋,审度风潮,教习往来,驾驶转篷、掠舵、抢风、折戗各事宜,切实操演,不敢懈怠委靡,上负圣训。臣并通饬辖属各镇、协、营一体遵照办理。

再,查上年十月间吕宋彝商狼夫西、拔邪敏等来厦贸易,当经文武安顿,得所携带置货银两均系漳、泉殷实行商分领代办。臣查从前来厦夷船历系四月间回棹,臣严檄臣标署中军参将聂吴昭会同泉防同知胡格星催,各行商刻日办齐货物,点交夷商收足,俾令及时返国,无误风信。夷人住厦六阅月,俱各安静守法,臣恐夷船停泊厦港,商贾云集,或有奸匪滋扰,严饬水路汛防,加紧巡缉。三月十九日一更时分,据扼守大担汛官兵瞭见双撸四桨船一只,游移海面,随知会在洋兵船四面堵截,追获匪郑掌、林卓、林伯、杨尊、陈溺、吴修、吴愿、吴来等八名,内据郑掌供称:乾隆元年间,偷贩私盐,经同安县审拟监禁,越狱脱逃。九年,自行投到,问流,淮安府山杨县安插。十年四月内,逃逸。八月间,缉获解往。十二年,复在配逃走,来厦。今纠合林卓等七名人希图出洋为匪,等语。臣随咨明督、抚臣,饬发有司审拟,详报。分赏拿获官兵,仍饬勤加哨捕,庶宵小皆知警惕,而商民咸获乐利矣。所有现在营伍地方情形,敬谨缮折恭奏。乾隆十三年三月二十八日。(北京:中国第一历史档案馆藏朱批奏折,档号:04-01-01-0161-002.)

31. 乾隆十三年六月己卯兵部议

兵部等部会议,两广总督策楞题,东省前将广州府海防同知移驻前山寨,香山县县丞移驻澳门,并抽拨汛口弁兵。请嗣后澳内地方以同知、县丞为专管,广州府香山县为兼辖。其进口、出口与内洋事件,则以专守汛口与驾船巡哨之把总为专管,同知为兼辖。至番、东、顺、香四县捕务,仍令该同知照旧兼辖。所有各衙署兵房俱应添建,占用民地,照例给价,等语。均应如所请。从之。(《清高宗实录》卷三百一十七,乾隆十三年六月己卯,第 21 页。)

32. 乾隆十三年十一月庚午兵部议准

闽浙总督喀尔吉善奏称：前奉部咨,令议闽省水陆提督应否仿照浙省之例,三年一次巡查。臣会同水、陆二提臣酌议,请二年分巡一次。水师提督,以四月为期,一年北巡海坛、闽安、烽火等营;一年南巡金门、南澳、铜山等营。如遇钦差巡查之年,提督停查,各镇仍照例每年总巡。烽火、铜山二营,提督巡查后,闽安副将、南澳总兵停查。至台湾远隔重洋,仍听该镇分年巡查。陆路提督,以九、十月为期,一年巡阅兴化、福州、福宁、建宁、延平各营汛;一年巡阅泉州、漳州、龙岩、汀州、邵武、永春各营汛。永宁、法石、安海、崇武、黄崎、永春、安溪、德化等汛,俱亲标,无庸重查。如遇钦差巡查之年,提督及各镇俱停查。从之。(《清高宗实录》卷三百二十九,乾隆十三年十一月庚午,第19页。)

乾隆十四年(1749年)

33. 乾隆十四年三月癸丑又谕

浙江巡抚方观承奏：温州府为闽浙商贾丛集之地,烟户繁多,米粮不通外贩,易形绌乏。去冬粮少价昂,士民请通乍浦海运,臣以海禁所关,未便暂弛。查台州府黄岩、太平二县,与温州相连,海道系内港,非外洋,不在禁内,路止三百余里,顺风乘潮,朝发夕至。查明殷实商民,给票买运,仍饬营汛稽查。得旨：览奏稍慰,仍应加意调剂。(《清高宗实录》卷三百三十六,乾隆十四年三月癸丑,第13页。)

34. 乾隆十四年三月甲子谕军机大臣

苏松水师总兵王澄奏：押运赴闽米石内船户庄顺兴于浙属大洋遭风,漂没米一千一百石,请于伊养廉内扣还。前经降旨：令黄廷桂确实查明,奏闻请旨。今据黄廷桂奏称：据报之日即檄饬文武各官勘明取结,复专差驰往,细加询访,委系飓风击碎,以致漂没。又据浙抚方观承札称：现在取结移送苏抚具题,俟取结到日,听苏抚雅尔哈善题办,等语。此案因事在外洋,恐有不实。如果驾驶不慎,不但应赔,且当治罪。是以特旨交黄廷桂查明请旨。今黄廷桂既经查勘明确,委系飓风陡起,人力难施,并非管驾疏忽。即著黄廷桂知会雅尔哈善,照例具题,听候部议。(《清高宗实录》卷三百三十七,乾隆十四年三月甲子,第2页。)

35. 福建巡抚潘思渠奏为闽粤民人偷渡台湾事

福建巡抚潘思渠谨奏。为奏闻事。窃照闽、粤民人偷渡台地者,悉由客头为之潜藏接引,得财包揽,而不法船户惯用破烂船只,诓骗男妇入舱,一出大洋,即凿破船底,沉之于海,自驾小舟而回,名曰放生船,凶恶逾于盗贼。是以雍正七年,闻蒙世宗宪皇帝,特严其禁,照依洋盗治罪,立法已极周详。第其行踪诡秘,一经缉拿,每多逃匿,经臣会同督臣,请筹查拿之法,密札守口文武设法侦缉,务将客头、船户一并拿获,毋使漏逸在案。

今准水师提督臣张天骏移报饬营雇备民船,选拨勇壮弁兵,暗带军械,扮商往缉。据署右营千总事把总林国宝、外委把总陈达、李子正禀报:于四月初六日巡至浯屿外洋,追获网艚小船一只,拿获偷渡男妇共一百八十一名口,舵水黄第、赵海二人。该船梁头仅止九尺七寸,船身朽烂,帆、桅、碇索均系草绳,男妇人等拥挤舱内,水浸及膝。另有小船一只,因见追擒,水手四人奔下小船,飞驾逃脱。讯据偷渡人曾捷等金供:陆续聚处江老家中,系客头陈湖勾引,每名出大番钱三四元不等,约计骗银四百余两,幸蒙拿获,得活性命。复查该船系海澄县安字十号牌照,照名郭安,所谓放生船,即此之类。随即差弁分路缉拿,擒获船户郭安(即郭汉),并于船内搜出铁刀二十八把,铁尺四根。其总头江老,访系积年奸棍,现住海澄县大埓地方,移请严饬有司务获究办,等因,到臣。伏查偷渡之人违禁私往台地,咎虽自取,但此等奸徒既取其利复谋其命,贪心害理,莫此为甚。臣立即飞檄分饬臬司并海澄营县,务擒积恶总头江老及在逃水手人等务获去后,今据海澄县知县汪家琛申报,于四月三十日差役擒获总头江老一名,并客头江求、江燕二名,又于五月初三日拿获水手吴耀(即吴样)、磨在(即麻再)二名,一同收禁等情。臣飞饬严究得财、诱渡、谋命及私带违禁铁刀、铁尺等项,务得实情究追伙党,照例定拟。其有功千把、兵丁,臣当即分别赏给银牌,以示鼓励,仍令各守口文武不时率领兵役扮商侦缉外,所有拿获大伙偷渡放生船缘由,理合缮折奏闻。伏乞皇上睿鉴。谨奏。乾隆十四年六月十五日。(北京:中国第一历史档案馆藏朱批奏折,档号:04-01-01-0182-042.)

36. 浙江巡抚方观成奏为查禁东洋钱文流通事

浙江巡抚臣方观成谨奏。为查禁外洋钱文,仰体圣鉴事。窃照钱文上关国制,下利民生,既严私伪,并禁掺杂,是以行使,前代废钱即干伪之律。今查浙省市卖钱文内另有一种小钱,体重八九分,背铸"宽永通宝"字样,民间罔辨由来,遂相掺和行使。臣随访知系东洋地方所铸,商船由日本长崎带回者,彼处每千文值低色银七八钱,带至内地每千文可换制钱几百文,而钱铺仍作千钱换出,各有厚利。闻于五六年前即已有之,缘未查禁,是以近来洋船携带渐多。臣思外洋钱文更非前代废钱可比,岂可听其流行内地,随行布、按二司会议查禁。

嗣据署乍防同知叶弃禀报:本年五月初七日,有民商魏元盛铜船进口,查出东洋"宽永"字样钱二百一十千文,讯系舵水人等希图小利,该商出口在先,不知内地查禁,故照常听容带回,等情。经臣饬令将洋钱当堂销毁,废铜发还。如于示禁之后回棹商船,仍敢携带,即照行使废钱例治罪,将钱文入官,解局销毁、充铸。至现在市卖洋钱,责令各该地方官严饬铺户悉行交官销毁,如敢掺搭兑换,俱照行使废钱之例查究。近日民间已知系外洋所铸,不肯搀和行使,向后商船亦自不敢复容舵水人等私行夹带。臣于示禁之后复留心体察,此项私钱来自远洋,早为查禁,易于断绝。惟是钱文入市,到处流通,而洋船收泊不止浙省,除闽省口岸业经督臣喀尔吉善严行饬禁外,其江、广二省必须一体通禁,始免彼此弊混。可否仰恳圣恩,密谕该省督抚,画一办理,庶钱法之私伪悉除,而于民用有益。所有臣愚昧之见,并现在查办缘由,理合恭折具奏。伏乞皇上圣鉴训示。谨奏。乾隆十四年七月初四日。朱批：知其一不知其二，另有密旨。（北京：中国第一历史档案馆藏朱批奏折，档号：04-01-35-1240-012。）

37. 直隶总督臣方观奏为外洋钱文掺和流通事

直隶总督臣方观承谨奏。为奏覆事。臣于本年八月十二日，行次苏州地方，标员赍回折包匣内一件，为查禁外洋钱文事，奉到朱批：知其一未知其二，另有密谕，钦此。又，同日承准大学士公傅恒字寄，内阁乾隆十四年七月十四日奉上谕：方观承奏称，浙省内地有将东洋钱掺杂行使之弊，现在示禁，回棹商船无得携带，铺户悉行交官销毁，违者俱照行使废钱之例治罪，等语。此在内地鼓铸充裕，市价平减，自应严行查禁，以崇国体。现今钱价昂贵，姑听其掺和流通，则钱文益多，于民用似为便易，亦属权宜可行。方观承之奏，所谓知其一不知其二，但既经如此办理，未便甫禁即弛，有碍政权。惟是外洋钱文体质轻于内地，或有奸商将内地之钱销毁改铸，以图射利，此则殊有关系，不可不留心密察。若核算销毁工本，改铸事无利可图，则应仍听民便，亦可不必查究。著传谕喀尔吉善、署抚永贵，将有无此等情弊，并改铸钱文是否可以射利之处，密行详查随奏，并谕方观承知之。钦此。

钦遵寄信到臣，荷蒙天恩训示，臣捧诵之下，不胜感悚，臣前办理此事，缘系外洋钱文流入内地，浅见所及，遂加饬禁。兹奉皇谕，以现今钱价昂贵，姑听其掺和流通，则钱文益多，于民用似为便易，亦属权宜可行。仰见我皇上睿虑周详，总期民用裕便一策，圣训指示，实令增广识见，除谕旨内事，理应听督臣喀尔吉善等详查覆奏外，所有臣钦奉批谕缘由，理合恭折奏覆。伏乞皇上圣鉴。谨奏。乾隆十四年八月二十九日。（北京：中国第一历史档案馆藏朱批奏折，档号：04-01-35-1241-006。）

38. 乾隆十四年十二月辛卯又谕

上年浙江巡抚方观承奏偷运麦豆出洋，请照偷运米谷之例，分别治罪。经部议准通行。昨据闽浙总督喀尔吉善等奏：闽省商贩豆麦必由海口转入内河，若因严禁出洋，概行拦阻，则商贩不前。应请筹酌流通之法，等语。今日又据奉天将军阿兰泰等奏：盛京地宜黄豆，向来所属余存之豆尽商贩运。今若一体禁止，则不能流通，商民均无裨益。请仍照旧例办理，等语。可见方观承前此之奏，外省不能一概遵行。严禁米谷出洋，原以杜嗜利之徒，偷运外洋，接济奸匪。若出口入口，均系内地，自宜彼此流通，岂可因噎废食，胶柱鼓瑟。惟在地方大吏毋令阳奉阴违，致滋弊窦。其如何立法稽查，著该部一并妥协定议具奏。寻，议：查闽省贩运麦豆，必由本港驶出海口，须立法稽查，应如该督等所奏，嗣后麦豆杂粮到关输税时，填注发卖地方，令守口官验单加戳放行。入口时，守口官暨税馆查验相符，准卖。若出口迟久不到，入口并无粮石，除著落行铺追拘，并知照原籍地方官严拿里邻讯究。又奉省黄豆，应如该将军等所奏，各省到奉大船准带二百石，小船准带一百石。查照该省稽察海运米办理，倘额外多带，并夹带米谷，照例分别治罪。歉收随时禁止。得旨：依议速行。（《清高宗实录》卷三百三十八，乾隆十四年十二月辛卯，第40页。）

乾隆十五年(1750年)

39. 广州将军锡特库奏为援照福州驻防例添设水师兵丁事

广州将军臣锡特库等谨奏。为请旨事。窃照粤东驻防经前任将军臣策楞奏准,援照福州驻防之例,添设水师兵丁六百名,内于各协营选拨谙练水师兵丁一百名以为教习,其余五百名俱于八旗壮丁内挑补,并拨给缯䑸大船六只、橹桨小船八只,在于汛岗河面操习水务,又于通省熟练水师之千、把总内选拨六员教习,操演。原议各该员实力训导旗丁,熟练水务,著有成效,分别保题,送部议叙等因。遂于乾隆十一年十二月立营阅操,当经饬令水师协领王朝栋按期勤加操演,臣等亦不时前往阅验。迄今练习已经三载。臣于阅操时试验体察,见各旗丁于打桨、摇橹、上桅等项俱渐次熟习,经水师协领王朝栋于乾隆十三年十月及十四年十月两次带领官兵船只前往狮子洋等处操演,并据该协领禀称:各旗丁俱能于船上站立安稳,施放枪炮无误,可以前往外洋操演,等语。臣伏思自设立水师以来,臣不时观看水操一切船务,虽知大概,于水性、风信实未深悉,何敢冒昧奏闻。查福州设立水师学习五载后,复奏请派委熟悉水师营员带同前往外洋操演,臣等请于今岁俟风信可操之时,臣即移会督、提二臣,在于附近水师营内选派一员,随同臣等率同水师官兵,配驾船只,在于狮子洋操演,公同阅看。令该员详加体察,如驾驶、戗折、操演纯熟,可出外洋。臣即定期移会督、提二臣照福州之例,令选派营员,带同水师旗营官兵配驾船只,前往外洋操演,以观成效。至各教习千、把总等虽满三年,但未出外洋操演,正需教习,未便遽离,并请统俟水师官兵能于外洋操演之后,臣等遵照原议将各该弁分别等第出具考语,保题送部议叙。臣等未敢擅便,理合恭折奏请。伏乞皇上睿鉴训示遵行。乾隆十五年正月十二日。
(北京:中国第一历史档案馆藏朱批奏折,档号:04-01-18-0009-005.)

40. 浙江定海镇总兵官陈鸣夏奏为配驾兵船遍历内外洋汛事

浙江定海镇总兵官臣陈鸣夏谨奏。窃臣秋汛督巡于八月二十八日配驾兵船,遍历内外洋汛,岛屿到处清宁。收泊时就便登陆,自昌石以至镇海营阅看兵丁,并无老弱,考察官兵技艺纯熟者,当场逐一奖赏,以示鼓励。阅有生疏者,分别严加训饬,勒限练习,务期熟娴。盘验各营一切军装、器械、战船、公粮等项,俱无亏损。臣于九月十六日事后回营,因承准督臣委臣经理水操事务,臣随调集各水师协营兵船于十月十一日,自定海镇起程,前赴乍浦……合将秋汛地方各情形缮折具奏。伏乞皇上睿鉴。谨奏。乾隆十五年十月十一日。(北京:中国第一历史档案馆藏朱批奏折,档号:04-01-19-0005-004.)

41.《兵志六·水师》

(乾隆)十五年,以闽、浙海洋绵亘数千里,远达异域,所有外海商船,内洋贾舶,借水师为巡护,尤恃两省总巡大员督饬弁兵,保商靖盗。而旧法未尽周详,自二月出巡,至九月撤巡,为时太久。乃令各镇总兵官每阅两月会哨一次。其会哨之月,上汛则先巡北洋,后巡南洋。下汛则先巡南洋,后巡北洋。定海、崇明、黄岩、温州、海坛、金门、南澳各水师总兵官,南北会巡,指定地方,蝉递相联,后先上下,由督抚派员稽察。至台、澎水师,仍循曩例。

(赵尔巽主修:《清史稿》卷一百三十五,第3985页。)

乾隆十六年(1751年)

42. 沿海各省战船型制

乾隆十六年,准福建三江口营额设大小哨船,嗣后准其按季整洗,每岁于司库存公银两动用,年终报销,如遇修造,照例扣除。

直隶外海战船:大赶缯船、小赶缯船;

山东外海战船:赶缯船、双篷艍船;

江南外海战船:赶缯船、沙船、哨船、唬船、艍犁船、巡船、水艍船、犁缯船、快哨船;

江南内河战船:唬船、沙船、小哨船、中哨船、大马船、中马船、吧唬船、快哨船、快巡船、巡船、小快船;

江西内河战船:唬船、哨船;

福建外海战船:赶缯船、双篷艍船、双篷舟古船、平底哨船、圆底双篷舟古船、白艕舟古船、白艕哨船、哨船、平底船、双篷哨船、水底舟古船;

福建内河战船:花驾座船、八桨哨船、八桨船、小八桨船、六桨平底小巡船、中八桨船、大八桨船、花官座船、哨艍船;

浙江外海战船:水艍船、双篷艍船、巡船、赶缯船、快哨船、大赶缯船、八桨巡船、大唬船、钓船、六桨巡船、小赶缯船;

浙江内河战船:哨船、小巡船、中巡船、快唬船、快船、巡船、唬船;

湖广内河战船:唬船、五板战船、刷子船;

广东外海战船:赶缯船、艍船、拖风船艋仔船 乌艚船、哨船;

广东内河战船:四橹桨船、两橹桨船、桨船、急跳船、四橹船、两橹船、急跳桨船、六橹船、六橹桨船、八橹船、一橹船、快桨船、快船、艟艚船、舟古艚船、八橹桨船、快哨船。[张廷玉等纂修:《清朝文献通考》卷一百九十四,乾隆五十二年(1787)刻本,第6—8页。]

乾隆十七年(1752年)

43. 乾隆十七年四月丙午军机大臣议闽浙总督喀尔吉善等奏议

闽浙总督喀尔吉善等议御史欧阳正焕请开南田墺田亩一折。此墺孤悬大海,直接外洋。距宁波府属之象山县,并台州府属之宁海县洋面,自五六十里至数百里不等。内有三十余墺,外有平沙,总名南田。元季流民曾耕凿其间,后为洋匪剽劫。又因地近日本,至明初即行封禁。迄今四百余年,民人屡请开垦,历任督抚委勘,利少害多,是以未允。臣等细加查访,实有应禁而不应开者,缘涂墺可垦之地,统计不及七十余顷,而山径硗田,必须筑塘蓄水。悬海坦沙,又须砌碼御咸。霖雨有沙压水冲之患,晴霁有旱干之虞。即雨旸时若,而风潮之激荡,咸气之薰蒸,收获难必。且外洋招垦,多系无藉之徒,千百成群,难保不为盗匪。若安营防守,不特官廨营房、饷糈杂费,该地赋税不敷十之一二。抑且门户错杂,沙涂平坦,设险尤难。并非舟山、玉环等处有山溪之限者可比。况既经招垦,则日用米粮、硝磺盐铁,即应听其贩运。守口员弁无从分别,更难保奸宄之徒,必无出洋济匪之事。

下军机大臣议。并传欧阳正焕阅询。寻,奏:喀尔吉善等议一折,交该御史阅看,并询其是否确有所见。据称:乾隆十五年,因奉差至浙,询及地方人稠田少情形,得闻南田墺可垦之土甚多。因复细访,南田现属象山。初不等海外弃地,国家承平,海疆宁靖。一经开垦,则居民所在,更成土著。至于筑塘蓄水,本农功所不废。安营设汛,又国制之自然。苟虑法所难稽,则现在非无防守。且道涂平坦,即召民耕种,亦不至聚集为奸。窃以玉环、舟山等处前督臣李卫奏请开垦,在雍正六七年间。其未垦以前,固犹今之南田墺耳。惟地方官以身任事,自于民生有裨。今该督抚亦称宜禁而不宜开,则原非无阡陌之利可知。正焕虽系得之传闻,亦经再三细访。初未敢冒昧陈奏,然实未身履其地,等语。查该御史虽似有所见,而实未身履其地。方今生齿日繁,地无遗利。况南田近在内洋,与海疆无关,自可听民开垦。然自明初封禁,至今已阅四百余年。即前督臣李卫奏请开垦玉环、舟山二处,而此独未经讲求者,亦必确有不便之处。今喀尔吉善等既称细察形势,不应开垦。臣等愚见,似毋庸再行查办。报闻。(《清高宗实录》卷四百一十二,乾隆十七年四月丙午,第18—19页。)

乾隆十八年(1753 年)

44. 浙江温州总兵官施廷奏折

为奏闻事。窃照温属海汛按月轮拨将备哨巡,本年六月十二日据巡洋署守备张继周、李楚玉报称:六月初九日,南龙外洋泊有番船一只,随往查验,该船共计男妇四十六名口,言语不通,服饰各异,看其以手作势,似系被风飘流,欲进内地收泊,现拨兵船护进温州郡港。奴才窃思福建厦门地方番艘往来贸易,必有通达番话番字之人,当即禀请闽浙总督臣喀尔吉善,饬拨谙晓通事来温查询去后,奴才复谕营县访有温郡乡民周全喜曾往吕宋生理,略懂番语,当令温州城守营游击刘绪会同有司,带赴番船查问。据番船头目口称:我系吕宋职官,分驻太贤世赖地方。五年任满,携带眷属回国,被风飘此,并非贸易船只。其余言语不能尽晓,奴才仰体皇上怀柔远人至意,就近会商温处道朱椿,饬县酌拨宽大房屋安顿番男妇居住,照例日给口粮,派拨文武兵役,严加巡逻,不许兵民人等窥探滋扰,亦不许番人出外行走,随船铁炮二位,大小铜炮九门,火药半罈,运入军局封贮。番船装载米麦箱柜等物,仍听该番自行收管,船只挽泊内浦,发交澳甲看守,一切应行筹办事宜随时呈报闽浙总督臣喀尔吉善、浙江巡抚臣雅尔哈善,听候核示办理。仍俟督臣饬发通事到日,查明来历,另折奏报外,缘干番船进境,理合恭折奏闻,伏乞皇上睿鉴。谨奏。乾隆十八年七月初二日。朱批：览。[《清代历朝外交档案选编》(乾隆朝)，第86—87页。]

45. 浙江温州总兵官施廷专又奏

为奏报译询番船来历，仰祈睿鉴事。窃照温属南龙外洋飘泊番船一只，经洋汛员弁护进郡港，奴才就近会商温处道朱椿，酌拨房屋居住，照例日给口粮，派拨文武兵役，严加巡逻。炮位、火药运入军局封贮。番船发交澳甲看守。一面禀请闽浙总督臣喀尔吉善饬发通事来温查询缘由，业经奏明圣鉴。今承闽浙总督臣喀尔吉善遣丁管送通事赖禄到温，奴才遵即会同温处道朱椿饬令温州城守营游击刘绪、署永嘉县知县秦廷基带领通事赖禄前赴番寓译询。据番目供称：名唤龙番教鲁那罗，系吕宋三品判事官，领干丝腊及吕宋文凭三纸，分驻泰贤世赖地方，管理兵番钱粮事宜，官名阿里间麻油。干丝腊系吕宋宜家，吕宋国王仍听干丝腊节制，泰贤世赖离吕宋水路六七天，陆路十日。今因任满回国，亲属、家伙分载二船，船名骚黎腊，系本地杂木成造，开洋两日，遇风飘散，一船不知去向。该船在洋飘风，迷失针路，算来有一百余日，才到此地，通船使唤男番九名、女番九口、伙长水手二十八名、本身妻室子女六人，幸获平安，所载米七百二十石，麦七十七石零，大小铁钉二千六百二十五斤，大小铁条三十三件，以及车轿、箱柜等物均无损失，船只器具尚须修葺。今蒙天朝莫大深恩，安顿抚恤，感激难名。还求风好时候，指引回国，等情。查此时南风旺发，贩洋船只俱届停伙之际，必俟霜降后，方可放洋回棹。奴才接承闽浙总督臣喀尔吉善照会，并准浙江巡抚臣雅尔哈善移咨，饬行有司动支存公银两，按名给与盐菜口粮，番船修葺坚固，并令奴才会同温处道朱椿雇募熟悉厦门洋面之舵水数名，选拨千把总一员，带同通事代驾番船，候风开行，先期移知沿海游巡兵船，逐汛护送至厦。遇有往贩吕宋商船，附伴回国，以仰副我皇上怀柔远人至意。奴才逐一遵照办理，仍督饬文武兵役严密防范，不许兵民勾引滋扰，番众颇知奉法，甚为安静。除俟遣发出境，另折奏报外，谨将译询过番船被风飘温来历，理合恭折奏闻。再查番船男妇人数，据番目原报四十六名口，系就使唤水手等计算，本身妻室子女六人初时未经供报，今次逐名查验，实共五十二名口。合并陈明，伏乞皇上睿鉴。谨奏。乾隆十八年八月初四日。朱批。[《清代历朝外交档案选编》(乾隆朝)，第88—90页。]

46. 班第奏日本难船折

为奏明事。窃广东滨海地方，每有外洋船只被风飘至，向例赒给口粮，修整船只，遣其回国，岁底汇题在案。兹本年二月内有日本国船一只，飘至惠州府陆丰县地方，内番民十二人，语言不通，该县查验并非匪船，照例办理遣回。开行未久，四月内又飘至肇庆府阳江县地方停泊，不肯开船，经春江协护副将事游击吴必达差弁送至省城，请令洋行通事查询。据各通事均称：不谙日本言语，惟职所写番字其船主名嘉兵卫，向在本国海面贸易。上年九月初风飘出外洋，春间飘至陆丰修船，开行，因不识水路，夏间又飘至阳江，同伙已病毙二人，现存十人，必须本国便船引带回国，等语。第查日本国向无船只到广，广省商人亦无船只往彼贸易。现到西洋之船均难带彼回国，惟浙江乍浦、宁波各海口每年有船开往日本办铜，应将嘉兵卫原船谕令洋行代其变价给领，咨送浙江，附船回国。现据布政司石柱议详前来,臣查各省海口出入外洋之船国分原各不同,从前闽浙等省亦有飘入境内番民,咨送广东,附船回国之事,该司所请事属可行,除饬将原船照依时值速为变价,毋许短少,酌给口粮、路费。咨送浙江抚臣,转发海关,查有日本便船交给带回,毋令失所,以副圣主怀柔远人至意外,臣谨将办理缘由,恭折奏明,伏乞皇上睿鉴。谨奏。乾隆十八年十月初一日。朱批:知道了。[《清代历朝外交档案选编》(乾隆朝),第115—116页。]

乾隆十九年(1754 年)

47. 乾隆十九年闰四月庚申谕

据班第等奏称:广东雷州府之海安一营,岁支本色兵米不及一成,此外俱系折色。近年米价稍昂,兵丁不敷买食。查有高州府属之化州、石城二州县,官田租谷每年可得三千余石,例须变价充公,请以此项谷石,碾米拨运,添给本色。于兵丁甚为有益,等语。海安为外海水师,有巡查洋面之责,岁支本色兵米不及一成。于兵丁生计未免拮据。著照所请,将化州、石城二属官租谷石,碾米拨运,添给本色,以资巡防。其应作何分别支领,俾滨海穷兵,均沾实惠及一切碾运事宜,并交与该督抚妥协办理。(《清高宗实录》卷四百六十二,乾隆十九年闰四月庚申,第10页。)

乾隆二十年(1755 年)

48. 陈鸣夏奏折

浙江定海总兵官臣陈鸣夏谨奏。窃臣春汛例应督巡,缘本年三月间提臣简阅臣标水陆营伍官兵技艺军械,咸邀奖励。臣于四月十六日率带舟师赴洋督察渔汛。今岁黄鱼旺发,商渔各获厚利,严饬洋巡员弁,加意保护。三水一过,不许逗遛在洋滋事,周历内外洋汛岛屿,到处肃清。仍遵例前往羊山会哨毕,随于五月十六日回营,所有定邑及辖属各营地方,春夏雨旸时若,二麦收成八分,早禾已经吐穗,晚禾亦各畅发。在在高下田水充足秋收丰稔可必,一切蔬粮滋生异常,目今米价每石一两四钱五分,兵民安堵,山海敉宁。

再定海一隅,收泊东西洋艘,昔年创立红毛馆子定海衙头,嗣聚泊广东岙门,福建厦门迄今数十年。该番船不至,馆亦圮废。今年四月到有红毛番船一只,船主哈唎生。六月又到有一只,船主呷等噶,其货物俱装运郡城贸易,番商就宁赁屋居住,番船仍泊定港,臣派拨官兵日夕小心防护,以仰副国家柔远之至意,合并奏闻。伏乞皇上睿鉴。谨奏。乾隆二十年六月初九日。朱批:知道了。[《清朝历代外交奏折选编》(乾隆朝),第59—60页。]

乾隆二十一年(1756 年)

49. 乾隆二十一年闰九月甲子两广总督杨应琚奏议

请海洋统巡大员与随巡将备每年上班二月出洋,六月撤师;下班六月出洋,十月撤师。

择兵之通晓水务及尚未谙习者,生熟相间,轮班酌带。使全营水兵周而复始,亲加训练,务令熟习抢风折戗之法以及风云气色、港屿情形。其有不能者,以内河并陆路兵酌补。得旨:是。(《清高宗实录》卷五百二十三,乾隆二十一年闰九月甲子,第19—20页。)

乾隆二十二年(1757年)

50.乾隆二十二年二月壬申谕

前因顾春乘船头晕,未能赴外洋巡察。曾经降旨询问,顾春尚巧辩遮饰,并未据实陈奏。嗣据尹继善将顾春行抵吴淞江地方,即行回返,并未亲赴外洋等情揭奏。顾春知不能隐匿,始奏称伊以患病未赴外洋。顾春如此取巧,甚属无耻,著革去副都统,在参领上行走。所遗镶黄旗汉军副都统员缺,著官保补授。(《清高宗实录》卷五百三十二,乾隆二十二年二月壬申,第20页。)

乾隆二十三年(1758年)

51.乾隆二十三年二月己卯又谕

各省水师所设兵弁自以熟谙水务为要。向来水师营将备积习,遇有考选拔补,督提等专以弓马较优劣,转就其中稍能骑射者申送。而该督提等亦遂不察其果谙水务与否,漫为去取。夫使既习水务,又娴弓马,诚为出众全材。但水师所重,全在能识风云,熟知砂线以及通晓驾驶等事。若专较骑射,是轻其所重,而重其所轻。将实在熟谙水务之兵丁,转致一粮终老,殊非设立水师本意。嗣后除内河水师仍照旧例拔补外,其出巡外洋各兵弁,著该管官于统领出巡时,留心查察,权水务之缓急,验技艺之高下,分别等第,详记档案,豫行申报。遇有考拔,督提等可按籍而稽,外委则以一等之兵丁考补,千把则以一等之把总、外委考补。如一等不敷,即用二等。庶不致所试非所用,而营务可收实效。至水师保送俸满千总,尤当详慎,著各督提等严行考核,并发各营统巡大员带领出海试验,如果娴习水务,准其送部引见。其或本营滥行保送及各营扶同徇庇,即行查明参处。其著为令。(《清高宗实录》卷五百五十七,乾隆二十三年二月己卯,第13—14页。)

52.乾隆二十三年九月乙未兵部议署两广总督李侍尧奏议

乙未,兵部议署两广总督李侍尧奏称:粤东总兵各缺,除南澳镇应归闽省查议外,其右翼镇所辖止英清一营,系内河水师,余皆陆路。潮州镇所辖并无水师营分,毋庸议外。惟左翼镇西南通诸番,东北连闽浙,实为全省门户。且辖外海水师营二,水陆各半营五,内河水师营三,水陆各半营二,陆路营二。琼州镇孤悬海外,通外洋诸国。五指山屹立大洋,易藏奸宄。每年带兵巡哨,且辖水师各营,均资弹压。此二镇,仍请注为最要缺。碣石镇枕山临海,巡哨东洋,亦属紧要。惟所辖外海水师营三,陆路营一,事务稍简。高州镇界连粤西,狼猺杂处。且有统巡洋面之责,惟所辖水陆十余营,皆属内地。此二镇请改为要缺。均应如所请。从之。(《清高宗实录》卷五百七十,乾隆二十三年九月乙未,第17页。)

乾隆二十四年（1759 年）

53. 浙江定海镇总兵官罗英笏奏英吉利船已回广东折

浙江定海镇总兵官臣罗英笏谨跪奏。为奏闻事。窃照定海县地方自乾隆二十年至二十二年，屡有红毛夷船来浙，上厪宸衷。经前任督抚二臣宣谕夷人，令其仍回广东，不得再来浙省，是以上年并无夷船到浙。臣每届南风之候，严饬洋汛兵船实力往来巡察。兹于本年六月初一日，据臣标中营游击李雄禀：据随巡外洋汛把总谢恩报称：五月三十日巡至四礁洋面，望见夷船一只，扬帆前来，当率兵船飞追至双屿岛抛泊，随诣该船查验，系夷人小船，船身长七丈，梁头一丈四尺，夷商舵水共十二名，内黑鬼一名，携带防护枪炮。据夷商洪任【辉】称系英吉利国船，五月间由广东空船出口，货物银钱俱在后面大船上，欲往宁波贸易。现在谕令回棹，等情。具禀到臣。臣星飞委员前往宣谕皇恩柔远至意，明切化导，令其仍回广东贸易，不得在此停泊。旋据该委员回禀：据夷商洪任【辉】口称：回广东生意不好，意欲仍来浙江交易，故坐小船先来探信，其大船在后。今既不准在浙交易，自当开往广东，等语。随该夷船即行起碇，于初一日申刻开行回棹。当经洋汛兵船护送前途，等情。兹于初四日据臣标署中营守备陈兆龙禀称：守备护送夷人于初三日至本营外洋南韮山外，该夷船即乘风出境去讫，具禀到臣。合将夷船入境出境缘由，据实缮折。专差臣标外委陆锦荣赍捧奏闻。伏乞皇上睿鉴。臣谨奏。乾隆二十四年六月初四日。朱批：知道了。（《乾隆二十四年英吉利通商案·浙江定海镇总兵罗英笏奏英吉利船已回广东折》，《史料旬刊》第四期，北平：故宫博物院编印，1930 年，第 7 页。）

54. 浙江巡抚庄有恭奏洪任驶船来浙已命回广东折

浙江巡抚革职留任臣庄有恭谨奏。为奏闻事。窃照浙省内联腹地，外接海洋，控制之方，防海宜豫。数年前有红毛英吉利国夷商洪任【辉】屡来宁波贸易，伏读我皇上所颁谕旨，睿谋深远，烛照几先，在浙臣工皆宜恪守，是以乾隆二十二年前督臣杨应琚申明禁令，咨会粤省督臣，谕令该夷嗣后不许再收浙口在案。兹于本年六月初四日，据定海镇臣罗英笏札称：据巡外洋汛把总禀报，五月三十日巡至四礁洋面，见有夷船一只，扬帆而来，职等兵船飞追至双屿港抛泊，当诣该船查验，船身长七丈，梁头一丈四尺，夷商洪任【辉】并舵水十二名，内黑鬼一名，携带铜百子炮二门，铁炮一门，鸟枪四杆，腰刀四把，火药三十斤，铁弹五十出，所有货物银两，据洪任【辉】口称：俱在后船，意欲开往宁波贸易，等语。并准提臣倪鸿范札及宁绍台道范清洪禀，皆同前由，并称现在飞饬各该文武严谕该夷商仍回广东贸易，不许逗遛，等情到臣。臣随飞札提镇两臣，并檄行该道，以洪任【辉】系亲承禁令之夷，何得故违前禁，此次之来，明系欲行尝试，倘语涉游移，彼必故智复萌。惟严切晓谕，务令速回，以绝其望。仍一面饬令各文武密行防范去后，旋据各覆称：晓谕之后，该夷商回称：五月内由广东而来，因今年广东生意平常，先坐空船来探，今浙江既不准收泊，我们就开行回去。当即于六月初一日申刻起碇回棹讫，除饬该文武俟出境另报外，臣查该番舶一闻晓谕，随即开行，尚知畏法，但事隔二年,辄思尝试,且既已收泊广东,何得复私行来浙。约束之道不可不豫,合即仰恳皇上密敕两广督臣,传集夷商,重申谕禁,俾知天朝法度雷厉风行,事无巨细,悉达天听,罔敢稍有逾越,亦所以豫慑远夷之心也。除将押回缘由,咨明两广督臣及粤海关监督外,理合恭折奏闻。伏乞皇上睿鉴。臣谨奏。乾隆二十四年六月初七日。朱批:已有旨了。(《乾隆二十四年英吉利通商案·浙江巡抚庄有恭奏洪任驶船来浙已命回广东折》,《史料旬刊》第四期,第 8 页。)

55. 浙闽总督杨廷璋奏洪任【辉】来浙投呈并无奸牙勾引代谋捉笔情弊折

为恭折奏明事。窃照红毛番商洪任【辉】驾船到浙,投递呈词,业经臣恭折具奏,并将原呈附呈圣鉴。折内声明先于六月十九日差弁传调守备陈兆龙到闽查讯,及行镇道等官密访有无奸牙勾串情事,缘闽浙相距遥远,定海又隔越海洋,风水稽阻,至闰六月二十六日,甫据陈兆龙到闽。臣随亲加细讯,据称:本年五月三十日申刻,在洋巡哨,瞭见大洋有船前来,随驾兵船迎往,认系番舶,即于双岐港喝令抛碇,施放号炮,各汛千把兵船陆续俱到,因同上番船查看,内只番商洪任【辉】,带有黑鬼一名,番人十名,并随身炮械,并无货物及内地民人。据云:五月内,由广东开船,欲赴宁波贸易,银货俱在后船,等语。随将该船拦阻不许往宁,一面差小哨驰报总镇。初一日午刻,总兵罗英笏差委守备娄全、定海县亦委沈呑、巡检高云蔚驾船俱至双岐港,谕令开行回广。洪任【辉】见势不能留,随称要去不难,但我有呈词一纸,要众为收去,我即开船,否则仍须赴宁投递。即出呈词给看,因询其尔系番人,何来汉字呈词。据覆,系从别处写就带来,众人原不允其接收,而洪任【辉】坚欲将呈掷交方去,彼时急图番船迅速回棹,见理谕不遵,因随口允其接收。洪任【辉】等随即一面起碇,一面将呈留下,扬帆而去。备弁等亦随即开船押护前进,至初三日押至南韭山外,已出浙境,方将兵船收回。于初四日到汛,将呈禀缴,此系文武员弁六七人耳闻目击之事,实无别情,等语。因诘其彼时有无民人在彼,据称系属外洋,只有兵船到彼游巡,民人不能前去。复质之随行营识目兵,供亦相同,并据镇道府县呈覆,双岐港远在外洋,离定海尚有两潮洋面,并不近岸,况番船自寄碇以至开行,仅只一日,官兵罗列,众目昭彰,再三密访,实无内地民人到彼商谋代笔情事,无从访究等情。臣随复核供词,与禀覆情节呈词之递。自洪任【辉】固无疑义,其所以不于寄碇时投递,而于开行时撩下者,其初意尚冀赴宁探视情形,及被兵船拦阻,坚谕开行,无计可施,方始将呈掷交而去,情形亦确。至双岐港系在外洋,去定海尚远,距宁波更远,是日官兵络绎,纵有奸徒,亦不能飞越,且查其呈内年月,既未填写而纸色亦复蔫旧其为他处宿搆更无可疑,是番商洪任【辉】投呈一事,在浙委无奸牙勾引代谋捉笔情弊,所有传讯访查过缘由,除寄知将军臣新柱外,臣谨据实恭折奏闻,伏乞皇上睿鉴。谨奏。乾隆二十四年闰六月三十日。朱批:知道了。[《乾隆二十四年英吉利通商案·浙闽总督杨廷璋奏洪任(辉)来浙投呈并无奸牙勾引代谋捉笔情弊折》,《史料旬刊》第四期,第 11 页。]

乾隆二十五年(1760 年)

56. 乾隆二十五年三月甲戌江南提督王进泰上奏

崇明外海洋面系派崇镇及沿海川、吴各营官兵,自二月起至九月止,每月驾船巡哨。

复专委千把,驻泊羊山所。其十月至次年正月,例不出巡,嗣以此数月内遇有失事,营镇互相推诿。定议崇镇及川吴等六营分管二十日,第外洋冬令无出巡官兵,宵小每乘间窃发,上年商民潘绍先等致有马迹山被窃一案。查冬月商船遍行,巡船自无阻滞。应令无论冬夏,一体出巡。惟外洋风潮原烈,冬令西北风大,未便多派官兵,常川在洋。请于十、冬、腊、正四个月,即著现定分巡六营将备各于分限内,派员坐驾小哨快船,前往羊山马迹一带游巡。不拘回往日期,并将分泊羊山之千把亦令照旧派往。得旨:所奏甚是,如所议行。(《清高宗实录》卷六百零九,乾隆二十五年三月甲戌,第27—28页。)

57. 乾隆二十五年三月甲戌两广总督李侍尧奏议

粤东左翼镇总兵自移驻虎门,有稽查内河、外海之责。第每年统巡,均于中、右二营游击轮派,未定镇臣何时出洋条例。请如碣石、南澳二镇,每年上班巡洋,以左翼总兵为统巡。仍酌留中、右二营游击一员,驻扎虎门弹压。其下班统巡,原系香山协副将,应仍照旧例。又,查香山县属之老万山,兀处大洋中,与澳门南北对峙,为来往商船停泊总汇,仅拨香山、大鹏二协营千、把、外委四员在彼游巡,既难钤束目兵。而上年把总竟有带兵私回等弊。请于香山协左、右二营都司守备中,每年轮派一员,前往督率巡防。得旨:著照所请行。(《清高宗实录》卷六百零九,乾隆二十五年三月甲戌,第31—32页。)

乾隆二十六年(1761年)

58. 乾隆二十六年正月庚午谕军机大臣

谕军机大臣等:大陈山洋面匪船掠窃,将兵丁水手载逃一案,已降旨严缉查办,并令林洛往拿务获……镇臣林洛于此案发觉后,四路委员悬赏侦缉,复亲出洋巡访,访得吴添思隶藉闽省晋江,在大陈石塘等处代人守网,原籍亲族来往钓捕者颇多,或可望其探知踪影,其实原无证据。是以止令具认指拘,并非不肯推求。而提臣王无党以吴添思既肯具认跟拿,必知匪船著落,不计虚实,即行奏闻。其陈奏迟缓,闻报遽奏之处难逃洞鉴。臣仍一面严饬沿海各属于各岛屿海口,委员密拿务获。得旨:所奏林洛之事,自系公论。至此案何日久尚未缉获耶! 宜速行设法严缉,以靖海面。(《清高宗实录》卷六百二十九,乾隆二十六年正月庚午,第19—20页。)

乾隆二十七年(1762年)

59. 乾隆二十六年九月庚寅谕军机大臣

据解逊奏:琼郡孤悬海外,距省窎远,镇属兵额稍单,请将雷州协改归琼镇统辖等因一折。雷州一协现与琼镇相近,而其所属之海安营仅隔海面八十里,顺风两时可达。自宜将雷协改归琼镇统辖,俾外海镇协声势联络,于营伍地方俱为有益。著将原折钞寄苏昌,令其将实在情形,悉心详查,妥议具奏。(《清高宗实录》卷六百六十三,乾隆二十七年闰五月庚寅,第19页。)

乾隆二十九年(1764 年)

60. 乾隆二十九年九月癸亥兵部议准

调任两广总督苏昌奏称:广东澄海一协额设副将一员,中军都司一员,左、右两营守备各一员。副将及左营守备驻防澄海县城,都司驻蓬州,右营守备驻樟林寨堡,由来已久。但都司为副将中军,有兼辖两营承上转下之责,今分驻蓬州,离澄海三十里。遇有事件,往返耽延,实多未便。请将左营守备移驻蓬州,都司调回澄城,各就原署驻扎。兵马钱粮向系两营守备分管者,统归都司管理。每年出洋以都司为上班随巡,副将为下班统巡。两营守备轮委一员,为下班随巡。左营之东湖汛向拨右营弁兵船只贴防,即改归左营管辖。右营原防弁兵船只撤回,拨往大莱芜炮台汛防守。其大莱芜炮台汛改归右营管辖。将左营原防弁兵船只拨往沙汕头炮台防守。该协额设马、步、战、守兵一千四百二十二名。请每营更定额兵七百一十一名,战马均匀分配。又将左营多派外委把总一员调入右营,改为外委千总。其额设战船,外海左、右营各五,内河左营三,右营二。各就本营兵配驾巡查。从之。(《清高宗实录》卷七百一十八,乾隆二十九年九月癸亥,第21页。)

乾隆三十年(1765 年)

61. 乾隆三十年五月庚子谕军机大臣

据庄有恭奏审拟外洋劫盗龚老大等各案犯分别定罪一折。已交法司核拟,具奏。但如崇明县事主张奎吉在陈家河外洋被劫一案,首伙共十七犯。现据拿获王长生等十一犯,又投首之张恭补外,其余各犯自应上紧缉获,立正典刑,毋使一人审逸,致稽显戮,不得以首伙已获过半,遂稍存懈弛之意,仅以通缉了事。及将来续获各犯,亦不得任其巧饰卸罪,幸逃法网也。此等江洋大盗纠合匪徒行劫多案,肆行不法已至数年之久,皆历任文武各员不能实力防缉,姑息因循所致。现在龚老大等虽已缉获,而其余未破之案,或事主隐忍未报,或远在外洋劫杀,无人首告者,恐复不少。有司营汛各员弁尤当协力访查,设法擒捕,务期洋盗根株尽绝,估舶往来安行,以收宁谧绥靖之效。其如何严定章程,饬属巡防搜缉,肃清海洋之处,该督抚其悉心筹办,毋以具文塞责。将此传谕庄有恭并该督尹继善知之。(《清高宗实录》卷七百三十七,乾隆三十年五月庚子,第15页。)

62. 乾隆三十年八月己酉谕军机大臣

明山奏拿获洋面劫盗一折。已降旨将游击裴鳌、知县金廷烈送部引见。并令将前任纵盗疏防之文武员弁查参,交部严加议处矣。粤东毗近外洋。海面盗船,尤宜随时侦缉,以靖地方。此二案盗犯,自乾隆二十八年至今时逾三载,积至五六十案之多。该地方官前此何以漫无闻见。任其横行滋事。历任督抚并未经劾奏疏防之员,则亦不得辞其咎矣。外省每视查缉盗犯为具文,动辄因循玩忽。即如今岁庄有恭奏获江洋大盗,亦系屡年积案。一经实心访缉，即多就获。可见盗犯之能获与否，全在地方官之实力与不实力耳。况此等盗匪驾驶海船，纠众行劫，若不上紧搜剿，不但估舶扰害无穷，且恐日久蔓延滋患。今盗首及要犯虽就弋获，而伙盗未获者尚多。此时杨廷璋、王检想已莅新任，明山尚有查办事件在粤，此案系伊任内经手之事。著一并传谕，令其严饬各员弁，实力跟缉，尽绝根株，毋使漏网，以期海疆宁谧。其现获各犯，亦即严加审拟，尽法处治，毋稍姑息。不可归案完结，以图了事。可将此传谕杨廷璋等知之。（《清高宗实录》卷七百四十二，乾隆三十年八月己酉，第5—6页。）

63. 乾隆三十年八月丙申兵部议准

调任广东巡抚明山疏称：雷州协中军都司原系题缺，左营守备原系推缺，现裁都司，以左营守备管中军事，总理左、右二营，事务殷繁，请定为陆路题缺。再粤东外海水师游击九缺内，业改左翼、碣石二镇右营游击为都司，其电白、吴川二营游击所辖地方，未为险要，弁兵较各营为少，亦请改为都司，仍作题缺，隶高州镇管辖。出洋巡哨，照旧轮办。从之。（《清高宗实录》卷七百四十二，乾隆三十年八月丙申，第16页。）

64. 乾隆三十年九月壬寅江南苏松镇总兵马金奏议

江南苏松镇总兵马金奏：巡查外海情形，八月初旬，率将备弁兵从吴淞港出汇头，距崇明县三百余里，西为高家嘴，东为廖角嘴，水面四百余里，中伏铜沙，最为险阻。从此出口，即属外洋，对针南行，以大七山为标准，再经小七山，俱荒岛无呑门可泊，乘东北风径赴小羊山，驻弁兵六十六员名，渔人篷厂六十余处。侦巡并无匪类。再东南四十里之大羊山，系浙省定海汛境，亦多采捕渔人。复乘西南风，转至八十余里之徐贡山，又东北行一百余里，至马迹山。徐贡山与小羊山相等，惟马迹山周二百余里，呑门二十余处，恐藏奸匪，久经封禁。直东五百余里为尽山，所过洋面稍平处，即布演水操，以壮军威。仍饬官兵实力巡缉。得旨：嘉奖。（《清高宗实录》卷七百四十五，乾隆三十年九月壬寅，第22—23页。）

65. 乾隆三十年十二月丙辰刑部等部议两江总督高晋条奏事

两江总督高晋等奏巡防海洋各事宜。一，商渔船只初造完日，例报官验明给照，填写在船人夫、年貌、籍贯。出口时，由汛官验照，挂号。查商船挟资出洋，往返经年，舵工水手雇觅详慎。至采捕渔船，多系无业贫民，或二三月一出，或一月数出，舵水人等不时更易。若仍旧例给照，每多人照不符，设有为匪情事，无从稽查。嗣后除商船仍遵旧例办理外，其渔船止将船主年貌、籍贯填写入照，并将船甲字号于大小桅篷及船旁大书深刻，照后多留余纸。出口时，令守口员弁，将该渔船前往何处，作何生业，并在船人夫姓名、年貌、籍贯查填入照，钤盖印戳，并登号簿。遇有为匪，即可按簿查缉。如州县官将照给匪人，汛口员弁，查填不实，均照例降二级调用。

一，例载船只出洋，税关衙门查验地方官印照给牌，妄给者议处。原无责令查察舵水明文，但设关原以稽查奸匪，果于船只出入，详悉查验，匪踪自难掩饰。嗣后应令海关口岸一切倒换照票,务须查明人数登簿,钤盖印戳。如有人照不符,船货互异,即送地方官审究。失察者,将该委员降二级调用。吏役责革枷号,并将该管官罚俸一年,若关口员役借端需索,分别查参治罪。

一,海洋盗案,例饬该管文武员弁带同事主,会勘洋面。内洋易于勘定,在外洋失事,疆界难定,查勘每多稽延,以致人犯远飏,事主拖累。查江省洋面县界里数,各营已给有定图,应将洋图再加较正,发洋海州县,并送部存案。嗣后内洋失事,仍带事主会勘。如系外洋,不拘何衙门呈报,该衙门讯明被劫处所,里数若干,即将该事主所开赃物报明各该管印官。该管官查照洋图,定为何州县营汛所辖,飞关该州县会营差缉,事主即予宁释,毋庸候勘。其详报督抚,无论内外洋失事,总以事主报到三日内出详驰递,以便据报行查海关各口,将税簿赃单,互相较核。有货物相符者,即将盗船伙党姓名呈报缉拿。至守口员弁有规避处分,互相推卸,或指使捏报他界者,查明将申报之员,降一级调用。其查关员役,如于文檄未到之先,能查获匪船者,该员等分别议叙,吏役酌赏银两。如奉到文檄,能查出匪迹,飞移地方官拿获者,免其盘查不实处分。

一,向来盗船多系租赁,若船主杜绝租赁,匪徒自无从售奸。应定私船禁例,以靖盗源。查匪或劫或窃,其船主罪应区别。嗣后除犯该徒罪以下,船主不知情者,仍照例杖枷。其犯该流罪以上者,船主虽不知情,亦应杖徒,船只入官充赏,并将失察之地方官议处。如船主实有事故,不能亲自出洋,令亲属驾船,许赴地方官呈报,将亲属开填入照。如未呈明,以顶冒论罪。均应如所请。从之。(《清高宗实录》卷七百五十,乾隆三十年十二月丙辰,第13—16页。)

乾隆三十一年(1766年)

66. 浙江巡抚熊学鹏奏为缉拿海盗恭折复奏事

浙江巡抚臣熊学鹏跪奏。为恭折复奏事。窃臣接阅邸抄,奉上谕:近据江苏、浙江、广东等省节次拿获海洋盗犯多人,业已尽法惩治,此等积匪或一人连犯两省之案,或一案牵连数省之人,累累劫盗,已阅多年。此时始行发觉,皆由从前各地方官遇有商船被劫之事,每以事涉海洋,畏难不肯访缉,又或因水面所辖地界毗连,可以互相推诿,彼此掺搁,遂致纵盗养奸,酿成积案,已将各疏防之文武各员交部,严加议处矣。今三省盗伙就获者几及数百名,恐匪船往来洋面,潜踪劫窃,似此者尚复不少。若不严加搜捕,尽绝根株,何以靖海疆,而安旅舶。当思此等海盗奸伙,行踪虽在洋面,而所窃赃物不能不向城市变卖,其妻孥家属亦必于陆路寄居。即如浙省获盗之案,亦因宋三窃贼包裹败露,遂得寻线跟求弋获多犯,诚使地方员弁平日留心察访,见有行踪诡秘并衣物可疑者随时盘诘,鬼蜮复何以遁形? 至连界数省之处,盗匪出没,每向此地严拿,即窜入彼境,以图逃逸,若彼此同心,上紧协缉,则四路堵绝,匪徒又从何狡脱乎? 总在封疆大吏严防,有司实力稽查,设法跟捕,使洋面永达清静,方不负戢暴安民之意。倘此后该地方官复敢因循积习,玩视盗案,不行严密查拿及讳匪不报者,一经发觉必重治其罪。该督、抚等不能严加董饬,责有攸归,朕不能为之宽贷也。将此通行晓谕知之。钦此。

又据浙江提督臣黄正纲于二月初七日自京回浙,过省见臣,面传正月初八日奉上谕:海洋紧要,广东拿获积年洋盗正法者六十多人,皆由从前该地方官并不实心查拿,不过虚应故事,以致积累多案。要知海洋打劫,毋论多少,势必登岸,如果地方文武实心查拿,何难即时擒获。汝与巡抚同省,可传旨与熊学鹏知之。钦此。

臣跪诵之下,仰惟圣训周详,至明至当,实为查缉洋匪之切要。伏思江浙等省今虽已拿获洋匪多人,审明治罪,诚恐尚有余匪未尽根株。臣现在严饬地方文武各官协力同心,凡遇有海洋劫窃等事,立即上紧跟访,各按情形设法缉捕。其海洋船只进出口岸,务将船照、货物逐细查验。如见有行踪诡秘并衣物可疑者随时盘诘根究,其贼属潜居及变赃寄顿处所必有踪迹可疑,并饬于城市及各乡镇随事随时留意体察,一有眼线,即行细密追寻,务使不能逃遁。如有事连隔省者,一面选差干员、妥役,前往缉贼;一面飞咨该省督抚,一体上紧协缉。倘地方官弁有因循玩视,心存畛域,不实力查拿及讳匿不报者,即行严参治罪,断不敢略存姑息,稍有懈弛,务期贼匪净尽,以仰副圣天子慎重海疆、弭盗安民之至意。所有臣接奉谕旨,敬谨遵照办理缘由,理合恭折复奏。伏惟睿鉴。谨奏。乾隆三十一年二月初八日。朱批:知道了。(北京:中国第一历史档案馆藏朱批奏折,档号:04-01-01-0265-024。)

67.江西巡抚明山奏为失察洋盗从宽留任恭谢天恩事

江西巡抚奴才明山谨奏。为恭谢天恩事。窃奴才接准部文,于广东巡抚任内失察洋盗一案,部议降一级留用。奉旨:明山著照所降之级从宽留任。钦此。奴才跪读恩谕,感深无地,伏念弭盗安良封疆要务,奴才才识庸闇,于此等劫掠巨盗未能勤奏疏防,亦无可辩。仰荷圣慈,曲赐宽宥,奴才惟有刻刻警宥奋勉,以图仰报高厚于万一。所有奴才感激之忱,理合缮折奏谢。伏祈皇上睿鉴。谨奏。乾隆三十一年三月二十二日。(北京:中国第一历史档案馆藏朱批奏折,档号:04-01-12-0117-069。)

68.乾隆三十一年十一月丁卯兵部议

两广总督李侍尧疏称:粤东营制,外海水师副将五缺,应升之参将仅有四员;游击十一缺,应升之都司共止八员。遂致参将、都司,甫经到任,旋即推升。陆路游击共计二十员,而应行题升者,止有增城营参将一缺。以致游击中出色人员,多系迁转别省。请量为改缺,俾得均匀升转,等语。应如所请。琼州水师副将,改为海口营参将,仍听雷琼镇管辖。左营都司改为守备。左翼、碣石二镇标右营水师游击,改为都司。雷州协陆路副将,改为雷州营参将,亦听雷琼镇管辖。将中军都司裁,以左营守备兼管。其兼辖之海安营游击,径隶雷琼镇管辖。徐闻营守备,仍隶该营兼辖。钦州营陆路游击,改为参将,仍隶高州镇管理。至所称琼州水师副将、都司,左翼、碣石二镇标右营游击原系外海水师题缺,今改为参将、都司、守备,自应仍为题缺。钦州营陆路游击,原系五年边俸,报满题缺。今改为参将,应仍为俸满题缺。雷州协陆副将,原系选缺,今改为参将。总理左、右二营水陆事宜,应改为陆路题缺。其左营守备,亦系推缺。今中军裁归左营兼管,亦请为题缺。至出巡洋面,海口营参将、守备轮流,左翼、碣石二镇标游击互替等事。均应如所奏办理。又该督所请改潮州镇标左右二营。潮阳、惠来二营游击、守备共八缺,均改为部选。督标中军副将、都司、提标参将、广州协副将、都司,均改为陆路题缺,亦应准其改换。但查外海水师新改游击应题九缺,而应升都司亦只九缺,人缺相当,于升迁过优,恐难得熟练之人。且水师守备共二十六缺。于题升都司,反觉人多缺少。应令该督于各游击缺内再行确核,如有应改营分。酌量降改,定议报部。至所改各缺,俱俟现在各员升补事故出缺后,分别改换。雷州协中军都司既裁,未便久悬。应将现任都司刘德懋给咨赴部另补,其应换关防敕书,亦拟定字样。造册送部办理。从之。(《清高宗实录》卷七百三十五,乾隆三十一年十一月丁卯,第3—5页。)

69. 乾隆三十一年十一月丙申奏议

粤东商渔大小船只每州县不下一二千,易致匪徒窜迹、窃劫为害。现通饬各府州县将境内所有商船渔艇按数编排,十船设一甲长,十甲设一澳长。无论船身大小,令于篷樯头牓,书刊"某州县某号某甲某人某船"字样。除商船载明船主柁水,贸易何地,往返何时。凡属渔船,必使出捕定有方向,收港定有限期,配盐食米定有章程。俾内河外海无不明书标识之船。渔户水手,无不按籍可稽之人。倘有歹船混入,一目了然。哨巡不难即捕。得旨:好! 仍宜实力永久行之。(《清高宗实录》卷七百七十二,乾隆三十一年十一月丙申,第17页。)

乾隆三十二年(1767年)

70. 乾隆三十二年闰七月辛酉两广总督李侍尧奏

臣遵旨檄谕暹罗国,搜擒奔窜缅匪一节。臣旋抵东省传询曾充暹罗国贡使船户及通事等,据称:自广东虎门开船至安南港口地名河仙镇,计水程七千三百里。该处系安南管辖,有土官莫姓驻扎。又自河仙镇至占泽问地方,计水程一千四百里,系暹罗管辖,有土官普兰驻扎。自占泽问至暹罗城,计水程一千六百余里,统计自广东虎门至暹罗共一万三百余里。九月中旬,北风顺利,即可开行。如遇好风,半月可到。风帆不顺,约须四十余日。如有公文照会暹罗,交付土官莫姓及普兰,均可赍去。但前往该国系属外洋,内地兵船水道不熟,未便令其前赴。兹查有本港商船于九月中旬自粤前往安南港口贸易,计到彼日期正系十一月间。查有左翼镇标中营游击许全熟谙水务,臣遵谕备缮照会暹罗国王之文,发交许全届期附搭商船,赍往安南港口,谕令查探,或交莫土目,或至占泽问交付夷目普兰赍投,仍令取该国王回文赍回。报闻。(《清高宗实录》卷七百九十一,乾隆三十二年闰七月辛酉,第16—17页。)

乾隆三十三年(1768年)

71. 乾隆三十三年九月甲午兵部议奏

据两广总督李侍尧议覆大学士陈宏谋条奏,巡察海口商船及裁汰战船二折,查粤东出海商船,节经严定章程,毋庸更改。至战船额设外海缯艍、拖风、乌舨、艍哨船一百六十七,内河橹桨、急跳快哨、艔艚船三百八十,今请裁外海船三十二,内以缯船改造拖风船一,以缯艍、拖风改设内河快船十。又请裁内河船五十六,内以橹船二改造外海拖风船一,共裁船八十八,改造船十二。其承修战船,粤省向责成道府,请仍照旧,等语。俱应如所奏。从之。(《清高宗实录》卷八百十七,乾隆三十三年九月甲午,第 22 页。)

乾隆三十四年(1769 年)

72. 乾隆三十四年六月庚午又谕

再,上年八月间李侍尧奏:暹罗国为花肚番残破,夷目甘恩敕具呈乞封。而河仙镇土目莫士麟亦将该国情形绘图呈送。当令军机大臣代写谕稿,寄回。嗣因阿里衮等奏程辙禀词,有暹罗欲图恢复之语。复降旨令该督选派干员,向莫士麟访问暹罗国实在构衅情形,查核。本年正月据该督奏称,已派署都司郑瑞等于十一月内前赴河仙镇。但水道俱属外洋,必俟三月内始得回帆。彼时因该督并未得信,仅以空言奏,殊属糊涂,曾于折内批饬。此后并未据该督奏及此事。(《清高宗实录》卷八百三十七,乾隆三十四年六月庚午,第 11 页。)

乾隆三十五年(1770 年)

73. 乾隆三十五年二月乙亥兵部等部议准

两广总督李侍尧奏称:广东省外海巡船向就船只大小,配兵分驾。现在船只奏准裁减,若以原配兵归营,实多冗设。查水师共裁缯艍等船三十二只,原配兵一千一百十名,内除改造拖风、小快等船需兵二百五十名,应裁兵八百六十名。俟有事故出缺,停补,分晰截扣。从之。(《清高宗实录》卷八百五十三,乾隆三十五年二月乙亥,第 17 页。)

74. 署理浙江巡抚熊学鹏奏为参劾道员宁舞立事

署理浙江巡抚臣熊学鹏跪奏。为参奏事。窃臣荷蒙皇上天恩,简任封疆,仰体圣心,时时以整饬吏治为务,况道员职任监司,有表率属员之责,尤为紧要。现任浙江海防道宁舞立才具中平,于塘工本不熟谙,因近来潮汐平缓,工皆稳固,该道可以坐镇,幸免无过。臣见该道办事懈缓,不肯向前,不时加以训诫,原冀其精神振作,奋勉任事,以收得人实效,讵宁舞立一味模棱,诸事心图诿卸己责,毫不肯少任劳怨。即如本年准云南署抚臣明德来咨,查封参革云南道员陈作梅原籍嘉善县家产,臣委该道往查,乃该道一到嘉善,见知县董均公出,略加查看,并不估计,即行回署。幸嘉兴府知府李允升、知县董均接臣札谕,星夜赶赴查办。臣复面将该道痛加斥责,伊始畏惧,再往,同府县逐细确估,根究造册申报,不致隐漏。

又,臣因宁海营把总王标违例,将兵饷私由海运,以致沉失,并淹毙弁兵一案。其时宁绍台道潘恂甫经委署臬司,在省清理案件,臣因委该道驰往宁海查勘情形,将金派不慎各上司联名查揭,乃宁舞立从宁海回省,只将沉溺情形具禀,其金派不慎各上司职名以为事隶藩司,并不查报,续委藩司富勒浑查详,臣恭折具奏在案。其宁舞立瞻顾营员之咎,实无可辞。

又如,江苏抚臣萨载咨缉拐犯一事,臣与臬司郝硕连次飞饬地方官并札谕武职,分派员弁,设法四处缉拿,其所开拐犯姓名,多系嘉兴、潮州二府人,皆宁舞立所管,伊一切听之府县,其如何督饬查拿之处,并无只字具禀。及经臣面加痛斥,伊始往潮州一行塞责,虽现经两江督臣高晋、江苏抚臣萨载与臣会审属虚,而宁舞立于办理此案,实属模棱观望。

臣愚伏思臣子服官,才具虽有短长,而办事总宜实心。若宁舞立既不谙练塘工,遇有差委,又不肯认真查办,委【萎】靡成习,若令其久任道员,倘致属员效尤,于吏治大有关系。理合据实参奏,请旨将宁舞立交部严加议处,其浙江海防道一缺,管理海塘柴、土、石各工及稽察杭、嘉、湖三府属州县最紧要,必得精明强干、实心任事之员,方能称职。查有现任宁绍台道潘恂为人明白、才具优长,办理案件事事认真,若以之调补海防道,实于公务有益。如蒙圣恩准其调补,其所遗宁绍台道员缺,听部照例请旨补放。臣言是否有当,伏乞皇上圣鉴训示。乾隆三十五年闰五月二十二日。(北京:中国第一历史档案馆藏朱批奏折,档号:04-01-12-0137-023。)

75. 江南水师苏松镇总兵官陈杰奏为秋季内外洋面安靖事

江南水师苏松镇总兵官奴才陈杰跪奏。为恭报秋季内外洋面安靖事。窃奴才所属内外洋汛定例系本标肆营并川沙吴淞二营按界分月巡查,总兵于春秋鱼蛰之期不时督查。本年捌月二十一日,奴才带领官兵,驾船出巡,查得内外洋面安靖,商渔均皆乐业。所有马迹一山,奴才春汛不曾亲至,今秋因风信不常,虽经两次前往,只能到七山洋面,马迹未能得到。旋据驻山外委徐铨禀称:自羊山驾驶小舟前赴马迹各山逐一搜查,并无违禁搭厂之人,至羊山因今年逢闰蛰期较早,渔船俱已回籍,其在山厂户佣业人等皆系人照相符,等情前来。奴才伏查洋面虽属安靖,其封禁诸山仍饬巡洋将弁再回营看验。官兵并沿海汛地理合恭折奏报。至查崇明县属稻谷、棉花秋收合计八分余,现在播种二麦,俱甚葱茂,籼米每石贰两,本地赤米每石壹两捌钱,价值中平,闾阎康阜,相应一并奏闻,伏乞皇上睿鉴。谨奏。再,奴才陆续奉到朱批肆件,一并恭缴。乾隆三十五年九月二十四日。(北京:中国第一历史档案馆藏朱批奏折,档号:04-01-03-0028-014。)

乾隆三十六年(1771年)

76. 署浙江布政使事按察使郝硕奏为请严失察盗匪出洋处分事

署浙江布政使事按察使奴才郝硕跪奏。为请严失察盗匪出洋之处分,以靖海疆事。窃照为政要务首在弭盗安民,内地各处固当严密巡防,而海洋重地防范尤难疏懈。浙省杭、嘉、宁、绍、温、台等府属在在皆系海疆,与江南、福建二省接壤,贼匪易于出没。每有在洋抢劫客商之事,叠经缉获破案,照例从重究拟,分别咨题在案。惟是口岸之出入、沿海之巡防,均宜严密。查例载,奸船出入海口,若遇失事,将守口官罚俸一年,等语。此系专指匪船经由汛口失于查察者而言,其有不由汛口沿边偷越出洋者失察之员,例无议处,以致各属缉获洋匪每称在于沿边驾船出洋,并未经由汛口,文武官弁遂得邀免处分。即有经由汛口,而地方官规避处分或任犯狡供沿边私越之事亦未可定。伏思沿海地方均系该管官弁所辖,贼匪踪迹能到之处亦皆共役巡查之所能及,若不责令设法巡缉,定以处分,则盗匪竟将肆行无忌,实为海疆商旅之害。应请嗣后遇有拿获洋匪抢劫案件,除该犯经由汛口者将失察之守口员弁照例查参外,如有匪船不由汛口沿边私驾出洋者,严饬承审官究明该犯偷越之处系何营县所管,并将失察之文武员弁一体开参。倘承审之员意存回护,一任盗犯狡供,不将确实地方指出者,并予参处,以杜规避,而重巡防。如此则地方各官咸知畏顾考成,自必上紧稽察,而匪徒不致私擅出洋,商旅可获宁谧,似属绥靖海疆之一端。奴才管见所及,是否有当,伏乞皇上睿鉴训示施行。谨奏。乾隆三十六年正月二十五日。朱批:该部议奏。(北京:中国第一历史档案馆藏朱批奏折,档号:04-01-01-0297-021.)

77. 两江总督高晋奏为每年春秋渔汛苏松镇总兵官例应率领将备巡洋事

两江总督臣高晋跪奏。为奏闻事。窃查每年春秋渔汛苏松镇总兵官例应率领将备,分驾赶缯战船前赴小羊山一带各岛巡查弹压。本年正当渔汛之期,因新升苏松总兵陈奎奏请陛见,所遗总兵印务经臣檄委江宁城守营副将刘鹏程前往暂行署理。行令该署镇带领官兵驾船出洋,亲赴各山岛渔民搭寮、采捕处所严密巡查,是否俱属安靖,据实具报去后。兹据该署镇刘鹏程禀称:于本年四月二十一日坐驾缯船前抵吴淞江口,至二十三日西风顺利,率同随巡中、左、右、奇并川沙、吴淞各营官兵船只驶出汇头,前至小羊山。查得该山与浙省之大羊山相距不远,其山岭最高之处约有五里,周圆三十余里,在山共有六屿。今春渔民及佣工、佣业人等逐一点验,共有四百八名,俱系搭盖草棚一百六十所居住。核其人照俱各相符。询及渔期,春夏之交出鱼甚旺,商渔俱各安业,并无滋事之徒。当即严饬厂头、网户各宜安分,不许滋事,并令守山弁兵不时前往各岛加谨稽察,不得稍有懈忽。二十四日,风转西南,巡至马迹山。查此山绵长百有余里,周圆约五六百里,并无搭寮采捕渔民,惟近山洋面有往来小渔船只,查其人船照票亦各相符。至二十六日,统领各船官兵自小羊山开行驶进汇头,因风顺,一日行六百里,即于本日回营,等情具报前来。臣查每年春秋两季总兵巡查过外洋,例应奏报。今刘鹏程系副将暂委署事之员,禀报到臣。除批令该署镇督饬各营汛并加留心,照例按季按月分别出洋巡查,毋因暂行署理稍有懈忽外,所有该署镇刘鹏程率同官兵巡历外洋各山岛,俱甚安靖缘由,理合据禀恭折奏闻,伏乞皇上睿鉴。谨奏。乾隆三十六年六月初二日。(北京:中国第一历史档案馆藏朱批奏折,档号:04-01-01-0297-033.)

78. 乾隆三十六年九月乙卯谕军机大臣

钟音奏:把总林昌伟讳盗不报,及林昌伟讦禀千总张得升并未出汛,游击娄加贵买嘱船户匿报,各情节。请将娄加贵等分别咨参、革审一折。已批交该部知道矣。外洋巡缉奸匪,为海疆第一要务。此案林昌伟于商船被盗,捺延不报。已据事主呈控,自无可抵辩。至所讦千总偷安旷职,游击贿嘱匿盗之处,或出于挟嫌妄告。但失主船户俱有指名,说事钱数,并有确据,必非尽属无稽。水师将弁积习废弛已久,乃敢肆意欺蒙如此,于海疆营务殊有关系。著传谕该督即将娄加贵等革职,与案内应行质讯人等逐一严加审讯,务得实情,定拟,具奏。毋令稍有遁饰。(《清高宗实录》卷八百九十三,乾隆三十六年九月乙卯,第5—6页。)

乾隆三十七年(1772年)

79. 闽浙总督钟音浙江巡抚富勒浑奏为特参文武员弁串同规避处分事

闽浙总督臣钟音、浙江巡抚臣富勒浑谨奏。为特参串同规避任情玩纵之文武,以肃功令事。窃照海洋失事全在营县协力实心捕治,庶使盗贼知惧、行旅无虞。定例分别内、外洋,原以专责成,而严督缉,讵有诡避处分改供、执详如象山协副将吉孔惠、象山县知县曾光先者!缘乾隆三十六年四月二十九日夜,有客民钱元盛等货船在象山洋面被盗劫去多赃,呈明汛官,申报移县文内,据事主、船户指明,被劫地方系在牛门(一名大门)之外,本属旦门汛内洋,乃该县会营勘讯辄以境内无大门洋名目,抑勒事主,改称大目洋(东首系属外洋)。因查报勘不符,驳饬覆勘,屡执不移,经定海镇总兵永昌查明,实在旦门内洋,由司饬委奉化县知县曹膏会同确勘。复据船户指明失事处所,核对洋图,实系内洋,禀覆等情。臣等伏查此案被盗既在内洋,该县何得勒改外洋,该协又何得屡以外洋坚执顶覆?营、县通同规避,诿卸处分,以致转辗委勘,久逾疏防定限,贼盗远飏,日久未获。似此规避玩纵,海洋重地岂堪贻误?兹据司、道、府查明揭报前来,相应参奏请旨,将象山协副将吉孔惠、象山县知县曾光先一并革职,仍留该地方协缉本案贼盗,如能实力捕获首伙要犯,再行具奏,准其回籍,以为蔑视功令者戒。除一面委员摘印署理查明经手仓库钱粮、军装、公项等件有无未清另报外,理合恭折合词参奏,伏乞皇上睿鉴,训示。谨奏。乾隆三十七年三月十二日。(北京:中国第一历史档案馆藏朱批奏折,档号:04-01-01-0313-010.)

80. 闽浙总督钟音奏为特参匿病恋栈狡诈玩愒之游击以肃戎政事

闽浙总督臣钟音谨奏。为特参匿病恋栈,狡诈玩愒之游击,以肃戎政事。窃照游击一官为全营都守观法,必能约束弁兵,实心训练,始克有裨操防。讵有定海镇标右营游击朱山,臣于宁波调阅该镇标官兵点验朱山不到,当经饬查。直至臣抵杭州,始行赴辕,捏称出差补到。臣看其年近六旬,虽形貌尚健,而步履迟钝。旋据该镇总兵永昌揭称:朱山近日染患足疾,起立艰难,因之,任情纵酒,日渐昏愦,怠玩哨巡,难以姑容,等情,到臣。伏查水师游击全在力能冲风破浪,董率弁兵巡防洋汛,似此匿病恋栈,耽酒废事,浙省水师亟须整顿,岂容以狡诈玩愒之员滥厕戎行?相应参奏请旨将朱山革职,以示炯戒。除一面委员接署勒令离营,查明经手军械、钱粮有无未清另报外,理合恭折具奏,伏乞皇上睿鉴训示。谨奏。乾隆三十七年三月二十五日。(北京:中国第一历史档案馆藏朱批奏折,档号:04-01-16-0054-018.)

81. 暂署湖广总督印务湖北巡抚陈辉祖奏为改补营员事

暂署湖广总督印务湖北巡抚臣陈辉祖跪奏。为奏请改补营员事。窃照陆路员弁有通晓水师者,例得奏闻调补。兹据汉阳营守备林朝绅,以该员原系水师,呈请改补前来。臣查该员弓马可观,营务亦尚知整理,惟籍隶福建,原系闽省海洋舵工,于洋面、岛屿向背、沙线顺逆向所谙悉,历拔外洋千总,保送赴部,授为昆明湖教习,补放汉阳营守备。现任为内河水师兼管陆路之缺,究与海洋职守不同,未能用尽其长。今请改补外洋水师,正与原奉谕旨相符,但是省并无可以对调之缺,可否仰邀圣恩俯准,将林朝绅改补有外洋省分之守备? 庶职任既就器使之宜,而该员亦得勉图报效。除将该员履历参罚另文咨部外,理合恭折具奏,伏乞皇上睿鉴,敕部议覆施行。谨奏。乾隆三十七年九月初二日。(北京:中国第一历史档案馆藏朱批奏折,档号:04-01-16-0054-055.)

乾隆三十八年(1773年)

82. 江南苏松水师总兵官陈奎奏为督巡外洋稽查鱼汛情形事

江南苏松水师总兵官奴才陈奎谨奏。为恭报督巡外洋稽查鱼汛情形,仰祈睿鉴事。窃照苏松一镇每年届逢四、五两月外洋鱼汛之期,总兵例应不时督巡。除轮派二班总巡,中营游击许文贵分巡,右营守备童天柱带领本标四营以及川沙、吴淞二营随巡,官兵船只先于四月初一日开赴外洋,巡缉保护去后,奴才即于四月初十日坐驾缯船亲行督察,嗣准署松江提督臣陈杰咨会,约赴吴淞海口会阅水标,奴才随先至吴淞预行演练,于二十一日会阅操毕,照例由提臣题奏外,奴才即在吴淞海口觇候风色,至五月初四日甫得开驾,巡至大七、小七二山洋面,忽转逆风,难以前进,遂顺收至当沙头口之外海洋面寄碇。初十日复行开驾,巡至徐贡山一带,分头查搜各山岛屿。十一日,过小羊山稽察。窃喜各山岛屿奸匪人船实皆畏法绝迹,并无违禁潜匿、搭寮私张,而小羊山渔船、网户人等亦各验有腰记,安分乐业,宵小无惊。至巡洋守山各员,奴才于经历洋面之时逐加体察备悉。各营官兵船只分作东、西两洋,东自徐贡山与马迹之扁礁等处,西自浙省界连之葫芦山、长山等处,互相犄角梭织游巡,每十日更番会哨,颇见奉行实力、调度知方,而境内海疆幸邀宁谧。比因时交夏至,海中鱼头皆散,网捕事完,闽浙渔船均已陆续回籍。询知捕鱼生息,获利者少,保本者多,较之上年仿佛相同。奴才仍饬巡洋守山各员照前巡查,毋得勤始倦终,而奴才之船随于十五日驶进高家嘴寄碇,二十日收回崇明。现届二班哨满之时,所有六、七两月已派三班官兵船只于六月初一日赴洋更换巡查矣。再查,崇明县境春夏雨旸时若,二麦收成实有九分,现在市价平减,兵民安堵营生,合将奴才督巡外洋稽查鱼汛以及雨水收成情形一并恭折奏闻,伏乞皇上睿鉴。谨奏。乾隆三十八年六月初三日。(北京:中国第一历史档案馆藏朱批奏折,档号:04-01-03-0029-022.)

83. 暂署江南提督寿春镇总兵官陈杰奏为看过内外洋面水操事

暂署江南提督寿春镇总兵官奴才陈杰谨奏。为恭报看过内外洋面水操并苏松一镇兵技情形,仰祈睿鉴事。窃奴才例应分次巡查江省营伍,今于本年十月十五日自松江起程,先往吴淞海口,于十七日会同苏松镇总兵陈奎看验得外洋缯艍等船水阵,折戗驾驶均属利便,枪炮齐截。即日渡过崇明,验得苏松镇标四营官兵弓箭去得者多,弓力亦劲,鸟枪便捷,藤牌亦可,马匹膘次在五六分以上,军装、钱粮、火药俱皆齐整无亏,亦并无老弱不堪之兵。随于二十日过海,顺看内洋沙哨各船水操,其分舻戗驶、交掩攻击皆属合法,俱饬令勤加演练,以收实效。至沿海一带年景本属丰收,柴米价减,秋冬雨水调匀,麦苗长发,万姓安堵,并查得今岁洋面风浪安恬,商渔乐业。今奴才现在沿江前往江宁、安徽等处查看各属,由太湖回营,容俟另行奏报外,合先将看过内外洋面水操,并苏松一镇兵技以及地方情形恭折奏闻,伏乞皇上睿鉴。谨奏。乾隆三十八年十月二十二日。(北京:中国第一历史档案馆藏朱批奏折,档号:04-01-19-0017-004.)

乾隆四十年(1775年)

84. 暂署江南提督寿春镇总兵官陈杰奏为会看外洋水阵情形事

暂署江南提督寿春镇总兵官奴才陈杰谨奏。为恭报会看外洋水阵情形,仰祈睿鉴事。窃奴才例应秋季与苏松总兵会看外洋水操。兹于本年九月十五日前赴吴淞海口,十八日会同总兵陈奎看得外海各营缯艍战船水阵,折戗行驶俱皆利便,枪炮亦属联贯,当面谕各营将备毋致疏懈外,奴才随由黄浦江一带查看,于十九日回营。顺途看得沿海之华亭、宝山等县棉花俱已收竣,晚稻现在收割。询据农民佥称丰稔。外洋宁静,潮汐安澜,海塘巩固。现在柴米价值中平,商民俱皆乐业,理合一并奏闻,伏祈皇上睿鉴。谨奏。乾隆四十年九月十九日。(北京:中国第一历史档案馆藏朱批奏折,档号:04-01-01-0334-024.)

85. 闽浙总督钟音福建巡抚余文仪奏为盘获邻境洋盗事

闽浙总督臣钟音、福建巡抚臣余文仪谨奏。为盘获邻境洋盗,遵旨专折具奏事。窃照钦奉上谕:嗣后有能盘获劫掠大案者,准督抚专折具奏送部引见请旨。钦此。钦遵。又,准吏部咨:拿获邻境盗犯人员,如果实系巨盗而本境又无未获逃盗,仍准奏请送部引见,等因,遵照在案。臣等查有闽县民陈海海伙同林贤贤等共十一人于乾隆三十九年十二月初三、初四、初五等日在闽县金牌、壶江、凤窝等处洋面连次抢掠不知姓名商渔船三只。经连江县知县任兆松首先访拿,先后获盗伙张茂益、陈清清、林贤贤、张浩浩、林康康、詹五五六名,又有王才才一名自赴该县投首,续经闽县、罗源县缉获陈海海等各犯,解交该县审拟招解。经臣余文仪审明,将陈海海等分别斩枭、发遣。现在具题,查此案失事洋面均系闽县地方,连江县任兆松以该邑地处海滨,恐有奸民在洋抢掠,留心访缉,盘获邻境盗犯多名,不致漏网,尚属奋勉能事。该员本任并无未获逃盗,与专折具奏之例相符,可否送部引见?伏候钦定。乾隆四十年九月二十二日。(北京:中国第一历史档案馆藏朱批奏折,档号:04-01-01-0347-006.)

乾隆四十一年(1776年)

86. 江南苏松水师总兵官降一级陈奎奏为督巡蜇汛事

江南苏松水师总兵官降一级奴才陈奎谨奏。为恭报督巡蜇汛,外洋安静情形,仰祈睿鉴事。窃照苏松总兵每逢蜇汛之期,例应赴洋督察,前奴才于六月间进京陛见,所有本年八、九两月洋汛先经署总兵太湖营副将洪元轮派本标右营都司孙盛为总巡,奇营千总杨天相为分巡,带领川沙、吴淞及本标四营各巡船赴洋侦缉,署总兵洪元亦于八月十六日出洋督巡去后。嗣奴才陛辞出京,于九月初十日抵崇明镇署,随准署总兵回营,将营务洋汛移交前来。奴才先将营伍事宜稍为整理,旋于九月二十日坐驾战船驶赴外洋。二十三日风色顺利,带领各巡船仍照上届渔汛巡查之法梭织游巡。二十四、五等日驶至徐贡、马迹一带洋面搜查,均无匪徒匿迹。是日天色将晚,当即转棹收至小羊山洋面寄碇。二十六日早,饬令随巡小哨把总徐洽等上山分头查照,网户、佣业人等各有腰记,并无无照之人容留在山。查得今岁蜇期旺发,渔民乐利,捕蜇人等俱各欢腾回籍。海疆甚属宁谧,仍饬令各营巡船周流侦察,毋致懈弛,应俟哨满回营。奴才顺由大、小七山洋面巡查,乘风收至附近崇明之当沙头外口寄碇,于二十八日驶回崇署矣。至崇明县境木棉、禾稻统计收成,均有八分,兵民各安生业。合将巡查秋季洋汛及收成分数各情形一并恭折具奏,伏祈皇上睿鉴。谨奏。乾隆四十一年十月初二日。(北京:中国第一历史档案馆藏朱批奏折,档号:04-01-01-0353-018。)

87. 乾隆四十一年十月癸丑又谕

吏部议:浙江巡抚三宝奏:石门县,地当孔道,事务殷繁,应改为冲繁难要缺。德清县,赋重事繁,幅员绵亘,应改为繁疲难要缺。瑞安县,原定海疆,在外拣调,查所辖并非外洋,应删去海疆字样,改为冲繁中缺。慈溪、诸暨两县丞,本无专司,止供差委,亦请改归部选。应如所请。从之。(《清高宗实录》卷一千零一十八,乾隆四十一年十月癸丑,第22页。)

乾隆四十四年(1779年)

88. 乾隆四十四年六月丙子又谕

据三宝奏:浙江黄岩镇总兵弓斯发禀称:有宁波乌艚船与闽船在一江山洋面地方角殴,致毙闽人多命一案。又,蔡蔡在临海县呈控伊叔蔡普良造有渔船出口,被宁波船斧劈棍殴,致毙一十六命一案。又,把总颜得珑在洋面巡察,有外洋驶来船只,载有妇女,前往查问。不意闽民聚集多人,伙同殴辱弁兵。把总颜得珑被割发辫,兵丁受伤,等情。此案,同日亦据王亶望奏到。海洋重地,奸徒胆敢聚抢殴劫,伤毙多命,甚至有不服盘查,聚众殴伤弁兵之事,不法已极。此等重案,层见叠出,皆系地方文武平时约束不严所致。三宝身任总督,统辖两省文武,著传谕该督即速饬员据实确查,将怠玩之文武员弁,严行参处,以示惩儆。至殴、抢、抗官三案,俱在浙省地方,即著王亶望就近查拿各犯,严行究审,从重定拟。多办数人,俾凶顽知儆,以靖海疆而肃法纪。此旨由五百里发往。谕令三宝、王亶望知之。(《清高宗实录》卷一千零八十五,乾隆四十四年六月丙子,第19页。)

89. 乾隆四十四年六月丁丑谕军机大臣

昨据三宝、王亶望奏：玉环厅沿海地方闽民聚集多人，殴辱弁兵一事。已有旨令王亶望就近查拿各犯，严行究审矣。本日据署浙江提督林云及温州镇总兵孟兆熊均奏此事。朕批阅两人所奏，其叙情节即有不同，如孟兆熊折内称教场头沿海地方有小船摇载妇人，经巡哨营船查问，被闽民聚集，将官兵殴打。而林云折内则称系蟹䑩船内带有妇女，不服盘诘，殴伤官兵，等语。小船渡载近地妇女尚属沿海常有之事。然在浙江之地与闽人何涉？若蟹䑩船则系外洋捕鱼所用，并非寻常渡载船只。如船中载有妇女，其形迹本属可疑，或系藏匿海岛之人偷越海面，自应查禁。至兵丁巡查地方，盘诘乃其专责，见有船载妇女，上前诘问，理所宜然。而闽民胆敢不服稽查，聚众抗拒，殴辱弁兵，实属目无法纪，不可不严切究治，以儆刁顽。若弁兵擅将妇女带回，另有别项情节，以致乡民不服，聚众抗殴。是启衅由于弁兵，而乡民之罪，稍有可原。著传谕王亶望提集案犯，秉公严切查审。固不可偏徇弁兵，尤不可姑息乡民。务得此案确情，即行按律定拟，具奏。此旨由五百里发往。并谕三宝知之。林云、孟兆熊折并著钞寄王亶望阅看。仍将审办情形，迅速覆奏。(《清高宗实录》卷一千零八十五，乾隆四十四年六月丁丑，第21—22页。)

乾隆四十五年(1780年)

90. 乾隆四十五年六月丁卯又谕

李奉尧奏阅过外海缯艍船水操情形一折。据称：各船行阵整齐，戗驶利便。枪炮联络施放，喷筒火箭皆能有准，等语。演习水操，一切俱能熟练，自属妥善。但必须实力整饬，毋仅托诸空言，方有裨益。现据巴延三奏：粤东盗犯胡友南等在洋面屡行肆劫，甚至纠众至八十余人，伤官拒捕。此皆督提等平时不能认真整顿所致，已降旨严行办理。并传谕沿海各省留心整饬矣。江省虽系内地，但各处海洋亦关紧要，该督提务宜严饬弁兵认真操练，于内外洋尤须加意巡缉，务令匪徒敛迹，俾洋面肃清，乃为称职。将此谕令李奉尧知之。(《清高宗实录》卷一千一百零九，乾隆四十五年六月丁卯，第6—7页。)

91. 乾隆四十五年八月丁巳谕

本日兵部进呈引见武职人员履历。内有广东守备王腾凤系因洋盗未获，部议降调。送部引见之员，已饬令该部将名签掣扣，不准引见。本年粤省盗犯韩广石等纠伙多人，肆劫洋面。各员弁如果留心盘诘，于该盗犯等初次下洋，潜行上岸时，严查密访，缉获无难，何致海洋有屡行肆劫之事。乃该员等平时既不能实力查缉，及至盗案发觉，部议降调。该督抚复为出具中上考语，给咨送部引见。是适启其侥幸之心，于海疆营伍大有关系。王腾凤，著即照部议降调，嗣后广东福建等省，凡有外海水师营分，各该员弁，如有以此失察洋面盗案者，俱著照部议实降，内阁票拟时，毋庸双签进呈。(《清高宗实录》卷一千一百一十二，乾隆四十五年八月丁巳，第14—15页。)

92. 李质颖奏为署两广总督任内饬拿洋盗未经奏报遵旨明白回奏事

奴才李质颖谨奏。为叩谢天恩事。窃奴才因署两广总督任内饬拿洋盗未经奏报,遵旨明白回奏一折,于八月十九日奉到朱批:此次姑恕汝,以后诸事似此迟延不可。钦此。又折内"访闻一带洋面,时有匪船出没"句旁奉朱批:何不即将此情形奏闻?钦此。奴才跪读之下愧悔交集,感激难名。伏念奴才系内府世仆,至微极贱,屡沐皇上天恩,擢至巡抚重任,兼署督篆,乃于访闻洋盗、设法缉拿之时不即将情形奏闻,追拿获多人之后又不及时奏报,转交接任督臣巴延三确审定拟具奏,迟滞之愆,实无可逭。乃蒙皇上垂恕此次之重咎,训诫,以后之迟延,逾格矜全,恩深覆载,沦肌浃髓,感激涕零。奴才谨当益竭犬马之力,诸事奋勉上紧办理,随时奏闻,不敢稍涉拘泥耽延,自取重罪,以期仰报圣主曲恕生成之鸿慈于万一。所有奴才感激下忱,恭折具奏叩谢。谨奏。乾隆四十五年八月二十四日。

(北京:中国第一历史档案馆藏朱批奏折,档号:04-01-12-0191-023.)

93. 江南提督李奉尧奏为敬陈赴吴淞会阅水操并亲历内外洋查察事

江南提督奴才李奉尧谨奏。为敬陈赴吴淞会阅水操并亲历内外洋查察等情形,恭折奏闻事。窃照江南提督所辖缯艍各船水操,例于春、秋二季提督会同苏松镇臣在于吴淞洋面校阅一次。今届秋操之期,正奉廷寄:以粤东盗犯胡友南等在洋肆劫,甚至伤官,拒捕,皆由提督等平时不能整顿所致。遵旨寄信,奴才认真操练,加意巡缉。奴才随将整饬洋务缘由,恭折覆奏在案。兹奴才札会苏松镇臣蓝元枚于本年八月十九日自驻扎之松江府启程,前抵吴淞洋面,会阅得外海缯艍各船行阵,战驭齐整,枪炮联络,喷筒、火箭施放便捷。查验船身、杠具俱各坚固,应配军装、器械亦皆足额,将领、备弁材技俱可,并无衰老技疏之员。除严饬将弁按时操演,务期精益求精外,并述以前奉廷寄谆谆训诫,加之劝勉,人皆奋勇思功,以仰慰圣主乂安海宇之至意。奴才当会同镇臣蓝元枚出口,分头前诣大七、小七、羊山各外海洋面查察,所有派出巡哨各船俱各梭织游巡,并无怠惰,洋面宁谧,岛屿肃清。随于八月二十五日收口,二十六日回署。所有阅过秋季水操并亲历外洋查察情形,理合缮折具奏,伏乞皇上睿鉴。

奴才更有请者,看得南汇营原设缯船二只,业于乾隆三十三年因该营汇头洋面有铁板沙暗伏及大勒口、二勒口,沙淤滩浅,行驶不能便捷。经前督臣高晋奏明,改设双篷艍船二只,以期船身较小便于操巡,距今十有余年,沙益加涨,即艍船亦欠便利。奴才伏查外海战船,有关巡缉,乃因船大沙浅,驾驶不能轻便,设遇追拿盗贼,何所资赖?似应亟为措置,以求实用。当与随巡各将备悉心商酌,并查该营现设之双篷艍船二只正届拆造,莫若将此艍船二只改造舿船,则船身轻便,不虑浅沙阻滞,驾驶应时,实与操巡有益。且舿船之安设炮械及冲风破浪不异于艍船,而更能无论浅深洋面,随意行驶,设遇追拿盗贼,尤较艍船利便,况以大改小,经费亦多节省。相应附片请旨将南汇营现届拆造之双篷艍船二只改造舿船二只,以资巡缉,以节经费,是否可行?伏乞皇上训示,遵行。

又查江南通省地方现皆宁静,夏秋以来,雨水调匀,各属报到秋收十分者居多,粮价平减,民情欢悦,合并陈明。谨奏。乾隆四十五年九月初一日。(北京:中国第一历史档案馆藏

57

94. 闽浙总督富勒浑奏为闽省分巡总巡人员一体察参事

闽浙总督臣富勒浑跪奏。为参奏事。窃照浙江海洋上接江南,下连东粤,沿海一带地方营制各设水师、战哨船只,按期派拨官兵驾船出海哨巡,以期消弭盗贼、卫安商旅,遇有失事,参劾宜严。是以《中枢政考》内开：闽、浙、江、广海洋按期轮派官兵巡哨,若行船被劫,无论内、外洋面,将分巡、委巡、兼辖各官降一级留任,总巡、统辖各官罚俸一年,俱限一年缉贼。如不获,将分巡、委巡、兼辖各官降一级调用,总巡、统辖各官降一级,罚俸一年。如失事地方有专汛之员,照分巡官例议处,等语。开参疏防自应照此严办,方与定例相符。兹臣接据浙江温州镇总兵孟兆熊详参乐清县口匡外洋事主蒋武亮等被劫疏防职名一案,仅有专汛、协巡、兼辖、统辖员弁,而并无应之委巡、分巡、总巡各官,核与定例有违,随详查卷案。闽省现将分巡、总巡人员一体察参,浙省缘乾隆四十三年兵部因有洋省分开参疏防参差不一,申明例案通行。前提臣李杰龙以定、黄、温三镇辖属向例派委千把为专汛,外委为协巡,各照分管内、外洋汛周遍巡查,两月一换,各营将备系轮流出洋巡察。每年自二月初一日起,至九月止,两月一换;自十月起,至次年正月止,一月一换。各镇总兵督带兵船不时出洋统巡,遇有失事,即以千把为专汛,外委为协巡、轮巡,将备为兼辖,总兵为统辖,此外并无分委、总巡等员,各等情。移覆臬司,前署臬司噶尔弼善转详时虽声明提标有游击、守备分季巡查之语,而应否开参亦未置议。前督臣杨景素竟谓海洋失事应参镇、协营员,不及提标员弁,率行咨部,故凡参疏防之案遂将分委、总巡等官开除。虽经兵部饬查,而各营将备因有前咨心存观望,并不即行开送,殊不知历据提标册报,夏、冬二季轮派游击,春、秋二季轮派守备,赍持提臣令箭出洋巡哨,此实《中枢政考》所指之委巡,不可谓并无委巡也。又,该提臣所称各营将备轮流出洋巡察所辖,此实《中枢政考》所指之分巡,不得即混为兼辖也。又,该提臣所称各总兵督带兵船不时出洋统巡,此实《中枢政考》所指之总巡,不得即混为统辖也。

现既各有其人,若遇失事,仅将专汛、兼辖、统辖开参,而委巡、分巡、总巡人员概使置身事外,必致各视为与己无关考成,并不实力联艘哨捕,是徒有官弁巡洋之虚名,焉望其收弭盗安良之实效? 查提督为武职大员,臬司系刑名总汇,而总督尤为封疆大吏,稽察整饬系属专责,似此有关海洋重案正当详查定例核实办理,乃并不悉心确察率行详咨,实属错谬。除将前案驳照定例开参,并将兵部驳取职名严饬查明补参外,臣既经查出前办错谬,自应据实更正参奏。查前督臣杨景素已经病故,应毋庸置议,所有前任提督李杰龙、前署浙江按察使现任福建盐道噶尔弼善相应请旨一并交部严加议处,以为并不认真详查例案、率混详咨者戒。至总兵孟兆熊虽系查照前督臣杨景素前咨开参,究属不合,相应附参,听候部议,理合恭折参奏,伏乞皇上睿鉴训示施行。

再,闽省因何亦不并参委巡之处,臣现在移查提臣黄仕简,容俟覆到,另行核办,合并陈明。谨奏。乾隆四十五年十一月二十八日。(北京:中国第一历史档案馆藏朱批奏折,档号：04-01-01-0376-008.)

乾隆四十六年(1781 年)

95. 浙江定海镇总兵官林云奏为因公罣误降革留任处分开复谢恩事

浙江定海镇总兵官奴才林云跪奏。为恭谢天恩事。窃奴才于乾隆四十六年二月初十日承准闽浙总督臣富勒浑照准,兵部咨开,职方司案呈,本部议得:乾隆四十五年正月初一日钦奉恩诏内开:内、外官员因公罣误降革留任者,该部查明奏请开复。钦此,钦遵。今各该总督将提、镇各任内降革留任事故造册,陆续咨部前来。查浙江定海镇总兵林云因疏防民人郑天赐在洋被劫案内,部议降一级留任事在钦奉恩诏以前,相应详叙各该提、镇案由,进呈,应否准其开复之处,恭候钦定,等因。乾隆四十五年十二月十二日题。本月十四日奉旨:明亮、李奉尧、陈大用、蓝元枚、弓斯发、孟兆熊、林云、常泰、金蟾桂、和忠、吴本汉、喀木齐布俱准其开复。钦此,钦遵。照行前来。奴才随恭设香案,望阙叩头谢恩讫。伏念奴才闽海武夫,至愚极陋,荷蒙皇上天恩,由浙江处州总兵调补定海总兵,自知受恩深重,涓埃未报,时切悚惶。前有疏防民人郑天赐在洋被劫案内,议降一级留任已蒙圣慈格外,清夜扪心,感惭无地。兹复仰蒙圣恩准予开复,闻命之下,愈深感激,惟有益加兢惕,实心实力,竭尽驽骀,以冀仰酬圣主高厚隆恩于万一。所有奴才感激微忱,理合恭折奏谢,伏乞皇上睿鉴。谨奏。乾隆四十六年二月十六日。(北京:中国第一历史档案馆藏朱批奏折,档号:04 - 01 - 16 - 0073 - 001.)

96. 乾隆四十六年二月丁卯兵部奏议

丁卯,兵部奏:前因粤商李万利船在电白县属内洋被劫,查取疏防职名。据两广督臣称:电白营例于每年二月起至九月止,分上下两班出巡,自十月起至次年正月止,因沿海风信靡常,未有统巡之员。惟海洋重地,官兵更换本当周而复始,况商船被劫,正值撤巡期内,巡船即可行驶。又,季巡、随巡,冬月仍令巡哨。而统巡竟不出洋。亦无以资弹压,请敕交督臣将所属洋面按营添设轮哨,酌改巡期。仍令各镇将出巡将备并汛守官弁职名,按季造册送部,并请通行凡有洋面省分,一体详查更正。从之。(《清高宗实录》卷一千一百二十五,乾隆四十六年二月丁卯,第15页。)

97. 乾隆四十六年十二月乙亥兵部议准

两广总督觉罗巴延三奏称:粤省巡洋大员向例每年自二月起至九月止,分上下两班巡查。自十月至次年正月,因风信靡常,未有统巡之员,难资弹压。请嗣后将各镇协营巡期每年改定六个月为一班,上班自正月初一起至六月底止,下班自七月初一起至十二月底止,轮流更换。至统巡各员例应会哨,上班仍请照旧例以三月初十、五月初十为期。下班统巡各员既改于七月初一出海,而旧定会哨系是月初十,为期太近。应改为八月初十、十月初十。再,分巡员弁每月与上下邻境舟师会哨,现增添十月至次年正月巡期,亦应饬令按月增添哨期。均应如所请。又称:雷琼镇海安、海口二营季巡,向系左、右两营守备轮流出洋,该守备上、下两班。又,俱应统巡、分巡。大鹏一营,上班以守备出洋统巡,秋冬季巡。又系该守备带领外委游巡。是一彻班巡,即接季巡,均系终年在洋,营务乏员料理。请嗣后添委千总、把总,与守备轮班巡察。亦应如所请。从之。(《清高宗实录》卷一千一百四十六,乾隆四十六年十二月乙亥,第15—17页。)

乾隆四十七年(1782年)

98. 乾隆四十七年二月乙酉吏部议

闽浙总督管浙江巡抚陈辉祖奏称:闽省沿海各属通达外洋,守口弁兵,得规纵盗。承审各员,每瞻顾徇隐,不切实根究。请嗣后审理洋盗之员,务将各盗究明实在出入口岸,有无得规纵放,并出口时系称何项生理,同伙几人。追劫赃后,又载何项货物,挂验而入。由此逐细追求,难以巧图规避。倘仍有任听各盗信口妄指,不究出实在口岸者,将承审官照例议以降二级调用,不准抵销。又称陆路盗案必盗凭报案,赃凭主认,始可定为正盗。若洋面失事,该事主或距城遥远,或畏惧守候,往往隐忍不报。地方官查无报案,证佐无凭,不即缉究。请嗣后海洋盗案,地方官访闻,立即查勘缉拿。一俟获犯讯明,供认不讳,即可起赃,按律定拟。倘仍拘泥观望,不即拿究者,照讳盗例革职。均应如所请。从之。(《清高宗实录》卷一千一百五十一,乾隆四十七年二月乙酉,第7页。)

99. 乾隆四十七年十二月丁丑兵部议

江南提督保宁奏称:搜岛巡洋,惟小哨最为便利。查苏松镇标中、左、右、奇四营内,除双篷艍船、舢船外,共有缯船十二只,该标虽有小哨十六只,不敷应用。请每营各裁缯船二只,添改小哨四只。川沙、吴淞二营各有艍犁船三只,舢船一只,并无小哨,请各裁去艍犁船一只,改添小哨五只。再,向来大小巡船俱彩画龙虎及各种海兽,以壮观瞻。查,设立巡船缉盗,自当改装密缉,方能物色擒拿,若绘画绚采,反令奸徒见知避匿。请通行各省,除战船准用彩画外,所有内外洋面水陆各营大小巡船,一概不许彩画,只用油饰。均应如所请。从之。(《清高宗实录》卷一千一百七十,乾隆四十七年十二月丁丑,第24页。)

乾隆四十九年(1784年)

100. 漕运总督毓奇奏为海州营营房失火事

漕运总督臣毓奇跪奏。为奏闻事。窃臣前在山东勘工途次,接据臣标海州营游击保定详称:十月十八日辰刻,游击正在教场操演各兵技艺,忽闻署内失火,当即赶回,并经海州知州带领人役一同竭力扑救。缘厨房炊爨烟筒坍倒,彼时正值风急,火焰陡炽,人力难施,以致烧毁署中住房八间,其余房屋率领弁兵人役拉坍,并未延烧。除游击关防一颗已竭力抢出外,所有住房内恭贮传敕并上谕等书及奉发游击札付,抢救不及,均被烧毁,等情,到臣。据此当经严饬海州确查,去后,兹据海州知州林光照覆称:游击保定署中失火委因爨筒坍倒,风急火大,人力难施,彼时该游击实系在教场操演,闻信赶回已属扑救不及,并无捏饰别情,等因,详覆前来。臣查该营衙署失火致将传敕谕书并札付等件尽行烧毁,虽据称该游击实系在教场操演,闻信驰回,扑救不及,究属失于防范,相应请旨将游击保定交部照例议处。除将所烧住房著令赔建,并查明被烧谕书札付等件,另行咨部请领颁给外,理合恭折奏闻,伏乞皇上圣鉴。谨奏。乾隆四十九年十二月十二日。(北京:中国第一历史档案馆藏朱批奏折,档号:04-01-01-0400-030.)

101. 两广总督舒常广东巡抚孙士毅奏为广东先后拿获洋盗事

两广总督臣舒常、广东巡抚臣孙士毅跪奏。为钦奉谕旨,恭折奏覆事。窃臣等承准协办大学士尚书和珅字寄,乾隆四十九年十一月二十五日奉上谕:据闽鹗元奏,拿获在洋行劫盗犯审拟一折,行劫固在洋面,而贼犯则在岸上起获,江洋巨盗行劫商船,其所抢货物断难久住洋面,自必上岸变卖。地方官固应于洋面巡缉,而于沿江、沿海各口岸、市镇、村落尤当设法严密稽查,谨防奸匪出入,则水陆俱有兵役跟缉盗案,自无难立时破露。著传谕闽鹗元,即饬属留心查办,毋得仍视为具文,致奸匪得以潜踪漏网。将此传谕闽鹗元并谕福建、浙江、广东各督抚知之,等因。钦此。

遵旨寄信到臣等。伏查粤东山海交错,盗劫频闻,自乾隆四十六年查办沙茭以来,根株仍未尽绝,今秋复缉获多犯,请旨办理,是盗匪一事断不可因暂时敛迹,稍懈查拿,已可概见。但盗匪在洋行劫自必上岸变赃,诚如圣谕,能于沿江、沿海各口岸、市镇、村落设法稽查,盗案自无难立时破露。臣等现在查明新旧已破未破各案,通饬各属不分水陆一体缉拿,不得因行劫系在外洋,仅委之失事地方文武查缉,致有漏网。嗣后遇有详报盗案,即照此一律办理,务期有犯必获,以仰副我皇上绥靖海疆,除暴安良之至意。所有臣等钦奉谕旨缘由,理合恭折奏覆,伏乞皇上睿鉴。谨奏。乾隆四十九年十二月十八日。(北京:中国第一历史档案馆藏朱批奏折,档号:04-01-01-0401-017.)

乾隆五十年(1785年)

102. 江南苏松水师总兵官魏辙奏为恭报督巡蜇汛情形事

江南苏松水师总兵官奴才魏辙谨奏。为恭报督巡蜇汛情形,仰祈圣鉴事。窃照苏松总兵每逢八、九月分蜇汛之期,例应奴才驾船赴洋督察巡查,久经遵奉在案。兹秋季分三班,外洋正蜇期之候,奴才先饬总巡奇营游击德尔郎额带领本标中、左、右三营及川沙、吴淞二营各巡船,于七月初一日前赴外洋周流侦缉,并饬总、分、随、委等船分作三班驻巡马迹,轮流更替,严加巡察。倘有搭厂私张,即行拆毁、驱逐。其未轮马迹各船分踪徐贡、扁礁各山洋面,梭织稽查,并不时放炮鸣金,扬威示警,互相声援,以期商渔安业。奴才于八月二十二日坐驾小哨船先往内洋一带侦巡,稽查港口。于二十七日驶出汇头,是日傍晚收泊小羊山后港。随于次日上山查点厂头、网户、佣业人等,各有腰记,并无无照之人容留在山。

询之今岁蜇期,咸称旺发,商渔均皆获利,海洋亦属敉宁。奴才于二十九日前往马迹各山岛屿逐细稽查,并无私张情事。嗣准提臣蓝元枚咨会,九月半后订期会演缯艍各船水操。奴才仍饬各巡船照常梭织巡查,毋许旷误。奴才于九月初五日驶进汇头,随调本标中、左、右、奇四营及川沙、吴淞、南汇等营整顿应操船只,先期齐集吴淞海口预行演练水操,于二十一日提臣自松到吴,当将各营将备分配各操船认真操练。于二十二日会同提臣亲下操船,督率演练。所有水操情形例由提臣具奏外,奴才当饬各营应操船只驾驶回营。奴才于二十六日亦驶回崇明县治。查崇明县境自春入夏,雨水尚属调匀,木棉、禾稻收成均有九分,兵民各安生业。合将督巡蜇汛及收成分数,雨水情形,理合恭折奏闻,伏乞皇上睿鉴。谨奏。乾隆五十年九月二十八日。(北京:中国第一历史档案馆藏朱批奏折,档号:04-01-01-0413-002.)

乾隆五十一年(1786 年)

103. 乾隆五十一年正月甲戌谕

吏部等部议覆闽浙总督雅德等奏称:闽省海口出入船只前经调任总督富勒浑等奏:请将福宁府通判改驻蚶江口,台湾府理番同知移驻鹿仔港,稽查验放。所有一切未尽事宜,应加筹定。一,蚶江附近之鸿江、安海、围头、永宁等澳,应隶该通判管辖。除居民命盗重案,仍归晋江县审解外,其余户婚、田土等项,均就近讯结,并兼司督捕。该管各澳海洋失事,照例参处。一,蚶江濒临大海,此外日湖、祥芝、古浮、东店、厝上等澳迫近外洋,向归鹧鸪司巡检分管。该巡检原隶晋江,今蚶江既设驻通判,应改归管辖。一,蚶江通判额设皂快仅二十九名,请于惠安县民壮内拨添民壮二十名。一,理番同知移驻鹿仔港,海口地方,请令其就近管辖,彰化县所辖海洋事件,及命盗等案,俱令该县详报该同知查核。均应如所请。从之。(《清高宗实录》卷一千二百四十七,乾隆五十一年正月甲戌,第 25 页。)

104. 乾隆五十一年七月甲子谕

据孙士毅奏:拿获外洋行窃盗匪谭华瑞等八名,搜获匪船一只,并过山鸟一杆,喷筒三枚,火药一斤,严究来历。据供:系外委赵承恩、兵丁吴有亮得钱租卖。现从重究拟,请将该管员弁及署镇副将王延春革职示儆,提督窦瑸交部严加议处一折。海洋一带,奸宄潜藏,盗劫固所不免。至弁兵等有缉匪安良之责,军火利器借以防奸捕盗,最关紧要。乃外委赵承恩、兵丁吴有亮竟敢私将火器火药租卖与谭华瑞等行使,此与借寇兵而赍盗粮何异?其藐玩实出情理之外,所供因谭华瑞等托称盐船防夜须用,实不知伊等为匪之语。断不可信。该督务须彻底根究,即使审无平日蓦贼养奸,彼此分赃情事,亦应与盗犯一律科断,以示惩儆。至该管员弁漫无觉察,所司何事。均著照所请革职。窦瑸系专阃大员,亦难辞咎,著交部严加议处。并著通行饬谕各省营弁兵丁,嗣后务知守法防奸。倘再有贪利不法,蓦纵盗贼,偷卖火器火药等情,即照此案严办。各该管营弁亦应时刻严查,毋得疏纵。将此通谕知之。(《清高宗实录》卷一千二百五十九,乾隆五十一年七月甲子,第19—20页。)

105. 两广总督孙士毅广东巡抚图萨布奏为严审外洋行劫盗犯事

两广总督臣孙士毅、广东巡抚臣图萨布跪奏。为严审外洋行劫盗犯及租卖军火弁兵,从重定拟,仰祈睿鉴事。窃查本年二月间顺德县疍民黄义金料船在香山县属老万山外洋被劫,拿获盗犯谭华瑞等一案,业将先获首伙各盗十二名,及于匪船内起出过山鸟一杆、喷筒三枝、火药一斤有余(系向虎门寨外委赵承恩、兵丁吴有亮租买)。经臣孙士毅亲提严讯,专折参奏,请旨,将专管把总关卫邦、署守备蔡大猷、署都司叶开第革职严审,并请将署左翼镇王廷春一并革职,钦奉谕旨,彻底根究。

臣等随督同臬司及委员等从严审办,于前供行劫二次外,复又究出行劫一次。并据续获伙盗王亚胜、陈锦华、王五和、麦昌贤、梁占魁五名到案,经委员广州府知府张道源等审明定拟,由司招解前来。臣等复率同藩、臬两司亲提覆鞫,缘谭华瑞籍隶东莞县,驾船度活,先于乾隆四十九年二月内呈县置造商船一只,船名谭有利,领有东莞县牌照,向来受雇神安、郴永乐各埠,赴场运盐,俱经交卸清楚。乾隆五十一年正月初八日,郴永乐埠司事谈冼有又雇该船往电茂场运盐,言定水脚花边银二百四十元,先交二十元,余俟运盐回日找给。谭华瑞船上原有舵工李祥吉、何耀学,水手麦日华、陈锦华、梁占魁、麦亚贵、谭茂兰、陈亚有、周亚始、麦昌贤、袁迥祥、谭作彦(即谭爵燕)、王亚胜、王五和、尹亚兴、王亚祐、刘成禄并雇工人李进喜共十九人。李祥吉又另雇封亚保煮饭,一共二十人。谭华瑞因米饭不敷,向麦日华借出番银三十二元,买备酒米,言明运盐回日加利给还。二月十四日,自泊船之太平墟开行,由三门汛挂号出口,被风飘至澳门南环湾。二十五日,驶至老万山湾泊,米饭将尽。谭华瑞以运盐赚银有限,起意商同李祥吉等行劫过往货船,得赃分用,俱各应允,惟李进喜、封亚保二人不依,欲行上岸,被谭华瑞恐吓在船。二十六日下午,将船驶出外洋,适遇疍民黄义金料船,谭华瑞等将船拢近,麦日华扳住船头,陈锦华扳住船尾,何耀学拿铁叉,梁占魁、麦亚贵各持柴刀,谭茂兰持铁钯,陈亚有、周亚始、麦昌贤、袁迥祥、尹亚兴、王亚祐、刘成禄各拿木棍过船,谭华瑞、李祥吉、谭作彦、王亚胜、王五和在本船接赃。黄义金船上工伴冯广有向阻,被梁占魁用刀划伤右臂。各犯将黄义金等吓禁后舱,劫得咸鱼八十担、铜钱十三千文、米二包,接递回船。二十九日下午,又在老万山山尾洋面遇见料船一只驶至,谭华瑞等将船拢近,麦日华、陈亚有、谭作彦扳住船只,陈锦华、梁占魁拿刀,麦亚贵、周亚始、麦昌贤、袁迥祥、王亚胜、尹亚兴各拿木棍,王亚祐拿铁钯,刘成禄拿铁叉,一同过船,谭华瑞等在本船接赃,劫得咸鱼一百担、铜钱二十三千文,接递回船。是日晚,复遇小料船一只,谭华瑞、麦日华同扳船只,麦亚贵、陈亚有各拿木棍,周亚始、麦昌贤、王亚胜、尹亚兴徒手过船,李祥吉等在本船接赃。劫得咸鱼三十担、酒一埕,分携回船。三次行劫,李进喜、封亚保俱躲匿船尾,并未上盗。谭华瑞等商同驾船往高州,三月初八日,在水东地方将咸鱼二百一十担雇车载往梅菉镇,陆续卖与义盛、海源二店,共卖得钱三百五十四千文。驾至僻处,将劫得赃钱同卖鱼钱文共三百九十千文,除归还麦日华米饭花银三十二圆(算钱二十二千四百文),余钱三百六十七千六百文,派作二十八股俵分。谭华瑞为首出船得八股,麦日华先出本买备酒米连利钱得两股,舵工李祥吉、何耀学各得股半,李进喜、封亚保两人共给一股,余俱单股,每股分钱一十二千五百文。余钱一十七千六百文,同酒米在船食用。李进喜、封亚保畏罪不敢收受,封亚保除得受工钱九百文外,余钱均系谭华瑞、李祥吉自用。谭华瑞因彼时见有官运盐船出海,遂借称埠盐已归官运。四月二十六日,驾船仍由三门进口回至太平墟沙角湾泊,将定钱交还谈冼有,诡言不愿运盐,何耀学等亦各散回家。惟谭华瑞同舵工李祥吉并水手麦日华、麦亚贵在船。谭华瑞见行劫容易,又起意纠人出海行劫,恐遇大船人众不能下手,商同麦日华添置火器等物。谭华瑞于四月二十九日前往虎门寨,向熟识外委赵承恩捏称出海运盐防备盗贼,租买军器。赵承恩当将拣剩喷筒三枝卖给,得钱九百文。麦日华亦于五月十二日向熟识现充炮手兵丁吴有亮捏称运盐防盗,租买枪炮、火药。吴有亮即将旧存过山鸟一杆租给,言定每月租银二圆,先收一月租银,余俟另算。又将演炮时陆续私自积存火药一斤余卖给,得钱二百文。该犯等各自携带下船,正思纠党出海。旋据香山协副将谢廷选购有线人陈明有带同伙盗何耀学赴营投首,供开伙党姓名。经广州府知府张道源会同武营督率各县选差兵役先后获解盗犯谭华瑞等并盗船一只,起获账簿、鱼单、船照并喷筒、过山鸟、火药各物,解省,究出弁兵租卖军火缘由。臣等诚恐弁兵实有平时知情、得赃豢纵分肥情事,所称不知为匪,难以凭信,严加刑夹。据赵承恩、吴有亮坚供,实因彼此熟识,知其平日运盐毫无疑虑,是以一时见小贪利,将过山鸟、喷筒、火药租卖,不料其出洋图劫,委无知情得赃情事。质之该营把总关卫邦、署守备蔡大猷,各供实系平时不能约束,事后复又失于查察,罪无可逭。署都司叶开第因外出巡洋,未能觉察,旋经督同查拿获犯。解究,实无徇纵别情。并据盗犯谭华瑞等供明,止系行劫三次。追回船散伙之后,复欲纠伙再劫,是以捏称运盐防夜,向弁兵租买军火各物,不期尚未出海,即被首发,拿获,核与各犯所供吻合,加以刑讯,矢口不移,似无遁饰。

　　查例载,江洋行劫大盗照响马强盗例,立斩枭示。又,伙盗被人诱胁随行并无凶恶情状者,以情有可原免死,发遣。又,伙盗行劫二次以上事未发而自首,照未伤人之盗首事未发自首例,发近边充军。又律载:将军器私卖出境及下海者,绞监候。该拘束官司及守把之人知而故纵者,与犯人同罪至死,减一等。失觉察者,官减三等,罪止杖一百。又例载:承缉盗案汛兵有审系分赃通贼者,均与盗贼同科,各等语。本案盗犯谭华瑞等行劫咸鱼已据提取各店收卖数簿,核与该犯等所供卖鱼钱文数目系属相符,其为正盗无疑。谭华瑞、麦日华、李祥吉、陈锦华、梁占魁、谭茂兰、陈亚有、周亚始、麦昌贤、谭作彦(即谭爵燕)、王亚胜、王五和、尹亚兴、刘成禄等伙盗三次,按例立斩枭示,先行刺字。盗首谭华瑞在洋纠众,叠次行劫,续又添置火器,另图纠伙出洋,心存拒捕,不法已极,应立正典刑以申国宪。臣等即于闰七月二十八日审明,恭请王命饬委广州府知府张道源、广州城守协副将德敏将盗首谭华瑞绑赴市曹处斩讫,先传首犯事地方,以示警惕。李进喜、封亚保二犯未经随同上盗,被谭华瑞吓逼在船,名下派分半股赃钱,亦为谭华瑞、李祥吉收用,均无凶恶情状,情尚可原。李进喜、封亚保均合依伙盗情有可原,照例刺字。何耀学随同行劫于事未发,自行首报,合依伙盗行劫二次以上,事未发而自首,照未伤人之盗首事未发自首例,发近边充军,至配所杖一百,折责四十板。外委赵承恩、兵丁吴有亮将喷筒、过山鸟、火药租卖与盗犯谭华瑞等。虽讯系误信运盐防夜，不知纠伙图劫，但该犯等身为弁兵，分应缉盗，乃敢得受银钱，胆将军火租卖，实与豢纵分肥无异，自应与盗犯一例科断，未便仅照私卖军器下海拟绞，致滋宽纵。赵承恩、吴有亮均合照承缉汛兵分赃通贼与盗贼同科例，均拟斩立决，枭示该营汛沿海地方，使弁兵触目惊心，知所惩警。把总关卫邦、署守备千总蔡大猷虽讯无知情纵容情事，但兵丁吴有亮、革弁赵承恩是其专管，乃一任私卖军火，不能觉察举发，非寻常废弛营伍可比，合依知而故纵，与犯人同罪至死，减等，杖一百流三千里律，均请从重改发乌鲁木齐充当苦差。署都司事守备叶开第系该管上司，不能防闲整顿，虽据称外出巡洋，事后督同拿获多犯，但系兼辖专员，未便以失于查察仅拟满杖，应请从重发往军台，效力赎罪。署左翼镇副将王延春先经奏参革职，提臣窦瑸钦奉谕旨降补云南开化镇总兵，应无庸议。至盗犯谭华瑞等在洋行劫，系左翼镇总兵施国麟任内之事，业已题参，应请归于疏防案内办理。

查盗犯二十名，现在已获十七名，其逸盗麦亚贵、袁迥祥、王亚祐三名勒缉务获，另结。再，黄义金被劫一案获犯系在疏防限外，业已开参，应听部议。至二月二十九日两次被劫料船，查无事主报案，且获犯过半兼获首盗，此二案文武疏防职名应免查参。所有拿获邻境伙盗二名系新安县知县李大根，相应附请议叙。东莞、香山二县文武均系拿获本境应拿之犯，例无议叙。其余应议、应免职名，除备录全案供招咨部核办外，并另缮供单恭呈御览。所有严审外洋行劫盗犯及租卖军火弁兵从重定拟并专管兼辖等官分别办理缘由，臣等谨合词恭折具奏，伏乞皇上睿鉴，敕部核覆施行。谨奏。乾隆五十一年闰七月二十八日。（北京：中国第一历史档案馆藏朱批奏折，档号：04-01-08-0072-005.）

乾隆五十二年（1787年）

106. 浙江巡抚觉罗琅玕奏为特参捏详推诿之游击并随同会详之知县事

浙江巡抚臣觉罗琅玕跪奏。为特参捏详推诿之游击并随同会详之知县以肃功令事。窃照闽民黄昆山商船在洋被盗，将押米交卸，搭船回营之兵丁十五名杀伤，并劫去军器一案，先据玉环同知张心镜详报，会营勘明被盗处所系在洞正山太平县营洋面。旋据太平营勘会详讯，据兵丁冼元龙等供称：被劫处所船身后面是否披山，不知是何洋面。查核洋图，披山与洞正山南面俱系玉环厅、营所辖。惟洞正山北面系太平县所辖，玉环厅营详报仅止洞正山外洋，究在何处，请委员会勘，等情。当经臣以该案非寻常盗案可比，文武员弁如实系其所辖地方，并未上紧查拿盗犯，及以洋面处交界借词推诿，情甚可恶。当即檄令查究，从严办理。业据台州府知府王贻桂禀请往勘，复檄委宁波府知府陈钟琛、并与提臣陈大用派委镇海营参将熊漱前往确勘，到日，将推诿之员弁严行奏参，从重之罪缘由，恭折奏行立案。

兹据该府等前往，并同各该厅、县、营并被劫船户黄昆山、兵丁冼元龙等驾船出口，勘明黄昆山等七月二十三日商船被劫处所实系洞正山北面，太平县所辖外洋，黄岩镇标右营水师汛地，绘图禀报。惟提臣陈大用、黄岩镇臣弓斯发将捏详推诿之护游击华封扬揭移参办。据台州府知府王贻桂将随同会详之太平县知县张景运由该司道核明详揭,请奏前来。臣查外洋巡缉,武职系其专责,所辖洋面遇有此等盗劫重案,先既毫无防范,随后不能擒获,疏纵已极。既经玉环厅营勘明太平洋面,该护游击华封尚以未知是何洋面会同该县详请委勘,实属有意推诿。现当洋面紧要之际,业经查勘明确。此等推诿恶习,均应从严分别办理,以示惩创。相应奏参请旨,将黄岩镇标护右营游击事守备华封革职,勒限三年,留于该处协缉。限满,不获,即发往伊犁效力赎罪。至外洋失事,文职按例无疏防处分,但此案情节凶恶,非寻常盗案可比。该县张景运既不上紧协同查拿,反随同该游击华封以洋面地界未确,会详捏混,即属有心推诿,亦未便稍宽其罪,应请旨将太平县知县张景运一并革职,留于地方协缉,如限满不获,即发往军台,以为推诿捏混者戒。疏防武职之专防署千总赵以仁、协防外委李朝龙亦一并革职,协缉。黄岩镇总兵官弓斯发虽将推诿之护游击华封查明据报,但此案疏防有统辖总巡之责,并请旨交部严加议处。再,此案凶盗业经臣严饬各县营及各海口,并咨沿海各省上紧查拿。复遴派缉捕勤能之素兴、协营都司刘大勋、绍兴协营都司齐永承、带同千把郑银昌等,并提臣陈大用派出熟谙洋面之镇海营参将熊灏改装易服,设立重赏,分头设法购线追缉。现据玉环厅会同太平营县禀报,拿获伙盗郭亮,讯系两船行劫共伙四十余人,因该犯知其姓名,仅止周车等七名,已委员飞提来省审办,究明盗伙姓名确数,迅速严行追拿,务获,勿任稍有漏网,臣谨会同闽浙总督臣李侍尧、浙江提督臣陈大用,恭折具奏,伏乞皇上睿鉴。谨奏。乾隆五十二年十月初三日。(北京:中国第一历史档案馆藏朱批奏折,档号:03-1278-007.)

107. 乾隆五十二年十月乙巳谕

据琅玕奏:闽民黄昆山商船在洋被盗,将押米交卸搭船回营之兵丁十五名杀伤抛海,并劫去军器一案。先据太平县营会详:讯据兵丁等供称:被劫处所是名披山,不知是何洋面,请委员会勘,等情。当经檄委宁波府知府陈钟琛、并经提臣派委镇海营参将熊灏前往确勘,实系太平县所辖外洋,黄岩镇标右营水师汛地。请将捏详推诿之护游击事守备华封、太平县知县张景运一并革职,留于该处协缉。如限满不获,即分别发往伊犁军台效力。并讯据已获之伙犯郭亮,究出盗伙姓名,严行追拿务获,等语。此案盗犯,前据孙士毅奏:拿获首伙王马成等二十七名,业经降旨,令将拿获各犯之员送部引见。并将该督及在事出力各员交部从优议叙矣。海洋地面最关紧要,孙士毅于邻省劫杀兵船盗犯,不分畛域,督饬所属,拿获要犯多名,实为奋勉可嘉。至黄岩镇标汛地系浙江所属,该处文武各员于本省劫盗重案,既不能先事豫防,又复互相推诿,并不上紧缉拿。外省积习最为可恶。所有护游击之守备华封,著即革职,先枷号三月,再发往伊犁效力赎罪。太平县知县张景运,一并革职,发往军台,均不必留于地方协缉,以杜借端耽延之弊。其疏防之千总赵以仁、外委李朝龙,亦著一并革职协缉。至总督李侍尧,现在驻扎厦门,办理军务,自不能兼顾。而该抚琅玕、该提督陈大用及黄岩镇弓斯发,于海洋劫盗重案不能豫为防范,又未能饬属上紧拿获,咎无可辞。琅玕、陈大用、弓斯发,俱著交部严加议处。仍著严饬地方文武员弁务将在逃各犯实力严查,务期弋获,毋致正犯漏网稽诛。其已获之郭亮一名,即著该抚严审定拟,具奏。(《清高宗实录》卷一千二百九十,乾隆五十二年十月乙巳,第14—16页。)

乾隆五十三年(1788年)

108.乾隆五十三年十一月癸未谕军机大臣

据徐嗣曾奏:拿获劫夺凶犯、溃逃戍兵,审明正法各折。所办俱是。其拿获私盐究出弁兵受贿一案,已令军机大臣会同三法司核拟速奏矣。台湾风俗刁悍,此次大兵剿捕逆匪,甫经惩创之后,尚有贩私抢劫戕命,等案。徐嗣曾一经拿获,即审明按律正法,俾凶顽知所惩儆。办理甚为得当。现据徐嗣曾奏,将应办事件料理十数日,即遵旨起程内渡。计此旨到日,徐嗣曾自己渡回内地。因思向来台湾一切案件,有应归总兵办理者,有应归道员办理者。事权分隶文武衙门,或致日久互相推诿。将来徐嗣曾内渡后,所有台湾应办事件,俱著责成奎林、万钟杰二人会同办理。如有应行具奏者,俱著联衔具奏,不得歧分文武,彼此诿卸。奎林、万钟杰惟当加意整顿,会同妥办。遇有案件,从严办理,庶奸究咸知敛迹,地方益臻宁谧。

再,徐嗣曾所奏:拿获劫夺一案,尚有逸犯陈焕一名。又溃逃戍兵尚有未经拿获者。著该地方官等于内地及外洋一带,严饬所属上紧缉拿,勿任远飏漏网。又据徐嗣曾奏私盐一案。折内称,都司徐机家人林珍得受林宏光贿嘱番银十六圆,徐机见衣履新鲜,盘诘来由。林珍以得受商船饭食银支吾答应,徐机亦不复深究,等语。海口收用陋规,经福康安等查明饬禁,严定章程。何以都司家人林珍尚有得受商船饭食银之语。并著奎林、万钟杰于台湾,该督抚于海洋各口岸内外逐加查访。如有似此例外需索之处,查明一体禁革,严行惩办,不可日久生懈。至奎林奏于十月十七日已抵台湾,接印任事,等语。前此奎林在崇武澳守风,即应具折陈奏。乃并无一字奏及,令朕悬望月余。奎林不应糊涂至此,竟不是人矣。朕之所以注念奎林者,盖以海疆重地现在需人经理。奎林系派往办事之人,恐有疏失,不得不增萦念。乃奎林在彼守风月余,竟不见及此,何不仰体朕怀,一至于此耶。若似此糊涂,将来于地方事务倘致贻误,恐奎林不能当其咎也。奎林,著传旨申饬。将此由四百里各谕令知之。(《清高宗实录》卷一千三百一十七,乾隆五十三年十一月癸未,第18—21页。)

乾隆五十四年(1789年)

109.福康安奏为特参疏玩狡诈之将弁请旨革审以肃营伍事

臣福康安跪奏。为沿海营房失炮,亲赴查勘特参疏玩狡诈之将弁,请旨革审以肃营伍事。(朱批:岂有此理。)窃查闽省地方东南两面滨海,盗匪出没为奸,水师陆路营汛棋布星罗,并于险要之区安设炮台,炮位多拨汛兵防守,营制极为周密。臣到任以后检查案卷,前年十二月内连江营浦口等汛有失炮之事,当即严饬各镇、协、营于所辖营汛存贮军装、军械、枪炮、火药等项,勒限上紧稽查,毋许缺坏短少,并奏明委各守巡道分赴所辖地方营汛实力盘验出结申报,以昭慎重。乃本年正月初十日,据罗源营游击音德布禀报,据代防濂澳汛外委张文魁报称：本月初七夜，有贼匪坐船泊岸突入营房，抢去小炮二尊、鸟枪十八杆、腰刀二十六口、藤牌一面、牌刀一把，外委率兵追拿，贼匪胆敢拒捕，外委张文魁头被刀伤，兵丁俱被钩木棍伤等情。臣阅之实深骇异，当即派委督粮道特克慎飞饬署福宁镇总兵特克什布迅赴濂澳汛会同查勘，并严檄水师、陆路各营及臣前派拿贼之文武员弁派拨兵役驾坐哨船于洋面要隘分投缉拿贼匪去后，嗣据该镇道等勘得，濂澳汛额派汛兵五十名，专防外委一名，安设大小炮六尊，现在失去小炮二尊。正月初七夜，汛兵在汛者止有童达升、林则能、陈佳春三名与外委张文魁，共有四人。并供出贼匪入寨时，林则能、陈佳春即在草寮内藏匿，童达升同外委张文魁已经睡熟，致抢去炮位。外委觉察之后恐干重罪，商同装点伤痕捏报，随将柴片自行打伤，并令素识之郑绍华将铜钱刮伤脊背，其兵丁童达升系用青草糊伤，陈佳春、林则能俱系疮毒溃烂捏作钩伤痕，其鸟枪、腰刀、藤牌、牌刀等项系本来短缺捏报被抢等情，逐一录供具报前来。伏思弁兵所以防汛，枪炮所以御贼，该汛额兵五十名乃止有三名在汛，若非该营将备等平日虚冒名粮，即系包差受贿，况贼匪利在货物银钱，该汛左近并无居民，何以专至营房抢炮而弁兵捏报装伤？该营游击何以并不查验辄复扶同捏禀？且伤既可捏，则所报抢之炮或系早经遗失，恐被查出，是以弁兵商同捏报。闽省绿营习气玩纵废弛，从前连江营查失炮位之时，督臣并未亲加履勘，虽经参奏各营将卒，仍未知儆知悛，今此次复有失炮之事，若非臣亲往勘查，其中情弊难以得其底里。濂澳距省不远，臣出其不意，于正月二十三日轻骑简从先赴罗源县城传唤守备姚洪并提外委张文魁严切询问，该备等言语支吾，神情诡谲，随访出濂澳汛于上年九月十六日即曾失炮二尊，该备等通报总兵、游击后因寻觅无踪，私将罗源县天后宫及火药局存贮旧炮二尊运往濂澳安设抵补，捏称于海边沙地验有拖炮痕迹，跟寻起获，具报总兵、游击衙门完结，该总兵、游击亦并未到汛查验。嗣该备等听得与濂澳相近之虎尾汛原设炮四尊，内有二尊似系濂澳汛失去之炮，该汛外委等往验不差。缘虎尾汛先于八月十二日失炮二尊，该汛外委吴国珍恐报出干罪，起意将濂澳汛炮二尊于黑夜窃去抵补，及被濂澳汛查出，复彼此商量即将罗源县天后宫火药局旧炮二尊由濂澳抬往虎尾汛安设，换回濂澳原炮照旧存贮寝事。其虎尾汛失炮至今终无下落，亦并未通报，而濂澳汛于本年正月又被贼抢去小炮二尊。臣访闻确切，此案节复生节、枝复生枝，该备弁等视营汛安设火器竟同儿戏，忽无忽有，愈出愈奇，则其所报被贼抢炮之处竟不可信。臣于次日由罗源乘坐小船趁潮前赴濂澳，未至汛三十余里水路不通，复登岸骑马踩路而行，将及该汛时仰望形势陡峻，舍马步行，崎岖逼仄，登陟甚艰，数里始见石寨，即系汛兵防守之所，一面靠山，三面俯临内港，港外即系大洋。从前在此设汛，原因地势雄险控御得力，故汛兵较多炮位亦壮于他汛。若使盗匪黑夜入寨，寨下仅有一人容足之路，岂能蜂拥多人？且徒手尚觉费力，如扛抬炮位而下，更费周折，安得声息全无？寨内营房三间旁搭草寮三间，形甚低矮，如果匪众劫抢，必有火把刀棍着处，定被焚伤，乃周围看验俱属完好，并无被盗形迹，即询之澳保土人，亦称并未闻寨内被劫。臣查勘毕即回至罗源，细思该汛既无被盗形迹，则其所报失炮二尊与鸟枪、藤牌等物安知非该弁兵等平日与洋盗私相往来，将炮械得赃偷卖，甚或与洋盗论股分赃，或竟坐受规例？均未可定(朱批：皆不可知)。该备弁兵丁目无法纪、一气串通，实堪发指，而游击音德布于上年虎尾、濂澳两汛失炮、移炮既不查验,复不饬缉。此次濂澳失炮又复扶同兵弁捏报抢劫受伤,将领如此,备弁如此,何以整饬营伍,何以巡缉奸匪?随将罗源营游击、罗源营中军守备印信摘取,委员署理;一面将游击音德布、守备姚洪同外委张文魁、吴国珍并濂澳、虎尾两汛同兵、字识、澳保等委员分起解省收禁。臣亦即起程回省,惟是此案头绪既多,情节复幻,若非彻底讯究,则狡猾弁兵仍思避重就轻、冀逃显戮,而各营将士知汛房遗失炮械罪不至死,相率效尤,则将来兵与盗通、盗为兵庇,必至无所不为,应请旨将罗源营游击音德布、罗源营中军守备姚洪革职,容臣提同案内外委、兵丁、字识、澳保等一并严审,务将两汛失炮确情是否实系被抢抑或另有别项情弊之处严切讯究,一经审实其中有应行斩绞之犯核其情罪决不待时者,当即恭请王命将该犯等押至原汛地方传集水陆附近汛地弁兵观看正法,以昭炯戒,以警戒行(朱批:甚当)。闽省将偷卒惰,必须痛加惩创。臣目击情形实深焦愤,故于此案断不敢稍涉颟顸、稍存姑息,一俟供确情真,即当从重分别定拟,迅速奏闻。至福宁镇总兵希当阿现在进京陛见,上年九月虎尾汛失炮,该汛虽未具报,何以该镇竟漫无觉察?及濂澳汛报失炮位,亦当一面禀知督臣,一面严行饬缉,乃于该营具报后并不详禀,及备弁等私将旧炮抵补报获即行寝事,又不查验真假,是该镇既疏玩于前复颟顸于后。总兵为专巡大员,如此昏愦废弛岂可复膺重任?计该镇此时陛见出京不久,应请旨敕令直隶、山东督抚将该镇追回京师就近交军机大臣讯问,其福宁镇总兵员缺请旨另行简放,并令迅速来闽任事。至现在署总兵特克什布虽署事未久,且一闻濂澳失炮即前赴查勘该弁兵等装伤捏报情节即行据实禀报尚无回护,但失察兵丁离汛以致炮械遗失,罪已难逭,应俟定案时续行奏参。至罗源县天后宫火药局等处,现据该备弁起出旧炮抵补,此项炮位系何时存贮必须逐一查明,且恐通省似此者尚多,如系废炮即应销毁,其堪用者即当造册存贮,现已严饬派往盘查军械各道员实力查办,合并陈明。所有臣查勘濂澳汛失炮情形及连日严讯备弁等供词理合先行由驿驰奏,伏乞皇上圣鉴训示。谨奏。乾隆五十四年二月初七日。(北京:中国第一历史档案馆藏朱批奏折,档号:04-01-01-0426-016.)

110. 乾隆五十四年闰五月辛卯又谕

据琅玕奏:宁海县所属内洋地方三船同时被劫,杀伤事主,请将疏防不职之知县张铸革职一折。又据奏:护温州镇李定国出洋会哨,借称风大难行,并不亲到沙角山洋面。把总柯得成奉委查察,通行扶捏,请将李定国革职。飞咨督臣,将柯得成拿解来浙,一并严审定拟一折。浙省水师各镇每年定期会哨,责任綦重。乃李定国捏词规避,有意不前。琅玕即应早行参奏,何以直待朕降旨询问,始行奏请革审。至海洋盗匪最为地方之害,前据伍拉纳奏:叶加玉等渔船三只在海面被劫,杀毙多命一案。该抚置若罔闻,并未查明具奏,业经传旨严行申饬。今始据琅玕奏到,殊属迟延。可见该抚于地方事务,全不认真办理。又以营伍为总督专辖,遂尔意存推诿。至此二案,皆系顾学潮护理抚篆时之事。此等紧要事件,顾学潮既护抚篆,亦应据实陈奏。乃复存劣幕恶习,因巡抚不久回任,可以交代,即置之不办。实属非是。但以琅玕身任封圻,尚不知加意整顿,徒事推卸。则顾学潮之存五日京兆之见,互相推诿,更不足责矣。琅玕、顾学潮,俱著传旨严行申饬。嗣后该抚等务宜痛改前非,益加奋勉,遇事留心整顿,方为无负任使也。(《清高宗实录》卷一千三百三十,乾隆五十四年闰五月辛卯,第10—11页。)

111. 乾隆五十四年六月戊寅又谕

伍拉纳奏:署定海营参将张殿魁缉拿洋盗,到大门外洋遇有贼船六只,该署参将当即放炮,内有盗船一只落后,与哨船相遇。各兵随即施放枪炮,奈贼多兵少。张参将被贼枪伤,落水身死。外委兵丁等俱有被杀受伤。现在选委参将海亮等驰赴浙江温州一带,严密擒拿。又飞调水师总兵丁朝雄前赴福宁巡哨堵缉。伍拉纳亦亲往福宁一带,查勘闽浙交界处所各海口洋面情形,等语。此案已据琅玕奏闻,业经降旨,令陈杰驰赴温州,会同琅玕实力查拿。今伍拉纳先派总兵参将等前往温州、福宁一带,分投截拿。该督亦即亲赴闽浙交界地面,会同督捕。伍拉纳系闽浙总督,浙江是其管辖。现在闽省无甚要事,自应亲身前往。该盗匪在洋纠合多人,肆行劫夺,经官兵追捕,胆敢逞凶迎拒,并将巡洋缉匪参将大员杀伤落水,不法已极。不可不迅速查拿,全数弋获,尽法惩治。著传谕伍拉纳,会同琅玕、陈杰督率两省官弁,分投截捕。以期凶盗速行就获。并密跟盗匪出没踪迹,穷究根株,肃清洋面,方为妥善。至海洋捕盗缉匪,全在速追擒拿。近贼船方可放炮,若一见贼船,即行放炮,则贼匪早已知觉逃逸,或先防备。以致盗匪往往不能擒获,此实水师陋习,是与贼船以速避之信也,最为可恶。今该署参将见有贼船六只,相距尚远,即行放炮,是明使盗匪闻知逃逸。前已有旨,令琅玕查明。如张殿魁系被伤殒命,即照阵亡议恤。现在伍拉纳已驰赴该处。著确查张殿魁,如果遇见盗船,先行放炮。似此畏怯,且有应得之咎,不但不应给予恤典,亦不值加以恩赏。如查无畏贼放炮情节,仍遵前旨,咨部议恤也。将此由四百里传谕伍拉纳,并谕陈杰知之。(《清高宗实录》卷一千三百三十三,乾隆五十四年六月戊寅,第26—27页。)

112. 乾隆五十四年七月乙酉又谕

陈杰奏:于六月初七日到任,即亲往定海、黄岩各洋面查看情形,督缉盗匪,实力整顿,等语。浙江武备废弛已极,亟宜加意整顿。伍拉纳系闽浙总督,两省营伍皆其所辖。陈杰系新调该省提督,伊二人务宜同心协力,认真整饬,俾戎行渐有起色,不可复分文武,稍存畛域之见。又据另片奏:健跳洋面盗匪行劫一案,经游击董秉玉拿获盗犯林飞、王五二名,讯据供称:同伙盗船共有七只,盗犯百有余名。此言不可信,又系绿营化大为小恶习。署参将张殿魁探闻大门洋有盗船六只在彼停泊,带兵往捕,见有落后盗船一只,盗众即约有百数十人,各执义刀、枪炮,等语。林飞等同伙盗船有七只之多,其所供百余人之处,断不可信。至大门洋盗船六只,一只之内即有百数十人。则合之其余五船,岂不竟有七八百人。如此纠众逞凶,肆行劫掠。若不及早严办,将愈聚愈多,势必酿成海寇。该督抚提镇等讵能当此玩误之咎。陈杰现亲赴各洋面督缉,伍拉纳前据奏即往闽浙交界处所。亦即传谕该督应亲至温州一带,会同陈杰、琅玕,督率两省弁兵,分投截捕。将健跳大门两案盗犯速行全数弋获,尽法惩治,勿任一名漏网。务须亲赴各海口,留心稽查,多派能事弁兵,密跟盗匪出没踪迹,穷究根株,肃清洋面,方为妥善。再,前因伍拉纳奏:署参将张殿魁带兵巡至大门外洋时,哨船与盗船相遇,各兵随即施放枪炮。恐该员有畏贼放炮情事,已有旨交伍拉纳等就近确查。今阅陈杰所奏,果系张殿魁当先放炮。海洋捕盗缉匪,全在密速追擒。若一见贼船,先行放炮,是与贼以退避之信,甚或知所防备,转得以肆凶抗拒。此总由绿营畏葸陋习,最为可恶。使张殿魁尚在,亦当治以应得之罪。今念该员已受伤殒命,不加追究。但伍拉纳、陈杰等宜严加通饬各营将备弁兵,嗣后巡缉盗匪务宜迅速追擒,不可与贼相距尚远,辄先放枪炮,致贼远飏,复蹈从前怯懦积习。将此由五百里传谕知之。仍将如何会同截捕及盗犯曾否全行就获之处,速行奏。(《清高宗实录》卷一千三百三十四,乾隆五十四年七月乙酉,第6—7页。)

113. 乾隆五十四年七月辛丑又谕

伍拉纳奏:浙省督缉洋盗。伍拉纳驻扎福鼎县,琅玕亦现驻温州郡城,相距道里甚近。遇有一切应办事宜,无不随时札商,妥为筹办,等语。此案盗犯胆敢纠集多人,在洋面肆行劫掠,拒捕伤官,情罪重大。若不速拿严办,势必酿成海寇。伍拉纳系闽浙总督,一闻禀报,即应亲赴该处,与琅玕、陈杰会合一处督率缉捕,方更得力。何以仅在福鼎县驻扎,岂浙省地方非其所辖耶!著再传谕该督,务即遵照节降谕旨亲赴温州,与琅玕、陈杰会同实力督缉,以期盗犯全数速获。又据奏:游击董步云等十一员于张殿魁被戕时,不行救援,已经革审。但水师现乏员署理,已札知琅玕,如有得力之员,不妨暂时留缉,等语。是亦一法。但同日据陈杰参奏折内称,张殿魁等被贼戕害后,贼船因无人救应,又无人追赶,俱皆逃走。同时董步云等十一船,往来折戗,远远驶行,并不拢近贼船救护。转以追贼至外洋,天黑遇雾,不知路径,捏词禀报。请将董步云等十一人,尽行拿问等语。著伍拉纳即会同琅玕,就近详细查审。如董步云等实因天黑路迷,未能救援,尚可令戴罪自赎。如竟有畏贼退缩,复捏词具禀情弊,即应照陈杰所奏,尽行拿问,审明治罪。其总兵陈庄于此案有无处分,前已有旨交伍拉纳等查明具奏。现复据陈杰一并附参,著该督等即遵前旨,将该镇应得何罪之处,秉公查奏。再,伍拉纳、琅玕屡次折内止奏及游击张殿魁被贼戕害,何以本日陈杰奏到夹片内又称参将黄标、游击张殿魁被害,身尸已经捞获。究竟被害者是否止系张殿魁一员,抑系黄标亦同被害?该督抚等又因何并未奏闻。并著伍拉纳、琅玕确查,据实具奏。至此案正盗陈三三等十五名,已经玉环同知等拿获,解交琅玕严鞫。漳浦县亦报获盗犯黄烈等二十名,解交徐嗣曾审办。可见闽浙地方盗犯众多,一经认真侦缉,即纷纷就获。现已降旨将伊里布与伊楞额对调,并令伊楞额速赴新任,帮同缉捕。著传谕伍拉纳、琅玕、陈杰,务宜督同各镇将,分投截拿。将此案盗犯全数擒获,尽法惩治。勿任远飏漏网,以清洋面。此为最要。又,本日据李芳园奏谢恩补授金门镇一折。内称,因在洋督缉,未能缮折,禀请抚臣,据情代奏,等语。总兵有奏事之责,即或在波涛之上,未能缮折具奏,俟抵岸后,自可具折谢恩,何必由巡抚代奏。似此识见拘泥,恐难胜总兵之任。除传旨申饬外,并著伍拉纳留心察看,如李芳园实不能胜任,即行具奏,另请简放,勿任贻误。将此由六百里各传谕知之。仍将如何会商截捕及盗犯续获若干之处,迅速奏。(《清高宗实录》卷一千三百三十五,乾隆五十四年七月辛丑,第6—8页。)

114. 乾隆五十四年八月癸亥军机大臣等会议

两广总督福康安奏《捕盗章程》并现办巡缉事宜。一,粤东雷、廉二府交界海面之涠洲并迤东之斜阳地方,俱系孤岛荒地,无籍贫民每有前往搭蓁居住者,不免与洋盗串通滋事,业饬地方官逐一递回原籍,草蓁概行烧毁,勿使窝留。此外洲岛一律清查严禁。

一,沿海渔人为洋盗所诱。当饬编列字号,每船开造丁口清册,并令各船连环保结。由地方官按季详报,一船为盗,即将不行呈首之互保各船连坐,捕盗时,即令兵役带同作线。如能指获,一体奖赏。

一,舟师出海巡哨。向例分上下两班,轮流更换,近因查拿洋盗,节次调派弁兵四路堵截。而现在轮班届期,难以纷纷更换。请将上班派巡员弁,令其再留一班,以资熟手。

一,粤东盐船赴场领运,往返本有定限,近日每逗留不回,恐借此贩私,甚或在洋为匪,已饬盐运司严拿究办。

一,粤闽洋面毗连,两省无籍贫民以台湾地方膏腴,往往偷渡,现在实力稽查。

一,地方无藉棍徒,粤东名为滥仔,业饬属严办。轻则分别枷杖,重则依凶恶棍徒例,定拟发遣。均应如所奏。

水师战船。捕盗时驾驶未甚便捷,请照商船式样改造。

查战船自有定制,未可因捕盗概行议改。臣等酌议:粤东额设外海战船共一百三十七只,闽、浙、江南俱有额设战船。请令各省沿海督抚、提镇将各船酌留一半,其余一半于届应拆造之年,照外海民船式样逐渐改造。至粤东、闽、浙、江南内河亦有巡查缉匪之事,其额设橹桨各船是否亦须酌改,应听各该督抚查奏。再,官造战船应查明是否与民船一律坚固,如承办之员克减工料,即当查参。若原定例价不敷,亦当据实奏明,宁可量减额船数目,将工料归并津贴。从之。(《清高宗实录》卷一千三百三十六,乾隆五十四年八月癸亥,第14—16页。)

115. 乾隆五十四年九月戊子吏部议

闽浙总督觉罗伍拉纳等奏称:福建漳州府设有南胜海防同知、石码粮捕通判。查南胜近山,石码临海,水陆形势迥异,名实未免不符。请改为南胜粮捕同知、石码海防通判。嗣后陆路失事,开参同知。水路失事,开参通判。又泉州府马家港通判所属之刘五店,直达外洋,易滋奸宄,请添设巡检一员移驻。查莆田县大洋地方民俗淳朴,堪以归并就近之凌厝巡检管理。所有大洋巡检请裁移驻刘五店,隶马家港通判管辖。应如所奏。从之。(《清高宗实录》卷一千三百三十八,乾隆五十四年九月戊子,第7页。)

116. 乾隆五十四年十月辛酉又谕

伍拉纳等奏:哨船在洋遭风一折。内称黄岩镇标汛弁赵存高,双篷船一只,兵丁三十三人,出洋巡哨。于七月初九日夜,在主山洋面猝遇暴风,收驾不住,被风飘刮,不知去向。

当经该镇分派弁目于内外洋面四路寻觅,并无踪影。旋准江苏巡抚闵鹗元咨称:吕四洋面见有无桅船身一只,板上刻有黄标左营字样,乘浪漂淌,船内并无一人等语。船只在洋遭风飘失,固属事所时有。但弁兵三十余人岂竟全行落水,断无不奔岸逃生之理。其有登岸之人,即可根究飘失情由。即或尽数淹毙,其尸身亦必有漂浮水面者。又何至四路寻觅,全无一人捞获。据所奏,其中难保无另有别情,乘机窜匿等事。不可不严密访查,切实根究。此等事,再不能瞒陆地。著传谕伍拉纳等,严饬通省营县地方官,并移咨邻省,一体严查。务得实在下落,据实奏。(《清高宗实录》卷一千三百四十,乾隆五十四年十月辛酉,第17—18页。)

乾隆五十五年(1790年)

117. 乾隆五十五年八月癸酉谕军机大臣

郭世勋奏据雷琼道俞廷垣等禀称:本年六月该镇总兵陆廷桂率同参将钱邦彦出洋巡查。该镇由东开驶,钱邦彦带领外委张中秀,由西开驶。巡至崖州老虎头外洋,见有盗船四只。钱邦彦与张中秀先后往捕,施放枪炮,打伤盗匪。盗船退逃,钱邦彦乘势追拿,冲礁撞破船头。盗匪回帆抗拒,将钱邦彦杀害,并伤毙兵丁、舵水人等。张中秀赶上救护,兵丁亦各受伤。随一面咨会署提督苍保,一面饬委署臬司韩對驰往督缉。并据苍保奏称:接到郭世勋知会,即兼程前往查拿,各等语。参将钱邦彦及兵丁舵水人等,已降旨分别赏恤矣。雷琼一带海面,向有盗匪出没,经福康安严饬沿海文武官兵,两次捕获巨盗林亚五等,审明正法,稍示创惩。今崖州洋面尚有盗船出没,参将钱邦彦奋勇追拿,因遇礁石,撞破船头,不能行驶。盗匪等竟敢乘机回帆抗拒,将钱邦彦杀害。实属逞凶藐法,悍不畏死。似此拒捕伤官巨匪不可不上紧搜捕,按名拿获严办,以惩凶暴,而靖海疆。但海洋盗匪敢于如此肆行无忌,杀害参将大员,未必不因福康安赴京后,郭世勋等不能认真整饬。而沿海文武员弁及水师官兵等俱各心存懈弛,以致盗匪出洋肆劫,行凶拒捕。郭世勋等实难辞咎。此时署提督苍保、总兵陆廷桂、署臬司韩對俱已驰赴该处,分头督缉。著郭世勋严饬该署司督率雷琼道府等,迅速查拿,多方堵截。并著各提镇督率水师员弁,带领兵丁出洋搜捕。若能按名擒获,该抚及提镇等尚可将功抵过。如盗匪逃散匿迹,不能全数搜拿,惟郭世勋等是问,恐不能当此重咎也。至粤东洋面,与闽省毗连,盗匪闻拿紧急,或潜逃闽省岛屿藏匿,或登岸窜逸,均未可定。著伍拉纳即酌派水师将弁出洋,分头巡缉,帮同截拿。并密饬各海口员弁留心侦缉。如有盗匪进口,立即盘获。毋得稍有疏漏。再,福康安接奉此旨。知崖州地方有盗匪拒捕伤官重案,自必急于回粤,严饬督拿,更为得力。但现在带领阮光平同行,若遽先行驰回,恐该藩心疑粤省有何要事,转为不便。著传谕福康安,此时且不必稍露形迹,仍与该藩按程行走。俟至湖北分路后,该督即速遄行,赶回粤东。如盗匪尚未全获,务须督饬严拿,尽法处治,毋使一名漏网。再附报寄去奶饼一匣,著福康安即交阮光平祗领,以备途间食用。并告知该藩不必具表谢恩。以示优眷。(《清高宗实录》卷一千三百六十一,乾隆五十五年八月癸酉,第27—28页。)

118. 乾隆五十五年八月丙寅又谕

据福康安奏：前因粤省营员有战船笨重,驾驶不灵之语。是以奏请仿照民船改造,以期出洋利用。嗣后该镇将等议论纷歧,因复遍加咨访。查从前外洋战船大小不一,各就海道情形,均匀配造,相沿已久。且规制宽宏,气象雄壮,用以装载多兵,施放火器,实缓急足备,其利用原不止于捕盗一端。请将各项战船均仍其旧,无庸改造,以免更张。其内河桨橹各船,亦查与水道合宜,俱可无庸更改,等语。所奏甚是。沿海各省设立战船,原以捍御海疆。巡哨洋面,关系綦重。上年因福康安奏：抵粤后派拨官兵搜捕洋匪,各将弁等辄以盗船狡捷,营船追赶不前为词,酌请仿照民船式样改制,自属变通办理之法。是以令军机大臣会同该部核议。令各该省于应行拆造时,陆续照商船式样酌量改造。今据福康安体察情形,悉心酌核,查明战船尚为得力,并无驾驶不灵之处,奏请仍照旧制,不稍回护前奏。自系实在情形,著照所请。所有前项战船概可毋庸改造,以存旧制而免纷更。并著通谕沿海各督抚一体确切查明,遵照妥办。此项战船平时遇有匪徒剽掠,自应分路缉捕,加紧追赶。乃该弁兵等辄称船身笨重,雇用民船,其意只以民船出海捕盗,俱用本船舵水,不复需用兵丁驾驶,是以借词推诿,希图安逸。且水师弁兵自应以试演水务为急。今据福康安奏：该弁兵等止习马步射及枪炮等项,而于水师营务转不留心学习,用违所长,殊非核实之道。著各督抚等嗣后务须严饬舟师实力训练,俾驾驶娴熟。于战船出入风涛,务期帆舵得力。各督抚于考拔时,令其操驾篷船,泅水出没,留心验看。如果合式,方准拔补。似此行之日久,自能悉臻纯熟,便于行驶。于海疆水师营务,实有裨益。将此通谕知之。(《清高宗实录》卷一千三百六十一,乾隆五十五年八月丙寅,第7—8页。)

119. 乾隆五十五年九月甲辰谕军机大臣

伍拉纳奏：筹议闽浙两省战巡等船分别留改一折。此事前经福康安奏称：外洋战船大小不一,各就海道情形,均匀配造。实为缓急足备,应请均仍其旧,无庸改造,以免更张。朕以该督所奏俱系实在情形,当即明降谕旨,通谕沿海各督抚一体确切查明,遵照妥办。夫海洋风帆顺利,营船商船俱可行走迅捷,原无笨重灵便之分。若风水顶逆,即商船亦不免随波荡漾,人力难施。至于巡洋缉盗全在弁兵等奋勇追捕,并不关船只之大小也。想伍拉纳尚未接奉此旨,故于闽省战巡各船奏请毋庸遵议更改。而于浙省之双篷舡船仍请届期拆造。著传谕伍拉纳,即当遵照前旨。所有闽浙两省战巡及桨橹各船均可毋庸改造。惟当严饬水师弁兵等,于平日认真操练,出入风涛,务期帆舵得力。而驾驶巡洋时,遇有盗船,益当实力追捕,不可稍有退怯,以期永戢盗风,方为妥善。(《清高宗实录》卷一千三百六十三,乾隆五十五年九月甲辰,第35页。)

120. 乾隆五十五年十月丙寅谕军机大臣

据海宁奏：千总袁凤鸣、郑宁巡至王逊外洋,追拿匪船,被贼匪拒捕打伤,并掠取枪炮刀械逸去。现在驰赴温州,督率文武,设法擒拿,等语。浙江温州一带盗匪出没洋面,最为商船之害。上年经伍拉纳亲往该处督拿,缉获数案。今盗犯尚敢肆劫,竟至拒捕伤官,掠取军器，不法已极。可见沿海盗风，未能尽戢。海宁现已亲赴温州，著传谕该抚，即行督率文武员弁，设法擒拿，以期全数弋获。至温州海道与闽广相通，恐洋盗等闻知浙省查拿紧急，窜入福建、广东洋面。或竟登岸潜逃，亦未可定。并著传谕各该督抚于所属内外洋面及沿海地方，一体严密堵拿，毋任远飏漏网。(《清高宗实录》卷一千三百六十五，乾隆五十五年十月丙寅，第5页。)

121. 两广总督福康安奏为途次接印任事及筹办捕盗情形事

两广总督臣福康安跪奏。为途次接印任事及筹办捕盗情形，恭折具奏，仰祈睿鉴事。窃臣前于江西清江途次，业经将行走情形附折奏请圣鉴。嗣后昼夜兼程行走，于本月十三日行至广东韶州府地方，准署督臣郭世勋委令督标中军副将德敏、广州府知府张道源将两广总督关防、盐政印信赍送移交前来，臣当即望关叩头，接收任事。除缮折差赍恭谢天恩并另疏题报外，查粤东政务，此时以捕盗为先，而崖州洋面盗匪拒捕戕官一案，臣于途中节次飞札署提臣苍保、署臬司韩崶等上紧督饬查拿，克期务获。嗣据郭世勋及苍保等札禀知：本案失事以来，文武同赴崖州，配兵出海，昼夜巡防追捕，日久，迄无报获。伏思盗匪拒捕伤官，自知罪重，非窜入外洋岛屿，即躲匿陆路口岸地方，断无闻知官兵追缉，坐以待捕之理。崖州为内外洋中路，其迤北、迤西之雷、广二府，处处濒临洋海，盗匪行劫之后自必登岸销赃，(朱批：此语是，应留心查验)此时缉捕之法总以水、陆会捕、购线、跟踪为要。如果线真、踪确，则不但陆路易于查缉，即使深匿外洋岛屿亦不难跟路搜擒。臣复飞札苍保等令其督饬员弁、兵役于水、陆地方暗访明查，将该匪等平日销赃、纠伙及此时窜匿地方侦探明确，即令线目引路，出其不意，刻速赴捕，该匪等虽形迹诡秘，谅亦无从窜逸。想苍保接到臣札密速办理，不致仍前海捕。

臣现复添派素来能事之游击禄庆、都司李自昌等前往各要隘地方设法侦缉，或可得有踪绪，以冀速行弋获。至提臣高瑹与臣先后出京，臣于途次已札令赶紧回粤，亦不日可到，当令其前赴该处督率查缉，自当更为得力。再，本案钱邦彦遇贼被戕，外委张中秀等在船目睹，凫水得生，其是否见贼畏缩，不顾其将，(朱批：当应严查)必须彻底研讯，方得实情。臣已飞札催提，俟解到时另行讯明、定拟。至粤东处处滨海，绵亘二千余里，臣已严饬各镇协营、道府于所辖内河、外洋加意巡查，毋使匪踪得以乘间远飏，致稽显戮。所有臣途次接印任事及筹办捕盗情形理合先行缮折驰奏，至其余一切事件，容臣抵省后次第办理，合并陈明。伏祈皇上睿鉴。谨奏。乾隆五十五年十月十三日。(北京：中国第一历史档案馆藏朱批奏折，档号：04-01-12-0226-094.)

122. 广东提督高瑹奏为恭报回粤日期及起身督拿洋盗事

广东提督奴才高瑹跪奏。为恭报回粤日期及起身督拿洋盗缘由，仰祈圣鉴事。窃奴才钦奉谕旨进京展觐祝厘，得以瞻仰天颜，庆襄王会，嵩呼遂愿，欣幸弥深。节次仰蒙召见，一切营伍事宜更荷训谕周详，俾奴才知所遵守，下忱感激难名。嗣奉恩旨回粤，遵即陛辞起程，于途次接督臣福康安来札，知崖州洋面有盗匪拒捕伤官之案，嘱令迅速驰回办理，等因。奴才当即兼程旋粤,兹于十月二十三日行抵广州省城,面晤督臣,告知现在缉捕情形,并已添派能事将领前往协同,署提臣苍保等水、陆搜擒办理,颇为严密。奴才现即起身驰赴雷、琼一带督率查拿,务期将前项盗匪全数弋获,以靖海疆。除俟抵琼接印,另疏题报外,所有奴才回粤日期及前赴督拿洋盗缘由,理合恭折奏闻。伏乞皇上睿鉴。谨奏。乾隆五十五年十月二十四日。(北京:中国第一历史档案馆藏朱批奏折,档号:04-01-16-0084-094.)

123. 乾隆五十五年十一月乙酉谕军机大臣

浙江瑞安营巡船被盗抢劫军械一案,前据海宁奏称:千总袁凤鸣等在外洋追捕盗匪受伤,失去军器,朕即疑有装点情弊。及陈杰亲往查讯,始知此案实在情形。该弁等连日遇盗抢劫,巡船并未出洋。署都司李春栏亦未追缉,竟系护副将王愈安商同捏报。已降旨将该副将、备弁等革职拿问矣。兹伍拉纳奏报之折,尚系据该营初报具奏。是以所奏情节未能确实。现将此案交福崧、陈杰严审办理,未获各犯,饬该抚及提督等认真跟缉。浙江与闽省海道本属相通,恐盗匪见浙省查拿紧急,审入闽省洋面。或弃船登岸潜逃,亦未可定。著传谕伍拉纳,即行严饬水师将弁并沿海各地方官,于外洋海口严密堵拿,毋任远飏漏网。再,伍拉纳另折奏:署千总沈天衢带领哨兵在菜子屿外洋拿获盗犯十七名,甚属奋勉可嘉。著该督即将沈天衢送部引见,以示鼓励。(《清高宗实录》卷一千三百六十六,乾隆五十五年十一月乙酉,第10—11页。)

124. 乾隆五十五年十一月丁亥谕军机大臣

据陈杰等奏:瑞安洋面匪船拒伤弁兵,搬取军械一案。现派兵船五十只哨探贼踪,于浙属洋面遍历兜拿,务将各匪船全行弋获。再,游击钱梦虎在洋巡缉,调派来温会剿。十月十八日,船至昌石营淡水门洋面,遇盗拒敌,官兵受伤,搬去枪炮牌刀。现饬副将刘潢驰往查明,另行具奏,等语。浙省洋面盗匪肆行劫掠,胆敢拒伤弁兵,抢夺军器。瑞安外洋甫有千总袁凤鸣、郑宁巡船被盗之事。匪犯尚未就获,今游击钱梦虎又在昌石营洋面遇盗,劫去军器。可见该省沿海一带伙匪甚多。竟系福建、广东等省查拿紧急,匪徒皆审入浙江洋面,愈聚愈多。若不严行缉捕,恐致别滋事端。现在陈杰饬派兵船出洋哨缉,贼匪闻追拿严紧,自必弃船登陆,审匿岛岙。陈杰系属提督,地方非其所属。恐呼应不灵,缉捕不能得力。因思福崧曾任浙江巡抚,于该省洋面情形较为熟悉。近日该抚业已抵任,省城并无要事,自当前往会办,以期盗匪速获,著传谕该抚即速驰往温州,驻扎该处。此案即责成福崧会同陈杰,督率文武各官,带领弁兵,于外洋及海口地方严密缉拿,毋任远飏漏网。至钱梦虎遇盗一案,有无装点捏报情弊,并著据实查明办理,不可稍有讳饰。将此传谕福崧并谕陈杰知之。仍著将查办情形,由六百里迅速奏。(《清高宗实录》卷一千三百六十六,乾隆五十五年十一月丁亥,第11—13页。)

125. 乾隆五十五年十二月壬申谕军机大臣

伍拉纳奏:署同安县知县张学溥缉获崖州拒捕官兵案内盗犯邓全、吴佑二名,审系同伙共二十二人,乘驾纪日盗船,于六月二十五日驶至广东虎头山外洋,遇船六七只,在洋对敌。见有一船损坏,该犯等乘势驶拢。同各盗船人众拥上,抢夺马褂、腰刀,拒伤官兵,各自回船逃逸。那日见各船互相抵敌,乘势往抢,实不知何人把官兵伤害。其先在洋面盗船三只,并非同伙。再三诘讯姓名,尚无指实。其如何拒捕戕官确情,恐有不实不尽。再须质证之处,未便遽请正法。仍将邓全等严行监禁,等语。此案前据福康安奏:盘获崖州案内伙盗关应华等四犯,供出拒捕日期及洋面尚属相符。惟关应华等所供案内盗首系何起文、李广才、蛋家二、亚常、大辫三,共船五只。惟李广才一船落后,其拒捕伤官首伙,实系何起文等四船。与本日伍拉纳奏到邓全所供只有盗船三只,船数不符。且关应华等供词内亦无邓全等坐驾纪日船只,乘势抢劫,帮同拒捕之语。情节未能吻合,恐各供均有不实不尽及另有逸盗之处。自应将邓全等解粤质讯,今伍拉纳奏请将该犯等严行监禁,咨明广东核办,往返咨查,耽延时日,转致久稽显戮。所办殊属错误。著传谕该督,即将邓全、吴佑二犯派委妥协员弁,小心解送广东,交福康安确加审讯。审明后,即行正法。若羁禁日久,恐防范稍疏,致有越狱脱逃之事。再,邓全等所供逸盗纪日等二十犯,关应华等所供逸盗李广才等三十余犯,多未就获。著传谕福康安、伍拉纳,严饬文武员弁,上紧缉拿。其沿海各省地方,海道俱属相通,恐该犯等闻闽粤洋面追拿紧急,窜入他省洋面藏匿。并著各该督抚一体严缉务获,毋使一名漏网。至同安县知县张学溥拿获盗犯邓全、吴佑二名,尚属留心缉捕。并著伍拉纳将该员送部引见。以示鼓励。(《清高宗实录》卷一千三百六十九,乾隆五十五年十二月壬申,第18—19页。)

乾隆五十六年(1791年)

126. 闽浙总督觉罗伍拉纳奏为特参巡兵在洋被劫挟同捏报之守备事

闽浙总督臣觉罗伍拉纳跪奏。为特参巡兵在洋被劫,挟同捏报之守备,请旨革审,以肃功令事。窃照守备一官有督率弁兵巡缉之责,如遇海洋失事,即当查实转报。讵有挟同捏混如黄岩镇标右营守备叶起发者,缘该守备带领兵船在洋缉匪,因口粮不敷,差令兵丁方洪选等回至黄岩支领。嗣方洪选等载米出洋驶至太平县属之狗洞门洋面,被匪抢去粮米九袋、腰刀七把、鸟枪七杆。方洪选等惧干治罪,捏称渔船向其勒买米石,互相争殴,以致遗失军械等情,饰词禀报。该守备叶起发并不查明确实,据情率转,由镇详报到臣。臣以情节支离,批饬浙臬司提集该守备暨兵丁方洪选等至省,督同杭州府知府明保审悉前情,详覆前来。臣查守备叶起发在洋缉匪,于兵丁方洪选等遇盗被劫,捏禀买米、争殴,遗失军械,并不悉心查究,追拿盗匪,则敢率行转报,显有通同捏混情事。且浙省水师员弁每于在洋遇盗畏葸不前,迨至失事互相朦饰,竟成惯计,此等恶习殊堪痛恨,若不严行参办,无以肃功令而挽颓风。相应请旨将黄岩镇标右营守备叶起发革职,交浙江抚臣福崧提同案内人犯严审定拟。一面委员署理查明经手钱粮有无未清,另报。并追札付清外,臣谨会同浙江提督臣陈杰合词具奏。伏乞皇上睿鉴,敕部查照施行。谨奏。乾隆五十六年正月二十三日。(北京:中国第一历史档案馆藏朱批奏折,档号:04-01-16-0085-049.)

127. 山东巡抚惠龄跪奏为奉谕旨饬拿锦州等处洋面行劫盗匪事

山东巡抚臣惠龄跪奏。再，臣前奉谕旨饬拿锦州等处洋面行劫盗匪，并将饬属设法督缉缘由奏蒙圣鉴在案。业据海坛镇标兵丁朝雄、督粮道钱受椿遣丁前赴购线，访获盗匪黄如玉一名，据讯认劫锦州洋面客船银两，并供出首伙姓名、住址。即经兴化府知府柴桢等会同密拿，已据报获盗匪戴官、郑实二犯。臣现在行提一并解到查核。严加究讯，如果相符，即行办理，恭折具奏。至粤省案内盗匪，现又据臬司王庆长恭折具奏续获纪答等十余名，并又获浙省及本省案犯多名，现亦行提讯，合并附片奏闻。谨奏。二月十八日。乾隆五十六年二月十八日。朱批："好！勉为之！"（北京：中国第一历史档案馆藏抄录咨文，档号：03－1281－022.）

128. 福建巡抚浦霖奏为审明续获行劫浙省哨船盗匪事

福建巡抚臣浦霖跪奏。为审明续获行劫浙省哨船盗匪及本省洋面劫掠案犯，遵旨即行正法，恭折奏闻，仰祈圣鉴事。窃查闽省山海交错，无业惰民类皆采捕为活，一经失利，即群聚为盗。不独贻害商旅，甚至越赴邻省，拒劫官兵。亟当尽法处治，以截盗风。节经督臣伍拉纳严饬查拿，并专委臬司前赴督缉，业已捕获各案首伙盗匪一百五十余名，正法，奏报在案。仰蒙恩命，调任来闽，所有地方一切公事与督臣伍拉纳悉心商榷。现在办理，除盗安民，尤为绥靖海疆第一要务。臣于到任后即经严饬沿海各地方上紧购、缉，并委妥干员弁改装易服，分投协拿。各处续行拿获各犯，先经督臣前赴泉州时，当面为商定，未经解省者，概令就近解赴泉州，听督臣审明办理。其已经解省之犯，即由臣在省审办，俾得早正典刑，勿致稍稽显戮。兹据臬司王庆长自泉回省，将解到盗犯林全等一名审拟解勘前来，臣即率同该司及藩司伊辙布、后补道戚寅生、福州府知府滰泰等亲提各犯，严加研鞫。缘林全、李法二犯系于上年九月间听从已正法盗首陈宝纠约，跟同已正法之纪贵等驾船出洋，先在崇武行劫客船食米、棉花一次；嗣驶至浙江洋面，与现获之蔡等、蔡到二犯驾坐陈赏盗船在洋先经行劫客船茶叶、番银、布匹等物二次；适与该犯所坐之陈宝船只并林水、林首盗船会遇，同帮驾驶。二十日，至草屿洋面，值千总袁凤鸣哨船停泊该处，陈宝等各船误认商船，伙同围劫，拒伤官兵，搬去军械。旋闻查拿紧急，即弃船散伙，逃窜回籍。

又，陈添通、翁淇、林物仔、余胡四犯系于上年十二月内听从逸盗惠步纠约，同伙十余人，驾船出洋，于二十六日在鹭鸶洋行劫客船带鱼、油饼，得赃，销变，俵分。

又，张掌一犯系于五十四年二月初八日听从已故陈水伙同逸盗郑显等在湄洲外洋行劫客船猪只一次。

又，纪高一犯系于上年二月十八日听从逸盗纪遴纠约，伙同纪谦等在平海洋面行劫客船白糖，并在南日洋面行劫客船米石，共二次。

又，杨灶一犯，系于五十四年七月二十日听从林夜纠约，同伙十余人在竹仔屿洋面行劫客船火柴、薯丝二次。

以上十一犯，经营、县陆续缉获，提解到省。臣督同司、道、府等逐一研鞫，均供认前情不讳。臣以林全等四犯既能越赴浙省行劫哨船，安知不先在粤省拒戕官兵，逃驶到浙。而陈添通七犯既各听纠,在本省洋面打劫,亦断不止此一、二次。再三诘究,该犯等坚供并无到过粤省。此外委无另有抢劫别案。加以刑吓,矢口不移。查核前获各犯供词,亦相符合,似无遁饰。

查例载:江洋行劫大盗,斩决,枭示,等语。该犯林全、李法、蔡等、蔡到、陈添通、翁淇、林物仔、余胡、张掌、纪高、杨灶等十一犯,均合依江洋大盗斩枭例,拟斩立决。该犯等在洋肆掠,围抢哨船,或叠劫多次,均属情罪重大,未便稽诛。臣于审明后,即恭请王命,派委署臬司王庆长、臣标中军参将曹贵将林全等十一犯绑赴市曹处斩,传首各犯事地方,枭示。所有各犯父兄及失察之牌保人等,饬属查拘,照例发落。各逸盗,饬缉,务获,勿使稍有漏网。各案疏防及失察出入口岸职名,查取,另参。除备录供招咨部外,臣等谨将审明正法缘由,恭折具奏。伏祈皇上睿鉴,敕部查核施行。再,此外当有续获各犯,现在督同司道悉心研鞫,另行分别奏办,合并陈明。谨奏。乾隆五十六年二月二十四日。(北京:中国第一历史档案馆藏录副奏折,档号:03-1281-026.)

129. 各省缉拿严紧海洋盗匪不能在洋久住事

再,臣查海洋盗匪各省缉拿严紧,不能在洋久住,俱各潜逃回籍,虽经饬委臬司王庆长驻扎泉州,督同文武拿获浙、粤及本省各案盗伙一百数十名,节次分别办理。但恐余犯尚未全获,更须乘其潜回,严密侦踪,搜除尽净。庶免事后再次为匪,抚臣海禄现又患病,当此吃紧缉捕之际,地方弹压尤为紧要。今抚臣浦霖于二月初间即可抵省,臣拟俟浦霖到任后,将省中一切事务详表清点后,臣即亲赴泉州,率同臬司,不动声色上紧督缉,务将各案盗伙全数弋获,彻底绝迹,以靖海洋,仰副圣主除匪安良之至意。所有酌筹办理缘由理合附片奏闻。再,臣于泉州往来计数已久,且距省匪远,遇有应商事件,均可与抚臣随时札商,妥办。合并陈明,伏祈睿鉴。乾隆五十六年三月初四日。乾隆五十六年三月初十日奉旨:"军机大臣审回行在法司核拟速奏。"(北京:中国第一历史档案馆藏录副奏折,档号:03-1281-022.)

130. 闽浙总督觉罗伍拉纳奏为审明续获各案首伙洋盗分别定拟事

闽浙总督臣觉罗伍拉纳跪奏。为审明续获各案首伙洋盗,并逼胁入伙销赃被奸等犯,分别办理定拟,恭折具奏事。窃臣自抵泉州督获行劫浙江哨船、奉天客船及本省各案盗犯,节次审办,奏蒙圣鉴在案。兹复严饬文武员弁分投购线,尽力搜捕。

又据各营县续获行劫浙省哨船案内伙盗王光一名,奉天案内伙盗郑永春一名,闽省各案首伙盗犯林央等十六名,并逼胁入伙知情销赃被勒鸡奸陈省等五名,通共二十三名,解报前来。臣督同随带办事之督粮道钱受椿、兴泉永道胡世铨、泉州府知府徐梦麟等亲提各犯隔别研讯。缘王光籍隶晋江,先于五十三年听从在逃之吴恩邀请入已正法盗首王笑船内,在洋行劫客船三次。五十五年八月,该犯复至王笑盗船入伙,与已正法之谢让等在崇武等处洋面劫过苎麻、布匹二次。嗣至浙江温州洋面,与已正法盗首曾根、欧幅、吴机船只会遇,相约同帮。九月二十一日,驶至官山后洋,值千总郑宁哨船巡至,曾根等认为商船一齐围劫,先被官兵打伤,王笑船伙落海,各盗持械过船拒伤官兵,搜劫军械。旋又遇已正法盗首邱呇一船,连艕驾驶。十月十八日,齐至淡水门洋面,经提标右营游击钱梦虎见而追拿,各盗抵敌,拒伤官兵,搬劫军器而逸。因各洋缉拿严紧,该犯散伙潜回,被获。

又,郑永春(即郑三吓)一犯,先于五十四年伙同已正法之郑五九在湄洲洋面抢劫猪只一次。五十五年五月,听从已正法盗首黄如玉在湄洲东甬、石浦各洋行劫客船苎麻、钱文、白糖、葛布三次。八月初七日,在锦州洋面劫得鞋头船元宝并碎银一千八百余两。又,于是晚在长山洋面劫得商船元宝并碎银一千二百余两及衣服等赃。十八日,又在山东威海洋面劫得江南船内织绒,潜回原籍,俵分散伙。

又,闽省盗首林央(即四块央)一犯,于五十三、五等年先后纠约已正法之郑孕、林分、叶汉及现获之陈求、陈贵在大登、南日等洋劫抢客船地瓜丝、食米、鱼脯一次至三次不等。

又,蔡拔一犯,系已正法盗首吴机同伙,于五十二年十一月在平海洋面劫抢商船地瓜丝一次。

又,陈党一犯,系五十五年九月听从已正法盗首陈虔纠约上船,伙同已正法之欧秦等在东店外洋劫占盐船一次。

又,林桂一犯,系五十五年二月听从蔡四伙同已正法之张回等在砰仔洋面行劫客船钱文、绍酒、棉被一次。

又,陈助一犯,系五十一年五月听从陈畅邀入林勒船内在围头、金七、佛祖、状元等处洋面劫得客船食米、布匹、番银、铜锣、地瓜丝五次。

又,柯乞(即柯淡春)一犯,于五十五年二月听从已正法之陈壮纠约入伙,在小津、南日、石埔、大鹿等处洋面劫占客船苎布、龙眼、干白糖、绍酒、钱文五次。

又,纪排、纪隔二犯,系五十五年三、六两月先后听从已正法之纪和纠约入伙,在刘五店、金门等处洋面行劫客船食米、地瓜丝、棉花各一次。

又,吴聘一犯,于五十五年六月听从蔡琴招约上船,在丙州洋面抢劫地瓜丝一次。

又,施宽一犯,于五十一年四月听从已正法之刘本邀入陈成船内,在崇武圳上洋面行劫食米、猪只、地瓜丝、盐鱼二次。

又,陈取一犯,于五十五年五月听从陈丁招约上船,在岛山外洋行劫地瓜丝一次。

又,曾重一犯,于五十五年正月听从黄意邀入卢文船内,在浯洲洋面劫得客船地瓜丝一次。

又,林歉一犯,于五十三年十二月听从林凛纠约入伙,先后在南日洋面抢劫布匹、食米两次。

又,林太一犯,于五十二年二月听从林端邀入已正法之林水船内,在澳头、大担各洋行劫地瓜丝、食米二次。

又,陈省一犯,系陈丁逼胁在船。

又,范招孙(即万招孙)、谢偏、陈吕三犯,系知情代销并故买已正法盗犯郑实、欧幅暨陈及盗赃一、二次不等。

又,陈康一犯,系被陈壮诱骗鸡奸。

　　以上各犯经臣督同道府逐一研鞫,俱各供认不讳,严加究诘,并无另劫别案。陈省委因被胁在船,范招孙等实系知情销买盗赃,陈康被勒鸡奸,均未随同上盗分赃,矢口不移,似无遁饰。

　　查例载江洋行劫大盗立斩枭示;又,知强窃盗赃而接买、受寄银物,坐赃至满数者,不分初犯、再犯,枷号一个月,发落;若三犯以上,不拘赃数多寡,发近边充军,各等语。今续获浙省洋盗王光、奉天洋盗郑永春、闽省盗首林央、伙盗陈求、陈贵、蔡拔、陈党、林桂、陈助、柯乞、纪排、纪隔、吴聘、施宽、陈取、曾重、林歉、林太均合依江洋行劫大盗斩枭例,拟斩立决。该犯等或拒劫哨船,或在洋肆劫,情罪重大,未便稽诛。臣于审明后即恭请王命,饬委督粮道钱受椿、署陆路提标中军参将李殿鳌,将王光等一十八犯绑赴市曹处斩讫,仍分别传首枭示。陈省一犯,虽系逼胁在船仅止数日,并无上盗分赃,但既在盗船即非善类,应照粤省王马成案内陈螺之例,拟斩监候,俟满三年,再行遵例发遣回疆,给回子为奴,照例刺字。范招孙、谢偏、陈吕三犯,知情消买盗赃虽只一、二次,但沿海地方若非奸民接买赃物,各盗在洋行劫不难破案,自应严加惩治,未便仅照三犯以上,拟军,致滋轻纵。先于沿海地方用重枷枷号半年,满日从重发往黑龙江等处,给披甲人为奴。陈康一犯被诱鸡奸,并无上盗分赃情事,应照林皮拟徒之例,杖一百,徒三年,到配折责安置。

　　各犯父兄同失察澳甲人等,饬令原籍各县查拘发落,除备录供招咨部外,所有续获各案盗犯审明办理定拟缘由,理合恭折具奏,伏祈皇上睿鉴,敕部核覆施行。

　　再,查各案洋盗虽缉获不少,但逸犯尚未全获,现于各犯原籍严密搜拿,四路跟探,并未潜回。今水陆员弁俱知奋勉,即地方乡保人等亦莫不儆惧,如遇该犯等踪迹自可立时擒获。(朱批:好,勉为之)臣于拜折后即赴兴化一带海口亲历稽查,就近回省与抚臣浦霖商办一切事务,再行酌量出省赴沿海督缉。仍一面严饬各文武上紧搜捕,务期净尽根株,断不敢久而生懈,稍致疏纵,合并陈明。谨奏。乾隆五十六年五月初六日。(北京:中国第一历史档案馆藏朱批奏折,档号:04-01-01-0442-026.)

131. 闽浙总督觉罗伍拉纳奏为查明捕盗奋勉之文武分别奏咨办理事

　　闽浙总督臣觉罗伍拉纳跪奏。为钦遵谕旨查明捕盗奋勉之文武分别奏咨办理,仰祈圣鉴事。窃照闽省缉捕各案洋盗,先于正月内奉上谕:地方文武各员尚属奋勉,俟查明出力之员奏到时,再行酌量加恩。钦此。又节次奉到谕旨:出力之文武员弁查明咨部议叙。钦此。钦遵。仰见我皇上鼓励群材,微劳必录之至意。臣自亲驻泉州督饬上紧搜捕,又据各文武纷纷报获,抚臣浦霖亦派弁到地缉拿,其已经解省之犯即由抚臣在省审办。今计前后拿获行劫各省既本省各案首伙洋盗正法者三百四十一名,内经浙江抚臣福崧差弁林中魁拿获五名。又取供后病毙及销赃、买赃被胁等犯分别发遣、杖徒者五十三名,均经奏闻在案。伏思此次缉捕各犯,皆仰赖圣明指示、提撕地方,文武感蒙恩谕,亦莫不激发天良,咸知奋勉。或出资购线,慎密搜拿,或亲赴各乡示以利害,令其缚送,是以不动声色获犯多名,间阎毫无惊扰。

　　今臣将捕盗之文武等官悉心确核,查有拿获盗首并获犯十名以上至数十名堪列一等者,文职内督粮道钱受椿前在省城及随赴泉州节次审办盗匪,并亲派丁役拿获盗首三名,伙盗二十三名;兴泉永道胡世铨自去冬即在泉州会同臬司审办盗匪,并亲派丁役拿获盗首一名,伙盗十六名;泉州府知府徐梦麟上年护送台湾生番自京回闽,于十二月甫经到任即亲赴各属先后缉获盗首二名,伙盗四十八名;署泉州府厦门同知黄奠邦拿获盗首一名,伙盗二十二名;泉州府蚶江通判延青云拿获盗首二名,伙盗一十四名;署马巷通判事候补通判樊晋拿获盗首一名,伙盗一十三名。

又,原署福州府粮捕通判李浚原前于因公患误,奉旨送部引见尚未领咨,缘在闽年久,历任知府,地方熟悉,调赴泉州拿获盗首一名,伙盗一十二名。

又,署南安县知县谢赟调赴泉州随同审办盗犯,复亲派丁役缉获盗首一名,伙盗二十名;晋江县知县长瞻拿获盗首一名,伙盗一十九名;府经历署同安县知县张学溥前经拿获邓全、吴佑二名,奉旨送部引见,查邓全等虽审非粤省戕官案内正盗,实系闽洋叠劫之犯,该县又先后拿获盗首一名,伙盗一十七名。

又,武职内海坛镇总兵丁朝雄自接奉在本籍缉拿之旨,即带领哨船于各海口严密堵截,匪徒不能出口得以缉获多名,该镇又会同道员截拿盗首二名,并自获伙盗一十一名;革职副将李长庚前因留缉获盗多名,奉旨如始终奋勉,以游击奏补,今前后共获洋盗一十四名。

又,革职游击张世奎、张瑞麟均经臣奏请留闽捕盗。查张世奎前后共获各案洋盗一十二名,张瑞麟亦获各案洋盗一十二名,该参员等年力精壮,尚堪造就。

以上文武各员俱属认真出力,但查总兵丁朝雄、粮道钱受椿、兴泉永道胡世铨,或身膺专阃,或职任监司,分当宣力。即知府徐梦麟虽获盗最多,但亦系方面大员,均未便遽请送部引见,合无仰恳圣恩,量予奖励。

又,晋江县知县长瞻现已奏请升署永春直隶州知州;又,革职副将李长庚自奉旨后更加奋勉,俟有游击缺出,遵旨奏请补用。以上二员毋庸另请议叙外,其余同知黄奠邦、通判延青云、樊晋、原任通判李浚、原知县谢赟、府经历张学溥、革职游击张世奎、张瑞麟等文武八员可否准其一体送部引见之处,出自天恩,至在本境堵截、拿获逸盗十名以下之文职福州府知府德泰、兴化府知府现升浙江盐道柴桢、漳州府知府史梦琦以及巡检等共一十八员。……乾隆五十六年五月初六日。(北京:中国第一历史档案馆藏朱批奏折,档号:04-01-01-0442-025.)

132. 浙江温州镇总兵官谢斌奏为吁请陛见事

浙江温州镇总兵奴才谢斌跪奏。为奏闻事。窃奴才自乾隆五十一年三月内在于直隶杨家庄大营恭觐天颜以后,扣至五十四年三月内,已届三年。先于五十三年十月内奏请陛见,五十四年正月初一日接奉朱批:且不必。钦此。钦遵。至五十五年三月内已越四载,又经奏请陛见。五月十二日,接奉朱批:已有旨了。钦此。并准浙江提臣陈杰咨奉上谕:本年各省提镇等官除派出者届期来京外,未经派出者均不必拘泥成例,纷纷吁请陛见,将此通谕知之。钦此。钦遵在案。今五十六年三月,已越五载,例应奏请陛见,缘上年瑞安营及定海镇属淡水门各洋面有盗匪抗拒官兵之案,虽闽、浙两省拿获多犯,尚恐有余匪潜窜,仍须严密查拿。奴才因在洋督缉紧要,不敢拘泥成例,当经禀请闽浙总督臣伍拉纳示遵承批:该镇统辖水师正在缉拿洋盗之时,未遽便请陛见,应俟九月会哨之后再行奏请,为是声明先行具奏。乾隆五十六年五月二十四日。(北京:中国第一历史档案馆藏朱批奏折,档号:04-01-16-0085-011.)

133. 乾隆五十六年六月丁未又谕

福康安等奏:审明崖州拒捕戕官首伙盗犯,分别正法,并拿获盗首大辫三、李广才及各船拒捕伙犯二十五名,押解来省审办,等语。所办好。此次缉获首伙各犯之文武员弁,著福康安等查明开单咨部,分别议叙,以示奖励。又另片奏:陆光平接到搜捕洋盗咨会,即饬该国沿海各屯,上紧巡哨。并令吴文楚为水军都督,分布巡缉。至此案盗匪,前在广南短棉农耐地方窜匿,因令该国协同缉拿。今据该国王咨称,该国辖内并无此等地名,应再照会阮光平,令其复行确查办理,等语。阮光平接到咨会,派令吴文楚统率海艘战兵,分屯游徼,实属恭顺可嘉。吴文楚为该国王心腹得力之人,特令为水师都督,搜拿洋匪,足见阮光平为内地除盗安良,出于感激悃忱,颇知以事为事,尽心调度,并非视为海捕具文,以一咨塞责。其所称该国境内并无短棉农耐地名,自非捏饰。况广南系阮岳所管之地,闻阮光平向与阮岳不睦,恐有呼应不灵,掣肘难办之处,亦未可定。外洋岛屿、沙洲、道里,本属渺茫,地名多非之确。非若藏匿内地盗匪,必须确切挨查,一一穷究,吹毛求疵可比。此时福康安惟当以该国王实心敬事,调度有方,绥辑海疆,不遗余力,婉词嘉奖,而鼓励之。不必似内地,以获犯无据之供,责成该国于短棉农耐地方搜求跟缉,转令该国王难于措办。至吴文楚如果将盗首拿获,著福康安等即行奏明,朕当加以优赏。即其所属土目人等,有能拿获盗匪者,亦量加赏赉,俾令益知感戴。现在盗首止有何起文一名未获,或仍知照该国王饬令留心缉捕,其余伙盗十六犯未获,只须严饬内地文武员弁,认真跟缉,不必复令安南协捕。于抚驭外藩之道,较为得体。所有未获盗首何起文一犯及盗伙王才高、孔亚锡、张亚四、布亚往、亚蕴、亚妹、亚九、吴添、带头蓬、复大炮、刘亚二、陈亚二、陈亚六、张老二、亚七、亚胜等犯,并另案洋盗孙维斌首伙人等。著福康安等,严饬根拿,务期按名就获,毋使一人漏网。将此由五百里谕令知之。(《清高宗实录》卷一千三百八十,乾隆五十六年六月丁未,第8—10页。)

134. 兵部咨为处分疏防海洋行劫等事

兵部为知照事。武选司案呈准职方司付称:浙江定海镇总兵伊里布因内洋捕盗拒伤官兵一案,照不行查拿降一级调用,例降一级调用,毋庸查级,议抵。于乾隆五十六年八月初二日题,本月初五日奉旨:伊里布著降一级调用,其疏防海洋行劫拒伤官兵案内,署副将事游击袁定纲著照部议,降一级调用。余依议。钦此。等因,移付前来相应知照贵处查照可也。须至咨者。右咨军机处。乾隆五十六年八月。(北京:中国第一历史档案馆藏抄录咨文,档号:03-0430-086.)

135. 乾隆五十六年九月己亥谕

奎林等奏：拿获洋盗审明正法一折。内称，盗犯蔡允等驾船行劫，遭风漂到淡水厅竹堑港外洋面，经淡水同知袁秉义、竹堑守备林登云派拨兵役往查，即将盗犯蔡允等十二名拿获。现查明出力兵役，按名奖赏，等语。淡水洋面有盗船漂至，该同知守备一闻口汛禀报，即拨兵役出港查拿，当获首伙盗犯十二名，尚属留心缉捕。除出力兵役等业经奎林等奖赏外，袁秉义、林登云，均著交部议叙。以示奖励。（《清高宗实录》卷一千三百八十六，乾隆五十六年九月己亥，第4页。）

136. 闽浙总督伍拉纳浙江巡抚福崧等奏为审明遇盗恇怯从重定拟事

臣伍拉纳、臣福崧、臣陈杰跪奏。为审明遇盗恇怯，装伤捏报之弁兵，从重定拟，恭折具奏事。窃臣伍拉纳自福宁赴浙简阅官兵，途次接据原任黄岩镇总兵刘文敏呈报，外委陈学明巡船在沙镬洋遇盗拒捕一案。臣以浙省洋面节经严加惩创，本年春、夏两汛颇属宁谧，因何尚有盗匪敢于拒劫之事，保非弁兵恇怯饰混，随经飞饬严提究讯，并勒缉盗犯，务获；一面由温州一带将水陆官兵次第校阅，于十月初八日行抵台郡。臣福崧、臣陈杰接准黄岩镇移咨，当即先后奏明，亲至台州，并饬委按察使姜开阳先赴确查究办。兹据该司督同绍兴府知府李亨特、署台州府知府修仁审明解勘前来，臣等随亲提弁兵人等逐一悉心研鞫，缘陈学明系黄岩镇标中营外委，于八月间，派令带同兵丁金和焕等十八名与署右营守备事千总李长春分驾巡船在洋查缉，九月初三日驶至西洛洋，天晚停泊。初四日早，李长春船只乘风先赴钓帮洋巡缉，陈学明之船驶至沙镬洋面，瞥见闽船一只泊于海边，恐有夹带违禁货物，差兵丁尤得贵等六人驾坐杉板小船前往查问间。适有盗船一只从南驶近，陈学明见形迹可疑，即令兵丁等拢船盘诘，被匪二十余人跳过船内，将兵丁郭子富、李金魁、刘良朝等殴伤，劫取军械衣物而逸。陈学明惧干重罪，起意装伤捏报，借图掩饰。随与金和焕等商允，并于尤得贵等回船后向其告知，陈学明即自用小刀划伤肩甲胳膊、肋脉等处，兼令金和焕装点伤痕，希冀减罪。此陈学明遇盗恇怯装伤捏报之实情也。

臣等复严加刑讯，据各供认不讳，似无遁饰。查外委陈学明以巡缉兵船遇盗不能擒捕，转被抢失军械，已属怯懦无能。复于事后装伤捏报，希图掩饰，犹属狡诈。陈学明应请从重比照临阵脱逃例，拟斩立决，以示惩儆。兵丁金和焕、许荣贵、管安云、管士笼、林加木、王良彩、虞均、周顾、金陇、解得珑见该外委怯懦不前，亦不奋力抵御，均当严行示惩。应于陈学明斩罪上减一等，各杖一百、流三千里，并请从重发往黑龙江等处，给披甲人为奴。兵丁郭子富、李金魁、刘良朝均各被拒受伤。尤得贵、徐咸豹、陈兴进、张德胜、王云贵、曹殿元当时并未在船，但俱扶同隐捏，亦难宽纵，均请于金和焕等遣罪上减一等，各杖一百、徒三年。千总李长春虽系不及救护，但不联艅驾驶，实属疏玩，应予斥革，仍饬取疏防各职名，照例参处。其所失军械，著落该营赔补。未获盗匪，严饬水师官弁并添派缉匪兵船上紧查拿，务期迅速就获，尽法严惩。除备录各供招咨部外，所有审明定拟缘由，谨恭折会奏。伏乞皇上睿鉴，敕部核覆施行。

再,浙洋盗匪多系闽省之人,臣伍拉纳恐该犯等因查拿紧急,内洋无处存留,势必仍由外洋窜回原籍。现已飞咨福建抚提各臣,并饬沿海镇将道府一体慎密访拿,务期必获,不使漏网。至闽省地方尤关紧要,臣伍拉纳未便在浙久驻,现将捕盗事宜商定后,即由宁波沿海一带巡查,俟阅兵事竣回闽办事。臣福崧现于台州海门等处督饬严拿,务期速获。俟收漕届期,再行旋省督办,仍往来稽察,均不敢稍致贻误。臣陈杰驻扎台州严行督缉,亦不敢稍有疏懈。合并陈明。谨奏。乾隆五十六年十月十五日。(北京:中国第一历史档案馆藏朱批奏折,档号:04-01-01-0439-045。)

乾隆五十七年(1792 年)

137. 乾隆五十七年闰四月癸未谕军机大臣

书麟奏:拿获在洋行劫之盗犯黄泳林等一案,审明办理,请将总巡内洋之守备赵邦臣革职,统巡之总兵陈安邦交部议处一折。此案行劫盗犯据同知王恒、知县何启秀先后禀报查拿,均系书麟及文员拿获,其巡洋大小营弁怠玩疏防,自应分别惩处。即书麟统辖弁兵,亦属失于觉察,已将原折批交该部议奏矣。至所参之总兵陈安邦甫经陛见回任,此案若系陈安邦任内疏防,该镇自难辞咎,俟查明送部,严加议处。若系陈安邦陛见卸任以后之事,即应将署任之员议处,著传谕书麟据实查明,咨部办理,以昭核实。绿营废弛之习,书麟应留心整顿。(《清高宗实录》卷一千四百零二,乾隆五十七年闰四月癸未,第23—24页。)

138. 浙江提督陈杰奏为特参标下右营守备参与抢夺桁地事

浙江提督奴才陈杰跪奏。为恭折参奏事。窃奴才于闰四月十六日接据标下右营随巡洋汛之署千总事把总李得胜禀称:本营属守备事千总林凤鸣委巡夏季分洋汛巡至定海镇标箩头门洋面,林凤鸣另雇民钓小船带兵十四名、鸟枪四杆并火药、铅弹于闰四月初二日开往北洋巡查,令署千总停泊等候,俟他回时一同开行,署千总系属跟踪,理合禀报到营。奴才查林凤鸣委巡洋汛敢于抛弃战舰,另坐小船前赴北洋,其中必有情弊,随即委员更调回营,并传到跟随林凤鸣出洋之兵丁夏鸣、王询,据供称:林凤鸣因有民人韩廷杰等六七十人另驾钓船三支往黄拢山抢夺桁地,嘱林凤鸣同往,并有定海镇标署右营游击事守备李廷翰兵船一同前往,等供。奴才复传询林凤鸣,据供:千总系慈溪县人,有同乡并亲族韩廷杰等赴黄拢山与余姚民人施世昂等争夺桁地,千总父亲有家信叫表叔陈宗海来说,叫千总同去帮他。如夺得桁地,应许分给千总一股买卖,千总一时贪利糊涂,是以前往。至李廷翰,系千总与韩廷杰邀他同往,许他事成给钱一百千文,他所以同去的。到了黄拢山,民人两相争殴,千总与李廷翰各在船上放枪吓唬他们,是有的。等供。又调到李廷翰,询据供称:守备同林凤鸣往黄拢山,是有的;放枪,亦是有的。至许给钱文,实在并无其事。等供。

奴才查林凤鸣系委巡全浙洋汛之员,胆敢听从民人贿嘱,贪图买卖,抛弃战舰,同赴黄拢山帮同争夺桁地,实属大干法纪。李廷翰系总领定海镇属兵船缉匪之员,若无贿嘱图利各情,焉肯随同前往,未便因其狡供不认,稍事宽纵。况民人两相争殴之时,林凤鸣听从李廷翰举旗、开枪,铅子已打去三十余出,而李廷翰所带兵船六只,据供:仅放空枪,未加铅子,亦难凭信。其如何滋事,有无伤人,非彻底严行究审,难得实情。似此玩视洋务,贪黩不职之劣员,断难一日姑容。正在参办间,并准定海镇总兵马瑀揭报前来,相应请旨将署定海镇标右营游击事之瑞安营守备李廷翰、署提标右营守备事之定海镇标千总林凤鸣一并革职,发交抚臣严审定拟,从重治罪,庶足以整海疆,而肃功令。除咨明督抚二臣查办,并将参革备弁李廷翰、林凤鸣一并发交鄞县收禁,听候抚臣提同案内人犯审办外,理合恭折参奏。伏乞皇上睿鉴训示遵行。谨奏。乾隆五十七年闰四月二十七日。(北京:中国第一历史档案馆藏朱批奏折,档号:04-01-01-0447-030.)

139. 浙江巡抚臣福崧奏为据实参奏官兵参与抢夺桁地事

浙江巡抚臣福崧跪奏。为据实参奏事。窃臣于五月初九日行抵宿迁县途次,接准藩司归景照驰禀:查有鄞县禀报提标派出巡洋之署守备事千总林凤鸣贪图得贿,于巡洋之时因有慈溪县民人韩廷杰等六七十人,共驾钓船三支,在于定海镇所属之黄拢山洋面,与余姚县渔户施世昂等争夺守网桁地。该千总林凤鸣接有伊父家信嘱令相帮,如能夺得可以按股分受,该弁则带兵丁前赴该处帮同韩廷杰等争夺,并许给定海镇标巡洋之署游击事守备李廷翰钱一百千文,邀其一同前往放枪吓制。现经提督提回审办等情前来,臣接阅之下,不胜骇异。查浙省绿营习气甚属不堪,昨臣查有常山汛外委徐明新希图酬谢,帮同民人汪遂安等诬指邪教,安拿无辜,业经臣严审定拟,会同督提二臣恭折参办,并将该管之将备等官一并严行参奏,以冀知所儆惧。今千总林凤鸣、守备李廷翰均系派出巡查洋面之员,稽查弹压是其专责,于此等互争网地事件自当严加约束,妥为剖断,以免滋生事端,乃转敢希图获利帮同争夺,实出情理之外。查黄拢山地方系在定海洋面,该定海县知县严承夏如于一经发觉即行禀报,则臣尚未启程,尽可在省办理,乃迄今并无只字禀闻,实属有心讳饰。相应据实参奏,请旨将署定海镇标右营游击事守备李廷翰、署提标右营守备事千总林凤鸣、定海县知县严承夏一并革职拿问,交护抚臣归景照,提同案内犯证兵丁人等彻底研究,从重定拟具奏。臣现已一面飞札归景照将此案如何起衅争夺,共伤毙几人及受贿若干之处,务须督同署藩、臬两司并杭州府知府明保等确切讯究,据实查办,不得稍有含混。臣现在沿途兼程行走,趋赴热河叩觐天颜,跪聆圣训后,亦即迅速回任。倘有不实不尽之处,再行严切根究,以肃营伍,而昭功令。除飞移提臣陈杰查照外,臣谨恭折具奏,伏祈皇上睿鉴训示。再,臣现在江南途次,未及与督臣伍拉纳会衔,合并陈明。谨奏。乾隆五十七年五月初九日。(北京:中国第一历史档案馆藏朱批奏折,档号:04-01-01-0451-029.)

乾隆五十八年(1793年)

140. 乾隆五十八年四月癸亥谕军机大臣

据郭世勋奏:英吉利国遣使进贡,现复传询该国夷商波朗、哑哩、免质臣等禀称:该国贡船系上年八月间起程,不在广东经过,大概由福建、浙江、山东等处外海洋面直往天津,等语。英吉利国遣使纳贡,甚为恭顺。前恐该贡使船只或于闽浙、江南、山东等处近海口岸收泊,是以降旨令各该督抚等,遇该国贡船到口时稽查照料,妥为经理。今该贡船于上年八月间起程由闽浙等处外海洋面直抵天津,计算此时将次可到。著传谕梁肯堂等即行派委妥员,赶赴前途迎探。所有应行豫备之处,即先为备办。一俟该国贡船进口时,遵照前旨。妥协经理。(《清高宗实录》卷一千四百二十六,乾隆五十八年四月癸亥,第3—4页。)

141. 浙江巡抚长麟奏为与督臣伍拉纳商议另立缉拿海盗章程事

浙江巡抚臣长麟谨奏。臣正在缮折具奏间,接据派委缉匪之黄岩镇标游击李锓禀报:五月初八日,在鲨壳洋面会遇左营游击袁曰榛驾船同缉。初十日巳刻,至披山洋面,远见匪船四只行劫客商,该游击等督率弁兵奋勇追捕。至申刻,直抵深水外洋,相距已近,有匪船一支迎回拒敌,官兵开放枪炮,伤毙盗匪多人,纷纷落水,该游击等乘势跃上匪船,砍断篷索,剩有盗匪高阿片等九名全行擒获,内有一匪受伤深重,至夜殒命。查点盗船,起获棉花、布匹、米豆、衣箱各赃物等情,禀报前来。并据臣雇觅之眼线、乡民及临海县差役胡光等先后禀报无异。臣现在饬委员弁飞赴海洋,小心迎解,严行究审,从重办理,另行具奏。伏查浙江洋面盗劫频闻,总由水师兵弁恇怯无能,一遇盗匪先生畏惧。奉委缉盗,仍不过于山岛、陆路搜捕数人,而敢于外洋水面追捕擒拿,人船并获之案甚少。臣现在来往海岸体查情形,悉心酌议,除咨商督臣伍拉纳另立章程,务必痛改前习,咸成劲旅,以靖海洋,(朱批:是)另行奏请圣明训示外,至臣此次督缉盗匪于拣派官弁、兵丁配船出洋时,即经谆谆告诫,谕以果能认真出力,奋勇擒贼,自当据实保奏,必邀皇上格外天恩。若敢仍前退缩,虚应故事,亦必从严参奏,各按军法从事。游击李锓(朱批:此人可嘉)自奉派出洋后,业于洋面擒获数人,尚非要紧正盗,今复会同左营游击袁曰榛赶追正盗,直抵深水外洋,枪伤盗匪多人,并跃过盗船,全行擒获,实为奋勇出力。可否仰邀皇上格外天恩,将李锓、袁曰榛分别奖励,(朱批:自然)俾水师官弁、兵丁等观感奋兴,共知上进之处,出自圣裁。至此次随同李锓、袁曰榛出力之弁兵、眼线、乡民、差役等现饬查明,分别记功,并由臣捐资从优赏赉,以示鼓励。除咨明督臣伍拉纳查照外,谨先附片奏请圣训。谨奏。乾隆五十八年五月二十三日。(北京:中国第一历史档案馆藏朱批奏折,档号:04-01-01-04578-005.)

142. 乾隆五十八年五月庚申谕军机大臣

长麟奏:英吉利国遣官探听该国贡使曾否抵京,经过浙江洋面现令暂收海口,长麟即驰赴定海,亲为查看,等语。所办好。全波罗笞由外洋跟寻贡船至浙,既尚未得有信息若令其由海道探寻,洋面辽阔,势必仍不能找遇。但外夷素性多疑,若竟令其停泊候信,未免心生猜惑。著长麟即面向全波罗笞谕以该国王遣使进贡,上年经广东督臣奏闻。大皇帝嘉其恭顺,降旨允准。即通饬闽粤、江浙、山东、直隶各督抚于沿海地方留心探听,至今尚无消息。想因海洋风信靡常,另有停泊逗留之处,亦未可定。尔国王遣尔由外洋跟踪探听,既不能找遇,浙江距天津尚远,且海道难行。若尔欲在浙暂住,俟得尔国贡使信息,再定行止。尔情愿改由官河行走,当派员送尔进京。其时尔国贡使或已抵天津收口,诣阙瞻觐。尔即可随同回国,更属妥便。倘尔以奉尔国王之命,令由外洋找寻,仍欲由海道行走,本部院即当飞咨各海口一体照料。倘尔因找寻贡船未遇,恐尔国王廑念,欲先回国禀知,亦听尔之便。如此逐层详示,令全波罗苔自行酌定。一面办理,一面奏闻。如此旨到时,全波罗苔业已开行,并著飞咨江南、山东各督抚,照此传知。总勿使该夷官久驻生疑,方为妥善。将此谕令知之。(《清高宗实录》卷一千四百二十九,乾隆五十八年五月庚申,第25—27页。)

143. 乾隆五十八年六月壬戌谕

吉庆等奏:拿获积年洋匪并叠次行劫之伙盗,分别办理一折。此案盗匪业经审明正法,余著照所拟完结矣。该抚等所办差强人意,可嘉之至,已于折内批示。洋匪四出劫抢,节经降旨,令该督抚等实力缉拿。今吉庆等督饬舟师分布各洋,严密堵缉。总兵孙全谋在定海外洋瞭见匪船十余只,向南驶窜。该镇即将兵船分作两帮,迅往兜捕。参将李锳所带一帮,连夜跟追,施放枪炮,打翻匪船一只,淹毙数十名,各匪被炮打伤落水身死者十余名。守备吴奇贵首先跳过匪船,砍倒二贼,生擒盗首陈言,并获伙盗多名。办理尚属认真可嘉。吉庆、王汇、孙全谋,均著交部议叙。又据另片奏:李锳前在南策门捕盗,兵丁放炮炸裂一案。吴奇贵任内有失察潘相旺透漏火药一案,虽均有应得处分,但此次拿获盗匪,李锳带领兵船,奋力穷追,尚属出力。吴奇贵首先过船生擒盗犯,尤为奋勇。其前项处分均著宽免。李锳仍著交部从优议叙,吴奇贵遇有都司缺出,即行升补,以示奖励。其未净之贼,仍著上紧捕捉,务令洋面肃清。(《清高宗实录》卷一千四百二十九,乾隆五十八年六月壬戌,第16—17页。)

144. 乾隆五十八年六月庚午谕

长麟奏:据定海镇总兵马瑀等咨称:五月二十七日在内洋巡哨,见有夷船一只自南驶至内洋,并远望有夷船三只,在外停泊。该总兵等迎上夷船询问,系英吉利国进贡船只。据贡使马戛尔尼称因大船笨重,不能收口。二十九日即欲开行,前赴天津。近日南风甚多,北行极为顺利。应令其仍由海道速赴天津,等语。前因总兵马瑀及宁波府知府克什纳于该国探贡船只收泊海口,即报明巡抚,不待咨,遽令开行。经长麟参奏,已降旨将马瑀等交部察议。今该总兵于巡哨时,见有夷船远来。即能探询明确,迅速咨报,尚属留心。马瑀,著免其察议。其知府克什纳,亦著一并宽免。(《清高宗实录》卷一千四百三十,乾隆五十八年六月庚午,第8—9页。)

145. 乾隆五十八年六月庚午谕军机大臣

据郭世勋等奏:英吉利国贡船于五月十二日经过澳门,而二十七日即抵浙江定海,可见海洋风色顺利。扬帆北行,极为妥速。但该贡船行抵天津洋面,船身重大,必须另换拨船,方能收泊内洋。而由内洋至内河,又须再用小船拨运。该国贡物甚多,辗转起拨,尚须时日。看来该贡使前来热河已在七月二十以外,维时恰值演剧之际。该贡使正可与蒙古王公及缅甸等处贡使一体宴赉,甚为省便,著梁肯堂、征瑞俟贡使抵津后,即遵照前旨妥为应付。征瑞并可依期护送同来,以便沿途照料。至长麟前奏该国差来探船一只,业已开行北上。此项探船既行在贡船之先,该夷官全波罗苔自未得贡船抵浙消息,计此旨到时该探船早过江南洋面,著传谕吉庆、梁肯堂即飞饬沿海各员弁,俟探船行抵海口时,将贡船于五月二十七日抵浙,二十九日开行前赴天津之处,明白谕知全波罗苔。并告以尔系为探听贡船消息而来,或必须回迎正使面传尔国王之言,听尔之便。或尔因已得贡船信息,欲先回国禀知,以免尔国王悬盼,亦可。否则,尔欲偕赴天津,将来与正使一同前赴行在瞻觐,俱无不可。该督抚等务须详晰晓谕,俾远人得所遵循,且免其疑虑,以副朕体恤怀柔至意。至总兵马瑀等前因不待长麟示,辄听探船开行,交部察议。今该贡船经过定海洋面,该镇等立即问明咨报,尚属留心。已明降谕旨,免其处分矣。长麟所办妥协,著赏大荷包一对,小荷包四个,以示奖励。郭世勋探听贡船信息,亦属留心,并著赏给大荷包一对,小荷包四个。将此传谕梁肯堂,并谕长麟、郭世勋知之。(《清高宗实录》卷一千四百三十,乾隆五十八年六月庚午,第9—11页。)

146. 乾隆五十八年六月辛巳谕军机大臣

吉庆奏英吉利国贡船于六月十三日行至登州庙岛洋面,十四日即欲开行。经登州府及游击上船犒赏宣谕,贡使情愿敬赴山庄叩祝,俟风顺即便放洋,径赴天津,等语。该国贡船于十四日在登州洋面候风开行,约计六月底七月初方可行抵天津洋面。船身重大,必须另换海船,方能收泊内洋。而由内洋至内河,又须再用小船拨运。该国贡物甚多,辗转起拨,尚须时日。况现在天气炎热,贡使等起岸后,自天津来至热河,尽可令其缓程行走,以示体恤。前经降旨,俟该贡使到时,必须整列队伍以肃观瞻。梁肯堂系直隶总督,到彼弹压照料,呼应较灵。但永定河防汛事宜,亦关紧要,如安澜无事,著该督一得贡船收泊之信,即就近前赴天津,会同征瑞妥为料理。倘该处有紧要工程,必须梁肯堂在彼驻扎督率办理。即行迅速奏闻,候朕另派庆成前往天津会同照料。该盐政仍遵前旨,带同该贡使前来,于七月杪八月初,到滦瞻觐,亦不为迟。将此谕令知之。(《清高宗实录》卷一千四百三十一,乾隆五十八年六月辛巳,第3—4页。)

147. 乾隆五十八年六月壬午谕军机大臣

征瑞奏六月十六日有英吉利国探水船一只到口,询据通事称:该贡使因船身过大,吃水三丈余尺,恐天津海口不能收泊。令该头目先来探量,现探得天津内洋水浅,大船不能进口,外洋又无山岛可以湾泊。贡物甚大,又极细巧,不敢冒昧拨运,只好就在登州庙岛起旱。该探水船即于十八日开行,仍回庙岛,已飞札山东抚臣速为料理,等语。同日又据吉庆奏:六月十五日该国贡船正欲开行,适前次全波罗苔探船赶到,情愿偕赴热河,即于是日一同放洋,等语。该抚此折系六月十七日拜发,自尚未得十八日该探水船只转回之信。该国贡船笨重,既因天津内洋水浅,不能收泊,而外洋又无湾泊之所,自应听其即在山东登州庙岛起旱,较为慎重。但其贡物甚大,且极细巧,拨船尚恐磕碰,则用车拉运,更易颠簸,必须人夫抬运,方为妥协。吉庆现赴登州一带,查阅城工营伍。该探水船只折回告知贡船后,转帆收泊庙岛稍需时日。该抚正可乘便迎往,亲为照料。且吉庆办事细致,自能料理裕如,著赏给鲜荔枝一个,大荷包一对,小荷包四个。该抚务须妥协经理,以副朕柔远至意。至登州起旱进京,本有两路,其小路系从武定取道,经由河间、宁津一带,较为便捷。其大路仍由济南一带行走。著该抚酌量于何路行走稳便,即饬沿途驿站,并飞咨梁肯堂、征瑞速为豫备,所有正副贡使品级较大,酌与肩舆。其随从员役止须与车乘,并著吉庆沿途董率照应,送至直隶交界。梁肯堂、征瑞接到知会后,约计该贡使于何日可以行抵直境,即先赴交界处所,以便接替照应。征瑞仍遵前旨伴送前来。登州距热河二千二百余里,现距八月初旬尚有四十余日,但计贡船折回起旱,料理扎缚抬运一切事宜,亦须稍为耽搁。即至八月初十以前抵热河,亦不为迟也。至梁肯堂、征瑞前赴直东交界后,该国恐尚有小船来往天津,仍著饬令该镇道一体照料。将此由六百里各谕令知之。(《清高宗实录》卷一千四百三十一,乾隆五十八年六月壬午,第5—6页。)

148. 江南苏松水师总兵官孙全谋奏为督巡渔汛情形事

江南苏松水师总兵官奴才孙全谋谨奏。为恭报督巡渔汛情形,仰祈睿鉴事。窃照四、五月分渔汛之期,例应总兵赴洋督察巡缉,又经遵奉在案。奴才于四月二十六日前赴外洋督巡,有夏季分总巡、分巡等船在洋巡缉。五月初一日,奴才收泊小羊山,查点在山六岙厂头、网户人等共二百三十五名,俱有地方官印给腰牌,并无无照之人。询称:本年鱼期较上年颇盛,渔户咸皆乐业。当饬驻山官兵留心稽查,毋致匪徒匿迹。奴才随赴徐贡、马迹、扁礁一带洋面山岛巡查,并无违禁搭寮、张网等事。复往大七、小七各屿往来巡察。自夏至后,虽鱼期已过,渔船陆续回籍,然海洋地方紧要,仍严谕巡洋各官弁务须联络侦巡,倘有贼匪,立速拿获。六月初九日,乘风转至内洋巡查,回办营务。奴才仍不时赴洋严加督察,不敢稍懈。至英吉利国采贡夷船,于五月二十二日由浙省护到江南苏松洋面,奴才在洋即委官弁接护前行,其正贡船四只因风信顺利。于六月初一日,自浙省之普陀山外海放洋,直达北上,并未收泊江南之羊山、马迹等洋屿。目下南风盛发,谅可迅抵天津。再,崇明县境春、夏雨水透足,二麦收成计有八分,现在木棉滋长,禾稻青葱,市米价平,闾阎安堵,堪慰圣主慈怀。谨将督巡渔汛情形及夷船过境,及麦收分数,恭折奏闻,伏乞皇上睿鉴。谨奏。朱批:"欣慰之至。"钦此。乾隆五十八年六月十二日。(北京:中国第一历史档案馆藏朱批奏折,档号:04-01-04-0018-005.)

149. 乾隆五十八年六月丙戌谕军机大臣

征瑞奏:六月二十日探明有大小夷船五只,在外洋抛碇,询问即是英吉利国贡船。随与天津镇道等乘船探量水势,设法引至近口。有拦江沙一道,足以依靠,无虞风浪,于二十二日停泊定妥,等语。所办甚好。已降旨给还征瑞佐领顶戴,并著加赏大荷包一对,小荷包四个,以示奖励。至该国贡使等前过浙江、山东,业经该省地方官犒赏食物等件。现在收泊天津海口,征瑞又备牛羊米面等物。传旨:颁赏且为数甚多,将来到热河后,尚须与蒙古王公、缅甸各国贡使一并宴赉。其自天津登陆时不必再加筵宴。盖款接远人之道,固不可稍事苟简,致阻向化之诚,然加之体恤则可,若过为优待,隆其礼节,转使外夷不知天朝体统尊严,为其轻忽。征瑞于应接款待之间,务宜加倍留心,不卑不亢,以符体制而示怀柔。此为最要。至该贡船离国日久,携带食物口粮,现已不敷。虽经征瑞多备牛羊、米面等物赍往颁赏,但该国大小船内共有七百余人,将来贡使前赴热河,携带官役人等不过百余人,其留于船内照看者不下五六百人。征瑞所备犒赏,岂敷常川食用。即地方官力量亦不能捐办如许之多,自应开销官项。梁肯堂系属总督,呼应较灵。前已有旨令其会同照料。此时想该督自己起程行抵天津,著传谕梁肯堂务须妥协办理,将该国船内应用食物令地方官动支公项办给,但不可借此浮冒多开。并著梁肯堂、征瑞即向该贡使等详悉谕知,以大皇帝念尔等航海远来,情殷祝嘏。是以曲加体恤。尔等前赴热河,其沿途以及馆舍,俱有饩廪。叩见大皇帝后,并有筵宴供给,足资餍饮。其留看船只者,大皇帝已命宽为备给食物,无虞缺乏。但尔等自本国远来,到此几及一年,将来回国时,行走时日亦必相仿。大皇帝令赏给尔等一年米石,食用宽余。其肉食如牛只、猪羊等物,船内难以携带。尔等回程,经过山东、江南、浙江、福建、广东等省岛屿收泊处所,该处地方官俱仰体大皇帝柔惠之意,必赍送尔等食物,可以接济。如此先行谕知。俾该贡使等益知感激,其如何按照人数官员舵水人役等级,分别口分之处,并著梁肯堂等核明妥办,即动支北仓存贮米石赏给。至此事因征瑞系内务府人员,是以派令照料伴送,督押贡物,前赴热河以资熟手。而一切应付不特该贡船所需食物,应由地方官办给。即需用人夫,以及备办沿途供顿等事,俱系地方官专责。梁肯堂当豫为饬属妥办,丰俭适中,不可稍有贻误,浮冒,方为妥善。至该国贡物由天津起旱,该处距热河不远,途次行走,尚属从容。然据征瑞奏:一切扎缚抬运,计算须于八月初旬方到。若由登州庙岛起旱,道路较远,到热河未免稍迟。今在天津收泊,诸事省便。览奏,甚为欣慰。据该盐政奏二十三日亲赴该处,查看表文贡单,另行具奏等语。此时征瑞自己到船查明,著即将该国大件贡品。遵照前旨量明高宽尺寸一并开单。由六百里速奏。(《清高宗实录》卷一千四百三十一,乾隆五十八年六月丙戌,第8—11页。)

150. 乾隆五十八年六月庚寅谕军机大臣

征瑞奏英吉利国正副贡使自以品级尊崇,须平行相见。征瑞若先行往见,有失体制。是以即令道、将等过彼船内,取看表文贡单,等语,所办又未免太过。前降谕旨,以款接远人之道,若过隆其礼节,于体统非宜。原不令该盐政自居尊大,与远人斤斤计量。乃征瑞接奉前旨,以该使臣欲行敌体之礼,遂不轻往,仅派道将过船查看,殊属矫枉过正。试思该使臣向征瑞行叩见礼,亦无足为荣。即不行叩见礼亦何所损。梁肯堂若亦计较至此,更成笑话。外省习气,非过则不及。况该使臣航海远来,至一年之久始抵天津,亦当格外加之体恤。岂可以此等相见礼节与之较论,殊非怀柔远人之道。若该监政如此拘泥,不能体会朕意,转难向汝等降谕矣。又据梁肯堂奏:该使臣在津登陆,不必再加筵宴等语,此事尤无关紧要。昨又有旨,以天津为郡会之地,该使臣甫经过,彼地方官设筵款待,礼所当然,著梁肯堂、征瑞即遵昨旨先行筵宴。又据征瑞奏:该国贡物内,询有见方一丈多者名为天文地理音乐表,应否留京,请旨遵行,等语。前因该贡使须于登州庙岛起旱,道路较远,恐物件高大,难于运送,是以谕令或酌留京中。今该贡使已由天津起旱,为期尽属从容。况山庄殿宇闳敞,丈许物件,岂有不能陈设之理。且此项物件安装后见方一丈,其拆卸之时,仍属零星轻便,无难运送。现已令做钟处收拾钟表之好手工匠,前至热河伺候。看彼装拆一次,即可仿照修理。著征瑞即一并押送前来,不必复请留京,稍存为难之见。至该国贡单译出汉文后,即迅速先行具奏。折内又称该船五只,天津外洋难于久泊。庙岛离岸较远,不通货贩。该使臣之意,欲将原船回至浙江宁波一带湾泊,俾得便于采买物件等语。该国进贡此次始来,即欲在浙江地方采买物件,想属无多。俟该使臣到来询问明确再降谕旨,其船只欲先回浙江宁波湾泊,亦可听其自便。并著长麟饬知地方官妥为照料。将此由六百里加紧各谕令知之。刻下梁肯堂早抵天津。仍著该督等将曾否与该使臣接见,及如何相见情形由驿速奏。(《清高宗实录》卷一千四百三十一,乾隆五十八年六月庚寅,第15—17页。)

151. 乾隆五十八年七月丙申谕军机大臣

昨据梁肯堂等奏:英吉利国原来船只未能久泊天津洋面,拟先回浙江宁波珠山地方湾泊。该贡使恳求命浙省地方官指给空地一块,俾伊等支立帐房,将船内患病之人送至岸上,暂行栖息。并求禁止居民勿上彼船。伊亦禁止船内之人不出指给地界之外,等语。该国贡船因天津外洋不能久泊,欲先回浙江,亦可听其自便。除该贡使前至行在瞻觐叩祝诸事完竣后,即令回浙。贡使一到,原船便可开行。其在宁波珠山地方,不过暂时湾泊。著传谕长麟即查照梁肯堂等所奏,妥协办理。并饬地方官留心照料,固不必过于优待,亦不可稍任欺侮。其船内及上岸养病之人,并当时加查察。毋许潜越所指地方,滋生事端。沿海居民,亦著禁止前往该处。又前降谕旨以该船回国时,应赏一年口分米石,于天津酌量赏给外。其余在浙江就近补给,昨据梁肯堂奏已在天津两次传旨犒赏,并赏给米六百石,面二千余斤,尽足敷用,毋庸再于浙江补给等语。并著该抚酌量若其回洋时,仍需米石,即传旨赏给。(《清高宗实录》卷一千四百三十二,乾隆五十八年七月丙申,第7—8页。)

152. 两江总督书麟江苏巡抚奇丰额奏为派员勘查黑水洋事

两江总督臣书麟、江苏巡抚臣奇丰额跪奏。为参奏事。窃照江苏省漕标东海水师营所辖洋面与山东省洋面毗连,向来图内并无黑水洋字样,以致遇有盗劫之案,互相推诿。钦奉谕旨:饬令狼山镇总兵蔡攀龙会同登州镇总兵恩特黑默亲往查勘,究明何省管界,即将该管疏防之地方官严参办理,等因。钦此。

兹据该镇等呈称:于六月二十九日一同登舟出洋,勘得黄河尖联五条沙处乃系黄水,其余则系浑水、绿水、青水,委无黑水,因风色不顺,寄碇莺游门,守候西风放洋,从牛车山东指,行一昼夜有余,见海水纯黑。据舵工禀称:黑水洋即在此处,离海边水途十一更,计六百六十里,往来船只非遭风,或夜间错认罗经针路,不经此洋。等语。遥望东去,不知何所止极。因思由牛车山放洋直出,正属两省交界之区,就此山推之江南、山东两省各有黑水洋面等情,并绘图贴说呈送前来。臣等伏思,外洋交界处所遇有盗劫之案,自当立时关会,一面查勘详报,一面协同侦缉,庶案可立定,而盗犯不致远飏。何得以洋面并无黑水字样,意存推诿。况现据该镇等勘明,两省外洋俱有黑水,则从前推诿之员自应查参示儆。臣等随检查从前禀报被盗原案内,除崇明县船户范王顺于乾隆五十三年四月十八日被盗一案,先据狼山镇总兵蔡攀龙传讯舵工吕云山,据供:当日被盗系在田横岛并非黑水洋,被即墨县书办将呈稿改换,等语。并呈有原改各呈稿可据,业经臣咨明山东抚臣查明究办。又,赣榆县船户杨长泰于乾隆五十三年二月初九日被盗一案,原供在相距苏山一百余里之黑水洋面被劫。又,海门厅船户林灿先于乾隆五十六年三月十五日被盗一案,在即墨县原报呈,内据称在黑水洋望见崂山地方被劫。查苏山、崂山均系山东省境内,应听山东抚臣查参,臣等并饬令江南各员弁一体实力协缉外,所有元和县船户杨恒发于乾隆五十二年四月十二日被盗。又,通州船户高隆茂于乾隆五十三年四月十八日被盗二案,各事主报呈内止称在黑水洋,并未指出附近地方,该事主及舵水人等俱已驾船远出贸易,未经回籍,无从查讯。其失事处所未据该镇等查明系在何省境内。但海洋巡哨乃水师武弁专责,是以外洋盗案定例止参巡洋武职,责任綦重。今两省既皆有黑水洋面,若该管将弁于呈报被盗时即赶紧缉拿,何至案悬多年,盗无弋获,实属玩愒。若不严加惩治,无以示惩儆而重海洋。除首先推诿之前任东海营都司王良柱业经病故外,接任都司色克图辄借前官推诿在先,亦不即行查勘,以致案宕多年,未便姑容。相应参奏请旨,将前任漕标东海营都司今升刘河营游击色克图革职,发往军台效力赎罪,以昭炯戒。嗣后江南、山东二省内外洋面遇有失事,于事主呈报时确切问明,除有地名可指,不致牵混者,即归该地方承缉,仍知照通缉外,如失事在两省交界处所,即令接据呈报之地方官径行关会联界营汛州县,一面协同缉拿。并克日会同查勘,限十日内联衔通详上司查参。倘再有推诿,或不肖之员将事主所报地名私行改易,希图诿卸,即严参治罪。臣等谨会同漕运总督臣管干珍、江南提督臣陈大用恭折参奏,并将狼山、登州二镇绘送原图恭呈御览。

再,臣等细核登州、狼山两镇咨呈与所绘之图,据称行离海边六百六十里,始至该处海水纯黑,东望无际,等语。是黑水乃直东外洋既称水色纯黑,势必浩瀚绵长,必非一隅之地,而图内所绘黑水形如半圭,南北两面又仍系青水,尚未明晰。至该镇咨呈内称,商船非因遭风,或夜间错认罗针,不经此洋。查事主杨恒发等案核其报呈原供,并非因遭风行至该处,而失事亦多在白日,所讯情形亦未确实。臣等已照会该镇等再加勘询,另绘确图贴说明白,并查明商船前往何处者应由黑水洋行走,据实呈复。臣等再行复核,咨部存案,合并陈明,伏乞皇上睿鉴。谨奏。乾隆五十八年九月初一日。(北京:中国第一历史档案馆藏朱批奏折,档号:04-01-03-0033-003。)

153. 乾隆五十八年九月庚子又谕

昨据恩特赫默、蔡攀龙奏勘明黑水洋面情形一折。内称:由日照县地方夹仓口出洋,查明黑水洋地方,即在牛车山安定罗盘,以牛车山为界。牛车山之南为江南界,牛车山之北为山东界。嗣后遇有劫案,该船户等,不论在山东江南何处衙门具报,即速移知接壤营县严拿,等语。向来东省洋面以莺游门为界,江南洋面以牛车山为界,而牛车山距莺游门中间尚隔一百二十里,从前未经立定界址。以致遇有盗劫案件,彼此互相推诿。今据该总兵等亲往勘明,即以牛车山分界,立定缉盗责成,亦只可如此办理。所有奏请划定界址及巡哨捕盗事宜,俱著照所请行。至恩特赫默、蔡攀龙亲身查勘,远涉外洋,尚属冒险出力,著各赏缎二匹。其跟随出洋之兵丁等,著该督抚查明,酌加奖赏。以示体恤。(《清高宗实录》卷一千四百三十六,乾隆五十八年九月庚子,第11页。)

154. 江南苏松水师总兵官孙全谋奏为督巡蛰汛情形事

江南苏松水师总兵官奴才孙全谋谨奏。为恭报督巡蛰汛情形,仰祈圣鉴事。窃照八、九月分蛰汛之期,例应总兵赴洋督察巡缉。又经遵奉在案,奴才于八月二十九日前赴外洋督巡,有秋季分总巡、分巡等船在洋巡缉。九月初一日,奴才收泊小羊山查点,在山六呑厂头、网户人等共二百二十二名,俱有地方官印给腰牌,并无无照之人。询其今秋蛰期,较上年稍减,捕蛰人等咸皆安业。经令驻山官兵严密稽查,毋致匪类潜踪。奴才随往徐贡、马迹、扁礁一带洋面山岛巡查,并无违禁搭寮、张网等事。复赴大七、小七各屿,往来巡察,洋中均各宁静。现在蛰期已过,渔船俱陆续回籍,仍严饬巡洋各官弁加紧巡缉,不得稍有疏懈。奴才于十八日转至内洋巡查,回办营务。接准提臣陈大用咨知,巡阅苏松镇标营伍并会阅缯艍船只水操,奴才现饬各营应操船只、官兵齐集,听候提臣校阅。再,崇明县境禾稻收成八分,木棉亦已采收,米谷价平,民情欢庆。谨将督巡蛰汛情形及秋收分数缮折奏闻,并恭缴朱批十件。伏乞皇上睿鉴。谨奏。乾隆五十八年九月二十一日。(北京:中国第一历史档案馆藏朱批奏折,档号:04-01-04-0018-006.)

乾隆五十九年(1794年)

155. 江南苏松水师总兵官孙全谋奏为恭报督巡蛰汛情形事

江苏巡抚臣奇丰额跪奏。为遵旨查明海洋情形,恭折覆奏,仰祈圣鉴事。本年正月初二日接奉廷寄,内开:乾隆五十八年十二月十八日奉上谕:朕恭阅圣祖仁皇帝实录,康熙五十二年,户部尚书张鹏翮条奏沿海添兵事宜,奉皇祖圣谕饬驳:以张鹏翮所奏俱属空言无补,不可施行。并详细指出,如贼船停泊必分据海岛有淡水之处,瞭望官兵船来,即遁入外洋,官兵退后复回。又,商船虽带火药、军器,一遇贼船并不敢与敌,船中所有,随其所取。各条实为切中海洋贼匪情状。江苏系濒海省分,虽即经降旨令该督抚严饬地方官随时留心缉拿,俾盗风敛迹。乃上年崇明地方当有洋盗劫掠商船之事,虽即经长麟督饬缉获,审明严办,而本年黑水洋面又有行劫客船及抢掠各案,地方官互相推诿捏报等事,现已据该抚等勘定界址,严饬各该属实力整顿,但恐盗风未能尽息。著传谕书麟、奇丰额即将现在各海口洋面情形悉心察看,是否尚有盗匪出入?及有无似康熙年间洋盗情形?该督抚务须严饬所属留心整顿,并将如何实力缉捕之处,直抒所见,详晰具奏。所有康熙年间钦奉谕旨,著抄寄阅看。钦此。

臣跪读之下,仰见皇上治益求治,安益求安之至意。臣查海洋岛屿介立孤悬,向为洋匪潜踪时出时没之所,明季正统、景泰年间武备不修,倭人内寇,以致浙江宁波、太仓、乍浦、崇明等处屡被焚劫,殆无虚岁。国家定鼎以来,德威远播,不但倭寇潜踪,即如从前郑成功诸人始犹据险负隅,继则输诚乞命,渠寇渐尽,余孽日平。我皇上临御五十余年,滨海居民尽享承平之福,凡外洋之尽山、花鸟、大七山、小七山等吞向为盗贼窝巢,现在作为巡哨会齐之地,外洋巨盗无可遁藏,是以海港山陬俱成乐土。惟是利之所在,人必趋之,每年鱼蛰届期,沿海渔人争先出捕,往往遭风乏食,即向客船强借,其至彼此格斗抢攫多赃,及至被获到官即审看前项情节,亦不能不律以海洋大盗之罪。

又有内地无赖之徒倚恃强顽,冒认渔人名姓,搭附网船出洋,遇有来往孤行客船,即怂恿同伙之人过船抢夺,此等匪徒得渔既可谋生,遇客亦可获利,实为莠民之尤。仰蒙圣明指出,上年崇明地方尚有洋盗行劫之案。臣查此等案犯讯系俱由内地潜行出口,与康熙年间盗匪依据海岛,窥伺官兵者情形迥不相同。臣据五十七年拿获各犯后,不揣冒昧,奏请将各省出口船户所具邻保并于年貌照票内,按名添注箕斗,随时查验,以防匪人假冒出入。嗣经部议复,仰蒙恩允。现在各海口遵照稽查尚属认真。

再,查沿海营汛约期会哨,分地设官,旧定章程至周且备,全在大小文武恪守国家成法,实力奉行。是弭盗安民之法,不在辗转更张,惟贵久而弗懈。臣仰蒙天恩,畀以封疆重任,所有绥靖地方各事宜是臣专责。惟有刻刻留心整顿,务期海宇澄清,以仰副圣主久安长治、保泰持盈之至意。合将现在洋面奠安及海口严密各情形,遵旨恭折复奏。伏祈皇上睿鉴。谨奏。乾隆五十九年正月初六日。乾隆五十九年正月十九日奉朱批:毋久而懈,勉之!钦此。(北京:中国第一历史档案馆藏录副奏折,档号:03-0521-004.)

156. 乾隆五十九年正月癸丑军机大臣会同兵部议

闽浙总督觉罗伍拉纳奏称:遵旨查勘珠山即舟山,距定海县城五里。对岸有岛名五奎山,隔洋面六里,峰势高出众山。全洋岛屿,俱可瞭望。且外洋船只前赴定海者,皆于此停泊,实为扼要,请添设一汛。即于定海镇标中左右三营内抽拨水师兵五十名,派千总一员,率领驻扎。并拨驾营船往来巡哨。以资防守。应如所请。但此项兵丁。若令常川驻扎。恐日久怠玩,应令照汛弁成兵之例。每届半年,轮换一半。从之。(《清高宗实录》卷一千四百四十五,乾隆五十九年正月癸丑,第9—10页。)

157. 大学士公阿桂等奏为会同核议搜捕海洋盗匪事

大学士公臣阿桂等谨奏。为会同核议具奏事。两广总督长麟等奏酌筹搜捕海洋盗匪情形一折,乾隆五十九年三月初十日奉旨:军机大臣会同该部议奏,伍拉纳亦著入议。钦此。据称广东海面外接夷洋,港汊分歧,皆通去路,防范最宜严密。臣郭世勋于署总督任内节经查拿办理,臣长麟到任叠经札饬各镇等亲率舟师,分头堵缉。臣长麟亦亲赴沿海一带校阅督查,惟思盗匪并非起于近时,缉捕亦未宽于一日,何以缉捕多年而盗曾未息,若不先设法以离其党,恐萌蘖不免蔓延,根株难以净尽。臣等检阅各营报案,详加察访,凡有盗匪行劫,每将客船之舵工、水手及捕鱼之渔户、蛋户抢掳过船,胁逼入伙,甚至将被掳之人用木棍捆缚,系于船旁,令其手执器械,警怖客商。被掳之人既畏盗势之凶,又不知有自首免罪之例,以为既经被掳,不从,则死于盗;从盗,则死于法。死于法,尤待异日;死于盗,则在目前。不得已,而为目前之计,遂不免屈身从盗。既经从盗,又惧犯事攀扯,即再不敢弃盗为良,以致盗匪日积日多。臣等以为此等被掳之人,若于被掳之初,即明示以生全之路,一面缉捕,一面即将强盗自首免罪之条广为宣布,使盗势渐孤,剿除自易。现于沿海一带遍行出示晓谕,如被掳之人不肯从盗,有能乘间脱逃投首者,免其治罪。如被掳之人有能乘势擒盗送官及能乘间逃回,指控聚盗之所,领官查拿者,除免罪外,均分别赏给银两,以示奖励。自出示后,已有被掳水手赴县投首者,现饬严审。如并未从盗,即行取保宁释,以期闻风踵至。如有可疑,仍留待质。即或投首之人,不皆被掳之辈,不妨诱至内地后,再行密为查办,亦较之海捕搜擒,事半功倍,等语。

查,广东省海面辽阔,岛屿众多,雷、琼、高、廉等府在在濒临大洋,为盗匪出没之所,虽该处各海口建设营汛星罗棋布,并经该督等督饬镇将等严密查拿,而盗风尚未敛迹,自应设法筹办,以期净绝根株。今据该督等奏称:被掳之人既畏盗势之凶,又不知有自首免罪之例,以为死于法,尤待异日;死于盗,则在目前。遂不免屈身从盗,继又惧犯事攀扯,复不敢弃盗为良,以致盗匪日聚日多。现将强盗自首免罪之条遍行出示晓谕,如被掳之人不肯从盗,有能乘间脱逃投首者,免其治罪,等语。查自首免罪本有定例,但愚民未必尽知。今该督等出示晓谕,俾其闻风踵至,以期离散匪党,盗势渐孤,亦未始非弭盗之一法。

至所称被掳之人有能乘势擒盗送官及能乘间逃回,指控聚盗之所,领官查拿者,除免罪外,分别奖赏一节。此等被掳之人既经从盗,如闻拿紧急,或希图免罪自行投首,追缉捕稍缓,难免故智复萌,仍行入伙。即乘间逃回,岂肯将盗匪聚集之所据实指控,且业经被掳又安能擒盗送官。是该督等所奏恐终属有名无实。总之,查拿盗匪惟在该督等督饬将弁、兵丁于各海口实力巡防、购线、侦缉,遇有上岸销赃之犯立即盘获,严行根究。并于平时责令地方官编列保甲,严密稽查,不使无业之徒勾通盗匪,并严禁内地米石私行出洋及疍户渔船为盗耳目等事。如果能实力奉行,随时惩创,自可期匪徒敛迹,洋面渐就肃清,转不必繁列科条,于事仍无实裨。至所称现在投出水手令于审明后,取保释归;如有可疑,仍留待质之处,因为设法招致起见,但仍当饬令地方官留心查察。是否实系被掳投首弃盗为良,别无诡秘踪迹,不得任其狡展,致有疏纵。所有臣等会同酌议缘由,理合恭折具奏。皇上睿鉴,谨奏。乾隆五十九年三月十二日。臣阿桂、臣和珅、臣福康安、臣王杰、臣福长安、臣董诰、臣苏凌阿、臣胡季堂、臣玉德。乾隆五十九年三月十二日。(北京:中国第一历史档案馆藏录副奏折,档号:03-1288-032.)

158. 乾隆五十九年六月乙酉谕

福建巡抚浦霖奏:琉球回国贡船驶至五虎门外洋,陡遭飓风,船身被浪漂没。当经委员将夷官人等护送至省,安置馆驿,给予口粮。仍于存公银内酌赏一千两,令料理回国。报闻。(《清高宗实录》卷一千四百五十五,乾隆五十九年六月乙酉,第25页。)

乾隆六十年(1795 年)

159. 温州镇总兵谢斌咨报琉球国贡船在不知名目外洋被劫事

查盗犯林玉顶供认:随同林发枝等在南麂山外洋行劫琉球国商船一案,先据温州镇总兵谢斌咨报:通事蔡世彦赴汛具禀,于五月初三日,在不知名目外洋被劫海参、银两、衣箱等物,该通事急欲随贡船一齐驶往福建,不能等候,指勘洋面。臣当即饬查,今据获犯供认系南麂山外洋,臣现饬确勘,另行查参外,理合附片奏闻,谨奏。乾隆六十年。(北京:中国第一历史档案馆藏朱批奏片,档号:04-01-01--0466-052.)

160. 署理福建巡抚魁伦奏为歼除洋盗事

再,上谕内命奴才将现在如何查办?田凤仪到闽后曾否带同续行查出亏空之处,迅速复奏。钦此。奴才已带同田凤仪查过藩库及省城厅县亏缺缘由,于本月十二日遵旨联衔具折,由驿驰奏在案。其余各府州县饬令将现在仓库实数据实开具清单,以便分投亲往确查。藩司田凤仪现在赶办奏销及平粜事宜。奴才接署抚篆后,先将应办事件赶紧清理。现据南日汛禀报,有浙江石板殿案内首盗邱通因上岸销赃被该处乡民砍毙,割取首级送省呈验,并现获之伙犯五名一并解省。奴才查邱通系洋盗首恶,该乡民等能奋勇歼除,自当酌加鼓励,当委延平府知府袁秉直等赍银前往查明奖赏。谕令密嘱该处文武员弁恐有奸伙潜图报复,务须加意防护,一面饬司严讯确情,提取该犯亲属及现禁各监之盗伙到案,识认是否邱通头颅,再行办理具奏。又,本月十四日,据署南澳镇总兵许廷进禀报,于三澎洋面拿获盗匪蔡乞等五十名。奴才当即饬委员弁迎提来省审讯,但查南澳至省,经过漳泉一带,计程十有余站,且天气炎热,人数众多,途中护解恐有疏虞。兹署督臣长麟奉命驰驿来闽,奴才现拟飞咨该署督,于道过漳州时如遇该盗犯等已解至彼,即行截留,督同该处道府审明办理。若该犯等业已起解仍行送省审办。其余被劫各案,现据各该营县禀报拿获盗匪甚多,均经饬提来省详细研讯、核办。至现在早稻,各属已有报到,收割之处米价日渐平减,省城每石粜钱五千上下,漳泉亦在六千以内,兼以台湾米船源源内运,民情稍为宁贴,合并附片奏闻,伏乞圣鉴。谨奏。乾隆六十年。(北京:中国第一历史档案馆藏朱批奏片,档号:04-01-35-0358-048.)

161. 署闽浙总督魁伦、护理福建巡抚姚棻奏捕获洋盗事

署闽浙总督臣魁伦、护理福建巡抚臣姚棻跪奏。再,臣魁伦于勘明东冲、定海二汛后,由五虎门一带水路巡察回省,接据营县禀报,南洋晋江县之围头洋面有匪船游弋。又据诏安县禀报,该县澳角地方亦有贼匪登岸图抢,闻官兵往捕,驾船逃逸。随据署铜山营参将李长庚禀报:在双头洋面督率官兵拿获洋盗曾雍等及凫水上岸逃犯共十七名,淹毙四名,夺获被占商船二只,并竹篙、铁枪、钩镰、铁叉等械。又据署惠安县李宗澍禀报:在岸拿获凫水脱逃盗犯王参等八名,并获鸟枪二杆各等情。臣魁伦于拜折后即日驰赴兴化、泉州、

厦门各海口督剿,即行就近审办,另行奏闻。一面往来调度,将未获洋匪严行督拿。但此等洋匪来去非常,如南洋查拿紧急,势必仍回北洋,臣等现将北洋兵船添,拨严密以防北窜,其五虎门距省较近,为北洋控制重地,现已添兵堵截。臣姚棻不时亲赴往来督察,庶各将弁不敢松懈。乾隆六十年。(北京:中国第一历史档案馆藏朱批奏片,档号:04-01-01-0468-021。)

162. 护福建巡抚姚棻奏亲赴五虎门督饬员弁缉拿海盗事

护福建巡抚臣姚棻跪奏。再,署督臣魁伦前赴泉州、厦门一带督缉洋匪。据铜山营守备陈瑞芳禀报:擒获洋盗施目等十五犯,就近解送魁伦审明办理。又据福宁镇标右营游击德恩禀报:在下游海口拿获盗匪十余名,并起获火药、枪刀等械。臣现在饬提解省,俟解到即行严审,并究明刀械、火药等项得自何处,据实具奏。查盗匪在洋行劫每乘风势,南北往来无定。现在魁伦在南洋督缉,臣不时亲赴五虎门各海口督饬委缉文武员弁上紧严密查拿,并有沿海乡勇情愿随同水师官兵出洋巡捕。该乡勇等生长海边,熟悉洋面、岛屿情形,于缉捕更可得力。并严饬陆路汛口员弁督率澳甲人等严查滨海渔艇,遇有销赃、接水之犯,立即拿解严究,从重治罪,务期南北兜擒,水陆合捕,使匪党全获以靖洋面,不敢稍有弛懈。谨附片奏闻伏乞。乾隆六十年。(北京:中国第一历史档案馆藏朱批奏片,档号:04-01-01-0467-002。)

163. 两广总督觉罗长麟奏为叩头谢恩事

奴才觉罗长麟跪奏。为恭谢天恩事。本年三月初八日接准部咨,以奴才等拿获叠次行劫洋盗交部议叙,经部题请,奉旨:长麟著加一级,余依议。钦此。奴才跪诵之下,当即恭设香案望阙叩头谢恩。伏念奴才职任封圻,于海洋盗匪不能捕擒净尽,午夜扪心,方深悚愧。兹乃仰蒙皇上逾格鸿慈,以奴才等办理尚属认真,优加议叙,恩施高厚,感益增惭。奴才惟有倍自奋勉,督饬文武各员一体实力巡缉,设法尽心搜捕,以期肃靖海洋,借以仰副圣主缉盗安民之至意。所有奴才感激下忱,理合缮折恭谢天恩,伏乞皇上睿鉴。谨奏。乾隆六十年三月二十三日。(北京:中国第一历史档案馆藏朱批奏折,档号:04-01-12-0251-042。)

164. 两广总督觉罗长麟奏为特参巡洋怠玩之守备事

两广总督臣觉罗长麟跪奏。为特参巡洋怠玩之守备,请旨革职、枷示,以肃营伍事。窃查水师将备操兵、巡洋最为要务。遇有报劫各案,尤宜奋勇搜拿,不容稍有疏懈。讵有碣石镇左营守备现署该镇左营游击许成章本年春间轮值,该员上班巡洋,虽经驾船出海,但行止狡猾,遇有风雨、盗匪,并不实心出力。现在各汛巡洋员弁均有报获盗犯,惟该守备所管汛内失事各案迄今将届下班,犯无一获。似此怠惰不职之员,若不严加整治,窃恐水师员弁相率效尤,殊于海防重务大有关系。兹据提臣路超吉移咨,转据碣石镇总兵梁秉昚禀请,揭参究治前来,相应请旨将许成章革去守备,先行重责四十棍,在于海口枷号半年,俾各营备弁触目惊心,共知警畏,庶于营伍操防可期整肃。臣谨会同提臣路超吉恭折参奏,伏乞皇上睿鉴。谨奏。乾隆六十年四月二十日。(北京:中国第一历史档案馆藏朱批奏折,档号:04-01-16-0089-036。)

165. 浙江巡抚觉罗吉庆浙江提督王汇奏为特参巡洋不力员弁事

浙江巡抚臣觉罗吉庆、浙江提督臣王汇跪奏。为特参派委巡洋不能奋勇策应之游击各员,请旨革职,以凭究审事。窃臣等接准黄岩镇总兵岱德咨报:该镇标游击古枏会同署象山协副将事游击刘大勋带领兵船出洋巡缉。五月初八日,在黄岩镇所辖之扬旗外洋望见船十三只在洋游奕,内有绿头船,知系闽匪兵船,当即加桨,先后追赶并施放枪炮,伤毙盗匪,六、七人落水,匪船即乘风逃逸。营船正在向前追赶,不料又有匪船十四只从大陈山岙内驶出,与在后兵船抵拒,刘大勋、古枏同坐一船,闻炮声转回救护,因风水不顺,戗驶不上,有最后之黄标目兵吴增城船一只与贼拒敌,兵丁受伤,船被打坏沉失,在船兵丁二十四名均各落水,内有四人凫水,余俱淹毙。刘大勋等船只驶到,匪船先已驾驶脱逃,将凫水兵四人捞获得生。该镇现在带兵驾船飞赴擒拿,据将未能奋力救护之游击各员请参前来。臣等接阅之下不胜发指。查海洋捕盗,屡奉谕旨严饬,遇有盗船,各将备理应不避危险,奋勇追擒,分船连帮,首尾策应。今刘大勋与古枏同坐一船已属违例,且目击兵船与盗匪攻击,不能飞驶救护,以致兵丁伤毙多名。又不立时追获贼匪。据称先行打毙盗匪六、七人及回船风水不顺,戗驶不上之处,均难凭信。恐有畏葸玩误情事,必须究讯明确,严行查办,以示惩儆。相应请旨将护象山协副将事游击刘大勋、黄岩镇标游击古枏一并革职,以便提讯。臣吉庆现在亲赴台州府海门督拿盗匪,务期弋获,尽法处治,以快人心,而彰国宪。并访查实情,就近严审明确,据实定拟。至黄岩镇总兵岱德,职司统辖,虽经据实请参,但平时不能教督,亦难辞咎,容臣等讯明情节,另行定议,随案具奏。臣王汇现在镇关,兹即驰赴海门亲督严拿,不使稍有纵漏。除飞咨福建、广东、江南等沿海各邻省一体通饬,实力协缉务获外,谨先合词恭折参奏。伏乞皇上睿鉴。谨奏。乾隆六十年五月十七日。

(北京:中国第一历史档案馆藏朱批奏折,档号:04-01-16-0089-047。)

166. 暂署两江总督苏凌阿奏为添拨官兵船只巡防堵缉事

暂署两江总督臣苏凌阿跪奏。为浙江洋面盗匪出没抢劫,添拨官兵船只巡防堵缉,仰祈圣鉴事。窃查江南洋面与浙省毗连,前闻浙省黄岩洋面时有盗匪出没,当即咨行提臣陈大用及苏松、狼山两镇总兵官添派将弁,多拨船只,带领兵丁赴洋与季首派出之巡洋将弁分投巡防缉缉,并檄饬沿海各口岸加意巡防,毋使盗踪窜入江境。嗣准护抚臣张诚基接准浙省咨会吊帮、石浦等处洋面有闽省匪船拒伤官役,抢劫银米之事,转咨到臣。又,经咨行提镇严督,先后派出在洋将弁实力梭织巡防。并据苏松镇总兵官亓九叙禀报:于六月初五日亲赴外洋督缉在案。兹准护抚臣张诚基咨复准:浙省咨会,盗匪乘风北窜,俱至浙江定海县外洋避匿。现于六月十九日自苏起程,前赴上海镇洋等处,会同提臣陈大用严饬水师将弁合力兜擒,等因。臣查浙江定海县外洋尽山等处距江省洋面不远,自应不分畛域,协力堵拿。查苏松镇于例设巡船外,先经提臣添派兵船十只,将弁十员,兵丁二百二十八

名,携带器械、火药前赴毗连浙省之小羊山、马迹山一带洋面,协同原派出巡各船首尾联
艅,侦探堵缉。计小羊山、马迹各山共有巡船二十只,将弁二十员,兵目五百余名,其沿海
各口岸复于额设防兵六百八十八名外,添派官弁七员,兵丁一百二十八名。川沙、吴淞二
营内洋交界处所又添派巡船二只,互相哨探,加意堵缉。是原派、添派官兵船只棋布星罗,
已属周密。提臣陈大用就近董率调度,如果浙省盗艅窜入江镜,不难兜擒,立时就获。除
再咨行提镇严谕将弁实力堵缉,如果能获多盗,立即保奏升用。倘畏葸不前,以致盗匪逸
入,定即严行参奏,从重治罪外,所有准咨先后办理缘由,理合恭折具奏,伏祈皇上圣鉴。
乾隆六十年六月二十四日。(北京:中国第一历史档案馆藏朱批奏片,档号:04 - 01 - 01 -
0465 -063.)

167. 乾隆六十年六月辛丑又谕

据陈大用奏:较【校】阅外海兵船水操情形一折。另片称:节次获过水陆盗犯二百九
十余名,所办尚属认真。前据吉庆奏:浙洋盗船逃至定海一带外洋潜匿,当饬将备等带兵
搜捕,在吉祥门洋面追获盗匪十二名。访查余匪,俱窜至北洋。已飞咨江苏巡抚及崇明镇
缉拿,等语。浙江盗匪胆敢抢劫官运米船,情殊可恶。虽经吉庆派委官兵搜捕,但北距江
苏洋面不远,陈大用现在外洋巡阅,著传谕该提督,即督率将领带兵,分投严拿。并著苏凌
阿一体饬属严拿,务将各盗船尽数缉获,毋任远飏漏网。(《清高宗实录》卷一千四百八十一,乾
隆六十年六月辛丑,第9—10页。)

168. 乾隆六十年六月戊申又谕

吉庆等奏:拿获盗匪刘润之等供称:匪船闻拿畏惧,驶往北洋躲避。向来官兵在洋追
捕匪船,多至本省交界洋面而止。匪船窜逸邻境,即不复追拿,最为恶习。已飞咨福建、江
苏督抚等通饬沿海各营,遇盗追赶。即出本省交界洋面,仍须出境穷追。邻省巡船亦即策
应堵截,以期遇盗必获,等语。正当如此办理。匪徒在洋为盗竟敢公然纠聚多人,抢劫官
米,实属目无法纪。此而不速拿严办,其何以昭国宪而靖海疆。现虽获犯四十余名,但此
次盗船共有数十只。其未获之犯为数自必尚多,不可不四路搜擒,以期悉数就获。定海迤
北距江苏洋面不远。昨据张诚基奏,亲赴上海镇洋等处会同陈大用,严饬水师将弁无分畛
域,合力兜擒,等语。此时张诚基自己早到该处,务当与陈大用严饬员弁实力堵拿,不可因
系暂时护篆,存五日京兆之见,以既到海口,即可塞责完事。再阅吉庆折内称:匪船逃至
长涂北洋,经官兵追至擒获。又逃往外洋,等语。浙省外洋直捷北上,即系山东登、莱、青
一带洋面。恐该犯等见江浙两省查拿严急,又逃往东省,亦未可定。并著玉德严饬沿海地
方文武,于各要隘一体严密截拿,勿任远飏漏网。总之,此等盗匪现经吉庆、王汇调拨兵
船,并选派干役、乡勇,先后赴洋购线捕缉,即有窜逸者,非在江苏、山东邻境,即系潜回福
建原籍。此事著责成闽浙、江苏、山东各督抚董饬所属,上紧严拿。如视同海捕具文,致令
免脱稽诛。将来获犯后,审出该犯在何省藏匿,惟疏纵之该省督抚提镇是问,不能稍从宽
贷也。再,苏凌阿现因在工防汛,未能分身前往。但护巡抚张诚基系属汉人,陈大用未曾

经历戎行，于海洋缉捕事宜究未能谙习。现在已届末伏，河工有兰第锡、康基田在彼，亦足资分投照料。著传谕苏凌阿酌量察看工程平稳，于七月初十出伏可以分身时，亦即速起程前往上海、镇洋等处，严督官兵实力堵拿，自更有益。将此由六百里加紧传谕苏凌阿等，并谕陈大用、王汇知之。仍著将如何设法会拿，并续获盗犯若干之处，迅速具奏。又谕曰：吉庆等奏抢劫官运米船之盗匪窜入长涂北洋，官兵追至该处擒捕，复逃往外洋，等语。浙省洋面距江苏不远，而外洋又紧与山东登莱青一带洋面相对。张诚基现已亲赴上海镇洋等处会同陈大用合力堵拿，如该犯窜入江苏，业经该抚等按名捕获则已。若尚未经拿获，必又逃往东省。亦已有旨谕令玉德督率沿海各员严密堵拿。因思现在甫交秋令，南风尚多，恐该犯等见各省查拿紧急，乘风北上。又窜至天津及奉天一带洋面，亦未可定。天津系属内海，虽向无盗匪。但亦不可不留心防范。至奉天、牛庄等处向多盗案，最易藏奸，尤不可不严加堵缉。并著琳宁、台费音、梁肯堂督饬各海口员弁，一体实力严拿，勿令免脱漏网。将此谕令知之。（《清高宗实录》卷一千四百八十一，乾隆六十年六月戊申，第23—24页。）

169. 乾隆六十年六月己酉又谕

魁伦奏请留海坛镇总兵克什布、暂缓陛见一折。海坛镇为水师要务。现在浙省协济米石。已陆续分运外洋。前据吉庆奏、浙江定海太平等洋面两次拿获盗匪四十余名。盗船闻拿畏惧。驶往北洋逃避。已降旨令沿海各督抚严饬文武员弁，四面兜拿，以期洋盗尽数就获。以靖海疆而彰国宪。该总兵现在闽浙交界洋面、迎护米船。剿捕洋匪。正关紧要魁伦惟当转饬该镇严督弁兵。实力巡缉。勿稍懈弛。该镇瞻觐本无紧要。俟洋盗就获之后。再行来京。亦不为迟。将此谕令知之。（《清高宗实录》卷一千四百八十一，乾隆六十年六月己酉，第29页。）

170. 乾隆六十年七月庚戌又谕

据陈大用奏：本月十九前抵吴淞海口，督拿洋盗。接据都司叶永锡等禀报：十七日早，见有匪船三十余只，从浙洋梅山开行，望江南塌饼门外洋直驶。随率各船迎往，施放枪炮，击损贼船，打毙贼匪多人，各贼靡然，官兵俱皆无事，等语。所奏殊不成话。盗匪船只既从浙洋驶至江南外洋，官兵跟踪追缉，自应将贼匪如何击杀？究竟生擒几人？打毙几人？及官兵如何出力缉捕之处，详悉具奏。乃折内称：各贼靡然，官兵无事。试思官兵捕拿盗匪，当贼四窜之际，尚当察访侦拿。岂当贼船业已遇见反任其潜逸，而官兵转致束手，幸保无事即可塞责。有是理乎！向来洋盗不过偶遇一二行劫商旅船只，今乃于官运米船公然抢劫。且盗船前后共有五六十只之多，似此肆行无忌，日聚日多。且恃有岛屿藏身，岂不又至酿成前明倭寇，关系非小。若不严行缉拿惩治，何以肃洋面而靖地方。昨因吉庆奏到盗匪窜驶北洋，曾降旨谕令苏凌阿于七月初十出伏后，酌量河工可以分身时，前赴上海等处海口严拿。但现在盗船已从浙洋驶至江南塌饼门外洋，陈大用未曾经历戎行，于海洋缉捕事宜，难资倚恃。目下现届末伏，河工有兰第锡、康基田在彼，亦足资分投照料。著传谕苏凌阿，不必等候出伏，于何日接奉此旨。即速起程，前赴上海、镇洋等处海口，严督官兵实力堵拿。苏凌阿系该省总督,该处弁兵等见总督大员亲驻海口督缉,自必更加出力,可期即时缉获。再,前据吉庆奏:拿获盗船有闽右十号字样,自系闽省兵船为盗所劫,可见从前伍拉纳等所奏节次拿获洋盗,俱系虚捏。业经降旨,令长麟等一体购线缉捕,即有窜逸者,非在江苏、山东邻境,即系潜回福建原籍。此事著责成闽浙、江苏、山东各省督抚,董饬所属,上紧严拿。只须分驻各海口,令将弁等往来梭织巡缉,不必亲身放洋。务期将各盗船尽数弋获,净绝根株。如视同海捕具文,致令免脱稽诛。将来获犯后,审出该犯在何省藏匿,惟疏纵之该省督抚、提镇是问,不能稍从宽贷也。将此由六百里加紧各谕令知之。(《清高宗实录》卷一千四百八十二,乾隆六十年七月庚戌,第10页。)

171. 乾隆六十年七月己未谕军机大臣

己未,谕军机大臣曰:张诚基等奏:据巡洋镇将具报,查得闽省匪船自六月十七日被官兵奋击后,当即逃窜,由浙江衢山外洋南遁,官兵在各处岛岙连日遍历巡逻,现今江省洋面并无盗匪踪迹,等语。匪船既向南遁,自必仍往浙江、福建一带。且昨据长麟等奏,游击庄锡舍拿获匪犯陈益等三名,查阅赃单,所开衣物似系浙省被劫米船内物件,是各盗犯见江浙两省查拿严急,已纷纷潜回原籍,著传谕长麟、魁伦、吉庆,即督饬所属上紧严拿,务期全数捕获,勿任一名漏网。长麟、魁伦虽现有清查仓库及审办之件,但缉拿洋盗一事亦关紧要。昨据该署督抚奏称:即分赴沿海各州县盘查仓库,并就近督缉洋匪。伊二人务当董率将弁实力哨捕,不可疏懈。其已获各盗即刻迅速审明,严办具奏。至江苏洋面前已有旨令苏凌阿速往海口督缉。苏凌阿既经到彼,苏州省城事务殷繁,张诚基回署,正可料理一切。但洋面辽阔,盗船既往外洋,烟波浩淼,或南或北,恐非目力所及。安知非巡洋将弁捏称匪船南遁,以为规避之计。著传谕苏凌阿务宜留心稽察,毋任朦混。此事系责成该督抚等办理,若视同海捕具文,致令来往无禁,将来获犯后,审出该犯在何处潜踪,惟疏纵之该督抚、提镇是问。不能稍存宽贷也。将此各传谕知之。(《清高宗实录》卷一千四百八十二,乾隆六十年七月己未,第27—28页。)

172. 山东巡抚玉德奏为严饬沿海文武截拿盗匪事

山东巡抚臣玉德跪奏。为严饬沿海文武截拿盗匪,并亲往督办缘由遵旨复奏事。窃臣于七月初三日承准廷寄,乾隆六十年六月二十九日奉上谕:吉庆等奏拿获盗匪刘润之等供,匪船闻拿,畏惧驶往北洋躲避。向来官兵在洋追捕匪船多至本省交界洋面而止,匪船窜逸邻境,即不复追拿,最为恶习。已飞咨福建、江苏督抚等通饬沿海各营遇盗追赶,即出本省交界洋面,仍须出境穷追。邻省巡船亦即策应堵截,以期遇盗必获,等语。正当如此办理。匪徒在洋为盗,竟敢公然纠众多人,抢劫官米,实属目无法纪,此而不速拿严办,其何以昭国宪而靖海疆。现虽获犯四十余名,但此次盗船共有数十只,其未获之犯为数自必尚多,不可不四路搜捕,以期悉数就获。定海迤北距江苏洋面不远,昨据张诚基奏,亲赴上海镇洋等处同陈大用严饬水师将弁无分畛域,合力兜擒等语。此时张诚基自已早到该处,务当与陈大用严饬员弁实力堵拿,不可因系暂时护篆,存五日京兆之见,以既到海口,即可塞责,完事。再,阅吉庆折内称:匪船逃至长涂北洋,经官兵追至擒获,又逃往外洋。等语。浙省外洋直捷北上,即系山东登、青、莱一带洋面,恐该犯等见江、浙两省查拿严急,又逃往东省,亦未可知。并著玉德严饬沿海地方文武于各要隘一体严密截拿,勿任远飏漏网。总之,此等盗匪现经吉庆、王汇调拨兵船,并选派干役、乡勇先后赴洋购线捕缉。即有窜逸,非在江苏、山东邻境,即系潜回福建原籍。此事著责成闽、浙、江苏、山东各督抚董饬所属上紧严拿,如视同海捕具文,致令兔脱,稽诛。将来获犯后,审出该犯在何省藏匿,惟疏纵之该省督抚提镇是问,不能稍从宽贷也。再,苏凌阿现因在工防汛,未能分身前往,但护巡抚张诚基系属汉人,陈大用未曾经历戎行,于海洋缉捕事宜究恐未能谙习。现在已届末伏,河工有兰第锡、康基田在彼,亦足资分投料理,著传谕苏凌阿酌量察看工程平稳,于七月初十出伏,可以分身时亦即速起程前赴上海镇洋等处,严督官兵实力堵拿,自更有益。将此由六百里加紧传谕苏凌阿等,并谕陈大用、王汇知之,仍将如何设法会拿,并续获盗犯若干之处迅速具奏。钦此。

遵旨寄信前来。臣前接准护江苏抚臣张诚基咨会,闽省匪船乘风北窜,已至浙江定海县外洋,距江苏洋面不远,亲赴上海等处督缉,飞咨一体截拿,等因。臣当即飞行登州镇臣许世臣选带水师营熟谙将弁、兵丁,多备军火、器械出洋侦探,一得匪船踪迹,立即奋力追捕。并飞饬登、莱、青道策丹督率沿海各营县,在于各海口要隘严密堵缉。并恐得江苏之信稍迟,已派委通判都司等官乘船驰赴江南侦探,得有匪船窜入江境之信,星飞具禀。臣一有确音,即驰往登、莱、青一带亲督查拿。当经恭折具奏在案。

今接奉谕旨:据吉庆奏称:匪船逃至长涂北洋,经官兵追至擒获,又逃至外洋,等语。诚如圣谕,该犯见江、浙两省查拿严急,非窜逸江苏、山东邻境,即系潜回福建原籍。查江南外洋有黑水、绿水二名,绿水即界连东省。此等盗匪逸逃北窜,若得邻省策应堵截,自可合力悉数就擒,以彰国宪。臣前准江苏来咨,即飞饬镇、道督率将弁、兵丁侦探堵缉。但恐呼应不能迅速,臣兼管提督文武员弁可以随时酌调,自应前往督率筹办。臣拜折后,即于初四日驰赴登莱一带亲督查缉,俟到彼察看情形及如何设法截拿之处,再行驰奏。合将亲往督办缘由恭折由驿复奏,伏乞皇上睿鉴。谨奏。乾隆六十年七月初四日。(北京:中国第一历史档案馆藏朱批奏折,档号:04-01-01-0466-053.)

173. 直隶总督梁肯堂奏报闽省盗匪胆敢抢劫官运米船事

直隶总督臣梁肯堂跪奏。为钦奉谕旨,恭折覆奏事。窃臣承准大学士伯和坤字寄,乾隆六十年六月二十九日奉上谕:据吉庆等奏:抢劫官运米船之盗匪窜入长涂北洋,官兵追至该处擒捕,复逃往外洋,等语。浙省洋面距江苏不远,而外洋又紧与山东登、青、莱一带洋面相对。张诚基现已亲赴上海镇洋等处,会同陈大用合力堵拿。如该犯等窜入江苏,业经该抚等按名捕获则已。若尚未经拿获,必又逃往东省,亦已有旨,谕令玉德督率沿海各员,严密堵拿。因思现在甫交秋令,南风尚多,恐该犯等见各省查拿紧急,乘风北上,或窜至天津及奉天一带洋面,亦未可定。天津系属内海,虽向无盗匪,但亦不可不留心防范。至奉天牛庄等处,向多盗案,最易藏奸,尤不可不严加堵缉。并著麟宁、台费音、梁肯堂等督饬各海口员弁一体实力严拿,勿任兔脱漏网,将此谕令知之。钦此。等因邮旨寄信前来。

臣查闽省盗匪胆敢抢劫官运米船,窜入长途北洋,及官兵追捕,复逃往外洋。自应速堵拿,立正刑诛,以快人心,而彰国宪。现在甫交秋令,诚如圣谕,南风尚多,恐该犯等闻拿紧急,乘来风北上,或窜至天津、奉天一带,均未可定,不可不严密巡查。臣遵即星飞行知天津镇总兵苏宁阿会同天津道丁湘滢带领干练营弁,前赴交界海面,实力巡逻。并饬山永协副将暨永平府知府遴派员弁、兵役,前往各海口分投侦缉。臣仍时刻留心督饬,不敢稍有懈弛,以仰副圣明谆谆训谕之至意。所有遵奉谕旨缘由,理合缮折奏覆。伏乞皇上睿鉴。谨奏。乾隆六十年七月初四日。(北京:中国第一历史档案馆藏朱批奏折,档号:04 - 01 - 01 - 0467 - 027.)

174. 护理江苏巡抚苏州布政使张诚基奏为会缉洋盗情形事

护理江苏巡抚苏州布政使臣张诚基跪奏。为钦奉谕旨,敬陈会缉情形,仰祈圣鉴事。窃臣于七月初七日接奉军机大臣传谕,内开,奉上谕:吉庆等奏拿获盗匪刘润之等供,匪船闻拿畏惧,驶往北洋躲避。向来官兵在洋追捕匪船,多至本省交界洋面而止,匪船窜逸邻境,即不复追拿,最为恶习。已飞咨福建、江苏督抚等通饬沿海各营遇盗追赶,即出本省交界洋面,仍须出境穷追,邻省巡船亦即策应堵截,以期遇盗必获,等语。正当如此办理。匪徒在洋为盗,竟敢公然纠众多人抢劫官米,实属目无法纪,此而不速拿查办,其何以昭国宪,而靖海疆。现虽获犯四十余名,而此次盗船共有数十只,其未获之犯为数自必尚多,不可不四路搜捕,以期悉数就获。定海迤北距江苏洋面不远,昨据张诚基奏,亲赴上海镇洋等处会同陈大用严饬水师将弁,无分畛域,合力兜擒,等语。此时张诚基自己早到该处,务当与陈大用严饬员弁,实力堵拿,不可因系暂时护篆,存五日京兆之见,以既到海口,即可塞责完事。再阅吉庆折,内称:匪船逃至长途北洋,经官兵追捕至擒获,又逃往外洋,等语。浙省外洋直捷北上,即系山东登、莱、青一带洋面,恐该犯等见江、浙两省查拿严急,又逃往东省,亦未可定。并著玉德严饬沿海地方文武,于要隘一体严密截拿,勿任远飏漏网。总之,此等盗匪,现经吉庆、王汇调拨兵船,并选派干练乡勇先后赴洋购线捕缉,即有窜逸者,非在江苏、山东邻境,即系潜回福建原籍。此事著责成闽浙、江苏、山东各督抚董饬所属,上紧严拿,如视同海捕具文,致令兔脱稽诛,将来获犯后审出,该犯在何省藏匿,惟疏纵之该省督抚、提督是问,不能稍从宽贷也。再,苏凌阿现因在工防汛,未能分身前往,但护巡抚张诚基系属汉人,陈大用未曾经历戎行,于海洋缉捕事宜,究恐未能谙习。现在已届末伏,河工有兰第锡、康基田在彼,亦足资分投照料。著传谕苏凌阿酌量查看工程平稳,于七月初十出伏可以分身时,亦即速起程,前赴上海镇洋等处,严督官兵,实力堵拿,自更有益。将此由六百里加紧传谕苏凌阿等,并谕陈大用、王汇知之,仍著将如何设法会拿,并续获盗犯若干之处,迅速具奏。钦此。

钦遵。传谕到臣。伏查浙省洋面,因有匪徒抢劫,臣接准咨会,即经驰赴海口,督率各地方官,雇备便捷商船三十二只,协同提臣陈大用,节次添派参将徐忠、游击倪定德等分起带领官兵迅速出洋搜捕,并飞饬崇明县选熟悉岛岙,练习水性渔民二百名,交崇明镇臣亓九叙分派各船,侦探协拿,以期得力。查此次盗船共有数十只,为数既多,若非两省弁兵合力夹攻,不免乘隙逃匿。即经会同提臣督饬在洋镇将,无分畛域,出境追拿,务与浙省兵船会合策应,并力兜擒,以杜窜逸。并经节次飞咨浙省,严饬兵船,两面兜捕。因浙省抚、提驻扎台郡,恐文移往返需时,当查江省金山营与浙省乍浦营地界相连,复经专差驰赍公文由海岸径檄乍浦营参将,令将彼此放洋巡缉处所,随时飞速知会,一有盗船踪迹,立即并力围拿。庶水路营汛呼应俱灵,官兵无可诿延,匪犯无从匿迹。今江省原派、添派各兵船共五十余只,将弁、兵丁二千余名。臣前已会同督臣、提臣,移行镇将,由小羊山直赴浙洋,梭织哨捕,实力穷追。臣现在仍至吴淞口一带,严催勒缉,务期遇盗即擒,断不敢稍任疏纵,所有设法会拿各缘由,谨遵旨恭折驰奏。再,江浙外洋与小东洋面通连,臣业于六月二十一日飞咨山东抚臣玉德一体严行堵缉在案,合并陈明,伏乞皇上睿鉴。谨奏。乾隆六十年七月初八日。(北京:中国第一历史档案馆藏朱批奏折,档号:04-01-01-0466-043.)

175. 两广总督福康安广东巡抚臣郭世勋奏为审明闽省行劫洋面盗犯事

两广总督臣福康安、广东巡抚臣郭世勋跪奏。为审明闽省行劫洋面盗犯,遵旨即行正法,恭折奏请圣鉴事。窃照闽省拿获洋盗邓全、吴佑等十余名,奏明解粤质讯。臣等提犯确讯,内有郑全等十二名,实系福建海洋叠劫盗犯,因有金门、虎头山洋面行劫之案,在闽混认粤省崖州老虎头山外洋拒捕,抢劫巡船,冀图咨查延缓,其吴迎等五犯,或系被抢船只押逼、鸡奸,或系同名误拿,被报诬认,实非本案正盗,随据实恭折具奏。一面飞咨闽省查明报案,讯取续获犯供,移复核办。旋奉谕旨,闽粤获有盗犯于何省拿获,即于何省正法,等因。钦此。

并准福建巡臣浦霖咨会:讯明盗首纪日、陈壮及各伙犯等供词,与邓全等在粤所供均属吻合。咨覆办理。兹经臣等督同司道,监提人犯,严加亲鞫。缘邓全、吴佑、陈送、陈进、戴志、刘攀、吕惜、苏法、蔡腾、郑竹、梁麟、吴基均籍隶福建,内邓全、吴佑、陈送于乾隆五十四年,伙同盗首纪日在料罗洋面行劫商船黑枣、草纸、衣服、铜钱,变赃分用。邓全、陈送又于五十五年二月,同纪日在料罗洋面劫掠客船棉花一次。吴佑另同赵春赴盗首纪答船上,在缺仔口洋面行劫棉花船一次。是年三月,邓全、吴佑、陈送另赴盗首纪霸船上,在马巷、磁头洋面劫取客船薯干、粮米、衣服一次。并于六月间随同纪日至金门虎头山洋面劫得客船薯干、米石,分赃各散。其陈进、戴志、刘攀、吕惜、苏法五犯系在盗首陈壮船上伙同陈进、陈用等二十余人在湄洲、崇武各洋面劫取客船布、薯、粮、鱼脯三次。陈用复诱骗吴迎在船鸡奸,押禁在舱,并未上盗、分赃。至蔡腾、郑竹、梁麟三犯均系盗首林央船上伙匪。内蔡腾先同林央在竹屿洋面劫得客船实米一次,又在林朴船上同往大囗洋面行劫客船二次。郑竹另同盗首郑送在不识地名洋面行劫客船薯干一次。至五十五年六月,蔡腾、郑竹、梁麟等同至林央家内,伙同叶锦、许容、郑送等共二十余人,偕往马巷口,见有郑茅小船湾泊,林央等当即抢占,将郑茅及水手许名、蔡越押禁舱底,驶至围头洋面,遇见晋江客船,劫取薯干,连船劫夺,将郑茅小船放还,给与薯干一百五十斤。林央等即驾晋江客船驶至金门虎头山洋面行劫客船薯干,回至澳头,雇觅渔船载回俵分,将晋江船只丢弃,事主驶回。又吴基一犯,系听从盗首纠约上船,与叶锦、吴女等二十余人在南澳洋面行劫艚船食米、红糖二次,分得番银二元而散。此邓全等十二犯在闽行劫之实情也。

嗣因该犯等先后被获,梁麟供出伙盗郑竹姓名,而吴佑又复供得石浔村民人赵春为同伙,致将住居东市庄之赵春,并字音相似之郑祝及赌博客犯卓四一并查拿到案审讯。因邓全、吴佑、蔡有上年六月二十四、五等日,在金门虎头山洋面行劫之语,与广东崖州老虎头洋面,土名、时日相同,起出长刀一把,镌有字号,似系营中军械。又吴佑头颅有砍伤疤痕,问官疑系拒伤参将钱邦彦案内正盗,向其严究,该犯等亦即朦混承认,希图阅查延缓,经闽浙督臣伍拉纳奏明。奉旨:解粤审办。臣等会同确讯,该犯等供吐支离,核与崖州洋面盗案迥不相符,追问洋面、道路,来广月日及上盗初次各情,勒令供出,并监提本案正盗互相质证。该犯等捏编,始据供出在闽叠劫各情,实非崖州拒捕正犯。随经据实具奏。旋即钦奉谕旨,并咨准闽省咨会,审明首伙纪日等供词,与邓全等各犯在粤所供无异,前在虎头山行劫客船,实系福建省金门所属,与粤东老虎头山洋面。远隔三千余里,毫无干涉。所起长刀实系纪日捕鱼捞获,交给吴佑镶配长柄使用,非抢劫军械。陈进前供劫得兰顶铜印,现据该船盗首陈壮供明,并无其事,咨覆办理,声明吴迎三犯应听粤省照例核办。赵春、郑祝讯取供结另咨。等因前来。

臣等旋即监提各犯研讯。据供悉前情不讳。查例载:江洋行劫大盗照响马强盗例立斩枭示。又盗劫伙诱胁随行或行劫止此一次,并无凶恶情状者,仍免死,发遣各等语。此案邓全、吴佑、陈送、陈进、刘攀、戴志、吕惜、苏法、蔡腾、郑竹、梁麟、吴基等十二犯各听从盗首纪日等在于闽省各处洋面行劫客船。自二、三次至五、六次不等,均令依江洋行劫大盗例拟斩立决,枭示。该犯等情罪重大,臣等于审明后,即钦遵谕旨,恭请王命,饬委按察使张朝缙、广州府知府张道源、督标中军副将德敬、抚标中军参将将邓全等十二犯绑赴市曹处斩、正法,枭首示众。仍咨明闽省,在于犯事地方晓谕,以昭炯戒。吴迎年止十九,讯系陈壮伙盗,被陈用诱骗至船,强逼鸡奸,押禁在舱。现提该船盗伙质明,实未上盗分赃。但在船禁日久,并不首告,未便稍有轻纵,应请照诱胁随行,发遣例,量减一等,拟杖一百,徒三年。卓四合依赌博枷号两个月,杖一百例,应枷号两个月,满日,杖一百。郑茅,讯系船只被劫,押禁舱底,但收受盗犯分给薯干,又不呈首,亦属不应,照不应罪,杖八十。以上三犯均即解回原籍,分别充、徒发落。赵春、郑祝系闽省,讯取地、邻人等,供结咨覆到日,另行核办。各案逸犯咨行闽粤两省,一体严缉,务获究办。除全录供咨部外,所有审明正法缘由,理合恭折由驿奏闻,摘缮供单,敬呈御览。伏乞皇上睿鉴。谨奏。乾隆六十年七月初九日。(北京:中国第一历史档案馆藏录副奏折,档号:03-1290-030.)

176. 福州将军兼闽浙总督魁伦等为覆奏事

臣魁伦、臣觉罗长麟、臣姚棻跪奏。为恭折覆奏事。承准大学士伯和珅字寄,内开奉上谕:长麟奏六月初二日行抵漳州一折,内称:闽省正当有事之际,审办盗案后即赶赴省城会同魁伦次第认真整顿,等语。前降谕旨,俟姚棻到闽后将闽浙督篆交魁伦接署,长麟即回两广本任，嗣因闽省缉拿洋盗及清查仓库诸务正关紧要，又有旨谕令长麟仍在彼帮同办理。本日据吉庆覆奏福建地方情形一折，所言皆为公当，吉庆系浙江巡抚，于邻省情形，既知之甚悉，长麟本系浙江巡抚升任，两广两处境壤毗连，伍拉纳等声名大约如何，长麟断无不知之理。现在闽省地方废弛已极，大费整顿清厘。著传谕长麟，即遵续降谕旨留于闽省，帮同魁伦等将应办，一切秉公查办。俟大局完竣，再行奏明起程回粤，不迟。但总当详慎为之，固不可张皇滋扰，尤不可取巧沽名，方为无负任使。所有吉庆折，并著抄寄长麟等阅看，将此谕令知之。钦此。

遵旨寄信前来，又于臣长麟具奏行抵闽省折内奉朱批：伍拉纳声名大约何如。钦此。臣等遵将奉发吉庆原奏详细阅看，其所陈福建地方情形，诚如圣谕，实为公当。至臣长麟系由浙江巡抚升任两广【总督】，于伍拉纳之粗率急躁，浦霖之苍猾巅顶，不能和衷整顿，平日皆有风闻，抵闽后留心访查，亦悉与吉庆所陈无异。至其于弥补亏空一节，尤未见伍拉纳等实心经理，不过诿其权于藩司。而藩司伊辙布人本无能，又复妄作聪明，欲以弥补速效见功，遂不问事例之可否，迁就掩盖，挹彼注此，以致库内各款，纠缠淆混，眉目不清。迄今不惟各属亏空，一时不能条分缕晰，即藩库内共应有若干款，某款应存银若干两之处，亦竟茫无门类可查，若非立定章程，彻底清厘，不能得其确实。臣等现令藩司田凤仪率同候补道府等官先将藩库逐款查明，并饬粮道季学锦协同候补道府数员，将各属亏空账目详细核算。惟头绪纷繁，诚如圣谕，总当镇静详慎。臣等断不敢徒以办理迅速见长，迁就草率，以致不实不尽，又启将来挪掩之端，亦不敢稍有因循，致滋延宕。

再，粮、盐二道库贮、仓储亦应一律盘查。兹于七月初五日，臣等会同亲赴粮、盐二道衙门提取册案，逐款盘验，查粮道仓所管系各县征米，解省按月支放，八旗并各营兵米均属随收随放，除已支未解外，现存仓米一千六十五石零，其库贮米折及宝福局工料等项，现存银一万八千八百一十两零。臣等核与该道季学锦所开清册数目相符。盐道库贮，除已解未完，现在实存正项银十三万六千四百八十七两零，杂款银一万三千八百七十九两零，亦与该署道墙见羹册开无异。惟查该署道所开商人积欠并官运未完等项款目繁多。臣等因思盐课虽非地丁可比，亦应年清年款，即销有畅滞，产有盈绌，如有存留未销之由票，原准带销抵课，但恐有将未完银数虚报已完，或将无著指称有著，现届清查仓库之际，更难保各州县将盐课银两移入仓库项下弥补，致有影射。查盐务系总督专政，臣魁伦虽暂时署篆，尤不敢稍事巅顶，被其朦混，现署盐道墙见羹系署事未经出结之员，亦无虞其回护。臣等现饬该署道赶紧彻底查明，确核官商完欠实数，并分别有无着落归入清查案内一体办理，另行具奏外，所有臣等遵旨清查现办各情形，谨合词先行恭折具奏，伏乞皇上睿鉴。谨奏。乾隆六十年七月十一日。（北京：中国第一历史档案馆藏朱批奏折，档号：04-01-12-0253-056.）

177. 江南提督世袭三等子陈大用奏为拿获海洋匪盗事

江南提督世袭三等子奴才陈大用跪奏。为拿获海洋匪盗、炮械、船只，恭折奏闻事。窃照江省添派兵船堵拿洋盗，节经奴才会同署督臣苏凌阿、护抚臣张诚基严饬在洋镇将带领官兵，无分畛域，实力兜擒。奴才于七月初一日接奉谕旨：当将办理缘由，奏明在案。

今于本月十一日,接据堵缉之苏松镇臣亓九叙咨称:率领捕盗各将弁杨天相等,遵奉在洋分投严捕,于初六日瞭见浙境衢山洋面有大鸟船一只,在彼游奕,当即驾船出境迎探,招查。该船即加篷往南飞驶逃窜,官兵即奋勇追擒至常山南面,兵船分翼兜围,将近盗船。游击杨天相、外委沈春发等带兵飞身跳过盗船,将盗匪打倒,滚下舱底,砍落风篷,随生擒盗犯十二名,并搜获盗船内令字旗一面,铁炮二个,竹盔十个,火药半坛,火类一个,海螺二个,铁子一包,长枪捍三根,挡牌四扇等禁械,并小麦十九袋,白米七袋,黄豆一袋各赃,及幼孩四口。查听各犯均系闽省口音,现在派委官兵一并解送,先行咨报,等情。奴才当即差委员弁带兵,水路往迎,协同护解前来,当将盗犯十二名并炮械、赃物、船只、幼孩等件查验,饬交宝山县严行监禁看管,听候督臣究办。奴才凛遵恩训,严切咨行在洋镇臣、将弁,分投哨捕,出境兜拿,无分疆界,遇盗即擒,务期根诛净尽,洋面肃清,断不敢稍任观望疏纵。所有拿获海洋盗匪炮械、船只缘由,谨会同署督臣苏凌阿恭折由驿奏闻,伏乞皇上圣鉴。谨奏。乾隆六十年七月十一日。(北京:中国第一历史档案馆藏朱批奏折,档号:04-01-01-0467-026。)

178. 乾隆六十年七月庚申谕军机大臣

据苏凌阿奏,添拨官兵船只前赴毗连浙省之小羊山、马迹山一带协同侦缉,等语。已于折内批示。昨据张诚基等奏匪船被官兵奋击后,当即逃窜,由浙江外洋南遁,等语。业经降旨,令该督抚等上紧严拿。闽省匪船既向南遁,自必在浙江附近岛屿藏匿,或仍回福建本籍。即如长麟等前奏,拿获匪犯陈益等三名,赃单所开衣物,系浙省被劫米船内物件,可见该盗匪等见江浙两省查拿严急,俱已纷纷逃回原籍,希图窜匿。著再传谕长麟、魁伦、吉庆即督饬所属,实力严拿,务期尽数捕获,勿任一名漏网。其已获各盗并即迅速审明办理。至洋面辽阔,盗匪出没,踪迹无定。现据长麟等所奏情形,盗匪等似仍逃回福建原籍,江省洋面现无盗匪踪迹,陈大用现督率将弁在海口驻扎,而河工正当秋汛吃紧之际,防守亦关紧要。所有海口情形,陈大用及文武员弁自必随时驰报苏凌阿。著传谕该署督沿途探听,如洋匪现已南窜,苏凌阿即可回至工次,督率防守。如盗匪见闽浙查拿紧急,又复窜入北洋一带,苏凌阿一得禀报,即星赴上海等处海口督缉,亦未为迟。但当认真勤探信息,督率办理,毋得视为海捕具文。此为最要。(《清高宗实录》卷一千四百八十二,乾隆六十年七月庚申,第32—33页。)

179. 乾隆六十年七月辛酉谕军机大臣

陈大用奏,署都司叶永锡等禀报,六月十七日早见有匪船三十余只从浙洋梅山起篷,望塌饼门外洋直驶,迎往施放枪炮,击损贼船,伤毙多匪,向衢山外洋南遁等语。贼船既向塌饼门外驾驶,官兵正当不露声息,或设法诱之使前,以便悉数擒捕。乃甫经望见贼船,相隔尚远,辄先施放枪炮,岂非使贼知觉,得以闻风逃窜,此最为绿营水师恶习。况贼匪踪迹无定,见官兵追拿,或暂在附近岛岙藏匿,待兵船收回,又可潜行驶出,恐南遁之语不足深信。著传谕苏凌阿,即通饬水师将弁等严束官兵,嗣后遇见贼船,务当设法诱擒,不得遥放枪炮,以致贼匪惊窜远飏。或贼船实近,自当施放枪炮,不可拘泥。其有藏匿岛岙贼匪,务当悉行搜捕净尽,勿任漏网。其闽浙、粤东附近洋面省分,所有水师官兵,均著该督抚一体严饬遵办,以重巡防,而收实效。再昨有旨令苏凌阿酌量,如探听江省洋面并无贼踪,仍回清江防汛。今据苏凌阿奏,于亲赴海口之便,就近接署江苏抚篆,其安徽抚篆交与张诚基前往护理。如此一转移间不至鞭长莫及,所想亦可。但折内又叙及前此奏请张诚基办竣科场后,再令赴京陛见,等语。所奏不明。陛见本非急务,张诚基现护安徽抚篆,办理江南监临事务,何必哓哓来京。著传谕苏凌阿,即饬知张诚基于监临事竣,即赴安徽任事。俟汪新到日,伊交卸抚篆,再行来京,亦不为迟也。至目下尚在秋汛,河务亦关紧要,苏凌阿如探明江省洋面实无贼踪,或即遵昨旨回工防汛,该处距苏州不远,于地方一切既可就近照料,而洋面情形,陈大用及镇将等自必随时咨报,苏凌阿再勤加探听。如洋匪或又有由浙北遁信息,即星速前往督缉,亦无虞迟误。(《清高宗实录》卷一千四百八十二,乾隆六十年七月辛酉,第35—36页。)

180. 暂署两江总督苏凌阿奏为遵旨驰抵海口督拿洋盗事

暂署两江总督臣苏凌阿跪奏。为遵旨驰抵海口督拿洋盗并查办情形,恭折具奏事。窃臣前奉谕旨:速赴上海镇洋等处,严督官兵实力堵拿盗犯,等因。遵即于七月初六日自清江浦起程,并将安抚印务请交张诚基护理。臣即兼署苏抚印务各缘由,缮折由驿奏闻在案。十一日,途次无锡县会遇张诚基,即将安、苏巡抚印信彼此交接。兹于十五日前抵上海县之新闸,十六日,至吴淞海口与提督臣陈大用商办一切。是日亥刻,承准大学士伯和珅字寄。乾隆六十年七月初十日奉上谕:张诚基等奏,据巡洋镇将具报,查得闽省匪船自六月十七日被官兵奋击后,当即逃窜,由浙江衢山外洋南遁,官兵在各处岛岙连日遍历巡逻,现今江省洋面并无盗匪踪迹,等语。匪船既向南遁自必仍往浙江、福建一带。且昨据长麟等奏,游击庄锡舍拿获匪犯陈益等三名,查阅赃单所开衣物,似系浙省被劫米船内物件,是各盗犯见江浙两省查拿严急,已纷纷潜回原籍。著传谕长麟、魁伦、吉庆即督饬所属,上紧严拿,务期全数捕获,勿任一名漏网。至江苏洋面,前已有旨,令苏凌阿速往海口督缉。但洋面辽阔,盗船既往外洋,烟波浩淼,或南或北,恐非耳目所及。安知非巡洋将弁控称匪船南遁,以为规避之计。著传谕苏凌阿务宜留心稽查,毋任朦混。此事系责成该督抚等办理,若视同海捕具文致令来往无禁,将来获犯后审出该犯在何处潜踪,惟疏纵之该督、抚、提、镇是问,不能稍存宽贷也。将此传谕苏凌阿等,并谕张诚基、陈大用知之,等因。钦此。

钦遵。臣连日悉心体访,原派巡洋护游击周万清,添派协缉署都司叶永锡,各将弁于六月十七日见盗船从梅山洋面向塌饼门驶至,各即奋勇迎捕,施放枪炮,伤毙贼匪多人,并用炮击裂一船之艄,溺毙盗匪数名。各盗船始转舵窜回浙省外洋,南遁。并查询现泊吴淞口之商船、舵手人等,内有目击官兵攻打盗船者颇多,核之,镇将原禀尚俱符合。现据亢九叙雇觅渔船,驶往外洋探知盗踪,俱寄碇浙省外洋之黄龙、梅子、尽山、衢山等处岛岙,该镇即咨会浙省抚提,速派官兵会同兜擒。臣与提臣接据该镇禀咨,当即严饬带领兵船,无分畛域,出境搜拿,并飞咨浙省迅饬定海镇督率官兵,会同合力兜捕,以冀全获盗匪,安靖海洋。查亓九叙出洋一月有余,不畏波涛,统领兵弁分投于羊山、马迹一带洋面往来哨捕,尚属勇往认真。但洋面辽阔,诚如圣谕,盗船或南或北,恐非耳目所及。安知非巡洋将弁控称匪船南遁,以为规避之计。且亓九叙究系陆路出身,恐于外洋缉捕情形未能深悉。查有现署太湖营副将陈安邦遇事勇往,人亦诚实可信,且系水师出身,熟悉海道,又曾任苏松镇总兵,询以洋面情形,口说指陈,颇属明白。前经臣奏明带赴海口,以备差遣。臣现与提臣会商,雇觅商船,配给兵械,专派该将驶往小羊山等处,协同亓九叙商酌擒捕。并令密为稽察,先后派出各将弁,何员勇往出力,有无畏怯不前,并盗匪现在实系窜匿浙洋何处,随时专差据实密禀,以凭分别查办。臣惟有钦遵谕旨,会同提臣督饬妥办,并留心稽察,断不敢视同海捕具文,一任镇将朦混,致盗犯往来无禁,自干严谴。所有臣抵吴淞海口督捕,钦遵谕旨,查办缘由,理合会同提臣陈大用恭折由驿覆奏。伏乞皇上睿鉴。谨奏。乾隆六十年七月十九日。(北京:中国第一历史档案馆藏朱批奏折,档号:04-01-01-0468-012.)

181. 乾隆六十年七月乙亥谕军机大臣

据苏凌阿奏督拿洋盗一折。内称:原派巡缉游击周万清等于六月十九日,见盗船向塌饼门驶至,即奋勇追捕,枪毙贼匪多人。其余盗船窜回南遁,探知盗踪逃至浙省外洋之黄龙、梅子、尽山、衢山等处,已咨会浙省协同缉拿,等语。前因苏凌阿系该省总督呼应较灵,已降旨仍令该督前赴海口,董率严缉。今据苏凌阿奏盗船已逃往浙省之黄龙、梅子、尽山等处,正可跟踪缉捕。著传谕苏凌阿、吉庆严饬所属,无分畛域,实力缉拿,务期弋获。再前据陈大用奏拿获盗犯,仅发县监禁,并不问供一句,足见无能,已降旨将该提督交部议处。恐陈大用不足倚恃,苏凌阿当严饬水师将弁,倍加留心侦缉,不可视同海捕具文,以致远飏漏网也。(《清高宗实录》卷一千四百八十三,乾隆六十年七月乙亥,第19—20页。)

182. 左都御史署两广总督广东巡抚朱珪奏为拿获海洋盗犯审明办理事

左都御史并署两广总督广东巡抚臣朱珪跪奏。为拿获海洋盗犯审明办理,恭折奏闻事。据署徐闻县知县张中行禀报:会营拿获洋盗林亚妹、任亚九、陈毅、梁潮辅、叶清、陈老三、徐亚养、梁周信、梁广庭、朱日利十名,并被掳服役之黄庭位一名。又据署钦州知州杨景春禀报:会营拿获洋盗郭居世一名,并被掳服役之欧各基、吴亚二、曾捷明三名。又据署石城县知县洪人骅禀报,会营拿获被掳服役之高帼才一名。又据遂溪县知县喻廷中禀报,会营拿获被掳服役之徐亚奇一名,各等情。臣当即饬司委员提省审办。兹据审拟招解前来,臣随提犯,督同两司亲加研鞫。

缘林亚妹籍隶钦州,向在江坪夷地捕鱼度活。乾隆六十年二月二十八日,在墟外撞遇素识之任亚九、陈毅、梁潮辅、叶清,坐谈贫苦。林亚妹起意纠伙出洋行劫,任亚九等应允。林亚妹随纠得高二亚、陈程、亚长三人,任亚九纠得头蓬、二头目、公亚黑三人,陈毅纠得陈亚胜、庞兰哥二人,梁潮辅纠得郭居世、吴川四、亚跛晚、曾虔四人,叶清纠得亚五一人。于闰二月初三日在海边会齐,共伙十八人,买备器械,分挑下船,即时开行。初六日,在吴川县硇洲洋面劫得渔船内鲜鱼;初十日,在南澳洋面劫得白艚船内米、糖、红枣、衣物;二十日,在合浦县冠头岭洋边掳捉陈老三、徐亚养、梁周信、梁广庭、朱日利五人过船入伙;三月十二日,在新安县三水门洋面掳捉欧各基、徐亚奇过船,押令煮饭;二十日,在合浦县冠头岭洋面掳捉吴亚二过船,押令点火食烟;二十八日,在吴川县那箓湾洋面掳捉高帼才过船,押令烹茶;四月十四日,驶回江坪,消卖赃物,又在洋边掳捉黄庭位、曾捷明过船,押令帮同煮饭;二十九日,在不识地名夷洋撞遇客船一只,将船拢劫,客人、船户、水手开驾三板逃走,各犯连船劫夺得有咸鱼、食米、柴薪,随派叶清、高二、头篷二、陈亚胜、郭居世、吴川四、梁周信、梁广庭、朱日利九人驾驶客船随同行劫;五月初四日,在不识地名夷洋劫得白艚船内棉花、茶、油;十三日夜二更时候,在七星岭洋面遇见徐闻县兵巡船从上风追捕,各犯放枪拒敌,官兵施放大炮,将亚陈、头篷二、头目公、吴川四、亚跛晚、亚五打伤落水,林亚妹胸膛亦被轰伤,与任亚九等浮水游走。经徐闻、钦州、石城、遂溪等州县先后会营拿获林亚妹等十七名,究诘,矢口不移,似无遁饰。查例载江洋行劫大盗,立斩枭示,又定例:洋盗案内被掳服役之犯,改发回疆为奴,各等语。今林亚妹等纠伙在洋,叠次掳劫,抗拒官兵,实属目无法纪。林亚妹、任亚九、陈毅、梁潮辅、叶清、郭居世、陈老三、徐亚养、梁周信、梁广庭、朱日利均各依江洋行劫大盗,立斩枭示。该犯等情罪重大,未便稍稽显戮。臣于审明后即恭请王命,饬委署按察使常龄、中军副将新泰将林亚妹等十一犯绑赴市曹斩决,并传首犯事地方示众,以昭炯戒。欧各基、余亚奇、吴亚二、高帼才、黄庭位、曾捷明六犯讯系被掳在船服役,并无上盗分赃情事,应请照例改发回疆为奴。各犯讯无同居亲属知情分赃。其在洋行劫原籍牌头、甲保无从查察,均毋庸议。所获盗船器械分别变价、销毁,各犯供开行劫各案有无事主禀报,容俟查明照例办理。盗犯亚陈、头篷二、头目公、吴川四、亚跛晚、亚五虽据供受伤落水,但生死未定,应于逸犯高二等饬行各该文武严缉,务获究办。所有拿获邻境洋盗各职名,另行查取送部,除备录供招咨部外,臣谨恭折具奏,并缮供单,敬呈御览。伏乞皇上睿鉴。谨奏。乾隆六十年七月二十九日。(北京:中国第一历史档案馆藏朱批奏折,档号:04-01-01-0467-012.)

183. 署闽浙总督觉罗长麟等为特参故纵私带炮械案犯事

署闽浙总督臣觉罗长麟、署福建巡抚将军臣魁伦跪奏。为特参故纵私带炮械出洋案犯,复又捏造卷宗支饰之同知,请旨革职审办事。窃照泉州府海防同知驻扎厦门海口挂验出入船只,遇有形迹可疑匪犯及私带违禁器械均应随时查拿,实力究办,讵有任意纵放捏情支饰如现任厦防厅同知黄奠邦者。缘本年五月十五日夜,闽海关厦门口属排头门税口,差弁富昌巡至火烧屿地方,查验船只内有一号柴船不服查验,当令随带巡役拿获五人,将船押回馆中。在船上搜出刀三十六把,又在火柴下搜出枪炮一门,铁器一件,随将现获杜宗、周三、周林、周回、周别五名同刀炮等物押送厦门口,委员移解厦防厅审讯。讵该同知匿不详报,亦未查究炮械来历,即将刀炮贮库,杜宗等概行释放并捏造先经差役黄靖、江忠协同行户招募乡勇六十名,驾坐小船配带随身枪刀,在于沿海堵缉洋盗。五月十四日,船在灌口前场海面冲礁击漏,遇一柴船救起,并将器械一并搬过柴船,交给杜宗押运回厦,其差役乡勇人等由岸回家等情,移覆海关。当经税口委员苏勒肯禀报前情。臣魁伦即檄调该同知黄奠邦来省,并据署厦防厅同知裘增寿拘获杜宗、周三、周林、周回、周别五犯及厅役黄靖、江忠先后解省,经臣等饬委藩、臬两司审讯。兹据该司田凤仪、李殿图详称:提同官犯人等隔别研讯,据杜宗等坚供:俱系良民。因黄同知出示准带炮械,自制枪炮一门,刀三十六把,雇周三柴船载往厦门,致被海关尽获,并无为匪,亦非接济洋盗,质之厅役,黄靖、江忠金供:黄本官并无差令招募乡勇,协同行户,配带刀械,出洋捕盗,亦无灌口冲礁击漏船只,经柴船救起,并令杜宗押运炮械回厦之事。诘讯该同知黄奠邦,供称:本年春间,各行户呈请援照广东成案,准给炮位,该同知因洋盗充斥,一面通详,未候批示,先即出示,准令携带后,因杜宗被海关搜获解厅,该同知讯明杜宗系大德船上水手炮械,又是捕盗所用,要想释放,故此捏情搪塞,各等语。查军火器械例禁出洋,该同知不候明文,擅行出示准带,已属违例。迨海关盘获私带炮械案犯,并不讯明通详请示,私自纵放,复捏差役招募乡勇,配带刀械,出洋捕盗,各情节,改易卷宗,种种捏混,其故实不可解,显有受贿故纵情弊。该员系现任同知恐有授意欺饰,以致该犯随同徇隐,非革职严审,不能得实供,理合详揭请参前来。臣等检查旧案,该同知通详请带炮械之处,已经前督抚两衙门批饬不准,闽省正当洋盗充斥之际,既经海关差弁拿获私带刀炮人犯,移厅审讯,该同知自应严究是否奸民,有无通盗济匪情事,审明通详,听候批示发落。何得并无只字禀报,擅将人犯概行释放,仅以差役招募乡勇,配带刀械出洋等因,移覆税口委员了事。而诘讯该员,又不据实供吐,似此乖谬狡诈之员,若不严参究办,无以肃功令而靖海疆。相应请旨将厦防厅同知候补知府黄奠邦革职,以便提问案内人犯,严审定拟。除查明该同知任内经手仓库钱粮有无亏挪,另行办理外,臣等谨合词恭折参奏,伏乞皇上睿鉴。谨奏。乾隆六十年八月初四日。(北京:中国第一历史档案馆藏朱批奏折,档号:04-01-01-0465-072.)

184. 乾隆六十年八月壬午谕军机大臣

吉庆奏:盗匪经浙江官兵合力兜捕,仍由外洋南窜,有福建糖船来浙。据该船户称:在福建洋面见有盗船数十只,自北向南逃窜。又盘获镇海县人张达昂供:盗匪欲潜回福建。现飞咨闽省四路围捕,并恐有落后藏匿浙省洋面者,仍饬各镇派配兵船巡缉,等语。浙省洋面盗匪经吉庆董率官兵,出境追拿,盗犯被追穷蹙,纷纷潜窜,所办尚好。现在盗匪既逃至闽洋,自必思潜回原籍,希图藏匿。此等盗匪胆敢抢夺官米,又复劫掠琉球货船,实属可恶,必当悉数擒拿,从重惩办。现经浙省追拿紧急,南窜至闽。著再传谕长麟、魁伦即督率将弁,实力截拿。并于各隘口分投巡查搜捕,以期必获。若长麟等视为海捕具文,致任漏网,必将该督等一并治罪,决不宽贷。仍将近日曾否获有盗船,迅速具奏。又据奏接奉谕旨奏一折内称:不敢从井救人,化大为小,等语。长麟等屡次奏到之折,俱意存迁就,节经降旨严饬。长麟等谅已接奉前旨,自知前奏之折已蹈化大为小之咎,故补为此奏,冀图搪塞掩饰。昨因该署督抚于审拟伊辙布、周经一事,意图将就完事,复有旨严行申饬矣。试思伍拉纳、浦霖二人,岂自认昏愦糊涂,即可了事。乃该署督抚并不切实严究,尚称不敢代为隐饰,此语恐未必然。是伊等不知不觉,竟蹈从井救人之愚,深为伊二人惜之。若长麟、魁伦接奉续降谕旨,能审出伊辙布、周经侵挪库项,并馈送督抚藩司各实情,尚可补救前失。倘始终回护,一经朕另派大臣前往,或将伊辙布、周经解京亲讯,究出确情,伊二人自思当得何罪。且看伊等福量如何耳。长麟、魁伦若具有天良,凛之!慎之!又据讯取姚棻登答折片一件。其所供前在汀漳任内于所属亏空,实无通同舞弊之处,亦未可信。姚棻已经解任,长麟等现又提讯从前汀漳亏空各州县,自无难水落石出。但该署督抚不可又存化大为小之心,自取罪咎。又据奏:刘大懿于带销、盐课银两详报失实一节。前因杨廷理革职拿问,台湾地方紧要,正资熟手,是以就近将刘大懿调补。如该道于饷课以欠作完,另有知情徇隐之处,不止于造报失实,亦即据实参奏,不可瞻顾。再,本日因浙江黄岩镇员缺紧要,岱德现有处分,又不谙水师,已降旨令其解任。原任总兵孙全谋由水师出身,熟谙巡哨,是以令其署理黄岩镇篆。该总兵籍隶福建,并著长麟等饬令驰赴新任,认真缉捕,以收驾轻就熟之益。将此由六百里各谕令知之。(《清高宗实录》卷一千四百八十四,乾隆六十年八月壬午,第6—8页。)

185. 乾隆六十年八月甲申军机大臣等议

署闽浙总督长麟等奏称:闽浙两省设立水师营船,船身笨重,于外洋追捕不如商船得力。请于现有官船内照商船式,酌改百余只。查闽浙设立水师营船,原为海洋巡缉之用,必须轻利便捷。两省现额设官船四百九十五只,该署督等请择已届拆造大修及将届大修者,依商船式,浙省酌改五十只,闽省酌改八十只。其改造工料,即以应支修费及旧船变价充用,应如所请。又称:弁兵奉差出洋,所需口粮,浙省每年有奉裁马干银二万余两可以动用。闽省无项可支,请于藩库酌拨银二十万两发商行息,每年可得息银二万四千余两,以为出洋兵弁口粮之用。亦应如所请。至所称本年闽省水师出洋捕盗,因官船笨重雇备商船,所需船价及弁兵口粮,伍拉纳先后饬提各库银六千五百两,并赏借各营弁兵一月饷银,均未奏明办理,有违定例。请著落伍拉纳照数赔缴。又称:厦门厅垫发船价银八千余两,系于谷价项下垫支。闽县雇备商船船价钱四百四十四千文,尚未发给,请于司库闲款内提银办理。查伍拉纳身任总督,于地方营伍贻误废弛,业经革职拿问。若仅将提用各库银两并派出弁兵一月饷银,著落赔缴,不足示惩。应请将厦门厅发过船价银两,闽县未发船价钱文,一并著落伍拉纳照数赔缴。得旨:依议速行。(《清高宗实录》卷一千四百八十四,乾隆六十年八月甲申,第13页。)

186. 乾隆六十年八月己丑谕军机大臣

吉庆奏琉球货船在洋被劫一案。前经拿获盗犯林玉顶等,供出盗首林发枝、蔡大等曾在温州南麂山外洋行劫,并于所获盗船内起出番衣番布旗等物,是琉球货船其为林发枝等劫去无疑,等语。此案盗犯胆敢在浙江洋面抢夺官米,并行劫外夷货船,实为可恶。必须按名拿获,从重惩治。现在盗首林发枝、蔡大已逃入闽洋,尚未就获。著再传谕长麟、魁伦务即遵照此旨,严饬水师将弁与浙省兵船合力兜擒。并于各隘口派兵役严密稽查,以期必获。毋得视为海捕具文,致令首犯漏网稽诛。但海洋风信靡常,盗犯踪迹往来无定。此时虽已向南窜,安知匪徒等不因闽省搜捕紧急,又思北窜。浙江洋面系吉庆专管,仍著责成该抚董率文武留心侦缉,不可因现回省城,日久生懈。至琉球国货船被劫物件,据吉庆奏,即遵前旨著落失事地方官照数加一倍赔偿,委员解交闽省,给与该夷人收领,等语。并著长麟等于给发时,即令通事传知该夷人等,以此系大皇帝念伊远来被劫,格外体恤,特加一倍给还,俾该夷人敬聆恩谕,回国告知该国王,自必倍深感激也。(《清高宗实录》卷一千四百八十四,乾隆六十年八月己丑,第22—23页。)

187. 署两江总督觉罗长麟奏为特参怠玩巡洋之参将事

署两江总督臣觉罗长麟跪奏。为特参怠玩巡洋之参将,请旨革职枷号,以肃营伍事。窃照水师将备遇派巡洋,必须倍加奋勇,不辞劳瘁,方为无忝厥职。咨据海疆镇总兵特克什布揭称,该镇标署右营游击铜山营参将陈云衢自派委捕盗以来,并不认真出力,前有盗犯张春等匪船在所辖之贼仔澳洋面游奕,该署游击未能察觉,及被金门镇巡船获解,又不能赶赴协拿,将陈云衢议以革职,请参前来。臣查本年春夏以来,盗劫频闻,叠奉谕旨查拿,并经臣节次严行檄饬,谆谆告诫至再至三。乃陈云衢竟敢畏险偷安,不知奋勉,仅予革职不足以昭惩创,相应请旨将署海坛镇游击事铜山营参将陈云衢革职,于沿海地方枷号一年,俾水师各营将备共见共闻,各知警惕,以肃营伍,而整士心。除委员接署外,谨会同署水师提督臣颜鸣汉恭折具奏。伏乞皇上睿鉴。谨奏。乾隆六十年八月二十日。(北京:中国第一历史档案馆藏朱批奏折,档号:04-01-16-0089-061。)

188. 乾隆六十年八月甲辰谕军机大臣

长麟等奏:拿获行劫浙省米船匪犯并各案洋盗,审明办理一折。所有盗犯四十六名俱已正法,余亦照拟完结矣。但闽省前此拿获洋盗,伍拉纳等俱由驿具奏。此案盗犯陈益等系在浙江洋面抢劫官米之犯,尤非寻常洋盗可比。该署督等审明后自应一面将该犯等恭请王命办理,一面由驿奏闻。何得仍照例专差赍递,况运米官船插有旗号,并有官员护送。该犯等胆敢肆行抢掠,即予以凌迟,亦不为过,乃仅问拟斩决,殊属罪浮于法。而盗首林发枝、蔡大等早窜入外洋,何以迄未就获。该署督等折内又未声明如何跟缉,均属疏漏。前因闽省地方废弛已极,是以特令长麟往署督篆,魁伦兼署抚篆,俾资整饬。乃伊等任事之初,即如此懈缓,并不以事为事,殊负委任,是较伍拉纳等更废弛矣。且该署督等节次具奏伍拉纳等供词,及审讯周经情节,意存化大为小,颟顸了事。屡经降旨严饬。初次申饬之旨系七月二十一日由五百里发去,以后谕旨又由六百里发往,计长麟等早经陆续接奉,何以总未覆讯具奏。即或供词一时尚未得实,亦应附折声明,何竟无一字叙及。看来长麟竟因暂时署篆,遂存五日京兆之见。而魁伦又以参办在前,伍拉纳等业经革职拿问,可以将就完结,思做好人,进退无据,皆大不是。长麟、魁伦,著再传旨严行申饬。该署督等务宜亟思湔悔,认真整顿,董饬所属严拿盗首,以期必获。并将审案彻底根究,速行覆奏。勿再因循观望,自蹈重戾。凛之!慎之!(《清高宗实录》卷一千四百八十五,乾隆六十年八月甲辰,第17—18页。)

189. 乾隆六十年八月丙午谕军机大臣

据吉庆等奏匪船复窜浙洋,亲赴督拿各折,已于折内批示。洋面盗匪于远窜之后,复敢潜窜浙洋。吉庆一闻禀报即亲赴台州一带督缉追拿,王汇亦前赴海口督令兵船悉力赶捕。所办尚好。但盗匪往来洋面,肆无忌惮。据折内称八月初六日,遥望外洋有盗船三十余只,在彼游奕。经兵船驶往擒捕,又来盗船十余只,合帮抵拒,等语。是海洋盗船多至数十余只,实为可恶可恨。若不实力严拿,使知敛戢。设日久横行,竟至聚啸岛屿。如宋季之宋江等结成巨盗,于地方洋面大有关系。此事著交吉庆、王汇,竟当亲驻温台一带海口,并知会闽省、江南一体督饬缉匪兵船,实力追拿,悉数擒获,务使根株净尽,毋得稍留余孽,以致盗风渐炽。至吉庆等所奏副将林起凤等望见盗船,前往擒捕,打沉盗船一只,伤毙盗匪数十名。兵船因炮炸损坏,经别船救护,仍带兵攻击。值时已昏黑,未能穷追,等语。盗匪见官兵追捕,逃往外洋,正当奋力穷追,速行擒获,岂可任其远窜,肆行出没。至兵船枪炮原以备捕盗之用,乃施放时竟至炸裂,则平日所谓演放何事?此皆素不经心之故,何以并不查参?又该副将禀报情形亦未可深信,外省搜捕盗匪往往装点捏饰,即如江苏游击杨天相等。现有诬拿商船作为盗船之案,安知该副将林起凤等所禀兵船炮炸损坏后,仍上别船带兵击捕之处,亦非尽确实。并著吉庆等据实查明。若该副将等于炮炸船坏后,如果救护得生,仍上别船带兵搜捕,并打沉盗船,其事属实,自可将功折罪。倘有装点情节,捏词禀报,幸图邀功卸罪等事,即行严参究办,以示惩儆。至吉庆正当督拿盗匪之际,自应以督捕为重。其监临事务,并非紧要,尽可派委藩司代办,何必亲自入闱,未免拘泥。今事属既往,亦不深责。此时亲驻海口,务须督饬弁兵,奋力严拿净尽。此为最要。又据奏海塘沙水情形一折。阅所进图样,北面总未涨沙。范公塘等处塘工,不无著重,甚为廑念。现在吉庆正在督拿盗匪,此事无暇兼顾,竟应交藩司暨管理海防道,务须随时留心,不可稍有疏懈。将此由六百里加紧谕令知之。仍即速回奏。(《清高宗实录》卷一千四百八十五,乾隆六十年八月丙午,第21页。)

190. 山东巡抚玉德奏为实力兜捕洋盗恭折覆奏事

山东巡抚臣玉德跪奏。为遵旨实力兜捕洋盗,恭折覆奏事。乾隆六十年九月初十日,承准廷寄,九月初七日奉上谕:据吉庆奏,官兵连击盗船,伤毙贼匪,仍严督追拿一折。洋面盗匪于远窜之后复敢潜至浙洋,经吉庆等派令官兵奋力兜擒,贼匪连被打伤沉毙,知所畏惧,所办尚好。现据长麟等奏,拿获在洋行劫盗首张初郎一名,其附从匪犯更自不少。此等匪徒往来无定,非藏匿闽省即窜入浙洋,若不上紧缉拿,任其在彼游奕,盗船多至数十余只,日久横行,竟至占处岛屿,结成巨盗,于地方洋面大有关系。著传谕苏凌阿、吉庆、玉德务须实力兜捕,悉数擒获,俾根株净尽,毋得稍留余孽,以致盗风渐炽,方为妥善。将此谕令苏凌阿等,并长麟、魁伦知之。钦此。

遵旨寄信前来,臣查闽省盗匪复敢潜至浙洋,经官兵兜擒,连次伤毙并获首盗其附从匪犯。诚如圣谕,往来无定,自应实力兜捕,悉数擒获,以净根株。臣前在登莱海口会同镇臣许世臣选派官兵,并添雇快捷商船,备带军火鸟枪之外,又制办火弹、铳钩等件,饬令扮作商船,在江苏连界之大沙尖洋面一带往来诱捕。臣恐水师将弁等日久疏懈,复密委干员前往稽查,并时加督饬。现在镇臣许世臣仍驻北茶山,在石岛、里岛各海口往来巡查。前分派各隘口之道员策丹、副将穆维富、宽佟、世征等俱仍驻守巡缉。臣钦遵谕旨,复行严饬沿海文武各员不分疆域,严密侦探,实力兜擒。如有盗匪逃窜北来,悉数追拿,不使一名漏网。现在青、莱各府属有报竣城工,臣即日前往查验,就近再行督饬水陆各员实力严缉,务尽根株,不得稍留余孽,以仰副圣主缉盗安良之至意。所有遵旨饬缉缘由,理合恭折具奏。伏乞皇上睿鉴。谨奏。乾隆六十年九月初十日。(北京:中国第一历史档案馆藏朱批奏折,档号:04-01-01-0466-010.)

191. 乾隆六十年九月甲子又谕

吉庆奏:查明参将李锧船只因炮炸损坏,尚无装点捏饰情节,请将李锧交部议处,兵丁责革,等语。已交部照例办理矣。至折内称盗匪自八月内在南策门、石塘等洋面连被官兵打沉船只,伤毙多名,畏惧逃避外洋,等语。水师恶习往往捏词禀报,所云打沉盗船一只,尚未必属实,何得辄称连被字样。据奏:现值连日南风,恐盗匪乘风北窜,已飞饬舟师自南赴北,探踪追捕,等语。此时浙省要务莫过洋盗,今所获几何,该抚当随时速奏。并督饬将弁奋力严拿净尽,以靖洋面而安地方,毋得视为海捕具文,日久生懈。将此谕令知之。

(《清高宗实录》卷一千四百八十七,乾隆六十年九月甲子,第2—3页。)

192. 兵部尚书并署两广总督朱珪奏为查明捕获洋盗据实覆奏事

兵部尚书并署两广总督暂署广东巡抚臣朱珪跪奏。为钦奉谕旨,查明据实覆奏事。乾隆六十年八月十六日,接准廷寄,钦奉上谕:长麟、朱珪奏拿获洋盗欧阿锭、陈亚乙等审明办理二折,已饬交该部知道。逸盗余亚让、黄亚受等即当严拿务获,毋任远飏漏网。至革职总兵陆廷柱留粤缉盗,据奏连次随同获盗之处,是否系他人拿获后,陆廷柱随同列名具禀,抑系该革镇亲身跟缉拿获之处,并著该抚查明,据实具奏。钦此。钦遵。

臣当即严饬各文武侦缉逸盗余亚让、黄亚受等严拿务获,并再饬确查去后,据署钦州知州杨景春禀覆:本年闰二月初四日,署都司柳胜等捉拿盗犯陈亚乙等九名时,有革职总兵陆廷柱亲丁陆安随同协拿。又据琼州府知府叶汝兰禀覆:本年闰二月二十日,弁兵拿获盗犯李兴茂等十二名,系革职总兵陆廷柱家人陈贵、陈升随同协拿,各等情。并据臬司庄肇奎查覆前来,臣覆加确查,委系该革镇陆廷柱,因有留缉崖州案内逸盗,差丁分往各处跟缉,适遇洋盗陈亚乙、李兴茂等,该丁等随同各地方弁役出力协拿。此案虽非陆廷柱亲身拿获,因前据州营禀报,是以附折声名。乾隆六十年十月初七日。(北京:中国第一历史档案馆藏朱批奏折,档号:04-01-01-0467-018.)

193. 兵部尚书并署两广总督暂留广东巡抚朱珪奏为恭折覆奏事

兵部尚书并署两广总督暂留广东巡抚臣朱珪跪奏。为钦奉谕旨,恭折覆奏事。乾隆六十年十月初八日,承准大学士公阿桂、大学士伯和珅字寄署两广总督广东巡抚朱珪,乾隆六十年九月初二日奉上谕：朱珪奏拿获洋盗审明办理各折，已批该部知道矣。海洋盗匪为害商旅，情罪较为重大，况现当洋盗肆劫，饬缉紧要之时，遇有获盗审办之折，皆应由驿具奏。即非在浙省洋面行劫官米要犯，亦应由三百里，或马上飞递，乃该抚仅差人赍奏，殊属迟缓。现在闽省于办理海洋盗犯辄照常差弁赍递，而于无关紧要事件，转由驿驰报，节经降有饬谕，朱珪何亦不知轻重缓急若此。又，江苏省近有游击杨天相诬拿商船为盗，几至无辜受枉。办理此等盗案，务须详慎研鞫。固不可有意从宽，亦不得任属员等邀功妄拿，或至稍有宽抑。其应行速奏者，仍须由驿奏报，不可照常赍递，致有延缓。将此谕令知之。钦此。

仰见我皇上明刑慎狱，弭盗安民之至意。臣凛遵谕旨，嗣后审办洋盗案件，饬属详细讯究，臣亲加研鞫，断不敢从宽纵盗，亦断不敢任听属员邀功妄拿，以致无辜受累。仍遵旨由驿奏报。臣现将解到洋盗郑亚扬等一案详慎研鞫，由驿具奏，请旨敕下部臣议覆。到日，遵行。谨将钦遵办理缘由恭折覆奏。伏乞皇上睿鉴。谨奏。乾隆六十年十月十三日。（北京：中国第一历史档案馆藏朱批奏折，档号：04-01-01-0467-052.）

194. 福州将军兼署闽浙总督魁伦奏为勘明东冲定海登岸抢劫情形事

福州将军兼署闽浙总督臣魁伦跪奏。为勘明东冲、定海二汛洋面登岸抢劫情形，特参疏玩狡卸之镇将，请旨革审以肃营伍事。窃臣前于漳州回省途次，接据福宁镇总兵乌兰保等禀报：东冲、定海二汛有洋匪仓促上岸抢夺炮械，扰害兵民情事。当经会同护抚臣姚棻恭折奏闻，并声明臣于钦奉上谕饬令审办及清查各事件赶紧料理后，即亲赴该处查勘在案。随于十一月初八日，出省途次，先后接据前委查勘之署粮道庆保等禀称：查得东冲汛离福宁府城一百八十里，该汛依山傍海，三面皆是大洋。居民二十余家，现在塘汛房屋一所、海关稽查税管一间、民房二间均被焚烧。汛据弁兵、居民人等佥供：十月十九日晚间，闻有匪船十余只在媳妇娘澳湾泊，戌刻，进口，经官兵施放枪炮，匪船退出外洋。二十日寅刻，匪船复行进口，蜂拥登岸，约百余人砍开寨门，该汛弁兵共十六人，寡不敌众，被贼抢去鸟枪六杆、腰刀六把，该汛原存炮位十二尊全行劫去，被伤兵丁六名，被掳兵丁一名，并烧毁盐哨船八只，居民当经逃避，并未被贼掳劫情事，与该镇原报大略相同。

其定海汛离连江县城八十里，旧有城垣久经坍损，居民三四百家。讯据兵丁居民人等佥称：十月二十四日，该汛外委郑承恩见船十只，自洋驶入澳内，有人上岸买菜，该外委询问何人，答系李总兵船，知该外委以上司经过，即带兵三名驾坐杉板小船往迎。当被贼匪拘留，即时贼众纷纷登岸，搬枪炮位，居民逃避，贼匪乘势抢劫铺户银钱、衣物，并掳去妇女四名，幼孩二口。该汛原存炮位二十尊，俱被抢失，并抢去鸟枪四杆、腰刀六把，等语。亦与该营县原报相符。该二汛居民于贼船逃逸之后，俱已各安本业。至定海汛外委郑承恩并兵丁三名传闻被贼戕害，并无实据。所有该二汛弁兵现在押解听审。臣随亲至二汛地方抚慰居民，逐加履勘，均与该道庆保等所禀情形无异。惟查据该营所报，被劫炮位或千余斤及数百斤不等，内有数尊镌刻前明年号，其余皆无年号可稽查。

乾隆五十四年，连江、罗源二营所辖虎尾、濂澳等汛俱有被劫炮位之案，经前督臣福康安究出弁兵装伤捏报,并先经遗失,私将旧炮抵补情事,当经奏明严办,并饬查通省似此旧炮尚多,分别销毁存贮。福康安旋即离闽,接任伍拉纳,查出漳州建宁、福州与连江等处掘获枪炮大小二百四十三尊,其中多有镌刻前明年号,且多属年久绣坏,不堪演用之物。此次所失亦难保弁兵等无捏饰装点,及将未经销毁之旧存废炮一并开报之处。但炮位为军中要器,岂容被贼劫去,无论好炮、废炮,均应彻底查明究办。

查东冲系福宁镇中营汛地,额设兵丁九十名。今据该镇原报并现查在汛兵丁实止十五名。定海为闽安协左营汛地,额设兵丁五十名,内派在水汛哨船三十名,在汛防守二十名。今查明除跟随外委被贼拘留三名外,在汛实止有兵六名。以滨海要汛,而存兵仅止如此,更难保无虚冒名粮及得贿包差等弊。臣亲提两汛弁兵人等严鞫,已据东冲汛被伤之兵丁六名供出,因炮位被失惧罪,自行装伤,冀图掩饰,等语。其余各情节供词,均多支饰,未能即得水落石出。除将二汛弁兵等押解赴省,交与司道等公同详细研讯外,所有该管之福宁镇标中营游击吴壮图、中军守备萧明高、署闽安协左营都司事金门镇标左营守备蔡朝思,相应请旨革职,以便提同质讯。

再查,总兵乌兰保原报内称,十月二十日,该总兵闻知东冲汛有贼船在媳妇娘澳湾泊之信,即派令守备萧明高带兵前往,随后又派中营游击吴壮图带兵驰赴该汛。二十日,据汛兵报知贼匪登岸抢劫炮位,该总兵亦即亲身前往,等语。嗣于十一月初三日复据该总兵揭称,于六月间因洋面盗匪充斥,中营所辖地方海口五处,势难兼顾,派令右营游击德恩带兵五十名在东冲协同该汛弁兵防守,乃该游击回营,并无禀报,又不留兵,以致贼匪肆劫,抵御无兵,实属玩误,等语。

兹臣至宁德时,即檄调该游击德恩面讯。据称,前奉本镇檄令,带兵五十名赴东冲防守,旋于九月初间,接据本镇提塘钟玉禀称,据总兵随辕额外外委古逢春奉本镇传谕,以近时海洋平静,无庸堵缉,可以回营办事,该游击德恩遵即带兵回营。至十月二十一日,复奉本镇札调,以东冲地方抢劫炮位,令德恩星速带领本营兵丁即日前往堵缉。至于前次回营系奉总兵传谕等情,与该镇所揭互异。臣当即提取原卷,并传讯外委古逢春及提塘钟玉,供与该游击所禀相同。并面讯乌兰保,亦称曾有前谕,等语。是游击德恩之回营,即系奉该总兵之令。今该总兵于洋匪甫至东冲之时,仅令守备、游击前往,不即亲行防御,已为迟误。而于失事之后,又复将游击德恩揭参,冀图卸责,居心更属狡诈。但该游击德恩既奉本镇调令带兵防守东冲,入秋以来,叠经臣与长麟严檄,北风正盛,恐盗匪窜回闽洋,饬令各镇将严密堵缉之处,不啻至再至三。该游击竟置若罔闻,仅因提塘外委传谕之言,未奉明文,遽行带兵回营,亦属谬妄。查闽省营伍废弛已极,非大加惩创不足以挽积习而肃戎行。相应据实参奏,请旨将总兵乌兰保、游击德恩一并革职,归案审办。至臣受恩深重,数月以来,叠署督抚,未能即时整顿之罪,实所难辞。水陆两提督均有统辖之责,咎亦难免。伏恳圣恩将臣与水陆两提督一并交部,严加议处,以示惩儆。所有查勘东冲、定海二汛洋匪登岸抢劫情形,并特参疏玩狡卸之镇将各缘由,谨会同护巡抚臣姚棻、陆路提督臣玛尔洪阿、署水师提督臣颜鸣汉恭折具奏,伏乞皇上睿鉴。谨奏。乾隆六十年十一月十八日。

(北京:中国第一历史档案馆藏朱批奏折,档号:04-01-01-0466-039.)

195. 盗犯供单

据陈张安供:年二十五岁,余姚县人,父故,有母华氏,无兄弟、妻子,小的向在洋面守桁度日。乾隆六十年八月里同陈思炳、吴阿加并在逃的陈占鳌、周凤鸣、郑果发、童阿来,在小羊山遇见福建盗犯翁宽的船五只。他说:小的们守桁清苦,不如跟他入伙,打劫分赃。小的们允从,到他船上。盗首就是翁宽,约年三十多岁,福建泉州人。还有陈癞头、林老舵、俞老六、詹元元、林头蓬、蒋大汉,也都是福建同安晋江人,其余不记得姓名了。八月十六日,在黄山洋面见一只瓦罐船,翁宽把船驶拢,同小的们跳过船去。那船上的人都往后舱躲避。小的们劫得银钱、被席等物,帮同搬运分赃。九月初六日,在吴山洋行劫客船番茄、棉花等物。十八日,到钳江洋行劫弹船内元银、洋钱、皮袄等物,小的们都随同过船,接赃分用。十月初五日,船至黄礁涂边,见有镇海县船户郑耀祖、舵水周叶正等二十多人,遭风,打破了船在涂边喊救。翁宽问他晓得都是小的们同乡,就叫小的们哄诱上船,吓令他们帮同摇橹煮饭。十二日,又到燕窝洋,打劫客船番茄一次。郑耀祖们都害怕不肯过船接赃,刘老大上岸取水,就逃走了。十六日,遇见盗犯陈言的船二只,白银的船四只。一同行驶。二十日,到定海洋面被兵船连夜追击,翁宽的船被炮打翻一只,小的们的船各自逃散,听得兵船四路截拿,小的们都是本地人,所以就上岸各自逃回。不料被兵役拿获的小的们于八月里才上盗船,那行劫官米以及琉球货船,并拒伤船兵,实没有晓得,也没听见翁宽们说起,就夹死也供不出的。那翁宽船上正盗连小的们实在只有三十多人,其余多是掳来难民,连船占夺。如今他们的船逃往哪里,实不知道。

据陈思炳供,年三十一岁,余姚县人,父母俱故,并无兄弟妻子。吴阿加供,年二十八岁,镇海县人,父母俱故,并无兄弟妻子。又据同供小的们向来守桁度日。乾隆六十年八月里同陈张安们在小羊山遇见福建盗犯翁宽。他说:小的们守桁清苦,邀小的们入伙行劫,就好分赃。小的应允,到他船上。八月十六日,到黄山洋行劫瓦罐船银钱、被席一次。九月初六日,在吴山洋行劫番茄、棉花一次。十八日,在钳江洋面行劫弹船元银、洋钱、皮袄等物一次。十月十二日,在燕窝洋又劫客船番茄一次,小的们都随同过船接赃的。余与陈张安供同。

据郑耀祖供,年四十六岁,镇海县人。周叶正供,小的们上船,逼著帮同摇橹煮饭。十二日,翁宽们在燕窝洋面行劫客船番茄一次,小的们害怕,俱未过船接赃。刘老大因上岸取水,乘空逃去。十六日,遇见另伙盗匪船五六只,连帮行驶。二十日,在定海洋面被兵船连夜追捕,翁宽的船被炮打翻一只,各船四散逃窜,小的们就上岸逃回,被获。小的沈炳信闻拿紧急,就自行赴案投首的。乾隆六十年十二月初二日。(北京:中国第一历史档案馆藏朱批奏折附海盗供单,档号:03-1290-024.)

196. 乾隆六十年十二月庚寅又谕

据苏凌阿奏修造驿站船只一折。系内河应修船只,自应核实办理。因思沿海一带设立水师战船,原为海洋缉捕盗匪之用,全在船身便捷。若过于笨重,岂能追捕贼匪。可见此项战船于外洋追匪捕盗,不能得力。每届修造,需费尤多,徒为承办之员开销沾润地步。

节经降旨,令沿海各督抚将现有官船,照依商船式样,一律改造,以为外洋缉捕之需。著再通饬沿海各该督抚遵照前旨,将此项战船轮届拆造之年,俱照商船式样,一律改造。既于追捕盗匪驾驶灵捷,足资应用。而于修造浮费,亦大有节省。该督抚等务当实力妥办,以归实用而省浮费。将此通谕知之。(《清高宗实录》卷一千四百九十二,乾隆六十年十二月庚寅,第18页。)

197. 福州将军兼署闽浙总督魁伦奏报现在地方洋面情形事

福州将军兼署闽浙总督臣魁伦跪奏。为钦奉训谕,谨将凛遵办理及现在地方洋面各情形,恭折具奏,仰祈圣鉴事。窃臣于十二月十七日在厦门接准兵部递到大学士公阿桂、大学士伯和珅字寄,乾隆六十年十一月二十七日奉上谕:前因福建吏治废弛,盗匪充斥,不可不严整顿。有旨令福康安首逆全行就获后,即由湖南取道驰赴闽省新任,以资镇抚而靖海疆。本日据福康安奏,擒获紧要贼目,并督兵痛剿抗拒苗匪情形,虽成功在迩,但擒获首逆后搜捕余党及一切善后事宜尚须福康安帮同和琳悉心经理,方可一劳永逸,是福康安赴闽尚需时日。魁伦现署督篆,所有缉捕洋盗,整饬地方诸务,均应董率所属,认真查办。若福康安未到任以前设有废弛因循,魁伦是问。慎不可因有前旨,遽存五日京兆之见,致负委任。将此谕令知之。钦此。

遵旨寄信前来,等因。承准此,臣跪读圣训,不胜感激愧奋。伏念臣自本年五月以来叠权督抚,每念受恩深重,未效涓埃,于地方一切事件无不实心体察,实力办理。现当缉捕洋匪,整饬吏治吃紧之际,又何敢以前奉谕旨,知福康安不日即可抵闽,稍有懈怠。兹蒙圣主格外生成,训诫谆谆,臣惟有益当倍加感奋,董率所属,于地方诸务认真查办。不但福康安未到任以前不敢遽存五日京兆之见,即福康安抵闽,臣将督篆交卸后,亦断不敢置身事外,有负圣恩。

查现在漳、泉二府,民情均甚宁帖。至洋匪情形,臣于本月初四日抵厦门后,又据报获多名,现已审明办理,汇案具奏。近日,泉州、厦门、铜山、诏安一带俱无匪艇游奕,并据委缉各将弁禀报:闽省舟师业经追过悬钟、南澳洋面,于表头、大莱芜、小莱芜各海岛,遍加搜捕,该匪艇等俱乘风远窜。除再飞咨粤省,并力兜擒外,仍严饬护南澳镇总兵许廷进、署铜山营参将李长庚等带领兵船于粤闽等洋堵缉合捕。署水师提督颜鸣汉已于十七日旋厦,臣与其面商南洋缉捕事宜后,颜鸣汉仍于南澳、铜山、厦门各海口往来堵缉。

臣复严饬沿海各营县不可以洋匪现已敛迹,稍有疏懈,务期有盗必获。惟据温州府禀报:现在浙、闽二省大队舟师四路兜捕,该匪等俱逃窜闽、浙交界之外洋,往来出没。并接浙江抚臣吉庆来札,现拟亲赴温台等处督拿,等语。臣当即飞饬北洋委缉之总兵特克什布、署参将潘韬、庄锡舍、护副将胡振声等各率所领兵船,齐赴该处堵截会捕。复檄调护游击陈名魁等带领兵丁、乡勇严速赴北洋协同合剿。臣于审办各案后,即由厦门起程,亲赴同安、泉州、惠安、兴化各海口巡查,约于新正初五前后回省料理一二日,即驰赴福宁、温州一带,会同吉庆督饬会剿,并设法弋获盗首林发枝等,务尽根株,以冀仰副皇上绥靖海疆之至意。所有钦奉谕旨,凛遵办理,并现在地方洋面各情形,谨恭折具奏,伏乞皇上睿鉴。谨奏。乾隆六十年十二月十八日。(北京:中国第一历史档案馆藏朱批奏折,档号:04-01-01-0468-002.)

年月不详

198.《天下沿海形势录》选录

庙湾南,自如皋、通州而至洋子江口,内狼山、外崇明,锁钥长江,沙坂急潮,其概相似。而崇明上锁长江、下扼吴淞,东有洋山、马迹、花脑、陈钱诸山,接连浙之宁波定海外岛。而嘉兴之乍浦、钱塘之鳖子、余姚之后海、宁波之镇海,虽沿海相联要疆,但外有定海为之捍卫,实内海之堂奥也。惟乍浦一处滨于大海,东达渔山,北达江南之洋山、定海之衢山、剑山,外则汪洋。言海防者,当留意焉。江、浙外海,以马迹为界;山北属江,山南属浙,而陈钱外在东北,俗呼尽山;山大澳广,可泊舟百余艘。山产水仙,海产淡菜(蚌属)、海盐(即小鱼)。贼舟每多寄泊,江、浙水师更当加意于此。南之海岛,由衢山、岱山而至定海;东南由剑山、长涂而至普陀。普陀直东之外,出洛迦门,有东霍山;夏月贼舟亦可寄泊,伺劫洋舶回棹,且与尽山南北为犄角。山脚水深,非加长碇缆不足以寄。普陀之南,自崎头至昌国卫,接联内地;外有韭山、吊邦,亦贼舟寄泊之所。此皆宁波郡属。

自宁波、台州、黄岩沿海而下,内有佛头、桃渚、崧门、楚门,外有茶盘、牛头、积谷、鲨壳、石塘、枝山、大鹿、小鹿,在在皆贼艘出没经由之区;南接乐清、温州、瑞安、金乡、蒲门;此温属之内海。乐清东峙玉环,外有三盘、凤凰、北屺、南屺而至北关以及闽海接界之南关;实温、台内外海径寄泊樵汲之区,不可忽也。

……

南澳东悬海岛,捍卫漳之诏安,潮之黄冈、澄海,闽、粤海洋适中之要隘。外有小岛三:为北澎、中澎、南澎,俗呼为三澎,南风贼艘经由暂寄之所。内自黄冈、大澳而至澄海、放鸡、广澳、钱澳、靖海、赤澳,此虽潮郡支山入海,实为潮郡贼艘出没之区;晨远飐于外洋以伺掠,夜西向于岛澳以偷泊。而海贼之尤甚者,多潮产也……中国洋艘不比西洋呷板用浑天仪、量天尺较日所出,刻量时辰,离水分度,即知为某处。中国用罗经,刻漏沙,以风大小顺逆较更数。每更约水程六十里,风大而顺,则倍累之;潮顶风逆,则减退之。亦知某处,心尚怀疑,又应见某处远山,分别上下山形,用绳驼探水深浅若干(驼底带蜡油以粘探沙泥),各各配合,方为确准。独于七州大洋、大洲头而外,浩浩荡荡,无山形标识。风极顺利,对针,亦必六七日始能渡过,而见广南咇哗罗外洋之外罗山,方有准绳。偏东,则犯万里长沙、千里石塘;偏西,恐溜入广南湾,无西风不能外出。且商船非本赴广南者,入其境,以为天送来,税物倍加,均分犹若不足。比于红毛人物两空,尚存中国大体。所谓差毫厘,失千里也。七州洋中有种神鸟,状似海雁而小,喙尖而红,脚短而绿,尾带一箭长二尺许,名曰箭鸟。船到洋中,飞而来示,与人为准。呼是,则飞而去。间在疑似,再呼,细看决疑,仍飞而来。献纸谢神,则翱翔不知其所之。相传王三宝下西洋,呼鸟插箭,命在洋中为记。

(陈伦炯:《海国闻见录校注》卷上,郑州:中州古籍出版社,1984年,第20—24页。)

199.《论南田山开垦状》

接奉宪札,以浙江宁波、台州两府联界地方,有南田一处,向系禁山。访闻该处现有男妇老幼四五千人,草蓼一千五百余间,已垦山田平地约共三万余亩。若必执封禁成案,尽数驱逐,此等皆无业穷民,一朝失所,生计全无,恐致流为匪类。兼虑散而复聚,不能遍历各处港岙,时时防守,必须熟筹日久堵截之法。并为该民人等妥议安顿,方免将来滋生事端。奏派本司俟渔汛一毕,即选带明干员弁,亲赴该处周历查勘。筹议详复,以凭核办,等因。旋奉朱批:此系必应办理之事,查后,悉心妥议,务期经久无弊,方为至善。钦此。本司遵于七月十二日带印起程,于二十三日抵石浦,带同委员人等,于次日一早渡港,十里抵长山觜,为入南田初境。山势绵亘,进山一里,方见草蓼,零星散处。随即按里挨查,其所种多系蕃茄,亦间有平田。由此而进,路径崎岖。地名大小百丈,草房较多。其旁为黄金坛,均有开垦之处。又进为樊岙之中岙,系入大南田总路,地势平旷。其旁为石门,岭脚开田颇多,草蓼亦渐稠密。再进为大南田,乃此山膏腴之区,穷民来此开田之山最为繁伙,间有筑塘者。其毗连岛屿,曰螺丝岙,曰马童岙,俱系沃壤,开垦亦多。又有岙名小南田,山势逼仄,井垦无多。又进为金漆门,山势陡峻,苍厓峭壁。其下直接外洋,旁有海涂,开垦山粮平田,是为南田山极处。又转至林门,系大南田之西,沿港一路甚长,谓之林门掘港,山土尚厚,地多开垦,其下海涂亦宽。计查南田山内十一岙,共垦户一千五百七十四家,男女共四千零九十八口,山地平田共一万三千三百十六亩零。自长山觜以南,至金漆门,约斜长五十余里,广约三十余里不等,皆连山共土,并不隔港,总名南田山。自八月初一日渡港,查附近南田之山共七岙。曰大小乌岩,即珠门山,与大小蛤蜊山势相连,去林门港仅二三里,地势甚狭,搭蓼住者零星数户,每户所开自数亩至十数亩而止。曰箬鱼山,与打鼓寺、合电门各为一山,旧绘为一岙,殊谬,其山甚小。曰花岙,即大佛头,山虽雄秀,地颇瘠薄,并无平畴,山前后亦有搭蓼开垦者。曰蟹礁头,长有十四五里,山下有海涂平地,穷民开垦渐多。曰鹁鸪头,山内有大塘、小塘、坦塘、白箬塘,地颇平坦肥饶,开垦亦多。山虽只有十六七里,而人烟稠密,衡宇相望。曰花屿湾,居人稀少,惟山之半坡,亦间有开垦者。以上七岙,共垦户八百三十八家,男女二千三百八十九口,山地平田共三千三百八十六亩七分,系在南田山以外,向亦封禁,其长约五六十里,岛小地窄,不能多聚人丁,亦不能多种田亩。本司查看之时,并细为询问,皆系无业贫民,临海黄岩县人居其大半,温州、平阳居十之二三,象山虽附近,转不过百余人。有祖孙父子数世在山开垦者,有三四十年、二三十年不等者,皆携有家室,间有不带眷属者。皆依栖南田山内耕种,所以近年来开田渐广。外来游棍,每于秋收后聚集匪徒,肆行强割,穷民甚以为苦。因在封禁山内私垦,有干例禁,不敢控官究治。本司亲历各岛岙,察看情形,开田已有一万六千七百余亩,人众已有六千四百余丁。由来已久,若不因地因时,筹度久远之策,转虑贻患将来。惟地处海疆,久经封禁,必须统观形势,扼其要隘,庶防守严密,而后安顿穷民,始非苟且姑息之谋。本司查南田山南面之金漆门,为春冬渔汛渔船毕集之所,直达闽广外洋,其地最为险要。又,长山觜为入南田北面门户,斜对下湾门外洋海口,亦属险要。大南田地势广阔,随处可以开田,系属居中扼要。东面大小百丈之间,黎头山为南田左臂。西面林门岙,逼近林门港,为南田右臂。其附近林门港之蟹礁头、鹁鸪头、花岙等六岙,皆以林门为控制。附近长山觜之花屿湾,以长山觜为控制。此南田之大局形势也。(贺长龄、魏源编:《皇朝经世文编》卷三十四,户政九,第55—57页。)

200. 闽浙总督伍拉纳奏报拿获洋盗事

再,查闽省先后拿获行劫浙江兵船盗犯共首伙二十八名,现俱审明正法。其广东戏官盗犯,前据拿获邓全、吴佑二名,恐有尚须质讯之处,经臣将咨查粤省缘由恭折奏闻在案。臣因各逸盗闽人居多,乘此陆续潜回之际,尤宜不遗余力急速搜拿,以免远遁。复经严切督催去后,兹又据各营县报获:浙江劫船案内洋盗蔡市等十五名,广东戏官案内洋盗梁麟等十五名,经臬司王庆长在泉州讯据供认行劫各兵船不讳。并获另案盗匪二十余名,现在委员迎提,容俟到省,臣再悉心确究,分别办理。一面仍札谕该司会同提臣督饬文武不动声色严密购线,将未获凶盗上紧侦缉,务期按名全获,不使稽诛漏网。臣惟有大加惩创,庶匪徒稍知畏法。合并附片奏闻。谨奏。【乾隆朝】(北京:中国第一历史档案馆藏朱批奏片,档号:04-01-01-0438-006。)

201.《漕粮兼资海运疏》

特设总督海运大臣一员,驻扎上海崇明等处,兼督三省水师军务。将江南、浙江、山东水师官兵,改归统辖调遣,巡哨诸洋。三省海洋盗案,专其责成。裁去崇明总兵官,设海督标中军副将一营,左、右、前、后游击四营,分拨弁兵押运。以二月半春分前后运起,八月而止,各运至天津交卸。其运船以闽广赶缯为主。缯尖底之船,由崇明三沙放洋。东行尽山、花岛,在五沙头直放黑水大洋。取成山转西,经刘公岛、登州沙门岛、莱州大洋,入界河以至天津,顺风不过八九日。若用江南沙船,则由崇明溯淮、胶,皆在内洋行走。内洋多沙洲浅角,惟平底沙船可行。沙船所载甚多,但用布帆,止可顺风驾驶。若迎风逆涛,则寸步不能以进。倘一年间运一次,亦可用也。臣又有臆创之见,沙船可行之道,则台湾艍板头船,于此处最为相宜。其船式短阔,止载六七百石,入水不深,轻快稳便。不论内洋外洋,不论风涛顺逆,俱可无虑。欲运漕粮数多,此船似不可少。宜于江南开厂,分造赶缯、艍板头等船,招募闽广舵工水手,给以军粮,令其驾运。海船与河船不同,河船畏浅宜于轻,海船畏飘宜于重。河漕室家妇子团聚舟中,海漕舵工水手皆只身数千里外,不能无内顾之忧。须于每船载满,量留一二百石余地,许舵梢搭载私货,体其情而恤其劳,自无不踊跃从事。且南方货物皆可骈集京师。而回空之船,亦可载北货以资江浙。上下海关,俱可多征税课。尤裕国裕民之道也。每船安置大炮、子母炮数位,鸟枪、火药、搭钩、牌刀足用,若遇贼船,便可顺手擒获。臣深知海洋宵小伎俩情形,断断不能为患害也。伏思海运最为便捷,节劳省费,而向来无有筹及者,一则由不知海道,一则畏风涛漂溺,一则虑在洋盗劫。今数者俱可无虞,且不独粮艘宴安,凡商民皆蒙其福,是诚可行者也。况艍板头船一设,可以无处不入,天下岛澳险阻,皆坦然在掌握之中。是海督水师甲于天下,而京东有万里金汤之势矣。臣思天下舟楫之利无如闽广,而江南则逊浙江,山东又逊江南。海洋万里不啻同室,天下之船皆可直抵山东。日本琉球,亦不过一水之便。京东畿辅近地,海口宏开,无阛阓之隔。今幸睿虑周详,设立天津水师,此元明两朝所未及者,万年久安长治之大庆也。若再行海运,设海督联合山东、江浙为京东一大水师,内可以廓清洋盗,外可以镇压诸彝,上可以飞挽漕粮,下可以流通百货。惟皇上宸断举行,则天下万世幸甚。(贺长龄、魏源编:《皇朝经世文编》卷四十八,户政二十三,海运,第19—21页。)

202.《浙江海图说》

浙江之蒲门所北关起,至乍浦与江南金山卫相交界止,内外海面水程计有二千余里。除宁波之慈溪,绍兴之余姚、上虞、萧山等县并杭州、嘉兴至乍浦沿海各卫所港澳,乃系内海哨船少行之道,不图细详。而自蒲门所北关起,至定海县所属之金塘山止,共作二十二站,皆系外海。至于其间行船来往,较之闽海,大率相类不远。但此亦就其常者而言。若或天时有异,飓风巨浪,则又未可拘于一定也。(俞正燮:《清初海疆图说》,台湾文献史料丛刊第155种,第25页。)

203. 浙江海防地理形势

浙江东南境濒海者,为杭、嘉、宁、绍、温、台六郡,凡一千三百余里。南连闽峤,北接苏、松。自平湖、海盐西南至钱塘江口,折而东南至定海、舟山,为内海之堂奥。自镇海而南,历宁波、温、台三府,直接闽境,东俯沧溟,皆外海。论防内海,则嘉兴之乍浦、澉浦,海宁之洋山,杭州之鳖子门,绍兴之沙门为要。论防外海,则定海县与玉环厅皆孤峙大洋。定海为甬郡之屏藩,玉环为温、台之保障,尤属浙防重地。定海之东,其远势罗列者,首为海中之马迹山。山北属江苏境,山南属浙江境,而五奎山亦为扼要。陈钱山则在马迹之东北,山大而隩广,可为舟师屯泊之所。迤南经岱山、普陀山,出落迦门,至东霍山,与陈钱山南北相为犄角。其南有昌国外之韭山,均可驻泊舟师。自宁波而南,内有佛头、桃渚、松门、楚门诸山,外有茶盘、牛头、积谷、石塘、大小鹿山,为温、台所属水师会哨之所。由玉环厅而更南,历渔山、三盘、凤凰、北杞、南杞而至此关,则接闽省防地矣。(赵尔巽主修:《清史稿》卷一三八,志第一一三,第4109页。)

204.《何定江传》

何定江,广东香山人。乾隆四十五年武进士,授三等侍卫,在銮仪卫行走。五十二年,拣发福建以都司用。五十五年,补长福右营都司。在马家港擒洋匪蔡民等十二名,经闽浙总督伍拉纳奏入,奉旨:交部议叙。五十六年,升水师提标左营游击。六十年,升督标水师营参将。嘉庆四年,升澎湖水师营副将。五年四月,总督玉德派领兵船赴浙洋会剿洋匪蔡牵,并追击遭风余匪。驶至闽、浙交界之烽火营洋面,适蔡逆自浙折回,定江于百丈洋面击沉盗船一只,拿获盗船一只,盗匪侯涂等十四名,其余枪炮击毙及落水淹毙各匪不计其数,并获大小炮七座,刀矛数十件。奏入,报闻。十月,擢金门镇总兵。六年二月,在四礵洋面追击盗船,抛掷火球,毁其一船,擒陈标等三十四名,获铁炮四,藤牌四,刀六,火药十筒。三月,追击蔡逆于南日澳外洋,匪船窜逸,在后者尚返篷抵拒,官兵枪炮齐发,船破,歼毙多名。七年十月,追捕蔡逆于崇武洋面,擒盗首玉宽等三名,余匪中伤落水者甚多。八年七月,丁母忧,回籍。……十三年七月,授浙江提督。八月,蔡牵、朱渍二逆勾结一处,在东北外洋分合游奕。定江及总兵童镇升、李景曾各带兵船集定海洋面,相机攻剿。旋因蔡、朱二逆已合复分,定江具报浙江巡抚阮元称:此次在莲花峰洋,见蔡逆船只尚在北首,因未知与朱渍是分是合,恐其设计牵诱,未便轻率进攻。奏入,上以官兵岂有见贼不剿之理!似此迁延怠缓,其为见贼躲避无疑。命闽浙总督阿林保、阮元一体确查。如果定江畏葸属实,即著据实奏参。九月,阮元奏:蔡、朱二逆合帮北窜,同泊尽山花岛之深洋。忽而朱逆分帮折回,定江等率师拦击,朱渍当即南驶,蔡逆在北,尚隔数潮。定江因闻闽省舟师自南前来,相距不远,欲俟其到时,合帮过北,以期夹击制胜。随即偕闽师迎捕蔡逆,首先率众追及,歼毙多贼。定江尚非畏葸,遇贼不击,惟先以二逆分合未定,恐其牵诱之疑,设想措词,实为错谬。请将定江交部议处。上加恩宽免。十二月,剿捕蔡逆,自闽至浙,追抵温州,病卒。(李桓编:《清耆献类征选编》卷三百二,《清代传记丛刊》第43册,第331—336页。)

205.《蓝元枚传》

蓝元枚,字简候,福建漳浦人,提督廷珍孙。父日宠,官福建铜山营水师参将。元枚袭三等轻车都尉世职。乾隆三十一年,命发广东,以外海水师参将用,补海门营参将。累迁总兵,历台湾、金门、苏松三镇。四十九年,授江南提督。五十二年正月,台湾民林爽文为乱,命元枚驰驿往泉州,署福建陆路提督,驻蚶江策应。至福州,奏言:师渡台湾,乱民溃散,虑入内山与生番勾结。上谕令速捕治,俾尽根株。水师提督黄仕简率兵讨爽文,坐逗留夺官,以命元枚,并赐孔雀翎,授参赞,趣率兵渡鹿仔港,会总督常青进讨。六月,元枚率兵次鹿仔港,与总兵普吉保师会,即夜,师分道自柴坑仔、大武陇入,杀贼甚众。上嘉之,赐双眼孔雀翎。(赵尔巽主修:《清史稿》卷三百二十八,列传一百十五,第10896页。)

206.《张见升传》

张见升,广东东莞人。由行伍渐擢千总。乾隆五十七年,升海澄协左营水师守备。六十年,擢龙门协右营都司。嘉庆元年,署碣石镇标中营游击。三年,升福建铜山营参将。五年四月,升浙江瑞安协副将。十一月,调福建台湾水师副将。七年三月,擢福宁镇总兵。八年七月,洋匪蔡牵窜入浙江洋面,总督玉德派见升与副将蔡安国在箬塘、浮鹰等处洋面分布巡防。十年六月,上命提督李长庚专剿蔡牵,见升等带舟师策应。十一年四月,会副将邱良功船巡至淡水、沪尾洋面,瞭见洋匪朱渍帮船四十余只,奋力围捕,击毙贼匪多名。七月,蔡牵匪船窜入鹿耳门洋面游奕。见升与副将王得禄、邱良功四面攻击,夺获贼船十只,击沉十一只,生擒贼目林略、傅琛二名,匪伙二百余名,割取首级一百余,击毙淹毙者一千六七百名,搜获旗帜、鸟枪、器械无数。上嘉其冲入贼阵,奋不顾身,加提督衔,赏带花翎并四喜玉扳指、大小荷包。总督阿林保奏兵船配定,统之熟悉洋面之员。上以见升在水师将领中出色,闽省新雇商船五十只,著专交其管带。八月,擢福建水师提督……十三年正月，率舟师进剿蔡牵，瞭见龟龄洋面有匪船大小六十余只，与总兵许松年督兵攻击，击沉匪船二只，焚毁一只，拿获两只，生擒贼目王瑞、郑阿由等五十五名，夺获炮械一百三十余件，余匪四散奔窜。二月，在粤洋督师击蔡牵坐船，轰毙贼匪甚众。四月，偕总兵黄飞鹏等兵船驶抵大星洋面，瞭见土匪船三十余只在外洋游奕，即督师于芒屿、牛脚川等处击捕，夺获盗船九只，烧毁一只，生擒一百三十二名。五月，于柑橘外洋遇粤东匪船十余只乘风窜至，率众攻击，生擒盗犯十七名，起获炮械四十三件。旋以兵船低小，收泊铜山修理。朱渍匪船由粤窜入闽洋，不能即时擒获。经阿林保劾其距匪船甚近，借口修葺船只，观望迁延，请旨严加训饬。谕曰：张见升身任水师提督，海洋捕务是其专责，且经奏明剿办朱渍帮匪，竟敢观望迁延，任令朱渍抢掠游奕，实出情理之外。前此李长庚捕贼受伤时，张见升同在粤洋，并未闻有就近救援情事。经朕逾格施恩，不遽加之责备。并因其在洋接仗，给与甄叙，方冀仰邀鼓励，倍形奋勉。今距匪甚近，观望迁延，若不加以惩创，何以肃军纪而靖海疆！张见升著革职拿问。经将军赛冲阿、巡抚张师诚会审，拟斩监候。十六年五月，谕曰：已革水师提督张见升，前因剿捕洋匪不力，革职拿问，拟斩候。查阅原案，因屡被风阻，不能前进，以致盗匪远飏。核其情罪，与有心逗遛观望、失误军机者，尚属有间。是以屡次秋审，俱邀宽宥。姑念监禁有年，予以自新之路。张见升著加恩赏给千总，发往福建水师营效力，以观后效。十七年，补提标左营千总，旋升水师协左营守备。十八年十二月，卒。

（李桓编：《清耆献类征选编》卷三百六，《清代传记丛刊》第43册，第671—675页。）

207.《冯建功传》

冯建功，江苏宝山人。由行伍，拔补吴淞营外委。乾隆三十七年，升把总。三十八年，升千总，旋调川沙营千总。四十一年，升狼山镇标右营守备。五十年，升南汇营都司。五十二年，台湾逆匪林爽文不靖，大兵赴闽征剿，建功以督运军粮办理迅速，下部优叙。五十四年六月，缉获邻境盗犯潘飞等三名，治罪如律。九月，迁京口水师左营游击。嘉庆元年，随黄岩镇总兵岳玺追捕海盗于黄属洋面，贼窜大陈山。建功追击之，首先跃上贼船，生擒蔡量等六名。四月，偕游击吴奇贵击贼于披山外洋，歼毙洋匪无数，复驶至大陈山搜获余匪林阿春等五名，并通盗接济之林窗等四十二名，沉其船一，获器械无算。寻，升瑞安协副将。四年六月，调台湾水师副将。十一月，授金门镇总兵。五年，因病陈请开缺，回籍调理。允之。六年三月，病痊，赴部引见。得旨：著记名，遇缺补用。八月，补广东碣石镇总兵。七年八月，归善县会匪蔡步云等聚众抢掠，建功督兵会拿，获匪犯方振思等八十八名。十月，复带兵赴高潭等处搜获余匪刘亚凤等十九名，均置之法。八年正月，两广总督吉庆劾建功办事软弱，难胜要缺总兵之任。上谕令以简缺总兵，酌量调用。旋经署两广总督瑚图礼奏言：广东水师各镇均属繁剧，实无可以对调之缺。谕曰：冯建功于海疆专阃，人地未宜，著送部引见，再降谕旨。五月，赴部引见。得旨：著以别省副将用。十月，补安徽安庆营副将。十一年，兼署寿春镇总兵。十二年，因病解职。十六年，卒。（李桓编：《清耆献类征选编》卷三百五，《清代传记丛刊》第43册，第533—535页。）

嘉庆朝

嘉庆元年（1796 年）

1. 福州将军兼署闽浙总督魁伦奏报洋面现在情形事

福州将军兼署闽浙总督臣魁伦跪奏。为钦奉谕旨,谨将洋面现在情形并各属均得透雨缘由,恭折具奏,仰慰圣怀事。本年二月十五日,由驿递回朱批奏折,并承准大学士公阿桂、大学士伯和珅字寄。嘉庆元年正月二十五日,奉上谕:魁伦等奏:查办洋盗林发枝(即李发枝)等家属一折内称:近日南洋各口岸,商贩流通,洋面渐觉宁谧,仍严饬水陆各员实力搜捕,等语。现在南北【口】岸商贩,流通,盗匪稍知敛迹,但根株未尽,逸犯尚多。此时,或因查拿严紧,暂行窜匿,日久又复乘间出没。不可因盗风稍敛,致有松懈。魁伦等务须严饬水陆各员弁,时刻留心,实力搜查,于各口隘设法侦访,会同擒捕,将盗首林发枝及未获逸犯按名拿获,以净萌蘖而靖海疆。又据奏:闽省十二月内连得透雨,各属一律均沾。台湾地方,亦于十二月内连得甘雨,入土深透,览奏欣慰。台湾一岁三熟,素称产米之区,今得雨优渥,春收可冀丰稔,商贩米船源源进口,而内地各属亦均得透雨。现在已届惊蛰,南方多雨,若再续得普沾渥泽,麦苗更滋长发。漳、泉粮价较前平减,各属米石自可转运、流通,小民口粮益资充裕。魁伦等尤须妥为调剂,俾户庆盈宁,地方绥靖,方为不负委任。将此谕令知之。仍将洋盗情形常行奏闻。钦此。遵旨。寄信前来,臣跪读之下,仰见睿虑周详,无微不烛。臣受恩深重,备当凛遵指示,悉心办理,以期无负圣明委任。窃臣前在温州府与浙江抚臣吉庆将现获盗犯吴弗四等审明办理,具奏,并声明仍回至福宁一带督缉在案。兹臣由海口巡查回抵福宁府城,查委缉闽洋之各将弁所带兵船与浙江黄岩镇臣孙全谋等,同在闽浙交界之北关各岛呑洋面梭巡搜缉,现在已无盗船停泊、游弋,诚如圣谕,或因查拿严紧暂行窜匿,日久又复乘间出没。臣谨即遵旨严檄闽浙两省水师各将弁于内外洋面及孤僻岛屿实力巡查、搜捕,并严饬陆路各口岸,于接济水米、销售赃物及逃逸上岸等犯严密访查、跟缉,务期尽数擒获,以绝根株。所有现据福宁府文武报获各犯,臣已审明办理,另折奏闻外,再查通省入春以来,虽得时雨,尚未能一律深透,臣前赴温州府时,于正月二十六日,正当惊蛰时分,春雷震动,大雨滂沱,自丑至巳,连绵如注,已为深透。臣驻彼旬日间,复经得雨两次,农民均为欣悦,随飞查闽省各属。据报:福宁、福州、兴化、漳、泉、汀、建等府均以同日得获雷雨。嗣后节次叠沛甘霖,均皆入土深透,二麦收成在即,可期丰稔,高下田水俱极充足。至台湾贩米船只,据厦门同知禀报:正月以来,入口米石共已有三万余石,谷四千余石。蚶江一口,亦有进口台米七千余石。民情均皆宁谧,实堪仰慰圣怀。臣出省已久,所有奉旨饬审事件,并漳、泉各属续行报获盗犯多名,均经饬提解省,均应赶办。嘉庆元年二月十六日。(北京:中国第一历史档案馆藏录副奏折,档号:03-1684-011.)

2. 兵部尚书兼署两广督抚暂留广东巡抚朱珪奏为缉拿洋盗事

兵部尚书兼署两广督抚暂留广东巡抚臣朱珪跪奏。为恭折覆奏事。窃臣承准廷寄,嘉庆元年三月初二日,奉上谕:"朱珪奏:拿获洋盗梁家灿等审明定拟一折。著朱珪等体访情形,酌筹办理,以期肃清洋面,不可稍有疏懈,等因。"钦此。仰见我皇上肃清洋海,务净根株之至意。窃查崖州一案,首伙盗犯前后陆续拿获、审办者六十六名,被击落水身死者五十三名,未获二十二名。臣现在严饬所属上紧查拿,并恐该等自知戕官罪重,到案不肯实供,或诡异姓名,妄图卸脱。是以每遇获犯时,亲率习道切实讯【鞫】,以期盗无漏网。至粤东洋面广阔绵长,西南一带与洋夷毗接,向来商民等多往安南、吕宋、暹罗等国贸易。而安南为尤近,其查验之法,诚如圣谕,止在出口、入口地方,而于洋面并未稽察,难免奸民越境为匪。臣到粤以来,检查旧案,盗匪往往在安南之江坪和白龙尾等处寄泊停留。前督臣福康安钦遵谕旨,照会该国王阮光平一体派拨员目,带兵协拿。据该国屯将范光章、都督黎文认等在夷洋先后擒歼盗匪,奏蒙赏给该屯将等大缎纱绸等件在案。今该国阮光缵嗣封,年纪仅逾弱冠,盗匪等或因该国查缉少疏,潜行窜匿,或竟依借彼处土目奸民,销赃获劫,俱未可定。事关华夷交涉,诚如圣谕,未便明为饬禁,致失怀柔之道。查粤东琼、廉二府为通海上游,与夷洋紧接,雷、高、肇、广等府为全洋扼要。中路各该处虽无内外门户界限,而盗船乘风,驶路所必经,宜于此等处多调舟师。长【常】川梭缉,遇盗必擒,则夷地销赃之事,自可渐绝。臣业经严饬文武遵照,实力办理。并令随时体察,如有内地疍户贫民,由海路私有越境采捕,即使并非为盗,一经拿获,亦即从严按治,不任辗转为匪。臣复饬委高、廉镇道,覆行访察,如该国江坪、白龙尾等处果有多人纠聚售赃、滋扰之事,该国王不能约束稽查,再当据实奏明,妥办。照会该国王,令其钦遵从前谕旨办理。所有臣接奉谕旨,筹办情形,理合恭折覆奏。并另闻崖州案已未获姓名清单恭呈御览。伏祈皇上睿鉴训示。谨奏。嘉庆元年四月初二日。(北京:中国第一历史档案馆藏录副奏折,档号:03-1684-020.)

3. 福州将军兼署闽浙总督魁伦奏为缉拿海洋盗匪事

福州将军兼署闽浙总督臣魁伦跪奏。为钦奉谕旨,恭折复奏,仰祈圣鉴事。窃臣于本年四月十一日在兴化府城接准廷寄,内开:嘉庆元年三月二十六日奉上谕:"魁伦等奏:审明栗冲、定海二汛被盗,将捏饰、疏玩之镇将弁兵分别拟罪并拿获行劫炮位、官米案内洋盗讯明、办理各折,已批交军机大臣会该部核拟,等因。"钦此。臣跪读之下,仰见圣主廑念海疆,谆切训示之至意。查,闽省自三月中旬以来,据各属县报,拿获刘欣、林潭等各案盗犯共七十一名,业经审明分别办理,两次恭折具奏,并将盗犯庄麟等砍毙盗首骆什,自行投首,经臣与姚棻奏恳天恩,俯准宽免各在案。

臣伏思海洋盗匪虽经节次擒拿多犯,从严办理,但为首紧要之犯,尚未弋获,诚如圣谕,该匪等又复纠结伙党在洋劫夺,为害商船,盗风总未敛戢。臣于前获各犯并投首之庄麟到案讯供时,即经严究林发枝、獭窟舵、王流盖踪迹现在何处,各犯均未能指出实在地方。惟投首之庄麟供称:王流盖已于本年二月间被参将庄锡舍官兵大炮轰毙,此时只有盗首林发枝、獭窟舵两人往来洋面不定,等语。虽庄麟所供王流盖击毙之处未足凭信,而獭窟舵等现在窜逸,均须上紧严拿。查南、北两洋,业经派委署总兵许廷进、护副将胡振声、参将李长庚、庄锡舍、游击陈得元、魏联、石魁等往来巡缉,屡经获盗,均属认真。虽分投返捕,究未能将盗首弋获。臣与抚臣姚棻悉心商酌,必得厚集舟师,合力痛剿,庶匪犯无从逃窜。复经委令署参将刘茅拣选熟谙水师千把数员,带同兵丁、乡勇共一千二百余名,添拨商船三十余只,配足枪炮、器械,与在洋各将弁会合兜擒。臣于四月初四日拜折后,即由南台口登舟从五虎门一带巡查至洋屿,阅看汉军水操事毕,即由水路赴长乐、福清等处各海口,一路督查至涵江之江口地方,适当金门、海坛二镇会哨之期,例应粮道赴舟次查验结报,金门会哨船只已有先到该处者,臣查各镇会哨因属定例,惟现在正需合力会剿,若拘泥订期守候,转致羁延,当即饬令官兵、船只,即时开驾出洋。臣亦即到兴化府城驻扎督催缉捕,除于磁澳待拿获之洋盗许房一犯,即在该处讯明办理,并近日各营县拿获盗犯吴中等二十二名。臣现经督同粮道庆保并府厅等审办,另折具奏外,臣于此次获到各犯复又严究各盗首踪迹,据称林发枝等,因官兵擒拿严紧,俱各分散逃窜,并未遇见等情。臣思林发枝、獭窟舵等窜逸外洋,希图苟延残喘,但其食米、淡水不能接济,其势断难久存。日下自行投首者,既已准其免死,又复官兵四面兜擒,该匪等当此剿抚兼施之际,苟非穷促来归,亦必易于弋获。惟恐该匪等仍复窜入粤、浙两省,臣当即遵旨飞咨朱珪、吉庆一体严饬堵缉,以冀各要犯迅速就擒。仰祈圣慈垂鉴。所有臣钦奉谕旨,并现在闽省办理剿捕情形,谨会同护抚臣姚棻恭折由驿覆奏,伏乞皇上睿鉴。谨奏。嘉庆元年四月十二日。嘉庆元年四月二十七日奉朱批:"以实为之,毋虚言。"(北京:中国第一历史档案馆藏录副奏折,档号:03-1684-021。)

4. 兵部尚书兼署两广总督暂留广东巡抚臣朱珪奏恭折复奏事

兵部尚书兼署两广总督暂留广东巡抚臣朱珪谨奏。为钦奉谕旨,恭折复奏事。嘉庆元年六月十三日,承准大学士伯和【珅】字寄:五月二十九日,奉上谕:"魁伦奏:守备林国升等奉差买马,配船内渡,在青水墈洋面猝遇粤省匪艇拒伤,官兵林国胜被贼用炮轰毙,已饬镇将等会同南澳镇兜擒,务获。等语。现在闽浙洋面,经魁伦等屡加严捕,剿抚兼施,盗风已敛。而粤省匪艇尚敢在洋肆劫戕官,看来粤省洋匪尚多,本日朱【珪】奏到之折,尚未知之。现在魁【伦】等已派委镇将,前往会拿,并著传谕朱【珪】务须严饬粤省镇将,督率兵丁,在洋会合闽省,实力四面兜擒,务将盗首迅速拿获,毋任远飏、漏网。将此各谕令知之,仍各速行回奏。"钦此。遵旨,寄信到臣。臣查粤、闽洋面辽阔毗连,盗匪出此入彼,东捕西逃,乘间劫掠,全在不分疆界,合力兜擒,则匪踪自可敛戢。臣即经严饬文武,专派镇将大员统领兵船,上下搜捕,并于各口岸严密稽查,无论粤盗、闽盗、外洋夷匪,总期全数擒歼。现在拿获之闽洋巨盗舒合,审系行劫琉球货船、浙江官米,咨缉有名之犯,与林发枝等同伙熟识,因本省查拿紧急,窜入粤洋,业经审明正法。其余拿获办理者,合计闽粤夷匪,已不下百数十人,而根株尚未能净绝。兹又有粤省匪艇在闽省害官之事,实可痛恨。臣现复严饬统兵出海之镇将等要遮、迎截,会合剿擒,务将首伙各盗尽数捕获,置之于法,不使远飏、漏网,以靖瀛瑞。所有臣遵旨查办缘由,谨附驿恭折复奏。嘉庆元年六月十六日。(北京:中国第一历史档案馆藏录副奏折,档号:03-1684-040.)

5. 闽浙总督魁伦护福建巡抚姚棻奏为盗首畏罪悔过自行投出事

闽浙总督臣魁伦、护福建巡抚臣姚棻跪奏。为盗首畏罪悔过,带领伙盗、船只、器械自行投出,并另伙陆续自首各犯,现在分别妥为安置缘由,恭折奏闻,仰祈圣训事。窃照闽洋盗匪,经臣等屡次拿获多案,从重究办。并据庄麟、张表、杨淡、骆任等先后率伙投出,蒙恩宽免治罪。庄麟一名,奉旨即以千总拨补,赏给大缎一匹。张表一名,赏给守备职衔,并赏带蓝翎,仍加赏大缎二匹,以示奖励。

其余未获各匪,臣等仍督饬镇将严密兜擒,不敢稍有懈怠。兹据泉州府禀报:盗首纪培(即乌烟)带领小盗首纪敦、林顺、李月、谢超四名,伙盗苏道等一百五十六名,呈缴船五只。大小炮位十九门,内有大炮二门,一重三千八斤,一重二千九百斤,镌凿台湾大鸡笼汛一号、二号字样,鸟枪四杆,长短刀一百四十五件,藤牌二十三面,火药三十七斤,铅子三小斗。并缴出抢获艇匪船上番弓五张,番箭一捆,计六十枝。番镖四枝,番衣二件,番带二条,番笙一项,番珠二串,番圈一个。诚心改悔,率伙赴府投到。

又据惠安县禀报,另伙盗匪侯纳(即七宝)同黄法等二十四名,呈缴船一只,大小炮位四门,鸟枪三杆,刀械十六件,竹盔四顶、藤牌四面,火药二十余斤,铅子二斤,红布旗一面。

闽安协都司禀报,另伙盗匪邱素(即番仔素)同曾材等二十七名,呈缴船一只,大小炮位五门,长短器械四十六件,竹盔五顶,藤牌五面,火药半箱,铅子一包,红旗一面。

长福营参将禀报,另伙盗匪陈华华等四十四名,所带船只遇礁,冲破。现缴铁炮一门,鸟枪一杆,刀械三十七件,藤牌二面,竹盔三顶,红旗一面,红头布三条,均自行投首。各等情。

臣等分别派员提解去后,于本月二十日,据各委员将投首之纪培等各起首伙,共二百五十六名解至臣魁伦现驻之福宁府城,当即率同随行办事之督粮道庆保、署福宁府知府任澍南等亲加查讯。据盗首纪培(即乌烟)供系泉州府晋江县人,年三十四岁,平日捕鱼为业,乾隆六十年三月间,被已获盗首邱通拿过盗船,逼胁入伙。因在盗船日久,不敢回家,迨邱通被获、枭示后,同伙五船即推小的为首,与獭窟舵各自分帮行劫,在闽浙两省洋面劫夺商船,次数不能记忆。上年林发枝等行劫浙江石浦洋面官米船只,小的同在那里。后来,林发枝怎样与艇匪抢劫东冲、定海二处炮位,小的并不知道。本年三月间,遇见已获之白银等船只,他说现有运往漳泉米船,邀同伙劫,小的应允,一同驶至白犬洋面,见有米船一只在那里,搁汕补漏,当即向前驶拢,各自搬抢。小的们一帮约共抢的四五十石。后闻官兵围捕紧急，白银等数船已经拿获，小的害怕，驾逃外洋，随风驶至台湾鸡笼汛海口，就乘潮收进内港，该处汛兵见小的们船上人多，各自散去。小的就把那里摆的大炮扛回两尊，恐怕官兵追拿，即刻驶出海口，仍逃回内地各外洋游奕，听见獭窟艖等都已投首，蒙大人准免治罪，奏明皇上，加恩赏给顶戴，小的就与同伙商量要来投首，在乌龟外洋遇有广东艇船数只，邀小的合帮，替他带引港路，小的不肯，就有一船赶来，要拿小的，被小的用大炮将艇船打坏，连人一齐落海。小的同伙们于海面上捞获艇匪所穿番衣并弓箭等件，其余艇船都已驾逃，小的就带领同伙船只、器械赴蚶江投到的，只求开恩免死，情愿跟随官兵出洋缉匪，赎罪。并据小盗首及各伙盗及另伙之侯纳、邱素、陈华华等供称：或因贫无生业，流入为匪；或被盗诱骗入伙，并迫胁服役。今闻自首可以免罪，是以相率投出，各等供。臣等查盗首纪培一犯，在洋叠劫，并敢随同伙劫官米，又抢台湾汛地炮位，实属罪大恶极。今该犯呈缴船只、器械，率伙一百六十名全行投出，并知不肯为粤省艇匪引导港路，将艇匪用炮轰坏一船，捞有番衣、番箭等物，呈验，当能畏罪改过。臣等是以仰奉皇上如天之仁，仍照庄麟、张表初到之时，赏给纪培银牌一面，并暂给外委顶戴，以安其率众投出之心。其小盗首并各伙盗及另伙投到之侯纳、邱素、陈华华等均已酌量赏给衣帽，并各赏银牌一面，仍择年力精壮者，饬令水师镇将分配各兵船出洋缉捕，以盗攻盗。其老弱服役各犯，递回各原籍，取保管束。纪培一犯，留臣魁伦处委员照管，听候圣旨。所有缴到船只、炮械等项，分别于就近府县贮库，或交营配用。事竣一并造册咨部。惟该犯纪培供称在台湾鸡笼汛劫取大炮两尊，查系五月间之事，迄今并未接据台湾镇道禀报，是否在洋遇风稽延，抑系该管将弁讳匿。现在飞札饬查，俟覆到，再行核办，具奏。臣等谨将洋匪陆续投出，分别妥为安置。各缘由合词恭折，由驿具奏，伏乞皇上睿鉴训示遵行。

再，臣魁伦接吉庆来信，知已奉旨升任两广总督。查，现在粤省艇匪乘风窜入浙洋，亟须上紧围捕。臣于拜折后，即起身驰赴温、台、宁波一带督办，并饬闽省舟师，追过浙洋会剿，计彼时玉德已经到浙，臣当将一应缉捕事宜与玉德、苍保等面商，妥办。务将艇匪全数歼除，以靖洋面。合并陈明。谨奏。嘉庆元年七月二十一日。（北京：中国第一历史档案馆藏录副奏折，档号：03-1684-048.）

6. 闽浙总督魁伦护福建巡抚姚棻奏为严饬缉拿逸盗事

臣魁伦、臣姚棻跪奏。再，臣等接据台湾道刘大懿会同哈当阿具奏：守备林国升并换回班满弁兵在洋遇盗一案。折稿内夹片一件：有厦门一带，四月内复有艇匪肆劫。因此，台、厦两口均无船只来往。又，五月初三日，有贼船四只，进入八里笨港口，现在审办盗犯等因。据供，内地盗匪纪培等四船窜来台湾等语。臣等饬守备林国升并换回班兵，在青水墘外洋遇盗，被攻，业经臣魁伦于五月初八日奏明在案。本年间，厦门一带，虽粤省艇匪乘风窜入，间有被劫情事。而官兵严密兜擒，于台、厦往来船只尚不致阻隔，不通检查。四月初一以至二十九日止，厦门同知、蚶江通判禀报，自台湾进口船只，除杂售不计外，商贩米石共有三万三千余石，至盗首纪培（即乌烟）与盗首白银同劫官米，均经官兵拿获。白银等首伙三船，该犯等即逃往外洋。嗣于五月十一日，臣魁伦在兴化府接据台湾道刘大懿，并署彰化县等禀报，该处洋面有盗匪纪培等在彼伺劫等情，当即飞檄调派台湾水师副将陈上高、护左营游击曾攀鹤、护右营游击詹胜，并护澎湖右营游击聂世俊等，各带兵船上紧会拿、围捕，并咨照哈当阿就近调度，督拿在案。今该盗纪培(即乌烟)，现据泉州府禀报，带领伙盗五船，自悔罪投出日，台湾已无内地匪船。并据厦门同知报，刻下台、厦船只往来如常，惟是台湾一府远隔重洋等，时刻留心。自上年以来，即饬厦门、蚶江各口，将进船只数目，按五日一报，间有数日，据报进出船只稀少等，即无札饬查，或风雨不顺，或别有阻滞，均即随法办理，不敢稍有怠忽。兹缘该镇道具奏夹片，恐廑圣怀，谨将四月以来，台、厦实在情形，附片奏闻。谨奏。嘉庆元年八月初三日，奉朱批："另有旨。"钦此。(北京：中国第一历史档案馆藏录副奏折，档号：03-1684-047.)

7. 护理福建巡抚姚棻奏为请严定失察处分以杜盗源而重洋防事

护理福建巡抚臣姚棻跪奏。为查禁渔船多载食米，夹带货物，并请严定失察处分，以杜盗源而重洋防，仰祈圣训事。窃臣钦奉谕旨："海洋盗匪断无从得有食米，若非抢劫商民粮食，即系贼伙渔船潜为接济。该督抚务饬实力侦缉等因。"钦此。仰见圣明，洞悉海洋弊源，无微不至，臣实不胜钦感之至。伏查沿海渔船借采捕为名，为盗匪消赃济粮。其弊皆由渔船出口时多带食米，进口时揽载客货，遂致影射作奸。是以定例，渔船出入不准夹带货物、米酒，违则治罪，杜渐防微。立法原属周密，乃闽省积年以来，守口员弁挂验、稽查有名无实，甚至澳保渔户通【同】滋弊，而该管道府、将备有【并】不随时查究，以致口岸疏虞，盗匪日多。臣与督臣魁伦问悉其弊，于上年十月内，先饬福州、福宁、兴化、泉漳五府沿海厅员，口员将船只出入澳口逐一开报时，将澳编排保甲户口，其以捕鱼为业者，每船开造舵水姓名、实数，著落澳甲指名保认，口员常察验，以别良莠。嗣据开册呈报，查五府所属口岸、港澳共有三百二十余处，其捕鱼船只每澳自数只至数十只至数百只不等。船只既多舵水人等，不下二三万人，其中奸良不一，稽查更宜严密。臣复会同督臣魁伦，将渔船出入不准多带食米及夹带货物之处，刊刻告示，分发守口员弁，实贴各澳口，剀切晓谕示。嗣据各属陆续报获接买盗贼匪犯王安等十五人，均经从重问拟，遣戍，先没恭折具奏在案。近来沿海渔船稍知畏法。臣现又饬委该管道员庆保、李学锦、巴哈布等亲赴各口澳，覆加查验，以期认真核实。惟是立法稽察务在行之以实，尤在持之以久。若非参酌成例，力除弊源，严密处分，究恐因循旧习，日久生玩。如渔船止以采捕为业，除鱼腊、盐斤之外，原不准带有货物，因闽省向有请单搭载客货者，是以该渔户等借此影射，为盗销赃，自应照例严行禁止。其渔船应带食米一项，闽省向系查照舵水人数，每人每日准带食米一升外，又各带余米一升，在梁头较大渔船出赴浙省采捕，风讯无定，或不能不酌带余米，以资口食。至于本澳采捕小船，例应朝出暮归，一有追遛，即应照例查究。一日之食，需米有限，若示准带余米，沿海采捕小船盈千累万，每人多米一升为数，即不可胜计。接济盗粮，其弊实缘于此。查此等小船舵水不过十人，嗣后应带食米每船总不许过一斗之限，查有多带，应即照例严加治罪。至守口员弁于渔船装载米酒、货物不行盘查者，例应罚俸，若米至一百石以上，降一级，留任。定例本有处分，惟闽省废弛已久，甫经整饬，一切似更宜从严，俾知儆惕。嗣后汛口员弁盘查疏懈,例应罚俸者,应请改为降一级,留任。例应降留者,即予实降,以昭严肃。道、府、厅、县及该管将备有该管统辖之责,例内无议处明文,亦不足以专责成。嗣有口员疏懈,其兼管、通辖之员,应请一并议处。如此严定章程,庶文武各官,自顾考成,层层稽察,不敢视为具文,庶弊源可期渐净,海防更为周密。臣与督臣魁伦不时严密查访,一有透漏,即据实开奏、究办,不敢稍有姑息。臣为查禁盗源起见,是否有当,谨会同闽浙总督魁伦恭折具奏。伏乞皇上睿鉴训示。谨奏。嘉庆元年八月二十日。(北京:中国第一历史档案馆藏录副奏折,档号:03-1590-004.)

8. 两广总督觉罗吉庆奏为实力截拿洋盗事

两广总督臣觉罗吉庆跪奏。为亲奉谕旨,凛遵,实力截拿,先行恭折覆奏事。窃臣于九月三十日,接准廷寄,钦奉上谕:据魁伦等奏,潭头洋面有匪船二十余号,经总兵孙全谋等赶往追捕,用炮轰击船上指挥,盗首一名中炮身倒,匪众仓皇逃窜,等语。此等匪犯屡经官兵歼毙,盗首又中炮身死,益加畏惧思审。目下已届秋深,正西北风当令之际,该犯等乘风南窜,自必仍回粤洋,此时吉庆早抵广东,著传谕该督务即董率水师将弁,实力截拿。据另片奏称,被掳逃回渔户苏照林报称,盗首系陈阿宝(即宝玉候,又叫都督宝),经官兵击毙后,余匪驾船逃窜,在大陈山暂泊,用毡缠裹尸身带回,等语。该犯等船只南窜,亦不甚远,著魁伦、姚棻、玉德即会同粤省,严饬水师将弁跟踪兜捕,务将装裹陈阿宝尸身盗船,上紧追拿,悉数擒获。闽粤洋面未闻有艇匪名目,必系闽、粤民人与之勾结,以致夷匪敢至内地滋扰,务将此等汉奸严拿就获,从重惩治。嗣后拿获盗犯内有安南匪徒,即派委妥员解京,俟讯得为匪实情,再行指示核办,等因。钦此。寄信到臣,伏查海洋盗匪充斥,必须严拿重治,冀以绥靖海疆,上纾宵旰。臣到粤后,即督饬在洋镇将,带领兵船,认真搜捕,并饬惠潮一带巡缉将弁,在于紧要洋面,实力兜擒,务期悉数拿获,尽法惩治。今盗首陈阿宝,在浙江潭头洋面被官兵击毙,余匪胆敢用毡裹尸带回,逃窜,可恶已极。现值西北风当令,温、台盗船势必乘风驶入闽粤洋面,臣钦遵谕旨,严饬在洋舟师,层层堵截,不时哨探。如遇此起匪船,潜逃入境,立即追拿,尽数弋获,分别解京研讯,从重办理,以彰国宪,而快人心,断不敢任其漏逸,致干重咎。臣亲赴左翼镇所辖之虎门海口一带督拿,并查看洋面情形。提臣路□□亦赴南澳堵截缉捕。现据沿海各属,先后报获盗匪二百余名,已派委干员分往迎提,亲加鞫讯,此内如有安南夷匪,遵即委员解京,敬候圣明指示遵办,其余匪犯分别从严究办。至内地洋面多有礁石,夷匪不谙水道,诚如圣谕,若非内地奸徒勾引,断不敢驶至闽、浙各洋。臣已严饬沿海文武,密访勾结汉奸,查拿务获,照洋盗一律严办,并移咨闽、浙两省一体访拿,务期根株净尽,不使稍留余孽。所有钦奉谕旨及臣现在督办缘由,谨缮折由驿覆奏。伏乞皇上睿鉴。谨奏。嘉庆元年十月初二日。(北京:中国第一历史档案馆藏录副奏折,档号:03-1684-064.)

9. 闽浙总督魁伦奏报参将李长庚追缉洋盗事

闽浙总督臣魁伦跪奏。再,闽洋盗匪经官兵歼除弋获,余匪但由外洋南窜,各路舟师跟踪追捕缘由,业经臣于兴化途次附片奏闻在案。兹据总兵孙全谋在洋奉旨,该镇奉旨来闽洋捕匪至厦门海口,适参将李长庚等各帮兵船追匪至彼,即均归该镇统领。于十月二十八日共带兵船七十一号,向前追赶,经过各洋,搜查岛屿,但无盗船踪迹。本月初一日,追至闽粤交界洋面,探询匪船,因北风盛发已向粤省外洋逃窜,现与南澳镇总兵林国良、会同广东署碣石镇总兵钱梦虎、署澄海协副将黄家新各帮舟师追过粤洋侦捕,务期有盗尽获,等情。臣查该匪等现已穷蹙,窜入粤省外洋,现经两省官兵合力追擒,自难漏网。至闽省南北两洋,现有金门、海坛、闽安各营兵船在洋,实力梭巡搜捕。兹署水师提督颜鸣汉亲驻大担海口,居中督饬调度,即有潜匿岛屿及未获本省匪盗,亦无难搜捕净尽。臣于拜折后,即由泉州府城顺赴各海口巡查四省,赶办奉旨交办事件,并清理积案,谨此附片奏闻。伏乞圣鉴。谨奏。嘉庆元年十二月初二日。朱批:"即有旨。"(北京:中国第一历史档案馆藏录副奏折,档号:03-1683-071.)

嘉庆二年(1797年)

10. 嘉庆二年正月庚戌谕军机大臣

吉庆等审办海洋盗犯一折,内称:察访江坪地面系闽粤民夷杂处,勾结为匪。如有应行知会安南之处,临时再缮发照会,等语。细思事有所难,如该国王果不知情,自可照会搜捕。今据拿获夷匪罗亚三等供称:安南乌艚有总兵十二人,船一百余号。并据起获印记,是此项乌艚夷匪,皆得受该国王封号。其出洋行劫,似该国王非不知情。若令会合拿贼,彼岂肯听从。且内地民人,出洋为匪,尚不能官为禁止,何况外夷。倘安南借词抵饰,何从与之分辨。又值因此生衅,兴师征讨该国耶。吉庆等惟当于闽、粤、浙江三省洋面,饬属会擒。遇有外洋驶入夷匪,无论安南何官,即行严办。再此后拿获安南盗匪,审明后当即正法,毋庸解京。(《清仁宗实录》卷十三,嘉庆二年正月庚戌,第6—7页。)

11. 闽浙总督魁伦奏为各股洋盗投首事

闽浙总督臣魁伦跪奏。为恭折奏闻,仰祈圣训事。窃闽省洋盗自上年庄麟投首后,有张表、杨淡、纪培各起相继投出,经臣随案具奏,仰蒙圣恩,俱免治罪。庄麟一名,加恩以千总补用;张表一名,赏给守备职衔,并赏戴蓝翎;纪培、杨淡二名,均蒙赏给千总职衔,责令随同官兵出洋捕盗。并节次钦奉谕旨,令臣倍加慎重,不可稍存大意,臣凛遵谕旨指示,随时随事留心体察。庄麟一名,遇盗争先,屡次报获多犯,最为得力。其次纪培、杨淡二名跟随将领出洋,缉捕奋勉图报,亦见实心。惟查张表一名,居心本属狡诈,当投首蒙恩赏给翎顶之时,尚知感激,迨后日渐怠玩,并未见其力图报效。即臣亦屡次酌赏衣服、银两,并明白开导,以冀化梗为良,得收以盗捕盗之用。而张表仍毫不知奋,且常留伙盗陈九、杨端、曾午等三人,时刻跟随,意在自卫。查陈九等皆属凶恶之徒,往往在外生事,屡饬张表严加管束,而张表反为遮饰袒庇。即如上年八月间,臣带同张表前赴温、台一带督缉,时陈九一名,在温州府城,强买民人食物,致相争闹,臣随传至锁拿责惩,张表颇有不足之意形于词色。臣彼时即欲严办，因在洋未获盗犯尚多，恐一办张表，影响缉捕，而张表旋即告假，回省度岁。查缉匪官兵、乡勇、投首人等俱在海洋捕盗，而张表一人带领陈九等告假回省，其非真心图报，已可概见。是以臣即留在省城，仍派干员照料，实为稽查其伙。当陈九等随同在省，仍属不安本分，张表亦任听如故。

兹臣于本月十三日，自省起身，赴各海口巡查督缉，饬令张表跟随出省，以便仍交水师将领带同出洋，讵张表始则托故迁延，继则公然违抗，虽尚无反复实迹，但察看张表顽梗性成，终非恩德可能格化，亦非小惩所能警戒。且此时洋盗奸除殆尽，不值再为姑容，臣即借此不遵差遣为由，先将张表摘去翎顶，发交桌司监禁，并将陈九、杨端、曾午等传到臣署，按名锁拿，分禁府县各监。因陈九、杨端、曾午三名，桀骜难驯，均各割断脚筋，俾免疏虞。谨恭折奏闻。请旨将张表革去守备职衔，与陈九等一并牢固，永远监禁，留其残喘，以示皇仁，是否有当，伏候圣训。

再，随同张表投首人等，虽有四百七十余名，内赏给千总职衔之杨淡同伙已有二百余名，张表名下实止二百余名，除现在拿禁之杨端等数名外，尚有年力精壮者五十余名。臣于张表投首时，即挑出点交明干将领分配各兵船，带同出洋，（朱批：如此则不必再问）现仍在洋缉捕，均属安静。其余分遣散回本籍人等，原系逼良入伙，及被掳服役，并非出于本心。今臣将张表收禁，恐分配兵船各盗伙，心生畏惧，已将张表不遵军令，犯法之由，札知各将领明白晓谕，系张表自取罪戾，与伊等毫无干涉；并谕庄麟、纪培、杨淡等不可因张表监禁，稍怀疑虑，务须仍前奋勉，随同缉匪，以应奖赏。臣察看情形，断不致有他虞，惟有凛遵前旨，随时留心，不敢稍存大意，合并陈明。伏乞皇上睿鉴。谨奏。嘉庆二年二月二十日。（北京：中国第一历史档案馆藏录副奏折，档号：03-1685-013。）

12. 嘉庆二年四月庚寅谕

浙江巡抚玉德奏报：击杀海洋盗匪情形，并请封禁外洋之大陈山，以清盗薮。得旨嘉奖。赏署总兵官岳玺花翎，余升赏有差。（《清仁宗实录》卷十六，嘉庆二年四月庚寅，第13页。）

嘉庆三年（1798年）

13. 嘉庆三年六月庚戌谕军机大臣

据哈当阿等奏：在洋遗失奏折公文一折。此项奏折既经在洋遇盗遗失，魁伦等何以并未具奏？该差李喜跳海凫水后，曾否遇救得生？如竟无下落，亦应查明照例赏恤。况金门系属内洋，今有盗船多只围劫折差之事，可见闽省洋面盗风尚炽。该督等平日所奏实力缉拿之处，俱属虚词。魁伦等，著传旨严行申饬。所有此项盗船，仍著该督等督饬，严缉务获，毋任漏网。（《清仁宗实录》卷三十一，嘉庆三年六月庚戌，第9页。）

14. 嘉庆三年九月壬戌谕军机大臣

哈当阿奏：拿获洋盗审明正法，并因盗首蔡牵远飏未获，请交部治罪一折。此次洋盗在台湾一带劫掠,哈当阿分遣将弁,督率官兵,前后拿获盗犯多名,并将遇盗畏葸之副将李锟据实参奏,办理尚属认真,所有该提督自请治罪之处,著加恩宽免。魁伦既不能认真督饬水师将弁上紧缉盗,而于哈当阿参奏李锟,又复心存回护,前已降旨严饬。兹盗首蔡牵等已逃回内洋,且所余盗船无多,即责成魁伦缉拿务获。若再致盗首远飏,则二罪并发,恐魁伦不能当此重咎。将此谕令知之。(《清仁宗实录》卷三十四,嘉庆三年九月壬戌,第2页。)

嘉庆四年(1799年)

15. 代理两江总督事江苏巡抚臣费淳奏为遵旨详议江苏洋盗事

代理两江总督事江苏巡抚臣费淳跪奏。为遵旨详议覆奏事。窃臣承准军机大臣字寄,嘉庆四年正月十二日奉上谕:有人条奏:近来洋盗充斥,皆由抢劫商船粮食,暗地勾通行户,重价购米,得以久留,请一例禁止,并于海口陆路添设重兵等事。此等情节沿海各地方谅所不免,但应如何设法办理,朕难以悬断,著传谕凡有海疆将军、督抚等,各就该处地方海口情形悉心确核,务使洋面日渐肃清,而于商民仍无妨碍,各抒所见,据实奏闻,候朕指示施行。其水师各营作何训练整顿之处,亦著一并详议,具奏。所有原片著抄寄阅看。将此各传谕知之。钦此。

钦遵。臣跪读之下,仰见我皇上厪念海疆,整饬水师之至意。伏查江省洋面自山东莺游门起,至马迹山浙江交界止,计程二千二百余里,虽有马迹、徐贡、扁檐等山,向俱严行封禁,不许民人赴彼搭棚居住。(朱批:以实为之)惟附近浙省之小羊山周围计三十余里,春秋二汛产生鱼蛰,江浙两省民人在彼采捕,搭盖棚厂四百余间栖止,均官给印照,设有厂头六名,稽查约束,并派发汛弁驻山防守。每季巡洋官兵稽查颇严,从无盗匪藏匿。乾隆六十年夏间,闽省盗船在浙洋滋扰,时乘风便,窜入江南洋面,劫掠商船,经前署督臣苏凌阿奏明,调派兵丁三千名,雇募民船赴洋会剿。旋因盗船敛迹,撤回两千名,留一千名驻扎小羊山巡缉,后复酌减五百名。间遇南风司令,浙洋复有盗船,即添调官兵赴彼协捕,并于各口岸要隘拨兵防御,待盗船远窜,仍即撤回。各营战船笨重,不若商船之灵便,是以议雇商船配驾。(朱批:浙省即用商船,此法近善)所需雇值及舵公水手盐菜口粮,并弁兵远涉重洋米薪盐菜,无从购买,必须官为支给,而例难请销,奏明于各官养廉内摊还,复经前署督臣苏凌阿会同臣借动江苏藩库存贮抄案银两,仍于养廉银内扣还。仰蒙谕旨,以弁兵出洋捕盗所需米薪等项既有闲款支给,何必于各官养廉内摊还,所奏未免见小,等因。钦此。钦遵在案。嗣因前项银两陆续支完,现在仍于养廉银内摊捐。臣以雇用民船终非久计,会同原任督臣李奉翰奏明,将各营应造之船照依商船式样,概行提前改造,以资巡缉。现已将次造竣,即可不雇民船,以节靡费(朱批:最要)。

至米粮出海,例禁綦严,向来商渔船只俱按人数多寡,道里远近,将应带食米数目呈明地方官,填给印照,又于各海口派委文武员弁,实力盘验出入船只,如有多带余米及夹带硝磺、铁斤违禁货物,立即解究。其余一切支河汊港,悉用椿木钉堵不通舟楫,立法已极周密。臣恐奸徒、行户罔顾功令,唯利是图,或有偷运出口接济盗匪之事。(朱批:必有之事)复设法稽查不遗余力,各口岸亦盘查严紧,而海滩常有渔网小船停泊,巡查稍疏,易滋弊窦。又令于各海滩设立卡房,昼夜巡逻,并将各项小船编列字号,以便查察。年来江省粮价平减,此即尚无透漏之明证也。至各省商船出洋贸易,经涉波涛间,被盗贼利之所在,趋之若鹜。自康熙年间海口弛禁以来,至今一百数十余年,国课丰盈,海圉宁谧,即间有被劫之案,亦随时获破,正法。现惟蔡牵一帮盗船尚在浙洋游奕,然闽浙舟师会同设法追捕。江省舟师亦在小羊山交界洋面堵御协缉,自不难于就获。而江省出海商船,臣先示晓谕,令其联舻行驶,并令巡洋官兵往来护送,借资捍御。若议请封禁,不特商贾舵水人等一时失业,并恐货物不能流通,濒海各省人民不无匮乏之虞。况商船之内,有往日本采办铜斤以供直隶、江苏、浙江、江西、陕西、湖北等省鼓铸之用,又有往奉天、山东贩买黄豆以济民食者,其势实不便率请封禁,致杜利源。

又查江省额设外海水师九营、内河水师十四营,计兵一万五千余名,棋布星罗,致靡粮饷。惟江省水师实不如浙闽之练习(朱批:是)。臣前任福建巡抚时,见该省水师官兵于大洋巨浪之中,折戗行驶极为便捷,远胜江省。推原其故,只缘江省仅于风恬浪静之际,内洋平水之中驾舟操演,是以一入大洋,猝遇风浪,便失其故常,技无所施。臣现在咨明提臣定柱行令苏松、狼山二镇,嗣后训练水师亦各在于大洋之中,督令往来折戗,御浪冲风,庶可渐臻纯熟,俾沿海各营悉成劲旅,永靖海洋。臣谨遵旨详议具奏,伏乞皇上训示,遵行。谨奏。嘉庆四年二月十七日。朱批:"有治人无治法,一切实心整顿,自臻尽善矣。"(北京:中国第一历史档案馆藏朱批奏折:档号:04-01-03-0037-029.)

16. 浙江办理缉捕洋盗事宜清单

谨将浙江省办理缉捕洋盗事宜,敬缮清单,恭呈御览。

一,水师三镇酌定船只、兵数、择要停泊、巡缉事宜。查浙省洋面,自南至北绵长一千数百里,南首北关山与闽省交界,系入浙门户最为扼要。经臣酌拟温州镇配船四十只,每船配兵四十名,共兵一千六百名,即交该镇统领,在于闽省交界之北关山停泊巡缉,以堵南来盗船。又石塘地居浙洋适中,与玉环厅相去不远,黄岩镇配船三十只,每船配兵四十名,共一千二百名,即在石塘一带巡探,与温州镇兵船上下策应。至北洋之石浦,向为盗匪出没之所,与定海县相去不远,酌派定海镇配船三十只,每船配兵四十名,共一千二百名,即在石浦一带往来巡缉,如遇盗船,与黄岩镇兵船上下兜擒,声势亦属联络。并于各镇带领兵船之外,复又每镇派给钓船十一只,每船配兵十名扮作渔户,以为诱擒及报信之用。三镇共派船三十三只,共配兵三百三十名,以上共派大小兵船一百三十三只,共配兵四千三百三十名。因该兵等所得月饷无几,离营出海不能自裹口粮,随每名日给口粮银三分;巡防差探弁兵离汛不远,每名日给口粮银二分,以资食用。查前任抚臣长麟奏明,裁汰水师、马兵饷钱银二万五百五十两,核计兵丁口粮不敷支用,又经臣查明藩库历年积存平余,闲款银六万余两,奏请动支给发,核实报销。

一,严禁米石出洋(朱批:最要)。查滨海地方,往往有奸牙铺户贪图重利,通盗济匪,将米石偷运出洋,接济盗船之事,不可不严行查禁,以清盗源。先经前抚臣长麟奏明,无论文武员弁、兵役、民人有能拿获偷漏出洋米石,即将所获米石全行给赏,以示鼓励。臣到任后复又剀切出示,严行禁止,并因渔船出洋采捕均须备带食米,恐其中影射济匪,复经通饬各属,遇有出口船只,责成牙行先将船照赴县呈验查对舵水名数、程途远近。每名每日准带食米一升五合,核明共应带米若干,填给三联米票一张,令船户赴行买米,即留船内作据,一张截给米伢,照依印票数目卖给,一张存县备查。守汛员弁验明船户所执印照,稽查米数,如有浮多立拿解究。

一,严禁奸徒偷漏硝磺、火药出洋济匪(朱批:更要)。查海洋盗匪,每遇商船,即施放枪炮,肆行劫掠,兵船追捕亦有放炮抵拒之事,此种硝磺、火药,若非沿海不肖兵丁及花爆店户图利偷卖,即系奸徒私行济匪。经升任抚臣吉庆奏明,饬令地方官并各关口委员实力缉查,并咨明出产硝磺之山东、河南、江西、湖广等省,督饬州县于官为给照采买之外,不许丝毫出售,夹带滋弊。臣到任后又经节次出示严禁,并通饬沿海州县,不许借称制造花爆,致滋影射透漏,如有违犯立拿究办。

一,严禁私贩铁斤、铁器出洋(朱批:最要)。查节年拿获洋盗,搜获枪炮器械,显系奸徒贪图重利,私买别项铁器,卖给盗船,改造枪炮。先经升任抚臣吉庆严查饬禁,臣到任后复经奏明,饬令各属,如有内地商民,携带农具铁器等物,赴沿海州县售卖者,俱令报明地方官给与照票,经过各口岸逐一稽查,以杜偷漏出洋之弊。倘有并无照票,私贩器出洋之犯,即行严拿,从重办理,并通饬滨海州县,将沿海口岸开设铁铺,一概搬移城内,并立行头,随时稽察,毋许打造违禁枪炮等项,以杜接济盗匪。

一,设立甲长、岙长稽查通盗匪犯,私贩违禁食物等弊(朱批:最好□在□人)。查保甲之设,原以清民户而稽流匪,立法最为周详。浙省宁波、台州、温州三府属沿海各岛岙向俱设立保甲门牌,以资稽察。第恐日久废弛,地方官不能实力奉行,以致良莠杂处,奸匪丛生,每为盗匪所诱,贪得重利,或为探听信息,或为销变赃物,接济口粮、淡水,势所不免。臣到任后,当即严饬沿海各属,凡村庄、市镇及海洋岛屿,每十家为一甲,设甲长一名,按户分给门牌,开载户口,年岁,责令甲长稽查;每十甲,设总甲一名,每一乡一都则设总保一名,一山一岛则设岙长一名,俾资稽查约束。如有私通盗船,消赃济匪及容留外来匪类、面生可疑之人,责成甲长、岙长立即据实具报,送官究处。如有知情容隐,即将甲长等一并从重治罪。臣仍于督缉洋匪之便,委员顺道抽查,留心盘诘,务使奸徒无可容身,海洋可期宁谧。

一,酌拟兵船乘便护送商船,以免盗劫。查商民挟资在洋贸易,与其孤舟独行,每致船货被劫,似不若候大帮兵船,随同开驾,可保无虞,且贼匪在洋无劫夺之利,被获,干枭示之条,或可日就敛戢。该商等不遭劫掠,资本日丰,实属两有裨益。当经臣出示晓谕,如有商船由乍浦、宁波出口,赴温台一带销售者,即在各海口会齐,随同定海兵船,南至海门收口,再俟黄岩兵船往南巡捕,随带至温州,其有欲赴闽省者,即由温州兵船送至北关山,俟闽省舟师巡哨至彼,随同前往,南来者亦候过北兵船,相随同行,是遇贼仍可缉拿,商船又得借以保护,实属一举两得,如此明白示谕,各商民无不乐从。其时臣在海门一带督缉,见有商船三十余只,适黄岩镇臣岳玺,正在开赴北洋巡缉,臣面嘱该镇将,各商船带同前往,嗣该镇自北回南,又将在定海守候,商船四十余只一并带回,毫无疏虞。臣见行之有效,复经札商督、提二臣，皆以为事属可行，随咨明三镇仿照办理，并经臣奏明在案。惟是商民趋利若鹜，往往有希图取巧，各自开行想比众船早到，以期货可速消，得利较厚，不候兵船护送，孤舟开行，致被劫夺，亦所不免。并恐日久弊生，复严禁弁兵人等，不许借端需索，果能持之以久，则盗匪在洋无可劫之船，海洋自必渐就肃清矣。

一，训练水师弁兵视水如陆。查浙省此数年来，因洋匪未靖，三镇水师兵丁终年在洋，未能登岸，皆能冲锋破浪，遇盗奋勇追擒，自比在海口港汊内，虚放枪炮，操演攻打者更得实效。

一，稽查兵船偷减逗遛之弊。三镇带兵出洋，向来责成宁绍、温处二道逐名点验兵数，督令驾船开行，将开行日期禀报，并令该道给发用印小旗，编列号数，每至有居民之处，将小旗一杆给与岙甲，令其呈送该管州、县衙门，转报该管巡道查考。臣到任后，节经移行提镇，遵循旧章办理，现在三镇水师弁兵，实无晕船呕吐之事。

以上各条均系历年办理水师缉捕章程，是否有当，伏乞训示。遵行。（朱批：所办俱是，惟应实心实力，莫作空谈。）【嘉庆四年】（北京：中国第一历史档案馆藏朱批奏单，档号：04 - 01 - 08 - 0076 - 024.）

17. 两广总督觉罗吉庆广东巡抚陆有仁奏为夷洋盗匪伺劫盐船事

两广总督臣觉罗吉庆、广东巡抚臣陆有仁跪奏。为夷洋盗匪伺劫盐船，官兵追捕，击毙多盗，恭折奏闻事。窃臣等接据左翼镇总兵黄标禀称：总兵带领香山协督司许廷桂、署春江协都司吴□生管驾兵船二十八号，四下搜捕盗匪，防护盐船。见电白莲头港内有空、重盐船一百余号，寄碇湾泊。五月二十日午刻，遥见夷洋有大小匪船六十余号，向莲头港驶来，行劫盐船，总兵当即统领各兵船驶出，追捕。贼人放炮拒捕，总兵率领各船连放大炮轰击。自午至戌，戗驶攻打，击沉盗船两只，打死贼匪多名。盗船逃窜外洋，时值黑夜，恐港内盐船有失，即将兵船收入港口，盐船并无遗失，等因。

臣查电白莲头港现有空、重盐船一百余号，寄碇湾泊，盗匪竟胆敢勾结枭匪，希图抢劫，不法已极。此次官兵击毙多匪，盗贼畏惧逃窜，仍恐聚而复来，必须调集兵师，协力搜捕兜擒。时碙石镇总兵钱梦虎来省，臣等即令带领兵船二十号，自东往西兜擒。左翼镇总兵黄标营自西东上，合击会捕。臣孙全谋实力督拿，以靖洋面，并恐匪复由外洋潜窜，当即札饬东西两路兵船，并准咨闽、浙二省，一体截拿协获，以仰副我皇上绥靖海疆之至意。官兵击毙盗匪及会合协捕缘由，理合会同提臣孙全谋恭折具奏。伏乞皇上准奏。谨奏。嘉庆四年六月初六日。（北京：中国第一历史档案馆藏录副奏折，档号：03 - 1686 - 009.）

18. 嘉庆四年七月辛未谕吉庆等人

又谕：吉庆、陆有仁参奏审理案件滥行羁押，致毙多命之英德县知县陈寅一折。陈寅于审办案件并不随时完结，以致数年之内在押病毙人犯共有数十余名，怠玩已极。陈寅即著革职，交该督抚提同案内犯证，严审，按律定拟，具奏。外省州县遇有自理词讼案件有意迟延，上司不加查察，任其悬宕，吏治废弛，已非一日。此不独广东一省为然。推其迟延之故，皆由地方官欲藉案件索赃，多方搜剔，或以一人而牵连众人，或以一案而旁及他案，辗转株求,公差四出。而胥役等每至一村,索诈使费,有钱则正犯纵令他逸,无钱则旁人亦被牵连。买票金差,拘提两造,得至州县公堂,已非易易。而州县又将听审日期时时更改,以待说合过手之人,必至贿赂已通,欲壑已满,始肯审结一案。而由县详府,由府详司,详院,各衙门书役又思从中染指,驳诘稽延。不过一杖责可完之案,而百姓之身家已破,甚至久禁图圄,长途解送,因此拖毙人命。如粤省所参之案,谅复不少。从前台湾贼首林爽文、昨年四川贼首王三槐,曾经州县查拿监禁,百端需索,酿成事端。是州县积压审案于地方大有关系。且有托词人证未齐,正犯不到,终任未及审讯,移交后任。而后任又复出票拘人,竟有迟至十数年未经办结者。殊不知人证未齐,正犯未到,原有就现在人犯先行结案之例。该管上司当随时饬催,何得任其借口延挨,致启上下通同一气之弊。此等恶习朕所素知。今因粤东一案明白宣示,嗣后封疆大吏先正己心,顾惜廉耻,仍当严加约束。凡遇各州县审案,饬令按限完结。如有迟延,立即参奏。倘意存徇庇,经他人纠劾,必将该督抚一并严处,决不稍贷。至此案陈寅在任玩误已有四年,陆有仁甫经到任即能查出,据实会参,尚属留心公事。而吉庆久任两广,何以并未参奏,且不自请处分,殊属不合。前此吉庆于不干己分之事,屡次越俎代谋,朕即虑其不能专心职守,已降旨训饬。今观此案,益信吉庆之舍其田而芸人之田矣。吉庆,著传旨申饬,同历任各上司一并交部议处。将此通谕知之。(《清仁宗实录》卷四十八,嘉庆四年七月辛未,第19—21页。)

19. 两广总督觉罗吉庆等奏为在洋盗匪伺击盐船官兵追捕事

两广总督臣觉罗吉庆、广东巡抚臣陆有仁跪奏。为在洋盗匪伺击盐船,官兵追捕击毙多盗,恭折奏闻事。窃臣等接据左翼镇总兵黄标禀称:总兵带领秀山协都司许廷桂、署春江协都司吴汉生管驾兵船二十八号,西下搜捕盗匪,防护盐船,见电白莲头港内有空、重盐船一百余号寄碇湾泊。五月二十日午刻,遥望夷洋有大小匪船六十余号,向莲头港驶来,伙劫盐船。总兵当即统领各兵船驶出追捕,贼人放炮拒捕,总兵率领各船连放大炮轰击。自午至戌,戗驶攻打,击沉盗船两只,打死贼匪多名,盗船逃窜外洋。时值黑夜,恐港内盐船有失,即将兵船收入港口,盐船并无遗失等。因臣查电白莲头港内,现有空、重盐船一百余号寄碇湾泊。盗匪竟胆敢纠聚匪船,希图抢劫,不法已极。此次经官兵击毙多匪,盗贼畏惧逃窜,仍恐聚而复来,必须调集舟师,协力搜捕兜擒。时值碣石镇总兵钱梦虎来省,臣等即令带领兵船二十号迅急迎往西下,并飞札左翼镇总兵黄标迎护东上,夹击会捕。臣孙全谋实力督拿,以靖洋面,并恐匪徒由外洋潜窜,当即札饬东西两路兵船,并飞咨闽、浙二省一体截拿,务获,以仰副我皇上绥靖海疆之至意。所有官兵击毙盗匪,及会合协捕缘由,理合会同提臣孙全谋恭折具奏。伏乞皇上睿鉴。谨奏。嘉庆四年六月初六日。二十八日,朱批:即此可见夷匪注意抢劫盐船,必应防护以实妥办,余有旨。(北京:中国第一历史档案馆藏录副奏折,档号:03-1686-009.)

20. 两广总督觉罗吉庆跪奏报夷洋盗匪潜赴南澳洋面事

两广总督臣觉罗吉庆跪奏。为奏闻事。窃臣闻夷洋盗匪,潜赴南澳洋面,图劫商船,即于本月初三日，自省起程，亲自督缉，顺道查阅惠、潮一带营伍，并察看沿海炮台，业经奏陈圣鉴。嗣于初九日，途次陆丰县，接据南澳镇总兵林国良禀称：盗匪在涂鼻洋面伺劫，林国良即领兵船驶往追擒。盗匪胆敢拒捕，兵船齐放大炮攻击，打死多匪，余俱畏惧，向东北外洋逃窜，等语。查粤洋东北系闽浙海面，臣即飞咨闽浙督抚防范严缉，盗匪行踪靡常，或仍回粤洋，亦未可定，并饬总兵黄标、钱梦虎、林国良及将备实力巡探，认真搜拿。臣风闻此次盗船驶入澄海之涂鼻港内，图劫商船，查此港口宽十余里，中间有放鸡山一座，上设炮台，驻扎弁兵一百名，足资堵御。当时一见贼船驶来，如果开炮攻击，匪船自不敢进港，显系炮台弁兵疏于防范所致(朱批：是)。臣即委员驰赴该处密访，旋据委员禀报：查询是日风顺船速，该弁兵遥望，认为商船，及至驶近港口，方看出贼船，是以开炮不及，被其驶进，等语。与臣抵潮时所查相符。惟炮台弁兵，于一切进口船只均应瞭望详查，乃匪船已至港口，尚未防备，以致驶入，疏玩之咎，实难逭宥。相应请旨将驻守炮台之把总吴朝升革职，于海口枷号一个月，满日，发往伊犁效力赎罪(朱批：是)。署守备廖飞凤、署都司钟声扬有兼辖之责，并不认真稽查，实难辞咎，请革职。至总兵林国良虽一闻匪船进港，即带领兵船前来，匪徒畏惧，出港拒捕，兵船齐放大炮轰击，多名盗匪胆落逃窜，究未能擒获一船，实属疏纵，应请交部议处，以示儆戒。

再查，潮属壤接闽省漳泉，民情强悍，俗好械斗。臣经过地方，衿耆人等均出村接见，谕以我皇上惠爱百姓，尔等务宜安分守法，教诫子弟，慎勿有从前好斗恶习，自蹈法纲，反复开导，看词色颇知欣感，安静贴服，当即酌量奖赏，均各踊跃。臣遂即查阅沿海各营官兵，顺道回省办理海关奏销，容俟查阅事竣，另折陈奏外，所有臣行抵潮郡情形，理合会同提臣孙全谋恭折具奏。伏祈皇上睿鉴。谨奏。嘉庆四年七月十五日。(北京：中国第一历史档案馆藏朱批奏折，档号：04-01-08-0076-025.)

21. 两广总督觉罗吉庆广东巡抚陆有仁奏为遵旨查议御史黄照条奏事

两广总督臣觉罗吉庆、广东巡抚臣陆有仁跪奏。为遵旨查议恭折奏覆事。窃臣等承准廷寄嘉庆四年八月初六日奉上谕：御史黄照条奏立法防御沿海盗劫一折，据称福建商船载货至数千担者，请照两广之例，准令携带炮位器械，以资拒盗。令滨海州县每年亲到村庄稽查保甲，将福建渔船之双桅双篷者悉令撤去，使不得远适大洋，通贼获利。各汛有能拿获盗船者，如无失主具领，请将船并货照例赏给。其商船被劫，不行救护及隐匿不报者，照例治以纵贼之罪。每年当三、四等月南风盛发时，令各省镇将、弁兵于盗船出入要隘分布堵截。至九、十等月，北风盛时，则截其归路，等语。所奏于洋面捕盗事宜似有所见，著传谕闽浙、江南、广东、山东各督抚，将该御史条奏五款悉心妥议，是否可行，据实具奏。原折并著抄寄阅看，钦此。

仰见我皇上慎重海疆，弭盗安民之至意。伏查粤东管辖洋面，延表三千余里，期间设立水师官兵，分布巡防，除暴安良，全在控制得宜，办理周密，方可绥靖海疆。第各省风帆不同，形势各异，必须因地制宜，筹立章程。臣等谨将御史黄照条奏五款，钦遵谕旨，与提镇、司道悉心查议，据实为我皇上陈之。

一，原奏商船载货至数千石者，照粤东之例，准带炮位器械，以资拒盗，仍将所带炮械注明船照内，出入口岸时，守口官弁按照查验，遇有歇业，照数缴官，以备拨用等语。

查粤省出海商船，自乾隆五十六年，经前督臣福康安奏准携带炮位，该船出入口岸，责令沿海官弁点验稽查，似觉周密。但近年以来，有炮商船并未有能擒获一盗，即所带炮械，亦未报有呈缴者，而失事之案至今仍有。臣等留心访察，缘贸易商船事主均系股户，迨出结报官之后，本人并不出洋，或交亲戚代理，或令舵水管驾海运，既非正身，失事视同局外，船虽有炮，如遇土盗，尚能施放抵御。若逢安南夷匪，船多人众，舵水各顾性命，不敢迎敌。间有放炮攻击者，胜利，即可脱身。若被围裹掳劫，全船之舵水均被杀害，盗匪凶恶，舵水畏惧，不能齐心。此商船有炮，而不能御盗之实在情形也。是商船带炮止可抵御土盗，而不能拒联帮之夷盗。臣等复派员在城外各港口查看，此时闽省商船，并未准带炮位，兹有厦门船户金协成来广贸易，船内已带炮八位，若令公然携带难免逐渐增多，设被匪抢夺，大有关系。现在粤东商船，臣等亦不令其轻易带炮。所有该御史奏请商船携带炮位之处，似可毋庸办理(朱批：是)。

一，原奏沿海偏僻村庄，责成州县官，每年亲到稽查一次；甲长应择乡邻素所畏服者充役，甲内有交通洋匪及私行出劫者，许其即行禀拿，等语。

查粤东广州、肇庆、惠州、潮州、高州、廉州、雷州、琼州八郡，皆系滨海各州县，沿海村庄不少，大者千余家，小者数百，数十户不等，向来照依内地村庄之例，设立保甲管约稽查，按照规条办理。其间富少贫多，半系捕鱼为业，地处偏僻，良善者固多，奸恶者亦复不少，潜为不法，或窝藏盗贼，探信消赃，或贪图重利，接济水米。叠经严密稽查，有拿获送出者，亦有保甲得赃隐匿，旋经发觉究办者。今该御史奏请保甲责成州县官，每年亲到沿海各村稽查一次，并令慎选保甲，实为弭盗安良、正本清源之要诀，自应实力奉行，妥为拣选，以杜保甲庇护奸民，勾通盗匪之弊。至州县赴村庄亲查时，必须轻骑简从，注册亦不许胥役需索分文。再，沿海居民，以水米接济贼船，稽察尤关紧要。臣等现在专派文武，在各海口妥密勤查，有犯必惩(朱批：勿有名无实)，并于沿海各村庄出示晓谕，严行禁止。

一，原奏渔船双桅双篷者悉令撤去，使不得远适大洋，通贼获利，仍责成澳甲稽查，违者禀官究治，澳甲隐匿不报，一并严究，等语。

查粤东渔船，俱系沿海居民及例不准上岸居住之蜑户，管驾采捕，各自谋生。伊等以船为家，以海为田，所驾船只，小者在本港海口附近捕鱼，朝出暮归，大者有缯艚、拖风等项名目，远出外洋者居多。并有潮州渔船远赴琼州海面采捕者，全借桅篷，以资驾驶，双桅、单桅各随船身之大小分别制造。盖渔船采捕，全凭桅篷以乘风帆，若撤去桅篷，即不能出海。粤东沿海渔户、蜑民不下数十余万，俱仗捕鱼为活，浅水鱼少，深水鱼多，必须驶赴深水洋面，方能有获，又必挂篷随风，方可行驶，非同内河渔船专施人力(朱批：原奏实不可行)。若如该御史所奏，将渔船之双桅双篷悉行撤去，则沿海数十万穷黎，何以自谋生计(朱批：是极)。窃恐衣食无资，势必作奸为匪，是去其通盗之具，适启其为盗之心，于海防大有关系。所有该御史奏请撤去渔船双桅双篷之处，应毋庸议(朱批：是)。再，沿海采捕渔、蜑每有防守海口员弁向索陋规，臣等已严行禁革，不时稽查，蜑民、渔户亦颇得所，从此生计渐饶,自可不致流而为盗,即从前潜赴安南者,亦必闻信归来,是亦清理盗源之一法。现在实力奉行,合并声明(朱批:勉之)。

一,原奏汛防兵丁有能拿获盗船者,如无失主具领,将船及货物照例赏给;其商船被劫,不行救护及隐匿不报者,治以纵贼之罪,等语。

查粤东各海口紧要之处,均设有炮台防守,商渔船只出入,湾泊海口、海港,俱有桨船巡查,声势联络,似属周密。惟海滨地方辽阔,港口宽窄不一,有宽二十里者,亦有宽数里者,全在防守官兵,随时巡查,实力防缉,免致疏虞。然欲杜绝盗踪,必先申明赏罚。所有该御史奏请,汛防官兵获盗,则超拔给赏;怠缉讳匿,则治以纵盗之罪,实为激励弁兵,不使稍有废弛之良法(朱批:是)。臣等现在通饬水师将备一体遵照,总期有盗必获,以靖海疆。

一,原奏水师将弁,每年三、四月南风盛时,于盗船出入要隘,分布堵截,令不得乘风而出;至九、十月北风盛时,则截其归路,等语。

查粤东本地海盗无多,联帮盗船俱来自安南夷洋。每当春夏之交,乘风潜入粤海游弈,官兵追捕严紧,即逸入闽浙洋面,秋冬则乘北风复回夷地。来时空船则走内洋,追劫掠商船赃物,满载而去,则由外洋潜回夷地。外洋烟波浩渺,不但并无隘口,亦且山岛皆无势难堵截。臣吉庆到任后,相度情形奏分三路兵船,常川游巡,遥见贼船,即驶往追捕。无盗时即在南澳万山佛堂门、电白、围洲、海安沿海各大岛澳湾泊,使探船查报,一闻盗至迅速驶往追捕。沿海口岸炮台复派官兵防守,近年以来洋盗较前知惧,惟盗踪出入靡常,游巡搜捕,不容稍有懈弛。臣等现在严饬三路兵船,先事预防,相机探缉,以期事必有济。所有该御史奏请随时堵截匪船,亦与缉捕有益(朱批:是),通饬三路镇将,一体相机办理。

再,粤东向来洋巡会哨,不过缯艍船两三只,本地盗贼尚可缉拿,如遇夷匪联帮,即不能捕获。臣等以正当需兵捕盗之时,若分拨三路捕船,及防守炮台兵丁,照例巡哨,转以有用之兵,置之无用。业经附片奏明,各营巡洋会哨,请俟三路兵船撤回之后,再行办理,海口仍令巡船搜查缉捕,合并声明。

以上五条,臣等遵旨悉心查议,理合据实奏覆,伏乞皇上睿鉴训示。谨奏。嘉庆四年九月初五日。朱批:所议俱属妥协,总以安良缉匪为要。洋面盗贼终须上岸销赃,诚能各海口堵御缉拿,不予以暇;弁兵操防时刻留心,文武同心,认真办理,将见洋面肃清矣。卿等勉之。(北京:中国第一历史档案馆藏朱批奏折,档号:04-01-03-0037-024.)

22.两广总督觉罗吉庆奏为遵旨核议御史郭仪长条陈缉捕洋盗情形事

两广总督臣觉罗吉庆跪奏。为遵旨核议具奏事。窃臣承准廷寄,嘉庆四年八月十二日奉上谕:御史郭仪长奏缉捕洋盗情形,获盗须分真伪一折。广东、广西滨海地方盗匪出没,自须得其贸易之地,泊船之处,出入之时,然后缉捕得力。该御史所奏于洋面事宜,是否可行,著将原折发交吉庆、台布察看情形,悉心妥议,具奏。将此谕令知之,钦此。

仰见我皇上除暴安良,肃清洋海之至意。伏查粤东海盗多系来自夷洋,贼匪窝藏俱在安南、顺化、新洲等处,而白龙尾洋面在华夷交界之间,距江坪甚近,为盗匪来往必经之所,打劫赃物亦潜赴江坪消卖,其广东钦州及广西南宁奸商,亦有私赴买运者。臣抵任后即闻白龙尾有盗船湾泊,江坪夷地有内地奸商潜赴,代消赃物之事。曾经清字附片奏明查办,将奸民驱逐,并在思勒安设兵卡截拿;并咨提臣孙全谋,带领兵船六十号,赴白龙尾缉拿,盗匪闻信,俱逃窜夷洋藏匿。彼时如赶赴夷洋,又恐安南惊惧,是以未经擒获。现在责令西路之游击魏大斌、何英等常赴该处查拿。至禁绝江坪消赃,诚为要事。如果赃无消处,盗匪自必敛戢。前虽于思勒设卡,南宁之上思州亦饬令堵截,究未派有大员稽察,不足以昭慎重,请嗣后思勒设卡之处,责成高州镇高廉道稽察,南宁府属之上思州,责成左江镇左江道稽察,倘仍有消赃情事,先将该镇道严参。如此分别办理,则要地均有大员轮查,防守者亦必加倍小心,奸商自不敢潜赴买赃,亦系清肃盗源之一法(朱批:是)。

又洋盗出没之候,春夏乘南风窜入粤洋,伺劫商船,秋冬即乘北风驶回安南夷洋。现在粤东防缉事宜,已派三路兵船,相机游巡,认真缉捕,白龙尾复责令西路兵船及龙门协兵船,会巡办理,似已周密。今该御史所奏,虽属实情,毋庸另行查办。

又原奏获盗案内被胁之年壮力强者,分配哨船,给与钱粮,令将弁管束,随同出洋缉盗等语。

查粤东审办洋盗案件,臣等详加审讯,甘心入伙及掳捉日久在洋帮同打劫者,始行拟斩;在船为盗服役,并未打劫者,问拟发遣止;被押禁而未从盗服役者,审明立予省释。诚以罪关生死,真伪自应慎重,如事主报明被掳者,亦必详加查办,不敢稍有错误,其应行释放及投首盗匪,亦必察看其人,如果并无凶暴情状,可以收用者,方令跟随官兵出洋作线缉捕,设稍有可疑者,即不肯轻令跟随官兵,以昭慎重,缘此等人奸良难辨,多用颇有关系。今该御史所奏年壮力强之人,令将弁管带缉捕,窃恐人心叵测,未便轻遽施行(朱批:是)。

至于被劫之船,许其开列之人数、姓名、年貌、籍贯报明存案,俟拿获时查封相符,讯明释放一节。现在粤东即照此办理。臣并咨明闽浙督抚,如有粤省商船在闽浙洋面被劫,及闽浙商船在粤洋被劫,船主呈报者均各彼此移咨,饬知地方官查照办理。

又守汛兵丁畏盗不捕及至远飏始放枪炮,捏称追捕一节,最为可恶。从前水师一二号巡哨船只,猝遇匪船数十联帮而至,望见即行放炮,使盗船闻知远避,不敢缉拿,诚为恶习。今粤东分派三路大帮兵船,令总兵黄标、钱梦虎、林国良、游击魏大斌、何英、都司许廷桂等带领巡缉,复有提臣孙全谋督牵,声势颇大,盗匪渐知畏惧,实无从前水师恶习,该御史所奏亦毋庸议。

以上各条臣谨就粤省现在办理实在情形,遵旨悉心核议,恭折覆奏。伏乞皇上睿鉴。谨奏。嘉庆四年九月初五日。朱批:不必更张实心缉匪。(北京:中国第一历史档案馆藏朱批奏折,档号:04-01-08-0078-026.)

23. 山东巡抚陈大文奏为遵旨妥议御史黄照条奏事

山东巡抚臣陈大文跪奏。为遵旨妥议具奏事。嘉庆四年八月十二日,承准军机大臣字寄嘉庆四年八月初六日奉上谕:御史黄照条奏立法,防御沿海盗劫五款,传谕各省督抚悉心妥议,是否可行,据实具奏,原折并著抄寄阅看,等因。钦此。寄信前来,臣即咨询登州镇并与司道确核商酌。查条奏内,如商船宜分别大小酌带炮械及渔船带桅篷出海宜严行禁止二条,系专指福建省商鱼【渔】船只而言。东省入号商船,装载数百石而止,并无载货至数千担之船,即鱼【渔】船亦甚微小。第在附近海滨网捕,实应请毋庸置议。惟责令滨海州县亲到村庄稽查保甲一条,洵属缉匪安良要务。查乾隆五十六年,前抚臣惠龄奏明,海岛居民一体设立门牌,编查户口,于登、莱、青三府同知内按年轮派一员专司其事,历经遵行在案,诚恐行之日久,视为具文,应再申明定例,务令亲身切实稽查,有匪必惩,毋使有名无实(朱批:是)。

又奏称各汛有能拿获盗船者,如无失主具领,将船货照例赏给,如商船被劫不行救护及不申报者,治以纵贼之罪,等语。查巡海弁兵,能捕获洋盗,原应奖拔,再将所获无主具领之货物、船只全行给赏,是盗船所在,即弁兵利之所在,人自为谋,自必奋力擒拿。其畏葸不前,隐匿贼情之弁兵立即明正其罪,于信赏必罚之道,诚有裨益。

又奏称每年三、四月间南风盛发,令镇将于盗船出入要隘,分布堵截,至九、十等月北风盛时,则截其归路一条。查东省于乾隆二十八年前抚臣崔应阶奏明,水师战船俱令三月内出哨,九月内回哨,沿海周环则有墩房,口岸则有炮台,以战船游巡洋面,以兵役稽查岛口,内外交严,文武协力,奉旨允行在案。东省登、莱二府南北东三面环海,共计海面三千七百余里,水师分为三汛,内岛屿八十四处,俱系商船往来必由之路,久经议定,上下岛接应,追捕拦截,立法颇为周密,应责成镇将弁兵实力巡防,不得稍有纵逸。惟是沿海营汛兵丁,分布要隘,未免兵力稍单,应请饬令沿海州县,再添派民壮协同防守,以助声援。并恳令民壮仍复旧制,一律演习鸟枪,则匪徒不敢近岸,而于水师追捕兜擒,更可无虞旁逸矣。缘奉饬议,合就本省洋面情形,据实具奏。伏乞皇上睿鉴。谨奏。嘉庆四年九月三十日。

(北京:中国第一历史档案馆藏朱批奏折,档号:04-01-03-0037-030.)

24. 两广总督觉罗吉庆奏为遵旨查议广东盐法积弊事

两广总督臣觉罗吉庆跪奏。为遵旨查议,恭折覆奏事。窃臣承准军机大臣字寄,嘉庆四年九月十二日奉上谕:昨有投效河工从九品周繻差人在都察院呈递奏折,内称:广东省盐法废弛,请禁革乾标,以靖洋面。广东省民户多以捕鱼为业,每于出口时买盐而去,随捕随腌。沿海场灶偷漏私盐,其价较贱,渔户贪得便宜,到处买私,官引滞销,私枭日多,率系无赖鱼汛时则浮海卖私,汛过时盐无售处聚奸为盗,海洋不靖,大概由此。又称:海船携带铁器应定以限制,拿获盗匪起有军器,自由渔利之徒多带铁器出洋,卖给改造,应不准其多带等语。渔户贪利买私,官引遂致滞销,粤省设有乾标之法,而私枭仍未敛迹。各船多带铁器出洋,随处卖给盗匪,因而改造军器,于缉务洋面,均有关系,所奏似不无所见。著传谕吉庆将以上二节是否可采之处妥议具奏。原奏二条,并著抄寄阅看,将此谕令知之。钦此。

仰见我皇上清理盐政,慎重海疆之至意。伏查粤东沿海民人多以捕鱼为业,每年渔汛时乘风赴捕洋面,远近不一,遂捕遂即用盐腌制,满载后赴各处贩卖。此项盐斤由沿海各埠买带。从前东莞、新会、香山、新安、新宁、归善、海丰、陆丰、潮阳、惠来、澄海、阳江、电白等县地方额设十三埠,行销鱼引。其时各商私自设立坐标票,据收取渔户帮饷,名为乾标。雍正十一年,经前督臣鄂弥达题请禁革乾标,所有埠内卖盐照票统由总督衙门用印填号,汇发各县,转发埠商,收明填用,给与渔户收执,以为是官非私之验。乾隆二年,督臣鄂弥达复刊发四联印票,一存总督衙门,一存运司衙门,一存地方官衙门,一给该渔户收执。按年取具各商并无设立乾标甘结,送部,历来遵照奉行。迨盐务改埠归纲之后,不由地方官经理,遂改给三联印票,将渔户应买盐数定为四等:大船每次带盐二百五十斤,限半月缴票;中船每次带盐一百斤;小船每次带盐五十斤,俱限十日缴回原票。其朝出暮归之小艇听其赴埠买盐腌制,毋庸给予印票。此从前禁革乾标及现在给发渔票,行销埠盐之原委也。臣莅任留心访察,加意整顿。现在沿海各埠官引尚无滞销,私盐不至充斥。惟采捕渔户出入海口,难保无图利买私之弊。现在严饬澳甲、营汛稽查,并将各口岸渔船出入需索陋规概行革除,俾沿海穷民毫无苦累。伊等既可谋生乐业,自不致有聚枭为盗情事。即数年来节次拿获盗犯讯供时,间有渔户在内,皆系被匪掳捉,逼胁入伙,并非甘心为盗,此其明证。至三联印票,原为疏引杜私而设,渔户买盐数目注明票内,复经口岸巡船查验相符,方准出口,立法似属周密。乾标一项早经禁革,所有周繬仍请禁革之处似毋庸议。

至粤东铸造铁器,现有铁炉二十五座,土炉十五座,俱在不近海洋地方开设。其铁炉煎出铁斤,各商先赴运司衙门,输税请给旗票,铸成铁锅等项器物,贩运售卖。如无旗票者即属私铁,照私铁例治罪。其土炉亦系输税领旗,止许收买废铁,改铸农具,在本地售卖,不许越境贩运。此铁炉、土炉分别办理之章程也。臣查粤东炉户多在佛山镇铸造食锅、农具等项,运赴各处售卖,其由海运赴雷、琼二郡者,均在佛山同知衙门给照出口。食锅等项数至五十连以上,即行给照,以便海口稽查。其间牟利奸商因铁器出洋获利数倍,例禁不许多带。或托名修船多带铁钉,或潜将铁锅铸厚,或将船桅多用铁箍,朦混出口,亦难保其必无。臣现在饬行雷、琼二郡,将所用铁锅、农具每年需用成数,查明具报。并饬佛山同知详查,照依额数给照运往,仍将铁锅农具斤数注明,并严禁厚锅,一概不许夹带,违者治罪。客商船桅有用铁箍者令各海口登记,回时查验。至向来海船出口,恐沿途损坏,应需修制,许酌量携带铁钉,亦不免多带偷漏,自应如该从九品周繬所奏,查看船只大小,定以数目,不许私行多带,违者一并究治。再查盗匪炮械,或抢夺客船,或买自夷地,现在严禁铁器出洋,则夷地铸卖者必渐少,实系清理盗源之一法。

臣渥荷天恩,用至总督,弭盗、缉私均关紧要。臣仍随时留心访查,如有偷漏铁器、私贩盐斤者,一经查获,立即究明,据实办理,不敢稍有宽纵,以仰副我皇上慎重海疆,肃清盗源之至意。所有钦奉谕旨缘由,理合妥议具奏,伏祈皇上睿鉴。谨奏。嘉庆四年十月二十一日。朱批:实心所办不在空言,海洋盗风果能敛戢与否,朕自知之,严查接济销赃为要。勉之。(北京:中国第一历史档案馆藏朱批奏折,档号:04-01-35-0482-022.)

25. 两广总督觉罗吉庆广东巡抚陆有仁奏为夷洋盗匪陆续投首事

两广总督臣觉罗吉庆、广东巡抚臣陆有仁跪奏。为夷洋盗匪陆续投首,恭折奏闻事。窃照前有盗匪梁文科、林亚满、周亚五、布泽友、黄亚灶、布香长等六起先后赴琼州投首,分别奖赏释回、安插,恭折奏明在案。兹据委员李戴春、申继志,署雷州府宗圣垣,海康县知县马钰,署雷州营参将晁运昌禀称:九月十九日,有洋匪陈养兴、陈亚润、谭亚尾、谭亚扶、王亚四四起,共船五只,开列匪伙共二百七十四名,并大小铜炮二门,内一门重千斤,一门重四百斤;大小铁炮二十七门,内有三千斤炮三门,及枪刀、弹子、火药等项,于二十六日在海康县洪排海面,投到具呈,悔罪自新,愿为良民。当查陈养兴一犯,籍隶遂溪,因闻梁文科等投首免罪,深信无疑,邀同谭亚尾等一同投首。除查明船只、炮械入官,并讯明匪伴住籍,分别赏给递籍外,合将办理缘由,禀报前来。臣等伏思雷琼一带海面自委员招抚以来,节次投诚者俱经奏蒙天恩,免死释宁。各匪闻之感激,陆续投首者共有十起,盗匪共四百二十七名,兹陈养兴、陈亚润、谭亚尾、谭亚扶、王亚四等均系粤东遂溪等县人民,既不甘为盗,悔罪来投,自应仰体皇仁,量加赏给,妥为安插。查陈养兴系积年大盗,率众投诚,应请赏给外委顶戴,留为招徕,以示奖励。俾各盗首闻风而至,海洋立见肃清,商贩无虞。上纾宵旰。除飞饬该道府及委员等,将陈亚润等二百七十三名递回各原籍,钦遵谕旨,饬令地方官分处安插,严加约束,勿使聚集一处,致滋事端。所有办理投首洋匪缘由,理合恭折具奏。并缮陈养兴等供单,敬呈御览。伏乞皇上睿鉴。谨奏。嘉庆四年十月二十三日。(北京:中国第一历史档案馆藏朱批奏折,档号:04-01-08-0076-030.)

26. 浙江提督苍保奏报浙省洋盗情形事

浙江提督奴才苍保跪奏。为恭折覆奏,仰祈圣鉴事。窃奴才具折恭报:浙属晚禾收成分数于嘉庆四年十一月十六日奉到朱批:浙省洋盗情形若何,汝岂不知,既知为何不奏。钦此。奴才跪读之下,不胜战栗。伏念浙省为海疆要区。奴才仰蒙皇上天恩,畀以提督重任,缉捕洋盗,是所专责。迩年来,粤闽洋盗窜入浙洋。奴才自嘉庆元年四月莅任,即会商抚臣,添配兵船,奴才常川在于沿海督率水师镇将,分帮侦巡严捕。至嘉庆三年,共获过盗匪九百余名,均经会同督、抚二臣审明,奏报在案。惟是浙省海洋辽阔,盗匪形如鬼蜮,东拿西窜,总不能歼绝根株,今年交春后,复有盗匪潜窜来浙。奴才即往台温一带督缉,旋于秋间,协办大学士总督臣书麟来浙,抚臣玉德亦至台州,奴才仍会同督饬定、黄、温三镇水师总兵,统帅舟师,实力严拿。并饬沿海水师协将在于要隘口岸,一体堵缉擒捕。并稽查济匪奸徒一切水米食物,毋许丝毫偷漏出口。陆续准据水师各镇臣并沿海各营具报:除节次攻沉盗船及杀伤落水淹死盗匪不计外,共生擒盗匪并通盗销赃匪犯一百八十余名,盗船七只,起获枪炮、刀械等项,均解送督抚二臣审办,亦在案。该匪等因见浙洋查拿紧严,有分窜江浙交界洋面并巡回闽洋者,奴才仍督饬三镇,不分畛域,分头剿捕,以期净尽,以仰副我皇上绥靖海疆之至意。查节次拿获盗匪以及洋面情形俱经督抚二臣随时具奏,是以奴才愚昧,未敢再为渎陈,兹蒙圣明垂询,谨将浙省洋盗情形恭折覆奏,伏乞皇上睿鉴。谨奏。嘉庆四年十一月十八日。朱批:一切留心,勿虚糜爵禄,尸位素餐。(北京:中国第一历史档案馆藏朱批奏折,档号:04-01-08-0078-012.)

嘉庆五年(1800年)

27. 两广总督觉罗吉庆附片奏报攻破匪船事

两广总督臣觉罗吉庆附片。窃照现在南风盛发之候,夷洋盗船窜来约有八九十号,总兵黄标、钱梦虎各带兵船三十号,在中路分头缉捕,保护盐船。自黄标攻击贼船,生擒盗匪十二名后,各盗船均由外洋东窜。臣飞札潮州、南澳等营,并檄饬道府侦探盗踪,相机剿捕,并令黄标进拿,务获去后,兹惠潮道胡尧家禀称,闰四月二十九日盗船窜至涂弼港口,图劫商船。维时沙汕头、宫鞋石两炮台已有准备,官兵两面夹攻,攻破贼船三只。并杀伤贼匪甚多,捞擒贼匪三名,各匪船畏惧逃窜。臣查水陆官兵捕盗尚属出力,无如贼匪狡猾异常,西捕东逃,大海汪洋,遥望兵船,即行驶逃。是以未能全起就获。现在调度熟筹,务期必获,理合附片陈明。谨奏。【嘉庆五年】(北京:中国第一历史档案馆藏录副奏片,档号:03-2181-007.)

28. 嘉庆五年正月己卯谕军机大臣

吉庆奏:盗匪悔罪投首一折。盗首冯胜闻知节次投出盗匪俱已免罪,因带同家口及伙匪等共四十一名口,一并投诚。吉庆等分别安插,严加约束。所办甚是。并据饬令委员及地方各官,于内地内洋妥为招抚,不得擅入夷地夷洋一节。所办亦是。此等盗匪在洋面行劫多时,自必积有资财。现既令地方官分处安插,恐胥役等因其曾为盗匪,有意勒索。或致别生事端,不可不严行查禁。至安南、农耐盗匪,或有闻风来投者,即当送回本处。不独农耐之人,应行拒绝,即安南之人,亦不可收留。至此次投出盗匪多人,并著该督等留心查察。倘有安南、农耐之人在内,即著酌给盘费,遣回可也。将此谕令知之。(《清仁宗实录》卷五十八,嘉庆五年正月己卯,第14—15页。)

29. 嘉庆五年二月丙午谕内阁

各省沿海水师。向例设有统巡、总巡、分巡及专汛各员,出洋巡哨。近因各省奉行日久,渐有代巡之弊。即如统巡一官,系总兵专责,今则或以副参、游击代之。甚至以千总、把总、外委及头目兵丁等递相代巡。遇有参案到部,则又声明代巡之员。希图照离任官例,罚俸完结,殊非慎重海疆之道。著通谕沿海省分各督抚,嗣后均令总兵为统巡。以副、参、游击为总巡,以都司、守备为分巡。倘总兵遇有事故,只准副将代巡,或副将亦有事故,准令参将代巡,不得以千总外委等滥行代替,以杜借端规避之弊。至山东水师三汛,向不参送统巡疏防职名,殊未允协。嗣后该省亦应一律遵办,以昭画一。此次通谕之后,各督抚等务令水师各员亲身出洋,梭织巡查,以期绥靖海洋。倘敢仍前代替,借端推诿,一经部臣查出,或被科道纠参,则惟各该督抚等是问。将此通谕知之。(《清仁宗实录》卷六十,嘉庆五年二月丙午,第13—14页。)

30. 两广总督觉罗吉庆奏为北额港被劫盐船二十九号事

两广总督臣觉罗吉庆跪奏。为钦奉谕旨,据实恭折覆奏事。窃臣承准廷寄,嘉庆五年三月十九日奉上谕:吉庆等参奏洋面疏防各员一折。夷洋盗船七十余号在北额港地方乘夜劫去运盐船只至二十九号多,驻守兵弁毫无防备,疏懈已极,情节甚为可恶。吉庆等务当严饬沿海各将弁等上紧严拿,以靖洋面。此次盗匪在洋肆劫,其驻守北额炮台之春江协把总刘朝富于瞭见盗船时,既未能尽力攻击,又不迅速禀报该管各员,以致盐船被劫二十余号,其罪甚重。刘朝富著革职,于海口枷号三个月,满日,发往伊犁效力赎罪。其驻台兵丁俱著枷号两个月,再行责革,以示惩儆。该管之守备、都司不能稽查防范,均著革职。至统辖之春江协副将娄枝华及该督抚等,于洋面盗匪未能先事饬属预防,具有应得之咎,均著交部议处。该管地方文职亦著该督抚等查明,咨部议处。至总兵黄标,系总统之员,亦难辞咎,但念该镇平日在洋捕盗尚属认真出力,此次盐船被劫,因驻守炮台之把总禀报迟延,及该镇带兵前往,盗匪已经逃窜,尚非缉捕不力,著加恩免其议处,即责成该镇将此次在洋抢劫盐船之盗匪星即督率兵弁,赶紧追拿,务期正犯就获。倘不能将此案盗匪缉获,必当以应得之罪。至洋面盗匪无论内地及安南夷匪,一经拿获,均当按律严办示惩,勿得稍有疏纵。仍著该督等查明盐船被劫是否将在船水手等一并裹去,有无杀伤人口,及同帮盐船共有若干,是否全行劫去,一并据实具奏,将此谕令知之。钦此。

　　跪读训谕,仰见我皇上至圣至明,无微不烛,不胜钦服。除将本日在炮台官兵遵旨立即枷示,满日,分别发落外,伏查夷洋盗船潜伏北额港,乘夜劫去运盐船只一案,臣接据禀报,当即一面飞饬追拿,一面确查被劫情形,据实参奏。缘北额港系肇庆府阳江县地方,港澳浅窄,不能多泊船只,非电白大港可比。是日湾泊该港空重盐船大小止有二十九号,船内盐丁水手俱系雇募之人,因船非己制,夜间猝闻盗至,即惊慌上岸跑走,是以并未被掳裹去,亦无杀伤人口情事。所有在港盐船均被劫去,此当日被劫之实在情形也。至匪徒胆敢乘夜劫夺情节,甚为可恶。臣令总兵黄标等督带兵船六十号分起追拿,务获,尽法处治,以彰国宪而快人心。黄标今蒙皇上逾格殊恩,宽免议处,该镇更当感愧思奋,益加出力,认真缉拿,自必弋获,照例严办,以昭炯戒。理合遵旨,据实覆奏,伏乞皇上睿鉴。谨奏。嘉庆五年四月初九日。(北京:中国第一历史档案馆藏朱批奏折,档号:04-01-01-0480-015.)

31. 嘉庆五年闰四月戊辰又谕吉庆

　　又谕:朕前闻广东博罗县知县丁大松因下乡催粮,该处百姓有与衙役争闹,强拉牛只,致将妇女拖落河内。该县庇护衙役,致被百姓打碎所坐之轿一事。又闻昌化县知县张聚奎派役催粮,征收过刻,经民人呈控,本府批县将书役等枷责。该县并不遵办,仍派令催征,致民人腾怨,聚集多人,拆毁书役住房。该县闻信往拿,见人势众多,辄令兵役放枪,打死民人四名一事。当经密谕吉庆查明据实覆奏。今据该督奏到,此二事俱系属实,可见朕所访闻均为确实。但天下之大,兆民之众,朕一人耳目岂能周遍。若必待访闻,始行奏明办理,则未经朕访察之事,督抚即置之不办者正不知凡几。即如粤东博罗一案,前任巡抚陆有仁于上年十一月具题。率将差役拉牛妇女落河又挤破坐轿各情节删去,实属弊混。著陆有仁明白回奏。其昌化一案直待朕密谕到日,吉庆始以在逃要犯甫经弋获。现在解审具奏。是伊等于办理地方事件因循回护,已可概见。此等陋习亦不独广东为然,即各省皆所不免。若俱俟查询始行究办,则吏治民生贻误已多,又安用督抚为耶。试思回护一不肖有司,其市惠甚小,而俾一方怨讟繁兴,其流弊甚大。各督抚等毋以朕不能周察,希图免咎。总之,可对朕之事,见诸施行;不可对朕者,切勿轻试,方合奉公率属之道。特此通谕各该督抚等,务须共知儆省,实心任事。遇有地方案件,惟当无隐无欺,据实入告。即办理偶有错误,亦应于朕前直陈,转可邀免处分。不得虑干部议,有心弊混。欲求救过,转致自蹈重愆,负朕委任也。将此通谕知之。(《清仁宗实录》卷六十六,嘉庆五年闰四月戊辰,第5—6页。)

32. 两广总督觉罗吉庆附片奏报盐船被劫事

两广总督臣觉罗吉庆附片谨奏。窃臣接据春江协副将娄枝华禀报:闰四月初三日,有匪船二十余只驶至北额港口,欲抢盐船,经驻台把总李奇逢率兵放炮轰击,打破贼船二只,淹死贼匪多名。贼船畏惧,逃窜青洲外洋,于港内捞获伤毙贼匪尸首五具,割取首级,送县查验。又据电白营都司方镜、委员苏懋德禀称:闰四月初四日,有匪船二十余只直向兴平港口驶来,都司等在炮台连放大炮,打伤数匪落水。正当潮长,捞获水面漂来匪徒一名。复击破贼船一只,人船落水。各匪见而畏惧,始行逃窜。又接准提臣孙全谋札会:十一日,到电【白】港查看兴平炮台,布置甚为得力。十二日,黄标、钱梦虎兵船齐到。据称,十一日,到南澎洋面遇贼船二十余只,督率兵船开炮攻击,追拿。贼船向西逃窜,极力穷追,夜深,远遁无踪止。打破贼船一只,拿获小匪船二只,贼匪十二名,连器械各项交电白县收审,等因。臣查此起贼匪似系前在琼州海口寄碇伺劫商船之盗,今复胆敢在两处图劫盐船,可恨已极。除咨会提臣孙全谋,并飞饬总兵黄标、钱梦虎于各处搜捕,并饬南澳等处一体实力截擒,务获,尽法处治,以快人心。札饬电白县将现获盗匪十二名即日解省审办。至此次保护盐船,攻击盗匪之都司方镜、委员苏懋德、把总李奇逢尚属奋勉,各记功一次,在台弁兵分别奖赏外,理合附片奏闻。伏乞皇上睿鉴。谨奏。嘉庆五年闰四月二十日。(北京:中国第一历史档案馆藏朱批奏折,档号:04-01-01-0477-040.)

33. 嘉庆五年五月丙午谕军机大臣

谕军机大臣等:吉庆奏洋匪投首,讯明递籍,安插一折。粤省洋面盗匪屡经该督奏称盗匪闻有自首免罪谕旨,带领伙匪先后投出者,不一而足。节经降旨,以人数过多,谕令该督妥为安插。今又据吉庆奏,盗首许亚胜带领伙匪二十一名自行投出,自不能不量为收抚。但人数渐众,亦难以随时管束,务须妥筹安顿之法。至该省洋匪既经接踵投诚,洋面自应日就宁谧。乃现据学政万承风奏,该省盗风仍未敛戢,本日吉庆折内并未提及。又据奏,陆丰县前有捏称共合义会哄骗敛钱之李崇玉等犯,当经审明分别问徒,押发合浦等县安置。今该县绅民因李崇玉素性强梁,欺压良善,闻有恭遇恩诏释回之信,赴县密禀,不欲该犯回籍。吉庆请将李崇玉发往黑龙江等处,给披甲人为奴,从来无此办法。况各省皆有应行赦回原籍流徒罪犯,若此例一开,纷纷具呈,皆不准放回,概行充发远方,是遇恩赦转加重矣。吉庆何太不晓事若此,著传旨申饬。(《清仁宗实录》卷六十

嘉庆六年(1801年)

34. 嘉庆六年正月癸巳谕内阁

前因兵部参奏：广东海洋统巡俱系千、把代巡。降旨询问。旋据吉庆奏到，因水师镇将乏人，始派就近之员通融办理。并自请严议。当经谕令俟巡抚瑚图礼、提督孙全谋奏到日，再行降旨。兹续据瑚图礼奏：于移交派委统巡洋面武员要务并不细心查核，率行题报，恳请议处，等语。海洋统巡例应总兵大员前往，即委员代巡，该省岂无副、参、游、都各员可以派去，何至差委千、把微末，自系因循积习，漫不经心，殊属非是。吉庆、瑚图礼俱著交部议处。至孙全谋身为提督，海洋巡哨是其专责，率行派委末弁，自难辞咎。俟该提督奏到之日。再行交部议处。(《清仁宗实录》卷七十八，嘉庆六年正月癸巳，第15页。)

35. 佶山奏为遵旨访闻得地方官吏声名贤否事

奴才佶山跪奏。为遵旨访闻得地方官吏声名贤否，除离省稍远者未能深得其详，其同城及附近地方官吏俱属安静，循分办事，并无劣名，谨将奴才所见所闻、官吏贤否并洋盗实在情形附片密奏。

布政使司常龄，心性朴实，办事认真，惟才情略形迟钝。按察使吴俊，才情甚好，心术微偏。在广多年，地方情形颇为熟悉。知府李戴春办理招安洋盗，甚不得体。察洋盗如果真情投首，应率同众盗将船只枪炮、器械等件上岸交投。并将人口数目造册，跪求，方可招安。讵李戴春闻得洋盗停泊琼州，即差人探问，如愿投首，即赏给银米、酒肉。而洋盗来见，开中门而接，致令盗匪毫无惧意，不时在琼停泊，甚至唱戏作乐。俟将柴米淡水载足，扬帆而去。李戴春不知醒悟，仍望冀成功。至于招安洋盗，并修造米艇之费，通省官吏捐派银一百余万两之多。现今洋盗仍在各海口抢劫客船，并未宁静。提臣孙全谋，人甚明白，尚属能事，海面情形皆所深悉，但缉捕洋盗等事俱系督臣调度，毫不能做主。奴才糊涂之见如得吉庆责成提臣孙全谋同总兵黄标、钱梦虎等带领将弁，多派兵船，沿海要口往来巡缉，督臣派员严察，毋许稍懈。如有疏虞，指名题参，则将弁知所畏惧，上紧截拿，令盗势日促，大洋既不能停泊，内洋又有官兵堵截，日久米水有缺，众心溃散。再能设法招安，洋面可期宁静矣。再闻得盗船多至二三百号，势甚猖獗，捕盗米艇仅六十余只，不足以资堵截。若另造兵船，既需时日又费钱粮。查运盐船只除雇觅民船外尚有运商自造广盐船八九百号之多，今闻被洋盗劫去仅剩三四百号。与其被洋盗抢劫作为盗船，莫若改作兵船，更资缉捕之用，而运商仍可雇觅广艚、广易、广贸捕等船，载运盐包，不至耽误。至兵船既添，所需口粮有督臣吉庆奏准，每年各税口拨给闲款银二十余万两，足敷支给，毋庸另筹。以上官吏贤否、洋盗实在情形及臣管见所及，谨此密奏。【嘉庆六年】(北京：中国第一历史档案馆藏朱批奏折，档号：04-01-13-0167-005.)

36. 两广总督觉罗吉庆署广东巡抚瑚图礼奏为夷洋盗匪潜入粤洋事

两广总督臣觉罗吉庆、署广东巡抚臣瑚图礼跪奏。为夷洋盗匪潜入粤洋,督饬严拿,恭折奏闻事。窃据雷州府遂溪县知县翟察伦禀称:本年正月初十日,有夷洋盗匪由白龙尾连艘驶至,欲登岸劫夺沿海民人什物。当即会同参将杨桂督率兵弁、役勇亲赴堵御。十一日,到田头地方见有盗船数十只近岸,即带领弁兵、勇役以枪炮攻打,盗匪畏惧,不敢登岸。正在严密堵截间,据东头芋山村等处弁兵先后禀报,各该处有匪船登岸,抢夺沿海篷民什物。翟察伦与参将杨桂分赴该处督捕,连放大炮,轰沉兵船一只。击毙盗匪十一名,其东头山芋村沿海民人被盗,掳劫男妇七人并牛猪什物等情。当即檄饬左翼镇总兵黄标飞速带领兵船前往擒拿。旋据该镇禀报:在广州湾硇洲等处遇著匪船数十只,即督率弁兵奋勇围拿。驶近贼船,施放枪炮,击死盗匪多名各盗畏惧逃窜夷洋等情。臣等仍札饬实力搜捕,务期必获。伏思雷州地近夷洋,三面临海,居民散处,皆当预筹保护。地方文武平日自应团练乡勇,先事防御,方保无虞。今知县翟察伦、参将杨桂并未预筹,以致洋匪登岸,始行带领兵役前往堵剿。据称击毙盗匪数名,亦难凭信。似此不能预为防范,以致民人被掳之员,若不加之惩儆,恐海防疏懈。现据该镇、两司、道府揭报前来,相应请旨将知县翟察伦、参将杨桂交部,严加议处,以儆将来,庶沿海边疆可期整肃。臣等谨会同提臣孙全谋合词恭折具奏,伏乞皇上睿鉴训示。谨奏。嘉庆六年二月十七日。(北京:中国第一历史档案馆藏朱批奏折,档号:04 - 01 - 01 - 0483 - 034.)

37. 闽浙总督玉德奏为闽浙两省营伍酌量次第查阅事

闽浙总督臣玉德跪奏。为闽浙两省营伍酌量次第查阅,恭折奏闻事。窃臣接准兵部咨开嘉庆六年轮应查阅闽浙二省营伍,钦奉谕旨:著该督抚就近查阅。钦此。钦遵。臣随于本年三月十二、三、四、十六等日会同福建巡抚臣汪志伊、署福州将军副都统臣扎拉芬将省会督抚二标、福州城守营及驻防满营各官兵分期校阅。尚有臣标水师并三江口水师旗营及附近之闽安、烽火等营水师官兵,因现在出洋捕盗,并派令巡防各口岸,时当南风旺盛,处处均关紧要,不便遽调来省合操。是以,未经阅看。兹因洋盗蔡牵等匪船据报审往闽省南洋。除飞饬金门镇总兵何定、江海坛镇总兵倪定得、署金门左营游击王得禄,各帮兵船赶紧跟踪追捕外,臣现于三月二十四日,自省起程,前赴泉州、厦门一带督缉,并顺途查阅长福、兴化陆路提标、水师提标及漳州镇标各营水陆官兵,约计阅至漳州镇标营已届仲夏,天气炎热,例应停操,拟俟秋凉后再赴延平、建宁、邵武、汀州挨次校阅各镇标协营伍。其浙省各营官兵拟俟冬月察看海洋情形平静,再行前往查阅。所有督标及旗营并附近各营水操,俟阅过漳泉官兵,回时再行补看汇总,分别等第,恭折具奏外,所有臣酌量次第查阅两省营伍,并现赴泉厦一带督缉洋盗缘由,谨恭折奏闻。伏乞皇上睿鉴。谨奏。嘉庆六年三月二十四日。朱批:若歼毙蔡牵,由五百里具奏,另降恩旨。勉之。(北京:中国第一历史档案馆藏朱批奏折,档号:04 - 01 - 03 - 0039 - 006.)

38. 浙江温州镇总兵胡振声奏为从宽议处恭谢天恩事

浙江温州镇总兵奴才胡振声跪奏。为恭谢天恩,仰祈睿鉴事。窃上冬册使经过北麂外洋与盗船相遇,奴才带领兵船在洋巡缉,失于确探营护。经浙江巡抚臣阮元参奏请旨交部,严加议处,经部议降二级调用。奉旨:胡振声著改为降三级,从宽留任。钦此。经巡抚臣阮元接准部咨移到,奴才当即恭设香案,望阙叩头谢恩。钦遵讫,伏念奴才一介庸愚,荷蒙皇上豢养深恩,界以海疆重任,自应勉竭驽骀,以图报效。乃册封琉球使臣经过北麂之外洋遇盗,奴才未经确探迎护,实属疏玩。部议降二级调用,咎所应得。乃蒙圣恩谕格改为降三级,从宽留任。闻命之下,感激难名。奴才惟有益加奋勉,在洋督率各官兵,务将盗匪严密搜捕,绥靖海疆,冀赎前愆,仰报高厚鸿慈于万一。所有奴才感激下忱,谨缮折恭谢天恩。伏乞皇上睿鉴。谨奏。嘉庆六年五月十七日。(北京:中国第一历史档案馆藏朱批奏折,档号:04-01-16-0092-089。)

嘉庆七年(1802年)

39. 为营哨船载兵换戍在洋遭风击碎事

福建台湾镇总兵官奴才爱新泰、福建台湾道奴才遇昌跪奏。为内营哨船载兵来台换戍,在洋遭风击碎,淹毙兵丁,沉失炮械,查明恭折具奏事。窃照本年台营系三四起戍兵换班之期,凡内营派出新兵,交弁管带,由厦配坐商哨船只渡台,历经遵办在案。嗣于本年九月十七日,据镇标中营游击陈廷高呈,据水师提标中营管驾海字三号哨船百总陈得禄报称:管带水兵二十五名,驾坐本船,在厦渡载海坛左营把总林宗华一员,三起班兵九十八名,来台换戍,又附配北路淡水营差竣外委林上国一名。八月二十三日,在厦放洋。二十五日未刻,驶至鹿耳门外,陡遇飓风,不能进口,随寄碇,竭力保护不虞。二十六日,暴风淋雨,益加猛烈,碇索刮断,大桅拗折,船无把握,人力难施,随风漂流至三更时分,漂冲凤山县岐后外洋,沉礁击碎全船,弁兵同防船及班兵炮械、钤记公文概行落水。弁兵人等陆续扳扶篷板倚岸及渔船捞求得生,大半受伤。查点人数,漂流班兵陈国明及本船水兵陈文瑞、林登标等共三名。现在确查漂兵下落,打捞沉失炮械等项,获日另报等情。

又据护理澎湖协副将事游击聂世俊呈称:南澳左营南字一号哨船把总吴朝兴、管带舵水兵丁林习等共二十四名,驾坐本船,在厦渡载。南澳镇标左营把总林再兴一员管带四起班兵七十三名,闽安右营班兵十名,赴澎换戍,又附配澎湖右营差兵陈有得一名。九月初三夜,驶近澎湖洋面,遭风刮断舵叶,船只漂冲八罩外洋,沉礁击碎,沉失炮械,漂没班兵李奕侦、吴春二名,其余弁兵受伤遇救登岸,等情各前来。奴才等均经先后会饬协营厅县,照例勘讯,并于失船处所打捞炮械杠椇,确查漂失兵丁陈国明等五名是否淹毙,分别呈报。并催各去后,兹于本年十二月初七、十三等日,据护台协水师副将事游击詹胜、署凤山县知县陈起鲲、护澎协水师副将游击聂世俊、代理澎湖通判周元梓等详称:会勘失船处所均系外洋。连日督率丁夫认真打捞,只捞获班兵陈国明、李奕桢尸身二具,其余炮械药铅、钤记公文及水兵陈文瑞等尸身因在外洋潮流湍急,漂流无踪,无从捞获。将讯过供由,绘图具

153

结,分案详覆前来。奴才等复查无异,除将击碎哨船一只,沉失炮械、药铅等项赶造册结,同淹毙及得生弁兵名册谨送督抚臣,分别题销造补咨部核办。其淹毙兵丁陈国明、陈文瑞、林登标、李奕桢、吴春等五名系拨戍奉差,在洋淹毙,事属因公,应否恤赏恭候皇上睿鉴训示。谨奏。嘉庆七年十二月十八日。(北京:中国第一历史档案馆藏朱批奏折,档号:04-01-16-0093-075.)

40. 嘉庆七年十二月丙辰谕内阁

安南国为南徼藩服,前此黎维祁与阮光平构兵,先经率属内投,继复弃国潜遁。皇考高宗纯皇帝以黎维祁异懦无能,不能自振,天厌黎氏,不宜复加扶植。惟念其流离失所,将黎维祁送京入旗,授职养赡。其时阮光平修表叩关,吁求内附,并请亲诣阙廷,祝厘瞻觐。皇考高宗纯皇帝鉴其诚悃,锡之敕印,封阮光平为安南国王。阮光平受封之后,时修职贡,终其身只承恩眷。及伊子阮光缵嗣封,比年来闽粤洋面屡有劫盗,经疆吏访闻入告,该国竟有潜通窝纳之事。朕以诚信怀远人,尚谓事涉疑似,只令饬知该国一体查缉。旋据阮光缵自陈惶悚,坚称实不知情。本年八月,吉庆奏到农耐国长阮福映遣使赍进表贡,缚送盗犯莫观扶等三名,系内地奸民。经安南招往,授以伪职,并给与印札,行劫内洋,审讯明确,已伏厥辜。是阮光缵豢养盗贼,通同劫掠,负恩背叛,情迹显然,实为王章所不宥。设阮光缵此时尚膺封土,必应声罪致讨,以惩凶诈。乃伊国连年与农耐战攻。上年阮福映拔取富春时,阮光缵辄将天朝所颁敕印遗弃潜逃,其罪更无可逭。阮光缵不念皇考高宗纯皇帝恃深恩,又不能继伊父之志,于臣为不忠,于子为不孝。今已自取灭亡,益见倾之理,昭然不爽。阮福映能为天朝缉捕逋逃、缚献,请旨定夺,并将安南旧领敕印,遣使呈缴,深为恭顺。兹表陈构兵颠末,本系为伊先世复仇。虽得其国土,不敢擅专。虔遣陪价,纳贡请封。除将表文请赐建国名号之处交大学士会同六部尚书议奏外,所有安南阮光缵获罪灭及阮福映恭顺出力缘由,先行通谕中外知之。(《清仁宗实录》卷一百零六,嘉庆七年十二月丙辰,第22—23页。)

嘉庆八年(1803年)

41. 嘉庆八年正月乙未谕内阁

据玉德等奏:查明琉球国二号贡船在洋遭风漂至台湾地方,冲礁击碎,救援人口上岸,抚恤缘由一折。外藩寻常贸易船只遭风漂至内洋,尚当量加抚恤。此次琉球国在大武仑洋面冲礁击碎船只,系属遣使入贡,装载贡品之船,尤应加意优恤。其捞救得生之官伴、水梢人等,著照常例加倍给赏。至所装贡物,除常贡各件业经沉失外,其正贡船只据称既与常贡船同时开驾,至今尚未到闽,自系同时遭风。现经玉德等移知浙粤等省沿海口岸一体确查,如查无踪迹,或亦已漂没沉失,所有正贡、常贡物件均毋庸另备呈进。该督等即缮写照会行知该国王,以此次该国遣使入贡船只在洋遭风冲礁击碎,人口幸无伤损。所有贡物行李尽皆沉失。此实人力难施,并非该使臣等不能小心护视所致。现已奏明,特奉恩旨优加抚恤。其沉失贡物远道申虔，即与赍呈赏收无异。谕令不必另行备进，所有此次赍贡使臣等回国，该国王毋庸加以罪责，以副天朝柔怀远人至意。嗣后遇有外藩贡船遭风漂没，沉失贡物之事，均著照此办理。（《清仁宗实录》卷一百零七，嘉庆八年正月乙未，第17—18页。）

42. 两广总督兼署广东巡抚印务倭什布奏为续获抢夺师船盗犯审明办理事

两广总督兼署广东巡抚印务臣倭什布跪奏。为续获抢夺师船，伤毙官兵盗犯，审明办理，恭折奏闻事。窃照碣石龟龄洋面被匪抢船戕兵一案，前经拿获盗犯陈衮亮、周亚冠等先后审办，具奏在案。嗣据陆丰县知县窦熙禀报：会营督率兵役巡缉，于本年六月十六日在金厢石地方拿获盗犯魏庭连一名，讯认曾在龟龄洋面与师船打仗，拒伤兵丁一人，落海身死，并听从在洋叠次行劫等情。当即饬提赴省，委员审办。兹据委员广州府知府福明等审明，由按察使邱庭漋审拟招解前来，臣随提犯，督同司道，亲加严鞫。魏庭连籍隶海丰，于嘉庆八年闰二月十二日往投盗首郑阿一伙匪蔡丰顺船内入伙。是月十七日，各盗船在海丰县属龟龄洋面停泊，遇见另帮盗首余阿建、梁同盗船，商议分帮前往闽省洋面伺劫。适遇兵船截拿，该犯魏庭连随同打仗，拒伤兵丁，一人落水身死。郑阿一随抢夺兵船，派给各匪管驾，分头驶往外洋逃走。该犯魏庭连续又听从蔡丰顺在洋行劫三次，内勒赎一次。严加究诘，矢口不移。核与陈衮亮、周亚冠等原案符合，逸盗无疑。查魏庭连在洋叠次行劫、勒赎，复敢拒捕，伤毙兵丁，实属罪大恶极。应照例凌迟处死。该犯情罪重大，未便稍稽显戮。审明后，臣即恭请王命，饬委按察使邱庭漋、署督标中军副将保兴将魏庭连一犯绑赴市曹，凌迟处死，传首沿海地方悬示，以昭炯戒。该犯在洋行劫，原籍牌头甲保无从查察，亦未经由营讯口岸，均毋庸议。逸犯郑阿一等饬行沿海文武严缉，务获究办，除备录供招咨部外，臣谨恭折具奏并缮该犯供单，敬呈御览。伏乞皇上睿鉴施行。谨奏。嘉庆八年九月十六日。（北京：中国第一历史档案馆藏朱批奏折，档号：04-01-01-0491-021.）

43. 琉球国贡船失事赒恤例

嘉庆八年，谕：据闽浙总督奏：查明琉球国二号贡船在洋遭风，飘至台湾地方，冲礁击碎，救援人口上岸，抚恤缘由一折。外藩寻常贸易船只，遭风飘至内洋，尚当量加抚恤。此次琉球国在大武仑洋面冲礁击碎船只，系属遣使入贡装载贡品之船，尤应加意优恤。其捞救得生之官伴、水手人等，著照常例加倍给赏。至所装贡物，除常贡各件，业经沉失外，其正贡船只，据称既与常贡船同时开驾，至今尚未到闽，自系同时遭风。现经移知浙粤等省沿海口岸，一体确查。如查无踪迹，或亦已飘没沉失。所有正贡、常贡物件，均毋庸另备呈进。该督等即缮写照会，行知该国王，以此次该国遣使入贡船只在洋遭风，冲礁击碎，人口幸无伤损，所有贡物行李尽皆沉失。此实人力难施，并非该使臣等不能小心护视所致。现已奏明，特奉恩旨，优加抚恤。其沉失贡物，远道申虔，即与赍呈赏收无异。谕令不必另行备进，所有此次赍贡使臣等回国，该国王毋庸加以罪责，以副天朝柔怀远人至意。嗣后遇有外藩贡船遭风飘没，沉失贡物之事，均著照此办理。（光绪朝《钦定大清会典事例》卷五百十三，礼部二百二十四，朝贡，拯救，北京：全国图书馆文献缩微中心，2005年，第7页。）

嘉庆九年（1804 年）

44. 嘉庆九年正月己酉谕内阁

陈大文参奏疏防洋盗连劫商船之武职各员并自请议处一折。此次洋盗乘风驶至吴淞口内洋，先后劫掳商船共计四十号之多。该处川沙营东岸炮台额设防兵四十名，其时仅有兵丁二名在彼，即使此二人技艺过人，亦不足以资缉捕。可见该省水师废弛已极，所有疏防各员，陈大文原拟未免过轻，亦无庸发交部议。其原拟革职枷号之把总朱成秀、外委王飞熊，著即行斥革，于海口枷号三个月，满日发往伊犁。原拟革职之代理参将事守备陈天柱、署千总冯邦庆、委巡外委杨秀成、周荣贵、署守备王万春、委巡把总钱开云、黄智林、署守备胡大雄、千总倪振先、沙文秀、把总王如龙，均著革职，发往军台效力。提督哈丰阿到任年久，于捕盗事宜不能督率镇将等认真查缉，实难辞咎，著与川沙营参将陈配高、总兵谢恩诏，一并交部严加议处。谢恩诏，前经奏请陛见，业已批准。此时应听候部议，无庸来京瞻觐。总督陈大文甫经到任，办理地方事务尚能认真，其自请议处之处，著加恩宽免。寻，议上。赏哈丰阿二等侍卫，为叶尔羌帮办大臣。谢恩诏等降调有差。（《清仁宗实录》卷一百二十五，嘉庆九年正月己酉，第19—20页。）

45. 嘉庆九年四月戊寅谕内阁

倭什布、孙玉庭奏：新会县外海村被洋匪抢劫，请将疏防文武各员分别革职议处一折。广东洋匪向来不过在外洋劫掠，此次胆敢由磨刀、虎跳门潜行登岸，劫掠村庄。该处设有炮台二座，掎角相持，原为防守门户。地方官弁如能督率兵丁严行防御，何至任盗匪潜行驶入。可见该省武备废弛，守口员弁漫不经心，以致洋匪肆行无忌，非寻常疏防可比。倭什布等应先提讯该处防守弁兵，洋匪潜入时曾否在彼巡防，抑或有得赃故纵情弊。查讯确实，按律严办。乃仅将本管新会营专辖虎跳门西炮台之守备曹守仁请旨革职，发往军台效力。兼辖、统辖之将弁等请旨革职，殊属轻纵疏漏。曹守仁，著先革职，枷号两个月，发往伊犁效力。兼辖东炮台署香山协右营都司事守备谭璋、兼辖磨刀炮台署香山协左营都司事守备吴阳春、代办营务之署香山协左营把总事外委刘定邦、统辖磨刀及虎跳门东炮台香山协副将周自超、统辖虎跳门西炮台署新会营参将候补游击德昌，均著革职，留于地方协缉。如审明兵丁等有得赃故纵情事，再严行治罪。把总冯彪杀贼受伤，又将紧要头目阮姓戮毙。若使外海村非其专管，尚当加之奖赏，今功过足以相抵。冯彪，著免其交部议处。至署新会县知县孙树新、潮连司巡检蒋福基，虽经带勇堵御击杀，但究系疏于防范，著革职，一并留于地方协缉。提督孙全谋、护左翼总兵魏大斌、碣石镇总兵李汉升督带师船，在洋缉捕不力，著交部严加议处。倭什布疏于觉察，亦著交部议处。寻，议上。得旨：此案提督孙全谋、总兵魏大斌、李汉升，平时不能督率水师认真缉捕，及至匪船驶入之时，又不能督饬兵丁严行防御，致被登岸劫掠，实属有乖职守。该部照废弛营伍革职例，议以革职，本系咎所应得。姑念该提镇等从前均经出力，著加恩改为革职留任。孙全谋所有世职，仍准其留于本身。至总督倭什布疏于觉察,著降一级留任,准其抵销。(《清仁宗实录》卷一百二十八,嘉庆九年四月戊寅,第18—20页。)

46. 嘉庆九年六月甲子谕军机大臣

玉德、李殿图奏:蔡牵匪船窜至鹿耳门滋扰,现在调遣官兵,赴台协剿情形一折。盗首蔡牵在洋面窜扰劫夺,日久未能缉获,今竟敢率其伙匪,驶至鹿耳门海口,突入北汕木寨滋扰,以致戕害官兵,实属可恨。但武克勤、王维光二员既经玉德等派往北汕寨防堵,遇盗船登岸时,自应奋力擒拿,何致遽有失事。倘该游击等竟系畏葸不前,未经抵御,以致被戕,则本有应得之罪,无庸再行加恩。若果督兵杀贼,或因众寡不敌,力竭被害,仍当照阵亡例赐恤。著该督等确切查明,具奏,请旨。其台湾镇、道、府各员,据称爱新泰同庆保先经闻信,驰赴鹿仔港,因盗踪业已他窜,即行回郡。嗣于二十八日,接有汛弁禀报,该镇即驰赴北汕木寨督捕,遇昌、庆保在海口一带弹压巡防。是日,该镇坐船因黑夜逆风暴雨,急切不能赶到,等语。地方文武大员于此等盗劫重案,自应即时驰往督捕,况郡城距鹿耳门水程只三十余里,相距不远。究竟北汕寨失事时,该镇暨道府等曾否赶到,并著该督等查明,如果有诿卸退避情事,即应据实参奏,不可稍有回护。此时盗船业已远飏,该督现分派镇将带兵擒捕,惟当严饬上紧兜围截击,追踪务获。即该匪从外洋窜逃,邻近省分亦应不分畛域,协力严拿。闽浙两省均系玉德所辖,应通饬营汛,并知照阮元、李长庚等饬属上紧围擒。其滨海粤东、江苏等省,亦著飞咨各该督抚一体严拿,毋任日久稽诛。将此谕令知之。(《清仁宗实录》卷一百三十,嘉庆九年六月甲子,第5—7页。)

47. 嘉庆九年六月甲申谕军机大臣

玉德等奏:温州镇兵船追剿蔡牵,被盗匪掷火焚烧,官兵俱遭戕害一折。览奏,不禁发指。蔡牵伙盗向来不过在洋面游奕,劫掠商船,尚不敢窜入内洋,登岸滋扰。前据该督抚奏:蔡牵盗船驶至鹿仔港,抢夺木栅,已属憨不畏法。今于浮鹰洋面,经官兵追剿,盗匪向前拒敌,并敢将温州镇胡振声坐船掷火焚烧,该镇及同船官兵均被戕害,实为罪大恶极。前闻蔡牵一犯屡欲投出,经伊妻劝阻终止。兹该犯胆敢伤害总兵大员,罪在不赦,断无招抚之理。即日蔡牵拿获后,当按叛逆律严办,其妻子等亦应问以缘坐。该犯籍隶闽省,陆路地方谅必有伊近支亲属在彼居住,著玉德等密为查办,分别治罪。(《清仁宗实录》卷一百三十,嘉庆九年六月甲申,第34—35页。)

48. 嘉庆九年八月丙子谕内阁

倭什布、孙玉庭奏:审办叠劫盗犯,并审明署把总罗鸣亮得贿纵盗,透漏米石,分别定拟一折。其情罪尤为可恨。营弁等分汛防守,专司诘奸缉捕之事。况濒海地方盗风正炽,尤关紧要。此案署把总罗鸣亮派防万山西炮台,以该处逼近外洋,米谷稀少,辄起意商同民人伙开米店,得利均分。往来船只无论良匪一体卖给,是米石出洋,该弁不但不能查禁,转借此牟利,接济盗粮。而于乡民拿获盗犯杜亚复送到时,因讯系曾当杜元受渔船水手,该弁复起意传唤杜元受,令其保领回家,乘机勒取银两,与兵丁等均分,致将正盗卖放。此而不严行惩办,何以肃营伍而靖海疆。前据该督等奏,防守石狮炮台之外委杨耀一见盗船首先奔避,以致兵房炮位俱被焚劫。而此次罗鸣亮竟至利欲熏心,济匪纵盗。该省营伍废弛已极,尚安望其实心捕盗肃清洋面乎。倭什布等请将罗鸣亮改拟斩决,所办甚是。著接奉此旨后,传齐该弁犯事地方附近营汛官兵及民人等,将罗鸣亮对众正法,以昭炯戒。并将办理此案缘由,通饬各营伍知悉,俾弁兵等一体凛惕。该督等仍当随时申明训诫,务令痛改积习,以期整饬戎行。(《清仁宗实录》卷一百三十三,嘉庆九年八月丙子,第26—27页。)

49. 两广总督臣倭什布奏为特参怠玩不职之副将事

两广总督臣倭什布跪奏。为特参怠玩不职之副将,请旨革职,以肃营伍事。窃照洋面盗船游奕伺劫,全赖师船巡查严紧,俾知敛迹。经臣节次饬行实力缉捕,无许观望,并密加留心访察,闻得澄海协副将魏成德将师船湾泊南澳港内,并不出洋捕匪,当因该处距省一千三百余里,或恐所闻未确,随于六月十一日飞札行查去后,该处洋面果有商船被盗劫掳之案。而自臣饬查至今,业已月余,该协并无只字申覆。查现在粤洋盗风未靖,急应认真巡缉,且该处海面逼近闽洋,尤关紧要。该副将魏成德一任匪徒劫掠商船,并不出洋擒捕,实属懒玩已极。相应恭折参奏,请旨将澄海协副将魏成德革职,以肃营伍。南澳镇总兵杜魁光近在咫尺,并不督催缉捕,亦属不合,相应请旨交部议处。一面委员前往接署,并严饬该处文武员弁速将行劫商船盗匪追擒,务获究报外,理合会同署提督臣魏大斌恭折具奏。伏乞皇上睿鉴。谨奏。嘉庆九年八月初二日。(北京:中国第一历史档案馆藏朱批奏折,档号:04-01-17-0042-036。)

50. 嘉庆九年十一月壬子谕内阁

前据裴行简奏:请仍禁商船配带炮械出洋,降旨谕令玉德等体察情形,详议具奏。兹据奏称:往贩外夷之大洋船,该商等资本重大,应仍准其照例每船携带炮位、火药、鸟枪、腰刀、弓箭等项,不得逾例多带,其在内地南北两洋贸易商船一概不准配带炮械,等语。外洋商贩船只资重道远,若不准令配带炮械,设中途遇盗,不足以资防御。然准令配带,漫无稽核,恐出洋以后盗匪乘机劫夺,转致借寇兵而赍盗粮。并恐奸商牟利以之济匪,亦所不免。嗣后除内洋船只不准配带外,其外洋商船著照所议,准其按照旧例携带炮位器械等件,不得有逾定额。仍著于船只出洋时,饬令海口员弁将携带炮械数目验明并无多带,填给执照放行。俟该商进口时,仍将原领执照送官查验。并令该商将在洋曾否御盗,据实呈明。倘炮械或有短缺,即令其将因何失落缘由,详悉声明一一登记,以备稽考。如有捏报情事,别经发觉,即将该商按例惩治。如此立定章程,自可不致滋弊。该督抚当严饬海口员弁,实力奉行,毋得纵容吏胥启勒索讹诈之端为要。(《清仁宗实录》卷一百三十七,嘉庆九年十一月壬子,第21—23页。)

嘉庆十年（1805年）

51. 两江总督铁保奏为官兵在洋缉捕事

两江总督臣铁保跪奏。为查明参奏事。窃查前督臣陈大文任内准闽浙总督臣玉德咨询，江省派拨兵船数目及统领员名，因上年八月李提督巡捕至江苏洋面间并未见一兵船，等因。当经陈大文饬查去后，兹据署吴淞营参将镇标游击赵启瑞等以江苏船小兵单，众寡不敌，仅可在近洋哨捕，俟闽浙舟师巡捕至此飞赴会剿。并称，上年浙省李提督捕时该游击在佘山巡洋，相隔遥远，是以不能会遇等候，由提镇两臣呈覆前来。臣查蔡匪猖獗已久，各省水师均宜整顿精练，出洋拦截，以为一鼓就擒之计。况前次蔡匪窜入吴淞肆行劫掠，更应加倍认真，俾匪徒及早就获。该游击等先既不能涉历重洋，与浙省舟师会遇，据称船小兵单，又不早为筹禀，及至饬查，始以一禀塞责，显属畏葸不前，籍词饰覆。现当洋面吃紧之时，未便因尚无失事，稍事姑容。臣查上年八月，系该游击赵启瑞职司总巡，理合据实参奏，请旨将镇标中军游击现署吴淞营参将赵启瑞革职，以为退缩无能者戒，仍请留于苏省，随同出洋缉捕，以赎前愆。再查，总兵孙廷壁前在临川军营打仗，立功，屡著劳绩，现年七十余岁，精力尚健，惟究非水师出身，一切事务不能谙悉，似应酌量更调，以重海防。合无仰恳圣恩，将孙廷壁撤回，改补陆路，庶得收驾轻就熟之效。其所遗苏松镇一缺，查有京口副将杨华，福建人，由外洋水师出身，屡于洋面拿获巨盗。现在吴淞口造船，筹备各事宜，多该副将计议，人亦明白，实为水师得力之员。臣因南风应候，海疆紧要，已饬该副将前往接署镇篆，俟奉简放有人，再行交替。除委员摘署吴淞营参将印务，查明营库钱粮等项有无未清另办外，臣谨恭折具奏，伏乞皇上睿鉴。谨奏。嘉庆十年四月二十四日。（北京：中国第一历史档案馆藏朱批奏折，档号：03-1662-063.）

52. 嘉庆十年五月癸卯又谕

本日兵部奏调剂水师一折。所奏多不妥协，内如水师副将、参将回避本省之例，请量为变通一款。向来副将、参将均不得以本省之人，题补本省之缺。原以其所辖营分较大，密迩本籍，应杜其瞻徇情弊。即云水师将领有专辖外海之员，与陆路稍有区别，岂可不予以限制。嗣后水师参将缺出，如实无籍隶外省之员堪以拟补，尚可照该部所请，准其以籍隶本省人员，据实保奏外，至副将，系二品大员，仍不准违例题补。又请将呈改水师之例酌加推广一款，外海水师追拿盗匪，冲涉波涛。其缉捕较为艰险，而其升途亦较径捷，所有籍隶江、浙、闽、广等省之陆路人员内果有素习水性，愿改舟师者，自可准其一体呈改，俾得留心学习，以期渐收得人之效。至于内河水师，不过所辖营分濒临河道，与陆路不甚相殊，迥非外海舟师可比。今该部率欲照外海之例，准陆路人员一体呈改，是明欲为陆路人员开一升迁捷途，所奏不可行。又请将因公处分酌量分别办理一款。据称水师因公被议各员，除盗案外，其有部议降调者，于奉旨开缺后，行令该督抚查核其平日果缉捕认真，谙习水师，准切实保题。将降调之案，改为革职留任，俟出缺后声请补用，等语。向来部议降调各员，既经奉旨开缺,岂得再邀留任。该部即为水师人才起见,亦当详核案情。先将应行降调革职之处,照例办理具奏。再将其事属因公,并非捕盗不力,现在级不敷抵之处,于折后声明请旨,敕交该督抚详加查核。如果平素出力,谙习水师,再令该督抚专折奏明,送部引见,请旨录用,方符政体。今该部欲于此项人员开缺之后,不再请旨,径由该部行令督抚查核。而督抚一经查明该员可留水师,亦不专折奏明,并不送部引见。竟改为革职留任,俟缺出后即行补用。其所谓令该督抚切实保题者,将来不过奉行故事。岂不开部臣及督抚专擅之渐乎!兵部议办此事,种种不合。除尚书邹炳泰、侍郎赵秉冲甫经到任,均加恩免其置议外,其余兵部堂官,著交部察议。承办司员、著交部议处。(《清仁宗实录》卷一百四十四,嘉庆十年五月癸卯,第8—9页。)

53. 两广总督那彦成奏为拿获外洋内河陆路各盗匪事

两广总督奴才那彦成跪奏。为续经拿获外洋、内河、陆路各盗匪并勾通、接济之土匪,汇折奏闻,仰祈圣鉴事。窃奴才前将各路舟师并地方文武捕获盗匪业经恭折奏明在案。一面饬提各犯赴省确审究办,现在核审具奏;一面仍严督各文武多方缉捕。迄今陆续海洋接仗,与沿海、内河、陆路抢劫并济盗、消赃及抢劫炮台各犯先后弋获,各具禀报前来,理合汇奏。

据护左翼镇总兵林国良、署香山协副将许廷桂会禀:督带师船,在独牛遥见尖山洋面有盗船游奕,即督同各将备及委员等,追至平洲外洋,将近盗船,贼匪放炮抵拒,兵船施放枪炮,打死贼匪无数,击沉贼船二只,贼匪落水被浪卷没,尚有匪船五只,奔散游遁,各兵船分赴追捕。赶至白沙洋面,见匪船三只,击沉一只,贼匪纷纷淹毙,拿获二只,生擒洋盗胡荣凤等二十六名,起出炮械、旗帜、火药、会簿、约贴等项。

署香山协副将许连桂禀报:督带师船在高栏洋面击沉盗船二只,拿获盗船二只,生擒洋盗李明秋等四十六名口,起出炮械、药弹等项。

又据,会同海口营参将何英会禀:督带兵船巡搜至新宁大金洋面,见有匪船游奕,即奋勇追捕,放炮攻击,将匪船拿获,生擒盗犯李陈由等十三名,起获炮械、旗帜等项。又探得亚公洋面,有匪船游奕。即率兵船飞赴搜捕,匪船窜扰风湾山旁,冲礁击碎。各匪凫水奔岸,随令各弁兵开驾三板往山搜捕,拿获盗犯陈木养等十四名。又据会禀,带领兵船搜捕,一出大金门,一出乌猪外洋,见凤凰尾外有盗船游奕,两路会合,追至黑水远洋,与贼相近,兵船放炮,击沉贼船三只,贼匪被浪卷没。尚有匪船四只分投窜遁,各兵船围攻施放枪箭,贼匪纷纷落海,生擒洋匪童亚二等男妇大小十名口,杀贼首级二颗,获贼船二只,并获炮械、药弹、旗帜等项,鸟枪五杆,腰刀五张。俱有建镇、建宁营汛字样,并获福建兵丁吴胜蛟、聂得高二名,系在金门洋遇盗截劫哨船,被掳押禁。

琼州府张增禀:龙门协千总华兰带领捕船,巡至雷州洋面,见有盗船,当即驶往围拿,施放枪炮,打沉盗船二只,盗匪受伤落海不计其数。尚有盗船三只,追至琼山天尾洋面,与盗船相近,华兰即首先跳过盗船,与各盗互相格斗。格杀盗匪四名,枭取首级,格伤盗匪十余名,落海生擒盗匪吴亚空等二十二名,船二只,起获炮械、鸟枪、旗帜、火药等项。尚有盗船一只,分拨捕船追出外洋用炮击沉时,有署海口营守备李春驾船赶至,协同琼山县知县郑榕等,拿获凫水上岸盗匪欧亚水等三名。

以上皆在洋接仗擒获之犯。

潮阳县知县谢涛会同海门营参将陈凤高督率兵役等拿获洋盗陈亚阁一名,又获洋盗余亚顺等五名。

新安县朱麟征禀报:巡检宋永岳、陈谟督率乡民、渔户等,在硬礁头洋面捕获盗船一只,打沉盗船二只,生擒盗匪蔡成基等三十五名口,起出刀械、炮火等物。

新会县知县徐鉴禀:获洋盗洪亚就十五名口。

署吴川营都司卢端禀报:把总张国理在海旁,盘获登岸偷取淡水洋匪黄庆等三名。

又在博立汛海旁拿获洋匪朱成旺一名;署电白县知县盛植才禀:会营在博贺等处地方盘获洋匪冯绍安等八名。又会营拿获洋匪周亚尾等十名。

署电白营都司王应诏禀:把总彭高在博贺港海旁,拿获洋匪李亚三一名。

署新会县县丞金惠忻禀:在石碰沙仔尾地方石船上,盘获盗犯周亚一等三名。

署广海营外委赵大邦禀:在甫草蛋行村地方,协同委员拿获盗匪林祖车等五名。

署海门营参将陈凤高禀:拿获取水之盗刘阿伙等六名。

广海寨把总刘升禀:拿获盗匪赵亚四一名。

署雷州营参将富珠隆阿禀:外委陈元亮在大坡地方拿获盗匪苏式正一名。又外委王臣敬拿获代盗寄信之林友钦二名。又额外外委周式爵拿获登岸伺劫黄孝等五名。署广海寨中军守备王朝安,在大麻洋面拿获贼船一只,并炮械、火药。贼弃船凫水登岸逃走,即令弁兵上岸追获张兴、张利二名。又把总刘升带兵同县役拿获盗犯陈亚二等二名。

原任惠州府知府杨楷禀:拿获洋盗陈成恺一名,又洋匪詹亚德一名、陈亚作一名。又会同顺德营县拿获洋匪李亚四等二十五名。

大鹏营参将曾钦选禀:拿获洋匪罗木秀等四名,并炮械等项。

署新安县知县田文焘禀:会营拿获盗匪陈亚土等二十一名。

新宁县知县王志槐禀:差役在蜒行村背洋面,见有数贼由外洋驶来,登岸取水,经县役协同汛兵、乡民驾船擒捕,贼匪拒捕,被杀二人,将船打沉,当即拿获李南祐等五名,起获刀械。又获被掳服役逃回之梁亚牛一名,又经事主指获林明便一名。

署新宁县县丞杜华林禀:据巡役禀,瞭见师船在济洲东外洋面追拿盗船。当即驰赴风湾海边,率同该处乡勇截捕擒获盗犯卢二寿等十一名,其盗船二只已被师船焚烧。

香山县知县彭昭麟禀:据巡役缉获盗犯关亚保等二名。

署那扶营都司林克顺禀:探有匪船经师船追捕,逃窜拢近紫罗山躲避。即督率弁兵协同乡老拿获盗匪黄立顺等十五名,又追至大龙山搜获盗匪陈亚南等七名,查系盗首郑一先锋快船。

署海康县知县高经祥禀:会营前后拿获洋匪黄朝高、吴天美、刘维宝等十八名。

署澄海协副将王国宝禀:拿获赶劫渔船之贼艇,并追捕贼匪跳水淹没,擒获小匪船一只,盗匪林阿盛等二名。

署遂溪县知县段长基禀：在麻参渡地方拿获盗首麦阿大一名，又拿获上岸买米之盗匪罗吴炳等二名。

鹜埠司巡检徐维衎禀：在小漠港拿获盗匪蔡阿英等十名。

以上皆在洋为盗之犯。

鹤山县知县樊世枋禀：会营拿获盗犯王亚满等二名。

广州府知府福明禀：在顺德龙江地方，拿获行劫高州府经历萧宣坐船案内，盗犯黄志然等三名。

抚标左营守备李福泰禀：在里水村地方访获盗匪陈显林一名。

南海县知县王轼详：会营缉获县民胡从善等船被抢案内，贼犯陈亚代一名。

阳江县县丞王辛、千总胡联标会禀：在东莞县麻涌海口狮子洋边，拿获屡次抢劫渡船盗犯陈亚宽一名。

顺德县知县沈权衡禀：会营拿获盗犯梁亚明等二名，并获船只、器械。

儋州知州曹世华、在籍候选知县何天球、候补县丞陆来会禀：拿获盗匪黄英拔等八名，又梁亚牛等六名。河清汛外委李光泰拿获盗匪余动二一名，委员赵赡云等拿获盗匪梁万有等四名。

潮阳县知县谢涛详称：缉获抢劫案犯欧天佐等七名。

署顺德协副将杨长栋禀：候补外委马定安同巡丁在旧寨地方拿获匪犯程亚夭等二名。

在籍候选知县何天球禀：会营在睦洲河面拿获匪犯胡清德等四名。

以上皆在内河行劫之犯。

鹤山县知县樊世枋详会：同营委各员先后缉获有案逸盗林亚蒂等四名。

阳江县县丞王辛、千总胡联标会禀：在南海赤岗地方，拿获匪犯直亚富一名，并起获凶刀二口。

恩平县知县屈泽霖详：拿获盗犯黄亚逞等二名。

署顺德县协副将杨长栋禀：督率署弁陆续拿获匪犯黎亚科等九名。

顺德县知县沈权衡详：先后拿获匪犯黑骨应等十二名。

三水县知县洪先涛禀：先后缉获匪犯关亚二等五名。

右翼镇左营游击倭恒额禀：所属弁兵拿获匪犯吴复元等二名。

候补巡检张家顺、候补守备钟垣会禀：拿获匪犯李耀成一名。

九江汛守备卢朝光会同九江主簿李敬思，拿获匪犯何琪琛等三名。

罗定州知州张纯贤详：会营拿获匪犯梁贤才等三名。

东安县知县朱一樵详：会营拿获凶贼林维等四名。

候补守备刘辅朝禀：先后缉获盗犯招贯秀等二名，又会同从九品田子华拿获霍亚受一名。

原任守备罗耀纪试用从九品赵赡云会禀：拿获盗犯吴亚盛等二名。

候补从九品王旸禀：先后拿获盗犯李复兴等四名，又拿获抢劫客船匪犯陈国标等十二名。

南雄协副将何君佐禀:外委周得兴拿获抢案贼犯李观俚一名,又额外外委何益荣拿获匪犯叶胜宝等二名。

佛山同知官德禀:缉获逸盗黄亚有一名。

在籍候选知县何天球禀:会同顺德绅士胡鸣鸾等,并该汛把总朱明亮拿获匪犯郑亚望等三名。

候补从九品舒成、把总脱文兴会禀:盘获逸盗陈亚津一名,并搜获顺刀、钥匙等项。

清远县知县饶应泰禀:会营及巡检高谦益拿获拒伤事主案犯彭亚杰等二名。

东莞水师都司唐盛高禀:署千总袁纲拿获经事主指出匪犯郑启先等五名。

抚标左营中军守备李福泰禀:拿获贼犯苏亚章一名,又拿获贼犯亲属冯亚四一名。

新会县知县徐鉴详:拿获劫案逸盗林亚生等二名。

顺德县紫泥司巡检章予之禀:拿获驶驾虾笱艇行劫匪犯陈亚此等七名,并起获船只、火药等项。又禀,拿获匪犯周昌敬(即周亚敬)一名。

南海县王轼会营先后缉获盗犯郭亚乔等十八名。又黄鼎司巡检吴显纯同县差拿获匪犯陈绍东等六名,又拿获贼匪梁社带等二名,并获窝赃人梁天保一名。

惠来县知县李应均禀:访获积盗黄阿贯等十七名。

以上皆在陆路行劫之犯。

窃奴才前奉谕旨:洋盗以海为薮,较之陆路倍难。总应截清洋匪、陆匪,勿令勾结。之后,先办陆匪,则洋匪不攻自溃,等因。钦此。仰见睿虑周详,洞中机要。奴才实深钦佩,当即悉心钦遵办理。查,向来审办洋盗,于勾通接济之人,未经究及。伏思盗匪炮火得自何处?米粮买自何人?其所劫赃物于何地销售?一切船中需用物件于何方购觅?不有岸匪接济,断难肆其鸱张。奴才每遇审办洋盗时,必层层究诘,如有供出,即按名密拿究办并通饬缉捕各员于获犯时俱遵照严鞫。兹据原任惠州府杨楷禀:督同海丰营县拿获买米接济洋盗黄孟煌等三名。署顺德协副将杨长栋禀报:署左营守备杨光、千总宋邦雄同委员何天球,拿获通盗匪犯黎胜利等二名。

廉州府张世倬、廉州营游击刘琥会禀:拿获私贩火药济匪犯人李元兴等二名。

署海康县高经祥禀:拿获私买米猪,接济洋盗之张大兴等二名。又会营拿获通盗销赃林德进等二名,并获赃物。又拿获运铁济匪吴老长一名。又会营拿获接济洋盗酒米等物匪犯方亚伦等十名。

饶平县知县唐文藻禀:会营拿获私卖酒菜食物,接济洋匪岑亚此等四名。

署海阳县知县马纬云禀:盘获受雇运煤夹带铁斤匪犯李吼一名及船户蔡成租一名。

新会县知县徐鉴禀:会营拿获交通洋盗,掯劫引赎之梁亚烂等五名,并艇一只。

雷琼道海祥禀:会同琼州府张增饬令文昌县李友枚及武举杨国辉拿获通盗、卖炮匪犯冯坑上等二名。

署澄海协副将王国宝禀:拿获私运大鹿耳出海民人林喜进等三名。

碣石镇洪番锵禀:把总吴连高拿获买米运往贼船之郑兴相等四名。

归善知县康杰禀：拿获通盗奸匪陈拔畴一名。

署电白县知县盛植才禀：前后拿获通盗济匪之吴联丰等四名。

署高州府知府唐鐄禀：会营拿获私造火药接济匪犯温正昌等二名。

署吴川营都司卢端会同吴川县朱振声，拿获私带火药接济洋盗之招观高一名。

吴川县知县朱振声详：会营拿获私运瓜酒、食物，接济匪徒姚祖尧等二名。

春江协都司李朝雄禀：外委李廷玉拿获往贼船赎船之李保连等四名。

雷州营参将富珠隆阿禀：拿获私运桐油、米石接济匪徒吴有明等五名。

署雷州府知府宗圣垣等禀：拿获代盗销贼并接济酒米匪犯及上岸代盗买米之犯吴潮注等三名。

署雷州府宗圣垣、嘉应州戴锡纶、代理遂溪县知县段长基会禀：缉获接济米粮销贼匪犯陈歧、沙二等六名。

代理遂溪县知县段长基禀：先后拿获买米接济匪犯林三符、许有易等七名。

升任高州镇总兵许文谟禀：拿获私造火药通盗匪犯周上昌等二名。

惟是向来洋匪全仗土匪勾接，今既严加搜捕，该匪等觅食维艰，愈思上岸打劫。奴才虑及于此，屡经严饬加意防守。讵归善县所属之盘沿东西两炮台，竟被洋匪攻破，劫去炮位、军械，伤毙弁兵，当获贼犯陈亚石一名。现在饬提该台弁兵等（朱批：是）并所获贼犯解省从重究拟，另行具奏。并饬沿海文武悬赏购线侦缉，务将本案首伙各盗拿获严办。

兹据该县康杰禀：小漠乡洋面有盗船一只，经役勇驾船擒捕，拿获罗火生等十四名，并获箭三十七枝，杆上有惠协右营等记，又无字记箭四十四枝。因捕匪人众将匪船踏沉，淹毙盗匪十余人，乡勇林亚旺等五人亦被淹毙。

又据惠潮嘉道吴俊禀：鹿栏埔乡民陈士敬等指获盗匪马建一名，后随同盗首黄正嵩从硇州东来，在归善盐洲地方打劫东西炮台，杀伤兵弁劫取炮位、鸟枪之犯。

又据鹅埠司巡检徐维衍禀：在百安乡海坝拿获盗匪郑贤德等四名，内郑贤德即系随同打劫盘沿炮台伙犯，各等情。

以上所获各犯，统计六百四十余名。

因人数众多，俱速提解省。督饬悉心研鞫，按例定拟，务得及早清结，以清图圄，再行汇奏，分咨可省烦渎。

又据师船委员试用从九品降旭升禀：风闻渔船人说盗首郑一兴，另帮盗首鸟石二，于六月间在大澳洋面抢劫猪船，得猪二三十只。因分猪起衅，彼此插旗对仗，伤毙贼匪数十名；后至海门地方复行对仗，又伤毙贼匪百十余名，打破贼船数只，俱向外洋驶去。等语。查洋盗素相联络一气，遇事互相救援，所以恣行海上。今因其自相伙并，乘次机会，上紧缉获，或竟将大股贼匪借此歼除，亦易于为力。已严饬舟师相机筹办。

伏查洋盗虽多，大半由于盗首之掳捉威胁，其甘心从盗者实属无几。奴才到任后，即于各海口出示晓谕：有能杀贼投首者，究其既往，予以自新。兹据代理澄海县王元凤禀：有被盗掳捉逼胁服役不甘从盗，杀死贼匪三名，斫伤一名，逃回投首夏阿南等八名，并缴到船一只、百子炮二门、刀十把。

海丰县鹅埔司巡检徐维衍禀：许阿内等八名，杀贼三名投首。又胡亚发等二十五名，杀贼首红痣狗等投首，并缴到大炮三门。

吴川县知县朱振声禀：黄亚金等十名，先因被盗掳捉，押令服役，不甘从盗，杀贼三人、贼妇一口，逃回投首。又据禀，被盗掳捉逼胁服役，不甘从盗乘间逃回林明光等三名，赴麻斜汛投首。又禀，据营移送被掳不甘服役，乘便逃回杜亚擂等六名。

海丰县张再英禀：有县署浪涌乡职员徐倩等带领被盗掳捉不甘为盗，杀盗一人，逃回投首之郑章盛等十六名，并缴到船一只，五百斤大炮一门、过山炮一门，刀九把。

新宁县王志槐禀：有被掳逼胁入伙不从，乘间杀死贼匪六人，逃回投首之林观养等十名，并缴到船一只，百子炮二门、子母炮一门。

以上先后投首共八十六名。

伏查该民人等不甘为盗，并有杀贼之功，不可不亟加鼓励。奴才随验有才具可用者，分别其中或起意为首杀贼投首之人，酌量补给外委或额外外委、马步名粮，即令跟随缉捕。不愿入伍者亦俱妥为安插，不使一名失所，以示招徕。至奴才自督办以来，各属文武功过尚未综核，容俟确查，择其出力拿获者仰恳天恩，准奴才会同抚臣孙玉庭秉公保奏，其办理不善与不肯出力拿获及失防炮台之各文武亦一体查参请旨，合将续获盗匪情形，谨先恭折具奏。伏乞皇上睿鉴。谨奏。嘉庆十年闰六月二十六日。（北京：中国第一历史档案馆藏朱批奏折，档号：04-01-08-0083-020.）

54. 两广总督那彦成奏为酌量情形办理洋盗事

两广总督奴才那彦成跪奏。为酌量情形条奏，请旨事。窃奴才办理洋盗以来，钦奉庙谟，密查口岸，严断接济、销赃，以绝奸宄而清盗源。业经查获多名，于汇奏折内详细列入。但去莠，固以安良，即民愚亦须矜悯。自应仰体皇上好生之德，遇事奏明，恭请训示。查律载：奸徒偷运米谷，潜出外洋，接济奸匪者，拟绞立决。又沿海地方奸豪、势要及军民人等，私造海船，将带违禁货物下海，潜通海贼，同谋结聚及为乡道劫掠良民者。正犯比照谋叛已行律，处斩，枭示，全家发近边充军。又例载：凡地棍、奸牙违禁将米谷、麦豆、余粮偷运出口，及在洋接济奸匪者，该管各官照违禁出海例，分别查议。又违禁出海，该管州县不知情，革职永不叙用；该管府道各降三级调用，各等语。查，粤东现经拿获通盗、济匪各犯，其审系积惯通贼者，自属法无可贷。惟有一种滨海愚民，不过为些微小利，冒法行险。如内地买价一两，盗匪可出数倍，移贱就贵，其实亦不知例禁之严至于立决。现被拿获之犯，往往有数两之赃，而亦不得不按例定拟。若其中私通接济至盈千累万，或如船只、军火等项，或实有勾结情事，自不容少逭。而无知之民私相买卖为数无多，实觉赃轻法重。奴才受恩深重，身任封圻，亟应推广皇仁。合之现在情形，稍为变通办理。应请将赃在十两以外者，按律治罪；其十两以内者，即照洋盗之接赃例定拟；其有心接济勾通者，虽在一两以下，亦不得援减。地方官有实在不能振作，一任奸民来往勾通接济者，经奴才等查出，自即随时参奏治罪。若因从先失察，后知愧奋，将勾通接济奸民自行查拿禀报者，亦应请免其处分，在各员自当倍加感激，实力查拿，亦可免回护、讳匿之弊。庶于办理洋匪，净绝盗源,似有裨益。奴才愚昧之见,是否有当,伏恳皇上睿鉴,敕部议覆施行。谨奏。嘉庆十年闰六月二十六日。(北京:中国第一历史档案馆藏朱批奏折,档号:04-01-08-0083-014.)

55. 嘉庆十年七月癸丑谕军机大臣

本日,李长庚奏追剿蔡逆至定海之青龙港洋面,奋力攻剿一折。所办尚为出力。已将总兵罗江太等五员交部议叙,以示鼓励。又据玉德奏:蔡牵盗船北窜及粤省艇匪又从外洋窜往浙洋一折。李长庚所剿之贼是否专系蔡逆股匪,抑粤东艇匪已与会合一处。定海一带与温州甚近,此时浙省兵船皆在李长庚处,倘该逆知温州一带守御空虚,乘势驶船前往,竟有上岸劫掠之事,尤不可不防。玉德虽已知会孙廷璧迎头堵截,但究系陆路出身,不谙水师。玉德、清安泰、李长庚三人务须会筹妥协,设法严防。现在玉德拟驰往福宁、温州一带相机调度。该督到彼后,当察看情形,或于总兵罗江太、黄飞鹏二员内,酌派一员,回驻浙洋,专司防堵,互为声援。总期通盘筹算,不可顾此失彼,稍有疏虞。将此谕令知之。
(《清仁宗实录》卷一百四十七,嘉庆十年七月癸丑,第3页。)

56. 嘉庆十年七月甲子又谕

给事中永祚奏称:广东、福建两省洋盗屡被击剿穷蹙,恐窜至奉省锦州各海口潜踪登岸,溷迹商贾民人云集之际,潜入大营肆窃,等语。实不成话。闽粤洋匪不过在外海劫掠商船,从未有上岸滋扰之事。日前据玉德奏称:李长庚等督率舟师围捕,匪船皆畏惧官兵,窜匿无踪,难以找寻。是该匪方逃命之不暇,何敢公然登岸。况洋匪原恃在海面游弈,得以逞其伎俩。若该匪果肯登岸,则一旦失所凭借,官兵无难立行扑捕净尽。且目下秋令已深,西北风渐作,匪船即欲由粤闽窜入浙洋,已苦风色不利。焉能远窜至奉省锦州各海口乎!该给事中于海洋道路情形全未明晓,矢口妄谈,纰缪已极。至所称将海船商贩舵丁等开具年貌、履历,登载号簿,并取具该商等所贩货物清单,只许正商上岸售兑。货物卖完后,报知旗民地方官出口日期各等语。海船商贩,原听其随时赴各海口就卖货物。若如该给事中所奏办理,势必纷纷滋扰。是以谒陵省方大典,转为累商病民之事,尚复成何政体乎!永祚所见不独愚昧,且其说传播,徒滋摇惑。当将伊折交本日在园之王大臣阅看。无不以为所奏谬妄。永祚著交部议处。(《清仁宗实录》卷一百四十七,嘉庆十年七月甲子,第12—13页。)

57. 嘉庆十年八月己丑谕内阁

本日兵部议叙总兵罗江太等拿获盗船一案,已降旨照军功给与加级纪录矣。外省海疆地方官员出洋巡哨,擒捕盗匪,与带兵打仗无异。其被戕者,既照阵亡例赐恤。遇有奋勉出力之员,自应一体优加甄叙。嗣后闽粤等省官员有在外海捕盗,著有劳绩,特旨交部议叙者。该部核议时,均著给与军功加级纪录,以示奖励。(《清仁宗实录》卷一百四十八,嘉庆十年八月己丑,第9—10页。)

58. 福建台湾镇总兵官爱新泰福建台湾道庆保奏为查明哨船遭风击碎事

福建台湾镇总兵爱新泰、福建台湾道庆保跪奏。为查明造补哨船管驾回营,在洋遭风击碎,恭折具奏事。窃查澎湖左营绥字七号哨船一只,于嘉庆九年九月内,奉督抚臣行知具题造补,经前任台湾道臣遇昌依限造竣,会验交营,管驾回澎。嗣于本年五月二十三日,据镇标中营游击陈廷高禀:据澎湖左营管驾船队目陈廷云报称,管带水兵二十三名,驾坐本船回营。于三月初六日,在鹿耳门挂验出口,初十夜放洋,至四更时候,突遇西南飓风,涌浪滔天,目兵等竭力保护,无如风浪猛烈,舵牙折断,下金击裂,大桅拗折,船无把握,随风漂至十一日辰刻,在于马沙沟外洋冲礁击碎,全船目兵同防船炮械、药铅概行落水。目兵等陆续攀扶篷板及遇渔船捞救得生,内受伤水兵黄占魁等十五名,查点人数漂失水兵黄必传一名,现在确查下落,打捞沉失炮械,获日另报,等情。奴才爱新泰会同前任道臣遇昌,饬令营县照例勘讯,并于失船处所打捞炮械、杠棋,确查漂失水兵黄必传是否淹毙,分别呈报去后。兹于九月初八日,据署台湾水师副将卢庆长、嘉义县知县陈起鲲详称:会勘失船处所委系外洋,连日雇募余水人夫,在于失船上下洋面认真打捞,因外洋潮流湍急,炮械、杠棋漂流无踪,水兵黄必传实已淹毙,尸身无从捞获。研讯得生目兵陈廷云等,据供委因风浪异常,人力难施,以致漂冲外洋,沉礁击碎,实非管驾不慎,亦无遇盗弃毁,捏报情弊。验明受伤水兵黄占魁等十五名,头面手足,俱有被礁石、铁木擦损伤痕,现已平复。将讯过供由绘图具结,详覆前来。奴才等复查无异,除将击碎哨船、沉失炮械造具册结,同淹毙及得生目兵名册,详请督抚臣分别题销咨部核办。其被溺水兵黄必传一名,系奉差出洋遭风淹毙,事属因公,可否邀恩赏恤,恭候谕旨。钦遵办理外合将造补哨船管驾回营,在洋遭风击碎缘由恭折具奏。伏乞皇上睿鉴。谨奏。嘉庆十年十月初二日。(北京:中国第一历史档案馆藏朱批奏折,档号:04-01-30-0455-002.)

59. 广东巡抚百龄奏为外须肃清洋盗内须剿除会匪事

广东巡抚奴才百龄跪奏。再,粤东现在情形,外须肃清洋盗,内须剿除会匪(朱批:此为紧要)。分办以翦其势(朱批:甚是),并举以截其流(朱批:甚得要领)。欲底民生于安全,当回【问】吏治之废弛。奴才抵任以来,经过肇庆、广州所属州县,俱系濒临大河,间亦直通洋面,支流叉港,路径丛杂。该处往来巡船,粉饰汛地,非不虚应故事,而地方劫掠之事视为故常,恬不知怪。奴才于该州县来谒时,询以地方捕务情形,迹涉颟顸,语多隔膜,迫诘以一二访闻新事,遂复桥【巧】舌不下,此种积习锢弊已深。平时缉捕重案,彼此徇延。上司或亦知而不举,徒博宽厚之名,致贻因循之患。吏治日见废弛,民生何以义安?近日据报:大帮盗船多在雷、琼、惠、潮一带洋面游奕、伺劫。文武各员侦捕不严,海口水米、军械之禁,尤多疏纵,以致奸民夤缘勾结,登岸抢掠无忌。至陆路烂崽滋扰,立会结盟,一案甫清,一案迭出。奴才于此次经过之处探询耆民,无不感仰圣主惠爱黎元,惟愿协缉匪人,以保村社。可见闾阎、义勇尚知念切同仇,并非小民之乐于从贼也。总因官不实力查拿(朱批:劣员实属可恨),民间或有举首者,亦多置之不办,以致匪徒阴怀反噬,流毒滋多。即如李崇玉一犯稔恶有年,今令经孙玉庭布置查拿,又复张惶恇怯,致令脱逃,实堪愤恨。

除现在会同督臣那彦成据实参奏,一面严饬文武员弁勒限跟踪缉拿外,伏思目今捕务紧要,振兴积弊,诚如圣谕,全在得人。州县为亲民之官,果其各巡地界,自固藩篱,非种必锄,何至潜滋奸宄。无如迁延朦蔽,相率效尤。将欲力去旧污,必须摘【择】尤参办,另拣贤能,分布要地,庶几耳目一新,鼓舞振作。否则,多立科条,虚糜经费,亦属无济。奴才抵任经督臣那彦成告知一切筹办机宜,业经奏蒙圣鉴,奴才惟有凛遵训示,与那彦成悉心商办,随时整顿,或冀地方渐有起色。遇有必须更调之员、亟应厘正之事,自当密筹据奏,请旨遵行,断不敢稍存成见,瞻顾忧柔,自罹重咎。谨将奴才到粤体访大概情形,先行附片奏闻。谨奏。【嘉庆十年】朱批:吏疲兵怯,盗贼滋多。内匪不除,洋盗难靖。文员须力去疲玩,兵弁须认真练习。能办此,则盗靖民安,升平可望矣。勉之。(北京:中国第一历史档案馆藏朱批奏折,档号:04-01-08-0083-008。)

60.《兵燹》

嘉庆十年,乙丑,冬十一月二十四日,海逆蔡牵由沪尾入踞鹿耳门。十二月二十四日,浙闽水师提督李长庚统舟师至鹿耳门,困蔡牵。十一年,丙寅,二月,蔡牵逸去。三月初一日,广州将军赛冲阿自江西道中奉旨剿贼,入城。五月,蔡牵再来,复逸。十三年,戊辰,以王得禄提督浙闽水师。十四年,己巳,八月十八日,追击于黑水外洋,蔡牵落海死。……蔡牵既遁去,李提军督水师穷追。十三年二月二十五日战于黑水外洋,几成擒,提军忽中炮身亡,事闻,上震悼,追封伯爵,赐谥壮烈,并赐祭葬,予专祠,命总镇王得禄提督浙闽水师。……奏称:台湾鹿耳门沿海一带口岸,旧设炮台数十处,原因海边辽阔,遥接外洋,是以安设炮位,外御安守,以备不虞。近因逆匪滋扰,如安平、盐水港等处大炮,随拨运军营配用,而各县曾经贼扰,亦多遗失损坏。兹值地方平定,自应照旧安置。其改建城垣之处,亦应相渡形势,添置炮位,以资守御。此次大兵进剿,夺获贼人枪炮甚多。其中堪用鸟枪器械,已交镇道拨补各营遗失之数。其炮位一项,现令逐一清查,拣其坚固厚重、试放堪用者,于各处分配安设。其余炮位、鸟枪,饬交台湾府贮库。将收过数目,报明总督查核等语。(陈国瑛等:《台湾采访册》,台湾文献史料丛刊第55种,台北、北京:台湾大通书局与人民日报出版社,2009年,第46—51页。)

61. 蔡牵落海死

嘉庆十年,台湾镇道奏准:添造梭船三十号(另编善字号),把守鹿耳门及巡外洋缉捕,俱归台协副将统带。又奏准:添设全台水师兵凡一千一百四十四名,又额外外委十名,除分派北路淡水外,台协每营各添派水兵三百三十名,计三营凡添兵九百九十名……嘉庆十年,乙丑,冬十一月二十四日,海逆蔡牵由沪尾入踞鹿耳门。十二月二十四日,浙闽水师提督李长庚统舟师至鹿耳门,困蔡牵。十一年,丙寅,二月,蔡牵逸。三月初一日,广东将军赛冲阿自江西道奉旨剿贼,入城。五月,蔡牵再来,复逸。十三年,戊辰,以王得禄提督浙闽水师。十四年,己巳,八月十八日,追击于黑水外洋,蔡牵落海死。(李元春辑:《台湾志略》卷二,台湾文献史料丛刊第18种,台北、北京:台湾大通书局与人民日报出版社,2009年,第65页。)

62.《兵燹》

嘉庆十年,乙丑,冬十一月二十四日,海逆蔡牵由沪尾入踞鹿耳门。十二月二十四日,浙、闽水师提督李长庚统舟师至鹿耳门困蔡牵。十一年,丙寅,二月,蔡牵逸去。三月初一日,广东将军赛冲阿,自江西道中奉旨剿贼入城。五月,蔡牵再来,复逸。十三年,戊辰,以王得禄提督浙闽水师。十四年,己巳,八月十八日,追击于黑水外洋,蔡牵落海死。嘉庆十三年二月二十五日战于黑水外洋,几成擒,提军忽中炮身亡。事闻,上震悼,追封伯爵,赐谥壮烈,并赐祭葬,予专祠。命总镇王得禄提督浙闽水师,十四年八月十七日,同提督邱良功连艨南下,追蔡牵遇于鱼【渔】山外洋,即招集闽浙两省护总兵孙大刚、护副将谢恩诏、参将陈登、护游击陈宝贵等各兵船,奋力追击。十八日至黑水深洋,贼船节次击沉,遂并力攻蔡牵船。蔡牵及其妻并伙党数十人,俱落水死。奏入,王得禄晋封子爵,赏给双眼花翎。邱良功晋封男爵,各赏赉有差。总督阿临保、巡抚张师诚,均从优议叙,巡抚加赏大小荷包等物。其余各官俱以次升用,或开复原职,而海寇悉平。(谢金銮等纂:《续修台湾县志》卷五,台湾文献史料丛刊第140种,台北、北京:台湾大通书局与人民日报出版社,2007年,第370—375页。)

嘉庆十一年(1806年)

63. 嘉庆十一年三月庚午谕军机大臣

蔡逆匪船因鹿仔港不能进口,乘风逃回内洋,窜至惠安县属之尖峰洋面。玉德现往沿海一带,著一面严饬在洋兵船会合擒捕,一面董率内地员弁将口岸炮台,慎密把守。严杜接济之路,勿任稍有透漏疏虞。将此谕令知之。(《清仁宗实录》卷一百五十八,嘉庆十一年三月庚午,第26页。)

64. 嘉庆十一年四月庚辰谕军机大臣

据玉德奏:驰赴兴化一带海口,督催攻剿蔡逆情形一折。台湾南北两路被贼滋扰,总由蔡逆一犯勾结煽惑。此时蔡逆窜回内洋,余匪已剿散殆尽。现有赛冲阿在台带兵搜捕,伊以本省将军驻扎台地。并有旨令其在彼多留数月督办,自可刻日肃清。目下惟蔡逆一犯,不可令其稍稽显戮。玉德惟当实力督拿,速擒逆首。其沿海一带口岸,尤应饬属严密防范,断其水米接济之路。该逆等饮食无资,实足以制其死命。否则一任偷漏运送,漫无查察,纵使舟师在洋攻剿紧急,而陆路不能协力防御,亦属徒劳无益。玉德纵不能下海捕盗,岂在岸督催,严察接济匪徒,亦不能乎?将此谕令知之。(《清仁宗实录》卷一百五十九,嘉庆十一年四月庚辰,第2—3页。)

65. 两广总督吴熊光奏为筹办严禁接济并编查保甲训练水师事

两广总督臣吴熊光跪奏。为遵旨筹办严禁接济并编查保甲训练水师各事宜,先行奏闻事。窃臣钦奉上谕:嗣后各督抚严饬舟师勒期训练,择其技艺家优者派令充当船工,如果超众出力,即以把总拔补,等因。钦此。又奉上谕:近闻贼匪等船身高大,而官兵船只低小,仰攻不能得力,等因。钦此。又奉上谕:德楞泰奏闽浙洋面日久未靖,请旨筹办一折。所奏皆是,等因。钦此。仰见皇上于海疆情形数千里外烛然如神,澄本清源,信赏必罚,圣明训示,谆切周详。臣跪读之下,实深钦佩。伏查洋匪窜匿海中,非内地奸民与之表里为奸,断不能久延残喘。是以欲清盗源,先除窝匪;欲除窝匪,必严保甲。前督臣那彦成曾经通饬各属严禁接济。于米谷、杂粮、硝磺、火药等物之外,并将樟板、油麻、蒲包、铁钉、篷索等物,凡可资船料者一概设法稽查,并清查保甲。臣到粤后,即有以徒资胥吏勒索为词者,诚如圣谕,此皆无能畏事之见,断不可听。是以臣节次复加严饬,不可因那彦成招抚获咎,观望懈弛,曾经奏明在案。昨接奉谕旨后,又密饬沿海地方文武加意访查,不得假手兵役,果能查获大起奸伙,定审,据实保奏。即在本管地方,亦当据实察明,免其失察之咎。并请加恩升擢,俾知奋勉。仍尊奉谕旨出示晓谕:如有为盗囤货销赃者,准其自行举首,即将盗赃赏给,并推广圣意。凡有通盗、为盗之人由保邻亲族人等赴官首报者,亦准将盗赃赏给,但不许挟嫌诬告,滋生事端。小民惟利是图,既免通盗之罪,又可安拥厚资,复虑旁人首告,财命两失,自不肯甘心蹈法而彼此猜疑,洋匪亦不敢以资财交给,盗赃既无可销售,贼帮自渐形穷蹙。至清查保甲,原系弭盗良规,如果实力编造,使按籍可稽,则奸宄无所容身,盗匪从何接济。无如地方官往往视为具文,因循怠玩(朱批:此等无能畏事之州县,严参数员,自有起色矣。)虽屡次严饬,尚未据造报齐。臣现饬各属上紧挨查,勒限赶造,沿海地方畸零户口亦一并查办,务使奸良不致混淆。倘各州县仍前泄视,定当参奏严处。

惟查琼州府属民黎杂处,前因崖州黎匪张那梗滋事,剿办筹议善后章程,经前督臣倭什布会同抚臣孙玉庭奏请将崖州熟黎一律编查保甲,钦奉朱批:民人保甲尚不能实力奉行,况熟黎乎!恐未必有效。钦此。现据琼州府知府张增禀称:崖州熟黎与民人杂处,世世相承,安居已久。黎性犷悍,止知种植射猎,即姓名年岁尚不自知,不知保甲为何事,实难一律编查,等情。臣细核原案,缘前任琼州府焦和生以前明参将俞大猷等曾有此议,为此具禀。倭什布未经详查,孙玉庭因到任未久,未悉该处情形,会衔具奏。迨那彦成咨部,亦未将原委考明。复经部臣奏请敕臣查核。兹据该府具禀前情,臣与孙玉庭及司道等公同覆商,黎人编查保甲既属窒碍难行,应请停止。惟责成地方官就近留心稽察,毋许汉奸与之勾串滋事,余俱仍旧,以省纷更。

至水师冲涉波涛专借船工得力,弁兵既隶水师,于操驾事宜自应首先学习。查粤东水师船工向俱系营兵出身,除每名给予口粮外,另加工银一分,计每年多得银一十三两八钱。禀经前督臣福康安奏明,一体考核拔补,兹复蒙圣恩准其超补把总,该舵工饷项既属宽余,而进身之阶较之寻常拔补更速,自必争先习练,于巡缉定为有裨,其出洋兵丁前经奏咨,准每名日给口粮银五分,千把、外委每名日给口粮银八分,较浙省每名给银二、三分,已属从优。缘嘉庆九年前督臣倭什布筹议捕盗章程时,复奏明弁兵出洋三月不能获盗,官弁罚去口粮;半年无获,官弁罚俸一年,兵丁则罚减口粮一半,等语。经军机大臣核覆,通行。本为激励戎行起见,但兵丁之勤怠惟视镇将之能否调度,使该镇将等驾驭有方,弁兵等自不敢各图安逸。粤东兵船现分三路巡缉,贼情狡诈,东窜西逃,细揣情形,实有不能克期之势。臣现派委员跟同舟师分帮稽察,将日巡何洋,夜泊何所,有无搜拿,按五日一次具禀,并令沿海州县将舟师入境之日期一律通禀,互为稽核。倘有观望迟延,即行参奏治罪。若仅以历满三月、半年之限,未能获盗,即予扣罚俸粮,弁兵口食不敷,未免艰窘,似非所以示体恤,且转使得以借口。应请将倭什布等原议章程按三月、半年罚减之处注销。庶弁兵口银宽裕,缉捕益加感奋。

至粤东捕盗米艇前于嘉庆五年经前督臣吉庆奏请添造五十只,每只工料及配制炮械等共需银四千两,等语。查米艇有大、中、小三号之分,工价多寡不一,目下捕盗正关紧要,固不必斤斤靳惜,亦未便令承办官员从中浮冒。臣已叠扎饬查,究竟需银若干,是否尚须添造。兹德楞泰所奏各条,应当定立章程之处,臣悉心确核,再会同抚臣详议具奏。

至粤东西路盗匪,昨复分帮东窜,据左翼镇林图良禀报:该镇与署香山协许廷桂分领舟师巡洋,于大金洋面遇见贼船数十只,该镇等分头追捕,击沉贼船五只,拿获贼船二只,除纷纷落水外,生擒活贼八名,割取首级二颗,余匪向南窜逸,兵丁间有伤亡,等语。除将获犯解到审明,分别办理外,臣等严饬该镇等确探贼踪,实力截击,毋任远飏漏网,勾结肆窜,以期仰副皇上厪念海疆至意,所有办理缘由,谨恭折先行具奏,伏乞皇上睿鉴。谨奏。嘉庆十一年七月十三日。

嘉庆十一年八月初六日奉朱批:制洋盗之法,无过于断口岸接济,实力奉行必能有效。督抚受国厚恩,岂有不尽心之理?但属吏未必能奉行,是在严察不肖州县,重治示警,蒸然日治矣,勉之。钦此。(北京:中国第一历史档案馆藏录副奏折,档号:03-1690-059.)

66.两广总督吴熊光奏为粤东洋匪最为难办事

两广总督臣吴熊光跪奏。为恭折覆奏事。窃臣接奉朱笔密谕吴熊光:知粤东洋匪最为难办,闻高州府属之吴川、雷州府属之遂溪为洋盗泊船销赃之所。而东海土硗地僻,尤易藏奸。应设法擒治巨窝,以绝盗源。洋盗所必需者,水、米、火药以及蒲席、木料、麻索、桐油等项,皆应严禁断绝。洋盗不攻自溃,事半功倍矣。出示晓谕,贼来贸易,若能拿解,即以贼银赏之;或贼伴中有首告者,即将别贼银货全赏之。若获贼后,先究其何处买米,何处置器械。即如炮位,断非洋面上所能熔铸,必用小船装载出港,令兵船分堵紧要港口,严查出入船只,胜于冲风冒险多矣,以及打单、赎水、收港规诸弊一概断绝,更易成功。保甲团练之法,皆应实力办理。然必须才能任事之员课其殿最,量予优迁。若偷安阘冗之员,即行严参革究,切勿姑息。再,水师习气不堪之至,如查有避盗、退缩、疏纵、接济等事,应以军法从事。但先养后教,闻兵船向有扣半示惩之例,此非良法。洋盗到处劫掠,挥霍自如。官兵分例本属有限,若再扣半示惩,气馁益疲,焉能敌劲悍之贼乎?现在郑一、乌石二皆有船百号,亡命啸聚,日积日多。汝地方大吏,悉心熟筹,上报国恩,下除民患,切勿苟安旦夕,养痈贻患。天下无不能办之事,所难得者,能办之人耳。勉力办理,副朕期望。此朱谕抄寄与孙玉庭、钱梦虎看。汝三人各自具折回奏,朱谕随折缴进。特谕。钦此。

仰见皇上先几,指示于数千里外,沿海情形洞烛靡遗。臣忝任封圻,未能迅速妥办肃清洋面,以致上烦圣厪。跪诵之下,感愧交萦。当经恭录朱谕,交抚臣孙玉庭、提臣钱梦虎阅看，嘱其各自具折覆奏。臣伏查粤东现在情形，以剿办洋盗为第一要务。而欲清盗源，必先断接济。不特米谷、杂粮、硝磺、火药等物本干例禁，即樟木、油麻、蒲包、铁钉、篷索等物，凡可以资船料者，历任督抚俱已节次禁止。臣抵粤后，复加严切通饬。嗣奉谕旨又密饬沿海地方文武加意访查，果能拿获大起奸伙，定当据实保奏，加恩擢用。并遵旨出示晓谕，如有为盗囤货销赃者，准其自行举首，即将盗赃赏给，并推广圣意。凡有通盗、为盗之人，由保邻、亲族人等赴官首告者，亦准将盗赃赏给。叠饬各州县实力编查保甲，使奸宄无所容身，均经奏明在案。他如盗船、炮械、食米从何而来，臣于拿获洋盗解审时，必亲加研鞫，究问来历。而贼情狡猾，所供多系零星接济小匪，于大伙巨窝往往茹刑不吐。臣现仍设法购线，以期必获。至于将弁之勤惰，惟在赏罚严明，方足以示劝惩。粤东营务废弛已久，水师尤甚。臣严饬镇将实力整顿，近日稍知儆畏。其中副参以下等官，经臣分别参劾、治罪、降革、勒休者已复不少。而弁兵出洋捕盗，全赖口粮以资食用，安能枵腹从事。所有倭什布原议章程，按三月、半年罚减口粮之例，本未允当，业经臣商之抚臣孙玉庭与司道等奏明注销。兹复仰荷圣慈体恤，优加谆谆筹示，凡属戎行无不同声感颂。将见士气振兴，于缉捕更为有益。至吴川、遂溪两处匪船向多游弈，而东海地方孤悬海中，土硗地僻，尤为匪船丛泊之所。上年那彦成于搜捕广州湾盗巢案内，奏拟添设营分，遥资控制。经提臣钱梦虎亲往履勘，是以臣抵任后，筹议抽拨督、提两标弁兵，移驻东海，会同孙玉庭、钱梦虎具奏，经部议覆，仰邀允准。维时臣初抵粤东，尚未深悉情形，复于查阅营伍之便，沿途访问。此次，提臣钱梦虎统率舟师前往西路，又同高廉镇道亲往履勘，现拟建营之处，坐落东海上社之东南，外皆汪洋巨浸。其拟建炮台之处，名曰激沙渡头，前临之激沙港，可泊大船二三百号。虽称海汊，竟若内河可以避风，故盗船常于此寄碇。其外均有沙线淤塞，惟此港两头各有一口，一名狮子球、一名激沙口，俱仅容一二船出入，为此港咽喉。该处既向为盗巢，今议建营分、炮台，该匪等失所凭依，必以死力争。此次钱梦虎系统率大帮舟师，并配以盐务红单船前往，是以盗艇先闻风远飏。但舟师须往来巡缉，未能在激沙常川驻扎。师船他往，盗艇又将回泊该处。东海地方不产砖木，须分投采办。设集料运送之际，盗匪伺间滋扰，不可不预筹防范。是欲建营分，必先除盗穴；欲除盗穴，必先筹办兵船。统计粤东现存米艇一百三十余号，分为东、中、西三帮。余一帮往来策应，东路一帮逼近闽洋。蔡牵、朱渍尚未就获，未可轻撤。琼州孤悬海外，西路一帮常须在彼巡缉。高、廉、广、惠四属洋面袤长二千余里，仅有米艇六十号。现防郑一、乌石二等大帮盗船往来掠食，已有鞭长莫及之势，焉能照顾东海建营。若添造兵船，建立营分同时并举，未免经费浩繁。

昨奉上谕：闽省添造大同安梭船，极为高大坚固，实为水师出洋利器。粤省是否应须仿照添造，著即体察情形，具奏等因。钦此。查闽、粤海道沙线不同，水势深浅各异。询据出洋将弁，会称：同安船式于粤东海道不甚相宜。臣正在筹办间，适奉到朱谕，就臣愚昧之见，再四筹度。同安梭船既于粤洋无益，莫若先行添造米艇数十号，配足弁兵炮械，专在东海一带攻击缉捕。设盗艇仍前窜去，查，狮子球、激沙二口门，不甚宽大，拟用旧烂船只驶至港口，装载大石凿沉水底，横截口门，则贼艇自无从而入。如盗匪恃众抵拒，舟师正可扼要截击。再一面购备料物徐图建立炮台、营署，因地制宜，从容兴建。既可无虞盗匪阻扰,新营有磐石之安,船只资缉捕之用。而分起承办,经费亦无虞支讪。容俟与抚、提二臣通盘熟商,续行妥议,具奏。臣受恩深重,惟有殚竭血诚,先督饬文武各官设法严防港口,查拿接济,使匪徒渐就穷溃。以期上报国恩,下除民害,仰副皇上谆切训诫至意。倘所属文武有偷安阘冗,避盗退缩之员,立即参究,断不敢姑息苟安,养痈贻患,致辜委任自蹈愆尤。所有遵旨查办缘由,理合恭折覆奏,并将朱笔密谕一并呈缴,伏乞皇上睿鉴。谨奏。嘉庆十一年十二月二十三日。(北京:中国第一历史档案馆藏朱批奏折,档号:04-01-03-0042-001.)

嘉庆十二年(1807 年)

67. 嘉庆十二年四月癸未谕军机大臣等

吴熊光奏:粤东缉捕情形,现须另行变通一折。闽浙等省只有外洋,惟粤省多一内洋,海道辽阔,又多渔船采捕,难保无通盗济匪之患。固系实情。但该省既有内洋,该督等身膺地方重任。即当将内洋缉捕之法,详悉讲求,实力办理。即如所论旧设炮台多不得力,与其以有用之兵施于无用之地,不如撤去炮台兵丁,多备船只。又,米艇在外洋不能得力,只可留于内洋守御,须另造战船,以资外洋缉捕,等语。洋面今昔情形不同,自当因时制宜,量为变通,以期得力。此皆地方官应办之事。粤省水师积习疲玩,此时欲筹办战船,先须激励将士,使之人人勇往争先,不避艰险,方可驾船追捕。否则,即有坚固船只,出洋后停泊躲避,仍于缉捕奚益。吴熊光以钱梦虎才具远逊李长庚,即孙全谋亦属不逮。其意自欲得李长庚留驻粤省,以期得力。李长庚本系闽浙水师总统,此时特因追拿蔡牵来至粤省。至粤省自有本省水师,专司缉捕,何至无一人胜任,必须隔省大员督办。设此次李长庚不到粤洋,岂粤省缉捕之事竟无人督办乎?所奏不可行。该督惟当将本省营员严加整顿,勿涉因循推诿为要。将此谕令知之。(《清仁宗实录》卷一百七十七,嘉庆十二年四月癸未,第17—18页。)

68. 两广总督吴熊光广东巡抚孙玉庭奏为遵旨查禁粤东违式渔船事

两广总督臣吴熊光、广东巡抚臣孙玉庭跪奏。为遵旨查禁粤东违式渔船,申明定例,严饬奏行,恭折覆奏事。窃臣等前奉上谕:御史严烺奏请饬禁粤省违式渔船久出外洋滋弊一折,据称:近阅广东惠、潮两府奸民违例制造大船多带水米等项,以取鱼为名,实则远出外洋接济盗匪水米、火药。州县官利其港规,不加查禁,请饬广东督抚将归善等县现有之违式大渔船查明若干,印烙字号,造册申报督抚存案。嗣后大渔船遇有破漏者,即随时报明地方官拆毁,不准复修,亦不许违例添造,各等语。所奏是。粤省洋匪滋扰日久,未能剿净,总由该处奸民接济水米、火药,节经谕令各督抚实力查禁。并据该御史称:奸民违例制造大渔船出洋济匪,州县利其港规,不行查禁,自系该省实在情弊。著吴熊光等即照该御史所奏实力查禁,如有地方文武私得渔船港规,纵令奸民通盗者,一经查出,即当据实奏劾严办,示惩。至渔船在洋捕鱼,每船应有若干人,应带水米若干,自当予以限制。今该御史称水手人等不得过二十名,只许携带数日水米,是否可行,亦著该督抚查明办理,以清盗源而靖海疆。此传谕吴熊光、孙玉庭知之,御史严烺折,著抄寄阅看,等因。钦此。

当经臣等将本省历次查办情形先行附片覆奏,并声明通饬沿海各州府实力查禁,应如何设立章程以杜弊端之处,容再妥议具奏在案。旋据各道府陆续查覆,惠州府所属之归善、海丰、陆丰三县滨邻海洋,三县中惟海丰县属鲘门、汕尾两处港口为泊船聚集之所。其船俱成对出洋采捕,名曰拖风。现在大船梁头不过八尺,中船七尺,小船五尺。舵水人等大船不过十余名,中船、小船不过八九名及五六名不等。大船限十日归港,中船限五日归港,小船限三日归港,梁头在五尺以内等止在本港采捕,朝出暮归。舵水人等照例每人每日于食米一升之外并带余米一升,以防风信。淡水亦照食米之数携带。各渔船并无长至数丈,宽至二丈,舵水亦无多至二十人以上者。潮州府属各港渔船与惠州府属大略相仿,惟澄海县之拖风渔船,因渔户贪图多载,违式制造,竟有梁头宽至一丈三四尺者,不知起自何年。向在惠属之归善、海丰等县置造,赴海丰、新宁二县洋面采捕,名曰寄港,春夏之间驶回澄海,寄泊修整,向系澄海县给照,至海丰、新宁二县印烙编号。其余广、肇、高、廉、雷各府属沿海各县渔船悉遵定例,梁头均在五尺以下,止用水手数名,在本港采捕,并不远出。至琼州一府,洋面较宽,据知府情张增祥请照福建之例:大渔船梁头不得过一丈,舵水不得过二十人;小渔船梁头不得过五尺,水手不得过五人,等情。由藩、臬二司会详前来。臣等悉心查核,粤东地广人稠,耕三渔七,濒海贫民咸借捕鱼为业,其中奸良不一,或有冈获多鱼,久站洋面,以致被盗掳劫,逼胁入伙者抑或与盗交通,避免捕劫,甚至从中牟利,私运水米,接济盗匪者。此等渔船既势难禁其出洋,则全在随时严查,杜绝弊窦。臣孙玉庭等叠饬奏广东澳甲实力稽察。前督臣那彦成并札饬商民,制造大船亦统以五丈为率,不得逾限。臣吴熊光抵粤后复经节次饬禁,附折具奏在案。

查《中枢政考》所载:各省渔船梁头均不得过一丈,舵水不得过二十人。广东渔船则梁头不得过五尺,水手不得过五人。自乾隆三十一年,前督臣杨廷璋酌定本省船政章程案内议明:梁头六尺之中渔船,限三日归港;梁头七尺之中渔船,限五日归港;梁头八尺之大渔船,限十日归港。渔船大者,梁头不得过八尺,等因。虽未奏咨立案,然通行刊刻已行之四十余年,较之梁头不许过五尺之例则属较宽。而核之该御史所奏不得过一丈之议,尚无逾越。此时若以定例,将梁头五尺以上者一概禁止,则沿海穷渔骤无所依,资生无计。况梁头在八尺以内之船不能重载,远驶外洋,盗匪无所取资,似尚可免其拆改。惟梁头在一丈及一丈三四尺者,一经掳劫即为盗用,且船大则所带舵水、食米亦多,更恐其通盗济匪。既据潮、琼二府查有违式渔船亟应趁其归港之时,勒限拆改,一律收小梁头,总不许过八尺。若再有违式,即行截留入官,变价充公。

其稽查出入、刊编印烙、给照挂号、准带水米多条,《中枢政考》备载甚详,现俱遵照严理。今昔情形尚无不同之处,无庸更定章程。惟法令本善,奉行不力,即诸弊丛生。臣等派员分投访查,虽据禀覆地方文武尚无收受港规之弊,但恐港汊众多,稽察稍疏,盗渔趋利若鹜,即乘间济匪。前于嘉庆九年前督臣倭什布会同臣孙玉庭奏议捕盗章程,责成各道府方发试用人员内遴选明干之员分赴驻扎,会营查验。按月列册,报查,如有船只多带水米及有通盗实迹者,立时会同该管捕巡,拿解州县审办。奉军机大臣核覆准行在案。现又申明定例,汇集专条,刊刻木榜,悬挂汛口,俾官民其见触目警心,咸知遵守。无事,仍责成各巡道会同武职大员查验一次,通报在案。倘有得规纵漏情弊,立即严参,照例治罪。庶渔船悉有定制,不能远出外洋,可免盗匪劫掠,而水米仅供日用,洋盗无所接济,盗风或可稍为敛戢。所有遵旨查严缘由,理合恭折覆奏,伏乞皇上睿鉴训示。谨奏。嘉庆十二年六月初一日。(北京:中国第一历史档案馆藏朱批奏折,档号:03-1691-034.)

69. 闽浙总督阿林保浙江巡抚清安泰奏为酌改海洋之管辖以重稽察事

闽浙总督奴才阿林保、浙江巡抚奴才清安泰跪奏。为奏请酌改海洋之管辖,以重稽察,而专责成,仰祈圣鉴事。窃照海中岛屿繁多,皆有农渔寄居,舟航碇泊,须与驻扎之地方官道里相近,庶耳目所及,查察易周。兹查有温州府属外洋山岛曰东白、曰口筐、曰札不断、曰鲳鱼吞、曰山坪、曰鹿西,共毗连六处。向隶该府属乐清县版图,山外洋面则归温州镇标中营管辖,由来久矣。奴才清安泰,因巡察口岸,抽查保甲,亲诣温台一带,往返数次。查得东白等六山,距温州府属乐清县城,计水程一百七十里。距温州镇标中营衙门,计水程二百四十里。该文武官于平时稽察搭寮种地居民及春末冬初约束闽省钓带船只,实均有鞭长莫及之势。惟查温州府玉环厅同知参将驻扎城垣,止离东白等山六十余里,且与该厅所属之黄门、槛门洋面相连,比较距隔温州营乐清县之里数,远近迥殊。推求从前何以舍近就远,不归玉环而归温州乐清营管辖之故。则缘划界定制在未设玉环厅以前。雍正五年,创设玉环厅时,因仍旧规,未及更改所致。今既查如远近情形,自应即为改正。奴才当即询问道、府、厅、县、营员等答无异,一面札商奴才阿林保,意见相同。随行据藩司崇禄、臬司朱理会同覆加查议,具详请奏前来,应请将东白等六山改隶玉环厅版图,其洋面改归玉环营管辖。俾就近巡缉、稽查,期于海洋有裨。如蒙俞允,所有该六山烟户嗣后改归该厅编查造报,其洋面界限,应饬巡道陈昌齐会同营员亲勘划分,咨部立案,永为遵守。奴才等谨合词恭折具奏,并绘图贴说,敬呈御览。伏乞皇上睿鉴训示。谨奏。嘉庆十二年九月初十日。(北京:中国第一历史档案馆藏朱批奏折,档号:04-01-01-0503-044.)

70. 嘉庆十二年九月甲子闽浙总督阿林保上奏

阿林保奏请将温州府乐清县属外洋东白等六山,改隶玉环厅版图。洋面归玉环营管辖。下部议行。(《清仁宗实录》卷一百八十五,嘉庆十二年九月甲子,第29页。)

71. 两广总督吴熊光广东巡抚孙玉庭奏为改造外洋缉捕战船估工购料事

两广总督臣吴熊光、广东巡抚臣孙玉庭跪奏。为改造外洋缉捕战船,估工购料,恭折奏闻,仰祈圣鉴事。窃照粤东洋面未靖,盗艘肆窜,惟借兵船得力,所向穷追,方足以歼擒制胜。前臣吴熊光因米艇不能涉历大洋,拟将旧有米艇留于内洋守御,另造战船为外洋缉捕之用。奏蒙谕旨:米艇一项既不能涉历外洋,自当因时制宜,量为变通,以期得力。钦此。嗣准提臣钱梦虎咨覆:澄海县登花船惯走夷洋,驾驶灵捷,可以仿照办理,惟所需伽兰腻木产自外番,购办匪易,复经饬司会同营员详查并附片奏闻在案。兹据布政使衡龄会同兼署臬司盐运使蔡共武、督粮道章铨详称，咨准营议：各镇将金称登花船驾驶灵捷，可以达涉汪洋，于追捕实为得力。惟外洋波涛汹涌，桅木、舵碇最关紧要，设物料稍有不合，则船只不能坚固，关系匪轻。舵杆、舵牙除伽兰腻及锥木、棱木外，实无他木可代。大桅则以番木为上，油松次之，或用成条杉木、櫶木，或坚实橡木两截对搭，熟铁紧箍，庶可代用。正副各碇除伽兰腻及细叶桐木二种外，亦惟櫶木可以代做。船身拟照商造之中号登花船，通长十丈，高一丈七尺，大桅长七丈九尺六寸，围圆七尺一二寸，其余料件圆径、长短、厚薄悉以中号船式为准，比商船加厚加坚。每船可配兵一百名。每只需三千斤至八百斤生铁炮十五位，六百斤生铁笨炮三位。舨上安置熟铁劈山炮八门。拟先造二十只，每只除桅舵实需银五千九百七十余两，加以番木桅舵需银一千八百一十两，共需银七千七百余两。若桅舵改用松、杉、棱、櫶等木，所省不过数百金，再四核估，实难再减。造具估册呈送前来。臣等复核无异，现在饬司查款给领，克日兴工。至承办船工，向系广州府及广粮通判分厂监工，间派外府熟悉船工之员承办。此次工繁费巨，应专派理事同知英吉监工并咨商提臣，选派谙习船工之将备监修，务期一律坚固。倘有偷减工料、怠忽从事者，即将承办文员严参、著赔，监修之员一并参处。其或船只实系坚固，而带兵之员故意刁难，借词观望，即将武员参办。庶文武各有专司，不致互相推诿，而新船为追剿之用，米艇为守御之资，内外防维益昭严密，以奠海洋克日肃清。除将估册咨部核议外，所有办理缘由理合恭折具奏，伏乞皇上睿鉴训示。谨奏。嘉庆十二年十一月十一日。（北京：中国第一历史档案馆藏朱批奏折，档号：04-01-36-0049-015.）

72. 嘉庆十二年十二月甲戌又谕

吴熊光等奏：查照御史郑士超陈奏粤东吏治情形各款，分别奏一折。据称：广东民风犷悍，外洋内河节次严饬舟师巡缉，获犯痛惩，而盗踪终未能净尽。其商渔船只或因沧波浩淼之中救援不及，匪船得以肆行无忌。若沿海港口要隘则有舟师巡缉，其余亦有营汛炮台，向未闻有盗犯公然设立税局之事，等语。所奏自系实在情形。所称关书王洪（即王铉），上年七月间在香山县灯笼州洋面遇贼被劫，嗣因贼匪闻拿畏惧，并查知王铉系关口书办，即行放回。并非地方官出银代为捐赎一节。现在传询阿克当阿，与该督等所奏情形大略相同。惟所奏清远县民王水生，又英德县阙姓二十余家被劫之事，该督抚衙门均无报案，等语。王水生及阙姓二十余家，据该御史奏姓名住址确有可据，似非全属子虚。何以该督抚衙门并无报案？或该县等因规避疏防处分，讳匿不报，亦未可定。该督等现已饬属密查，如有前项情弊，即著据实严参。至棍徒开设赌局每年收纳赃银一节。该督等以责令地方官查拿，仍恐有名无实，现已密委明干之员分投密访，等语。匪徒设局聚赌，若果吏役等营私包庇，收受陋规，实属大干法纪，必须查明严办，以示惩儆。该督等密委明干之员，所委用者仍不外地方官吏，恐其中貌似有才，实则扶同支饰徇隐，转不能访察得实。不如遴派诚朴之员，令其据实查报，以期水落石出。（《清仁宗实录》卷一百八十九，嘉庆十二年十二月甲戌，第17—18页。）

嘉庆十三年（1808 年）

73. 嘉庆十三年七月壬午谕军机大臣

张师诚奏：据泉州府金城禀称：在洋芝澳防堵，探得蔡逆从乌艇船上搬过白底船，驶进澳口，经兵役连轰大炮，击中逆船舣边尾楼。该逆惊惧，忽招各伙船向东北外洋窜去，等语。蔡逆恐被官兵认识，专注攻剿，由乌艇船上搬过白底船。该府金城既经探知蔡逆的确在内，此乃极好机会，正可诱其上岸，悉力擒获。乃虑其驶近澳口，仅令兵役施放枪炮。迨贼众抗拒，复连轰大炮，反致蔡逆招伙远飏。此仍不免意存怯怯，虽已击中贼船，尚可不加恩谴，亦无功足录。现在蔡逆由东北外洋逃窜，阿林保、张师诚惟当转饬舟师，穷其所向，上紧围捕。并饬台湾文武一体严防，无稍疏懈。至王得禄在粤洋积受瘴气，染患头风，右目生翳，近复得翻胃之症。阿林保已飞咨该提督善为医治，并令王绍兰亲往探看。此时如尚未痊愈，不能追捕贼匪，即传谕王得禄在内地安心调理，不必勉强出洋，转致不能得力。所有捕盗等事，即责成署提督周国泰并总兵孙大刚督率兵船，合力攻剿。毋得稍有松劲，致滋贻误。将此谕令知之。（《清仁宗实录》卷一百一十九，嘉庆十三年七月壬午，第 4—5 页。）

74. 嘉庆十三年七月辛卯谕军机大臣

阿林保奏：蔡、朱二逆贼情及现饬舟师分路剿捕缘由一折。据称：蔡逆由粤洋窜回，本系坐大乌艇船，旋又换坐白底船，其船头船尾插有红、白及粉红三色旗号，今止留红旗一面，等语。茫茫巨浸，此信未必甚确。现在该逆大小匪船虽有三四十只，但周国泰、孙大刚两帮兵船共有五十余号，较之贼船为多，足敷剿办。刻下既探明该逆北窜嵛山一带外洋，著即饬令跟踪紧蹑，务将该逆歼擒，不可稍有松劲。如果该逆被追紧急，逃窜入浙，闽省舟师自当紧蹑前往。仍著阮元先行札饬温州、黄岩、定海三镇总兵在于浙洋严密防备，仍一面探听确信，俟蔡逆窜近，该抚即亲自驰往海口，督饬办理。将接济杜绝净尽，催令三镇官兵合力追剿，以期收两面夹攻之效。至所称蔡逆前在越南夷洋，与该处夷人彼此交易，以银钱、货物换给水米、菜蔬，以为日用，等语。想该国王阮福映未必知情，事属已往，可无庸议。阿林保惟当严饬内地海口各文武小心巡防，认真堵截，勿使水米火药等件稍有透漏。至朱渍匪船，现有由台洋窜向铜山之信，并著饬知许松年实力截剿，勿任与蔡逆勾结为要。将此谕令知之。（《清仁宗实录》卷一百一十九，嘉庆十三年七月辛卯，第 18—20 页。）

75. 嘉庆十三年八月辛丑谕军机大臣

阿林保奏蔡、朱二逆分窜入浙，现饬闽省舟师过浙会剿，并酌留师船截捕缘由一折。前此蔡逆只剩三船，溃窜粤洋，情形实为穷蹙。闽省舟师过粤剿捕，并会同粤省官兵，其势数十倍于贼，曾不能痛加擒剿。该逆半年以来，又得四处勾结，由粤入闽，由闽入浙，毫无拦阻。该督前此派令在洋截捕之官兵不知何往，转托词由外洋窜驶，阴为水师官兵卸推地步。而折后尚云该二逆不过互相依倚,冀延残喘,可以克日歼除。如此大言不惭,朕实为阿林保耻之。总由水师官兵疲玩之习,未能悛改,遇贼尚远,辄用枪炮轰击。及贼匪退去,又不能实力追赶,不过托词风信靡常,任贼奔窜。本当俱革顶戴,此时姑暂缓惩处。著该督抚等通行晓谕,若伊等能激发天良,知愧知奋,赶紧追剿,穷贼所向,将蔡、朱二逆次第擒获。朕不但宽其既往之咎,仍当格外施恩,加以懋赏。若再迁延畏葸,毫无振作,必当将伊等按军法治罪,又非但革去顶戴已也。至年来陆路防堵,似较往年稍为认真,但若云接济俱已断绝,则不可信。试思该逆伙匪既多,岂能不广需食米。乃贼匪日久在洋,从来不虑枵腹。朕闻江浙等省,现在各海口出洋米石甚多。该逆等不惜重价购买,小民惟利是图,干冒重禁。现在江浙米贵,实由于此。地方官何尝不出示禁止,皆不过视为具文。甚至胥吏官兵得受陋规,私行纵放,可恨已极。又如贼船内必资淡水需用,不特海口应有兵役巡视,即附近各海岛,亦曾据伊等奏及皆有兵役就近巡防,如果断其接济之路,贼匪又岂能久延残喘。他如火药、铅弹、桅篷一切需用之物,若非海口偷漏,则贼匪早已罄尽,焉能支持至今。此皆该督抚办理不严所致,现当办贼吃紧之时,不可再有泄泄。该督抚务须严饬地方文武认真办理,勿徒于奏折内铺叙空言,即为塞责。若将来别经查出海禁松懈,仍有偷漏。该督抚不能常经重咎也。将此谕令知之。(《清仁宗实录》卷二百,嘉庆十三年八月辛丑,第5—6页。)

76. 洋人兵船入内洋要挟

迨嘉庆十三年粤督吴熊光任内,西人已渐桀骜,用兵船入内洋要挟矣。至二十一年,复入贡,户部尚书和世泰不谙先朝掌故,递请照属国拜跪礼。至期,上升正大光明殿,而使臣不肯入内,上大怒而罢。自此益轻中国焉。至道光十三年,卢坤任粤督,又有如吴熊光之事,迁就完结,气焰益张。海关洋行需索抑勒,每年多至千万,西人不能堪,天高听卑,久必决裂,固不待禁烟之肇衅也。(欧阳兆熊、金安清:《水窗春呓》卷下,北京:中华书局,1984年,第30—31页。)

嘉庆十四年(1809 年)

77. 闽浙总督阿林保福建巡抚张师诚奏为公同筹议杜绝洋盗接济事

闽浙总督臣阿林保、福建巡抚臣张师诚跪奏。为遵旨公同筹议杜绝洋盗之接济及酌分缓急办理各缘由,恭折覆奏,仰祈圣鉴事。窃臣等钦奉上谕:御史鲍勋茂奏请杜绝接济洋盗食米、火药一折,所见甚是。盗匪在洋所恃以资生者食米为重,所恃以抗拒者火药为先,是此二端尤为接济之最要,自应实力严禁。嗣后商运台米,著派拨兵船护送行走,沿途既资防范,又可随时稽察,不令盗卖。自系目前杜弊之良策,其应如何立定章程不致格碍难行之处,著阿林保、张师诚公同妥议具奏,切勿使官兵借端滋扰,致商贩有裹足之虞,方为妥善。至盗匪所用火药自系内地偷漏。当其采买时,先恐不无夹带货卖,迨存营贮局后,该管弁兵往往图利卖给民人,民人即可转售盗匪,不可不严行查办。著于采买火药之前及存营贮局之后,如何设法杜弊,一并妥议奏闻。其省产磺地方,亦著查明封禁,无令私行采挖。该御史原折并发交阅看,等因。钦此。

仰见我皇上正本清源,速靖海疆之至意。臣等敬诵之下,钦服难名。伏思贼匪亡命海洋,全赖食米以偷生,尤使火药以济恶。若将食米、火药封绝,实足制其死命。诚如圣训,此二端尤为接济之最要。臣等自先后到闽以来,钦遵节次谕旨:欲穷盗源,先清盗线。是以严定章程,以示赏罚,在于各处口岸,分别紧要、次要,派拨文武,周历巡防。计自前岁至今,拿获盗匪人犯不下千数百名。臣等恐沿海文武稍有松懈,仍不时明察暗访,务使有犯必惩。闽省食米一项,内地各府州系皆山海之区,户鲜盖藏。只有台湾一仓产谷较丰,内地粮食借资挽运,在贩米客商俱有行户四邻保结,官给关牌印照,出入各口处处稽查,且均系身家殷实之人,尚不敢有得利济匪之事。惟由台内渡商船无御侮之具,遇匪易被劫掠。今若派拨兵船护送行走,诚于商贾有益。但现在闽省剿捕蔡、朱二逆,因营船不敷,尚雇商船配用。若派兵船护送商船,不特无船可拨,亦且无兵可配。若竟撤回剿匪之船只,派护商贩,转致缓急失宜,不便调拨。查船只一出大洋,波涛鼓涌,彼此不能相顾,其载货轻重、梁头大小,又各不同,乘风超驶呼吸之间,远近千里,兵船固不能衔尾接护,即贼船亦不能拢近行劫。是商船在洋行走,竟可无烦兵力。惟出口进口之时必须加意防护。查台湾有鹿耳门、鹿仔港、淡水三口,内地有厦门、蚶江、南台三口,海道处处可通,既难编拨兵船,随处防护,兼之商船或多或寡,随时陆续出口,更无如许兵船节节护送,倘必责令各商船汇集一处,俟积至数十号,再准开行,又未免积压等待,转添苦累。就目下情形而论,拨兵护商之议策甚善,而实室碍难行。臣等愚昧之见,自应严饬各舟师上紧分剿蔡、朱二逆,紧蹑穷追,不予以劫夺之暇,即不能图觅接济,仍系逆匪歼除之后,各兵船撤回本汛,再行梭织巡防,往来保护商船,使洋匪不致乘间窃发,以取久远之效。

至火药一项,最为行军利器,查禁尤宜严密。臣等每遇拿获洋盗及济匪人犯,必穷诘其火药来历,严密查拿,不任稍有疏懈。查闽省磺硝系赴山东省采买,历届委员在东省起运之时,该省填明斤重、包数,经过关隘,俱有稽查。到闽后逐一称验,尚不致有夹带货卖之弊。迨至各营领回贮局之后,向由各提镇专派营员经管。臣等到任以来,尚恐营员或有疏漏,转饬同城之道府州县,凡有支取火药,俱亲赴库局,会同查验,不准丝毫多余。演放之后,取具实用册结送查,如有余剩火药,即日缴回存贮。并将沿海各炮铺户,严明示禁,不准开设。以杜影射、透漏之弊。

又闽省福建省城向准居民煎炼土硝,臣等亦已奏请禁止。其硫磺一项。闽省上杭县郭车乡磺矿,经前督抚臣奏明开采十万斤,现俟采足,即行封闭,并派文武员弁在该山附近一带严密巡逻,不容疏懈。又台湾淡水以北之番界地方产磺颇多,臣等节经严饬台地文武随时盘查,并于各商船内渡之际加紧稽查。上年八月间,拿获偷渡匪犯沈泗、陈泽等私载硫磺七千余斤,讯系在逃之柯肚等于台湾苏澳地方刨得。臣等已严饬台湾镇道添派员弁兵役前往防守,并于调任宁福道张志绪东渡之际谆谆面嘱。令其于渡台后,编历查勘,设法严防,务使丝毫不能偷挖出境,以绝济匪之路。总之,立法期于周密,而查察务在认真,全在地方官各矢天良,实心经理,则化善除顽,海洋自可日臻宁谧。臣等俱系受恩深重之人,身任封圻重寄,惟有殚心竭力凛遵节次谕旨,严密查拿,随时熟商筹办,以冀盗戢民安,仰副圣主厪念海疆之至意。所有臣等遵旨酌筹办理各缘由,谨恭折覆奏,并将该御史鲍勋茂原折呈缴。伏乞皇上睿鉴。谨奏。嘉庆十四年正月十三日。(北京:中国第一历史档案馆藏录副奏折,档号:03-1692-007.)

78. 嘉庆十四年三月丁亥谕军机大臣

韩崶奏:密陈粤东洋面实在情形一折。韩崶所称粤东沿海数千里,道路绵延,处处可达外洋,防守稍疏,贼匪等易生窥伺,所以有海防而无海战,等语。朕与廷臣皆时时论及,欲靖海洋,莫如先固口岸;而欲固口岸,则全在地方官经理得当。如果各州县平日留心绥辑,俾良民安居乐业,自不致出洋为匪。此外如水、米、药接济之物,严行查禁。各处扼要炮台添兵实力防守,则贼势自当日见衰弱。又折内称:沿海村落则令地方衿耆董率丁壮,互相捍护,等语。从来以兵卫民,不如使民自卫,然亦总须地方官妥为劝谕。凡此良法美意,全在治人。此时百龄将次抵粤,著该督抚一切详细会商,期于事事妥协尽善,得收实效,勉副委任。(《清仁宗实录》卷二百零八,嘉庆十四年三月丁亥,第30页。)

79. 嘉庆十四年四月戊午谕内阁

各省封疆大吏,守土是其专责。遇有关涉外夷之事,尤当立时亲往勘办,务臻妥协,方为无忝厥职。前此吴熊光在两广总督任内,英吉利国商船带兵入澳,占据东望洋、娘妈阁、伽思兰三处炮台。虽向系西洋商人防守所设,但究在中国地面,即与阑入内境无异。吴熊光身任封圻,其咎已无可辞。本日据百龄查奏:上年七月二十一、二等日,该夷兵船来至鸡颈洋面。八月初二日,抵澳上岸,占据西洋炮台,地方文武节次禀报,吴熊光批令照常防范。至十六日,见该夷不退,谕令封舱。复经游击祁世和、香山县彭昭麟请兵堵逐,吴熊光亦俱批以"镇静,不可张皇"。彼时香山县有澳内居民四散,澳夷乏食之禀,吴熊光总未亲往查办。该夷兵见无准备,将兵船三只驶进虎门,停泊黄埔。吴熊光因于九月初四日具奏,始派兵防范,并令碣石镇黄飞鹏管带师船在省河一带挽泊。至二十三日,该夷兵目又驾坐三板艇船,由黄埔至省城外十三行停住,求见总督,恳请代奏在澳寓住。吴熊光总未见面,只令其回至黄埔候旨,并饬禁买办火食,该夷人慌急驾船,欲向十三行装取火食,官兵喝阻不理。总兵黄飞鹏开炮轰毙夷兵一名,带伤三名,该夷兵即行退回。至十月初,奉到谕旨,吴熊光仅檄调各标兵丁在黄埔澳门驻扎防守,并未攻击。至十六日,恭宣谕旨,夷兵当即畏惧,情愿撤兵,复求开舱。吴熊光谕令全行退去,始准贸易,该夷兵陆续退至外洋,等语。英吉利夷船带兵入澳,借名保护西洋,阴图占地谋利,情殊诡谲,即应立时驱逐。况此次该夷兵遇官兵开炮,并不敢稍有抗拒。及奉有严饬谕旨,亦即畏惧开帆远去。是该夷兵尚知震慑天威,无他伎俩。吴熊光于该夷兵登岸之初,即亲往弹压,晓以大义。一面调集官兵防守。该夷兵自必知所畏惮,即时退出,庶足宣示国威。吴熊光于此等要事迟至月余,始行具奏,既未亲往查办。该夷兵目求见,又只派员往谕,并不面询斥逐。虽开舱在夷兵既退之后,而许其开舱,究在夷兵未退之先。是奏报既属迟延,办理又形畏葸。且屡次夷人具禀,及吴熊光批示,并轰毙夷兵等事,俱未入奏,亦属含糊。吴熊光由军机章京蒙皇考高宗纯皇帝不次超擢,用至军机大臣,复经朕简用,历任三省总督,非新进不晓事者可比。乃种种错谬,实属辜负委任。吴熊光前已革职,著拿问,交军机大臣会同刑部审讯定拟,具奏。至孙玉庭前在广东巡抚时,并不将前后情形据实陈奏,又不会同吴熊光迅速妥办,软弱无能,岂可复胜巡抚之任。孙玉庭,著革职回籍。所遗贵州巡抚员缺,著初彭龄补授。伊现届大祥,到任时已将服阕。其未到以前,著章煦将云南巡抚印务交伯麟兼署,章煦即赴贵州署理巡抚事务。本年章煦已派祝厘,届期应由黔赴京。若彼时初彭龄尚未到任,即著藩司陈预暂行护理。寻,奏上。得旨:吴熊光办理此事,示弱失体。其咎实无可辞,著照拟发往伊犁效力赎罪。(《清仁宗实录》卷二百一十,嘉庆十四年四月戊午,第29页。)

80. 嘉庆十四年五月庚午谕军机大臣

阿林保奏:朱渥帮船救护道员清华,并欲投首一折。盗首朱濆与伊弟朱渥前因捕获蔡逆伙党许凛等一百六十四名,闻金门镇许松年等兵船驶至,正欲解赴投到,讵官兵一见贼船,即放枪炮,将朱濆轰毙。现在朱渥又于深扈外洋,遇见蔡逆围劫内渡道员清华船只,立时赶散。并恳该道转禀,准令投首。核其情节,真伪尚难遽信。现在朱渥已出外洋,如果往招伙党,相率来投,阿林保等当剀切开导,以前此伊兄朱濆捕获蔡逆伙匪,欲行投献。彼时舟师驶至,官兵等并不知尔等意欲投诚,惟遇贼即剿,是以开放枪炮,致朱濆立时伤毙。但擒贼投献,尚系尔等一面之词,并无凭据,未便遽准上岸。如果尔等真心投首,惟当立功赎罪。或恐所带帮船,猝被官兵轰击,此后于该船上设立标识,知会兵船,作为记认,庶不致误遭攻击。一面设法捕盗,如能将蔡逆生擒缚献,不特伊兄朱濆罪免戮尸,准令埋葬,伊嫂等亦准登岸居住。即尔朱渥既经救护监司大员,又复擒获巨憝,自当奏明准予投首免罪,并量加恩赏。至所获许凛等一百六十四名,此时自必随同在船,其中或间有病毙逃亡者,谅所不免。务令核实查明,将现存各犯悉数送交地方官,以凭审讯。如此办理,该匪不能施其诡诈,亦可收以盗攻盗之益。俟朱渥将许凛等交到后,著阿林保等讯明定拟,具奏。清华由台湾内渡,猝被蔡逆贼船围劫,经朱渥赶散。彼时朱渥与蔡逆曾否对敌,清华身在舟中,见闻自确。著阿林保等一并询明奏闻。将此谕令知之。(《清仁宗实录》卷二百一十一,嘉庆十四年五月庚午,第21—23页。)

81. 嘉庆十四年六月壬寅谕军机大臣

据阿林保等奏:洋盗张然悔罪率众投诚一折。张然为小臭帮盗首,因家属拿获到官,与伙党等畏罪改悔,率领匪众并呈缴船只、炮械,到官投首,著施恩免其治罪,准予投首。又另片奏:蔡牵匪船,经孙大刚等击败之后,窜至鹿耳门牵劫商船,并来往漳州、福清一带洋面游奕,实堪痛恨。海洋盗首自知误陷贼党,尚有畏法悔罪者。惟蔡逆始终怙恶,抗拒官兵,劫害商民,全无悔惧之心。此逆一日不除,海洋一日不靖。必应及早俘获,明正典刑,以彰国法而快人心。现在王得禄率领舟师穷其所往,著饬令赶紧追缉,不可稍予以暇,俾得乘间窜劫。其投首之张然本与蔡逆有隙,即将伊投诚首伙内择其年力精壮者,分配兵船,令其随同出洋攻捕蔡逆。如能奋勇出力,擒获盗首,奏明请旨加恩。若伊等情愿入伍,量予拔补官职;或不愿入伍,即赏给顶戴荣身,亦无不可。该督等惟当督饬水师将领查办,并严查口岸透漏接济,以期速擒巨憝为要。其朱渥余匪潜匿在闽者,并责成许松年等上紧搜拿完竣,以安商旅。所有小臭帮余伙老弱二百余名,即分别发回原籍给保安插,严行管束。(《清仁宗实录》卷二百一十三,嘉庆十四年六月壬寅,第15—17页。)

82. 嘉庆十四年六月乙巳又谕

百龄等奏:查明登花船难于购料成造,仍请添造米艇,以期迅速竣工,俾资缉捕一折。粤洋剿捕匪船,米艇具有成效。则此吴熊光忽以米艇不能远出外洋,请改造登花战舰二十号,往来外洋缉捕,将米艇全行收入内洋防守。现经百龄等查明,此项船只所需桅舵大料,因须在外番购觅。是以二年以来,未能购得。且此时即购料成造,一经风浪掣损,将来亦无料换修,仍属不能应用。况粤洋绵亘四千余里,止仗此二十船之力,在外洋策应捕盗,宁不顾此遗彼。此皆吴熊光全无主见,不过逞其臆度之词,妄思更改。而于空言陈奏之外,仍无实际,断不可行。百龄等现已估计船身价值,计其一船所需,足造米艇两只。请将原估登花船二十只工料银十五万四千余两,改设大、中、小米艇四十号,以期节浮糜而便驾驶,所议甚是。著即照所奏办理。又,据奏:查明东海地方难建营汛一折。遂溪县东海地方,先经吴熊光议请设立参将专营,在于督抚各标抽兵防守。嗣吴熊光又以东海不产砖木,奏请停止建营。请改募水师,添船缉捕。今据百龄等查明,该处沙土松浮,建筑城堡炮台,难资经久。又与广州湾遥遥相对,以一隅驻守之兵,当四面可通之路,亦复难资控制。是此事亦不可行。吴熊光始则并未详细确查,继知事有所难,又复回护前议,不肯据实奏明更改,一味迁延。且如何改募水师,添船若干,并如何派人管带之处,亦全未议及。殊属因循阘茸,毫无振作。兹百龄等请将新造米艇二十只专在东海巡防,以二十只在西路洋面策应。其配驾巡兵,即于通省水师按数匀派,既可无庸建立营汛,亦无庸改募水师。其吴熊光原议裁撤督标后营及提标兵丁之处,本与营制不符。且陆路口岸防守紧要,断不可轻议裁革。百龄等所见皆是。此时应行分别归伍撤募之处,亦均照所奏办理。至目下粤洋缉捕紧要,而水陆营伍均属废弛。该督等务当振刷精神,实力整顿。以期设一兵得一兵之力,添一船得一船之用,方为不负委任。(《清仁宗实录》卷二百一十四,嘉庆十四年六月乙巳,第3—5页。)

83. 嘉庆十四年七月戊辰谕军机大臣

百龄等奏:官兵追剿匪船,击毙著名盗首总兵宝,旋因贼众兵少,猝致失利一折。此次护总兵许廷桂带领师船,在磨刀洋面见盗首总兵宝匪船数十只驶至,奋勉攻击,虽将贼船击沉三只,贼匪漂没多名,并将该盗首用炮轰毙。旋因盗首张保仔匪船三百余只蜂拥前来,帮同抵拒,贼多兵少,被盗船占据上风,乘势下压,以致许廷桂身受多伤,被戕落海,其余将弁员等被戕落海多人,官兵大为损失。将领兵丁能如此奋不顾身杀敌致果,览奏之下,为之堕泪。皆由数年以来,吴熊光在总督任内懈玩废弛,不饬武备,以致盗氛日炽。今见百龄到彼,诸事认真大加整顿。营伍中人人畏惮,勇往者既加倍奋勉,懦弱者亦不敢退避。而又未免轻视贼匪,众寡不敌,致有此失。绿营剿贼,是其专责,原不应任其迁延畏葸,玩寇养痈,然亦须量力而进,不可冒昧。若再有疏忽,则士气馁而贼势更张,办理转为棘手。此时贼匪帮船蚁聚,兵力单弱,必须养威蓄锐,百龄且无庸催令攻剿。惟当先在各处口岸严其备御,杜其接济,将防堵要策力为讲求,使贼船不能驶入内洋,乘间扑岸。食米火药,日渐支绌。俟我兵简练精锐,船只备办齐全,然后可一举歼擒,俾无遗类。该督等不可不凛遵办理。至护总兵参将许廷桂督勇剿贼,自辰至未,力战四时之久,致遭戕害,殊堪悯恻,著加恩即照总兵阵亡例给与恤典。其因救护许廷桂受伤落海之署游击林孙、千总毛国斌均因捞救得生,可为幸慰。林孙著加恩以游击即用,毛国斌著加恩以守备即用,并著先换顶戴,均赏戴花翎。其阵亡署守备陈大德、署千总叶荣高、外委叶连魁、陈见阳、万国年、何新兴,被戕落海之都司严高、未入流施鸣皋,均著施恩加等赐恤。此外查无下落之署千总卢大升等十六员,同许廷桂之第三子许成福,即著赶紧查寻。如查无踪迹,应即与阵亡漂没之官弁兵丁等一体优恤。此时师船漂没被烧者多至二十五只,存船较少,剿贼实不敷用。著即照百龄等另折,添造米艇一百只,加铸大小铁炮千余位,配足兵丁军火,豫备攻剿。目前缓不济急,亦照所请,先在红单船内择其高大完固者,雇用四十余号,并雇觅拖风大船五十余号,合成一百号,酌配炮械军火,调选官兵,与原船舵水人等分别管驾,交孙全谋督率应用。其筹备巡防之策更为紧要,所有挑雇各项船只以及筹备雇价口粮,配拨壮勇炮械,分派各员管带防守,并于沿海地庄团集兵勇,编查保甲等事,亦均照所请行。再此时粤省兵船较少,所有黄飞鹏一路舟师,著百龄即调回本省协剿,先顾本境。其朱渥帮匪已有旨令阿林保速派该省舟师驰往剿捕矣。将此由四百里谕令知之。(《清仁宗实录》卷二百一十五,嘉庆十四年七月戊辰,第24—27页。)

84. 嘉庆十四年八月壬辰谕军机大臣

百龄等奏:盗船连帮窜入中路海口,派拨兵船堵剿,业经追出外洋一折。从前贼船在外洋游奕,皆恃有打单、接济之资,足以度日谋生,是以罕入内河。自百龄则彼,诸事整饬,严断接济,该匪等口食无借,其铤而走险,分拨小船向内河各村庄希图劫掠,势所必至。现经百龄等飞调陆路官兵,添雇壮勇,驰往攻捕,歼擒贼匪二百九十余名,陆续窜出濒临外洋之潭洲一带聚泊,民情均已宁谧。至百龄等以未能先事豫防,致贼匪窜扰内河,自请议处一节,此可不必。该省武备废弛已久,今百龄等认真整顿,且已将盗船轰出外洋,尚非办理不善,惟求治未免过急耳。为今之计,总须先固藩篱,将防堵要策力为讲求,严密布置,使贼匪不敢窥伺。赶紧添造米艇,豫备炮械军火,俟诸事齐备,养威蓄锐,再行调派官兵,驶放出洋,自不难一鼓歼除,俾无遗类。倘不量力,冒昧轻进,贼船多而师船少,未免心生顾怯。设有疏虞,贼势更觉鸱张,办理倍形棘手。至中路附近省垣,尤为紧要。如各隘口水陆兵船有可撤者,著百龄等酌量抽拨,严防中路,无令贼匪窜近。此次百龄等添雇壮勇数百名,随同官兵堵剿,为一时权宜之计,则可,究非长策。莫若于近海各处村庄,劝谕乡民各卫身家,自行团练。贼来既可抵御,贼去仍安本业。较之招募,实无流弊。但必需官为经理,始不致漫无统率。著百龄等遴选明干之员,督率妥办,切勿借端滋扰为要。其汉军水师三百名,此时既无所用,自应撤回归伍。现在盗首张保仔等由潭洲分向蕉门等处外洋逃逸,百龄等飞调黄飞鹏舟师及所雇拖风船只,交孙全谋督同剿办,务须斟酌前进,计出万全。以期擒获巨憝,毋得过于轻率。将此谕令知之。(《清仁宗实录》卷二百一十七,嘉庆十四年八月壬辰,第5—7页。)

85. 嘉庆十四年九月戊午谕军机大臣

阮元奏:舟师剿捕蔡逆,得有胜仗,该逆向南窜逸,现在飞咨紧追一折。据称:接据提督邱良功函称:侦知蔡逆在旗头一带游奕,折戗前进,童镇升追见盗船,即向前挥令各船进剿,署守备武定太首先跃过,带同弁兵拿获盗匪王乌等五十一名。该匪船即窜往东南外洋,现已飞咨邱良功等紧蹑剿捕,等语。蔡逆匪船奔窜靡常,踪迹向无一定。此次追剿之匪船究有若干,蔡逆是否在内。现既据拿获盗匪王乌等五十余名,即可确切讯究,得其实据。著传谕蒋攸铦,即将所获盗匪王乌等严行审讯。一面飞咨该提镇专注蔡逆,乘胜进剿。一经歼擒,即遵前降谕旨,速行驰奏。(《清仁宗实录》卷二百一十八,嘉庆十四年九月戊午,第3页。)

86. 嘉庆十四年九月己巳谕

张师诚等奏:歼除海洋积年首逆蔡牵,将逆船二百余犯全数击沉落海,并生擒助恶各伙党一折。览奏,欣慰之至。洋盗蔡牵一犯原系闽省平民,在洋面肆逆十有余年,往来闽、浙、粤三省,扰害商旅,抗拒官兵,甚至谋占台湾,率众攻城,伪称王号。不特商民受其荼毒,官兵多被伤亡,并戕及提镇大员,实属罪大恶极。该逆一日不除,海洋一日不靖。节经降旨,谕令该督抚等严禁接济,鼓励舟师,速擒巨憝。兹据张师诚奏称:王得禄接到咨会,南洋尚有蔡牵匪船。王得禄即与邱良功连船南下,于十七日黎明驶至鱼【渔】山外洋,见蔡逆匪船十余只在彼超驶。当即督催闽浙两省舟师,专注蔡逆本船,并力攻击。该逆复敢用大碇扎住邱良功之船,拼力抗拒,邱良功被贼枪戳伤。其时王得禄紧拢盗船奋击,该匪因不得铅丸接济,用番银作为炮子点放。王得禄身被炮伤,仍喝令千总吴兴邦等连抛火斗火礶,烧坏逆船舵边尾楼。王得禄复用本身坐船将该逆船后舵冲断。该逆同伊妻并船内伙众登时落海沉没。提讯捞获匪犯十九名并难民六名,均供称蔡逆手足俱被火药烧伤,落海淹毙。是蔡逆受伤落海,已据所获贼伙难民供指确凿,毫无疑义。王得禄、邱良功协力奋追,歼除首恶,均属可嘉。而王得禄额角、手腕各受重伤,仍复奋不顾身,赶拢贼船追剿,致该逆登时落海,厥功尤伟。王得禄,著加恩晋封子爵,并赏给双眼花翎。邱良功左腿受伤,本船被贼艘碰坏,不能前进,劳绩稍逊。邱良功,著加恩晋封男爵。至该逆用番银作为炮子,可见铅丸已属罄尽,总由阿林保、张师诚年来于各海口巡防严密,使一切火药米石,概行杜绝,不得稍有透漏。该逆乃日益穷蹙,立行歼灭,办理实属认真。总督阿林保、巡抚张师诚,均著交部从优议叙,以示嘉奖。至数年以来,修铸船只、炮械,筹备口粮,并防守口岸,杜绝接济之大小文武各员弁,著交新任总督方维甸会同张师诚,秉公确查,分别具奏,候朕施恩。其蔡牵义子小仁与逆伙矮牛,并著严拿务获,以净根株。将此通谕中外知之。(《清仁宗实录》卷二百一十八,嘉庆十四年九月己巳,第13—14页。)

87. 嘉庆十四年九月己巳又谕军机大臣

据张师诚奏奸除蔡逆一折。已明降谕旨,将该督抚、提镇等分别优叙矣。至另片奏朱渥帮船窜往台湾大鸡笼外洋,现饬许松年等就近相机剿办,等语。朱渥匪船总在外洋游奕,其无意投首,已属显然。祖之望来京祝嘏,经朕召见,询以朱渥近日情形,据奏:闻得朱渥意在投诚,但欲先行奏明赏给翎顶,仍率领伙众帮船在外洋驾驶,惟不敢抗拒官兵,等语。是朱渥居心叵测,尤为狂谬可恶。试思缉盗原以安民,今该逆党伙既不肯全行解散,停泊外洋,又将何以谋食?其势仍不能不劫掳商贾船只,此时为暂缓官兵之计。况欲借此妄邀翎顶,尤无是理。从前该督抚等何以未将此等情节,据实具奏。刻下蔡逆业已殄除,该匪闻风丧胆,正当乘此机会,勉励将士,上紧剿捕,不难一鼓奸擒。方维甸、张师诚万勿再为簧惑也,将此谕令知之。(《清仁宗实录》卷二百一十八,嘉庆十四年九月己巳,第14—15页。)

88. 嘉庆十四年十月乙卯谕军机大臣

方维甸奏台湾近日情形一折。台湾滋事缘由,自起衅至今总未得其确实。今阅方维甸之折,则伊近在厦门,亦未得有准信。但据台湾镇、道等禀报之词及许文谟咨送折稿,遥为揣度。所有粤人攻抢泉庄一事,其咨报内或称意欲,或称实欲,似目前尚无争斗之事。而许文谟折内又称台地大局已定,惟中港一处,斗尚未息。又似争斗已成,前后两歧,殊难凭信。方维甸竟当亲自前往,认真查办。究竟此事因何而起,现在曾否止息,先将实在情形奏闻,一面妥为办理。总兵武隆阿、道员张志绪于地方重大之务,既不早行奏报。前日奏报一次,又多含混。究竟有无别情。该二员在任声名如何,是否可留该处,方维甸到后著详细密访。如该二员竟有激变他故及回护捏饰等情,即据实严参。又据方维甸、张师诚奏:近日朱渥匪船情形,数月来在鸡笼外洋游奕,近又驶至福宁府属之浮鹰水澳洋面,恐吓居民,欲添买缆索食物,其居心实为叵测。伊帮船现有四五十只,伙党多至数千,并非力屈势穷,岂肯困而思返。其投降之语,全不可信。即使朱渥一人实在诚心乞降,而其伙党数千人,又岂能齐心听从。况以数千人之众,平日皆劫掠营生,一旦弃械投降,无田可耕,无业可执,又将何以为生。种种诡诈、不实情事显然,切不可为其所惑。目下惟当以剿为正办,但贼船较多,进兵不可冒昧。惟当将师船次第调齐,厚集兵力。待声势壮盛,炮械齐全,方可驶进围攻,一鼓集事。该督抚无庸存安抚之心,致挠胜算也。其小仁等分帮南窜之船,并著责成许松年随地截剿。将此谕令知之。(《清仁宗实录》卷二百一十九,嘉庆十四年十月乙卯,第37—38页。)

89. 嘉庆十四年十一月甲申又谕

方维甸奏:洋盗朱渥悔罪乞降,率领伙众三千余人投出,并将船只炮械全数呈缴,请旨办理一折。朱濆一帮匪船为海洋巨寇,本年朱濆被官兵用炮击毙。伊弟朱渥接管贼船,即心怀悔惧，丞思投首，因候风停泊外洋。今亲身登岸，率众三千三百余人全行投出，并呈缴海船四十二只，铜铁炮八百余门，其余器械全数点收。海洋盗贼，其初本系内地良民，或失业为匪，或被胁入伙，日久自知罪重，不能湔洗自拔。今朱渥真心悔惧，率众投诚，与始终怙恶者不同。朕仰体上天好生之德，念此三千余众，悔罪求生，加恩悉予矜全，准其投首。且洋面早一日除此巨寇，免致为害商民，所全亦复不少。着即照该督所请，查照旧例，分别遣散回籍，安插，交地方官查传乡保亲族人等严加管束。并遍行晓谕，伊等身犯重罪，今准首更生，从此倍当安分。如再犯法，定行加倍治罪。其情愿随同缉捕者，经该督等挑出精壮一百五十余人，同头目四十余人，着准其分派兵船，随同出洋缉捕。所有派拨弁兵、运送炮械以及雇用船只资遣各费，准其于从前拨往台湾备赏余存银三万八千余两项内动支，报部核销。（《清仁宗实录》卷二百二十一，嘉庆十四年十一月甲申，第18—20页。）

90. 宗人府府丞陈崇本密奏现在广东剿捕洋盗情形事

宗人府府丞臣陈崇本跪奏。为密行奏闻，仰祈圣鉴事。现在广东剿捕洋盗，先后奸擒匪伙两千数百余名，大小头目数十名。匪帮穷蹙远窜，自必以此就平。惟是该省近日被贼情形，其在京人员家信往来，情词颇露张皇。据云：本年七月初一日，洋匪滋扰佛山诸路，舟楫不通者十余日。顺德县之陈村、甘竹、佛滘、乌洲、大洲等处，新会县之外海潮连长沙、江门等处，番禺县之新造、龙湾、三善等处，香山县之大榄、小榄，东莞县之厚街、到滘等处，皆被抢掠。而番禺之三善，东莞之到滘、阖乡，俱经蹂躏。计伤人口几至数千。南海之石湾乡，被贼围裹，传言令纳银十万两，限以二十日措交。该乡民人奔至省城，赴总督衙门求见，直至督臣百龄卧榻之前，面诉情节，并请示石湾银数应否给付。督臣谕以不可济盗，当发兵一千同往救应。省城内之西荣巷、小东门亦有土匪白昼持械劫银之事。有广东留京举人刘华东所作客感杂诗十二首，言之凿凿，恭呈。又广东人光禄寺署正罗在思家信亦言被盗情节，并有被劫各村圩报单，恭录进呈。臣思捕盗之方，欲清洋匪必须先靖内匪。刘华东诗内注称，贼匪凡焚劫一处，俱有土匪为内应，陆路则为窝藏，水面则为引导，或假冒官船，或捏称商旅，或充作乞丐，以放火为号，贼望见即乘势登岸肆劫。查粤省运盐向用红单船，而船中水手皆桀悍不驯之人，可以御盗，亦可以为盗，内匪之多，未必不由于此。至土匪借端生事，为贼通消息者随处皆有，兼以水师素属废弛，提督孙全谋不独剿捕时坐失机宜，以致匪帮远窜。当其连帮入口之时，何以不行堵截，任其去来。臣思剿捕之法，固在官兵奋力，尤须民自为守御。民力众则防范易周，民心齐则手足相顾。惟有令该省沿乡自立水栅，团练乡勇，密严保甲，一闻有警，官兵即往来策应，所有各处口岸预派妥干弁员，严稽出入，但能将内匪通盗之人以次奸除，则洋盗势孤，内无勾线，断不敢径行登岸肆劫，而内地抢劫掠夺之风自可不日敛迹。臣因海疆重务起见，不揣冒昧，实据所闻专折具奏，伏乞皇上睿鉴。谨奏。嘉庆十四年十一月二十九日。（北京：中国第一历史档案馆藏录副奏折，档号：03-1692-081.）

91.《海盗来降》

闽粤外洋，自盗首蔡牵倏扰滋事，海氛不靖，已十余年。牵后为官兵所击，溺死。继有朱濆为首,猖獗又数年。濆死,其弟朱渥独不愿为匪,嘉庆十四年冬,率党伙三千三百余人自首出投,海氛已稍熄矣。而外洋尚有郭婆带(本名郭学显)、张保仔二股,船数最多,剽掠亦日久。郭婆带亦愿为良民,张保仔邀其相助,不赴,并与保仔奋勇鏖战,杀其伙党百十人,擒获三百余名。自率其众五千余人,亦于十四年冬收入平海内港,赴官呈献,并缴大小船七十余只,炮四百余位。闽浙总督百龄具奏其事。上喜其悔悟自新,赏给郭婆带官把总,令其随同捕盗。又同时有盗首东海霸陈胜等四百余人,亦带领船只炮械来投首,地方文武官乘机剿捕,又歼贼六七百人。余初不知外洋有如许盗贼,今据邸报,投首及擒献、歼毙者不下万人。真天子如天之福。自此,东南数省当长享清晏之福矣。(赵翼:《檐曝杂记》卷五,北京:中华书局,1982年,第98—99页。)

嘉庆十五年(1810年)

92. 嘉庆十五年二月壬寅又谕

方维甸等奏:节年海洋被劫台运米谷,恳恩豁免,并另筹弥补一折。此项台湾每年应运内地米谷,自乾隆六十年至嘉庆十四年十月,因海洋未靖,商船被劫有一百四十六案,计米三千余石,谷一万七千余石,向来本无著赔之例。经该省自定章程,议令厅县汛弁以及行保人等分别赔缴,亦未奏咨著为定例。今据方维甸等奏:内洋距厅县甚远,外洋距汛地更遥,势难兼顾。且末弁以及行保人等类皆无力之人,迄今未能呈缴,等语。是著落分赔,亦属有名无实。现据该督等查有各属存仓内耗米易谷一项,不在常平额贮之内,堪以拨补。著加恩即照所请,查明各该属旧存、新收确数,可抵若干,咨部办理。其原议分别著赔之处,均予豁免。此外有续经查出之案,亦著照此一律办理。(《清仁宗实录》卷二百二十六,嘉庆十五年二月壬寅,第5—6页。)

93. 嘉庆十五年三月乙卯谕军机大臣

百龄等奏:洋盗张保仔、郑保养率众投诚,先经来船面见,经百龄谕将船只炮械全数呈缴,并将眷属人等先行上岸居住,方允代奏。该匪等犹豫不肯,适有英吉利货船出口,开炮扬帆。该匪愈觉惊惧,将帮船移赴外洋游奕,等语。张保仔一犯,在洋肆劫多年,最为凶悍。其向线民等恳乞内投一节,看来本不出于至诚。今该匪虽到船面见百龄,自陈悚惧,而船只炮械不肯全行缴出,家属人等又不肯遣令上岸居住。转欲籍出洋搜捕为名,请将帮船给与七八十号。嗣见英吉利货船开炮出口,旋即畏惧惊逃,可见其性本游移,殊为炎诈不实。设百龄如其所请,则该匪乞降之后,仍可带船出洋,仍前伺劫,海洋辽阔,稽察难周。是伊一股匪船竟是奉官屯聚,更可纵其所为,为害滋甚。百龄识其诈谋,不允所请,并一面饬令水陆官兵严加防堵,所办甚是。此等剧贼断无招徕之理,百龄等惟当策励官兵,如张保仔一股仍在洋劫掠,必当相机剿办。其前此乞降之言,置之不论。至其伙盗内如实有呈缴炮械,同家属登岸诚心乞降者,则仍可允准。如此次折内所叙温添寿、钟阿有等二百五十余名,原不妨赏其一命,分别遣散。但总不可将剿捕防御事宜稍为松劲,以期办理净尽,海洋宁谧，此为至要。至节次投诚盗匪已将及万人，亦应妥为安插，随时留心防范，不可稍涉大意。将此谕令知之。（《清仁宗实录》卷二百二十七，嘉庆十五年三月乙卯，第1—3页。）

94. 广东巡抚韩崶奏为拿获内洋行劫盗犯审明分别办理事

广东巡抚臣韩崶跪奏。为拿获内洋行劫盗犯，审明分别办理，恭折奏闻事。窃据署澄海县知县齐守业详报：拿获盗犯李上业等五名，讯认在内洋行劫事主张慎船内银物，拒伤事主、工人、船户平复，并究出李上业先经伙劫陈廷文家银物，等情。卷查陈廷文家被劫一案，前经缉获首伙郑阿坤等十名，内郭阿袋、林奴子业已病故；谢阿幼、谢阿娘、张阿存叠劫多次，先行正法；郑阿坤、郑阿歪拟以斩决；郑阿泡、郑阿仙、郑庭英俱拟发遣。经臣会同督臣百龄审办具奏，准部咨覆饬行，遵照在案。随批饬将现犯速审详解，兹据该县府审拟，由按察使陈若霖覆审招解，并据声明：案犯李上业、詹阿指、郑阿袋、郑阿富均已在监病故，等情。因督臣百龄已赴西路高、雷一带亲督剿捕，回省需时，臣即督同在省司道亲提现犯研讯。缘洪阿廪籍隶澄海，嘉庆十四年三月初七日午候，路遇已获病故之李上业、詹阿指、郑阿袋、郑阿富，未获之郑娘顺、郑鸿扬、郑阿满共谈贫苦。李上业稔知龟屿内洋常有客船往来，起意商同驾艇前往行劫，得赃分用。是夜，各携带竹篙枪齐至郑娘顺渔艇，并吓逼郑娘顺艇内水手郑阿如入伙，一共九人，即时驾艇开行，驶至龟屿内洋伺劫。初八日早，适有澄海税口书吏张慎同工人彭七雇坐李光合艇只驶至，各犯瞥见，将船拢近。李上业派郑阿如接赃，郑阿满扳船，李上业、詹阿指、郑阿袋、郑阿富、郑娘顺、郑鸿扬与洪阿廪过船搜赃。工人彭七同船户李光合拦阻，被李上业、郑娘顺各用竹篙枪拒伤。劫得银钱、衣物递交郑阿如接收，一同回艇，驶至僻处查点，分别变卖，俵分各散。事主报县勘详，饬缉查参。嗣据缉获李上业等讯悉前情，并究出李上业先于嘉庆十三年二月二十六日夜听从前获之郑阿坤，起意伙同前获之谢阿幼、谢阿娘、郭阿袋、张阿存、郑阿歪、郑阿泡、郑阿仙、郑庭英、林奴子，未获之郑锡禄、郑阿罗，共伙十三人行劫陈廷文家。李上业入室搜劫，拒伤事主之妻李氏，等情。屡审，据供，不讳。

查例载，江洋行劫大盗照响马强盗例，立斩枭示。又，洋盗案内被胁接赃一次者，发黑龙江给牲索伦达呼尔为奴。各等语。除罪应斩枭之李上业、詹阿指、郑阿袋、郑阿富均已病故外，洪阿廪听从驾艇潜赴内洋行劫，过船搜赃，合依江洋行劫大盗照响马强盗立斩枭示例，立斩枭示。该犯情罪重大，未便稍稽显戮，臣于审明后即恭请王命，饬委按察使陈若霖、臣标中军参将那宁阿将洪阿廪一犯绑赴市曹，先行斩决，同病故之李上业、詹阿指、郑阿袋、郑阿富一并戮尸，传首沿海地方枭示，以昭炯戒。郑阿如讯系被胁在本艇接赃一次，合依洋盗案内被胁接赃一次例，发黑龙江给牲索伦达呼尔为奴，照例刺字。该犯等讯无另有犯案。犯兄詹阿烈、郑利尚与失察之地保洪合应照例杖笞，饬行分别移拘，责革发落。各犯在外行劫，原籍牌头甲保无从查察。艇只并未编烙，系由僻港出洋，营汛无从稽查。买赃之人据供不识姓名，无凭提讯查起，各赃应于各犯名下查产变赔。逸盗郑娘顺等饬缉获日，另结。本案同伙九人，于二参限内拿获首伙五名，获犯过半，兼获首盗，惟尚有拒捕凶贼郑娘顺未获，仍应按限查参。监毙盗犯仅止四名，且系带病进监病故，管狱职名请免开报。除备录供招，并将犯故图结送部查核外，所有获盗审办缘由，臣谨恭折具奏，并缮要犯供单,敬呈御览。伏乞皇上睿鉴,敕部核覆施行。谨奏。嘉庆十五年六月初八日。(北京:中国第一历史档案馆藏朱批奏折,档号:04-01-01-0523-034.)

95. 嘉庆十五年七月癸亥谕内阁

癸亥,谕内阁:方维甸张师诚奏:小仁等帮首伙率众投诚,分别办理一折。闽洋自蔡牵歼毙之后,余党离散。今其伙犯陈赞等带同蔡牵义子小仁、文幅率众投诚。又伙犯吴淡、曲蹄幅二人亦相率乞投。各将船只、炮械全行交出,共计首伙一千三百余名,船六只,大小炮五十余门,并鸟枪器械等四百余件。阅折内所叙,该犯等情词哀切,出于至诚,自当一律加恩,准其投首。至小仁等各犯,方维甸折内仍分别定拟具奏,固属按律办理。但所拟未免过重,小仁、文幅二人虽系蔡牵义子,但小仁亲生父母即被蔡牵杀害,其时小仁年甫九岁,不知原委,被蔡牵收为义子。直至蔡牵死后,其管事陈赞告知,始悉前情。随日夜啼哭,与陈赞等商量投出。又文幅亦本系蔡牵船上舵工之子,伊亲父故时,尚在襁褓之中,被蔡牵收为义子,现在年止七岁。此二人本非逆犯之子,不必缘坐。且髫龄被劫,久陷贼中,情殊可悯。今皆自行投出,竟当免罪释放,妥为安插。其吴三池一犯,虽曾被蔡牵封为伪职,随同滋扰,但今已畏罪投诚。其翁昤一犯,虽经随同蔡牵打仗,其后畏惧落后,不过在小仁船上写账,今亦悔罪投诚,其情罪皆可末减。吴三池,著发往黑龙江。翁昤,着发往伊犁。其余各从犯,均著照该督抚所请,择精壮者三十余人,分配兵船,令其随缉,余俱递籍安插,但须散而不聚,免致滋生事端。设有滋事之徒,即从严惩办,不可姑息。又据另片奏,朱渥随同舟师缉捕奋勉,请旨酌量施恩,等语。朱渥投诚以后,随同兵船出洋,颇知感奋,今能跳过盗船,拿获多犯,尚属出力,著加恩赏拔把总,以示鼓励。所有此次拿获各犯,均著审明核办。其出力之弁兵人等,并著详查奏明,分别奖励。(《清仁宗实录》卷二百三十二,嘉庆十五年七月癸亥,第10—11页。)

96. 嘉庆十五年十月辛丑又谕

据百龄等奏暹罗国赍贡使臣抵粤一折。该国贡船在香山县荷包外洋,突遇飓风击坏,沉失贡物。此实人力难施,并非使臣不能小心防护。其沉失贡物不必另行备进,用昭体恤。所有郑佛恩请敕封之处,著该衙门照例查办。俟该使臣回国,即令领赍。(《清仁宗实录》卷二百三十五,嘉庆十五年十月辛丑,第21—22页。)

97.《广东布政使曾燠会议详驳英吉利国大班益花臣议》

一,历来护送货船来粤之兵船在川鼻、交椅、零丁、鸡颈等洋面湾泊,因乘风时便,难常在一处,请照常给买办一节。府议以巡船护送货船往来粤省向有一定湾泊地方,业于嘉庆十年三月经总督那彦成具奏在案,自应照旧章办理,但护送货来,即当护送货往。若货船已经回国,巡船即不得逗遛外洋,致启他国夷商口实。请嗣后英吉利巡船准令照旧护送货船往来,货船未经回国以前,准其给与买办。若货船已经回国,巡船即不得逗遛外洋,以符旧例。本司道议准货船在外洋来粤,惟祖家船有兵船护送,此系该国慎重之意,并未禁止。但兵船湾泊例只准在外洋地方,不得逼近内洋,自应仍照旧章。一俟祖家货船贸易事竣回国,即应普【陪】同护送回帆,不得逗遛,亦不准再给买办,如此立定章程,巡船自不能任意湾泊。(梁廷枏:《粤海关志》卷二十九,广州:广东人民出版社,2002 年标点本,第 561 页。)

嘉庆十六年(1811 年)

98. 兼署两广总督广东巡抚韩崶奏为参革留缉各员弁开复事

兼署两广总督广东巡抚臣韩崶跪奏。为从前疏防洋盗参革留缉各员弁现在全洋肃清,无盗可缉,查开原案清单,恭折具奏请旨事。窃照粤洋盗匪自上年夏间仰仗圣主天威洪福,一律荡平,现在全洋宁谧,凡在海隅臣民,莫不同深忭舞,共乐升平。兹据广东布政使曾燠、按察使陈若霖、督粮道温承志详称:查从前因疏防洋盗先后参革留缉各员弁,除业经在粤因病身故各员不计外,尚有署开平县试用知县朱曾武、归善县平政司巡检黄兆纶、惠州协副将马兆瑞、碣石镇中营游击李登榜、碣石镇右营都司叶成林、龙门协左营都司徐洲、署吴川营都司陈高凌、碣石镇中营守备董得升、碣石镇中营右哨千总朱朝升共九员名。自参革后颇知悔惧,奋勉缉捕,亲涉海涛,历有年所。此内朱曾武一员获犯过半,曾于嘉庆十四年二月间奏奉谕旨:仍留协缉,俟缉获案内盗犯所剩无几再行奏闻。钦此。该参员于海洋平靖后,复于内河留心巡缉,拿获另案土匪梁租濂等多名,现已饬提赴省,分别审办。刻下环海廓清,已无洋匪可缉,各员弁羁留粤省日久,投闲艰窘,情形亦堪矜悯,可否饬令回籍,等情。会同详请核奏前来。臣查该员弁等从前在任时疏于防范,实属咎由自取,第留缉人员原冀其获盗自效,今已无犯可缉,即羁留在粤亦无应办之事。现当瀛海安澜,浓膏周普,合无仰恳天恩俯念各员弁羁留年久,现已无犯可缉,释令各回原籍,以广皇仁,而示矜恤之处,出自圣主格外鸿慈。

再,朱曾武一员于参革各员中缉捕较为奋勉,其本案盗犯先经该革员亲身获犯过半,盗首李英芳亦已投首。经前督臣那彦成审明,奏请正法。其未获逸盗,或经舟师歼毙,或随大帮投诚,原案已无在逃之盗,例得题请开复原官,赴部引见。惟内有自行投首之犯,核与案犯全获之例究有未符,应否准予开复,恭候睿裁,敕部核议。臣谨开列各员弁犯事简明案由清单,敬呈御览,伏乞皇上睿鉴训示。谨奏。嘉庆十六年三月十八日。(北京:中国第一历史档案馆藏朱批奏折,档号:04-01-12-0290-046.)

99. 福建巡抚张师诚奏为提督王得禄出洋督缉事

福建巡抚臣张师诚跪奏。为据报舟师追捕洋盗,拿获人船炮械,臣因余匪未净,仍催提督王得禄出洋督缉,恭折具奏,仰祈圣鉴事。窃臣回闽后,检查海洋案卷,并接各处禀报,屡有被劫之案,余匪尚多。且据厦防厅等禀称:商船在兴化、泉州洋面被匪劫失台运仓谷及掳去台湾解审人犯九名、革兵六名,各等情。臣严催在洋各镇将督率舟师上紧剿捕去后,旋准水师提督王得禄咨据,护游击事守备陈元标禀报:带领兵船在南碇外洋追捕匪船,该护游击驾坐清字五号船,首先拢近冲犁,贼船登时破坏,随获盗犯陈永发等六名,又炮毙匪犯一名,割取耳瓣一副,其余伙盗连船沉溺。不料兵船因冲犁贼船用势太猛,船头碰碎,水底发漏,又兼风浪狂大,人力难施,漂至三消礁,被冲击散。全船弁兵落水,幸有杉板船捞救得生。船内炮械、火药、口粮尽皆沉失。现将拿获盗犯同割取耳瓣,解赴漳浦县收讯。又据海坛镇总兵孙大刚报称:率同游击许晃等兵船,在尖峰洋面瞭见外洋有匪船一只,向东驾逃,当即挥令各兵船分头截捕,追至祥芝外洋,赶近盗船,开炮攻击。该匪情急,放下杉板驾逃,亦有落海淹毙者。随督率弁兵汪龙等追赶,并令外委王准飞往兜擒,将该匪杉板犁翻,生擒盗犯许智明等七名。又令游击许晃赶拢盗船,生擒盗犯谢希等七名,拿获盗船一只、百子炮一门,并竹篙钟等项,解交蚶江厅讯解。又,金门镇帮外委林得彩管驾定凯舠兵船,迫拢盗船,攻获贩艚船一只,救回被掳难民三名。因匪船回掷火斗,打落兵船舱内火发,船身震烈沉水,弁兵落海漂流,幸有同帮兵船赶上捞救。船内炮械、火药、口粮并该外委钤记尽行沉没。兵船收回查点,弁兵俱有受伤,并淹毙兵丁廖世忠等四名。又据兴化府县禀报:海坛营游击杨康宁在乌丘洋面缉获匪犯庄记等六名。又据护游击许晃禀报:在围头外洋瞭见白底艍匪船二只,即挥令兵船攻击,把总张河老、额外叶玉环、陈水生拿获盗匪刘镇等六名、小盗船一只,各等情,前来。臣查现在闽省余匪每帮盗船或二、三、四只,或五、六、七只,船内炮械亦属无多,正宜趁此赶紧剿捕,以期早就肃清。虽近日兵船屡有剿获,而报劫之案仍复不少,诚恐各镇将因无统领之人,心存观望。臣是以咨催提督王得禄出洋督缉,务将各帮匪船悉数剿除,勿留余孽,并嘱在洋察看,将怠玩不力之员据实咨参、严办数人,方可儆众。兹据王得禄覆称,定于本月二十一日出洋,并将各帮兵船酌分段落,以资未剿而重责成。臣一面委员分往各海口改装密查该地方官缉拿接济匪犯果否认真,勿任日久生懈。除饬提现获盗犯解省审办,所获盗船分别配缉估变,并将劫失官谷行司查议,著赔,被掳人犯、革兵行查案由营分另行办理,击碎营船、炮械等项查明动项造补,淹毙兵丁照例咨部议恤外,合将据报拿获盗匪人船及现在筹办情形恭折具奏,伏乞皇上睿鉴。谨奏。嘉庆十六年四月二十三日。(北京:中国第一历史档案馆藏朱批奏折,档号:04-01-01-0526-022.)

100. 福建台湾镇总兵官革职留任武隆阿为内洋土盗船只窜台伺劫事

福建台湾镇总兵官革职留任奴才武隆阿、按察使衔革职留任奴才福建台湾道臣张志绪跪奏。为内洋土盗船只窜台伺劫,经官兵堵捕,击沉盗船,拿获盗犯,审明分别办拟,恭折具奏事。窃照每年春夏之交,南风盛发,内地土盗小船每每窜台伺劫。先经奴才等分饬水陆营县,于各口岸添拨兵役,常川瞭望,加谨防堵,遇匪会合兜擒。并因淡水厅所辖地方海道袤长,添派委员,协同厅营,严密巡缉。本年闰三月间,曾于凤山县属东港洋面拿获盗船一只,盗犯周平等六名,分别办拟,恭折具奏在案。

嗣据署淡水同知事候补知府杨廷理禀称:本年六月初九日,瞭见井水港洋面有匪船三只,往来游奕,在地兵役加紧防堵。初十日夜三更时分,盗匪驾驶杉板,潜赴海坪汲取淡水,随亲督伏路丁役,拿获盗匪卢运、吕文、杨荣、杨却等四名,匪船即向西窜逸。正在研讯禀报间,七月二十三日,该匪船三只又窜至南崁口岸,冀图牵劫艍船,复会营同委员人等督率兵役，对准盗船施放枪炮，击沉盗船二只，船内盗匪纷纷落海，当即分驾渔船、竹筏捞擒。署淡水同知事候补知府杨廷理拿获匪首张顺添并伙盗蔡雄、蔡止、吴猛等四名，又捞获难民蔡旺、邱榜良二名。护艋舺营游击事守备陈一凯拿获盗犯柳孙、叶生二名。署北路右营守备事千总黄廷耀拿获盗犯郑凉、王前、林江、蔡登、叶赐、许情、刘乞等七名，又捞获难民李赠、蒋扰、杨依、游宗、蔡来、余赞、刘煌等七名。又留台差遣之委员知州借补上洋通判柯纬章拿获盗犯林提、黄二、黄抛等三名。尚有匪船一只折戗驾逃，即于击破盗船处所雇募余水民夫捞获九节贼炮二门，其余盗械药铅均已漂失。带回各盗犯隔别研讯，据盗首张顺添供认，纠伙王牵、李彭共盗船三只过台行劫。张顺添、王牵二船被官兵枪炮击沉，各犯落海，现被捞获。李彭一船已经审逃，理合禀报，等情。奴才等随飞饬沿海口岸及巡洋舟师查拿落水盗犯王牵等，并追捕李彭盗船，务获。一面饬府行提去后，旋据台湾县知县黎溶报获盗犯张辉、蔡华、苏恭、董快等四名。又据代理凤山县事试用县丞庞周报获盗犯张总、陈潭、杨再生等三名。一并饬提来郡，由台湾府知府汪楠审拟，解勘前来。奴才等会同覆鞫。缘盗首张顺添，原籍漳浦，自置小船一只，贩卖柴火营生。因获利甚微，本年闰三月初间，该犯起意纠伙出洋行劫，随纠得现获之卢运、吕文、杨荣、杨却、林提、黄二、黄抛、郑凉、王前、林江、柳孙、蔡登并落海之王崁、王玉等十四人入伙。张顺添复向素识之蔡可、陈大、顾孙买得九节炮二门、鸟枪二杆、火药二十斤、铅子四斤，并自备刀钟十余件，连夜搬运上船，即于闰三月十一日在赤涂海边开驾出洋。四月十六日，张顺添盗船在铜山洋面牵劫盐船一只，劫得食米、盐斤等物。十九日，驶至深沪洋面，牵劫猪船一只，劫得食米、猪只。又，现获犯张辉、蔡华、苏恭、张总、陈潭、杨再生等六名均于本年闰三月间，先后投上王牵盗船入伙，同船盗伙一十三人。四月十三日，王牵盗船在镇海洋面，牵劫渔船一只，掳拿水手董快、叶赐二名，过船逼胁入伙。四月二十四日，张顺添盗船驶至虎头山洋面，与王牵、李彭盗船合帮。五月初四日，同帮盗船三只驶至东碇洋面牵劫米船一只，劫得食米、大麦、油粞等物，三船匀分。五月二十二日，张顺添等盗船三只驶至磁头洋面牵劫渔船一只，张顺添掳拿水手蔡雄、蔡止，过船逼胁入伙。六月初二日，张顺添等盗船驶至东碇洋面牵劫商船一只，张顺添掳拿客民吴猛、叶生二名，王牵掳拿客民刘乞、许情二名，均逼胁在船服役。初九日，张顺添等盗船三只审至淡水井水港洋面。初十夜，遣盗伙卢运、吕文、杨荣、杨却四人驾驶杉板近岸汲取淡水，被伏路厅役拿获，该犯等盗船仍审回内地。十三日，在料罗洋面牵劫商船一只，劫得番银二百四十圆，并零星衣物，三船匀分。张顺添掳拿客民李赠、蒋扰、杨依、游宗四人。王牵掳拿客民蔡来、余赞、刘煌、蔡旺、邱榜良五人。均逼胁入伙，不从，关禁舱底。七月二十三日，张顺添等盗船三只复乘风审至南崁港口，冀图牵劫膨船，经在地厅营委员人等督率兵役开炮轰击，将张顺添、王牵盗船二只立时击沉，盗匪落海，旋被擒获。李彭盗船折戗逃逸，王牵等被浪淹没，不知生死。此该犯等在洋叠劫，先后被获之原委。再三究诘，张顺添、卢运、吕文、杨荣、杨却、林提、黄二、黄抛、柳孙、王前、林江、郑凉等十二犯各供认过船行劫三次，张辉、张总、陈潭、蔡华、杨再生、苏恭六犯各供认过船行劫二次，在本船接赃一次。该犯等并无杀人及拒伤官兵情事。蔡登、董快、蔡雄、蔡止、叶赐五犯各供认在本船接赃一次，吴猛、叶生、刘乞、许情四犯供认被掳上船逼胁服役，李赠、蒋扰、杨依、游宗、蔡来、余赞、刘煌、蔡旺、邱榜良等九名系被掳难民关禁舱底。众供金同,案无遁饰。

查例载,江洋行劫大盗斩决枭示;又例载,洋盗案内接赃一次者发黑龙江给打牲索伦达呼尔为奴;又,被胁服役者杖一百、徒三年,各等语。此案张顺添系属盗首,卢运、吕文、杨荣、杨却、林提、黄二、黄抛、柳孙、王前、林江、郑凉、张辉、张总、陈潭、蔡华、杨再生、苏恭等十七犯听纠入伙,在洋叠劫,张顺添等一十八犯,均合依江洋行劫大盗例斩决,枭示。……(此处缺页)资财行劫,报案分别办理。落海盗犯王牵等是否淹毙,续后有无倚岸得生,及窜逃之李彭盗船,饬行沿海营县并巡洋舟师严行缉拿,获日另行究办。盗船已经击碎,无从估变捞获。九节炮二门交营配用。

再查,嘉庆十二年五月间,奉前督臣行知,奏准,定例文职自知府以下,武职自副将以下,如有拿获海洋行劫盗犯罪应斩枭,斩决数在三名以上者,准该督抚查明奏请送部引见。如所获系绞罪以下,并斩枭斩决等犯均未及三名,应照拿获伙盗例议叙。倘所获实系重犯罪应凌迟者,即拿获一、二名,亦准奏请引见,等因。遵照在案。今署淡水同知事候补知府杨廷理拿获盗首张顺添一名,又斩枭盗犯卢运、吕文、杨荣、杨却等四名,遣徒盗犯蔡雄等三名。署北路右营守备事千总黄廷耀拿获斩枭盗犯郑凉、王前、林江等三名,又遣徒盗犯蔡登等四名。留台差遣之知州借补上洋通判柯纬章拿获斩枭盗犯林提、黄二、黄抛等三名。台湾县知县黎溶拿获斩枭盗犯张辉、蔡华、苏恭等三名,又拟遣盗犯董快一名。代理凤山县事试用县丞庞周拿获斩枭盗犯张总、陈潭、杨再生等三名。查张顺添等犯俱籍隶漳泉,系邻境盗犯,该员等皆自行拿获,并无协拿之人,杨廷理等本任均无承缉逃盗未获之案,核与拿获海洋斩枭盗犯三名以上,送部引见之定例相符,可否详请督抚臣给咨,送部引见,以示鼓励之处,出自皇上天恩。除缮具供单恭呈御览外,合将拿获审台行劫土盗审明分别办拟缘由,恭折具奏,伏乞皇上睿鉴,敕部核覆施行。谨奏。嘉庆十六年八月二十四日。(北京:中国第一历史档案馆藏朱批奏折,档号:04-01-01-0533-027.)

101. 闽浙总督汪志伊福建巡抚张师诚奏为委员查勘外洋禁岛事

闽浙总督臣汪志伊、福建巡抚臣张师诚跪奏。为委员查勘外洋禁岛,遭风淹毙,并该处奸民私搭蓼房现已全数烧毁,恭折具奏,仰祈圣鉴事。窃照福州府属福清县所辖之大嶅、小嶅两岛系在外洋,向例封禁,并无民人居住。前准署水师提督朱天奇函称:九月十二日,有匪船五只在嶅山一带游奕伺劫,督率舟师追捕,无获,等因。当以该处屡有匪船游奕,恐有奸民潜匿、搭蓼居住、消赃、接济情事。随经臣汪志伊饬据营县查明。大嶅山约广四五里,分为三段,土名"前嶅"、"半度亭"、"后嶅",共有蓼房四十余间,居民男妇约有二百余人。小嶅岛在大嶅岛之左,相隔水程里余,并无蓼房居民。近日,匪船时至大嶅岛游奕停泊,显系该处奸民为之消赃济匪。并据长福营参将储士雄、署福清县知县孝宁具禀,饬委长福营守备陈国栋、额外外委吴高、江口巡检于尚敬带同兵丁六十名会同南日县丞鲁大纶前往查勘,相机办理。旋据该营县禀报:守备陈国栋等带兵三十六名,巡检于尚敬、额外外委吴高带兵二十四名并巡检衙门丁役,由江口分坐两船于十月初三日开驾,于尚敬等一船驶至青屿洋面,遭风覆溺。该巡检于尚敬、额外外委吴高并兵丁二十四名及丁役人等落水淹毙,仅止兵丁夏高升一名扶板得生,并捞获兵丁林清等尸身三具,由莆田县知县张均验讯通详,其余尸身打捞未获。该守备陈国栋由南日会同该县丞鲁大纶、外委林世勋等驶近大礉岛之时,望见山上有数十人各执器械,欲行拒捕,随即督率兵丁放枪,登岸追捕。各奸民均由前山下船逃逸,该守备等当将岛内寮房全行烧毁,等情。并据藩司景敏、臬司刘大懿会详,请奏前来。臣等查礉山系外洋禁岛,该奸民等辄敢违禁私搭寮房潜匿,勾引匪船,游奕停泊,迨官兵前往查勘,犹敢聚众持械,思欲拒捕。似此目无法纪,其平时通盗济匪情事显然。现在既将寮房烧毁,应行照旧封禁。除严饬该管、营、县及海坛镇舟师随时稽查,毋使奸民复行搭寮,潜匿;一面查拿在逃各奸民等,务获究办;并分饬沿海各营、厅、县确查巡检于尚敬、额外外委吴高及兵丁人等遭风漂没,有无遇救得生,另行办理外,臣等谨恭折具奏,伏乞皇上睿鉴。谨奏。嘉庆十六年十月二十五日。(北京:中国第一历史档案馆藏朱批奏折,档号:04-01-03-0045-040.)

102. 福建台湾镇总兵官革职留任武隆阿等奏为内洋土盗船只窜台伺劫事

福建台湾镇总兵官革职留任奴才武隆阿、署福建台湾道台湾府知府奴才汪楠跪奏。为内洋土盗船只窜台伺劫,经舟师追捕盗船,冲礁击碎,拿获盗犯审明,分别办拟,恭折具奏事。窃照本年六月间漳州土盗张顺添、王牵、李彭盗船三只窜至淡水南崁口岸伺劫,经署同知杨廷理会营堵捕,击沉盗船二只,拿获首伙盗犯张顺添等二十七名,奴才武隆阿会同前道臣张志绪提郡讯明,分别办拟,恭折具奏。尚有李彭盗船一只折戗驾逃,当即飞饬巡洋舟师驾船追捕。兹于本年九月十三日,据署沪尾水师守备陈登高禀称:奉委管带兵船在洋巡缉,九月初三日,巡至大鸡笼迤北洋面,见匪船一只往来游奕,随催驾兵船上前围捕,匪船即转篷逃逸,兵船奋力尾追。该匪船不识沙汕,误冲深澳沉礁,立时击碎,船内盗匪纷纷落海,并有凫木登岸者。当即飞驾杉板捞擒,并舍舟登岸,四面搜拿。署艋舺县丞李云龙亦闻信赶到,会督弁兵勇役于深林密菁之内,先后拿获盗犯黄保、洪剪、吴心、林阳、何沈、郑得意、谢胆、李耀、李任、林磬全、何安、庄耀、朱阁、黄凄、林梁恩、王勘、洪罩、汪才、沈哭等十九名,又难民黄梅、陈佑、陈明、辛狮等四名,其余盗犯船械被浪漂没,现将各犯解赴淡水厅讯报,等情。旋据厅禀,讯据黄保等供称:系李彭船上盗伙窜台伺劫,船破被获,盗首李彭同时落海,不知生死,等由。奴才等随飞饬沿海口岸查拿落水盗犯李彭等,务获;一面饬提去后。兹据署台湾府知府杨廷理审拟,解勘前来,奴才等会同覆鞫。缘黄保、洪剪、吴心、林阳、何沈、郑得意、谢胆、李耀、李任等均籍隶漳州,本年三月间听从诏安土盗李彭纠邀入伙,出洋行劫,同船盗伙一十四人。闰三月十八日,李彭盗船在崇武洋面牵劫渔船一只,劫得食米、盐鱼等物。四月二十四日,李彭盗船驶至虎头山洋面,与张顺添、王牵盗船合帮。五月初四日,同帮盗船三只驶至东碇洋面,牵劫米船一只,劫得食米、大麦、油粮等物,三船匀分。五月二十二日,李彭等盗船三只驶至磁头洋面,牵劫渔船一只。六月初二日,李彭等盗船驶至东碇洋面,牵劫商船一只,携拿客民林磬全、何安、庄耀过船,逼胁入伙。初九日,李彭等盗船三只窜至淡水井水港洋面,初十夜,已正法盗首张顺添令伙盗卢运等四人驾驶杉板汲取淡水,被伏路厅役拿获。李彭、张顺添等盗船仍窜回内地。六月十三日,在料罗洋面牵劫商船一只,劫得番银二百四十圆并零星衣物,三船匀分。李彭又掳拿客民朱阁、黄凄、林梁恩、王勘、洪罩、汪才等六名过船逼胁服役。伙盗黄保又掳拿客民沈哭,逼胁鸡奸。七月二十三日,李彭、张顺添、王牵等盗船三只复窜至南崁港口,冀图牵劫艋船,经官兵开炮轰击,张顺添、王牵二船在前,被炮击沉,获犯审办。李彭盗船折戗逃回内地。八月十九日,李彭盗船在铜山洋面牵劫商船一只,劫得食米、柴薪等物,又掳拿客民黄梅、陈佑、陈明、辛狮四名,逼胁入伙,不从,关禁舱底。九月初三日,李彭盗船乘风窜至淡水大鸡笼洋面,经巡洋舟师追拿,盗船转篷逃逸,兵船随后尾追。驶至深澳洋面,盗船冲礁击碎,盗匪全行落海。黄保等凫水登岸,先后被获。李彭等被浪淹没,不知生死。此该犯等听纠叠劫之原委。再三究诘,黄保、洪剪、吴心、林阳、何沈、郑得意六犯各供认过船行劫四次,谢胆、李耀、李任三犯各供认过船行劫三次,在本船接赃一次。该犯等并无杀人及拒伤官兵情事。林磐全、何安、庄耀三犯各供认在本船接赃一次,朱阁、黄凄、林梁恩、王勘、洪罩、汪才六犯供认被掳上船,逼胁服役,沈哭一犯被掳鸡奸,黄梅、陈佑、陈明、辛狮四名系被掳难民,关禁舱底。众供金同,案无遁饰。

查例载,江洋行劫大盗,斩决枭示;又例载,洋盗案内接赃一次者发黑龙江给打牲索伦达呼尔为奴;又,被胁服役、鸡奸者均杖一百,徒三年,各等语。此案黄保、洪剪、吴心、林阳、何沈、郑得意、谢胆、李耀、李任等九犯听纠入伙,在洋叠劫,均合依江洋行劫大盗例斩决枭示。该犯等情罪重大,未便稽诛,奴才等于审明后即恭请王命,将黄保等九犯绑赴市曹斩决,传首于海口示众,以昭炯戒。林磐全、何安、庄耀三犯讯在本船接赃一次,并无过船行劫情事,应请发往黑龙江给打牲索伦达呼尔为奴,照例刺字。朱阁、黄凄、林梁恩、王勘、洪罩、汪才六犯被胁在船服役,沈哭一犯被胁鸡奸,讯无随同上盗接赃,应照例各杖一百、徒三年。被掳难民黄梅、陈佑、陈明、辛狮四名捐给口粮,给护回籍。失察该犯等为盗之牌、保,移行原籍查拘发落,仍查明有无盗产资财行劫,报案分别办理。落海盗犯李彭等是否淹毙,续后有无倚岸得生,饬行沿海营县及巡洋舟师严行缉拿,获日另行究办。再,案奉行知奏准,定例文职自知府以下,武职自副将以下,如有拿获海洋行劫盗犯罪应斩决数在三名以上者,准该督抚查明奏请送部引见,等因。遵照在案,今署守备陈登高、署县丞李云龙等拿获斩枭盗犯黄保等九名,是否该员等自行拿获,有无协拿之人及本任有无承缉逃盗未获之案,容俟饬查到日,详请督抚臣咨部核办。除缮具供单恭呈御览外,合将拿获窜台行劫土盗审明,分别办拟缘由,恭折具奏,伏乞皇上睿鉴。谨奏。嘉庆十六年十二月十六日。(北京:中国第一历史档案馆藏朱批奏折,档号:04-01-01-0526-019。)

嘉庆十七年(1812 年)

103. 闽浙总督汪志伊奏为遵旨详查拿获洋盗实在出力各弁兵奖励事

闽浙总督臣汪志伊跪奏。为遵旨详查拿获洋盗实在出力各弁兵,恭折覆奏,并敬缮清单,恭候圣慈分别奖励事。窃照前督臣方维甸会同抚臣张师诚具奏,南北两洋舟师剿捕零匪,先后攻获人船炮械一案,钦奉谕旨:所有此次拿获各犯,均著审明核办。其出力之弁兵人等,并著详查奏明,分别奖励,等因。钦此。当经抚臣张师诚于兼署总督时,钦遵移行查报,毋许冒滥,所有福建水师提督臣王得禄报部纪赏等一起,前浙江黄岩镇总兵参将陈□捷报获李明等一起,护福宁镇总兵副将项铣南报获许阿清等一起,漳州镇总兵韦陀保报获茆候等一起,前护海坛镇标右营游击事守备周应元报获纪尾等一起,护福宁镇总兵副将项统前护金门镇总兵参将陈梦熊、南澳镇总兵胡子铉等报获陈不等一起,均授方维甸、张师诚行提至省分别审办,先后奏蒙圣鉴在案。嗣准水师提督臣王得禄,并据护福宁镇总兵副将项统南澳镇总兵副将胡于铉、铜山营参将陈梦熊、漳州镇总兵韦陀保、海坛镇总兵孙大明将所获盗犯纪赏等五起,出力弁兵身份开送册折前来。经臣以送到册内或有未将各弁兵获盗名数列入者,或未分别首先拿获及出力等第者,碍难核办,随后移饬确查,据实开送。并行催黄岩镇速将拿获李明等一起实在出力各弁兵,查明册报汇办去后。兹据提督王得禄暨各镇将改造册折陆续咨呈。臣伏查此案报获各犯并非一起,各提镇将备在洋拿获亦非同时,所有在场出力各弁兵人数较多,自应分别等第,将首先拿获正盗及名数较多受伤出力者列为一等,其仅系协拿及所获并非要犯者列为二等,以示区别,而昭核实。臣等检齐案卷,详细查核,除已经奖拔事故及应为二等,业经前督臣方维甸将弁兵梅春魁等一百二十名酌赏银牌等项,尚有弁兵沈兆封等三十五名,现由臣照案一律补赏,毋庸再请奖励外,所有出力受伤应列一等各弁兵计千总阮朝良等十七员,兵丁张光邦等五十二名,理合缮具清单,恭呈御览,伏候圣慈分别奖励。至案内尚有拿获茆候等一起盗犯之福建诏安营游击柯蒙额,系陆路营员,因督率弁兵巡缉,见有匪船撞岸分逃,该游击督同兵役拿获匪犯十名。又拿获李明等一起盗犯之前护浙江黄岩左营游击现任温州中营游击李增阶一员,奋勇攻捕射倒红扎巾贼目一名,首先过船生擒匪犯十一名,均属实在出力。惟该员等俱系现任游击,非弁兵可比,可否量加鼓励,恭候圣明裁夺。臣谨恭折具奏,伏乞皇上睿鉴训示。谨奏。嘉庆十七年二月初二日。(北京:中国第一历史档案馆藏朱批奏折,档号:04-01-01-0536-036.)

104. 嘉庆十七年四月丙午谕内阁

汪志伊等奏:台湾换回弁兵在洋遭风淹毙一折。据称:此次台湾换回之督标、抚标五营四起弁兵伍得喜等,配坐商船,于二月初七夜在澎湖洋面陡遇暴风,漂至外洋小金屿地方,冲礁击碎,淹毙弁兵及水手人等一百余人,等语。可悯之极,不忍览视。向来官兵因公差委遭风漂没者,系照巡洋官兵淹毙之例办理。此次淹毙弁兵九十一员名内,如有曾经出兵打仗及杀贼受伤者,著该督抚查明,加恩照阵亡例赐恤。该弁兵等均有名册可稽,即据实查核,无稍冒滥。其未经出兵受伤者,仍照巡洋例议恤。嗣后弁兵设有遭风淹毙,均著照此分别核办。至其余淹毙水手及凫水得生兵丁,仍照例恤赏。沉失官谷军械,均查明照例咨部办理。再,海洋风涛危险,官兵远涉,亦应加以慎重。著该督抚饬知各将领于往来配渡时,均宜察看风色,诹吉开行,俾资顺利,毋得冒险轻涉,致有疏虞。(《清仁宗实录》卷二百五十六,嘉庆十七年四月丙午,第4—5页。)

105.闽浙总督汪志伊福建巡抚张师诚奏为舟师在洋攻击匪船事

闽浙总督臣汪志伊、福建巡抚臣张师诚跪奏。为据报舟师在洋攻击匪船,奸擒盗犯及沿海委员拿获凫水上岸匪犯多名,并黄茂窜至台洋,现在堵捕情形,恭折奏闻事。窃照闽省洋面吴属、黄茂等及零星土盗在洋出没伺劫,节经臣等严饬各舟师搜探攻剿。自本年三月以来,节据水师各提镇将备率领弁兵,在洋攻获吴属、黄茂、陈乌清、塘沙五等帮首伙盗匪及各口岸文武委员拿获盗犯、奸民五百余名。并黄茂匪船,因被舟师追剿紧急,匿窜台湾极北之大鸡笼一带洋面游奕,各缘由均经臣等先后恭折奏蒙圣鉴在案。兹准水师提督王得禄函称:八月初七早,在各岛屿搜巡,适海坛镇孙大刚兵船自北南来,据云探知塘沙五(即陈尚文)伙船南窜,随令游击许晃、杨康宁,护游击陈元标,守备黄国哲等带小号兵船,由小麦、壁头各港搜捕。该提督同海坛镇孙大刚带领副将陈光求,护副将陈飞凤等各船,由牛头门一带从外兜入,该匪见内外围搜,即向壁头内港窜逃,随令小船追赶放炮轰击,该匪竟敢放炮拒敌。至初八早,被攻情急,内一只冲礁击碎,二只拼命窜入浅水,匪伙驾坐杉板,扳扶舱盖板片,凫水登岸。各兵船随放杉板上山搜捕,除落水淹毙不计外,共获匪犯四十五名,牵获匪船二只,又获小船一只,共起出小铜铁炮、鸟枪、火药、长短器械、藤牌、大小炮子等件,发交海坛镇,帮内配缉食米明矾赏给出力弁兵。又护闽安右营都司曾允福在壁头港牵获无犯盗船一只,内有乌糖七十余包,并在山上搜获犯匪魏栋栋一名,一并解交兴化府收讯等。因并据海坛镇总兵孙大刚禀同前情。又据署福清县知县孝宁长福营参将储士雄先后禀报,初八日,探闻塘沙五匪船与兵船在洋接仗,分派丁役,并号召渔船乡勇在于江阴澳拿获盗犯林冬等十三名。该署县亦在城头澳擒获盗首陈常仕等四名,是晚,港内有盗船一只,停泊该处,该署县密召船只乡勇,亲坐渔船督率役勇,于初十日黎明潜赴下渚澳围拿,各盗犯纷纷持刀抵御。该署县挥令役勇奋上盗船,始行凫水逃遁,擒获盗犯陈文文等十四名,并获盗船一只,舷边刻有晋江县商船字号。讯据陈文文供称,向在盗首塘沙五帮内为伙,六月初三日,塘沙五在磁澳淹毙后,群推陈常仕为首,等情。又该署县孝宁会同参将储士雄督率兵役,在于江阴上游各处拿获盗匪傅吓等十六名。又派委把总李廷元率同县丁兵役拿获塘沙五之妻陈李氏等二名口。又守备陈国栋亲带兵役拿获塘沙五堂弟陈尚忠等二名。又据福州江阴场盐大使升宝禀报:初八日,芝山港有匪船一只,由壁头外洋驶入港内,查系塘沙五帮内匪船被兵船追击进港,会同外委薛启瑞传集兵哨人等,并雇募乡勇实力截击,当获匪犯林雪等十名。又据兴化府知府富信会营禀报,迎仙司巡检徐汝幹拿获匪犯王侁等六名。兴化左营把总林光国拿获匪犯林潭等三名。又据各厅营县及委员先后拿获逸逃奸民杨阿七等十八名口。以上水陆共计获犯一百三十四名口。

臣等伏查土盗陈尚文(即塘沙五)一帮匪艘,虽未若黄茂、吴属之分窜肆劫,抗拒官兵,但该匪屡在海坛、闽安一带伺劫商艘,据报已有盗船六七只,伙党渐众。经臣等严催各兵船赶紧剿捕,以免滋蔓为害。兹据提督王得禄及各镇将分船堵剿,击碎匪船一只,牵获大小匪船四只,生擒匪犯四十六名,起获炮械、火药等件。并据各地方文武在岸拿获该帮现在盗首陈常仕及伙犯陈文文等七十名,并获匪船一只,是此一帮首伙各犯经此次水陆围拿,当已歼除殆尽。尚有零匪船只,潜匿偏僻岛澳,延喘偷生,或凫水潜逃登岸,亟应搜剿净尽,以示惩创。且黄茂一帮匪船,于七月初窜至台湾极北之大鸡笼洋面游奕,现据署淡水同知查廷华禀报,该匪船时来时去,实有大小匪船十七只,于十三日窜回鸡笼口外,内有小盗船一只,因损坏欲进内港修补,经该处兵役居民各放枪炮攻击,伤毙贼匪多名,余匪跳海逃回口外盗船。兵役等随将破损小盗船牵进港内。讵该匪黄茂因伤毙其伙多名并被获船只,随令匪伙分驾杉板驶进,希图抢回盗船,并分派贼伙数百人由港口八尺门等处涉水越山前来帮护。兵役、义勇亦分两路抵御,杀死贼匪三名,戳伤贼匪一名,兵丁余茂得、李得标二名被贼伤毙,并有义勇一名受伤。经艋舺营游击庄秉元同艋舺县丞弓清翰带领兵役,赶到堵剿,贼匪先已退回八尺门大沙湾盗船。居民照常安业,并据声明,该处山路崎岖,贼匪断不敢舍舟就陆自投绝路,惟入八里坌一口,离鸡笼水程不及百里,现在口内商船澎船约有数十号,且该处人烟稠密,关系紧要。该同知与因公现在新庄之台湾府知府汪楠熟商,自带役勇,驶赴八里坌,会营将炮台安放大炮,逐加洗演,预装药铅防堵。并禀请台湾镇道飞催运饷赴台之署金门镇林孙兵船及护台湾协副将蔡安国、署游击王赞等舟师驶赴该处,会同艋舺营游击庄秉元兵船,共有三十余只,齐赴鸡笼掩捕,不难悉数歼灭,等情。是该匪黄茂零星土盗,在台洋出没,尤须迅速攻剿。现在该处兵船既有三十余只,倍于贼船,不难一鼓歼擒,除飞饬该镇将林孙等速赴奋勇攻捕,并恐该匪因见兵船云集,复窜回内地洋面,并即移行闽浙水师各提镇将领迎头截击,务获解究。一面遍加搜捕,如有塘沙五帮在逃匪伙船只,务须全数弋获及分饬各地方文武一体认真搜捕逃盗、奸民,毋任漏网稽诛。仍行司饬提现获各犯解省审办外,所有据报舟师在洋攻击匪船,歼擒盗犯及沿海文武委员拿获凫水上岸匪犯多名,并黄茂窜至台洋现在堵捕情形,臣等谨恭折具奏。伏乞皇上圣鉴训示。嘉庆十七年八月十九日。(北京:中国第一历史档案馆藏朱批奏折,档号:04-01-01-0536-062.)

嘉庆十八年(1813 年)

106. 嘉庆十八年九月戊辰谕内阁

蒋攸铦等奏:粤省各属历年垫支捕费,酌定追补章程一折。该省各州县自乾隆五十九年起,至嘉庆十七年止,因堵捕洋匪及应办公事,垫用无著款项。阅年既久,垫数渐多,现据该督等就各属挪垫数目区别等差,共计应补银三十万九千两零,应追银十八万八千六百两零。自应截清已往,彻底核办。现在该省外海内河渐次肃清,其缉捕零星土匪,已有酌留关盐盈余银两可支捕费,自无须再有挪垫。所有从前此项因公垫用无著银两,著照该督等所定章程,将应补银三十万九千两零,在于督抚司道府州县应得养廉内每年扣解三成。俟前案应补捕费扣完之后,接续扣解,分限六年全数补足,并令随同正项钱粮陆续批解司库,无任延宕。其应追银十八万八千六百两零,亦著查明应追各员,按照所定银数分别年限,照例勒追。若家产尽绝,在于原该管道府名下分赔。如原管上司亦因事故离任,即归筹补案内扣廉完款,以清帑项。并著该督等自十九年为始,每年于奏销后将扣廉筹补及追解银数具奏一次。倘此次清厘之后，复有挪垫亏短者，即著随案严参，以示惩儆。（《清仁宗实录》卷二百七十三，嘉庆十八年九月戊辰，第4—6页。）

107. 福建台湾镇总兵官革职留任武隆阿等奏为护饷来台哨船遭风事

福建台湾镇总兵官奴才革职留任武隆阿、按察使衔福建台湾道奴才武奇瑜跪奏。为护饷来台哨船遭风，飘出外洋击碎，淹毙兵丁，沉失军械，查明，恭折具奏事。窃照本年台营官兵俸饷银两由藩库核明支给，蒙督抚臣饬令分装，营哨委员护解过台，交台湾府兑收贮库后，空船停泊河干。适水师提臣王得禄来台巡阅营伍，饬令各船分帮出洋巡哨。正在开驾间，七月二十日申刻，台地陡起飓风，继以骤雨，势甚猛烈，连宵达旦，至二十一日辰刻稍止。奴才等分委员弁确查，所有鹿耳门内停泊商哨船只多被大风刮损，其内营护饷来台之集字七号、成字五号、七号等船三只，是夜被风断碇，漂出外洋，未知下落。随即分差查探，旋据水师提标后营游击陈元标报称，成字五号、七号哨船二只，被风刮至卓茄港、红霞港等处，沙汕搁浅，漂失杉板杠棋，船身砧漏，尚堪修葺，船内弁兵、炮械均无损失。惟集字七号哨船被风断碇，漂至嘉义县属之天津寮外洋，冲礁击碎，全船弁兵同防船炮械概行落海，四散漂流，弁兵人等陆续攀扶篷板倚岸及渔船捞救得生，大半受伤，查点人数，漂失水兵邵江海一名。现在确查漂失兵丁下落，打捞沉失炮械，获日，另报，等情形。奴才等当即飞饬地方营县照例勘讯，并于失船处所打捞炮械、杠棋，确查漂失兵丁邵江海一名，是否淹毙，分别呈报。仍将击损之成字五号、七号船二只上紧估修完竣，交营配缉去后。兹据台协水师副将陈光求、署嘉义县知县宋廷枋详称：会勘集字七号哨船击碎处所，委系外洋，沉礁重叠，水兵邵江海一名，查系黑夜落海淹毙。连日督率人夫认真打捞，只捞获大铁炮二门，小铁炮一门，其余炮械同水兵邵江海尸身因外洋潮流湍急，漂没无踪，无从捞获。将讯过供由绘图具结，详复前来。奴才等复查无异，除将击碎哨船、沉失炮械等项赶造册结，同淹毙及得生弁兵名册详送督抚臣核明，题销造补，咨部查办。其淹毙水兵邵江海一名，遵例移查原营有无打仗受伤，分别详咨请恤外，合将护饷来台哨船遭风击碎缘由，恭折具奏，伏乞皇上睿鉴。再，击损之成字五号、七号哨船二只，据报估修完竣，奴才等委员验看收工，饬令提标游击陈元标督率弁兵管驾回营巡防，合并陈明。谨奏。嘉庆十八年十月十三日。朱批：照例赐恤。（北京：中国第一历史档案馆藏朱批奏折，档号：04-01-03-0145-001.）

嘉庆十九年（1814年）

108. 闽浙总督汪志伊等奏为水师营船实在内港冲礁搁浅事

闽浙总督臣汪志伊、护理福建巡抚布政使臣王绍兰跪奏。为水师营船实在内港冲礁搁浅，捏报外洋，遭风击碎飘失兵丁并藏匿炮位之把总，请旨革审事。窃臣等接据署福州府平潭同知李维铮禀称：本年四月十九日，访闻大扁岛四屿地方有营船一只冲礁搁浅，官兵、炮械运登岛岸，即将船只自行拆毁之事。当派丁役驰赴查办。二十日，据闽安右营把总朱渥赴厅呈报：该把总驾胜字二十七号战船，配载官兵五十六名，奉闽安协派护运炮兵船前赴台湾,于本月十五日午刻驶抵白犬洋面,遭风,舵折,船只随风漂流至十五夜五更时候,漂至屿门外洋,冲沉水礁击破,寸板无存。原配炮械并各兵口粮、篷索、银两俱遭沉失。该把总与船目、舵水均各溺水,兵丁四十五名擒扶风帆、板片遇救得生,尚有黄水、董连贵等六名生死莫知。开折呈请申详。并据大扁岛地保陈道隆报同前由。

查该把总所报失事洋面及一切情形,均与所访互异。随讯据该把总及在船舵工程正旺、管队黄清源等,坚供船只冲礁,实已寸板无存,船内配载大炮四门,小炮三门及火药、铅子等项,概行沉失,矢口不移。事关重大,出其不意。即于二十夜三更时分,亲身驾坐小船,驰赴大扁,在于北楼地方起获八百斤大炮一门,七百斤大炮一门。汪龙驰赴处所,据朱渥及舵工、地保指称,实系大扁岛之尾屿内洋,并非白犬外洋,当场绘图并据厅役陈光等在大扁岛查获该船大桅一根,头桅一根,大桅番木含檀一块,头桅含檀一块,碇身一门,杨木舵一门,樟木横料一块,松木横料三块。当即点交地保陈诸力看守。该署厅于二十二日由大扁管带该把总朱渥,舵工程正旺、魏尚,管队黄清源,大扁地保陈道隆等五名进省,禀交福州府收讯。所有原卷及地保陈道隆缴出二次,得受朱渥贿嘱之赃番【银】十一元,一并封交福州府查收,察讯。又,续据该署同知起获小炮二门,并绘图通详在案。

臣等又据朱渥之子朱五桂具呈,内有该把总亲赴平潭厅呈报。二十夜,李署厅传进门房,有刘姓家丁面说,并无甚事,只是本官苦极,要该把总帮银加捐,未弁莫随其欲,即以传闻禀报,将该把总锁铐,实为图诈不遂,陷害,等情。随即发司并讯去后。兹据署藩司瑞麟、署臬司麟祥督同福州府朱桓、闽县言尚焜、侯官县郑佐廷讯,据该把总朱渥供称:驾坐营船,护送载炮船只往台,原配兵丁五十六名,除患病五名告假外,实兵五十一名,四月十五日在洋遇风,午后驶至尾屿地方,碰礁搁浅,喊令附近小船渡载登岸,船内炮械及口粮、篷索、银两并把总札付,俱已沉水。十六日,潮退,水浅,即同各兵捞获大炮四门,就近寄放地保家里。把总一时糊涂,心想营船在内港冲礁,管驾不慎,应赔船只、炮械,遂起意捏作外洋遭风击碎,寸板无存,炮械沉失情由禀报。并将告假回家兵丁黄水等六名,捏说不知下落。又将捞获炮位一并捏报沉失,给过澳保陈道隆番银二十四元,嘱令扶同具报,并谢做呈的郑姓番银十元。至我前在平潭厅署看守门丁刘姓并无叫我帮银的事,实系妻子捏情混控,等语。又,据澳保陈道隆供,前在平潭厅早报的情节,是朱渥做就呈子一张,叫小的扶同捏报,送过小的二十四元,后蒙厅员到小的家查起炮位四门。又据队目黄清源、舵工程正旺、魏尚等同供:小的们原随朱渥在船,是四月十五日驶进尾屿内港,冲礁搁浅,船底垫破,有附近渔船拢来救护,登岸。十六日,潮退。朱渥叫小的们捞获大炮四门,抬到澳保陈道隆家中,藏匿。那兵丁黄水等六人是在平潭,向朱渥告假回家,并没落水。厅里门丁并无与小的见面,也无说要朱渥银子的话。复传到朱渥之子朱五桂讯,据供称:前控平潭厅刘姓家人索诈一节,系母亲朱郑氏图减父亲罪名,与小的堂弟朱挺秀商议做就,呈稿,托常在字馆写字的何广品改正后,投递,实是捏控。并据何广品供认,改呈不讳,各等情。详请具奏前来。臣等查,该把总朱渥本系洋盗投首,蒙皇上恩施,逾格赏给把总,即应竭犬马之心(朱批:狼子野心),以图报效。今管驾营船,奉差护送云炮船只,前赴台湾,本在内港冲礁搁浅,胆敢捏报外洋遭风击碎,寸板无存,沉失炮械,并捏称兵丁六名漂失无著,贿嘱澳保陈道隆扶同混禀。经署平潭同知李维铮访查，起获大炮四门，船板多片，将朱渥送省究审，不能狡赖，随供认在洋遭风，驶进内港碰礁搁浅，沉失炮械、口粮等项银两，旋即捞获大炮四门，寄存澳保家内。因内港失事，管驾不慎，应赔船只，是以捏作外洋遭风击破。并将告假兵丁黄水等六名作为不知下落。如果被其欺蒙，则失水哨船例应动项补造，须银二千六百余两。又应给失水兵丁赏恤银一千四百余两，及军械等项均应补制，口粮、篷索等银亦可豁免。是良心均已丧尽。反敢令妻子诬控查拿破案之文员，妄希抵制，尤为狡诈。是以臣等饬司委令府县，先将朱渥资产查抄，以补抵补船只、军械及失水口粮、篷索银两。且朱渥将已获大小炮位藏匿，其情更属可恶，难保无故智复萌及通盗济匪情弊，相应请旨将闽安协右营把总朱渥革职，以便提同舵工、兵丁、地保人等严审定拟，以示惩儆。至署福州府平潭同知事兴化府通判李维铮一闻营船失事，不避嫌怨，始能留心察访，得有端倪，继则星夜驰往，查出藏匿炮械、船板及捏造种种情形，尽得实据，不致被其欺蒙，虚耗国帑，洵属勤能明干，实心办事之员。可否以应升之同知补用，以示鼓励之处，出自皇上天恩。臣等谨恭折具奏。伏乞皇上睿鉴训示。谨奏。嘉庆十九年五月十六日。（北京：中国第一历史档案馆藏朱批奏折，档号：04-01-03-0078-001.）

109. 嘉庆十九年十月两广总督蒋攸铦监督祥绍疏

查南洋诸夷以英吉利为最强，而并非富饶。惟借贸易为资生之计，其货物不到内地，亦别无销售之处。且呢羽、钟表，中华尽可不需。茶叶、土丝，彼国断不可少。是其不能不仰给于贸易者，其理易明。惟是怀柔驾驭必当杜渐防微，粤民趋利若鹜，首在查禁汉奸。近年如私借夷人资本，及拖欠夷债之郑崇谦、吴士琼、沐士芳等均经照例惩办。现复访有曾为夷人服役，积有家产，朦捐职衔，仍与夷人交结之李耀、李怀远二名，业经拿获，查抄，审明，定拟，具奏在案。臣等仍督饬地方官密加侦访，如有似此者均应逐一严惩。并不准民人私为夷人服役，责成洋商通事稽查。其住居澳门及省城十三行之贸易民人，不得搭盖夷式房屋，即售卖夷人衣履之铺户，亦不得用夷字店号以杜勾通，而严区别。向来兵船护送货船到粤，货船自行进口，兵船即驶往零丁、潭仔洋面停泊。嘉庆十四年原奏但称不许进十字门及虎门各海口，语涉笼统。嗣后应仍其旧，不得驶入内洋，亦不准于所护货船出口之后复有逗遛，致干驱逐。至设立洋商，令其互相贸易，即借以稽察夷情，必须身家殷实，办事明妥，交易始能公平，不欠夷人私债，庶不致为夷人所轻视。迩来充当洋商者共有十人，实在资财素裕者不过三四家，其余虽皆有同商互保承充，而本非殷实，不过图得行规。承充后又不善经理，无处揭借，不能不欠夷人之账，既有夷账即不能不赊客商之货，以抵还夷人，迫至积欠逾多，不敷挪掩，为夷商所挟制，是以评估货价不得其平，内地客商转受亏折之累。若俟该疲行陆续乏败时，再行清理，恐有积重难返之势。向例货船出口，海关监督衙门发给印照回国，即取具夷人两无带欠夷字甘结存案。此事竟成故套，难以凭信，臣等再四熟商，俟冬春交易事毕，派委明干大员，督饬总商伍敦元、卢棨荣确查各商私欠夷账多寡。如为数有限，易于归结者，勒限清完，准其承充外，倘拖欠过多，不肯据实供吐，即应奏明斥革，将承办贸易行规归于殷商分办，仍照向办章程查抄变抵不敷之数，令众商按股摊还。现在各商已有代还之款,应俟摊完后分年续摊。并饬此后不得滥保身家浅薄之人,违者一体治罪,如此则夷人不能抬价居奇,以挟制洋行,洋行亦不敢低估侵欺以拖累商价。且夷账既已清厘,每年货船回国,即有未售完之货,可交住澳门大班等料理,或酌留数人亦属无多,仍严禁内地民人不准私往夷馆,庶立法益臻周密,而弊端可期剔除。(梁廷枏:《粤海关志》卷二十九,第563—564页。)

110. 嘉庆十九年十二月戊午谕军机大臣

蒋攸铦等奏:密陈夷商贸易情形及酌筹整饬洋行事宜一折。所奏俱是。粤省地方濒海,向准各国夷船前来贸易。该夷商远涉重洋,懋迁有无,实天朝体恤之恩。然怀柔之中,仍应隐寓防闲之意。近来英吉利国护货兵船,不遵定制,停泊外洋,竟敢驶至虎门。其诡诈情形,甚为叵测。蒋攸铦示以兵威,派员诘责,该大班始递禀谢罪,此后不可不严申禁令。该夷船所贩货物全借内地销售,如呢羽、钟表等物,中华尽可不需,而茶叶、土丝在彼国断不可少。倘一经停止贸易,则其生计立穷。书云:不宝远物,则远人格。该督等当深明此意,谨守定制,内固藩篱,不可使外夷轻视。嗣后所有各国护货兵船,仍遵旧制,不许驶近内洋。货船出口,亦不许逗遛。如敢阑入禁地,即严加驱逐。倘敢抗拒。即行施放枪炮,慑以兵威,使知畏惧。所有该督等请严禁民人私为夷人服役及洋行不得搭盖夷式房屋,铺户不得用夷字店号,及清查商欠不得滥保身家浅薄之人承充洋商,并不准内地民人私往夷管之处,均照所议行。将此谕令知之。(《清仁宗实录》卷三百,嘉庆十九年十二月戊午,第5页。)

嘉庆二十年(1815年)

111. 嘉庆二十年六月辛酉谕内阁

蒋攸铦等奏管驾师船不慎,致被革兵勾匪抢失一折。此案革兵林勇等胆敢纠约贼匪,抢夺师船,藐法已极。护阳江镇总兵龙门协副将杜茂达追捕林勇等犯,至放鸡外洋。自应出其不意,潜师截拿。乃先行放炮,致贼船闻声远窜,其咎实无可辞。杜茂达,著即摘去顶戴,责令戴罪协缉。如能拿获正犯,奏请开复。倘复行退缩,奏明,从重治罪。外委黄登,著斥革,交该督等提同兵丁林茂清等审明,分别办理。(《清仁宗实录》卷三百零七,嘉庆二十年六月辛酉,第4页。)

112. 嘉庆二十年六月辛酉谕军机大臣

蒋攸铦等奏:革兵林勇、郑高挟斥革名粮之嫌,纠约贼匪五六十人,在三洲外洋将升任南澳镇总兵香山协副将罗凤山坐船抢去。二贼注意抢劫本官坐船,原欲戕害罗凤山,非为货财也。其时罗凤山因巡查内河,换坐小船,幸免于难。至谓该总兵仅派外委微员管驾坐船,失于防范,不知林勇等既挟恨纠抢,即罗凤山亲身在船,亦必将该总兵挟雠戕害。若将罗凤山革去,则林勇等转得快其私忿,刁风断不可长。嗣后管兵将领遇有桀骜兵丁,或致相率姑息，殊于军纪有关。该督等不知政体，办理过当。蒋攸铦、董教增，均著传上谕，申饬。（《清仁宗实录》卷三百零七，嘉庆二十年六月辛酉，第4—5页。）

113. 福建台湾镇总兵官武隆阿台湾道糜奇瑜奏为土盗窜台伺劫事

福建台湾镇总兵官奴才武隆阿、按察使衔台湾道奴才糜奇瑜跪奏。为内洋土盗船只窜台伺劫，官兵水陆堵捕，盗船遭风击碎，拿获盗匪，捞获贼械，审明分别办拟，恭折具奏事。窃于本年五月间，有内洋土盗小船窜台伺劫，经奴才武隆阿饬据署艋舺营游击陈一凯，带领兵船追捕，在于八斗仔、深澳各洋面两次围拿，击沉盗船一只，伤毙盗匪多名，又拿获空船一只，盗船随机窜逸。查点弁兵，亦有受伤伤亡。经奴才等将追捕情形于六月十七日恭折奏陈圣鉴在案。查盗船乘风往来，或南或北，倏聚倏散，踪迹甚为诡诈，此时虽已败窜，难保其不复来台洋。当即分饬台澎水师添派兵船，配足炮械，分头巡哨。并行南北县厅，会营于各口岸，加派员弁兵役，严密堵捕，总期声势联络，遇匪，水陆兜擒。嗣于本年七月二十八日，据淡水同知薛志亮禀称：七月二十二日，瞭见八斗仔洋面艋舺营兵船四只追赶盗船两只，将要赶上，盗匪慌忙侧戗窜逃。适陡起大风，将盗船漂冲礁石，击碎，船内盗匪纷纷落海，岸上员弁、兵役，分驾小船、竹筏飞往围拿，兵船亦随即赶到，共相捞擒。淡水同知薛志亮拿获盗犯刘山、陈兜、许彩、陈举意、何成等五名，又捞救难民方邱一名。艋舺营游击陈飞凤拿获盗犯黄勇、曾井、李幅等三人，又捞救难民张摊、陈水连二名。艋舺县丞曹汝霖拿获盗首林权（即无齿权），又盗犯林仲、王抱、李巷、黄汀、庄碧云等六名，又捞获难民黄兰、许全、陈齐三名。竹堑营守备马腾蛟拿获盗犯柯旃一名。竹堑巡检李华远拿获盗犯刘仑一名，又捞救难民何春一名。委员使用从九品陈鸿宝拿获盗犯庄佳一名。鸡笼汛把总黄廷泰拿获盗犯林霞、张奕城、许添等三名，又捞救难民徐喜、陈朴、陈淑、周枣、郭梗等五名，并于盗船击碎处所捞获大炮一门，霸王鞭炮五门，九节炮三门，鸟枪五杆，藤牌二面，铦铁炮子十斤，湿火药一竹筒。其余盗匪均被浪漂没。

带回各盗犯隔别研讯。据盗首林权供认，纠伙出洋累劫。前在八斗仔、深澳各洋面，拒敌官兵。并据林仲供认，随同朱渥投首后复行下海，随同累劫拒敌官兵。其余刘山等犯各据供认，过船行劫及接赃、服役各情不讳，理合禀告等情。又据噶玛兰通判翟淦报获抱板凫水脱逃盗犯王怀、余枋、吴加、黄纲等四名，随饬府提讯去后，又于八月初七日，据澎湖协副将陈梦熊、澎湖通判彭谦禀称，本年七月二十二日，有小盗船一只，在西屿洋面截劫商船。经巡洋之代办守备事把总林瑞凤带领哨船飞往擒拿，盗船即丢弃商船逃窜，哨船随后追赶，适风雨交作，盗船慌忙驾驶，冲礁击碎。盗匪全行落海，岸上兵役分驾船筏围拿，哨船亦追至兜擒，拿获盗犯吴向、李长、谢日、龚碇、谢成、谢劳、龚断、许谏、龚贮、龚友、龚金尾、邱山等十二名，又捞获被掳难民龚智、李看二名，其余盗匪被浪淹没。带回各盗犯研讯，据盗首吴向供认起意行劫，并盗伙龚碇等各供认，过船掳劫及接赃服役各情不讳，均未伤人，亦无拒敌官兵。旋据商船户郑贪呈报，在西屿洋面被盗，过船劫去米包、衣物，又掳去客民龚智、李看二名，幸哨船追至，盗船丢弃逃逸，旋即遭风击碎。盗犯被获，并据指认，吴向等委系过船行劫盗犯无异，理合禀报等情。当饬并提来郡，由台湾府知府汪楠审拟，解勘前来。奴才等会同覆鞫,缘盗首林权有渔船一只,于本年三月间纠邀现获之林仲、黄勇、王抱、曾井、陈兜、王怀、余枋及落海淹没之吴癸、李饱、红妈位、李花、林要、纪添、蔡信、李杠等共一十六人出洋行劫。与洋匪陈鸿来、陈奉(即尾口奉)、陈梅、吴郡、臭头富等五船合帮游奕。

本年四月十三日林权盗船窜至大鸡笼洋面,牵劫刘合利商船一只,船上并无货物,船户舵公概行凫水脱逃,林权自同黄勇等将商船占驾,掳拿水手黄纲、刘仑、许添、何成四人在船上服役。原船派吴癸等驾驶,跟同行劫。四月二十八日,林权盗船两只窜至五条港洋面,牵劫艋船一只,掳拿船主孙文淑一名,勒赎不从,关禁原船舱底。五月初间,陈奉、陈鸿来、臭头富等盗船三只,窜来台洋,与林权盗船合帮。初十日,林权、陈鸿来盗船在南崁洋面牵劫米船一只,林权掳拿水手许彩、张奕城二人,逼胁在船接赃。陈鸿来亦掳拿水手李巷、庄佳、黄汀三人在船上服役。十四日,署艋胛营游击陈一凯带领兵船四只,追至八斗仔洋面,逼近盗船,开炮轰击,陈鸿来、林权等盗船亦开枪拒捕,兵船炮击林权小盗船一只,盗匪吴癸等受伤落海,将空船拿获,救获被掳难民孙文淑一名,解交淡水厅讯释。林权、陈奉、陈鸿来、臭头富等四船窜回内地,纠合陈梅、吴郡等共盗船六只,于五月底复窜台洋。六月初一日,艋胛营兵船追至深澳洋面,开炮轰击,击沉臭头富盗船一只,船内盗匪尽行落海,兵船奋勇赶上,将盗船冲散,林权、陈鸿来二船向东逃窜,游击陈一凯、把总蔡得元二船追近林权等盗船,施放枪炮,林权等亦开炮拒敌,待后拢近,抛掷大斗火罐,林权、林仲亦回掷火包,烧伤兵丁,各盗船乘风逃回内地。六月初十日,林权盗船在东碇洋面牵劫渔船一只,掳拿陈举意、李幅二人,在船服役。十五日,林权盗船在东碇洋面牵劫金茂成商船一只,掳拿水手周枣、郭梗、何春、黄兰、陈朴五人过船,逼令服役。不从,关禁舱底。六月二十三日,陈鸿来盗船在磁头洋面遭风击碎,船内盗匪落海,林权捞救盗伙吴加、李巷、庄佳、黄汀、柯旃等五犯,在本船入伙。又,陈奉盗船在丙洲洋面击碎,盗伙刘山、林霞、庄碧云三人亦投上林权盗船,入伙林权盗船。于七月初五日,在东碇洋面牵劫金聚兴商船一只,掳拿水手张摊、客民方邱、陈水连、陈淑、陈齐等过船,勒赎,不从,关禁舱底。七月十四日,林权盗船又窜至淡水、南湾洋面,盗伙林霞掳拿捕鱼之徐喜上船,逼令服役,不从,关禁舱底。二十日,林权盗船在南崁洋面劫得空船一只,林权拨黄勇过船作为头目,又将盗伙分发两船驾驶。二十二日,盗船两只驶至八斗仔洋面,被兵船追拿,盗船遭风击碎,该犯等即被拿获。

又盗首吴向租赁龚断小船一只,纠邀舵水龚碇、谢日、李长、龚金尾、龚友、谢成、龚贮、谢劳、邱山、许谏、谢路、谢浅、谢全,连船主龚断共一十五人,本年七月二十一日,由永宁澳出口,原欲赴台装载油米,营生。船至黑水洋面,吴向因载货利息微薄,起意在洋行劫商船,得财分用,与龚碇、谢日等商允,惟邱山、许谏及船主龚断三人不从,吴向等向其逼胁,声言推海淹毙,邱山等无奈应允,在船车篷起碇。七月二十二日,船至澎湖西屿洋面,撞遇郑会商船,吴向、龚碇、谢日、李长及落海淹毙之谢路、谢浅等六人,持械过船,行劫米包、膏粱、衣物,递交龚金尾接收。吴向又掳拿搭客龚智、李看二人,关禁舱底。适澎湖营兵船赶到围拿,吴向等驾船逃逸,因风雨陡至,盗船遭风冲礁击碎,盗匪全行落海,旋被厅营拿获吴向等一十四人，谢路、谢浅、谢全三人被浪淹没。此该犯等在洋行劫及先后被获之原委。

再三究诘，林权供认起意纠伙出洋行劫，开炮拒杀官兵。林仰供认于投首后复行下海，随同行劫，抛掷火包，拒杀官兵。黄勇、陈兜、王抱、曾井四犯各供认，过船行劫五次，王怀、余枋二犯各供认过船行劫四次。刘山、吴加、林霞三犯各供认过船行劫二次。该犯等均无拒伤官兵及投首后复行下海情事。李巷、许彩、庄佳、张奕城、黄汀等五犯各供认，在本船接赃一次。黄纲、刘仑、许添、何成、庄碧云、柯旃、陈举意、李幅等八犯供认，被掳上船，逼胁服役。方邱、张摊、陈水连、黄兰、许全、陈兜、何春、徐喜、陈朴、陈淑、周日、郭梗等十二名，讯系被掳难民，关禁舱底。又，澎湖厅营拿获盗犯吴向、龚碇、谢日、李长四犯，各供认过船行劫一次。龚金尾、龚友、谢成、龚贮、谢劳等五犯，各供认在本船接赃一次。邱山、许谏、龚断三犯，各供认被胁在船服役。龚智、李看二名系被掳难民，禁押舱底。众供佥同，案无遁饰。查，例载：江洋行劫大盗斩决，枭示；又新例：洋盗案内，接赃一次者，改发新疆，给官兵为奴；又，被胁服役者，杖一百，徒三年，各等语。此案盗首林权纠伙出洋累劫，又开炮拒杀官兵。伙盗林仰于投首后复行下海，随同累劫，抛掷火包，拒杀官兵。该二犯罪大恶极，应照从前办过林诰之例，凌迟处死。伙盗黄勇、陈兜、王抱、曾井、王怀、余枋、刘山、吴加、林霞及另案洋盗吴向、龚碇、谢日、李长等一十三犯，各供认过船行劫四五次及一两次不等，情殊凶横，均合依江洋行劫大盗例，斩决枭示。该犯等情罪重大，未便稽诛，奴才等于审明后即恭请王命，将林权等一十五犯绑赴市曹，分别凌迟、斩决正法，传首于海口示众，以昭炯戒。李巷、许彩、庄佳、张奕城、黄汀及龚金尾、龚友、谢成、龚贮、谢劳等十犯，讯在本船接赃一次，并无过船行劫，应请改发新疆，给官兵为奴，照例刺字。黄纲、刘仑、许添、何成、庄碧云、柯旃、陈举意、李幅及邱山、许谏、龚断等十一犯，被胁在船服役，讯无随同上盗、接赃，应照例各杖一百，徒三年。被掳难民方邱、张摊、陈水连、黄兰、许全、陈兜、何春、徐喜、陈朴、陈淑、周日、郭梗及龚智、李看等十四名分别保释给护回籍。失察子弟为盗之各犯父兄，同各牌保移行原籍查拘究惩，仍查明有无盗产资财、行劫报案，分别办理。落海盗犯吴癸等是否淹毙，续后有无倚岸得生及窜逃之吴郡、陈梅盗船两只，饬行沿海营县并巡洋舟师严行缉拿，获日，另行究办。捞获炮位、鸟枪、铁子、藤牌交营配用。伤毙兵丁张廷海、周高二名已于前次折内陈奏，应否恤赏，恭候谕旨遵行（朱批：照例赐恤）。再查，例载海洋盗犯多系累劫伤人情罪重大之犯，地方官果能留心缉获，或出洋巡缉拿获，数在三名以上罪应斩枭斩决者，准该督抚奏请送部引见。倘所获实系重犯，罪应凌迟者，即一二名，亦准督抚奏请送部引见。如果所获系绞罪以下并斩枭斩决等犯未及三名者，止准照拿获伙盗例议叙，等语。今噶玛兰通判崔淦拿获斩枭盗犯王怀、余枋、吴加三名，徒犯黄纲一名；艋舺县丞曹汝霖拿获凌迟盗犯林权、林仰两名，斩枭盗犯王抱一名，遣徒盗犯李巷、黄汀、庄碧云三名。查林权等各犯具籍隶漳泉，邻境盗犯，该员等皆自行拿获，并无协拿之人，翟淦、曹汝霖本任均无承缉逃盗未获之案。核与拿获海洋斩枭盗犯三名以上送部引见之定例相符合。噶玛兰通判翟淦，艋舺县丞曹汝霖等二员可否详情督抚臣给咨送部引见（朱批：准送部引见），以示鼓励之处，出自皇上天恩。其拿获斩枭盗犯二名之淡水同知薛志亮,拿获斩枭盗犯一名之鸡笼汛把总黄廷泰等二员,应请交部议叙。拿获斩枭盗犯二名之艋舺营游击陈飞凤业经病故,应毋庸议叙。澎湖厅营拿获斩枭盗犯吴向等四名,究系何人首先拿获,何员协拿,该员本任有无承缉逃盗未获之案,俟查明详情,请督抚臣咨部核办,理合陈明,除缮具供单,恭呈御览外,合将拿获审台行劫土盗审明,分别办拟缘由,恭折具奏,伏乞皇上睿鉴。谨奏。嘉庆二十年九月二十四日。朱批:该部议奏。(北京:中国第一历史档案馆藏朱批奏折,档号:04-01-03-0048-001.)

嘉庆二十一年(1816年)

114. 嘉庆二十一年六月丁未谕内阁

直省沿海地方,如广州、福州、浙江之乍浦、江南之京口俱设有水师驻防。其绿营在各沿海省分者,设有外海水师,岁时操演,按期会哨,定制周详。天津为畿辅左掖,大沽等海口直达外洋。从前曾建设水师驻防,后经裁撤,该处拱卫神京,东接陪都,形势紧要。自应参考旧制,复设水师营汛,以重巡防。其应如何分驻满汉官兵,增设统辖大员及一切建置事宜,操防规制,著大学士、军机大臣会同该部详细妥议,具奏。(《清仁宗实录》卷三百一十九,嘉庆二十一年六月丁未,第21—22页。)

嘉庆二十二年(1817年)

115. 嘉庆二十二年六月庚子谕军机大臣

蒋攸铦奏:拿获诈抢米利坚夷船匪犯李奉广等,分别斩决枭示,并另片奏将奥地夷人量加赏恤,等语。此案米利坚国、奥地夷船在香山外洋停泊。蜑民李奉广等诈抢,拒捕,杀伤夷人五命。该督将李奉广等拿获,恭请王命,分别斩枭。并传齐该国在粤夷商环视行刑,俾知天朝法度森严,咸知畏服。所办甚是。至将奥夷人量加赏恤一节,则办理错误。奥地夷船如系装载该国货物,运赴粤省销售,被内地奸民抢劫杀伤。除将匪犯正法外,自应优加赏恤,以示怀柔。兹该夷人所带鸦片烟坭是例禁之物,如该夷人私运入口,即应按律治罪。今因其横被劫夺,戕害数命,不行究治,已属恩施,何得再加赏恤。蒋攸铦即通行晓示各夷商,以鸦片烟坭产自外夷,不准私入内地,天朝例禁綦严。此次奥地夷船私贩烟坭,因其未经进口,又遭劫掠,是以只将烟坭烧毁,免其治罪。嗣后各夷船倘再有私带鸦片烟坭者,进口之日,兵役等照例严搜。一经搜出,除将烟坭焚毁沉溺外,必将私贩之人从重治罪,决不宽贷。如此严切晓谕,先令各夷商一体周知,共知儆惧。将来有犯必惩,更不能托词未悉例禁也。将此谕令知之。(《清仁宗实录》卷三百三十一,嘉庆二十二年六月庚子,第31—32页。)

116. 两广总督阮元奏为恭报起程阅看海口日期及酌拟分次查阅营伍事

两广总督臣阮元跪奏。为恭报起程阅看海口日期及酌拟分次查阅营伍缘由,仰祈圣鉴事。窃照二十二年,系查阅广东、广西营伍之年,钦奉谕旨,调补四川,臣于十月二十二日到任,即经附片奏明。俟省中各事稍有头绪,亲往虎门等处查看兵船炮台情形在案。月余以来,已将移交事件次第清厘,省中现无紧要事件,臣即于拜折后,出虎门海口,阅看外洋情形及各处炮台,并顺道查阅水师提标、香山协等营师船水操,暨附近陆路营伍。回省后再会同抚臣查督标广州协两营,容俟事竣,另行具奏。至此外各营,臣拟于二十三年二月后再次第查阅。若夏秋南风司令之时,仍驻省办公,秋末冬初再为随时相度出省。总当先其所急,后其所缓,以仰副皇上慎重地方,整饬营伍,兼资并重之至意。臣恭折具奏,伏乞皇上睿鉴。谨奏。嘉庆二十二年十二月初四日。朱批:知道了。(北京:中国第一历史档案馆藏朱批奏折,档号:04-01-19-0046-006.)

嘉庆二十三年(1818 年)

117. 福建台湾镇总兵官革职留任武隆阿等奏为哨船遭风击碎事

福建台湾镇总兵官革职留奴才武隆阿、署福建台湾道臣汪楠跪奏。为哨船奉差赴厦,渡载班兵,在洋遭风击碎,淹毙水兵,沉失炮械,查明,恭折具奏事。窃照嘉庆二十二年,系三四起戍兵换班之期。凡内营新兵行抵蚶江厦门,由台澎水师营派船前往渡载,历经遵办在案。嗣于嘉庆二十二年十月二十八日,据代理彰化县知县吕志恒详,据澎湖右营管驾宁字十号哨船把总林瑞凤报称:管带目兵张锦等二十六名,驾坐本船在澎配载二起班兵内渡归伍,因风信不顺,船至南澳港寄泊,班兵即登岸赴厦点验归营,本船由南澳驾往厦门候差,在洋遭风,砒漏,船泊鹿港修葺。于九月初一日修竣出口,是夜驶至彰化县属状元挖外洋,徒遇西北飓风,浪涌滔天,船身颠簸。把总督同目兵极力保护,不虞,四更时候风浪益加猛烈,桅舵拗折,下金损坏,船无把握,人力难施,船只随风漂冲外洋,沉礁击碎,全船弁兵同防船炮械、药铅概行落海,四散漂流。至初二日,弁兵人等陆续攀扶篷板倚岸及渔船捞救得生,大半受伤,查点人数,漂失水兵许继李、吴际勋二名,现在确查漂失兵丁下落,打捞沉失炮械,获日另报。合先据由详报等情,奴才武隆阿当即会同前升道糜奇瑜,分饬营县照例勘讯,仍于失船处所打捞炮械工具,漂失水兵许继李、吴际勋二名。现在确查飘失兵丁下落,打捞沉失炮械,获日另报。合先据由详报,等情。奴才武隆阿当即会同前升道糜奇瑜饬营县,照例勘讯,仍于失船处所,打捞炮械、杠具,确查飘失水兵许继李、吴际勋二名是否淹毙,分别呈报,并行沿海厅县挨查去后。兹据护理台协左营游击翁朝龙、代理彰化县知县吕志恒详称:会勘失船处所委系外洋沉礁重叠,水兵许继李等二名查系黑夜落海淹毙,连日雇募人夫在于失船上下洋面认真打捞,因外洋潮汐湍急,深不可测,水兵许继李、吴际勋尸身同炮械工具均漂流无踪,无从捞获。研讯得生弁兵,据供委系黑夜陡遇风暴桅舵下金断折,以致哨船冲礁击碎,并非管驾不慎。将讯过供由绘图具结详覆前来。奴才等复查无异。除将击碎哨船沉失炮械等项造具册结,同淹毙及得生弁兵名册详情督抚臣核明题销,咨部查办。其被溺兵丁许继李、吴际勋二名系奉差出洋淹毙,事属因公,遵例移查原营该兵丁等有无打仗受伤,分别详咨请恤外,合将哨船奉差在洋失水,淹毙兵丁,沉失炮械缘由,恭折具奏,伏乞皇上睿鉴。谨奏。嘉庆二十三年二月十五日。朱批:

知道了。（北京：中国第一历史档案馆藏朱批奏折，档号：04-01-10-0022-007.）

嘉庆二十五年（1820年）

118. 嘉庆二十五年十一月壬戌谕军机大臣

王得禄奏：巡查台湾，并督缉获盗情形一折。台湾嘉义县地方盗伙多人，连劫店铺，为害居民，先经该镇道查拿。王得禄渡台后，督饬将弁，晓谕绅耆，将逸盗拿获八十余名。所办尚好。其未获各盗犯，仍应饬令镇道，勒限严缉，以净根株。至所称淡水之沪尾、鸡笼及噶玛兰一带洋面，又有匪船游奕，等语。从前洋面大帮贼船往来肆劫，剿捕多年，始行净尽。比年洋面肃清，何以忽又有匪船游奕。王得禄系水师提督，洋面皆伊所辖，责无旁贷。此等匪船若不及早扑灭，听其勾结，又成大帮，必致滋蔓难图。著该提督即分饬舟师，出洋擒捕，查明游奕盗船共有几只，责令悉数埽除。倘迁延不办，再令扰及内洋，该提督不能辞其咎也。将此谕令知之。（《清宣宗实录》卷八，嘉庆二十五年十一月壬戌，第19—20页。）

年月不详

119.《艋舺营所辖地方洋面程途里数》

艋舺营参将水师海洋，南自淡防厅属大安与台协左营交界，北至噶玛兰属苏澳止，计水程七百余里。沿边临海五里为内洋，黑水为外洋。归艋舺参将统辖，沪尾水师守备兼辖。按自大安港、中港、竹堑港为小口，八里坌港正口，大鸡笼港为小口，噶玛兰乌石港为正口，加礼远苏澳为小口。艋舺营陆路所辖地方，西自龟仑岭与北路右营交界止，东至三貂，鱼桁仔与噶玛兰营交界止，南透山林，北至关渡，与沪尾水师交界止；文属淡防厅艋舺县丞，武属艋舺营参将、守备管辖。

沪尾水师所辖地方，东自关渡门与艋舺陆路交界起，至西临大海，南至南澳与北路右营交界，北至野柳，与艋舺陆路交界止；文属淡防厅艋舺县丞，武属艋舺参将、沪尾守备管辖。

噶玛兰营所辖地方，东临大海，西透山林，南至苏澳，北至三貂鱼桁仔，与艋舺陆路交界；文属噶玛兰厅头围县丞，武属噶玛兰都司头围守备管辖。

龟仑岭塘（兵十名），北至海山口汛十五里，南至北路右营雾里汛十五里，离竹堑城八十五里，离台湾府城五百零二里。

海山口汛（外委一员，兵六十名），北至艋舺营汛十里，南至北路右营雾里汛以石头溪交界三十里，离竹堑城一百里，离台湾府城五百一十八里。

八里坌汛（外委一员，兵三十名）南以海山口汛与狮长山交界，北至北路右营南投汛二十里，离艋舺营三十里，离竹堑城一百里，离台湾府城五百五十八里。水洋南至大安二百七十里，北至苏澳四百五十里。

沪尾水师西至小鸡笼汛（守备一员，把总二员，外委二员，额外三员，兵五百八十名），以林仔街交界五里,东至北港塘以灰窑尾交界一里,离艋舺营汛三十里,离竹堑城一百四十里,离台湾府城五百五十八里。水洋南至大安二百七十里,北至苏澳四百五十里。

北港塘(兵五名),西至炮台汛以灰窑尾交界一里,南至艋舺汛以关湾门交界三十里,离竹堑城一百四十里,离台湾府城五百五十八里。水洋南至大安洋面二百七十里,北至苏澳洋面四百五十里。

小鸡笼汛(兵五名),北至石门汛以猫尾溪交界二十里,南至炮台汛以林仔街交界二十里,离艋舺营五十二里,离竹堑城一百三十里,离台湾府城五百四十八里。水洋南至大安二百七十五里,北至苏澳四百四十五里。

石门汛(外委一员,兵三十名),北至金包里汛以阿里傍交界二十里,南至小鸡笼以猫尾溪交界二十里,离艋舺营七十二里,离竹堑城一百五十五里,离台湾府城五百六十八里。水洋南至大安洋面二百八十五里,北至苏澳洋面四百三十五里。

金包里汛(千把总一员,兵五十七名),北至大鸡笼汛以马炼港交界四十里,南至石门汛以阿里傍交界三十里,离艋舺营九十二里,离竹堑城一百七十里,离台湾府城五百八十八里。水洋南至大安三百里,北至苏澳四百二十里。

马炼汛(外委一员,兵三十名),北至大鸡笼汛以文武仑交界十五里,南至金包里汛以野柳港交界十里,离艋舺营汛九十二里,离竹堑城一百七十里,离台湾府城五百八十八里。

大鸡笼汛(千总一员,兵九十名),东北至水返脚汛三十里,西南至金包里港四十里,离艋舺汛六十里,离竹堑城一百七十里,离台湾府城五百九十六里。

三瓜汛(外委一员,兵十名),北至灿光寮塘十五里,南至暖暖塘二十里,离艋舺营汛七十里,离竹堑城一百八十里,离台湾府城五百九十八里。

灿光寮塘(兵十名),北至三貂港口汛十六里,南至三瓜仔汛十五里,离艋舺营汛八十五里,离竹堑城一百九十五里,离台湾府城六百一十三里。

三貂港口汛(千把总一员,兵三十名),北至三貂岭溪与兰营交界十里,南至灿光寮塘十六里,离艋舺营汛一百零一里,离竹堑城二百一十一里,离台湾府城六百二十九里。

水返脚汛(外委一员,兵三十五名),北至暖暖塘二十里,南至艋舺营汛三十里,离竹堑城一百四十里,离台湾府城五百五十八里。

暖暖塘(兵十名),南至水返脚汛二十里,北至三瓜汛二十五里,离艋舺营汛五十里,离竹堑城一百六十里,离台湾府城五百七十八里。

艋舺营汛(参将一员,守备一员,千把总一员,外委一员,额外二员,兵四百二十五名),北至水返脚汛二十五里。南至海山口汛十里,以艋舺溪交界二里,离竹堑城一百一十里,离台湾府城五百二十八里。由八里坌对渡五虎门,水洋七更。(《台湾兵备手钞·艋舺营所辖地方洋面程途里数》,台湾文献史料丛刊第222种,台北、北京:台湾大通书局与人民日报出版社,2009年,第22—25页。)

120. 广东《筹议防剿洋盗章程》

谨将遵旨筹议防剿洋盗章程,开列清折恭呈御览。计开:

一，部议粤东沿海一带民俗强悍，若劝令逐村、逐镇各筑城堡，在淳谨之民固可借以御盗，其不宵之徒即未必不借此藏奸、匿匪，负隅顽抗。且设兵以卫民。粤东沿海现既有盗匪抢劫村庄之事，粤省兵额甲于各省，该督等自应严饬营汛，堵截擒拿。即或沿海兵力不敷，亦应于附近腹地，别营、别汛筹拨协济，何得仅恃村民自卫，并未议及官兵作何擒捕，是营汛竟成空设。且议请需用器械，官为置备。查民间私藏鸟枪尚干例禁，岂有刀、矛、枪炮、铅丸、火药均可任意给与之理，所有该督奏请劝筑城堡，官给器械之处，应毋庸议。

惟守望相助，本系古人弭盗良法。居民等于村落中互相保聚，或间设望楼，取其登高望远，非如山僻处所，坚城壁立，易启藏奸，且构筑较易。应如所奏，饬令各府、州、县于沿海村庄，劝谕本村殷实之户，共同捐资妥办，遇有盗匪突至，递相传报，邻近各村可期集聚御盗。其需用器械除例禁鸟枪、火器而外，听民自备，仍官为查察，勿许借端滋事。

至弭盗之要，尤在官兵不时巡缉。应仍令该督会同提、镇各臣共同商酌，将沿海一带村庄作何派兵巡防。盗至，如何擒捕，兵丁严以赏罚，将备亦分功过，详细议定章程，务使盗匪不能登岸，村民咸获安居，方为妥善一条。臣等详考省志，粤东各府、州濒海村庄，自前明以来因盗贼剽掠大族殷户，每有设立堡城自为守御，由来已久。其滨海贫民或数里一村，数十里一聚，形势散漫，洋匪入港图劫，最易蹂躏，是以前奏有劝设堡城及望楼之议。今部臣以城堡恐易藏奸，准令间设望楼以备望远传报，除向有之堡城历年久远应仍其旧外，其余止许建设望楼，责令公正衿者派拨壮丁，轮流瞭望。遇有盗警，即传集村人齐心出御，邻近村落亦得远望盗踪，互相协助，既可无处藏奸，且捐建亦易为力。

至应用器械遵照部议，除例禁火器之外，听民自备，仍官为稽察，如遇盗警，令其执持抵御。事竣，交公正衿者收管，不得借此构衅寻斗，致酿事端。

一，部议海洋盗匪若无奸民媒线，不知村内虚实，何敢遂行登岸。该督奏请设立保甲，本系成法，应如所奏办理。惟原奏内称，遇有游棍、奸民许保甲等密禀，一经审认，即行治罪，不必等候获盗质证之处。查此等案件，若必俟拿获正盗，质证而后治罪，势必稽延悬宕，若不候质证而竟委之于保甲、州县之手，窃恐保甲等或致串通州县家人、书役，即借此吓诈富户，鱼肉乡愚，遂所欲则共饱橐囊，不遂所欲则指为盗线。州县稍有偏听枉断，则信谳少而冤狱多。应请遇有此等案件，保甲定以赏罚，明知盗线【贼】，匿不举报者，治罪；索诈不遂，挟嫌诬指者，加倍治罪；据实举报，官审无枉者，由地方官捐资优赏；州县审定后，将人犯由府随案解送臬司、督抚复讯，方准定案。庶不致有扰累。

再，沿海村庄居民未必尽系土著，办理保甲一事，土户固所乐从，而客民未必称便。立法之始，最关紧要。应令该督抚等派令明干大员，亲行覆勘编查，妥立章程，示之以明威，晓之以利益，不得奉行虚文，亦不可激生事故。并遴选妥干晓事之人充当甲长、约正。仍饬州县实力奉行，勿致日久生懈一条。臣等查奸民为盗媒线，情最可恶，而其如何与盗沟通，非本地衿民不能知其踪迹，历来版籍混淆，奸宄得志，总由于地方保甲不能实力奉行，遂至漫无查察。上年博罗、永安善后事宜，首先查办保甲，经各处约正、牌甲首送逸匪甚多，俱由道、府确审解省奏办。偶有误拿诬首，即行审明省释，尚无冤抑。今洋盗与会匪情事相同，现在通饬各巡道于所辖地方督率守令，赶紧编查保甲，以丁系户，以户系牌，一县男妇、丁口可以按籍而稽,内有通盗为盗之人,许约正副等指名举首缚送,解由道府审实,然后解省办理,并非一经禀报拿获,即令州县官自行办理也。至粤东地方土著与客籍错处插居,其所谓土著者,族分大小不等;而所谓客籍者,多系江、闽及本省别州县之民,转徒流寓,或开山耕种,或开铺营生,虽祖孙、父子历经数世仍谓之客籍,实则与土著无异也。今当编查保甲,若将土、客分编也,显然予以区别,恐其转不相安。况土、客之中各有良莠,良者乐于编查,莠民则利于淆混。只宜编排明晰,一牌、一甲、一约中,有土、有客,合而仍分,则猜嫌泯而美恶彰矣。

一,部议广东额设缯艍船八十二只,船身笨重仅能依岸防守,而不能出洋捕盗,是以嘉庆四年前督臣吉庆请留缯艍船三十五只,其余四十七只改造米艇,原为驶驾便捷起见。但间制造以来,并不时常配坐出洋,仍只分于各口岸防守,则又以有用委之无用。且船身停泊既久,必致损坏,设有盗警,经地方官禀报之后调集弁兵出洋,而船只、器具尚需修理,舵水亦需雇觅,动逾时日,盗踪早已远扬。况据奏:船只不敷,随时酌量添雇民船,是米艇之设竟属有名无实。伏思捕盗有巡、有防,不可偏废。今该督等奏请将抵补缯艍船之米艇撤归,原汛将来拆造时仍按缯艍成式拆造,又未将因何必须改造之故,详晰叙明。且据称更张成式办理,亦多室碍,究竟如何室碍之处,亦未声叙,碍难定议。应仍令该督、抚等审度情形,除原设缯艍未经改制者,自应仍其旧外,其业经抵补缯艍之米艇可以出洋,岂转不能守岸。现在实存米艇共有若干,亦不得因办理室碍因噎废食,仍将如何经久无弊之处悉心妥筹,再行据实奏明办理一条。

臣等查粤东设立缯艍八十二只,分布各营汛巡防守御,盖在岸则有炮台,在水则有缯艍二者,辅车相依。水、路口岸之所以关锁紧严也,其成造缯艍,工料部中有一定成规,分别年限修理,百数十年来遵循已久,细绎例意,缯艍之设主守而不主战。前督臣吉庆以缯艍笨重窄小,奏将届应大修拆造之缯艍三十三号,制造米艇拨抵。尚有未届修造例限之缯艍十四只,声明俟届限时亦照米艇制造抵补。因部中并无米艇成式,遂酌照商船式样约略开造、咨部,是缯艍、米艇之外,又添一商船名目,于彼于此均无所据。查,缯艍守泊口岸之内,不虞潮蚝浸啮,故大、小修拆造,均有一定期限,一定开销。至米艇则船身宽大,必须加坚、加厚,工料已数倍缯艍,而常年冲涉重洋,随时随处俱须修理,又为缯艍定例所无。欲按限,则工程急不可缓;欲赶修,则经费无所自出。此中室碍情形,难以枚举。臣等前议将拨抵缯艍之米艇各归口岸防守,俟届应修造时仍照缯艍成式置造,系因拨抵之后,办理实在棘手,故为此论。今查原奏拨抵缯艍之米艇三十三号,现在尚有驾赶省厂修理整备出洋者,其工料丈尺俱按米艇办理,并无所谓商船定式,是前此咨部之册实不足凭。当此捕务吃紧之时,船只多多益善,况前奏洋、盐二商情愿捐造米艇三十只,是未有者,尚在议添,本有者,更未便议撤,应将拨抵缯艍之米艇三十三只,仍同大帮米艇出洋巡缉。至各处炮台口岸,现议添兵守御,声势倍增雄壮,亦不争此数十号缯艍之有无矣。将来海盗宁静,或将米艇撤回抵补,或另造缯艍防守,届时酌量情形再行办理。其原奏未经届限之缯艍十四只,现已陆续届限,应请仍照缯艍式样修造防守口岸,并请将原咨商船名目查销,以免牵混。

一，部议粤东沿海七十二汛捕盗官兵，自应各分洋面星罗棋布，方足以资联络。若将兵船尽在虎门一处停泊，何能遥为策应，且细绎该督原奏内称，请将抵补缯艇之米艇各船撤归原汛防守。又称查明口岸，如有需船备虞之处，即于此内拨防，非称原汛防守，即称口岸拨防，并未议及遇有盗匪，本汛及原邻汛兵船如何出洋擒捕。绿营水师恶习，一闻此议，防守者必不肯出战，仅恃虎门一旅之师，东西两路迎敌，势不能处处周匝，且于统巡、总巡、随巡之制亦多不符，应请行令该督严饬各汛，分拨兵船，战、守巡防并用，不得借词派守口岸，推诿卸责，提、镇大员仍应遵照旧例率领将备弁兵出洋巡查，不得借词预备捕盗，株守虎门。其应用船只应令归入前款，一并筹议。至所称官船如有不敷，即添雇民船往捕之处，尤应妥善办理。查盗匪由越南、闽省入粤，报至省城已需数日，上司行文雇船，州、县出票派役，差役得票，遇船即封，得贿卖放，无贿刁难，雇定后报明上司，转交营员，营员验船又以篷舵不堪、绳索不全勒索。州、县遂欲后，仍以收拾篷舵为词，耽延观望，比至收拾妥协，而后出洋，船户已经失时废业，盗匪亦久远遁无踪。应请如遇盗船众多，官船不敷，不得不添雇民船之时，上司令饬州县亲往，监视差役封雇，并即委员监交营员，务期诸弊尽绝，不得假权吏役，徒致扰民，而卒无益于公事一条。

臣等查粤东修造米艇必须在省城购料鸠工。溯查乾隆五十九年初造九十三号米艇，其时即已加工、加料，坚厚逾常。惟修船系文员之事，捕盗系武员之责，以捕盗之武员驾文员修造之米艇，本非其所爱惜驾驶，岂能慎重。有甫出海而即需修理者，非关停泊朽坏。至兵船宜合而不宜分，分则势单而行迟，合则势盛而行速。臣等前议将米艇停泊虎门内壕墩地方，原以粤东海面分东、中、西三路：东路则有南澳、澄海、海门、达壕等处米艇十一只；西路则有龙门、海安、海口、崖州等处米艇二十三只，各于本境巡缉。虎门则为中权扼要之区，宜于此处多行屯舣战舰，以便随时调遣策应，且壕墩附近省城，水淡无咸，船只在彼湾泊不虞蚝蛀潮侵，且文员可以常往点查修葺，并使出洋之水师有所会归，一有征调，朝发而夕出，呼应既灵，形势亦便，并非常年停泊，不令出洋巡缉也。至雇船出海原非常策，数年来偶一为之，此次因米艇驾省修理者较多，而捕务又急不可缓，是以分檄香山、新会等县雇觅商盐船一百号，配兵，交与提、镇统带出海，此系一时权宜矣。省厂米艇修竣，即将此项商盐船只停雇。臣等严查此次雇船，文、武衙门胥差、兵弁，尚无卖放、刁难、勒索情弊，不致贻累商民，且系偶行之事，似可无庸另立章程。

一，部议粤东水师陆路额设官兵六万八千余名，为数不少，若果操练精熟，以之抽拨沿海，协同各本汛，分段防守，有事彼此互相策应，自可足敷堵御，更何必筹添乡勇，俾强悍之徒，成群啸聚，得力少而为患实多。况现在钦奉谕旨，不准设立乡勇名目，若寻常捕盗，辄议招募乡勇，国家设官、设兵奚为者？且该督奏请招募乡勇，系令富户出资，行之日久，是乡间富户均得各有私兵，恐滋流弊，亦非政体所有。该督奏请沿海州县招募乡勇之处，应毋庸议一条。

臣等查粤东沿海居民，贫者以捕鱼、晒盐为生，富者以耕田、行贾为业，村落散布其殷阜处，大半枕近海港，人户多寡不等，计通省海岸三千余里，村庄盖难缕数，而洋匪上岸劫掠无定所，亦无定时，虽通省额兵六万八千余名系分水、路两途，地方辽阔，营汛窎远，断不能使兵丁排列海岸,株守终年,故有远村被劫,营汛闻信赴捕,匪已远扬情事。如此实有难于遍处防守之势,查洋匪上岸行劫,原因水、米乏绝,入村肆掠,以延残喘,实则并无伎俩也。当其近岸时,如遇村庄堵御严密,即便回帆而去,间有上岸亦多被兵役、乡民擒获,其所以敢于入村抄掠者,则因内奸为之线导,且盗未至而村中男、妇先逃,该匪等即得恣其席卷。今保甲已次第编查,内奸将无所容,而各村中每家愿出之壮丁齐心守御,此县之民不至彼县,此乡之民不至彼乡,各守其所守。(朱批:自应如此办理)盗匪自不敢弃舟登陆,入人门巷,此项壮丁系各卫身家(朱批:非指此而言),自出己力,与川、陕等省雇募之乡勇随营打仗者迥不相同(朱批:此则非许)。与其听民自为,不若官为稽考(朱批:可以不必)。是以,臣等前议每村令一、二人为领班,经理其事。所谓富者出资,不过预备御盗传众螺鼓及夜间油烛之用,如能获盗,则给与奖赏。少则由地方官捐给,多则由司给发。于关盐盈余项下动用,逐案开销。其口粮一项,该民人等系自护室家,应遵部议,毋庸给予,仍遵旨,不许设立乡勇名目,遇有文书、告示,但称壮丁,俾其守望相助,则名义协,而公、私亦无扰费矣。

一,部议查《中枢政考》内载:广东渔船梁头不得过五尺,水手不得过五人,俱令该州、县取具保结,印烙字号,然后给照,将船主年貌、姓名、籍贯填入,欲出洋者将十船编为一甲,取具一船为匪,余船并坐连环。保结出口时,责成守口员弁将该渔船前往何处及舵水年貌、姓名,逐一查填入照,钤印登簿,始准出入海口。又载商渔船只各按海道远近、人数多寡,每人每日带食米一升,并余米一升,以防风信阻滞,不准多带米谷,等语。是丈验渔船定数带米,本系《中枢政考》旧有之例,该督以旧有条例作为新定章程,是从前粤省沿海一带并未查照定例办理。应令该督严饬州县营员各照所请实力奉行,不得仍前懈弛,亦不得借丈验渔船为名,需索刁难,或得贿私放,别滋弊窦一条。

臣等查丈验渔船定数带米,原系《中枢政考》内备载条例,第日久视为具文,是以前次议奏,冀大加整饬。今准部议,现已移行文武,查照定例,实力办理。惟是通省港汊纷纭,处处可以通海,州县止有令牧、丞捕、巡检,武弁则驻扎营汛炮台,渔船出入海口,有文武耳目所不及者,现已通饬沿海各州县各就所管通海港汊地方,绘图注说、通缴。仍责成各道府于分发各府试用人员内,遴选明干之员,按照地方形势分赴驻扎,遵照定例,会营查验,按月列册报查。如有渔船梁头、食米违例及有通盗实踪者,立时会同该管捕巡拿解该州县审办。倘委员任从家人跟役得贿卖放、勒索刁难及文武扶同捏报者,道府查明揭参治罪。如果奉行实力,则旬月即有成效,第此等试用人员并无廉俸,今令在海口驻扎,用度维艰,若不量予资斧,恐其婪贿滋弊,而州县用度亦繁,难以尽令出资、佽助,应请每员每月由司酌给银三两,俾其借资日用。其银公捐办理,不必动项开销,仍以半年为期,由道府委员更换,以均劳逸。半年之内如能拿获奸渔、真盗,即详请越格超补。如怠惰无能,随时撤回另委,不必俟至半年。如此则赏罚昭,而惩劝著,庶不致有名无实矣。

一,部议沿海地方营汛额设官兵,全在督、抚、提、镇随时相机调度,方于捕务有裨。查粤东炮台一百座,台兵三千余名。如果兵力较单,自应酌量情形添派兵丁,严密防守,应如所奏办理。其所派官兵应如何分班更替,该管备弁等如果出力办有成效,如何分别升赏,兵丁如何鼓励,其奉行疏懈者,如何分别惩治,均应立定章程,随时酌办一条。

臣等查通省炮台有最要、次要之别,其不近炮台处所亦有紧要口岸。现已分别咨移提、镇酌量情形,将何处应行添兵,如何更番防守及何处毋庸添派之处详晰议覆到日,再行咨部。现在出洋捕盗所调兵数较多,各标、协、营、寨存营之兵较少,若本营不敷派拨,势须于腹地陆路营分内派往协防,此等调防之兵其所得钱粮、色米当留以养赡家口,若不酌给口粮,则本身日食无资,似难责其安心防守。查定例兵丁本境捕盗,在三百里以内,不准支给口粮;其派防处所在百里以内,未离本汛者,就各原营按月支领粮饷;其在百里以外及二百里以内,已离本汛者,距原营较远,按月接支不及,准其在各原营借支两个月粮饷,俟换班回营日,分限扣还;如在二百里以外及三百两以内者,距原营更远,每名每日准给口粮银三分。此次调防兵丁,离营远近不一,而其为劳苦则同,似应俯加体恤。凡已离本营、本汛之兵,每名每日一体酌给口粮银三分,以资帮捕。查粤东水师各营每年赴司请领洋赏银三千两,其银于朋扣项下动支,作为都、守以下各弁兵赏劳之用,不论巡洋之勤惰、获盗之有无,按年照例给支。(朱批:仍是福康安之余孽)其实出洋弁兵已按月给赏口粮,是此项竟属虚靡,应请将洋赏银两停止,(朱批:甚是)以为各路调防兵丁口粮之用。如有不敷,仍于本款朋扣银内动支报销,如此则兵无内顾之忧,士有作新之气,营伍可期起色矣。

一,部议海盗肆行,必有内地奸民勾通、接济。是以商渔各船出洋多带米谷以及夹带硝磺、军火、器械,均有明禁,守口官兵盘查不实,及知情贿纵者,分别议处治罪。亦系旧有定例,缘奉行不力,积久弊生,于是兵役得以任情贿放,奸民希图重利,遂公然借寇兵而赍盗粮矣。该督请于出海要隘、口岸,酌委明干之员专驻其地,会同查拿,并许居民首告,分别鼓励请办,自属海防急务,应如所奏办理一条。

臣等查接济洋盗米粮、火药均干严禁,数月以来,据各县拿获通盗奸匪均已先后审明办理,而兵弁中竟有将米石卖与洋匪及得赃放盗者,现在审明奏办。拟置重典,第恐日久玩生,应再申明例禁,晓示祸福。凡商船出入之口,即系渔船进出之路,现议由道府派委明干之员,赴各口岸丈验渔船,应即令其并验商船,如有夹带米粮、火药出口者,即会同该管捕巡拿解该州县,严审详办,仍将该委员优加奖励,如有得贿纵漏,难掩本地人民之耳目,准其赴县府首告,审实,将首告之人酌加奖赏,委员揭参治罪。如此分别劝惩,于防奸之道似有裨益。

又部覆内开:籍隶广东之给事中陈昌齐现已奏旨补授温处道,昨蒙召见后臣等将此件议稿面交详阅。据称炮台添兵一款,尚有应行推广之处,并向臣等告知,以该省兵额有定,驻守者多,必致出捕者少。而在岸防堵尤贵于近岸处所,先扼要而遏其冲。

查在洋各匪率以广州外洋白龙尾一带为巢穴,缘该地州屿森列,逼近占城、暹罗、交趾等国,为官兵哨巡之所不及,故得借以藏身。其入内洋,必由广州而东,历琼州、雷州、高州、肇庆以达广州、惠州、潮州各府,中间所赖以湾泊,取齐、候潮、避风、觅线伺便之地,在雷、广、高、肇之界则有遂溪县属之涠州、电白县属之广州湾、大、小放鸡山等处,广惠潮之界则有新安县属之沱泞山、海丰县属之遮浪澳、潮阳县属之河渡、放鸡山、澄海县属之大莱芜、饶平县属之长山尾等处。各处有先经设立台汛,而兵力尚单者;亦有未经设立台汛者,皆内洋近岸山岛,匪所必经之地,应请令该督、抚等酌量营势,各派兵一百名,或三百名,拨派守备，或千总一员，分领驻扎，常川巡防，星罗棋布，互为应援，与岸上炮台之兵相率表里，庶匪等不能偷越。至驻扎须造营房，增兵须筹饷项。查雍正八年两广督臣郝玉麟以粤省非山即海，平衍甚少，马匹不须过多，奏准酌减督标、提标马兵，以酌减之饷，多设步兵，增派要汛，于防守甚有裨益。今查粤东三面环海，支港错互，加以溪涧梭织，各府、州、县非渡船不能通往来，不独督、提二标无须多马，即各营汛马兵亦非要额，应请将各营汛马兵酌留大半，以备驰报，其余悉改为步兵，以所余之饷，为增设新兵并建造营房之用。一切遵照雍正八年章程办理，以免急遽更张之扰。其驻扎官兵终年在岛巡防，较之岸上官兵险易有别，应请将岛上之兵与岸上各营汛之兵轮年更替，以均劳逸，守备、千总等在岛三年，如果并无盗案，准其调回内地，保题升转，以示鼓励，等语。臣等查该道所陈，系就该省地势情形而论，是否与捕务有益，并各该地方应如何添设台汛弁兵，如何更番轮换及作何奖励、惩创之处，应请旨一并饬交该督抚等通盘筹核。检查旧案，相度情形，归入炮台添兵条内，详议章程奏明，妥为办理等语。臣等查炮台口岸现议添兵防守，并请将调防之兵酌量给与口粮，就通省水、陆兵额而计，似尚足敷调派。今温处道陈昌齐所称白龙尾一带为官兵巡哨之所不及，故盗匪得借以藏身，意欲于彼处设立营汛，以夺其巢穴。但白龙尾系越南夷洋，断无由内地派兵前往立营之理，至所称涠洲、广州湾等处，或在海中，或在海岸，远近、大小、广狭不等，内沱泞系新安所属，遮浪系海丰所属，河渡、放鸡山系潮阳所属，长山尾系饶平所属，俱经设有台汛，现于炮台添兵条内核议。其并无台汛各处，如遂溪、合浦交界海面之涠洲一岛，前督福康安曾议于彼设营驻兵，因叠次委员勘查，该岛四面大洋，形势孤悬，绝无应援，且地土硗薄，向来未开垦，加以水泉不充，柴草稀少，难以驻兵，是以佥议中止。但事隔数年，或今昔情形稍有不同，仍须覆勘。其余吴川之广州湾，电白之大、小放鸡山，前虽未经议及，现据陈昌齐指陈形势，历历如绘，是否可以驻兵，亦必须覆勘明确，方能定议。至所称前督臣郝玉麟裁马添兵之案，检查通志，刊载甚明，现在分饬该管各道府会同各镇将分赴未建台汛之各洲岛，逐一亲身覆勘，详晰绘图贴说。议详到日，另行妥筹核办。

[嘉庆朝]（北京：中国第一历史档案馆藏朱批奏折，档号：04-01-30-0211-005.）

121. 江南道监察御史黄照奏为敬陈沿海盗劫情形事

江南道监察御史臣黄照跪奏。为敬陈沿海盗劫情形，请立法防御，以恤商贾，以靖海疆，仰祈圣鉴事。窃见近年海贼在洋抢劫商船，甚或登岸掳掠，始由近海奸徒结伙驾船捕鱼，或不得利，转而行劫。继则勾引安南艇匪、海贼，借艇匪之凶残。艇匪以海贼为向导，公然数十船，盘踞海中要害之处，以伺商船经过，肆其荼毒。初则搬取货物，强掠人口，后又以销赃需时费事，往往将货船禁押，勒令向原保行索银，取赎限以时日，迟逾则人船俱焚。呼救于官，而哨兵不能猝至，无济于事。虽屡奉谕旨严缉，各省亦频有缉获，而海邦未见绥靖。窃以为驱除海盗之法，有应官代民筹者，亦有应令民自防者，其要有五，敬为我皇上陈之：

一，商船宜分别大小，准酌带炮械也。查向例商船不许携带枪炮器械，恐其借此为匪，又虞在洋被劫，转资贼用。自乾隆五十六年四月，两广督臣福康安酌定章程一折，经奉上谕：内海商船亦准带炮。时系广东奉到廷寄，并未通行。现在福建商船仍沿旧例，不准携带。但商船既有本县牌照及行户连环保结,行户皆有身家,畏法之人决不滥保匪徒。又自例禁以来,洋盗枪炮火药器械甚多,并非劫自商船,徒令无炮械之商民听其肆掠。臣愚以为厦门货船,如贩艚、艍仔二种,载货无多,向系小家行户,保结不足深信,应令其同帮之船连环互保,毋庸给予炮械。其大家行户保结之商船,载货至数千担者,每船水手数十人,自洋盗肆劫以来,商船出洋皆候风讯,结帮而行,合数船之人,不下数百,若每船准令携带数十斤重炮四位,酌添水手四名,各带防身器械,即遇盗船,商民顾惜资本、生命,又有炮械,协力拒斗,盗亦难以得志。至所带炮械注明船照内,出入口时,守口官弁按照查验,遇有歇业换主,照数缴官,以备拨用。如此,庶商船有恃,不致束手受困,裹足不前,而盗党亦不敢肆然无忌也。

一,海边稽查,宜专责成也。沿海居民,每恃其地处偏僻,潜为不法,或为贼船探信、销赃、接济水米,皆有厚利。其狡而强者,则坐地分肥,此皆贼船窝线,不可不立法惩治。沿海村庄旧有保甲,但保甲之行,地方官不过循例出票,胥役人等派收陋规,造册详报,并未实力奉行。充甲长者,非懦弱无能,则徇庇贪纵,于缉匪安民之道毫无实际。应请令濒海州县每年亲到村庄稽查一次,甲长务择乡邻所畏服者充役,甲内有交通洋匪及私出行劫,确有凭据,许其即行禀拿,如有扶同、徇隐及分赃受贿等弊,一经发觉,分别治罪。如此,便不致循行故事,而匪徒亦知敛迹矣。

一,渔船带桅篷出海,宜严行禁止也。海滨渔户素资网舟之利,向时远出捕采,皆有所不禁。或不得鱼,偶亦为贼。自盗船肆劫以来,若辈通贼,获利数倍于捕鱼,遂相率为之。其船向泊海边,并不报官查验,立桅扯篷往来自便,或去而不来,或来而复去,且与盗船多同乡里,或系亲戚,尤难究诘,名为渔船,实则无形之盗也。此而不除,盗船根株断不能绝。请将福建渔船小者,毋庸置议,其大者,带有双桅、双篷悉令撤去桅篷。(文尾缺——著录员注释)(北京:中国第一历史档案馆藏录副奏折,档号:03-1699-075.)

122.《论明职》

嘉庆三年十月,温州患海盗,各县咸集议时事。或曰:盗至必上岸劫掠,宜徙滨海之民于城中。或曰:盗之来也,恃奸民为之消赃接济,官严禁渔船,毋许入海采捕。持论不一。观察王公以询镐,镐谓:二说皆非也。彼滨海之民,各有田庐世业,徙将安往。且盗乘其徙而入踞之,是以地资盗,而引之近也。至于渔船,以采捕为命,若禁其入海,彼将何以资生。不出一月,非死即溃。故曰:二说皆非也。以某论之,其惟明职乎。文有文职,武有武职。屏御寇盗,不使内扰百姓者,武官之职也。约束百姓,不使外通寇盗者,文官之职也。浙江沿海州郡设立三镇水师,防备不为不密,然而海盗充斥,竟至勾结奸民,往来无忌者,文与武皆失职也。文官不以教养为心,而驱民入盗,武官不以缉捕为事,而豢盗殃民,弊非一日。方今寇已在门,若欲拔本塞源,缓不济事。莫若于内洋与外洋接界咽喉之地,择其至险至要,可以扼而守者,三镇各帅舟师据之,声势联络,首尾策应。捐外洋以听之,不必争逐。其渔商各船,许于内洋采捕,不得擅越。严饬各口弁兵,稽察奸细,敢有内地奸民,私挟禁物出口济匪者,许武官揭报,专治文官失察之罪。如敢纵盗逸入内洋,惊扰渔商者,许文官揭报,专治武官玩寇之罪。如此,则文武之职明,而盗且不攻自去。然后于从容无事之际,武官日训练其卒,而文官日教导其民。不出三年,而盗风息矣。观察曰:子之论太高,择其浅近易行者。镐对曰:某之论,似深而实浅,似远而实近,似难而实易也。盖自天子以至于庶人,莫不有职。职明,而天下自治。是恒业不修,责在百姓。百姓失职,责在州县。州县失职,责在两司道府。两司道府失职,责在督抚。督抚失职,责在宰相。宰相失职,责在天子。是故天子择相,相择督抚,督抚择司道,司道择府,府择州县,州县择其民,而劝惩之。俾各勉于为善,而无为不善,则天下治矣。天子择相,不过数人。相择督抚,不过十数人。督抚择司道,不过数人。司道择府,府择州县,不过数人至十数人。其事简,其效速,何居乎而不可行也。或谓州县以一人治万民,其数繁矣,安得人人而理之。不知天地生人,莫不有耳目手足也,莫不有身家性命也,莫不有是非好恶也。因其耳目手足,教以勤俭,无不从也。因其身家性命,教以爱惜,无不愿也。因其是非好恶,示以善恶两途,使知为善者必赏,为恶者必罚,无不化也。因民之所利而利之,亦在因之而已。何忧不给哉!位有大小,而理无异同,各尽其职而已。否则文恬武嬉,粉饰耳目。一遇事变,则彼此推诿。虽以之御盗,犹且不可。何论治天下哉!（贺长龄、魏源编：《皇朝经世文编》卷八十五,海防下,第51—52页。）

123.《纪御海寇蔡牵事》

五月十七日,蔡牵再据鹿耳门,劫商船。二十二日,将军自嘉义回郡督战。值海涌,舟师不得前。将军怒,遣千总林青高持令箭出督。于是,福宁镇张见升、澎湖协王得禄率众军直迫蔡牵。蔡牵急旗招众船冲浪出,溺死无数,为六月一日。自是,蔡牵不复来。其先时,战守员弁、镇道各随功入奏。由将军奏者,有功义首分别给顶戴。兼水师义首候补郎中吴春贵,加一级,纪录二次。廪生黄化鲤,以获许和尚,授训导。武生林玉和,以获陈番,授千总。其奉旨续查出力人员,署凤山令陈起鲲、摄嘉义令胡应魁、典史任元举、台湾县学教谕郑兼才、训导黄对扬,皆由巡道保举。将军至嘉义,则削应魁、元举名入奏。起鲲赏戴蓝翎,兼才、对扬以应升之缺升用。巡道庆保赏戴花翎,并给玉牌荷包,旋升本省臬司。以汀漳龙道清华为台澎道,同知钱澍赏戴花翎,擢知府,加道衔。知县薛志亮,赏给知州衔。总镇爱新泰,赏给云骑尉世职,以劳瘁没沪尾,续至翼长武隆阿代焉。游击吉凌阿,升参将,病终官署。都司许律斌,赏戴花翎。千总林青高等,擢守备。道幕布政司经历柯纬章,以同知升用。宋炳,授知县。知府马夔陛,以他事,有旨撤回。调建宁府知府高叔祥至,旋病殁。前发戍杨廷理返自伊犁,奉旨驰驿继其任。蔡牵既遁去,李提军仍督水师穷追。十三年二月二十五日,战于黑水外洋,几成擒,提军忽中贼炮,知不治,犹料理军事,移时身亡。事闻,上震悼,追封伯爵,赐谥壮烈,并赐祭葬,予专祠。以总镇王得禄提督浙闽水师。十四年八月十七日,同提督邱良功连艟南下,迫蔡牵,遇于鱼【渔】山外洋,即招集闽、浙两省护总兵孙大刚、护副将谢恩诏、参将陈登、护游击陈宝贵等各兵船,并力围击。十八日,追至黑水深洋,贼船节次击沉,遂并力攻蔡牵船。蔡牵及其妻并伙党数十人,俱落海死。奏入,王得禄晋封子爵,赏给双眼花翎。邱良功晋封男爵,各赏赉有差。总督阿林保、巡抚张师诚,均从优议叙。巡抚加赏大小荷包等物。其余各官,俱以次升用,或开复原职,而海寇悉平。(郑兼才:《六亭文选·愈暗集》卷一,台湾文献史料丛刊第143种,台北、北京:台湾大通书局、人民日报出版社,2009年,第57—62页。)

124. 攻击海匪事

初四日,己巳,常青、恒瑞同奏言:初八日卯刻,骤雨如注,有贼匪三千余人,三路直扑大营。臣等令侍卫章京乌什哈达等八员,分派将弁带领官兵,各奋勇争先冒雨径战,枪炮打死贼五六十人。至巳刻雨止,又有续到贼匪接应,约五六千人并力来攻。官兵鼓勇迎杀,贼犹抵死不退。官兵等施放排枪,乘势压下,贼方败走,夺获行营炮一尊,枪刀等械十余件。初十日,贼人复来攻营,又分贼二千余人攻小南门之桶盘栈。臣等一面派拨在营将弁,分路截杀;一面飞饬副将丁朝雄等齐赴桶盘栈堵御。台湾道永福、同知杨廷理带领义民,随后接应。两处打仗,枪炮打死贼一百余人,夺获贼械二十余件。至午刻,贼俱败退。当查出力有功及伤亡弁兵、义民,俱照例赏恤、注册。再,署游击黄鸣凤在鹿耳门内外洋面巡缉,初七日,巡至卓加海面,瞭见贼船八只,随率弁兵、义民追擒。贼船驶逃入港,登岸奔逃。立带把总李光显等追捕,时有萧垄等庄义民陈聪等,率众协同官兵杀贼二十二人,其余逃窜。贼船、贼寮,尽行焚灭。当将该将弁等记功,以待奖擢,义民陈聪等各赏银牌。又查南北沿海各港小口,俱可通运粮食。如凤山之东港,已被贼人占据,近复于诸罗之笨港、盐水港往来骚扰,粮食不通。郡城米价渐昂,每石钱三千二三百文。该道永福,现在设法调剂,且防范沿海洋面,保守郡城。臣等酌量各处,分兵四五百名,并义民数百名,前往剿御。仍知会蓝元枚会同柴大纪就近速派弁兵齐赴守御。务使港口常通,则米粮不致腾贵。至贼伙虽众,臣等查看一有变动,即乘势疾击,亦不敢待添调之兵,致失机宜。(《钦定平定台湾纪略》卷二十三,台湾文献史料丛刊第102种,台北、北京:台湾大通书局、人民日报出版社,2009年,第377页。)

125. 调任福建水师提督事

再,福建水陆两提督员缺亦属紧要。陆路所辖,多系腹里地方,梁朝桂或尚能办理。其水师员缺所辖,皆系外洋地方,责任尤重。而现任提督蔡攀龙,询之由军营回京大臣、侍卫等,佥称其人平庸,福康安前亦奏其未能胜任。若令其久任海疆,恐有贻误。朕意陕甘二提督哈当阿、苏灵,俱尚能事。近来甘省地方宁谧,蔡攀龙至彼,尚可将就胜任。并著福康安于哈当阿、苏灵二人内,量其才具,孰与福建水师员缺相宜者,即奏闻调补。或此外福康安尚有知其才具堪以调用之人,亦即据实具奏,候朕简调。庶于海疆重任,足资整理。(《钦定平定台湾纪略》卷六十四,台湾文献史料丛刊第102种,第1023页。)

126. 朱溃占据苏澳

闽海巨盗,自蔡牵外,朱溃最炽,而与牵不相能,溃尝挟洋窥金、厦,漳、泉为之戒严。是时,溃在广东大莱芜外洋,为澄海协副将孙全谋所追,窜入鹿港、淡水一带伺劫。得禄自铜山放舟渡台，夜至大鸡笼澳，见溃船潜匿港内，率兵前攻。溃逃至噶玛兰，大载农具，泊苏澳，谋夺溪南地为巢穴。五围头人陈奠邦告急，廷理乃与得禄会同水陆赴援。有潘贤文者，岸里社之番通事，处东势罗东社，溃思结之，漳人李祐阴与通焉。廷理侦得其实，晓以大义，并赍众番哔吱十板，红布五百匹，番银千饼，贤文大悦，众番亦皆鼓舞。乃设木栅于海口，捕通贼者，祐惧，挈妻孥入贼舟。九月九日丁未，廷理自艋舺入山，至五围，集者老抚慰之。义首林永福、翁清和等愿率精兵效用。时溃踞苏澳，得禄以舟师追至港口，贼以巨缆缠铁锹横沉港口，廷理令永福等领番勇穿山辟路达苏澳，与得禄舟师合，贤文率众断贼樵汲。二十日戊午，夹攻之。凡焚贼舟三，沉其大舟一，贼以十六艘顺流东遁。（郑鹏云纂辑：《新竹县志初稿》卷五，台湾文献史料丛刊第61种，台北、北京：台湾大通书局与人民日报出版社，2009年，第207页。）

127.《复林若洲言时务书》

国家取士之法。出正途者有科甲，有行伍。出异途者，有荫袭，有诏试，有投效，有吏员，有捐纳。我皇上亲政以来，士人上书陈言者。苟有可采，间赐录用，皆所以广收人才也。有功者赏，有过者罚，铨归阁部，重大柄也。迁擢以等，惜名器也。升调以年，杜躁进也。保荐必书事实，防冒滥也。其有奇才异能者，例许专折奏请，或特旨不次超擢，可谓四门洞关矣。足下又欲复辟举之法，岂诸路皆不足以得人，而辟举独可得人乎。抑贤人君子不肯应朝廷诸路之求，必待辟举法行，然后出而仕乎。徒长虚声，无益实效。其不可二也。若夫使臣采访，惟据声名，则殷浩庆弹冠矣。窃恐奔竞请托贿赂诸弊如猬而起，虽严刑峻罚以绳之，不得而禁。其不可三也。课绩命官，故贤能者奋勇，而贪劣者不得进。若令其自荐，则人皆毛遂、吴起矣。脱令有一能读父书赵括，出乎其间，足下将疑而不用耶，则无以服其心，而来天下之贤，将举长平四十万卒，慨然授之耶。是戏天下于一掷也。夫考试，微名也。枷杖流辟，大辱也。密封搜检棘闱至严也，而枪替怀挟之风，犹不能禁。况立谈而取尊官，掇厚禄，何事不可为耶。其不可四也。司道者，百吏之纲维。提镇者，三军之司命。皆天子之屏翰大臣也。必其人功绩著闻，才识卓异，天子乃简而授之。非如知府副将以下，督抚可以奏补也。足下竟许幕府自选，以为有合于古者大国三卿、二卿命于其君之义，不知古者封建诸侯，各君其国，各子其民，故各得命其臣。今则郡县一统，无私土，无私民，安得有私臣哉。以闽、广、江、浙四省，悉隶幕府，已辖天下三分之一，又使得自选其属，则朝廷轻，藩镇强。足下能保无树党营私，尾大不掉者乎。其不可五也。广东官制，三司之外，辅以六道，无可增，不容减，法至善也。足下欲减司道为三，辅以二副使，何以资弹压而寄廉访乎。其不可六也。贼船之来，无定时，无定境也。接济之奸，非明目张胆也。二者之患，合通省文武之力，犹不能办。足下乃责之一副使乎。其不可七也。往者招募乡兵，出洋缉捕，意谓胜于营兵也。讵知闻贼炮声，荒乱无措，不战而溃。何则？战阵非其素习，又且工价几何，孰肯舍身斗贼乎。足下欲使一副使，抽分商人余息，购募乡兵，护同上下。粤洋三千余里，一副使岂能尽护耶。果能护，仆犹虑其加赋病民。况乌合乡兵，必不得力。贼船突至，必遭焚掠。商人以有限之财，供无益之用，虽刀锯横陈，不能从命。其不可八也。广东兼辖水师官将，一提、五镇、六协、七参、八游，而陆路不在其数，非是不足以资防御也。足下欲减提镇为三,分之,则海面辽阔,终形单弱;合之,则又顾此失彼。其不可九也。粤东战舰,旧惟缯船资以护守,形制皆不甚大也。至乾隆五十九年,海氛猖獗。小船不能敌大,乃造米艇百号,分派各营。每遇盗警,不敷配驾,尚须添雇商船,非得已也。贼船之来,多者百十号,少亦数十号。足下欲每军止用战船二十,米艇十号,将谓寡可敌众乎。仆尝半载在洋,与贼连战数次,颇知其略。大抵外海之战,与内河陆路异。何则?汪洋之中,一望无际,非有山林险阻,可以凭扼塞。非有林木蔽翳,可以伏奔轶。其战也,惟恃船只炮火之多寡大小为强弱,而又有雾有雨不可战,无风、大风、逆风、逆潮,皆不可战。必天日晴明,风力适中,师船乃出。船身簸荡,炮发多虚,幸而得胜。我顺风而逐,贼亦顺风而逃,不可骤及。东西南北,惟其所之,不可邀截。若到黑水外洋,或日色将曛,我师不得不回帆矣。故其殄灭较难。要之方战之时,必以船大炮大为贵,故以大船攻小船,如以虎驱羊,一可当十。以小船攻大船,如以卵击石,十不当一。是故配船之法,大船须十之八九,小船须十之一二。小船者备浅水捉贼之用,不任战也。仆方欲添制加倍大船,每帮二三号,载以四五千斤大炮,俾贼不战自溃。足下乃多用小船,少用大船,谓大船不若小船之便。亦未亲临行阵耳。其不可十也。(贺长龄、魏源编:《皇朝经世文编》卷十二,治体六,第28—34页。)

128.《黄标传》

黄标,字殿豪,广东潮州人。由行伍拔补千总,擢守备。乾隆五十五年,艇匪肆掠,总督福康安议练水师,募奇才异能者领之。标技勇过人,生长海壖,习知水道险易,能久伏水底,视物历历可数,特被识拔。以捕获龙门洋盗及狗头山匪功,擢都司,署游击。嘉庆元年,剿匪于南澎外洋,获李超胜等三十余名。仁宗素知其名,诏嘉缉捕勤能,擢参将。二年,俘洋盗胡三胪等,复击毙安南匪首,尽获其众,被优叙。三年,迁澄海副将。未几,擢广东左翼镇总兵,命总统巡洋水师,责以肃清海盗。四年,剿匪大放鸡山及双鱼桅、夹门外洋,歼获甚众,赐花翎,命绘像以进。寻以盗劫盐艘被劾,诏原之。六年,复击贼于南澎外洋,获田亚猛等。七年,偕提督孙全谋剿博罗会匪,连破羊矢坑、罗溪营要隘,捣其巢。事平优叙,并被珍赍。自将水师,饮食寝处与士卒共,先后获匪六百余名,粤海倚为保障。八年,偕孙全谋出海捕贼,贼遁广州湾。标议合兵守隘,俟贼粮尽可尽歼。全谋虑持久有风涛患,乃分兵,贼得突围逸出。标叹曰:此机一失,海警未已!愤懑成疾。寻,坐师久无功,吏议夺职留任。未几,卒。(赵尔巽主修:《清史稿》卷三百五十,列传一百三十七,第11261—11262页。)

129.《林起凤传》

乾隆五十九年,升浙江瑞安协副将。六十年,海盗纪梦奇等在洋肆行劫掠;起凤率舟师出洋巡缉,纪梦奇就擒,并获陈言等七十余人。嘉庆元年五月,擢温州镇总兵。八月,击贼于潭头洋面,歼贼渠陈阿宝并余匪多名。时各匪船乘风南窜,得旨:著林起凤董率巡查,如有未经南窜、在浙逗遛者,就近查拿。二年五月,盗船驶向南陇外洋;起凤督率兵船四面兜击,执贼目吴贡等四十人,获其船二。十月,获盗匪李几等二十余人。三年,巡缉至旗头洋面,适东、西柱外洋复有盗船驶至,随饬舟师两路夹攻,擒洋盗范中才等三十余人。余匪溃窜外洋,复率舟师并力穷追,施放枪炮,贼被轰伤落水者无数,斩级十、生擒三十一,获其船三。(李桓编:《清耆献类征选编》卷三百二,《清代传记丛刊》第43册,第337—339页。)

130.《李长庚传》

李长庚,福建同安人。乾隆三十六年武进士,授蓝翎侍卫。四十一年,补浙江衢州营都司。四十六年,升提标左营游击。四十九年,迁太平营参将。五十年,升乐清协副将。五十二年,署福建海坛镇总兵。五十三年六月,以所辖洋面盗案多未捕获,革职留缉,随于外洋各处叠获洋盗林权等及首伙各犯,并船只、枪炮、刀械等物。五十四年十一月,奉上谕:李长庚准其留于福建,遇有游击缺出,该督酌量奏补。五十九年二月,补海坛镇标右营游击,署铜山营参将,叠年在洋捕获盗犯林瓢等。嘉庆元年二月,迁铜山营参将,会合浙省兵船围捕粤匪,获吴兴信等三十七名。二年四月,升署澎湖水师副将,又获盗犯郑翁、周叠等。三年二月,擢浙江定海镇总兵。六月,长庚带领兵船于黑水洋面攻击苏柳等,斩贼二十名。八月,攻盗于普陀外洋,获其船,歼毙无数。四年七月,于潭头外洋生擒盗首侯纳等。旋以土盗凤尾帮勾结夷艇百余人踞浙界岛吞,长庚率舟师出击,追至温州三盘吞,沉其一艇。时守备许松年等三船皆为贼困,长庚返篷冲入夹攻,三船皆得出,贼遁。有旨嘉奖。旋,谍知艇匪窜过泉州,而闽盗蔡牵船三十余只泊海坛境内之沙郏、南盘一带,遂由南日洋面驶往,沉其船一,歼贼三,生擒三十余人,复追艇匪至闽粤交界之甲子洋。嗣闻蔡牵潜伏于白犬洋,长庚率兵往击,生擒许老等三十余人。奉旨赏戴花翎。五年闰四月,过温州凤凰洋,救护商船,获盗林青等,并铁炮二。巡抚阮元奏:以长庚统率水师。得旨:三镇会剿,自应有一人统其号令。李长庚素有威望,应令温州、黄岩两镇听其关会,协同策应。六月,艇匪自温州北来,长庚率师会同黄岩镇碇泊海门,与松门盗隔港相持。适飓风起,盗船溺甚多。贼有泅水匿岛登岸者,官兵水陆并擒之。旬日间,献俘千数,获安南伪爵侯伦贵利。事闻,得旨褒嘉。又歼贼于调班洋,获李出等二十二人于深水外洋,沉其船一,擒丁郭等十九人于潭头外洋。

六年,获林俊新等十五人于六横洋,获杨乌等十九人于徐公洋。至福建竿塘外洋,获林俊兴等十人,烧其船一。至旗头,获蔡牵帮盗首陈帖等二十二人,夺其船一。至东雀山,获李广及女犯等二十一人。至尽山,获盗首陈火烧等二十二人。至三盘,获高英等七人。十月,擢福建水师提督。奉旨:李长庚于缉盗事务,尚属奋勉,是以加恩简用。此时蔡牵等逃窜闽洋,李长庚即往新任。倘盗船折回浙洋,当不分畛域,以副委任。寻,以籍隶福建,例应回避,调任浙江。七年,至象山潭头,获张如茂等十四人;至闽南日、东沪洋,获徐逆等三十五人。八年,蔡牵窜渔山,长庚率舟师掩至,昼夜穷追,蔡牵仅以身免。复与黄岩镇总兵张成合兵击盗尤升等,生擒五十六人,获其船二,又获石塘钓艇盗二十余人。进击蔡牵于三沙,沉其船一,毙数十人。贼北窜,复追及南麂外洋,夺其船一,烧其船一,生擒八十七人。九年六月,闽浙总督玉德等会奏:请以长庚总统闽、浙两省水师。得旨俞允。先是三月，蔡牵泊于闽洋之浮鹰，长庚率兵击之，擒其男女四十余人，歼毙十三名，烧其船一，夺其船二，并获红衣炮、刀械百余。八月，遇马迹盗船六十余，长庚督兵冲入，贼分两股东西窜。长庚分兵击之，沉其船二，歼毙无数。蔡牵所坐船篷索为官兵所断，及过尽山，风雨骤起，收兵入衢港，俘五十二，馘首五级。得旨嘉奖。十年四月，兼署福建水师提督。奉旨：李长庚调福建水师提督，镇将皆其统辖。著将擒捕蔡牵一事，责成专办，一切机宜，悉听调度。闰六月，蔡牵闻长庚至，遂由台湾北窜入浙。长庚追击之青龙港，获其船一，沉其船二，擒彭求等二十八人。得旨：李长庚自统舟师以来，具报剿贼均无虚饰，俟闽、浙洋面一律清平，必加懋赏。又奉上谕：李长庚总统水师，温州、海坛二镇总兵为左、右翼，听李长庚调遣，俾事权归一。八月，长庚追蔡牵于台州大陈、斗米洋，攻击三昼夜，烧其船一，沉其船一，生擒七十三人。寻，以浙江提督孙廷璧不谙水师，奉旨：浙江提督，仍著李长庚调补。十二月，蔡牵大小盗船百余肆扰台湾，长庚率师会剿，歼毙无数，亲驾杉板往勘鹿耳门外港口，同护温州镇总兵李景曾分帮把守。长庚截守新港，于水深处凿沉同安船以防窜逸。时东风甚急，同安船为巨浪所冲，蔡逆乘潮窜去。诏摘去翎顶立功。十一年四月，蔡牵与朱渍俱窜福宁外洋，长庚会兵往剿。贼东窜张坑洋，复追击之，沉其船一，夺其船三，生擒盗首陈渍、李阿七等七十余人，毙百七十余人，获刀炮、伪印、旗帜，救出商船及被劫难民。蔡逆北窜，又折回南。复追至台州之调班洋，生擒李按等五十一人，歼百五十余人，获铜铁炮十七门。时新任闽浙总督阿林保密参李长庚因循怠玩，并钞李长庚致署总督温承惠书，请旨革职治罪。上谕：阿林保密参李长庚因循怠玩二折，览奏，均悉。但如折内所云李长庚借燂洗船只为名，收船进港，恐其私回衙署，亦未可定，等语，尚系该督揣度之词。又称李长庚于七月初间在尽山等处洋面追剿贼船，扼住上风，旋又探听无踪，其跟剿竟属空虚，等语。但昨据李长庚奏称：七月二十一日，在大陈等处洋面击沉盗船一只，歼获盗犯一百五十余名，起获枪刀、铁炮等件，并拿获另船盗首李按，等语。阿林保发折时，尚未得其咨报。如果属实，是李长庚兵船七月初间在尽山外洋一时未能瞭见贼踪，旋又追获得胜，尚非始终株守可比。又，李长庚所称兵船缺乏口粮之处是否实情，抑系借口引避，均须详查明确，方可治以应得之罪。该督远在闽省，仅据李长庚致温承惠信内之言，恐尚未确实。当剿贼吃紧之时，水师统领责任綦重，一时亦无可代之人。况临敌易将，亦不可草率。此时且毋庸革职逮问。同日，又谕：清安泰见在温、台一带，所有李长庚追贼情形，知之必悉。著即详细密查，据实回奏。八月，李长庚率各镇舟师击贼渔山，身受多伤。事闻，得旨：此次李长庚督兵围捕蔡逆，歼擒盗匪多名，身受多伤，实为奋勉。著加恩赏还顶戴。旋据浙江巡抚清安泰奏：李长庚带领兵船经过海口，并未回署。至于海船若不勤加燂洗，则船底苔草、蟹虫胶粘缠结，辄致驾驶不前。其生擒盗犯李按，委系蔡逆另船头目，余系李按同船伙犯，并无捏报。又兵船口粮，实有暂时缺乏。应采购之处，亦无借词耽延情弊。复遵旨将李长庚在洋剿捕情形，密询黄飞鹏、何定江二人。据称：黄飞鹏为守备时，即同李长庚在洋捕盗，无不勇往向前。自蔡逆滋扰台湾，倍加感奋，誓不与贼俱生，实无松玩情事。何定江居官闽省时，即知李长庚身先士卒，奋勇直前。兹与连帮出洋，总以克除首逆为急务，实无怠玩。奏到，奉上谕：阿林保前此密奏李长庚因循怠玩种种贻误，请将伊革职治罪。朕披览该督所奏,即觉不惬。阿林保到任不过旬日,地方公事一切未办,海洋情形素未熟悉,而于李长庚从未谋面,辄行连次奏参,殊属冒昧!是以降旨令清安泰秉公详查。本日据清安泰奏,则称:李长庚带领兵船经过海口,并未回署。又称:海船若不勤加燂洗,辄致驾驶不前。又所获李按,实系蔡牵伙党,并无捏报斩获情弊。又转询黄飞鹏、何定江二人,亦均称:李长庚实在奋勇,等语。是阿林保奏参,全属子虚。今兵船正当剿捕吃紧之际,若阿林保尚不知以国事为重,犹复轻听人言,甚至因此次奏参李长庚不能遂意,遇事掣肘,使其不能成功,则阿林保之罪甚大!阿林保著传旨严行申饬。九月,长庚于竿塘外洋击毙蔡牵之侄蔡添来,沉其船二,计擒获及落海者约数百人,馘首五级。得旨:此次李长庚督兵攻剿,不遗余力,奋勇可嘉!俟拿获蔡牵,再赏世职酬勋。十月,长庚会师击蔡牵于二盘,沉其船一,生擒盗首李添来等七十人,毙其股首周添秀等七十余人。十二年正月,追剿蔡牵入粤洋,沉其船一,获十一人。二月,追至大星屿,夺其船一。又击蔡逆坐船时风浪大作,兵船不能联络,收军还抵肇庆咸船澳。四月,会同广东提督钱梦虎击粤匪郑一帮船于佛堂外洋,生擒盗首罗二十及男妇四十八人。七月,由闽还浙,奏请办理军政。奉旨:李长庚统领水师剿捕蔡逆正在吃紧之时,即因军政届期,亦当权其缓急,或请令清安泰代为考验,候旨遵行。乃并未具奏请旨,辄顺道往宁波,竟置海洋盗首于不问,实出意料之外。著传旨严行申饬。八月,仍具奏出洋。十一月,与金门、福宁两镇合追蔡逆于浮鹰洋面,获其船二,擒九十五人,馘首十五级。贼窜东南外洋。十二月二十四日,长庚会同水师提督张见升,联艅入粤。二十五日,至黑水外洋,蔡逆仅存三舟,长庚率师专取逆船,枪炮并发,逆船两旁并巾领、插花皆被轰破,贼苍黄落水者不可胜数。长庚又别用火攻船乘风挂其后艄。时烈风大作,波浪汹涌,火炮乱发互击。长庚猝被贼炮子中伤咽喉、额角,遂于是日未刻卒。(李桓编:《清耆献类征选编》卷三百八,《清代传记丛刊》第49册,第753—758页。)

131.《壮烈伯李忠毅公传》

十二年春,忠毅追牵入粤,掣之于大星屿。四月,击粤盗郑一于佛堂洋,获其二艇。七月,请回宁波办军政,诏饬之。八月,即出海。十一月,击牵于闽之浮鹰。十二月,率福建水师提督张见升等追牵入粤海。二十五日质明,至黑水外洋。牵仅存三舟,忠毅以浙江亲军专击牵一舟,毙贼甚伙。又自以火攻船挂牵船,将成擒,忽贼发一小炮,适中忠毅喉,忠毅遽殒。闽帅张见升本庸懦,又窥总督意,颇不受提挈。及是,远见总帅船乱,遽率舟师退,牵乃遁入安南夷海中。阿林保以其事闻,上震悼哭之,廷臣亦哭。诏曰:浙江提督李长庚宣力海洋,忠勤勇干,不辞劳瘁,懋著威声。数年以来,因闽、浙一带洋盗滋事,经朕特命为总统大员,督率各镇舟师在洋剿捕。李长庚身先士卒,锐意擒渠,统兵在闽、浙、台湾及粤省洋面往来跟剿,艰苦备尝。破浪冲风,实已数历寒暑。每次赶上贼船,无不痛加剿杀。前后歼毙无数,擒获盗船多只。蔡牵亡魂丧胆,畏惧已极,闻李长庚兵船所至,四处奔逃。正在盼望大捷之际,乃昨据阿林保等奏到,李长庚于上年十二月二十四日由南澳洋面驶入粤洋追捕蔡牵,望见贼船只剩三只,穷蹙已甚。官兵专注蔡逆,穷其所向,追至黑水洋面,已将蔡逆本船击坏。李长庚又用火攻船一只,乘风驶近,维往贼船后艄,正可上前擒获,忽暴风陡作,兵船上下颠播,李长庚奋勇攻捕,被贼船炮子中伤咽喉额角,竟于二十五日未时身故。览奏,为之心摇手战,震悼之至。朕于李长庚素未识面,因其在洋出力,叠经降旨褒嘉,并许以奏报擒获巨魁之时,优予世职。李长庚感激朕恩,倍矢忠荩。不意其功届垂成之际,临阵捐躯。朕披阅奏章,不禁为之堕泪。李长庚办贼有年,所向克捷,必能擒获巨憝。朕原欲俟捷音奏到时,将伊封授伯爵。此时李长庚虽已身故,而贼匪经伊连年痛剿之后,残败已极,势不能再延残喘,指日舟师紧捕,自当缚致巨魁。况李长庚以提督大员总统各路舟师,今没于王事,必当优加懋赏,用示酬庸。李长庚,著加恩追封伯爵,赏银一千两,经理丧事。并著于伊原籍同安县地方官为建立祠宇,春秋祭祀。其灵柩护送到日,著派巡抚张师诚亲往同安,代朕赐奠。并查明伊子现在几人,其应袭封爵,候伊子服阕之日,交该督抚照例送部引见,承袭。其李长庚任内各处分,著悉予开复。所有应得恤典,仍著该部察例具奏,以示朕笃念劳臣,恩施无已至意。部臣以伯爵请,得旨:李长庚著封三等壮烈伯,承袭十六次。袭次完时,给予恩骑尉罔替。其恤赏银,著再给四百两。全祭葬,赐谥"忠毅"。忠毅无子,以族子廷钰为后,袭爵。忠毅治兵有纪律,恩威兼施,诸盗皆畏之,为之语曰:不怕千万兵,但怕李长庚。海盗沈振元自言:为盗时泊浙海,夜梦公至,一夜数惊,遂革心,投诚为水师健弁。公家故丰,悉毁于兵事。好读书,究发略,为诗古文。修宁波学宫,置义冢,为粥食饿民,士民皆感之。忠毅举武科会试,即航海入天津,识海中形势。及在水师,识风云沙线,自持柁,老于操舟者不及之。在兵船,缄所落齿寄其妻吴,盖以身许国,虑无归橇也。闽健将许松年、王得禄等皆公所荐拔者。朱渍后为许松年炮所毙,其弟渥率众降于闽。十四年,阮元复任浙抚。八月十八日,福建提督王得禄、浙江提督邱良功始共歼蔡牵于温州黑水洋。(阮元:《壮烈伯李忠毅公传》,《碑传集》卷一百二十二,第21—22页。)

132.《浙江提督总统闽浙水师追封三等壮烈伯谥忠毅李公行状》

二年,擢署澎湖副将,以保举入京,未至,授定海总兵。纯皇帝召见,慰遣,以三年四月就镇。定海累更盗患,前此文武吏独事城守,公至,以水战利病指授其士。不三月,出击盗之泊衢港者,追过山东黑水洋,生擒盗首林苏及其众五十余人。其年八月,平普陀外洋之盗。明年,平潭头外洋之盗。已而土盗凤尾帮诱入安南夷艇,公破之三盘澳,拔他将被围者出之。当是时,群盗蔡牵、柳阿全等诸有名目、无名目,大小以百数舶交海中,而当事者独急艇匪,日夜程督。公追之浙洋,追之闽洋,又追过闽粤交界之甲子洋,乃返。五年四月,击蔡牵白犬洋,获多,赐花翎。五月,夷匪大入,巡抚阮公元奏以公为统帅,报可。公更定章程,条下其法:凡所俘获,悉以赏功,俾弁兵知富贵皆在盗船之内。枪炮必贼近乃发,勿虚施。六月,与黄岩镇会师松门,飓风作,贼舟几尽,获其伪侯爵伦贵利,俘斩数千人,我师亦颇失亡。自是,艇患纾矣。而蔡牵在闽洋横甚,公出收抚其胁从者而后击之,所击灭李出、丁郭、林俊新、杨乌等有名贼目数十股。七年冬,擢浙江提督。明年正月朔,蔡牵进香渔山,公掩至,牵踉跄仅以身免。公蹑之猛,贼船食尽,篷索坏不得修,乃遣党诣总督乞降,总督不虞其诈也,遽檄我师入口,掎公勿往。而牵以其间,次第缮完,大购粮储,扬帆

224

去。其年闰二月,公复与黄岩镇合兵击盗尤升等,获之。九月,平石塘钓艇盗。十一月,遇蔡牵于三沙,沉其船一。十二月,追之南麂,夺其船二,沉其船一,烧其船一,斩首二级,生擒八十余人。明年三月,击之浮鹰,烧其船一,夺其船二,斩级十三,擒其男女四十余人。八月,战马迹,公率师中贯其阵,贼东西窜,公分兵授孙大刚俾西追,自率罗江泰、李景曾东追,及黄拢,沉其二艘,毙其人七八十,入衢港数俘得五十二,斩首五级。牵船重叠张牛皮、渔网,炮弹不得入,又其船高出官军所驾米艇。仰攻非便,公建议:贼船之高于兵船者,贼固劫船于商。今兵船有成式,而商船无定制。请嗣后商船有当修者,其梁头限以一丈七八尺。如此数年,贼无大船可劫,其大炮亦且无施。公又尝以意创火攻船略,本明人子母联环船法,用善泅者载油薪,驶钉盗船,药发,凫水而还。督臣以奏,皆见施行。于是土盗朱渍挟艇匪窥伺金、厦,而蔡牵入台湾大掠,上调公为福建水师提督。公以艇患方剧,即先击艇匪。艇匪既逸,别遣将追之外洋,而身自东渡剿蔡牵。牵闻,解去。公追创之,台湾平。自上亲政以来,一意任公,又鉴公孤忠,有不获尽其用者。及是,授为总统,命温州、海坛二镇为左右翼,专以蔡牵事付公,各路舟师皆属焉。公感上知,益自奋。其年,败蔡牵于青龙港,又之斗米洋。有旨:调浙江总统各路舟师如故。九月,过尽山,遭飓风,失公所爱将罗江泰、刘成业。十二月,蔡牵再扰台湾,阴结岸匪万余人,据州仔尾,凿大船塞鹿耳门,我师不得进。鹿耳外巨浸稽天,其别港有曰南北汕、曰安平港、曰大港。公驻汕外,别遣将以小舽船由大港绕安平,出不意攻之。密约台湾镇、道为内应,一战烧其船二十余,夺其船九,乘胜入之。当是时,岸匪助贼,势张甚。公率其部水陆分道,连五战,如破竹。十二月朔,夜薄州仔尾,贼以小舟二三十蜂拥来拒。锋乍交,忽鹿耳门所屯大帮盗船内轶出同安船数十,横袭我师。公以所造火攻船绕出其大帮船后烧之,于是同安船贼还救,我师从而蹙之,大胜。质明,击山匪之屯聚者,焚其寮,七八里火光烛天,贼气自此沮矣。牵既败走北汕中。其北汕旁出有道曰旧港,南汕旁出有道曰新港,公自守新港,以别将守旧港,又凿沉同安船堵其隙,牵困阴兽,咋且擒。俄,暴风从东来,掀起所沉同安船,牵从掀船处漏出。事闻,夺翎顶。四月,牵与朱渍合窜福宁外洋,公以两镇兵败之三盘。牵折而北,又败之调班洋。八月,大搏渔山,贼舟瓦石与火箭、火球雨下,公纵横血战,受伤。事闻,复冠顶。九月,再败之东涌,炮击,蔡牵从子蔡添来落海。十二年二月,扼之粤洋大星屿,断牵船大桅,毁其头篷,合围者屡,而粤援不至,亟收抵肇庆咸船澳。上闻,切责粤帅,下部叙公功。四月,与粤帅会剿澳门盗。已,还视浙江军政,旋复出洋。有旨责公速行,而公实先已就道矣。十一月,合金门、福宁两镇击牵浮鹰,擒九十五人,斩级十五。十二月二十五日,至粤黑水洋追及之,蔡牵所有二舟耳。公奋欲逼登其舟,几登矣,风浪暴作,仓猝误中贼炮,伤咽喉、额角。是日日辰加未,薨于阵。督臣疏入,上震悼,遣抚臣迎奠,赐白金千两治丧,追封三等壮烈伯,予专祠。仍下部臣议恤,赐祭葬,予谥忠毅,倍其恤赏。又累降旨,申诫水师将帅为公复仇,敕督臣用所获蔡牵义子伪总兵蔡二来祭公,枭其首幕次。其他恩数,皆如故事。(王芑孙:《浙江提督总统闽浙水师追封三等壮烈伯谥忠毅李公行状》,《碑传集》卷一百二十二,第23—25页。)

133.《孙全谋传》

孙全谋,福建龙溪人。乾隆三十五年,由行伍拔补水师提标中军外委。三十八年,升右营把总。四十五年,迁前营守备。四十八年,升后营游击。五十二年,台湾逆匪林爽文滋事,围提督柴大纪于诸罗。全谋随总兵蔡攀龙等往援,突围入城。复出与贼战,大破之,道路遂通。谕曰:诸罗为南、北两路要区,屡经贼匪窥伺,纠众滋扰。柴大纪督率官兵、义民悉力捍御,因兵少力单,正在望援之际,孙全谋等带领官兵直前攻剿,杀散贼匪,速达诸罗,复带兵出城,将该处屯聚贼匪痛加剿杀。实属奋勇出力,可嘉之至!广东罗定协副将,著孙全谋补授,并赏戴花翎。五十三年二月,台湾平,交部议叙。四月,调台湾水师协副将。五十七年,升江南苏松镇总兵。五十八年,丁母忧。六十年八月,命署浙江黄岩镇总兵。十二月,洋匪纪梦奇等抢劫官米,全谋统领舟师自定海驶至台州,侦知匪船寄碇大陈山外洋,乘风雪往剿,擒获首犯多名。下部优叙。嘉庆元年二月,服阕,实授。八月,洋匪陈阿宝在潭头洋行劫,全谋带兵剿捕,炮击之殪。下部优叙。十二月,擢广东提督。二年,全谋密遣游击黄标等剿盗于蒲台外洋,生擒六十余人。赏喜字玉牌及黄辫大小荷包,仍叙其功。五年,以川、陕、楚三省教匪滋事,命调广东官兵赴楚协剿徐添德股匪,大败之。谕曰:广东官兵调赴楚省,初次打仗,即能奋勇杀贼。该提督平日尚知整饬操防,而于檄调时亦能认真挑选,甚为妥协。孙全谋著交部议叙。七年九月,博罗县会匪陈烂屐四等聚众谋逆,全谋督率将弁两路进剿,擒斩三千余人。十月,陈逆窜伏罗浮山,全谋攻克冲虚观及蓝坑山两处贼巢,擒之,并歼毙伙匪一千余人。谕曰:此次剿办逆匪,皆由孙全谋身先士卒,奋勇杀贼,故能攻得两处贼巢,迅速奏捷,厥功甚伟!著加恩赏给骑都尉世职。八年二月,攻克永安县铁笼嶂贼巢,生擒首逆黄亚程等。得旨嘉奖。七月,以失察兵丁窝贼,部议革职。上加恩改降二级留任。九年,新会县有洋匪登岸劫掠村庄。谕曰:广东洋匪向来不过在外洋劫掠,此次胆敢由磨刀、虎跳门潜行登岸劫掠村庄,该省武备废弛,以致洋匪肆行无忌,非寻常疏忽可比。孙全谋著交部严加议处。寻,命以都司降补,并褫花翎。十一年,剿捕洋匪吴亚保,击沉其舟,擒贼犯七十余名,歼毙无数。谕曰:孙全谋前经降补都司,近来出洋捕盗,尚知奋勉。著加恩以都司衔署理澄海协副将。十二年正月,闽匪蔡牵党朱渍在卡山尾外洋滋扰,全谋带兵追剿,驶至长山尾外洋,生擒黄阿朵等十二名。九月,蔡逆窜入粤洋,全谋以缉捕不力,降三级留任。十三年,随提督钱梦虎等剿贼于黑水洋,夺获贼船,擒钱亚文等百余人。赏三品顶戴,擢广东左翼总兵。十四年二月,加二品顶戴,复授广东提督。五月,洋匪张保仔等联艘百余在香山县洋面寄碇,全谋以官船四十四号连战,克之。谕曰:官兵以少胜多,实属不遗余力。孙全谋奋勇可嘉!前已施恩补放提督,倍当感激朕恩,益加奋勉。十一月,总督百龄围攻张逆于大黄埔,檄令会剿。全谋迁延失期,贼遁。上以其失机玩寇,命革职拿问。十二月,洋匪郭婆带投诚,并擒保仔伙党以献。上宥全谋,命立功自赎。十五年五月,因歼擒洋匪多名,并搜获积年土盗,以守备起用。六月,洋匪乌石二等在儋州洋面滋扰,全谋击乌石大帮船,跃过贼舟,生擒之。复赏戴花翎,命以游击用。八月,署香山协水师副将。十六年,升署阳江镇水师总兵。十九年,实授。二十一年,迁广东水师提督。寻卒。

孙云鸿,由荫生袭骑都尉,官江南福山镇总兵。(李桓编:《清耆献类征选编》卷三百八,《清代传记丛刊》第43册,第837—841页。)

134.《谢恩诏传》

谢恩诏,福建永春州人。由行伍历拔千总。乾隆五十二年,升福建镇门镇标中营守备。五十三年,随将军福康安出师台湾,屡战有功,超擢水师提标后营游击。五十五年,擢广东大鹏营参将。五十七年,调海口营参将。五十九年,升龙门协副将。嘉庆四年,授江南苏松镇总兵。五年,兼署提督。以疏防洋盗驶入吴淞口内洋劫掠商船,下部严议。寻,议褫职。上念恩诏曾任大员,不至全行废弃,命以都司降补。十一年四月,补浙江昌石营都司。时闽盗蔡牵纠盗船百余肆扰台湾,浙江提督李长庚督兵往剿,蔡逆窜伏小古镇之柳树湾。九月,恩诏带领兵船随李长庚兜剿于渔山洋面,盗船南窜,恩诏未能跟帮追蹑。经闽浙总督阿林保偕提督李长庚劾奏恩诏兵船落后,请革去顶戴,以示惩儆。上命李长庚据实查明奏参。寻奏:恩诏所驾船只,系雇募商船驾驶,未能快捷,尚非有心退怯。但未能督催跟帮,自有不合。上贷之。十二年八月,侦知蔡逆伙党朱溃等匪船窜大鸡笼洋,潜匿港内,恩诏随总兵王得禄率兵船堵剿。贼放炮抵拒,势甚张。我兵直前冲击,掷火斗、火罐毁舟,贼众纷纷落海。恩诏乘势穷追,沉其船二,获其船三。十一月,朱溃窜镇海洋鲨壳澳一带游奕,恩诏复带兵船由内洋会合王得禄两路兜击。贼不支,将赴岸遁,恩诏驶近贼船,击碎尾舵,沉之,俘斩贼目张祈等五十余名。捷奏,命以游击升用,遇缺即补,先换顶戴。十三年八月,补定海镇标左营游击,留洋缉匪。十二月,调署黄岩镇标左营游击。十四年,蔡逆遁入浙洋。及之,招集兵船并力攻击。匪船分窜黑水外洋,放炮死拒。恩诏等抛掷火具,烧毙贼匪多名,击破蔡逆坐船,落海淹毙。署闽浙总督张师诚上其功,得旨:谢恩诏随同攻击,奋勇向前,著加恩以参将升用。十五年,闽浙总督方维甸请以恩诏升署台湾水师安平协副将。谕曰:谢恩诏前在台湾备弁任内,著有劳绩,且曾任总兵,于该处水师情形素为熟悉。著准其升署。十七年,擢浙江黄岩镇总兵。十八年,偕海坛镇总兵孙大刚会缉在洋行劫匪犯,获邱金等十六名,夺获匪船、器械无算。十九年,署浙江提督。二十年九月,入觐。上以恩诏步履蹇涩,起跪维艰,以原品休致。十二月,卒。(李桓编:《清耆献类征选编》卷三百八,《清代传记丛刊》第43册,第813—816页。)

135.《潘韬传》附子汝渭

潘韬,广东吴川人。乾隆三十年,由行伍拔补龙门协营外委,渐升右营千总。四十一年,补雷州右营水师守备。四十三年,授龙门协中军都司。四十七年,擢左翼镇标中军外洋水师游击……子汝渭,由行伍入武学,留伍,补外委。嘉庆三年,中式武举。九年,投效水师营。十年四月,在长山尾洋面击贼,获贼船及炮械、旗帜等件。五月,又击贼于高澜洋,迭有擒获,拔补香山协左营外委把总。八月,调右营外委把总。十二年九月,擒盗首梁亚瑞于仰船洲。十月,署右营右哨千总。十三年,在涠洲洋面获盗船四,擒贼八十余名。十四年,调署左营右哨千总。时粤洋群寇中路、东路,均经剿抚,惟西路乌石二、东海霸等尚在高、廉、雷、琼等府洋面游驶。十五年四月,总督百龄调派师船,分三队前进,副将洪鳌率汝渭等为一队,抵高州境,侦知乌石二等屯聚硇洲头外洋。汝渭等督兵进剿,左右轰击,前后兜捕,沉盗船十余只,溺毙不计其数,获船十六,擒盗首张亚安等百三十余名。五月,追至儋州新英外洋,击沉及烧毁盗船十余,获船十七只,乌石二就擒。汝渭跃入贼舟,获盗首乌石三、袁亚石等。东海霸率党投诚,尽缴大小船只及男妇四千余名口,起获军械、炮位无算。奏入,上嘉汝渭在事出力,命以应升之缺即行升用。十七年,补提标右营外海守备。十九年,升香山协右营都司。二十三年,引见,擢碣石镇标中军水师游击。二十四年,迁闽浙督标水师营参将。二十五年,丁母忧。道光二年,服阕。四年八月,迁浙江瑞安协副将,旋调福建水师协副将。总督孙尔准奏:汝渭练达勤能,熟谙水师,堪胜专阃之任。六年正月,命送部引见。寻,因台郡嘉义、彰化二县闽粤民人分党械斗,焚庄劫掠。五月,提督许松年驰赴剿办,饬汝渭兼程随往,所到匪徒星散。仍令暂驻嘉义,严密防范,事平。十一月,擢广东南澳镇总兵。九年,以足疾乞归,谕令回籍调理。旋卒。(李桓编:《清耆献类征选编》卷二百九十七,《清代传记丛刊》第 42 册,第 787—792 页。)

136.《吴奇贵传》

吴奇贵,浙江定海人。由行伍,历拔定海镇标左营把总。乾隆五十六年,在外洋获盗纪孝等十七名,升镇海营千总。五十八年,升黄岩镇标右营守备。五十九年,署本标游击。六十年,随黄岩镇总兵孙全谋击贼于南韭外洋,首先跃过匪船,连斫二贼,生擒贼首陈言等十七名。嘉庆元年,在大陈山外洋获叠次行劫官米之贼首纪梦奇等十三名,升瑞安右营都司。二年二月,随黄岩镇总兵岳玺击贼披山外洋,擒林启忠等十七名。四月,复假商船诱贼至披山外洋,歼毙无算,获郑阿猫,夺盗船一。又驶至大陈山,搜获林阿春等五十三名。三年六月,随定海镇总兵李长庚追贼至黑水洋,擒苏柳等五十六名,并夺贼船、炮械。八月,追贼于普陀洋,夺其船,擒王栋等九名,升江南苏松镇标中营游击。五年,升吴淞营水师参将。七年,升福建澎湖水师副将。九年,升金门镇总兵。十年,盗首蔡牵扰台湾,闽浙总督玉德令奇贵配带兵船偕台湾道遇昌探剿。寻,以迁延观望,未能实力缉捕劾奏。得旨:吴奇贵身系大员,于海洋匪徒肆扰,自应认真奋勉缉捕。乃竟心存畏葸,屡催不应,丧心病狂,实出情理之外。著革职拿问,交督抚严审定拟具奏。寻,拟斩监候。十六年,谕曰:已革金门镇总兵吴奇贵等因剿捕洋匪不力,革职问拟斩候。查阅原案,或屡被风阻,不能前进;或误听讹言,不即出洋;以致盗匪远飏。核其情罪,与有心逗遛观望、失误军机者,尚属有间。该革员等前在洋面剿捕,颇能出力,屡加擢用。是以历次秋审,俱邀宽宥。见在洋面肃清,非需员剿捕之时。但熟悉水师员弁,向不易得。姑念该革员等监禁有年,当与以自新之路。吴奇贵著加恩赏给把总,发往福建水师营效力。遇有缺出,酌量补用,以观后效。十七年,在平海外洋擒盗犯黄爱并获炮械等件,又先后获刘水、王印、吴幅三名,补闽安右营把总。十八年,获要犯徐德,升闽浙提标千总。二十年,于梅花洋面获匪犯李生生,升福宁镇标左营守备。二十二年,卒。子大官,浙江镇海营把总。(李桓编:《清耆献类征选编》卷三百九,《清代传记丛刊》第 43 册,第 895—897 页。)

137.《韩崶传》

韩崶,江苏元和人。乾隆四十二年拔贡,朝考一等,以七品小京官用,分刑部。拔贡用京官,自是科始。四十八年,升主事。五十一年,迁员外郎。五十三年,升郎中。五十四年,京察一等。十月,截取繁缺知府,选授河南彰德府知府。寻,升广东高廉兵备道。五十六年,兼摄高州府篆。五十七年,失察吴川县知县沈峻庇纵私盐,降三级调用。旋,丁母忧。六十年,服阕,奏留刑部以主事用。嘉庆元年,补主事。二年,迁员外郎。四年,升郎中。六年,京察一等,授湖南岳常澧道。七年,迁按察使。八年八月,兼署布政使。十一月,调福建按察使。寻以署布政使任内违例,调署湘潭县令。又迟运绥靖兵米暨耒阳命犯委检迟延,降四级留任。九年四月,入觐。六月,抵任。十月,署布政使。十年,洋匪蔡牵扰台湾,土盗朱渍等同时劫掠洋面,崶筹备剿捕,禁奸民接济盗船水米、火药。寻,升湖南布政使。十一年四月,以署福建布政使管宝福局时未将缺铜筹备,年终率行结报,降一级留任。五月,护理湖南巡抚。十月,授刑部右侍郎。十二年正月,转左侍郎。二月,偕吏部侍郎玉麟谳安徽寿州狱。旋命改道荆州,鞫将军积拉堪交结知府等事。会南河有徙河改道之议,命顺道诣勘。崶议修筑减坝,仍由云梯关入海。从之。十二月,署户部右侍郎,兼管钱法堂事。以任湖南藩司时失察书吏冒领库银,革职留任。十三年六月,偕吏部尚书邹炳泰赴河间鞫生员夏允中唆讼等狱。是月,刑部会同宗人府审宗室敏学逞殴事。奏入,上以有心为敏学开脱,谕曰:韩崶虽未在京,但伊前此屡经奏及此事。察其词意,亦欲从轻完结。并闻刑部事务,皆伊先行核定。朕简用六部尚书、侍郎,理宜和衷共济,遇事虚心商榷,何得一人主持致启专擅之渐!韩崶著降补广东按察使。十月,护理巡抚;十二月,实授。十四年正月,兼署两广总督。时朱渍盗船窜粤之长山尾洋面,土盗张保仔等又于佛堂门洋面游奕。崶檄各镇合力兜剿,歼渍及余党无算。二月,疏陈控制事宜,请自伽思兰炮台迤南一带加筑女墙二百余丈,并于前山寨添设专营,莲花茎加筑关堋石垣,新涌山口添建炮台一座,蕉门填堵海口。皆得旨允行。三月,密陈粤东洋面情形,略言:沿海村落随处可达外洋,贼匪易生窥伺。必先固内,而后御外。凡属扼要炮台,宜多拨弁兵严固防守。并令沿海地方袑者董率丁壮互相捍护,各守段落,自卫身家,较为得力。上以良法美意,全在有治人,勖勉之。五月,条议华夷交易章程:一,外夷兵船应停泊外洋,以肃边防。一,澳内华夷,宜分别稽查。一,各国夷商,止准暂留司事之人经理货账。余饬依期归国,不许在澳逗留。一,夷船引水人等,宜责令澳门同知给发牌照。一,夷商买办人等,宜责成地方官慎选承充,随时查察。一,夷船起货时,责令洋行按股交易,不准奸夷私自分拨。下军机大臣等议行其五。又请酌量平粜仓谷,以济民食。允之。十五年二月,以上年广东秋谳失出,部议降调,上特宽之。时张保仔率众二万余人投诚。六月,擒巨寇乌石二等,诛之。余盗东海霸等悉降,海洋一律肃清。奏入,赏戴花翎,下部议叙,并赏烟壶及黄辫大小荷包。八月,会议分船巡缉洋面章程,请别统巡、总巡、分巡会哨名目,以均劳逸而专责成。校阅巡洋兵丁,以船之大小配兵之多寡,宽给口粮以示体恤。上如所请行。十六年正月,复署两广总督。三月,奏粤东滨海环山,产米无多,请免其纳税,以通商贩,裕民食。十月,奏潮州俗好械斗,额设官役不敷缉捕,而营员于民案向无协缉之责,是以获凶甚难。请嗣后令文员会营协拿。又以潮州距省较远,请将军流以下罪犯就近解赴巡道核。皆允之。十七年正月,闽匪复审澄海外洋,斩获盗崔明等诛之。饬镇将实力巡缉,并绝其逃入越南之路。上甚是之。……五年八月,赏三品顶戴,署刑部右侍郎,寻赏加二品顶戴。六年,因病奏请回籍。十四年,卒。子箴,议叙道衔。[李桓编:《国朝耆献类征初编》卷一百三,光绪七年(1881年)缩印本第1—5页。]

138.《邱良功传》

邱良功,字玉韫,号琢斋,后浦人。襁褓失怙,长从戎,为金镇李芳园所器。时海寇蔡牵、朱濆等窃发,土匪响应。良功追剿剧盗苏尖等于铜山,复于鸟寻洋、湄洲、南日、祥芝各海口生擒无算,补把总。嘉庆元年,从游击魏成名击深沪盗艘,追过澎湖青水沟,擒陈明等。明年,盗聚牙口澳,擒陈三贵于祥芝,擒张阿四于将军澳。以劳绩,蒙御赏奖武碑,朱圈其姓名,盖异数也。击贼海坛,擒郑梅等。再战,擒吴秤等。临震屿礁险绝,贼常出没其间。四年秋,率师数捣之,渐升守备,迁游击,署参将,护副将。十一年,蔡牵以朱濆扰北路,突入鹿耳门攻台湾。良功率兵会剿,出不意,火攻之,歼其众于洲仔尾。转由北汕与提督李长庚夹攻牵船,几获,会潮涨逸去。乃率舟师至大鸡笼进剿朱濆,沉其艘。牵再扰鹿耳门,良功冲阵,贼败遁去。疏入,赏戴花翎,加副将衔。逾年,追朱濆于沪尾。濆东窜入鸡笼洋,值潮退,守港口困之。南澳总兵王得禄率师夹击,濆遁番界,穷追抵苏澳,毁其巢。叙功一等,晋安平副将。擢定海镇总兵,未赴任,而蔡牵势仍张,提督李长庚战死,授良功浙江提督,代统其军。在定海旗头洋追获牵伙盗船,殪其众。迹至渔山外洋,侦贼中绿头大艘者,牵坐船也。挥令诸将击散余党,自以坐驾专攻之。得禄亦率闽师至,连夜追过黑水洋。良功股被炮伤,裹创挝鼓,督战益力。忽牵船大篷挂良功帆上,船几沉,军士多落水,势急甚,犹指挥奋击,贼船遽坏。得禄夹攻之,牵落海死,其妻及贼伙二百五十八人并歼焉,生擒胡有均等。捷闻,晋封三等男爵世袭,赏赉有差。旋追余盗,剿土寇,生擒郭浅等于渔山,再擒纲盗于马迹洋等处,尽散其党,俘庄姜等八十余名,海氛以靖。入觐,道卒维扬。授建威将军,予祭葬,谥刚勇。(林焜熿纂修,林豪续修:《金门志》卷十一,台湾文献史料丛刊第180种,台北、北京:台湾大通书局与人民日报出版社,2009年,第275页。)

139.《许松年传》

许松年,字蓉隽,浙江瑞安人,以武举效力水师,从李长庚积功至提标参将。嘉庆十年,护理金门镇总兵。击蔡牵于小琉球。又击朱濆、乌石二于宫仔洋,从李长庚追败之于闽、粤交界甲子洋。又迭击牵于青龙港、斗米洋。十一年,偕王得禄败牵于台湾洲仔尾,跐海水而登,焚溺无算。是年夏,李长庚攻牵于鹿耳门,松年扼张坑、返埕洋面,获贼船一,沉船三,又于水澳擒蔡三来等。李长庚论水师将材,举松年可独当一面,总督阿林保以疏闻。十二年,从长庚击蔡牵于大星屿、浮鹰洋,松年跃入贼船击之。被优叙。十三年,朱濆潜匿东涌外洋,命松年蹑剿,遂移师入粤。追至长山尾,瞭见贼船四十余,知其最巨者为濆所乘,并力围攻,濆受炮伤,未几毙。诏嘉松年奋勇,克歼渠魁,赐花翎,予云骑尉世职。粤匪张保仔窜闽洋金门、厦门，松年遣渔船诱之，以舟师围击，获船七，沉船六，被优叙。十五年，伤发回籍，寻，丁母忧。十九年，授甘肃西宁镇总兵，历延绥、漳州、天津、碣石诸镇。道光元年，擢广东陆路提督，调福建水师提督。六年，台湾械斗，松年方阅兵，弹压解散，总督孙尔准与之不协，寻以治理轻纵，被议褫职，留台效力。乞病归，卒于家。子锡麟，袭世职。

（赵尔巽主修：《清史稿》卷三百五十，列传一百三十七，第11260—11261页。）

140.《许松年传》

许松年，浙江瑞安人。由武举效力温州水师镇标，于乾隆五十九年补黄岩镇标左营千总。六十年，升镇海水师营守备。嘉庆四年，随定海镇总兵李长庚击土盗凤尾帮匪于温州三盘岙，沉其艇一。寻，松年船为贼困，长庚往援之。与松年内外夹攻，船得出，贼遁。五年，超擢定海镇标左营游击。六年正月，随李长庚擒杨乌等十九人于徐公洋。四月，随黄岩镇总兵岳玺击洋盗蔡牵于衢港，擒王山等十七人，夺船一。经浙江巡抚阮元奏入，上嘉其出力，下部议叙。七年，随提督李长庚擒张如茂等十四人于潭头洋，复获金人飞等八十七人于南麂洋，夺船二，沉船一，焚船一。九年二月，升水师提标参将。三月，蔡牵泊于浮鹰洋，松年随李长庚击败之，擒男女四十余人，毙十余人，夺船二，焚船一，获红衣炮、刀械百余。十年正月，蔡牵窜台湾，闽浙总督玉德疏劾金门镇总兵奇贵延玩贻误，褫职逮问。以松年在水师中最为勇干，奏请护理金门镇总兵，率兵渡台协剿。上允之。二月，击蔡牵于小琉球洋面，毙贼数十人，沉船一。三月，广东艇匪乌石二窜入福建与洋盗朱渍合党滋扰，松年自琉球回至厦门，即日出大担门，驶至铜山，追及于宫仔前洋面，毙贼无算。四月，在镇海洋与李长庚合兵进击，瞭见匪艇向鲨壳澳南窜，追败之于闽粤交界之甲子洋，获船二，沉船二，救出商船及被劫难民。六月，蔡牵与朱渍合窜浙洋，李长庚檄松年会剿，败之于青龙港，获彭求等二十八人，夺船一，沉船二，贼遁。八月，追及于斗米洋，连击二昼夜，擒翁进寿等七十三人，夺船二，焚船二，获炮械百余。是月，蔡牵与朱渍分窜南洋。十二月，蔡牵复窜台湾，密结台地奸民攻郡城，自北汕口至洲仔尾一带排列多船，与岸上贼往来接应，并于鹿耳门凿沉船只，堵塞口门，以拒外援。李长庚统舟师寄碇口外，松年偕澎湖协副将王得禄率兵数百乘小船入安平。十一年正月，进攻洲仔尾，贼以枪炮抵拒。松年首先陷阵，乘势火攻，焚船二十有二，夺船九，贼焚溺死者八百余人，擒林望等一百六十八人。得旨嘉奖。二月，松年复潜师夜薄洲仔尾登岸，焚贼寮及其船。蔡牵自鹿耳门来劫安平，松年返篷击败之，沉船二。旋与贼战于海岸，歼毙甚伙，焚贼寮七八里。还至海，又焚其船四十余。蔡牵穷蹙欲遁，以大船驶近鹿耳门。李长庚统舟师南北截击，松年亦率兵夹攻，获贼百余人，夺船四，焚船五。寻海潮骤涨，蔡牵乘潮遁，舟师复追败之，获贼二百余人，焚船九，沉船六。松年左手受枪伤。以蔡牵未经就擒，偕李长庚奏请革职治罪。谕曰：此次官兵攻剿贼匪，大加歼戮。该逆亡命奔逃，其溃败情形实属显然。但不能将蔡逆立时歼获，李长庚、许松年等疏虞之罪，实无可辞。惟查阅李长庚、许松年二人兵船驻防之处，李长庚系在北汕，许松年系在南汕，蔡逆系在北汕口内渐次窜出，是许松年之咎较李长庚稍轻。且许松年此次奋勇杀贼，被贼枪子穿过左手，功过尚足相抵。况见在受伤可悯，著免其革职,仍留顶戴,以观后效。寻,追蔡牵于东港外洋,毙百余人,沉船一。蔡牵又以大船遁。六月,蔡牵窜鹿耳门,朱濆窜铜山,李长庚渡台剿捕蔡牵,闽浙总督阿林保檄松年于海坛竿塘一带扼要截击,遂于张坑返埕等洋,擒林祖建等七十四人,获船一,沉船三。阿林保奏:朱濆匪船见窜古雷洋,檄许松年移赴崇武一带堵截,不使与蔡牵合党。上是之。七月,擒曾左等二十四人于崇武洋。八月,蔡牵经李长庚剿败,窜水澳。松年率兵截击,擒蔡三来等七十六人,获大船一。九月,阿林保奏:臣细询李长庚水师各镇勇懦情形,据称各总兵只可驾驭,均难膺总统之任,惟署总兵之参将许松年沉勇有谋,可独当一面。报闻。十月,在三盘洋与浙省舟师会剿蔡牵,擒李来等十七人,获船一,沉船一。上嘉之。十二年正月,蔡牵窜粤洋,松年与李长庚合剿。二月,追及于大星屿,松年率兵先进,直攻蔡牵所乘船,风浪陡起,贼抛掷火器,松年头面手足均受伤,收军还泊肇庆虓船澳。谕曰:许松年在洋捕盗二年,缉获多犯,并拿获盗目大船。昨在粤洋随同李长庚攻围蔡逆,首先冲拢贼船,身受多伤,甚为奋勇。著加恩实授金门镇总兵。五月,追蔡牵于急水洋,遇粤匪郑一帮船,击败之,沉其船,获首犯。十一月,击蔡牵于浮鹰洋,松年跃入贼船,擒王泽等五十人,获大船一。得旨:下部议叙。十二月,李长庚在黑水洋追捕蔡牵,中炮卒。十三年正月,谕松年偕提督王得禄等速擒蔡牵。二月,松年与福建提督张见升在龟龄洋合击粤匪,擒王瑞等五十五人,获船二,焚船一。六月,朱濆窜闽洋,松年于料罗一带截剿。九月,金门洋有贼船自台湾私载硝磺内渡,松年缉获之。得旨嘉奖。十月,以朱濆久在东涌外洋潜匿,命松年放洋东渡,会同台郡舟师探踪协剿。十二月,朱濆复窜南洋,松年率兵入粤。会同闽、粤南澳镇总兵胡于铉追至长山尾,见贼船四十余内,大船一,知为朱濆所乘,松年督官兵并力攻围,枪炮并发,溺毙无数,朱濆受炮伤遁,余船纷逃。舟师复追,擒二十六人,获船一,焚船三。十四年正月,朱濆因伤毙,阿林保奏入,谕曰:朱濆在洋行劫,稔恶已久,虽不若蔡牵之竖旗称王,亦系著名首逆。今被官兵用炮打伤,越十余日毙命,即与临阵歼毙无异。总兵许松年率同守备黄志辉赶拢该匪大船,专注攻击,枪炮齐施,用能伤毙渠魁,奋勇可嘉!许松年著赏戴花翎,给云骑尉世职。八月,粤匪张保仔窜闽洋金门、厦门一带,松年遣渔船数十诱之,而以舟师出其不意,突出痛剿,复追至外洋,乘风冲压,擒何来等六十六人,获船七,沉船六。上嘉其勇往,下部议叙。十五年正月,以伤发解任,回籍调理。十六年,丁母忧。十八年,服阕。十九年正月,授甘肃西宁镇总兵,寻调陕西延绥镇总兵,复调福建漳州镇总兵。二十二年,直隶天津新设水师,调松年为天津水师总兵。道光元年,裁天津水师,调广东碣石镇总兵。寻,升广东陆路提督,调福建水师提督。三年四月,渡台阅兵,适噶玛兰匠匪林允春等滋事,松年督师入山,搜获首犯正法,余匪分别惩办。上嘉之。六年四月,台湾北路有闽、粤两籍民人分类械斗之案,匪徒乘机煽惑,焚掠村庄,延及嘉义、淡水等处。时松年渡台阅兵,命其就近会同台湾镇总兵蔡万龄、知府陈俊千查办。七月,以起衅及蔓延情形奏入。上以松年未将煽惑纠斗要犯究明擒获,所奏衅起实情及蔓延村庄亦未明晰,命武隆阿为钦差大臣,驰驿前往会同闽浙总督孙尔准妥速筹办,自许松年以下听其调遣。寻,福建巡抚韩克均奏:松年在台查拿解散,将次完竣。孙尔准见已渡台督办,不日即可蒇事。谕武隆阿无庸前往。八月,孙尔准疏劾提督许松年办理错谬。谕曰:

此案台湾匪徒李通等挟黄文润搜赃之嫌，纠众寻斗。黄文润集众抵御，格杀二人，匪徒遂造分类械斗之谣，乘机焚抢。经该县王衍庆拿办数贼，匪徒遂窜彰化境内。该提镇等误执民自械斗，官兵只有弹压，不便加诛之说，致该匪等益无忌惮，具结复斗。见因官兵云集，均已解散。提督许松年未能痛加惩办，乃邀集总董劝令讲和，失体损威，办理已属错谬。又监提尚未定谳之凶犯吴溪等作线，并在行间乘坐肩舆，何以率先将士！许松年著即革职，留台交孙尔准差遣，效力赎罪。十二月，因病呈请回籍调理，经孙尔准奏入，命俟病痊后，送部引见。七年，卒。子锡麟，袭云骑尉世职；岳生，候选州同；廷恩，议叙把总。（李桓编：《清耆献类征选编》卷三百十四，《清代传记丛刊》第44册，第363—379页。）

141.《孙大刚传》

孙大刚，浙江镇海人。乾隆四十七年，由行伍擢定海镇标左营把总。五十四年，升提标右营水师左哨千总。五十八年，迁乍甫右营守备。嘉庆元年，升黄岩镇标右营游击。三年四月，随总兵岳玺歼获在洋首伙各盗。巡抚玉德奏入，上嘉之。七月，在东、西柱外洋缉拿叠劫盗犯，大刚偕游击余金彪等跃过盗船，歼擒盗犯四十余名，获盗船三。五年，迁福建烽火门外海水师参将。六年，升广东顺德协副将。七年，擢福建海坛镇总兵。九年，以温州镇总兵胡振声攻捕洋匪蔡牵被害，大刚等援救不力，下部严议。部议革职。谕曰：此案失于救援之总兵孙大刚，本应照部议革职，姑念该省见当追捕洋匪之时，若将水师各员概予革职，未免均换生手，孙大刚著加恩改为革职留任。如伊等果能感奋将逆犯早行擒获，不特予以开复，尚当另加恩奖。倘仍前怠玩，即著该督严参治罪。十年，蔡牵盗船自台湾内窜，大刚随浙江提督李长庚追至三盘洋面，奋勇争先，回环攻击，毁盗船一，击沉盗船二，生擒彭求等二十八名。十一年，因游击陈振元纵容堂弟陈茂充兵聚赌，兵丁许元升盗典军装等事，并不据实揭参，部议降三级调用。得旨：大刚仅止失察于先，其后仍复列款具禀，尚非有心徇隐，改为革职留任。十二年六月，蔡逆帮船由粤窜回闽省北洋往来，大刚率署参将周国泰等在马齐外洋及七里洋面击沉盗船，淹毙贼匪无数，并生擒贼伙王松等二十七名，击毙穿红马褂贼目一名。上以大刚尚属奋勉，下部议叙。十月，在台山洋面追击蔡逆坐船，因逆船上挂牛皮、渔网重叠遮护，枪炮难入，仅止伤毙从贼多名，蔡逆又向东南外洋逃逸。经闽浙总督阿林保奏入，谕曰：蔡逆匪船经官兵南北追捕，总未追及。今孙大刚等业经追及，称该逆坐船有牛皮、渔网重叠张挂，是以攻打不能得力，致又任令兔脱。所言殊不足信，焉知该镇等非因攻打不力，贼船远飏，借词推诿！即使该逆坐船真有牛皮、渔网遮护，亦必有破之法。见在兵船内各处俱有贼营投首出洋图救之人，伊等稔知贼船情事，即可向其详细询问：牛皮、渔网如何即可攻破？果能锐意设法进攻，何坚不入！岂得束手无策，任其逃遁。见既探明蔡逆帮船由北窜过鼓屿洋面南下，务当查探确踪，大加剿办，歼擒巨憝，不可稍涉松懈为要。十三年正月，阿林保奏：提督李长庚率同大刚等拿获蔡逆之子蔡三并曾受伪职拒敌官兵之逆犯郑昌。先是，蔡逆贼船潜泊温州洋面，因瞭见兵船赶到，向南逃逸，经大刚等连夜追及蔡逆本船，乘风注定，奋力攻剿。自辰至戌，直追至闽省之黄岐洋面，路行一千余里，逆船之板片、大篷均被官兵用炮击坏，歼毙贼匪无算，蔡逆已将次就擒,适因三更后忽起暴风,兵船不能攻剿,暂行收泊。上命李长庚统率各镇兵船,即由莆田洋面紧力驶追,勿予以暇。五月,蔡逆远窜粤洋,有分帮匪伙在闽洋潜匿,出没肆劫。阿林保檄饬大刚等各带兵船分路剿捕,获盗船七,歼毙无数,生擒二百余名。下部议叙。七月,蔡逆由粤洋遁入夷洋,改换乌底大艇,窜回闽界,令贼目不懂驾坐快船在前,驶探官兵消息,并招集留闽伙党。经大刚等追及,生擒贼目不懂消并夺获艇船、炮械。得旨嘉奖。谕阿林保向所获贼目根讯蔡逆实在情形。巡抚张师诚寻奏:蔡逆从乌底船上搬过白底船,驶近澳口,经官兵连轰大炮,击中逆船尾楼。该逆惊惧,急招各伙船向东北外洋窜去。得旨:所有捕盗等事,即责成孙大刚暨署提督周国泰督率兵船合力攻剿,毋得贻误。九月,蔡逆由俞山一带窜脱入闽,阿林保奏请将专办该逆稽延之总兵分别示惩。谕曰:此次蔡逆窜入浙洋,总兵周国泰、孙大刚系专办该逆之人,所带兵船多于贼船数倍,又有浙省舟师与之夹击,乃该镇等毫无振作,仍复一味迁延。若不明示创惩,贼匪何时办竣!孙大刚著降为参将衔,暂留护理总兵印务,戴罪缉捕,以观后效。如果各知愧奋,认真出力,将来尚可恩施。如再有畏葸怯怯情事,当自从重治罪。十四年三月,蔡逆船自北洋南窜至竿塘洋面,大刚督率兵船追捕,毙贼甚多,并击毙蔡逆船内穿红贼目一名。匪船连夜奔逃,复追及于北茭洋,钩翻贼船一只,并擒获多名。四月,在崇武洋面截击蔡逆盗船,大刚身受枪伤,仍督率弁兵拢近贼船,斩杀多名。上以大刚出力,俟再杀贼立功,即行保奏。五月,大刚率弁兵在白犬外洋围剿蔡逆船只,攻沉盗船一,伤毙甚众,逆船篷索俱尽,狼狈脱逃。九月,随提督王得禄于鱼【渔】山外洋督率水师围攻逆船,蔡逆受伤,落海淹毙。捷闻,赏还总兵原职,仍赏戴花翎。十五年,剿除闽洋余匪。大刚偕温州镇总兵李光显在石训保洋获盗船一,生擒首逆伙陈据等四十六名。十六年,在祥芝外洋获匪船一,生擒盗犯许智明等十四名。十七年九月,闽洋盗首吴属率伙众五百余人呈缴盗船九只,在大刚舟次吁恳投首。总督汪志伊入奏,上命免死,发往黑龙江安插。十一月,偕提督王得禄于壁头内港捕获匪犯陈加舵等四十五名,匪船三。十八年正月,在洋缉获盗犯许又等五名,何平平等九名,查拿小船草湖匪犯,并赴鳌山各禁岛搜获匪犯杨安美等八名,蔡十四一名。三月,偕黄岩镇总兵谢恩诏缉获匪犯邱金等十六名,盗船一。道光元年,卒。子奉尧,候选知州;鼎鳌,浙江乍浦左营千总。(李桓编:《清耆献类征选编》卷三百十一,《清代传记丛刊》第44册,第113—120页。)

142.《洪蕃锵传》

洪蕃锵,福建海澄人。由武举充兵部差官,期满,发往福建以水师营守备用。乾隆五十九年,补提标水师守备。嘉庆二年,升闽安镇标右营都司。三年,迁海坛镇标右营游击。六年,升广东海门营参将。七年,擢顺德协副将。十年,以疏防洋匪乘潮登岸,入室掳劫,部议降二级调用。上加恩,改降三级留任。寻,升碣石镇总兵。时洋匪蔡牵、朱渍扰闽粤各洋。十一年,蔡牵窜台湾,蕃锵会同南澳镇总兵杜魁光在闽粤交界处堵截。寻,朱渍窜闽省外洋,蔡牵窜出鹿耳门,与朱渍合帮,有窜往南澳之信,谕两广总督吴熊光饬孙全谋带领水师由水路抵闽,帮同杜魁光追捕朱渍,截击蔡牵,再添派洪蕃锵,不分畛域,并力歼擒。

十二年正月,朱渍匪船由闽省诏安县南澳洋面,窜粤省澄海县长山尾外洋,蕃锵偕署澄海协副将孙全谋、顺德协副将李光显等连夜剿捕,击沉盗船二,又夺其一船,擒贼四名。旋由放鸡洋进剿,至南皋表山头,见匪船六十余只齐向东南逃窜,蕃锵等追及长山尾外洋,枪炮并施,毙贼无算,朱渍窜诏安县澎默外洋,获绿头艇一,擒贼黄阿呆等十二名,溺毙甚伙,获炮械多件。二月,蔡牵窜粤省大星洋,蕃锵由南澳驰赴汕尾,随广东水师提督钱梦虎进剿,旋调回南澳防守。四月,上以蕃锵年近六旬,两耳重听,命以原品休致。道光二年,卒。

(李桓编:《清耆献类征选编》卷三百十一,《清代传记丛刊》第43册,第813—816页。)

143.《张师诚传》

张师诚,字心友,一字兰渚,浙江归安人,乾隆庚戌进士。嘉庆十一年,任福建巡抚。时海盗蔡牵扰台湾。朱渍亦拥百余艘,出没闽浙南北洋。师诚严海口,杜接济,招党类,以剪其羽翼。饬沿海厅县,日报某贼船入境,某舟师追剿,以定赏罚。十四年七月,权闽浙总督,檄水师提督王得禄、浙江提督邱良功,会剿北洋。寻,侦知贼在南洋,飞饬转帆南驶。追及黑水外洋,炮沉其舟,牵落海死。前二月,朱渍为总兵许松年炮毙。渍弟渥闻牵诛,率四十艘,诣馆头乞降。复剿抚凤尾、吴尾等帮,海寇悉平。磨山崖,纪绩百字,至今传为百字碑。先是,延、建、邵、汀会匪、担匪交讧,为民患。至是捕二百余人,戮之,山盗亦平。十六年,台地噶玛兰编入版图,师诚条议事入奏。悉得旨:如所议行。(《台湾通志》,台湾文献史料丛刊第130种,台北、北京:台湾大通书局与人民日报出版社,2009年,第474页。)

144.《倪起蛟传》

倪起蛟,浙江镇海人。由武举,拣选千总,分发本省。嘉庆九年,补温州镇中营千总。旋署黄岩右营守备,随浙江提督李长庚赴台湾剿蔡牵。十一年,舟师追贼,风大作,泊鹿耳门。贼船于口门向背排列,为内外抗御之计。风息,官兵自口内攻出。会起蛟等偕南汕、北汕舟师四面骈集,贼船乱,乘势攻击,斩馘甚多。又于张坑及返埕等洋面,获贼党及洋匪陈烦等。十二年,随黄岩镇总兵童镇升生擒盗匪刘泳等于南渔外洋。十三年,随童镇升追捕盗匪张阿治,获匪党陈角等于金门洋,擒郭英等于披山洋。复随水师提督张见升追剿蔡牵,自汕尾望见匪船,奋前迎击,焚毁贼船,生擒贼目多名,焚溺无算。是年,擢补玉环营守备,寻获盗金昌祥等于满山洋。十五年,署温州镇中营游击。十六年,署黄岩镇营游击。十七年,补温州镇左营游击。十八年,调中营游击,旋署乍浦营参将。十九年,总督汪志伊以起蛟才长技优,缉捕向前,具疏保举。二十三年,署玉环营参将。二十四年,补江南吴淞营参将。二十五年,调川沙营参将,旋擢京口协副将。道光元年,署寿春镇总兵。两江总督孙玉庭疏称:起蛟历任水师,在洋面先后获盗甚多,并赴闽省追捕,获蔡逆渡台匪党,渐升副将。本年三月,委署寿春镇总兵,统率巡防,办理裕如。该员明习水务,训练有方,堪胜水师总兵之任。奏入,得旨:授海坛镇总兵。七年,卒。(李桓编:《清耆献类征选编》卷三百十五,《清代传记丛刊》第44册,第437—439页。)

145.《福建海坛镇总兵官镇海倪公(起蛟)神道碑铭》

咸丰八年十一月,镇海倪公子澧以先状来鄞,言于其友徐时栋曰:先公备位总戎,例得树丰碑,载扬嘉绩,而不孝随侍日浅,不获悉数其成劳始末。且夜负疚,递今余三十年。顾其时海上功级与迁除岁月,惟不孝尚知百一二,虽不备,子为我文之,以诏后人。敢再拜以请!乃者,时栋克葬我先大夫,公子实勤之而未之报也。先德之纪,其奚辞!按状:公讳起蛟,字安澜,又字翔云。其先,居衢州倪家桥。元大德间,有庆甫者官庆元路教谕,始占籍定海。庆元路后为宁波府,而皇朝改定海曰镇海,故公世为浙江镇海县人。曾大父廷宰,县学生。大父文魁、父士达,隐德不耀,两世并赠至武显将军。大母马氏、母吴氏,并赠夫人。公以武生,中乾隆五十九年恩科举人。明年,试进士不第,效力本省。嘉庆九年,补温州中营千总。明年,署台州黄岩营守备。其年九月,入浙海尽山洋,追土盗张阿治。忽飓风大作,船破皆死。独公仓遽中得片板,飘入日本界。明日,顺流还。视之,宁波之石浦洋也。始缘岸而上,得生。是时壮烈伯李忠毅公长庚方奉诏统水师征海盗蔡牵,檄公往闽海同击贼。牵以百余艘犯台湾,沉舟鹿耳门拒官军。忠毅集总兵以下攻之,公冒矢石力战。既而牵夺门遁,结粤盗朱濆入古镇洋。公乘兵船追击之,进击之于泉州张坑洋,又追击之于金门返埔洋,斩首七十三级,歼其魁陈烦,获其船三,擒盗目回琅以下十六人。十二年,复击盗于定海之渔山,追之至披山外洋,夺舟三,斩首三十级,获其魁陈角、刘永、郭英,俘余盗九十七,女盗一。是岁,忠毅殁于军。间一年而牵败,海盗平。于是调公为温州玉环营守备。十七年,迁温州左营游击。明年,调中营。二十年,母吴夫人卒。二十四年,擢江南吴淞参将。明年,调松江之川沙。未几,擢京口水师副将。明岁,道光元年,署寿春镇总兵。十二月,奉上谕:授福建海坛镇总兵官。余尝综公事状,见公为守备者凡七年。七年之间,斩馘献俘,沉船破贼,其功足以膺懋赏,而未尝有一阶之晋,一命之宠。至乎寰海晏定,无可表见。而历岁数迁,终建节钺。呜呼!岂不以末弁微秩苟不能事上官,即不易以战功达帝听,而其异日之卒邀显擢者,虽未必无奇勋伟烈为子孙不及知,抑亦曩者锐身报国,付死生于鲸波鳄浪中,功绩终不容泯没,天故以追酬之耶!有志之士,但观于公,亦可以自奋矣。(缪荃孙编:《续碑传集》卷四十九,上海:上海书店,1988年影印,第5—7页。)

146.《杜魁光传》

杜魁光,江苏阜宁人。由武举漕标效力,拔补千总。乾隆五十七年,擢福建营守备。六十年,擢狼山镇左营都司。嘉庆三年,擢刘河营游击。五年,擢浙江玉环厅营参将。六年,擢福建闽安协副将。九月,授南澳镇总兵。七年,带领米艇兵船赴闽洋协缉洋匪蔡牵。五月,命于闽、粤各洋面交界处所督饬营汛,不分畛域,一体巡缉。八年三月,由牌角上洋追窜匪于诏安县之布袋澳,拿获戕害海门营参将陈名魁之匪犯谢凤等十三名,并搜获子母炮、腰刀等件。九年八月,因洋面商船被劫,澄海协副将魏成德并不出洋巡捕,魁光亦不督催,经两广总督倭什布奏参,请将魏成德革职,魁光交部议处。部议,降二级调用,上改为降三级留任。十一月,闽省土盗朱濆窜入铜山洋面,魁光率兵往捕,贼远窜。十年三月,率游击黄通等出洋巡缉,至澄海县之樟林港洋面,追捕匪船一只。各匪弃赃凫水逃窜,弁兵拿获匪犯吴亚善等四名。闽浙总督玉德奏：粤洋艇匪八九十号窜至闽洋之悬钟澳游奕，旋有五十余只抢进海口，经官兵击退南窜。查闽省之悬钟澳，系南澳镇所辖。前据总兵杜魁光禀报：该镇所辖之粤东甲子洋面有艇匪在洋伺劫，经两广督臣饬调该镇带领兵船，会合粤省舟师前往剿捕。今艇匪窜入闽洋，杜魁光未将在粤剿捕情形禀报，亦并未追捕过闽。谕曰：杜魁光系两广总督饬带兵船剿捕艇匪之员，乃不能就地围剿，任令匪船逸入闽洋面，该镇亦未追捕，亦未将在粤剿捕情形具禀，恐不免有逗遛避贼情事。著玉德详细查访，如该镇实有督捕不力之处，即当据实奏参。四月，玉德奏：广东会匪首李崇玉勾连艇匪乌石二等在粤洋抢劫滋扰，于三月内窜过闽洋。又奏：拿获艇匪陈阳得等，讯据供称：艇匪共有四帮，一系乌石二为首，一系郑一为首，一系总兵宝为首，一系林阿发为首，共船二百多号。见来福建洋面有八十多船，系林阿发、总兵宝二帮，连土盗朱濆附和之船，共一百多号。广东会匪首李崇玉，见在林阿发帮内。谕曰：那彦成等前此折内曾称先派署左翼镇林国良、南澳镇杜魁光二员带领舟师，在甲子司港口堵截。当李崇玉见窜过下海之时，该二员何以毫无闻见？及该逆勾通艇匪窜过闽洋，该二镇兵船又何以不跟踪追捕？杜魁光本系南澳镇总兵，原以捕务紧要，暂令在粤帮办。今粤省李崇玉已遁入浙洋，伙同盗匪林阿发、总兵宝帮船一同肆窜，正在该镇所管地方，该镇岂得转置不顾！著那彦成速饬杜魁光带领所辖舟师，赴闽省追剿。五月，两广总督那彦成等奏：拿获伙匪，讯据供词并地方官禀报，俱称李崇玉一犯已于闻拿之日即落海，随同盗匪朱濆、总兵宝等逃往闽省。谕曰：前此孙玉庭查办李逆时，先经饬调林国良、杜魁光二员带领舟师，于甲子司港口堵截。今李崇玉窜逸下洋，所谓堵截者果安在？那彦成等应即查明该犯究由何路下洋窜逸，得上盗船？将疏玩之员据实参办。玉德奏：粤东艇匪经闽省舟师追击，逃回粤洋。蔡逆匪船由淡水仍从东大洋窜回内地。上命玉德转饬李长庚并传谕许松年、杜魁光、蔡国安等，将剿捕蔡牵一事，责成伊等四人。又谕李长庚传知杜魁光等，乘蔡逆穷蹙窜回内地之时，探明窜往何处，设法围擒，克期弋获。倘该镇将等并不认真出力，即著指名严参。时土盗朱濆经官兵追捕，远窜粤洋，提督李长庚派令魁光偕副将蔡安国等在铜山、厦门一带巡缉，防其折回。寻，因蔡牵匪船窜入澎湖马官澳，李长庚放洋过台追剿。玉德奏：该匪狡谲异常，目下正值南风司令，恐该匪又复窜回内洋，饬杜魁光等带领兵船，专防南洋一带。九月，巡至南澳长山尾洋，击沉盗船数只，淹毙盗匪多名，斩盗首杨宿扬、头目吴阿林、刘阿连等十名，生擒匪伙王元顺等三十四名。十一年二月，蔡牵帮船逃回内洋，玉德派魁光偕参将丁绍奉分兵带船，于湄洲、崇武一带堵截。三月，朱濆匪船自粤窜入闽洋，玉德饬魁光等驰往围捕。寻，因蔡牵匪船窜惠安县之尖峰洋面，玉德饬魁光督兵追之。上命两广总督吴熊光添派总兵孙全谋带领水师官兵赴洋帮同杜魁光等一面追捕朱濆，一面截击蔡牵，防其会合勾结。蔡牵在兴化洋面游奕，玉德饬李长庚、魁光赶紧回捕。三月，蔡逆匪船由湄洲、竿塘一带洋面北窜，魁光追踪过北。蔡牵联合朱濆、七嫂等帮匪船窜近浙洋，上命玉德速催李长庚及杜魁光、孙大刚等各统舟师速赴浙洋，会合兜剿。八月，在浙省渔山洋面追击蔡逆匪船，偕总兵[何]定江、黄飞鹏等击毙盗匪无数，烧毁盗船一只，击沉一只，擒贼七名。九月，蔡牵匪船窜至竿塘，李长庚追及之。贼匪返篷抵拒，魁光偕护总兵李景曾围攻之,连放大炮,击沉盗船一只,贼匪全行落海,又击破蔡逆之侄蔡添来座船。蔡添来被炮穿胸落海,余匪落海者无数,生擒六十七名,馘首五,复于竿塘山洞搜获三十七名。十月,蔡逆又从外洋南窜,魁光偕李长庚等进兵攻剿,击沉盗船二只,拿获一只,淹毙蔡逆股头目周添秀及伙匪百数十名,生擒贼首李来及余匪七十名。十一月,在南洋一带剿捕朱渍匪船。十二年正月,朱渍帮窜往粤洋,蔡逆窜铜山之布袋澳洋面,复至闽省交界之古雷外洋游奕。魁光等由镇海往铜山洋面追捕,贼窜东南海洋,闽浙总督阿林保令魁光偕水师提督张见升留在铜山洋面防堵,不使蔡逆折回及朱渍入闽。三月,在洋面患病,经阿林保奏请解任。得旨:准其解任,回籍调理。四月,卒。(李桓编:《清耆献类征选编》卷三百一,《清代传记丛刊》第43册,第225—232页。)

147.《清安泰传》

清安泰,费莫氏,满洲镶黄旗人。乾隆四十六年进士,授刑部主事。五十一年,擢员外郎。五十二年,授甘肃凉州府知府。五十六年,以署兰州府事鞫审得实,上嘉其留心政事,送部引见。五十八年,擢湖南衡永郴桂道。六十年,苗匪滋事,总督毕沅令清安泰于保靖花园一带抚绥降苗。寻,以督饷奋勉,赏戴花翎。嘉庆元年,先后解送首逆吴半生、石三保赴京,擢湖南按察使。五年,擢广西布政使。六年,以上林县买补谷数造册舛错,部议降一级调用,恩予留任。七年,署广西巡抚。八年,调浙江布政使。九年,浙省粮价昂贵,清安泰随巡抚阮元捐银以济民食。上嘉其急公。十年,擢江西巡抚,寻调浙江巡抚。十月,奏言:浙西杭、嘉、湖三府上年歉收,有缓征漕米十一万七千余石。本年春夏雨多,麦、蚕并歉,请再缓至来年征收,以纾民力。得旨如所请行。十一年三月,奏言:闽、浙两省新造艇船,系画一造办。今闽省报销经部议核减著赔者,已恩免追缴,浙省请一例邀免。上允之。八月,洋匪蔡牵北窜浙洋,清安泰驰赴温、台一带严禁小船出口透漏米石、火药,并饬弁兵分路追剿,洋匪不能近岸樵汲,仍窜去。上以清安泰认真防堵,嘉之。时总督阿林保劾提督李长庚私回衙署,捏报获盗,请褫职治罪。谕曰:清安泰见在温、台一带,所有李长庚追贼情形,知之必悉,著即秉公详查具奏。寻,奏:长庚督捕奋勇,并无玩盗捏报状。上嘉其所论公正。九月,奏言:沿海村庄编查保甲,凡散处海岙之居民、铺户一律编牌造册。其寄寓游民,即责成房主、铺户考察,如有行踪诡秘,立即禀究。并稽查出入米数,以杜贩运济匪。禁止制卖花炮,以杜火药透漏。至海口采捕小船,恐有奸徒混迹,均饬沿海员弁随时查禁。上是之。十二年五月,平阳县监生庄以苴抗粮、夺犯、殴官,命清安泰督同江苏按察使百龄审办。鞫实,报闻。时讹传蔡逆于祥芝洋炮伤毙命。七月,清安泰奏言:臣以该逆因伤毙命之处,只系渔户传述,焉知非该逆故散浮言,以为缓剿稽诛之计。见在谆嘱李长庚探听匪船下落,赶紧剿擒。即该逆真已伤毙,亦须根求证据,方可信以为实。其遗伙亦须乘时歼除,万勿轻听浮言,稍涉观望,致失事机。上韪其言。九月,偕阿林保奏:温州府属外洋东臼等六山,向隶乐清县,山外洋面,向归温州镇中营管辖,请就近改隶玉环厅,其洋面改归玉环营管辖,于缉捕有裨。下部议行。十月,劾温州府知府杨兆鹤妄报缉捕邀功状。得旨:褫兆鹤职。时蔡逆仍窜浙洋,其子二来登岸,入普陀寺烧香。事闻,谕曰:蔡逆为积年巨盗,亟应蹑踪追捕,尽绝根株。今伊子二来胆敢入寺烧香,毫无忌惮,可见该督抚等所称严防口岸及蔡逆穷蹙之语,全不足信。而浙省地方官,尤为松懈。清安泰尚敢觍颜入告乎!寻,命交部议处。十二月,调河南巡抚。十三年正月,清安泰以浙省漕帮回空阻浅,耗费甚多,奏请将应行扣还恩借本息、行月米价并嘉庆九年十二月造船公借银两,暂缓分扣。奉旨俞允。旋莅河南任。四月,劾粮道孙长庚擅动库项放债渔利状,下部鞫实论罪。十四年四月,卒。(李桓编:《清耆献类征选编》卷一百九十二,《清代传记丛刊》第30册,第523—527页。)

148.《陈梦熊传》

陈梦熊,福建侯官人。由行伍渐升千总。嘉庆元年,游击曾攀鹤在洋遇盗淹毙,梦熊等救护不力,经水师提督哈当阿奏参,革职留任。十年,升台湾水师右营守备。十二年,粤东洋匪朱渍滋扰,伙党分窜闽省柑桔洋面。梦熊随提督张见升环攻,轰毙贼首潮州八,生擒贼匪张之胜等六十八名,夺获器械无算。十三年正月,在鸡母澳外洋追捕朱逆分窜匪船,梦熊射盗首方台,立毙,并擒获伙匪二十九名。得旨:交部议叙。三月,超擢台湾水师左营游击。四月,追剿艇匪于悬钟外洋,梦熊射倒贼目数名,颧骨中炮伤,仍击沉盗船一,获盗船一,生擒匪犯叶两等三十名,余船遁回粤洋。闽浙总督阿林保奏入,下部议叙。闰五月,梦熊偕署总兵官周国奏等追剿蔡牵、朱渍帮船于宫仔等处洋面,烧毙盗匪多名,生擒贼目三十一名。经阿林保上其功,谕曰:游击陈梦熊首先拢近贼船,得受多伤,尚能亲督弁兵生擒贼目,实为勇往可嘉!著加恩遇有参将缺出,先行补用,赏戴花翎,用昭优奖。十四年,崇武外洋有朱渥等匪船越窜,梦熊偕定海守备官印方等击沉盗船一,捞获盗犯九名,生擒匪犯二十五名。五月,补铜山营参将。六月,署浙江温州镇总兵官。十五年,署金门镇总兵官,先后拿获盗首陈丕、洪夭、陈墨、林助、黄实等并伙犯数百名,夺获船炮、器械无算。十七年,升澎湖协副将。二十年,擢浙江黄岩镇总兵官。二十一年六月,因病呈请开缺。九月,病痊。二十二年,复署温州镇总兵官。二十三年,授定海镇总兵官。道光三年,升广东水师提督。五年,命来京另候简用。六年,以原品休致。八年,卒。(李桓编:《清耆献类征选编》卷三百十五,《清代传记丛刊》第44册,第447—449页。)

149.《陈梦熊传》

陈梦熊,字章如,侯官人。祖玉光,乾隆癸酉武举,尝从征缅甸。父文德,壬子武举,官闽安营千总,权守备。梦熊少习骑射、水战及造舟法。年二十,入闽安营充伍。乾隆五十二年,台匪林爽文滋事,梦熊应选,从领队大臣攻小半天山,破之。五十五年,补额外外委。明年,在竿塘津渣洋擒逸犯庄士德、林明等七人。由经制外委渐擢千总。嘉庆五年,擒获艇船贼目王以忠等,又于海口立万思坛,葬暴骨二百余具。十年,擢守备。大吏闻梦熊善造船,因令督造哨船。时朱渍、蔡牵各匪往来络绎。梦熊即以所乘舟,奉提督追剿蔡牵。十一年冬,大战于三盘洋,贼大败。获张简等,斩之。明年,从水师提督张见升于南澳柑橘外洋,遇朱渍船,提督命追之。梦熊曰:百里外,云如麟,必有飓。贼众乌合,乘危击之,功必倍,请待风作。已而大风。梦熊施炮攻贼,溺海死者无算,生擒陈阿匦等。又自率兵船,与烽火营参将分路巡缉,遇朱渍党朱三胜等,梦熊乘上风掩杀,擒七十余人,取其舟而还。摄水师提标后营游击。朱渍贼有方台者,以骁悍称,梦熊遇于鸡母澳外洋,引弓射贯其颐,生擒之。叙功,授台湾水师提标左营游击。时洋匪未靖,而粤东艇匪数百号,啸聚南澳外洋。梦熊以兵船数十,破贼船,溺毙甚众。盗首叶雨、林桂等,炮伤梦熊颊。梦熊伪败,诱叶雨擒之,林桂遁。桂祭旗再战,伤梦熊眼角,梦熊负伤奋击,复擒林桂及其党七十余人。奉旨赏戴花翎,以参将用。七月,在韭山洋遇朱渍贼目王长,士卒闻其能召阴兵,从空飞下,惧甚。梦熊曰:此大言欺人耳!并力攻之,获王长。又遇蔡牵贼目张易高于五堡洋,战三日,铅丸尽,梦熊捣破磁以代。贼退,从后要击,获易高并其船。补福建铜山营参将。十四年,与海坛镇总兵孙大刚合师剿余匪,时蔡牵已死,其党吴淡、吴尾、陈孙等,各诣梦熊降。朱渍死,其弟渥亦以其众归顺焉。十五年,权金门镇总兵,于悬钟洋、黑水洋、下尾墟、崇武外洋、平海外洋,频获盗目。十七年,浙降盗李卢复叛,劫掠黑水外洋、黄崎外洋。梦熊躬执皮盾,跃入贼船,夺刀杀贼。卢奔他舟,冲礁,破获之。又柑橘洋盗黄茂,劫官谷,杀官兵,出入闽粤。与梦熊遇,掷火礶,焚其船,追至东碇、料箩等洋,获林阿廷等。擢澎湖水师副将。黄茂股匪林善等在镇海南碇外洋,用铁板船战,火不能伤。梦熊集弓平射之,贼应弦落海。比近,跃上其船,生擒六十余人,黄茂余党遂尽。二十年,迁浙江黄岩镇总兵,移定海镇总兵。浙洋多盗,梦熊曰:贼各立门户,利不相让,害不相救,此易办耳!亲督舟师,分路捕缉,浙氛亦熄。道光元年,擢广东水师提督。粤船放洋,屡有遇风击碎者,梦熊教之观云色,验风信,预为趋避。以各舟旧式难行,别绘图改造轻捷。有新造哨船工成,梦熊往验,桅木有只眼,决为曾被雷灾,截之,果然。梦熊出洋与士卒同甘苦,有功无不叙列,以故皆感奋。七年,以原品休致,在籍食俸。明年,卒,年六十有九。子殿鳌,由武生入伍,官台湾安平协右营守备。[陈寿祺等重纂:《福建通志》卷二百二十六,清同治辛未年(1871)刻本,第35—36页。]

150.《胡于铉传》

胡于铉,浙江镇海人。乾隆五十二年,由武举效力本省,补镇海营千总。嘉庆四年,升宁海营守备。六年,迁钱塘水师营都司。随定海镇总兵李长庚在旗头洋剿捕海盗蔡牵伙匪,获陈帖等二十余人。进抵东霍山,复擒贼目李广等多名,夺获炮械无算。奏入,上嘉之。八年,擢太湖营游击。十年,调黄岩镇标中营游击。十一年,迁江苏川沙营参将。十二年,擢广东春江协副将。十三年,迁南澳镇总兵。十四年二月,蔡逆党朱渍窜至粤洋游奕,于铉偕金门镇总兵许松年追至凤屿洋,炮击朱逆,毙之。捷闻,下部议叙。八月,朱逆余党朱渥等合帮入大鸡笼洋,于铉督兵追剿,擒斩多名。十五年正月,潮州府属有乌石二、东海霸等帮匪船在洋劫掠,于铉率舟师会同巡船分路剿之,擒获六十余人,并获炮位、器械甚伙。得旨嘉奖。八月,两广总督百龄奏令于铉在闽、粤交界洋面巡缉。寻,擒贼十六人于闽省云澳外洋,搜获多人于悬钟洋,又于虎屿洋获土匪张有才等二十余人。九年,以于铉调各营师船外出洋面有被劫之案,两广总督蒋攸铦劾之。谕曰:粤省水师捕务,经节年整理,洋面甫就肃清。该镇将等惟当实力巡防,始终弗懈。乃总兵胡于铉因见粤洋宁靖,辄将所隶海门、达濠各营师船纷纷调遣外出,致本年春、夏间南皋泷、圭湖墩各洋面商船间有失事。该总兵调度失宜,事后又不能实力捕获,著交部严加议处。寻,革职。二十一年,卒。(李桓编:《清耆献类征选编》卷三百八,《清代传记丛刊》第 43 册,第 853—845 页。)

151.《朱天奇传》

朱天奇,浙江黄岩人。由行伍历拔把总。嘉庆三年二月,随黄岩镇总兵岳玺追捕海盗于拍脚岙洋,首先跃过贼船,杀贼五名,生擒杨店等九名,获炮械无算。奏入,得旨以千总补用。五月,复随岳玺击贼于旗头洋,接仗过船,歼贼三十一名,夺其船三,起获枪械、火药,并救出被劫难民。四年,补定海镇标左营千总。六年,升乍浦中军左营守备。九年,超擢定海镇标左营游击。十年,在洋捕盗,飓风坏舟,凫水得生,命予军功议叙。十二年八月,随定海镇总兵何定江击盗于大陈洋,获林添添等二十六名。十月,复随何定江攻盗于孝顺洋,沉其船一,生擒陈兆选等三十五名。寻,擢镇海营参将。十三年二月,督带师船追击盗首张阿治于佛肚山洋。及之,首先挥船并拢,贼目梭老板等抗拒受伤,复受棍伤,仍奋勇跃过贼船追击,贼目梭老板落海死,歼伙盗邱显,俘馘甚众。奏入,得旨:交浙江巡抚阮元详查具奏。寻,讯实奏。上以天奇杀贼受伤,由获盗口供讯出自属可信,命交部议叙,以嘉奋勉。十四年,追剿海盗于黑水深洋,亲督弁兵过船,生擒骆他等三十五名,获炮械数十件。寻,擢福建台湾水师副将。十五年正月,擢福建金门镇总兵。十月,捕盗于红花屿洋,沉其船一,生擒陈恭等十六名。十六年二月,捕盗于料罗洋,沉其船一,生擒曾廷等二十六名,余匪落海,淹毙甚伙。五月,追击盗船于围头外洋,盗穷蹙北逃,各兵船追至祥芝外洋。及之,盗抗拒,抛掷火炮、豆粕。天奇被数伤,仍督同弁兵奋勇围攻,擒吴厚等五十八名,捞获堕水者二十名,夺其船一,百子炮二。捷闻,谕曰:朱天奇追及盗船,亲自督兵攻捕,以致受伤多处,仍复带伤进攻,擒获盗匪七十余名,殊为奋勉!著加恩先行交部议叙。如果能将此帮匪船一律剿净,尚当加以优奖。十七年,因病解任。二十一年,卒。(李桓编:《清耆献类征选编》卷三百八,《清代传记丛刊》第 43 册,第 847—849 页。)

152.《蒲立勋传》

蒲立勋,字树亭,厦门人,署金门左营守备。嘉庆十六年,巡哨至平海外洋,击沉盗船一只,获盗十二,擢福宁左营守备。寻,署金门左营游击。及去任,送者为之语曰:给饷裕兵糈,三年鼓腹;逻巡警雪夜,万户安眠。记实也。尝出资,修义冢。乡里善举,无不与焉。历官温州镇总兵,乞养,卒于家。(林焜熿纂修,林豪续修:《金门志》卷七,台湾文献史料丛刊第 180 种,第 163 页。)

153.《陈光求传》

陈光求,字耀臣,号蕙圃,后浦人。乾隆间,从戎金镇,先后擒盗甚多,拔把总。嘉庆元年,盗掠石浦米艘,追而俘之,获所掠米。制府犒袍及锒。刘叹善镖枪为海上患,亦被缚。由是,贼震其名。旋从李长庚追艇贼,鏖战崇武外洋,胜之。复率师平莲河、韭山之贼,擒吴坛等。四洋之战,发大炮殪持舵者,乘胜斫杀,执巨魁陈标,夺其船,遂由千总补守备。再从李长庚追蔡牵,获李晏等于吊枋洋。牵族子蔡天来分路肆掠,一战擒之。檄回营防守,前后枭许包,囚方溪,辖洋以靖。未几,牵党窜入浯洲港。光求率快艇迎击,腹被枪,肠出,晕仆地。遽起束其肠,跳过贼船,砍毙二贼,举船贼众尽获,起出硫磺七千余斤。(林焜熿纂修,林豪续修:《金门志》卷十一,台湾文献史料丛刊第180种,第275页。)

154.《林捷辉传》

林捷辉,字齐甫,后浦人。父俊元,金镇稿识,屡随总兵陈化成、窦振彪巡洋,风潮沙汕靡不熟悉。先是,母舅刘高山官淡水把总,攻捕洋盗殁于阵,上官将以他故诬陷。捷辉次兄穆如时在台湾,据实申理,事得白,如例优恤。高山子绍勋袭职,捷辉长兄焜熿怜而养于家,为延射师,购良马,命同捷辉习射,遂皆以善射知名。时海寇蔡、朱既诛,其党尚伙。捷辉屡随军剿捕,积功补金门左营千总。尝带师船追击盗船至深水外洋,自起操舵犁击,两船碰,以扎钩钩之。短兵接,巨炮无所施,捷辉掷火药罐于贼船,纷纷落水,我兵亦伤。乃拔剑大呼曰:随我过船,得贼资悉以分给。我兵带伤齐奋,忽大风卷浪,钩折,贼船得乘势飏去。捷辉恨甚,咯血得疾,归病亟,犹大呼杀贼,以手击床作鼓声而卒。年仅三十有四。(林焜熿纂修,林豪续修:《金门志》卷十一,台湾文献史料丛刊第180种,第278页。)

155.《御赐浙江提督邱良功晋封男爵敕》

朕惟尚德崇功,国家之大典;输忠尽职,臣子之常经。古圣帝明王,戡乱以武,致治以文。朕钦承往制,甄进贤能,特设文武勋阶,以彰激劝。受兹任者,必忠以立身,仁以抚众,智以察微,防奸御侮,机无暇时。能此,则荣及前人,福延后嗣,而身家永康矣,敬之勿怠。邱良功原系浙江提督,因洋盗蔡牵一犯,原系闽省平民,在洋面肆逆十有余年,往来闽、浙、粤三省,扰害商旅,抗拒官兵,甚至谋占台湾,率众攻城,伪称王号。不特商民受其荼毒,官兵多被伤亡,并戕及提镇大员,实属罪大恶极。该逆一日不除,海洋一日不靖。节经降旨谕令该督等严禁接济,鼓励舟师速擒巨憝。兹据张师诚奏称:王得禄接到咨会,南洋尚有蔡逆匪船。王得禄即与邱良功连舻南下,于十七日黎明驶至渔山外洋,见蔡逆匪船十余只,在彼超驶,当即督催闽、浙舟师,专注蔡逆本船,并力攻击。该逆复敢用大碇扎住邱良功之船,拼命拒绝,邱良功被贼枪戳伤。其时王得禄紧拢逆船奋击该匪,因不得铅丸接济,用番银作为炮子点放。王得禄身被炮伤,仍喝令千总吴兴邦等连抛火斗、火罐,烧坏逆船舣边尾楼。王得禄复用本身坐船,将逆船后舵冲断。该逆同伊妻并船内伙众登时落海沉没,提讯捞获各匪犯十九名并难民六名,均称蔡逆手足俱被火药烧伤,落海淹毙。是蔡逆受伤落海,已据所获贼匪、难民供指确凿,毫无疑义。王得禄、邱良功协力奋追,歼除首恶,均属可嘉!邱良功著加恩晋封男爵,准再承袭八次。钦此。(林焜熿纂修,林豪续修:《金门志》卷一,台湾文献史料丛刊第180种,第1—2页。)

道光朝

道光元年(1821 年)

1. 福建水师提督罗凤山奏为拿获洋盗首伙各犯事

福建水师提督奴才罗凤山跪奏。为到台督缉,确查遵旨拿获洋盗首伙各犯,恭折覆奏,仰祈圣鉴事。窃奴才于本年二月初七日,在南澳洋面接奉上谕:前据王得禄奏,巡查台湾并督缉盗匪情形。罗凤山已补授福建水师提督,务当督率舟师,整饬捕务,俾洋面一律安静,一有土盗,立即扫除。此次盗船三只,除陈浅、陈齐首伙已获外,其张充一犯,讯据逃往内山,必须严拿务获,以绝根株。至游击李天华在噶玛兰洋面追贼过船受伤一节,该游击追贼时,贼船如何拒捕,该游击身受何伤,所伤轻重若何,并杀贼几人落海,著罗凤山确切查明,据实具奏。钦此。

奴才遵即返篷驶赴厦门,接受提篆,配船渡台。于二月二十二日,恭折奏明在案。奴才随自厦门登舟出口,先将内地沿海督饬巡查。适值西南顺风,即行放洋东渡。二十七、八等日,巡历台湾洋面,尚皆安静。二十九日,由鹿耳门进招到郡,查看台地,安戢如常,所有洋匪陈齐案内,另船盗首张充跳海跳脱,以及伙党林牛等未尽剪除,先经镇臣音登额、升任道臣叶世倬严饬跟缉。奴才到台,即准该镇臣咨,据署噶玛兰通判姚莹等先后禀报,会营陆续拿获逸盗林牛,并跟获先从林牛出洋为匪之黄传、林滨、林友谅、郭飞、蔡禄、王洪、蔡秋、刘秀、吴明、陈初莲等十一名,独张充一犯尚未就擒,殊深焦灼。适调署台湾道臣胡承珙到台接任,随经会同该镇、道,通饬各属文武员弁,水陆严拿。奴才复专札添派北路协副将明祥、守备王福生、把总杜抡元,并上年拿获洋盗多名,奏蒙恩旨赏给七品小京官之拔贡生王云鼎,分赴淡北等处沿海内山,不惜线资,改装访缉去后。旋据王云鼎禀报:三月二十八日购线,访得张充逃匿彰化县属之番界横山脚草寮,踪迹确鉴,报知副将明祥、派拨把总杜抡元、外委关桂暨彰化差役后,飞赴围捕,经王云飞、关桂首先擒获盗首张充等情。并据该副将明祥亲将该犯督解来郡。又,委缉之守备王福生报,同把总杜抡元拿获吴冷一名。台湾府经历徐锷,报获张番一名。除咨该镇、道,饬府提同前获之林牛等质讯,一并按拟,详解勘办,另折会奏外。至游击李天华在噶玛兰洋面追贼过船受伤一节,据该镇臣称,上年八月间,据报该游击在洋率领弁兵跳过盗船,杀贼张能一名落海,亲擒卢添赐等三名,被陈齐等掷石打伤右膀,放枪打伤左腿,时即差弁驰往查明。嗣该游击复乘坐竹兜来郡请验。经该镇臣揭视左腿枪伤,尚属肿溃,察其忍痛气弱情状,嘱令速即回署,赶紧敷治。续据营报:沿途火毒上攻,医药罔效,抵署后身故,殊堪悯恻,等语。奴才细加确查,均无少异。该故游击业经该镇、道于审办优抚陈齐等折内,奏蒙皇上天恩,照阵亡例议恤。凡在臣下,无不钦感难名。奴才查台湾、嘉彰二属,上年固多抢窃之案,缘镇臣音登额疾盗如雠,自旧冬奏办盗案后,今春以来,督府饬催营县,分派兵役,设法购访,续获陆路新旧劫窃匪犯又有七八十名,近来渐臻安静。署道臣胡承珙虽系初任,人极明干,督同台湾府知府盖方泌办理地方诸事,亦皆妥速精详。奴才责在水师,所辖全省海洋,均关紧要,固不敢久滞一隅。向来每届夏初,不免有内地奸匪小船假扮商渔,窜台伺劫。现际南风司令,正台洋捕务紧要之时,奴才尚应会同该镇臣,督饬台湾水师协副将汤亨斌,统率兵船,周历巡查,认真缉捕,俾海外严疆一律绥静【靖】,察看风帆,即行巡返内洋。如果内地洋面亦俱肃清,再当具折奏明。交篆起程,遵照前奉准来见御批,趋请叩觐天颜,跪聆圣训,以抒诚悃。所有奴才到台督缉确查,并拿获洋盗首伙各犯缘由,合先恭折循例由驿覆奏。伏乞皇上圣鉴。谨奏。道光元年四月十七日。(北京:中国第一历史档案馆藏朱批奏折,档号:04-01-08-0087-007.)

道光二年(1822年)

2. 道光二年三月壬子谕军机大臣

阮元奏:英吉利国护货兵船停泊外洋伶仃山,夷人赴山汲水,与民人斗殴,互有伤毙,饬谕该国大班及该国兵官交出凶夷,彼此互相推诿。当将货船封舱,禁止贸易。该夷兵狃于该国被伤后致死无须抵偿之例,延不交凶,旋即畏罪潜逃。该大班寄信本国,奏知国主,照例究办。现仍著落交凶,并谕饬办理,等语。天朝定例,凡斗殴致死人命,无论先后动手,均应拟抵。该夷兵在内地犯事,应遵内地法律办理。至该国兵船系为保护货船之用,该大班承管买卖事务。其兵船伤毙民人,岂得借词延诿。今兵船既已扬帆驶逸,凶夷自必随往。著照所议,准令各船开舱下货,仍饬该大班告知该国王,查出凶夷,附搭货船,押解来粤,按名交出,听候究办。至该国护货兵船向只许在外洋停泊。买物取水,应由买办承管。既据该督饬谕告知该国王,现在粤洋无盗,以后无庸再派兵船赴粤。如货船必须保护,亦应严谕领兵官,恪遵内地法度,弹压船内夷兵,一切俱由大班管束经理,均著照所议妥办。该督仍当随时稽察,严密防范,勿致别生事端。将此谕令知之。(《清宣宗实录》卷三十一,道光二年三月壬子,第11—13页。)

3. 道光二年四月己未谕内阁

庆保等奏参缉捕玩弛之都司一折。此案外洋盗匪聚众二三十人,于旬日之间叠劫商船三次,捕务废弛已极。所有该管巡防之昌石营都司吴清,著先行革职。责成统辖之定海镇总兵陈梦熊带同出洋追捕,勒限一个月,将盗匪全数弋获究办。如逾限无获,即将该都司严行治罪,并将该总兵一并严参。至另片奏称:现获之滥眠玉一犯是否即系此案正盗,著该督即行严讯明确,定拟,具奏。(《清宣宗实录》卷三十三,道光二年四月己未,第7页。)

4. 道光二年七月丙戌谕军机大臣

本日都察院奏:广东新安县民人黄奕通呈控洋商,故纵夷匪,两命莫偿一案。已明降谕旨,交阮元审办矣。此案前据该督奏称:上年十一月英吉利国护货兵船停泊外洋伶仃山,夷人赴山汲水,与民人斗殴,互有伤毙。因凶夷驶逸,饬令该国王按名查出,附船解粤,听候究办。今黄奕通复以夷人上岸打水,盗挖番薯,挟村人斥逐之嫌,即于次日统兵百余人,持械掳掠。又用大炮轰击,黄奕明、池大河身死,合村房屋都被打毁,抢夺衣物,计赃一万余两。禀经该县知县,准报人命,不准报掳抢等情,具控。该督前奏折内均未将此等情节详细声叙,是否该民人架词捏控,抑竟系该县有意消弭,与该商等朦混禀详。著该督即行确查。(《清宣宗实录》卷三十八,道光二年七月丙戌,第19页。)

5. 福建巡抚颜检奏为沉失台湾饷银及应筹款补发各确数事

福建巡抚臣颜检跪奏。为续获沉失台湾饷银,及应筹款补发各确数,恭折奏闻事。窃照道光元年,应发台湾各营兵饷,前经派委文武大员分装兵船管运,内有金字三号一船装载台饷二十五鞘,计银二万五千两。于上年六月十九日,在洋遭风,漂至凤山县辖打鼓外洋击碎。饷鞘等项全行沉失。当经飞饬设法打捞,除捞获外,未获银二鞘零,计重二千六百余两,并漂失兵丁戴青云等二名。经臣分晰具奏,一面督饬印委各员,仍再实力打捞,务获。嗣钦奉上谕:颜检奏饷银遭风分别办理一折。福建台湾饷船在洋遭风,沉失饷银、军械,除捞获外,其未获者仍著实力打捞。俟核明确数,筹款补发,无著兵丁二名,著查明实在下落,照例办理。钦此。复经恭录饬行遵办去后,兹据台湾府知府盖方泌详称:沉失前项饷银续又捞获一鞘,并散银七锭,牌刀一把,共先后捞获二十二鞘零五封九十一锭,计银二万三千四百零四两六钱,已照数兑收府库。实未获银一千五百九十五两四钱,数月以来,严督人夫竭力打捞,迄无续获。或被浪冲失,或淤沙积压,均未可定。不能深探寻觅,恳请筹项补发,俾资找放兵饷。至兵丁戴青云等二名,亦查无下落,等情前来。臣等查该处系为深水洋面,潮汐退涨靡常,前项沉失台饷,除续又捞获一鞘零外,实未获银一千五百九十余两。现据该府详称,业被沙压浪冲,实已无从捞觅。应即遵旨筹款补发,以免海外饷项短绌。除饬藩司查明应筹款项,照数支出,顺交本年领饷员弁,一并解赴台湾府库交收。并饬将金字三号一船,详请动项造补,漂没得生各兵,分别营分战守,取造花名册结,另行题请议恤外,所有沉失台饷确数,现在筹款补发缘由,臣谨会同闽浙总督臣庆保恭折具奏,伏乞皇上睿鉴。谨奏。(北京:中国第一历史档案馆藏朱批奏折,档号:04-01-01-0627-034.)

6. 福建水师提督许松年奏报出洋督缉日期事

福建水师提督奴才许松年跪奏。为奴才出洋督缉日期,恭折奏闻,仰祈圣鉴事。窃照闽省海洋年来虽属安静,而岛澳穷民奸良不一,偶因捕鱼失利,则有乘间劫夺,断不可不防其渐。奴才荷蒙天恩,升以水师提督重任。自上年八月间到闽,节经移饬各镇将兵船尽心竭力认真缉捕,勿致土匪勾结成帮,并经前任督抚臣庆保、颜检遵旨筹议,通饬所属将沿海采捕渔船书篷给照,取具速环保结,以冀杜绝盗源。是以旧岁冬间,觉来往商渔尚皆乐利。本年三月二十五日,奴才出巡北洋,接报闽粤南澳镇辖洋面,突有海滨奸徒随时起意,先后行劫船户杨硕、欧得利商船,随时上山逃散。奴才立即飞赴南洋,严督水陆营县,毋分畛域,设法捕擒,当经拿获两案盗犯陈阿歪、甘入等解省审办。伏念奴才受恩深重,何敢安居,嗣后于六月初六日暨七月二十六日,仍赴洋巡缉,思以仰纾宸廑,现时居冬令,上下洋面正商旅由北南回之时,诚恐沿海土盗生心劫掠,更不容稍疏防范。近来营伍操兵章程业经办有头绪。奴才拟于十月十一日,亲率舟师,出洋巡缉,查访奸民踪迹,而杜萌蘗,并察看在洋将弁勤懒如何,随时分别办理。总期盗氛永戢,以副我皇上绥靖海疆之至意。所有奴才出洋督缉日期理合恭折具奏。伏乞皇上圣鉴。谨奏。道光二年十月十一日。朱批:汝能如此不辞劳瘁,循照旧章,身先巡缉,使海疆永臻静谧,民商乐业,零星土盗随时掩捕,不致酿成巨案,贻患将来,朕甚嘉焉。然总要奉行无懈,实力实心,以副朕推诚委任旨意,勉之慎之。(北京:中国第一历史档案馆藏朱批奏折,档号:04-01-01-0626-004.)

7. 道光二年十二月乙巳又谕

叶世倬奏:琉球国贡船遭风,请分别抚恤一折。琉球国例贡二号船在闾头外洋遭风击碎,淹毙夷使人等十名,情殊可悯。除该抚照例优恤外,著加恩赏银一千两,给夷官雇觅商船回国。其沉失贡物毋庸另备呈进,以示加惠远人至意。(《清宣宗实录》卷四十六,道光二年十二月乙巳,第8页。)

8.《班兵议下》道光二年

噶玛兰新开,额设守备一员,千总一员,把总二员,战兵二百六十名,守兵一百四十名,归艋舺水师游击管辖。所拨班兵,皆用上游四府。惟兰境北至三貂,南至苏澳边界,横亘百余里,三面负山,口隘二十处,皆生番出没之所。东临大海,其内港则乌石、加礼远二口,自三月至八月,港道通畅,民人贩载米石,小船络绎。外洋则苏澳、龟山、鸡笼洋面,南风司令,每有匪船游奕,防堵尤要。兰地僻远,在台湾极北山后,距郡十三日程,距淡水六日程,中隔三貂大山,径窄溪深,极为险阻,设有不虞,百人可以梗塞。今额兵裁四百名,分守汛防,未免单薄,须添设战兵一百二十名,守兵八十名,设都司大员统之,驻五围城内,守备移驻头围,千总移驻三貂,更设在城千总一员,外委二员,始足以资弹压。惟添兵即须筹饷。窃见兰营兵米饷银,皆就兰厅正供、余租支放,每岁银谷皆有盈余,谷约五千石,余租番银二千。今若抽拨战守兵二百名添防,则岁增兵米七百二十石,不过用谷一千四百四十石,岁尚有余谷矣。增设兵饷,战兵一百二十名,每名月饷银一两四钱,守兵八十名,每名月饷银一两,岁约用银二千九百七十六两。都司全年俸薪、马干、养廉,约银四百四十九两。千总俸薪、马干、养廉银一百九十二两。外委养廉银三十六两。增设各兵加饷银九百五十五两耳。凡共需银四千六百余两。兰厅余租一项,颇有盈余,以给官弁养廉,戍兵加饷,足敷支给。至此项额兵,若再从内地抽拨,似觉纷繁。阅军册内,台郡城中驻城守参将一员,兵一千一百七十九名,北路左营都司驻嘉义兵一千二百八十二名,额兵颇多。今若于城守及嘉义二营中酌量抽拨,即可足额,且无庸另筹饷银眷米。如此则兰营兵力可无单弱之虞,而防守更为周密矣。(姚莹:《东槎纪略》卷四,台北:文海出版社,1987 年影印本,第 7—8 页。)

道光三年(1823 年)

9. 两江总督孙玉庭江苏巡抚韩文绮奏为缉拿海盗出力人员请奖事

两江总督臣孙玉庭、江苏巡抚臣韩文绮跪奏。再,前于查办海洋盗匪案内,因首犯张扣二及小王在逃,派委员弁追缉。奏奉谕旨:此系积年巨盗,如能拿获,自可加恩鼓励,等因。今查各处先后报获首伙盗枭等犯百有余名,起获匪船枪械等项多件,使洋面安静,自应查明最为出力员弁,恳恩奖励。查狼山镇总兵萧福禄、京口水师副将龚振海等督属缉拿,获犯最多,惟系镇将大员,且在本属所辖,不敢仰邀议叙。及其余获犯地方文武,应功过相抵不计外,所有最为出力员弁查有:前署常州杨舍营都司候补外海水师守备杨朝栋,首先禀解眼线黄祥林,得以讯出首伙各犯姓名,破获巨案,并获正盗盐犯十二名,该【守】备暂署都司,即能认真捕务,洵属武职中实心任事之员,可否遇缺即予补用。狼山镇左营守备侯澄,拿获案内斩枭盗犯三名及盐犯五名,可否以都司优先升用。京口左营把总张斌盘获要线,并驰赴浙省拿获盗首,使积年巨魁一朝就擒,实属精细能事,应请即以千总拔补。俟有守备缺出,再予升擢。右营把总谢正国、额外王骏先、左营外委李大铨、王正先同赴邻省拿获盗首,又协获伙犯多名,均属出力,请各以千把总优先递拔。福山营千总邵凤鸣,首获盗匪张扣大等五名,又协获盗犯二名,可否即以守备升用。苏松镇千总周彦维,首获斩枭盗犯徐赫传一名,又获盐犯三名,并赴浙省协获盗首张扣二,该员曾经预保候升守备,可否遇缺优先升补。又,文职内候补知州周岱龄委赴通州审办此案,该员昼夜熬审,详细推鞫,不辞劳瘁,究出张扣二、小王潜逃浙省踪迹,得以弋获,并将各犯叠劫戕命实情一一审出,洵属勤明干练。该员曾任实缺知州,官声素好,可否以应升之缺,遇缺升用。桃源县县丞赏缓办事勤奋,因公在省随同查讯眼线黄祥林供出各犯姓名,遣丁访缉,协获盗犯首伙盐枭共九名,实属留心捕务。该员前因防汛出力,奉旨优先升用,可否遇有知县缺出,无论繁简即补。常州府照磨陈文诵,委赴浙江访缉盗犯,亲至奉化县,协获巨盗张扣二,解苏,并无疏虞,亦属勤奋,可否以应升之缺升用。臣等为鼓励微劳起见,谨据实附片保奏,合无仰恳天恩,分别奖励,出自皇上逾格鸿施。再,浙省协获盗首张扣二,并获要犯小王,同江省先后获犯各员弁,如查其非本管应拿,例得按名议叙,容饬查明,另行造册咨部。臣孙玉庭于审明此案后,即赴浦审办盐枭要案,合并陈明。伏乞圣鉴。谨奏。道光三年二月二十九日。(北京:中国第一历史档案馆藏朱批奏折,档号:04 - 01 - 16 - 0123 - 020.)

10. 闽浙总督赵慎畛奏为浙省舟师巡缉疏懈事

闽浙总督赵慎畛跪奏。为浙省洋面屡报被劫,舟师巡缉疏懈,请旨将督缉不力之署参将撤任,及专协各弁革职,留洋勒缉,以靖海氛而肃功令事。窃照浙省自蔡牵剿灭之后,洋面日渐肃清,商渔乐业。臣到任后,因海疆最关紧要,且督缉洋匪系属专责,随检查各卷,自去年冬间至本年春夏之交,各属时有报劫之案,即经节次严饬,该管镇将督率所属员弁上紧严拿,并将承缉之专汛、协防各弁,照案摘顶,勒限缉拿。迄今日久,未据破获一案,并据海盐县禀报:四月十四日,有盗船一只,盗匪二十余人,多系松江口音,在于该县所属洋面抢割渔网,兵船竟不追拿,等情。臣接阅之下,不胜骇异,查海盐与平湖、乍浦等处洋面毗连,江省盗船窜入海盐地方,不能越过乍浦洋面,该营巡缉兵船,当盗船窜入,既未遏其来路,又不截其归舟,任其来去自如,实出情理之外,当将署乍浦营参将事之黄岩右营游击严瑞撤任,留于乍浦洋面勒缉,并另委缉捕素称勤能之黄岩中营游击江茂显前往接署,督同严瑞在洋缉拿,盖缘洋面稍就平静。在洋巡缉兵船,意存泄视,相率偷安怠玩,以致匪徒渐生窥伺。况现在并无大帮盗艘,不过沿海奸民及失利穷渔偶肆行劫,船只既小,伙当无多,俱系一时乌合,并无枪炮器械,不难剪除,若不乘此严加惩办,恐舟师不知敬畏,日益松懈,必致该匪等勾结滋蔓,转瞬又成大帮,剿捕至费周章。所关匪细,臣仰荷圣恩,畀以总督重任,海洋督缉,责有专司,岂容一任因循,致滋玩误,相应请旨,将督缉不力之前署乍浦营参将黄岩右营游击严瑞撤任,并各洋面失事专汛、协防内承缉三案盗无一获之署乍浦右营千总,该营把总刘正高、左营外委陈昌华、定海中营外委乐容德,及承缉二案盗无一获之署定海中营千总世袭云骑尉蔡长谋、定海左营把总徐元豹,额外外委蔡济堂革职,勒限三个月,留洋协缉,如限内能将承缉盗犯全行弋获,准令严瑞仍回黄岩游击本任,刘正高等再行奏请恩施开复。倘再逾限无获,定当据实奏明,分别斥革治罪,并查明统巡、分巡各将备一并严参,以昭炯戒。仍责成浙江提督沈添华,会同定海、黄岩、温州三镇总兵,出洋督饬各营将备、员弁认真搜捕,将各案未获盗犯悉数解究,以期洋面永臻安谧。臣为慎重海洋起见,谨恭折具奏。伏乞皇上圣鉴训示。谨奏。道光三年八月二十六日。(北京:中国第一历史档案馆藏朱批奏折,档号:04-01-16-0122-003。)

11. 闽浙总督赵慎畛奏为特参缉捕不力之水师员弁事

闽浙总督赵慎畛跪奏。为特参缉捕不力之水师游击及专汛、协防各弁,恭折具奏,请旨分别撤任革职,以靖海洋事。窃照闽省自蔡牵、朱濆等匪,先后剿灭以来,洋面并无大帮盗船,尚有零星土匪不时出没,臣因海疆最关紧要,且督缉洋匪尤属专责,节经严饬该管镇将督率所属员弁,认真巡缉,上紧搜拿,以期海洋日就肃清。乃海坛洋面,自本年五月后,叠报商船被劫,先据海坛镇总兵倪起蛟禀报,镇辖南北两洋水程较远,岛屿丛杂,饬令该镇标左右营游击各分段落,责成巡缉。今五六月间,左右两营,所辖洋面,时有劫案,请将左营署游击陈玉龙、右营游击吴宪章,先行解任,勒限缉拿,等情。臣查游击在洋督缉,于所管洋面,竟有匪船伺劫,既不能先事防范,复又迁延懈怠,并不立时获犯解报,实属松纵。当将该员陈玉龙、吴宪章撤任,留洋勒缉,另委素能缉捕之水师提标右营守备黄贵、前营守备温兆凤,前往接署,督同陈玉龙等在洋搜捕,并饬该镇查明专汛、协防各弁,一并照案摘顶限缉。迄今日久,不特旧案获犯寥寥,且有续报劫案,总缘洋面稍就平静,巡缉兵船意存泄视,相率偷安,以致匪徒渐生窥伺。若不严加惩办,恐舟师不知儆畏,日益懈弛。设该匪等勾结滋蔓,转成大帮,将来剿办又致费手,臣仰荷圣恩,畀以总督重任,海洋督缉责有专司,岂容一任因循,致滋玩误,相应请旨将缉捕不力之前署海坛镇标左营游击、闽安右营都司陈玉龙、海坛镇标右营游击吴宪章撤任,并将各洋面失事专汛、协防,承缉怠玩之前海坛镇标左营把总降补右营外委方成器、署海坛镇标左营把总该营外委许腾飞、海坛镇标右营把总江继徽、王准、外委吴元清、额外外委詹文彩,一并革职,勒限三个月留洋协缉,如限内能将承缉盗犯全行弋获,准令该员陈玉龙、吴宪章分别仍回游击、都司各本任,方成器等再行奏请恩施开复。倘再逾限无获,当据实奏明,分别斥革治罪,并查明统巡、分巡各将备一并严参,以昭惩戒。仍责成海坛镇总兵倪起蛟,管带兵船,出洋督饬各将备员弁认真搜捕,务将各案未获盗犯,悉数擒获解究,以期洋面益臻绥辑。臣谨会同福建水师提督臣许松年恭折具奏。伏乞皇上圣鉴。训示。谨奏。道光三年八月二十六日。(北京:中国第一历史档案馆藏朱批奏折,档号:04-01-17-0599-007.)

道光四年(1824年)

12. 署理山东巡抚琦善奏请处分疏防员弁事

再,奴才接据海丰县知县潘觐实详报,该县绅士张映奎住居城内,六月二十八日夜四更时分,被盗匪多人撞门入室,劫去衣服等物而逸。并据声明,该县周围城垣久已坍塌,四门俱无门扇,盗匪由何处入城,何处逃逸,无凭查勘等情。奴才查州县身膺民社,捕盗是其专责,无论城内城外,巡缉不容懈弛。该县城垣前据具报坍塌,因所估银钱多有浮冒,由府驳饬节删,国家经费有常,上司岂容任其靡费,如果该县早经删减,何致年久失修,乃该县平日于缉捕事宜并不实心整饬,及至盗匪入城行劫,犹以城垣坍塌借词。若必修整城垣,始能御盗,则县境四乡无城之处又将如何巡防,所详实为荒谬。兹据该管道府,由司禀揭前来,相应据实参奏,请旨将海丰县知县潘觐实、典史沈森、把总孙文龙,先行革去顶戴,勒限两个月,严缉贼盗,务获究报,届限不获,即行严参革职,以示惩儆,理合附片具奏。【道光四年七月十六日】。(北京:中国第一历史档案馆藏朱批奏折,档号:04-01-01-0668-010.)

13. 两广总督阮元奏为特参疏防之武员请旨分别斥革降补事

两广总督臣阮元跪奏。为特参疏防劫杀商船之武员,请旨分别斥革降补,以重洋巡,奏祈圣鉴事。窃照粤东连年洋面肃清,并无劫案,舟师将弁果能常川周历巡缉,不敢日久生怠,则奸渔穷蜑,自无乘间为盗之暇。兹查文昌县事主梁照聪等在洋失事一案,拿获首伙正法,虽查讯实止现获之一伙偶同邀结,此外并无伙党,惟被杀被淹多命,该管海口协将弁漫无防范觉察,亦未会获盗犯,现在余盗尚有三名未获,若照失事常例,开参限缉,俟至一年限满,及二参始议降调、降留,不足以肃水师而昭惩戒。相应请旨,将本案专汛官代防青澜汛事海口协左营外委吴廷辅、协巡官署海口协左营千总事该协左营把总李兰菁,一并斥革,饬发该处口岸,枷号三个月示众。兼辖官署海口协中军都司事题补香山协右营都司陈嫲降为守备,统辖官署海口协副将事题升大鹏营参将李耀扬降为都司,以示严惩。据该管琼州镇揭报前来,除将李耀扬、陈嫲分别撤任,遗缺俟部覆开缺,照例办理,并将李兰菁、吴廷辅斥革,遗缺饬行捡弁拔补外,臣谨会同水师提督臣陈梦熊恭折具奏,伏乞皇上圣鉴。谨奏。道光四年九月二十九日。(北京:中国第一历史档案馆藏朱批奏折,档号:04 - 01 - 16 - 0125 - 055.)

14.《改设台北营制议》道光四年

台湾地势延长,自郡以南,尽凤山之沙马矶头四百五十里,北至淡水之大鸡笼八百余里。郡城虽云中路,实南偏也。由郡至嘉义两日,至彰化四日,至淡水七日。噶玛兰在淡水极北山后,自淡水至兰城又六日。溪岭险恶,生番出没。镇道重兵皆在郡城,控制遥远。旧制北路设副将一员,中营都司一员,驻彰化。辖嘉义都司为北路左营,竹堑守备为北路右营。嘉庆十年,蔡逆自沪尾登岸,径至新庄,复移台协水师右营游击驻淡水之艋舺,兼辖水陆。移延平协守备为游击中军。又移兴化协守备驻沪尾,为水师守备。噶玛兰新设守备,亦辖于艋舺。于是艋舺游击辖三守备。陆路自新庄以北至噶玛兰边界三百余里,水路自大甲外洋北,过八里坌,绕鸡笼而南至苏澳八百余里。道光三年五月,总督赵文恪公檄台湾镇道府曰:台北道远,郡兵难以遥制。北路副将驻彰化,尚觉鞭长莫及。艋舺游击所辖洋面尤宽,兼辖陆路,未免顾此失彼。兰厅有事,恐难策应。今欲以北路副将移驻竹堑,改右营守备为中营,抽拨彰化额兵二百,艋舺额兵一百,归竹堑守备,随副将驻扎。改彰化都司为北路左营,改艋舺守备为北路右营,同兰营守备四营,统归副将辖。其嘉义都司改归郡中城守参将辖。如此,则南可以应彰化,北可以应噶玛兰,形势始为扼要。而艋舺水师游击,亦得专事洋面。水陆两路,均可得力矣。兰境新开,额设守备一员,千总一员,把总二员,战守兵四百名。其地逼近生番,兵力尚薄。拟增设都司一员,驻五围城内。守备移驻头围,千总移驻三貂。复设在城千总一员,外委二员,战兵一百二十名,守兵八十名,庶巡防周密。其俸薪、养廉、马干、兵饷,就兰厅正供余租支给。不敷,则以盐课税契,留支此项。额兵毋庸内遣,可自台湾城守嘉义二营拨抽。衙署兵房移建增设费如何筹,其悉心会议。总兵观公喜议将遵檄,而水师提督在台,谓是减艋舺水师事权也。北路副将亦贪彰化富庶,不愿移营。道府惑其说,乃议请北协驻彰化如故。改艋舺游击为参将,以大其阶。拨城守、北左、艋舺三营兵三百人。兰增设都司、千总如檄。其拨兵分汛廉俸粮饷,皆未筹也。

十月,方传穟至台,观镇军以告,为艋舺事有成议,不及争。未几,署道乃会详兰营之制,曰:兰地民人三籍,漳最多,泉、粤人少。漳、泉兵不可用也。请悉用上府兵,以免分类械斗之隙。台湾城守左、右两军旧额一千一百六十七名,可拨左军冈山汛兵四十,右军大武垄汛兵三十。北路左营原额一千二百六十八名,可拨嘉义存城兵八十,斗六门汛兵三十、盐水港、西螺二汛兵二十。艋舺陆路原额兵八百名,可拨艋舺汛兵一百。凡拨战兵二百,守兵一百,以入兰营。其兰营形势,五围城中最要。原设守备、把总、外委各一员,额外二员,兵丁二百一十五名,请改驻都司一员,存城千总一员,外委二员,额外二员,战守兵三百六十。头围北当北关,东扼乌石港,人烟稠密,地方孔要,原设千总一员,兵六十名,请改驻守备一员,外委一员,战守兵一百。隆隆岭汛为淡、兰二厅交界,接连三貂大岭,俯瞰鸡笼卯鼻,茂林峻岭,匪民之所逃匿也。旧有石堡,设额外一员,兵二十名。请改设千总一员,战守兵五十名。马赛草山之外曰苏澳,接界生番,东临大海,可泊大小百艘。昔蔡牵、朱濆二逆,屡泊舟于此,以窥噶玛兰。至今南风盛发,土匪小船,时有藏泊,山坑亦有民人私垦。昔杨廷理原议,于草山下建立南关,然地势平阔,关未易建,不若于山上建立炮台土堡,以防苏澳。请设把总一员,战守兵五十,防守边界,堵缉洋匪。加礼远港在东势大溪,出海之口也。沿港皆番社,港口仅容小船出入,杨廷理原议建炮台于此,似可毋庸。请设额外一员,兵丁三十名,稽查挂验。余若溪州汛,为东势适中,向设把总一员,兵四十名。北关汛在梗枋,为入兰锁钥,向设外委一员,兵四十名。三围汛在兰城西北,向设兵十名。请仍其旧。惟炮台塘在乌石港口,向设兵十名,今增五名。以上兰营新增旧设,凡都司一员,守备一员,千总二员,把总二员,外委四员,额外三员,战守兵六百九十五名。以上为定制。噶玛兰年额征余租番银一万八千六百六十八圆,折纹银一万三千三百三十四两,额编文员廉俸祭事役食银一千四百零二两。原设兰营官兵廉俸乾饷银七千二百二十六两,故兵白事:运殖、运柩、班兵盘费车价银六百两。遇闰多支饷五百三十两,仅存三千五百余两。兰营原定戍兵加饷,岁支银一千九百一十两,于盐课支给,余银不及二百两。今新设官弁兵丁,年支廉俸乾饷需银五千五百一十三两。逢闰多支饷银四百两。新兵加饷全年银一千四百四十两。兰地所存余租盐课不敷,而税契年无定额,应请旧制如故。新设营员俸薪廉乾,及戍兵加饷,均于盐课余租动支,尚有赢为故兵白事诸用。其新增兵额,乃由城守、北左、艋舺,三营抽拨。其饷银四千八百两,及逢闰多支饷银四百两,本有台府大饷之额。请仍于府库关支。兰厅年额征供耗谷一万四百五十八石。兰营新旧兵丁年支米二千五百二十七石二斗,逢闰加支兵米二百一十石六斗,尽由兰仓支给。此抽兵分汛及俸饷兵米之大略也。兰营守备、存城把总、头围千总、溪洲把总,旧皆有署,今改建各官,但稍为增廓。城中更造兵房三十间。杨廷理原议,加礼远港建炮台,马赛山下建南关,今改建炮台于苏澳,则南关之费可省。惟苏澳草山上筑一土堡,以围炮台,设把总署及兵房二十间。加礼远港建外委公所及兵房十间,费省而工易竣。所有艋舺游击改为淡水营参将,与新设噶玛兰营都司、千总印信钤记,咨部铸造更给可也。道光四年二月议上,文恪公悉奏行之。

(姚莹:《东槎纪略》卷一,第8—11页。)

15.《筹给艋舺营兵米议》道光四年

嘉庆十一年,蔡牵自沪尾登岸,蹂躏新庄、艋舺。十五年,乃设艋舺一营,兼辖水陆兵一千四百。兵米仰给于淡防厅仓,而额征供耗谷不敷者,每年六千二百七十石。借碾备贮,仓贮已空,复借屯租。屯租者,淡厅每岁协济台、凤二邑屯丁之饷也。二邑屯兵索饷,当事患之,而艋舺兵米尤急。部议噶玛兰存仓余谷,台、凤、嘉、彰四县截旷兵米,尽数拨补。不足,由司发价采买。台湾道胡承珙遵檄议曰:淡防厅册报,嘉庆十五年起,垫给艋舺兵米,以本营截旷同存余供谷拨补,并藩司发银一万一千三百两采买,尚未补谷三万五千八百二十九石。此二十五年以前之数也。各县扣存截旷兵米，内彰化一县，本营加闰兵米不敷，不可拨。道光元年以前，台、凤、嘉三县扣存截旷谷七千零七十石，噶玛兰征存供耗谷一万六千七百四十石，以补淡仓，尚不敷一万二千余石，与道光元年后应给之兵米，请以三县截旷及兰厅存谷，自元年起，约七千石，运赴淡仓给新兵额米，且陆续归补垫谷。惟陆运费繁，当由海运。三县运至鹿耳门澳。台防厅就往淡水，贸易之艋船配运，令行户保结。其兰厅余谷，每年春夏间，淡防厅雇船往运，照台运章程，内洋被劫，地方官赔补。外洋被劫，营弁买赔。船至内港，驾驶不慎搁损，或船户中途盗卖者，行户赔补。外洋遭风，咨部豁免。至运脚费及淡厅年征拳和庄租谷，变价银六百六十九两给发。其二十五年以前厅县应补谷二万三千八百余石，脚费无项可支，令二厅三县摊捐。议上，司道请咨，赵文恪公，疑之未行。道光四年三月，传檄署台道，议曰：淡厅所急者，每年支放新增之兵米也。新支一日不定，则旧垫一日不清。造册频更，纠缠殊甚，部中查取者，嘉庆十八年以前垫给之数。而承珙所议，则淡厅现送二十五年续造之册，较前数已增。其道光元、二、三年垫给之数，将来造册，又不止三万五千八百余石而已。此时即计补还，亦难清讫。且厅中历年借款，有本厅及府仓备贮之谷，有司库发价采买之银，有协济台、凤二邑屯饷。本厅应解税契及拳和庄租之银，或系外款，碍难报部。或系借银，不能还谷。又如各县屯饷，亟待支放，而司库发价，则无用归还。种种不同，未能一律。惟有先筹当年之谷，毋庸再垫，然后历年借数可以截清，或分别归补，或准予开销，此拨补之中后先缓急所当分计者也。各县截旷米谷，嘉庆二十三年后现册台湾存二千五百九十一石，凤山存三千三百零二石，嘉庆存一千一百七十六石，彰化存八百九十三石，虽奉部议尽数拨补。但彰化县年额支放兵米。无闰之年，余谷有限。五年再闰，即已短缺，不得不将截旷存留。而凤山自蔡逆军需之案，所有备贮，焚抢无余。每年供谷，支放兵米，可余二千石。再收回旷米谷可一千余石，若以留补本仓，则十年之后，即可归补大半。嘉庆二十五年前人误以此谷代嘉、彰两邑运回内地，补二十二年前民欠之额，置本邑仓储于不问，已为失计。若再以拨补淡厅，则凤邑、淡厅事同一律，岂可顾此失彼？承珙但知彰化之谷当留，不知凤山之谷尤不可拨。此情形所当通计者也。至于海道运谷，既责令三邑运赴鹿耳门澳，又设立行保，责令往淡艋船，按梁头大小配载，而兰厅之谷，又令淡厅专雇船只往运。及至遭风被劫，又责令地方文武行保分别著赔。不但举动纷繁，为官商日后无穷之累，且艋船之大不及千石，鹿耳门往来载民间日用货物者，台湾、凤山、嘉义三县耳，淡水、艋舺距郡窎远，货船向无往来，安得多船配运？即使有船，而近年内地商船配运，已多困累，尚当妥议章程，岂可使此等小船又滋弊害？此又民间久远之累，所当深计者也。艋舺、沪尾两营，原增戍兵八百七十一名，岁支米折谷六千二百七十一石，遇闰加给米折谷五百二十二石六斗者，此乃道光四年以前之数。现在改议营制，抽拨艋舺营兵一百名入噶玛兰营，则兰厅之兵谷有增，而淡厅之兵谷可减。据淡厅造册内，无闰之年，扣除截旷，实支两营新增兵米谷不过五千八百余石。逢闰多支五百余石。今减兵百名，则无闰之年实支五千二百余石，逢闰乃五千六百余石耳。淡厅年额征供谷一万三千零七十石。淡水北路中右营实支兵米谷无闰之年一万一千二百余石，尚存一千八百余石。逢闰多支六百余石，应存剩谷一千二百余石。以两年无闰之谷并计,为数尚多。然则每年不敷之数,实不过四千石而已。噶玛兰年额供耗谷一万四百五十八石。除本营新旧戍兵岁支五千余石外,可拨给淡厅四千。即此一款已敷支放,毋庸拨动四县截旷,以免每年海运之纷烦,日后官商之赔累。并请如噶玛兰吕倅所议,由淡厅将谷变价番银四千员,赍赴淡厅,递年轮买米谷放给。或民价昂贵,兰厅轮买之年,用噶玛兰通判筹款凑补。淡厅轮买之年,则以拳和庄租银准其开销。既可免海运脚费与遭风赔累,又可免频年采买,骚扰闾阎,其事并无窒碍。如蒙宪准,则自本年为始,即饬兰厅在于额征谷内动拨四千石,秋收后赍赴淡厅,预先买谷存仓,以为年来兵食。如此,则艋舺兵米不敷,垫给之数,自本年截清;而道光五年以后,皆预运一年,无垫给之虞矣。垫数截清,然后饬令淡厅将历年垫给之款分别银谷,何者当还,何者毋庸归补,何者急需,何者可缓,数目截清,事乃有绪。即如现据淡厅查兵米案内,借动台、凤二邑协济屯饷一款,自嘉庆二十一年至道光四年共未解番银一万八千三百五十员。此垫款中之亟当先还者也。噶玛兰通判吕志恒造送兰厅支销册内,截至道光元年冬季,除备贮谷二万石外,实存仓供耗谷二万三千二百九十五石。即系应拨补淡厅之数。而兰厅一带,海道艰险,遭风失水,即干著赔。且乌石港口门浅窄,只容三、五百石小船。运谷至二万三千余石,需封雇民船六、七十只,小民殊多不便。卑护道现于清查屯租案内,详请将兰厅应拨之谷,照余租例,每石变枭番银一员。先以淡厅协济屯饷一款,代解府库,饬台、凤二邑领回发给,屯丁清款尚余番银四千九百四十五员,拨解淡厅,同本年应协济台凤屯租番银四千六百五十员,并存淡厅收贮分年买补归还垫款。至于截旷米石,除凤、彰二邑免拨外,每年台邑约可收回谷八百余石。嘉邑约可收回谷四百余石。艋船配运,赴淡实多不便。查淡厅垫给兵米,内有借动府仓备贮谷九千五百石,请饬令台、嘉二邑,将此项截旷,三年一次,就近拨解府仓,代还淡厅之款。俟府仓借款还清,即行停止。如此通计,则艋舺新兵之米有出,而淡厅垫给之数可清矣。议上,文恪公乃与巡抚咨部行之。全台称便。(姚莹:《东槎纪略》卷一,第18—21页。)

道光五年(1825年)

16. 两江总督调任漕运总督魏元煜奏为巡洋员弁缉捕不力事

两江总督调任漕运总督臣魏元煜跪奏。为巡洋员弁缉捕不力,请旨摘去顶戴,限期拿获,以肃海洋,恭折具奏,仰祈圣鉴事。窃查江省洋面,界连闽浙数省,商贾往来络绎不绝。沿海各营向来设有巡哨章程,立法最为周密,臣节经谆饬巡洋各员实力哨巡,务使盗匪潜踪,以安商旅。兹查上年十月二十七日,有崇明县事主姚永芳商船驶至陈钱山西北洋面,被盗劫去帮猪等货。又孙翼如商船,于上年十一月十四日,驶抵陈钱山西北洋面,被盗劫去豆、猪、衣物等件。又顾咸泰商船,亦于上年十一月十四日,驶至陈钱山西首外洋,吴来匪船四只,各有十余人持刀过船,劫去豆子、钱米、物件等各等情形,经崇明县先后详报前来。臣查水师员弁首重巡洋,缉拿盗匪,是其专责。乃事主姚永芳、孙翼如、顾咸泰失事均在陈钱山洋面,一月之间同时同地被劫三案,巡洋员弁非寻常疏忽可比,当即札饬苏松镇总兵云天彪,严督巡洋员弁,设法侦拿各案贼盗,务期必获。延今日久,并无一案获破,是巡洋员弁即不能实力巡防于前,复不能奋勇追捕于后,若谨照例查参疏防不足以示惩儆。相应请旨将总巡前署左营游击事中营守备陈长泰、委巡右营把总缪宗亮、随行川沙营千总徐长青、署把总毛廷耀均先革去顶戴。再限一月严密查拿,如能限内获犯解究,再当请旨开复顶戴,倘仍不知振作,逾限未获,即将该管承缉员弁严参,以昭炯戒。臣为整饬水师,肃清海洋起见,谨会同江苏提督臣王应风合词恭折具奏,伏乞皇上圣鉴训示。谨奏。道光五年六月初三日。谨奏。(北京:中国第一历史档案馆藏朱批奏折,档号:04-01-16-0126-054.)

17. 道光五年九月壬辰谕

又沿海水师会哨巡防一款。除由该督临时移行该提镇将备统巡、分巡外,著山东、直隶各督抚转饬沿海水师提镇,各按汛地,多拨哨船,分派将弁兵丁,巡防护送。并著该督届期奏派武职大员二人,押坐商船赴津,以资稽考。其商船宜分别奖叙。及苏松等府州军船酌加调剂二款,俱著照所议办理。又另片奏议御史熊遇泰条陈海运事宜六款,除该督等所设章程已经议及外,其海船押运到济,经纪人等难免需索刁难,加派亲信大臣,赴津验收监兑一款,尚为除弊起见。著军机大臣届期奏请钦派一二员前往。此外如有应行随时酌办之事,该督等务当豫筹详妥。勿致临时周章,有负委任。(《清宣宗实录》卷八十八,道光五年九月壬辰,第11页。)

18. 道光五年十月辛未谕内阁

陶澍奏历任常镇道承办船工,借动扬关库项,摊捐未补,并滥借挑河银两无著,奏请追赔一折。江苏常镇道承办修造外海战船哨船,自嘉庆三年后,历任各员均因例价不敷,动借库项,扣廉流摊。又,金坛、丹阳二县承挑徒阳运河,工程较大。及镇江挑浚城河,民捐未集,俱经前任道员王逢源借给库项,节年追缴未完。官民挑河,该道衙门不过责司督察,乃擅以库项借给,致归无著,实属滥借。所有原借挑河银七千两,著于王逢源名下追赔。至历任承办船工,借垫流摊,行之日久。前借之款,尚未补完,而后届之船,复须修造。以致摊捐之数,愈积愈多,年复一年,伊于何底。应即扫数追完,以清库款。所有此项船工借动银两,除历任捐补外,现在未补银二万六千八百六十二两零,即著落原借之赵宜喜、昌德、策名、王逢源、余霈元、王赓言等六员名下,分限追缴。银数在五千两以上,限一年全完。一万两以上,限二年全完。著该抚即分咨各该员旗籍,并行任所。按限严追,解道归款。嗣后修造船工,如有不敷之项,责令承修之常镇道,自行筹画。不准再借关库银两,以杜挪移之弊。该部知道。(《清宣宗实录》卷九十,道光五年十月辛未,第26—27页。)

19.《户部·海运·放洋期限沿途段落道里巡防护送等》

道光五年,谕:沿海水师会哨巡防,除由该督临时移行该提镇将备统巡、分巡外,著山东、直隶各督抚转饬沿海水师提镇,各按汛地多拨哨船,分派将弁、兵丁巡防护送,并著该督届期奏派武职大员二人,押坐商船赴津,以资稽考。又奏准:上海交兑之时,由该督抚等先期咨照浙江提镇水师营,出哨招宝、陈钱一带地方。江南提镇水师营,出哨大小洋山,会于马迹山。山东总镇,出哨成山、石岛,会于鹰游门,以资弹压护送。

又奏准:江南省商船出吴淞江口,由宝山崇明至佘山东驶,绕出五道沙外洋转东,越过东省交界之鹰游门,直走东大洋,即交山东水师所管南汛洋界。大洋中千余里,并无山岛可泊,直至即墨县之劳山、文登县之北槎山,始见岛屿。如无风便,暂须收泊,则在日照县之夹仓口、胶州之古镇口,均可寄碇。胶州之唐岛(即墨县之青岛)、海阳县之棉花岛、乳山口等处,皆可停泊。再至文登县之马头觜,即入东汛洋界。经由文登县之苏山岛、靖海卫、荣成县之龙口崖、养鱼池,均可寄碇。至荣成县之石岛、俚岛,即可收泊。转过成山头向西驶,即入北汛洋界。经由文登县之刘公岛、宁海州之崆峒岛、文登县之威海卫、宁海州之养马岛、福山县之芝罘岛、八角口、黄县之黄河营、屺姆岛、蓬莱县之庙岛、掖县之小石岛,皆可收泊。即达直隶盐山县大沽河出境,计东省洋面共一百五岛。明年漕运经行,可寄锚收泊者此二十五处岛屿,最为海道要地。其间居民丛杂,宵小易藏,较之洋面巡防,尤关紧要。自应分派弁兵,严密巡查,以资弹压。

又奏准:水师洋面,胶州南汛,管辖一千六百八十里;成山东汛,管辖三百九十里;登州北汛,管辖一千七百七十里。内除赴关东洋面三百三十里外,实在洋面运道三千五百一十里。至水师营额设战守兵五百三十五名,战船十只,艍船二只。战船每只配兵四十名,艍船每只配兵三十名。向由营员督率官弁管驾,每年三月内出洋巡哨,九月内回哨。历年已久,岛屿安静。惟海道与河道不同,重运出洋,乘风逐浪,四散分驰,势不能衔尾联帮,防护尤为至要。自应责成该管游击守备督率弁兵,于粮船入境之先,将岛屿险要之处,详细搜查,迎护粮船入境。小心巡防护送,互相稽查。偷安怠惰者,随时参办。仍令登州镇届时前往沿海一带督查,以昭慎重。

又奏准:南、北、东三汛额设战船十只,艍船二只。内南汛二号战船一只,北汛八、十两号战船二只,均饬令速行修理。倘或办理不及,即就近雇觅坚大商船,暂时应用,以为巡哨之需。沿海炮台墩台损坏者,作速估修,俾防守兵丁得有栖身之所。一切器械,逐件查点,务一律整齐适用。

又奏定《巡防章程》。一,东省战船巡哨,向系三月出洋,九月回哨。此次防护粮船,总以接到江南咨会,将运漕船只,定于何时开洋,豫先行知。所有南、北、东三汛战船于明岁春融后,即行配兵出洋巡查,不必拘定三月、九月之限。一,东省洋面,南自鹰游门入境,北至直隶盐山县大沽河出境。所有三汛巡哨战船,俱派赴各该管洋面梭织巡查,递相护送。南米漕船既由吴淞江出口,自必避五道沙绕出大洋,不由鹰游门行走。而鹰游门为入东海防要地,仍令该管之南汛战船,照旧巡至鹰游门交界洋面,以昭周密。一,巡哨船只,分派备弁等官,应立统巡、分巡名目,并按所管汛地,作为专汛兼辖。应由登州镇派定出巡,咨明立案,以专责成。其巡哨弁兵如敢任意停泊,怠惰偷安,从严参究。一,漕运经行海道,凡可以寄碇收泊之岛,率多居民杂处,难保无宵小匪徒,妄生觊觎。应令登州镇于漕运将到之时,择其最要各岛,另于陆路各营就近酌拨千把员弁,带领兵丁数名,或十余名,视岛屿之大小,定兵之多寡,分驻要隘,严密稽查。如有匪徒,立即拿办。一,沿海各岛渔船务遵定例,于造船时申报,查取渔甲、族邻保结,印烙字号,给予执照。开明年貌、籍贯。十船编为一甲,由汛口验照挂号,始准出入。一,沿海设立炮台、墩台。各处每相距二三十里,且有远至六七十里者,仅拨三五兵丁,殊不足以资接应。饬令沿海各州县,于相距较远炮台、墩台适中之地,设立卡房一二处,酌拨壮役五名,就近再由营拨兵三名,在彼巡守,以期与炮台、墩台汛兵,声势联络。再兖州镇之武定、安东二营。亦有沿海口岸,向设水师官兵,于洋面例无责成。应令登州镇届期酌派官兵于沿海口岸陆路,一体严密稽查,以归周匝。(光绪朝《钦定大清会典事例》卷二百十一,户部六十,海运,巡防护送,第2—5页。)

20.《沧溟纪险》

道光乙未秋末,省试南旋。既抵厦门(厦门别号鹭岛),值吾师周芸皋观察寿辰(时任兴泉永道,驻节厦门),随众称觞,欢谑累日。遂渡金门(金门屿在厦门之东),适祖家(余家祖居金门)。由料罗(料罗汛在金门东南)觅舟,将归澎岛问安老母(时迁澎湖),即赴台湾,计不十日可至也(余是年在台郡城主讲引心书院)。十月初二日,舟人来促。率家弟廷扬,偕从者驰至海滨,见船已拔碇(碇以重木为之,海舟用以定船),张高篷(即帆也,俗呼篷),且去。遽呼小艇,奋棹追及之。而日色沉西,视东南云气缕缕腾海上,变幻苍霭间,良久始灭。入夜,满天星斗,闪烁不定。余指为风征,劝舟人且缓放洋(大海中汪洋无际处曰洋,有内洋、外洋之称)。舟主持不可。顾邻舟三、五,亦渐次离岸。余已晕眩,自投舱中拥被屏息卧,听其所之。约三更,闻风声飒飒,船底触水,硠硠作急响,势颠簸,殊不可支,犹以为外洋风浪固然,姑置之。再燃更香以俟(舟以香一炷为一更,名更香)。复疾驶逾两炷时,度已逾黑沟(海中有黑水洋,水深而黑,东流急且低,俗谓之黑沟),平明当抵岸。舟行愈急,浪愈高而飓风作矣。(蔡廷兰:《海南杂著》,台湾文献史料丛刊第42种,台北、北京:台湾大通书局与人民日报出版社,2009年,第1—2页。)

道光六年(1826年)

21. 山东巡抚武隆阿奏为海运南粮船只收泊岛口数目事

山东巡抚奴才武隆阿跪奏。为海运南粮船只,收泊岛口数目,并有粮船直从外洋越渡情形,恭折奏祈圣鉴事。窃照南省海运粮船,经由东境北上,臣前于途次接据各岛口禀报,先后收泊船共四十只,经臣两次缮折奏报,并将经过漕船,有径从外洋北去缘由,于折内声明在案。前月二十五日,东北风大作。次日,复转西北风,其势甚猛,历两昼夜,方始渐息。臣于陆地所见如此,窃念海洋风浪,自必更倍寻常,当此漕运盛行之际,巡探防护各船关系至重。当经饬查巡护去后,兹臣于三月初三日行抵登州郡城,连日途次接准登州镇臣咨会,并据道、府、州、县文武委员等陆续具报,臣逐加细核,除由大洋顺风越渡未曾进口,无从探查船数外,所有石岛、俚岛、威海口、烟台口(即芝罘岛、庙岛)等处进口收泊守风粮船,自二月十八日起,截至三月初三日,各口报到之日止,除臣前已两次奏报之四十只外,现又续到收泊船一百九十九只,连前总计二百三十九只,此内随经采办薪水等项,顺风出口,北行船一百四十七只,现尚停泊候风开行船九十二只,洋面平静,岛民安戢。至二十五、六两日大风,海上势尤猛烈。兹已查明,各岛口收泊粮船,仰赖皇上福庇,俱各安稳,惟新阳县第二十二号程泰船一只大桅稍有损伤,又通州第十一号高永前(即高涌祥)船一只,梢楼吹脱护板,水手高现朝闪跌落水,随经在彼巡防之把总于登云督同兵役捞救得生,落水大小板片全行捞起,查验船身、粮米并无伤损潮湿,均即驾赴庙岛赶紧修理完固,候风开行,各等情。伏查海面辽阔,风平浪静时悬帆经过,相去不甚迢远,尚可瞭见船身篷桅,而旗色船号仍难辨识。若遇烟雾溟濛,船在数十里或百余里之间,则非目力之所能及,况船户于海面风涛、沙线素所惯习,苟从外洋乘风飞渡,瞬息千里,虽有可泊之岛,亦必扬帆直过,不肯停留,其迎探哨船、渔船,势难飞速迎往,一一探报,系属实在情形。

臣思天津海口为南粮归总之路,船只抵彼,直隶督臣即当驰奏,是此项外洋径渡漕船,非特东省难以查清,即奏报到时,亦在直省已奏之后,且恐船数多寡不符,日期先后互异,转致上烦圣厪,是以臣先经附片陈明,委员驰赴直东海面接界处所,查探出东船数,统俟全行过境,再行核奏。惟此后进口收泊漕船源源而至,为数正多,臣现已严饬各员弁梭缉往来,巡防稽察,并令兵船、渔船于进口、出口洋面帮同照料防护,以昭周密。其出入船只一一按号登记,随时驰报。登州去各岛较近,臣密为访察,墩台、卡房尚属整肃,巡防事宜亦颇周匝。臣札勒杭阿于南粮未到之先,已赴沿海周历督查,登莱道嵩英亦亲往各岛督率巡防,在事文武尚知海运至要,咸各奋勉。臣复严加札谕,务各实力实心,妥慎办理,倘有玩忽之员,即会折奏参,不敢稍存姑息,以期海运平稳。仰副圣主垂念漕储至意。臣于登州阅兵事毕,即前赴即墨、胶州各营次第校阅,除俟各岛口报到绪收粮船随时奏报外,所有现在经过粮船数目及由外洋赶过各缘由,理合恭折具奏。伏乞皇上圣鉴。再,海运南粮一百数十万石,装船不少,此后接续而来,号数繁多,是以此次臣谨于折内填写总数,未经另缮清单,合并陈明。谨奏。道光六年三月初五日。(北京:中国第一历史档案馆藏朱批奏折,档号:04-01-35-0251-007.)

道光七年(1827年)

22. 兼署闽浙总督福建巡抚韩克均奏为巡洋将弁缉捕懈弛事

兼署闽浙总督福建巡抚臣韩克均跪奏。为巡洋将弁缉捕懈弛,据实奏参,请旨分别示惩,以重捕务事。窃照闽省洋面较前虽觉静谧,而督缉巡防不容稍有疏懈。臣自上年五月到任后,节经会同督臣孙尔准谆饬各帮弁师实力梭巡,严密堵捕,务期有盗必获,以安商旅,而靖海洋。本年三月兼署督篆,又复叠次严札飞催去后,查各镇所辖洋面虽未能尽将旧案盗犯迅速缉获报解,而近来报劫新案尚少,惟海坛镇洋面报劫旧案本有十三起之多,本年三月三十至四月初九,旬日之内,叠有船户曾春茂、陈进春等被劫之案,似此旧盗未获,新案又增(朱批:是),若不随时惩创,诚恐积久渐至疏纵,于海洋大有关系,相应请旨将海坛右营游击许远生摘取顶戴,把总潘乘昭、外委李万春、薛耀珍、詹名显等先行革职留任,勒限三个月,将新旧各案盗犯全数缉获报解,仍责成海坛镇总兵倪起蛟督饬,认真缉捕,如果尚知愧奋再行奏请恩施,倘始终懈怠,犯无弋获,该管洋面再有被劫之案,即严行参革,以为玩视捕务者戒。再,曾春茂被劫案内,现据海坛镇禀报,陆续获犯林耀(即红目耀)等十名,是否此案正盗,现在饬发审定,照例办理,所有巡洋将弁缉捕懈弛缘由,臣谨恭折具奏。伏乞皇上圣鉴。训示。谨奏。道光七年五月二十一日。(北京:中国第一历史档案馆藏朱批奏折,档号:04-01-16-0129-080.)

23. 道光七年七月乙卯两广总督李鸿宾奏议

两广总督李鸿宾等奏:本年四月内闻越南国夷匪巴荣等在该国水陆地方,肆行劫掠。粤东钦州及外海洋面多与越南接壤,恐其窜入边界。当即飞咨水陆提督,拣派员弁防范堵御。现闻该国已将首匪擒获,仍令龙门协师船暂留防堵。俟越南全境无事,再行撤回。得旨:随时严密防守,水陆并重,不可稍涉大意。务要严饬各属文武,不准喜事贪功,致生边衅。戒之。(《清宣宗实录》卷一百二十一,道光七年七月乙卯,第22页。)

24. 闽浙总督孙尔准署理浙江巡抚刘彬士奏为筹议海洋盗案参缉章程事

闽浙总督臣孙尔准、署理浙江巡抚臣刘彬士跪奏。为筹议海洋盗案参缉章程,以杜推诿而免延累恭折,奏祈圣鉴事。窃照浙江省宁波及温州、台州各府属,地居沿海,均有管辖洋面,自嘉庆年间,大帮洋盗剿除以后,海氛已靖,惟土盗、渔匪乘间抢劫,全在办理认真,方免日久为患。第因洋面毗连,且浙洋西北与江苏接界,东南与福建接界,遇有商民在洋被劫之案,呈报到官,各营县即先将事主多方诘讯,如失事在交界处,所供词稍有游移,各营县即互相推诿,图免参处,并迭次传带事主、船户赴洋会勘,经年累月不能定案,而于抢劫贼盗,则彼此延不缉拿,事主徒受拖累,匪徒弋获无期,殊非弭盗安民之道。前有道光四年,事主孙翼如、范学珍在洋被劫二案,因事主先供系浙江镇海县界内,后又改供在江南崇明县界内,两省委员会勘,各执一词。臣刘彬士到任后,据宁波府详请咨会复勘,当即批斥:盗案无论在江在浙,总应并力缉拿,何得专顾处分,置贼盗于度外,并严饬嗣后不许推诿。现在又有定海县具详事主刘隆泰一案,先在镇海县呈报,称系在浙省定海县之衢山洋面被劫,该县传审又称在江南洋面,请咨归江南勘缉,复经严批申饬在案。伏查例载外洋失事,于报案时讯明,由何处放洋,行至被劫处所约有里数,若干文武官查照洋图,定为何州县所辖,事主毋庸候勘,定例极为周详,原所以杜事主之拖累。至洋面虽各有管辖之处,而同一茫茫大海,非如陆路、内河,有地方界址可以指认,岛屿遥远瞭望,则辨识难真,风汛靡常,行程则里数难计,事主即系熟悉洋面之人,当仓促被劫时,亦恐不能确认地名,事后悬拟更无定准,若必俟会勘定案,始行参缉。在本省则层层详报,在隔省则辗转咨查,派员定期守候风色,不特案延时日,盗逸赃沉,且事主既遭盗劫,复往返跋涉,候审候勘,失业废时,种种苦累,情殊可悯,而营县因参处所关,惟恐代人受过,批饬虽严,终无以杜晓晓之口,事涉疑似又未便遂以规避劾参,惟有明定章程,方可挽回积习。查交界处所失事,例应连界官一体上紧查拿,况海洋一水相连,盗匪朝南暮北,尤不容各分畛域。应请嗣后在洋被劫各案,除内洋有营汛界址外,其在外洋失事之案,无论本省、邻省,总以事主初呈所指被劫地方为准,如有不能指实地名者,即于报案时将洋图令其指认,地方官一经据报,在本州县该管洋面被劫,即行缉拿赃贼,照例开参,一面移会交界县分一体查缉。如事主报呈指明,系在邻县及邻省洋面被劫者,该县即一面缉拿,一面将原报呈词飞移失事地方参缉,并详报院司,分别咨行,毋庸传同事主会勘,仍俟拿获盗犯,审明被劫地方,若系事主原报错误,于定案时将失事处所,该管员弁照例补行参处。所有原参员弁处分,准其查销。倘有借词推诿,或令事主改换报呈,或令盗犯捏供别处者,即照规避条例参革究办,如此立定章程,庶案无互推之弊,事主免拖累之苦。而营县顾虑处分,巡防实力,俾匪徒敛戢,商旅安恬,仰副圣主绥靖海洋至意。臣刘彬士因浙江省洋盗,向归巡抚衙门审办,营县推诿迟延,系浙江抚臣应行稽察之事,不得不奏明办理,与臣孙尔准暨两江总督臣蒋攸铦往返札商,意见相同,是否有当,谨合词缮折具奏。伏乞皇上圣鉴。训示。谨奏。道光七年十一月二十九日。(北京:中国第一历史档案馆藏朱批奏折,档号:04-01-01-0384-029。)

道光八年(1828年)

25. 道光八年八月壬子乙酉谕军机大臣

李鸿宾等奏称:佛兰西国夷人十四名,并福建客民十二名,同搭福建厦门绿头船,自越南国开行放洋。于六月二十三日驶至老万山外洋,寄碇。福建客民转雇渔船,先到澳门。该绿头船舵工水手,于二十四日夜将夷人杀死十二名,另有二名凫水逃走。一名已经淹毙,一名遇救得生。逃生澳门禀报,现将搭船之福建客民李生等十二名查获。讯据供称:该绿头船主名刘亚五,现住厦门,并不在船。其船上代管之人名吴捆,舵水林亚享等约五十余人。该船尾刊刻源荣二字,等语。该夷人被害处所,虽在黑水夷洋,并非滨海营县所辖。惟该夷雇觅内地船只,竟被舵水人等中途谋害,殊有关于国体。闽粤洋面毗连,该匪船乘风迅驶,或潜回原籍,或弃船窜匿,总不出两省海洋地面。著李鸿宾督饬水师提镇,严饬出洋舟师并陆路营县,一体迅速查拿务获,无任远飏漏网。仍严饬水师官弁于洋面地方,随时实力巡察,无致再滋事端。现已究出该商梢姓名及船尾书写字样,经李鸿宾等咨会闽省截拿,著孙尔准一面饬属查拿船主刘亚五,根究该管事舵水人等姓名下落,按名悉数擒拿。一面督饬水师将弁于海洋及滨海营县一体盘诘,截拿,务在必获,勿稍疏纵。将此谕令知之。(《清宣宗实录》卷一百四十一,道光八年八月壬子乙酉,第5—6页。)

道光九年(1829年)

26. 道光九年正月壬寅又谕

朕闻闽广江浙各省洋面近来虽无大伙匪船,仍时有盗劫之案,地方文武非竟不查拿,每因解省经费无出,遂存化大为小之见,并不认真严办。若果如此,岂非因噎废食。戢暴安良,系地方官专责。该督等自应将缉捕及一切经费豫为筹备,各州县距省道里远近不齐,既不能概以解费浩繁,有所借口。况离省窵远之处,除罪应斩绞、并斩绞案内遣军、流徒余犯外,皆有就近解巡道审转之例,何至辄形苦累。外海营汛地方如是,内地土盗因此从轻完结者,亦可想见。该管文武果能不分畛域,和衷共济,纵或一时偶疏防范,迫经缉犯惩办功过原可相抵。每据该督抚陈奏,朕无不概从宽宥。其缉捕勤奋者,亦皆量予鼓励,岂得稍存畏难,养痈贻患。各该督抚接奉此旨,除向有缉捕等项经费各处无庸筹款外,其余俱应一律酌议,量加经费。并严饬该管文武各官一体和衷,力改前习,以期安行旅而靖闾阎。如嗣后仍有因循规避,观望延搁者,即当据实严参惩办。该督抚等亦当认真查察,勿涉颟顸,致干咎戾。懔之!慎之!将此各谕令知之。(《清宣宗实录》卷一百五十,道光九年正月壬寅,第5—6页。)

27. 道光九年十二月乙丑谕军机大臣

李鸿宾奏:英吉利夷船延不进口,及晓谕防备各缘由,等语。所奏甚是。各国夷船来粤贸易,惟英吉利夷商最为桀骜。现在该国大班等因洋行连年闭歇,拖欠夷银,叠次呈控,并胪列条款,具禀查办。该督业经咨提商人讯追,并将所禀各款,饬司妥议。谕令洋商转谕恪遵。该夷船仍然观望,停泊澳门外洋,延不进口。辄敢撍拾前陈各条,哓哓渎办,语言不逊。该国货船每言在粤海关约纳税银六七十万两,在该夷以为奇货可居,殊不知自天朝视之,实属无关毫末。且该夷船私带鸦片烟泥入口,偷买内地官银出洋。以外夷之腐秽,巧获重资,使内地之精华,潜归远耗,得少失多,为害不可胜言。必应实力严查。此次该夷等业经该督将来禀严行批饬,如果渐知悔悟,相率进口,即可相安无事。倘仍以所求未遂,故作刁难,著即不准开舱,严行驱逐。即少此一国货税,于国帑所损无几。而夷烟不入,官银不出,所全实多。至该夷各船现泊澳洋,夷情叵测,不可不豫为之防。该督已密行咨会李增阶,饬令各营将弁等不动声色,整齐防备。所办甚是。此事交涉外夷,有关国体。该督等务当镇静防闲,词严义正,折其桀骜之气,杜其贪诈之谋。断不可稍涉迁就,致失大体。其该夷人禀内夷船规银,不论船只大小一律征收,恳请分别纳饷等款,尚可量为变通。著该督等妥议具奏。将此谕令知之。(《清宣宗实录》卷一百六十三,道光九年十二月乙丑,第5—6页。)

道光十年(1830年)

28. 闽浙总督孙尔准奏为福建海坛金门两镇总兵乏员简放事

再,修明洋政,全在总兵、副将、参将之得人,而水师人才实为难得。现在福建海坛、金门两镇总兵因乏员简放,钦奉谕旨委员署理,经臣遴委参将、游击护理,奏明在案。伏查总兵出缺,例委副将署理,闽浙两省水师额设副将四员,福建闽安副将陈步云、台湾副将黄贵,俱送部引见未回。澎湖副将以吴朝详奏升,尚未奉到朱批。浙江瑞安副将以黄建功题请升署,尚未奉到部覆。即水师参将一项,闽浙两省额设八员,或已题升,或因案参撤,尚未审结,或甫经出缺尚未拣员请补。遇有缺出,竟致无员可委。兹温州镇邵永福既不胜任,应行据实劾参,不敢以保奏在先,稍存迁就。臣稔知现无保举堪胜水师总兵之人,不胜焦灼。伏思江南、京口协水师副将之内河更关系紧要,可否将庄芳机调回福建,俾臣得收指臂之助,出自皇上逾格天恩,臣为外洋紧要,乏人起见,不得已冒昧陈情,不胜震悚,屏营之至,伏乞圣鉴。谨奏。道光十年三月十五日。(北京:中国第一历史档案馆藏朱批奏折,档号:04-01-16-0136-027。)

29. 道光十年四月乙亥谕内阁

孙尔准奏:巡缉疏懈,限满犯无弋获之将弁及督率不严之总兵,请分别革降一折。浙江温州左营游击周寿清前因所辖外洋有船户被劫之案,奏准摘去顶戴,限缉。兹限期已逾,盗犯并无一获,实属怠玩。周寿清,著即革职。所有已革留缉之专汛外委阮占鳌、协防外委项廷光,著一并斥退。该督即委员接署各员缺,饬令严缉务获,以靖海洋。至温州镇总兵邵永福不能督率调度,难胜专阃之任,著以参将降补。所遗温州镇总兵员缺,该督即委员署理。该部知道。(《清宣宗实录》卷一百六十七,道光十年四月乙亥,第12页。)

30. 道光十年闰四月辛丑谕内阁

兵部议御史宋劭谷奏请酌定陆路呈改水师章程,并内河员弁升途一折。各省外海水师营分,巡缉关系紧要,各项改用人员,定例所载试验之法,极为详备。惟半年之期较促,难以周知。嗣后著定以一年试验,所有带验出洋月日,经过地方,该将备于保结内详悉开载。并令该镇于巡洋时,将该员随带出洋,亲加考验。其果否谙习水师,不畏风涛,加结报明该督抚认真稽核,并报部备查。其有不谙水师者,即将该员照例议处。至保举准改后,仍著勤加察看,随时甄汰,以免冒滥。至内河水师向无呈改之例,均由内河兵丁升转,其平日缉捕,本与陆路无异。惟历俸悉照外海之例,一年即准升擢,未免过优,著将内河人员历俸一年改为历俸二年,遇有缺出,再行题补,以示区别。该部即纂入例册遵行。(《清宣宗实录》卷一百六十八,道光十年闰四月辛丑,第10—11页。)

31. 闽浙总督孙尔准等奏为特参浙江巡缉疏懈之将弁总兵事

闽浙总督臣孙尔准、浙江巡抚臣刘彬士跪奏。为特参浙省内洋连劫,盗犯无获,应将巡缉疏懈之将弁、总兵并疏防之知州一并据实参奏,请旨分别先行革职、摘顶、议处,勒限缉拿,以肃洋政事。窃照上年浙洋屡有报劫之案,经臣等先后将巡缉怠玩各员弁分别奏参,其有限满未能获盗者,又经覆奏分别降革在案。本年渔汛届期,即通饬沿海文武严紧巡防。兹据署象山县知县童立成详报,有镇海县船户叶向利、王启东、王启烈、朱文善等、定海县船户胡顺兵等合并钓船五只,于本年四月初四夜同泊牛门内洋,被盗劫去银钱、衣被等物。又据宁海县知县沈逢恩详报,有宁海船户金合利、姜合利二船于四月初五夜同泊金鸡山港内洋,被盗劫去银钱衣物,并殴伤舵水,等情。并准据提臣戴雄、定海镇总兵龚镇海、黄岩镇总兵汤攀龙移呈前来,即经臣等飞札叠饬勒限缉拿尚未报获,实属懈弛。案关内洋连劫,尤非寻常疏防可比,相应据实参奏。查牛门内洋文系象山县,武系定海镇属昌石营管辖;金鸡山港内洋文系宁海县,武系黄岩镇属宁海健跳营管辖。所有疏缉不力之昌石营都司丁钟杰(经臣孙尔准于未据报劫之先题请升署黄岩镇标右营游击,未准部覆)、分巡署昌石营守备张安邦、宁海营守备王大成,均请摘去顶戴。专防、协防各弁应先请革职,一并留洋,再限三个月缉拿赃盗。该员弁等如果奋勉,能于限内将案犯弋获,再行奏请恩施。倘届限无获,即行分别革职治罪,以示惩儆。该管总兵督率不严,咎无可辞。查定海镇总兵龚镇海现虽因病奏请开缺,应仍与黄岩镇总兵汤攀龙一并请旨,交部议处。再查系内洋失事,该管文员宁海县知县沈逢恩应请先交部议处。署象山县知县童立成因获盗虞琼泷等带印进府会审,先期公出,俟限满,有无获盗,再归疏防案内分别照例议处,并责成现护定海镇李元、黄岩镇汤攀龙出洋督饬舟师梭捕,务将盗匪按名悉获。如无获犯及洋面仍有失事,即行从重严参,不敢稍存姑息,以冀仰副皇上肃清海洋至意。臣等谨会同浙江提督臣戴雄合词恭折具奏,伏乞皇上睿鉴。谨奏。道光十年六月二十四日。(北京:中国第一历史档案馆藏录副奏折,档号:03-2887-068.)

32. 道光十年七月甲申又谕

孙尔准等奏:将弁巡缉疏懈,分别参处一折。浙江镇海等县船户在内洋地方被盗行劫,并有殴伤舵工、水手等情。案关内洋连劫,非寻常疏防可比。所有督缉不力之昌石营都司请升署黄岩镇标右营游击丁钟杰、分巡之署昌石营守备张安邦、宁海营守备王大成,均著摘去顶戴。专防、协防各弁,均著先行革职,一并留洋,勒限缉拿赃盗。倘届限无获,即行分别革职治罪,以示惩儆。告病总兵龚镇海、黄岩镇总兵汤攀龙,俱著交部议处。宁海县知县沈逢恩,著先行交部议处。该督等仍责成该总兵等出洋,督饬舟师梭捕,务将盗匪按名悉获。如无获犯,及洋面仍有失事,即行从重严参,不得稍存姑息。(《清宣宗实录》卷一百七十一,道光十年七月甲申,第39页。)

33. 兵部尚书臣穆彰阿等为遵旨查明具奏事

经筵日讲起居注官太子少保署兵部尚书臣穆彰阿等谨奏。为遵旨查明具奏事。道光十年八月初三日奉上谕:陶澍奏已革疏防巡洋之守备陈长泰等四员请免留缉一折,著兵部查明,具奏,再降谕旨。钦此。臣等遵查例载:因公缘事降革留缉人员如绩立功,并缉获本案之犯,总督、巡抚核其功过相抵,请旨开复,等语。此案苏松镇标前署游击中营守备陈长泰、右营把总缪宗觉、川沙营千总徐长清、把总毛廷耀前于道光四年巡洋期内,因崇明、宝山两县各事主商船在洋被劫,疏防,限满无获,经两江总督琦善奏参革职,留于外洋协缉。嗣于九年七月间,据大学士两江总督蒋攸铦以该弁等留缉已届四年有余,虽未能获犯,尚知留心巡缉,并声明千总徐长清首先拿获另案首伙各犯,咨部请将原案查销。经臣部查核例案,凡盗案特参革职留于地方协缉者,并无例定年限。随行查吏部向来文职作何办理。旋据吏部咨覆,并无条例,亦无办过成案。因移咨该督以此案既系特参奉旨革职留于地方协缉,此时应否销案之处,应由该督具奏,请旨。至徐长清于留缉后首先拿获别案首伙各犯功过是否堪抵,亦应由该督酌量具奏办理。兹据署两江总督江苏巡抚陶澍奏称,武职限缉盗案,四参限满,无获,例止降调完结此案。经前督臣奏参革职留于洋面协缉,原属从严办理,今已留缉多年,核计早逾四参之限,该革弁等别无俸饷可支,实属资斧不继,请旨免其留缉。并声明徐长清于留缉期内另获抢盐贩私人犯二十余名,功过虽不足相抵,而巡缉究属留心,请留营补食名粮,以观后效。臣等查留缉有功之员,例由该督抚请旨开复,其留缉无功核计已逾四参之限者,亦应由该督抚酌量具奏,请旨定夺。今此案革弁陈长泰等留缉多年,案犯无获;徐长清虽拿获别案人犯,功过亦不足相抵。惟参限早已完结,现由该署督具奏,请将该革弁陈长泰、缪宗觉、徐长清、毛廷耀等免其留缉,徐长清留营补食名粮,以观后效,此系该署督酌量情形料理,臣部并无留缉例限明文,可否允准之处,出自圣裁。所有臣等查明情由,谨缮折具奏,伏候皇上训示施行。谨奏。道光十年八月十一日。(北京:中国第一历史档案馆藏朱批奏折,档号:03-2888-006。)

34. 道光十年九月甲子谕内阁

前据孙尔准奏:请严定改用外海水师人员之例,当交军机大臣会同兵部议奏。兹据奏:改用水师人员向例与应升降调候补人员,相间轮用。改用人数,不敌三项之多,得缺难易迥殊。嗣后著准其补用、应题二缺后,轮补改用水师一人。其豫保人员,仍照旧例办理。至此项改用人员是否能收实效,不在历俸之浅深,而在试验之宽严。如果该督抚认真考察,该员等自不得不勤历外洋,习练技艺。即素未谙晓之员,亦知儆畏,不敢滥行呈改。若同涉风涛之险,历俸又显有区分,转不足以昭平允。所有该督请将改用人员历俸二年方准保题之处,著毋庸议。又该督奏称:改用将弁,一时均不得人。皆因呈改之后,不肯留心学习。经军机大臣等酌拟章程,著照所议。嗣后在京各省武进士、武举及候补、候选等官,悉照闽粤水师效力之例,毋庸在部呈改。如实有熟谙水性、擒贼立功者,由该督抚保题送部。其外省世职、陆路呈改人员,亦著照此例办理。至业经改用之武进士、武举、云骑尉等官,即饬令有水师各省督抚严加考察,倘于外海不宜,随时甄别,照朦混具呈例议处,以肃洋政而励人材。并著兵部即将各条纂入则例,通行遵照办理。(《清宣宗实录》卷一百七十三,道光十年九月甲子,第33—34页。)

35. 道光十年十月戊申又谕

据庆保等奏:查有英咭利国大班盼师携带番妇来至省城,到公司夷馆居住。又该夷商由船登岸,坐轿进馆。并因讹言有派兵围逐之说,心怀疑畏。通信黄埔湾泊各夷船,令水手百余人,乘夜将炮位数座及鸟枪等件收藏舱内,偷运省城夷馆。经庆保等密饬文武员弁留心防范弹压,该夷等业将鸟枪搬去,水手散回。其炮位尚藏放夷馆门内,并浼洋商代求,稍宽时日,再令番妇回澳。现在严饬速将番妇押往澳门,炮位运回各船,妥为办理,等语。向例番妇不准来省居住,夷商不准坐轿进馆。其携带鸟枪炮位,止系外洋备防贼盗,尤不得私运进城。今该夷等擅违旧制,庆保等务当严切晓谕,令其遵守旧章。嗣后不得稍有违犯,致干禁令。倘仍敢延抗,即当设法驱逐,示以创惩。亦不可稍存迁就,总须酌筹妥办,于怀柔外夷之中,仍不失天朝体制,方为至善。将此谕知庆保、李鸿宾、朱桂桢,并传谕钟祥知之。(《清宣宗实录》卷一百七十八,道光十年十月戊申,第17—18页。)

道光十一年（1831 年）

36. 道光十一年六月己辰又谕

孙尔准奏：浙省内洋被劫，勒缉限满，赃盗无获之将弁，并闽省不即会拿之署都司，请分别革职降补一折。浙江镇海等县船户在内洋地方被劫，前经降旨将督缉不力各将弁摘去顶戴，勒限缉拿。兹据该督奏：缉限已满，本案赃盗并无弋获。所有原参勒缉之昌石营都司请升署黄岩镇右营游击丁钟杰，著即革职，以示惩儆。宁海营守备王大成于被参后缉获另案盗匪林成等犯，尚知愧奋，著以把总降补。该督仍严饬定海、黄岩两镇出洋督缉，各案盗匪务获究办。如洋面续有失事，即行从重严参。至福建署安海营都司提标前营守备宋世清，于浙省委员访明盗犯李雪住址地方，禀请会拿，自应即时驰赴，乃迟延数日，又不多拨弁兵，以致要犯被夺。该督请以千总降补，尚觉过轻，宋世清著以把总降补。在逃盗犯李雪及拒捕各犯，著该督责成宋世清，并该管南安县知县袁焜，勒限严缉务获，按律惩办，毋令漏网。（《清宣宗实录》卷一百九十，道光十一年六月己辰，第 10—11 页。）

道光十二年（1832 年）

37. 道光十二年三月辛未谕

改广东崖州营参将为崖州水陆副将，定为外海水师烟瘴题调边缺。海口协都司为崖州协陆路中军都司，定为陆路烟瘴题调缺，均驻崖州城。海口协副将为海口营参将，驻海口。海口协右营守备为海口营中军守备，均仍为外海水师题缺。添设崖州协陆路外委二员，水师外委四员，拨督标营把总一员，外委一员，兵一百名，陆路提标营把总一员，外委一员，兵六十名。琼州左右二营把总一员，外委一员，兵六十名。海安营兵二十五名，海口营兵十五名。统归崖州协管配操防。从协办大学士两广总督李鸿宾请也。（《清宣宗实录》卷二百零八，道光十二年三月辛未，第 10—11 页。）

38. 道光十二年六月壬午谕军机大臣

本日据富呢扬阿奏：英吉利国夷船由闽至浙，飘至镇海，欲赴宁波海关销货，当饬该管道府明白晓谕，不准该夷船通商。咨会提镇督令分巡各弁兵前往驱逐。该夷船挂帆开行，放洋而去。又飞咨江南、山东、直隶督抚，饬属巡防，毋令阑入。并将未能先事豫防之备弁等奏请交部议处，等语。英吉利夷船，向不准其赴闽浙贸易。今值南风司令，竟敢乘便飘入内洋，希图获利。自不可稍任更张，致违定例。虽经该省驱逐出境，难保其不此逐彼窜。著琦善、陶澍、讷尔经额、林则徐严饬所属巡防将弁认真稽查。倘该夷船阑入内洋，立即驱逐出境，断不可任其就地销货。并严禁内地奸民及不肖将弁等图利交接，务使弊绝风清，以肃洋政。（《清宣宗实录》卷二百一十三，道光十二年六月壬午，第 14 页。）

39. 道光十二年七月丙午又谕

前因英吉利夷船驶入闽浙各洋,复由浙省镇海驶至江省大洋边境。当降旨令各该省督抚严饬沿海员弁,将该夷船立行驱逐,并禁内地民人向其图利勾结。本日据讷尔经额奏:该夷船复驶入山东洋面,带有货物,欲求贸易。该抚飞饬登州镇周志林亲往弹压,即令水师督押南行,驱出东境。并咨会江省督抚于交界洋面,一体巡防接押驱逐。所办甚是。向来夷船只准在广东贸易,不许阑入内洋,任其就地销货。乃该夷人明知故违,驶经数省洋面。一船如此,倘后此相率效尤,尚复成何事体。该夷船必先由粤闽各洋面经过,若果沿海员弁实力巡堵,不令北驶,何至听其随地游奕。至一经迅驶,阑至江浙各洋。则洋面广阔,阻截较难。即多派兵船,驱押截回,已属费力。著程祖洛等悉心妥筹如何防堵章程,不使该夷船再乘南风驶入江浙各洋,以符定制。并著陈化成督率水师将弁兵丁认真巡逻,随时稽查。倘有经过闽洋之夷船,即严行堵截,毋令北驶。此次押回夷船,该督等严饬水师接管,驱逐南行,不许片刻停泊,是为至要。将此各谕令知之。(《清宣宗实录》卷二百一十五,道光十二年七月丙午,第8—9页。)

40. 道光十二年七月丙午又谕

本年英吉利国夷船驶至福建江苏、浙江等省,已经各该省督抚严饬沿海将弁驱逐出境。本日,又据讷尔经额奏:六月十八日,有英吉利夷船复驶至山东洋面,并刊刻通商事略说二纸。大意以粤省买卖不公,希冀另图贸易为言。该夷人情殊可恶,已经讷尔经额严饬将弁在彼弹压,不许居民私相交易。一俟南风稍息,即督押南驶,驱出东境。因思该国夷人向例只准在广东贸易,立法綦严。乃该夷明知故违,且以广东买卖不公为词。是否广东洋商贸易不能公平,抑或夷商另有他故,借端狡诈,著李鸿宾等体察情形,据实具奏。至该夷船驶入内地,必先由广东洋面经过。如果水师员弁实力巡堵,何至令其北驶。至一经阑入内洋,则洋面辽阔,阻截较难。即多派兵船,驱逐截回,或致别生事端,实属不成政体。著李鸿宾等妥筹防堵章程,并晓谕该夷人以天朝定制。该国夷船只准在广东贸易,不准任意驶入内洋,就地销货。俾该夷恪遵定例,是为正办。并饬李增阶督率水师将弁兵丁认真巡逻,随时稽查。倘有北驶夷船,力行截回。如再有阑入沿海内洋,惟该督等是问。其能当此重咎耶!将此谕知李鸿宾、朱桂桢、李增阶,并传谕钟祥知之。(《清宣宗实录》卷二百一十五,道光十二年七月丙午,第9—10页。)

41. 道光十二年八月己卯又谕

前据陶澍等奏:英吉利夷船派苏松镇总兵关天培等于六月十二日押出江境南行,断其北驶。旋据讷尔经额奏:六月十八日有夷船驶入山东洋面,即系江南驱逐之船。当降旨令陶澍等详查,据实具奏。兹据奏:该夷船自江境驱逐后,已过浙江尽山洋面。因深水大洋,江浙两省兵船不能接替,外洋又不能寄碇,无从押逐,是以仍窜至山东洋面。该镇等未能将该夷船明白交替,咎有应得。苏松镇总兵关天培、奇营游击林明瑞,均著交部议处。陶澍、林则徐未能据实确查,即含混入奏,均著交部察议。又据另片奏:该夷船若再入江境内洋,停泊海口。当密派文武大员,向该夷船严行搜查。如有携带违禁物件,立即起除,或抗不遵约束,严示惩创,等语。所见大谬。此事总以不准停泊销货为正办,该夷船定例只准在广东口岸贸易。该督抚等遇有此等夷船驶入所辖洋面,恳求就地销货。只当饬委明干妥员,晓谕该夷人,务须恪遵功令,不准乘风驶入他省洋面,停泊海口,求销货物,自属名正言顺。并严饬沿海文武大小员弁随时稽查,如驱逐夷船,必要明白交替,不可两省推卸。若因此别生枝节,致启衅端,则责有攸归。该督等自问能当此重咎乎!陶澍等日者不当视为易易,含混入奏。而今亦不必如此张皇,妄逞材能。凡事必应据理而行,岂能自作聪明,以致措施失当。况抚驭外夷,尤当遵守旧章,示以严肃,俾无得借口启衅,何可率逞私臆,不顾政体。身任封圻者,其当如是耶!陶澍、林则徐,著传旨严行申饬。(《清宣宗实录》卷二百一十七,道光十二年八月己卯,第9—19页。)

42. 道光十二年八月丙申谕军机大臣

前据讷尔经额奏:英吉利夷船乘风驶至山东洋面。该夷船前已驶至福建、浙江、江苏等省,叠被驱逐,尚敢乘风驶至山东,情殊可恶。降旨:令驱出东境,不准容其进泊,并著飞咨江苏等省派拨弁兵,于交界洋面巡防接护,一体押令南行。惟是洋面辽阔,兵船不能接替,外洋又不能寄碇,诚恐稽察难周,又复乘风北驶,冀图向山海关等处海口停泊,销售货物。向来该夷船只准在广东贸易,不许阑入他省,任其就地销货。该夷船屡经驱逐,仍复明知故违,驶经数省。一船如此,倘后此相率效尤,尚复成何事体。著奕颢、左廷桐严饬山海关税务监督翔凤及该处弁兵,妥为防范。如该夷船向海口停泊,即行驱逐,毋任片刻停留。倘有恳求就地销货情事,只当饬委明干妥员,谕以天朝定制如此,务须恪遵功令。自不虑其仍肆狡诈,但不准向该夷船搜查违禁物件,使该夷人有所借口。即或抗违不听约束,仍须严密防堵,勿令上岸,驱逐截回。认真巡逻。明白交替,断不许用炮轰击,以致滋生事端,是为至要。如该监督等不能妥为防范,竟有内地奸民及不肖兵丁与之勾结,私将货物销售,及办理不善,致别启衅端之处。该监督于税务稽查是其专责,必将该监督从重治罪不贷。奕颢等自问能当此重咎耶!将此谕知奕颢、左廷桐,并传谕翔凤知之。(《清宣宗实录》卷二百一十八,道光十二年八月丙申,21—22页。)

43. 道光十二年九月丁未又谕

御史周彦奏慎重海防一折。各省设立水师,原以巡历洋面为重。将备卒伍等平日操防果能得力,自可远涉波涛,认真巡哨,何至有外夷船只乘风驶入内洋之事。如该御史所奏,各省提镇性耽安逸,并不亲身赴洋,以致本年英吉利夷船顺风扬帆,毫无阻隔。水师废弛,已可概见。嗣后该督抚、提镇等务当严饬所属,各按定期,巡洋会哨,并责成该管巡道临时查察,取结具报。倘各镇不亲赴会哨,立即据实揭参。如敢扶同捏饰,查出一并参办。至各营弁兵尤应勤加练习,技艺娴熟,庶于洪波巨浪之中履险如夷,悉成劲旅,不至临事退缩,视洋面为畏途。其出洋战船是否应需修造,著饬沿海各地方官据实查明,造册报部。又另片奏:沿海炮台额数部中无从稽核,著一并查明铸自何年,安设何汛。旧贮炮位几尊,防守兵丁是否足额,详细造册报部备查。国家设立营制,一兵有一兵之用。倘仍畏葸偷安,操防疏懈,致令水师兵弁,虚縻粮饷,有名无实,别经发觉,定将该督抚、提镇等从严惩处,断不能幸邀宽典也。将此通谕知之。(《清宣宗实录》卷二百一十九,道光十二年九月丁未,第10—11页。)

44. 道光十二年十月丁卯谕军机大臣

据国祥等奏:佐领徐士斌等禀报:十月初二日在隍城岛遥见西南海面有英吉利夷船一只,行驶甚速,当即驾船追逐,等语。英吉利夷船前由福建、浙江、江苏、山东等省外洋游奕。又驶至朝鲜国,被该国王驱逐,不与贸易。今复由朝鲜驶至盛京,该夷行踪诡谲,随处逗留,殊为可恶。现据国祥等责成佐领管带弁兵尾追,押令出境,与邻省海面巡查官明白交替。著琦善、陶澍、程祖洛、钟祥、林则徐、富呢扬阿、魏元烺等严饬沿海州县及水师营弁,带兵驾船,于该夷船过境,立即驱逐,不许停泊登岸,将货物与民人交易,致生事端。米粮尤不许沿海居民卖给。该夷船一抵广东,即著卢坤、朱桂桢、钟祥等严诘该夷船各省游奕是何意见,并谕以天朝制度。尔国只应在广东贸易,不准私越各省。嗣后务遵定例,不得有违。即饬该国大班管束,令迅速回国。将此各谕令知之。(《清宣宗实录》卷二百二十四,道光十二年十月丁卯,第23—24页。)

45. 道光十二年十一月壬寅又谕

本日卢坤奏:堵捕外洋盗匪折内称:稽查旧案,内地民人因与越南壤地相接,多有越境采捕,该国王尝咨呈查办,前任总督亦尝照会该国办理,等语。李鸿宾身任两广总督有年,此等关涉外藩事件何不奏明办理。著军机大臣会同刑部,即提李鸿宾审讯,令其明白登复,取录供词具奏。寻,奏传到李鸿宾。据供:前该国王咨呈内,仅请饬禁渔船越境采捕,并未指有渔船滋事。当即严饬查禁,并照会该国王。查旧案粤省与越南交涉,除朝贡及通市,或侵犯边界,应行具奏外。偶遇照例事件,均止照会,是以未经陈奏。谨录供呈览。报闻。(《清宣宗实录》卷二百二十六,道光十二年十一月壬寅,第25—26页。)

46. 道光十二年十一月壬寅又谕

卢坤奏:廉州、琼州二府所属外洋,毗连越南处所聚有盗船,散出劫掠,现饬堵捕,歼擒盗匪多名,务清洋面一折。据称廉州府知府张埙春禀报:探得越南红螺沙口、白龙尾洋面有匪船三十余只,盗匪数百人肆劫,越南国现有师船缉捕,难保不窜越内地。该督即咨行水师提督李增阶,并各该道府等会拿。

嗣据代理钦州知州胡灿廷、思勒州判沈炳文禀称:在竹山洋面遇盗,督带水练兵勇渔船,擒获盗匪阮亚管等三名,格毙四名。合浦县知县翁忠瀚禀报:招募乡勇渔船,选派差役,巡至南滩外洋,遇盗截拿。该匪放枪抵御。适龙门师船及廉州营弁、钦州兵差追至,格毙张亚四一名,溺毙六名。生擒李亚德等五名,起获枪刀旗帜。该县访询绅耆澳甲,探得盗踪在孤悬海外之涠洲,即会同廉州营游击区成达,诣海口八字山等处演放炮位,以张声势,使盗匪不敢登岸。又令兵役渔船在涠洲左近,佯作捕鱼诱缉。见大虾舷盗船竖旗排列枪炮,正在抢劫商船。官兵四面兜捕,格杀盗匪三名,又格伤溺毙五名,将盗匪梁亚有等擒获,并获盗船一只,及枪炮等械。又于另船生擒蓝亚晚等六名,被劫难民六名口。究出大头目杨就富、盖海老。盖海老系越南国人。

又据李增阶咨称:副将李贤等巡至崖州三亚外洋玳瑁洲与越南夷洋接壤,见匪船三只,每船约一二千人,当即追捕。记委陈鸿恩等被伤,兵役奋前,施放枪炮,打沉匪船一只,击毙拒伤水手贼匪一名,溺死者不计其数,生擒朱亚二等十二名。该匪等现聚夷洋甲洲山岛护赃,与龙门协所属竹山不远,该署镇已飞饬龙门舟师购线侦探,闻有匪船三十余只常在马洲、老鼠山、甲洲等处踞占,时出游奕。今被廉州等处擒杀多名,已经丧胆,自不敢深入内地。现觅雇儋州红鱼船,配坐兵丁,行驶洋面诱缉,等语。

所办尚属妥协。惟华夷洋面虽连,而疆域攸分,必须确悉情形,方可计出万全。盗船在洋行劫,固应严密追擒。贼巢越在夷境,应密咨该国严饬夷官,多拨师船,厚集兵力,订期会剿。俾首尾牵制,并力歼除,肃清洋面。该督即饬李增阶会同道府等分头堵捕。一面檄谕该国王合力同心,剿除净尽,于内地固为有益,在该国亦免劫掠。卢坤素为晓事,檄文自能措词得体。务须剀切宣示,令该国王敬服,合力剿捕,迅速蒇事。海口出入商船,著严行稽查,毋许以军火、米谷济匪。伤亡弁兵,查明照例办理。所需经费银五千两,准其动拨备用。此等积猾奸民,因壤地相接,越境行劫。若及其党羽未盛,设法缉拿,何至日久滋蔓。总由李鸿宾辜恩溺职,延不查办。一至如是,可恨之至。该督检查旧案,内地人民越境采捕,该国王曾咨呈查办。前任督臣亦尝照会该国办理,李鸿宾从前曾否办理之处,著一并查明据实具奏。将此由五百里谕令知之。(《清宣宗实录》卷二百二十六,道光十二年十一月壬寅,第29—30页。)

47. 道光十二年十二月丁未谕军机大臣

陶澍等奏:夷船驱逐开行,饬舟师押赴浙洋,分别饬查防范一折。此次英吉利夷船向营船声称:在洋搭救商船,将梢篷折损,求赏木板铁钉修艎,经苏松镇总兵关天培等酌赏,已于十一月十五日起碇开行,著该督等责成该镇督率将弁兵船押逐往浙省,舟师明白交替,毋许含混,并飞咨浙江省押逐回粤。第夷情狡狯,或于押赴东南深水外洋后,仍复绕越过北。著飞咨山东分饬沿海县营,严行堵截。再,此次夷船比胡夏米船小至二丈有余,樯桅亦少一道。据甲利称胡夏米坐原船回去,伊搬刘罗船上,其为包揽指引,已属显然。胡夏米曾否回国尚未可定,该督等仍饬水师将弁押送浙省交替后,在洋瞭探。倘复有夷船窜至,立即堵截回南。沿海县营随时防范,仍遵前旨,不许停泊登岸,将货物与民人交易,米粮尤不许沿海居民卖给。并著咨会广东,查明胡夏米及刘罗船果否回粤,统饬该国大班管束。将此谕令知之。(《清宣宗实录》卷二百二十七,道光十二年十二月丁未,第13—14页。)

48. 道光十二年十二月戊辰又谕

又谕:本日据程祖洛驰奏:提臣连得胜仗,擒获股首贼匪多名,将本省及浙省官兵撤回一折。据称十二月初六日,接到台湾县陈炳极十月二十一日发禀,内称:都司蔡长青、守备陈云蛟带兵前赴军营,行至嘉义县曾文溪地方,遇贼截杀,蔡长青被戕,炮位、鸟枪、火药、铅子、旗帜、军装均被抢去。守备陈云蛟、把总陈高升及兵丁五百余人退回郡城,其余弁兵,不知下落。是蔡长青被害已确。台湾道平庆既未具奏,又不申禀,是否有文报在途,现已飞饬确查。复于十二月初九日接平庆禀称:十一月十二日,接提臣马济胜函开:贼匪屯聚茅港尾,兵勇前往剿捕,枪毙多贼,夺获炮位器械,生擒伪军师林浴沂等十余名,拾获各营千、把、外委钤记六颗,贼印一颗,旗一面,该匪等书信一匣。又接马济胜十一月三十日嘉义所发信函称:十一月二十六日,曾具函将续获胜仗,焚毁贼巢,擒获股首詹通各情形折稿寄至该督。该提督即由盐水港驰抵嘉义,沿途探访,佥称痛剿之后,贼匪四散奔逃,南北道路已通,并将股首詹通、陈连、刘仲等犯拿获。又鹿港同知王兰佩禀称:拿获先锋林景和、逆首陈连及陈皎、黄网三名。都司洪志高拿获余海一名,与魏元烺所奏大略相同。此时贼匪星散,必须追踪搜捕。沿海各口岸著多派干练员弁,驾船堵御埔仔脚等处海汉,务必搜逐,固不可令该匪等穷窜入山,尤不可令逃遁入海。该提镇所带兵勇既足敷调遣,其未渡台之福宁邵武汀州等营兵及浙江兵即应截回归伍。四川、贵州两省官兵现已降旨撤回。河南官兵、西安马队,著瑚松额等酌量,或应留若干名,或应全数撤回。一面飞咨办理,一面奏闻。马济胜函称:十一月二十六日折稿,并以前尚有信函,程祖洛均未接到,著查明因何迟误。又,魏元烺调赴八里坌登岸之副将谢朝恩及所带兵丁,至今尚无下落。与谢朝恩同时放洋之换班兵丁驶至八里坌港口,因潮落不能进港,被风漂至广东洋面。至十二月初七日,广东护送回闽。现据魏元烺奏:马济胜已令谢朝恩带兵往凤山剿捕,其兵丁是否到齐?著并详查具奏。瑚松额、程祖洛仍遵前旨即速渡台,将所拿各逆犯,除业经正法外,择其情节凶恶者派员解京,其余就地处治。伪造年号,系何字样?何人所用?何人起意?渠魁究属何人?据实具奏。此次刘廷斌督率兵勇守城,马济胜屡次接仗,拿获要犯,均属奋勇出力。两人劳绩著分别等差具奏,断不可稍有朦混。搜捕余匪,务须净绝根株,不留余孽,勿致贻患将来,并着详查起衅根由,分晰具奏。善后事宜,程祖洛尤须熟筹妥议为久安长治之策。倘未几又有肇衅谋逆等情,则惟程祖洛是问。又另片奏:马济胜将查探剿办情形三次具奏,厦门并未接递,亦未见别处口岸报马济胜奏折过境。著查明此三次配送船只,漂收何处?有无别故?一并奏闻。将此由五百里各谕令知之。(《清宣宗实录》卷二百二十八,道光十二年十二月戊辰,第32—33页。)

49. 代办闽浙总督福建巡抚魏元烺奏为特参巡洋不力之将弁事

代办闽浙总督福建巡抚臣魏元烺跪奏。为特参巡洋不力,致有失事之将弁,请旨分别摘顶革职,勒限严缉,以肃捕务事。窃照巡洋为水师专责,勤则盗风自戢,怠则劫案渐多。臣自上年九月兼署督篆,叠饬各帮弁师,实力梭巡,严密堵捕,以期盗匪敛迹,商旅无警,前经先后缉获洋盗翁锐荣、陈阿锦等各犯,节次奏办在案。兹查闽安水师营所辖之鸡笼屿洋面,本年五月十三日,有长乐县船户刘秀利(即陈以高)被盗行劫一案。又,该营所辖之东涌洋面,六月初五日,有诏安县船户沈与泰被盗行劫,拒毙事主舵水沈抱、吴就、吴发、吴活四命一案。当经严饬该管将弁,勒限查拿各案赃盗,务获解究。旋据闽安协水师副将林松,转据该管汛弁禀报:船户沈与泰在东涌洋面被劫,该处海洋南属闽安所管,北属福宁管辖,请饬查勘确实等情,并请臬司详请委员前往勘明,实系何营管辖,另行参办。随檄委护海坛镇标左营游击曾传,会同闽安、福宁各营,并霞浦、连江两县,查传事主到案,前赴该处会勘失事洋面,在于东涌之东南外洋,系闽安右营管辖。兹据绘图,呈送前来。查闽安副将所辖洋面,自五月十三至六月初五,一月之内盗劫两案,且沈与泰被劫,系拒杀事主舵水四命重情,屡经严饬之后,该管将弁不将各案贼盗全数缉获,仅据获解柳成家、许韶等各犯,现又讯不承认。该管将弁如果实力巡防,何致盗匪屡次肆劫,自应从严参办,相应请旨,将署闽安协副将事准补浙江瑞安协副之福建铜山营参将林松摘去顶戴,仍留闽省督缉,闽安左营外委林瑞雄、右营把总江庄图、额外陈朝安先行革职,留洋协缉,勒限三个月,严拿赃盗,仍责成海坛镇总兵万超督率各该将弁,认真巡缉,果能于限内将各案盗犯悉数弋获,再行奏请恩施开复。倘限满无获,即行分别降革治罪,以为玩视捕务者戒。除饬取专、协、兼、统并分巡、轮巡、统巡各职名,照例开参外,所有海洋失事将弁巡缉不力缘由,谨会同福建水师提督臣陈化成,合词恭折具奏。伏乞皇上圣鉴。训示。再,闽浙总督臣程祖洛带印赴台,总督衙门事件奏明交臣代办,合并陈明。谨奏。道光十二年十二月二十六日。(北京:中国第一历史档案馆藏朱批奏折,档号:04-01-12-0428-021.)

道光十三年(1833 年)

50. 道光十三年正月壬辰谕内阁

卢坤等奏:筹堵违禁夷船章程一折。前因英吉利夷船驶至闽浙、江南、山东等处洋面,降旨令该督等妥筹防堵章程,具奏。兹据该督等查明英吉利到粤夷船,开舱输税,情形极为绥顺。其驶至闽浙、江南,又北驶山东胡夏米、甲利等船节年到粤,夷船内并无前项名目。询据该大班等亦不知有此船名。其由该国何路驶往江浙、山东,该大班等亦无从知悉,或系假捏该国船名,希图就地销货,亦未可定。英吉利夷船不准往浙东等省收泊,定例綦严。嗣后著责成该省水师提镇严督舟师官兵,在近省之外洋至万山一带,及粤闽交界洋面,实力巡查。一遇夷船东驶,立令舟师严行堵截。并飞咨上下营汛及沿海州县,一体阻拦。务令折回粤洋收口。倘再有阑入闽浙、江南、山东等省者,即著将疏玩之提镇将弁据实严参,分别从重议处。该备弁兵丁等如有贿纵等弊,即行参革治罪。其由闽省外洋冒称西洋各国船名径行驶入闽洋,及窜至浙江等省,即著由浙省查询来历,咨明闽省查办。自此次明定章程以后,该督等务须严饬将弁,实力奉行。倘水师官兵巡防稍有未周,洋行各商贸易稍有不公,在关经胥吏于减定规费之数,稍有溢取,即分别革究,以示惩儆。如查系由粤洋窜入内地洋面,则惟该督等是问。懔之慎之。(《清宣宗实录》卷二百三十,道光十三年正月壬辰,第8—10页。)

51.《卢坤等奏筹堵夷船章程由》

两广总督臣卢坤、粤海关监督臣中祥跪奏:为钦奉谕旨恭折覆奏,仰祈圣鉴事。窃臣卢坤前抵连州,准前署督臣禧恩移交接管卷内,查得前督臣李鸿宾接准抚臣朱桂桢咨会,承准军机大臣字寄,道光十二年七月初二日奉上谕:据讷尔经额奏:六月十八日,有英吉利夷船复驶至山东洋面,并刊刻通商事略二纸,大意以粤省买卖不公,希冀另图贸易为言。该夷人情可恶,已经讷尔经额严饬将弁在彼弹压,不许居民私相交易,一俟南风稍息,即督押南驶,驱出东境。因思该国夷人向例止准在广东贸易,立法綦严,乃该夷明知故违,且以广东买卖不公为词,是否广东洋商贸易不能公平,抑或夷商另有他故借端狡诈,著李鸿宾等体察情形,据实具奏。至该夷船驶入内地,必先由广东洋面经过。如果水师员弁实力巡堵,何至令其北驶。至一经阑入内洋,则洋面辽阔,阻绝较难,即多派兵船驱逐截回,或致别生事端,实属不成政体。著李鸿宾等妥筹防堵章程,并晓谕该夷人以天朝定制,该国夷船止准在广东贸易,不准任意驶入内洋,就地销货,俾该夷恪遵定例,是为正办。并饬李增阶督率水师将弁兵丁认真巡逻,随时稽查。倘有北驶夷船,力行截回。如再有阑入沿海内洋,惟该督等是问。其能当此重咎耶! 钦此。

当经李鸿宾及抚臣朱桂桢咨会臣中祥并水师提臣李增阶一体钦遵查办。臣中祥复谕饬该洋行总商遵照谕旨,查明洋船到粤与各商贸易有无买卖不公,据实禀复,并令传谕夷人恪遵定例去后。旋据该洋商伍受昌、卢文锦等禀称:遵即敬谨传谕英吉利大班,转谕该国夷人凛遵天朝定制,止准在广东贸易,不准驶入别省洋面,就地销货,徒劳往返,至干咎戾。

近年以来洋商与夷商买卖一切出口入口货价及核算行用等项,悉照旧章办理历久相安。凡有交易悉出彼此情愿,不能勉强成交。如各洋商中偶有买卖不公,该夷商尽可不与成交易,投别行交易,且可随处禀官查究,何至窜往江浙、山东洋面,始以粤省买卖不公为词,显系借端狡饰,希图就地销货等情,即经移知李鸿宾。维时该督在连咨行水师提督,饬查夷船出入粤洋,驶往闽浙,应如何防范堵截,不令他往。檄令藩、臬两司会议章程,具详未至。未及复奏完事,到臣调任到连,谨悉钦奉前因。遵即咨行饬催查复,嗣抵省面,询臣中祥。查自道光十年奏准,酌减夷船规费,该商等感激皇上柔远深恩,无不遵照关税则例,踊跃输纳。每岁英吉利到粤夷船二十余只,本年截至十一月二十七日止,英吉利已来船二十二只,较上两年至船不相上下,该大班开舱,取货,输税如常,情形极为绥顺。其味喇、港脚各国夷商来粤通贸者亦均无异词,该洋商等所称与夷商交易并无不公之处,尚属可信。其驶至闽、浙、江南,又北驶山东胡夏米、甲利等船已饬洋商查明各节,历年到粤夷船内并无前项名目,询据该大班部楼顿等禀称:亦不知有此船名,且称该大班在粤远离本国数万里,其由该国海外何路驶往江浙、山东,亦无从知悉,是否该夷船因浙江、山东等省洋货价值比粤加昂,图获重利遂尔假捏船名,违例四窜,希图就地销货,实难悬揣。惟英吉利夷船例不许驶往浙东等省收泊,无论其如何牟利贩私,总应立定章程,严加防范,毋令任意远飏,方得控制之法。兹催准提臣李增阶查明咨复,并据藩、臬两司详前来。

臣等伏查由粤至闽交界洋面,每月选将带兵分段巡逻,互相会哨,原有旧定章程,南澳总兵分辖两省洋面,仍不时亲自出洋巡察,亦经定有成式。如系英吉利国夷船由粤省外洋向闽洋行驶,则瞭望可见,无难立时堵截。惟闽洋亦与夷洋相通,若该夷船假托国名,径由夷洋直达闽,则粤省舟师又属耳目所不及。并查各国夷船入粤,必经由万山。由万山而越驶他省,则沿海皆有炮台、师船,其洋面各有镇协水师标营分辖瞭望,追踪防范。惟万山为粤省极南洋面,万山之外即汪洋无际四通八达,倘夷船由万山外海乘风他驶,则无从防截。即如南澳地方虽系闽粤交冲,而洋面辽阔,南则浩淼无际,外联黑水夷洋,无所纪极。英吉利国越在海外数万里,若由其本国乘风而趋东北,瞬息千里,即可径达江浙,而至山东。非必驶由粤东,径行南澳,方可前往闽浙。但我朝定制,向来英吉利夷船只准在广东贸易,立法綦严。嗣后惟有责成水师提镇,严督舟师官兵,在于近省之外洋至万山一带,及粤闽交界洋面实力巡查。一遇夷船东驶,立令舟师扬帆追赶,严行堵截,并飞速知会上下营汛及沿海州县,亲督壮役,驾船一体阻拦,务令折回,归入粤洋收口。倘再有驶入闽浙、江苏、山东之夷船,经沿海文武查见阻住,即确切汛明该夷船由本国而来,首先经由何省洋面,如实系由粤洋窜入闽洋,即咨由臣等奏明请旨将疏玩之提镇、将备、员弁据实严参,分别从重议处。倘备弁兵丁等有受贿私放情弊,即行参革治罪。其夷船由闽省外洋,冒称西洋各国船名,径行驶入闽洋及窜至浙江等省,应由浙江查询来历,咨明闽省查办,如此严定章程,分别责成堵截,庶沿海水师官兵愈知儆畏,加意巡防。夷船驶入粤闽洋面,无可寄碇,且不与交贸,无利可图,自不敢故智复萌。臣卢坤、臣中祥面商抚臣朱桂桢,意见相同。臣等惟有随时督饬实力巡防,留心访察,如水路官兵巡防未周,洋行各商贸易不公,在关吏胥于减定规费之数,积有溢取。察出,即行分别奏参革究,以示惩儆,务期商夷相安,仰副圣主通商怀远至意。所有遵旨筹堵违禁夷船缘由,会同水师提臣李增阶,合词恭折具奏,伏乞皇上圣鉴训示。再,巡抚印务系臣卢坤兼署,毋庸会衔,合并陈明。谨奏。道光十三年正月二十日,奉朱批。钦此。[蒋廷黻编:《筹办夷务始末补遗》(道光朝),北京:北京大学出版社,1988 年影印本,第 13—21 页。]

52. 道光十三年三月丙申谕内阁

卢坤等由驿驰奏:生擒越南巨盗陈加海,匪巢尽埽,华夷洋面肃清一折。此案越南国奸民陈加海(即阮保)与内地游匪杨就富均在夷洋狗头山啸聚,陆续掳逼多人入伙,共船三十六只,四出行劫。先经游击林凤仪等带领兵船,驶赴夷洋围捕。都司佘清生擒杨就富,并获伙匪多名。其陈加海船撞礁击破,带妻属伙伴逃入深山。兹据奏称:越南土目禀报,生擒陈加海(即阮保)并匪党阮文军等男妇十一名口,押回州屯槛禁。并据商船壮勇宋敬利、陈金发知首犯已获,随转至青蓝山,搜获余匪陈亚福等七名,斩匪目黄矮二、王亚二首级,起获大铜炮一门,铁炮一门,及环刀、挑刀七把,火药一箱。通判陆向荣等搜获逃匿逸犯王亚大、覃大业二名。署琼州镇谢德彰等在竹山一带,获解匪犯黄沅洸等十余名,其文武委弁获解匪党张亚德等二十余名,并经廉州府知府张堉春究出此股洋匪。尚有出海为盗主谋之林致云现在冠头岭外洋游奕窥伺。又经该府等密饬员弁前往跟拿,获解来府。提同各犯质证,究出行劫实情,尚属能事。提督李增阶现驻儋州,督饬参将林开疆等会同文武缉获吴亚麟等十七名,并船只、铁炮、越南国藤牌等件。贼巢已埽,渠魁就获,华夷洋面全就肃清,办理甚为妥速。览奏,欣悦。著卢坤等即提集现获首从各犯,严讯确情,按律从重定拟,毋稍宽纵。其在事出力文武员弁,著卢坤等择其尤为奋勉者,秉公酌量保奏,候朕施恩,毋许冒滥。(《清宣宗实录》卷二百三十四,道光十三年三月丙申,第12—13页。)

53. 道光十三年四月丙午谕内阁

前因给事中孙兰枝奏:江浙两省钱贱银昂,商民交困,并胪陈受弊除弊各款。当经降旨交陶澍等体察情形,悉心筹议。兹据陶澍、林则徐酌筹利民除弊事宜,分晰具奏。所称洋钱平价,民间折耗滋多,惟当设法以截其流一条。洋钱行用内地。既非始自近年,势难骤禁,要当于听从民便之中,示以限制。其价值一以纹银为准,不得浮于纹银,庶不致愈行愈广。至官局议请改铸银钱,太变成法,不成事体。且银洋钱方禁之不暇,岂有内地亦铸银钱之理。所称鸦片烟来自外洋,以土易银,严查洋船进口夹带一条。鸦片烟由洋进口,潜易内地纹银,为害最甚,全在地方官实力稽查。且恐此拿彼窜,或于大海外洋,即已勾串各处奸商,分路潜销,仍属不能净尽。该督等务当严饬沿海关津营县,于洋船未经进口以前,严加巡逻,务绝其勾串之源。复于进口时实力搜查,毋许夹带。如有偷漏纵越情弊,一经查出,即将牟利之奸商,得规之兵役,一并追究,加倍重惩。法在必行,方可杜根株而除弊害。所称纹银出洋,请明定例禁一条。刑部律例只有黄金、铜铁、铜钱出洋治罪明文,于纹银未经议及,奸商罔知儆畏。著刑部悉心酌定具奏,纂入则例,颁发通行。所称收缴小钱、铅钱,请不及斤者一并随时收买一条。私铸小钱、铅钱,向来设局收缴,惟以斤计算。其不及斤者,恐民间仍私行挽用。嗣后各省收缴小钱及斤者,仍照例给价六十文,不及斤者,小钱二文抵大钱一文。铅钱及斤者,亦照例给价二十文。不及斤者,铅钱五文,抵大钱一文。俾民间随时收买缴官,闾阎市肆,咸知与大钱价值悬殊。小钱、铅钱。不能挽混,奸徒本利俱亏,自不肯轻于犯法。庶私铸可期净尽,以重钱法。(《清宣宗实录》卷二百三十五,道光十三年四月丙午,第3—4页。)

54. 道光十三年八月癸卯谕军机大臣

据钟祥奏:七月二十二日有夷船一只飘至山东日照县洋面。该县知县音德查看船内共十一人,载有烟叶等物。言语啾唧,内有一人书写字样,系琉球国首里内泊村人永张等姓。六月二十六日从该国放洋,七月初二日遭风飘至内洋,该县酌赏钱文食物,拟俟风势稍息,即令收口寄碇。次日东北风更大,该夷船即乘风南下。该抚已咨行江南、浙江、福建各省,饬令沿海文武一体巡探,并将未能拦阻听候奏办之知县参奏,当降旨将音德交部议处矣。该夷船乘风南驶,自必由闽洋回国。该督等著即通饬沿海文武员弁认真巡探,如该夷船到闽,即令速回本国。并知照该国王于该夷船回国时,查明是否系伊国内商船,何时回国,即行咨闽省督抚查照。遇便覆奏。(《清宣宗实录》卷二百四十二,道光十三年八月癸卯,第10页。)

55. 道光十三年八月辛酉谕内阁

向来海疆巡洋定例,各省皆以总兵为统巡,其次有总巡、分巡、委巡、随巡名目。遇有失事,应与该管洋面之专汛、兼辖、统辖人员一并开参,分别议处,勒缉赃盗,原冀众志协同,各齐心力,以肃洋政。近来闽浙二省海洋失事之案,往往只参专汛、兼、统一二人,余悉置之不议。迫兵部饬查,始行开参,而限期已逾。案多悬宕,并有积至数案而始开参者,以致案多遗漏。巡洋人员,遂以议处不及,渐至懈弛之心。海洋寥廓,匪船易于窜逸。不分责于协缉,而欲以一二专汛、兼、统之力,肃清海面势必不能。嗣后闽浙督抚、提镇暨有洋面地方各督抚提镇,凡遇有海洋失事,将专汛、兼辖、统辖、统巡、总巡、分巡、委巡、随巡各员弁,均照例按限开参。勒令缉贼,不得一案只参一二人,亦不得积至数案始行开参。倘仍蹈前辙,即将该督等交部照规避徇庇例严参,议处不贷。(《清宣宗实录》卷二百四十二,道光十三年八月辛酉,第23—24页。)

56. 道光十三年八月乙丑谕内阁

伊古制治经邦,揆文必兼奋武,国家设兵卫民,水师与陆路并重。际此承平日久,尤宜整顿水务,实力讲求。上年广东省廉、琼二府所属外洋,毗连越南处所,有内地游匪杨就富与越南奸民陈如海(应为陈加海——编者注)勾串劫掠,本年福建又有闽安水师营洋面屡经失事之案,可见水师将弁甚难其人。夫水师兵丁与陆路不同,陆路以汉仗弓马为能。水师则以水战为事,全在能识风云,熟知沙线,娴习乎抢风折戗,神明乎破浪操舟,自然行阵整齐。戗驶利便,枪炮联络。施放喷筒、火药,皆能有准。猝遇盗船,出奇制胜。惟所纳之无不如志,即有盗匪穷蹙,入海逃逸者,亦能追擒歼毙。庶几鲸鲵浪靖,海不扬波。近来水师废弛,徒有出洋之名,而无出洋之实。盗劫之案,层见叠出,甚至夷船泊近内洋,毫无觉察。朕思从前海洋,如朱溃、蔡牵,总由捕务废弛,酿成大患。似此因循疲玩,将来倘又有此等小丑,跳梁不靖,尚复成何事体。将弁为兵丁领袖,总须练习有素,方可指挥士卒,操纵得宜。其考核兵丁,固须以技艺之优劣,为技补之等差。尤当以捕务之勤能,分等第之高下。水师保送俸满千总,尤宜详慎,以为备才地步。水师提镇向归督抚考核,著通谕沿海督抚等,嗣后务当饬水师提镇实心训练,实力缉捕。无事则以训练之精,储缉捕之用。有事则以缉捕之效验训练之精。遇有盗劫等案,破除情面,据实参奏,毋许徇隐。倘仍有游匪出劫,及洋面失事等情,该督抚瞻徇不奏,经朕访闻,则惟该督抚是问,决不宽贷。毋谓诰诫之不早也。(《清宣宗实录》卷二百四十二,道光十三年八月乙丑,第26—27页。)

57. 道光十三年九月乙酉又谕

本日据卢坤等奏:廉州府属之钦州水陆地方,俱紧连越南边界,雷、琼二府外洋亦与越南洋面毗连。夷洋盗匪,虽已埚穴擒渠,惟内地采捕渔户、蛋民常漂出夷洋,难保无失利之徒,续聚为匪。近日风闻越南国境内有用兵讨叛之事,查询护送兵船来粤之行价等,据称:本国有故臣左军属下,因罪降官,心怀不服,占住录奈,勾结匪徒,滋生事端。现在三路进兵攻讨,并据钦州禀报:近闻越南国传有前黎王后裔与左军属下交通滋事,等语。此事前据伊里布奏到,当经降旨饬阮元等镇静防范。外藩自相扰乱,曲直是非,天朝原应不问。且黎、阮两姓乘衅构兵,事亦常有。惟当静镇,自严边备。两粤边圉,均与该国连疆。恐彼国奸徒被剿穷蹙,或致窜近粤省边界,自应加意豫防。著卢坤、祁埻、李增阶、余步云、苏勒当阿等,严饬沿边文武不动声色,稽查要隘,慎密防范。并严防汉奸勾结,乘间煽惑。

仍随时确切探访,相机筹堵。如有夷匪及越南兵练追逐至境,立即驱逐拦截,不准一名窜入,亦不准妄杀一人。倘该地方员弁邀功妄杀,致滋事端,定当从重治罪。如有叩关请兵情事,即应正辞拒绝,断不许稍涉张皇,亦不可稍存大意,致有疏虞。倘办理不善,致开边衅,惟该督抚及提督是问。懔之慎之。将此各谕令知之。(《清宣宗实录》卷二百四十三,道光十三年九月乙酉,第28—30页。)

58. 闽浙总督程祖洛福建巡抚魏元烺奏为特参讳饰不报之文武员弁事

闽浙总督臣程祖洛、福建巡抚臣魏元烺跪奏。为特参采买官米在洋被劫,讳饰不报之文武员弁,请旨分别解任革职,以便严审究办,恭折奏祈圣鉴事。窃照浙江委员把总陈元顺管押采买米船来闽,内有张万春一船,在海坛洋面被劫米二十四石,先经臣魏元烺据报严檄饬缉,旋据获盗郭老兴等现在审办。嗣据署浙江杭州协副将李万清详称:该把总陈元顺事竣回营,点验军装,缺少鸟枪三杆。饬据陈元春禀称,该弁自乍浦会同福建委员获解采买一万石,分装十八船,每船派兵一名,开驾出洋,先后行驶。至本年四月初七日,船户李阿大、王顺、张裕闰三船同驶至福建黄岐汛后沙洋面。是夜四更时候,有划船数十只在旁游奕,各船兵丁等喝问不答,当即开枪,不料划船不避枪击,蜂拥上前,一船一兵难以抵敌,李阿天船内兵丁陈淦,并王大顺船内兵丁杨起凤,各失鸟枪一杆,同被劫去米石。又张裕闰一船被追至北交汛所管地方,兵丁陈得标失去鸟枪一杆,并失去米石。初八日早,赴黄岐汛把总林鸣光巡洋,守备陈殿鳌处报知。初九日,开进五虎门口,赴巡检衙门挂号,五虎巡检马骥前来拜会,又向言及黄岐、北交等处被盗情由。初十日,进礁头上岸,前往闽安协衙门禀见,有把总林姓回说副将在洋巡缉,邀伊至署,将途中被盗一事说起,即有闽安协都司张达信,同五虎司巡检马骥到来阻止禀报。盘查三船共失米三十石,恳请赔补,所失鸟枪日后送还。该弁听情不报等情,复传该兵陈淦等研讯,所供相同,由该管都司禀揭转详,当经臣魏元烺于代办总督时,檄司查明,撤参去后。兹据福建藩、臬两司详情参奏前来,臣等伏查浙省委员陈元顺管解采买米石,由海运送闽。先经臣魏元烺,严饬巡洋舟师,按段护送,乃海坛地方,既有被劫米石之案,今闽安协洋面又有三船被盗,玩弛已极,此案事后,又不据实禀报缉拿,辄敢通同舞弊,赔偿讳匿,更堪发指。惟据称各船兵丁曾经开枪抵御,是该兵等之鸟枪俱系执持在手,何致遽尔遗失,如果被盗夺去,何以人无拒捕情形?盗船既有数十只,其意在于得财,何又止劫去米三十石?外洋失事,文员例无处分,何以巡检马骥亦愿赔补米石,嘱勿禀报,辞不近情,即难保无另有别故。

闽浙两省水师营弁之玩法营私如出一辙,若不严参究办,不足示儆,相应请旨将前署闽安协右营都司事候补水师守备另案降补,把总陈殿鳌、黄岐汛把总林鸣光、浙江钱塘水师营把总陈元顺,一并革职,前署福建闽安协左营都司事水师提标前营守备张达信、署五虎司巡检事候补未入流马骥,并把总林姓,查明何人一并撤任,以便严审确情,分别拟办。至闽省押运委员汀州府同知陈继曾、候补县丞陈亦霖所坐船只,虽未同帮寄碇,而陈元顺曾否向其告知,前署闽安协副将另案降补千总林松果否在洋巡缉,并未与闻其事,各该员等有无扶同讳匿情事,查讯明确,随案办理。现经浙江省提到应讯弁兵人等来闽研讯,两造供词,仍行各执应即严行澈究,除饬司委勘失事洋面,严办逸盗,务期必获,并分别委员督缉外,理合恭折具奏,伏乞皇上圣鉴训示。谨奏。道光十三年十一月初一日。(北京:中国第一历史档案馆藏朱批奏折,档号:04-01-16-0141-109.)

59. 两广总督卢坤跪奏为疏防逾限犯无弋获请分别处分事

两广总督臣卢坤跪奏。为南澳厅详报金安发商船在洋遇盗船追劫,枪伤水手毙命,未被劫物,疏防逾限,犯无弋获,请将专汛、兼辖、分巡、统巡各官,分别暂行摘顶、革留、限缉,恭折奏祈圣鉴事。窃臣前因惠来县详报:陈吉美商船在圭湖洋面失事,疏防逾限,盗犯无获,将专汛、协巡、兼、统各职名专折奏参。声明南澳厅报有金安发商船,在澄海协县属外洋,遇匪船追劫,至凤屿洋面,枪伤水手,邱合毙命一案,疏防逾限,亦未获犯,俟催取应参各职名,另行指参在案,除外洋失事,文职例免参处外,臣查福建、广东等省海洋定例,按期轮流巡哨,若行船被劫,毋论内外洋面,初参限满,不获,专汛、兼辖、分巡各官住俸;外委停其援补,限一年缉贼,二、三参限满,不获,专汛、兼辖、分巡各官,降一级留任,外委二参,不获,重责二十棍;三参,革去顶戴;四参,不获,专汛、兼辖、分巡各官降一级调用,外委革退。是内外洋行船失事,专汛、兼辖、分巡,予限缉拿,原期驾轻就熟,得以留心侦访弋获。但巡缉洋面贼匪,是武弁专责,前经三令五申,严催缉捕,今犯无一获,难免不视捕限尚宽,心存懈玩。现当闽、粤两省整饬捕务,查拿白底草鸟船匪之际,若仅照寻常疏防例限查参,恐不足以示惩儆而严捕务。是以臣于陈吉美商船,在洋失事一案,将疏防专兼各官,分别摘顶,暂行革职留任,统辖官照例住俸,责令督催限缉,专折奏参在案。兹金安发商船在澄海县南阜表外洋,被匪船追劫至凤屿洋面,伤毙水手,虽贼船因风浪掀开,未被劫物,但因跟追图劫,伤毙人命,自应照例严参。今催据署澄海协副将赖英扬将应参各职名开报前来。查此案自道光十三年三月十一日在洋面被匪图劫伤毙人命起,扣至七月十一日,四个月疏防限满,凶贼无获,相应恭折参奏,请旨将疏防限满,犯无弋获之专汛澄海协右营把总马化龙,暂行革职留任;协防系署右营外委千总事记委陈盛高无职任之弁,应重责二十棍;兼辖系代办澄海右营守备事署该营左哨千总南澳镇右营把总蔡得高;分巡系澄海协右营守备余英龙,应请摘取顶戴,勒限一年缉拿,俟限满有无弋获,另行核办;统辖系前护理澄海协副将事候补都司得志,该员于五月十六日疏防限内卸事,业已告病回旗,所有接督缉副将赖英扬,应俟扣满一年例限,另行查参;统巡系南澳镇总兵沈镇邦,相应附参,听后核议。除严责该镇将督属勒缉凶贼,务获究解外,合将应参专、兼、分巡各职名缮折,从重参奏。伏乞皇上圣鉴。敕部分别议处施行。谨奏。道光十三年十一月初六日。(北京:中国第一历史档案馆藏朱批奏折,档号:04-01-16-0141-112.)

道光十四年(1834年)

60. 两广总督卢坤跪奏为道光十三年分巡洋师船遭风击碎损坏循例修补事

两广总督臣卢坤跪奏。为道光十三年分巡洋师船遭风击碎损坏,分别修补,循例备案具奏事。案准部咨：外海战船如有遭风击碎损坏，应另案奏报，其工料、银两各按损坏情形，分别核给，等因。查道光十三年分，据外海水师各营先后呈报遭风米艇、捞缯、大八桨等船共六十三只，均经饬司移行确勘查办。兹据藩、臬两司会详：准据各营县陆续勘明，除碣石镇中营第三号中米艇，水师提标中营第一、第二、第三号大米艇，左营第四号中米艇，右营第一号大米艇、第三号中米艇，香山协左营第一号大米艇、第二、第三号中米艇，右营第一、第二号大米艇、第四号中米艇、第五号小米挺，共船一十五只，俱被风损坏，由运司捐办，毋庸动支藩库银款。

又阳江镇左营第三号大米艇，广海寨第二号大米艇、第四、第五号中米艇，共船四只，均被风损坏无几，由营自行捐修，毋庸动支公项。

又水师提标左营第六、第七号捞缯船，右营第五号小米艇，共船三只，均系届应修理之船，归入届修案内办理外，尚有应造应修、应换米艇、捞缯、大八桨等船四十一只，据各该县出具印结，经该管知府确核，由司具详前来，除饬将损坏各师船工料并沉失军火炮械确核估计赶办，及被淹受伤各弁兵造册分别办理外，臣谨循例具奏。并开具简明清单，恭呈御览。伏乞皇上圣鉴。谨奏。道光十四年三月初一日。（北京：中国第一历史档案馆藏朱批奏折，档号：04-01-36-0066-014.）

61. 道光十四年三月壬辰谕军机大臣

程祖洛奏：察究夷船游奕，并查办两省洋盗情形等语。据称：福建省洋面向有私造草乌等船，匪徒出洋伺劫，最为民害。该督严饬查拿，先后报获匪犯三百十一名，匪船一百五只。办理认真，甚属可嘉。夷船诡名不一，阳以求市为名，实则图贩鸦片。复有内地奸民，驾船接济，彼此获利。夷船之来日多，甚有奸民之贸易广东省，习学番语。即在澳门交接夷人，勾引来闽。地方文武各官不知认真查察，遇有夷船往来，仅以一报了事。近来严禁鸦片，较前查拿甚紧。该夷船不能获利，又素闻奸民通信，以内地官员驱逐夷船，不肯用火器轰击，遂致心存藐玩，有不遵驱逐之事。而夷船一见官船，转敢施放枪炮，肆行拒捕。向来内地营员驱逐夷船，曾经降旨不准用炮，原期于示威之中，仍寓以怀柔之义。乃该夷船遇有官船驱逐，胆敢施放枪炮。且该夷人船只较大，外洋路径本所熟悉。官兵驾驶小船，洋面不能遍识，又复遵旨不敢擅用火器。其应如何妥为防范之处，该督务当随时察看情形，斟酌尽善，以肃洋面而杜私贩。至现获奸民王略仅据供认在广东澳门生理，常与夷人交易，其上年驶入闽洋之噶喇吧国船只，系伊勾引来闽售私。至苏禄国一船，及金门镇总兵所禀夷船二只，究系何国夷船，从何处勾接，是否专为贩卖鸦片而来，供词均不足据。该督即设法将其供出伙犯追拿一二名到案，并提到接受英吉利国夷书之杨妹妹等与王略同伙。三面质对，务得确情，毋任狡展。该督仍当严饬水陆文武各官认真巡哨，毋许夷船阑入内洋。并饬严查口岸，不准一人一船，行驶出口，拢傍夷船，接济贩买。倘稍有疏纵，官则枷号海滨，兵役及本犯当场枭示。从严惩办，毋稍姑容。至浙江洋面防范巡拿，本较闽省稍易。上年拿获装载鸦片烟土之船户王赞等八名后，未据报有夷船阑入浙洋之案。其盗劫一事，自上年至今，先后报获匪犯多名。惟所获各犯，尚未审结。著即严饬承审各官速行审究,从重拟办。不准借词开脱。将此谕令知之。(《清宣宗实录》卷二百五十,道光十四年三月壬辰,第34—36页。)

62. 道光十四年四月甲午又谕

卢坤等奏:查明番舶贩卖鸦片及查办情形一折。广东夷船私带鸦片,多在外洋售卖。即有内地匪徒,勾串贩运,经卢坤等严饬舟师,将在洋停泊夷船,随时催令开行。并禁民船蜑艇与夷船交易,严拿走私土棍。但洋面众船聚集之时,难分玉石。惟有于各国商船回帆以后,查明如有在洋逗私船只,即调集水师,大加兵威,严行驱逐。仍饬令该管将弁派拨巡船二只,在夷船湾泊洋面,常川巡查。一切民蜑艇只均不许拢近夷船,私相交易,以杜接济。倘有土棍驾驶快艇,向夷船兴贩鸦片及私买货物,即查拿解究,从重治罪。并责成内河营县派拨巡船,在各海口及一切通海港汊,分定段落,昼夜轮流巡缉。如有奸贩偷越进出,即行拿解。各关口一体实力严查,无论外海、内河,拿获走私漏税人赃船艇,即照例奏请分别奖励,倘员弁疏于查缉,或兵役得规故纵,除兵役照例治罪外,将该管官从严参办,仍饬地方官访拿开设窑口土棍,查抄严惩,如不认真办理,别经发觉,从重参处。并令洋商传谕英吉利夷商,互相查察。如有一船偷漏,即将众船一概不准贸易,使其彼此自相稽察,防闲更为周密。卢坤等遇有此等案情,有犯必惩,不准姑息。更不可日久生懈,视为具文。又另片奏:夷情惟利是图,其私贩已久,必不甘心舍弃,或伺官兵撤后复来,或穷蹙审驶他省,等语。该督等务当严加约束,外则巡以舟师,内则谨防海口,使不致行销无忌,亦不致越驶他省。总期相机妥办,严行禁绝,方为不负委任。(《清宣宗实录》卷二百五十八,道光十四年四月甲午,第4—5页。)

63. 道光十四年九月乙丑谕内阁

本日据卢坤等由驿驰奏:英吉利兵船阑入内河,调兵驱逐一折。此次英吉利夷目律唠啤来粤贸易,不遵法度。该夷兵船二只,番梢共三百数十人,寄泊外洋。经该督于六月间,即咨会水师提督李增阶派委参将高宜勇前往海口防范,并檄行提标将弁督饬炮台,严密看守。迨该督等照例封舱以后,又复咨令防堵,勿任夷船进口。乃竟疏于防御,致该夷兵船于八月初五日乘潮水涨发,阑进海口。各炮台弁兵开炮轰击,该夷船放炮回拒,随拒随行,于初九日驶至离省六十里之黄埔河面停泊。现经该督等调派水师,严行驱逐。广东水师提标中军参将高宜勇于六月间即经派往海口堵御,辄任该夷兵船驶入内河,已属疏玩。复据称夷船乘潮驶风,阻挡不及,更难保非有心掩饰。高宜勇,著先行革职,枷号海口示众。仍著该督查明,如有玩纵掩饰情弊,即行从严参办,再降谕旨。所有守台怠玩各弁,既经派人接替,俱著先行枷号各炮台示儆。仍查明疏纵情形,一并严参。水师提督李增阶,海防是其专责,乃该夷船阑驶入口,径行越过各炮台,守台各弁兵于两只夷船不能击退,殊堪痛恨。看来各炮台俱系虚设,武备废弛,一至如是。该提督平日所司何事,李增阶既因病请假,亦断不堪起用。著先行革职,事定后再降谕旨。两广总督卢坤既称于六月间咨商防堵,并非措手不及,事出意外者比。自应遴派得力将弁,严行备御。何至任令该夷船驶入内河,不能防阻。是该督无谋无勇,咎无可辞,有损国威,深负委任。卢坤,著革去太子少保衔,拔去双眼花翎,先行革职,暂留两广总督之任,戴罪督办。如果办理迅速,诸臻妥协,尚可稍从末减。倘因循贻误,致滋后患,定当以军法从事,决不宽贷。懔之慎之。(《清宣宗实录》卷二百五十六,道光十四年九月乙丑,第4—5页。)

64. 道光十四年九月乙丑酉谕军机大臣

本日据卢坤等由驿驰奏:英吉利夷船阑入内河,调兵驱逐一折。已明降谕旨将该督等分别惩处矣。此次英吉利兵船停泊外洋,本年六月间即经卢坤咨会水师提督李增阶严密防范,果能实力堵御,何至阑入内河。乃于八月初五日,该夷兵船乘潮水涨发,阑进海口。各弁兵开炮轰击,胆敢放炮回拒。且虎门横档等处炮台,已被阑越。并于初七日直过大虎炮台,初九日驶至离省六十里之黄埔河面停泊。看来各炮台俱系虚设,两只夷船,不能击退,可笑可恨!武备废弛,一至如是。无怪外夷轻视也。现据该督等奏称:调用大船十二只,每只用大石块十万斤,横沉水内,用粗大锚缆系碇,复用木排在水面阻塞,堵其入省水路。并调集提标大师船二只,军标大小师船六只,及新会顺德各营县内河巡船二十余只,配兵备械,严密巡防。又调拨督标兵丁三百名,抚标兵丁三百名,提标兵丁七百名,府县壮丁三百名,整备枪炮,在两岸陆路防备。其大黄滘支河,派委参将卢必沅带领巡船二十余只,在彼拦截,并用大木排堵塞河面。又于对河建设木闸,委都司洪发科率领督标精锐兵五百名,水师兵一百名,运带抬炮及劈山、威远大炮,以一百五十名防守炮台,以三百五十名扎营策应,等情。卢坤恐澳夷西洋人为英吉利夷人所惑,饬委副将秦裕昌会同文员晓谕布置,并一体防范,不致疏虞。该西洋夷人极为恭顺感激,情愿自行防守,极应如此办理。又另片奏:此时前路两处全行堵塞,后路亦在长洲岗地方购备大石,派永靖营兵丁三百名,令游击玉禄管带防守。一俟碣石等处师船驶入,即将大石堵塞河内,该夷船即无出路。并豫备大小船百数十只,暗藏硝磺、柴草引火之物,为火攻之计,等语。英吉利夷人桀骜性成,心怀叵测,由来已久。此次夷船仅有二只,番梢亦不过三四百人,果能绝其进出之路,阱兽釜鱼,何难顷刻埽荡。惟该夷目律唠啤既称来粤贸易,何以一经封舱,狡焉思逞,竟敢阑入内河,放炮回拒,殊出情理之外。恐尚有别项船只遥为接应,必须确切查明,通盘筹计。该督等接奉此旨,务即悉心会商,妥速办理。如该夷目一经惩创,计穷力蹙,俯首认罪,尚可宽其一线。即饬洋商晓以利害,责其擅进兵船,擅用炮火,并诘以因何来省之故。倘仍执迷不悟,顽抗如前。该督等即整饬戎行,相机驱剿。务令该夷目震慑天威,悔悟恭顺。该督等倘仍前玩愒,酿成巨患。朕惟知执法从事,断不能幸邀宽典也。懔之慎之。将此由五百里各谕令知之。(《清宣宗实录》卷二百五十六,道光十四年九月乙丑,第7—8页。)

65. 道光十四年十月甲午又谕

卢坤等奏:查明番舶贩卖鸦片及查办情形一折。广东夷船私带鸦片,多在外洋售卖。即有内地匪徒,勾串贩运。经卢坤等严饬舟师将在洋停泊夷船,随时催令开行。并禁民船蜑艇与夷船交易,严拿走私土棍。但洋面众船聚集之时,难分玉石。惟有于各国商船回帆以后,查明如有在洋逗私船只。即调集水师大加兵威,严行驱逐。仍饬令该管将弁派拨巡船二只,在夷船湾泊洋面,常川巡查。一切民蜑艇只均不许拢近夷船,私相交易,以杜接济。(《清宣宗实录》卷二百五十八,道光十四年十月甲午,第3—6页。)

道光十五年(1835年)

66. 道光十五年三月十四日卢坤等奏报酌议防范贸易章程

道光十五年三月十四日,卢坤等奏酌议防范贸易章程,由两广总督革职留任臣卢坤、广东巡抚臣祁𡎄、粤海关监督臣彭年跪奏:为酌议防范贸易夷人章程,恭折奏祈圣鉴事。窃外洋夷人来粤贸易,自乾隆二十五年奏定防范规条以后,嗣于嘉庆十四年、道光十一年经前各督抚臣先后酌议章程,奏准遵行。立法已属周密,第奉行日久,或竟成具文,或渐生流弊。上年英吉利公司局散,该国商人自来贸易司总无人,虽经饬谕该夷商寄信回国,仍派大班来粤管理。而现在商多人杂,事无统属,必应颁发章程,俾资遵守。惟时事有今昔之殊,且英夷公司既散,贸易情形亦稍有不同,除旧章程无须更议各条,照旧申明晓谕,并将查办夷欠、严拿走私各章程,先专案具奏外,尚有应行酌量增易规条,经臣等率同藩、臬两司详加筹议,肃体制以防逾越,严交结以杜汉奸。谨出入之防,专稽察之责,庶防范益昭详慎,乃严饬洋商公平交易,各顾大体,俾诸夷共沾圣泽,咸凛畏怀,仰副皇上绥服远夷,慎重海防之至意。谨合词恭折具奏,并经酌议章程八条,另缮清单,敬呈御览,伏乞皇上圣鉴训示。谨奏。道光十五年正月二十八日。道光十五年三月十四日,奉朱批:览。钦此。

谨将酌议增易防范夷人章程八条敬缮清单,恭呈御览。

一,外夷护货兵船不准驶入内洋,应严申禁令并责成舟师防堵也。查贸易夷人酌带兵船自护其货,由来已久,向例只准在外洋停泊,俟货船出口,一同回帆,不许擅入海口。自嘉庆年间以来,渐不恪守旧章,上年又有阑入海口之事,虽该夷船驶入内河浅水之处,毫无能为,而防范总应周密。除虎门一带炮台现在分别增建、移设、添铸大炮,筹备御外,应申严例禁,嗣后各国护货兵船如有擅入十字门及虎门各海口者,即将夷商货船全行封舱,停止贸易。一面立时驱逐,并责成水师提督,凡遇有外夷兵船在外洋停泊,即督饬各炮台弁兵加意防范,并亲督舟师在各海口巡守,与炮台合力防堵。弁兵倘有疏懈,严行参处,务使水陆声势联络,夷船无从闯越。

一,夷人偷运枪炮及私带番妇番梢人等至省,应责成行商一体稽查也。查夷人除随身携带刀、剑、枪各一件,例所不禁外,其擅将炮位及鸟枪军械,并番妇人等运带赴省,定例责成关汛兵弁稽查拦截。惟关汛固有盘查之责,而夷商在省外夷馆居住,其房屋皆系向行商租赁。该商等耳目切近,断无不知,自应一体责令稽察。嗣后各国夷人概不准将枪炮军械及番妇番梢人等运带至省。如有私行运带者,责成租馆行商查阻,不准令其入馆,一面赴地方官呈报。如有容留隐匿,即将该行商照私通外国例治罪。关汛弁兵不行查出,仍分别失察、故纵例得究处。

一，夷船引水买办应由澳门同知给发牌照，不准私雇也。查澳门同知衙门向设引水十四名，遇夷船行抵虎门外洋，应报明该同知令引水带引进口，其夷商在船所需食用等物应用，买办亦由该同知选择土著殷实之人承充。近来每有匪徒在外洋假充引水，将夷人货物诓骗逃走，并有匪类诡托买办之名，勾串走私等弊，迨事发查拿，因该匪徒诡托姓名，无从缉究。嗣后澳门同知设立引水，查明年貌籍贯，发给编号印花腰牌，造册报明总督衙门与粤海关存案。遇引带夷船，给予印照，注明引水船户姓名，问讯验照放行。其无印花腰牌之人，夷船不得雇用。至夷船停泊澳门黄埔时，所需买办，一体由该同知发给腰牌。在澳门由该同知稽查，在黄埔由番禺县稽查。如夷船违例进出，或夷人私驾小艇在沿海村庄游行，将引水严行究处，如有买卖违禁货物及偷漏税货，买办不据实禀报，从重治罪。

一，夷馆雇用民人，应明限制也。查旧例贸易夷人除通事、买办外，不准雇用民人。道光十一年奏准：夷馆看守门户及挑水、挑货人等，均由买办代雇民人。惟愚民鹜利鲜耻，且附近省城多谙晓夷语之人，若得夷人任意雇用，难免勾串作奸，自应定以限制，并专以责成。嗣后每夷馆一间，无论住居夷人多寡，只准用看门人二名，挑水夫四名，夷商一人雇看货夫一名，不许额外多用。其人夫责成夷馆买办代雇，买办责成通事保充，通事责成洋商保充，层递钳制，如有勾串不法，惟代雇保充之人是问。仍令该管行商按月造具各夷商名下买办人夫名籍清册，送县存案，随时稽查。其挑货人夫，令通事临时散雇，事毕遣回。至民人受雇为夷商服役之沙文名目，仍永远禁止。倘夷人额外多雇人夫及私雇沙文服役，将通事行商一并治罪。

一，夷人在内河驶用船只应分别裁革并禁止，不使闲游也。查夷人入口贸易货船，停泊黄埔。其在省城澳门往来向惟英吉利公司船户，准坐驾插旗三板船只。此项三板船身较大，上有舱板，易于夹带器械及违禁货物。现在公司已散，所有插旗三板船应行裁革。至夷人在夷馆居住，不准擅自出入。嘉庆二十一年，前督臣蒋攸铦任内，酌定每月初八、十八、二十八三日，准其附近游散一次。近年该夷往往不遵旧章，必须重申禁令。嗣后各夷人船到黄埔，或在省城澳门往来通信，只准用无篷小三板船，不得再用插旗三板船只。经过关口，听候查验，如有夹带违禁货物及炮位器械，即行驱逐。在馆居住夷人只准于初八、十八、二十八三日在附近之花地海幢寺游散一次，每次不得过十人，限申刻回馆，不准在外住宿，饮酒。如非应准出游日期及同游至十人以外，并赴别处村落墟市游荡，将行商通事一并治罪。

一，夷人具禀事件应一律由洋商转禀，以肃政体也。查外夷与中华书不同文，其中间有粗识汉字者，亦不通文义，不谙体制。具禀事件词不达意，每多难解。并妄用书信混行投递，殊乖政体。且同一夷务，或由洋商转禀，或由夷人自禀，办理亦不画一。嗣后凡夷人具禀事件，应一概由洋商代为据情转禀，不必自具禀词，如系控告洋商事件，洋商有抑搁不为转禀之事，仍准夷人自赴地方官衙门禀讦，立提洋商讯究。

一，洋商承保夷船应认派兼用，以杜私弊也。查夷船来粤，旧例系由各洋商循环轮流具保，如有违法，惟保商是问。嗣后恐轮保有把持之弊，凡港脚夷船，均听其自行投行具保。惟现在公司已散，所来夷船散漫无稽，若责令仍照旧例由洋商轮保，恐有抑勒之弊。

而竟任其自行择保,亦难保无勾串情事。嗣后夷船到粤照旧听其自投相信之行为认保,一切交易货物,请牌完税公事,均由认保承办收纳税饷。查照则例,毋许丝毫加增。仍每船设立派保一人,各行挨次输派,如认保行商与夷人通同舞弊作奸,或私增税银拖欠夷账,责成派保之商据实呈首,分别究追。派保徇隐,察出并究。

一,夷船在洋私卖税货,应责成水师查拿,并咨沿海各省稽查也。查各国夷船贩运货物来粤,理应入口完纳税钞,由洋商发卖。乃该夷船等往往寄泊外洋,进口延缓,亦有竟不进口,旋即驶去,不特逗卖鸦片,并恐私销洋货。臣等每据禀报,即严切批行舟师催令进口。如不进口,立时驱逐,不准逗遛。并在各海口分派员弁严拿走私匪徒,历经拿获出洋贩卖鸦片人船究办。惟粤省与福建、江浙、天津等省洋面毗连,各省奸徒坐驾海船,在外洋与夷人私相买卖货物,即从海道运回。此等奸贩既不由粤省海口出入,无从堵拿,而洋货分销入口渐少,于税饷甚有关系。嗣后应责成水师提督饬舟师,在于外洋常川巡逻,如有向夷船私卖洋货商贩,即行拿解究办。并立定章程,无论何省海船置买洋货,一律赴粤海大关,请用盖印执照,详注货物数目,不准私买。咨行闽浙各省道府遵照,并于各海口严行稽查。如有海船运回外洋货物,查无海关印照,即属私货,照例究办。船货入官。朱批:所议俱妥。务须实力奉行,断不可不久又成具文也。勉益加勉。[蒋廷黻编:《筹办夷务始末补遗》(道光朝),第1—15页。]

67. 道光十五年三月癸酉卢坤奏报《防范贸易夷人酌增章程》

两广总督卢坤等奏:防范贸易夷人,酌增章程八条:一,外夷护货兵船不准驶入内洋;一,夷人偷运枪炮及私带番妇人等至省,责成行商一体稽查;一,夷船引水买办由澳门同知给发牌照,不准私雇;一,夷馆雇用民人应明定限制,严防勾串作奸等弊;一,夷人在内河应用无篷小船,禁止闲游;一,夷人具禀事件,一律由洋商转禀,以肃政体;一,洋商承保夷船,应认派兼用,以杜私弊;一,夷船在洋私卖税货,责成水师查拿,严禁偷漏。得旨:所议俱妥,务须实力奉行。断不可不久又成具文也。勉益加勉。(《清宣宗实录》卷二百六十四,道光十五年三月癸酉。)

68. 道光十五年五月乙酉谕军机大臣

乐善等奏:夷船阑入闽省熨斗洋面,并用小船窜入内港,妄递呈禀,业已驱逐出洋一折。据称本年四月初九日,闽省洋面有夷船一只,径由五虎门之偏东乘潮驶入熨斗内洋停泊。当经该将军等调派文武员弁,驰往驱逐,稽查弹压。该夷船乘兵船未集之时,于初九日夜用小船剥载夷人十四名,欲图阑入内港。经调集会堵之镇将等写帖晓谕,饬令回棹。藐抗不遵,当即施放枪炮拦阻。该夷船始知畏惧,窜入小港。经该把总林朝江等驾船赶及,宣示国威,随将该夷船牵引出港。该夷人复向督署妄递呈禀,求在闽省贸易,并称愿运米百万来闽销售。查其船内实无米石,并据该副将等呈到该夷人送给夷书,荒诞不经。该将军等公同商酌,缮发印札,晓以大义,随将该夷船驱逐出洋,等语。夷人远涉重洋,自为牟利而来。但鬼蜮情形,种种莫测,既不可以理喻,且屡易其词,希图诱惑,难保非内地奸民勾引所致。该将军等奏称:该夷言词狡黠,宛似内地讼师逞刁挟制之词,所见不差。该夷船在洋面游奕,如果去而复来,不遵法度,不服晓谕,即不能不慑以兵威。总在该将军等察看情形,认真防范。固不可妄希邀功,致滋事端,亦不得以驱逐了事,遂尔废弛。务当严饬文武水陆各员弁,防守口岸,杜绝接济,俾该夷不能逞其伎俩,以惩奸诈而靖海隅。至该夷船呈到夷书,辞句荒诞,殊属可恶。是否系内地刊印之书,著即严密饬查闽省各州县,有无代刊夷书铺户,密拿办理。已另谕卢坤等在粤省一体密查,从严究办。此次夷船窜入内港,督标水师把总林朝江驾船赶问,颇有胆识,著加恩以千总遇缺尽先拔补。其不能严守口岸实力堵逐之海坛镇总兵程恩高、署闽安左营守备事金门镇标左营千总颜鸣亮,著交部分别议处。将此各谕令知之。(《清宣宗实录》卷二百六十六,道光十五年五月乙酉,第27—28页。)

69. 道光十五年六月己丑谕

前据乐善等奏:英吉利夷船阑入闽省外洋,当即驱逐,并将该夷人所递夷书咨送军机处。当经呈览,朕详加披阅。其书首页标明道光甲午年夏镌字样,何以今春即由该国传至闽省,该国在广东贸易来往,其书自系广东内地代为刊刻,业经谕卢坤等密速访查矣。惟该夷人等鬼蜮情形,种种莫测,难保无闽省内地奸民互相勾引之事。该将军等惟当严饬各地方官密速访查。倘查明实系闽省铺户所刊,即行严拿究办,并讯明其书底本系由内地何人交铺代刊,逐一根究,务期水落石出。不得因该夷人等业经驱逐出境,将就了事,致有不实不尽。将此谕令知之。寻,奏:闽省刻字,宋体居多,皆不似夷书工整,逐细确查,并无代刊夷书之人。得旨:现在虽已查明,并非闽省刊刻。然沿海州县仍应严饬访查,不可一奏了事。虽闽省坊刻类多宋体,而夷书则小楷工致,焉知非鬼蜮伎俩,有意为之耶!(《清宣宗实录》卷二百六十七,道光十五年六月己丑,第2—4页。)

70. 道光十五年八月十七日钟祥奏报驱逐英吉利船只事由

为英吉利夷船驶至山东洋面,未准进口,现饬候风南回,恭折奏祈圣鉴事。窃照英吉利夷船间有违例越入海口之事,东省洋面界连江南、直隶、奉天三省,甚为辽阔,不可不预为防办。臣与藩、臬两司钦遵叠奉谕旨,酌议查防之法。节经严饬沿海文武周密巡防,并咨登州镇臣周志林督率水师认真哨巡,不准稍有疏懈。兹于七月二十八日据登州镇臣周志林来咨,并登州府知府英文禀报:七月十九日,登州府文登县刘公岛外洋,查双桅夹板夷船一只,随带脚船二只游奕……询据该夷人麦发达称:保英吉利夷船装载该国米石售卖,并行好舍药,等语。该镇府接据禀报,即刻亲往晓谕督逐。臣委中军参将梁胜灏驰往文登,面告机宜,会同办理。旋据文登县知县欧文、署文登营副将候补参将富森泰等禀报:各带兵壮同上夷船查询,麦发达系英吉利国仑顿地方夷人,携有书卷,欲行散布,仰该县等会同驱逐,并将夷书禀送臣核办,等情。该夷等知不能入口,乘风起碇,复入大洋,水师把总王帅门跟哨前驶,顺风漂泊行至宁海州崆峒岛地方,适登州镇府均于七月二十五日赶至其崆峒岛附近,各口门一片漫滩,不同威海口可以排列渔船防堵。经该府调备战沙船只,四隅围绕,夷船亦不能进入内港,该镇府率同地方文武查得,夷船约长十余丈,宽三丈余,两旁头尾共有铜铁炮数个,随带大小脚船二只,约长二、三丈不等,船上共约有四五十人,卷发黄睛,确系西夷形状。其舱底是否尚有夷船及携带书卷、货物,各官遵照通饬,未准开舱搜查。其舱面存放夷书多本,亦据呈送核办。询据麦发达称:英吉利有新旧两国,均系旧国王管辖。麦发达系旧国夷人,幼时在外洋吗六呷地方游食,遇有内地之人,曾学汉文,是以能通官语。该国向有布教会,会首即系国王,向俱崇信耶稣,今携带书卷,叙述耶稣事迹。其船飘荡,随处布施,劝人行好。该夷由广东外洋至此,未在闽浙、江苏内洋寄碇,并不祈求通商,等语。该镇府唤令麦发达下船,谕以天朝例禁,并将内地人民守分畏法,断不敢接受夷书,为所煽惑,明切晓示。并称食物缺乏,该守吴文谕饬不准向民人买卖,当即查照道光十二年,前抚臣接济食用奏案,酌量捐赏食物,严饬作速启碇南回。该夷等见有文武多员,排列旗帜军械,颇形畏惧,执礼甚恭。称俟得风即行开驶。该镇府仍督饬员弁兵壮,四围防堵。一俟西北风发,即令启碇南回,等情。咨报到臣。

臣查该夷船始则欲求通商,继又欲散布夷书,所称新旧国王等语,似俱诡谲,未可凭信。夷书皆刻汉字,似踵天竺教妄诞之语,难保无汉奸夷匪勾串情事。该夷如敢不服驱逐,即当酌量示以兵威,使知震慑。兹经文武多员带领兵壮巡堵驱逐,该夷等所到岛口俱已不敢放肆驶进,其书未能布散,即经文武先后查见,禀送核办。该夷等伎俩莫施,恳俟风发即行启碇南还情状,语言俱尚恭顺。查核夷书卷首刻有"道光十二年重镌"字样,亦无违悖。臣现檄饬文武迅速驱逐,该夷船开行以后,因风漂泊,舟或寄碇求赏,即当无庸获给,以杜其尝试之渐。至海洋风信靡常,交界之处均当速为防办,除饬东省沿海各属加意巡防,并咨会江南、直隶、奉天接押防堵,仍专弁持赍夷书前往粤省咨会,查明严行禁办外,谨将夷书三种,共四本,咨送军机处备查。其余散碎书本,均即销毁。所有英吉利夷船未准进口,候风驱令南行缘由,据藩、臬两司具详前来,理合具奏,伏乞皇上圣鉴训示。谨奏。八月初六日。道光十五年八月十七日奉朱批:所办俱妥,另有旨。钦此。[蒋廷黻编:《筹办夷务始末补遗》(道光朝),第2—7页。]

71. 道光十五年八月癸酉谕内阁

钟祥奏夷船驶至山东洋面现饬候风南回一折。此次英吉利夷船驶入东省刘公岛洋面,经钟祥派委员弁巡堵驱逐,不准进口,所办俱妥。该夷人麦发达始则欲求通商,继又欲散布夷书。虽据称未在闽浙、江苏内洋寄碇、殊难凭信。著钟祥即严饬所属各员弁一俟风发,驱令启碇南还。并将各岛口严加防范,毋许内地奸民交易接济。东省洋面界连直隶、奉天、江南,甚为辽阔,海洋风信靡常。其沿海各处均当一律防办,著直隶、奉天、江南、山东、福建、浙江各督抚、府尹等,严饬沿海文武各员弁,巡防堵截,不准该夷船越进隘口。并严禁内地奸民,交易接济,甚至受其诳惑,无得稍有疏懈(《清宣宗实录》卷二百七十,道光十五年八月癸酉,第17—18页。)

72. 道光十五年九月十五日陶澍等奏驱押违禁英吉利船出境事由

两江总督臣陶澍、江苏巡抚臣林则徐跪奏:为英吉利夷船在江境洋面寄碇,现已驱押出境,仰祈圣鉴事。窃照本年夏间,浙江定海洋面有夹板夷船游奕,江境堵截巡防不可稍懈,叠经臣等严檄沿海镇营慎密防堵,并经苏松镇道添调川沙、吴淞二营弁兵在于海口两岸炮台层层密布,不准一刻松劲。嗣闻该夷船已经浙江驱逐,而夷情狡诈,海面汪洋,饬令严密瞭探在案。兹据苏松镇田松林、署松江府周岱龄各禀称:该镇驾舟在佘山洋面巡缉,接据外洋总巡游击汪士逵禀:八月十七日,瞭见北首外洋有夷船一只,乘风而来,驶近吴淞海口外洋寄碇,该镇即带兵船跟追到彼,并不许沿海小船驶近夷船。署上海县黄晃与苏松太道阳全城、署松江府周岱龄闻信先后赶到,会同参将林明瑞、署游击韩永彩、守备杨光祚带同营弁兵役查看,该夷船约长十余丈,带有脚船二只,船内约有四五十人,黄睛卷发,面貌系属西夷。内有能通汉语者,传令过船询其名字及来意。据称:名麦发达系英吉利国人,船内装载洋米,来此售卖,并无别货,此外惟有劝世经书,欲分散劝戒,并需菜蔬数种,等语。诘以既系英吉利船,因何从北而来。据称七月初二日,自广东开行,乘风驶入外洋,到山东,并不从闽浙、江南内洋寄碇。现由山东折回,迷路至此,是以从北而来。即告以天朝定例,夷船只准在广东贸易,他处皆不许进口,并无须该国米石。且天朝圣经贤传,充布宇内。又安用尔等无用之书。至蔬菜食物,念尔等属在远人,酌量给与。随饬丁役购给数担,该夷人俯首无语,口称既不能贸易,当即候风驶回。惟所带之书遗置岸滩,即经黄冕饬役于其回船时,对众抛入洋内。千总王嘉谟等将该夷人押回本船,饬令开行。该夷颇知感畏,口称一俟风顺,即行回国。随于二十一日天气晴霁风转西北,复又催令启碇开行,该夷人即于是日午后放洋向南而去。经苏松镇亲督巡洋弁兵一路驱押过浙,等情。

臣等查该夷人自外洋直抵山东,复又驶抵江境,显系图通贸易,今见沿海文武整齐严肃,自料难以进口,其放洋南回,谅不致去而复返。惟夷情究不可测,仍饬各文武认真防查,并咨会浙江抚臣,转饬驱押闽省出境。一面咨会两广督臣确查该夷严行禁办外,所有英吉利夷船在江洋寄碇,现在驱押出境缘由,臣等谨合词恭折具奏。伏乞皇上圣鉴。谨奏。九月初一日。道光十五年九月十五日奉朱批:办理甚妥,仍须严饬沿海文武,不时稽查小心防范,不准稍涉大意,尤当严禁内地无知图利之人,暗中接济勾通。是为至要。毋忽。钦此。〔蒋廷黻编:《筹办夷务始末补遗》(道光朝),第3—7页。〕

73. 浙江巡抚乌尔恭额奏驱逐英吉利夷船事由道光十五年十月初十日

为英吉利夷船暂泊浙洋,现已驱逐开行,仰祈圣鉴事。当臣先准江苏抚臣林则徐转准山东抚臣钟祥咨明:有双桅英吉利麦发达夷船,从广东外洋驶入东省,于本年七月十九日在洋寄碇,驱逐南下,咨会一体巡防,等因。臣以浙江北洋与山东、江苏各洋面一水相通,该夷船由北而南,必经浙洋,亟须先事预防。当经飞咨提镇诸臣,并札司移行各文武员弁,多派兵船巡船在洋迎探,如遇该夷船入境,即壮声威,押逐。并饬内地人民不准一人一船傍近交接去后。其时还有夷船一只,于八月十一日被南风阻回,在东西柱外洋停泊,经定海镇臣庄芳机,督同左营游击戴恩等过船查验,船有三桅,并非麦发达之船,人分黑白,计有五十七人,极为恭顺。船内装载羽呢等货,问以来自何国,该夷人言语不通,未能对答。又以手指点令其开驶,不准在此逗留。该夷人略有会意,亦以手指画,察其情形似系因风暂泊,风好即去之意。镇臣庄芳机随率同兵巡各船三十余只,竖起旗帜,严加防范。只因连旬风雨,该夷船旋开旋住,未能远驶。至二十日风色始顺,即扬帆向东远去,各兵船跟踪追蹑瞭探无踪。

又,麦发达夷船于二十五日驶至浙江乍浦沥港洋面寄碇,该参将葛云飞赴船谕令开行。据称:风顺即开。于二十六日卯刻起碇,经定海镇兵船押逐南驶,由提臣戴雄查明,先后咨复。臣恐其去而复返,又经咨行饬查。兹准镇臣庄芳机以麦发达夷船已向东南外洋一直远去,行驶如飞,跟接追逐,实已瞭望不见,等因。咨报前来。臣查浙省温州洋面与福建毗连,其由深水大洋往南,即可直达广东,海泊行驶全凭风信,现在各夷船虽已远去,难保其不由闽赴粤,除飞咨黄岩、温州各镇臣督属认真巡查,如各夷船经由该处即行驱押,闽省交替,并咨会程祖洛及福建抚臣魏元烺转饬接逐。一面咨明两广督臣,确切严禁外,臣谨会同浙江提督臣戴雄恭折奏闻。伏乞皇上圣鉴。谨奏。九月二十三日。道光十五年十月初十日奉朱批:知道了。钦此。[蒋廷黻编:《筹办夷务始末补遗》(道光朝),第9—12页。]

74. 署理两广总督印务广东巡抚祁𡎳等奏为弁兵擅离汛守事

署理两广总督印务广东巡抚臣祁𡎳、广东水师提督关天培跪奏。为弁兵擅离汛守,以致商船遭风失事,请将失察之守备革职留任勒缉,并将该营参将请旨摘去顶戴勒令督缉,以观后效,恭折奏祈圣鉴事。窃据署广东海门营参将事候补水师副将林鸣岗具禀:风闻赤澳洋面有商船遭风击碎,被该处乡民捞抢情事,随经饬查去后,旋据中军守备马玉麟禀称:守备本年下班出洋分巡,八月初二日,由东上巡回本境洋面,闻有商船失事,兹乘舟师之便,细加访查,系福建诏安县船户陈裕发商船,于七月二十七日驶至惠来县属赤澳洋面,遭风击碎,板片漂流,被附近乡民捞抢板片等物。是晚该船舵水沈讲等及搭船客人沈料共八人,到赤澳炮台投报,该乡民等复乘势蜂拥进台,将水手等衣服抢夺。又查明当日该船遭风失事赴台投报时,防守炮台之把总吴朝升及兵丁詹国振等十六人并不在台,仅存兵丁陈清等四名在台。传讯詹国振等,或称沿海巡查,或称赴乡买办日食,因遇风雨不能回台等语。请将该把总吴朝升惩办,至该台兵丁二十名,除在台兵丁陈清等四名外,其不在台之兵丁詹国振等十六名均革除名粮等情。并据惠来县禀告,该船遭风被抢情形相同。臣等先后接阅禀报,同为骇异。查沿海营汛,各炮台弁兵原为保卫地方而设,必须常川在汛防守,遇有遭风难船竭力救护,方不致匪徒乘机滋事。乃把总吴朝升及兵丁詹国振等竟敢擅离汛守,致商船遭风失事,当时既无救护,迨该舵水等赴台投报,复被匪徒蜂拥进台抢夺衣服,毫无顾忌,营务废弛已极。该将备等虽经访闻查报,惟该守备马玉麟于道光十四年十月二十四日到任,统辖之署参将林鸣岗于是年十二月初五日到任,均已在半年以上,平时失于查察整顿,非寻常疏误可比。今据南澳镇总兵沈镇邦禀揭前来,恭折参奏,请将海门营中军守备马玉麟革职留任,勒限一月,责令戴罪缉拿;署海门营参将事候补水师副将林鸣岗请旨先行摘去顶戴,严责督缉。统俟限满是否全获,另行核办。至该汛把总吴朝升,本应严行究惩,现据该营呈报,已于八月二十二日病故,应毋庸议。除饬行该府县会同严缉办理,并将已革职兵丁詹国振等解县究审外,所有此案疏误之将备,臣等谨会同恭折参奏,伏乞皇上圣鉴训示。谨奏。道光十五年十月二十五日。(北京:中国第一历史档案馆藏朱批奏折,档号:04-01-16-0144-001.)

75. 道光十五年十二月署总督巡抚祁𡎚会奏议

据洋商伍绍荣等转据英吉利夷商覃义理禀：夷人来粤贸易,所有书信必须往来传递,逆风难行,今有港脚烟船能行逆风,并无帆樯,止有烟管,船内烧火,烟气由管通出,船旁两边各驾车轮,烟动轮转行驶甚速,欲行进省递信,恐沿途炮台关口疑虑驱逐,信达转禀,饬行知照等情。臣查外夷货船进至黄埔收泊,其护货兵船及别项船只止准在外洋寄碇,不准擅入海口,查该夷人此项烟船曾于道光十年驶至外洋,旋经回国,今欲将烟船进省送信,惟夷情狡黠且诡异不经之船未便准其入口,谕饬师船在洋防范。十一月十三日,该船往内洋行驶,炮台将号炮点放,始行驶出,至今尚未开行。奉上谕：外夷递送书信,向有章程,自应循照办理,何可以诡异不经之船擅入海口,英夷素性诡诈,虽现据查明烟船并无滋事情形,惟既已饬禁不准进口,乃仍欲驶入内洋,实属蔑法。著邓廷桢等严饬各营县及虎门各炮台随时查察,严行禁阻防范。并谕饬澳门西洋夷目派拨夷兵在南湾一带巡查,勿任烟船水手人等登岸滋事,仍即驱逐开行回国,毋令久泊外洋。倘该夷人不遵法度,竟肆桀骜,立即慑之以威,俾知儆惧。该督等务当熟筹妥办,循照旧章,不得稍有疏懈。将此谕知邓廷桢、祁𡎚、关天培并新任粤海关监督文祥知之。（梁廷枏：《粤海关志》卷二十七,第536—537页。）

道光十六年(1836年)

76. 道光十六年正月庚戌又谕

又谕：本日据祁𡎚等奏上年十一月,洋商伍绍荣等转据英吉利国夷商禀称：夷人来粤贸易,必须传递书信。今有港脚烟船,能行逆风,欲行进省递信。恐沿途炮台、关口疑虑驱逐,信达转禀,饬行知照,等情。该督等饬令洋商传谕该夷人不准进口,并访闻此船系为包揽各夷商送信而造。此次到来,欲将船卖给澳夷,因无人承买,是以尚未回国,亦不敢进口,等语。外夷递送书信向有章程,自应循照办理,何可以诡异不经之船,擅入海口。英夷素性诡诈,虽现据查明烟船并无滋事情形,惟既已饬禁不准进口,乃仍欲驶入内洋,实属蔑玩。著邓廷桢等严饬各营县及虎门各炮台,随时查察,严行禁阻防范。并谕饬澳门西洋夷目派拨夷兵,在南湾一带巡查,勿使烟船水手人等登岸滋事,仍即驱逐开行回国。毋令久泊外洋,倘该夷人不遵法度,竟肆桀骜,立即慑之以威,俾知儆惧。该督等务当熟筹妥办,循照旧章,不得稍有疏懈。将此谕知邓廷桢、祁𡎚、关天培,并传谕新任粤海关监督文祥知之。（《清宣宗实录》卷二百七十七,道光十六年正月庚戌,第26—27页。）

77. 道光十六年三月初四日朱批邓廷桢附片

再,道光十五年十一月内有英吉利国递送书信之港脚烟船欲行进省递信,恐关口炮台疑虑驱逐,由在粤夷商信达洋商转禀饬行,知照。经前署督臣祁𡎚查外夷护货兵船及别项船只,止准在外洋寄碇,不准擅入海口。此等诡异不经之船,未便准其擅入黄浦。饬令洋商传谕,不准进口。倘该夷不遵法度,将船驶至,即开炮震慑,示以兵威。嗣据文武各员禀报,瞭见该烟船自伶丁洋开行,往内洋行驶。将至沙角洋面,沙角炮台即放号炮,南山镇远、横档、大虎各炮台亦闻声开炮接应。该烟船畏惧,转舵驶出外洋,仍至伶丁南湾海面湾泊。尚未开行回国,亦不敢进口,等情。当即会同提臣谕饬水师将领防范,驱逐回国。并饬澳门夷目派拨夷兵在于南湾一带巡查,勿任烟船水手人等久泊滋事。并经附片奏闻在案。臣到任后,复咨行饬查驱逐,务使震慑声威,遵驶回国,勿任玩违。兹据署澳门同知郭际清及水师提标中军李贤禀报,瞭望烟船自经禁止进口,即泊伶丁洋面。将船车轮及船面所竖烟筒全行拆卸,收藏船内,架起帆樯,闻欲回国,不敢违例擅进。随不时差探,据引水报称:瞭望该烟船于十六年正月初二日由伶丁起碇向万山外洋东南远去,实已震慑声威,凛遵回国。现在瞭望无影,等情。呈报前来。查英吉利夷情狡诈,此等诡异不经之船非但不宜准其借词进口,尤不可听其久泊外洋。今经严饬驱逐之后,该夷船即震慑声威,不敢擅入,撤去烟轮,架立桅樯,遵驶回国,尚知畏法。除仍饬随时防范外,谨会同水师提督臣关天培,附片奏明。伏乞圣鉴。谨奏。道光十六年三月初四日奉朱批:知道了。钦此。

[蒋廷黻编:《筹办夷务始末补遗》(道光朝),第1—3页。]

78. 道光十一年六月二十五日朱桂桢清单

谨将会议查禁纹银、偷漏鸦片分销各章程六条敬缮清单,恭呈御览。

一,洋商与夷人交易除以货抵货外,如有尾数找给夷人,只准给付番银,并令各洋商赴粤海关衙门联名出具并无搀和纹银甘结,如洋商敢将纹银找补,并或另将纹银卖给夷人,察出不论银数多寡,照数倍罚充公,仍将找付纹银之行商及联结各行商分别治罪,其洋行伙伴图利将纹银私行换给夷人,洋商虽不知情,亦将雇觅伙伴不慎之洋商查明,照所换银数罚出,并笞责示惩。铺户居民私将纹银卖给夷人者,照例加等治罪,如兵役民人等有能拿获送究,即将所获纹银照例加倍赏给。

一,巡洋舟师梭织外洋,查察最为切近。应责成舟师分段查察,洋船到粤时严查有无匪艇运销鸦片,回帆时查有无匪艇运送纹银,无论商渔船只,一经枕近夷船,该舟师即行拿究,并将外海、内河分段巡查之员弁姓名及洋船寄碇、起碇日期、有无匪艇偷运私货,随时呈报督抚衙门查核。臣等仍随时选派诚干妥员,密加查访,如舟师员弁并不实力巡查,甚或包庇故纵,即将该员弁提省,照律严行究治,赃重者以枉法从重论,兵丁分别严惩。该管上司查出究办,概予免议。别经发觉,仍行参处。……[蒋廷黻编:《筹办夷务始末补遗》(道光朝),第14—16页。]

79. 兼署闽浙总督福建巡抚魏元烺奏为特参闽浙两省巡洋疏懒之将弁事

兼署闽浙总督福建巡抚臣魏元烺跪奏。为特参闽浙两省巡洋疏懒之将弁并督缉不力之总兵,请旨分别革职议处,以肃捕务,仰祈圣鉴事。窃照巡洋为水师专责,勤则盗风自戢;怠则疏防渐多。闽浙两省洋面自巨盗曾武、萧图、陈沅剪除以后,尚有究出逸盗未能查获,经臣与前督臣程祖洛叠经严饬地方文武各官及各帮舟师实力巡缉,以期海洋渐就肃清,无如盗匪劫案仍复不免。除疏防仅止一案之员弁,随时分别记过责惩外,兹查福建省金门镇标右营所辖之东碇洋面,本年三月十五日有晋江县船户金进发被盗行劫,拒杀事主三命一起;又四月初四日有同安县渔船户金三合、欧顺具被盗连劫二起;又六月二十四日有广东文昌县船户金合盛被盗,劫杀事主二命并伤多人一起。以上四起俱经前督臣程祖洛暨臣先后节饬该管疏防各将弁勒限侦捕,迄今日久,仅据报获金合盛被劫案内盗犯陈营等五名,又据报获金进发案内盗犯叶试等三名,先后解交地方官审办。惟该管将弁于所辖东碇一带洋面并不实力巡缉,以致三月以内被劫之案竟有四起之多,实属巡缉懈弛。

又,浙江省温州镇标瑞安营所辖之南北麂一带洋面,该处近连闽洋,为入浙门户,素称盗薮。前据定海、黄岩、温州三镇会议,每标派拨兵船二只,共兵船六只,由温州镇派员统带在彼巡缉,使盗匪无由窜入。讵本年三月起至六月止,温属瑞安营所辖洋面有船户侯铿良、林正发同日被劫二起;又玉环营所辖洋面有船户李进发、陈珍源、金振成被劫三起;又温州左营所辖洋面有船户金合益、金顺益同日被劫二起。皆由各该员弁未能先事巡防,以致盗匪肆劫。及至失事之后,又不获犯破案,均应严参惩创。

查闽省洋面东碇一处失事四次,虽有两案已经获犯,尚有两起未经破案;至浙省之瑞安营与温州右营各洋面,俱有同日被劫两案之事;又玉环营失事之案系守备陈玉振一人兼辖,均属捕务废弛,自应一并参奏。相应请旨将闽省疏防四案之专汛、专巡金门镇标右营外委黄建兴、杨清标二弁一并斥革,各棍责四十,枷号海滨三个月,示众;分巡疏防一案之署金门镇标右营守备事水师提标右营千总李登龙请记过,停升;分巡疏防三案之护金门镇标右营游击事升署海坛镇标右营游击之同安协标左营守备刘时勇,请革职留任。又浙洋瑞安营同日被劫二案、玉环营先后被劫三案、温州左营同日被劫二案,饬令温州总兵查明各专汛、协巡何属何弁,将疏防一案者棍责四十,疏防二案者摘去顶戴,疏防三案者棍责四十,摘去顶戴。所有分巡疏防同日被劫二案之兼辖署瑞安右营守备事该营千总常志刚、分巡疏防先后被劫三案之兼辖署玉环营守备事提标右营千总陈玉振一并革职,留任。其温州左营分巡疏防同日被劫两案之兼署守备亦饬温州总兵查明何弁,一体革职留任。其统辖总巡之福建金门镇总兵窦振彪、温州镇总兵邵永福应请旨交部,照例分别议处。以上各员弁,除金门镇标右营外委黄建兴、杨清标二弁枷号满日,勒令归营外,其余李登龙等四员俱勒限三个月,将各案盗犯悉数弋获,如果尚知愧奋,再行奏请恩施。倘仍旧怠玩,即行参革,以为玩视捕务者戒。仍饬金门、温州二镇严行督缉,查开各案应参疏防职名,照例按限开参。臣谨会同浙江抚臣乌尔恭额、福建水师提督臣陈化成、浙江提督臣戴雄合词恭折具奏,伏乞皇上睿鉴训示。道光十六年九月初八日。(北京:中国第一历史档案馆藏录副奏折,档号:03-2982-005.)

80. 道光十六年九月乙未又谕

前据邓廷桢奏请以都司升署参将,曾经降旨允准。兹据兵部查明都司越级升署参将,与例不符。惟外海水师人材难得,李贤著仍准其升署广东大鹏营参将。俟扣满年限,另请实授。嗣后不得援以为例。(《清宣宗实录》卷二百八十八,道光十六年九月乙未,第21页。)

81. 署督臣奏报广东水师拿获海盗事

再，前督臣卢坤，于本年五月，准闽浙督臣程祖洛咨会：闽省洋面曾有匪徒私造草乌船，出没伺劫。当将著名积盗曾古等拿获正法，尚有曾武一犯，凶恶尤著，劫案甚多，商同抚臣魏元烺奏明，遴派水师参将张朝发，装商诱缉，并筹项募勇、雇船，遣兵前赴闽浙洋面，密探跟缉等因。即经卢坤查探，沿海镇协禀报，所辖洋面尚无曾武帮匪蹿近粤洋踪迹。臣接署督篆后，又据南澳镇总兵沈镇邦禀报：该镇七月初八日，巡洋舟次，接奉闽浙督臣程祖洛檄准。浙江抚臣乌尔恭额兹据宁绍台道禀：据象山县等于六月间，在旦门洋面各处拿获盗犯陈遂难等四十三名，讯系曾武伙盗，并供曾武带同眷属在渔山、大目各洋往来游奕。现经闽浙两省将弁往北洋寻踪，合力围擒，恐追拿严紧，窜回闽洋，通饬堵捕，等因。臣伏思曾武匪伙已在浙洋被获四十余名，虽党羽已剪，不难陆续歼擒，惟曾武既尚未获，闽浙两省会捕严紧。现已秋令过半，北风将转，广东南澳、碣石等处，迫近闽境，不可不先事早为严防。臣现又咨会南澳、碣石二镇飞饬所属水师各协营，多备军火，选派壮勇弁兵，领督舟师，昼夜瞭探，严密防堵，并咨水师提臣关天培，一体咨饬缉拿，无论是否曾武匪伙，一遇潜窜粤境，立即拿解究办，毋任一名窜逸（朱批：不准稍分畛域，尽力查拿）。所有预饬认真堵拿缘由，谨附片陈明，伏乞圣鉴。谨奏。【道光十六年】（北京：中国第一历史档案馆藏朱批奏折，档号：04—01—08—0090—014.）

道光十七年（1837 年）

82. 道光十七年五月乙酉谕内阁

钟祥等奏：筹议海防章程一折。均著照所议办理闽浙洋面极为辽阔，匪类最易潜藏。向来外洋失事，陆路文武恃无处分，往往妄分畛域，意存观望。嗣后著责成沿海镇道督饬陆路员弁，协同缉办，务期有犯必惩。倘有洋匪在岸潜藏不能破获，即将水陆各员弁一体奏参分别议处。至水师合巡，原为钳制稽查起见，如有借口风潮不利，随处寄碇迁延者，一经查出，即酌按玩误军法之例，从重参办，毋稍宽纵。自此次明定章程以后，该督等惟当严饬所属，实力实心，认真巡缉，不得日久生懈，视为具文，以靖海疆而戢凶暴。（《清宣宗实录》卷二百九十七，道光十七年五月乙酉，第13—14页。）

83. 道光十七年七月乙巳谕内阁

邓廷桢奏：夷船被风，寄碇外洋，请将玩不自禀之汛弁，未经转报之将领，分别斥革、降补一折。所奏甚是。广东水师海门营所辖之溪东外洋，夷船被风漂至，寄碇旬日之久。该管把总李英翘于该夷船寄碇之初，既不禀报查办。事后又仅知会邻汛代禀，实属庸劣懈弛。该署参将谭龙光，洋面是其统辖，乃接据禀报，辄以夷船已去，不即转报，亦属玩视。海门营右哨头司把总李英翘，著即斥革，以示惩儆。署海门营参将碣石镇右营都司谭龙光，著降为守备，留于广东水师，酌量补用，以观后效。嗣后著该督通饬水师各营，严督备弁，于该管洋面一遇夷船驶至，立即会同地方文武，防范驱逐。仍先禀报核办，毋得稍有玩忽,致干咎戾。(《清宣宗实录》卷二百九十九,道光十七年七月乙巳,第40—41页。)

84. 道光十七年九月戊戌两广总督邓廷桢等奏

九月戊戌,两广总督邓廷桢、广东巡抚祁𡎴、粤海关监督文祥奏:窃臣于七月初三日承准军机大臣字寄,道光十七年六月十二日奉上谕:据给事中黎攀镠奏称:英吉利国有趸船十余只,自道光元年起即入急水门,至十三年遂由急水门改泊金星门,鸦片之入口,纹银之出口,恃有趸船为逋逃渊薮。又窑口奸商包兑包送,该省洋货铺户外假贩买为名,阴以走私为业,即与窑口无异,等语。外夷船只停泊自有定所,何以道光元年以前未闻私设趸船,近年则任其终岁在洋停泊,以致奸民勾通,任其偷漏。著责成该督等严饬洋商,传谕该国坐地夷人,勒令寄泊趸船尽行归国,并确查窑口巢穴所在,悉数按治,等因。钦此。

仰见圣主厘剔弊源之至意,臣等伏查鸦片烟土本为外夷药材,初与洋货同载税册,迨后严申厉禁,贩卖买食定有治罪专条,而夷运未能遏绝,驯至毒流远迩,耗竭纹银,实为中国之患。从前英吉利与各国货船抵粤,皆寄碇于零丁等处洋面,以待引水入口,并无趸船之名,嗣有将船囤贮鸦片洋货,冀图乘间走私者,人遂以趸船目之,大率英吉利、港脚、咪喇三处之船居多,历经随时驱逐,往往去而复来,近年借词避风,货船趸船遂于每年南风将旺之时,驶入金星门内洋停泊,民夷勾结,弊窦愈滋,臣邓廷桢于道光十五年腊底到任后,经臣祁𡎴告悉情形,会同筹议堵禁。十六年九月中旬,业已全数退出。因恐其仍萌故智,复于上年冬间,先行传谕洋商,并于金星门一带出示严禁。本年春间咨会水师提督臣关天培,派调巡洋舟师及该管香山协县,在于金星门内实力防范堵截,仍先事密备大船,预为火攻之计,俾其闻风知惧。自严禁之后,至今金星门并无片帆驶至,现拟于今冬明春,仍守成规办理。此臣等实力堵拿暨金星门夷船绝迹之实在情形也。

兹复奉谕旨,饬令开行,臣等当即钦遵。谕饬洋行总商伍绍荣等剀切传谕英吉利国领事夷人义律,以趸船久泊各洋,既犯天朝之禁令,复违该国之教条,大皇帝恩流中外,仁洽寰瀛,欲除内匪之勾通,必杜奸夷之煽诱,方今圣论严明,必当认真查办,该领事务即钦遵谕旨,将零丁等处洋面寄泊趸船概行遣令回国,毋许仍前寄泊逗留。嗣后除贸易正项货物商船外,所有一切违禁货物,如鸦片烟土之类,俱不准贩运重来。况查粤东港口,天朝恩准通商销货置货,实为海内港口之冠,各国夷商远涉重洋,自应专守正经贸易,若违禁牟利,任意逗留,大皇帝震叠怀柔兼施并用,必致自绝通商之路。该领事人尚晓事,自必预虑及此,慎勿坐令趸船负固抗违法令,等语。并饬该总商一俟各趸船开行回国,即行禀报查考。如敢迁延,臣等再当相度机宜,酌量办理。至趸船之日久淹留,使无窑口走私诸匪以济其奸,亦安能恣为鬼蜮。先经臣等于上年专委署督标中军副将韩肇庆拣派守备戴文彪、千总蒋大彪、伦朝光,督令会同委员试用知县蒋立昂、候补经历彭邦晦广购眼线,先后拿获贩运纹银,开设快蟹艇馆及铺户游民走私各案七起。现在快蟹一项,业已尽净,但此外虾筍、拖风等艇,驾驶亦称迅捷,且有各项民船潜于海口接载私货,现又连赃续获鸦片匪犯岑正兴等一起,即系香山渡船,是走私匪艇名目尚多,实与窑口奸徒均属难容恣肆。现已飞饬各该管道府、标镇、协营严督所属文武舟师一体巡缉，并责成该副将韩肇庆会督原派委员随处明查暗访，有犯即拿。惟纹银之出，鸦片之入，洋货之偷越漏税，其交易多在趸船，穷源溯流，是零丁等处洋面尤为扼要之所，该管之香山协大鹏营及水师提标左营台汛，星罗棋布，舟师梭织游巡，诚能实力查拿，纵不能弭趸船之来踪，亦何难断匪艇之去路。查虎门逼近沙角，实为出入咽喉，是以特设水师提督在于该处驻扎，统辖全洋，事权既专，责任綦重。臣等现经咨会提臣关天培探索弊端，破除积习，就近督饬该协营将备，率令汛弁舟师无分雨夜，加劲巡查禁阻。无论内地何项艇只，不许拢近趸船，亦不许无故在洋游奕。一遇走私匪艇，奋勇兜擒，解省严究。其窑口巢穴所在，密速掩捕查抄，尽法惩办。如该协营在事人员等及各属文武各员弁玩不用命，致有纵漏，别经发觉，或被委员拿解，即究明本犯，开窑何处？何日出洋？经由何县营辖境内？立将不行查拿之所管所巡员弁兵役分别参劾，治罪。倘有得规、包庇、受贿、卖放，甚或比匪反为之用，俱照本犯罪名加等问拟。仍计赃从重论，以昭炯戒。失察之本管上司参处示儆，其有实在出力员弁能将窑口走私各匪源源报获，或拿获赃重大案一起，除纹银货物全数充赏外，亦即据实保奏，请旨量加鼓励。似此信赏必罚，使之畏罪图功，庶可渐收成效。如有关口丁役勾串扶同，即由臣文祥拿解重惩，不敢稍涉瞻徇。又粤洋四通八达，该趸船设因防逐较严，改由他途驾驶，非独惠潮一带洋面恐其潜往，且难保不乘风径入闽洋，则其为患易地皆然，不可不兼为筹虑。臣现已严饬惠潮各营常川巡防驱逐，毋得片刻容留，并飞咨闽浙督抚臣饬属交相堵逐，用昭周密。

谕内阁：邓廷桢等奏谕逐趸船并筹议窑口走私章程一折。粤省纹银出洋，必当弭趸船之来踪，断匪艇之去路。现据该督等咨会提督关天培破除积习，督饬所属认真巡查禁沮。无论内地何项艇只，不许拢近趸船，亦不许无故在洋游奕。一遇走私匪艇，奋勇兜擒，解省严究。其窑口巢穴所在密速掩捕查抄，尽法惩办。如在事人等玩不用命，致有纵漏，一经发觉，即究明开窑出洋经由处所，将该员弁兵役分别参劾治罪。倘敢得规包庇，受贿卖放，甚或比匪反为之用，俱照本犯罪名加等从重问拟，以昭炯戒。失察各上司一并参处，示儆。其有实在出力员弁能源源报获，或拿赃重大案，亦即据实保奏，量加鼓励。如有关口丁役勾串扶同，著即拿解重惩，无许稍涉瞻徇。至粤洋四通八达，该趸船设因防逐较严，改由他途驾驶，不独惠潮一带洋面恐其潜往，且难保其不乘风径入闽洋。著该督等严饬惠潮各营常川巡防驱逐，毋许片刻容留，并著闽浙总督、福建巡抚饬属一体堵逐，毋稍疏纵。

谕军机大臣等：邓廷桢等奏谕逐趸船并筹拿办窑口走私章程一折。据奏：英吉利等国趸船货船近年借词避风，驶入内洋，现已谕饬洋商传谕该国领事，将零丁等处洋面，寄泊趸船概行遣令回国，毋许仍前寄泊逗留。并饬总商等俟趸船开行回国，即行禀报，查考。其快蟹一项业已尽净，而走私匪船名目尚多，实与窑口奸徒均属难容恣肆，已饬道府、标镇、协营严督所属巡逻查缉，等语。夷船停泊内洋，勾结偷漏，为粤省之积弊。该督等谕饬以后，该夷领事是否遵奉，现在趸船曾否开行，务须确实查明，令其全数回国，无稍逗留。如敢将就了事，日后经朕访闻，或被人纠参，朕惟该督等是问。至各项走私船只，尤须设法严拿，期于根株净绝，亦不得因偶有获案，遂谓驱除已尽，仍贻弊窦也。将此谕知邓廷桢、祁𡎺，并传谕文祥知之。［文庆等编纂：《筹办夷务始末》(道光朝)卷二，北平：故宫博物院，1929年

道光十八年(1838 年)

85. 道光十八年正月庚辰两广总督邓廷桢等奏

道光十八年戊戌正月庚辰,两广总督邓廷桢、广东巡抚祁埙、粤海关监督文祥奏:臣等承准军机大臣字寄,十七年九月二十三日奉上谕:邓廷桢等奏:谕逐趸船并筹议拿办窑口走私章程一折。现在趸船曾否开行,务须确实查明,令其全数回国,毋稍逗留。如敢将就了事,日后经朕访闻,或被人纠参,朕惟该督等是问。至各项走私船只尤须设法严拿,期于根株净绝,等因。钦此。

臣等详核洋名图册,中外诸洋以老万山为界,老万山以外汪洋无际是为黑水夷洋,非中土所辖。老万山以内,如零丁、九洲等处洋面是为外洋,系属粤东辖境。其逼近内地州县者方为内洋,如金星门其一也。道光十年以后停泊外洋夷船往往于四五月间以避风为名驶入金星门寄碇,至八九月间北风将旺,仍即移至零丁等洋停泊。自上年冬间,臣邓廷桢与臣祁埙剀切禁谕,并于金星门安设炮位,调集兵船,极力防堵,本年即无夷船驶入,而停泊零丁等洋如故。从前趸船停泊外洋,巡洋员弁皆称往来不定,无有言其确数者。臣等于上年通饬水师巡船查明数目,并有无来去缘由,按旬具报。始据查明,久住之船实二十五只,以英吉利所属之港脚为多,此外则米利坚、弗兰西、荷兰、小吕宋、嗹国各有三四只及一二只不等,即间有或去或来者,大率不逾此数。本年自钦遵谕旨,严饬洋商及领事义律遣令回国以后,惟八月间经巡洋守备具报,荷兰国叻嗲船一只起碇,驶出老万山夷洋而去。其余各船挂帆起碇,东徙西移,然总未驶出老万山以外。察其情形虽不敢抗违,亦不免观望,总缘事非一年,船非一国。鸦片虽干例禁,而在彼亦系重资,奸夷惟利是图,不肯弃货于地。无非辗转腾挪,以冀苟延时日。又经严饬总商伍绍荣等,勒限谕遣去后,旋据禀覆,该领事义律仍不能切实登答。询之各国夷商,佥以趸船非伊等所置,力难相逐,等情。是其彼此诿卸,仍复意在逗留。

臣等伏查向例夷人遇有抗违之事,即应封舱示惩,似此罔利心坚,迟疑不决,自应将买卖暂行停止,以绝其希冀之心。惟通商国数甚多,趸船仅止数国,仍应确查,以分泾渭,俾免良夷向隅。现经谕饬该总商等,速将向来通商共有若干国,其有趸船之国实在共有若干,详查禀覆,以凭分别核办。仍令剀切再向在省夷商谕以此案叠奉大皇帝严旨,万不容稍涉诿延,置身事外,如再听其迁延观望,定即封舱,停止买卖。各国以贸易为生,众商载货前来,易货回国,断不肯轻掷资本,守候误时,且内地大黄、茶叶、瓷器、湖丝为各国必需之物,溯查嘉庆十三年及道光九年、十四年内,因夷人滋事封舱,旋据吁请开复,此各国不能不仰息中华,前事有可睹者,今以封舱惕之,或不致任听趸船固执自误营生,如果翻然警悟,陆续开行,自可照旧相安,毋庸另计。设敢始终违抗,惟有随时相机办理。臣等现复咨会水师提臣关天培一体督饬巡洋舟师,设法妥为驱逐,务须察其动静之势,申以震叠之威。固不许以怠玩误公,尤不得以卤莽肇衅,庶期于事有裨。伏思趸船寄泊外洋,日用所需全资内地,向有濒海匪徒常以小艇装载食物、器具,冒作渔船潜往售卖,名为办艇。奸夷赖此接济可以久居,诚能断此接济之途,或可渐收廓清之效。臣等前已严拿窑口走私各匪犯,俾免纹银出洋,鸦片入口。现又督饬堵捕办艇,毋许往来洋面,杜其接济,该夷无可觊觎,又无可倚赖,事穷则变,势所必然,似亦截流清源之法。现已据大鹏营暨香山协县先后禀报,拿获办艇四起匪犯二十八名,起有杂货等物,均经提省从严审究。其纹银、鸦片两项除前经拿获大伙匪犯刘赐林、陈亚二、丁亚三等各案外,计自本年春间起,至十一月下旬止,陆续报获共三十起,匪犯一百四十四名,纹银八千六百六十一两零,番银三千二十七两零,鸦片烟泥三千八百四十二斤。当将各犯分别饬发审办,银两充赏,烟泥烧毁。究出窑口所在,亦经查封饬缉在案。窃计臣等极力拿办已及一年,固不敢谓竟有成效,然以省城现在情形,而论纹银价值甚贱,而奸民向夷船购买鸦片,从前每个价值洋钱三十余圆者,近止须十六、十八圆不等,且起获私运银两,多有洋银在内,似亦纹银出海较难,夷人减价贱售兼收洋银之明证。如此坚以持之久而勿懈,总以截获纹银堵拿办艇为第一要义,似于阜财除弊之道,未为无益。朱批:依议,认真办理。[文庆等编纂:《筹办夷务始末》(道光朝)卷二,第1—4页。]

86. 道光十八年七月丁卯江苏巡抚陈銮奏

丁卯,江苏巡抚陈銮奏:伏查鸦片烟流毒日深,既耗民财,即伤国本。兹黄爵滋以漏卮无底,国计攸关,请定吸食死罪,以冀振聋启聩,使内地即无吸食之人,外洋即无兴贩之匪。而复宽以一年期限,俾令渐就自新,刑期无刑,意至善也。然臣愚以为圣朝制治,事期可行可久,而截流必先清源,即用刑之法,亦应由轻及重,且民为邦本,凡律所应诛之犯,尚须准情援例得邀法外之仁令。欲清鸦片之流毒必先严绝来源,然后儆劝愚顽,令其自惜生命定以分限科罪之条,由轻而重,使天下人民咸仰皇上衡情立法,并非不教而诛……一,水师巡缉宜分别勤惰,以昭劝惩也。内洋及内地贩卖鸦片之犯,责成陆路文武访拿。至奸民之在外洋勾结夷船,大伙贩卖,惟水师为专责,应请嗣后水师弁兵如有得规故纵,即照本案首犯治罪。提镇各降一级调用,提镇以下该管各官一并革职。如有举发,免其议处。失察者,该管将弁革职,各上司分别议处。如有拿获本辖洋面大伙贩卖二起,或拿获邻境一起,准督抚奏请升转。仍将所获财物赏给,并将该管上司分别议叙。如在大洋,风浪靡定,不能擒拿,准将勾结匪船用枪炮击沉,以除其害。[文庆等编:《筹办夷务始末》(道光朝)卷四,第20—21页。]

87. 道光十八年七月丙寅谕军机大臣

据邓廷桢等奏:英吉利国巡船驶泊外洋,现在密为防范,谕逐回国,候风开行一折。所见是。前因英吉利公司散局大班不来,曾经谕令循照旧章,仍派大班前来,以资经理。行之将及两年,何以该国忽有夷船驶入内地,并求呈递事件,免用"禀"字,又欲派官传谕,种种妄渎。现经该督等将原呈掷还,并密派文武员弁,加意防范。但该夷等犬羊性成,难以恒情测度。据称守候风信,届期开行回国。此数十日内羁留内地,仍当不时侦察,毋得疏懈。时届北风,即饬令迅回本国,不可任其北驶。或竟借端停留,自当加以兵威,严行驱逐,并停止该国买卖,用昭惩创。著邓廷桢等酌量相机筹办。总宜外示静镇,内谨修防,以戢夷匪而靖闾阎。将此各谕令知之。寻,奏:查英夷巡船现已得风驶去。惟夷情叵测,是否去不复来,殊难臆度。惟严饬巡洋将备加意防范,毋稍疏懈。凡各国非贸易货船,即驱逐出洋,不准停留,以免滋事。(《清宣宗实录》卷三百一十,道光十八年七月丙寅,第24—25页。)

道光十九年(1839年)

88. 道光十九年正月甲子谕军机大臣

据邓廷桢等奏:通谕各国夷商涮除旧污,并缮录谕稿进呈。朕详加披阅,措词正大,所见亦属周到。现在外洋抛泊各趸船是否尽数回国?其并非趸船,又非进口货船,往来各洋寄碇者,能否绝迹?著林则徐会同该督等严饬水师各镇协营调集师船,在各洋面联帮追捕,毋任再有偷漏。其窑口烟馆各犯,并著通饬各属搜拿净尽,以绝根株。其茶叶大黄果否为该夷所必需?倘欲断绝,是否堪以禁止,不至偷越之处。并著悉心访察,据实具奏。至林则徐面奏请颁发各国檄谕,著仍遵前旨,与邓廷桢商酌。妥拟底稿具奏,经朕披阅,再行颁发。将此谕令知之。(《清宣宗实录》卷三百一十八,道光十九年正月甲子,第24—25页。)

89. 道光十九年二月丁卯谕内阁

邓廷桢奏:粤洋东路夷船驱逐尽净一折。南澳洋面本非夷船经由之路,近因中路伶仃各外洋夷船寄碇之处守堵綦严。先后有夷船八只驶来抛泊,现经该镇总兵亲督将弁舟师,逐去三只,余仍迁延观望。复经调集师船,将该五船围绕防范。并谕以如再逗留,定行开炮轰击。各该船已向东南外洋驶去。办理尚合机宜。惟念夷情叵测,显因中路巡防严密,改向东路驶行。其为意图销私,已可概见。仍著该督等督饬该镇道府等各于要隘处所轮班堵拿,遇船即驱,有犯即捕。务使根株尽断,不准稍留余孽,致遂其此拿彼窜之私。至该夷匪等趋利若骛,现在装运烟泥,又何肯因查拿紧急,甘心抛弃,势必逞其鬼蜮伎俩。如各海口防范稍疏,即行驶往销售。著沿海各直省督抚等通饬所属文武务当不分畛域,协力同心,认真访缉。遇有该夷船抛泊该处海口,即行随到随逐,勿令片刻停留,庶奸贩既绝其勾通,夷匪亦无所希冀。将此通谕知之。(《清宣宗实录》卷三百一十九,道光十九年二月丁卯,第1—2页。)

90. 道光十九年二月壬午又谕

据邓廷桢奏:外洋鸦片趸船屡经派员堵截驱逐。内有港脚基船及弯士船各一只,于上年十二月起碇驶去,业已远飏。其尖沙觜等处洋面现尚泊船二十二只,内港脚也顿船一只,亦经整理桅帆,似有开行之意,等语。此次谕逐夷船,既有可乘之机。著该督务即妥速防维,一力整顿,使现泊各船衔尾开行,毋任稍有观望。总期洋面肃清,奸宄绝迹,以副委任。将此谕令知之。(《清宣宗实录》卷三百一十九,道光十九年二月壬午,第24页。)

91. 道光十九年二月丙戌又谕

林则徐奏：体察洋面堵截情形。广东海口为各夷船出入经由要道，自应水陆交严，以除锢弊。兹据奏称：现在夷趸既经移动，自须到处跟踪。即使该趸船驶出老万山，犹恐内海匪船，前赴外洋勾结，等语。著林则徐即亲赴虎门、澳门等处，相机度势，通计熟筹。务使外海夷船不得驶进口门，妄生觊觎。内地匪船不敢潜赴外洋，私行勾结。严密巡防，尽除锢弊，方为妥善。俟中路办竣，再往东路察看机宜，核实办理。该大臣系特简前往查办大员，务须悉心筹议，从容办理，不必急于蒇事。要期除恶净尽，方为不负委任。将此谕令知之。(《清宣宗实录》卷三百一十九，道光十九年二月丙戌，第 30 页。)

92. 道光十九年五月壬戌又谕

林则徐等奏：外洋驶到夷船停泊累日，请将因循不振之镇将分别勒休降补一折。南澳地方为闽粤两省关键，现在甫经清理。所有外洋来船自应认真堵截，毋任停留。乃竟有双桅夷船一只，由西南外洋驶至长山尾寄碇。该署参将谢国泰既不能谕令呈缴烟土，又不立即驱逐，任其以风雨为词，停泊数日，始行开报。且年力就衰，巡防疏懈，著即勒令休致。南澳镇总兵沈镇邦于两省交界洋面一味因循，含糊饰禀，难胜水师专阃之任。惟年力正强，著降为都司，仍留粤省水师酌量补用，并责令随船出洋，以观后效。(《清宣宗实录》卷三百二十二，道光十九年五月壬戌，第 37 页。)

93. 道光十九年六月己丑谕内阁

琦善奏海船被劫，现饬设法追捕，等语。直隶白马冈西头开边洋面海船被劫。据船户张庭芝等供称：盗船系鸟船形式，盗伙六七十人，听系南方及山东口音。放枪持械，殴伤事主，劫去银物等情。洋盗肆行劫掠，实属不法已极。著该署督即严饬所属，迅速协力追捕。仍作速勘明被劫处所，是否内洋外洋，照例办理。并著沿海各省将军督抚等无分畛域，一体认真查缉，速获究办，勿任漏网。(《清宣宗实录》卷三百二十三，道光十九年六月己丑，第 29 页。)

94. 道光十九年七月壬寅谕内阁

前据琦善奏：直隶白马冈西头开边洋面海船被劫，当降旨令该署督勘明内洋外洋照例办理。兹据御史重豫奏请整顿各省海疆，等语。直隶海船被劫，据船户张庭芝等供称：盗船伙匪系南方及山东口音，可见各省匪徒，尚未绝迹。其洋盗劫掠之案亦当不止直隶一处，著广东、福建、江苏、浙江、山东、奉天各将军督抚严饬所属，认真巡缉，务期海洋肃清，不得以现在安静，稍存玩泄。将此通谕知之。(《清宣宗实录》卷三百二十四，道光十九年七月壬寅，第 9 页。)

95. 道光十九年九月辛丑兵部奏议

遵议闽浙二省巡洋弁兵处分酌改章程。一，洋面巡弁，以千把为专巡，外委为协巡，都守为分巡,副参游击为总巡,总兵为统巡。遇有失事,初参限满,不获,将专巡、协巡、分巡各官均降一级留任,贼犯限一年缉拿;二参,不获,各降一级调用,贼犯交接巡官照案缉拿。一,内河内洋附近汛口地方失事,即照陆路例,将专汛、兼辖、统辖官分别开参,亦以二参完结。初参,不获,专汛官降一级留任;二参,不获,降一级调用。兼辖官,初参,罚俸一年;二参,降一级留任。统辖官,初参,罚俸六个月;二参,罚俸一年。如专汛兼辖各官,限内有轮派出洋事故,均照陆路例,扣除公出日期,遇有调台之差,仍准照离任官罚俸一年完结。一,总巡系周巡一营洋面,统巡系按期分路会哨。情势不同,旧例一律议处,未免无所区别。嗣后初参,限满不获,将总巡官罚俸一年,统巡官罚俸六个月,俱限一年缉拿;二参,不获,总巡官降一级留任,统巡官罚俸一年。一,随巡官按各省开报册内,有随统巡者,有随总巡者,有随分巡者,倘遇失事,各按所随之人处分,一律议处。一,委巡今改为协巡,应将委巡一项名目删除。一,海洋失事,该督抚查明失事地方界址,据实开参。如有统巡而无总巡,或有分巡而无随巡者,准其疏内声明,以免驳查。得旨:所议尚属周妥。著即纂入则例,颁发通行。(《清宣宗实录》卷二百八十九,道光十九年九月辛丑,第11页。)

96. 道光十九年十一月庚子谕军机大臣

林则徐等奏:轰击夷船情形一折。览奏均悉。英吉利国夷人自议禁烟之后反复无常。前次胆敢先放火炮,旋经剀谕,伪作恭顺,仍勾结兵船,潜图报复。彼时虽加惩创,未即绝其贸易,已不足以示威。此次吐嗳夷船复敢首先开放大炮,又于官涌地方占据巢穴,接仗六次,我兵连获胜仗。并将尖沙嘴夷船全数逐出外洋。该夷心怀叵测,已可概见。即使此时出具甘结,亦难保无反情事。若屡次抗拒,仍准通商,殊属不成事体。至区区税银何足计论,我朝抚绥外夷,恩泽极厚。该夷等不知感戴,反肆鸱张。是彼曲我直,中外咸知,自外生成,尚何足惜。著林则徐等酌量情形,即将英吉利国贸易停止。所有该国船只尽行驱逐出口,不必取具甘结。其殴毙华民凶犯,亦不值令其交出。当嗳一船无庸查明下落,并著出示晓谕各国,列其罪状,宣布各夷。俾知英夷自绝天朝,与尔各国无与。尔各国照常恭顺,仍准通商。倘敢包庇英夷,潜带入口。一经查出,从重治罪。其沿海各隘口并踞夷埠不远之海岛,均著林则徐等相度机宜,密派员弁兵丁严加防护,毋稍疏懈。此次攻击夷船,提督关天培奋勇直前,身先士卒,可嘉之至。著赏给法福灵阿巴图鲁名号,仍交部从优议叙,以示奖励。所有在事出力员弁,著查明保奏,候朕施恩。阵亡及受伤弁兵,著林则徐等查明咨部,照例办理。将此各谕令知之。(《清宣宗实录》卷三百二十八,道光十九年十一月庚子,第7—9页。)

97. 道光十九年十二月癸酉顺天府府尹曾望颜奏

鸦片流毒中外,几于不可救药。仰赖我皇上乾纲独断,饬部臣议立重典。各督抚尽力搜拿,一年以来,内地民人咸知警惧,现在戒除者十已八九。又特命钦差大臣驰赴广东查办海口,初至之日夷人震慑天威,呈缴烟土二万余箱,出具不敢再来甘结,似该夷亦甚恭顺,当无意外之患矣。乃臣闻英吉利夷目义律于本年各国新来之船拦截外洋,有烟土者不令呈缴,且时以兵船入内洋游奕,敢与官兵接仗。是该夷前此出具甘结,只系具文。其意实希图掩饰一时,俟钦差大臣离粤之后,仍载烟土来与内地奸民售卖。其诡诈已可概见。迨见查禁严紧,烟土不缴不准入口,彼遂肆其狂悖,不遵约束,竟敢放炮伤我弁兵,其罪已不容诛。然闻其货船数十号,犹在外洋之尖沙觜停泊观望不去,彼其意谓粤海关税百数十万,料在事诸臣将必顾惜国课,或可委曲相从,不知我天朝富有四海,物产丰饶,岂籍该夷区区之税以资用。惟该夷所需以为命不可一日缺者,乃中国之大黄、茶叶。臣愚以为今日要策,首在封关,无论何国夷船,概不准其互市,彼百数十船载来之货,久不能售,其情必急。而禁绝大黄、茶叶,不令商民与之交易,更有以制伏其命。彼未有不惧而求我者也。或谓奸夷蓄谋已久,大黄、茶叶其从前运去者,足资十余岁之用,不知大黄或尚可久藏,若茶叶存至二三年未有不泄气微变而不可用者也。或又谓不遵约束,止英吉利夷人,其他国夷船尚可准其互市,不知夷船贩运鸦片无国无之,若听他国夷船互市,安知其不将载来烟土寄顿英吉利船内。如从前零丁洋寄顿趸船之故习,而载彼货入口,载我大黄、茶叶出口,安知其不为英吉利转运乎!应请皇上明降谕旨,凡有夹带鸦片夷船,无论何国不准通商,俾中外臣民咸晓然于圣意所在,务绝鸦片来源,力除锢习,区区关税固不难悉予豁除也。关既封矣,然使海禁不严,则关犹不封也。臣闻沿海各省洋面盗贼未尽肃清,而广东向有一种快蟹船,专务走私,当华夷通商之日,该匪等尚敢肆行无忌,近闻查拿鸦片严紧,亡命之徒,率皆驾驶快蟹船出洋抢劫客商,私载米面接济奸夷,若不亟为剿灭,则该匪等将为奸夷所诱,悉听其用,酿成大患。应请旨饬下广东、福建、浙江、江苏、山东、奉天各督抚将军、提督严饬舟师,务先将海盗剿捕尽绝,一面拣派镇道大员严查海口,除口内往来船只不禁外,其余大小民船概令不准出海,即素以捕鱼为生者,亦止许在附近海内捕取。倘查有借名影射,私行接济夷船者,立拿正法,其弁兵得规包庇者一体治罪。

再查明沿海各山有淡水可取之处,专留弁兵把守,不准夷船往汲。其近海村庄居民令各团练乡勇,自为防守,凡有夷人上岸,即行攻击。有私通者,严治其罪。不独广东一省宜然,凡沿海各省俱宜如此严密,则该夷接济之路既绝,樵汲又且不通,亦应悔罪而俯首听命矣。倘犹观望不服,敢于抗拒,彼所恃者以其船身高大坚厚,炮火迅利,习惯重洋,我舟师远出剿捕恐不得力耳!不知该夷狡诈桀骜,平素藐视官法,不遵约束,粤省兵民久已志切同仇,人人欲得而甘心之,只因历任督抚虑开边衅,严禁兵民不准与较,遂隐忍以至今日。臣愚以为我主彼客,我船彼船,不必令舟师远出,与之对仗,该夷既绝通商,又鲜接济,势不能久泊外洋,将必仍入内洋游奕窥探,我更以舟师诱之使入。豫为招募能泅水而有胆力者数百人,使之夜间分队潜往,直上其船,乘其不备,痛如剿杀。或豫设火船数百只,亦令善泅水者驾以乘风纵放,而以舟师继之,并先示谕兵民等,有能擒获夷船者,即将该船货物全数给赏,则无不踊跃争先。彼奸夷亦何所恃,而不恐乎!可否请旨饬下钦差大臣、广东督抚相机而行,设法剿办,该夷人当未有不惧而求我者也。然后察其果能诚心悔罪,再行奏恳天恩,准其通商互市,仍将大黄、茶叶等货定为限制,无许逾额多运,以为钳制之法。倘再有夹带鸦片,潜入内地,即一面照新例惩办,一面仍禁绝互市,庶以杜其觊觎之私,而永清积弊之源也。[文庆等编:《筹办夷务始末》(道光朝)卷九,第5—8页。]

98. 道光十九年十二月癸未两广总督邓廷桢奏

十二月癸未,两广总督邓廷桢奏:窃查粤东通商以来,番舶络绎。久之,奸夷玩法,驯至鸦片之毒流遍海隅,是华民之吸烟,由于土匪之贩运。而贩运实来自夷船,从流溯源,非于夷船寄泊之所严加堵截,杜其勾串,势难有功。臣受事几及三年,办理毫无成效,以致上劳宸廑。叠蒙指授机宜,感悚无地,现计所获私开窑口及兴贩鸦片匪徒,除节次专折奏办外,经弋获一百四十一起人犯,三百四十五名。民间遵示依方戒食,亦据首缴烟枪一万一百五十八枝,群情似稍警动,但弊源未除。犹之设防断流,终虞溃决之患,臣受恩深重敢不竭尽心力,通计熟筹,冀图报称。查各国货船抵粤,皆循例报验入口开舱、起货、交易,其日久寄碇零丁外洋者,即属营私夷船。外间以趸船目之,盖零丁与老万山以外夷洋毗连,是以逐去复来,难期绝迹。嗣且假避风之名,连樯驶入金星门内洋抛泊,恣意为奸。臣于到任后即经设法驱逐,两年以来不敢驶入,然仍寄泊零丁洋,或十余只,或二十余只,每觇风势顺逆,于零丁附近之九洲、鸡颈、潭仔、尖沙嘴等处洋面徙泊靡常。该管官巡防虽密,而各洋浩瀚无际,顾此失彼。内匪即从而偷贩,此鸦片之所由滋蔓也。臣反复筹度,护拟派员驻洋守堵之法。如该夷船现泊何洋,即于该洋沙线必经之路,将师船联帮堵截,无论内地大小何项船只,一经驶近夷船,即行并力追拿,无许接装鸦片。倘敢逞凶拒捕,许开枪炮轰击,格杀勿论,庶奸民不能勾通购买,而趸船亦无厚利可图。持之既坚,当亦废然思返。查零丁等洋乃水师提标左营香山协大鹏营所辖之地,应请调集水师提标船二只,香山协师船二只,大鹏营师船二只,各随带哨船二只,均配足弁兵炮械,第一月派水师提标左营游击管领,以香山协大鹏营守备各一员副之;第二月派香山协副将管领,以水师提标左营大鹏营守备各一员副之;第三月派大鹏营参将管领,以香山协水师提标前营守备各一员副之;轮流堵拿,周而复始。仍严饬各该将备等务当实力奉行,设有堵截不力及徇纵情弊,即行从严参处,至水师提督纨辖全洋,弭盗缉私皆其专责,驻扎虎门地方濒临海口,与零丁各洋声息相通,所有守堵事宜,或稽查各官勤惰,或调度时有变通,应即由提臣关天培就近认真督办,俾归妥协。

又,零丁各洋以东为惠、潮一带洋面,从前时有夷船借称遭风漂往,屡经驱逐回帆,今当查办吃紧之时,在夷情诡谲,既难保其不择地图迁,亟应早为防范。而惠、潮二府属滨海著名口岸,奸民开设窑口,囤贩烟泥,尤应一体严饬购捕,以免烟贩勾引夷船往泊,致遂其凭穴为崇之私。臣现在会同广东抚臣怡良筹议水陆交严章程,檄令南澳、碣石二镇乘坐师船,亲督属营将备巡洋舟师,并给带通事、引水,驰赴该二镇所辖交界洋面驻泊,遇有夷船驶至,立加谕逐,毋许片刻逗留。如有匪艇拢向勾结,亦即奋迅兜拿,格杀勿论,其陆路各口岸人烟稠密,良莠杂处,以潮州府澄海县属之汕头,潮阳县属之达濠为最。现饬潮州镇惠潮嘉道暨潮州府会同在于各该县适中之地轮流驻扎督拿,并督阖郡文武各于辖境口岸分投严密跟缉,有私务破,遇匪即擒。各港口旧设卡巡,凡渔船蜑艇出入,责令确加查验,惠州府属口岸由该府即于郡城会同陆路提督严饬各营县查照一律办理。似此文武各尽其力,水陆分任其劳,守零丁以清其源,堵惠潮以竟其委。倘有意存推诿,贻误事机,臣即当随时指名奏参,以为玩不用命者戒。

谕军机大臣等：本日据邓廷桢奏，筹调师船将备联帮驻泊洋面，堵截民夷售私，并水陆交严，以除锢弊一折。著林则徐驰抵广东后，即将各该处情形悉心体察。所有折内所议驻洋守堵各事宜，会同邓廷桢通计熟筹，务臻妥善，核实办理。原折著钞给阅看。[文庆等编：《筹办夷务始末》(道光朝)卷五，第17—20页。]

道光二十年(1840年)

99. 署理两江总督麟庆江苏巡抚裕谦奏为特参巡洋员弁缉捕懈弛事

署理两江总督臣麟庆、江苏臣巡抚裕谦跪奏。为特参巡洋员弁缉捕懈弛，请先摘去顶戴，勒限严缉，如限满无获，即行参革示惩，并请旨将督巡不力之总兵官一并交部议处，恭折仰祈圣鉴事。窃照江省洋面毗连浙江、山东，缉捕巡防在在均关紧要。臣麟庆查接管卷内：上年五六月间，据宝山、崇明等县先后详报：苏松镇所辖洋面有蔡洽利渔船于五月二十二日在陈钱山清水外洋被盗牵至大羊山，将船户水手驱逐上山，劫去船货一案。又钓船户蒋秀美、杨秉范、黄兆达陈大兴、乐源利等均于六月十九、二十、二十二等日先后在花鸟山洋面被劫蟳蝲鲞等五案。狼山镇所辖洋面有孙恒生商船于五月二十日行至佘山东北洋面被绿头白腹鸟船行劫，枪毙水手杨锦高，并致伤彭顺保等七人一案。又商船彭义生、陆振兴于五月二十、六月十七等日先后在佘山洋面被劫货物二案，均经前署督臣陈銮及臣裕谦批饬勒限严缉，并经前署督臣陈銮选派营员，捐给盘费，前往会拿，至今例限已逾，迄未破获一案。臣等伏思沿海各口岸设立水师营汛，星罗棋布，按季分巡，立法极为周密。各营员弁如果认真巡缉，何致两月之内，海洋叠劫多案，甚至有伤毙水手之事，实非寻常疏玩可比。现当整饬海防之际，若仅止循例开参疏防，无以肃海洋而儆玩愒。兹准提臣咨揭，并据苏、狼两镇开具职名，揭报前来，相应请旨将苏松镇分巡班内分巡外洋右营守备武宝林、委巡左营把总刘锟、随巡吴淞营千总张兆鲲、把总车朝柱、狼山镇标分巡兼总巡事守备王得林、专巡把总保联魁、协巡外委曹麟桂一并摘去顶戴，勒限三个月，饬令严缉。限满，无获，即行分别参革。至苏松镇总兵田松林、狼山镇总兵谢朝恩不能认真督率，致有失事多案，咎亦难辞。应请旨交部议处。再，此外，尚有苏祥隆商船于上年六月十四日在小羊山洋面被劫一案，承缉轮苏松镇标总巡班内，除另俟查明题参外，合并附陈。谨会同江南提督臣陈阶干恭折具奏。伏乞皇上圣鉴训示。谨奏。道光二十年正月十二日。(北京：中国第一历史档案馆藏朱批奏折，档号：04-01-16-0150-016.)

100. 道光二十年二月十四日军机大臣遵旨会议山东海口章程

为遵旨会议事。道光十九年十二月十三日，山东巡抚托浑布奏酌议防缉山东海口鸦片章程一折。奉朱批：军机大臣会同该部议奏。钦此。臣等查各省海口情形不同，要在因地制宜，稽查周密。山东省滨海各属，江、浙、闽、广商船贸易往来，难保无夹带烟土，希图获利，自应各就口岸层层稽查，庶职有专归，而功收实效。据该抚所议章程六条，如所称东北两汛，无定口岸，宜添委文武大员专司稽查。臣等查商船夹带鸦片，一经入口，即难保无奸商勾串售销,且东北两岸无定口岸,商船去住靡常,又各口距城遥远,地方官势难兼顾。东汛之荣成县俚石二岛,惟石岛设有巡检一员,距俚岛百余里,鞭长莫及。东汛之蓬莱县庙岛孤悬海外,无员驻守,向遇南船盛行,惟登州府拨佐杂二员分赴该二岛巡查。此外北汛之文登、福山等县,虽设有分防巡检,专管海口,而微员稽查难周,该抚请于每年五、六、七月商船较多之时,责成登州府同知,并由登州镇总兵遴委都守一员,会同该同知督同各分防巡检及水师巡哨武弁在东、北两汛各口岸梭织巡查,盘验收口商船。如有夹带烟土即行查拿,仍令将查验商船字号、人名,禀报该抚衙门备案。倘该船在别处搜获鸦片,即将该同知等严行参处,应如该抚所议办理。

又,所称南汛有定口岸,商船入口,应令印官亲诣盘验。查胶州之搭埠头,即墨之金家口等处,虽设有巡检、千把总等官,惟该船入口交易为时较久,难保内地奸匪勾结贿串兵役,囤贩烟土等弊。非微末员弁所能弹压,应如所议。嗣后海船入口,即令守口巡检报明该州县印官亲诣该船照票盘验,方准开舱卸货。至该印官亲诣查验,致有夹带私贩情事,别经发觉,该抚请将该管官照失察例,加等议处,等语。查定例拿获贩烟人犯,审明系何处购买,何人经手包庇护送,何处上岸经过,何处查有贩卖包庇情事,照例议处。州县官知情故纵者,革职,私罪。受贿故纵者,革职治罪,私罪。如失于觉查,系更役犯该斩绞立决者,该管官降二级调用。犯该斩绞监候者,降一级调用。犯该军流者,降二级留任。系民人犯该斩缓立决者,州县降一级调用,犯该斩绞监候者降二级留任,犯该军流者,降一级留任,俱公罪,等语。今据该抚奏称:海船入口,即令守口报明印官,亲诣该船照票盘验,方准开舱卸货。如不亲诣查验,致有夹带私贩情事,别经发觉,将该州县官照失察例加等议处,等因。应如该抚所奏办理。应请嗣后如有海船入口,该州县官亲诣该船盘验,方准开舱卸货。如有夹带私贩情事,别经发觉,查系该州县官亲诣查验者,将该州县官照失察例,加等议处。刑部查原奏所称,并令各州县沿海各住户逐一清查,取其五家互保,一家有犯,四家不首,一体治罪,等语。系慎重海洋起见,应如所奏。嗣后沿海各行户应令该管各州县逐户清查,取具五家联保,一家有犯,四家不首,一体治罪。

又,所称沿海小口岸,宜一体防范。查该省诸城县之宋家口、董家口、利津县之牡家嘴、海丰县之大活河、日照县之夹仓口、龙汪口及掖县境内各口岸,虽设有巡检,专司其事,亦恐微员查察难周。应如该抚所议,责成青州、莱州、武定各府同知及沂州府水利通判随时亲赴各口岸督饬稽查,如商渔各船偷运烟土,别经发觉,将该同知、通判一并参处。

又,所称杉板小船,宜编号稽查。查海船卸货必用小船剥运,此等小船沿海甚多,出入口岸,易滋偷漏。应如所议。今各州县编列字号,仍令十船出具连环保结,如有奸商托运烟土,呈首者每烟一斤,地方官捐赏制钱一千文。本船隐匿,别船首告,亦准照此给赏。若别经发觉,除本船户照例治罪外,出结各船户照知情不首例究处。各船并追入官,以示惩儆。

又,所称岛屿港汊及旧有各海口宜一并查察,以期密益加密。查该省岛屿向例止于冬间派员编查一次,防范尚未周密。沿海港汊既恐奸民勾通。附岛居民偷运烟土。其招远、莱阳、栖霞、潍县、昌邑、乐安、寿光、霑化等县旧有海口处所虽经淤塞,亦恐有小船乘潮潜入,皆宜一体巡查。应如该抚所议。令各州县督率佐贰将各岛居民随时编查。仍令该管道府择其紧要之处,派员帮同稽查。再令该管同知于每年春秋二季亲往抽查一次。沿海港汊并令该州会同营汛派拨兵役专驻巡防。如有奸商勾通附岛居民,偷运烟土,即将该兵役分别治罪。其招远等各县淤塞旧口,亦令该管官拨兵役查察,不得稍涉松懈。

又,所称内外洋,宜令文武各员分查以专责成。查山东省海船多系过往停泊,有收口不收口之分,其收进口岸,与地方奸民勾串,偷运烟土文员之责较重于武弁。若船在外洋,并未收口,另雇小船起卸烟土,其责实在水师。该抚请比照海洋盗案,内洋失事,文武同参;外洋失事,专参武弁之例,内洋以文员为专查,武弁为协查,外洋专责水师。请旨勒部议专条,等语。吏部查例载:海洋盗案,外洋失事,文职免参;内洋失事,承缉之文职印捕官照例参处。又,定例拿获烟贩人犯,审明系由何处购买,何人经手包庇护送,何处上岸经过,何处查有贩卖包庇情事,照例议处。今据该抚奏海船停在外洋,并未收口,私雇小船,起卸烟土,文员不涉外洋,无从查察。其责实在水师武弁,请比照海洋盗案,内洋失事,文职为专查,武职为协查;外洋失事,专参武弁,等因。查海船与贩烟土停在外洋,并不收口,文员不涉外洋,无从查察。如私雇小船起卸,驶入内洋,偷运进口上岸,即将该管文职各员照例分别议处。兵部查拿获烟贩人犯,审明由何处购买,何人经手包庇护送,何处上岸经过,何处查有贩卖包庇情事,专汛官故纵者,革职,私罪。受贿故纵者,革职治罪,私罪。如失于觉察,系兵丁犯该斩绞立决者,该管官降二级调任,兼辖官降二级留任,统辖官降一级留任,提督、总兵罚俸一年,俱公罪。犯该斩绞监候者,该管官降一级调用,兼辖官降一级留任,统辖官罚俸一年,提督、总兵罚俸九个月,俱公罪。犯该军流者,该管官降二级留任,兼辖官罚俸一年,统辖官罚俸九个月,提督、总兵罚俸六个月,俱公罪。自行查出究办者,免议。系民人犯该斩绞立决者,专汛官降一级调用,兼辖官降一级留任,统辖官罚俸一年,提督、总兵罚俸九个月,俱公罪。军犯该斩绞监候者,专汛官降二级留任,兼管官罚俸一年,统辖官罚俸九个月,提督、总兵罚俸六个月,俱公罪。犯该军流者,专汛官降一级留任,兼辖官罚俸九个月,统辖官罚俸六个月,提督、总兵罚俸三个月,俱公罪。如别处发觉因案审出,随即自行拿获究办,或邻境间查随同获犯究办,俱各照邻境获犯之例,减等议处。若沿途经过,并无包庇贩卖情事,专汛官失于查拿者,罚俸一年,公罪。

又,定例洋面巡弁,以千把总为专巡,外委为协巡,都守为分巡,副参、游击为总巡,总兵为统巡。随巡官有随统巡者,有随总巡者,有随分巡者,各按所随之人处分,一律议处,各等语。应请嗣后内洋口岸有偷运鸦片等情,即将该管专汛武职各官照例分别议处,外洋商船有偷运鸦片等事,其专巡、协巡官即照专汛官例议处,分巡官照兼辖之例,总巡官照统辖之例,统巡官照提督总兵之例分别议处。其随巡官亦即各按所随之人处分,分别核议。庶几责有专归。不敢互相推诿矣。

所有臣等会议缘由,谨合词缮折具奏,伏乞皇上圣鉴训示。谨奏。道光二十年二月十四日。

臣穆彰阿、臣潘世恩、臣王鼎、臣隆文、臣宗室奕经、臣汤金钊、臣桂轮、臣许乃普、臣宗室恩桂(差)、臣潘锡恩(差)、臣裕诚、臣祈寯藻(未到任)、臣卓秉恬、臣倭什讷、臣朱嶟、臣德春、臣魏元烺、臣阿勒清、署热河都统臣宗室铁麟、臣祁坟、臣麟魁、署仓场侍郎臣王植、臣宗室德诚(未到任)、臣黄爵滋(差)。[蒋廷黻编:《筹办夷务始末补遗》(道光朝),第42—52页。]

101. 道光二十年三月丙申谕军机大臣

据吴文镕奏:遵旨查明洋面夷船轰击逃散一折,并另片奏现在办理情形,等语。福建大坠、梅林等洋面,于上年十月间有夷船停泊。经该提督等带领水师驱逐,用炮火攻击,该夷船胆敢抵拒,致伤兵丁,不法已极。现虽据该署督查明夷船自轰击之后,即已畏惧远遁。而夷情狡诈,难保不由外洋阑入。断不容稍为懈弛,以致养奸贻害。著邓廷桢、吴文镕即饬所属文武员弁,严密防御。一经瞭有夷船,迅速相机击逐,勿使逗留。至欲杜夷踪,必先严察奸民勾结销运之弊。闽省漳、泉二府滨海地方,港汊纷歧,晋江、惠安二县尤多小口,防范更宜周密,著照吴文镕所奏相机布置,严密防堵侦拿。仍著水师提督带领兵船,巡历洋面。遇有夷船窜入,即行攻逐。总期水陆交严,声势联络,俾洋面肃清,烟毒屏绝,勿负委任,是为至要。将此谕令邓廷桢、吴文镕,并谕祁寯藻、黄爵滋知之。(《清宣宗实录》卷三百三十二,道光二十年三月丙申,第5—6页。)

102. 道光二十年三月丁酉谕军机大臣

本日据林则徐等奏:英夷被逐逗留,现将匪船烧毁,拿获汉奸惩办一折。所办甚好。英夷诪张为幻,诡计百出。其虚疑恫喝,实不足信。若令师船整队远赴外洋,冒险冲波,转为不值。不如以守为战,以逸待劳。该督等所见甚是。至贸易断绝,无所顾忌。奸夷载回别货,将夷埠所存烟土换来,设计诱人,玩法牟利,实难保其必无。现经该督等督饬武弁,装驾火船,由长沙湾前进,将近夷船寄碇之处,骤用火攻,烧毁匪船二十余只,并拿获汉奸等十名。经此次惩创,足以制英夷而慑汉奸。著将所获各犯严讯定拟,具奏。并著于各犯口供内追究伙党,悉数破案,从严惩办,以儆其余。总之,该夷自外生成,既已断绝贸易,便应防其叵测之心。业经示以兵威,尤当处以严峻之法。嗣后如探有匪船在近口游奕,即著循照前办章程,尽力痛击,不留余孽。该夷等无险可据,又无人接济,智穷势蹙,害自祛矣。又该督另片奏:浙江黄岩镇总兵张成龙为水师出色之员,如果胜南澳总兵之任,即行奏请与惠昌燿对调。余著照所议办理。将此谕令知之。(《清宣宗实录》卷三百三十二,道光二十年三月丁酉,第7—8页。)

103. 道光二十年三月戊申谕军机大臣

据吴文镕奏:本年正、二月间,有夷船一只,在梅林洋面游奕。经哨船拦截攻逐,胆敢开炮回拒,致毙兵丁一名,现已驶逸外洋,等语。闽省海口向不准夷船驶进,此次该夷船屡在梅林等洋面游奕,是否因粤东查办严紧,改从闽海进口,希图销售鸦片。抑系闽省向来海禁废弛,常有此等夷船驶进。著邓廷桢确切查明,据实具奏。至该夷被兵驱逐,竟敢拒捕伤兵,现虽驶向外洋,难保不复萌觊觎。著邓廷桢督饬水师员弁,慎密堵防。如查有汉奸接济,弁兵纵放情事,著即从重惩办,毋稍姑容。将此谕令知之(《清宣宗实录》卷三百三十二,道光二十年三月戊申。第14—15页。)

104. 道光二十年四月乙酉谕

改广东澄海协副将为大鹏协副将,驻大鹏九龙山;澄海协都司为大鹏协中军都司,兼管左营事务,驻大鹏所城;大鹏营参将为澄海营参将,驻澄海协大鹏左营守备为澄海左营中军守备,驻县城;澄海左营守备为左营左军分防守备,仍驻蓬州。均作为外海水师题补缺。添设大鹏左营把总二员,外委二员,额外外委二员,兵二百九十一名,右营千总一员,把总一员,外委二员,额外外委二员,兵二百九名。拨把总一员,兵七十五名,防右营官涌炮台。把总一员,防九龙山炮台。原驻九龙炮台千总一员,并新设额外外委一员,兵一百三十名,防左营尖沙觜炮台。外委一员,兵十五名,防前经裁撤之左营红炉汛。从总督林则徐请也。(《清宣宗实录》卷三百三十三,道光二十年四月乙酉,第38页。)

105. 道光二十年五月十一日祁寯藻奏查明杜彦士原奏夷船各款由

臣祁寯藻、臣黄爵滋、臣邓廷桢跪奏:为查明原奏闽省夷船折内胪陈各款据实具奏,仰祈圣鉴事。窃照御史杜彦士陈奏夷船携带鸦片,在闽省海口销售一折。经臣等访查,漳泉等处海口夷船往来游奕及奸民勾夷贩烟各情形,并会议水陆巡防事宜,于三月二十七日具奏在案。其原奏内称文武需索陋规,夷人据奸民妇,发掘坟冢,及烟匪毙命各款,亟应逐一查究,以昭核实。当即分别饬查,并调齐卷宗,提集人证,督率司员道府等详加核讯。

如所奏上年二月间,晋江永定深沪等乡有夷船三四只,其余各处海口在在皆有,屡经该水师提镇查看,好言劝回,奈夷性狡诈,将船开至偏僻地面,俟提督回署仍旧出来。至八月中尚停泊如故。水师员弁收受陋规,每船得佛银四百元、六百元不等。船上烟土皆营弁包庇贩卖,如把总林和国包送鸦片,抢伤岸民一款。臣等以夷船在各海口寄泊往来,此逐彼窜,已非一日。查据沿海各属月报,上年二月初四、初六、初七、十四、十五等日,有夷船在布袋澳、松柏门河与尾屈仔湾、虎头山各洋面游奕。八月则十九、二十二、三等日,夷船在大坠、深沪、梅林等外洋游奕。该水师或配兵防捕,或安置炮械,或禁止渔船,不准出口,或雇募水勇,预备火攻,均经随时驱逐。并据总兵窦振彪供,伊等不谙夷语,又无通事,委无好言劝回情事。至把总系林和国系于上年八月间奉派巡哨,搜获通夷奸民林牙美、林赤、林久等鸦片烟箱,得受番银七十元,驾驶哨船获送上岸,枪伤民人朱及时、林目民妇林蔡氏。经前督臣桂良访闻,将犯讯明,将林牙美、林赤、林久分别首从,拟以斩决、绞候,林和国亦问拟绞决,在案。此外并无另有访闻员弁得赃包庇事件。

又所奏奸民与营弁勾通夷船,接济水米,包送妓女,代理晋江县知县顾埙于通夷犯妇吴勤娘被拿到案,不能狠究施金等下落一款。查吴勤娘系因探母转回,经通夷贩烟之施金路遇诱,令上船,致被夷人逼胁成奸。顾埙未能究出要犯施金等下落,以致日久远飏。经抚臣吴文镕奏请,将顾埙发往军台效力赎罪在案。系属从严办理。札查,臬司复称:并无另有具报包送妓女,勾通夷船之案。

又所奏夷船在衙口地方戏用金钱散布地上,有附近妇女拾取金钱,被该夷人拿获数人在船上轮流奸宿,有羞忿自尽者,有登时丧命者,该处氏人恐张其丑,又恐地方官办以通夷之罪,匿不其报一款。当经札令该道府等密行访查,并令出示招告。随据兴泉道刘耀椿并泉州府尚开模先行复称,实无此项案据。复出示招告十有余日,亦无以前情呈控之人,无凭讯究。

又所奏惠安大坠山下废冢十余堆,夷人发掘头骨,均被取去一款。查据兴泉永道刘耀椿禀称,亲抵大坠山对面之下按乡。该乡距山约水程五六里,系属内海,山外,即系外洋,当由下按乡登舟前赴该山,勘得该山高不过二里,周不过五里,山西一带平坦,荒坟甚多,山半有洪林纪、陈江等姓坟十余冢,山巅有刘姓坟二冢,均无损动形迹。其山西坦坡土堆累累皆有宿草,内有土坑一,径约六七尺,并无朽棺破罐,亦无遗骸,验系新动土痕,寸单皆无。询之澳甲江善,据称系本年坟主自行迁去,查所称被夷人发掘废冢等情,自系上年之事,越时已久,何以并未生草,其为春间新迁坟塘,毫无疑义。复饬该府县检查,实无此项控案。核兴泉州府尚开模票复,均属相符。

……

又所奏道光十七年间,署泉州府沈汝瀚索取晋江衙口乡鸦片陋规,该处土棍施叔宝以陋规经前任取去,不肯再缴,该署府即以该犯窝卖鸦片详禀拿办,该犯闻风远飏,缉捕无获,该督抚竟置不问,旋将沈汝瀚委署台湾道缺一款。案关知府大员需索陋规,徇私歙法,亟应彻底严究。当即传到该府等任内经书洪耀并跟随沈汝瀚年久之家丁赵升,隔别研讯,佥供前府崇福拿获通夷烟贩奸民王略案内,究出施叔宝,缉拿未获。迨沈知府奉委查拿,仍未获犯。施叔宝始终在逃,何由索取陋规,等语。复卷查施叔宝实系道光十三年王略案内访闻之犯,经该府崇福会营查拿,并因日久无获,叠次行催。如果崇福得受陋规,何肯再三饬缉。至沈汝瀚于十六年始行到任,距崇福查拿施叔宝之日,已越三年,是崇福访拿在前,沈汝瀚接缉在后,其为并非因索规不遂始行禀拿,实属确有案据。至该督抚将沈汝瀚调署台湾道,系因前道周凯出缺,委令就近渡台接护,并无违碍处分。质之沈汝瀚供,亦相符。该御史所奏之处,毋庸议。以上各款,臣等逐一详查案卷,并讯明确供,均属有据。……至在逃之施叔宝、施金等均系通夷贩烟要犯,应饬属严拿未获究办。所有臣等查办各案缘由,理合恭折具奏,伏乞皇上圣鉴。再御史杜彦士原奏四件,奏片一件。附缴。合并声明。谨奏。四月二十一日。[蒋廷黻编:《筹办夷务始末补遗》(道光朝),第1—8页。]

106.《复邓制府(廷桢)言夷务书》庚子五月十二日

至于台湾,旧为红夷之所踞,诚如宪虑,未能忘情,此又莹所日夕深念者。夷船阑入,必从深水。台湾各口,惟大鸡笼及沪尾与树岑湖最为宽深。其鹿耳门及鹿港,近皆浅狭。商艘三四千石即难收入,何况夷船?上年有小夷船一只,至彰化之五汉港外洋面,该地文武立带兵船驱逐,并未停留而去。使人量其汉口,亦非宽深。恐本地奸民勾引,严饬营县查拿。鹿港行铺有买卖鸦片烟者,分别搜拿焚毁。迩来各属获办之案不少,果无勾引之人。纵使夷船停泊,惟有调集舟师,严防口外。地方文武督率兵勇,堵防口内。断其接济,是为要著。台澎水师二协及艋舺营所有师船,惟大号同安桅为最,诚不足以攻击,惟可守口而已。一旦有警,不得不起王提军用之,年虽七十有一,精力甚强,此乃老成宿将,但必假以事权,畀水师听其调度,乃能得力。此非奏明咨调不可。(姚莹:《中复堂全集·东溟文后集》卷六,台北:文海出版社,1974年影印本,第22—23页。)

107. 道光二十年六月丙戌谕内阁

此次英吉利逆夷滋事,攻陷定海,现经调兵合剿,不难实时扑灭。因思该夷先经投递揭帖恣其狂悖,逆夷文字不通中国,必有汉奸为之代撰。且夷船多只闯入内洋,若无汉奸接引,逆夷岂识路途。以食毛践土之民,敢于自外生成,为夷匪主谋向导,实属罪不容诛。至沿海弁兵疏于防范,已非寻常失察可比。若竟勾通接引,尤堪痛恨。著盛京、直隶、山东、江苏、广东、福建各将军、督抚、提镇等分饬各属严密查拿,如有内地奸民潜踪出入,一经获案,严究有无通夷导逆情事,从重惩办。其疏防纵奸弁兵亦著一体严拿,加等治罪,务令奸宄净尽,毋任一名漏网。经此次谆谕之后,如各省海口仍有汉奸出入,别经获案,不特该管员弁从严究治,定将该将军、督抚、提镇等一并严惩,决不宽贷。懔之慎之。[文庆等编:《筹办夷务始末》(道光朝)卷十一,第16—17页。]

108.《夷船初犯台洋击退状》庚子六月二十三日

六月十八日申刻,据鹿耳门汛口禀报,本日未刻,瞭见双桅夷船一只,由西驶至鹿耳门外马鬃隙深水外洋游奕。本职、职道立即督同台湾府知府熊一本,面商出示封港,委候补府经历县丞庞裕昆,持令同水师所派署左营千总李瑞麟,督带兵役,坐驾渔船,赴鹿耳门以北国赛港沿海一带巡查防守。又委候补从九品潘振玉,持令同水师所派中营把总杨得器、外委沈春晖,坐驾渔船,督带兵役,赴鹿耳门以南四草湖喜树仔沿海一带巡查防守。鹿耳门正口虽已淤废,而小船尚可出入。且该处淡水所在,向为众船汲取,恐有偷漏,委前署兰厅阁令为总巡,持令会同水师所派左营千总梁鸿宝,督带兵役,专驻鹿耳门,防守策应,南北两路,分头巡缉。职道督同台防厅、台湾县传集郊商船总,面谕毋许小船、竹筏出口,以断奸民接济水米,偷运鸦片。一面飞饬北路厅县营,一律防堵。由本职委署右营游击吕大升,持令驰赴安平,会同护安平协副将江奕喜,相机轰击。该协调护中营游击事守备翁秀春、署右营都司事守备林得义,督带三营,原派在洋防堵夷船之大号哨船及出洋巡缉师船十只,分为左、右翼。该护协江奕喜,亲自坐驾安海船兵船一只为中路。又雇派渔船二十只往来接应,兼防奸民出海。沿海多备旌旗,时放枪炮,以壮声威。该夷船在外洋游奕,不敢驶进内洋。各师船因风息全无,不能前进。(姚莹:《中复全堂集·东溟文后集》卷四,第11—12页。)

109. 道光二十年七月壬辰两广总督林则徐奏

英吉利夷船逗留外洋,臣等叠饬各将弁带领兵勇火船设法焚剿,于五月初九日乘夜纵火烧毁夷船三只,业经会折奏闻在案。查该夷目自贸易断后每扬言兵船多只,即日至粤,臣等不为所动,而仍密为之防,除上年所到之吐嘧、哗喻两船,与近时续到之嘟噜喳、哈吧吐两船在外洋游奕情形,先已查明具奏外,兹据澳门文武禀:据引水探报五月二十二日望见九洲外洋来有兵船二只,一系大船,有炮三层,约七八十门;其一较小,有炮一层,二十三日陆续又来兵船七只,均不甚大,炮位亦只一层。又先后来有车轮船三只,以火焰激动机轴,驾驶较捷,此项夷船前曾出过粤洋,专为巡风送信。兹与各兵船或泊九洲,或赴磨刀,或赴三角外洋,东停西窜,皆未敢驶近口门。臣等查中路要口以虎门为最,次即澳门,又次即尖沙觜一带,其余外海、内洋相通之处,虽不可胜数,然多系浅水暗礁,只足以行内地之船,该夷无船,不能飞越。所有虎门各炮台先已添建增修,与海面所设两层排链相为表里,犹恐各台旧安炮位未尽得力,复设法密购西洋大铜炮及他夷精制之生铁大炮,自五千斤至八九千斤不等,务使利于远攻,现在该处各炮台计有大炮三百余位,其在船在岸兵勇随时分拨,共有三千余名。至澳门地方自奏委高廉道易中孚与奏留升任之香山协惠昌燿会同防范,先后派驻兵勇亦有一千三百余名。又尖沙觜一带新建炮台两座,业已赶办完工,并设法购办大炮五十六位,分别安设其附近山梁,驻兵共有八百余名。此外各小口及内河水陆要隘亦皆添兵多名,协同防堵,声势已皆联络,布置并不张皇。现在该夷兵船亦只飘泊外洋,别无动静,即使此后渐图窥伺,而处处皆有准备,不致疏虞。此时商旅居民极为安谧,即他国在澳夷人亦皆贸易如常,而臣等密察周防,总不容一刻稍懈。且随处侦拿接济,严断汉奸,务令尽绝勾通,俾其坐困。第恐在粤无可乘之隙,该处夷船趁此南风盛发,辄由深水外洋扬帆窜越。臣等现已飞咨闽浙、江苏、山东、直隶各省饬属严查海口,协力筹防,以冀仰纾宸念。〔文庆等编:《筹办夷务始末》(道光朝)卷十一,第17—19页。〕

110. 道光二十年七月壬子两广总督林则徐广东巡抚怡良奏报

壬子,两广总督林则徐、广东巡抚怡良奏:窃照广东省节次拿获鸦片,截至本年二月以前,叠经臣等会核具奏在案。惟英夷贸易虽断,而其船未尽回帆,总因带土图销不肯甘心轻弃。又见稽查严紧,转思减价招徕,奸民见利而趋,愍不畏死,其出洋向买者每于夜深时从偏僻小港乘潮往返,遮掩混藏,变幻百出,屡经侦拿搜获,始破其奸。而吸食之藏于密室深房者,亦复不胜枚举,广东流毒之久,陷溺之深,实不啻什百于他省。言之倍堪愤恨。计惟乘此尚未满限之时,并力严拿,有犯必获,有获必办,庶几辟以止辟,渐绝根株。(朱批:外而断绝,通商并未断绝;内而查拿,犯法亦不能净。无非空言搪塞,不但终无实济,反生出许多波澜,思之曷胜愤懑。看汝以何词对朕也。)

林则徐、怡良又奏英夷兵船先后到粤,内有数船复出老万山,俱经臣等将来去情形随时奏报。并因该夷写有汉字说帖,妄称欲沮内地行舟及该国王遣令前往中国海境奏明等语。又经照录夷帖恭呈御览在案。兹查六月初十日前后该英夷兵船内有七只及车轮船二只,又陆续开出老万山,扬帆远去,而日内据报,复到有兵船三只,统计现在共有夷船十只,虽仍散泊外洋,而间有一二船乘潮驶至相距虎门五十余里之校椅沙一带,遇见内地出入之盐船、商船,即潜遣三板拢近,探询官兵消息,迨内地各船驶近口门,则又不敢追问,盖夷船所恃,专在外洋空旷之处。其船尚可转掉自如,若使竟进口内,直是鱼游釜底,立可就擒,剿办正有把握。而彼亦揣摩已久,深悉情形,不敢冒死轻入,每日东飘西泊,莫定行踪,夜更游奕不停,深恐我兵复用火船潜往烧毁。揣其狡狯伎俩,无非挟制通商,势不得不示以兵威,此时水陆各要隘悉已周防,一切制胜机宜,均与水师提臣关天培密为商定,因现值南风盛发,师船出口系向南行,尚须加意慎重。一得可乘之隙,即当整队放出外洋,大张挞伐。臣等相机筹办,总求计出万全,不许将备弁兵借口迁延,亦不敢任其孟浪。至民间习见夷情虚矫,仍俱静谧如常,堪以仰纾宸注。[文庆等编:《筹办夷务始末》(道光朝)卷十三,第4—5页。]

111. 道光二十年七月辛酉盛京户部侍郎兼管奉天府府尹惟勤等奏报

盛京户部侍郎兼管奉天府府尹惟勤、奉天府府尹呈麟奏:窃夷匪在浙滋事,奴才等钦遵谕旨,叠经严饬旗民地方官一体防堵。兹于七月二十八日据派往复州委员骁骑校吉尔哈布星驰回省面禀:七月二十四日戌刻,在该城海口见有来船二只,在八岔沟外洋游奕。因天色已晚,相去太远,未能辨认真确。至二十五日清晨,瞭望委系夷船二只,白色桅篷,船身较大,在二三十里外洋面游奕,等语。并据复州城守尉宗室荣桂、知州鲍觐堂亦飞禀前来。查该夷船胆敢潜入奉天洋面,恐其船只尚不止此数,若防范稍疏,难保不乘虚而入。奴才耆英先期于省城官兵内挑选精壮兵一千名,今既据报夷船在复州洋面游奕,奴才耆英自应先行带领官兵四百名兼程前往复州一带地方,亲身督防,相机办理,其余官兵六百名随后分为两队,拣派协领等带领前往各要隘口岸分头堵防,务使处处有备,以壮声威,俾令该夷匪闻风知畏,不敢登岸滋扰。

谕军机大臣等:耆英等奏夷船潜入奉天洋面游奕。带兵督防一折,据奏英夷来船二只,在八岔沟外洋游奕。该将军带兵督防。等语。览奏,均悉。此次夷船驶至奉天,如情词恭顺,另派小船投递禀揭等件,该将军不必遽开枪炮,仍遵前旨,派员接收,将原件由驿驰奏。倘有桀骜情形,断不准在海洋与之接仗。盖该夷之所长在船炮,至舍舟登陆,则一无所能,正不妨偃旗息鼓,诱之登岸,督率弁兵,奋击痛剿,使聚而歼旃乃为上策。该将军务当谨慎持重,相机妥办。余著照所请行。[文庆等编:《筹办夷务始末》(道光朝)卷十三,第22—23页。]

112. 巡视中城掌广西道监察御史贾臻奏为风闻闽省兵丁多与海盗勾串事

巡视中城掌广西道监察御史贾臻跪奏。为风闻闽省兵丁多与海盗勾串,请旨饬下各大吏认真查办,以杜奸萌,恭折奏闻,仰祈圣鉴事。窃臣近见英夷滋事,皇上明降谕旨,严拿汉奸,并恐沿海各省兵弁勾通串结,仰见圣虑周详,实为拔本塞源之要。乃以臣所闻福建水师情形有殊堪令人痛忿者,该省每遇水操,军容甚为壮盛,其中半系兵丁,半系海盗。海盗受雇应操,将弁明知之而不敢言。臣初闻不能无疑。兵丁口粮无多,安所得余资以为雇值。海盗既以肆掠为生,又岂肯贪些微雇值,身冒重险,且将弁素相亲习,其竟任其替代,漫无识别。既经识破,则将弁具有天良,共知利害,岂不虑养寇为兵,一经发觉,致干重咎。臣细加访求,始知该省海盗不必尽像无籍匪徒,多有本地土著民人,其始不过三五为群,乘小舟出港口,遇有渔船,夺取之,将小舟弃去;再遇商船,又夺取之,并资其糇糒资财,又将渔船弃去,船只渐易渐大,伙众亦愈聚愈多,出海肆掠,夺舟分驾。或遇风涛大作,各船飘散,或商船断绝往来,无可劫掠,米粮乏绝,不能久处海面,因而弃舟沉械散党潜归,同乡共井之人不知其为盗也。或明知之而不敢发,则仍以良民视之。水师兵丁或系其亲戚及素所交通,每遇操演,知若辈谙习水性,技勇可观,雇觅代操,希图塞责,是此等奸徒下海则为盗,归里则为民,受雇则为兵。本营将弁或明知之而不敢言,只以一经禀详,未必即时弋获,从前失察,即干参处,现在又有缉捕不力处分,畏首畏尾,遂相与隐忍蒙混耳。窃思欲制外夷,首在查拿汉奸,欲拿汉奸,必须责成兵弁,谓为勾通,尚属以兵养盗,公然代替,是直以盗为兵,似此情形,殊堪痛忿。相应请旨敕下该省将军、督抚、提镇,认真严密查办,以肃戎纪,而杜奸萌。第恐将弁、兵丁层层蒙蔽,各大吏无由周知,遂以查明并无其事一奏了事。若竟张皇查拿,必致闻风远窜。此辈既于敛迹为民之时,受雇为兵,即可于出洋为盗之日从夷为逆。当此逆夷滋扰,尤为可虑。惟在各大吏不动声色,认真查办,设法羁縻。其将弁等有能访查举报者,从前失察纵容处分酌量宽免,俾无顾忌,于以戢群盗之势,绝汉奸之源,似亦绥靖海疆之要务也。臣愚亦但愿传闻之不实,然既有所闻,不敢不言。谨奏。道光二十年七月初九日。(北京:中国第一历史档案馆藏录副奏折,档号:03-2985-024.)

113. 道光二十年七月己亥谕内阁

前据长喜奏:夷船驶至乍浦海口,该副都统率兵堵御,当降旨令查明具奏。兹据奇明保等奏称:夷船被击后,退窜外洋,现已哨探无踪。并查明满汉兵丁伤毙六名请恤,等语。所有前次堵御夷船伤毙兵丁,著咨部照例议恤。(《清宣宗实录》卷三百三十六,道光二十年七月己亥,第19页。)

114. 道光二十年八月辛酉谕军机大臣

耆英等奏夷船潜入奉天洋面游奕,带兵督防一折。据奏英夷来船二只在八岔沟外洋游奕,该将军带兵督防,等语。览奏,均悉。此次夷船驶至奉天,如情词恭顺,另派小船投递禀揭等件,该将军不必遽开枪炮,仍遵前旨派员接收。将原件由驿驰奏。倘有桀骜情形,断不准在海洋与之接仗,盖该夷之所长在船炮。至舍舟登陆则一无所能,正不妨偃旗息鼓,诱之登岸,督率弁兵,奋击痛剿,使聚而歼旃,乃为上策。该将军务当谨慎持重,相机妥办。将此由四百里谕令知之。(《清宣宗实录》卷三百三十八,道光二十年八月辛酉,第3—4页。)

115. 道光二十年八月甲子谕军机大臣

据托浑布奏现抵登州府防堵情形,又另片奏夷船一只,在鼍矶岛外洋游奕。并驾小船,向岛民乞买淡水、牛只等情。览奏,均悉。现在该夷船既向西北大洋驶去,难保其不折回。且恐复有南来船只,山东省各口岸内无涨沙拦阻,外无险要可守。设或夷船再至,竟有桀骜情形,不准在海洋与之接仗。该夷所恃者船炮,若舍舟登陆,则其技立穷。不妨偃旗息鼓,诱之登陆。督率兵勇,聚而歼旃。该抚务当相度机宜,持以谨慎,是为至要。将此谕令知之。(《清宣宗实录》卷三百三十八,道光二十年八月甲子,第10—11页。)

116. 道光二十年八月丙子谕军机大臣

据裕谦等奏:夷船在洋游奕,遵旨相机防堵,并请暂缓撤退前调兵丁各一折。览奏,均悉。夷船驶至江苏海门厅糖鲈沙洋面,遥放枪炮。经防堵把总毛正和等督饬兵勇,开放枪炮,登时击退。现仍在漴缺铜沙等处极东外洋往来游奕。该夷诡诈性成,非探我虚实,诱我追逐,即系欲图抢掠。此等游奕夷船不值令舟师追击,该署督等惟当以逸待劳,督饬文武各员留心瞭探,严加守御。倘驶入内洋,竟敢入口登岸,即著开枪开炮,相机痛剿。至崇明一县孤悬海外,宝山城池濒临海口,上海县为海舶聚集之所,防守均关紧要。现调防兵,著准其暂缓撤退,该署督等仍当随时严密防堵,相机妥办。又另片奏:舵水游匪率多亡命嗜利之徒,收充乡勇,约束不易,驱逐出境,恐资寇用,等语。著该署督妥为措置,要在宽猛相济,抚驭得宜。勿令别滋事端,是为至要。将此谕令知之。(《清宣宗实录》卷三百三十八,道光二十年八月丙子,第21—22页。)

117. 道光二十年八月丙子又谕

据耆英等奏:拨兵防守海口情形,并探有夷船多只,在复州所属之常兴岛塔山以南外洋停泊,并向居民汲水、买物,等语。该夷踪迹诡秘,不可不加意防维。据该将军等称:夷人内有手执铅笔,书写汉字,显有汉奸勾串,自当严密设法缉获办理。至该夷仍在塔山以南外洋抛锚,难保不再行潜来,著耆英等酌量情形,如可量分兵弁,即令前往守护。并晓谕该岛居民,令其同心协力,自固藩篱。若复州海口兵力不能分拨,仍以海口为重,总不得与之在洋接仗。如敢进口登岸,即行开放枪炮,率兵痛剿。该将军等惟当随机应变,妥慎办理。是为至要。将此谕令知之。(《清宣宗实录》卷三百三十八,道光二十年八月丙子,第22—23页。)

118. 道光二十年八月己卯谕军机大臣

前因英夷在天津海口投递呈词,甚觉恭顺,吁恳恩施。当饬令琦善剀切晓谕,不准滋扰,只许赴粤叩关。如果出于至诚,该大臣等自能代为转奏乞恩。兹据琦善奏称,该夷听受训谕,业经全行起碇南旋。并禀称,沿海各处如不开枪炮,亦不敢生事端。定海之兵亦可先撤一半,等语。该夷前此猖獗,殊堪发指,必应痛剿示威。现在福建之泉州府、浙江之乍浦、江苏之宝山、崇明各洋面,均经前后轰击夷船,大挫其锋。该夷既肯赴粤乞恩,自不值穷于所往。本日已降旨派琦善作为钦差大臣,驰驿前赴广东查办事件。俟该大臣到粤后,自能办理妥协。但恐沿海各督抚不知现在情形,特此由五百里飞示伊里布、宋其沅、裕谦、邵甲名、托浑布、邓廷桢、林则徐等一体遵照,各守要隘,认真防范。如有该夷船只经过,或停泊外洋,不必开放枪炮。但以守御为重,勿以攻击为先。其应布置严密之处,仍不可稍形松懈。是为至要。将此由五百里各谕令知之。(《清宣宗实录》卷三百三十八,道光二十年八月己卯,第26—27页。)

119. 道光二十年九月辛卯又谕

据托浑布奏:英夷船只前由东省外洋北赴天津,共有夷船八只,现来夷船五只,已开帆南驶。其三只亦由外洋先回,该夷情形极为恭顺,等语。英夷船只现俱起碇南旋,恐沿海将军督抚等不知现在情形。特此飞示者英、裕谦、怡良知悉,并著详加酌核。将前调防守各官兵,分别应留应撤,妥为办理。托浑布折片,著钞给阅看。将此由五百里各谕令知之。(《清宣宗实录》卷三百三十九,道光二十年九月辛卯,第3—4页。)

120. 林则徐奏请移改大鹏营制

为察看广东水师情形。大鹏营现居紧要,筹议改设副将,并添拨移改官兵船只等项,以资守御,而重海防,恭折奏祈圣鉴事。窃照广东虎门海口为中路扼要之区,于嘉庆十五年设立水师,提督驻扎其地。西则香山,东则大鹏,形成两翼。查香山协向驻副将,管辖两营,额设弁兵一千七百零九员名,兵力较厚。大鹏原止一营,额设参将一员,管辖洋面四百余里,其中有孤悬之大屿山,广袤一百六十余里。是以道光十年,已将大鹏分为两营,而所设弁兵只九百九十八员名,较之香山营制已有轩轾。且所辖尖沙嘴洋面,近年更为夷船聚泊之区。该处山高水深,风浪恬静,夷船倚为负嵎之固。上年调集官兵痛加剿击,始行全数退出。恐兵撤之后,仍复联樯而来,占为巢穴。当又相度形势,在于尖沙嘴及官涌两处添建炮台二座,现在工程将竣,已于另折缕析奏报在案。

臣等复查尖沙嘴、官涌两处既经建设炮台,必须调兵防守。但大鹏左营额设参将一员,守备一员,千总二员,把总三员,外委五员,额外外委二员,步守兵四百九十七名;右营额设守备一员,千总一员,把总三员,外委五员,额外外委二员,守兵四百七十五名。除分班出洋外,尚不足以敷巡守。据该营县会议请添,经臣等与水师提督臣关天培再四筹商,应将大鹏改营为协,拨驻副将大员统带督率,与香山协声势相埒,控制方为得力。但官兵俸饷,岁需支应,国家经费有常,未敢遽议增添。惟有就通省各营设法抽拨,并于水师名缺酌量改抵,以归简易。饬据司道核议会详,并咨准陆路提督臣郭核前来。

臣等查外海水师副将共有四缺,内除香山协应与大鹏分张两翼毋庸更议外,其龙门一协地处边陲,与越南夷地紧连;崖州一协,系烟瘴之区,且外临大海,内控黎人,均为边疆要地,未便改抵。惟澄海一协,虽与闽省接壤,而上接南澳,下连潮州,有水陆两镇为邻,尚属易资声援。应将澄海协副将,改为大鹏协副将,移驻大鹏所辖扼要之九龙山地方,居中调度。其澄海协之都司,改为大鹏协副将中军都司,兼管左营事务,驻扎大鹏所城,并于大鹏左营添设把总二员,外委二员,额外二员,步战守兵连新添外委额外名粮共二百九十一名;大鹏右营添设千总一员,把总一员,外委二员,额外二员,步战守兵连新添外委额外名粮共二百零九名。以把总一员,兵七十五名,专防右营官涌炮台。以把总一员驻防九龙炮台,将原驻九龙炮台之千总一员,移防左营尖沙嘴炮台,并带新设额外外委一员,兵丁一百三十名。又以外委一员，兵丁十五名，防守前经裁撤，今应设回，与尖沙觜对峙之左营红香炉汛。

又大鹏额设大小米艇六只，捞缯船三只，分拨配巡，不敷派遣。应设大、中米艇四只，左、右营各半，以千总一员，把总一员，外委二员，兵丁二百零四名配驾。又添快船二只，以额外二员，兵丁五十六名配驾。其余外委一员，额外一员，兵丁十二名，随防九龙。听候副将差遣。所添员弁船只，先尽水师各营移拨。应请在阳江镇右营抽拨千总一员。海门营抽拨把总一员。外委一员。龙门协左营抽拨外委一员。龙门协右营抽拨外委一员。阳江镇右营抽拨大米艇一只。海安营抽拨大米艇一只。龙门协左营抽拨中米艇一只。海门营抽拨中米艇一只。又在龙门协右营抽拨捞缯船一只，归入海安营配缉，所需配船、弁兵、舵工、口粮、随船移拨支给。

至议抽兵丁五百名，水陆匀拨。水师应抽兵丁二百五十名，现在外海内河防堵巡缉，在在需人。若概于额设步守兵内抽拨，未免顾此失彼，应在水师提镇协营酌量抽拨步兵三十七名，守兵九十四名，酌裁马兵，改补步兵一十名，连拨外委本身步粮三名，共得步兵五十名，守兵九十四名。尚需添补步兵二十五名，守兵八十一名，在水师各营马粮较多营分，将马粮三十三名改为守兵，步粮较多营分，将步粮一百六十四名改为守兵，均各归还原营兵额，同马兵所改步兵一十名，递年节存马步粮料等项银两，拨补增添步守兵丁一百零六名岁需经费之用。此外仍需把总二员，外委一员，步兵连外委本身名粮七十五名，守兵一百七十五名，应于督标五营及永靖营，酌抽把总二员，陆路提标五营，酌抽外委一员，其原食马粮一分，勿庸随拨。并于陆路各营匀拨步兵七十五名，守兵一百七十五名，共兵二百五十名，均归大鹏入额。其外委仍食本身步粮，并在大鹏步兵数内添设额外外委四员，仍支本身名粮，以资差遣。

至澄海地方，应将澄海协改为澄海营，即将大鹏参将移驻，作为澄海营参将。澄海原有守备二员，分为左、右二营，左营守备驻扎篷州所城，右营守备驻扎樟林所城，均未便移改。将大鹏左营守备改为澄海左营，中军守备驻扎县城，经管两营钱粮。其澄海左营守备改为左营左军，分防守备仍驻篷州，有营仍循其旧，以资防守。所以现改大鹏协副将都司，乃澄海营参将左营中军守备、左营左军分防守备，俱照旧定为外海水师题补之缺，其水陆各营抽拨兵丁所需粮饷、公费、红白等项以及一切军装器械，俱由各营拨出随带，毋须另添。澄海协改驻参将守备，有原设副将都司衙署可以栖息办公。大鹏所城改设都司，亦有守备原署可住。其防守炮台弁兵即住炮台，均毋须另建衙署。惟大鹏添设大快船二只，各营无可抽拨，应另行制造。计每只需用装造工料银四百三十二两，二船共银八百六十四两，岁需弁兵口粮燂洗以及修费等项，约需银一千四百余两。

又九龙地方改驻副将，红香炉添设汛防，应建衙署兵房，以及大鹏新兵，应制号衣器械等项，所需经费均须预筹。查有前山营生息一项，从前系由洋商捐出本银十万两，发交富商生息，以作添设前山营兵饷之用。除每年支用外，截至道光十九年五月底止，实存银五万三千八百余两，除另折奏请动支添建尖沙觜、官涌两炮台工料共银三万一千九百余两外，所有此次添造快船及建造衙署、制给新兵号衣、器械等项用费，均请于此项息银内动支,毋庸请动帑项。如此改调添设,因地制宜,似于海疆控制大有裨益。如蒙俞允,所有添造快船,正建衙署兵房,制给新添步守兵丁军械等项,臣等即节令地方文武会同确估办理。其改设副将等官,应行铸换关防,并一切营制抽拨细数及未尽事宜,统容另行咨部核办。再前山营生息本银,系由洋商捐出,与正杂钱粮不同,每年止将收支实存数目报部查核,今请动支此项息银,以作添造快船衙署,制给军械经费,应俟动用后将支用总数,于册内开除造报,恳免备造工料细册报销,合并声明。臣等谨会同广东水师提督臣关天培、陆路提督臣郭合词恭折具奏。伏乞皇上圣鉴训示。谨奏。(《林文忠公政书》乙集,两广奏稿卷一,台北:文海出版社,1966年影印本,第5—12页。)

道光二十一年(1841年)

121. 盛京将军耆英奏为循例奏请修理炮位事

盛京将军奴才耆英跪奏。为循例奏请修理炮位恭折具奏,仰祈圣鉴事。兹准熊岳副都统、宗室祥厚咨:据水师营协领德特贺报称:职营额设战船十只,每船原设母炮六位,子炮三十个,内有不堪放用者,曾于嘉庆四年奏准更换,交部铸造在案。今因演放年久,炸裂损坏,膛口浇薄,子母不合,发子无准,呈请更换,等情。绘图贴说,转咨前来。奴才等伏查,水师营战船所需炮位最关紧要,既有炸裂、浇薄,不堪演放情形,自应奏明,交部铸造,发给领用。除将更换炮位、图式咨送工部查照铸给外,理合将炮位数目敬缮清单,恭呈御览。道光二十一年正月初六日。(北京:中国第一历史档案馆藏朱批奏折,档号:04-01-20-0015-070。)

122. 道光二十一年正月甲午钦差大臣大学士署两广总督琦善奏议

查英夷进兵情形,向共知其仅长水战,今讵料其并设有陆兵,战船则大小悉备,火器则远近兼施。占夺炮台后,势将直击虎门,进攻省垣。拒守实难,不得已允其代为奏恳,于外洋给寄寓一所。又该夷仍欲于广州即行开港。俟发折后,再将必须俟奏奉谕旨,方可开港之处,备文照,向其竭力论说。倘该夷渐知改悔,固万分之幸,如执迷不悟,再事狡逞。奴才只得不避重罪,从权办理。谕军机大臣等:本日据琦善奏:英夷占夺炮台,难于拒守一折。又另片奏:吁恳恩施,等语。览奏,十分愤懑。该大臣自因省垣仓库重地,复因居民繁多,恐有激变,故为此权宜之计,佯允所请,暂示羁縻。现已降旨授奕山为靖逆将军,隆文、杨芳为参赞大臣,赴粤协同剿办。又添派湖北、四川、贵州三省兵丁各一千名,迅速广东接应。一俟将备到齐,不难整顿戎行,亟筹攻剿。将军阿精阿近驻省城,提督郭继昌统辖陆路官兵,俱有守御之责。著该大臣等赶紧团练兵勇,奖劝士卒,并储备军需粮饷、枪炮、火药。俟奕山等到后和衷共济,协力进剿,克复海隅,以申天讨而建殊勋。万不可稍有畏葸,致失机宜。将此由六百里加紧谕令知之。(《清宣宗实录》卷三百四十四,道光二十一年正月甲午,第16—17页。)

123. 道光二十一年正月辛亥谕军机大臣

本日据琦善驰奏：夷船退出外洋，亲往勘办一折。英夷屡次肆逆，反复无常，借缴还沙角等地为词，益肆要求挟制之计。现已明降谕旨，痛加攻剿。并令奕山等兼程前进，声罪致讨。惟大兵未集以前，难保该逆不复肆猖獗。著即责成琦善设法堵御，调兵防守。倘仍执迷不悟，以致再有挫失，朕惟琦善是问。国法具在，决不稍为宽贷也。并著阿精阿、怡良等谨遵前旨，戮力同心，分饬所属，水陆交严，认真防范，不得意存推诿，稍有疏虞。并晓谕军民人等，同心御侮，毋为奸夷所惑。懔之慎之。将此由六百里谕令琦善、阿精阿、怡良、关天培、郭继昌、裕瑞、英隆知之。（《清宣宗实录》卷三百四十五，道光二十一年正月辛亥，第16页。）

124. 道光二十一年正月辛亥又谕

本日据琦善驰奏：英夷兵船全数退出外洋一折。逆夷反复桀骜，借缴还定海沙角、大角炮台为词，肆其诡谲。已明降谕旨，痛加剿洗，并谕令杨芳先赴广东督办矣。此时定海及沙角、大角炮台即使缴还，而前此肆其骚扰，伤我官弁兵民，罪无可逭。该将军等膺兹重寄，必当整我师旅，声罪致讨，以张挞伐而伸国威。况此次既不允所请，该逆夷难保不复肆猖獗。著奕山、隆文兼程前进，速赴广东，会集各路官兵，一意进剿，设法擒渠，务歼丑类。是为至要。琦善折，著钞给阅看。将此谕令知之。（《清宣宗实录》卷三百四十五，道光二十一年正月辛亥，第16—17页。）

125. 道光二十一年正月辛亥又谕

寄谕参赞大臣杨芳，本日据琦善驰奏：英夷兵船，全数退出外洋一折。逆夷反复桀骜，借缴还定海、沙角、大角炮台为词，肆其诡谲。已明降谕旨，痛加剿洗，并谕令奕山等迅速前进矣。该大臣务当兼程迅赴广东，相机剿办。约计程途，该大臣到粤在奕山、隆文之前。如有可乘之机，即迅速进剿，不必候奕山等到粤，始行攻击。此次既不允该逆夷所请，难保不复肆猖獗。倘稍存观望，坐失事机，恐该参赞不能当此重咎也。琦善折著钞给阅看。将此由六百里谕令知之。（《清宣宗实录》卷三百四十五，道光二十一年正月辛亥，第17—18页。）

126. 道光二十一年正月辛亥钦差大臣大学士署两广总督琦善奏报

英夷现已遣人前赴浙江缴还定海，并将粤省之沙角、大角炮台及原夺师船、盐船，逐一献出，均经验收。该夷兵船已全数退出外洋。奴才查勘各情形，地势则无要可扼，军械则无利可恃。兵力不固，民情不坚。若与交锋，实无把握。不如暂示羁縻于目前，仍备剿捕于后日。得旨：朕断不能似汝之甘受逆夷欺侮戏弄，迷而不返。胆敢背朕谕旨，仍然接受逆书恳求，实出情理之外。是何肺腑，无能不堪之至。汝被人恐吓，甘为此遗臭万年之举。今又摘举数端，恐吓于朕。朕不惧焉。（《清宣宗实录》卷三百四十五，道光二十一年正月辛亥，第18页。）

127. 道光二十一年二月甲申又谕

本日据裕谦驰奏查探逆夷情形,豫筹防守一折。据称:夷船二十余只停泊定海外洋,现在广东不准通商,难保不窜回定海。已拨兵四千八百余名,炮五十位等语。所办尚好。惟策应之兵最为要著,著即会同余步云先事豫筹,密为调度,毋致临事周章。该大臣奏建筑土城,雇募水勇,均属缓不济急。必须安设大炮,请于闽省酌借等情,已谕知颜伯焘等妥筹酌办。惟闽省沿海地方亦关紧要,该处新铸炮位,能否多余,足敷借拨,尚难悬定。据奏闽省委员炮匠已至镇海,虽制造尚需时日,可免往返拨运之劳,著该大臣迅即饬令该委员等赶紧铸造,毋误事机。其修城雇募各事宜,仍著随时赶紧筹办,次第举行。不得以一奏了事。又谕:本日据裕谦奏:定海需用大炮,请借闽省炮位一折。据奏闽省旧炮本多,复有新铸大炮。请酌拨八千斤、六千斤大炮各数位,备带合膛铁弹各数百粒,迅速解赴定海。其工料价值,由浙江军需局拨还,俾续铸补数,等语。现在夷船停泊定海外洋,自应豫筹防守。惟闽省沿海地方亦关紧要,著颜伯焘、吴文镕体察闽省现在情形,如新旧各炮,准备本省防堵之外,实有多余,足敷借拨。即照裕谦所请,如数借给,不得稍存畛域之见。倘仅敷本省之用,不能再有赢余,著一面据实具奏,一面知照裕谦。毋致顾此失彼,是为至要。将此由五百里谕令知之。(《清宣宗实录》卷三百四十七,道光二十一年二月甲申,第24—26页。)

128. 道光二十一年二月甲申又谕

寻,奏:查闽省新旧炮位,早经分设上下游各府及台湾、澎湖等处。前准裕谦咨借,又谕裕谦奏敬陈沿海情形一折。据称英逆所恃,惟船与炮。夷船吃水甚深,不畏风浪,而畏礁浅。濒海各城外有浅滩十数里,便不能驶近。若该逆改换三板小船,只可装载二三十人,便不敢远离大船。一经登岸,不难歼擒。至于数千斤大炮,只可施于深水外洋,不能施于近岸之内洋。内洋施放,亦止一二千斤及数百斤之炮,较官炮略远一二里。然亦止及数里以内,实无远及十余里之事。滩距岸远,船不能近,炮即不能及。再沿海洋面水中沙线,千条万缕。南洋多石岛之明险,北洋多沙线之暗险。夷船畏暗险,甚于明险,并非处处堪虞,港港可入等语。著沿海各将军督抚通饬所属县营遍历本属洋面,测量水势浅深,滩岸远近,沙线险易。何处小舟可通,而重载大船不能到。何处内地大船可通,而外洋大号夷船不能到。以及港岸口门,距大洋若干里,水深若干丈。城池距岸距滩距洋若干里,险陷暗礁若干处,一一试探,分别最要次要,何处应安兵炮防守,何处应令地方居民自为团练防守,何处无庸防守。一面修理军械,操练兵丁,筹备粮饷,制造铅弹火药,整饬塘汛驿站,以期有备无患。仍著随时侦探,先行晓谕沿海各处居民。如有夷船入境,严禁淡水食物接济。如敢故行接济者,即枭首示众。逆船若驶近口岸,相度炮力能及,再行开炮轰击。倘铤而走险,或入浅滩,或登陆岸,即著大加剿洗。该将军等务各酌量情形,分别妥办。勿涉张皇。(《清宣宗实录》卷三百四十七,道光二十一年二月甲申,第26—27页。)

129. 道光二十一年三月庚子又谕

本日据裕谦驰奏:东渡定海日期,擒获夷匪正法一折。浙江洋面既有夷船游奕,应即合围剿击。据奏诱擒白夷一名,杀伤逆夷三名,并夺获夷枪、铅子、皮袋等物,讯系运送粮食接济,已将逆夷在军营正法,等语。所办是。惟此船所运何项粮食?白夷一名如何诱擒?逆夷三名如何杀伤?是否兵勇上船,抑系诱令登岸?其所乘夷船,现在作何下落?著裕谦确切查明,据实具奏。又另片奏:定海善后定见,仍回镇海军营。以御为剿,以守为攻,杜绝接济,严防要隘。倘驶近口岸,度量炮力能及,即行轰击,或诱令登岸剿洗,等语。所见极合机宜,仍著赶铸炮位,训练兵勇。探有夷船踪迹,度量炮力能及,即行轰击,务须大加剿洗,以示国威。又另折奏:搜获不经夷书,著即对众销毁,以免传播。将此由四百里谕令知之。寻奏:白夷喂唎哳得带同黑夷五人,驾坐三板小船,在青龙洋面游奕。经外委庄国宾将喂唎哳得获住。其受伤三人及未受伤二人乘间逃回,向东南外洋疾驶而去。至船内所运粮食,前据喂林示得(前三字均加口字旁)供系猪羊肉干、麦面饼等物。报闻。

(《清宣宗实录》卷三百四十八,道光二十一年三月庚子,第25—26页。)

130. 道光二十一年三月庚子参赞大臣杨芳奏议

窃照英吉利逆夷于二月二十四日乘驾兵船及火轮三板等船欲进省河,经凤凰冈官兵奋力击退,当即驰奏在案。是日有米利坚国领事多利那因该国货船并不在禁止通商之列,先经琦善批准,带进黄埔贸易,适值英夷攻打虎门被阻,不得入口,闻凤凰冈官兵击退逆船,向营盘禀诉,据总兵长春报知前来,奴才当饬署广州府知府余保纯带同通事译讯,据多利那称英夷既被击退,自不敢再有他求,惟念称兵犯顺,系英国兵头所作之孽,其带货商船并未敢随同滋事,而因此阻滞年余不得贸易,在该商为其本国兵头所累,原不足惜,而我米利坚等国向来恭顺,不敢私卖禁物,蒙大皇帝恩准照常贸易,极为感激。乃到粤经年,被英国牵累,不能进埔开舱,以致货物征烂,资本亏耗,谅蒙天朝怜悯,现查英国夷商情亦急迫,可否于此次击退兵船之后,姑准其商船一体贸易,庶各国不被英国妒恨,免致阻拦牵留,而英国货船在埔,其兵船即有所顾忌,而不敢滋事,似亦制服之一法,等语。奴才当经传谕,以该夷所言虽亦近理,殊不知英夷肆逆逞凶,罪恶重大,实自绝于天朝。今蒙大皇帝命将出师,特申天讨,即谓夷商并无助逆,究系英国之人,又安敢以通商为请。正词回复去后,是日逆船虽无动静,而探知退泊未远,奴才料其早晚又必来扰,戒备益严。惟省城所存炮位本不能如虎门之大,虎门炮台既失,炮亦随之。且外海师船在虎门者均被逆夷烧毁,别营舟师刻难调集。虽有内河巡船及招募水勇快艇,只能防,而不能攻。奴才与兼署督臣怡良等正极焦切,适于二十六日巳刻长潮之际,南风大起,该逆大小兵船添至七只,火轮船三只,三板船二十余只,果皆乘风拥至。其时凤凰冈等处营盘各放枪炮,击毙夷兵不少,而逆船恃其坚厚,且行且拒,冒死闯入省河。飞炮火箭施放无数,幸各城上下内外已将官兵壮勇排列如山,不令稍有空隙。且奴才等先经示谕军民,以防御英夷与他寇不同,其炮弹能于远处裂开以烧房屋,而火箭又着物即燃,此时保卫城垣首须扑除火患。是以于列队兵勇之外,复逐段多添扑火兵丁,使房屋不烧,人心即定。虽是日逆船炮箭施放不绝,而省城内外周密巡防,并无一处失火。该逆见守城如此严紧,立即移窜空旷之白鹤滩中心,暂行下碇,不敢逼近城垣,亦不敢复放炮箭,第仍虞其堵截上下游,各船则省中一切日用以及军火所需,皆不无棘手。正在分筹剿逐间,复据洋商伍怡和等以各国领事夷商于英逆带兵之人无不交口斥詈,该兵船因见城上岸上均各森严,亦即畏惧而退。二十七、八、九等日,兵船及火轮船三板船均已陆续开离省河,惟各国夷人在粤均望承平,谓英夷既经缴还定海,不敢更有他求,惟贸易一事系天朝二百年来稠叠恩施,不得不代恳法外施仁,仍循旧制,并呈出义律等所立笔据,有不讨别情,惟求即准照常贸易,如带违禁之货,即将船货入官字样,是其前次要求奸计,此时无可复施。惟奴才奉命督兵,只知军务为亟,断不因各国连番环请稍懈军心。即其笔据之言,奴才虽经寓目。仍将无睹,第既有此情形,理应据实入告。至其所云贸易,夷人并未随同滋事,货船入口,正可制服夷兵,等语。奴才暗访明查,似非诞妄。而就兵机而论,亦有时以纵为擒,与其峻拒群夷,恐致一同触望,或先从权制驭,借以密运□□,伏候圣主指示机宜,不胜惶悚之至。

谕军机大臣等:本日据杨芳驰奏,逆船驶进省河,旋即退出一折。此次该逆大小兵船七只,火轮船三只,三板船二十余只,闯入省河,施放炮箭。因省城内外周密巡防,窜出白鹤滩中心下碇。旋即开离省河,等语。所办尚好,据奏米利坚领事禀称:到粤经年,被英逆牵累,不能开舱,并英国带货商船请准一体贸易。并据洋商呈出义律笔据,代恳通商等情,此系该逆诡谋,懈我军心,惟现在大兵未集,不敷调遣。著杨芳设法羁縻,俾不得远遁外洋,致将来攻剿费手,其现在如何从权制驭之处,朕亦不为遥制。奕山、隆文计已抵粤,著即妥筹密商,一俟续调官兵炮位足敷剿办,水勇抉艇足资遣用,著仍遵前旨,断其后路,四面兜擒,克复香港,以副委任。[文庆等编:《筹办夷务始末》(道光朝)卷二十五,第39—43页。]

131. 道光二十一年四月癸丑谕军机大臣

靖逆将军奕山等奏:夷船攻击省城,督兵保护,幸尚无虞。而体察局势,难期久守。溯自夷船驶入省河,排列多艘,咽喉已为所扼。省城重地,为全省关系,稍有疏失,则各府州县匪徒,必致乘机蜂起。日夜焦思,万分无术。据守埠兵丁探报,城外夷人向城招手,似有所言。当差总兵段永福喝问,该夷目即免冠将兵仗投地,向城作礼。称不准贸易,货物不能流通,资本折耗,负欠无偿。只求照前通商,并将历年商欠清还,即将兵船全数撤出虎门以外。复据居民及众洋商纷纷禀恳,臣等通盘筹画,虎门藩篱既失,内洋无所凭依。与其以全城百万生灵,与之争不可必得之数。似不若俯顺舆情,以保危城。是以公同商酌,派署广州府知府余保纯妥为查办,暂准其与各国一体贸易,先苏民困。俟夷船退出,汉奸解散之后。先从省河以及虎门各处要隘,磊塞河道,增筑炮台,添铸炮位。门户既固,如再鸱张,立杜通商。庶办理有所措手。谕军机大臣等:寄谕奕山等,朕谅汝等不得已之苦衷,准令通商。惟当严谕该夷目立即将各兵船退出外洋,缴还炮台。仍须懔遵前定条例,只准照常贸易,不准夹带违禁烟土。倘敢故违,断不宽恕。并著将军等会同该督抚悉心筹议,妥定章程。夷性叵测,仍当严密防范,不得稍有疏懈。俟夷船退后,迅将各炮台及防守要隘等处,赶紧修筑坚固。如英夷露有桀骜情形,仍当督兵剿灭。不得因已施恩,遂诸事任其需索。另片奏:城外居民房屋多被焚烧,著祁埙、怡良即派委妥抚恤。将此由六百里加紧谕令知之。(《清宣宗实录》卷三百五十一,道光二十一年四月癸丑,第33—35页。)

132. 道光二十一年五月乙卯谕军机大臣

本日据刘韵珂驰奏：浙洋尚有夷船游奕,加意堵御一折。据奏宁海县报：大佛头外洋有夷船二只,象山县东屿外洋有夷船一只。又宁海县报：大佛头外洋添夷船一只。并接粤咨,闻有夷船往浙之谣。复接闽咨,有夷船一只,从古雷外洋自南驶北,后随小船六只,并渔船,目睹小船载有黑夷。又诏安县报：有二桅夹板夷船多只,从西南驶由畲洲外洋,向东北而去。南澳镇报：有三桅夷船二只,二桅夷船二只,由西南外洋驶往东北。同安县报：在厦门大担门外洋,有二桅夷船一只,自南向东北开去。又有三桅夷船一只由南向北。并闻英夷因浙省拿获白夷正法,欲来浙江报复。现已会同余步云分饬在防文武,乘其未至,倍加防范等语。览奏均悉。逆夷踪迹诡秘,粤省既称夷船来浙,闽省又称夷船北驶,自不容以浙洋未报夷船连樯而至,稍疏防备。所奏接筑炮台,演放炮位,拨解枪杆各事宜,著照所议,妥为办理。裕谦著驰往浙江,或驻扎嘉兴,或径赴镇海。该大臣酌量情形自行妥办,并著程矞采、陈化成、海龄、长喜于所属沿海各要隘,勤加哨探,密为筹备。务使各处有备无患,逆夷无隙可乘。再据奏小船潜载黑夷,难保不图滋扰,并著该大臣等先事豫筹。如有夷船驶入内洋,度量炮力能及,即行奋力轰击,以褫逆魄。其奉天、直隶、山东各海口,已谕知耆英等一体防备矣。将此由六百里各谕令知之。又谕：本日刘韵珂驰奏：浙洋尚有夷船游奕,加意堵御一折。据称接准粤省咨会,有夷船往浙之语。复叠据闽省禀报,夷船多只自南驶北。浙省各海口,现在严为筹备,等语。逆夷踪迹诡秘,外洋既有北驶船只。且以小船潜载黑夷,更难保非别图滋扰。各省海口,均应一律严防。著耆英、讷尔经额、托浑布各饬所属加意巡探,严密防备。倘有夷船驶至近岸,务当极力堵御,相机攻剿。固不可稍涉张皇,亦不可少形疏懈。是为至要。将此各谕令知之。(《清宣宗实录》卷三百五十二,道光二十一年五月乙卯,第3—4页。)

133. 道光二十一年八月己亥谕军机大臣

本日据奕山等驰奏：逆夷阻挠善后情形一折。据奏七月二十六日,有火轮船一只,三桅兵船三只,自外洋驶泊横档海面,纵火毁折篷寮墙屋。又有火轮船兵船驶入大石、四沙等处,拦阻填河,焚烧船只,并在近村攫抢食物。现在加意防范,等语。览奏,深堪痛恨。前此准令通商,本非正办。此时若再有要求,断断不准议及。前据该将军等奏：南海番禺两县村社,练有义勇三万六千余名,省城所留精锐官兵亦有五千余名。如果谋勇兼施,兵民齐奋。现在广东夷匪为数无多,乘此挑衅生事之时,声罪致讨,激励士民,同仇敌忾,将留粤夷匪痛加剿洗,收复香港,捣其巢穴,不但粤中海氛可期永靖,且先声所至,闽浙各处防事宜均易为力。勉之又勉。将此由六百里谕令知之(《清宣宗实录》卷三百五十六,道光二十一年八月己亥,第5—6页。)

134. 道光二十一年十月辛卯又谕

达洪阿等奏：击沉夷船,擒斩逆夷,夺获炮位一折。本年八月以来,夷船叠向台湾外洋游奕停泊,经该总兵等饬属严防堵御。是月十六日卯刻,该夷船驶进口门,对二沙湾炮台发炮攻打,经该参将邱镇功等将安防大炮对船轰击,淡水同知曹谨等亦在三沙湾放炮接应。邱镇功手放一炮,立见夷船桅折索断,退出口外,冲礁击碎,夷人纷纷落水,死者无数。其上岸及乘船驶窜者,复经该参将督同署守备许长明等带兵驾船,赶往生擒,格杀黑夷多名。复经即用知县王廷干等驾船出洋,帮同出力,生擒黑夷多名,并见白夷自行投水。其时复经千总陈大坤等驾船开炮,击沉三板船一只,格杀白夷,并生擒黑夷多名。又据曹谨等在大武仑港外追获外窜三板船一只,刺死白夷及生擒黑夷多人,并捞获黑白夷尸身炮位,搜获图册。此次文武义首人等共计斩获白夷五人,红夷五人,黑夷二十二人,生擒黑夷一百三十三人,捞获夷炮十门,搜获夷书等件。办理出力,甚属可嘉。提督衔台湾镇总兵达洪阿,著赏换双眼花翎。台湾道姚莹,著赏戴花翎。达洪阿、姚莹及道衔台湾府知府熊一本,均著交部从优议叙。其在事出力各员弁、兵勇、义首人等,著据实保奏,候朕施恩。伤亡兵勇,查明照例赐恤。已革候补同知前台湾县知县托克通阿、丁忧候补同知前署澎湖通判徐柱邦、休致通判衔前福清县知县卢继祖,均著准其留于台湾差委。此因军务紧要,是以允准,其余不得援以为例。(《清宣宗实录》卷三百五十九,道光二十一年十月辛卯,第23—24页。)

135. 道光二十一年十月丁酉托浑布奏议海防事宜

山东巡抚托浑布奏遵议御史殷德泰集渔户一折。现在登郡所雇水勇定为分班轮操,间日仍令捕鱼为业,虽未编设队伍。既经官为统领,即与兵丁无异,不必别立科条。前筹防各岛时并将岛民户口委员分晰编查,择各岛晓事者民立为社长,如内地保甲法。得旨:依议,妥为之。又奏派员弹压运河匪徒,报闻。又奏外洋岛屿寒冷较早,请将登州镇营防兵暂令归伍,各处远营之兵移驻于登郡近城地面,以御风寒。从之。(《清宣宗实录》卷三百六十,道光二十一年十月丁酉,第3页。)

136. 道光二十一年十一月辛未谕军机大臣

奕山等奏:填塞省河要隘,并防堵情形一折。据奏猎德等处均已设法堵塞,将次工竣。续又查出潭州等处,俱属要隘,均须次第筑堡、修台等语。逆英犯顺以来,从未大加惩创。近则大帮逆船自闽入浙,粤东存船无几,正可乘机剿洗。屡经谕令该将军及时进兵,收复香港,以期少赎罪戾。此次奏报仍止填塞省河,一切剿办机宜未提只字。岂朕命将出师专为堵塞省河而作,岂不贻笑诸夷。况据奏称:外洋香港及潭仔洋并内伶仃洋等处夷船十六只,又火轮船一只,往来不定。并闻省河建台塞路,胆敢拦截石船,焚烧撞沉。并在香山县属挂碇游奕,桀骜情形殊堪发指。总缘该将军等坐拥重兵,一筹莫展,以致逆夷日形猖獗。现在奕经等即日抵浙,一经剿办,难保不窜回广东,再肆滋扰。该将军等若趁此北风司令,逆船势分之时,相机奋击,使之首尾不能相顾,则浙江剿办亦可易于蒇功。若复观望迟延,拥兵株守,设使将来大帮逆船窜回广东,或另扰他处,该将军等自问当得何罪?以另片奏:兵丁每名恳加赏借银一两,各营将领员弁酌给养廉,饬令藩司发给。仍移咨各该省,在应得俸饷项下分季扣还归款之处。著即照议办理。又祁埻、梁宝常奏招集渔户、汉奸妥为安置,酌给口粮船价,等语。此次招徕汉奸,令其立功赎罪,开其悔过之忱,原系格外从宽,权宜办理,冀收以贼破贼之效。若仍按兵不动,则此项渔户、汉奸尽归无用,所给口粮船价全属虚糜。且若辈心性靡常,见利即趋。此时虽见招而来,安保不仍被诱而往。著奕山、齐慎会同祁埙、梁宝常将所招渔户、汉奸悉心体察。其实有才能可用者,不妨从优赏赉,劝令立功。倘不安本分,再行滋事,即应随时查拿,从严惩办。此外人本软弱,不堪训练入伍及临时不足供我驱遣者,即编入户册,妥为安置,毋令别滋事端。该将军等务即通盘计较,其应如何分别留用,及早为解散之处,迅速妥议,据实具奏。至另片奏:防守壮勇三万余名,请于设防之日起,给予口食银两一节。著照议办理。惟兵勇必有实用,庶帑项不致虚糜。奕山、齐慎均系特简大员,祁埙、梁宝常均有地方之责,应如何愧奋图功,克期奏绩。倘仍自甘庸懦,置若罔闻,经年累月,一无所布,惟知填河而已,岂大清臣子之所为。且填河必能保其能阻逆舟耶!朕惟有执法从事,不稍贷也。懔之慎之。将此由五百里谕令知之。(《清宣宗实录》卷三百六十二,道光二十一年十一月辛未,第13—14页。)

137. 道光二十一年十二月戊申谕军机大臣

达洪阿等奏:续击逆夷兵船,并带兵剿办匪徒,击散两路逆匪各一折。览奏,欣悦。已明降谕旨,分别赏给达洪阿、姚莹、熊一本世职矣。英逆此次续来滋扰,开炮攻破石壁。经我兵开炮击毙登岸夷匪二人,该匪见人众山险,驶逃出口,窜向外洋北去。其嘉义、凤山匪徒乘机滋事,均经大兵击散,拿获首从各犯,分别正法。办理迅速,可嘉之至。惟英逆前次创巨痛深,此次诡称赎还前获夷人,开炮肆逆,又被官兵据险击退。该逆犬羊成性,未必不仍图报复,设或大帮匪船再行豕突而来,不可不先期防范。前经谕知达洪阿等严密防备,并令王得禄回台协剿,会衔奏事。计此时王得禄当已抵台,著达洪阿等和衷会商,妥筹一切战守机宜,务须层层布置,计出万全。断不可稍存轻敌之见,致涉大意。所议挑取民勇,作为新兵,分配各营支领归伍,等情。所办均好。著即照议办理。其自尽之白夷一名,著该镇道提到现获夷匪,讯明究系何名,是否即系此次在船贼首,取具确切供词,随时具奏。至南北两路匪徒乘间蠢动,尤须加意慎防。所有未获各要犯,著即严饬所属搜捕净尽,毋留余孽。仍当抚循良善,消患未萌,以期内安外攘,永承恩眷。将此由四百里谕令知之。(《清宣宗实录》卷三百六十四,道光二十一年十二月戊申,第25—26页。)

道光二十二年(1842年)

138. 道光二十二年三月乙卯又谕

禧恩奏查看海口情形,并开单绘图呈览一折。盛京海岸绵亘一千八百余里,所有著名口岸固应处处严加防范,而其最要之处,尤应控制得宜。现据该署将军查明,据冲扼要不过数处,著即审度形势层层布置,务期声势联络,有备无患。其前由省派调复州金州协防兵五百名业于冬令撤回,现在该二城兵勇既敷防守,自可停其派往。其祥厚所选熊岳兵丁二百名,即著认真训练,以备协助。并著该副都统常川往来各隘查看,以专责成。其黑龙江兵,现在连山高桥一带屯扎,系在关门、奉天适中之处,尚为得地。惟当妥为安置,俾益作其勇敢之气。至所称团练旗勇一节,此项壮丁皆系八旗子弟,自应勤加训练,令其一体娴熟。其各城所练乡勇,除留备挖濠筑垒等事驱使外,即酌量陆续裁汰,以节糜费。又各岛居民,其有不入户籍者,岸上既无居业,自难令其迁移。著酌留泉水数处,以便岛民食用,其余有应堵者,即行堵塞,不准将食物、柴薪、淡水接济该逆,违者即以通逆治罪。又该省运赴海口安设之炮,既有不能适用者,即承修官赔修,务臻稳固,仍饬令各该城勤加演试。其雇募商渔船四十只,现据验明于内洋试演,驾驶不稳。若外洋风浪,尤觉无济于用,亦著即行撤散。将此谕令知之。(《清宣宗实录》卷三百六十九,道光二十二年三月乙卯,第10—11页。)

139. 道光二十二年四月壬辰又谕

本日耆英等奏逆夷大帮船只,窜至乍浦洋面一折。据称初七日午刻,有逆夷火轮船二只,大小夷船二十余只,由乍浦所辖之黄盘山东首洋面而来。未刻,火轮船拖带三板船自彩旗港驶入西行汛停泊,旋复往来游弈。已函致副都统长喜,会同扬威将军等派令员弁,督率兵勇,昼夜防守。并委令伊里布带员驰往,设法羁縻等语。该逆甫经退出宁波,又复驶至乍浦外洋,意图攻击,猖獗可恨。现已由六百里谕令奕经及牛鉴等,加意防范,相机攻击。耆英、特依顺、刘韵珂,仍当督饬文武员弁,一面严密防维,一面详加体察。如有可乘之隙,务当明攻暗袭,切勿任其披猖。其尖山等处附近省垣,尤当小心防御,恐该逆声东击西,暗施诡计,不可不严加防范,毋许稍有疏虞。将此由六百里各谕令知之。又谕:本日耆英奏逆夷大帮船只窜至乍浦洋面一折。据称初七日午刻,有逆夷火轮船二只,大小夷船二十余只,由乍浦所辖之黄盘山东首洋面而来。未刻,火轮船拖带三板船,自彩旗港驶入西行汛停泊,等语。该逆猖獗异常,甫经退出宁波,又复驶至乍浦外洋。意图扰掠,实属可恨。现在耆英等极力防堵,并于尖山等处加意严防。诚恐该逆分艇肆扰,乘势窜入上海各海口。著牛鉴、陈化成督率文武员弁,认真防范,毋稍疏虞。牛鉴前奏于紧要海口加筑土塘土牛以资捍卫,是该督于防守要隘尚有把握,著即谆嘱将弁兵丁,如有夷船驶至,切勿早开枪炮。俟该逆逼近,其势足以相及,再行并力轰击,以收实效而壮干城。将此由六百里谕令知之。(《清宣宗实录》卷三百七十,道光二十二年四月壬辰,第31—32页。)

140. 道光二十二年四月壬寅谕军机大臣

奕经等奏:尖山逆船开赴外洋。据奏:尖山口外之凤凰山海面夷船退往东南而去,平湖之苏家埭、海盐之方家埭等处,又被逆匪抬炮轰击。省城阴雨连潮,江水陡涨。沙线既无可恃,瞭望未能真确。已将驻扎绍兴兵勇催调渡江,并将浙省各镇营未调官兵抽拨二千名赴省捍卫,等语。览奏,均悉。此次乍浦失守,自系该逆夷探知我兵亟图收复宁波、镇海,该逆将计就计,驶往乍浦,攻我不备,以致立时失陷。现若将绍兴兵勇调回省城,难保该逆不又因绍兴兵力单弱,径赴绍兴、曹江及慈溪等处肆行滋扰。顾此失彼,复堕奸计。宁波、镇海均系残缺之区,叠经降旨暂缓收复。该处之兵自应撤回,派拨曹江、绍兴等处,以免乘虚窜入,断不可一误再误,坐失事机。所奏退出外洋之船究竟驶往何处?著即确切探明,迅速具奏。现在段永福已授浙江提督,著该将军等迅即谕知该提督统带官兵择要防守。又据奕经、特依顺另折奏:查明长喜、宋国经退守嘉兴等情,既称三板船七八十只,每只约三四十人,是合计不过三千有余。何以又称愈击愈众,不下万人。至宋国经禀称击毙逆众无数,长喜禀称伤毙逆匪甚多,究竟所伤黑白夷及汉奸实在数目若干?著该将军等确查具奏,断不可稍有含混捏饰。并将首先溃散官兵查明,按军法惩治,毋得稍存姑息。余步云现已拿问,郑祖琛又经调回。现在曹娥江一带系何人驻守?绍兴地方现只文蔚一人,著即拣派得力武职大员帮同带兵防御。是为至要。将此由六百里加紧谕知奕经、特依顺、刘韵珂,并谕令耆英、文蔚、齐慎知之。(《清宣宗实录》卷三百七十一,道光二十二年四月壬寅,第25—26页。)

141. 道光二十二年四月壬寅又谕

奕经等奏:尖山逆船开赴外洋一折。据奏,尖山口外之凤凰山海面夷船退往东南而去。平湖县属之苏家埭、海盐县属之方家埭等四处,逆匪数百人四出掳掠,并扛抬炮位轰击,旋即散去,等语。逆船忽去忽来,踪迹诡秘。江苏洋面紧与浙省毗连,必应扼要严防,杜其窜入。其内河一带交界处所,亦应严行防堵。昨因该省兵力尚单,已有旨谕令山西巡抚将备调大同等镇精兵一千名,派将弁管带迅赴苏省,俾资防堵。著牛鉴、程矞采酌量情形,与前调之河南、湖北等省官兵择要安置,严密防守,不可奇零散布,以致不能得力。仍严申纪律,毋任临时退缩,致误事机。至尖山等处逆船现既开赴东南外洋,即难保其不乘风乘潮,突入江境肆扰。著该督等饬属随时确探,倘有警报,远省官兵一时未能即到。著仍遵前旨,酌于本省邻省就近征调。一面飞咨调取,一面奏闻,毋稍贻误。是为至要。将此由六百里加紧谕令知之。(《清宣宗实录》卷三百七十一,道光二十二年四月壬寅,第27—28页。)

142. 道光二十二年四月甲辰又谕

耆英等奏驰抵嘉兴体察情形一折。据奏:逆夷船只于十八日开放二十余只,驶向东南外洋,尚留四只收拾篷索,亦将开行。究竟驶往何处?著即确切侦探,迅速具奏。现在夷船既已开行,其奕经等送到夷俘,著该将军等仍于杭城暂行收管。此时乍浦夷船业经退出,不值仍留重兵守此空城,转令扼要处所兵力单薄,著即饬令该处文武督同乡勇严密防守。至镇海城外有无夷船在彼,亦著奕经等查探明确,据实具奏。另折奏:查明乍浦满营官兵,分起送交杭州满营。著即留于省垣,俾资栖止。乍浦副都统即令萨弼尔翰暂行护理。前有旨令耆英即赴广州将军之任,现在嘉兴、乍浦一带,尚须布置,著暂缓起程。俟诸务妥协,折回杭州省城,协同奕经等加意防守。杭州将军,仍著特依顺署理。将此由五百里谕知奕经、耆英、特依顺、刘韵珂,并谕文蔚、齐慎知之。又谕:耆英奏乍浦夷船于本月十八日陆续开放二十余只,驶向东南外洋而去,尚留四只,乍浦城内并无夷人等语。夷情诡诈异常,逆船忽去忽来,殊为叵测。现虽驶往东南外洋,难保其不乘风乘潮,折回北驶。沿海各口,必应扼要严防,杜其窜入。著讷尔经额、托浑布、牛鉴、程矞采督饬员弁,认真堵御。仍遵前旨申明纪律,严查汉奸,勿稍疏虞,致有贻误。该逆行踪无定,总须早为豫备。著该督抚等各雇商渔船只,随时出口确探。瞭见逆船踪迹,一面饬属防堵,一面飞速奏闻,无误机宜。是为至要。(《清宣宗实录》卷三百七十一,道光二十二年四月甲辰,第30页。)

143. 道光二十二年四月丙午谕军机大臣

牛鉴奏上海宝山一带防堵严密,夷船驶入金山外洋停泊,旋即起碇开行各一折。据称十九日有大小夷船二十二只,先后开向金山、筱馆墩洋面下碇,二十日对墩开炮,旋即挂篷向东南全数开去,等语。该逆行踪诡秘,既舍乍浦,又复停泊金山外洋,开放大炮,离塘岸尚远,炮子即行落水,似非立意寻衅。然逆夷叵测,游奕无定,难保不故作远窜情形,懈我军心,仍恐复来滋扰。著牛鉴照旧严密认真防御,勿稍疏懈。当逆夷船只排列筱馆墩洋面,相持半日。我兵相度炮力尚不能及,未肯轻放枪炮,甚合机宜。至上海一带,该督已周历巡视,防范极严。并督饬陈化成、王志元驻守海塘,声势联络。吴淞东西炮台,已宿重兵,伏兵兼可应援堵截。种种布置,必当慎之又慎,加意小心。切勿自恃无虞,稍堕奸计。又另片奏:已通饬文武员弁,勿被逆夷诱放枪炮,并制造水轮船只,安放炮位,行驶捷速等语。著严密妥办,以资得力而助水攻。将此由五百里谕令知之。(《清宣宗实录》卷三百七十一,道光二十二年四月丙午,第39—40页。)

144. 道光二十二年五月丙辰谕军机大臣

程矞采奏河南官兵全数赴浙,现在筹办防堵情形,并查明夷船在江苏外洋游奕各一折。又另片奏:严密巡查奸徒,等语。览奏,均悉。河南官兵已全数饬令赴浙,所有平望、王江泾两处,为江浙交界之地,最关紧要。现只有扬州营官兵三百名驻彼,是否足资防御?著与牛鉴商妥办。至湖北、山西两处官兵陆续可到,应如何分拨驻扎,亦应豫为筹画,临时方可得力。该逆船只现在外洋游奕,窥伺吴淞海口,牛鉴已带兵前往防剿。惟逆夷内犯,全恃汉奸为引导。上海距苏州府城稍远,其余各海口港汊纷歧,在在均关紧要,该督恐难兼顾。著程矞采于省城人烟辐辏之地,认真严密稽查,不使奸匪混迹。至向来贩卖洋货之人,尤易与夷奸熟识,更当留心查察,以防临时作为内应。其余各海口亦应派委妥员,一律加意防范,勿堕逆夷声东击西奸计。所有乍浦逃散乡勇,并著留心饬属弹压侦察。毋使借端滋扰,以杜奸宄而靖闾阎。将此由五百里谕令知之。(《清宣宗实录》卷三百七十二,道光二十二年五月丙辰,第17—18页。)

145. 道光二十二年五月丁巳谕军机大臣

托浑布奏勘明胶州等处海口,折回登州督办防堵事宜一折。据称:莱青海口有长沙横亘外洋,足为保障。夷船不入登州府属洋面,辗转驶进,不能径达莱青海口。该处防守较易于登郡,等语。该抚既周历履勘,详察情形,著仍督饬文武员弁加意防堵,勿稍疏懈。至登州为海口扼要之处,该抚驻扎防御。现已团练乡勇,并于近庄环筑土堡。其商船会集金家口等处马头,复分拨兵勇,严密防守。遇有南船入境,非取本地殷实行户认识保结,不准驶入口岸。所办固属周妥。惟该逆内犯全恃汉奸为引导,而汉奸之助恶,不必豫为雇倩。即寻常洋行贸易之人,素与熟识,临时皆可作为内应。即如乍浦地方向有福建同安人在彼寄居,该将军等曾募充乡勇数百名,乃一经逆夷攻犯乍浦,该匪徒等竟敢勾引夷匪扒城放火,以致兵众惊溃。实堪痛恨。因思逆夷近逼之际,未必与各匪徒早有纠约,总因平时与之贸易,临时心自外向。无非希冀得彼财物,故肯代为出力。此等情形不可不豫为防范,著托浑布派委妥员于各海口留心侦察,不但形迹可疑者应加究诘,即寻常贩卖洋货之人,其有来自闽粤,或非土著者,均应加倍查察,设法防维。勿堕内外交通奸计,是为至要。将此谕令知之。(《清宣宗实录》卷三百七十二,道光二十二年五月丁巳,第19—20页。)

146. 道光二十二年五月乙丑又谕

奕经等奏续拨官兵赴苏并近日夷船情形一折。览奏,均悉。逆夷现在攻陷宝山,逼近上海,苏州省城紧要。该督抚等咨调寿春镇总兵尤渤所带官兵二千名,著即饬由嘉兴驰赴苏州,以资捍卫。至江宁旗兵八百名,前已有旨谕令撤回江宁驻防。所有嘉兴一带,著该将军等另拨官兵前往防守。现在定海衢头及岑港、歧头各洋面既有分泊夷船十三只,又报有火轮船三只,大小夷船八只,向东北外洋驶去。夷船二十一只在金塘洋面游奕,该逆来往靡常,情形叵测。该将军等务须严密防范,毋少疏虞,或乘此大帮船只前赴苏省之时,设法进剿,多方牵制,当可得手。仍著确探逆船踪迹,随时迅速具奏。(《清宣宗实录》卷三百七十三,道光二十二年五月乙丑,第5—6页。)

147. 道光二十二年六月戊寅又谕

怡良等奏:续查南北驾驶夷船经过闽洋只数一折。据称英逆船只往来无定,鼓浪屿所留之船多时或至十二三只,少亦有七八只之数,大约均听在浙逆夷号令,等语。该逆滋扰江浙,聚集逆船多只,倏行退出外洋游奕。闽省呼吸相通,且现有停泊夷船,即难保其不伺隙复行滋扰。著该督等督饬员弁严密防范。如有可乘之机,仍酌量妥为剿办。其沿海地方务当恪遵前旨,申明例禁,认真稽查,毋许内地民人私与往来,代销货物。慎勿再事纵容,是为至要。嗣后夷船有无增减,仍著分遣商渔船只随时探报。得有确信,即行据实具奏。将此由四百里谕令知之。(《清宣宗实录》卷三百七十四,道光二十二年六月戊寅,第2—3页。)

148. 道光二十二年六月己卯谕军机大臣

耆英等奏逆船折回吴淞聚泊,现议设法防堵一折。据奏该逆北窜之船四十多只,仍复折回,聚泊吴淞口外。崇明县及刘河、福山各口均有夷船游奕,并有欲犯江宁之说。牛鉴已往扬子江京口溯流而上,竭力防范,会同德珠布商办一切。并飞催齐慎至苏,会同耆英、伊里布、程矞采筹商防守,等语。逆夷勾结丑类,添船多只,并据截沙、鸟等船在吴淞口演习驾驶,意图内犯。江宁襟江带海,虽有暗礁伏沙,大船不能直入,其火轮三板等船难保不驶入江内。惟该处江口究与外海不同。前据牛鉴奏有水师战船十六只,并招募各船大小七十只,派令田浩然等管带。另制水轮船四只,派刘长清管带。内河可与接仗,不致疏虞,等语。此项船只,虽不能敌其大号兵船。若火轮、三板等船乘潮驶入,酌带炮位,当可与之水战。著牛鉴于入江要隘处所,分布各船。责令管带各员,倘有逆船驶入,可战即战,当守则守。断不可稍有疏虞,致沿江红船渔船反资贼用,是为至要。其崇明、刘河、福山各口,均须分兵防守。已有旨谕知奕经等酌派精兵一二千名接应,交齐慎管带至苏。著俟该参赞到苏后,该督酌量扼要地方,令其驻扎以资控制。至江省要口甚多,虽经设法堵塞,难保该逆不乘间窜入,不可不豫为防范。前此宝山、上海、逆夷因无可抢掠,是以旋入旋退。因思各处果无辎重可掳,自不致受其荼毒。但须俯顺舆情,妥善筹酌。固不可强之使迁,转滋惊扰,亦不可禁其他往,致有疏虞。又耆英伊里布奏:接阅酋目回信一折。览奏,可恶之至。该逆既不肯戢兵,若再事羁縻,不特于事无益,且恐有伤国体。著与牛鉴、程矞采专意剿办,无稍游移。另片奏:江阴、靖江一带逼近京江,已将徐州镇兵七百名驰赴江阴,即由王志元统带。并饬京口副都统海龄督带各兵屯扎京口。均著照所议办理。伊里布另折一件,著发还。将此由六百里加紧谕知耆英、伊里布、牛鉴、程矞采并齐慎知之。(《清宣宗实录》卷三百七十四,道光二十二年六月己卯,第5—6页。)

149. 道光二十二年六月丙戌又谕

据耆英等奏:逆船多只北窜,现仍折回吴淞口外聚泊一折。逆夷诡谲叵测,北窜之船现复折回,聚泊吴淞口外。崇明及刘河、福山各口亦均有夷船游奕。又复掳截沙船鸟船,演习驾驶,逆焰势将日张。齐慎前经带兵驻扎王江泾地方,江苏现在防堵紧要,著即飞行照会该大臣,迅速前往苏省,驻扎扼要处所,俾资应援。并著奕经等于浙省调到各官兵内挑拨精兵一二千名,派员管带,迅赴江苏,交齐慎会同耆英、伊里布、牛鉴、程矞采体察情形,相机堵剿。将此由六百里加紧谕令知之。又谕:牛鉴奏逆船闯入江阴县境,现在相机防御一折。据奏夷船五六十只驶近福山,其火轮船二只已乘潮驶过江阴之鹅鼻嘴。大小逆船均在江中寄碇,等候探水。该督现已分饬镇道,将前备之火攻船整理周密,相机截击。齐慎、牛鉴,均已赶赴京口,等情。览奏,均悉。逆夷由海入江,先遣火轮船闯入江阴,即难保无大帮逆船跟踪内犯。大江形势,究与外海不同。如果逆船驶进,务将备防之火攻等船,相机截剿。一面于京口上下地方,严行防堵,再于鹅鼻嘴下游沙线弯曲处所,用船装载沙石,填塞要害,断其归路。其江北口岸,亦须派员带兵严密防御。前据奕经等奏:已将派拨之江西兵二千名,携带大炮四十位,抬炮一百杆,迅解江苏,计此时当已抵苏。著耆英、齐慎、牛鉴、刘允孝、程矞采会同商酌,于扼要处所驻扎。如兵力尚单,即著晓谕绅民人等,雇备船只,团练义勇,激以忠义,许以重赏。既可为国杀贼,即以自卫身家,当可济兵力之所不逮。该大臣等务当设法拒守,力求保全之策,方于国事有益,而殊勋立奏也。本日据德珠布等奏请拨兵应援一折,现在齐慎、牛鉴业已驰抵京口。江宁省城紧要,应如何添兵防守。著该督等妥商办理,无稍疏懈。将此由六百里各谕令知之。(《清宣宗实录》卷三百七十四,道光二十二年六月丙戌,第25—26页。)

150. 道光二十二年六月己丑又谕

逆夷犯顺以来,恃其船坚炮利,横行海上,荼毒生灵,总因内地师船小大悬殊,不能相敌。是以朕屡降谕旨,饬令将军、督抚但为陆守之计,勿与海上交锋。两载以来,迄无成效。推原其故,由于无巨舰水师与之接战。其来不可拒,而其去不能追。故一切夹攻、埋伏、抄前、袭后之法,皆不能用。以致沿海州县屡经失挫,七省防边劳师糜饷。言之愤恨。因思逆夷所恃者,中国战船不能远涉外洋,与之交战。是以肆行无忌。若福建、浙江、广东等省各能制造大号战船,多安炮位,度其力量,堪与逆船海洋接仗。上之足歼丑类,次亦不失为尾追牵制之计。设有如定海镇、镇海、厦门之事,我陆兵战于前,水师战于后,该逆将无所逃命,沿海州县庶可安堵无虞。惟是逆艘遍海,此时闻我造船,势必设计阻挠,乘机抢劫,不可不豫为之防。著福建、浙江、广东各督抚各就本省情形详加筹画,密为办理。前据奕山奏广东曾捐造大船一只,颇能驾驶出洋。可见木料人工,随地皆有。急公好义,正不乏人。嗣后如有捐资制造战船炮位者,该督抚查明保奏,朕必照海疆捐输人员从优鼓励。惟此项船只,必难克期成造,事先务当密之又密,断不可走漏风声,致有贻误。将此各谕令知之。(《清宣宗实录》卷三百七十五,道光二十二年六月己丑,第13—14页。)

151.《夷船复来台洋游奕状》壬寅八月

本年三月间,逆夷大帮船只勾结草鸟匪船来台,冀图滋扰。经文武官兵义勇击破草鸟船多只,擒获奸民匪犯讯办。夷见无隙可乘,潜引大帮遁去。缘由业已具折陈奏、录报在案。乃夷船已去,而草鸟匪船仍复往来各口伺劫。复有彰化巨匪黄马等聚众,专俟夷船到口作乱。又经本职、职道督饬文武先后击破奸擒,分别审办。兹于八月初五日,接据台湾水师协邱镇功、台防同知全卜年及文武委员义首人等禀报:是日午刻,瞭见国赛港外洋有三桅夹板夷船一只,自西南驶来,由西北外洋而去,等情。本职、职道当即飞行各文武,将各处壮勇酌量添设,慎密防范。续据探报:该夷船于是夜三更时,在国赛港迤北之马沙沟外洋北汕停泊。当饬邱副将督带水师商哨船十九只及水勇竹筏多张,驶往攻击。并饬国赛港委员候补同知徐柱邦督率守口壮勇在岸陈列防堵。本职、职道立即会带兵勇,出驻安平,督率办理。初七日申刻,据报:该夷船见我兵勇严密,即插起白旗,施放空炮。于初六夜乘潮逃驶,师船追望无踪而回。本职、职道随会同在安平演放炮位,勘阅重修炮墩、土壁事竣,于初八日晚同回郡城。初九日未刻,又据各口报称:有夷船一只,在凤山县之打鼓港南外洋,渐向西北驶过四鲲身、四草湖外游奕。于申酉刻间,复向外洋驶去无踪。各等情前来。(姚莹:《中复全堂集·东溟文后集》卷五,第21—22页。)

152. 道光二十二年九月戊午谕内阁

前据祁𡎴奏称,粤东外海水师乏员,请酌量变通一折。当交兵部议奏。兹据该部奏称:该督因水师乏人,请拣选酌保,自应量为变通。著准其于陆路将备内酌保游击、都司各一员,守备、千总、把总各二员,仍令带赴外洋试验。一年期满,果能擒贼立功,熟谙水性,准其保题,送部引见。至云骑尉、恩骑尉及随营武举,有愿改水师者,并著准其随时呈改,照例补用。惟外海水师与陆路迥不相同,必须于洋面情形身亲阅历,方能胜任。著责成该督及水师提镇将所保人员及呈改水师各员,饬令前赴外洋,实心讲求水师事宜。果能熟习风涛,足资得力,方准轮缺挨补。不得虚应故事,有名无实。倘改用水师之后,于外海巡防不能留心学习,除将所保之员撤回外,并将原保之该上司照例议处。决不宽贷。(《清宣宗实录》卷三百八十,道光二十二年九月戊午,第25页。)

153. 两广总督祁𡎴广东巡抚梁宝常奏议

臣等于道光二十一年十一月十三日承准军机大臣字寄,奉上谕:著该督抚等将该省险要各海口查明共若干处?何处添兵若干名?即于本省各营内或量为裁拨,或分年换防,逐一详细查明,妥议具奏,等因。钦此。

臣等查广东全省向分中路及东上、东下并西上、西下五路。东上路系南澳镇属海门营;东下路系碣石镇属中、左、右三营及平海营;西上路系阳江镇属硇洲营;西下路系琼州镇属海口营及龙门协左右两营、海安营、崖州水师营,共十一营,虽或近接海滨,或孤悬海外,但西路上下各营内洋海面下多礁石,且地方贫瘠,向来夷船来去均过外洋,不入内洋,其东路上下各营内洋,虽有夷船经过,亦非寄泊之所,惟南澳一处间有寄泊,而情形仍不甚吃重。且添补兵数过多,既无可抽裁,而太少,又属无济。是东西两路似均可毋庸议添。

惟查有水师提标中、右、后三营所属之虎门内外各海口,外达海洋,内通省会,为全粤根本,而虎门又为省会门户,诚通省第一险要之区,必须添配兵丁,以资防守,所有提标中、右二营险要海口,则系横档东、西及沙角、大角、新涌、蕉门六台,前于横档东、西建筑横档、永安二台。横档之东对岸建设威远、靖远、镇远三台。横档之西对岸建筑巩固台。横档之后大虎山建筑大虎炮台。连沙角、大角、新涌、蕉门共炮台十一处,原额共配兵丁五百三十名,因原防兵额不敷管理,是以每年春秋操练炮准,向在存营及简僻汛卡临时抽调兵丁五百一十八名,作为协济兵丁,分拨各炮台,与原台防兵一同操练。操毕,仍回存营汛卡操防。此系从前无事之时则然,设遇有事,若照旧抽调,未免临事周章,更恐生疏贻误,而防城及各汛卡兵丁转形缺额,殊非经久之计。应请添兵专驻防守,就各台原配大炮三百四十位计算,每炮配兵四名,共应添兵八百三十名,分配各台,与原防兵丁专驻防守,时常操练炮准,以期一律精熟。又查,提标后营所辖之猎德、中流沙炮台二座,为护省东路要隘。大黄窖炮台一座,为省城西南路要隘。原防弁丁均属不敷守御,共拟添兵三百名,俾令常川驻台演练,设或有警,另调陆兵屯守各台左右,以备策应,而昭周密。

以上中、右二营在于各该营简僻汛卡酌抽二百三十名分配外,尚应添兵八百名。查内河、外海各水师,其简僻营分额兵本属无多,紧要营分又未便抽裁,应请在陆路督抚、提镇各标协营酌量营分繁简、兵额多寡,分别裁拨,似于海口防堵情形较为得力,而兵额仍无须加增。再,省河新修各炮台共三十余处,内有三合土炮台十座,均为要隘,现系壮勇防守,将来裁撤之后,必须改派弁兵,即现拟虎门各炮台添兵数目,亦止就原配炮位计算。将来各炮台一律修复,相度情形加配炮位,即不能不再议添兵。容臣等随后另行筹议,奏明办理。至天津海口添设官兵案内,奉兵部行知在广东省裁兵四百八十名,前已抽裁足数,另行详晰造册,咨部办理。并咨行直隶督臣查照。[文庆等编:《筹办夷务始末》(道光朝)卷六十三,第12—15页。]

154. 道光二十二年十一月己酉谕军机大臣

据穆彰阿等奏详议天津善后章程一折。朕逐条披阅,所请将沿海营兵择其善于凫水勤加教练一节。各省水师积习,仅于近海处所虚放枪炮,遇有匪船滋扰。不能出奇制胜,辗转效尤,几成故套。此次所练水兵,著讷尔经额明定操期,酌筹赏项,饬属勤加训练。仍以时亲往简阅,期于谙习风潮,驾驶得力,切勿装点虚文,仍循陋习。所称购备商船,固属因地制宜。惟平时操演,临敌进兵,能否资以为用,仍著悉心筹议。大沽望楼高至六丈有余,本赖以登高瞭望,朕意现在既设巡哨兵船,如果水兵得力,自可随时侦探,著该督于明年夏秋间体察情形,或将望楼拆卸。其木料留抵别项工用,至马队资以冲突,务须分合得宜。炮火利在攻坚,期于施放有准。酌定防守班期,以恤兵力。收贮设伏器具,以实军储。均著如所议行。再,本地商船不准偷越外洋,闽广商船即在葛沽停泊,听候查验。及上海宁波等处商船,酌定稽查章程。此三条系为杜渐防微起见,有应移咨江浙等省者,即著该督咨行各该省。按照现议章程一体遵办。惟商渔船只,由该县出结报查,验明执照,编列字号,开具清册。并葛沽派委员弁,严禁船户勒掯偷盗。并上海宁波商船,由地方官取具甘结等事。恐该管官视为具文,虚应故事。并胥吏借端需索,著该督一并移咨江浙等省,饬属认真稽查,严惩需索。务于盘诘奸宄之中,仍存体恤商旅之意,方为尽善。新设总兵一员,应在何处扼要驻扎,著该督另议具奏。至天津关厢内外分堡设局,团练义勇及场灶民夫编查、年貌二条。既经行之有效,自应照旧办理。至天津、永平等处官荒地亩,如何分饬各府州县清查,招垦纳租,以资津贴。以本处地利作本处防费,较之加价生息,尤为正大。著讷尔经额查明奏办。以上一切章程,有治人斯有治法。总须行之以实,特【持】之以恒。此外如有未尽事宜,即由该督居时筹议,奏请施行。将此谕令知之。(《清宣宗实录》卷三百八十四,道光二十二年十一月己酉,第9—10页。)

155. 两广总督祁𡎲奏为查明广东水师提督吴建勋尚堪胜任事

两广总督臣祁𡎲跪奏。为遵旨查明广东水师提督吴建勋尚堪胜任,并查有升署大鹏协副将赖恩爵在水师各镇中尤为出色可靠,恭折密奏,仰祈圣鉴事。道光二十二年十月十五日,臣承准军机大臣密寄:九月二十五日奉上谕:现在办理善后,广东地方水师尤为吃重,其将、备能否得力,船只如何配用,器械如何制造,以至平日如何巡哨,临敌如何制胜,全在该提督处处留心,方能率属讲求,力加整顿。现任吴建勋朕不深悉,其人是否于广东洋面一切操防、训练、驾驶、攻剿事宜均能熟谙,著祁𡎴密加察看,据实具奏。如不能胜任,即于水师人员内就该督素所深知实在可靠者密封具奏。朕为水师得人起见,且该督统辖两省,事务较繁,如果提督得人,该督亦获收指臂之助,万不可意存迁就,重孤【辜】朕望。将此密谕知之。钦此。

臣跪诵之下,仰见我皇上垂念海疆,慎简将帅之至意。伏查水师提督一官,统辖内河外海水师各将、备,且广东自办理夷务以来,地方情形尤为吃重。现任提臣吴建勋自上年到任以后,臣留心察看,操守极好,于水师营伍情形亦极熟悉,所有内河外海一切操防、训练事宜,督率稽查,均有条理,在海疆无事之时,以该提臣从容镇抚,尚堪胜任,然无济时应变之才,若遇缓急,不能必其奋发有为。至水师四镇内,除调补阳江镇总兵张成龙仍在浙江黄岩镇署任尚未到粤外,其余碣石镇总兵李贤、琼州镇总兵鲍起豹营务晓畅,训饬有方,均堪称职,但亦只照常供职,其才识办事较之提臣吴建勋未有优劣。惟查有升任南澳镇总兵赖恩爵先经奏明,留署大鹏协副将,驻扎九龙,逼近香港,系夷船聚泊往来游奕之地,该署协在九龙防堵二年有余,二十年秋冬间与夷船打仗,极为出力,曾经恩赏巴图鲁名号。臣到任将及二年,每于该署协禀报香港夷务,觇其才略,似于缓急轻重之间,均合机宜,实水师总兵中最为出色可靠之员,若以之擢任水师提督,将督修虎门炮台工程及操练新制水师战船,责成办理,亦洵堪胜任。臣仰蒙皇上天恩,肩兹海疆重寄,蒙剀切训谕,臣若意存迁就,仍不据实陈奏,则是上孤【辜】高厚之恩,下又不得指臂之助。稍有人心者,断不敢出此。所有遵旨查察缘由,谨附驿恭折密奏。是否有当,伏乞皇上圣鉴训示。谨奏。道光二十二年十一月二十日。(北京:中国第一历史档案馆藏朱批奏折,档号:04-01-30-0175-001。)

156. 道光二十二年十二月乙酉两江总督耆英奏议江苏善后事宜

窃臣前于奏报镇江大略情形后,由内河至苏州,与抚臣程矞采晤商一切,即赴上海。适提臣尤渤闻信前来,会同查得上海地方,因未开炮,是以未遭十分蹂躏,城垣并无损坏,焚毁民房亦属无多。前虽迁避,近皆复业。此上海县之情形也。宝山县与上海接壤地方,情形相等。迨至吴淞口,则东面两岸炮台已成瓦砾,海塘亦多崩陷,民间村落及汛地兵房有已击成平地者,有仅成败壁颓垣者,亦有尚堪修复者,约计数里之间,并无完全村落。宝山县城垣间有损伤,衙署亦多毁坏。吴淞营被其击焚舢船五只,小哨等船八只。川沙营被其击焚舢船二只,小哨船二只。苏松镇标各营被其击焚舢船六只。现在被难贫民先经地方官妥为招抚,给予房价,并另请口粮,可以不致流离失所。此宝山县之情形也。至上海、宝山两县临塘安设炮位,铜者皆为掠去,铁者或敲断两耳,或钉塞火门,并闻有推堕海中者,其尚堪选用之炮业已寥寥无几。

臣又体察全局形势,凡夷舶之自南来者,由江浙交界之羊山外洋,望北驶至南汇县之汇头内洋,折而西行,历南汇、川沙而至宝山内洋。南驶,则入吴淞口;以至上海;北驶,则历镇洋、太仓、昭文至常熟之福山以远。于江其崇明县则孤悬海外,适当长江之冲,东临大洋,而对常熟、昭文、太仓、镇洋、宝山,西南径对吴淞口,南对川沙、南汇,北对通州海门,本系四面皆可行舟之地。近年以来,北面海中条沙缕结,船只至彼动辄搁浅,仅能容本地沙船出入,夷船不敢冒险往来,而吴淞口外遂为由海入江必经之路,实苏松一带之内户,而长江之外户。是以吴淞口一失,遂长驱直入,不复可制。此江苏洋面之大略情形也。吴淞口,系为黄浦、吴淞二江合流入海之处,上海县城东南濒临黄浦江,东北濒临吴淞江。该二江上承苏、松、常、镇、杭、嘉、湖诸山之水,至上海而交汇,来源既长,且大水势,宽深其间,湖荡林立,港汊纷歧,舟楫往来,无处不通。就腹里地方而论,吴淞口为上海之门户,上海县又为江南之门户,是以吴淞口一失,则全省震动,守无可守,防不胜防,遂致束手无策。此吴淞口内河道之大略情形也。

从来议海防者,以出海会哨,毋使入港为上策;循塘拒守,毋使登岸为中策;出水列阵,毋使近城为下策。不得已而守城,即为无策。我朝定制于崇明地方设立水师总兵一员,督饬所属各营出洋会哨。又于吴淞口东西两岸设立吴淞、川沙水师参将二员守口巡洋。又于江北之通州地方设立狼山镇总兵一员,与江南之福山营游击对峙;于江海之交又有京口水师副将专辖长江。海防江防之周密实超乎上策之上,无如承平日久,营务水务不堪复问,一闻寇警,不得不舍上策而循塘距守。今彼处心积虑窥探三年,破我循塘距守之策,甚至城不能守,险不足恃,言念及此,疾首痛心,敢不于无策之中勉求善策。确查外海、内河额设战船实数并水师各营原有马匹,酌量变通,俾不敢以无用之船,聊以塞责;亦不敢以有用之马,置之无用之地。然后整饬会哨,豫防后路,层层布置,以冀补牢。臣现偕同提臣即日前赴长江一带鹅鼻嘴等要隘,并分委承办善后事宜之文武各员前赴松江等处勘明情形,再与奉旨会办江北防堵之署太常寺少卿李湘棻通盘筹划,或应变通者,或应仍旧者,酌量目前情形,会同抚臣程矞采酌定章程条款,绘图贴说,恭请训示遵办。[文庆等编:《筹办夷务始末》(道光朝)卷六十四,第13—15页。]

157. 道光二十二年十二月乙酉谕军机大臣

耆英奏查明上海宝山及吴淞口情形一折。吴淞口外,为由海入江必经之路。现在水师废弛,不独巡洋未能得力,即江防亦属无备,思之令人寒心。该督议将外海、内河额设战船实数,并水师各营原有马匹酌量变通,然后整饬会哨,以冀补牢,著俟履勘各要隘形势,再行通盘筹画,奏明办理。将来制造船只,必须木植坚实,运用灵捷,方能得力。若拘守旧制,名为修理战船,其实无济于用,又复何所裨益。至另片奏拟酌提宝苏局洋铜数十万斤,铸造大炮,并咨会河南代造抬炮,等语。制造炮位,无论铜铁,总以精炼为要。非必专用铜炮,始能及远命中。且购办铜斤,不如购办精铁之易。苏局现在所贮洋铜,自应仍留备鼓铸钱文。该督等增铸大小炮位,惟当广购精铁,加工镕炼。并调取广东熟谙铸炮工匠,如式制造。务期一炮得一炮之用,方为妥善。其抬炮一项,以体质轻固者为得用。该督因江苏所造未能如法,已咨河南巡抚。责成河北镇昌伊苏代造抬炮一千五百杆。亦著照议办理。惟三十斤之炮,尚恐运动未能灵便。若每炮再减六、七斤,运用时当更得力。并著该督咨会河南巡抚照办。将此谕令知之。(《清宣宗实录》卷三百八十六,道光二十二年十二月乙酉,第15—16页。)

158.《筹海篇》选录

自夷变以来,帷幄所擘画,疆场所经营。非战即款,非款即战。未有专主守者,未有善言守者。不能守,何以战。不能守,何以款。以守为战,而后外夷服我调度,是谓以夷攻夷。以守为款,而后外夷范我驰驱,是谓以夷款夷。自守之策二:一曰:守外洋不如守海口,守海口不如守内河。二曰:调客兵不如练土兵,调水师不如练水勇。攻夷之策二:曰调夷之仇国以攻夷,师夷之长技以制夷。款夷之策二:曰听互市各国以款夷,持鸦片初约以通市。

今请先言守。今议防堵者莫不曰御诸内河,不若御诸海口。御诸海口,不若御诸外洋。不如此,适得其反也。制敌者,必使敌失其所长。夷艘所长者外洋乎?内河乎?吾之所御贼者不过二端:一曰炮击,一曰火攻。夷之兵船大者长十丈,阔数丈,联以坚木,浇以厚铅,旁列大炮二层。我炮若仅中其舷旁,则船在大洋,乘水力活,不过退却摇荡,不破不沉。必中其桅与头鼻,方不能行驶。即有火轮舟牵往别港,连夜修治。惟中其火药舱,始轰发翻沉。绝无汹底凿沉之说。其难一。

若以火舟出洋焚之,则底质坚厚,焚不能然。必以火箭喷筒焚其帆索,油薪火药轰其柁尾头鼻,而夷船桅斗上。常有夷兵镜远瞭望,我火舟未至,早已弃碇驶避。其难二。夷船起碇。必须一时之久。故遇急则斩缆弃碇而遁。

夷船三五为帮,分泊深洋,四面棋布,并非连樯排列。我火船攻其一船。则各船之炮,皆可环击,并分遣杉船小舟救援。纵使晦夜乘潮,能突伤其一二艘,终不能使之大创。而我海岸绵长,处处防其闯突,贼逸我劳,贼合我分。其难三。

海战在乘上风。如使风潮皆顺,则即雇闽广之大梭船、大米艇,外裹糖包,亦可得胜。郑成功之破荷兰,明汪铉之破佛郎机,皆偶乘风潮,出其不意。若久与交战,则海洋极辽阔。夷船善驾驶,往往转下风为上风,我舟即不能敌。即水勇水雷,亦止能汹攻内河淡水,不能汹伏咸洋。其难四。

观于安南两次创夷,片帆不返,皆诱其深入内河,而后大创之。则知欲奏奇功,断无舍内河而御大洋之理。贼入内河,则止能鱼贯,不能棋错四布。我止御上游一面,先择浅狭要隘,沉舟絙筏以遏其前,沙垣大炮以守其侧,再锚下游椿筏以断其后。而后乘风潮,选水勇,或驾火舟,首尾而攻之。(沉舟塞港之处。必留洪路以出火舟。)或仿粤中所造西洋水雷,黑夜汹送船底,出其不意,一举而轰裂之。夷船尚能如大洋之随意驶避,互相救应乎!倘夷分兵登陆,绕我后路,则预掘暗沟以截其前,层伏地雷以夺其魄。夷船尚能纵横进退自如乎!两岸兵炮,水陆夹攻,夷炮不能透垣,我炮可以及船。风涛四起,草木皆兵。夷船自救不暇,尚能回炮攻我乎!即使向下游沉筏之地,豕突冲窜,而稽留片时之间,我火箭喷筒已烬其帆,火罐火斗已伤其人。水勇已登其舱,岸上步兵又扛炮以攻其后。乘上风纵毒烟,播沙灰以迷其目。有不聚而歼旃者乎!是口门以内,守急而战缓,守正而战奇。口门以外,则战守俱难为力。一要既操,四难俱释矣。[魏源:《海国图志》卷一,道光丁未(1847年)本,第1—3页。]

道光二十三年(1843 年)

159. 道光二十三年正月丙辰又谕

刘韵珂奏:定海镇标兵丁尚未归伍,现于宁波镇海等处分驻,请照内洋巡查之例,于名粮外日加口粮银二分。如有赴外洋缉捕者,再添支银一分。其该标额设战船现均损坏,请暂雇同安钓船等船,交营配用。所需雇价,于地丁项下支给。至定海县前经奏准改为直隶同知,请照玉环直隶同知之例,定为养廉银二千四百两,在于巡抚、藩司、运司、宁绍台道、宁波府五员名下养廉内匀摊。其现在定海、宁波、鄞县署任各员,均请一并准支全廉各等语。著该部议奏。寻,奏:查该省巡洋兵丁向系动支生息银两,修造战船系动支金台米折,兹加给兵丁口粮暨雇用船价,应令该抚于册造杂款项下酌量动用。其请在地丁项下支给之处,未便准行。至定海直隶同知养廉,请照玉环直隶同知之例,除旧额五百里加给一千九百两,在巡抚等五员养廉内匀摊,应如所奏办理。其署同知各员支食半廉不敷,应请并支全廉。此系一时权宜,各省署任官不得援以为例。从之。(《清宣宗实录》卷三百八十八,道光二十三年正月丙辰,第 11—12 页。)

160. 福建水师提督窦振彪奏为部议革职留任谢恩事

福建水师提督臣窦振彪跪奏。为部议革职留任谢恩事。窃奴才承准兵部札开:道光二十二年十二月初四日奉上谕:福建水师提督窦振彪前因厦门失守降旨交部严加议处。经部议:以革职实属咎所应得,姑念厦门失守之时,该提督巡洋外出,且厦门即时收复,窦振彪著加恩改为革职留任,八年无过,方准开复。该提督惟当知感知奋,激发天良,于海疆操防宜倍加整顿,以图后效,而赎前愆,等因。钦此。奴才跪聆恩命,感悚难名,当即恭设香案,望阙叩头谢恩。伏念奴才一介武夫,毫无知识,由行伍擢任提督,刻思竭尽血诚,亟图报效,讵前年七月间,奴才因追捕海盗,远赴浙洋,而英夷滋扰厦门,口岸失守,闻报之下,愤不欲生。奴才先事未能预防,临时又未得死战,溺职之罪,即置之鼎镬,投之遐荒,亦属分所应得。乃蒙皇上曲赐矜全,从宽革职留任,是奴才有生之日,皆皇上再造之仁。奴才虽赋性至愚,莫不因感而愈奋,此后惟有益矢天良,不惜身心,于海疆操防训练缉捕各事宜勉竭驽骀,倍加认真整顿,稍赎前愆,以期仰副鸿慈高厚于万一,断不敢稍遗余力,怠忽因循,辜恩负职也。道光二十三年二月二十日。朱批:"水师如再废弛,不加练习,特何以对朕,自问天良安在? 懔之,勉之。"(北京:中国第一历史档案馆藏朱批奏折,档号:04-01-16-0164-058.)

161. 两广总督革职留任祁墳等奏为拿获劫抢龙门协师船炮械事

两广总督革职留任臣祁墳、三品顶戴广东巡抚臣程鹬采跪奏。为拿获劫抢龙门协师船炮械并副将关防案内伙犯船只,讯有大概情形,惟首犯及所抢关防尚未起获,请旨将前参革职之署副将张斌从重治罪,并将统辖之琼州镇总兵鲍起豹摘顶,勒缉,恭折会奏,仰祈圣鉴事。窃照本年三月内,据前署龙门协副将肇庆水师营参将张斌禀报,巡洋师船于二月十六日在南沙尾外洋遇盗,炮械被抢。该署副将落水,致将怀内关防遗失一案,先经祁𡎴会同水师提臣吴建勋于三月二十三日专折奏请将该署副将张斌先行革职,戴罪留辑,并声明提臣吴建勋亲率舟师前往督捕。臣又函致提臣,于到廉后仍会饬廉州府多雇本地渔船,随同掩捕,等因。钦奉谕旨:祁𡎴奏请将巡洋失去关防之署副将革职,留缉一折,广东署龙门协副将张斌出洋巡缉,不能捕获盗匪,反将关防遗失,实属庸懦无能。著先行革职,仍留于该处协同缉捕,俟盗匪有无获案,关防能否寻获,再行分别办理。该督仍督饬将弁认真兜拿,务将要犯及早缉获,毋任漏网。余依议。钦此。

钦遵在案。臣以该处洋匪猖獗,且张斌原禀失印情形,语涉含糊,必有捏饰,续又札委肇庆府赵长龄前往廉州府会同查办,并因前在省河管带壮勇之钦州学正曾钊在钦州任内熟悉海面情形及渔户人等,随饬令回钦州本任,酌带得力渔户、壮勇,随同该府等办理缉捕。一面通札沿海各文武一体严密堵拿。其琼州镇统辖西路琼廉一带洋务,责成尤重,特饬严缉去后。嗣陆续接准提臣吴建勋咨函:自到廉州后,洋匪因闻官兵查拿,贼伙多窜往夷洋,仅据将弁拿获案犯吴组带等二名。又节据赵长龄等禀报:会营获犯陈淙瑞一名。钦州学正曾钊具禀,督同渔船头人林参进、义勇邝腾英协同弁兵,分起追获贼船四只,获犯徐元珑等七名。其被追逃走上岸之贼,被越南拿获二十余名。现经钦州府行文该国地方官移查。又据雷州府煜恒督饬县丞秦乾源等,叠次获犯吴庭颢等共十四名,讯认听从行劫本案师船、炮械、关防,并究出本年五月初一日在越南虬勖汛夷洋听从劫杀越南国兵船夷人多名,夺去船只、炮械,各等情。由廉州、雷州府等将各犯录供具报。另据香山协、县及留署大鹏协副将赖恩爵在中路查获由廉州一带逃回之盗犯陈从幅等四名,解省讯据供认,听从劫夺龙门协师船、炮械、关防,核与委员肇庆府及廉州府等所讯徐元珑等供词大略相同。其张斌关防亦经讯明,确系被贼匪过船拒捕,劫取,并非张斌揣在怀内,落水遗失。但首犯姓名或供系九陇发,或供系梁亚乔。其逃匿处所,各犯佥供,系在越南交界洋面。臣等伏查,自提臣吴建勋到廉州督缉后,西路一带洋面陆续报获洋匪十一起,人犯六十余名。内行劫本案师船、关防、炮械人犯,连中路各文武所获案犯共二十八名。惟首犯现尚在逃,未获。详核此案各犯供词、贼匪头目总不外九陇发、梁亚乔二人。该处洋面与越南洋界毗连。该匪等一经穷蹙,势必潜匿夷洋。是以臣等先经饬令钦州照会该国地方官,协同剿捕。旋准越南国王咨呈:上年九月间拿获内地匪犯金二纪等八名,转解来粤审办。臣等现已另折具奏。

又接据廉州府等具禀,由钦州准到越南国护理广安巡抚来文,于接奉照会后,即派拨兵船前赴交界要隘捕截,核其月日,所有曾钊等具禀被追逃走上岸之贼匪,被越南拿获二十余名,即系在该国接到会缉文书之后,且本年六月间,据琼州府万州知州禀报:五月初九、十九两日,州民先后收获夷人十一名,语言不通,尚能书写。据自写亲供,内称,均系越南兵丁。本年四月初八日派来裹铜大船,回本贯休。五月初一日在越南虬勖汛洋面被盗劫去裹铜船一只,连船上枪炮、器械抢去,并杀毙该国官兵多名,尚存五十人,住在贼船,教使越南船帆之法,船泊黑水洋面,因乏柴、水,令伊等驾坐小船上岸寻觅,走至该处上岸,即乘间逃走,致被民人查获,送案。当即遵照向来章程,恤给口粮,由陆路送至钦州,交该国土目接收,各等语。核与雷州府获犯吴庭颢等讯供行劫情节、年、月、日期、洋面,均属相符。其为即系本案贼伙。在该国海口劫掠,似无疑义。查越南国恭顺已久,且该国裹铜兵船于五月间曾被洋匪劫夺、杀死弁兵多名,自必认真会同剿捕。趁此内外协同办理,当可得手。此现在查获洋面盗匪,讯供办理之情形也。

臣等查琼、廉两府洋面,均与越南夷洋连界,向来查缉盗匪,此拿彼窜,踪迹无定,故一时未能将首犯缉获,然任其日久游弋,必致养痈遗患。臣等惟有严饬该文武官随时知照越南国会同实力办理,不敢稍存大意,自取咎戾。至前参之署副将张斌,平日缉捕废弛,致有巡洋遇盗劫去炮械、关防之事,乃以落水失去关防,捏词具报。迨革职留缉后,迄今并未亲获一犯。且访闻该参员向来居官平常,不得弁兵之心。现当整饬营伍之际,该参员既始终不知愧励,若不从重办理,无以示儆。相应请旨,将已革署龙门协副将肇庆水师营参将张斌先于海口枷号两个月,满日,发往新疆效力、赎罪。其所遗肇庆水师营参将系部选之缺,应听部臣推补。又琼州镇总兵鲍起豹系专阃大员。琼廉一带洋面,皆其统辖,乃并不认真督缉,至今要犯未获,亦属不知振作。合并请旨,将总兵鲍起豹先行摘去顶戴,视其能否奋勉图功,再由臣等奏请,分别办理。所有廉洋盗匪情形,并请将镇将分别惩处缘由,谨会同恭折具奏。伏乞皇上圣鉴,训示,遵行。谨奏。道光二十三年七月十九日。(北京:中国第一历史档案馆藏朱批奏折,档号:04-01-01-0812-003.)

162. 道光二十三年闰七月丁丑谕军机大臣

丁丑,谕军机大臣等。璧昌奏三板船只造竣,安炮驾驶得力,请多为制造一折。江南筹备事宜自以严密防江,慎固门户为要。据奏造成三板船只,令弁兵在江中驶驾,使风折戗,灵捷如飞。炮火连环演放,船身平稳,实资得力。南人生长海滨,觇风测水,用其所长。拟于巡江船上,安设炮位,令各营水师弁兵,常川驾演。并请多为制造,仍令龚润森督同张凤翔一手经办,俟造成多只,分运浙江,交李廷钰察看分造,等语。览奏均悉,著即照议办理,仍著该署督督饬将弁认真操演,期于江防实有裨益,毋许始勤终怠,致日久仍同具文。另片奏漕运河防诸事,不克分身,等语。江南漕河诸务固系总督兼辖,但现在上海通商期近,善后江防,皆关紧要。至漕河各项事宜应行会同该督者,自当会同办理。其催提漕船及南河修筑事宜,仍责成漕臣、河臣妥慎办理。将此谕令知之。

又谕:据讷尔经额奏大沽口拦江沙外,寄碇夷船二只,内有广东语音者,约二十余人,白黑鬼子约五六十人。据称系英吉利国船,装货来售,并给得利号货单。经委员等明白开导,始向东南驶去,等语。英夷就抚通商,业已在广州开市,其通商马头自有一定处所,何以前忽有船驶至山东,滋复驶至大沽洋面,径称英吉利货船,希图售卖,著将该船货单发交耆英,令其晓谕朴鼎查,查明系该国何项夷船私自潜往各处,务须一律严行禁止,不得任其于议定马头之外,妄希贸易。是为至要。原折著抄给阅看。将此谕令知之。

又谕:据讷尔经额奏夷船寄碇大沽海口,业经晓谕开行一折。本日已有旨谕知耆英,令其询问朴鼎查矣。天津并非议定通商马头,此次大沽寄碇夷船,自应不准其进口。且其中查有广东语音二十余人,尤难保非内地奸徒勾串越界私贩。该督于该夷船甫经下碇,即饬委员等明白晓谕,令其开行。并不准其三板船进口,自购食物,所办均属妥协。惟该夷等皆惟利是图,而洋路又处处可通。前次曾有夷船驶入山东文登县界停泊,布散货单。此次复有夷船装载货物,来津售卖。现在虽经该督晓谕,业已起碇开行,实难保不更有续来之船。著该督仍严饬沿海一带文武员弁认真巡防,如再有夷船驶至,希图销售私货,即照此次办理,妥为驾驭,不准驶进海口,以杜越界而绝觊觎。将此谕令知之。

又谕:管通群奏沿海各镇营叠获洋盗多名一折。据称浙省洋盗近年乘间窃发,任意劫掠。现据该提督及温州、黄岩、定海三镇于半载之中,在各洋面巡缉,格杀擒获之犯已逾百名。但商民仍有报劫之案,盗匪尚未净尽,仍应严密侦捕,等语。浙洋盗匪肆意剽掠,现虽缉获多名,而余匪未净,必应实力严捕,尽法惩治。闽浙两省洋面毗连,若不会同兜拿,尤恐此拿彼窜。著刘韵珂、管通群、窦振彪、李廷钰严饬各水师将弁等,严密侦巡,有犯必获。如有稍存懈弛者,即著指名参办。务使商民绥靖,海洋肃清。是为至要。至浙江提标等营所需兵船,准由各营自行雇用。其温州镇标及所辖各营如额设之船不敷配用,由各营随时酌量添雇之处,亦著照所议办理。将此各谕令知之。(《清宣宗实录》卷三百九十五,道光二十三年闰七月丁丑,第8—11页。)

163. 道光二十三年十月甲辰谕内阁

祁𡎴奏:请将玩视捕务,复讳报盗劫重案之将弁归案审办一折。广东盗犯金二纪等在崖州洋面劫夺师船炮位一案,前经降旨,谕令该督提省究讯。兹据奏称:署崖州协副将李邦汉平日玩视捕务,以致所属洋面盗贼充斥,且于此案先既讳匿不报,迨经奉札饬查,又不详查禀。李邦汉,著即革职。其署崖州协水师守备事龙门协右营千总庞贯超,并著一并先行斥革,交该督严讯确情,毋任稍有讳饰,以肃洋政而儆怠玩。寻,奏:二十二年六月,署守备庞贯超派令千总叶光显管驾巡船,至榆林外洋,遇金二纪等盗船,炮位被劫。该署副将李邦汉讳匿不报。嗣奉行查,又复含混禀复。叶光显,应请从重发往新疆效力赎罪。李邦汉、庞贯超,业已革职。应请从宽免议。下部议。从之。(《清宣宗实录》卷三百九十八,道光二十三年十月甲辰,第5—6页。)

164. 道光二十三年十月丁卯谕军机大臣

壁昌奏:验试同安梭船,并添造阔头三板船只,分交各营,认真巡防一折。据称同安梭船吃水较深,于外洋相宜,著即饬交苏松镇督同将弁等在外洋驾驶巡防,俾资得力。其续造阔头三板船只,著照议派给苏松、福山二镇并京口左、右营管驾。一面仍饬该员弁等依式接造十一只,以备派给各营。惟江南水师积弊,领船到营,多不认真管驾。该将弁等平时既漫不经心,及至饬调操演,则诿为船不堪用,甚或偷卖杠具,私行租赁与人。种种恶习,实堪痛恨。著耆英、尤渤严定章程,认真查察,革除锢弊。所有此次派领船只务当随时委员前往查验,如有管驾不慎,及巡防疏懈之员,即行指名参奏。其前赴福建成造之同安梭船二只,八桨子船四只,现交苏松镇收管,著责成上海道按季查明,该镇将是否亲身出巡,及船只有无抛泊损坏之处,据实结报。毋得日久视为具文,以致有名无实。将此各谕令知之。(《清宣宗实录》卷三百九十八,道光二十三年十月丁卯,第26—27页。)

165. 道光二十三年十月己酉谕军机大臣

谕军机大臣等:耆英奏通商事竣,朕思鸦片烟虽来自外夷,总由内地民人逞欲玩法,甘心自戕,以致流毒日深。如果令行禁止,不任阳奉阴违,吸食之风既绝,兴贩者即无利可图。该大臣现已起程,著于回任后统饬所属,申明禁令。此后内地官民如再有开设烟馆及贩卖烟土,并仍前吸食者,务当按律惩办,毋稍姑息。特不可任听关吏人等过事诛求,致滋扰累。总之,有犯必惩,积习自可渐除,而兴贩之徒亦可不禁而自止矣。所奏定海地方紧要,请将舒恭受带罪当差一节。舒恭受罪干斩候,此次免勾,已属法外之仁,所奏难行。该处善后需人。著即咨商刘韵珂、管通群遴选贤员,妥为办理。耆英现已回任,所有粤省未尽事宜,著即移交祁项督同文丰相机妥办。两江总督任重事繁,现在善后未结各件及上海通商事宜,均须该督妥办。所请陛见,著俟一二年后再行奏请。其钦差大臣关防,俟回任后遇便赍缴。将此由四百里谕令知之。(《清宣宗实录》卷三百九十八,道光二十三年十月己酉,第9—10页。)

166. 江南道监察御史江鸿升奏为水师提镇出洋巡缉请旨饬令奏报事

江南道监察御史臣江鸿升跪奏。为水师提镇出洋巡缉,请旨饬令奏报以杜晏安而重表率,恭折仰祈圣鉴事。窃照水师提镇为全省水师之纲领。提镇勤则将弁兵丁自无所容其偷惰。若提镇惮于风涛,不肯出洋巡缉,或出洋而迁就了事,而欲弁兵认真在洋巡缉,不至懒惰以相安,讳匿以避咎也。得乎!昔壮烈伯李长庚为定海总兵时,追盗至山东黑水洋,又平普陀外洋之盗潭头外洋之盗,唯其以身先士卒,所以卒擒巨寇。原任江南提督陈化成为福建水师提督时,臣闻其每岁巡洋往返约及半年,脚穿鹞子鞋,身穿便衣,围之以有网布裤。唯其能耐辛勤,所以弁兵愧奋,而洋面克臻安静也。夫提镇身居一二品武职大员,受国厚恩,原自知力图报效,乃往往不克尽其表率之责者。总缘体制已尊,未免渐耽安逸。古人云:官怠于宦成,此之谓也。顷者广东洋面滋形不靖,闽洋、浙洋时有匪徒出没。闽粤沿海奸民大都恃海洋为后路。遏绝奸萌,巡缉实关紧要。应请旨饬下沿海水师提镇,每岁于出洋时具报一次,俟出洋往返事毕,洋面如何情形具奏一次。其有因公不能出洋者,亦自行奏闻。皆一面咨禀该省总督,以凭查核。如此则纲举,纲举则目张。彼将领以下自不敢因循玩惕,而弁兵之才技更可习知其优劣,巡缉于是乎严,即察核于是乎精,人才于是乎出矣。臣为洋政起见,是否有当?伏乞皇上圣鉴。谨奏。道光二十三年十一月初六日。(北京:中国第一历史档案馆藏录副奏折,档号:03-2990-023。)

167. 两广总督祁项奏为特参不职之副将事

两广总督臣祁项跪奏。为特参不职之副将,请旨降补,以肃营伍,仰祈圣鉴事。查前护南澳镇总兵之升署大鹏协副将羊英科系广东潮阳县人,有行伍渐升今职。臣到广东后,访闻该员向来洋务熟悉,巡缉尚好,是以将该员由游击奏升参将,又奏升副将。嗣因南澳镇总兵员缺乏人接署,经臣奏明,委令护理。兹查该员羊英科初到护任之时,尚知督率巡防,而器小易盈。近来办理营务,渐不如前,遇事任性,选补粮缺亦不能公允,且不能约束兵丁,以致营中啧有烦言。臣遇有南澳镇所属及附近南澳之文武官因公来省,密向查询。并因新授广东水师提督赖恩爵前经饬赴南澳镇总兵本任先后交卸之际,必有见闻,密令查明,禀覆均与臣所访相符。似此初终易辙,实属有忝戎行,未便姑容,致滋贻误。该员现经卸事来省,臣不敢因系臣任内奏升之员,稍为回护。相应据实奏明,请旨将羊英科降为把总,留于水师营差委,以为武员不职者戒。如蒙俞允,所遗大鹏协副将系外海水师题补之缺,且与香港逼近,最为要紧。容臣会同水师提臣,另行拣员请补。合并声明。臣谨缮折具奏。道光二十三年十二月十八日。(北京:中国第一历史档案馆藏朱批奏折,档号:04-01-16-0155-139.)

168. 祁墇奏广东水师提督吴建勋不能胜任片

再,上年十月臣祁墇恭奉密旨:以广东地方水师尤为吃重,现任水师提督吴建勋是否于广东洋面操防、巡缉、驾驶、攻剿事宜均能谙习,著祁墇密加查看,据实具奏。如不能胜任,即于水师人员内就该督素所深知实在可靠者,密封具奏,等因。钦此。当经遵旨留心察看,该提臣吴建勋平日居官办事,若在海疆无事之时,尚可胜任,但不能奋发有为,缓急恐不足恃。并查有胜任南澳镇总兵留署大鹏协副将赖恩爵在水师各镇中最为出色可靠,恭折密奏在案。迄今将近一年,臣随时细加体察,提臣吴建勋谨慎有余,而干济不足;操守尚好,而胆识未充。即如现办廉洋盗匪一案,吴建勋自四月二十五日船抵儋州,湾泊稽延,将及两月,所带兵船及雇募船只,已近四十号,并未亲自率师出洋捕盗,止派营员在洋面巡查,以并未见有盗踪为词。至六月二十二日探知贼船在崖州榆林港地方,始行督带舟师,会同琼州镇总兵鲍起豹前往。又因遭风,未经见贼而回。此时委员原任肇庆府赵长龄及廉州府音德贺等陆续禀报,拿获贼船,为数不少,而该提臣则仅令署龙门协副将王鹏年获犯数名,均系逃剩盗匪,无关紧要。臣恐该盗匪等滋蔓日久酿成大帮,剿除费手,故于闰七月内奏请添派总兵赖恩爵前往会办。嗣闻提臣吴建勋得有派赖恩爵会捕之信,恐怕相形见绌,于赖恩爵将到之先,严催总兵鲍起豹及署副将王鹏年等带领弁兵会同廉州府等所雇渔船壮勇,于八月内连次遇贼接仗,击沉、追获贼船多只,擒获要犯谭保久、陇受等多名。盗首梁亚乔因势感畏罪投首,得以蒇事。是前此兵力未尝不足。提臣吴建勋迁延观望,概可想见。现在雷琼道苏敬衡因公来省,臣密向询问。据称:提臣吴建勋自到琼洋,持重养威,似欠勇往。若非总兵赖恩爵前往会捕,恐此时尚未必得手,等语。核与臣体察情形相同。伏查廉洋盗匪本不过乌合之众,提臣吴建勋统师前往,若使早为认真督率调度,何至事延半载。现在廉洋虽已渐有平靖,而虎门炮台逐渐完工,办理屯田亦已渐有眉目,即须分别挑选兵壮,督饬防守,其陆续打造各战船亦须选派弁兵操练巡缉,一切均关紧要,若与提臣吴建勋商酌办理,恐难臻周妥。臣既体察确实,不敢迁就。谨遵前奉谕旨,将吴建勋难胜水师提督缘由,据实附片密奏,伏乞圣鉴训示。道光二十三年十一月十六日。(北京:中国第一历史档案馆藏朱批奏折,档号:04 - 01 - 16 - 0115 - 104.)

道光二十四年(1844年)

169. 道光二十四年正月壬申军机大臣穆彰阿等奏议

军机大臣穆彰阿等奏:会议浙江善后事宜。

一,改提标左营兵丁为外海水师。

一,镇海营改隶提督管辖。

一,移昌石营都司驻石浦,并添设兵丁。

一,改乍浦营参将为副将,并添设兵丁。

一,海盐县之澉浦地方,添设外海水师。

一,海宁州添设内河水师。

一,添设弁兵,即在本省各营裁拨。

一,通省陆路兵丁,选十分之三,专习火器。

一,乍浦驻防旗兵,专习陆战。

一,水师以巡缉为操练。

一,水师各镇,照例出洋统巡,并按期会哨。

一,提督每年亲往沿海各营,校阅兵技。

一,巡抚每年亲赴乍浦等处,校阅兵技。

一,水师额设战船,俟同安梭船造成试验后,按营分设。

一,钱塘江内添设船只,以习水战。

一,水师营内招募善于泅水之人,教习兵技。

一,修复招宝、金鸡两山及乍浦等处炮台。

一,镇海、乍浦后路添筑炮台,并将海宁州凤凰山炮台移建山下。

一,海宁、海盐交界之谈仙岭建筑石寨,并修炮台。

一,沿海城寨,择要修复。

一,酌裁马兵,节省经费,协贴各兵赏项。

一,演习枪炮,添制火药铅丸。

一,添铸炮位,补制器械。

一,修建各工,分别动款,并劝谕捐输。从之。(《清宣宗实录》卷三百九十七,道光二十四年正月壬申,第4—5页。)

170. 道光二十四年二月甲寅闽浙总督刘韵珂奏报

甲寅,闽浙总督刘韵珂奏:查上年六月间接准钦差大臣耆英咨会,以英夷派令夷官葛林逊带巡船二只,赴闽浙洋面测量水势,绘画洋图,以便商船往来贸易,并无别故。所有该夷船需用淡水等物，自应准其汲取，沿途无庸阻止，以示抚驭，等因。当经前署督臣刘鸿翱通饬遵照。至十二月葛林逊由宁波迤逦至台温二府洋面测水绘图，接见各处官吏，情词恭顺。嗣由浙驶入闽洋，拿获洋盗四十余名，途遇巡洋舟师，将各盗点送查收。本年正月初二日，其船至附省内港，适臣在该处查阅船工。葛林逊闻知，即求地方官转恳谒见。臣以该夷意甚诚恳，自应准其晋谒，以顺夷情。当在该处税关饬传该夷葛林逊及夷目德黄辉也等数人进见，该夷执礼甚恭，辞色卑抑，声称伊等系奉朴酉委令探水而来，并无别事。因在闽省外洋见有盗船行劫内地商船，驶拢救护，抢获盗犯。旋即交舟师查收，听候审明究办，等语。臣以该夷护商获盗，具见恭顺效力，当用言向其奖谕，酌量赏给食物。并谕以中国水师各营拿获洋盗甚伙，尔等获盗非只保护华商，亦可保护夷货。该夷等无不鼓舞欢欣。及臣起程回署，该夷等复在道旁俯首立送。至次日，即起碇南驶。计此时已可行出闽境。至厦门地方自上年九月间，领事记里布到彼开市之后，华夷相安，情形极为静谧。其带兵夷官约束各水手亦甚严密，不敢骚扰地方，可以仰纾宸廑。惟记里布因厦门地势僻远，非商贾聚集之区，夷商贩来货物不能按船全销，请照销数输税，余货贩至他口分销。又以厦门居民稠密时有火患，其空隙之处复多坟冢，该夷租屋建房均有未便，请即在鼓浪屿居住，等情。由兴泉永道等具禀请示，臣与前福州将军臣保昌、抚臣刘鸿翱等会筹，记里布所称厦门销货不旺之处，委系实在情形。惟按销货输税，为原议条款所未载。事关数省大局，自应筹议尽善画一办理，未便先由闽省创议更改，致涉纷歧。当即移咨耆英等筹商。至鼓浪屿现虽暂准该夷栖止，但乙巳年银款交清之后，仍应缴还中国。此时若准该夷在彼居住，恐将来被其占据，即使如约归还，亦恐有名无实，所请断难准行。亦经咨请耆英，转向朴酉谕止。嗣奉谕旨派令藩司徐继畲随同臣等办理夷务，臣即委令该司驰赴厦门，会同查办。现准耆英先后来咨，以江省榷收夷税将已经报验者，照例征纳，嘱令查照核办。至记里布所请鼓浪屿居住一节，该督亦接据朴酉恳请，因其与原议不符，业已覆绝。闽省应一体严拒，等因。臣已转行徐继畲等遵照。惟现据该司等来禀，风闻记里布业经朴酉撤令回粤，另将夷目李太郭派为厦门领事，一时未能定议等情，已批饬该司俟李太郭到日，妥协筹议。［文庆等编：《筹办夷务始末》（道光朝）卷七十一，第4—6页。］

171. 道光二十四年二月癸亥谕军机大臣

耆英奏江苏善后机宜。首在消弭伏莽，固结民心，操练士卒。江北遣散壮勇，勾结棚民，群聚为盗。阜宁县境内有匪徒拒伤把总之案，当经擒获各犯，烧毁巢穴。又于海州续获三十余犯，始行解散。浙江长兴县之白龙山有匪徒盘踞，出没于江浙交界之处，肆行劫夺。又，太湖土匪乘间伺劫，现在分案严办，等语。匪徒肆行无忌，总由营伍废弛，将庸兵惰，操演等于儿戏，何能御侮折冲。耆英自任两江总督以来，督饬省标陆路各营将备，挑选弁兵，弓箭务求挽强命中，枪炮务求捷速有准，藤牌务求滚护有法，杂技务求舞击得势。现在已渐改观。其水师则以巡为操，责成各营将备亲督弁兵，无分风雨梭巡。如值两船相遇，或与邻境兵船会合，即各逞其能，互相比较。不准将操练巡防，分为二项。亦不准止巡内江，不巡外海。所办均属妥协。著壁昌等即照耆英所定章程，勤加训练，俾水陆皆成劲旅,以期有备无患。至战船一项,据奏惟放大舢船,江海均属相宜,最为合用。拟就善后案内,酌量造船一百数十只。就原额三百二十九船之例价,均匀增给。在江宁、苏州两处设厂,照市价核实办理。不敷银数,由外捐补等语。著壁昌等察核情形,如能于操防得力,并无窒碍,即行酌核妥办。倘成造之员,办理未能如式。验收之员,索费拖累。均著严参惩处。至沿江炮台,据称筑以砖石,则工费浩繁。若以土筑,又虑风雨剥蚀,不久即为平壤。似宜节省建筑之费,移为造船练兵之用。又新设福山镇及所属衙署兵房,应驻扎福山,以守全江门户。已饬徐州道查文经等会镇勘等情,均著壁昌等体察情形,奏明妥办。又总兵顺保挪用营款一案,业经讯明属实,亦著从严惩办,以肃营伍。至上海通商目前虽甚安静,但夷人惟利是视,全在收其利柄,不可倒持以授之。耆英所见甚属有识。总之兵练船固,伏莽自消,民心自定。果能众志成城,自可渐收实效,不至日形涣散,方为妥善。孙善宝到江宁接篆时,谅耆英已将应办机宜,详细告知,先为筹办。俟壁昌到任后,仍著会同孙善宝及提督尤渤,分别查办。并通饬各镇总兵,不分水陆,认真训练,毋稍懈弛。是为至要。将此谕令知之。(《清宣宗实录》卷四百零二,道光二十四年二月癸亥,第37—38页。)

172. 道光二十四年三月乙亥谕军机大臣

刘韵珂等奏:筹办厦门通商事宜一折。所议夷船按照销数输税,已据耆英咨。将已经报验起卸之货,按则征输。未验未卸者,免其纳税。并查照江省章程,开单呈览。即饬该道等秉公核实办理。其住处一节,既将空房给令赁住。该夷复欲在鼓浪屿栖止,亦经咨商耆英照严拒。现在该夷另派夷目李太郭到闽接替,闻须三四月间方能到厦。藩司徐继畬,著即回省任事。仍著该督等随时体察,俟李太郭到后,饬令该道等将住居鼓浪屿一节,坚持原约,向其峻拒。该夷如已帖服,即行饬令妥办。倘仍事渎请,一面咨商耆英,再向朴酉申谕;一面仍饬徐继畬驰往厦门,相机经理。另片奏:茶税情形已分咨江西、浙江、江苏等省,于茶商可以往来绕越各处,分别设卡巡查,等语。著随时体察,斟酌办理。至内地奸民勾结走私,尤须严行惩创。现经该藩司查有何厝乡卓崎深坞等处开设私行,置造船只之事,已将店船拆毁。并著上紧查拿,严行惩治。不得以事尚未成,稍加宽纵。至税课向归福州将军经征,而走私漏税之犯,应由地方官严拿惩办。嗣后厦门一带地方,责成该管道府督饬所属,会同委征税课之员认真巡查。如委员及丁役人等需索卖放,随时禀请参究。未经入口之先,外洋走漏,即令巡洋舟师一体查拿解究。另折奏:抚恤鼓浪屿难民,准其督饬该道查明户口及极贫次贫等差,妥协办理。仍将如何抚恤之处,专折具奏。所奏浙洋通市情形,著刘韵珂转饬已革道员鹿泽长,会同陈之骥、李汝霖实心经画。毋留罅隙为要。将此谕令知之。(《清宣宗实录》卷四百零三,道光二十四年三月乙亥,第13—14页。)

173. 两广总督祁墳等奏为拿获伙犯讯有大概情形

浙江提督臣詹功显跪奏。为奏报出洋巡护渔期并巡缉洋面查察沿海口岸情形起程日期事。奴才到任后,将营伍事宜逐加整饬。惟查提标右营、定海镇标、镇海等营额设船只均被夷毁,闽省代造同安梭船三十只,现准督臣刘韵珂咨会:约计五月初旬可期完工领驾回浙,尚须时日。惟有定海北洋正值渔船云集采捕之时候,必须保护安业,其黄岩、温州各洋面仰赖皇上鸿福,现无报劫之案。而时值南风司令,恐有白底匪船出没伺劫,督缉不容少懈。道光二十四年四月二十四日。(北京:中国第一历史档案馆藏录副奏折,档号:03-2991-018.)

174. 广东水师提督赖恩爵奏为虎门现有应办善后事宜事

广东水师提督臣赖恩爵跪奏。为虎门现有应办善后事宜,请暂缓出洋巡缉,恭折奏闻,仰祈圣鉴事。窃查道光二十三年十一月初七日钦奉上谕:御史江鸿升奏请:水师提镇出洋巡缉一折。近年沿海水师不能得力,总由各该提镇养尊处优,不知以身作则,将领以下相率效尤。每届出洋巡缉之时,托故不行,转相推诿,或畏避风潮,逗留近岛,讳匿盗案,捏报虚词。言之愤恨。昨因广东水师提督吴建勋于廉州洋面盗匪迁延观望,特旨降为副将。各该提镇自当知所儆惧。嗣后著于每岁出洋时具奏一次,俟出洋事毕,将洋面如何情形,据实具奏。其实因公不能出洋,即著自行奏明。等因。钦此。奴才一介武夫,毫无知识,叠荷恩施优渥,不次升迁,畀以水师提督重任,虽捐縻顶踵,莫能仰答高深。前具折仰恳来京叩觐天颜,钦奉朱批:下届再行奏请。未克面承提命,稍抒犬马恋主之诚。而职任海洋捕务,最关紧要。以驽骀下乘,尤应勉效驰驱,力洗营员怠惰偷安积习。现因抵任未久,适虎门各处炮台修复完竣,又兼兴办屯田,凡安设炮位,派拨屯丁及一切善后事宜,均须躬亲料理。且战船已造成数只,即需议定弁兵操演章程。容与督臣耆英次第筹维。总期计出万全,用副我圣主绥靖海疆之至意。一俟诸务就绪,即当督率将弁出洋,认真巡缉,断不敢稍耽安逸,自蹈愆尤。所有奴才现在因公未能出洋缘由,理合遵旨缮折奏闻。伏乞皇上圣鉴训示。谨奏。道光二十四年五月初八日。朱批:依议,悉心妥办。道光二十四年五月初八日。(北京:中国第一历史档案馆藏朱批奏折,档号:04-01-01-0816-029.)

175. 福建海坛镇总兵杨登俊奏为统巡事毕撤巡日期事

福建海坛镇总兵臣杨登俊跪奏。为统巡事毕撤巡日期并洋面均安静事。伏查闽省近年盗匪充斥,实因夷务,沿海营船毁失,缉捕无资,以致各匪毫无顾忌,报劫频仍。自督臣六月到任后将缺额各船全数补造,分给各营巡缉,又令派船分帮合巡洋面,声势联络。奴才凛遵谕旨,督率将备,在洋周历巡查,虽零星奸渔途盗不能尽无,而较之往年实有霄壤之别。道光二十四年十月初七日。(北京:中国第一历史档案馆藏录副奏折,档号:03-2991-064.)

176. 道光二十四年十一月丁亥谕内阁

壁昌等奏筹议江南水师船政酌定章程,并陈明从前积弊一折。江南水师营船为内外洋会哨巡防之用,关系甚重。兹据该督查明不堪应用者多至二百六十余只,历任修造经管各员本难辞咎。惟历年既久,物故者多,著毋庸查参。经此次明定章程之后,如再蹈从前积习。著该督即行严参治罪,决不宽贷。(《清宣宗实录》卷四百十一,道光二十四年十一月丁亥,第20—21页。)

177. 闽浙总督刘韵珂浙江巡抚梁宝常奏为遵旨酌定沿海水师会哨章程事

闽浙总督臣刘韵珂、浙江巡抚臣梁宝常跪奏。为遵旨酌定沿海水师会哨章程并添带弁兵练习情形事。道光二十二年之前,浙江巡洋会哨章程:每年定海镇于五月十五日挑带弁兵,驾船赴北洋(即浙江北路)尽头之大羊山,与江南苏松镇会哨一次,由苏松太道监视,取结,具报;温州镇于五月十五日挑带弁兵驾船赴南洋尽头之镇下关,与福建福宁镇会哨一次,由温处道监视,取结,具报;其中路之黄岩镇于三月十五日、九月十五日与定海镇在九龙港会哨各一次,均由宁绍台道监视,取结,具报;又于三月初一日、九月初一日,与温州镇在沙角山会哨各一次,均由温处道监视,取结,具报。提督每年于夏间亲赴定海北洋督护,渔汛竣事,顺赴黄岩、温州各洋面巡查一次。道光二十三年议订善后章程:每年冬间定海提督航海查阅沿海各营伍,并顺道查察海口情形一次。又向来每年由提督派委提标右营游击、守备、千把等员弁,四季轮流分赴定海、黄岩、温州三镇属各洋面周历巡查,稽察勤惰;复有沿海水师各营兵船,按月定期与联界各营兵船互相巡哨,取结、通报。与江苏、福建两省水师会哨地点、时间不变。道光二十四年十一月二十九日(北京:中国第一历史档案馆藏朱批奏折,档号:04-01-01-0815-048.)

178. 道光二十四年十二月癸巳两广总督耆英广东巡抚程矞采奏折

十二月癸巳,两广总督耆英、广东巡抚程矞采奏:窃英夷寄居香港,来往外洋,向多雇倩内地船只水手,载运银货,而粤洋盗风素炽,致有肆行劫杀之事。该夷既准通商,即应事同一体,必须随时查拿盗匪,惩办,方足以肃法纪,而靖中外。先据署新安县汤聘三禀报:访闻县属银洲外洋有盗匪行劫船只银物,并致毙夷人多名情事。当经会营诣勘,悬赏缉拿,等情。随接据英吉利国夷酋德庇时来文,亦言前事,恳请饬缉究办。嗣经臣等查明本案被劫系属英夷米加儿呢等船只,内有夷人米加儿呢一名被盗拒伤,落水淹毙,温廉诺他等四人自行凫水逃避,亦被淹身死,即经札饬该地方文武严拿解办,并备文照覆该夷酋去后。旋据新安、香山、番禺等县官及大鹏协并九龙司巡检各兵役先后拿获盗犯陈懵牛、陈亚太、陈亚二、杜亚得、林富仔、陈皮仔六名,并在陈亚太名下起出原赃洋银三十二圆,由新安县移准英酋查明,当时捞获尸身三具,业经检埋。尚有二尸未经捞获,等因。又经新安县会营覆勘确查,该二夷尸身业经漂失,无从捞获,将现犯陈懵牛等录供,通禀,批饬,解省审办。据陈亚太等供认不讳,臣等于审明后,即恭请王命,将陈亚太、杜亚得二犯绑赴市曹斩决枭首,传首犯事地方,悬竿示众,以昭炯戒。陈亚二、林富仔被胁在本艇板船接赃,并无助势搜赃情事,均合依例发新疆给官兵为奴。已起之赃给主收领,未起各赃于现犯名下照估追赃。朱批:刑部议奏。[文庆等编:《筹办夷务始末》(道光朝)卷七十三,第38—39页。]

道光二十五年(1845年)

179. 广东水师提督赖恩爵奏为内河捕务紧要督缉需时暂缓出洋巡缉事

广东水师提督臣赖恩爵跪奏。为内河捕务紧要督缉需时暂缓出洋巡缉事。现在善后事竣,应行出洋巡缉,不敢稍耽安逸,自蹈愆尤。查所属外洋近日均属安静。惟顺德、香山、新会各县河道自上年冬间匪船每多出没,时有抢劫情事。屡经严饬各协营将弁实力搜查务获解办,无如河多支派,涌溽纷繁。往往此拿彼窜,东捕西逃,故匪徒得以明目张胆,致有拒伤前山营往省领饷弁兵,抢夺巡船情事。奴才三次晋省会商督臣耆英,设法拿办,并将缉捕废弛之顺德协副将陈景峰等一并会奏,分别摘顶革职撤任留缉,以示惩儆。当即调集各营快蟹船十只,特委署新会营参将余得彪统带。会同地方文武,联帮搜缉。并派师船及县雇民船配足炮械,堵截各处通海要隘,使匪徒不能潜出外洋躲匿。奴才亦即带领快船亲往督缉,严饬搜查。随据署本标中军参将黄庆元拿获行劫猪船匪犯严亚连等六名,连匪船炮械;又拿获行劫太平渡案匪黎亚桀等四名;署本标右营游击李起升拿获行劫各案匪犯麦亚嫲等十八名,船只炮械等项;署新会营参将余得彪会同各营县拿获各案抢劫匪犯李亚间等八十二名,并起获被抢巡船、贼艇、炮械;护香山协副将洪名香拿获各案抢夺匪犯陈亚文等二十名连炮械各项,计前后获犯一百三十名,均经解办在案。现在无连帮大伙,惟余匪四散逃窜,尚多未获,必须分投购线跟缉,方足以绝根株。奴才惟有实心实力严督各协营将备,赶紧搜拿,务获惩办,断不敢稍存松劲,自干咎戾。容俟余匪尽获,当即带领兵船出洋巡缉,务期内河外海一律肃清,用副我圣主绥靖海疆之至意。道光二十五年二月初八日。(北京:中国第一历史档案馆藏朱批奏折,档号:04-01-01-0820-066.)

180. 浙江定海镇总兵郑宗凯奏为巡洋暂回仍复出巡缘由事

浙江定海镇总兵臣郑宗凯跪奏。为恭报奴才巡洋暂回仍复出巡缘由,仰祈圣鉴事。窃奴才前奉上谕:嗣后水师各镇著于每年出洋时具奏一次,俟出洋往返事毕,即将洋面如何情形据实具奏,等因。钦此。奴才遵将抵任复出洋往返情形于道光二十四年六月二十日恭折奏闻。嗣于九月初一日洋次接奉朱批:实力认真,懔之,勉之。钦此。仰见圣主畛念海疆,谆谆告诫,跪诵之下,钦感难名。查奴才自上年六月二十日出洋以后,督率舟师,在所辖洋面梭织巡查,陆续拿获盗犯并炮械、船只,均经解交地方官审办。九月十五日,遵例与黄岩镇兵船在定黄交界之九龙港洋会哨事竣,复回本洋侦缉,赖天威远播,洋面尚属乂安。查浙省向办章程,水师总兵每年二月间出洋督缉,至九月间即撤巡回署,盖因秋冬两季风涛猛烈,船只折戗较难,盗匪各敛戢,故缉捕可以稍宽。惟现在定海尚为英夷所据,而浙洋向产带鱼,一交冬令,本省及闽省渔人纷来采捕,为数较众。奴才恐有失利穷渔乘厅城尚未收复,或肆劫掠,为害商民,不敢据守旧章,于九月间撤巡,致有疏纵,故自上年九月以后,仍在各洋查缉,以期盗戢民安。嗣至本年正月间,钓带渔船俱各回棹,奴才因船只在洋行驶日久,篷索杠具均多损坏,不便巡行,遂于是月二十五日折回镇海,将篷杠等物分别更换修葺,一面将营务兵技各事乘时赶紧料理完竣,即于二月二十八日仍复驾船出洋。奴才渥荷殊恩,必兹海疆专阃之任,唯有懔遵训谕,实力认真,借以仰报高厚鸿慈于万一。除俟撤巡时将洋面情形另折奏报外,合将奴才巡洋暂回仍复出巡缘由,遵旨恭折具奏。伏乞皇上圣鉴。谨奏。道光二十五年二月二十八日。(北京:中国第一历史档案馆藏朱批奏折,档号:04-01-01-0820-063.)

181. 闽浙总督刘韵珂奏为查明闽浙水师中勤奋懈怠各员弁分别鼓励参处事

闽浙总督臣刘韵珂跪奏。为查明闽浙水师中勤奋懈怠各员弁请旨分别鼓励参处以资惩劝，恭折仰祈圣鉴事。窃照赏罚之道乃万世磨钝之资。赏罚明则勤者愈思奋兴，怠者亦图振作。凡所以策励文武者不外乎此，而于今之水师，则所系尤重。闽浙两省地处瀛堧，自北而南，洋面袤延四五千里，沿海之漳州、泉州、兴化、温州、台州等府人情犷悍，无业之徒，往往以出洋劫掠为事。其余各府亦间有零星土匪及失利渔户，出没伺劫。每年一遇南风司令，海中波浪较恬，各盗匪即整驾船只出洋剽掠，习以为常。道光二十年以后，夷氛不靖，水师皆撤守海口，盗匪乘机滋扰，劫掠频仍，甚有商船数十艘同日被劫之事，较之未有夷务以前，势益猖獗。臣自二十三年九月抵任后，愤匪类之恣横，悯商民之被害，与两省抚、提各臣讲求捕务，谆饬镇将各官督率所属，认真巡查。并以如果侦缉紧严，必当据实保荐；倘或怠忽从事，断不稍为姑容，分别札饬。复因向来水师员弁每于具报出洋之后，借守风候潮为名，潜在僻处湾泊，并不涉历重洋，故虽有出巡之名，并无弭盗之实。臣习闻其弊，又屡向镇将等严切告诫，无论大洋浅港，俱令严密梭巡，不准虚应故事。一面按照各处洋面情形，或令邻近各营分随时互相巡哨，或每营抽拨兵船一二只合为一帮，派员管驾，在各洋往返缉捕，俾令声势联络，攻剿易于得手；或示谕商船联帮开驶，饬营派船接递护送。其历年行劫未获各巨盗，并饬陆路文武访其逃匿处所，会同水师，设法严拿，从重惩办。凡有关于捕务者，无不逐加整顿。而福建水师提臣窦振彪力求靖盗，时时亲带兵船远赴各洋督缉。浙省自现任提臣詹功显到任视事，亦屡屡躬自出巡，故自镇将以至千把，无不踊跃用命，不敢偷安。其萎靡怠玩不知奋勉者，不过数员。臣屡委亲信员弁赴各处密查，并向往返商船详加探询，各兵船实皆在洋侦捕，并无湾泊偷安之事。计上年自春徂冬，时经一载，两省报劫之案不特较夷务时十减七八，（朱批：果能也，是朕心甚慰。）即与道光二十年以前，互相比絜，亦属今少昔多。夫以数千里茫茫巨浸，地势绵长，且不事生业之徒，所在皆有。欲期海洋竟无失事之案，原属势所不能。但使匪徒渐敛劫掠日稀，缉捕已属大有起色。所有勤奋与懈怠各员弁自应明加举劾，或奖或惩，俾人心皆知赏罚严明，立功者不致被湮，旷职者无所逃罪，从此益加振励，争自濯磨，人人共奋于功名，则海洋之劫案自可更减于前，渐收盗戢民安之效。臣于各员之勤惰密为存记，除业经奏请升擢，并于上年军政案内参劾之员不计外，查有署福建水师提督左营游击刘建勋缉捕勇往，不分畛域，不避艰险，上年曾因攻盗身受重伤；又闽安协右营守备陈兴隆熟悉水务、船工，遇盗，奋勇擒拿，并无退避；又前护浙江温州镇总兵定海镇标右营游击叶绍春护理镇篆一载有余，终年改装易服，在洋巡缉，每遇盗船，奋不顾身，亲自擒捕获犯极多；又署浙江提标左营千总新拔瑞安协左营千总赵振昌屡经出洋，跟缉勤奋勇敢，曾经缉获要犯。以上四员皆系著有劳绩实在出力之人，合无仰乞圣恩，俯准各以应升之缺尽先升用，以示激励。又福建福宁镇标左营游击黄进发、水师提标左营千总石兆生二员虽亦出洋巡查，而遇有盗船，未能直前追捕，殊形疲软，应请旨将黄进发以守备降补，石兆生以外委降补，以为不知振作者戒。道光二十五年三月二十五日。（北京：中国第一历史档案馆藏朱批奏折，档号：04-01-01-0820-068.）

182. 道光二十五年五月己卯又谕

前因耆英奏请将盛京旅顺水师营员拣发赴粤试用,当交兵部议奏,旋据该部议请,饬交该将军体察情形,详细妥议。兹据禧恩等奏称:现在旅顺营每年差操并举,官弁尚不敷用,间用领催委官管驾巡船。至外洋沙线礁险,该弁等亦不能知晓,自系实在情形。所有拣发旅顺营员赴粤之处。著毋庸议。(《清宣宗实录》卷四百一十七,道光二十五年五月己卯。)

183. 道光二十五年十一月壬戌谕内阁

前据给事中黄宗汉奏广东广州府属地方盗劫日滋,商民受害一折,当交耆英等确查具奏。兹据奏称:原折所称各盗案,或拿获究办,或勒限严缉,其余各案或系寻常词讼,或系传闻讹误,并无渡船禀报连劫及谷船被劫七只等事。至缉捕经费,已经该督等筹款生息,先事图维。该给事中所奏,著毋庸议。惟是该处地方内河、外海,溪港纷歧,奸宄易藏,向多盗劫重案。该督等惟当督饬地方文武员弁随时认真查拿,务使有案必破,有犯必惩。倘该文武等缉捕稍有懈弛,即著严行参办。毋稍姑容。(《清宣宗实录》卷四百二十三,道光二十五年十一月壬戌,第6—7页。)

184. 奏为闽浙两省应行引见水师各员暂缓送部事

奏为闽浙两省应行引见水师各员暂缓送部事。查闽省水师将弁,除发标学习之世职外,并无候补之员,每遇升迁事故出缺,均将实缺人员辗转调署,且有因对品无人,越级拔委,以都司护理镇将,千总护理参游之事。臣到任以来,因闽洋盗匪充斥,报劫频仍,严饬水师,认真巡缉,并于委署各缺之时,再三选择,以期人地相宜,借资整饬。所有前署督臣列入第二班及续经升擢之水师各员,现在均居要缺,转瞬南风司令,正海洋缉捕吃紧之时,未便遽易生手,致有松劲。相应仰恳皇上天恩,俯念洋务紧要,准予暂缓引见。俟本年冬令海氛稍靖,再行给咨送部。其浙省洋面情形与闽省相同,并请一律办理,以期整顿。【道光二十五年】(北京:中国第一历史档案馆藏朱批奏片,档号:04-01-16-0156-003。)

185. 闽浙总督刘韵珂奏为闽省新造同安梭船全数告竣接办浙船事

闽浙总督臣刘韵珂跪奏。为闽省新造同安梭船全数告竣,接办浙船及洋面静谧事。臣前因闽浙洋面盗匪充斥,水师各营兵船多被英夷焚毁,缉捕无资,奏请将闽省夷务案内损失及遭风击碎营船在省城专设船厂,赶紧造补。并请将工料价值照民厂核实支发,以期坚固适用,一洗向来草率、偷减,有名无实之弊。一面饬司于捐输项下动拨银两,发交委员等鸠工庀材,昼夜营造。臣与巡抚刘鸿翱及在省司道轮流赴厂督办,一切物料均系再三选择,并无丝毫掺越,所需价银均照时值撙节估购,亦无丝毫浮冒。自上年十月秒设厂兴工之日起至本年正月,先造成二十五只,已分拨各营领回配缉。现于三月中旬又造成二十只,亦经移咨水师提臣酌量分拨。计自开厂至今为期止四月有余,而闽省应行造补之同安梭船四十五只,均已全数蒇事。且各船板厚钉密,一切碇柁杠具无不坚实,不但为历来营船所未有,且驾出乎商船之上,洵足历风涛而资缉捕。至浙省夷务案内损失各船,臣前已奏请俟查明同安梭船如果适用,即由闽省代为制办在案。嗣臣与浙江抚臣梁宝常往返札商,并与新任浙江提臣詹功显过省之时,面为筹划。詹功显以浙省洋面亦惟同安梭为合用,咨请先造大中小三号同安梭船,共三十只为目前缉捕之需。余俟该提督到任后,查明各营毁损各船实数,另行酌办。臣现已札饬浙江藩司筹款委员解闽,接续制造。并于福建藩库先行借垫银两,采购物料,以免耽延。约计浙省应造之船两三月内亦可告竣。伏查闽浙洋面袤延,盗风素炽,水师各员既未认真巡缉,额设营船又多苟简,不能应手,以致劫掠频仍。迨夷氛不靖以来,盗匪益无顾忌,海洋几成畏途。臣恐各盗蚁聚成帮,致酿巨患。且两省海关征收税课全赖商贾流通,方能丰旺。今洋面盗匪恣横,商船率皆裹足,关税无征,其暗耗国计者数亦不少。因思巡洋为弭盗之源,而造船为巡洋之本。自到任后,即严饬各镇将破除积习,实力哨巡。一面赶造船只。现在船只已成,各船坚固胜常,而两省水师人员亦均知振刷精神,彼此互相联络,梭织巡查,不敢稍形怠玩。臣向各商船密加查探,均称伊等航海往还目击各兵船实俱在外洋巡逻,南北各洋并未遇有盗艘,无不欢欣鼓舞……现在闽船已成,浙船亦接续制办,将来即有盗匪潜出劫掠,而以奋发从事之水师,驾坚固适用之船只,亦不难于破获……道光二十五年。(北京:中国第一历史档案馆藏朱批奏折,档号:04-01-36-0071-021。)

道光二十六年(1846 年)

186. 道光二十六年三月辛巳谕军机大臣

给事中安诗奏:江苏招商海运米石抵津,请严禁关口留难需索,弁役借端扰累,等语。本年招商运米事属创始,自应曲加体恤,严防流弊,方于商民均有裨益。若如所奏,天津一路关口俱索使费,并有将船扣留不准进口情事。该商等寄碇外洋,米石蒸变,必致大形亏折,以后裹足不前,于民食大有关系。著讷尔经额饬知长芦盐政及天津道查明此项米石,现在已否进口,倘东沽、葛沽等六处俱有前项情弊,立即严参惩办,毋许稍有扰累。至进口后,或一时不能销售,应由地方官按数收买。亦著筹议章程。迅速具奏。原折钞给阅看。将此谕令知之。(《清宣宗实录》卷四百二十七,道光二十六年三月辛巳,第14—15页。)

187. 道光二十六年八月丁丑浙江巡抚梁宝常奏议

据委员江苏常镇道咸龄等禀称:该道等自抵定以来,体察民情,相度地势,并参酌道光二十一年善后案内章程,公同筹划。及夷人退去以后,复又周历勘验。于一厅形势悉皆详览,酌议章程十条,呈核等情。由藩司存兴、臬司李仓、通署运司黄乐之会详,请奏前来。臣复加查核,该司道等所议应建应修之城垣、衙署炮台炮城各工,或为设守之区,或为办公之所,均系刻不可缓,必须赶紧兴办。其沿海各汛之营房瞭台等项亦关紧要,然较之城垣等工稍有区别,现在经费支绌,势难同时并举,应另行筹办……

一，以后水陆盗案照旧按限参缉，以靖地方也。查定海四面环海，本为盗匪出没之区，自遭夷变后，盗风愈炽，当抚议未定之先，厅无官吏，固属无从勘缉。及至抚议已定，虽于离城六十里之大榭山岛驻设官吏，而厅城及近城数十里之内，皆为夷人所据，文武员弁不能前往勘验案件，兵役亦不能前往勾摄人犯，遇有呈报盗案，只能据情详报，此历年办理掣肘之情形也。兹厅境收复，海疆重地，捕务关系紧要，应自本年六月初六日夷人全退之日起，如有呈报盗案，由厅分别水陆及内洋、外洋会营剿缉，逾限无获，照例开参。其自二十二年以后自本年六月初五日以前失事各案，当时碍难查勘，虚实未明，斯时若逐案补传勘讯，则报案较多，未免拖累。且事主多系他省他邑之人，久经回籍，补传亦难至案，应无庸补勘，并免参处。仍责成该厅会营严缉各案人犯究办，不得以报案在未经收复以前，稍从玩忽，以昭核实。

一，定海镇标应添设陆路官兵，专防城汛以资守御也。查二十一年善后案内，因定海镇标均系水师，议请添设陆路参将一员，守备、千把、额外等官十六员，陆路兵一千名，专司城守及城内汛地。所添官兵在浙省各营内抽拨，等因。经部覆准。惟浙省系海疆重地通省额设兵丁仅止三万余名，为数本不甚多，若再抽一千名，则各营兵丁过于单弱，况定海城周围止七里有奇，亦不必添守兵至千名之多，兹酌量筹议应添设陆路都司一员，千把、额外等官八员，陆路兵六百名，专司城守及城内汛地。所添官兵在浙省各营内酌量抽拨。〔文庆等编：《筹办夷务始末》(道光朝)卷七十六，第12—16页。〕

188.道光二十六年八月辛巳两江总督壁昌江苏巡抚李星沅奏折

窃臣等承准军机大臣字寄，本年七月十五日奉上谕：耆英奏沙船在洋被夷盗劫取物件，杀伤水手一折，是否确系夷盗，抑有洋盗假冒之事，该督抚等惟当不动声色，严密防范，认真查拿，勿稍疏懒，等因。钦此。伏查本年五月间，据苏松太道宫慕久禀：有程增龄沙船水手潘六顺报称：在大沙头洋面被夷船抢劫，伤毙水手，凿沉船只，伊遇渔船救回。并呈出夷盗索银时给有夷字一纸，当即讯供将夷字令该领事巴富尔辨认，系属英国字迹。是问其船上有湖丝没有的话，并据巴富尔云：该国向有盗船上年，英国货船亦曾在洋被劫，请令该国兵船带同潘六顺作线往拿，该道谕以大沙头洋面系在佘山东北数百里外，非夷船应到之地，无庸前往。巴富尔复云既系英国盗船，若不令兵船追捕，实无以对中国。因即派该国兵船带同潘六顺于二十九日驶出外洋而去，等情。臣等窃以江南洋面，向虽未闻夷盗行劫之事，然自通商以来，商夷船只往来如织，安知非夷船失业水手与浙广游民勾结为匪，冒充夷盗，俱未可定。巴富尔所称盗系英夷若不追捕，无以对中国。其言尚知信义。惟英船行驶甚速，沙头洋面辽阔，恐沿海居民见而生疑，且与前定条约不符，即当密饬沿海镇营州县严查确探，迅速截回。一面飞咨山东巡抚，一体饬查。并咨请钦差大臣耆英，照会德酋，转饬该国兵船仍回上海，勿任驶入北洋，致违前议。嗣据宫慕久禀：据巴富尔来文，该国捕盗兵船已于闰五月十一日进口，并经讯据，随同作线之潘六顺供称：英船出口后由汇头东驶至佘山东约二百里至黑水洋面寄碇，未见夷人盗船，旋即回棹，各等情。据此除将程增龄失事一案查明管辖洋面营汛，勒限饬缉，并饬知英夷领事巴富尔查禁该夷船只,勿任北驶,以符前约外,复经咨请钦差大臣耆英,照会德酋,严查该夷盗船窜往何处,务获究办。仍密饬狼山、福山二镇及沿海州县随时留心查探,严密防范,数月以来,节据禀报,查询进口各商船,均未见有夷盗船踪,亦未闻续有失事,惟盗踪出没靡常,大洋之中乘风往来,商船、盗船骤难辨认,五口既通贸易难保无夷商亏本,穷而为盗,设有沿海奸徒勾引肆劫,为害商旅,于海疆大有关系。仰蒙训谕谆谆,臣等惟有檄饬沿海文武员弁,小心瞭探,加意巡防。访有奸民勾结,立即严拿,尽法惩办。[文庆等编:《筹办夷务始末》(道光朝)卷七十六,第34—35页。]

189. 道光二十六年十一月二十五日璧昌等遵旨辨认洋面船只由

两江总督臣璧昌、署理江苏巡抚臣程矞采跪奏:为遵旨筹议辨认洋面船只,恭折具奏,仰祈圣鉴事。窃臣等承准军机大臣字寄,本年八月二十七日奉上谕:本日据梁宝常奏遵旨密捕夷盗,并英夷追捕兵船折回上海一折。该夷捕盗兵船业已折回上海,尚属守约。惟夷盗在洋行劫,果能辨认明确,自应知会广东,交该酋自行办理。至内地奸民难保不装点夷船式样,巧避查拿,任意在洋游奕。该管营县等即明知并非夷船,又恐一经误拿,夷人有所借口,致起衅端。因而相率因循,不肯认真查究。该洋盗等窥破此意,益复毫无畏忌,恣情劫掠,又安望盗风日息,海宇肃清耶!著各该督抚等悉心筹度,应如何不动声色,详细辨认,不使奸民得以伪托,庶查拿确有把握。固不可稍有舛错,尤不得任听营县巧为诿卸,方为妥善。将此各谕令知之。钦此。

伏查本年夏间,因大沙头洋面有夷盗抢劫沙船之事,经英夷领事巴富尔请派兵船,带同水手作线,驶出外洋追捕,即由臣等咨请钦差大臣耆英照会德酋,转饬该国兵船,仍回上海,毋任驶入北洋,致违定议。当即密饬崇明、狼山、福山三镇及沿海各营县,常川查探,加意巡防。嗣据苏松太道宫慕久禀:据领事巴富尔来文,该国捕盗兵船业已驶回进口,当将办理情形,恭折具奏。奉朱批:顷已有旨。斟酌妥办可也。钦此。兹复钦奉谕旨。

臣等窃思大洋之中船只往来必须筹议辨认之法,庶可得实,以安洋面。查水师弁兵出巡洋面,自有一定界限。五口通商章程,北至上海而止,其夷船运货进口者皆自南洋而北来,其返掉回帆者,皆出吴淞口而南去,乘风行驶,惟恐不速,从未有在洋游奕之事。计自上海通商已逾三年,各国夷船皆知内地巡洋兵船系为捕拿洋盗,保护商船而设。故遇有巡哨兵船,该夷并无猜疑。其载货之船式样并夷人服色面目,显与内地民人迥不相同,尤易辨认。若系盗船遇见巡洋舟师,势必望风逃避。或系奸民装点夷船在洋游奕,则必无船照红单。一经认其面目,即可识其真伪。至江省洋面佘山之北,即系北洋,外夷商船例不准到,即或有时遭风漂至北洋,必收拢沿海口岸,求请救护,就近送交通商之口,亦无在洋游奕之理。是盗踪虽出没靡常,而南北程途各别,民夷船式貌服迥殊,且船照红单之有无更可一查而知。诚能实力巡查,其为商船、夷船、盗船不难辨认,除分饬苏松、狼山、福山三镇督率巡洋水师据此辨认,凡过夷船之在南洋行驶不停及在北洋遇风泊岸者即系商船,若任意在洋游奕,或见巡船引避者,即系盗船,均应随地随时不动声色跟踪,详细辨认,庶不致有误肇衅之虞。倘巡洋员弁辄以夷人盗船借词推诿不拿,致有商船失事之案,查究得实,即行从严参办。(朱批:总觉不实不妥。)现在洋面尚称安静,惟有密饬各镇巡洋将弁如此分别办理,则查拿期有把握,而奸民亦无从伪托,以冀仰副皇上谆谆之至意。所有臣等遵旨筹议缘由,理合恭折复奏,伏乞皇上圣鉴。谨奏。(道光二十六年)十一月二十五日。〔蒋廷黻编:《筹办夷务始末补遗》(道光朝),第8—13页。〕

道光二十七年(1847年)

190. 闽浙总督刘韵珂福建巡抚郑祖琛等奏为洋盗劫杀夷商事

闽浙总督臣刘韵珂、福建抚臣郑祖琛、水师提督臣窦振彪跪奏。为洋盗劫杀夷商现已分别咨行一体严拿奉饬将该管巡洋员弁先行摘顶棍责,恭折奏祈圣鉴事。道光二十六年十二月二十六日,据驻福州英吉利国领事若逊申称:本月二十六日准厦门领事移知:英国甲讷来、阿弥格商船二号在泉州洋面被盗攻击,并杀死两船水手三十余名,揣疑盗迹系广东渔船,等情。转申到臣。当查该国商船系于何日在泉州何处洋面被劫?厦门领事曾否赴该管文武衙门具报?均未据明晰声叙。随经檄饬兴泉永道确查,禀覆。旋据该道恒昌等禀称:道光二十六年十二月二十二日,风闻晋江县属之深沪洋面有夷船被劫之事,正在密饬查拿间,即据驻厦英夷领事列敦照会:本月二十日傍晚,有客勒稜、阿米喀二桅货船两只停泊深沪洋面。戌刻,突有澳门大捕鱼船二只,每只乘坐四十余人,驶近货船,分头攻击。客勒稜船主旃白冷同伙长、水手人等共十六名,均跳落小杉板船逃避,因船小沉溺,当被盗匪殴毙。尚有一人带伤落舱。阿米喀船主默佛冷同水手人等约共十五人,亦被盗杀,无踪。现在客勒稜船业已有信,阿米喀船尚无下落,求为查拿,等由。该道等当即禀请水师提臣窦振彪派委员弁,督同兵役,星夜出洋,查无盗船踪迹。惟二十三日驶至崏屿洋面,查获客勒稜夷船一只,业经存船水手雇人管驾。该领事目睹该道等选派员役查拿,极称感谢。至客勒稜,即甲讷来;阿米喀,即阿弥格。因土音不同,以致翻译互异。除再移行沿海营县确查阿弥格船只下落,并打捞各夷尸,及查获是案逸盗,务获根究外,合先禀报等情。查盗匪在洋劫掳,本为商旅之害,兹复行劫夷艘,并杀死多夷,情节尤凶,若不严拿惩办,窃恐匪胆日炽,群起效尤,将来内地商船亦同遭劫掠,贻害海疆,殊非浅鲜。惟阿米喀夷船现既查无下落,是否被劫后业已驶回广东,该领事列敦所称澳门大捕鱼船究系凭何识认,当日夷船寄泊海洋,该盗匪等如何拢劫,以及被劫系何货物,两船水手人等实共若干,内已死者若干,是否均死于溺,抑死于伤,此时盗虽未获,而客勒稜船上既据该领事列敦声明,尚有一人带伤落舱,则带伤之夷当知备细,应先讯取供情,以昭核实。该夷船被劫时值昏夜,即该管舟师游巡不定,亦属瞭望不明。第辖洋既已失事,究属失于防范,咎已难辞。随复批饬该道遵照查讯,并檄饬金门镇查明专、协八【把】总各巡洋员弁,先行摘顶棍责,仍照例勒限缉拿去后。又据该道等以当日客勒稜等二船寄泊深沪洋面,查有虾蛄艇船二只同泊一处,迨夷船被劫后,该二船即行开驶。并闻此项船只多系广东香山县民人所制,水手素称强悍,向在闽粤等省载送客货。客勒稜等船只是否即系虾蛄艇船行劫,应俟获犯后讯明究办。至客勒稜船上受伤夷人,询之领事列敦。据称该夷人受伤甚重,言语含糊,现须避风,未便送讯。并称阿米喀船业经住厦英商丝步送回香港。客勒稜船亦已驶回等情,禀覆前来。臣查此次行劫情形,既据该道等查明,夷船被劫之时,有广东虾蛄艇船同泊一处,而夷领事列敦照会内又指明澳门渔船所劫,是时同泊之虾蛄艇船难保非即劫杀夷商之盗艘。除飞速咨行闽省水师合力搜捕,并飞咨钦差大臣及江南、浙江各督抚臣一体严饬舟师堵缉,仍饬该道俟落舱夷人伤痕痊愈,即查照前情,讯取确供,禀送查核。一面移行沿海营县,赶紧打捞各夷尸,送交厦门夷领事收领,并严拿是案正盗,务获究办及饬晋江县勘明失事处所,先行绘图具详。统俟限满有无弋获,再行照例参办外,所有洋盗劫杀夷商现已分别咨行查拿缘由,臣谨会同福建抚臣郑祖琛、水师提督窦振彪合词恭折具奏,伏乞皇上圣鉴。谨奏。道光二十七年正月二十二日。(北京:中国第一历史档案馆藏录副奏折,档号:03-2934-053.)

191. 闽浙总督刘韵珂福建巡抚郑祖琛等奏为洋盗劫杀夷商事附片

再,查英夷自犯顺以来,侵占我城池,蹂躏我土地,扰害我人民,耗散我财赋,其罪大恶极,实为神人所不宥。迫蒙圣主宏覆帱之仁,该夷犹逞豺狼之性,多方挟制,肆意要求,其狂悖情形,不独我皇上宵旰忿嫉,即在事臣工亦莫不饮恨吞声,共深切齿。乃该夷商船竟被洋匪邀截海上,掳掠杀害,虽未大张天讨。实为痛快人心。臣自抵任以来,凡遇海洋报劫之案,无不以捕务废弛,严檄申饬,而独于此次闻报后,转觉心安理得,不咎所防之或疏,但恨所杀之太少。然论情固稍伸公忿,论事仍尚须羁縻。既据该领事吁恳缉拿,自未便置之不议,致日后有所借口。故臣前接领事若逊申文,当即飞檄行查。迫兴泉永道恒昌等具禀到日,复又分别咨行严密查拿。并将巡洋员弁摘顶棍责,以为阳示笼络之计。至该夷被劫何货,共有若干,该领事先后来文均未提及,难保非因被劫之赃系违禁货物,故不敢据实呈报。如果系属禁物,此番受创以后,该夷等亦当心存畏惧惮,稍为敛戢,第夷情诡诈,此时即自知违禁,各安缄默,将来恃无质证,未必不逞刁晓渎。惟查上年该夷盗船在江苏洋面行劫华商程增龄布船一案,亦曾劫去多赃,杀死多人,至今将及一载,未闻该夷拿获一犯,查起一赃,兹中国洋盗劫杀夷商,正与夷盗劫杀华商情事相同,况前定弗兰西国通商条约内载:该国商船在中国洋面被洋盗打劫,文武官员不能获盗起赃,仍照中国例处分,但不能为之赔偿等语,是要约已明,自可通用。如谓此条不能概及英国,何以英酋德庇时前向钦差大臣者英声称:大皇帝异日另有新恩施及各国,亦准该夷一体均沾。是新恩既求同沾,即被劫难容异议,彼此互证。倘嗣后该夷果有贪诈,似不难相机折服,以免枝节。现已密饬兴泉永道恒昌遵照办理,堪以仰慰宸廑,谨附片密陈。伏乞圣鉴训示。再,臣核办此案,深为秘密,外人不能知悉。合并陈明。(北京:中国第一历史档案馆藏朱批奏片,档号:04-01-30-0515-006.)

192. 丁戊(道光二十七年二十八年)随笔

腊月,由苏到杭。新正初七日,自杭州入衢州,沿途观灯,兰溪尤胜。二十日,渡仙霞岭。二十四日,抵浦城。二月十三日,到福州。三月十六日,自福州起行。二十一日,到泉州。二十八日,到蚶江。四月初一日,祭海。告文云:维某年四月甲辰朔,某敢昭告于天后圣母、风神、海神之前曰:恭奉诏命,风顺水平。出口入口,无惧无惊。誓尽心力,报国安民。天地鬼神,鉴此丹忱。谨告。祭毕,回馆。初二日,挈二姬二女,同海儿登欧进宝舟。舟可装载四、五千石,中设天后龛,下为悬床,两旁小舱各三间,土名曰马列,前后可容数百人。桅三,其一高数十丈,围数丈,席帆纵横三四十丈,柁碇将千斤,此为正驾。又副驾二,幕丁分坐。同行者,随员唐均、陈恩布、友人刘沂泉、潘巽、侄荣秋、侄孙醴泉、家人袁升、王洪、毛贵等二十余人。初三、四两日,天气晴朗。初五日,即得西北风,出口平安。将午,入洋,风益猛,而雨且集,渐形簸荡。至将夕,更甚。夜间,天昏地暗,片叶入旋风中,坐卧不能定,器皿门户皆震动。眷属并仆地,稍动则唾呕不止。予初抱海儿于手,惟默祷天后,诵观音咒。旋,与儿皆睡。夜间,儿起坐,索烛,索茶,大哭不止。家人王禄,唾涕蛇行至前,送茶半瓯。儿大呼其母,而顾姬卧于舱下,不能动,动则眩晕。但呼儿,不得近。烛旋灭,昏昏冥冥,风雷澎湃之中,微闻母子遥遥呼应而已。又闻砉然,如石破瓦飞。则悬床左右堆积木板釜盖以千百计,每起一浪,即滚倒如演团牌阵。细审之,其置于舱面者,设有变,可挟以凫水。复铮铮有金铁声。船唇排列巨炮,防洋盗云。久之,天将明,但见白浪如山,舟从半天起落。初六日,日出,稍定。问舟人曰:尚有三更路(每更六、七十里)。顷刻,曰:即到鹿港口。向来从蚶江对渡鹿港,有一定港口,不能移易。乃风帆迅利,不得泊,收之不及,已驶过二百余里。近笨港,落帆,入内洋,下碇,北风极大,不敢行,终日在风浪中撞打而已。远望副驾二船不约而同,入笨港矣。相距尚数十里,隐约帆樯可辨。四面仍水天混茫,不见一物。至初九日,依然天清日朗,舟中人渐能起坐饮食矣。停泊四日,自谓无恙;然猝起风暴,或撞碎,或漂出,皆未可定,彼时固惕然也。笨港县丞管裕畴,山东旧僚友也。是日,破浪而来。嘉义县令王廷干亦至。各以小舟来。及初十日,乃促舟人挂帆入港,行二十余里,仍以水浅不能行而止。彼意欲折回鹿港口也。于是,以小舟缒系而下,挈海儿同登岸,姬女辈后至。是日,水平如镜。初十日,住南港。十一日,住嘉义。闻郡城兵变,事稍定。十四日,余先由嘉义至茅港尾。十五日,申刻入府城。十八日,到任。眷口于二十日嘉义起行,二十一日进署。(徐宗干:《斯未信斋杂录》卷四,台北:文海出版社,1987年,第46—47页。)

193. 道光二十七年二月二十七日谕内阁

二月二十七日谕内阁:刘韵珂奏洋盗劫杀夷商,现已咨行一体严拿,并将巡洋员弁先行摘顶棍责一折。盗匪在洋劫掳,本为商旅之害。兹复行劫夷艘,杀死夷人多名,情节尤属凶残,必应严拿惩办。据奏现已飞咨闽省水师及广东、江南、浙江各督抚一体堵缉,仍著刘韵珂督饬员弁协力搜捕此案正盗,务获究办。如限满无获,即行从严参办,不得因劫系夷船,少存歧视,以靖洋面而安商旅。[文庆等纂:《筹办夷务始末》(道光朝)卷七十七,第35页。]

351

194. 道光二十七年六月二十二日耆英等奏审拟郭亚万等行劫案由

协办大学士两广总督臣耆英、广东巡抚臣徐广缙跪奏,为拿获在闽洋行劫英商盗犯审明定拟,恭折具奏,仰祈圣鉴事。窃臣等前准闽浙总督咨会,转据英夷厦门领事到敦申陈内称:道光二十六年十二月二十日,有英国商船客勒稜船主旃白冷、阿米喀船主默佛冷在厦门相离五十里之北深沪海面停泊,被盗船攻击,船主旃白冷一名,伙长二名,黑夷九名,吕宋人一名,中华人三名,共十六名,跳落三板沉溺,该盗尽数殴毙。阿米喀船约有十五人亦被杀,死无踪。尚有一人带伤落舱,现受伤过重。该二船货物被劫约洋银至少七万或十万、十余万不定,及货物数百件,洋烟数箱。阿米喀船尚无着落,料想漂流南往。咨行查缉,并将闽省巡洋员弁先行摘顶棍责,各等因。当经严檄沿海县营查拿去后,旋据番禺、顺德、香山、新安各营县饬拨县役随同文武缉捕委员及阳江镇营并及福建厦门员弁兵役并巡洋舟师先后缉获盗犯郭亚万、周就之、黄亚得(即陈亚得)、梁兴赚(即布兴赚)、郭奋得、何广亮、张发起七名,于郭亚万名下起获夷衣裙帽五件,嚧啤银十圆,织绒二幅,及马祷包袱、手枪、千里镜等件,解省饬委广州府审办。内有案犯郭亚万、黄亚得(即陈亚得)、梁兴赚(即布兴赚)先后在监病故,均经委验。兹据委员广州府知府王燕堂将现犯审明,详拟,由臬司李璋煜复审,招解前来。臣等督同司道亲提复鞫,缘现获病故之郭亚万等及现获之周就之等均籍隶番禺、顺德、香山等县,郭亚万向在新安县属驾驶拖船,出洋捕鱼生理,尚未赴县编烙给照,雇现获之周就之、未获之何大骨、连何亚劝、陈亚美、陈有才、郑亚郁、李亚本、梁亚依及与郭亚万同姓不宗、未识之郭得仔九人在船帮驾。现获之梁兴赚(即布兴赚)与未获之张亚保亦在新安县属,合伙驾船,出洋捕鱼。雇现获之何广亮、张发起及与郭亚万、同姓不宗之郭奋得、未获之梁亚黑(即黑元)、张四公、何掌礼、黄亚八、卢亚富、林亚万九人在船帮驾,船内均制有防盗刀械。道光二十六年十二月初四日,郭亚万在香港地方开行,出洋捕鱼,因驶出外洋,连日暴风,将船漂流。十七日驶至福建不识土名外洋寄碇时,梁兴赚等渔船亦先因风漂泊至彼,适有英夷阿米喀等商船二只,在前抛泊。现已病故之黄亚得(即陈亚得)向在夷商阿米喀等船内充当买办,探知郭亚万等渔船遭风驶至,坐驾三板过船探望,张亚保与梁兴赚亦在船闲坐。黄亚得告知夷商阿米喀等运载货物同往福建,资本富厚。该犯郭亚万,因渔汛不旺,又被风漂泊多日,船内米饭缺乏,不能回籍,难以度日,起意商同张亚保及黄亚得,各自纠党行劫夷船,得赃分用。并令黄亚得作为内应,张亚保等及黄亚得应允。郭亚万与张亚保等随向水手周就之等告知,周就之等亦各允从,张发起与不获之李亚本、梁亚依、郭得子、卢亚富、林亚万六名不敢同行。郭亚万吓称:如不入伙,定即杀之。张发起等畏惧勉从。次早,跟随夷船前往游奕,假作捕鱼。二十日午,候郭亚万探知夷船在厦门深沪外洋寄碇,与张亚保约定,是夜定更时候,分驾郭亚万、梁兴赚等两船,各自驶拢,分投行劫。届期,郭亚万赵又纠得在附近捕鱼未获之梁亚备、黄亚胜、冯亚柴、黎赞起、梁益宽、黎亚壮六人,并胁逼未获之谭亚麻、陈亚起二人、何大骨、连转纠未获不识姓名五人,陆亚保又纠得在附近捕鱼陈来运、钟养洗、冯亚早三人,并胁逼未获之张绷才、郑亚乞二人,梁亚黑转纠未获不识姓名四人,黄亚得又纠得向在夷船佣工,未获同姓不宗之黄亚四、何音六、陈亚晚三人,连郭亚苏等共伙四十七人,分坐郭亚万、梁兴赚等两船,驶到夷商阿米喀等船边,胁逼张发起、李亚本、梁亚依、郭得仔、卢亚富、林亚万、谭亚麻、陈亚起、张绷牙、郭亚起十人在本船接脏,该犯郭亚万等各持刀械,分过两船行劫。郭亚万与周就之、何大骨,连何亚劝、陈亚美、陈有才、郑亚郁、梁亚得、黄亚胜、冯亚柴、黎替起、梁益宽、黎亚北并何大骨,连转纠不识姓名五人,跳过客勒稜夷船搜劫各夷人水手。各夷人水手赶拢,郭亚万喝令拒捕,并与周就之及何亚劝、陈亚美、郑亚郁各用刀,致伤黑夷一人,落水身死,并殴逐船内夷人水手,跳过三板,沉溺。张亚保与梁兴赚、何广亮、郭奋得、梁亚黑、张四公、何掌礼、黄亚八、陈未运、钟养洗、冯亚早、黄亚得、黄亚四、何音六、陈亚晚并梁亚黑转纠不识姓名四人,跳过阿米喀夷船搜劫。各夷人水手赶拢拒捕,被不识姓名人致伤黑夷二人,落水。各犯随搜劫银两货物回船,驶逃。将船驶至僻处,点明赃物,约共劫得番银二千余元,衣服五十余件,并零星等物,分别变卖,按股侭分。船只凿沉,刀械丢弃,各散。

旋经福建兴泉永道及厦防同知并该管水师管员先后访闻,派拨文武员弁兵役跟踪查拿,并据英夷驻厦领事呈请勘验,查获夷商客勒稜原船,其阿米喀船只不知去向。旋准闽浙总督咨会,查缉饬据营县先后缉获盗犯郭亚万等,并起获衣物洋银等件解省,饬委广州府审办。兹据委员广州府将犯审拟,由司复审,招解。经臣等督同司道,亲提复鞫。据周就之等供认前情不讳。本案夷商喀勒稜等船只在福建厦门洋面被劫银两、货物,拒伤夷商水手身死,客勒稜商船业已寻获,其阿米喀船只漂失无踪,究竟夷人共毙几命,赃数实有若干,查阅闽省咨行及该夷领事申陈兴泉永道原文,并未切实指明。据称喀勒稜商船船主旃白泠及伙长黑夷并吕宋人等共十六名均被沉溺殴毙,亦属约略之词。惟称尚有受伤逃回未死之夷人一名,均所目击,是其被盗劫掠,拒毙人命,已无疑义。现经由粤破获案犯郭亚万等七名,均系先后拿获,隔别研讯,供词如一。其失事日期,核与英夷领事申陈亦属相符,并经起获衣物、洋银发文英夷驻粤领事查认确凿。此案失事远隔闽省,若必待咨查到日,再行审办,各犯转得幸逃稽戮,殊不足以彰国法而怀远人,应即据供定案。

查律载:行盗而杀一家三命者,凌迟处死;又律载:江洋行劫大盗,照响马强盗例,立斩枭示;又洋盗案内:被胁接递财物,并无助势搜赃情事,改发新疆给官兵为奴,各等语。此案郭亚万起意在洋行劫夷商阿米喀等船只,喝令拒伤,夷人水手落海,淹毙多命。查夷商船主、水手人等同在一船,即属一家,除起意在洋行劫,喝令拒杀事主,罪应凌迟处死之郭亚万及听从在洋行劫、搜赃,罪应斩枭之黄亚得(即陈亚得)、梁兴赚(即布兴赚)均经病故外,周就之听从在洋行劫,过船搜赃,拒伤夷人,落河淹毙一次。郭奋得、何亚亮听从出洋行劫,过船搜赃一次,均合依江洋行劫大盗,照响马强盗例,立斩枭示。该三犯情罪重大,未便稽诛,臣等于审明后,即恭请王命,饬委按察使李璋煜、督标中军副将昆寿将该犯周就之、郭奋得、何广亮绑赴市曹斩决枭首,并饬将故犯郭亚万、黄亚得、梁兴赚照例戮尸、枭首,悬竿示众,以昭炯戒。张发起讯止被胁接递财物一次,并无助势搜赃,致毙事主情事,合依洋盗案内,被胁接递财物者,改发新疆给官兵为奴例,发新疆给官兵为奴。照例于左右面,分刺强盗,及外遣清汉各二字。

据供祖母年老丁单,惟系强盗,毋庸查办各犯,讯无。另有犯案盗伙与同居亲属知情分赃逃后,亦无。行凶为匪及知情容留之人在隔省犯案,犯父及原籍牌保人等均无凭禁约查察。郭亚万在监病故,禁卒人等讯无凌虐情弊,均毋庸议。该犯郭亚万等渔船尚未赴县编烙给照,因捕鱼被风漂流外洋行劫,守员弁无从查察。船只业已凿沉,刀械供经去弃落海。买赃之人,供不识姓名无从提讯查起。行劫各赃,除郭亚万等已死勿征外,余于现犯名下照估追赔,已起之赃给主认领,逸犯何大骨,饬缉获日,另结本案。闽省有无获犯应否开参?夷商阿米喀船只究竟漂浮何处?及被劫赃数,致毙夷人名数,容俟移咨闽省,饬查实在下落。并传令该夷领事确切查明及讯取被伤逃回夷人确供,连摘顶棍责各巡,一并核明,分案办理。郭亚万等系带病进监病故,其余监毙盗犯仅止一名,管狱官例无处分。职名应请免开,获犯应叙各职名,饬行查明,另行咨部核议。犯供图结,饬取另送。除备录供招咨部外,臣等谨合词恭折具奏。伏乞皇上圣鉴,敕部核复施行。再,此案核与部议,洋盗问拟斩枭,应奏条款相符,合并陈明。谨奏。五月二十一日。道光二十七年六月二十二日,奉朱批:刑部议奏。钦此。[蒋廷黻编:《筹办夷务始末补遗》(道光朝),第8—17页。]

195. 道光二十七年七月癸未又谕

据耆英奏:前任粤海关监督文丰等捐造抬枪,分拨各营等语。此项抬枪杆数较多,既经该督验试,均堪适用,自已足资分拨。著照议发给各营,并内河外海各炮台,随时演习。该督等务饬将备兵丁将描头钩火手法,认真操练。总期施放有准,缓急足恃。所有火药铅丸,尤须储备充实,毋致临渴掘井,是为至要。其余一千三百余杆,准其存贮军器局,听候酌拨。将此各谕令知之。(《清宣宗实录》卷四百四十四,道光二十七年七月癸未,第5页。)

196. 道光二十七年七月壬辰谕军机大臣

梁宝常奏查办洋盗情形一折。浙省洋面辽阔,盗船滋扰,商渔多致被害,迭经设法兜拿,严行惩办,而此拿彼窜,尚未净绝根株。现复有在洋行劫,掳人勒赎情事。该提镇统带舟师出洋,督缉拿获多犯。小羊山洋面盗船胆敢拒捕,经兵船围剿,俘获多名,击沉盗船一只。此外报劫之案尚多,亟应严密缉拿,尽法惩治。著该抚严饬该管道府营县并委员等前往石浦一带内外洋面,会同水陆文武员弁,购线访缉,严行拿办。务将巨盗积窝,悉数擒获解究。倘仍复玩泄,查无破获,即行从严参办,以肃洋政而息盗风。至浙江提督,现将善禄简调,已谕令即赴新任,毋庸来京请训。惟到任尚需时日,该抚责无旁贷,务当督饬文武员弁,加意整顿,毋稍疏懈,是为至要。将此谕令知之。(《清宣宗实录》卷四百四十四,道光二十七年七月壬辰,第10—11页。)

197. 两江总督李星沅奏为特参水师总兵巡洋不力托病迁延事

两江总督臣李星沅跪奏。为特参水师总兵巡洋不力,托病迁延,请旨革任留缉,仰祈圣鉴事。窃照江省洋面年来盗劫风行,经抚臣陆建瀛于兼署总督任内,叠饬水师巡缉,并奏奉谕旨:将苏松镇总兵林明瑞、狼山镇总兵皂升均降为三品顶戴,仍革职留任,以示薄惩,等因。钦此。臣自抵任后,复经严札勒拿,因游击白炳惠推诿无能,指参革职、枷号,并与抚臣遴委文武干员协同水师跟缉,即偕沿海营县查禁接济窝留。一面饬拨沙船加派弁兵,无分畛域,扼要相机兜截,先后奏明在案。嗣据崇明镇县禀:获事主黄春荣案内盗犯顾有富、沈聚珍等二十名,并盗船二只。又据川沙厅会同委员禀:获夷商娄丽华案内盗犯曹四老大、张秀春、张泳元等十一名。又据狼右营禀:获事主魏全载案内盗犯王凤高、彭万春等二名。又据江阴县已获枭匪李得全同案究出供认行劫顾永利、龚源泰等盗犯林幅郎、林隆生、陆阿大等十八名,均经分别饬审究拟,仍飞饬水师三镇将未获各案分别依限缉拿,不得再有延误。讵自九月以来,接准崇明、宝山禀报:内洋外海盗案仍复不少,而苏松洋面失事比狼山、福山为多,并据该镇禀称:近在洋次,旧症复发,暂时旋署医调,等语。阅之,倍深愤恨。查苏松镇总兵林明瑞身膺专阃,在任多年,于海洋劫掠既不能防于先事,今夏奏交部议,复蒙恩施,逾量降顶革留,当如何感激愧奋,不避艰险,勉思竭力自赎,乃旧案既多未获,新案又复频闻,当此缉捕吃紧之时,专称就医回署,并不亲督舟师迅速截拿,任意颟顸怠缓支饰,曷足以资统率,相应据实奏参。请旨将苏松镇总兵林明瑞即行革任,仍留洋面协缉,以为托病迁延者戒,所遗苏松镇总兵员缺,请旨迅赐简放,以重职守。谨会同江苏巡抚臣陆建瀛、江南提督臣尤渤合词恭折具奏。伏乞皇上圣鉴训示。谨奏。道光二十七年十月十八日。(北京:中国第一历史档案馆藏朱批奏折,档号:04-01-01-0824-043.)

198. 漕运总督杨殿邦奏为近日洋面不及以前恬静事

漕运总督臣杨殿邦跪奏。为奏报近日洋面不及以前恬静情形事。臣访得沙船装载货物驶行洋面,没有沿海匪徒包揽护送。兹据江苏藩司李德详称:现在洋面情形不及从前恬静,间有盗劫之案等语,又查得数月内江浙洋面捐米客货船只被盗匪掳劫勒赎各案,积有数十起之多,并未破获一起。其未经呈报及报而讳饰者不知凡几。道光二十七年十一月二十日。(北京:中国第一历史档案馆藏朱批奏折,档号:04-01-35-0279-063.)

道光二十八年(1848 年)

199. 两江总督李星沅奏为外海水师游击黄登第出洋巡缉请缓赴部引见事

两江总督臣李星沅跪奏。为外海水师游击黄登第出洋巡缉请缓赴部引见并千总刘轸现有疏防案件毋庸送部引见事。近年以来,江苏海洋时有盗案,虽据拿获数起,严办重惩,而洋面未即肃清。现值办理海运,巡防缉捕尤宜倍加周密。先经臣会同抚臣、提臣核定章程,并因师船需用尚多,札饬上海道县雇募民船,添配官兵,分起管带。又崇明县职员施作舟等将自置渔船捐募水勇随营哨探。由臣会同抚臣遴委候补知府王梦龄会督镇将出洋剿捕。正当吃紧之际。查水师将领中黄登第尚称得力,若遽调回,给咨,诚恐稍形松懈,所有该员应行引见之案,相应照例请旨展限,并请敕部,先给署札,开具底缺,俟捕盗事竣,再行给咨赴部引见。其豫保之狼山镇标右营千总刘轸,现有疏防失事案件,未便仍行保擢。应将豫保注销,毋庸送部。仍责令缉拿盗犯,倘日久无获,即行参革,以为玩视捕务者戒。理合恭折具奏。伏乞皇上圣鉴训示。谨奏。道光二十八年正月二十四日。（北京：中国第一历史档案馆藏朱批奏折，档号：04-01-01-0826-088.）

200. 闽浙总督刘韵珂奏为闽省拨船游巡现已议定章程事

闽浙总督臣刘韵珂跪奏。为闽省拨船游巡，现已议定章程，将弁兵薪水口粮饬司先行筹垫，一面摊捐廉银陆续归补，并预咨沿海各省一体堵截，冀免窜扰，以护海运而安商艘，恭折奏祈圣鉴事。窃臣前因闽浙两洋盗匪日渐滋多，本年江苏苏、松、太三属漕粮，俱改由海运，若不预为布置，设法搜拿，非惟两省辖洋难期静谧，并恐洋匪窜入江洋肆行劫掠，遂与水师提督窦振彪等往返札商议，俟缺额师船造补完竣，即于例巡船只之外抽拨四十只出洋游巡，并恐浙省抽拨之船不敷配缉，拟以闽省之有余补浙省之不足，故于附奏巡洋片内声明两省兵船应否合为一气，再行商办。兹与窦振彪悉心商酌，以兵船出海，行止全凭风力，自闽至浙须乘南风行驶，而由浙回闽又非北风不可。海中风信靡常，倘闽船入浙之后，南风盛发，闽洋适有盗匪联艅游奕，其时闽船闻信转回，竟为逆风所阻，必致延误，是两省兵船有事尚可会剿，而平时巡缉仍当各顾各洋。惟闽省添船游巡事属创始，究竟此项船只应在何营抽拨，每船应派弁兵若干，所需口粮应如何筹款给发，均须分别议定，方资遵守。遂查省中现造师船内应拨补水提标五营同安梭船一十二只，新造大号战船五只。又台湾、澎湖各营应补之船，而各镇协营均有巡缉外洋之责，与水提标五营之向无专辖外洋者情形不同，此次添设游巡船只，如于各镇协营应补船内均匀抽拨，将来所辖外洋，偶有失事，各营必仍以船只不敷借口，自应即将水提标五营与台、澎各营应补之大小兵船二十七只，连窦振彪常时管带出洋之大小兵船一十三只，合成四十只，作为游巡师船。其各船应配兵丁，向以船只之大小定兵额之多寡，并无定数。兹以大小各船通盘核计，共应配兵二千二百余名，即于水提五营及水师各营内择其尤为精壮、洞晓水务者，均匀调派。且各船管驾之千、把、外、额应由窦振彪遴选派拨。至向来巡洋口粮兵丁及外委额外每名每日均止给银三分，千、把并无口粮。此次设船游巡，议令终岁在洋，无间寒暑，较例巡船只劳逸迥殊，若仍照常给发，则该兵丁等糊口拮据，即难使其安心巡缉，是欲用兵之力，必先足兵之食。其管驾千、把虽非兵丁可比，第微末武弁俸饷无多，必责令自行添补，不特力有未能，亦非所以示体恤，应请援照从前剿办大帮洋匪成案，兵丁额外每名每日给银四分，千、把、外委每弁每日给银一钱，其额外中有派令管驾一船者，亦照千、把、外委之例，每日给银一钱。此项银两系属额外增添，并无专款，就各兵口粮计算，一年之内，已应需银三万二千余两，加以各弁薪水并各船军火，为数更属不资。统计一年所需总在四万两以上，闽省额定缉匪口粮共止二千四百名，分派各营，本属有限，将来缺额师船按营补足，则配缉更多，原定口粮势难抽减为协济游巡之用，而国家出纳，岁有常经，更未便以额外之支销，滥请动给。此外司道各库又别无闲款可筹计，惟于通省文武应得养廉中查照历次摊捐之案，按数匀摊支给，第文武廉银系应按日摊捐，而弁兵口粮一经出洋，即须支食，若俟捐有成数，再行动支，定致贻误巡期。臣现已檄饬藩司先行筹款，随时垫发。即摊捐廉银陆续归补。现在省中造补师船已有成数，赶紧赶造，一俟敷用，即由窦振彪如数抽拨，配足弁兵、军火，酌委参、游数员,由该提臣统领,于三月内出洋,遍加搜缉。如果查无匪艘,即将游巡兵船分作南北两帮,每帮二十只,南自海坛右营所辖之湄洲一带洋面起,至闽粤交界止,北自闽安左营所辖之白犬一带洋面起至闽浙交界止,交各该镇轮流管带,协同例设巡船,远近巡缉。弁兵应得薪水口粮,即以提臣统船出洋之日起,先行支给三个月,以后按次给发,统由提臣备文支领。惟提臣统辖全省水师事务繁多,且驻扎厦门,华夷错处,弹压抚绥,均关紧要,断不能常川在洋专司督捕,应俟察看各洋盗匪敛戢,将游巡船只交给各镇营管带,即行回厦办理一切。如续有洋匪窃发,仍由该提臣调集两帮师船及例巡船只会合兜擒。倘游巡兵船缉捕不力,或例巡兵船疏于防范,致有失事,统由提镇各臣咨揭,臣即分别据实参处,不稍宽贷。如有捕盗勇敢奋不顾身获盗多名者,亦由提镇各臣随案咨报慧请奖励。至攻击盗匪,因须大船,而查探匪踪端资小哨,缘小哨灵便,到处可以驾驶。前此请造各船均系抵补各营额数,并无小哨船只。现准提臣咨请添造多桨快哨小船三只。臣已饬令厂员赶紧制造,编列字号,并交提臣配用,所需工料,统入船工汇案报销,似此立定章程,添船游巡,自较例巡更为周密。虽数千里巨浸茫无涯涘,未必竟能使匪徒绝迹,而缉拿勤奋,布置紧严,究于防护海运,保卫商渔不无裨益。特洋匪诡谲异常,一闻闽省添拨多船,难保不现窜他洋,乘虚伺劫,不可不预为之防。臣于游巡师船未经出洋之先,已飞咨沿海各督抚臣,转饬地方文武及巡洋舟师,先行派拨兵船防堵截拿,以免疏失。兹准水师提臣及藩臬两司、粮盐二道先后咨详请奏前来,除浙江巡洋事宜由浙江抚臣梁宝常筹议会奏,并先分咨户、兵、工各部查照外,臣谨会同福建抚臣徐继畲、水师提臣窦振彪合词恭折具奏,伏乞皇上圣鉴训示。再,此项巡洋经费系属摊廉捐给,应免造册报销,合并声明。谨奏。道光二十八年二月十九日。(北京:中国第一历史档案馆藏朱批奏折,档号:04-01-01-0825-072.)

201. 闽浙总督刘韵珂奏为扼要堵截浙洋盗匪事

闽浙总督臣刘韵珂跪奏。为预筹添船,叠将扼要堵截浙洋盗匪事。浙省洋面南连闽粤,北达江苏,袤延数千余里,商贾辐辏,帆樯络绎,温州、台州、宁波等府所属之沿海一带,匪徒每于春夏之交,南风司令,海上波恬,辄即出洋剽掠。而闽省匪船亦即乘风过北,阑入浙洋,勾串伺劫,积习相沿,由来已久。自夷氛不靖,盗风更炽。节经臣等先后督饬水师严行搜捕,每年闽浙两省获犯数百名至千余名不等,盗匪虽少敛戢,而洋面辽阔,此拿彼窜,总未尽绝根株。上年又因渔汛不旺,濒海穷渔及商船歇业之水手各出为匪,以致两省匪船比前数年加增。臣刘韵珂因闽省缺额师船业经设厂造补,不久即可完竣。现在洋匪既多,若借例设额船,照旧巡缉剿捕,恐难有济。况本年江省苏松太三属漕船改由海运,该省洋面与浙省紧相连接,若不预筹捕务,即难保匪徒不窜入觊觎。臣等受恩深重,何敢稍存漠视。遂与臣梁宝常、臣善禄往返札商。拟自本年为始,闽省于例设巡船之外,抽拨兵船四十只,浙省亦筹备兵船二十只,派员统领,终岁在洋游巡。并因浙省筹备之船恐尚不敷配缉,拟即将两省兵船联为一气,往来闽浙,梭织查拿。庶以闽省之有余,补浙省之不足。故臣刘韵珂于附奏筹办闽浙两省巡洋片内声明,与福建水师提臣窦振彪等商议协办。兹查闽浙虽属联疆,而南北相距均极遥远,若以闽省之船兼巡浙洋,不特顾此失彼,势所不免,且海中风信靡常,万一闽船入浙之后,南风盛发,而闽省洋面又适有匪徒肆劫,急待攻剿,则闽省兵船逆风顶阻,势须折戗行驶,必致缓不济急。臣等再四熟商,两省兵船以之会剿则可,以之兼顾则不可。是浙省洋面不能复资闽船之力,而各营缺额师船现未补足,势难再行添派。惟查各省土匪船只出没于海洋者,虽所在恒有,然由闽省乘间驶往者更多,温洋为由闽入浙门户,倘使闽洋游巡不懈,温洋督缉得人,防拿周密,则闽省盗船自有所顾忌,不致肆意窜劫,于江浙两省均有裨益。现署温州镇瑞安协副将叶绍春胆识过人,熟悉该处洋面。其平时在洋捕盗尤能奋不顾身。此次浙省筹备兵船,虽不若闽省之多。第叶绍春遇盗必拿,久为洋匪所畏惮。温洋一带得有该员在彼控扼,并兼顾定洋之南面,尚属可靠。此外惟江浙交界之大小羊山洋面为闽浙两省盗匪入江必由之路,关系亦极紧要。前准两江督臣李星沅折咨会,已于筹办海运折内声请饬令定海镇总兵郑宗凯驰赴截拿。臣善禄自当会同该镇率师前往……道光二十八年二月十九日。(北京:中国第一历史档案馆藏朱批奏折,档号:04-01-01-0825-076。)

202. 道光二十八年四月己巳谕内阁

李星沅等奏胪陈江苏洋面情形一折。据称佘山一带向有盗船伺劫,经该督等饬派弁兵,分投追捕。该匪胆敢开炮抗拒,虽经署参将刘长清等先后击沉二船,悉数生擒轰毙,仍恐此外盗船尚复不少。现在海运米船业已全数驶入东境,惟洋盗肆劫,为害匪细。匪船往来游奕,谅不独江苏一省洋面为然。现当沙船北上,固应严密巡缉,加意保护。即寻常商船往来,亦岂容任令肆劫,致成畏途。已据该督等咨会邻省,一体兜捕,著沿海各督抚各饬水师将弁,不分畛域,认真兜截,不得稍留余孽。至该督等奏称水师废弛,原设营制未能尽善,现在整顿水师,严缉洋盗。另议章程,务当通盘筹画,于连界分捕合捕之处,悉心妥议。总期责有攸归,渐著成效,毋得视为具文,有名无实。寻,奏酌筹《外海水师章程》。

一,磨励人才。江苏风气柔弱,水师尤难得人。前经叠次指参庸劣镇将,革除陆兵名目,专从水务取材。惟全材甚不易得,要必舍短取长,明定赏罚。优者破格示奖,劣者加等示惩,驾驭而鞭策之,令其知感知奋。

一,变通营巡。查苏松镇常年统巡外洋,秋冬兼巡内洋。福山镇仅止春夏统巡内洋,秋季会哨一次,劳逸悬殊。应请从道光二十九年正月为始,苏松镇春秋统巡外洋,夏冬统巡内洋。福山镇夏冬统巡外洋,春秋统巡内洋。狼山镇系陆路总兵,其轮巡外洋官兵,应听苏松、福山两镇调度考核。并南汇营都司、守备,应与苏松镇标中营等六营一体轮巡外洋,以资练习。

一,核实会哨。定例苏松镇总兵与浙江定海镇总兵,又苏松、狼山、福山三镇总兵及各营将官,按期互相会哨。近年则该镇将均止派弁由陆路取结呈报。彼此并未谋面,节经咨会浙江抚臣,并通饬江苏镇将,亲往巡哨。一遇盗船,相机兜截。另派干员轮驻海口查访,如再虚应故事,密禀核参,徇隐同罪。

一,扼要堵缉。现查江苏外洋佘山最为吃紧,应委参、游一员,带领兵船在彼寄碇,按季更换。其统巡之总兵,除随时游巡外,常年寄碇崇明县之黑沙觜,稽查策应。倘仍收泊内港,一经委员查出,严参枷号示众。

一,配兵足数。原定舢船一只,大舢板船一只,各配兵四十名。小舢板船一只,配兵二十名,栖宿既形拥挤,偶值追逐洋盗,技勇亦颇难施,以致派不足数。自上冬廉得其弊,核定大舢船配兵三十六名,大舢板船配兵二十四名,小舢板船配兵十六名,无论内河外海一律照派。

他如沿海接济,必先杜绝。下海私船,必严查禁。海口人户俱照内地编查保甲,借清勾结而免窝藏。下部议。从之。(《清宣宗实录》卷四百五十四,道光二十八年四月己巳,第16—17页。)

203. 浙江巡抚梁宝常奏为浙江洋面节次拿办洋盗情形事

浙江巡抚臣梁宝常跪奏。为浙江洋面节次拿办洋盗情形事。浙省洋面南连闽粤,北连江苏,商贾辐辏,帆樯络绎,每逢春夏之交,南风司令,渔汛旺盛之际,闽洋盗船联艐北驶,勾结沿海无业游民、失利渔户,乘间肆劫,为害行旅迭经臣严饬水师认真缉捕,并将拿办情形节次奏报在案。特是洋面辽阔,地形绵长,此拿彼窜,总难尽绝根株。本年江省苏松太三属漕粮改由海运,天庾正供,关系匪轻,设稍有疏虞,尚复成何事体。臣心实为焦急,即经预为布置,咨会提臣善禄、定海镇总兵郑宗凯等率带师船在于江浙交界之大小羊山洋面严密巡防,并饬沿海营县、巡洋舟师节节堵截,层层防护,不致匪船过北滋扰。内有营船短缺,添雇商船协济,务使星罗棋布,毫无罅隙可乘。兹江省米船已全帮抵通,幸无贻误。自上次奏报后至现在,又陆续获盗一百余名。

内准定海镇总兵郑宗凯咨:率带守备赵振昌等于上年十二月初二日在江省李四洋面生擒盗犯李危等二十名,斩取首级十六颗,伤毙匪犯三名,救回难民黄如明等十三名,起获炮械。

又准黄岩镇总兵郑高祥咨:据守备殷殿祥等于上年十二月十三日在粗沙头洋面拿获盗犯林金帮等四名,内郭阿三一名赴水脱逃,冻死。又会同瑞安协副将等于本年正月初九日在长沙洋面拿获盗犯林阿裕等二十名并盗船、强药等件。

又据署定标中营守备叶万全禀报:于二月初二日在东柱洋面拿获盗犯王加恩等七名,救回难民王备芒等五名,起获炮械、船只。

又据镇海营县禀报:于二月十二日在大衢头地方拿获盗犯梅伍一名。又据平阳协禀报:三月初六日在旧城外洋面拿获盗犯林阿阵等二名。

又据镇海营禀报:把总赵振炜等于三月十四日在大衢头地方拿获盗犯吴和尚一名。

又准定海镇总兵郑宗凯咨:会同提臣善禄于三月十八日巡至江省四礁洋面,见沙船水手驾小船上山,声喊有盗。随饬各弁兵上山兜拿,擒获盗犯林彪等五名,割取首级二颗,救回彭元骃、彭又祥沙船二只,派委员弁护送江省接收。

又据鄞县禀报:于四月初十日在南渔山洋面拿获盗犯戴阿炳等五名;四月十四日又在南渔山拿获盗犯黄力等十六名,并盗船一只,救回难民五名。

又准定海镇总兵郑宗凯咨:于四月十九日在乍浦螺山洋面生擒盗犯石兆斤等十名,

砍取首级五颗,夺获赃械。又据乐清县知县蔡琪等督率首民庄通等在瑞安半洋礁生擒盗犯李阿三等十五名,格杀芝里等十二名。首民庄通等生擒盗犯魏乖等五名,斩取癞头应等首级三颗。

又准江苏督抚臣先后咨会:有沙船数只均在江省佘山洋面遇盗,劫至浙省南渔山洋面藏匿,等因。当经飞咨提镇督率水师严密剿捕去后,旋准提臣善禄咨:定海镇总兵郑宗凯于四月初二日巡至江省剑门洋面,瞭见外洋有盗船超驶过北,率令【领】兵船,奋勇追捕。至初四日申刻,倏起飓风,各兵船均被漂失。世袭云骑尉孙大栋等落水,遇救得生。右营守备王廷扬、兵丁王兆元淹没,无著。

又准黄岩镇总兵郑高祥函称:六月初一日,督率舟师齐至南渔山,瞭见山内有盗匪多人,并被劫船只。正在上山攻击,盗匪竟敢开放枪炮。经该镇挥令各兵开放红衣大炮,盗匪惊窜。立将江省被劫沙船三只并货船二十余只设法牵回,派拨兵船护送赴苏。维时天色已晚,盗匪上山、凫水,经水师击毙多名,其余仍再行设法剿捕,等因。

伏查浙省舟师在江浙各洋面拿获盗犯多名并船只、器械,均解交各该地方官研讯确供,分别解省拟办。盗风较前稍息。而温州洋面与闽省紧接,为盗匪出入门户。自蒙圣恩,以叶绍春补授该镇以来,会同温处道庆廉,讲求缉捕,极为认真。现据该道禀报:盗船已不敢在温洋游奕。本年五月间,督臣刘韵珂来浙阅伍,道经温州,将该道府审实之洋盗魏乖等八犯就近审明,请令正法,枭示海口,使沿海匪徒触目警【惊】心,以昭炯戒。除再咨行提镇水师及沿海营县严拿逸盗,务期悉数弋获,尽法惩办。如有大帮巨盗逞凶拒捕,必须会合兜擒,痛加剿洗,尽绝根株,不使稍留遗孽,养痈遗患。所有先后拿获各犯,饬令道府委员赶紧讯明。如系正盗,迅速解省审办,立正典刑。如系被掳难民,亦即就近省释,以免拖累。并将守备王廷扬等捕盗淹毙缘由,另行照例具题请恤外,合将浙省洋面节次拿办洋盗情形,谨会同闽浙督臣刘韵珂恭折具奏。伏乞皇上睿鉴。谨奏。道光二十八年六月十三日。(北京:中国第一历史档案馆藏录副奏折,档号:03-2814-051。)

204. 道光二十八年七月丙戌谕内阁

徐泽醇奏海洋盗船乘风游奕现饬实力防捕一折。本年海运粮船由东洋赴天津,沿途并无疏虞。自系江南巡洋各将备,于始事尚属认真防卫。乃现在南粮甫经运竣,即有闽广盗船多只在外洋乘风游奕,意在伺劫回空漕船,且已有商船被劫之案。如果水师弁兵仍前严密巡防,何至盗艘肆行无忌。是该将弁等于海运沙船甫过,即行松懈。李星沅、陆建瀛、来英均著传旨严行申饬,仍著将疏防各将弁分别查明,据实核办。此时各商船交米后,或前赴盛京,均须南返,易为盗匪窥伺。(《清宣宗实录》卷四百五十七,道光二十八年七月丙戌,第14—15页。)

205. 广东水师提督赖恩爵奏为带领兵船出洋督缉日期事

广东水师提督臣赖恩爵跪奏。为带领兵船出洋督缉日期事。本年正月内例应出洋督缉,因英国兵头新旧更换,须察看情形,业将暂缓出洋缘由奏蒙圣鉴,随奉朱批:知道了。

钦此。钦遵在案。兹查海口各台及内河现无要事,夷情尚属安静,惟阳江、琼州等处洋面常有匪船出没伺劫,经督臣徐广缙派委镇将各员驰赴剿捕,该匪现已闻风星散,陆续拿获解省审办,时值西南风当令,西路海岛并无港澳可以寄泊,且商贾各船亦皆旋帆东上,是西路洋面无可窥伺,惟中东外洋难保无余匪窜越,乘间滋扰。奴才拟于七月十一日带领兵船自虎门前赴中、东二路各处外海洋面,会同碣石、南澳两镇总兵,往来稽巡,认真督缉,所有虎门海口饬令守台委员游击陈辉龙、守备黎志安,务须一体严密防范,毋稍松劲。容俟巡洋事毕,遵将须巡过各洋面情形另行陈奏外,合将出洋督缉日期恭折具奏。伏乞皇上圣鉴。谨奏。道光二十八年七月十一日。(北京:中国第一历史档案馆藏朱批奏折,档号:04-01-01-0825-055.)

206. 两江总督李星沅等奏为江苏外海水师战船不敷现拟添造事

两江总督臣李星沅、江苏巡抚臣陆建瀛跪奏。为江苏外海水师战船不敷现拟筹捐添造事。窃照水师各营之驶船,犹陆路各营之驭马,陆路尚可马、步兼用,水师则非舟楫,断不为功。溯查水师定制,总以谙习水务、枪炮为第一要义。江苏省额设外海水师九营,原有放大艍船、旧式大艍船共五十八只,轮班出洋。自道光二十年,各营官兵派调防堵,舍水守陆,修造未遑。渐致船只缺额。至二十二年,存营存厂之船遂不可问,水师因之废弛。嗣于善后案内,钦奉谕旨,变通船政。前督臣耆英查明江苏外海,惟放大艍船最为合宜,定议具奏。复经璧昌遵旨体察无异,即成造十二只,发交苏松镇标中、左、右营福山镇标左营及川沙、吴淞营,共六营,每营各二只,以一半配兵出洋,一半存营,按季轮替。惟狼山镇标右营、掘港、南汇营,亦系外海水师,尚无放大艍船。所有舢板船只,出洋殊难应用。综计江苏洋面自浙江至山东两省交界,南北二千余里,东西更为袤延,操缉巡防,仅止艍船六只,为数太少,无论分捕合捕,均难得力。且盗船近从闽浙而来,时以浙江渔山为巢穴,或三四只,或六七只,聚散无常,北窜伺掠,亦非艍船六只所能分投抵御。臣等自上年冬间专委文职大员驻扎十㴖海口,会同苏松、狼山、福山三镇,于存营艍船内酌调四只,凑成十只。又雇民船二十只,并饬外海水师九营挑选兵丁,以将备为统领,千把外委为管带,配坐各船,责成署苏松镇总兵田浩然为总统,分驻佘山及黑沙连头等处要隘,俾盗船寄碇无所得,稍有端绪,即据禀报,击沉盗船,擒斩匪犯在案。惟雇船巡洋本非长策,而艍船十只又须轮流修艌,动形掣肘,要以添造船只为正办。即饬据三镇总兵议请查照现在艍船式样,加长加宽,添造三十四只,分给各营,配兵巡缉。如佘山外洋水深风大,盗船冒险游奕,商船失事大半在此,虽经水师遵札轮驻,一遇风潮,仍须收回内洋。闻广东省艇船高大坚固,能御波涛,议请仿造数只,以为驻守佘山之用。并据上海厅县禀报:绅商郁松年等因以泛海为业,情愿捐资造船。犹恐缓不济急,仍先雇募船只、水勇协同官兵巡缉等语。臣等查水师巡船原数,此时照额造补,势有所难。即各该镇议请酌添艍船三十四只,经费亦复不资。合力捐办,较为易举,而捐项非克期能集,雇募船勇更不可以为常,应先筹款兴造,以期迅速。因思善后存余银两计尚可造大艍船十只。现拟饬司提拨,赶紧设厂添造,以为之倡。俟上海捐数有成,即行接续添造,以三十四只为率,余仍归补。现提善后银款,所有上海捐造船只及上年迄今捐雇船只、水勇之绅富,好义急公,均可嘉尚外,此官绅客民如有捐资造船者,悉从其便,统俟事竣后,核明捐用银数,吁恳皇上天恩俯赐,查照江苏省捐输米石成案,给予奖励,用昭激劝。至广东艇船必借广东舵水驾驶,而于江苏洋面尚难必其相宜,如谦辞同安梭船,试造不能合用。欲卖,则无售者;欲改,则为弃材,废搁海壖,忽经数载,甚至本年正月因民间放灯遗火焚毁一只。正在饬司严究,是以艇船一项,臣等未即饬造。拟先雇一只试行,如果合用,再行酌办。除将整饬水师事宜另折陈奏外,谨合词恭折具奏。道光二十八年七月十一日。(北京:中国第一历史档案馆藏朱批奏折,档号:04-01-01-0826-054.)

207. 山东巡抚徐泽醇跪奏为特参水师后营游击陈振疆等玩视巡务事

山东巡抚臣徐泽醇跪奏。为特参水师后营游击陈振疆、把总赵得禄玩视巡务,请旨一并革职,协缉事。窃臣前因登州府属洋面探有南来闽广盗船在外洋游奕,意在伺劫回空漕船,并闻往来商舶已有被劫之案,当以水师弁兵如果在洋巡防,盗船何敢公然游奕,恐该将弁等狃于因循积习,未经出洋巡哨。一面严密饬查,一面据实奏闻。俟查明劫案多寡,另行参办,并咨行镇、道,添船募勇,设法防捕在案。兹查得水师后营游击陈振疆所辖洋面,六月间商船被劫至二十起之多。该游击陈振疆坐拥舟师,安居口岸,事前既毫无防卫,事后又不能捕获一犯,但知虚张声势,借口于船小兵单,以为卸责地步,居心巧诈,实堪痛恨。游击为全洋统领之员,似此玩泄从事,安望所属备弁涉历风涛,奋勇效命。是以该水师把总赵得禄亦即因而效尤,罔知振作,亟应严参,以示惩儆。兹据护理登州镇臣景琳密揭前来,相应请旨,将水师后营游击陈振疆、把总赵得禄一并革职,勒限两个月,责令随同接任之员协捕各案贼盗,俾免置身事外。如逾限不获,应请将该二员枷示海疆,以为水师将弁玩视巡防者戒。除饬取失事各案分巡、专巡各职名,另行参办外,理合恭折具奏。道光二十八年七月二十二日。(北京:中国第一历史档案馆藏朱批奏折,档号:04-01-01-0825-052.)

208. 两江总督李星沅奏为奉旨申饬并添派水师得力将弁分路兜捕事

两江总督臣李星沅跪奏。为奉旨申饬,愧悚下忱,并添派水师得力将弁分路兜捕事。窃臣于扬州途次接准山东抚臣咨开,奉上谕:徐泽醇奏海洋盗船乘风游奕,现饬实力防捕一折,本年海运漕船由东洋赴天津,沿途并无疏虞,乃现在南粮甫经运竣,即有闽广盗船多只在外洋乘风游奕,意在伺劫回空漕船,且已有商船被劫之案,如果水师弁兵仍前严密巡防,何至盗踪肆无忌惮。李星沅、陆建瀛、来英均著传旨严行申饬,仍著将疏防各将弁分别查明,据实劾办。此时各商船交米,或赴盛京,均须南返,易为盗匪窥伺。仍著李星沅、陆建瀛、尤渤速即拣派水师得力将弁,分路带兵兜捕,务将游奕匪船击沉,获犯,尽法惩办,断不准迁延讳饰、疏纵、干咎,凛之,遵之。等因。钦此。臣跪诵之余,悚息无地,除转行钦遵外,伏查江苏外海战船无多,水师废弛,盗案叠出。臣勉力督办经年,指参镇将各员,随时据实上闻,未敢稍存讳饰。当议行海运之始,辄虑风涛万顷,鬼蜮百端,既不能四面合围,复不能一径拦截,亟须先事筹备,所有派拨兵将,多方护运,悉由祗承训示,参考旧章。并因山东石岛、俚岛、庙岛等处,向多盗船伺劫,设有登州镇总兵管辖水师两营,叠经臣咨会山东抚臣一体饬缉,幸而漕船风利,安抵津口,实圣主如天之福,非人力所能为。迨护运官兵从山东登州南返,循案归伍,本省例巡兵船,照常侦缉无间,仍饬总兵统巡,驻黑沙连头,参将、游击分巡,驻佘山锚地。窃计漕船回棹,易为洋盗所窥,犹恐船少兵单,捍卫不及。复饬上海道县董劝绅商,捐雇勇船,随同官兵巡缉,适大舫船在洋,陡遇飓风,碰损。又经飞饬该道县赶雇宽大民船十只,前往更替应用,并饬候补道吴健彰驰赴十效,认真稽查,揭无疏懈。又准闽浙督臣咨会,已饬闽浙提督调集兵船,筹剿浙江之南渔山盗巢,方冀连界截拿,或可肃清洋面。乃昨据苏松太道禀:据上海商船黄椿年、陆德发等禀报:旋经东洋,突于大沙左近遇盗围掠,并将商船拉至石岛,勒银取赎。其俚岛南北、黄城(隍城)等处亦有盗船伺劫,拟派水勇船十四只,由道给发护照驰往东境迎护,并请速咨山东、奉天严饬舟师防剿等语。当即据情速咨随查失事处所,究在何省何营境内,分别查办。兹复钦奉前因,臣思盗踪出没,每以此拿彼窜为常,海市迷离。又以此推彼诿为巧,如闽广盗船游奕,类多来自浙江,若能由浙溯闽,由闽溯广,自无难穷源竟委,扫穴犁庭,无如势多暌,遂致挽回鲜效。东洋在望,兼顾未遑。臣仰负主恩,俯惭官谤,夙夜省咎滋深。现经凛遵严谕,会同抚臣、提臣,添派水师得力将弁,飞速带兵分路兜捕,遇有盗船南驶,立即奋勇击擒,尽法惩办,断不容强分畛域,致滋延纵。……道光二十八年八月十六日。朱批:江南水师之不振,其谁不知,若再不严加整饬,盗劫公行,何所安心,勉之,慎之。(北京:中国第一历史档案馆藏朱批奏折,档号:04-01-01-0825-049.)

209. 两江总督李星沅江苏巡抚陆建瀛奏为兵勇赴浙协剿洋盗事

两江总督臣李星沅、江苏巡抚臣陆建瀛跪奏。为兵勇赴浙协剿洋盗,屡有斩获事。窃臣等接准钦差吏部侍郎福济等咨会:钦奉上谕:福济、骆秉章奏请饬海疆督抚、提镇严缉洋盗一折,著江南、闽浙、山东各督抚、提镇督饬水师,严密侦缉,务令员弁兵勇,不时出洋搜捕,海汊纷歧与交界处所更当添配兵船,互相堵截,不得稍存畛域,以致漏网。一经拿获,务须尽法惩治,以儆凶顽。浙江渔山既据众称为窝顿所在,尤须设法捣其巢穴,尽行驱逐。经自此训谕之后,如各武弁不能实力实心,或避就推诿,或畏葸无能,该督抚提督指名严参。倘该督抚提督瞻徇讳饰,或不能督饬严拿贼犯净尽,经朕别有访闻,或有人参奏,恐不能当此重咎也。等因。钦此。臣等伏查江苏洋面前此屡有闽浙盗船阑入肆劫,并掳夺人船,勒银取赎情事,虽据水师官兵扼住佘山,节次获盗擒船,总未大加惩创。当即督饬上海道县劝谕商民,添雇水勇船只,金派周熬、胡维荣为总头,分带出洋,随同水师协力防剿。于本年八月五次接仗,生擒盗匪五十二名,击杀盗匪十八名,落海身死者不计其数,牵获盗船六只,击沉盗船四只,救回被劫商船十一只,难民三十七名。该盗匪胆敢逞忿报复,由浙洋南渔山倾巢而来,欲图打夺。不及,围劫商船三十余号。臣等复飞饬上海道添雇高大坚固广船六只,会合剿捕,并预备兵丁二千名,咨会提臣尤渤驰赴崇明十效地方,相机督办。该盗闻风远遁,即派都司施元敏等带领兵勇追赴浙洋,随同定海镇等夺回被劫商船十九只,复追至南韮山洋面,击沉盗船一只,生擒盗匪十七名,斩首五级,救回难民十六名。均経先后奏明在案。臣等复查江苏洋面以马迹山为江浙门户,而商船往北贸易,佘山在所必经。前饬水师官兵专巡佘山,系因闽浙盗船业已窜过马迹,不能不严防佘山。自九月以后,江洋盗氛稍敛,尤应兼防马迹,以为扼吭之计,随饬苏松镇总兵田浩然,督同都司张凤翔带兵船五只,及周鳌所带艇勇各船寄碇马迹,于江浙交界梭织巡逻,堵御南来盗船。福山镇总兵孙云鸿督同游击黄登第等统带兵船五只,驻巡佘山,接应往来商船,勇头胡维荣熟悉浙洋岛屿,饬令引导官兵,会同浙江舟师,不分畛域,协力穷追务获。即据勇头周鳌协同官兵于十月初十日在马迹山洋面击退盗船一只,救回商船一只,生擒盗匪一名,击杀落海者无数。又据勇头胡维荣协同江浙委员官兵于十月初六日追至浙江南渔山洋面,遇见盗船十余只,掳住商船十只,该兵勇合力奋击,自辰至未,拿获盗船一只,救出被掳难民七十余人,将商船全数夺回,就近解交浙省查办。该勇头胡维荣又于十月二十四日追至浙江东窑山洋面,会合两省委员官兵,拿获盗船一只并枪炮器械,救回商船一只,复舍舟登陆,追擒盗匪十六名,击杀落海者无数,焚毁盗巢三十余间,所获盗船俱经解回上海。据该道县委员先后禀报前来。臣等查该盗匪盘踞浙洋,乘风北窜,伺劫勒赎,为害已久。今江浙兵勇同心协力,三月之内九次获盗擒船,并焚毁巢穴,洵为志切同仇,亟宜趁此声威,堵剿兼施,以冀肃清洋面。至盗踪出没无定,难保不散而复聚,去而复来。现复催令委员将奏明倡造舢船十只,赶紧加工攒办,并将所获盗船择其可用者一律修整搭配兵勇,以备临时调遣,断不准稍涉松劲,致负圣主整饬海疆训诲谆谆之至意。道光二十八年十一月二十四日。(北京:中国第一历史档案馆藏朱批奏折,档号:04-01-01-0826-069。)

210. 道光二十八年十二月甲寅谕军机大臣

吴文镕奏:查悉地方大概情形及现办缘由,等语。览奏均悉。浙江腹地、外洋盗匪未能敛戢,非文武各员认真巡缉,何能尽绝根株。该抚现严饬文武各员,并移行水师各镇将,分别剿捕,务当随时稽查。如有任意懈弛,借词推诿者,立即严行参惩,毋稍松懈。至各县亏空,近日相习成风,吏治敝坏已极,不可不力加整顿。据该抚所奏寅用辰款,以致当年额征两忙,皆征解不前。拨款至无项可拨,日甚一日。何所底止。如能设法弥补,方于库贮有裨。将此谕令知之。(《清宣宗实录》卷四百六十二,道光二十八年十二月甲寅,第13页。)

211. 闽浙总督刘韵珂奏为敬陈闽浙两省洋面情形事

闽浙总督臣刘韵珂跪奏。为敬陈闽浙两省洋面情形并节次擒获盗犯,救回商船及臣现饬水师认真搜捕各缘由,恭折具奏,仰祈圣鉴事。窃照闽浙两省地处瀛壖,而闽省之福宁、漳州、兴化、泉州,浙省之宁波、台州、温州等府又皆濒临海口,其沿海居民大率以渔为业。以船为家,终岁在洋,随风漂泊,既无恒产,兼无恒心,当其得利之时,原属守分良渔,及至渔汛不旺,网捕失利,则又相率为匪,故海洋盗匪闽浙最多。闽浙盗匪,实惟福宁等府最多。然从前各营师船足敷配缉,盗匪虽多,尚知儆惧。自道光二十年将各师船调赴海口,分投防堵,该匪等明知不能兼顾,遂各恣意横行。迨后营船多被损毁,水师巡缉无资,盗匪肆逞如故。泊臣于二十三年钦奉恩命擢任总督,将闽省缺额之船奏请设厂,先行补造九十只,浙省亦由闽代造三十只,分发各营领回配用。因之,两省匪踪始得较前敛戢,只以海洋辽阔,船只未齐,布置终难周密,经兼署督臣徐继畬于二十七年七月间请将闽省未造各船按数全行补造。浙省之船亦经前任浙江抚臣梁宝常会同臣奏请筹款造补。臣以本年江省漕粮改由海运,遂与抚、提诸臣筹议,闽省于例设巡船之外,筹备兵船四十只,交水师提督臣窦振彪统带出洋,浙省亦抽拨兵船二十只,交温州镇总兵叶绍春等统带出洋,会督游巡。统计闽省先后获盗三百六十四名。浙省亦报获盗犯一百五十名,并救回被劫商船五十五只。现在商渔报劫之案,闽省固属仅见,浙省亦渐减少,不特较二十一、二年间减去倍蓰,即与臣到任数年,互相比絜,亦惟本年为最减。且探闻闽省洋匪于添设游巡之后,因两省兵船梭缉不懈,而提臣窦振彪又复身先士卒,遇盗必拿,其未经获案者,多已散伙回家,不敢在洋窥伺,惟盗匪陈双喜原籍同安,节次饬拿,总未弋获。又经窦振彪预拨师船,绝其归路,且复传谕犯族随时捆送,因之心怀畏惧,不敢再作归计。现闻该犯仍在江浙等省游弈伺劫,虽经臣严饬水师,各于海汉纷歧及两省交界处所配船堵截,而巨浸茫茫,随处可通。该犯行踪又极诡秘,终不免此拿彼审。其一同行劫之船,或三五只,或七八只,或十余只,忽聚忽分,并无定数。然皆系一时乌合邂逅适逢,并非预期固结,亦非皆该犯自置之船。统计该犯名下党伙不过一二百人,现虽暂时漏网,而一经水师侦探明确,会合剿捕,当不难立予擒获。此外均不过零星土匪,乘间出没,并非真正洋盗。臣于前任浙臬时知之已悉,迨后到闽任事,一再访查,所言亦均相同。前次阅伍至浙,传到首民庄通,亲加详询,其指陈该处形势,亦与臣所访无异。故历来水师前往掩捕,非仅拿获数犯,即属往返空劳。臣前因盗匪将在江省掳劫之船,牵至该处停泊,复檄饬定、黄、温三镇设法剿捕。嗣经该镇等四处往剿,将江省被劫商船五十余只先后救回。该匪等虽已稍知敬畏,纷纷逃避。然巢穴未除,终恐散而复聚。臣现又发给图说,指示机宜,咨行该提镇等探明各匪归巢,即雇募熟悉该处洋面礁线之小渔船,随同现有师船订期会剿,以为内外夹攻,一鼓成擒之计,仍由提臣善禄移会江省,一体堵拿。惟是海洋盗匪来去无常,出于此,难保不入于彼,不患盗踪之不绝,而患捕盗之不力。且不仅患捕盗之不力,而最患捕盗之无人。即以闽浙情形而论,闽省自船只造齐由窦振彪统领督缉,为时未及一年,而洋面已逐渐肃清,浙营船只虽尚未足额,但得有叶绍春等实力查拿,各处盗匪亦皆知所畏忌,可见洋面之绥谧与否,全以缉捕之能否得人为断。该管水师果能协力同心,认真剿办,何患不收盗息民安之效。臣深知闽浙为产盗之区,不能为闽浙讳其恶,亦自知督缉为一己之任,更不敢以督缉诿诸人。惟有严饬两省水师无论盗匪产自何省,盗船来自何洋,不分畛域,严密兜拿,务期一力歼除断绝丑类,以仰副圣主粚安海圉之至意……道光二十八年十二月二十八日。朱批:所论公正切当之至,卿其勉力,认真绥安两省海疆,朕有厚望焉。(北京:中国第一历史档案馆藏朱批奏折,档号:04-01-01-0826-073。)

212. 闽浙总督刘韵珂奏为查明洋盗庄通等投首事

闽浙总督臣刘韵珂奏。再,洋盗庄通等投首前,经臣亲督臬司及各委员逐一提审,留心察看各犯,虽强弱不等,而言动状貌颇为驯顺,与平时营县获解洋盗凶顽显露者,本属有间。其庄通一犯貌甚发扬,与吕禄一犯均极明白爽直,尤为可用。臣因该犯等深自悔悟,力图报效,请将年力精壮各犯发闽浙水师各营安插。惟该犯等是否真心改悔,究非一时所可深信。臣于拜折后,虽将各犯分拨各营,仍不时严密侦访。该犯等随同出洋委皆认真搜捕,勤慎当差,并无怠惰偷安、桀骜不驯之习。嗣署温州镇总兵叶绍春在护瑞安协副将任内,先后详报,在洋擒斩盗匪五十余名,均系庄通等随同拿获。而温处道庆廉亦以庄通捕盗出力,禀请赏给庄通外委职衔。臣以庄通等于投首发营之后,节次在洋获盗,原可优加奖励。第该犯等能否邀恩免罪,尚未接准部覆,未便遽行给赏。随批饬暂行从缓。迨奉上谕敕将该犯等分发云贵等省安插,遵即遴委干员,驰赴厦门、温州,分别提解。旋准福建水师提臣窦振彪及庆廉等各以该犯等留营效力,不特无虞流弊,并可有益海洋等情,先后咨禀请免改发。并据该委员等回省面禀,该员等奉委前往各犯均先期出洋,随禀明窦振彪等,逐一提齐,宣扬恩谕。各犯均环跪阶前,感泣不已。并请仍留闽浙效力赎罪。该员等察核情词极为真挚,复密加查访,缉捕亦极奋勉。并据叶绍春、庆廉向该委员等面述庄通等随同官兵出洋捕盗,均各争先恐后。且南北两麂及三盘等处洋面水浅礁多,师船不能进泊,向为盗匪渊薮。庄通等探知该处泊有盗踪,无分雨夜,即随同弁兵潜驾渔船导引捕拿,是以半载之中,温洋较为静谧。而各洋盗匪无不恨深切齿。前因庄通母弟妻室寄住石浦地方,盗匪欲将其全家谋害。经庄通禀求庆廉派拨兵役将伊家属护进温郡,赁屋居住,是其真心报效,与盗为仇,已属信而有征。现在庆廉与叶绍春因庄通等尚未补伍,所需巡洋口粮均系庆廉等捐廉给发。因之庄通等感激益深。叶绍春等亦深资驱策,等语。

正在核办间,窦振彪巡洋过省,顺道进署,与臣商办营务。臣即向其面询江扁鹊等到营情形。据称:该提臣前因江扁鹊等初到厦门,防其奸诈,虽分派各营随缉,每船均止配一、二名,以昭慎重。数月以来,江扁鹊等虽无自行拿获之犯,然于爬桅、拉篷、把舵、折戗等事俱能不遗余力,毫无畏缩,留于闽省可保无虞。其时,前任浙江提臣詹功显告病回籍,路径省垣。臣与之接晤,亦极言庄通等在洋捕盗,足为水师之助。伊行次温州,庄通等跪接,伊曾面谕嘉奖。并以庄通勇敢有为,力图上进;吕禄亦缉匪勤干;将来必系水师出色之选臣。查庄通等投首已半年,如果心性未定,窦振彪、叶绍春等朝夕亲督在洋,固当窥见端倪。即庆廉等耳目甚近,亦必确有闻见。今既异口同声,交相称许,并为其具结保留,是庄通等之锐意图报,出于真诚。窦振彪等均已知之有素。倘稍有可疑,臣虽至愚亦何肯姑容洋盗,屡乞恩施。实缘体察情形,博采众论,确知该犯等留于闽浙,不能滋弊。故敢据实直陈。期于有裨,仰副圣主整饬海疆之至意。除另缮正折详悉具奏外,所有前后访闻缘由及正折内未备各情,谨附片陈明。伏乞圣鉴。谨奏。【道光二十八年】(北京:中国第一历史档案馆藏朱批奏折,档号:04-01-16-0158-071.)

213. 闽浙总督臣刘韵珂奏为洋盗庄通等投首安插事

闽浙总督臣刘韵珂奏。再,臣前于道光二十七年六月二十二日承准军机大臣字寄:道光二十七年六月初四日奉上谕:前据刘韵珂等奏,投首洋盗于发营安插后,俱能认真缉捕,请免改发,以资驱策一折,当交军机大臣会同刑部等衙门议奏。兹据穆彰阿等酌核情形,议请将庄通等分发闽浙水师各营安插,已如该督等所奏,依议行矣。此事原系变通办理。惟庄通等曾经入洋为盗,贷其一死。究非安分之徒。目下虽悔罪投诚,难保其不复萌故智。嗣后惟当责成该管之官于水师各营按营酌量均匀安置。该督仍随时加意访察,如果始终奋勇,不敢妄为,自可准其补伍食粮,以收爪牙之效。倘查有犷悍难驯、不安本分,或未能勤慎当差,分别轻重,小惩大戒。其应如何定立章程,以示惩创之处,仍著该督悉心分别妥议,具奏。断不可稍涉迁就,致贻后患,是为至要。将此谕令知之。钦此。

仰见圣主仁育义正,防患未然之至意。钦佩私衷,匪言可喻。伏查庄通等悔罪投首,前经臣详加体察,虽皆出于真诚,并无捏饰。第先曾入洋为盗,诚如圣谕,究非安分之徒,难保其不复萌故智。臣于分发水师各营安插之际,即责成该管各官,每船拨配首盗一名,随带出洋巡缉。即船只较大、弁兵较多,每船亦止拨配首盗二名,借免疏失。臣仍不时遣人密访,并向因公晋省之闽浙水师,遍加咨询,佥称:该首盗等出洋随缉,俱能认真搜捕,勤慎当差。且俱久历海洋,熟悉驾驶事宜,风涛亦所素习。遇有盗艅潜匿处所,一经该首盗等探知踪迹,无不立时具禀,随同引导,从未稍有退缩。现在两省水师颇资驱策,而浙省安插之庄通、吕禄,缉匪尤为勤干。庄通更奋不顾身,出死力以冒锋镝。上年冬间,浙省温州洋面报获洋盗,多系庄通协拿,节据温处道庆廉以庄通捕盗出力禀请破格拔用,并赏给外委、把总职衔。经臣以该首盗等发营效力,原应立功赎罪,即因奋勇异常,足为水师之助,亦止准其先行补伍。复再行立功,方可酌量奖拔等情,示知在案。是该首盗等之真心改悔,勉力图报,已属信而有征。惟人情变迁莫测,有始未必有终。若不严定科条明示惩创,恐各首盗罔知儆惧,误为旷典可以屡邀,辄复任意妄为。查该首盗等既仰沐皇仁,贷其一死。倘再不知感格,复滋事端,是其怙恶不悛,法难宽纵。因未便与军民一例科断,亦未便援照赦后复犯之例,仅予加等治罪。

应请将此次发营安插各犯责令管带员弁加意访察。如果始终奋勇,自当钦遵谕旨,准其补伍、食粮。倘查有犷悍难驯、不安本分,或未能勤慎当差,即由该员弁等随时棍责,具报。如棍责二次,仍未悛改,即从重发遣新疆,给官兵为奴。其或不受约束,乘间脱逃,一经拿获,讯无另犯别案,或另犯本罪,仅止枷、杖者,亦请照前发遣。若犯该徒罪以上,即比照免死,减等,发遣。盗犯在配犯该徒罪以上拟斩监候例拟斩监候。其另犯本罪重于斩监候者,仍从其重者论。如此定立章程,在各首盗咸知怠惰、偷安及脱逃、滋事,均干重罪,自不敢以身尝试。而水师出洋捕盗,得有首盗等指引查拿,亦可借收爪牙之效,似于止暴惩奸不无裨益。

除俟臣阅伍至浙,查明庄通如果捕盗始终出力,另行鼓励外,是否有当。臣谨遵旨查议,会同福建抚臣徐继畬、浙江抚臣梁宝常合词附片具奏。伏乞圣鉴训示。谨奏。【道光二十八年】(北京:中国第一历史档案馆藏朱批奏折,档号:04-01-16-0158-061.)

214.《退思录》选录

(道光二十八年)戊申七月十八日,台饷船遭风飘至凤山外洋,破且沉,溺毙无算,捞救得生者,委员卓津、费霖二员及从人数名而已。行李及所载,皆付东流。后于海滩寮舍中得鄂松亭同年赠余墨拓平安两大字,完好如故。又拾获仲弟京信一函,外封皆湿烂,内有附寄弟之履历,见者知为余家言,而送于署。盖以油纸加高丽笺包其外,故尚能辨识之。或海若怜其友于之情,而呵护之欤!是年六、七月,飓风大作,土人名台风,溺死换戍弁兵两次共百十余人,循例奏闻。又传闻某员家属男妇并奴仆十一人,亦附兵船而来,乃船价为出海(船中管事者)所蚀,已登舟而被水师营弁逐之上岸,闻者大恚。及知其船之没,则以为大幸。然其始,亦讹传并没。某使人至遭风处沿岸访之,果有女尸及幼孩尸,皆土人捞获而代为埋瘗者。掘而视之,不能辨,某痛愤如狂。后得登舟逐出之信,而始释然。然所视之尸,又不知为谁家之眷属也!遭风哨船有临时趁船未及者,商船有附配而又上岸者,饷船员弁有临时事故更易者,命该不死,莫非前定耳!然人事宜尽,爰集洋防诸书,为测海录。(徐宗干:《斯未信斋杂录》,第58—59页。)

道光二十九年(1849年)

215. 署理广东水师提督洪名香奏为遵旨慎重边防肃清营伍事

署理广东水师提督臣洪名香跪奏。为遵旨慎重边防肃清营伍事。奴才接准两广督臣徐广缙密咨:道光二十八年十月初三日准军机大臣密寄奉上谕:昨据徐广缙等奏审拟在籍已革知府麦庆培唆使生事一折。又密奏麦庆培即汉奸最著者,平日专探各署动静,潜泄省中虚实,必应投畀远方等语。已有旨,令将麦庆培锁拿,解交刑部矣。因思夷人屡肆刁难,固由其性本狡执,然非有汉奸为之暗通消息,百计挑唆,亦何至层波叠浪晓渎不休。今麦庆培既已因案惩办,恐似此玩法营私者尚复不少。粤东为诸夷聚集之地,年来照常贸易,渐次相安。若任听奸徒勾结拨弄,势将另生枝节,于夷务大有关系。况既挂名仕籍,无论微员末弁亦岂可侦探公事之虚实,暗地勾通,利之所在,趋之若鹜,实堪痛恨。著徐广缙、叶名琛密委干员,各就夷商屯聚之处,留意暗访。即如福建、江西两省寄籍客民实繁有徒,或微员游客不知自爱,在所不免。倘查有通夷主唆行踪诡秘者,立即设法拿办,勿稍姑息。至于赖恩爵、祥麟专管营伍,如有官兵图利,潜通该夷,亦著访拿惩办,净绝根株。惟此事原系自固藩篱,暗去积蠹,与该夷毫无干涉,但须思患预防,不得借启他衅。徐广缙等或系封疆大吏,或为干城心腹,岂有不知事之轻重,尚须谆谆训谕耶。慎之。将此各密谕知之。钦此。伏思奴才自署理提督以来,通省水师是所专责,凡力所能为之事,无不会商督臣,悉心讲求,妥为办理。而去蠹驭夷尤为目前要务。查水师所辖惟大鹏、香山两协营附近香港、澳门,与外夷交涉甚多。奴才曾任该两营副将,遇有察访勾结事件,皆遴选亲信弁兵,设法侦探以昭慎密,委无图利串通情事。惟履霜坚冰不可不防其渐。奴才仍当不动声色,明察暗训,固不可稍涉大意,为人所蒙,尤不敢掉以轻心,致启他衅。倘有不逞之徒贪利营私,总期遇案办案,惩一儆百,以仰副圣主慎重边防,肃清营伍之至意。所有遵旨查办缘由,理合据实密奏。道光二十九年正月十三日。朱批:是。(北京:中国第一历史档案馆藏朱批奏折,档号:04-01-01-0833-036.)

216. 闽浙总督刘韵珂福建巡抚徐继畲奏为查明渔山向为盗匪盘踞之所事

闽浙总督臣刘韵珂、福建巡抚臣徐继畲跪奏。再,臣前因浙洋之渔山一岛,向为盗匪盘踞之所,当即查明该山形势,发给图说,咨行浙省提镇,雇募渔船,随同师船订期会剿,并将咨行会剿缘由,于上年十二月十八日敬陈闽浙洋面情形折内声明奏报。嗣因该岛口门极为险要,必须乘潮乘风,方可设法攻击,而每年风潮又惟二、三两月最为顺利。复密饬黄岩、温州二镇赶紧雇备渔船,会督师船,及时剿办,并咨行浙江提臣善禄、定海镇总兵郑宗凯各率舟师驶赴江浙交界各洋面,扼要截拿,以杜匪艘北窜。并因茫茫巨浸,盗艘处处可通,恐浙省提镇两标师船截拿未能周遍。又迭次飞咨江省督抚一体转饬防堵。复因浙省水师逊于闽省,且各营缺额师船尚未不足,不敷调遣。又咨请福建水师提臣窦振彪酌带兵船过浙会剿。兹准窦振彪以刻下北风顶阻,拟俟二月中旬,统率兵船二十六只,乘风过浙会督浙省舟师及所雇渔船,相机进剿,等因。咨复前来。除再咨行江浙督抚、提镇一体查照办理外,所有窦振彪率师过浙会同剿办缘由,谨先附片具陈。伏乞圣鉴。谨奏。【道光二十九年初】(北京:中国第一历史档案馆藏朱批奏片,档号:04-01-01-0833-063.)

217. 道光二十九年三月庚寅谕军机大臣

本日据徐广缙奏:熟筹进城一事,实属万不可行。又据叶名琛、穆特恩等奏遵旨严防并加意抚戢兵民各一折。又据叶名琛片奏进城有害无利,断难隐忍坐视,等语。览奏,均悉。英夷进城之约,在当日本系一时羁縻,现在该酋坚执前约。该督等前奏亲赴虎门面晤情形,但称该酋狡执不已,若再峻拒,势将滋生事端。而于进城究竟可行与否,未能缕晰陈明。是以朕前经降旨,暂准入城一游,亦不过权宜之计,期于少生枝节。若如该督等此次所陈,该夷必欲进城,其居心实不可问。婉阻之,未必遽开边衅。轻许之,必至立启兵端。层层奏明,朕始悉其底蕴。自应照该督等所议酌办。现在该省兵民互相保卫,共有十万之众。是众志成城,自当勖其同仇,何可使之解体。且据叶名琛、穆特恩等奏称:内河、外海现饬一律严防,不至少有疏虞。著徐广缙等即就现办情形,随时体察。外患固属堪虞,内变尤为可虑。务当固结民心,激扬士气,以安民为抚夷之本。仍饬水陆各营处处防范,万不可稍有疏失,方臻妥善。惟兵贵精而不在多,人数既众,未必人人有勇知方。从前有暗钉炮眼,私自送信,走漏消息。乡民及兵丁内,均难免此种叛徒。若一味信其甘言,恐临时不免挫衄。至于看守炮台之兵,尤当择其有身家保结者,方可信任。前车之鉴,切宜留心。其各省海口,应否密为知照。令其豫防窜扰之处,并著该督等酌量妥办。倘察看夷情尚顺,无须知照,亦在该督等相机而行。总之,该夷闻风畏惧,卑词厚貌,不肯深入受创,其暗中含沙射人,固在意计之中。即心内深恨不能遂愿,外作好语。与粤之兵民,故作游移,而另图远谋,为扰我腹心之地。其狡诈亦应加意体察,该督等同心敌忾,深堪嘉尚。操纵之法,朕绝不为遥制。倘使沿海各省,皆能如此足食足兵。朕无忧矣。将此由五百里各谕令知之。(《清宣宗实录》卷四百六十五,道光二十九年三月庚寅,第13—14页。)

218. 山东巡抚徐泽醇奏为文武员弁拿获洋盗吕杜年等事

山东巡抚臣徐泽醇跪奏。为文武员弁拿获洋盗吕杜年等及现在防捕情形事。窃臣前于五月间将东省洋面查无匪船肆劫及新添捕盗快船出洋巡哨情形奏奉(朱批:认真勉力）。钦此。当经钦遵咨行登州镇臣德通、护理登莱青道诸镇严督水师及沿海文武各员实力巡防，不得暂幸无事，稍涉疏懈。嗣据该镇节次来函，亲驾师船往来督巡。六月初间探有南来大小鸟船在洋游弋，迹涉盗踪，分拨兵船扼要防御。初八日，水师弁兵瞭见成山头洋面有盗船三只围劫商船，经兵船开炮轰击，救回商船进口，并未失物；十一日，又瞭见石岛外洋有盗船二只，围劫商船，经兵船与荣成县雇备粤东艇船奋勇协剿，擒获盗犯吕杜年等九名，均系福建口音；十三、十五等日，水师兵船又在威海猫头山、刘公岛各外洋与盗船两次接仗，开炮轰死盗匪十余人。并据荣成、福山等县禀报：初三、初六、初八等日，有盛宝生、陈宏法、彭彩禄、张庆顺、费元贞等商船各在外洋被劫等情。臣查上年登州府属洋面叠遭南匪劫掠，多在六七月间，今该匪等复于此时乘风北驶，习以为常，实堪痛恨。现虽据水师员弁在洋叠次轰击，先后救回商船，擒获盗犯，似较从前泊船僻岛，畏怯不前者稍知振作。惟商船仍有疏虞，则防捕实未周密。且现在遵旨，招徕商贩由海道运载米麦杂粮，赴浙更须洋面肃清，庶期商运畅行无滞，似非南北各洋节节巡防，不足以杜窥伺。除饬查疏防各案，另行参办，并饬将现获各犯确审究办，一面严切咨行镇将及沿海水陆文武各员，多拨兵役，实力防卫。并移咨闽浙江苏各督抚一体饬属，不分畛域，协力剿捕外，所有获盗及防捕情形，理合恭折据实具奏。道光二十九年七月初二日。（北京：中国第一历史档案馆藏朱批奏折，档号：04-01-01-0833-054.）

219. 两江总督陆建瀛奏为特参借口诿过之都司请旨革职事

两江总督臣陆建瀛跪奏。为特参借口诿过之都司请旨革职、留任、勒缉盗犯恭折奏祈圣鉴事。窃照海洋失事例凭事主之报词及存营洋图为准，而洋图内两营交接及分别内外洋之处俱画红线为界，一经事主指定，即不准稍有推诿。江苏省之海州安东、阜宁、盐城营州县地处滨海，每有商民贩运货物，由内洋往来山东等处，向不经行外洋，是以额设东海、庙湾、盐城内河水师三营巡哨防护，遇有失事，即照疏防内洋盗案例参处，近年以来，内洋逐渐淤垫，海船最畏搁浅，因之移向外行，现在经行海道已在洋图内红线之外，是昔日之外洋今已变为内洋，每遇盗案，东海等三营执从前图说内外分界之红线道，以外洋失事不能参及内河水师借为口实，希冀规避处分。道光二十八年九月十七日，有赣榆县民李太标在开山东五十余里洋面被劫，收泊阜宁县口岸就近呈报，该县饬令指明失事处所，系在东海营内洋之外，因东海营意存推诿，经前督臣李星沅覆行批饬，嗣后东海等营洋面失事应以各营分界东西直出之红线为准，各归各营参缉，不准仍执内外【洋】分界与北斜出此红线为词，致滋匪扰。李太标一案即归东海营承缉，考诸图说，证以现在情形及事主所指，洵为公允。乃该营都司赵长庚忽于数月之后详称应归庙湾营参缉，实属借词诿过，若不从严指参，则海州一带现在船只经由之洋面皆为水师营巡防不到之地，一有失事，即互相推诿，水务营伍何由整饬。相应请旨将东海营都司赵长庚革职，暂行留任，勒令追拿正盗真赃，期在必获，倘敢玩纵，另请革任，仍查取疏防各职名照例题参，以杜诿卸，谨会同漕运总督臣杨殿邦合词恭折具奏。道光二十九年八月二十六日。（北京：中国第一历史档案馆藏录副奏折，档号：03-2940-090.）

编者按语：开山岛,现在被誉为"海上布达拉宫",位于灌河入海口处,外形呈馒头状,海拔 36.4 米,总面积 1.5 万平方米,全岛由黑褐色的岸石组成,属基岩岛屿,怪石嶙峋,陡峭险峻。岛上无树林泥土,亦无淡水水源,兀踞在海天之间,烟波浩淼之中。南、北、东三岸为岩石陡岸,西南为水泥岸壁码头,高潮时可靠船登岛。于此可以看出,道光时期安东、阜宁、盐城三营管辖的内洋向外有所移动,江苏北部的内洋与外洋一样都非常开阔,而且随着淤积的沙洲不断向外延伸。

220. 四川道监察御史赵东昕奏为山东洋面水师请添设镇协大员事

四川道监察御史臣赵东昕跪奏。为山东洋面水师请添设镇协大员事。窃臣风闻山东登州洋面时有盗船出没,为害行旅。如夏间山东贡生许进魁由奉天回蓬莱县,船行至山东之大黄(隍)城岛,被宝山字号之盗船抢去衣服、银钱并二十余人,限期勒赎,该贡生报明在案。又有石岛、庙岛,俱系盗船停泊之所,恣意横行,商船叠遭劫掠……山东洋面通粤闽江浙,近接直隶奉天,为南北往来门户,控制巡防在在均关紧要,乃以登州镇陆路总兵兼辖水师,其于沙线、风色既未讲求,出哨巡洋,尤为畏葸。一旦临事,退缩迁延,转以兼辖为借口之资,陆路为无关之地,所属弁兵安望其冲风破浪,奋勇直前乎! 伏思今昔之时势不同,水陆之将材迥异,似宜酌量情形,变通营制。山东水师或设一总兵,或设一副将,专缉洋面,则责无旁贷,而缉捕可期得力矣……道光二十九年九月十一日。(北京:中国第一历史档案馆藏录副奏折,档号:03-2862-011.)

221. 两广总督徐广缙广东巡抚叶名琛奏为特参昏懦不职营员请旨革职事

两广总督臣徐广缙、广东巡抚臣叶名琛跪奏。为特参昏懦不职营员,请旨革职,从重发往新疆效力赎罪,以肃海防,仰祈圣鉴事。窃照署海口营参将陈魁伦在洋防堵不力,署广海寨游击邝勉禀报不实,先经臣等查明,将该二员一并撤任,提省审办,于本年八月二十二日奏报筹办洋匪情形折内声明在案,随即提齐该员等到省听审。按察司梁星源督同广州府知府易棠确审详办。兹据审明,议拟解勘前来,经臣等亲提研讯。据陈魁伦供称,籍隶东莞县,由水师行伍渐升碣石镇标中军游击,署理海口营参将。本年四月二十一日署琼州镇何芳等因盗匪在洋滋扰,督带兵船出洋剿捕,以海口营为琼州门户,饬其带兵堵剿。该署参将因探无盗船确信,将船只驶至白沙港内燂洗。二十六日早见有匪船到境,属总兵何芳等在洋打仗,先因船只搁浅,不能出港帮同拒敌,即预备炮械在白沙港堵御。二十九日,匪船驶近港口,督令各兵开炮轰击,药弹用尽,被匪船掷火罐将管驾船只烧毁,凫水登岸,带同各弁兵驰回海口防堵。又,邝勉供称,籍隶钦州,由行伍历升吴川营都司。委属广海寨游击卢焕章供称:籍隶东莞县,由行伍拔补广海寨外委。何廷安供称:籍隶新会县,由行伍拔补广海寨额外外委。陈荣锦、李振英、马隆显同供称:籍隶新宁县,均充当广海寨兵丁。本年邝勉轮值总巡,督带弁兵,分驾师船,出洋巡缉。二月二十五日,巡至娘澳洋面,饬令额外外委何廷安管驾第一号米艇,外委卢焕章管驾第八号捞缯船,外委朱振元管驾第七号捞缯船驶往沙堤海边燂洗。该属游击带领营弁管驾师船,并另雇民船东上缉捕。

三月初一日时候,卢焕章等尚在燂洗船只,忽有贼船多只联帮驶来,卢焕章等即督令各兵丁开放枪炮,并令将师船驶开,以便攻击。讵师船先因燂洗搁浅,开炮后,船只灰路震裂,不能驶动,贼船拢近,抛掷火罐,烧毙何廷安第一号米艇,因风势猛烈,卢焕章第八号捞缯船、朱振元第七号捞缯船亦一并延烧,各弁兵多被烧伤,凫水登岸,惟外委朱振元及第一号米艇兵丁陈光宗、周复、杨振素,第七号捞缯船兵丁谭国恩、江永振,第八号捞缯船兵丁刘延安、卢飞等七名不知下落。卢焕章、何廷安及朱振元船内兵丁陈荣锦于初五日前往大浪洋面寻见邝勉面禀情形,并以朱振元等均无下落面告,该属游击即以朱振元及陈光宗等均已溺毙禀报,并令卢焕章、何廷安、陈荣锦照依所报情形转禀、备案。但闻省中委员密查,始按自行检举朱振元及陈光宗等委系逃匿,并未伤死,当时没有查实,而以伤毙禀报,实属糊涂,等语。质之各弁兵,俱亦无异。再三究诘各该员,均低首认罪,无可置辩。朱振元等现尚缉拿未获,应就现犯先行拟结。伏查属海口营参将陈魁伦于奉命防堵吃紧之际,并不严加警备,转行捏词在港燂洗船只,以致盗船骤至,师船搁浅,不能出港,已属意存退缩,且于专防之港口,又不能尽力抵御,师船致被焚毁,药弹用尽,未见击伤一贼,可见距贼尚远,尽放空炮,尤属怯懦无能。属广海寨游击邝勉不能侦探盗踪,预为准备,辄令巡洋师船一并燂洗,以致盗船猝至,概被焚毁,已属督率无方,继复不查虚实,捏报弁兵伤毙,迨经臣等派遣委员密查,始行检举,尤属有心欺饰。外委卢焕章、额外外委何廷安不能先事防范,管驾船只致被贼焚,复于邝勉妄报朱振元等身死,□同具禀,希图逃罪,情殊可恶。现当整饬洋防之际,断难稍事姑容,致滋轻纵。以上四员若照海洋巡船被盗焚劫巡哨各员革职,尚复情浮于法,相应请旨将属海口营参将碣石镇标中军游击陈魁伦、属广海寨游击吴川营都司邝勉、外委卢焕章、额外外委何廷安一并革职,均从重发往新疆效力赎罪,以为昏懦不职者戒。广海寨兵丁陈荣锦、李振英、马隆显遇贼退缩,均应革任,杖责八十,枷号一个月。满日,就地发落。未到案之兵丁区振等,待传到案,分别,分别情形,枷责,被焚船只饬令补造;外委朱振元及兵丁陈光宗等,饬行营县严密查缉,获日另行究办。除将口供备录、咨部外,合将审明议拟缘由会同水师提臣洪名香合词恭折具奏,伏祈皇上圣鉴训示。谨奏。道光二十九年十一月十五日。(北京:中国第一历史档案馆藏录副奏折,档号:03-2941-051。)

222. 福建水师提督窦振彪奏为巡洋往返事毕及撤巡日期事

福建水师提督臣窦振彪跪奏。为巡洋往返事毕并洋面情形及撤巡日期事。窃照前奉上谕:嗣后水师各提镇著于每岁出洋时具奏一次,俟出洋往返事毕,即将洋面如何情形据实具奏。钦此。钦遵。伏查闽省地处滨海,洋面极为辽阔,每当春夏之交,多有匪徒乘间劫掠,甚或失利穷渔流而为盗,缉捕巡防难容懈弛。奴才渥沐天恩,惟时以除暴安良为念。经于道光二十九年二月初七日,登舟出洋督缉。缘准督臣刘韵珂咨会,以浙洋盗匪盘踞渔山,嘱带师船过浙会剿等因。奴才随即就洋挑选游巡师船二十六只,统率北上,满期直抵渔山,歼除丑类,奈逆风顶阻,驾驶惟艰。且海雾迷蒙,频遭风暴,以致沿途稽缓,节次冒险趱赶,始于四月初七日收泊浙省石塘洋面,适遇温州镇叶绍春坐船亦抵该处晤商机宜。一面约会黄岩镇郑高祥等于十二夜自牛头门洋面合帮开行。十三日黎明齐至渔山。讵该盗匪因被浙省兵勇两次围攻之后,又闻闽省兵船将到,先已逃窜。山上仅存空寮。探知该匪船乘风窜往闽洋,亟须跟踪追捕。奴才当将拆毁巢穴以及填塞水井澳口诸事,面嘱郑高祥等妥为办理外,立即统带舟师星夜回闽,细加探访,得悉罗湖等洋有匪船游奕,率师驰抵该处,果见匪船纷纷惊窜。奴才督令各将备弁兵直前追击,该匪船且拒且逃。四月十八日,追至竿塘外洋,先后犁沉、烧毁匪船一十二只,生擒盗匪七十一名。将领兵丁亦有受伤。因陡起暴风狂浪,师船帆樯杠柁多有损毁。兼值天时昏暮,致被余匪乘间散逸。奴才收集舟师,略为整理,复遍历各洋搜缉,续于四月二十一日、闰四月初七、初九、初十、十四、十七等日,在竿塘、围头、湄洲、乌坵、相近台湾各洋面,同各镇将备弁六次,共击沉匪船六只,牵获匪船四只,生擒匪二百三十八名,割去首级二颗。其在湄洲及相近台湾洋面攻盗时,适有夷船随同帮捕。所获各犯节经解交地方官分别审办在案。查渔山逃窜匪船自四月叠次攻击后,余孽远飏,莫知去向。即闻有出没伺劫,亦经随时拿办。统计本年奴才亲率兵船,兼督饬各镇协营,除击毙、淹毙盗匪不算外,合共擒获盗匪四百余名。至今闽洋悉臻静谧。奴才仍复谆嘱在洋各将备等严察梭巡,如遇零星土匪,即扑灭,毋致蔓延,总期商渔乐业,盗匪潜踪,以仰副圣主肃清海宇之至意。惟现届隆冬,陆路奸匪最易窃发,且夷人在厦通商,弹压稽查,均关紧要。奴才自应暂行回署,将地方营伍事宜躬亲料理。遂于十一月二十八日撤巡旋厦。仍将游巡兵船饬交标下左、后两营游击管带缉捕。倘有匪船窜至,奴才当即亲往督拿,断不敢因已撤巡,稍有安逸。所有撤巡日期同洋面情形,理合恭折具奏。道光二十九年十一月二十八日。(北京:中国第一历史档案馆藏朱批奏折,档号:04-01-01-0833-064.)

道光三十年(1850年)

223. 道光三十年二月庚辰谕内阁

沿海各省设立水师营汛,遇有洋匪窃发,巡逻缉捕,是其专责。现据御史王本梧奏:浙省水师废弛已极,兵则怠惰偷安,官则因循推诿。且有吸食鸦片烟者,间或搜捕零匪塞责。遇大帮洋盗,不敢过问,等语。水师营务积久废弛,势所不免。缉捕之要,首在整饬舟船炮械,严杜奸民接济。而总在将弁得人,方足励戎行而收实效。著通饬沿海各督抚,按照该御史所陈六条,核实办理。并督饬弁兵按期出洋会哨,不准虚应故事。倘查明将弁中有怯懦无能,视巡洋为畏途者,即行据实严参惩治。总期督率得人,于巡逻缉捕,认真讲求。庶盗风寝息,商旅安行,洋面可期静谧矣。将此通谕知之。(《清文宗实录》卷四,道光三十年二月庚辰,第2页。)

224. 署理福建水师提督施得高奏为遵旨出洋督缉事

署理福建水师提督臣施得高跪奏。为遵旨出洋督缉事。伏查闽省洋面最为辽阔,南联粤海,北达浙洋,且港汊纷歧,岛屿丛杂,素多盗匪出没,虽近经迭次歼擒,较前敛戢,惟每当春夏之交,辄有匪徒纠伙整船,乘间伺劫,缉捕巡防难容稍涉疏懈。奴才历荷国恩至优极渥,兹复署理提篆,管辖全省水师,尤当倡率身先,奚敢自图安逸,现将应办事宜逐一清厘就绪,遂于道光三十年三月初十日,奴才躬亲统带舟师出洋督缉,到处侦探,如有盗踪,立即穷追掩捕,玺数弋获,解究,俾无漏网。道光三十年三月初十日。(北京:中国第一历史档案馆藏朱批奏折,档号:04-01-01-0842-015.)

225. 道光三十年五月己酉山东巡抚陈庆偕奏

山东巡抚陈庆偕奏:兹于十二日接据登莱青道英柱禀报:初七日午刻,距登郡二百四十余里隍城岛瞭见该夷火轮船一只,由大洋外向东北驶去,该把总驾船跟探,夷船行驶甚疾,瞬息不见。查隍城岛系东省与奉天交界洋面,计程一百八十里,西南为东省,东北为奉天,乃南来海船由登州赴天津必由之道。该夷火轮船既由天津绕赴山海关,复由山海关而南,不回西南之东省洋面行驶,而往东北驶去,似系欲赴奉天,以常行海道计之,夷船即赴奉天必须折回隍城岛洋面,始能返棹南旋,惟夷踪诡秘,其火轮船瞬息百里,或乘夜飞渡潜踪南旋,为巡海员弁瞭探不及,亦事在意中。究竟该夷船是否实赴奉天,抑或转帆南归。再行奏闻。

朱批:知道了。随时密探奏闻。谕军机大臣等:寄谕盛京将军奕,据陈庆偕奏:查探夷船由登州外洋东北行驶一折。此次英夷之船于五月初二日自天津开行,于初四日即至山海关,先据该副都统奏报,已起碇驶往西南,乃东省员弁于初七日在隍城岛瞭望有火轮船一只,从外洋向东北驶去,该岛为山东与奉天交界洋面,相隔不远,夷情诡谲,恐其欲赴奉天,著该将军等随时查探,密饬沿海文武各员小心防范。一俟探明夷船是否实赴奉天,抑或转帆南旋之处,即速奏闻。总当示以镇静,勿令居民惶惑。[贾桢等纂:《筹办夷务始末》(咸丰朝)卷一,第30—31页。]

226. 道光三十年五月壬辰直隶总督讷尔经额奏

臣于夷船未到之先,十九日已派委从前在事防堵熟悉夷情之清河道陈之骥、署臣标右营游击张殿元、后营守备向舍章前赴大沽,即同镇道相机妥办。途次接据镇道禀:二十一日,派委张殿元、向舍章迎赴夷船,令其外海下碇,询问到此缘由。该夷麦华陀等称:欲进口投文,并云现在探量拦江沙面水势,大船不能驶进,只可乘坐杉板船只。张殿元等拦阻,不听,随派兵丁伴其进口,面见镇道。据称该国有呈递大学士穆彰阿、耆英及公使哎咹自投者英公文二角,始则称欲亲递,继则恳为代投。该镇道晓以前投公文,业经两江督臣接收,具奏,何又来天津投递,劝令回帆。该夷则以不接公文为慢待,再三开导,不允,必请接收。该镇道告知须禀明总督,奏奉谕旨,方敢接收,令其外海候信。该夷即出口,折回大船。连日东北风多,海口无船出入,该夷并未再来投文。臣于二十五日到津后,即密饬该委员陈之骥等会同天津镇道,乘船即在海口传见该夷,钦遵谕旨,剀切开导,令其驶回上海,听候覆谕。设或该夷坚欲投文,询非入城之说,遵旨接收。现在天津沿海备防,已饬布置周密,无须调遣将弁。

谕军机大臣等:据讷尔经额奏,夷船尚未起碇一折。据奏该夷麦华陀等乘坐杉板船只进口,经该镇道明白开导,即行折回大船。是其于投文之外,别无他意,已可概见。该督现已委员会同镇道在海口传见该夷,如果唯命是听,即日起碇驶回上海,应听陆建瀛遵旨妥办。设该夷必欲在天津投递文书,无论文内是否专为广东入城之说,谅其伎俩已穷,亦不必过于拘执。即著该委员等接收,由驿驰递呈览。仍一面晓谕该夷投文事毕,尽可回帆南驶,听候覆谕,其余办理情形,该督随时奏闻。并著仍遵前旨,示以镇定,密为防范。俾该夷无从窥测,而居民不致惊惶,是为至要。〔贾桢等纂:《筹办夷务始末》(咸丰朝)卷十,北平:故宫博物院,1929 年影印本,第 18—20 页。〕

227. 闽浙总督刘韵珂福建巡抚徐继畬奏为审明续获浙洋渔山逸匪事

闽浙总督臣刘韵珂、福建巡抚臣徐继畬跪奏。为审明续获浙洋渔山逸匪及另案各起洋盗,按例分别定拟,汇案,恭折具奏,仰祈圣鉴事。窃照浙洋渔山蚁聚盗匪,前经臣刘韵珂会同浙江抚臣吴文镕酌调闽浙两省舟师会合攻剿。该匪等穷蹙奔逃,复经闽省舟师跟踪追捕,擒获林月等各起盗犯,经臣等提省审拟,会折具奏。嗣又据闽浙两省沿海水陆文武各官先后报获渔山逸匪及另案洋盗林猪、林乌、底欠、蔡茶、田求、许宽、龚阿溪、叶虎、林发、罗淋淋、方蔡纪、僧添静等十一起,共犯一百一十二名,并盗船、枪炮、赃物。又割取格杀不知姓名盗犯发耳辫一副,当即行司提省委审,并将浙省报获各犯一并提解来闽归案审办。旋据闽省福清、霞浦、福鼎、惠安、长乐、同安等县及浙省之定海所解林猪等十一起现犯,共计八十一名,分起批解至省,声明:林乌底欠等一起内有误拿民人柯阿孙等二名,蔡茶等一起内有被掳难民张糕一名,田求等一起内有被掳难民黄月季等五名,许宽等一起内有被掳难民郑大吉等十四名,罗淋淋等一起内有误拿民人林才才等六名口,统共二十八名口,业已讯明省释。又许宽案内尚有先被官兵格伤之李碗、黄丁二名在监,患病之魏基一名,于取供后因伤身死,复经饬司委审去后,兹据兼署福建按察使事督粮道尚阿本,督同调属福州府知府胡应东等将现犯林猪等六十四名审拟解勘,声明:蔡居、蔡启、萧石、杨显群、李吉、林抱、陈安囊、方蔡纪、李千、许浩吓、郭海、陈租、郭自、卢周、郭关、藤魏、许郁十七名业已在监及提禁病故,等由。前来。臣等随亲提各犯逐一研鞫,核将纠劫、伙劫、搜赃、接赃、杀死事主、拒敌官兵并毁弃营员尸身,被胁服役、鸡奸及知情赎赃,事后分赃及明知洋盗受雇搭载各情历历,供认如绘,自应照例,分别问拟。

查林猪一犯所纠出洋行劫,过船搜赃,其罪已应斩枭,迨与各案盗匪蚁聚浙洋渔山,因被舟师围攻,复敢起意纠众逞凶拒敌,捞取淹毙营员尸身,割下头颅,抛弃海边,尤属残暴不法,查照乾隆六十年盗犯林诰拒捕案内钦奉上谕,拟以凌迟处死。

又,林乌底欠一犯为首,纠伙出洋行劫,过船搜赃十次,又在渔山随同拒敌官兵在场助势一次。

又,蔡茶、江丁二犯均听纠出洋行劫,过船占驾、掳赎二次,搜赃二次,在本船接赃一次,未经上盗一次,在渔山随同拒敌官兵在场助势一次。

又,林迈、陈帼、蔡皆、许仰四犯均听纠出洋行劫,过船占驾掳赎二次,搜赃一次,在本船接赃二次,未经上盗一次,又在渔山随同拒敌官兵在场助势一次;

又,蔡鸣意、刘胡磨、万一厦三犯均听纠出洋行劫,过船占驾掳赎二次,在本船接赃三次,未经上盗一次,又在渔山随同拒敌官兵在场助势一次。

又,刘葱一犯听纠出洋行劫,过船占驾掳赎二次,在本船接赃二次,未经上盗二次,又在渔山随同拒敌官兵在场助势一次。

又,蔡浔一犯听纠出洋行劫,过船占驾掳赎二次,搜赃一次,在本船接赃一次,未经上盗二次,又在渔山随同拒敌官兵在场助势一次。

又,白求、陈泳聪、郭发、林察、林上五犯均听纠出洋行劫,过船搜赃一次,在本船接赃二次,又在渔山随同拒敌官兵在场助势一次。

又,许宽、廖阿主、何复、何瑞、蔡居、李碗、魏基七犯均听纠出洋行劫,过船搜赃二次,在本船接赃一次,又在渔山随同拒敌官兵在场助势一次。

又,萧白猴、蔡启、萧石、杨显群、陈合五犯均听纠出洋行劫,过船搜赃一次,在本船接赃二次。

又,龚阿溪、龚臭显壬二犯均听纠出洋行劫,过船搜赃一次,在本船接赃一次,未经上盗一次,又在渔山随同拒敌官兵在场助势一次。

又,吴乞一犯,听纠出洋行劫,在本船接赃三次。

又,黄大成、杨金泽二犯,均听纠出洋行劫,过船占驾掳赎二次,接赃一次,在本船接赃一次。

又,潘除一犯,听纠出洋行劫,过船占驾掳赎二次,在本船接赃二次。

又,李吉、叶虎二犯均听纠出洋行劫,过船搜赃二次,李吉又起意贩卖鸦片烟膏烟土一次。

又,罗淋淋一犯,起意纠伙出洋行劫,过船搜赃并杀死事主一次。

又,林覆、林抱二犯均听纠出洋行劫过船搜赃一次。

又,陈安囊一犯听纠出洋行劫在本船接赃一次,又在渔山随同拒敌官兵在场助势一次。

以上四十一犯或起意纠伙叠劫,或抢劫杀死事主,或伙劫过船搜赃,或接赃已在两次以上,或接赃虽止一次,而随同拒敌官兵,在场助势,即属同恶共济,应请照江洋行劫大盗立斩、枭示例,各拟斩立决,枭示。除蔡居、李碗、魏基、蔡启、萧石、杨显群、李吉、林抱、陈安囊九犯已于取供后因病因伤在监身死外,其林乌底欠等三十二犯均情罪重大,未便稽诛。臣等于审明后,即先后恭请王命,饬委兼署福建按察使尚阿本、闽浙督标中军副将郭仁布将林乌底欠等三十二犯、同罪凌迟之林猪一犯绑赴市曹,分别凌迟、斩决,并将监毙之蔡居等九犯照例戮尸,与林猪等各犯首级一并解赴犯事海口,悬竿示众,以昭炯戒。

又,方蔡纪、翁雨、魏万、李千、许浩吓、郭海、王振府、吴和、陈振凯、陈租、庄邑、陈白、孙秀、杨其、林缺、刘振明、魏汶、蓝成、蓝憨、方田、朱九二十一犯均听纠出洋行劫,在本船接赃一次,均援照洋盗内接赃一次例,各拟发新疆给官兵为奴。

又郭自一犯,明知洋盗叶虎等三人在洋行劫潜回,辄敢图得船钱受雇搭载,即与知情存留无异,应请比照强盗窝主,并非造意,又不同行分赃,但知情存留三人以上者,发极边足四千里充军例,从重发往新疆,酌拨种地当差。

又,僧添静一犯,讯止知情,为事主赎取被劫船货,得受川资,并未伙同行劫,应请比照匪徒明知窃情,逼令事主赎赃,贪图分肥,但经得赃,不论多寡,即照强盗窝主,杖一百,流三千里例,拟杖一百,流三千里。

又,叶细监一犯,讯止被掳服役,并未上盗,惟事后分得赃银,计已逾贯,请照知强盗后而分赃,计所分赃,准窃盗为从论,窃盗赃二百二十两以上,为从减一等律,拟杖一百,流三千里。

又,叶荣一犯,为盗看舵,随未随同上盗,究非寻常服役可比,应请照洋盗案内止为盗匪服役,杖一百,徒三千里例,酌加一等,拟杖一百,流二千里。

又,蔡春、洪侄、卢周、郭阁四犯均系郭自船上水手,听从搭载洋盗,应请于郭自应得遣罪上照为从减一等律,拟杖一百,徒三年。

又,陈得喜、庄玩、黄丁、庄灶、许郁、薛在顺、林萧、郑王、戴嵘宗、柯阿小、蔡泳成、蔡泉、林军十三犯,均讯止被胁服役,并未随同上盗,应照洋盗案内被胁在船,止为盗匪服役,鸡奸,并未随行上盗例,各拟杖一百,徒三年。

以上遣、流、徒各犯,除拟遣之方蔡纪、李千、许浩吓、郭海、陈租、郭自六犯,拟徒之卢周、郭阁、庄玩、黄丁、许郁五犯,均于取供后因病因伤在监及提禁身故,应毋庸议外,其拟遣之翁雨等十六犯,拟流之僧添静等三犯,俱各照例,分别刺字,发遣,解配。该犯事犯等到官虽在道光三十年正月二十六日钦奉恩赦以前,惟系洋盗案内问拟遣、流各罪在部议不许援免之例,应请毋庸查办。其拟徒之蔡春等十二犯事犯到官亦在钦奉恩赦以前,系听从搭载洋盗,比例拟徒及被洋盗逼胁服役、鸡奸照例拟徒,核其情罪,均不在不准援免之例,应请俱准其援免释放,各盗有无家产,饬查变赔,失察为匪之各父兄、牌保,事在赦前,应免提责;各犯因伤因病先后在监及提禁身死刑禁人等,讯无凌虐情弊,应无庸议。监毙盗犯职名照例免开疏防。应议获盗,应叙各职名,饬取另办。现起盗赃,事主认领。割获盗犯耳辫一副,同烟膏、烟土,案结销毁。盗船、枪炮留营配缉。未获各逸盗,仍严饬水陆文武及巡洋舟师合力搜拿,务期悉获究办,以绝根株。除备录全案供招咨部外,所有审明定拟缘由,臣等谨合词汇案,恭折具奏,并将犯名事由,另缮清单,恭呈御览,伏乞皇上圣鉴,饬部核查施行。谨奏。道光三十年四月初八日。道光三十年五月十二日,奉朱批:刑部议奏,单并发。钦此。(北京:中国第一历史档案馆藏录副奏折,附清单,档号:03-3966-005.)

228. 道光三十年五月己酉又谕

寄谕盛京将军奕兴,据陈庆偕奏查探夷船由登州外洋东北行驶一折。此次英夷之船于五月初二日自天津开行,于初四日即至山海关。先据该副都统奏报:已起碇驶往西南,乃东省员弁于初七日在隍城岛瞭望,有火轮船一只从外洋向东北驶去。该岛为山东与奉天交界,洋面相隔不远,夷情诡谲,恐其欲赴奉天,著该将军等随时查探,密饬沿海文武各员小心防范。一俟探明夷船是否实赴奉天,抑或转帆南旋之处,即速奏闻。总示以静镇,勿令兵民惶惑。该夷在天津演放空炮二十余出,地方官置之不问,该夷技穷而去。将此谕令知之。(《清文宗实录》卷十,道光三十年五月己酉,第3—4页。)

229. 道光三十年七月辛卯又谕

御史金昀善奏:海防陆路总兵应改水师,当交兵部议奏。兹据奏:江南狼山镇总兵本系水师兼辖陆路,毋庸另议更改。至每年巡洋一节,或责令狼山镇总兵出洋统巡,或仍专责苏松、福山两镇总兵出洋巡缉之处,著陆建瀛酌核现在情形,妥议具奏。(《清文宗实录》卷十三,道光三十年七月辛卯,第2页。)

230. 盛京将军奕兴盛京副都统乐斌奏为特参疏防巡哨不力之各员事

盛京将军奴才奕兴、盛京副都统奴才乐斌跪奏。为特参疏防盗船迭劫巡哨不力之各员请旨摘去顶戴勒限严缉,恭折仰祈圣鉴事。道光三十年六月间,奴才等节次接准金州副都统庆玺咨:据水师营协领荣琪并金州守汛各官先后禀报:六月十三日,瞭见羊头洼海口外泊有鸟船一只,向外洋驶来小瓜篓船一只,开放枪炮,劫去钱文等物。该协领调拨官船跟缉,讵被贼船开炮拒捕,未能弋获,随又添派官船,跟踪捕拿。嗣于二十七日据报:在羊头洼拿获福建省金泳丰、广东省吴长顺鸟船二只,搜出铁炮、火药、鸦片烟土并人犯四十七名。七月初一日,又据大孤山汛官拿获鸟船抢夺渔船匪犯二十六名,均经详解金州厅审办等情。转咨前来。当经奴才等严饬水师营协领克期督令哨船分驶各洋面,实力巡缉,务期有犯必获,毋稍弛懈。并飞咨该副都统庆玺刻将已获各犯督饬属员,按名严切根究,务得确情,录供咨解核办等因在案。兹于八月二十日,旋准金州副都统庆玺咨:据水师营协领并守汛各员禀称:七月二十六日,有鸟船二只,在羊头洼口内抢劫山东船四只,抢去船上银两等物。二十七日,在小平岛口外劫抢江南孙恒隆商船布件等物,扣留耆民顾更泳、徐国祥。同日,又在和尚岛东口外劫抢江南马来盛、张元茂商船布件、钱文,扣留耆民沈昆秀、水手马丫头、施小狗,并有勒赎银两、食物,释回,尚无伤人情事。贼艘获赃,已向外洋驶去。现有水师营西路哨船并加派船只尾追,有无擒获尚未报覆。惟南路总巡佐领韩兆凤、东路巡员骁骑校徐文丰各驾官船在洋巡查数月之久,竟未缉获一犯。屡经札调不前,徒自在洋东驾西驶,终未用力,致使贼匪恣意迭劫,毫无忌惮等情,复行揭报前来。奴才等伏思,贼情诡秘,出没无常,难保不去而复来。一面严饬水师营协领赶紧加派官船,督饬弁兵,相机实力追拿,务期全获,毋令远飏幸脱法网。仍饬谕沿海旗民地方官一体加意防范,勿稍疏虞;一面咨会该副都统庆玺刻将前获各犯督率,彻底根究,有无与此项船匪勾结肆掠研鞫确情,录供,迅速招解,以便尽法惩治。查巡哨官船缉捕海盗、洋匪,是其专责。乃竟有贼船潜赴各汛口,连次抢劫数起,是该巡员等既未能先事预防,事后札调,又未能勇往从事,实属防缉不力。相应请旨,将水师营总巡佐领韩兆凤、协巡骁骑校徐文丰先行摘去顶戴,仍严饬水师营协领督饬,照例勒限,认真严缉洋盗,务获审办,以观后效。如限满无获,即行分别严参,惩办。所有奴才等参办缘由,理合恭折奏闻。道光三十年九月初五日。

(北京:中国第一历史档案馆藏朱批奏折,档号:04-01-01-0841-013.)

231. 道光三十年十一月丙辰徐广缙等又奏

臣等窃查英吉利一国全赖众商之贸易为生计,上下交争,无不惟利是视。该国若有举动,转先听命于商。其欲多立口岸,在初意不过为市易益广之计。及至沿海得以五口通商,悉仰天朝柔远之德意,断不能任其复有要求,漫无限制,此已往者之无可追,而未来者之尚可恃也。思患豫防,本为当时要务。现就广东地方情形而论,内河、外海炮台林立,分驻台兵数千名,若得文武同心,士卒用命,即使深入,何能径出。且民心之与夷情两不相融洽,已非一日。该夷若不量力,无论夷兵是何凶猛,仅止一二千人,安能敌此亿万生灵之众。使彼略有蠢动,香港之巢穴可虞,黄埔之货船可虞,即十三行之夷楼无不可虞。该夷岂竟冥然罔觉,悍然不顾哉。查该夷之在广东尤非他省可比,商贾交易,货物流通,几二百年于兹矣。即此操其命脉,无计可施。破其故智,无衅可寻。各夷皆挟重资而来,孰肯舍经营而从战斗。又岂愿佥提无益之兵费,转致自行歇业。其中隐情要非身当其境,直探底蕴者未由而知。是在随时之操纵得宜,更须审事之从违有主。即或偶生妄念,竟以必不能行之事先为尝试。而在我有贞固不摇之势,彼之气索技穷,亦未尝不废然思返。若只一味迁就,则得寸思尺,伊于胡底!明知官与民不能相强,欲使之威逼,亦知华与夷不任自由,故与之利啖,甚至奸宄从而生心,凶顽得以附翼,相沿日久,民心势必相离。民心离,彼亦何能自安。然燎原莫向者,先在外夷,恐揭竿群起者,仍在内地。盖知夷务所先防,尤在民心不可失。即原奏所谓积之数十年,所以不敢遽逞者,直窥我封疆之臣优劣为何如耳!至于鸦片流毒几成积重难返之势,究之吸食者少,不吸食者多。且吸食者率皆下愚极贱之辈,不吸食者仍多明理畏法之人。亦在随时查访,设法惩办。庶可稍挽颓风。如原奏所称海滨渔船蛋【疍】户,以及犯法水贼处之有方,视人调度,不在豫养,只在临时招募。查若辈究属内地蠢顽,非比外番族类,即如西域每有警报,多令遣犯立功自赎,未尝非以毒攻毒之计。此臣等筹办洋盗,所以剿抚兼施者,若威不立,则恩无由知。准其内投,正为绝其外附也。又如原奏所称:前此失事皆由船只炮位,事事效肇外夷,洵为确论。彼之所长正我之所短。正当用我之长,以攻其短,何能以我所短,骤效其长。如水道恐有难制之方,陆路可取得胜之术。大炮虽为独得之奇,短兵仍有相接之利。此臣等本年所以奏请裁撤贞吉战船十二只,正因器即其器,人非其人也。总之,夷人反覆无常,贪得无厌,习与性成。臣等自应因地修利,先时豫防,恐临时补苴之难,思未雨绸缪之计。慎密筹防,不敢稍有漏泄。
朱批:卿智深勇著,视国如家,所奏各情甚当朕闻。汝今秋偶有微疴,此时佳善否?〔贾桢等纂:《筹办夷务始末》(咸丰朝)卷三,第30—32页。〕

232. 浙江巡抚吴文镕奏为在洋缉匪兵船历次遭风损坏击碎事

　　浙江巡抚臣吴文镕跪奏。为水师各营在洋缉匪兵船历次遭风损坏击碎循例恭折具奏,仰祈圣鉴事。窃照浙江省水师各营在洋缉匪兵船遇有遭风损坏击碎,应行动项修补者,向例按季汇案具奏。今道光二十七八两年夏秋等季有瑞安、定海、黄岩、温州、乍浦、石浦等标营先后在洋攻盗,遭风损坏击碎艇、同等船共一十八只,先准各标营陆续咨报,均经前抚臣梁宝常及臣随时行司照例勘办在案。兹据布政使汪本铨详称:据所在各地方官前往逐一勘实,俱在洋攻盗猝遇飓风,人力难施,并非管驾不慎,各出具不扶印结,送司,并经该管道府查明,复勘无异,由司汇案详请具奏前来。臣核与历办例案相符,除饬将损坏各船赶紧修竣、配缉,用过工料银两俟工竣册报,按照成规例价分案核实,题销,并令将损坏轻重情形及工程做法于册内详细声叙;一面将击碎船只同淹毙及落水得生弁兵,并沉失器械口粮等项,另行查取供结,分别题咨,照例议恤制补外,谨会同兼署闽浙总督臣徐继畬恭折具奏。并缮营分船名字号、清单,敬陈御览。伏乞皇上圣鉴,饬部查照施行。道光三十年十一月二十九日。(北京:中国第一历史档案馆藏朱批奏折,档号:04-01-01-0841-037.)

233. 道光三十年十二月乙丑闽浙总督刘韵珂福建巡抚徐继畬奏报

十月十二日,据委办夷务候补道鹿泽长转据委员县丞郭学埰禀报:有苏以天(即瑞国)夷人发士、吕吉士二名在城外南台地方租屋居住。十月初十日,该两夷雇坐小船赴五虎门外夷船借得洋钱二百圆,回至金牌洋面,突遇贼船拦抢。发士用小鸟枪击伤一贼,被一贼用尖枪将发士刺落水中淹毙,吕吉士泅水逃回。船中洋银被贼抢去,等语。臣徐继畬查金牌洋面系属内洋,距省城止一百数十里。该匪等胆敢驾船抢夺,杀伤事主,不法已极,未便因事主系属夷人,稍涉松懈。当即飞檄署闽安协副将林相荣,限三日内务将正贼拿获。旋据该署副将于十四日将匪船主朱青青(即朱茂科)拿获,并续获朱爪婆、朱阔觜、朱恭恭三名,解办。又据委员等禀报:十月十三日有大西洋(即住澳门之葡萄牙国)护货船一只停泊南台江面,船上有黑夷二人上岸贸丝烟。一黑夷与铺户陈炉炉争论价值,用手携尖刀划伤陈炉炉额颅,民人林举为进前拦劝,黑夷疑其帮护,用刀戳伤林举为肚腹,殒命。行凶之黑夷当即脱逃,该处居民将同行之黑夷拿获,当经候补道鹿泽长饬该营县将民人拿获之黑夷先行收禁,勒其交出正凶,该船主甚为恐惧。旋于十五日将行凶之黑夷协同兵役在馆头地方拿获,系送前来。随据确讯供词:同行之黑夷名啥璧,并未动手,系属干证。行凶之黑夷名唵波啰吐,供认划伤陈炉炉,戳毙林举为,属实。臣等查各国通商条约,夷人犯罪应交该国领事官自行办理。惟大西洋与葡萄牙国领事官住广东之澳门,福州并无该国领事官,当由臣等委员将凶手唵波罗吐、干证啥璧二人解送广东,咨交钦差大臣两广督臣徐广缙发交该国住澳门之领事官,查照条约办理。

谕军机大臣等:刘韵珂、徐继畬奏匪徒枪毙夷人,并上岸夷人戳毙民人,现分别照例办理等语。据称苏以天(即瑞国)夷人发士、吕吉士在内洋突遇贼船,被枪将发士刺落水中淹毙。现将匪船上之朱青青等四名拿获,著徐继畬于现获匪徒犯内先行严讯凶犯,确系何人,按律定拟惩办。如裕泰现抵任,即会同研讯明确,务使民夷各得其平,毋任稍有偏倚,致令别生枝节。其上岸黑夷用刀戳毙民人林举为一案,既据查明福州并无大西洋葡萄牙国领事,即著遴委妥员将凶夷唵波啰吐、啥璧二名解送广东,交徐广缙查照条约办理。

[贾桢等纂:《筹办夷务始末》(咸丰朝)卷一,第32—37页。]

年月不详

234.《广州大虎山新建炮台碑铭》

广州省城南海中,有大虎山,为内外适中扼要之地。昔人未于此建炮台者,以其东南弥望皆水,漫无逼束故也。余于丁丑冬阅虎门水师,乘兵船出零丁、鸡颈诸外洋,遍观内外形势。及澳门夷市而归,乃择于大虎山筑建炮台。或曰:山前弥望皆水,若贼船不近山,岂能招之使来受炮耶。余曰:水虽弥漫,而沙厚积于远水之底。外潮内江急水深泓所浚涤而行者,皆近此山之根。爰乘小舟亲测之。近山者其深数十丈。若远至百丈以外,渐浅矣。二百丈,大舟不能行矣。筑台周一百二十丈,高丈八尺,女墙三十六。神庙、药局、兵房毕具,置大炮自七千斤至二千斤者三十位,发之能击三百丈之外。此无异。对面有山逼而束之,使近出此山之前也。此台之外,有沙角炮台,为第一门户;进而横档、镇远,为第二门户;此大虎,为第三门户;又于大虎之内,新建腊德、大黄二炮台,为第四门户。方今海宇澄平,无事于此。此台之建,聊复尔耳。然安知数十年后,不有惧此台而阴弭其计者。数百年后,不有过此台而惧取其败者。又若山之内,山之外或淤高而耕为田,或浚深而改其道,则亦未能预料矣。爰为铭曰:岭南薄海,虎门洞开,乘潮立壁,凭山起雷,声威所击,无坚不摧,波恬风偃。巍巍乎此台!(贺长龄、魏源编:《皇朝经世文编》卷八十三,海防上,第72页。)

235.《海运提要序》

窃惟史册所载,运粮权宜之方,径捷莫如海运。惟因偶尔举行,未尽善法于图始,以致弊生于积久。我皇上励精图治,于嘉庆十五年间。偶因漕运稍迟。即命大臣试办河海兼运之方。江浙两省大宪,仰体圣心,委员详查海道,兼询装载情形,诚深谋远虑,有备无虞之至意也。惜因舵水人等,未能斟情酌理,切实禀陈,率称多般窒碍,未便举行,遂复中止。某海角末商,罔知国政。惟自幼航海经营,亲历有年。从闽省以至奉天,常年往返。凡有经过情形,莫不随时记载。不揣冒昧,窃谓海运漕粮事不难于装载,而难于官事民情互相参议耳。彼夫舵水人等之技,由身试而非师授,可意会而不可言传。而事外之人悬询其情,自必语言矛盾,窾要莫凭。况运粮规则,从未经历。尤不免畏难之见,纷扰于中。既不能实情上达,则委员何从而核其详。东坡《石钟山记》云:士大夫不肯以小舟夜泊绝壁之下,故莫能知。而渔工水师,虽知而不能言,犹是意也。况以海程之辽远,更非浅尝者所能心悟。某久历海滨,惟于运载成规,舵水约束,以及风波趋避,捍卫汛防,素经熟视。其运漕事宜,非某所敢妄拟。只以近年服贾天津,得闻大略,通算汇筹,分款胪陈。书之于左。以备大人君子或有所采择焉。

古今海运异宜,操舟航海,自古有之。而要其大旨,今胜于古,近今更胜于前。其故无他,在舟师之谙与不谙而已。夫江南海船之赴天津、奉天,所经海道。如吴淞口外之铜沙、大沙、三角沙、丁家沙、阴沙、五条沙,皆涨于水底,贴于西岸。而沙脉之东,海面深阔无涯。舟行至此,只须向东开行,以避其浅。谙练者定之以更香,辨之以泥色。量风潮之缓急,测海面之程途。趋避原有适中之方。所谓驾轻就熟也。不谙者或避之太过,而迂远焉,则遇风而骤难收岛。或避之不及而浅搁焉,则弃货以保人船。针向差以毫厘,路程谬以千里。此古疏而今密者一也。

又如登州所属之石岛、俚岛、鸡鸣岛,威海卫芝罘岛、庙岛,皆耸列海滨,环抱内港。舟行至此,或遇风潮不顺,皆可进港守风。谙练者知各岛门户之浅深,各门潮溜之顺逆,转旋有法,行止从容。不谙练者船近山边不知进退,水山相激。最易疏虞。此古生而今熟者二也。

夫陆路可以引导而行,海船不得连踪并驾,每船各须谙熟之人,不能问路于他舟。前代天津、奉天通商未广,江南海船多至胶州贸易,不须经过登州。则登州海面既无商贾往来,舟人伎俩,无从习练。故前明海运南粮乃自江南出口,运至胶州,仍用漕船,由山东内河二千余里,运至登州。再装海船,转运天津。是一米而三易其船,一运而三增其费。且无论糜费劳工,诸多未便。而头绪纷繁,弊端百出。程期愈远,耗散愈多。皆不可以为恒计也。苟使畴昔舟师,亦能熟识海道。则从江南运至胶州,已经绕出浅沙,经过黑水大洋,海程已历二千余里。如欲直上天津,不过再远千里。且有沿途岛岸,可以安歇守风。何以已过险远之外洋反避平恬之内海。可知未阅登州潮汛,不知潮溜之盘旋。未历登州海岛,不谙岛门之深浅,宜其寸步难行也。至于汉唐之际,航海较稀,且都城不近海滨,虽有海船,无从运达。以故运河淤垫,改为陆运,转输劳费不资。甚至河漕二务。两难调济,势使然也。惟我圣朝深仁厚泽,遐迩均沾。自从康熙年间,大开海道,始有商贾经过登州海面,直趋天津奉天,万商辐辏之盛,亘古未有。从此航海舟人互相讲究。凡夫造舟之法,操舟之技,器用之备,山礁沙水,趋避顺逆之方,莫不渐推渐准,愈熟愈精。是以数十年前江浙海船赴奉天贸易,岁止两次,近则一年行运四回。凡北方所产粮、豆、枣、梨来江浙,每年不下一千万石。此海道安澜迅速。古今利钝悬殊,又可想而知矣。然则汉唐之不行海运者,既限于地界。元明行之而不久者,又限于人力。至于我朝而筹海运,则地势人工均超千古,似未可以前代情形引为比例也。

行船提要。江南海船,赴天津路程必由吴淞江出口,至崇明南佘山,向东北驶过浅沙,而至深水大洋。朝见登州山岛,为之标准。转向西行,以达天津。所经江南洋面,水不甚深,随路可寄碇歇息。入山东深水大洋,无沙礁浅搁之虞,可以畅行,无须寄泊。自登州以至天津,沿途山岛,均系连内地,皆有营汛弹压。倘遇风潮不顺,随处可以安歇守风。江南海船名曰沙船,以其船底平阔,沙面可行可泊,稍搁无碍,常由沙港以至淮安,贩蟹为业。是以沙脉浅深,最为娴熟。沙港者,沙间之深沟也。浙江海船名疍船,又名三不像,亦能过沙,然不敢贴近浅处,以船身重于沙船故也。惟闽广海船,底圆面高,下有大木三段,贴于船底,名曰龙骨。一遇浅沙,龙骨陷于沙中,风潮不顺,便有疏虞。盖其行走南洋,山礁丛杂。船有龙骨,则转湾趋避,较为灵便。若赴天津,须先至江南尽山停泊,等候西风。向东开行一日,避出浅沙北行,方保无虞。故赴天津奉天,岁止一次。如运漕粮,但雇江南沙船足可敷用。盖各省之海面不同,船式器具,亦因而有别。而操舟之法,器用应手之权,亦各有所精,非局外者所能悉其窾要也。

四时风信。海船自江南赴天津,往来迟速,皆以风信为准绳,而风信则有时令之不同。春季西北风少,东南风多。自南至北,约二十日。自北至南,逆风不能驾驶。须待秋后北风,方可返棹。秋季北风多南风少,自南至北,约一月。自北旋南,约二十日。冬季,西北风司令,自南至北,则不能行。自北旋南,半月可到。此四时风信之常度也。或随路进岛候风,即有差迟,至多不过一月。内河行船,必须顺风。且一遇狂飙,逼处两岸,尤易损船。

外海宽敞，但非子午逆风，均可掉戗驾驶。虽遇狂风，大洋无山岸冲撞之虞，不能为患。惟外国洋船，大较数倍，错过顺风，寸步难行。待次年顺风时候，方可扬帆。至于暴风亦有暴期定日，随路可以守岛回避，假如初十日是暴风期。初一日，船在江南，看天气晴明，而有顺风，便可扬帆开驶。三五日间，即可驶至山东石岛，收停岛内，以避暴期。夫风信自南北东西正方之外，兼以东南、东北、西南、西北，共计八面。海中设逢风暴，所忌者惟恐单面东风，飘搁西岸浅处为害。此外七面暴风，或飘停北岛，或收泊南洋，或闯至东海，候风定而回，皆可无害。则是四时之风信厥有常度可揆，四时之风暴亦有定期可据，占法可参。而不知者概谓风波莫测，非习练之言也。

趋平避险。夏至后南风司令，海船自南赴北，鲜有疏失。立秋后北风初起，自北旋南。亦鲜疏虞。春季四面花风，不比冬季朔风紧急。设有疏虞，约在千中之二三。冬季西北风当令，自南向北，则不能行。自北向南，或遇东风紧急，飘至浅处，将船中货物，抛弃数成。船载轻松，便可无羔者有之。或至西岸沙脉极浅之处，搁漏损伤者有之。或遇西北狂风，扬至外国，数月而返者亦有之。盖在百中之一二焉。此惟商贾乘时趋利，重价雇船，不得不冒险赶运。如运漕粮，则不在狂风险阻之时，只须夏季运装，可保万全。谚云：夏至南风高挂天，海船朝北是神仙。言夏至以至立秋，计有四十余日当令之南风，一岁中履险如平。在斯时也。

防弊清源。浙江海船水手，均安本分，非同游手。每船约二十人，各有专司，规矩整肃。盖其生长海滨，航海经营习以为常，亦犹乡人之务农，山人之业樵焉。又皆船户选用可信之人，有家有室，来历正明。假使伤损一船，商货价值五六千金，船价亦值五六千金，无不协力同心，互相保重。不知者，或恐货被盗卖，伪为人船共失。夫货或盗卖，船可藏匿。船册上有名姓、年貌、箕斗之舵水人等二十名，终不能永匿而不出。或恐捏报船货失于内洋，人自海边登岸。既可登岸，则可就近报明营汛保甲，查验损船形迹。或恐捏报船搁浅沙，将货抛卸海中，以保人船。此惟冬季朔风紧急，偶或有之。亦必有前后众船，消息可稽。若运漕粮，不在冬季狂风险逆之时，万无此事。总之，船户各保身家，舵水人等，亦各有家眷保人，递相牵制。倘有情弊，一船二十人之口角行踪，万无不露之理。是以商贾货物从无用人押运。惟以揽载票据为凭，订明上漏下湿。缺数潮霉，船户照数赔偿。惟风波不测，则船户商家各无赔抵。今如装运漕粮，设有缺数潮霉，即可照商例赔偿。其风波不测一端，夏季顺风赴北，本无此患。然而官事章程，必归画一，方为万全。因思内河运船到北，时日久长，沿途耗米必多。而交卸正米之外，尚有升合盈余。外海运北，毫无耗散，则余米数目，自必更多。万一风波不测，即约以众船余米，均摊赔补，不但轻而易举，亦且有盈无绌，兼可使众船互察弊端，极为周密。至于南装北卸，自有官司弹压。岛址暂停，亦有营汛稽查。各省沿海口岸，皆有关防。海船进出，必验船牌来历，奚容毫发隐瞒！或恐船数众多，散漫无稽，则可册编某户之船，定装某县之粮。分县稽查，尤为简便。更有经过牙行，堪作众船保领，自无虞其散漫无稽也。

海程捍卫。方今圣人敷治，寰海肃清。商贾往来，均沾乐利，谋航海经营。窃见南洋营汛，防御森严。北省海程，更资捍卫。盖以闽、浙、广东三省海面悬山丛杂，水不甚深。

若战船缉捕,易于躲避。是以昔年洋匪滋扰,皆在南洋。江苏洋面,均有沙脉。匪徒船底,皆有龙骨。一经营船追捕,匪船陷入沙中,寸步不能逃遁。故以前此洋匪未靖,江浙商船赴北运货,皆到江苏运售,不敢载回本籍。此匪船不过江南之明证也。昔年偶有窜北者,非因战舰严追,即被暴风飘至,冒险逃命,苟延旦夕而已。山东洋面均系深水大洋,东向渺无涯际,无处避风。西岸山岛统连内地。海船出入,必有营汛稽查。匪船无照,不敢泊停岛内。悬海飘扬,一遇狂风,无从托足。天津则有黄盖坝,以守门户。利津则有牡蛎觜,以作咽喉。奉天地势,东抱旅顺,南对登州,堪作海防关键。此四省洋面天然之保障也。或虑外番市舶,潜上北洋游逸,不知外番水土,仰给中华药物以养命者,急于水火,方皆感惧不遑,奚敢潜游犯法!且其所经海面,如七洲沙头清水泻水万里长沙、千里石塘,皆属海中极险之区。非船身巨大,不能驾驶。而船身既大,行走必迟。我国家战舰商船,便捷如飞,利钝悬殊,防御尤易。至其分驾散船,在闽广浅洋,犹可齐驱并驾。若至北海大洋,断难鱼贯而行。即如江南,商船同日扬帆出海,虽有百号之多,次日一至大洋,前后左右,四散开行,影踪莫指。直至朝见登州山岛,方能进岛会齐。而巡缉营船,星罗棋布,常在岛外巡查。不容匪船混迹。此海面之辽阔,捍卫之森严,可想而知矣。

如运漕粮,必欲筹及万全。只须江南战舰在江浙交界之尽山防护。南海悬山,至此而尽,故名尽山。中抱内港,或恐匪类潜藏。此外直至天津,并无悬海山岛,可以潜匿者。即登州紧对之大钦、小钦、大黑、小黑、大竹、小竹等山,皆系海面孤山,并无环抱内港。四面受风,不能停泊,且与登州近在咫尺。登镇哨船,巡查最密。或谓粮运大事,虽北洋无须为护送之计,而国家体制,亦宜有官兵押运为稽查船户之需,似只须粮道大员、运粮千总以及各省水师千把百员,各省水师壮兵千名,分船押运,足资弹压。兼可使水师后进新兵,习娴海性,经历波涛,实于海防大有裨益。

水脚汇筹。江浙两省商船,逐年陆续加增。择其船户殷实,扛具坚固者,足有一千余号。大小统计,每船可装仓斛南粮一千余石。至于水脚价目,原有贵廉不齐。大抵随货利之厚薄,定水脚之重轻。数十年来雇船大概情形,极贵之时。每关石计水脚规银三两,每两折实钱六百七十六文。每关担计仓斛二石五斗有零,合计每仓斛水脚实钱八百十文。盖水脚每石三两,间有是价。而银非足银,斗非仓斗。不可不明辨也。其每年揽载商货,可运三四次不等。今如夏季顺带便装漕米一次,每仓石酌与水脚若干。春秋冬三季,仍可运装商货三次。统计所获水脚价银,仍如统年运商货四次矣。惟必须每年春季,准其先运商货一次。立夏前后必可如期回南,夏至以前将江浙等处粮米驳至上海,装下海船,陆续开行。至大暑节,必可齐到天津,停泊海口。即用官备驳船,卸存天津北仓,再为转驳通仓。处暑以前,务使海船扫数回空。使其再装秋、冬两次商货回南。庶官商并运,两无延误。盖彼船户之所深虑者,惟恐装卸漕粮,迁延日月,错过顺风时令。以为一年仅行两次,则所获水脚价银,不敷水手辛工,及添补扛具之用。又虑南地兑粮,米色不干。到北交卸,升斗不敷。天津驳运通仓,不知作何经理。一切章程,茫无头绪。此所以有畏难不前之势也。殊不知升斗例有盈余,驳船自有官备。南装北卸,自可刻期赶紧。兑漕米色,定例乾圆洁净,海船顺风运北,为日无多。既无耗散,亦不蒸霉。且可安插气筒,露风透气。各令包封样米,可期一色无差。果能立法之初,官事民情,妥为参议,予以平允。则船户莫不踊跃趋从,始终遵奉。且殷商富户,将必有添造海船以觅利者,虽全漕亦可装运。如现在商船,暂时赶运全漕。则须春夏两次装运,方资应用。至于东直两省,所需南省货物。内河减运之后,海船装带南货,趋利如飞,更必易于充裕。即逢北地歉收,南省丰稔之时,更可额外添运川广台湾米石,源源接济,尤为迅速。所虑者,事固难于图始,又更难于成终。如果雇船运粮装卸,日期必须限定节气,勿令逾期。若使日久弊生,南北胥役需索陋规,驳船装卸,辗转延迟,给与水脚扣色减平。种种侵肥,必致公私两误。甚至该船殷户,求为无业之穷民而不可得,又不可不预为防及也。春夏兼运时日海船运漕,夏季最为便捷。如欲权时赶运全漕,惟有春夏两次运装。其装粮时日,须在年内兑粮,陆续驳装海船。新正一齐开放,迨天津开冻后,必可到齐。驳卸天津北仓,限以一月卸通。至谷雨节,海船全数回空。赶赴关东,运装客货。至小满节,必可如数回南。再装漕米,夏至后赴北,立秋以前又可到齐。天津交卸,仍限一月卸通,白露即回空,再运关东客货。如能九月内到南,尚可赴山东近处,赶装客货。年底全数回南,再装次年漕米,则海船更有裨益矣。

河海总论。夫四时风信有殊,则平险有别。货物利息不齐,则脚价不同。悬询者未及问以切要,登者不能中乎实情。故非明晰剖陈,无从汇合。今如海船运粮,必先将官事民情,通盘筹算。夫商船运货,一岁之中,重在春秋冬三季。其时北省豆粮丰熟,货足价廉,乘顺风运南,商贾获利较重,船户水脚亦增。夏季北省货缺价昂,商贾获利较轻,船户水脚亦廉。其时雇船,乘顺风运粮赴北,正可舍贵就廉,趋平避险。抑或权时赶运全漕,亦不妨春夏兼装,自可裕如。果能通融办理,不惟上下两无格碍,而且商船均有裨益。此海运头绪分明,海程今昔异宜之大略也。复思内河漕运情形,偶逢雨泽愆期,河湖浅涸,舳舻衔尾而来。进退有期,不能缓待清流。必至借黄济运,或逢雨水过多,湖黄并涨,黄流倒灌。决坏运河,种种阻碍,在所未免。诚使乘此夏令,兼筹海运,以分其势。则河、漕二务均得从容。既可操引清激浊之衡,亦可定河下湖高之则,自不至有治黄不能顾运,利运不能治黄之弊矣。某草莽愚民,何敢妄言国政。缘事经大宪详查,而船户未陈切要。故窃将上下情形,通融合拟。未识有当于备采否耶!(贺长龄、魏源编:《皇朝经世文编》卷四十八,户政二十三,第22—24页。)

236.《披山洋盗》

温州海洋辽阔,为盗匪出没之区,近日此风尤炽,而舟师所获,不过零星小伙,故无所忌惮,积日滋多。戊申腊月十七日,新获任叶玉田镇戎万青,巡海至披山外洋,遇洋盗大船五只,率所属战船悉力攻击,生擒巨盗林蒂等五十余名,又登时击毙及轰沉落水数十名,救释被胁难民数十名,并收获炮械无数。余因过镇署,亲见堂上器械林立,有大炮六位,并重至数百斤,皆从盗船中运来者也,而遂听纵谈者,犹或疑其有所粉饰,吁可叹矣!时恭儿方权温守,本有丁勇随同舟师协捕者,是会适遇粤省商船,即邀其协同攻击,亦生获蔡阿直等十三人。金曰:此温州文武数十年来所仅见之事也,不可以无记。因成二律,约同人共歌咏之。云:横海楼船壮鼓鼙,坎门岁暮羽书驰。力驱敢避掀腾险,遂听犹烦粉饰疑。助顺欻来舟共济(适值粤东大伙估船邀其助击),倒悬亲解命如丝(谓喊救难民数十人)。欣看巨炮充庭满,尽是孙卢队里遗。频年捕获笑零星,此举真堪播大庭。争望飞章达丹宸,普教重赏被沧溟。先声自慑蛟宫胆,众志能消蜒穴腥。近说渔山渊薮阔(渔山为近日群盗萃集之所,在宁波、台州交界海中),从兹捧海定浇萤。案是役获盗颇多,为近今所稀有,故闽中大府颇以为疑,余因致书详哉言之,亦翼后来者有所劝云尔。(梁章钜:《浪迹三谈》卷四,《清代笔记小说大观》第五册,上海古籍出版社,2007年,第4314页。)

237.《台湾十七口设防图说状》庚子九月镇道会禀

打鼓港在埤头县治西南十里,打鼓、旗尾二山之间,口门浅窄,外有沙坪,大船不入。旗尾山上建有炮台一座,本水师汛,今设大炮八位,外委一员,带兵五十名,县备乡勇二百名共守之。东港在埤头县治东南六十里凤鼻山后,外有沙汕,对面海中有小琉球屿,船自北来,须由打鼓港外洋避汕而行,绕琉球屿,方能入港。口门稍阔,水深不过一丈。惟数百石小船可入。今设炮墩八座,大炮八位,地兼水港二汛。今派水师千总一员带弁兵一百名,又陆路把总一员带弁兵一百名,县备乡勇二百名共守之。(姚莹:《中复全堂集·东溟文后集》卷四,第25页。)

238. 杜绝鸦片走私之难

且夷船在大洋外随地可以择岛成廛,内洋商船皆得转致,又从何而绝之?比岁夷船周历闽、浙、江南、山东、天津、奉天各海口,其意即在销售鸦片,虽经各地方官随时驱逐,然闻私售之数亦已不少,是但绝粤海之互市,而不能止私货之不来。且法令者,胥役棍徒之所借以为利,法愈峻,则胥役之贿赂愈丰,棍徒之计谋愈巧。(梁章钜:《浪迹丛谈》卷五,第48页。)

239.《赵公行状》

虎门为中路门户,水师提督驻扎,控驭各岛,原建南山、横当二炮台,近复建镇远一台。惟虎门寨距校椅湾海口尚二十余里,镇远、南山声势未能联络,请于旷阔处建土城,督提二标兵轮替驻防,游击或都司一人率之。他如番禺之猎德汛当黄浦夷船运货入省之冲,请设一炮台扼之。旧制东莞、新安、香山三县海洋,香山副将、大鹏游击各巡半年。今澳门、大屿山皆紧要,二将未可远离,请归提督统巡。议上,蒋公采行之。(姚莹:《中复全堂集·东溟后文后集》卷十二,第10页。)

240.《兰仑偶说》选录

康熙间始来通市,中断不至。迨雍正十二年后,乃来市不绝。每抵外洋虎门口外炮台卸帆,验实报官,官令引水带入,泊黄埔。炮械先起之而后入,去仍还之。其商人则寓以广东十三行楼,岁必七、八月至,乘北风回帆。其候账不去者,令居澳,谓之住冬。设公司,大班掌之。语详后。入市以来,屡被天朝怀柔。凡丝斤、绸缎,准其展限配带。行商有欠货价者,先于关税盈余给还,令其早得回国。夷馆偶灾,内商未分其货(内地总散,凡十三商公司,呢羽至,必立股分之,买茶即以股为则,有一商而三、四股者。)例由其国商纳税者全予豁免。又船规征钞,历有定则,亦因其国商之请,一、二、三等船,各减去十之二。故来市者咸颂皇仁,其王亦恭顺自矢。国旧受辖于荷兰,既与为敌。乾隆初,佛兰西欲以力服西洋,而英吉利屡与抗衡,将借天朝为重。乾隆五十七年,故王雅治遣使由天津入贡方物,使臣呈请于直隶、天津、浙江贸易,并恳赏给附近珠山海岛及附近广东省城地方一处居住,留人于京师理贸易,并敕戒之。其后,道光十一年,国商遂驶船由福建、浙江、江宁、山东各外洋游奕,刻送通商字说,复驶至朝鲜,不纳。则驶盛京者,皆执此意也。护货兵船,每随货舟至内地,使碇外洋,而后引货舟以入。中国自唐迄明,代行市舶抽分之例。国初,惩海寇扑岸,闽、粤周设界墙,严行洋禁,澳夷得专其利,久为诸国垂涎。于时边境又安,大开关市于澳门、漳州、宁波、云台四处,设官榷税。时宁波之舟山尚未置县,英舟每泊此。乾隆三十七年,奏准移关舟山,以就商船,建红毛馆寓其水梢。已而,粤关清厘陋规,改正归公,后又渐增规费……七年,公司官之在粤者,设马头于寓舍前而棚围之,行者不利于渡,大吏以闻,遂奉有毁拆之命。大班部楼顿,遽令来船咸出泊外洋,资其食费,不令复入。又约诸国和之,惟合省国商不从,部楼顿潜附去。(梁廷枏:《海国四说》,北京:中华书局,1993年,第142—143页。)

241.《粤道贡国说》选录

(嘉庆十四年),暹罗国世子郑佛遣使进贡请封。在洋遭风,沉失贡物九种。奉圣谕:据百龄等奏:暹罗国赍贡使臣抵粤一折。该国贡船在香山县属荷包外洋,突遇飓风击坏,沉失贡物。此实人力难施,并非使臣不能小心防护。其沉失贡物,不必另行备进,用昭体恤。所有郑佛恳请敕封之处,著该衙门照例查办。俟该使臣回国,即令领赍。钦此。十月初一日,暹罗贡使于重华宫入燕。加赏正使一员,洋瓷带钩一个,玻璃鼻烟壶一个,玻璃碗一对,红橘一碟,茶叶一瓶,荷包二对;副使一员,荷包一对,余与正使同。(梁廷枏:《海国四说》,第196页。)

242.《粤道贡国说》选录

至英吉利国贡船,前据夷官加拉威礼禀称:由彼国驾驶,经过浙洋,直达天津。臣等溯查乾隆五十八年,该国贡船曾由粤省老万山外洋乘风驶过。此时或仍经由粤洋,亦未可定。当饬香山县及巡洋舟师留心查探。旋据香山县具禀:风闻在澳西洋夷人,修葺夷馆,似为款接英吉利国贡使。又,英吉利国王以在澳夷商司当东粗知汉语汉字,曾于乾隆五十八年随从贡使入都,谙习礼节,有谕令附搭贡船进京之语。正在批饬确查间,据洋商等代司当东递具禀词,内称:奉伊国太子命,充副贡使臣,现赴外洋迎探贡船同行。并据香山县探报:司当东带同在澳贸易夷商波臣、马礼逊、孖吟喘、多必一共六人,乘坐船只出洋,等情。臣等查英吉利国王,以夷商司当东曾经入都,谙习天朝礼节,谕令充当副贡使进京,系属外藩臣服敬事之诚。即司当东禀明起程,亦属小心恭顺。现在该国贡船并未经过粤洋,司当东是否已经迎赴贡船,事在外洋,无从探悉。(梁廷枏:《海国四说》,第257—258页。)

243.《谢得彰传》

谢得彰,福建诏安人。嘉庆四年,由行伍,随水师提督李长庚剿海盗蔡牵于白犬洋,俘获无算。十四年,授铜山营把总。二十一年,升水师提标后营千总。道光四年,迁海坛镇标左营守备。六年,署台湾协中营游击。时台湾匪徒纠众械斗,乘势焚掠。得彰奉檄赴彰化县属许广坪,率领兵练,合力搜捕,擒盗渠黄斗并党匪多名。事平叙功,上嘉其奋勇,赏戴花翎。七年,超升金门镇标左营游击。十一年五月,迁烽火营参将。六月,调水师提标中军参将。七月,擢广东顺德协副将。十二年四月,署碣石镇总兵。十二月,两广总督卢坤以得彰奋勇刚直,娴熟海疆,疏请署理琼州镇总兵印务。上从之。十三年三月,擒获越南巨盗陈嘉海,按治如律。十二月,补福建海坛镇总兵。十四年二月,闽浙总督程祖洛奏请调温州镇总兵。允之。七月,两广总督卢坤奏言:广东毗连洋夷,绵亘数千里,洪涛浩渺,岛屿纷罗。得彰巡洋缉匪,不遗余力,不特本省内外洋情形皆得其详,即夷洋山岛形势,亦了如指掌。海疆重地,非有缓急足恃之员,难资得力。吁请仍留广东,以胜阃寄。疏入,得旨:海防紧要,广东琼州镇总兵官,即以谢得彰补授。十五年,卒。(李桓编:《清耆献类征选编》卷三百二十一,《清代传记丛刊》第45册,第83—85页。)

244.《邵永福传》

邵永福,江苏江阴人。由武举隶水师行伍,补京口右营千总。嘉庆二十年,升狼山镇标中军守备。二十四年,升右营都司。道光元年,升庙湾营游击。四年,升浙江乍浦营参将。五年,署温州镇总兵。六年六月,升福建闽安协副将。时漳、泉郡属与粤籍民人械斗,匪徒乘机焚掠,扰及嘉义、彰化所属村庄。永福随闽浙总督孙尔准驰赴厦门剿办,并檄往淡水属之艋舺、噶玛兰等处弹压晓谕,势遂解。以功,下部议叙。十二月,署金门镇总兵。七年七月,署海坛镇总兵。十二月,孙尔准遵旨奏保永福堪胜水师总兵。八年,升浙江温州镇总兵。凤凰山四屿等洋,温州镇所辖也。永福莅任一年,报劫者三。九年,孙尔准奏劾之。奉旨:著先行议处。十年,限满无获,孙尔准参其难胜专阃之任,以水师人材难得,请降补参将,如其所请。十一年,补浙江玉环营参将。十四年二月,升福建闽安协副将。寻,经总督程祖洛奏称:永福守洁才优,干练老成。自奉降后,颇知愧奋。请升署福宁镇总兵。从之,十二月,调补浙江温州镇总兵。先是,洋匪陈沅于瑞安营所辖之南麂山外洋,停泊销赃。十六年二月,复装载米石,往来洋面。永福侦知贼踪,击沉其舟。八月,以督缉出洋,施放号炮。适副将葛云飞等驾船前来禀事,风利不及避,误伤兵丁二名。永福下部议,寻议降一级留任。十月,署总督魏元烺奏参永福督缉不力。得旨:交部议处。十二月,总督钟祥奏称:温州为由闽入浙门户,永福于外洋水务未能严加整顿,致有同日连劫之案,犯久未获,请撤任开缺,并从严勒限半年,留于洋面缉匪。允之。十七年,以被参后于疏防各案仅获犯一名,本辖各犯未获较多,功过未能相抵,复经钟祥劾奏。得旨:著降为参将,留闽候补。十九年,因病休致。二十二年,卒。(李桓编:《清耆献类征选编》卷三百二十二,《清代传记丛刊》第 45 册,第 237—239 页。)

245.《刘起龙传》

刘起龙,广东新安人。由行伍出洋缉捕,累功拔香山协右营千总。嘉庆十五年,洋盗乌石二、东海霸及乌石大、曹亚晚等连艘肆掠,起龙随副将洪鳌、都司胡佐朝等分督战舰,追贼于硇洲洋面,奋勇进攻,自申至戌,沉、获各十余艘,擒张亚安等百余名。复追至儋州新英外洋,围攻首逆乌石二,擒之。并炮位、火药、器械无算,俘贼目符九家、黄亚晚、杨片客、郑耀章等,洋面肃清。十七年,升东山营守备。二十年,迁硇洲外海水师营都司。二十一年,迁南澳镇右营游击。二十四年,升崖州营外海水师参将。道光元年,迁澄海协副将。三年,升福建南澳镇总兵。六年,擢水师提督。谕曰:海疆重任,操防缉捕,不可稍有率忽。七年,奏全台形势,彰化居南、北之中。自彰化以南,设有总兵一员,副将参游以下共二十三员。彰化以北至艋舺,计程几及五百里,仅有守备一员驻扎竹堑,隶北路协副将管辖。幅员既广,巡缉难周。必须调拨员弁,递行移驻,方足以资控制。请将镇标右营游击调驻竹堑,改为北路右营游击。其竹堑原设之千总、把总、外委、兵丁,俱循其旧。竹堑守备一员,移驻淡水、彰化交界之大甲。另于镇标右营千总、把总、外委调拨各一员,步战兵二百名,驻防大甲,归于该守备管辖。所有镇标右营游击事务,俱归镇标右营兼管。又请于镇标左营调拨把总一员,步战兵二十名,移驻铜锣湾。拨外委一员,步战兵四十名移驻斗横坪,归北路右营游击管辖,以资防守。下部议行。十年,卒。谕曰:福建水师提督刘起龙,自行伍投效水师,历次出洋缉捕,由千总擢至提督,督率有方。兹闻溘逝,殊堪轸惜!著加恩照提督例赐恤。所有任内处分,悉予开复。应得恤典,该衙门察例具奏。寻,赐祭葬。子重亮,广东大鹏协左哨头司把总。(李桓编:《清耆献类征选编》卷三百十七,《清代传记丛刊》第 44 册,第 653—655 页。)

246.《吴建勋传》

吴建勋,字勖斋,原籍永定县,祖亮兴移居后浦。嘉庆二十三年,建勋充金门镇标右营缭手,赴戍台湾,拔外委。班满,回迁金门千总、厦门守备。选护理前营、右营游击,屡获洋盗周吃等,击其船,毁其巢,题补游击。复于紫泥社等处获吴生毛、唐汉、林贬、周交各海寇,以功题升参将,署闽安协副将。总督钟音保奏堪胜总兵之任。十九年,入觐,召见三次,交军机处记名。累署海坛、金门、定海总镇兵。尝扮商,巡缉湄州外洋,获盗无算,擢广东水师提督。时海氛告警,靖逆将军奕经派守永清门,旋以夹板退出,缴还炮台,饬赴新任,并拣带水勇前往虎门查收各炮台。适张斌师船失事,关防、炮械被盗抢失,建勋即出洋,分派将弁追至洋浦、北黎,获盗犯吴祖带等。复在洲墩、狗头山及儋州一带,先后击沉贼船,生擒谭保多名。九月,盗首梁阿乔、吴亚美等带船十只,率贼伙投诚。事平班师,而总督祁𡎖已以廉州办贼功奏保副将赖恩爵等,建勋遂据实互奏报闻。建勋论事刚直,性清劲,不可以私干。尝议猪头山不可建炮台,宜于山左沙坦为便,与𡎖意见不合。恩爵曾嘱为保举,愿以万金为寿,建勋拒之。恩爵惭惧,遂与𡎖子相结。至是,𡎖参奏建勋操防不力,奉旨降为副将,留粤补用。又参奏建勋前议猪头山炮台及山左沙坦俱无庸建设,指以为罪,嗾建勋所革书识何龙韬摹拟建勋手书函稿为佐证。建勋疏辨,会恩爵接署提督,委任属员锻炼成狱,建勋欲再疏请申理,不得达,乃诬服,遣赴军台效力。后奉赦回籍,卒于家。(林焜熿纂修,林豪续修:《金门志》卷十一,台湾文献史料丛刊第180种,第279页。)

247.《许瑞声传》

许瑞声,后浦人,副将杨洲之弟。道光二十年,由金门左营战兵调赴台湾,拔补额外,署外委。曾在浮鹰洋击沉盗船十二,生擒陈圭等,补铜山营外委,迁把总,署千总。台湾林供滋事,随本营游击王国忠渡台剿捕,擒股首黄再基等,诛之,赏六品顶戴。后随游击李朝安赴嘉义防堵,擒匪徒吴对等,凯旋回营。总兵连科保举剿捕出力,得旨:以守备尽先补用。小刀会黄位匪船逃窜澎湖洋面,瑞声追至西屿外洋,获刘乌目等多名,迁沪尾营水师千总,调补澎湖左营千总,历署澎湖、安平守备。同治元年,戴潮春陷彰化县,攻嘉义甚急,瑞声奉檄带兵赴嘉义,与知县白鸾卿相度要隘,安置炮位,派兵固守。旋闻贼首懋虎晟率众来犯,势张甚,即与副将王国忠出城迎击,毙贼多名,随机堵剿,城赖以全,提督吴鸿源委署安平中营游击。贼平叙功,以游击尽先升用。卒于任,年仅四十余岁。(林焜熿纂修,林豪续修:《金门志》卷十一,台湾文献史料丛刊第180种,第281页。)

248.《詹功显传》

詹功显,福建福清人。由行伍,随剿海寇蔡牵。自嘉庆元年至六年,击贼于湄洲贼仔澳、大小岞、小湾澳、小庠等处,迭有擒获,拔海坛镇标左营经制外委。七年,在乌拉外洋获盗四名,升右营外委。十年,在浙江青龙港洋面获蔡逆伙匪二十八名。十一年,在竿塘生擒巨盗蔡天来及其党洪桑、洪曲。十二年,赴南洋追捕凤尾帮匪船,至大岞外洋,夺盗船一只。又在永宁外洋,擒匪陈角等二十八名。十三年二月,升左营把总。三月,在大小岞外洋获李贯等三十五名。四月,在獭窟、乌拉洋面,先后擒获逆党林民、陈日等八十五名。六月,在东岙外洋获粤省匪船二只,贼妇五名。十四年四月,在白犬外洋攻蔡逆帮船,击沉无算。七月,擢水师提标中营右哨千总。十五年六月,在深沪外洋擒盗首纪尾等二十三名,夺船一只并炮械多件。七月,在东庠外洋击沉盗船一只,擒盗苏亮等三名。十五年二月,复调右哨千总。八月,在壁头洋面攻获塘沙五帮盗船三只,擒匪党林永祥等二名。十八年,调澎湖左营右哨千总。二十三年,擢台湾协水师右营守备。二十四年,署右营都司。寻以成兵黄克成、杨科山互斗滋事,功显坐钤束不严,降补海坛镇右营千总。道光三年,扮商船密赴福清东壁,搜获洋匪俞启启。四年七月,署艋舺营沪尾水师守备。十一月,升澎湖水师右营守备。六年,在龟山外洋截拿洋匪陈潮等三名。七年,在马遴山洋面轰碎盗船二只,追获盗匪黄高山等。十二年,升澎湖协标右营游击。十七年,擢台湾艋舺营水师参将。二十年,迁澎湖协水师副将。二十一年七月,闽浙总统颜伯焘以功显熟谙海疆情形,可以独当一面,保奏堪胜水师总兵。八月,升金门镇总兵,以英吉利夷船驶扰海疆,仍暂留澎湖防堵。二十三年十一月,事竣,抵任。十二月,在东沪、平海、后涵头港等处洋面巡缉洋匪,轰贼船三只,获匪林进等四十六名。寻,经闽浙总督刘韵珂密奏:功显老成练达,历任水师四十余年。嘉庆年间蔡逆滋事,出洋攻剿,叠获伙犯。其办理营务,训练兵丁,亦皆认真从事,不尚虚浮,堪胜提督之任。寻,授浙江提督。二十四年四月,督兵赴定海、黄岩、温州三镇属洋面巡缉,节次获盗多名。十月,偕总督刘韵珂等奏:浙东善后事宜,增修炮台各工,分别缓急筹办。从之。十二月,复偕刘韵珂等奏乍浦绿营兵房前经兵燹,亟应建复,以资戍守。如所请行。九月,奉化县匪徒张名渊等因图减粮价聚众阻考,功显檄参将百胜等驰援,匪势遂解。上以功显派兵迅速,调度有方,下部优叙。五月,在东窑外洋巡缉,击沉匪船,并获犯洪邦等六名。二十六年,因病奏请开缺。允之。二十七年,卒。子辉,布政司经历。(李桓编:《清耆献类征选编》卷三百二十五,《清代传记丛刊》第 45 册,第 519——522 页。)

249.《周凯传》

周凯,字仲礼,学者称芸皋先生,浙之富阳人也。道光初,由编修出守襄阳,设义学数百,教民蚕桑。迁汉、黄、德道,转兴、泉、永兵备道。礼士爱民,以兴养立教为己任。设义仓,修书院,辑金、厦二岛志,以诗古文词偈导后进。时有儒林丈人之望。道光十三年,澎湖大饥,奉檄查赈,中途遭风几殆,至澎湖蒔里澳,亟乘小舟登岸。时波浪拍天,从者危之。凯令渔人以蓑笠身,冒险径上,由蒔里一路勘灾,召父老周询疾苦,一时嗷鸿景况,悉于诗发。诵者以为《秦中吟》《春陵行》之流也。抵妈宫澳,分别极贫、次贫,立时散赈,费帑九千余两,不假吏役,人人均沾实惠。其随从资斧,丝毫皆自备。又命外委黄金带小船,巡视外海各岛。虎井八罩,礁沙险绝,商船失事,渔人辄乘危抢夺。亟设法禁之。时有诸生蔡廷兰,呈诗请加赈,凯击节称赏,而惜其囿于偏隅,见闻未广,教以读书作文成法,于是廷兰文名大噪。越四年,调台澎兵备道,兼提督学政,举廷兰为拔贡生。其后以甲科出宰江右,有声。人谓凯有知人鉴云。再任台湾,值张丙甫平,办理善后事宜,积劳卒于任。士民莫不流涕,至今思之。凯素工书画,得其寸楮者,珍逾拱璧。著有《内自讼斋诗文集》若干卷,刻行于世。(林豪纂修:《澎湖厅志》卷六,台湾文献史料丛刊第 164 种,第 223 页。)

250.《姚莹年谱》选录

二十二年,壬寅,府君年五十八岁。在台湾道任。正月二十四日,有三桅夷船三,在五汊港外洋向北驶去。府君密谕在事文武,不可与海上争锋,必须以计诱擒。三十日,有三桅夷船及舢板船在大安港外洋,见兵勇众多,乃向北驶,经文武所募之渔船粤人周梓与夷船上汉奸作土音招呼,诱从土地公港进口,搁于暗礁,伏兵齐起乘之,夷船遂破。夷落水死者甚众,杀毙数十人,生擒白夷十八人,红夷一人,黑夷三十人,广东汉奸五名,获夷炮十门。又获铁炮、鸟枪、腰刀、文书等,皆镇海、宁波营中之物。奏上,诏赐二品冠服,仍交部优叙。寻,奉廷寄,以广帅奏言:夷在粤扬言,将以大帮来台滋扰,谕询兵勇是否足资抵御?如何决策定议,可操必胜之券?府君乃与镇军筹计五事以闻。又以夷囚在郡监者一百六十人,解省既有不可,久禁亦非善策。甫经奏请训示,设未奉到朱批,而大帮猝至,惟有先行正法，以除内患。疏入，得旨允行。大安所获夷囚颠林者，为夷官呷哗丹，颇识海国情形，能绘图。大安擒夷奏入，上命询其国情形。府君乃详取供词，并作图入告。

五月，定拟夷犯颠林等九人及汉奸黄舟、郑阿二遵旨禁锢，其余悉在台正法。而各口文武禀报，复有夷船一、二只至九、十只不等，各在外洋游奕，潜结草乌匪船，乘机向导。府君益激励文武随宜堵剿，击沉匪船多只，擒获百余名，夷船乃悉遁去。又有彰化匪徒陈勇、黄马等聚众谋反，府君会商镇军选调兵勇，攻破贼巢，生擒首从，讯明后即分别凌迟斩决，传首所在地方枭示。全台遂靖。

七月，夷船由镇江至江宁，官兵失利。朝议罢兵，与夷和。而夷人会议条款，将台湾所获夷犯及汉奸一体恩恩释放。上亦厌兵，允其请。

十月，夷人遣其属至台，持总督给其统领印文，求入城投递。府君督府、厅、县及三营游击于城外传见，夷官六人皆行免冠礼，求给领两次所获夷人，而执督文为据。府君谕以大皇帝以德柔远之意，夷喜于色。先是，九月有夷船一，在沪尾港遭风，经地方官救获二十五人，解郡。至是，夷官恳请给与领回，且求一登其舟。府君以其恭顺，且已就抚也，许之。时，泉、厦之间，或谓台湾擒斩夷众，夷必报复。至是，人情汹惧，佥谓登舟祸不测。府君曰：如此，愈不可不许之，以定人心也。且自古驭夷，不外恩、威、信。台湾两次擒斩夷囚，已足示威。生释夷俘，已足示恩。今若不许所请，彼将谓我恇怯，且不足以示信也。遂同熊太守（一本）、仝司马（卜年）及营员数人往登舟，夷官五人，长衣，率兵持械鹄立，鸣九炮，悬彩旗百面，以迎，云为彼国待最尊贵者之礼。将归，夷官持酒一瓯，言此天下太平酒，感天朝恩，自此不敢有异志。府君归，而浮言息。（姚莹：《中复堂全集·年谱》附录二，第18—21页。）

咸丰朝

咸丰元年（1851 年）

1. 福建先后拿获各起洋盗犯名事由单

闽浙总督臣裕泰。谨将先后拿获各起洋盗犯名事由，缮具清单，恭呈御览。

林发智，年四十六岁，福清县人，在福州府监病故。

该犯起意纠伙出洋，于道光二十九年十一月初六日在三沙洋面行劫长乐县商船，过船搜赃，占驾一次。

庄福，业经落海漂没，未知年岁、籍贯。

该犯起意纠伙出洋，于道光三十年十二月二十日在福宁三沙澳洋面行劫甘蔗船，过船搜赃、占驾一次。

吕曰，年二十九岁，福清县人，在福清监病故。

该犯听从监毙之林发智纠邀出洋，于道光二十九年十一月初六日在三沙洋面行劫长乐县商船，过船搜赃一次。

庄长，年三十六岁，惠安县人。

庄马伪，年二十二岁，惠安县人。

胡闰，业经落海漂没，未知年岁、籍贯。

陈连水，业经落海漂没，未知年岁、籍贯。

陈兔，业经落海漂没，未知年岁、籍贯。

李红浦，业经落海漂没，未知年岁、籍贯。

陈马助，业经落海漂没，未知年岁、籍贯。

李情，业经落海漂没，未知年岁、籍贯。

该八犯均听从落海漂没之庄福纠邀出洋，于道光三十年十二月二十日在福宁三沙澳洋面行劫甘蔗船，各过船搜赃、占驾一次。

以上十一犯均请照江洋行劫大盗立斩枭示例，拟斩立决，枭示，内除庄福、胡闰、陈连水、陈兔、李红浦、陈马助、李情七犯均于被拿时落海漂没，应毋庸议外，又，林发智、吕曰二犯均于取供后在监病故，应仍照例戮尸，与庄长等首级一并解赴犯事海口，悬竿示众。

林依，年二十六岁，同安县人。

该犯起意纠邀现获之马孝等共二十三人，于道光二十九年闰四月十二日在五指外洋乘危抢夺米船，得赃一次。

以上一犯，请照伙众十人以上抢夺，为首照强盗律治罪例照强盗已行而但得财者斩律，拟斩立决，事犯在道光三十年正月二十六日钦奉恩诏以前，系纠伙出洋，乘危抢夺，拟斩，不在准免之列，应不准其援免，仍先照例于左面刺"抢夺"二字。

林来忻，年五十六岁，福清县人。

陈忻忻，年五十岁，福清县人，在侯官县监病故。

该二犯均听从监毙之林发智纠邀出洋，于道光二十九年十一月初六日在三沙洋面行劫长乐县商船，各在本船接赃一次。

以上二犯均请照洋盗案内接赃一次例，拟发新疆给官兵为奴，内除陈忻忻一犯已于取供后在监病故，应毋庸议外，其林来忻一犯，应于左面刺清、汉文"强盗"各二字，右面刺清汉文"外遣"各二字，照例发遣。该犯事犯虽在道光三十年正月二十六日钦奉恩诏以前，惟系海洋盗匪，情节较重，应不准其援免。

何争，即何靖，年六十岁，惠安县人。

该犯起意纠伙出洋，于道光二十九年五月初一日在神户洋面行劫商船，未经得财一次。

以上一犯请照强盗未得财又未伤人，首犯发新疆给官兵为奴例，发新疆给官兵为奴，左面刺清、汉文"强盗"，右面刺清、汉文"外遣"各二字，该犯事犯虽在道光三十年正月二十六日钦奉恩诏以前，惟系海洋盗匪，情节较重，应不准其援免。

马孝，年四十四岁，同安县人。

王得双，年四十一岁，浙江玉环厅人。

罗惠，年三十四岁，同安县人。

杨双，年二十四岁，浙江玉环厅人。

陈秋，年三十岁，晋江县人。

林方，年二十五岁，惠安县人。

柯梯，年三十六岁，同安县人。

刘山，年四十一岁，惠安县人。

唐生，年五十五岁，浙江鄞县人。

陈棉，年三十一岁，同安县人。

林牛，年二十一岁，同安县人。

李累，年二十五岁，马巷厅人。

李猛，年四十三岁，同安县人。

欧九，年二十六岁，浙江玉环厅人。

黄锁，年二十三岁，同安县人。

杨恼，年三十五岁，同安县人。

林玉，即林约，年六十三岁，同安县人。

苏塚，年二十五岁，浙江平阳县人，在同安县监病故。

张斤,年五十岁,浙江平阳县人,在同安县监病故。

龚兔,年五十四岁,晋江县人,在同安县监病故。

柯赤,年五十九岁,同安县人,在同安县监病故。

林榜,年四十四岁,同安县人,在同安县监病故。

该二十二犯均听从现犯林依纠邀出洋,于道光二十九年闰四月十二日共伙二十三人在五指外洋乘危抢夺商船,得赃一次。

何情,年三十一岁,同安县人。

柯景,年二十二岁,同安县人。

柯许,年三十六岁,同安县人。

林片,年二十一岁,同安县人。

傅曾,年五十二岁,同安县人,在福州府监病故。

许歉,年三十三岁,同安县人。

郑丁,年二十六岁,同安县人。

黄成,年三十四岁,同安县人。

洪错,即林乖,年二十八岁,马巷厅人。

许春,年二十四岁,马巷厅人。

许缎,年四十八岁,马巷厅人。

吴井,年三十二岁,马巷厅人。

吴劳,年三十一岁,马巷厅人。

苏方,即林钤,年五十九岁,马巷厅人,在侯官县监病故。

陈盏,年五十五岁,晋江县人,在同安县监病故。

王吝,年四十四岁,同安县人,在同安县监病故。

柯得能,年二十二岁,同安县人,在同安县监病故。

许力,年三十八岁,马巷厅人,在同安县监病故。

该十八犯均听从淹毙之林弟纠邀出洋,于道光二十九年闰四月十二日共伙十九人在五指外洋乘危抢夺米船,得赃一次。

以上四十犯,均请于伙众抢夺首犯斩罪上减一等,各拟杖一百,流三千里,内除苏塚、张斤、龚兔、柯赤、林榜、傅曾、苏方、陈盏、王吝、柯得能、许力十一犯已于取供后在监病故,应毋庸议外,其马孝等二十九犯各于左面刺"抢夺"二字,到配折责安置。该犯事犯虽在道光三十年正月二十六日钦奉恩诏以前,惟系海洋抢匪,情节较重,应均不准援免。

郭块,年三十八岁,同安县人。

张芋,年三十三岁,同安县人。

施乌狮,年三十四岁,惠安县人。

林传,即林篆,年三十一岁,马巷厅人。

黄再,即林再,年二十三岁,同安县人。

邱闪,年四十六岁,晋江县人。

柯当,年三十二岁,同安县人。

陈中,年四十一岁,惠安县人,在福州府监病故。

李阿四,年五十岁,浙江玉环厅人,在闽县监病故。

张照,年四十岁,浙江平阳县人,在闽县监病故。

黄荣,年五十岁,兴化府人,在同安县监病故。

陈时,年五十岁,浙江太平县人,在同安县监病故。

陈不当,年二十五岁,惠安县人,在同安县监病故。

冯雀,年二十九岁,马巷厅人,在同安县监病故。

郑赤,年三十三岁,同安县人,在同安县监病故。

郭坦,年四十六岁,同安县人,在同安县监病故。

李卑,年二十七岁,彰化县人,在晋江县监病故。

蔡曲,年二十九岁,同安县人,在晋江县监病故。

林毛旺,已于获案后在监病故,未知年岁、籍贯。

颜大,已于获案后在监病故,未知年岁、籍贯。

该二十犯均听从现犯和争纠邀出洋,于道光二十九年五月初一日在深沪洋面行劫商船,未经得财一次。

陈齐,年十九岁,晋江县人。

李亲,年二十岁,马巷厅人。

黄欺,年四十岁,马巷厅人。

郭东,年三十二岁,马巷厅人。

钟忻,即林忻,年二十八岁,马巷厅人。

蔡差,年二十六岁,同安县人。

陈郭,年五十九岁,马巷厅人。

曾荫,年二十岁,马巷厅人。

洪香,年二十一岁,马巷厅人。

郑孕,年二十六岁,马巷厅人。

徐昔,年二十五岁,马巷厅人。

林配,年三十八岁,南安县人,在闽县监病故。

蔡高,年四十七岁,马巷厅人。

黄租,年十九岁,马巷厅人,在闽县监病故。

陈免,年四十二岁,马巷厅人,在同安县监病故。

洪穴,年三十九岁,南安县人,在同安县监病故。

黄全,年四十岁,马巷厅人,在同安县监病故。

蔡平,年二十八岁,马巷厅人,在同安县监病故。

吕浅,年六十七岁,马巷厅人,在同安县监病故。

苏近,年三十八岁,马巷厅人,在同安县监病故。

林明,年四十五岁,南安县人,在同安县监病故。

该二十一犯均听从落海淹毙之郑葱(即林葱)纠邀出洋,于道光二十九年五月初二日在南日洋面行劫商船,未经得财一次。

以上四十一犯均请照强盗未得财又未伤人,从犯,杖一百,流三千里例,各拟杖一百,流三千里,内除陈中、李阿四、张照、黄荣、陈时、陈不当、冯雀、郑赤、郭坦、李卑、蔡曲、林毛旺、颜大、林配、黄租、陈免、洪穴、黄全、蔡平、吕浅、苏近、林明二十二犯均已在监病故,应毋庸议外,余俱发配、折责、安置。该犯事犯等虽在道光三十年正月二十六日钦奉恩诏以前,惟系海洋盗匪,情节较重,应均不准援免。

林五一,年六十一岁,福清县人。

该犯听从林发智纠邀出洋行劫,临时因病不行,事后分赃一次。

以上一犯请照共谋为盗,临时因病不行,事后分赃者,杖一百,流三千里例,拟杖一百,流三千里,到配折责,安置。该犯事犯虽在道光三十年正月二十六日钦奉恩诏以前,惟系海洋盗匪,情节较重,应请不准援免。

秤发,年三十一岁,浙江象山县人。

该犯起意纠邀现获之江下等九人,于道光二十九年闰四月十二日在五指外洋乘危抢夺米船,得赃一次。

以上一犯请照乘危抢夺,但经得财,并未伤人者杖一百,流二千里例,拟杖一百,流二千里,左面刺"抢夺"二字,到配折责,安置。该犯事犯虽在道光三十年正月二十六日钦奉恩诏以前,惟系海洋抢匪,情节较重,应请不准援免。

江下,年十六岁,同安县人。

周玉要,年二十七岁,同安县人。

邬水麻,年二十六岁,浙江玉环厅人。

林阔相,即林审,年二十岁,同安县人。

黄念,年十九岁,同安县人。

陈川能,年二十七岁,漳浦县人。

高无,年四十岁,马巷厅人。

王蚊,年十九岁,淡水厅人。

该八犯均听从现犯秤发纠邀出洋,于道光二十九年闰四月十二日共伙九人在五指外洋乘危抢夺米船,得赃一次。

以上八犯均请照乘危抢夺,但经得财,并未伤人,为从,杖一百,徒三年例,各杖一百,徒三年。该犯事犯虽在道光三十年正月二十六日钦奉恩诏以前,核其情罪,不在不准援免之列,应均准援免。咸丰元年六月二十二日。(北京:中国第一历史档案馆藏录副奏折,附清单,档号:03-4566-035.)

2. 咸丰元年六月二十七日陆建瀛奏办理洋务情形由

两江总督臣陆建瀛、江苏巡抚臣杨文定跪奏。为胪陈江苏省节年办理洋务情形,恭折奏祈圣鉴事。窃照江苏省内河、外海各营经前督臣璧昌等于善后案内奏明成造舢船十二只，大舢板船八十五只，小艇板船三十八只。就营分之繁简兵额之多寡，分别派发，以三个月为一班，一半存营，一半出巡，轮流替换。出巡之船，舢船、大舢板船每只配兵四十名，小舢板船每只配兵二十名，每兵每日加给口粮银四分，每年需银三万一千五百三十六两，除两淮捐备银三万两外，其不敷银一千五百三十六两，及遇闰加增银两，在于节省水师马干项下拨补。

臣陆建瀛于江苏巡抚任内，会同前督臣李星沅查明，大小舢板船只止可在沿海内江巡缉，不能涉历大洋。舢船内有两只戗驶不甚灵便，仅有舢船十只，分作两班。每班以五只巡查数千里江洋大海，势若辰星，以致海洋盗匪充斥，失事频闻。且船小兵多，难于施展，于追捕洋盗仍属有名无实。先后咨会前署提臣来英，饬委升任副将恩长、候补道吴健彰、候补知府王梦龄、前芜湖县知县林德泉等，驰赴沿海一带体察情形，核定舢船配兵三十六名，大舢板船配兵二十四名，小舢板船配兵十六名，无论内河、外海一律照派试行，尚觉合宜。并将存营舢船五只，共成舢船十只，并添雇渔船二十只，一并配兵专巡外洋。即以裁减口粮银两，截长补短，按船按兵发给。又因滨海食物昂贵，外洋巡兵加给口粮银四分，不敷食用，每日再加给银二分，每日每兵共给银六分，带兵之千总以下等官均系穷弁，千总、把总每日给薪水银二钱，外委、额外每日给薪水银一钱四分。至水师能否得力，全恃舵工之戗驶如法，是贩洋商船惟舵工之身工为最优厚。兵船舵工仅有例给工食，不足以鼓勇往之气。议定正船舵工照例给工食加增三倍，副舵工加增一倍。其内河营分毋庸加增。又在崇明县十滧地方设立瞭台委员，带同经书二名，缮书四名，专司文案差役。十二名驰送文报，查探情形。经书每名月给纸张银四两，缮书每名日给口粮银一钱，差役每名日给口粮银六分，俱由座落州县会同委员逐月按船点验明确，核实给发。不涉营员书吏之手，以杜克扣不敷之项。暂于捐补陆路缉捕经费内，通融筹借。俟本款节省归补。其不甚灵便原有之舢船二只，旋亦改造如式，一并配兵出洋。

又臣陆建瀛前此会同前督臣李星沅奏明，试造放大舢船十只，由福山镇总兵孙云鸿议请改造，底有龙骨之舢船一只，每船酌配兵丁四十四名，分发各营，当将添雇渔船二十只，即行撤退。惟此项放大舢船及底有龙骨之舢船共十只，配兵四百四十名，应给口粮，系在前督臣璧昌奏明筹拨银三万一千五百三十六两之外，裁减口粮银两不敷抵拨，无款筹给。当又饬委升任常州府知府严正基前往会同苏松、福山二镇总兵，秉公筹议，将派巡外洋兵丁加给口粮减去一分，日给银五分，千总以下各弁薪水亦递加删减，以日给银一钱为率，核计每年尚不敷银六千六百六十三两零。

臣杨文定在藩司任内，随同臣陆建瀛、前抚臣傅绳勋详加筹划，将每年节省水师干饷及口粮盈余生息等银仅敷抵拨外，仍有短少，饬令于建塘加给口粮内通融补足。此自前督臣璧昌交卸后，臣陆建瀛会同前督臣李星沅、前抚臣傅绳勋，因洋面不靖，权宜筹办之情形也。四年以来，仰仗天威，官兵用命协力，屡次获盗寨船，洋面渐就肃清。往来商船及海运白粮，均能畅行无阻。现在商民捐造船只，业已完竣。因届南风司令，山东省战船尚未齐备，恐盗匪乘风北窜。已据上海绅商将捐造船只配载水勇，驶往山东洋面，合力搜捕，以期尽绝根株。至前督臣璧昌任内奏明分拨各营船只,现有因时制宜互相调拨之处,臣等试造放大等项舢船虽已发营配缉,亦系随时调遣,统俟本年秋后察看洋面,如果实在安靖,再将先从所造船只均匀配搭,酌定班次。并其不敷之口粮,酌定款项,妥筹划一经久章程,另行奏请圣裁。所有连年从权筹办情形,理合先行恭折奏明,伏乞皇上圣鉴。谨奏。六月十三日。咸丰元年六月二十七日奉。朱批:知道了。从实办理,不可徒作空言。钦此。[蒋廷黻编:《筹办夷务始末补遗》(道光朝),第8—17页。]

3. 咸丰元年八月丙寅谕军机大臣

陈庆偕奏登州水师战船被贼占驾,海防吃紧,拟亲往督办一折。山东登州洋面上年屡遭闽匪劫掠,经该省雇募广艇,痛加剿办,盗风稍息。兹据奏称七月二十五日荣成县石岛洋面,有盗船十余只。联艚抗拒官兵,接仗互有杀伤。次日副将郑连登等督兵进击,因众寡不敌,官弁兵勇尽行落水,新旧战船。被贼占驾九只,副将关防文卷尽失,望见贼船各有夷人数名,等语。此项盗船究系来自何处?何以内有夷人?是否闽粤匪徒伪为夷装,借以恐吓?或挟上年剿捕之仇,并力报复。似此狷獗不法,实堪发指,必应迅速剿办。除分饬盛京、直隶、江南于所属洋面合力堵剿,并饬陆建瀛等迅派得力将备,酌拨上海战船水勇赴东协捕外,陈庆偕现已将乡试监临事宜委令藩司代办,即日驰往登郡,著督饬新任登州镇陈世忠、登莱青道英桂等调集三营水师,并饬守备黄富兴招募沿海艇勇,由该镇统带出洋,克日追剿。务将盗船悉数拿获,确究来历窝巢,彻底惩办。勿任窜越外洋及向他省洋面勾结滋扰,并著查明郑连登等所禀在洋力战,被炮轰伤,落水后遇救登岸等情是否确实?如果该副将等见贼畏怯,弃船先遁,复敢捏词饰报,即著从严参办。另片奏雇船募勇等项,需费颇钜,著准其在于司库庙工生息款内借支银二万两,以济要需,事竣筹补还款。将此谕令知之。(《清文宗实录》卷三十九,咸丰元年八月丙寅,第17—18页。)

4. 山东巡抚陈庆偕奏为荣成县石岛洋面被盗船阑入占驾水师新旧战船事

山东巡抚臣陈庆偕跪奏。为臣抵登州府属荣成县石岛洋面被盗船阑入占驾水师新旧战船,奏明亲赴登郡督办,并因水师仅存新造战船二只,不能出洋追剿,沿海雇募艇勇,亦恐仓猝不及,水师守备黄富兴前由闽省造船回东,带有广艇七只,其四只先经奏明为奉天代雇,尚余三只亦随往奉天,即经飞饬登莱青道英桂传谕该守备,将随往之广艇三只迅速雇回,并令由海道驰赴奉天禀明金州副都统将代雇之广艇四只亦令来东,并力协剿。臣起程后,途次接据文武各员先后禀报,盗匪自占驾战船,势益狷獗,占住石岛口门,截劫商船,掳人勒赎。八月初三日夜,遭台风击坏盗船十二只,匪犯落水淹毙多名,遗弃炮械多件,盗势稍杀。初六日,该匪将未坏各船向北开驶。十一日,驶近福山县之烟台口岸,经驻防官兵击碎其杉板、小船,并毙贼数名。该匪逞凶扑岸,焚烧沿海商民船只、房屋,掳人勒赎。并闻登属洋面知盗占官船,人人惊惧,非惟商舶停行,沿海各岛居民纷纷逃窜,即府城亦人心惶惑,竟有携眷避居村落者。臣兼程前进,于十七日驰抵登郡,谕以盗匪在洋逞凶,惟恃船炮,一经登岸。技无所施,况原来匪船止有十余只,连占我战船,亦不过二十余只,今已

399

遭风击坏其半,何足惊惧。郡民见臣亲至,人心渐定,城乡安堵如常,而沿海招募艇船猝无应募。惟该守备黄富兴探明奉天洋面并无盗船,已将艇船调回,度计贼势,即就现有官勇各船,足资剿捕。传闻贼知师船齐集,已有南窜之信。臣先经咨会两江督臣派拨师船在南路迎截,一面酌配兵勇各船,申明纪律,示以重赏,饬令该守备黄富兴统带勇船冲锋前进。登州镇臣陈世忠督同署后营游击陈腾飞等统带兵船在后路策应调遣,务期追及盗艐,奋勇剿捕,擒获首要凶渠,以快人心,而安商旅。至盗匪踪迹、巢穴,现虽未经获犯究问,惟准两江督臣、浙江抚臣咨会,七月十五日,据商勇探报,盗首巴搭系浙江宁波府石浦人,驾坐头幔船五只,开波船三只,广艇四只,在南洋叠劫商船。该盗首在普陀山设坛打醮事毕,直赴山东,欲与黄富兴打仗等情。查东省上年剿办盗犯虽多系闽匪,亦间有籍隶浙江之人。且据各犯供出浙江之普陀山等处为历年盗匪窝顿之所,曾经奏请饬拿在案。今江浙两省来盗既称盗首由普陀山聚集,且有北来与黄富兴打仗之语,是在东匪船即系前案余匪携仇报复而来,而未似无疑义,该二省先既探知,自必已有筹备。惟当南北不分畛域,合力剿捕,使贼不毙于北,即毙于南,庶可戢其凶焰。除再行分咨外,所有臣抵登州府现办情形,理合据实恭折具奏,伏乞皇上圣鉴。再,石岛失船情形,现因水师将备尚未调回,不及查究,即盗船在该盗遭风驻盗文武各员,何以不乘机剿捕,及该盗匪驶入烟台,该处驻防各员又何以任贼扑岸蹂躏,统俟确切查明,一并据实参办,合并陈明。谨奏。咸丰元年闰八月初二日。朱批:盗首务期必获,饬令镇将等认真剿捕,勿稍推诿。陈世忠人朴实,尚属有用之才,妥驭之。钦此。咸丰元年八月二十二日。(北京:中国第一历史档案馆藏录副奏折,档号:03-4332-022.)

5. 浙江巡抚常大淳奏为盗船窜入浙洋现在调集水师攻剿情形事

浙江巡抚臣常大淳跪奏。为盗船窜入浙洋,现在调集水师攻剿情形,恭折奏闻,仰祈圣鉴事。窃浙省洋面辽阔,海道绵长,每有匪船往来伺劫为害商旅。臣于本年二月间到任后,即叠饬水师将弁统领兵船严密巡逻,认真缉捕。嗣于七月二十八日接准两江督臣咨会,据上海捕盗局绅董探有洋盗巴搭系宁波石浦所人,驾坐头幔船五只,开波船二只,广艇四只在普陀山设坛打醮事毕,即前赴山东与守备黄富兴对仗,咨饬拿办,等因。臣查普陀山系浙省定海所辖海岛,现有盗匪在彼设坛打醮,该处文武何以不行查拿,正在札饬严拿间,即据宁波府知府罗镛禀报:石浦洋面探有大小广东夹板船十四只,船内带有炮位、家眷。该县派人查访,均系广东人氏,口操粤音,称系黄富兴招赴山东,当即往北驶去,等情。臣因该府所禀与江苏省探报情形不符,并未闻黄富兴有雇募勇船前赴山东之事,显系盗匪诡词饰混,随复严饬各水师迅速返捕,并飞咨两江督臣及江苏、山东各抚臣一体饬属堵拿去后,即于八月十九日接准两江督臣转准山东抚臣咨会。七月二十五日东省石岛洋面有盗匪抗拒官兵,劫占战船情事。臣恐该匪等驾船南窜,又经分别咨饬水师镇将一律整备兵船,统率弁兵严密堵捕在案。兹据宁波道府禀报:石浦洋面现复探有大小广东杉板船十二支在洋游驶,并掳捉商船水手,勒限取赎。该府已亲往会营督拿,等情。臣查该匪等胆敢驾坐多船在洋掳人勒赎,实属不法。且难保船即山东洋面滋事盗艐南窜来浙,当严行剿捕擒拿首要凶渠，尽法惩治，以快人心，而安商旅。现已飞咨提臣调集定海、黄岩、温州三镇及乍浦协副将督饬所属将弁，挑选精兵添雇水勇，配足军火、炮械，统带师船前赴合力围剿，务将船匪悉数歼擒。一面分咨两江、闽浙各督臣各饬水师一体截攻，以杜逃窜，并札饬沿海各厅县会同陆路营汛在于各口岸一律防捕，以免上岸窜逸骚扰。臣仍察看情形，如须亲往督剿，亦即星驰前往，相机拿办。所有现在调集水师攻捕盗船情形，谨会同闽浙总督臣裕泰恭折具奏，伏乞皇上圣鉴。再，普陀山地方现经委员前往访查，并传该寺僧人确讯，并无盗匪巴搭到过该处及在彼设坛打醮之事。惟该犯巴搭是否系石浦土匪，向往何处？有无亲属在家？现在饬查尚未覆到，容俟查覆，另行核办，合并陈明，谨奏。咸丰元年闰八月初九日。（北京：中国第一历史档案馆藏录副奏折，档号：03-4332-025.）

6. 咸丰元年闰八月庚戌又谕

据常大淳奏：七月间接两江咨会，洋盗巴搭驾船十余只，欲在浙省之普陀山，设坛打醮，当即饬属严拿。旋据详报：石浦洋面探有大小广东夹板船十四只，携带炮位家眷，皆属广东人口音，诡称系黄富兴雇募，前赴山东，往北驶去。现复探有大小广东夹板船十二只，在洋游驶，并掳捉商船水手，勒银取赎。已调集各镇将督带师船兵勇，前往围剿。又片奏：知府罗镛招募渔船多只，由外洋驶往石浦。于闰八月初三日随同师船，将盗船围剿。盗船纷纷南窜，现饬官兵迅速追捕。并分咨两江闽粤水师，一体堵拿各等语。洋盗扰害商船，亟应痛加剿洗。该匪现由石浦纷窜，洋面辽阔，必须各路兜剿，方能得力。著陆建瀛、杨文定、季芝昌、王懿德、善禄、郑高祥，督饬水师将弁，分投截击。并饬陆路员弁，严加防范。务期悉数歼擒，勿任一名漏网。至浙洋盗船仅十余只，该省招募渔船有一百二十五号之多，加以镇将所带水师船，兵力不为不厚，何竟任其兔脱，著常大淳查明在事文武如有畏葸迁延情事，严参惩办。并严饬镇将等管带兵勇，跟踪追捕，毋令远飏。各督抚提督等惟当不分畛域，认真督办，务使盗氛尽熄，以靖洋面而安商旅。将此由四百里各谕令知之。（《清文宗实录》卷四十二，咸丰元年闰八月庚戌，第21—22页。）

7. 咸丰元年九月辛酉谕军机大臣

据陈世忠奏：山东洋面盗匪年增一年，今岁尤甚，请前赴粤洋，跟踪缉捕，等语。据称盗船初旋，亟应追剿。惟东省兵船两无，不能前往。请饬闽省水师将游巡帮船配齐弁兵、军火、炮械，分派将备管领，统交陈世忠带赴粤洋，会同粤省兵船连帮剿捕，以期捣穴歼渠，等语。水师巡洋捕盗，固当不分畛域，协力夹攻。而本省洋面，职分攸关，亦须兼权熟计。若如陈世忠所奏，统率闽师前赴粤海，则登州洋面该总兵转有鞭长莫及之势。设有不靖，伊谁之责。既称东省兵船两无，则由东赴闽，该总兵应用何船？应带何兵？亦未筹及。事关海防要务，该总兵自应与该抚筹计万全，以昭慎重。著陈庆偕接奉此旨，将陈世忠所奏各情悉心商榷。以目下情形而论，是否陈世忠可以远赴闽粤？于剿捕机宜确有把握。其登州镇又应派何人暂署？是否不至顾此失彼？著该抚等妥筹会议，迅速具奏。陈世忠所陈水师情形折片等件，已寄谕沿海各督抚查办矣。将此谕令知之。（《清文宗实录》卷四十三，

8. 浙江巡抚常大淳奏为广艇盗船被攻回窜闽洋会同闽省水师相机围攻事

浙江巡抚臣常大淳跪奏。为广艇盗船被攻回窜闽洋,现饬浙省水师约会江南、山东来浙勇船合帮追捕福建洋面,会同闽省水师相机围攻,并查明浙洋前见闽缯三十余只均系商船被盗截诈,业经水师救援护出缘由恭折奏祈圣鉴事。窃臣于本年九月初七日接准军机大臣字寄咸丰元年闰八月二十七日奉上谕:据常大淳奏:七月间接两江咨会,洋盗巴搭驾船十余只欲在浙省之普陀山设坛打醮,当即饬属严拿。旋据详报:石浦洋面探有大小广东夹板船十四只,携带炮位、家眷,皆广东人口音,诡称系黄富兴雇募前赴山东,往北驶去。现复探有大小广东夹板船十二只在洋游驶。并掳捉商船水手,勒银取赎。已调集各镇将督带师船兵勇,前往围剿。又片奏知府罗镛招募渔船多只由外洋驶往石浦,于闰八月初三日随同师船将盗船围剿,盗船纷纷南窜。现饬官兵迅速追捕,并分咨两江、闽粤水师一体堵拿,各等语。洋盗扰害商船亟应痛加剿洗。该匪现由石浦纷窜,洋面辽阔,必须各路兜剿,方能得力。除已谕知广东、山东各督抚等派兵剿捕外,著陆建瀛、杨文定、季芝昌、王懿德、善禄、郑高祥督饬水师将弁分投截击。并饬陆路员弁严密防范,务期悉数歼擒,勿任一名漏网。至浙洋盗船仅十余只,该府招募渔船有一百二十五号之多,加以镇将所带师船,兵力不为不厚,何竟任其免脱。著常大淳查明在事文武如有畏葸迁延情事,严参惩办。并严饬镇将等管带兵勇跟踪追捕,毋令远飏。各督抚、提督等惟当不分畛域。认真督办,务使盗氛尽熄,以靖洋面而安商旅,将此四百里各谕令知之。钦此。

又于九月初九日接准军机大臣字寄,咸丰元年闰八月二十九日奉上谕:昨因盗船在浙洋被剿纷窜,谕令沿海各督抚合力堵拿,务使惩办。兹据陈庆偕奏称:访知贼目鲍亚北、陈成发、陈华胜、吴维馨、罗新全系广东香山、顺德、新安等县人。又有贼目陈胜系福建人。并闻该匪等销赃聚会俱在广东香山县之澳门、香港及浙江之石浦、温州等处口岸销售,现已饬令守备黄富兴带领师船跟踪追捕,等语。著陆建瀛、杨文定、季芝昌、王懿德、常大淳、徐广缙、叶名琛督饬水师将弁,严密巡查,并饬陆路将弁一体防范。倘查有盗匪携带私货,假充商旅,立即捕拿,毋令冒混。至守备黄富兴现带原雇粤勇驾驶战船二只,艇船七只,跟寻盗踪,南往追剿,第恐兵力稍单,必须各路接应,方能声势联络,著各督抚饬令水师将弁各于洋面巡探,如见黄富兴追剿盗船,即督带兵勇协力歼擒,勿使远飏。现在山东盗船已闻拿回窜。惟贼未捕获。著陈庆偕仍严饬镇将等实力巡防,勿稍疏懈。将此四百里谕令知之。钦此。

各遵旨寄信前来。臣查前项广艇盗船自石浦洋面被攻南窜之后,在温州玉环厅之花冈门外洋一带逗留,并有闽省缯船三十余只在该处行走。臣接据温州道府探报,即经府咨提臣及各镇将会合各帮师船相机剿办。一面飞饬带领勇船追盗来浙之江南水师守备周鳌前赴温洋合帮会剿。并将办理情形续行附片奏闻在案。旋据温州道府并玉环同知禀报:探悉温洋前见闽省缯船三十余只均系福建商船,装载糖货由闽至宁波一带销售。因行抵玉环外洋,撞遇广艇盗船南来阻截勒诈,是以不敢北行,在洋游驶,并非同帮盗艇。温州镇臣因见该商船等被围势急，未及等候各帮舟师齐集会剿，先行统带本标四营师船奋往攻击救援，当将该商船三十余只全行护出。该盗艇被攻，纷纷向闽洋窜去，现闻在福建福宁府所属之沙埕、三沙等处演戏还愿，等情。臣查该匪等依恃船身坚大，洋面辽阔，此攻彼窜，实堪愤闷。现据探报：该匪等既在闽省所属之沙埕等处寄碇演戏。该处相距温洋不远，自应不分畛域，会合各省舟师前往围捕，痛加剿洗，以清洋面，而快人心。臣已飞咨提臣及水师各镇将各统领师船齐抵温洋，并专委宁波府知府罗镛驰赴温州，与该道府镇会商机宜，妥筹方略，悬立重赏招募船勇，约会山东、江南二省来浙勇船，并密订闽省水师合帮前赴沙埕、三沙地方协力剿办，或诱令上岸，设法围捕，务期一鼓歼擒，尽绝根株，以仰副圣主除暴安民之至意。至山东抚臣所奏贼匪姓名及销赃聚会处所，亦遵旨分饬沿海水陆文武并守口员弁严密稽查巡防，如有盗匪假充商旅销售私货，或与居民代换水米食物，立即拿究严办。至该匪船前在石浦洋面被攻南窜，臣虽加查访，因其时该匪船本在外洋，一见兵勇船只奋往攻击，立即扬帆远窜。在事文武尚无畏葸迁延情事。合无仰恳天恩，宽其既往，责令实力攻捕，以观后效，出自鸿慈。所有广艇盗船被攻回窜闽洋，现饬浙省水师约会江南、山东二省来浙勇船合帮追赴福建洋面，会同闽省水师，相机围攻缘由，臣谨会同兼属闽浙总督事福州将军臣裕瑞，恭折具奏，伏乞皇上圣鉴训示。谨奏。咸丰元年九月十三日。咸丰元年十月初一日奉。朱批：既无畏葸情弊，仍应责令会剿。余知道了。（北京：中国第一历史档案馆藏录副奏折，档号：03－4332－034.）

9. 闽浙总督季芝昌奏为特参游巡迁延之各总兵事

闽浙总督臣季芝昌跪奏。为特参游巡迁延之各总兵请旨先行摘去顶戴，勒令迅速会剿，以示薄惩而期后效，恭折奏祈圣鉴事。窃查广东匪艇前自浙洋阑入闽省沙埕洋面，演戏设醮后复由沙埕北驶，当经兼属督臣裕瑞将剿捕迟延并堵拿不力之水陆文武各官分别奏参，一面咨行福建水师提臣郑高祥及福宁镇孙鼎鳌等统师北上，探踪追剿；并饬浙江定海、黄岩、温州三镇各率舟师会合剿办。嗣奉寄谕以闽省游巡兵船如能前赴粤洋追捕山东窜回盗匪，即可由闽省水师提镇中带兵往剿，等因。钦此。维时裕瑞因闽洋北驶匪艇先据宁波道府禀报：该匪等始向江省带兵勇弁目具呈投首，继复在洋劫掠，甚至向该弁目等要求赏银。经裕瑞以匪情反复，恐投首为缓兵之计。该匪艇既以未回粤，所有闽省水师应仍过浙会剿，复飞催提臣郑高祥督带游巡兵船十一只，并饬孙鼎鳌统带兵船六只驶赴浙洋，会合浙省舟师及江南、山东两省兵勇协力攻剿。并将筹办缘由于十月初十日恭折覆奏在案。嗣臣于十九日回任，即准浙江巡抚臣常大淳先后咨会，以叠据宁波道府及宁海县陆续禀报：广东匪艇前自闽洋窜扰石浦洋面，劫掠商船，复于九月二十五日驶至宁海茶盘山等处，于次日丑刻乘坐小船由僻处登岸，直至附近海边之沥阳村地方，恐吓居民，索借财物。迨闻该县会营前往，始各畏惧回船。于三十日复至石浦游驶。现在山东兵船九只业于十月初二日行抵镇海，江省兵船亦俱停泊岱山，不日即可到镇。惟定、黄、温三镇师船于匪艇回窜浙洋之后，经该抚臣咨催十余次，至今信息全无。请即飞檄严催，并咨请提臣郑高祥克日统师过浙会筹剿办，仍听候提臣节制调遣。并经提臣郑高祥专函知会该提臣原带兵船十一只,因内有两只遭风损坏,驶回厦门修理,是以现带兵船共止九只。于十月二十日行抵闽浙交界之镇下关洋面。随复添调海坛镇左右两营兵船五只,福宁左营、烽火营兵船八只,闽安左右两营兵船四只,共添调兵船一十七只,合之该提臣原带各船统共二十六只。其添调各船即由海坛镇沈河清、福宁镇孙鼎鳌、闽安协副将林建猷统领随往,一俟风信稍利,即当驶赴浙洋,各等由,谨此。臣查匪艇自闽洋北驶之后,复又窜回浙洋,肆行剽掠,甚敢登岸滋扰,其逞凶藐法,实属罪不容诛。各匪艇既在石浦洋面蚁聚、窥伺,其山东、江南两省兵勇船只又俱先后至浙,闽浙舟师自宜克期进发,会合兜拿,以为一举歼除之策。惟四省兵勇同时云集,若或无人统驭,诚恐心志未齐,机宜坐失。抚臣常大淳议由郑高祥节制调遣,洵为整肃军令起见。臣于准咨后,即飞咨该提臣查照办理,并令兼程行驶。一面严饬定、黄、温三镇迅速驶往会剿去后,兹又据宁绍台道以该匪艇现经江省勇首林就义等前赴石浦招安,约令各匪于十月初四日随同勇船向北驶去,等情。禀由浙江抚臣转咨前来。查浙洋之北,即属江苏洋面。现在该盗匪等虽有在江省投诚之说,随同该省勇船驶往北洋。但匪情狡黠,将来到江之后,江省果否准予投首,以及准首之后,该盗匪能否真心悔罪,贴然驯服,均未可以逆料。此时闽浙舟师正宜预为布置,熟筹剿办,断不能因此松懈,致堕奸计。乃该匪艇自窜浙洋,历时已及两旬,各该水师总兵先既毫无准备,任其来去自如,分投掳掠。迨经浙江抚臣及臣严饬会剿,该总兵等复敢置若罔闻,迄今带兵船行抵何处,尚无只字具覆。其为畏葸迁延,有心逃匿,已属显而易见,自未便因该匪艇现已开驶赴江遂置不议。惟现当剿捕吃紧之际,若竟概予斥革,不但该总兵等俱得置身事外,并恐呼应不灵,攻剿转难得手。相应请旨将浙江署定海镇总兵周士法、黄岩镇总兵汤伦、署温州镇总兵池建功一并先行摘去顶戴,勒令迅速会剿。如该总兵等果能速图剿灭擒贼立功,代为乞恩,宽其既往。若竟不知振作,始终玩泄,仍当从严参办,以为怯懦无能者戒。除再分别咨行两省提镇会合跟追,相机剿办。一面飞咨江省将准否投首之处刻日覆闽查核。并饬各该沿海文武严密防堵,无任窜越滋扰外,所有浙省水师总兵均各逃匿迁延缘由,臣谨会同浙江巡抚臣常大淳合词恭折参奏。伏乞皇上圣鉴训示。咸丰元年十一月初二日。

（北京：中国第一历史档案馆藏录副奏折,档号：03-4332-049。）

10. 两江总督陆建瀛奏为山东勇船被匪围攻事

两江总督臣陆建瀛跪奏。为遵旨恭折覆奏仰祈圣鉴事。窃臣于本月二十六日丰北工次钦奉上谕:前据常大淳奏:布兴有等匪船现将山东勇船围住等情,当谕令江南、闽浙各督抚、提镇等迅速会剿。并因该匪曾有投诚之意,如果将黄富兴送回,船炮亦呈缴,即着押赴上海,交陆建瀛酌办。昨据陆建瀛奏称:现接常大淳来咨,已添雇勇船前往接应。如该匪畏罪缴船,即由常大淳就近查办,毋庸押回上海,等语。弭盗以剿捕为先,间有盗势穷蹙,悔罪投诚,因而许其自首者,亦未始非相机顾及权宜办理之法,此案前据陆建瀛奏守备周鳌带勇追匪。该匪遣小船迎降。并据布兴有呈递来帖,恳请缴还印信、船炮,该督即飞饬叶常春迅赴该岛,将该匪及呈缴等件押回上海,听候查办。朕以匪徒诡诈多端,总当察其情伪,仍一面饬催闽浙等省师船迅速会剿。惟该匪投诚之说本由江南镇弁据情禀报,兹陆建瀛又以匪船本在浙洋,应由浙江查办。恐办理两歧,盗匪或乘间远飏,转难措手。陆建瀛向于海疆操纵事机颇有决断,此事岂可稍分畛域。著即与常大淳密商合办,仍严饬师船并力追剿。倘该匪等穷蹙投诚,即可将计就计,令将船炮缴出,并将黄富兴送还,再行奏明核办。该督现在徐州,倘因上海鞭长莫及,届期即派明干大员前往查办,断不可稍存推诿,致误事机。

再,前经谕令该督抚筹议海运,未据奏到。著陆建瀛、杨文定、常大淳等察看情形,迅速妥议具奏,毋再迟延。将此各谕令知之。钦此。伏查盗匪布兴有等前被江南兵勇追至闽洋山屿岛,具禀投诚一案,续准闽浙督抚臣咨,该匪等仍在浙洋肆劫,且有索借水米等语。臣以狼子野心如果反复,亟应痛加惩创,飞咨常大淳督饬两省兵勇,剿则同剿,抚亦同抚,断不可任令片帆逃窜。随准常大淳咨称:已亲赴该处督办。臣因江南镇道原禀,并无要求水米等事,恐该匪因在洋日久,或被奸民挑拨,别生枝节,是以附片陈请即由常大淳就近查办,以省往返,而免稽延。随于本月二十日奉到寄谕。该匪等如果将黄富兴送回,船炮呈缴,即著饬令镇将押赴上海,交陆建瀛察其情伪,酌量办理,等因。钦此。兹复钦奉前因。臣叠次派兵添船前往接济,原与常大淳密商合办前奏,系为速靖海氛起见,何敢稍分畛域,意存推诿。现已分别咨行,如果该匪送回黄富兴,呈缴船炮、印信,接受钤束,该镇将应即押回上海,刑速禀报。臣即会同抚臣督同署臬司吴葆晋、苏松太道吴健彰妥速查办。倘须臣亲往,臣当兼程飞赴上海查明具奏,仍折回工次,都催工程,以期仰副圣主绥靖海疆之至意。所有遵旨覆奏缘由,理合恭折具奏。伏乞皇上圣鉴训示。再,前奉谕旨:饬筹海运事宜,已与抚臣议将江苏常、镇、苏、松、太五属新漕全由海运。俟核定筹补银两,由抚臣会奏,合并陈明。谨奏。咸丰元年十一月二十九日。(北京:中国第一历史档案馆藏录副奏折,档号:03-4332-053.)

咸丰二年(1852年)

11. 广东水师提督洪名香奏为督带师船巡缉东中二路洋面事

广东水师提督臣洪名香跪奏。为督带师船巡缉东、中二路洋面,叠次捕获洋盗,并将被掳人船一并起获,现查沿海俱已肃清,恭折奏祈圣鉴事。窃奴才于上年九月内闽省大伙连帮匪船在江浙一带游驶,恐其杨帆过闽,窜入粤洋,即于是月初八日督带师船二十余只驰赴东路,预为堵截缘由具折奏明在案。奴才自虎门开行后,由大鹏、平海、碣石、海门、达濠、澄海一带驶抵南澳,经过各洋面并无盗踪,接见南澳镇总兵顾清涟,会商统带该镇属舟师会同在于粤闽交界、扼要洋面以及福建、铜山一带往来严密防堵;一面先行哨探,如有匪船窜越,即行合力兜擒。正在洋次巡缉间,先后接准督抚臣来咨:叠奉御旨指示机宜,当经钦遵办理,认真巡防,仍分饬各路师船互相联络,或分或合,以为声援。选带出洋各船尚属坚固,加以添配弁兵、炮火,足壮声威。浙洋盗艘虽形猖獗,倘遇窜至,我师务期用命,灭此朝食。乃节次查探前项盗踪尚无确耗,仅就扼要洋面严密梭巡。十月下旬,访闻饶平县属洋面有匪牵劫商船情事,当即督带舟师分投侦捕。十一月初三日卯刻,奴才舟师巡至闽省海牛醮外洋,瞭见匪船一支,该匪一见师船,即行开炮拒捕。奴才坐驾贞吉七号战船首先逼近匪船，开炮轰击，挥令各船四面攻打。该匪等拼命抗拒，火罐、炮弹，互相击打。就擒间，南澳镇总兵顾清涟亦即带同所属舟师上前协同围捕。自卯至巳，击毙贼匪十余名，匪船缆绳被我师火药烧断，奴才督令弁兵乘势过船，生擒盗首杨清阿等三十名，内有曾进逢一名，就获后旋因伤重身死，割取耳辫，将尸抛弃落海。该匪无一漏网，并于舱底起出钉扎原船舵水林阿曾等二十一名。该船因火势猛烈，扑救不及，船货均已烧毁，盗械亦以沉失。查点官兵，内有提标右营兵丁郑如松一名被贼火罐打伤落海淹毙；受伤兵丁十四名，均不甚重，饬医疗治。当将各犯派员驾船押解赴省审办。十一月十二日午刻，又会同该总兵督率舟师巡至南皋表外洋，遇见匪船一只，当即奋力追击，时已酉刻，追至莲澳洋面，该匪势穷力蹶，将船冲礁击碎，各匪纷纷落海凫水逃走，弁兵赶拢，上前捞捕，生擒首从匪犯黄阿撇等一十九名，并捞获火铳、刀械等项，一并解交潮州府查案审办，经即咨明督抚臣查照。奴才正拟统带舟师过闽会剿，适于本年正月初二日接准福建水师提臣郑高祥移知，盗首布兴有等业已悔罪，率众在于浙江宁波投诚，呈缴船炮，等因。奴才于是月初六日统师回帆，沿洋查缉。十一日晚，据哨探报称：香港附近之黑水夷洋有匪船五六只，在彼出没伺劫。奴才统督舟师，于十二日卯时驰抵该处，果见有大小匪船六只，即挥令各舟师上前追捕。讵各匪船见我师逼近，且拒且走。严督各弁兵施放枪炮、火器，奋力追缉。该匪胆敢频抛火罐、火包，拼命拒攻。追至未时，击沉该匪船二只，所有匪犯纷纷落海。因该处水深浪大，不及捞获，悉被淹毙、漂没。我师仍向该匪四船围拿，待至申刻，又复击毙多匪，查询两次，共计九十余名。奴才即督率弁兵乘势过船，生擒首从匪犯张天幅等三十一名，内有三犯因被炮伤重毙命，割去耳辫，将尸体抛弃落海，并起出被掳事主男妇等三十三名口，计获匪船四只，连炮械等项，此帮匪船悉数歼擒，无一漏网。惟查各船弁兵内有提标中营兵丁叶正升一名被贼枪伤，登时毙命。另有受伤者数名，经即饬令分别收殓、医治外，另饬中路将弁陆续拿获洋盗二十四名，连匪船三只，并炮械等件，均将各犯解省审办。兹于正月十七日，奴才督带舟师巡回虎门。计先后生擒匪犯一百余名，击毁匪船一只，击沉二只，拿获七只，并炮械多件，起出事主五十余名。此皆仰仗天威，是以匪类悉数歼除，商渔乂安。在事将备弁兵尚属奋勇出力，但缉捕之法奋勇固在，临时训练尤在平日。奴才惟有督率将备弁兵仍当实力梭巡，认真侦缉，总期有盗必获，洋面常见肃清，以仰副我圣主慎重弭盗安良之至意。所有巡过东、中二路洋面，叠次攻擒洋盗，并起获被掳人船各情形，理合恭折奏闻，伏乞皇上圣鉴训示。谨奏。咸丰二年正月二十四日。（北京：中国第一历史档案馆藏录副奏折，档号：03-4192-004.）

咸丰三年（1853 年）

12. 咸丰三年正月戊午谕军机大臣

前据季芝昌、王懿德奏参福建水师提督郑高祥督剿艇匪畏葸不前。当降旨：照部议，革职。仍责令戴罪出洋剿捕，以观后效。朕现闻闽省洋面，广艇匪徒，愈肆滋扰。台湾米船，间被抢掠，以致台米不能渡海，闽浙粮价增昂。郑高祥不能乘坐海船，每遇巡洋往往藏匿海汉,逾时捏报欺饰。似此怯懦无能,无怪匪徒日肆。且江、浙二省现办海运,设使洋面稍有疏虞,所关非细。著怡良、王懿德迅即确查郑高祥,如有前项情节,不胜水师之任,即行据实参奏。另派妥员暂署,一面奏请简放,务饬署任之员将艇匪悉数歼除,毋得再有贻误。陆路提督炳文,前据季芝昌等奏署游击王煜申文内夹有匿名揭帖,声诉炳文有调操扣饷各情。该提督平日声名究竟若何,著一并查明具奏。并著闽浙督抚于水师各营总兵内留心访察,如有堪胜水师提督之任者,据实保奏。再前据黄宗汉奏:浙江提督叶绍春艰于步履,拟请总督代奏开缺。朕知该提督熟悉海面情形,平日整顿营务,尚属认真。现当剿捕广艇匪徒之际,统率需人。著黄宗汉就近查看,如该提督病已痊愈,即传旨令其奋勉从公,以图报效,毋负委任。将此各谕令知之。寻,浙江巡抚黄宗汉奏:提臣叶绍春步履艰难,未敢遽行引疾,现在省城,与将军、都统会商防堵事宜。得旨:叶绍春力疾办公,实属可嘉。(《清文宗实录》卷八十二,咸丰三年正月戊午,第7—8页。)

13. 咸丰三年二月辛巳谕

据奕湘奏称:皖城失守,逆匪顺流东下,恐其占据炮台,窜出外洋,勾连海匪,亟宜豫为防范。请饬调外海水师,守御江苏福山江口,以堵逆匪出洋之路,等语。现在贼逼江宁,城大兵单,急待援应。著怡良、黄宗汉飞饬提督叶绍春、总兵陈世忠即统带水师镇将,挑选精壮兵丁,驶驾战船,由福山口进兵,迅赴上游迎击,以资救援。怡良距浙省尚远,黄宗汉接奉此旨,即行就近飞调,毋得往返札商,致稽时日。将此由六百里各谕令知之。(《清文宗实录》卷八十四,咸丰三年二月辛巳,第33—34页。)

咸丰四年(1854年)

14. 浙江巡抚何桂清奏报雇佣民船剿匪事

再,臣正在封折拜发间,接阅提臣叶绍春来函,以病体难支,业经奏请开缺,等情。臣查叶绍春籍隶浙江,于浙省洋面情形最为熟悉,所属三镇水师总兵,定海镇周士法上年调赴江南水营,黄岩镇汤伦、温州镇陈世忠经督抚臣先后奏参,现在均系护理人员,迩来海洋盗艇出没无常,全赖叶绍春督饬巡查、缉捕,今该提臣既经引疾,自应恭候谕旨,遵行,而浙洋巡缉事宜不可一日无人统率。臣仍咨请叶绍春力疾从公,妥为调度,一面檄行代理定海镇沈鸿宪、护理黄岩镇张清标、署温州镇黄炳忠督带水师,会合巡防,务使海洋绥靖。再,海运漕船除江省沙船、浙省宁船之外,向须招雇天津卫船。今奉天、山东交界隍城山洋面及江南外洋,自佘山北至吕泗内洋长江尾间,均有盗船游驶,商船畏葸不前。臣前准江苏抚臣吉尔杭阿咨会前情,即经飞咨各该省饬令水师实力巡缉在案。现在浙省宁船已据宁绍台道禀报,雇有一百余只,江南沙船亦准漕臣知照,雇有四百五十余只,而来年两省同运漕粮,实不敷用。查天津卫船在奉天贸易者多,必俟春间开冻,方可南驶。除经飞咨奉天、直隶、山东府尹、督抚各臣转饬沿海地方官及天津道府速将坚大卫船赶紧封雇,一俟明正开冻,押令迅速南下,务于二月内赶赴刘河受兑,并咨请严饬水师将弁各于该管洋面妥为迎护，招徕。俾该商不至畏葸观望。相应请旨饬下奉天府尹及直隶、山东、江南各督抚一体遵照。再，海船赴津所有查验人数、收缴器械事宜，本年春间，升任抚臣黄宗汉遵旨奏委瑞安协副将袁君荣前往，会同文员办理。该护协现已旋浙。臣札饬来年仍坐头批米船赴津接办，以资熟手。理合附片具奏，伏乞圣鉴。谨奏。咸丰四年。（北京：中国第一历史档案馆藏朱批奏片，档号：04-01-12-0483-030.）

15. 咸丰四年正月辛亥又谕

王懿德奏闽省营务废弛情形一折。福建地处海疆，额设水陆各营，除每年赴台换防外，内地存兵数逾四万有奇，如果统兵将领平日认真练阅，严核虚伍，慎重操防。即偶遇地方有警，足资捍御。乃近日漳、泉各属竟有富家子弟贿买名粮，一遇征调，半系顶雇当差，积习相沿，殊堪痛恨。至水师巡洋捕盗，所修战舰，岂容不肖营员偷减工料，现在该省土、会各匪，经王懿德督兵剿办，渐就肃清。所有水陆各营从前积弊，亟应力图整顿。著王懿德会同署总督有凤，督饬将弁各官破除情面，实力整饬。如有前项弊端，一经查出，即将该管官从严参办，毋稍宽纵。（《清文宗实录》卷一百十八，咸丰四年正月辛亥，第1—2页。）

16. 福州将军有凤奏为特参巡洋不力之闽省水师各将领事

福州将军臣有凤跪奏。为特参巡洋不力之闽省水师各将领，请旨分别革职留任，摘去顶戴，勒限剿捕，恭折奏祈圣鉴事。窃照闽浙两省洋面辽阔，当此有事之秋，巡防缉捕均关紧要，兼有广艇勾结土盗船只，联艅往来伺劫，为害商旅，不一而足，节经叠饬水陆各提镇协营舟师，毋分畛域，跟踪搜捕，并力督剿。嗣因浙洋盗匪充斥，业将浙省缉捕不力之沿海水陆各镇将守备经奴才有凤会折奏参在案。兹查闽省洋面计自奴才有凤到闽，兼署督篆以来，接据各属具折，海坛、闽安等营所辖洋面失事为数不少。该管统辖之署海坛镇总兵钟宝三先经派令出师兴化剿匪，所有海坛、闽安等营洋面巡哨事宜，随经奴才有凤饬令署闽安协副将赖信扬代办挑选坚固船只，驰赴海坛、闽安一带洋面，认真巡缉，实力搜拿。旋又添派在闽安五虎防堵之署烽火门参将王超前往帮同赖信扬剿办，以期洋面肃清。乃该署将赖信扬、王超一味因循，毫无振作，核计海坛营劫案十三起，闽安营劫案六起，合共十九起，内有琉球国护送内地难民被盗叠劫之事，迄今日久，查无一案破获，捕务懈弛已极。若不据实严参，何以昭炯戒而靖海氛。相应请旨，将巡洋不力之现署福建闽安协副将事奏请升署是缺副将之铜山营参将赖信扬革职留任，勒限严缉；现署烽火门参将事福宁镇标左营水师游击王超摘去顶戴，随同搜捕。均责令两个月内赶将各案盗匪悉数弋获。如敢仍前玩延，定即从严奏参治罪，断不敢稍有宽纵。合将特参缉捕懈弛各将领缘由会同福建水师提督臣李廷钰合词恭折具奏。伏乞皇上圣鉴训示。谨奏。咸丰四年正月二十八日。（北京：中国第一历史档案馆藏录副奏折，档号：03-4197-056.）

17. 大学士管理兵部事务裕诚兵部尚书阿灵阿等奏为议奏正法广东海盗事

大学士管理兵部事务裕诚、兵部尚书臣阿灵阿等跪奏。为遵旨议奏事。内阁抄出两广总督叶名琛等奏：广东闽粤南澳镇右营右哨千总洪藤蛟首先拿获邻境斩枭洋盗刘介鹰、马亚得、阮亚萌、郭亚启、方亚十、戴亚亨、戴亚五、卜万痊、黄巳仔、黄亚有、黄亚幅、王嗜撞、樊亚尾、刘丙二等十四名，拟遣洋盗王亚五、梁亚陆二名；大鹏协左营右哨千总温琼瑚首先拿获邻境斩枭洋盗李有幅、陈发仔、周干仔、文亚葆、戴树发、方三幅、陈得溃、叶亚忍、黄亚就、李亚闰、蔡嬉得、黄停睡、黄豆皮胜、陈亚科等十四名，拟遣洋盗廖亚才、魏亚三二名；署水师提标右营千总事改用外海水师世袭恩骑尉候补千总邢麟阁首先拿获邻境斩枭洋盗袁停风、高亚富、杨亚展、谭亚长等四名；南澳镇标右营左哨二司把总记名千总谢腾瑞首先拿获邻境斩枭洋盗赵得有、林亚色、吴幅仔等四名。该弁等所获各犯俱系大伙洋盗，实属勤奋出众，恳将千总洪腾蛟、温琼瑚，均以广东外海水师守备遇缺即补，仍赏加都司衔；署千总改用外海水师世袭恩骑尉候补千总邢麟阁、把总记名千总谢腾瑞均俟千总补缺后遇有广东外海水师守备缺出即行升用，以示鼓励。协拿各员弁一并附请议叙，等因。于咸丰三年十二月十三日奉朱批：兵部议奏。钦此。钦遵抄出到部。除协获盗犯之都司欧清等议叙之处，臣部另行题覆外，查道光二十八年军机大臣议覆臣部酌定劝惩章程案内，钦奉上谕：水师将备值班巡洋能于轮巡期内，无论邻境本境拿获斩枭、斩决盗犯四名以上，准各督抚会同提督奏明，遇有应升之缺，即行升用，先换顶戴，毋庸送部引见。俟补缺时，再行送部，等因。钦此。今广东南澳镇标右营右哨千总洪腾蛟、大鹏协左营右哨千总温琼瑚等各首先拿获邻境斩枭洋盗十四名，拟遣洋盗二名，署水师提标右营千总事改用外海水师世袭恩骑尉候补千总邢麟阁、南澳镇标右营左哨把总记名千总谢腾瑞等各首先拿获邻境斩枭洋盗四名，该员等获犯名数均核与奏定章程相符；千总洪腾蛟、温琼瑚均请遇有广东外海水师应升守备之缺，即行升用。恩骑尉补千总邢麟阁、把总记名千总谢腾瑞均请俟千总补缺后，遇有广东外海水师应升守备之缺，即行升用。均先换顶戴，毋庸送部。俟升补给咨时，该弁等系因获盗升用，详细声叙，并案送部后，即将议叙原案查销，以杜蒙混。再查千总洪腾蛟、温琼瑚拿获盗犯至十余名之多，较之获盗名数，仅与章程相符者，缉捕尤为出力，可否照该督所请，并赏加都司衔，以示鼓励之处，恭候钦定。所有遵旨议奏缘由，是否有当？伏乞皇上训示遵行。谨奏。咸丰四年正月二十九日。朱批：依议。洪腾蛟等著照所请赏加都司衔。（北京：中国第一历史档案馆藏朱批奏折，档号：04-01-12-0480-113.）

18. 咸丰四年三月癸丑又谕

有凤奏参巡洋不力之水师将领一折。福建洋面辽阔，防剿均关紧要。经该署督派委署闽安协副将铜山营参将赖信扬、署烽火门参将福宁镇标左营水师游击王超前往巡哨防缉。乃该署副将等一味因循，不知振作。以致海坛、闽安两营叠劫盗案至十九起之多，日久并无一案破获，实属懈弛已极。赖信扬，著革职留任；王超，著摘去顶戴；均勒限两个月，务将各案盗匪悉数弋获。如敢仍前玩延，即著严参惩办。（《清文宗实录》卷一百二十四，咸丰四年三月癸丑，第27—28页。）

19. 广东水师提督洪名香奏为巡查中路外海内河校阅水师营伍情形事

广东水师提督臣洪名香跪奏。为巡查中路外海、内河，校阅水师营伍情形，恭折具奏，仰祈圣鉴事。窃查粤东东西两路水师各镇协营营伍，提督例应分年巡查，中路之提标中、左、右、前、后、香山左、右、前、前山、大鹏左、右、顺德左、右、新会左、右各营营伍非值大阅之年，例应提督阅验，缘奴才自恭膺恩命抵任以来，非整顿虎门海口各炮台筹防事宜，则统带舟师前往中、东、西三路，堵捕盗匪，又或督造拖风各船，添铸大炮，严修武备，图靖海疆，先其所急，是以未及分身校阅营伍，叠经通饬水师各镇协营随时认真训练，毋稍殊懈在案。惟提标中、右、后三营各炮台及顺德协属大黄滘等炮台官兵技艺曾因巡察之便，按临阅验，以及按月操演，炮准均有可观。即提标中、右二营存营官兵亦屡经随时考校，究非阅看合操大阵。查现当征调剿捕之际，一兵贵得一兵之用，纪律益当严明，技艺尤期精熟，兼之目下筹防最关紧要，亦须亲历稽查。奴才当经咨商督臣，即于校阅提标中、左、右三营操演队阵官兵技艺，并亲临海口各炮台逐细考阅毕，酌带兵船于四月初十日自虎门开行，由龙穴、伶仃、万山、佛堂门一带洋面侦巡稽查，就洋照验配船缉捕官兵技艺，俱属合式，驾驶、爬桅一律娴熟。经由沿海台汛，阅验防守弁兵尚无老弱，配船配台炮械齐足，谆饬各段巡洋员弁实力梭巡，勿因洋面安静，稍涉懈弛。奴才即次第校阅大鹏、香山、前山官兵，进阅内河，查阅新会、顺德及提标后营官兵，并临大黄滘、东安等炮台，将防守弁兵技艺逐一考校，业于四月二十五日校阅事竣，巡回虎门。所有阅过各营，合操阵式、步式整齐，施放连环枪炮声势联络，藤牌跳舞矫捷，刀牌对械娴熟，长矛击刺合法合操，九子枪施放整齐，进退有度，官兵马步箭及鸟枪中靶俱在七成以上，核与部定分数有盈无绌，弓多六力，间有开八力至十力、十二力者，枪箭各靶悉遵部式，并无加高加宽，将弁演放大炮，装药、安子、瞄头、点放均能得其窍要，中靶八成。各项兵丁兼习抬枪，中靶在九成以上。查照各营马匹、军装、器械、火药、钱粮均足额无亏，战哨船只除届期送厂修造及遭风沉碎，尚未造补完竣外，余皆足额。统核各营人材、技艺、准头等，第以提标中、左、右三营、前山、新会、大鹏等协营为较优，提标后营、香山、顺德等协营次之。至抬枪一项最为行军利器，奴才是以无论何项兵技，均令一体勤加兼习，今已施放有准。而提标中、左、右三营尤为精熟得用，洵足以备缓急。各营官弁内，惟新会营右营左哨头司把总何定章年力就衰，难期振作。提标中营三司额外外委张大兴年老力迈，马步不堪，均应勒休。以上各弁先据各该管上司揭报，奴才考验相符，业经咨会督臣，分别咨部办理外，其人材技艺较优、缉捕勤能者均分别等第，当场奖赏存记，或拔补，前项遗缺或给记委顶戴，记名超拔；其技艺稍生，而曾经著绩年力还强，尚堪造就者，当经分别降革、棍责示惩。奴才伏思水师官兵虽系首重巡防，然必须技艺精强，缉捕方能得力，全在平日申明纪律，认真训练。奴才职任提督，营伍海防是所专责，惟有竭尽驽驰，实心整顿，俾士卒恪遵纪律，有勇知方，悉成劲旅。奴才每到一营查阅时，于枪炮架式亲加指拨，详细讲求，期于精纯。并谆嘱员弁认真操巡，势力跟缉，务期有备无患，洋面肃清，事事均收实效。咸丰四年五月初三日。（北京：中国第一历史档案馆藏朱批奏折，档号：04-01-01-0853-011.）

20. 咸丰四年闰七月己巳谕军机大臣

英隆奏牛庄、金州二处海口，贼船抢劫情形一折。奉天没沟营等处，系商船云集之区，岂容贼船肆行滋扰。七月初三日，贼船三只阑入没沟营口岸，胆敢向商船铺户逼索银两，焚烧商船。并有贼匪三人，登岸凶闹，于初五日始被练勇等追逐出口。何以该处营汛各官毫无准备。六月三十日，羊头洼口外有贼船三只，抢劫商船。初二日，进口停泊先被击退，何以复敢由船登岸，竟有三十余人放火抢掠，显系官兵畏葸退避，当此逆氛未靖之时，海口巡防甚关紧要。著英隆等即饬水师巡船设法剿截，侦探匪船三只踪迹，并力追及，尽数擒获。断不准以驶赴外洋，借词支饰，并严饬地方文武于各海口要隘，实力查拿，仍督率绅民团练，一体防缉，毋稍疏懈。将此由四百里谕令知之。（《清文宗实录》卷一百三十八，咸丰四年闰七月己巳，第8—9页。）

21. 咸丰四年九月己巳长芦盐政文谦天津镇总兵双锐奏报

己巳，长芦盐政文谦、天津镇总兵双锐奏：窃奴才等于八月二十六、二十七日向英、米二夷通事官麦华陀、伯驾见面，询以夷酋包令、麦莲现在何处？据称现泊拦江沙外候信。奴才等即派妥弁出口侦探，见有火轮船三只，艇船一只，在拦江沙外停泊。奴才等欲令其来见，则又多一进口之夷船。欲出口就见，更恐有失体制。两次与该夷麦华陀等会晤，询问来意。麦华陀呈出节略一纸，伯驾呈出节略二本。内有在两江督臣怡良前递节略一本，查其大略，所开各款类多荒谬之语，窒碍难行，当即面斥其非，立时掷还，未敢擅行接收。昨准军机大臣传奉上谕：文谦等与之接见，务须折其虚骄之气，杜其诡辩之端，等因。奴才等遵即约令会面，因北风大作，该夷等不能登岸，于八月三十日复与麦华陀等见面，询及究竟来津何意，令其据实指明。该夷等复称实因地方不靖，货物难销，请变通条约，复将前递节略等件呈出。奴才等公同阅看，逐款指驳。

即如欲在中华随处建寓，置地盖房，设立行栈一条。奴才等谕以五口之外，船只尚不准驶入别港，岂能建房立栈。况中国百姓素知法度森严，虽寸土亦不敢私行售给外夷。

又欲遣有照使者寓居中华北京，办理来往公文一条。奴才等谕以原定条约各国不准遣员到来，通商一事有何公文可办。况天朝辇毂重地，岂容外夷之人混入，其中所请均属荒谬，万不能行，应勿庸议。其余所求变通各款多系欲在扬子江一带通商贸易，私立条款，奴才等仿照怡良折内大意严词拒绝。谕以原约并无准其在扬子江一带贸易之说，违犯者罚。约甚严，汝岂不知！今率请更改定章，是不恪守信义，断难准行。

又有欲在此间呈递节略数条。查阅其词，或因在五口内相赁民房，多方指阻；或因商人拖欠钱债，地方官不为保偿；或被匪徒焚劫，外洋被盗，控经华宪办理，至今未得伸雪。又因粤城被围，上海亦然。数百万价值货物无从销售。五港之中又无官宪商办，是以北来申诉，等语。奴才等谕以租房等事民间愿租与否，应听其便，虽官亦不能强勒。钱债如果应偿，既经控官，岂有不为追究之理，至被劫被盗，中国律例甚严，地方官处分甚大，何敢不认真查缉。惟在何处失事，应由何处究办。此间无案可稽，至粤东各处现闻大获胜仗，不日荡平。商买自可照常通行，勿庸多虑。正言晓谕，再三开导。麦华陀等无可置辩，坚称伊等仅止送信，其交出节略内一切恳求事件，须俟夷酋包令、麦莲见面，方能商办。如不允奏，伊等即告知夷酋等，返棹南回。奴才等谕以欲向夷酋包令等见面商办，麦华陀等又称非钦派大臣，难以相见。种种狡饰支吾，旋因日暮而散。至称欲赴通州一节，前曾晓以如敢前进，官亦不为拦阻，但天津团练、义勇十数万之众，人心甚齐，恐沿途伤损，与官无涉。麦华陀云：去岁贼犯天津，经义勇打退。我等在南亦有所闻，遂即中止。再，夷船驶抵海口情形，奴才文谦已遵旨密禀参赞大臣僧格林沁。昨准来咨，现派署提督张殿元带兵三十余名，即日驰赴津郡，协同防守。[贾桢等纂：《筹办夷务始末》（咸丰朝）卷九，第25—28页。]

22. 咸丰四年十月丙辰又谕

杨以增奏续获洋匪剿捕净尽一折。黄河海口前有洋盗句结滨海土匪，肆行抢掠，经杨以增等派委员弁剿捕，业将洋匪股首擒拿惩办。兹据称：该匪股数甚多。九月二十七等日，经淮安府知府恒廉等督率兵勇分队追剿，直至海滨搜索贼巢，格杀无数，并生擒匪徒数十名，内有股首陈学恒等三名，随将贼巢全行烧毁。又轰毙股首王小老虎一名，此外另股匪首王永等四名悉数就擒，余党均已剿捕净尽。其外洋接应匪艇，亦经候选同知潘荣淮等募带水勇，赴射湖口夹攻，击沉匪船三只，淹毙匪徒甚众。现在滨海股匪一律肃清，剿办尚为迅速。所有在事文武各员弁，著杨以增择其尤为出力者核实酌保数员，候朕施恩，毋许冒滥。（《清文宗实录》卷一百四十九，咸丰四年十月丙辰，第1—3页。）

23. 闽浙总督王懿德奏为特参借词规避懒于巡洋之署总兵事

闽浙总督臣王懿德跪奏。为特参借词规避，懒于巡洋之署总兵请旨革职留缉，恭折奏祈圣鉴事。窃照浙省洋面辽阔，南与福建，北与江南连界。迩来屡有闽粤土盗、广艇等项船只联艐窜往，分投滋扰，为害商渔。节经臣会同浙江抚提诸臣严饬水师各镇将统率舟师并沿海各文武，传谕各乡村团练壮勇协力追捕，认真堵剿，务期悉数歼除，以靖海疆。兹访闻得现署温州镇总兵乍浦协副将池建功平日于洋面捕务率多松懈。前因艇船游驶，经温州道府面催出洋剿办，总以经费、师船短绌，借词支饰，殊不知近年来贼氛不靖，用度匮乏，一切经费必须设法筹办。如必待事事裕如始行办理，岂能如愿。况该镇所属水师各营尚有师船可调，乃竟毫无布置，甚至内港口岸亦复不能守御。如不严参，何以示儆。查池建功于署任内尚有黄富兴失事，未能救护一案，奉旨革职，暂行留任，责令【戴】罪缉拿，以赎前愆。现在尚未开复，相应请旨：将借词规避之署浙江温州镇总兵篆务乍浦协副将池建功革职留缉，以观后效。一面另行委员驰往接署。至温州镇洋面辽阔，极为紧要，员缺难以久悬，并请恩赐，简员补放，以重职守。臣谨会同浙江抚臣黄宗汉、浙江提臣叶绍春合词恭折具奏，伏乞皇上圣鉴训示。谨奏。咸丰四年十月二十七日。（北京：中国第一历史档案馆藏录副奏折，档号：03-4199-110.）

咸丰五年（1855 年）

24. 浙江巡抚何桂清奏为浙省水师营务遵旨暂行管辖事

浙江巡抚臣何桂清跪奏。为浙省水师营务遵旨暂行管辖，恭折叩谢天恩，仰祈圣鉴事。窃臣于正月二十七日承准军机大臣字寄：咸丰五年正月十三日，奉上谕：前据叶绍春奏：足疾未瘳，恳请开缺，业经降旨允准，并令王懿德派员署理。兹据何桂清奏称：三镇水师总兵均系护理人员，浙洋巡缉事宜不可无人统率，仍咨叶绍春妥为调度，等语。叶绍春既经患病，恐精神未能周到。现在浙江提督署任尚未有人，所有水师营务，即著何桂清暂行管辖，督饬各该镇认真巡缉，毋稍疏懈。将此谕令知之。等因。钦此。伏念臣一介庸愚，仰蒙简畀补授浙江巡抚，抵任后，夙夜战兢，深惧弗克负荷。兹复钦承恩命，暂管水师营务，只领之下，倍切悚惶。查新任水师三镇总兵，定海周士法、黄岩陈世忠、温州吴全美均在镇江水营办理军务，所有浙洋巡缉事宜，臣惟有督饬各该镇水师员弁格外认真，务使海疆绥靖，断不敢因暂时管辖，稍涉疏懈，有负圣明委任。所有水师营务，臣遵旨暂行管辖缘由，谨恭折叩谢天恩，伏乞皇上圣鉴。谨奏。咸丰五年二月初一日。（北京：中国第一历史档案馆藏朱批奏折，档号：04－01－16－0167－042.）

25. 咸丰五年三月戊子又谕

前据崇恩奏报海运防卫事宜，声明内洋口岸责成登州府汪承镛亲历各岛，稽查弹压。外洋巡哨责成登州镇田浩然，亲督师船，节节迎护。是该总兵即应刻日出洋，探明来船，妥为防护。乃据全庆、文彩奏：江苏运船孙德茂、浙江运船盛宝安均于二月二十五日在石岛以南洋面被匪抢去银米货物，江苏运船宋源昌、张协隆二号先被抢劫，复于二十九日被匪截入岛内，勒银赎船。且有装豆石船数十余只同被掳困，等语。览奏，殊堪骇异。石岛为荣城县所属地方，商舶往来必经之路。即无海运船只，亦应认真巡哨，以安行旅。况海运为天庾正供，甫入东境，即被抢掳。并未见有该省师船为之防护，任令艇匪肆行无忌，殊堪痛恨。该总兵田浩然于所辖洋面漫无防范，著先行摘去顶戴。责令将洋面艇匪，尽数搜剿，不准稍事耽延。倘此后续过海运漕船再有疏失，朕必将该总兵从重治罪，即崇恩亦不能辞咎。至石岛迤上，烟台、俚岛、庙岛等处均系海口要路，并著崇恩严饬派出员弁，实力搜捕。其石岛以南失事地方员弁，并著查明参奏。将此由六百里谕令知之。（《清文宗实录》卷一百六十三，咸丰五年三月戊子，第14—15页。）

26. 咸丰五年四月乙未又谕

前因江浙海运米船在东省洋面被劫，曾谕令直隶、江苏、山东各督抚严密防护。本日据全庆、文彩奏：续到米船，安稳抵津。并据押运绅董禀报：佘山一带，有破艇船三、四只游驶洋面。石岛地方，有艇船五、六只停泊岛外，并有官商各船被截岛内。又闻石岛船匪于勒银后，扬帆南下，等语。又据怡良、邵灿奏：江浙海运新漕接续放洋，并追捕佘山洋面盗艇各折片。现在海运米船,源源北上。其石岛艇匪虽经远扬,难保不沿途为害。破艇三四只,据称尚在洋面游驶,是佘山一带盗船,仍恐未能净尽。著两江、漕运、江苏、浙江各督抚饬令承办各员,谆谕放洋各船务须同帮行走,彼此声势联络,俾免疏失。至本年苏省水师大半调赴攻剿,其巡洋护漕兵船不及往年十分之三,势难分赴山东洋面,协同防护。著崇恩仍遵前旨,严饬田浩然并巡洋员弁实力防范,不得因艇匪远扬,稍形疏懒。其石岛地方艇匪截劫官商各船,并著一体严拿,以安行旅。将此由六百里各谕令知之。(《清文宗实录》卷一百六十四,咸丰五年四月乙未,第5—6页。)

27. 咸丰五年四月戊戌谕军机大臣

前因海运米船在东省洋面被劫,并石岛地方艇匪截劫官商各船,叠经谕令崇恩严饬巡洋将弁实力查拿。本日据匡源奏:三月十二日,有匪船五只,约三四百人,在即墨县之金口掳去商船五只,勒银回赎。又于胶州地面开放大炮,掳船二只。复驶至青岛地方,开炮击毁官民房数,掳去水手数名,截劫货船一只,等语。现在海运米船源源北上,东省沿海各处水师员弁不知认真巡哨,致匪船行劫,层见叠出,实属不成事体。著崇恩迅将该处将弁,确切查明,从严参办。又据片奏:登州营游击罗朝辅于匪船误陷浅沙之时,托病推诿,不即带兵轰击,使匪船得以远扬,尤属庸懦无能。并著该抚一并查明,据实参办,无稍徇隐。原折片均著钞给阅看,将此由五百里谕令知之。(《清文宗实录》卷一百六十四,咸丰五年四月戊戌,第12—13页。)

28. 咸丰五年五月壬戌又谕

叶名琛、柏贵奏:剿办沙湾、茭塘水陆各股匪,捣洗巢穴,省河通行一折。广东省城北路及佛山诸匪剿除后,惟沙湾、茭塘地方啸聚贼众数万,犹肆猖獗。叶名琛等督派兵勇,叠加剿洗。正月十七、八、九、二十等日,水陆进攻大石口,毙贼三千余名,毁夺贼船军械无算。河面及沿岸贼巢悉就荡平,乘胜进攻新造地方,毙贼三千余名。将贼老巢焚毁,所有省河、南安、南固炮台,亦即时夺回,毙贼二千余名。其余匪船逃驶外洋,纠合大帮救援。我兵追至柏塘洋面,大加剿洗,复毙贼一万二千余名,其溺死及各乡擒斩无数。现在省河东南水路通行,所有在事出力员弁、绅勇,著该督查明据实保奏。仍饬该文武等乘势将近省各属河面余匪全行埽荡,毋留遗孽。(《清文宗实录》卷一百六十七,咸丰五年五月壬戌,第2页。)

29. 咸丰五年六月丙午谕军机大臣

崇恩奏盗艇蚁聚东洋,请饬盛京直隶严防,并饬两江分拨舟师邀截一折。据称六月初三日,有南来盗艇三四十只占据石岛口门,并有火轮船二只,在外洋游驶。又据即墨县报称:初五日有盗艇十七只驶入该县金家口外香岛停泊,探系上海县剿散余匪,等语。本年夏间,山东洋面屡有盗船阑入,窥伺漕粮。现在石岛口门盗艇聚至数十只之多,并有火轮船二只。恐该匪狡狯伎俩,声东击西。盛京、直隶沿海一带地方,必须亟筹防剿。英隆前奏饬水师营将弁于两省接界洋面,实力梭巡。并令旅顺守口停泊之船配齐军火,听候调遣,著即随时侦探,严饬各弁,认真堵剿。并知照山海关副都统富勒敦泰一体严防,毋稍松懈。天津一带口岸最关紧要,此时海运漕船,甫经报竣。该处为商贾辐辏之地,尤应加意防备。著桂良督饬天津镇道,严密防范,仍当示以镇静,不可稍涉张皇。怡良等前奏派署都司周建勋管带缯船五只,并挑雇高大艇船五只。派署都司景又春管带赴东。会同署游击张凤翔及山东水师,合力剿捕,著即飞饬张凤翔等星速驶赴石岛一带,奋力兜剿。惟盗船聚至数十只,此项兵船,尚恐不敷截剿,著怡良等再行酌拨兵丁船只,拣派得力将弁统带赴东,会合兜击。总期一鼓歼除,毋令肆行窜扰。盛京、直隶各海口如探有贼踪。著一面严防,一面据实具奏。将此由六百里各谕令知之。(《清文宗实录》卷一百六十九,咸丰五年六月丙午,第22—23页。)

30. 咸丰五年六月甲寅谕军机大臣

前因山海关、奉天牛庄等处聚有盗船多只,谕令英隆等督饬将弁,迅速筹攻。本日据英隆等奏:五月三十等日,没沟营驶回盗船,又窜入复州娘娘宫海口,登岸抢掳货物,并将战船围截烧毁,旋又驶至金州羊头洼口外洋面。六月初十日,复有盗艇三十二只直入口内扑岸,经兵勇轰击,毙匪多名。盗艇仍盘踞营口,此项盗艇谅即系石岛等处游驶之匪船,胆敢抗拒官兵,登岸劫掠,急应实力剿除。惟奉天师船不敷剿办,著英隆等饬令各海口员弁兵丁严守口岸,毋任该盗艇再有登岸劫掠之事。并著崇恩仍遵前旨,探明江南拨往山东洋面之拖缯等师船,现在行抵何处。饬令该都司周建勋等带赴山海关、奉天等处洋面,迎截匪艇,并力攻剿,务期迅速歼除,毋令逃逸。山东各口,仍著崇恩饬属严防。并著英隆等知照富勒敦泰于山海关口岸,督兵防剿。待江南师船一到,即可会同夹击,不使艇匪久踞洋面,肆行扰害。将此由五百里各谕令知之。(《清文宗实录》卷一百七十,咸丰五年六月甲寅,第14—15页。)

31. 山东巡抚崇恩奏为查明添船在洋被劫等事

山东巡抚奴才崇恩跪奏。为查明添船在洋被劫各案,请旨将疏于防御值水师将弁严加议处,以示惩儆,恭折奏祈圣鉴事。窃臣前经承准军机大臣字寄奉上谕:据全文彩奏:江苏运船孙得茂、浙江运船盛宝安均于二月二十五日在石岛洋面被匪抢去银米、货物,等因。钦此。当经钦遵咨行揭报,并饬查洋面失事漕船实有若干号,分别参办。兹据前任登州镇总兵田浩然以盗未弋获,查明失事之案,除孙占茂、盛宝安、宋源昌、张协隆四号被劫外,尚有金恒生、金万德、张德润、吕耕录、周福顺、王源泰等漕船于四月十五、十八、五月初一、初五、初七等日在石岛等处外洋被劫,俱系水师文登协所辖洋面,开具职名,咨揭前来。臣查漕运经过东洋,水师巡洋将弁并不认真防卫,致被盗匪在洋截劫,事后又不能实力剿捕,获犯究办,实非寻常疏忽可比,相应请旨,将专巡官署文登协水师千总赵名扬、分巡官署文登协水师守备孙立彦、总巡官文登协水师副将沙兆龙饬部严加议处。宋源昌、张协隆二船被匪拦截岛内勒赎,陆路武弁亦有防范之责。并请将署靖海卫专汛把总赵五云、协防外委迟殿魁一并议处,以示惩儆。除将各案开册咨部查核,一面仍饬确查,如有未经勘报之案,另行参办外,为此恭折具奏。伏乞皇上圣鉴。谨奏。咸丰五年六月十七日。(北京:中国第一历史档案馆藏录副奏折,档号:03-4367-067.)

32. 咸丰五年七月辛未谕军机大臣等拒绝英夷助剿海匪

七月己巳,两江总督怡良等奏:英夷欲助剿洋盗,饬令停止。朱批:所办甚妥。英夷之船岂能任其各处游奕,以捕盗为名,将又他有觊觎。

辛未,山东巡抚崇恩奏:据护登州镇总兵郝上禀报称:七月初二日,福山县之罘岛海口探有三桅火轮船一只,两桅夷船二只,无桅火轮船一只,先后驶至。查询船内通事及夷目人等,皆称上海宁波公雇火轮船一只,外借夷船二只,前来北洋帮捕盗匪,呈出船照及苏松太道谕帖,钞录禀请核示前来。并据声明,该夷船闻盗船在奉天,即日驶往奉天,等语。臣查验船照,系宁波府令商雇火轮船,北来捕盗,即苏松太道谕帖亦系饬勇船北来,并无借用夷船之语,其为该夷自行违约,混入勇船,影射无疑。今各船已由东洋径往奉天,追阻不及,恐在后尚有续来船只,人数众多,难保不别滋衅端。请旨饬令盛京将军查明,该夷船如抵奉天,即理谕南还。并请饬谕两江督臣江苏、浙江抚臣查明上海宁波商局雇用火轮船,因何致令夷人混入勇船北来,分别办理。

谕军机大臣等:据怡良等奏英夷欲令兵船赴北洋帮捕海盗,已饬署苏松太道谕令该夷毋庸前往。本日据崇恩奏称:七月初二日,有三桅火轮船一只,两桅夷船二只,无桅火轮船一只,先后驶至芝罘岛海口。据船内通事夷目等皆称,上海宁波公雇火轮船一只,外借夷船二只,并呈出船照及苏松太道谕帖。旋即驶往奉天,追阻不及,等语。英夷通商船只止准在五口往来,山东、奉天洋面皆非该夷应到之地,火轮船虽由商雇,究属夷船,岂可任听商民驾驶北行,致令夷船混迹。怡良等既经谕知该夷领事,著即饬令将北驶船只迅速追回,即商雇之火轮船亦一体撤回,不准擅向北洋开驶。宁波雇备此船,何以未据奏报,辄即给照开洋。苏松太道谕帖既系给与勇船,何以又入夷目之手,宁波所雇火轮船既系一只,何以北来之船竟有四只。种种影射,此端一开,该夷任意游行,何所底止。且内洋盗匪自有师船勇船剿捕,何必借助外夷,致令将来借口。著怡良、吉尔杭阿即饬前调各船迅速北上,与奉天、山东合力剿办。严谕商民,不准率行借用夷力。一面将苏松太道谕帖原委,据实查明具奏。宁波雇备火轮船,系由何人擅自给照。著何桂清查明严参,不得曲为解释。此项夷船如仍在奉天洋面,即著英隆、恒毓妥为晓谕,令其恪遵成约,克日南返。倘有要求,务宜正言拒绝,不可稍事迁就。如现已驶至东洋,或山东洋面再有续来夷船,即著崇恩饬令登州镇道,一体谕令南还,勿再任其北驶。并分饬沿海各口岸,严密防范,是为至要。[贾桢等纂:《筹办夷务始末》(咸丰朝)卷十一,第6—8页。]

33. 闽浙总督王懿德福建巡抚吕佺孙奏为闽省师船在洋被匪围攻焚毁事

闽浙总督臣王懿德、福建巡抚臣吕佺孙跪奏。为闽省师船在洋被匪围攻焚毁,先将不应援之专巡千总斥革,并阵亡之驾弁,恭折奏请赐恤,以慰忠魂,仰祈圣鉴事。窃查先据署福建海坛镇总兵吴朝良禀报：咸丰五年五月初二日早，督率兵船在洋巡哨，驶至所辖鼓屿洋面，瞭见艇船三十余只围攻师船五只甚急，当即督率各船赶拢，冲破匪围，击毙贼匪无数，救出师船三只，挥令暂收穗澳，尚有师船二只被匪围裹，复竭力尾追。该艇匪或中炮火，或中火箭，始行北窜，续后救出师船一只，时已昏暮，当将各师船暂泊松下洋面，委令海坛营游击驰赴查讯。据目兵杨廷禧声称：伊系金门镇标右营兵丁，随同驾弁杨天庇奉派来省领驾金门镇左营"豫"字八号船只，于咸丰五年四月二十九日随同总带水师提标右营守备龚正勋等驾送省厂造竣各师船南下，豫八与豫六、奠二、奠三、奠四等船五只，均于五月初一日收泊海坛左营辖鼓屿洋面，因未见豫七、奠一两船同帮驶至。初二日，随同豫六、奠二、奠三、奠四等师船五只均在鼓屿开驶，遇见匪艇，众寡不敌，正在危急间，卒遇海坛镇营兵船赶救。奠字二号师船一只已被匪艇烧毁无存，前救师船三只系水师提标中营、后营豫六、奠三、金门镇标右营奠四等字号师船，等情。当查豫字六号至十号、五号，奠字一号至五号五船，即系咸丰五年间奉准添造之大师船十只，经福建水师提督编列字号，裁分水师提标中、右两营豫六、豫七两船，左、前、后三营奠一、奠二、奠三等三船，金门镇标左右营豫八、奠四两船，铜山、闽安协标右营、海坛镇标左营等豫九、豫十、奠五等三船，均由福州省城专厂成造，于咸丰四年八月十二日造竣，报经委员验明，分饬各营承领。旋据水师提标中军参将遴派左营把总林国率领驾豫字六号船，右营总带官守备龚正勋与左营把总蔡天泳等领驾豫字七号、奠字一号两船，前营把总卢宗贵领驾奠字二号船，后营把总叶瑞清领驾奠字三号船，署金门镇标左营千总邓元领驾奠字四号船，配齐军火，开驾出洋，分别回营配缉。并据禀前情，当即分饬水师各镇协营实力剿捕。并札饬平潭同知勘讯录供，绘图详办去后，嗣据闽安协副将具报，豫七、奠一两船先因搁浅落后，不能与豫八等五船接联，嗣已驾驶归帮。又据署水师提标中军参将黄挺秀呈报：据驾弁邓元、林国率、叶瑞清具禀管领奠四、豫六、奠三等三船南下，于五年五月初二日在鼓屿洋面开驾，遇盗，竭力攻击，因众寡莫敌，该驾弁等均各受伤，正在危急时刻，适有署海坛镇总兵吴朝良等兵船赶到救援，匪船始退，将各师船收入芒屿洋面寄碇，尚有同帮豫八、奠二两船是否被匪牵劫，当时枪炮烟雾迷天，难以辨认。查点：奠四船内被匪炮毙兵丁董自春一名，受伤兵丁十名；奠三船内被匪炮毙兵丁察一名，受伤兵丁五名；豫六船内受伤兵丁九名。各船舢板、索杠、水□均有损坏。

又准福建水师提督臣李廷钰咨：据守备龚正勋禀：奠字二号船被匪焚毁无存，豫字八号船被焚，仅存船壳，导入海坛内港设法修葺，所有驾弁卢宗贵、杨天庇均各临敌阵亡，舵水兵丁悉皆受伤落水，或被溺毙，或遇救得生，容俟查明，就近移送平潭同知勘验讯详等因。又经行司转饬，分别确查勘讯详办。旋据福州府平潭同知恩煜具详：据驾弁林国率、叶瑞清、总带龚正勋同得生兵丁薛歉益等佥称供：各师船在洋遇盗接仗，众寡莫敌，奠二被匪烧毁，豫八船被烧残损，驾弁杨天庇、卢宗贵当时御敌阵亡，及各兵丁受伤均各落海，经海坛镇营兵船赶往救援等因。各营先后具报相同。饬令受伤各兵上紧医治。一面会营前诣失事之鼓屿附近石牌洋面查勘，分别绘图录供通详缘由，声叙失事洋面情形。据海坛镇左营游击孙恩庭、平潭同知恩煜查称：此案哨船并未在鼓屿洋面，遇盗而失事，则在石牌洋面,前经平潭同知带回,委代分巡,并专巡磁澳、鼓屿、石牌等处洋面之千总王清华及金厦各船驾弁会勘,绘图注明,悉在石牌洋面失事。查石牌与鼓屿洋面相距不远。石牌洋面系鼓屿汛所辖,由福建藩、臬两司会合详请参奏前来。臣等伏查闽省洋面迩来屡有粤东匪艇窜驶滋扰,叠经飞饬巡洋各舟师认真剿捕,实力堵截。该匪胆敢纠集三十余号,在海坛左营辖鼓屿附近石牌洋面围攻像、奠等五号师船,焚毁奠二一船,伤害弁兵多人,幸有海坛镇营师船赶救,始各逃窜,实属凶残不法已极。沿海水师奉派专巡、兼巡各洋面,该管汛弁自应常川巡哨,不容稍有偷安。此案师船在石牌洋面被盗围困,该委、代、分巡及专巡磁澳、鼓屿、石牌等处洋面之汛弁千总王清华漫无觉察,并不赶往应援,一任匪艇结帮围困逞凶拒敌,伤害官兵,实属迫玩懈弛,相应参奏请旨,将疏防之福建海坛镇标左营千总王清华先行斥革,以示惩儆,仍留洋面责令勒限缉拿。如再玩延,定即严行惩办。所有临敌阵亡之驾弁福建水师提标前营把总卢宗贵、署金门镇标左营千总事左营把总杨天庇二员合无仰恳圣恩俯照阵亡例饬部议恤,以慰忠魂。至受伤落海兵丁舵工六十余名应一并请恤。惟此内有续据水师提标中军参将具报,遇救得生救回水师提标前营兵丁余大成、黄春吉、叶迎发三名,诚恐以外尚有遇救,尚未报回之兵。除饬核查当时受伤落海各兵丁实在下落,并淹毙实在名数与被匪炮毙之兵丁,现存受伤各兵分别等第同焚失及被烧损坏各师船及损失炮械一切另行造册详请议恤办理,以昭核实。一面严饬各水师一体追捕各匪艇,务获究办。理合将师船被匪焚毁参办请恤缘由,臣等谨合词恭折具奏,伏乞皇上圣鉴训示。谨奏。咸丰五年八月初二日。(北京:中国第一历史档案馆藏录副奏折,档号:03-4243-063.)

34. 咸丰五年八月辛卯又谕

户部奏请催商船回南兑运新漕一折。本年江浙海运漕粮于六月内一律抵津。该商船等赴奉天装运豆石后,自应催令南下,以备封雇,著英隆、恒毓、桂良、崇恩督饬沿海将弁,凡有停泊海口之沙船、蜑船并豆石各项船只,均催令迅速南行,驶赴上海水次受雇,毋许停留贻误。惟奉天、山东洋面屡有盗艇往来,恣行劫掠,以致该商船等不敢南驶。前经谕令怡良、吉尔杭阿派兵会剿,叠据该督等以拖缯等船俱已入江。现饬苏松太道雇觅高大船只,酌拨兵勇,派游击张凤翔统带,仍饬署都司周建勋将原带拖缯船五只,折回上海,连檣赴东会剿。现在海口盗艇虽据英隆等奏称:业经驶赴外洋,仍未知其潜踪何处,自应亟筹剿捕,以靖海洋,使商船得以遄行,无误上海受兑之期。所有张凤翔等师船,著怡良等严行催趱前进,直抵山东、奉天剿捕艇匪,并著英隆等探明该师船行抵各海口时,即饬沿海弁兵会同堵击,务期洋面肃清,无留余孽。至商船兑运新漕,募勇自卫,是否可行。著怡良、吉尔杭阿、何桂清遵照前旨,悉心妥议。来年江浙漕粮仍办海运,并著邵灿会同该督抚及早筹画,俾得迅速起运。将此由五百里各谕令知之。(《清文宗实录》卷一百七十四,咸丰五年八月辛卯,第4—5页。)

418

35. 闽浙总督王懿德奏为严饬水师提镇一体认真堵拿以清盗源事

闽浙总督臣王懿德跪奏。为遵旨严饬水师提镇一体认真堵拿,以清盗源而杜窜扰,恭折仰祈圣鉴事。窃臣于咸丰五年七月十四日承准军机大臣字寄咸丰五年六月二十一日奉上谕:前因山东省石岛等洋面屡有盗船游驶,劫去海运米船银两,聚集多船,竟敢肆行掳掠,等因。钦此。遵旨寄信前来。臣查闽省海洋辽阔,岛屿纷歧,巡缉稍有未周,盗匪容易出没,节经严饬巡洋舟师以及沿海营、县分别常川梭巡,认真搜捕。维据该镇营陆续禀报:匪艇盗犯随时惩办,总未克净绝根株。且近年来粤东土匪滋事,未能兼顾洋面,不逞之徒辄即纠伙整船恣意劫掳,每届南风司令,联艅阑入闽洋,勾结就地盗船,结帮滋扰,为害商渔。近日复查匪艇多只在平潭洋面开炮拒敌,击毁师船情事,似此横行海上,若不跟踪追拿,痛加剿洗,势必滋蔓难图。短刻下闽省运津米船业已揭报放洋,更恐各匪艇觊觎拦截,不能不严整巡防,以免疏虞,复经臣会同福建抚臣吕佺孙飞咨水师提臣李廷钰督率舟师,亲历各洋穷搜,务令丑类尽歼,肃清瀛海。无如该匪艇行踪诡秘,此拿彼窜,烟波浩渺之际,往往不能廓清,致被乘间窜逸,辄敢麇聚北洋,窥伺劫掳,实属憝不畏法。现值山东各省师船会合兜拿,诚恐被剿穷蹙,难保不驶回闽粤,尤须扼要堵截,奋勇围拿,务令悉数歼除,以仰副我圣主除恶务尽,绥靖海疆之至意。除分别咨行水师提镇一体钦遵,实力剿捕,不准稍事懈弛,并飞咨两广总督臣分饬严密查拿,以绝匪艇外,谨将现在剿办缘由,恭折具奏。伏乞皇上圣鉴训示。咸丰五年八月初二日。(北京:中国第一历史档案馆藏录副奏折,档号:03-4243-062.)

36. 咸丰五年九月乙丑谕内阁

叶名琛、柏贵奏:师船出洋剿匪,叠获首伙各犯,解省审办一折。广东匪犯李亚快等先在内河聚众滋扰,旋因官军攻剿,驶赴外洋,肆行劫掠。经叶名琛等饬委升任提督吴元猷统兵出洋剿捕,烧毁匪船及轰毙、溺毙匪徒无算,并生擒首犯李亚快等二百余名,解省审办。此股匪犯李亚快等纠聚匪众,由内河扰及外洋,实属罪大恶极。所有现获首伙各犯,著叶名琛、柏贵讯取确供,尽法处治。其未获各犯,仍责令吴元猷亲督师船,实力搜捕,以期净绝根株,毋留余孽。(《清文宗实录》卷一百七十六,咸丰五年九月乙丑,第10页。)

37. 闽浙总督王懿德奏闽浙两省洋面时有广艇盗船窜扰为害商渔事

闽浙总督臣王懿德跪奏。再,闽浙两省洋面时有广艇盗联艅窜扰,为害商渔,节经臣严饬水师提镇督带舟师,不分畛域,常川梭巡,有犯必获,肃清海瀛。此复钦奉谕旨,以山东石岛等洋面现有盗船麇聚伺劫。该盗船多系闽广艇匪,严饬查拿,以绝匪患。经臣钦遵转行,认真剿捕,务令悉数歼除,不容稍事懈弛,先后奏报在案。兹准署浙江提臣林建镳咨称:就近会同署宁绍台道段光清派委缉捕洋盗之署提标左营千总布真有、六品勇首布良布督带兵勇,配驾战船八只,不动声色,驰赴各洋侦探捕。嗣在宁奉交界之矾礁等处洋面,见有广艇盗船十余只在彼往来游驶,该弁兵等立即会同各勇船只,飞驶前进,适定海巡洋舟师并奉化巡洋兵勇船只先后驶至,四面夹攻。该匪艇辄敢开炮拒敌,弹丸如雨。我船冒险迎击,相持四时之久。盗艇力衰,且拒且退,希图窜逸。我船奋力向前,开放大炮,轰沉盗艇三只。该匪犯纷纷落海,死者不计其数。勇首布良布同各弁兵乘势跃过盗船,生擒盗犯蓬阿布等八十三名,夺获盗艇六只,并枪炮器械等件,当即一并解交宁绍台道讯供详办等情。臣查該艇匪向恃船坚炮利,横行海上,经巡洋将弁督率舟师时相攻击,总未能大受惩创,以致猖獗异常。兹在浙洋经官兵痛加剿洗,大足以寒贼胆。若乘此军威跟踪追捕,俾得一鼓荡尽,免贻后患。除严饬浙江提臣督率各将弁再行搜捕,并檄饬宁绍台道提犯确审严办外,合将浙省水师在洋捕获艇匪缘由,谨会同浙江抚臣何桂清附片具奏。伏乞圣鉴训示。谨奏。咸丰五年九月二十三日。(北京:中国第一历史档案馆藏录副奏片,档号:03-4243-070。)

咸丰六年(1856年)

38. 咸丰六年四月庚子谕内阁

叶名琛、柏贵奏:续获洋匪审办,并请将出力人员酌保一折。广东澳门洋面匪船窜出外洋,经官军于上年夏间叠次剿捕,擒斩甚多。余匪分路逃窜,复经提督吴元猷督饬水师及沿海各文武,陆续围捕,斩馘多名。并生擒三百四十七名,解省审办。计自上年夏间起至本年春间止,各路歼擒洋匪不下二千余名,夺获并烧沉各匪船一百四十余只。办理尚属认真。所有在事文武员弁,著该督等择其尤为出力者,秉公保奏。候朕施恩。(《清文宗实录》卷一百九十五,咸丰六年四月庚子,第24—25页。)

39. 山东巡抚崇恩奏为海洋盗劫重案分巡专汛各官延不揭参事

山东巡抚臣崇恩跪奏。为海洋盗劫重案分巡专汛各官延不揭参,请旨革职,以示惩儆,恭折奏祈圣鉴事。窃照客民杜福兴商船于咸丰三年十二月初一日在海阳县宝家岛外洋被劫掳人勒赎一案。又,张聚盛、曲长率等商船于咸丰三年十二月初二日同日在海阳县青岛外洋被劫掳人勒赎一案,前据该县勘明分案详报,经臣批饬该营勒限严缉,将疏防之水师武职各员照例揭参。嗣准登镇转据该营以犯无弋获,于本年二月十三日将应议职名呈请题参前来。臣以此案迟至二年有余,始行开揭,未据咨明因何迟延,又不将接缉各员一并声叙,当经咨镇转行查复去后,迄今未据该营覆到。臣查海洋盗劫参限綦严,况内有连劫重案,定例三月不获,即将分巡专汛各官议以降二级用调。今该营迟至二年有余始行含混开揭,迨经饬查迟延职名,又复延不具覆,明系各该员弁因按限参处早应降调,有心规避。未便稍事姑容。相应请旨将登前营水师专汛把总白世兴、水师前营分巡守备朱福源一并革职,以示惩儆。其案内应议之统辖、总巡、接缉各官,同不行揭报之该管上司,容俟饬取职名到日,另行咨部核议。为此恭折具奏,伏乞皇上圣鉴。谨奏。咸丰六年十一月二十八日。咸丰六年十二月初七日奉朱批:知道了。白世兴等均著革职。钦此。(北京:中国第一历史档案馆藏录副奏片,档号:03-4205-092。)

咸丰七年(1857年)

40. 盛京将军庆祺副都统承志奏为奉天水师战船不敷本年巡洋事

盛京将军奴才庆祺、副都统奴才承志跪奏。为奉天水师战船不敷本年巡洋拟请再为粘补以济海防,恭折奏祈圣鉴事。窃查奉天金州水师营远设战船十只,嗣经前任将军奕兴奏准仿照山东添设广艇、开风船只章程,添造广艇船二只,开风船二只,以利适用。惟查水师战船每年派拨六只,分路巡哨,二只守口,必需八只,始能敷用,历经办理在案。至咸丰五年十二月间,经前任将军英隆等详筹,水师战船先后报修报拆,仅剩堪用一只,所需闽浙二省新船物料均不能如期送到,以致不敷巡哨。当由候修各船内捡出七只,购料粘修敷用,饬据水师营协领估需工料银五千五百三两三钱七分,仅供一年巡哨驾驶之用。等因。奏奉朱批:该部知道。钦此。嗣准工部议覆:准其粘修。上年借资巡防,得以无误。而本年巡哨船只亦应预为筹计算。奴才等伏查水师营头、三、五、六、七号战船五只,前届应修年限,均经题请小修、大修、改修,其二、四、八、九号战船四只例应另造新船,所有南省应行成造新船并修船物料均未能及时送到,其广艇、开风船三只行驶五载,未经修理,亦不堪驾驶,仅剩十号战船一只,实系不敷巡哨。前经奴才等计五只拟请再行粘修,核实估需物料、匠夫市平银二千七百五十三两五钱九分二厘三毫九丝五忽,暂济本年巡哨使用,等情。造册详报前来。奴才等详细覆勘该协领册报估算银数,尚属核实,不惟不误本年巡防,且较上届经费实属节省。现已春融,巡防在迩,自应量为变通,以济急需。所有粘修船只应需银二千七百五十三两五钱九分二厘三毫九丝五忽请由盛京户部库存项下先行动支,发交该营协领,迅速购备物料,赶紧粘补,以备巡防,修理完竣,核实报销。再,此次粘补战船五只并用战船一只,共计六只,足敷三路巡哨。其广艇、开风船三只虽不堪出洋巡哨,然上年粘修一次,亦可暂充本年守口之用,如此变通办理,可期不误巡防,所有奴才等预筹海防变通办理缘由,理合恭折具奏,伏祈皇上圣鉴训示,遵行,谨奏。咸丰七年二月初九日。(北京:中国第一历史档案馆藏朱批奏折,档号:04-01-01-0861-004.)

41. 署理福建提督赖信扬奏为巡洋往返事毕并撤巡日期事

署理福建提督臣赖信扬跪奏。为巡洋往返事毕,谨将洋面情形并撤巡日期,恭折具奏,仰祈圣鉴事。窃奴才案奉上谕:嗣后沿海水师各提镇著于每岁出洋时具奏一次,俟出洋往返事毕,即将洋面如何情形据实具奏,等因。钦此。遵查闽省洋面南与粤东接壤,北与浙省毗连,广阔延袤不下数千里,缉捕巡防难容稍懈。奴才仰沐天恩,委任重寄,深恐盗匪出没,为害商渔,故于接任后,随即统带师船出洋督捕,非有紧要事务,不敢轻自回营。计自出洋以后,往来南北梭织巡查,凡有港湾、岛屿,悉皆躬亲涉历,一面督同在洋镇将备弁加紧巡逻,留心探缉,遇有匪船,必当身先士卒,直前追拿,不容兔脱,满期检查各镇营陆续报获,并奴才亲自督拿,共已获五十余名,烧毁盗船四只,救回商船一只,难民二十二名,均经解交地方官收审、惩办、省释,其所获盗船器械,分别发营配用。现在各处匪徒虽因搜捕紧严,咸知儆惧,报案日见稀少,而海洋辽阔,港汊纷歧,盗匪行踪诡秘,倏隐倏见,总未能尽绝根株。惟时届隆冬,正民间盖岁之候,宵小易于窃发,陆路巡防同关紧要,当此洋匪敛戢之际,奴才自宜暂回督缉,并将营伍事宜悉心整顿,遂于十一月十九日撤巡回署,仍饬在洋员弁实力侦探,如有盗匪窥伺、劫掳,奴才即当亲往查拿,断不敢因撤巡在先,稍事懈忽,以仰副圣主绥靖海疆安民除暴之至意。所有奴才撤巡日期同洋面情形,理合恭折具奏,伏乞皇上圣鉴。咸丰七年十一月十九日。（北京：中国第一历史档案馆藏朱批奏折,档号：04-01-01-0860-057.）

42. 咸丰七年十二月庚戌叶名琛奏报

叶名琛又奏：俄国向不在广东贸易。咸丰六年十月,有该国亚那剌兵船一只,十二月有该国架利列兵船一只,七年九月有该国威吐火轮船一只,先后来粤寄泊外洋,迭饬防范。其后来之亚那剌兵船及威吐火轮船俱系来香港向英吉利索取前许之兵费,其架利列兵船因火食缺乏,暂泊外洋,均未驶入内洋,亦无禀函投递。亚那剌、架利列兵船先后开船回国,威吐火轮船仍在外洋寄泊,尚未回国。［贾桢等纂:《筹办夷务始末》(咸丰朝)卷十七,第38页。］

咸丰八年(1858年)

43. 盛京将军庆祺副都统承志奏为奉天水师战船不敷巡洋事

盛京将军奴才庆祺、副都统奴才承志跪奏。为奉天水师战船不敷巡洋,拟请再为粘补添雇商船以济巡防,恭折奏祈圣鉴事。窃查金州水师营原设战船十只,均已早逾报修报拆例限。前已先后题请并咨部行取南省造送之新船以及修船物料,该省均未及时解到。前任将军奕兴奏添广艇、开风等船四只已驶六年之久,未经修理,均亦不堪应用,而水师营办理海防,每年派船八只,以六只巡哨,以二只守口。现在旧船既不堪用,而南省应解之船料又未解到,本年实无一船可驶。溯查咸丰六、七两年船只不敷巡防,系将候修战艇等船,拣选情形稍轻者奏明动项粘补,连年借资巡防无误。奴才等随饬据水师营协领详查报称：该营二、四、八、九号战船四只业经报拆,头、三、六号战船三只并广艇等船均不堪粘修,仅拣选得五、七、十号战船三只尚堪粘补,共估需工料银一千八百七十四两七分五厘六毫二丝五忽,仅供一年巡哨之用。奴才等恐有不实不尽派员前赴该营查勘属实,结报前来。奴才等复核无异,自应权就粘修,以济急需。第该营每年巡哨需船六只,现拟粘补三只,仍不敷用,而海疆巡防最关紧要,未便因船只不敷,稍事迁就。检查前任将军喜恩筹办海防奏明。如师船不敷巡哨,准雇商船协同出洋,每船每日价银一两。嗣因战船候修不敷拨用,曾经雇觅商船巡哨各在案。奴才等悉心计议,拟即仿照办过成案,雇觅商船三只,按日给价,每船计算巡哨日期,需银不过一百六七十两,不惟巡防适用,而所费亦尚属无多,所有粘修战船三只,应需银一千八百七十四两七分五厘六毫二丝五忽,并雇觅商船三只,约需价银五百两,一并请由盛京户部库存项下先行动支,发交该营协领,一面迅速购办物料,赶紧粘补;一面雇觅坚固商船,统俟巡防事竣,即行造册报销。其头、三、六号战船三只虽不堪粘修、巡哨,尚可作为守口之用。如此变通办理,可期不误巡防。再查闽浙二省应造二、四、八、九号新船四只,浙省应办头、三、五、六、七、十号六船物料,前经奴才等奏咨催办,迄今并无一只送到。相应再行请旨饬部严催闽浙二省,速将应造新船并修船物料务于今年春夏之间,全数解到,以备明年巡哨。倘再迟延,明岁必致无船驾驶。所有奴才等变通筹办海防各缘由,是否有当,伏祈皇上圣鉴训示,谨奏。咸丰八年正月二十八日。(北京:中国第一历史档案馆藏朱批奏折,档号:04-01-36-0073-011.)

44. 咸丰八年二月戊辰又谕

前因各夷酋投递照会,欲来上海。当经谕知何桂清等设法令其回粤,再由黄宗汉与之理论。本日据何桂清奏:黄宗汉已于二月初三日由苏州启程赴浙,并称上海续到火轮船三只,又有英夷兵船二只,俄夷兵船一只,寄舶吴淞外洋,尚无动静。与本日柏贵等所奏夷船陆续开行之语相符。现在柏贵等在粤已与该夷开市通商。并据奏称:各夷酋等均已欢悦而去,现只夷兵数百人尚在城中,惟不肯搬移出城。必欲俟大局议定,始肯退出等语。上海地方不便与之理论,止能谕令回帆,已密谕何桂清妥为筹办。而广东业与通商,已非上年情形可比。前此谕令罗惇衍等集团驱逐,日久未见奏。想系柏贵等恐开衅端,不令遽行举动。或该夷酋闻有此举,虑其受亏,故舍广东而趋上海,柏贵等遂信为民夷相安,总须黄宗汉迅速抵粤,方能相机筹办。著将柏贵等本日折件,钞给黄宗汉阅看,务须将前次谕示机宜及该省现办情形,参酌办理。朕亦不为遥制。现在中原多事,兵饷两亏。上海正行海运,固以息事为宜。但国体攸关,岂可遂其要求之志,致令他国复起效尤之念。黄宗汉到后,仍未可轻易入城。伍崇曜既为该夷说合通商,即可令其探夷酋之意。如仍有需索兵费之事,当告以焚烧商民房屋货物,先须赔补,借绅民之力,以杜其讹索之端,然后相机筹办。刚柔并用,操纵在我,不可一味迁就,致失国体而启戎心。水师提督吴元猷疏防,夷船阑入省河,已降旨革职,暂行留任。该督到后,即饬令严防海口,以固藩篱。将此由六百里密谕知之。(《清文宗实录》卷二百四十六,咸丰八年二月戊辰,第13—14页。)

45. 咸丰八年四月癸酉钦差大学士桂良吏部尚书花沙纳奏

癸酉,钦差大学士桂良吏部尚书花沙纳奏:二十六日卯刻,接见米夷,讵该夷语言傲慢。借英夷为恐吓,坐闻将要求各款哓哓置辩,所开款目亦较谭廷襄所议者加增过多,断难望其向英、咈说合。此时咈夷听英夷为转移,俄、米两夷不过欲享渔人之利。自初八日开炮后,英夷即欲内窜,幸谭廷襄密派员弁设法羁缓。嗣见有简派奴才等之信,如能便宜行事,始肯听候查办。奴才等体察情形如此,后若再决裂,夷炮一开,不特津郡立时自乱,该夷带兵北窜,更觉可虞,连日多方羁縻,见该夷非准其进京,仍恐决裂。嗣后即可一面商议条约,一面破其固结之意,纵然应允,亦必俟议定之后,各夷船退出外洋,然后进京。每夷不准多人,并不准各携器械。都中先行出示晓谕,则百姓不致惊惶。沿途派员护送,又可暗中防护。揣度情形,谅无他虑。现在英夷见奴才等相待以礼,已觉稍释猜疑。设该夷因感生悔,能不进京,岂非万全之道。耆英本日到津,奴才等商办得人,更觉易于措手,惟该夷见奴才等未带关防,始终疑虑,昨将上次广东颁给关防文书抄给照会前来,已经婉言回复。可否仰恳皇上格外天恩,颁给钦差大臣关防,迅速派员护送来津,俾奴才等得以相机驾驭,实于公事有裨。俟条约议定后,即可随时盖用,以昭慎重。[贾桢等纂:《筹办夷务始末》(咸丰朝)卷二十四,第32—33页。]

46. 咸丰八年五月中美《天津条约》第十三款

大合众国船只在中国洋面遭风触礁、搁浅、遇盗致有损坏等害者,该处地方官一经查知,即应设法拯救保护,并加抚恤,俾得驶至最近港口修理,并准其采买粮食,汲取淡水。倘商船有在中国所辖内洋被盗船抢劫者,地方文武员弁一经闻报,即当严拿贼盗,照例治罪,起获原赃,无论多少,或交本人,或交领事官俱可。但不得冒开失单。至中国地广人稠,万一正盗不能缉获,或起赃不全,不得令中国赔还货款。但若地方官通盗,沾染一经证明,行文大宪奏明,严行治罪,将该员家产查抄抵偿。[贾桢等纂:《筹办夷务始末》(咸丰朝)卷二十七,第17页。]

47. 护理福建巡抚瑞璸奏为水师员弁驾送金州营八号战船交收事

护理福建巡抚臣瑞璸奏。为闽省前请缓驾之金州八号战船,现当夏令,风帆融合,复饬水师员弁驾送金州营交收,恭折具奏,仰祈圣鉴事。窃照闽省上年五月间奉文造竣金州水师营第八号战船一只,并随船杉板等项,当经委令拟补海坛左营守备林飞生管驾,于六月十五日自福建省港开行,由海驾送金州营交收。嗣因闽洋台风陡发,该船在洋遭风,船底碰漏,橹桨飘失。经该驾弁报经抚臣庆瑞会同督臣王懿德据情奏恳圣恩俯准,缓至本春驾送金州水师营配用,并移咨盛京将军、金州副都统及兵、工二部察照。于本年三月十九日奉到朱批:依议。钦此。当经恭录,分别咨行。钦遵。并节次饬催驾送各在案。兹据署布政使盐法道崇福详称:据管驾金州八号船委员林飞生禀报:遵将前船损坏之处并橹桨等项一律修补完整,于本年六月初一日,将该船并随船杉板由五虎出港放洋,管驾金州水师营交收,等情,具详请奏前来。奴才复查无异。除已分咨盛京将军、金州副都统及兵、工二部臣察照外,合将金州八号船复饬开驾日期,恭折奏闻。伏乞皇上圣鉴。咸丰八年六月二十九日。(北京:中国第一历史档案馆藏朱批奏折,档号:04-01-36-0073-015.)

48. 署理闽浙总督庆瑞护理福建巡抚瑞璸奏为战船在洋攻盗损坏事

署理闽浙总督庆瑞、护理福建巡抚瑞璸跪奏。为战船在洋攻盗损坏估需工料银两在五百两以上,循例恭折具奏,仰祈圣鉴事。窃照闽省水师战船在洋缉捕遭风损坏案,于嘉庆十七年奏准:著令泊船处所之地方厅县县丞会同营员诣勘,估计垫项兴修,取造实需册结以及在洋镇将复查无捏各结,仍按银数在五百两上下分别奏咨,准其动支盐道库关税息银领回补款。嗣于闽醝豁除商累案内奏准停息,另行动拨关税盈余银三万六百二十六两一钱四厘,以备按年巡船口粮、修船等项之用。兹查福建水师提标后营"清"字九号、左营"固"字五号,前营"年"字八号等三船,均系小号同安梭船,于道光二十九年十月内由省厂按照民价小修完竣。又,左营"固"字六号亦系小号同安梭船,于道光三十年三月内由省厂按照民价小修完竣,派拨出洋缉捕,均计至咸丰四五两年届限大修,时值会匪滋事,各船派拨防剿,无暇驾厂修葺,不得已,设法粘补留洋堵御,经该营汇报各船与贼接仗数十次,互相轰击,以致损坏过甚,不能远驾来省兴修,由司议请照攻盗损坏之例,就近由厦防同知会营估计修办,续据厦防同知李廷泰具详,会同营员勘估,各该船本系届限大修之艘,船身松软,桅木、舵碇、杠具、篷索等项均已毁坏,水底鳅蛀,腐烂不堪,必须拆修,召匠逐细确估。"清"字九号一船应需工料银一千二百九十八两五钱八分,除扣旧料变价抵银一百二十九两八钱五分八厘,实需工料银一千一百六十八两七钱二分二厘。"固"字五号一船,应需工料银一千二百七十二两六钱七分三厘,除扣旧料变价抵银一百二十七两二钱六分七厘,实需工料银一千一百四十五两四钱六厘。"固"字六号一船,应需工料银一千二百八十九两六钱九分二厘,除扣旧料变价抵银一百二十八两九钱六分九厘,实需工料银一千一百六十两七钱二分三厘。"年"字八号一船,应需工料银一千二百六十八两五钱七分五厘,除扣旧料变价抵银一百二十六两八钱五分七厘,实需工料银一千一百四十一两七钱一分八厘。以上四船共估实需银四千六百一十六两五钱六分九厘,均系在所必需,实难减省。请在关税银内动支拨修等由。到司。当查前船四只,本系届限大修,因值会匪滋事,留洋堵御,与贼打仗数十次,大炮互相攻击,以致损坏过甚,必须重新拆造。据估需工料银四千六百一十六两五钱六分九厘。按照递减拆造成数及应需中项各例价查核,均属无浮时值,水师各营需船孔殷,自应准其照战船遭风攻盗损坏之例,每百两核扣新平银六两,共扣平余银二百七十六两九钱九分四厘,余银给领,并令厦防同知会同水师提标中军参将赶紧拆造竣。兹据该同知申报,于咸丰七年闰五月十二日兴工,八月十一日均各如式修固,送由水师提督会同兴泉永道覆验收工,又经移令具结,并取具当时在洋镇将无捏印结送司。兹准兴泉永道司徒绪出具覆验收工印结,并取具当时在洋统带之前护水师提标左营游击陈团春复查无捏印结送司,理合将此案"清"字九号等四船应照攻盗损坏动支关税款银修办缘由,经奴才瑞瑸在福建藩司任内详请具奏前来。除咨户、工二部察照,仍俟奉部覆准转造清册,同送到各结照例办理外,所有修理师船,动用银两数目,奴才等谨合词循例恭折具奏。伏乞皇上圣鉴,饬部核覆施行。咸丰八年七月十四日。(北京:中国第一历史档案馆藏朱批奏折,档号:04-01-36-0073-016。)

49. 福建巡抚庆瑞奏为盗船愈聚愈多窥伺滋扰事

再,闽浙两省洋面辽阔,港汊纷歧,每多盗艇在洋游驶伺劫,为害商渔,节经严饬该管水师镇将领带舟师出洋搜捕,陆续报获匪犯解办总未能净绝根株,本年六七月间,闽省福宁府属浙省温州附属一带洋面,叠据各地方文武禀报,盗船愈聚愈多,窥伺滋扰。先经奴才分檄飞饬闽浙沿海营县严密赌防,并饬两省舟师分投剿捕。旋据福建福鼎县知县李瑞生、护桐山营游击刘绍基禀报:六月初二日督带兵勇在于沙埕洋面开炮轰击。该匪中炮落水者二十余人。并据浙江平阳县知县唐讣章先后禀报:六月初三、初六等日盗船驰至瑶洞澳、三缯埠一带河口,希图登岸劫掠,经该县亲督团勇驰往堵剿,击毙盗匪三四十人,余船驰出窜逃,各等情,禀报前来。奴才伏查该匪聚集多船往来游驶,并图登岸图扰,劫掠居民,情殊叵测。现在该管营县叠次堵剿,毙匪多名。虽据报盗船均已驶退,惟温宁一带洋面界址毗连,诚恐此拿彼窜。且江右逆匪分窜,闽浙现当剿办吃紧之际,难保无余匪窜逃下海,勾结为患。昨接温州府通详:拿获奸细供指西寇曾与盗艇勾通,希图攻扑沿海各厅县。尤虑日久滋蔓,剿办更形费手。亟应严饬闽浙两省水师各镇将带领舟师会合,痛加剿洗,以杜勾并而靖海洋。除分别飞速移行闽浙两省水师各驾兵船驰赴福宁、温州闽浙交界南北洋面,毋分畛域,会合剿办,勒限半月内,务将前项各盗匪人船埽数歼除、驰报、解办外,合将闽浙温宁一带洋面盗船图扰,现饬拿办缘由,附片陈奏,伏乞圣鉴。谨奏。咸丰八年九月初八日。(北京:中国第一历史档案馆藏录副奏片,档号:03-4246-087.)

咸丰九年(1859年)

50. 咸丰九年五月甲午又谕

僧格林沁等奏夷人近日情形一折,并将照会缮递。夷船于拦江沙内外往来游驶,近日虽移至外洋,未露桀骜情形。而该夷反复无常,难保不肆其悖悍。设竟欲闯入内河,该大臣仍当示以镇静。派员谕以上年所定和约,中国既许以互换,决不肯食言,致有更变。惟大沽海口不能行走,设竟无现闯入,以致误有损伤,中国不任其咎。并谕令该夷等移泊北塘,静候普酋等到后,与桂良等熟商办理。至普鲁斯本有十三日在沪启程之说,本日据桂良等奏称:该酋船只改于十五日开行,三国共有二十七只。该酋是否实已潜至拦江沙外,自应确加探访。前据恒福奏:请派令明善前赴海口,当经谕知不令前往。今知发递舛错,未经接到。本日已将此件寄谕。命军机处先由五百里递去,该大臣等奉到后,即遵照妥办。恒福现驻新河,即可督同文煜,就近照料,自无须另行派员。桂良等于十六日尚在苏州,即赶紧遄行,到津尚需时日。普鲁斯到海口后,总须令其静候桂良等到津。倘该酋不愿在洋守候,可告以换约系属和好之事,本不应多带兵船。此时既准其由北塘赴津。设或随从多人。携带器械。必致民情惶骇。滋生事端。所有换约官员人等。至多不得过二十人之数。沿途备办供给。必当尽礼。既为和议而来。中国总以诚信相待。断无疑虑。上年普酋亦曾到津。当时委员内。如有认识该酋之人。即可派令同为委员。以便辨认该酋真伪。该夷虽性情诡谲。此时既与议和。但当以诚相感。使其深信不疑。以免别生枝节。将此由五百里谕知僧格林沁、恒福、并传谕文煜知之。(《清文宗实录》卷二百八十四,咸丰九年五月甲午,第16—17页。)

51. 闽浙总督庆端奏为迩来广艇盗匪联帮游驶肆意劫掠为害商旅事

再,查闽省所辖洋面辽阔,港汊纷歧,每有沿海无籍游民纠伙整船,出洋伺劫,迩来又有广艇盗匪联帮游驶,肆意劫掠,为害商旅。节经奴才严饬水师各镇将无分畛域设法搜捕,虽间有据报获犯解办,总未能痛加剿洗,净绝根株。业将洋面情形并严饬水师缘由另行具奏在案。惟查海坛镇辖洋面失事之案屡见叠出,本年六月十四日,"承"字六号哨船驶至该镇所辖之石牌洋面,被盗船十只围拢牵劫,水兵林秀春等三名被炮击毙。又,本年七月十二日,台湾赴省城应试士子贡生杨梦祥等搭坐商船,行于该镇辖之【白】犬南雨伞礁洋面被盗围劫,杀毙船丁陈义一名。该生等行李、盘费【被】洗劫一空。奴才复访闻:本年七月二十六日,调补台湾县知县于湘菜由省挈眷赴任,船只驶至该镇辖之湄州一带洋面,被匪船六只牵劫勒赎。该县于湘菜现已放回,尚有亲属、幕友被劫,未知下落。是海坛镇辖洋面两月之中连劫之案,该管巡洋兵弁缉捕废弛至此已极。现当整饬洋政之际,若不择尤严参,何以昭炯戒而重缉捕。除先由奴才飞檄严饬各该水师镇将各带师船会合拿办,并饬已革水师提督钟宝□驰厦门,随同该水师提臣蔡润泽亲督兵船出洋搜捕外,相应请旨,将护理福建海坛镇总兵篆务准升铜山营参将颜青云、护理海坛左营游击烽火营守备江国珍、代办海坛右营游击该营千总张联奎等摘去顶戴,仍勒限两个月,督饬该管专巡各兵弁上紧缉拿,将被劫各案盗犯、赃物悉数解办、给领。倘仍不知振作,逾限,犯无破获,即行从严参办。此外,尚有应参专、协巡及专汛各员弁,是何衔名,另行开列职名,照例详请参办。到日再行核参。是否有当。奴才谨会同福建抚臣瑞璸附片陈奏。伏乞圣鉴训示。谨奏。咸丰九年十一月初七日。(北京:中国第一历史档案馆藏录副奏片,档号:03-4398-062.)

咸丰十年(1860 年)

52. 咸丰十年正月癸未钦差大臣两江总督何桂清奏报

据署苏松太道吴煦、候补知府蓝蔚雯先后密禀:咸丰九年十二月二十四日,续到英夷兵船一只,二十八日,又到一只,共载夷兵二百余名,连前到九只,共计十一只,并无动静。该国副水师兵头尊士于十二月十三日赴粤后,普鲁斯本有即日亦去之说,后因染患目疾,先遣翻译威妥马代往。于十二月三十日驾坐送信轮船出口。并据探明,前报该夷停泊中华及左近属国洋面大小火轮船四十九只,内已到上海十一只外,其余三十八只俱已驶抵香港及广东、福建、浙江洋面。该夷又在香港招汉奸一千名,随往天津,以便挑运行李粮食,现已招得五百人。又佛夷有兵船十九只,现在安南,尚有五只已到广东。咈夷副公使梅尔登于十二月二十七日前赴宁波,濒行曾至苏松太道署告辞,据称往返不过旬余,如有应议之事,俟该夷返棹再商。该夷与威妥马先后驶离上海,究竟是否实系前往宁波、广东?是否如期返棹?若合若离,行踪诡秘,无从探确。普鲁斯屡有拦阻漕船放洋之议,拟以兵船阻我出口,上海华夷各商纷纷传说,众口佥同。其时头批米船虽已将次放洋,而情势汹汹,能否平安出口,尚未可必。臣一得此信,即会同抚臣徐有壬,飞饬吴煦等密嘱华商,向夷商妥为开导,告以尔等离家数万里,将本求利,设中华漕米稍有阻滞,必致先从上海闭关,绝尔等运来之货,即无从销售内地之货,亦不准转运来口。我们两国商人皆无买卖可做,必致绝尔我生理。华商以此转告夷商。该夷商咸以为然,密告华商云普鲁斯之未经撤回,不过全其体面,实已无甚大权,必待该夷兵头曼斯必到后,始定如何办法。现在上海兵船不多,伊等情愿力阻普鲁斯不可造次。普鲁斯前既办理不善,此番或可不再执拗,等语。普鲁斯始犹以阻运为策之至善者,迨经华夷各商往返辩论,喻以利害,普鲁斯知众怒难犯,不敢坚执阻漕之议。头批海运漕米自十二月二十二日起,得以陆续放洋,并无阻滞。现在上海所雇沙卫等船,约计足敷江浙两省漕运之用。惟祝天气畅晴,并无风雨阻滞,则赶紧兑运,月内可以藏事。一经全数放洋,沙卫等船吃水不深,沿边浅水内洋为夷船所不能到,沙卫等船随处皆可驶避。纵不能因时抵津验收,亦不过耽延时日,盘剥、蒸变、糜费、折耗而已,尚不致束手无策。即使不能全数放洋,而头批已去,民心即定,此实仰赖皇上鸿福,非臣始愿所能计及也。江宁藩司薛焕驰回苏省,已于咸丰九年十二月二十九日接印任事,驻扎常州,随时商办一切。并密咨钦差大臣僧格林沁、直隶总督臣恒福查照,一面会同江苏抚臣徐有壬,督饬薛焕、吴煦等查探确情。如有动静,或有可乘之机,即饬薛焕以他事为由,星夜驰往上海察看情形,酌量办理。〔贾桢等纂:《筹办夷务始末》(咸丰朝)卷四十七,第8—11页。〕

53. 咸丰十年四月戊子盛京将军玉明奏

戊子,盛京将军玉明奏:窃奴才于四月十二、十四等日,接准金州副都统咨报:和尚岛、青泥洼等处见有火轮夷船一只,并由山东洋面劫来漕船、商船共六只,将船扣留,仅放船户水手登岸,奴才以夷情诡诈,形迹可疑,当将通饬严防。并详查确探缘由,叠经由驿奏报在案。十七日戌刻,准金州副都统希拉布咨报:十三日见有火轮船一只,带来被劫商船十一只。十四日又到火轮船一只,和尚岛。十四日,见有火轮船一只,带来被劫宁波船一只,卫船、沙船各一只。并据该旗民地方呈报:被劫船户于初九、初十、十二等日先后登岸。讯据上海船户金锡蕃、高畅堂、顾永昌、陆缤彩等供称:均由江苏领运漕米,赴津交卸,回空至没沟营装载出口,行至山东洋面被劫。杨振声供:系山东丁游船,由江苏领运漕米一千零八十石,行至威海成山岛被劫,水手惊惧跳落水内三名,不知下落。邢继周供系江苏沙船,由上海装载货物,行至岑山洋面被劫。王天成供系天津卫船,由山东贩卖豆石完竣,欲赴牛庄装载,行至外洋,被夷船抢劫银二千一百两,均带至和尚岛口外停泊。除将交卸漕粮,验有执照之金锡蕃等四船酌付资费,发给文照,先令回籍。其陆缤彩交卸漕粮并无执照,杨振声领运漕粮被劫丢失水手,应将该船户留案听候查办。其余舵工水手均经释回,等情。驰报前来。奴才查该夷旬日之内劫掠商船多只,虽有改作火轮船带赴天津打仗,等语。而该夷奸狡异常,其火轮船陆续前来,劫留商船愈聚愈多。且在和尚岛、青泥洼一带游奕。其心实属叵测,难保不有窥伺金州之意。且恐即以劫留之船,分驶各口滋扰,亟宜严密提防。况金州和尚岛、青泥洼等处俱系老水贴岸,距城较近,尤为吃紧。现经奴才将熊岳备调兵三百名,飞札催赴金州,交该副都统督带就驻海滨,扼要堵御,相机办理。所有此次被劫船户、水手,札经该地方官验明照票,资遣回籍,第恐稽查稍有疏虞,其间难免奸民混迹,假冒舵工、水手,或托言回籍,潜赴各口侦探虚实,暗中勾结,尤不可不细心盘诘,确切访查。嗣后被劫商船验明有无照票分别遣留,其应行释回者仍著该地方官派差递省,庶可杜渐防微,消弭隐患。至该夷船现在停泊处所,究系距岸远近,其所劫商船之船户水手是否登岸,讯有供词,来文均未声叙,仍应飞咨确查,相机布置,以昭缜密。〔贾桢等纂:《筹办夷务始末》(咸丰朝)卷五十一,第33—35页。〕

54. 咸丰十年五月丙辰又谕

薛焕奏:探闻夷船北驶及额尔金已抵吴淞口,并克复嘉定等城各折片。夷人在奉天、山东洋面掠船,叠据玉明、文煜奏:佛夷由烟台驶入刘公岛,将口内商船全行拉去,并在平畅河口一带外洋拉去船只,桀骜情形,实堪痛恨。英酋额尔金已抵吴淞口,佛酋葛罗当亦随后可到,此时不便官为晓谕。可密谕华商向夷商开导,告以夷人在山东等处强拉海船,抛弃货物,从此海道不通。不独中国商船受害,即夷商亦无可贸易。况英、佛与中国构兵,汝等须出兵费,若不竭力阻止,彼此均无裨益。该夷商皆为利而来,自必向额酋等劝阻。如此办理,方为釜底抽薪之计。如可挽回,仍在上海定议,换给和约,方为正办。该署大臣谅能竭力妥办,不至意存推诿也。此次克复嘉定太仓,内有吕宋夷人一百名助剿,虽非英、佛一类,究不必借资夷人之力。著薛焕即将此项夷勇裁撤,给予募费,作为商雇,并非官雇,以免将来有所借口。其大西洋夷酋,并著设法驾驭。毋令附和英、佛为要。将此由六百里加紧密谕知之。(《清文宗实录》卷三百二十,咸丰十年五月丙辰,第9—10页。)

55. 咸丰十年六月庚辰盛京将军玉明奏

窃奴才前因金州夷船声势较重,本省兵力无多,必须借资团练,请敕府尹景霖亲督办理,并各城盘获奸细,等情,由驿奏报在案。兹于六月十一日奉到朱批:知道了。拿获奸细除应讯明分别办理者,自应解省研鞫,以重人命。若直供不讳受夷指使侦探虚实者,即就地骈诛。钦此。同日承准军机大臣密寄,六月初五日奉上谕:本日据玉明奏:续陈金州夷务情形,等因。钦此。奴才遵即飞咨府尹景霖速赴盖州,将南路各城民团劝官绅实力举行,所有旗堡团练即由奴才会同该府尹认真督办,其备调官兵拟即全数调出。查省南适中之地,惟青石岭熊岳二处系金州陆路,径越复州直奔省城必由之路,最为扼要。且距金稍远,俾该夷不知底细。若令逼近,致生疑忌,现派副都统衔协领常升统带马队五百名,驰赴熊岳驻扎,并派协领尚安统带步队兵一百名在青石岭一带驻扎,消息相通,声势联络。各于要隘严密设伏,以期有备。近接金州副都统并旗民地方官咨报,青泥洼、大孤山等处,自五月底至六月初间续到轮夷船二十六只,陆续驶出外洋者二十一只,现在各口停泊实有轮夷船一百三十五只,其大小孤山、青泥洼、大鱼沟等处岸上所搭账房、布棚以及所卸马匹、枪炮、器械现经该夷全行撤去,搬运上船,仅剩大孤山账房二百余架,马一百余匹,等情。复据差弁探得:该夷因不服水土,人马伤废甚多,且闻添兵练勇,恐我乘隙攻剿。现将岸上帐房器械全行撤去,夷人俱已回船居住。其大孤山等处轮夷船只连日向青泥洼口外挪移较远,亦多有驶出外洋者,不复演阵操兵肆行无忌,等语。奴才查该夷人马渐已收撤回船,难保非会齐赴津,逞其凶悍,况夷情叵测,尤宜加意筹防,妥为布置。水路则没沟营、田庄台与内河一水相通,最为吃紧。现饬牛海旗民地方官督同本处绅商,将没沟营铺团二千,勤加习练,借资抵御。并饬田庄台两岸三营将弁操演枪炮,昼夜巡防,其各城旗民团练俟景霖到防时,与奴才会同赶紧劝办,务使各处村屯旗民连为一气,与陆路设防官兵相辅而行,以壮军威,而资抵御。水路冲要,现已节节设防,所拿奸细、广匪应即会饬旗民委员悉心研鞫,俾无枉纵,审讯得实,遵旨即行正法。一面仍饬各该地方官实力查拿,务期尽绝根株,以清内患。[贾桢等纂:《筹办夷务始末》(咸丰朝)卷五十五,第9—11页。]

56. 咸丰十年六月庚辰又谕

玉明奏查探金州夷情一折。据称大小孤山、青泥洼、大鱼沟等处岸上夷人所搭帐房及马匹器械,逐渐收撤回船,驶出外洋,难保非会齐赴津,等语。连日据僧格林沁等奏报:夷船一百余只驶至大沽海口拦江沙外,近复有夷船三十余只,由北塘登岸,盘踞村庄,自系由奉天、山东一带连樯而至。叠次谕令僧格林沁严密防范,并谕恒福先行派员询其来意,并照会英佛两国,令其照米国之例,进京换约。如该夷借此转圜,即可不烦兵力。惟此时战抚之局尚在未定,设该夷复至金州等处,该将军仍当不动声色,密为防备,不可贪功挑衅,致误抚局。如该夷结队深入,有滋扰情形,方可相机堵截。亦须作为百姓不容,不可露出官兵打仗,使该夷无可借口。前谕玉明会同景霖,办理旗民团练。该府尹谅已早抵盖州,著即迅速举行,以资捍卫,是为至要。将此由六百里密谕知之。(《清文宗实录》卷三百二十二,咸丰十年六月庚辰,第31—32页。)

57. 咸丰十年十二月癸酉谕军机大臣

恭亲王奕訢等奏遵议借夷剿贼并代运南漕各情一折。前据曾国藩、薛焕、袁甲三并瑞昌、王有龄等驰奏遵议借夷剿贼及帮运南漕各折片。谕令恭亲王奕訢等悉心酌议。兹据奏称:将曾国藩等原奏悉心参核。江南官军现尚未能进剿金陵,即令夷船驶往,非特不能收夹击之效,并恐与贼相持。如薛焕所虑勾结生变,尤宜豫防。该抚所拟令夷兵由陆进剿,非独经过地方惊扰,即支应一切诸多窒碍。夷性贪婪,一经允许借兵剿贼,必至索请多端,经费任其开销,地方被其蹂躏,等语。并于英酋威妥玛来见,与之谈论终日,该酋已吐实语。谓剿贼本中国应办之事,若借助他人,不占地方,于彼何益。非独俄、佛克复城池,不肯让出。即英国得之,亦不敢谓必不据为己有,因举该夷攻夺印度之事为证。借夷剿贼,流弊滋多,自不可贪目前之利,而贻无穷之患。惟此时初与换约,拒绝过甚,又恐夷性猜疑,转生叵测。惟有告以中国兵力,足敷剿办。将来如有相资之日,再当借助,以示羁縻。并设法牢笼,诱以小利。佛夷贪利最甚,或筹款购其枪炮船只,使有利可图,即可冀其昵就,以为我用。倘上海夷人谆请助兵剿贼,著曾国藩、薛焕量为奖勉。倘有兵船驶入内地,即按照条约拦阻。并著该大臣等就现有兵力,设法攻剿逆匪,毋再观望。至佛夷枪炮既肯售卖,并肯派匠役教习制造,著曾国藩、薛焕酌量办理。即外洋师船现虽不暇添制,或仿夷船制造,或将彼船雇用,诱之以利,以结其心,而我得收实济。若肯受雇助剿,只可令华夷两商自行经理,于大局或可有利无弊,并著该督抚斟酌试行。将来于通商各口关税内酌提税饷,仍济军需。其代运南漕一节,亦照恭亲王等所议,由薛焕出示招商运津,无论华商、夷商一体贩运,按照税则,完纳税饷。官为收买,按照时价,公同估断,无须与该夷豫行会商。米夷质性较醇,与英、佛情形不同。其应如何縻系,使为我用,俾其感顺,以杜俄夷市德于彼之心,亦著曾国藩、薛焕随时酌量情形,妥为办理。另片奏:上海通商各小国见英、佛、米三国换约,未免觊觎。前经桂良在上海时严行拒绝,薛焕曾随桂良在彼,深知其事,并著该抚务照前年办理情形,豫为杜绝。毋令径驶天津,又费唇舌。并晓谕英、佛、米三国以各小国小弱之邦不得与三国平列,一体换约,令其帮同阻止,方为妥善。如各小国不遵理谕,径赴天津。惟薛焕是问。将此由六百里各密谕知之。(《清文宗实录》卷三百三十八,咸丰十年十二月癸酉,第8—9页。)

同治朝

同治元年（1862年）

1. 同治元年正月癸巳又谕

劳崇光奏请将衰庸之水师员弁分别勒休革职一折。广东龙门协都司何琨镛、提标守备李茂阶身体孱弱，精神委靡；海安营守备高耀能染患风痰，不能出洋巡哨；均著勒令休致。崖州协守备黄绍晋性耽安逸，庸懦无能；碣石镇守备冯宝光巡洋不力，捕务废弛；均著即行革职，以肃戎行。（《清穆宗实录》卷十五，同治元年正月癸巳，第49—50页。）

2. 闽浙总督耆龄奏报红单船沿途缉捕洋盗事

再查，闽省赴援温州师船，因口粮不继，全数撤回遣散。经奴才调派由粤东雇募红单船十只驶赴温江接防，交温州道支方廉湖遗，业经附片奏明在案。兹据都司关镇国、都司衔萧瑞芳、把总陈东启祥禀报：驾驶前项红单师船，放洋赴温，一路风色顶阻，八月二十七日，至琅岐澳寄泊，据乡民报称，该处附近洋面，时有盗船成群游弋。闰八月初一日驶至赤沙湾洋面，果见盗船多只，萧瑞芳、陈启祥分驾师船前后包围，枪炮齐发，毙匪多人。盗船开炮回击拒战多时，阵亡壮勇二名，受伤六名。各勇愤极，用大炮连环施放，抛掷火箭、火罐，登时击沉盗船一只。余匪复自行失火焚烧一只，匪力不支，弃船凫水逃遁，各勇分驾三板，擒获盗犯四名。时值风浪大作，余匪均被淹没，围获盗船十四只，起获一千斤至二三百斤大小炮位二十五尊，抬枪、鸟枪二十五杆，火药铅子各二百余斤，其余器械无算。将被炮轰破不堪驾驶盗船四只焚毁，次日又被风击沉三只，尚存七只，同盗犯四名，解交福宁镇查收办理。夺获炮械留于师船配用。初十日驶至长沙湾，围获盗船一只，盗匪弃船登岸翻山逃走，查验该船业已破烂，亦即烧毁。十二日，寄泊盐甸洋面，据乡民报称，凤凰山、北龙山均有盗船掳劫。十三日，各船即带乡民指引，分别兜捕。酉刻，萧瑞芳船抵凤凰山，见有盗船一只，立即施放大炮，该匪亦开炮回击，相持逾时，盗匪登山逃逸，时值黑夜，即将围获盗船击沉。陈启祥船抵北龙山，见有盗船六只，驶近擒捕时，各师船前后行，盗匪见陈启祥仅只一船，竟先开炮围扑，各勇排炮齐轰，毙匪甚伙。该匪复分股登山，埋伏树林，炮击我船。正相持间，适萧瑞芳之船及第五号师船驶近，盗船三只始乘风遁去，树林之匪亦逾岭而逃，当获盗船三只，夜深浪大，难于兼顾，焚烧二只，仅留一只，起获九子炮三位，小铁炮十一位,鸟枪三杆,刀械多件,救回被掳难民七名。查点水勇受伤一名,随于十六日夜驶抵温州,将盗船、难民解送温处道查办,等情,前来。奴才伏查此次红单船由闽调防温郡,沿途经乡民指引,剿捕洋盗,获船十九只,夺得炮械多件,并擒获盗犯、救回难民,分解福宁镇、温处道,查办,尚属奋勇得力。际此洋面不靖,防剿须严。奴才饬令支方廉督饬各师船实力巡防,有犯必获,仍严束勇丁,不准登岸,以卫地方而杜滋扰。所有派防温郡红单船只沿途剿捕洋盗,夺船获犯缘由,理合附片陈明。伏乞圣鉴训示。谨奏。同治元年十月十一日。(北京:中国第一历史档案馆藏录副奏折,档号:03-4768-108.)

同治二年(1863年)

3. 督办军务闽浙总督署浙江巡抚左宗棠奏为查明知府在洋遇盗被害事

督办军务闽浙总督署浙江巡抚臣左宗棠跪奏。为查明知府在洋遇盗被害,疏防文武职名,照例补参,仰祈圣鉴事。窃前任温州府知府志勋,于咸丰十一年十二月初九日在黄坎门洋面遇盗被害,前署玉环厅同知白让卿所禀各情不实,经臣将该员先行撤任,曾附片奏明。奉旨,著即将志勋遇盗被害情形迅速查明,据实具奏。钦此。当即恭录,饬司遵行在案,兹据按察使刘典详称,据现署玉环厅同知张文藻,会营带同该故员志勋家丁许坤至外黄门洋面,勘得黄门山一座,孤悬海外,系玉环厅外洋水师右营管辖,附近并无墩铺防兵。该山与坎门对峙,中隔海面,致有黄坎门之名。据许坤指称,咸丰十一年十二月初九日,船至该处寄碇,突遇盗船五只,约有数十人持械过船掳抢,当将伊家主志勋与同船之温州府经历陈占元,推跌落海身死,幕友沈嘉干亦受伤殒命,当时并未候官履勘,以致错报地名。现经带勘,实系外黄门洋面,等语,其白让卿任内巡获原船,据前署温州府知府黄维诰覆详:提讯勇目林振芳等,并经手雇船之职员李荫溥认明,确系志勋原坐广艇,惟现据许坤指称,此案首伙约有数十人,除白让卿缉获伙犯张丙虎、吕阿狮、潘大妹、郭碎弟四名正法外,其盗首阿关虽据犯供已被发逆杀毙,是否属实,尚难凭信,且逸犯甚多,所有初次疏防职名,自应照例补参。查内洋盗案,文职疏防,定限四个月,武职疏防,定限六个月。今此案以咸丰十一年十二月九日失事之日起,文职应扣至同治元年四月初九日,四个月疏防限满,专辖系前署玉环厅同知白让卿、玉环厅巡检李嘉谟,统辖系前温处道支方廉;武职应扣至同治元年六月初九日限满,分巡海汛系守备王万春、专巡海汛系把总傅长瑞、协防海汛系外委陈世彪,应请照例题参,等因,前来。除支方廉、白让卿已另案勒休、革职外,其巡检李嘉谟、守备王万春、把总傅长瑞、外委陈世彪,均应请旨交部照例议处,理合专折具奏。伏乞皇上圣鉴。施行。谨奏。同治二年八月十二日。(北京:中国第一历史档案馆藏朱批奏折,档号:04-01-12-0496-101.)

4. 同治二年八月辛丑浙江巡抚曾国荃奏折

辛丑,留办金陵军务浙江巡抚曾国荃奏:臣窃闻西洋轮船自兴造以来,至今不过百数十年,制度精巧,用水火之力,奔腾鼓荡,日行千余里,从印度至粤不过数日。各国赖以觇货物之盈绌，探兵事之利钝，虽渺隔重洋，无不旬日周知。惟其闻见最速，诸事皆得先为之备，故其获利尤溥。西人兵力财赋横绝一时，实由于此。其兵船制造尤坚，首尾皆锐，裹以厚铁，战斗折冲，其行如飞，他船不能与之争疾。兵交之际，鼓其火焰，直冲无前。所当之处，无坚不破。沿海盗艘、广艇、艍船、白鳖壳之流往往畏之如虎，洵海中第一利器也。臣见泰西所刊记事之书云：俄国本在陆地，惟南境濒临黑海，昔年以无轮船之故，口岸要隘多为英法各国占据。其先汗有名比达者，幼而英武，愤敌之逼，思所以御之。当其为太子时征服至法国船厂，佣工数载，尽得其诀，归则仿而为之，巧与相埒。此俄国轮船之始也。厥后国势日强，南向以争黑海，与各国连兵，至今未息。欧洲莫不惮其强盛，观其深心大力，有志竟成，收效之速，有如此者。今当海氛甫靖之际，倘能鼓励中华才力聪明之士，困心衡虑，师外国之长技，即可以制他寇之凭陵。安见彼轮船之切于时用，不资我中国因利乘便之政乎！

如或谓中外和好，交谊正笃，不可先存机心，以启猜嫌。言之憪憪，似亦可听。然而思患豫防兴起良法乃经国之大猷，何可一日忽也。但制作之方，机械之繁，非资之岁月，先精驾驶之法，无以穷其底蕴。查前年廷旨购办轮船七号，不惜巨资，幸而有成，闻皆将到海口矣。惟近见总理衙门与洋人奥士本、李泰国商定往复，除轮船实价百万之外，所用西人兵士每月口粮七万余两，每年大率不下百万两，俱于海关支扣。窃计国家帑藏空虚，倏而岁增巨款，度去将益不给。当始议购买之时，原以用中国人力，可以指麾自如，且其时长江梗塞，正欲借此利器，以平巨寇。自今夏攻克九洑洲，仰仗皇上威福，江路已通，江边之城仅金陵省会尚未恢复。然长江水师帆樯如林，与陆军通力合作，一经合围，定可克期埽荡。臣窃见轮船经过长江，每遇沙渚回互，或趋避不及，时有胶浅之虞。盖江路窄狭，非若大海之得以施展如意。譬犹健儿持长矛于短巷之中，左右前后必多窒碍，其势使之然也。平时一线直行，犹且如此。临阵之际何能盘旋往复，尽其所长。是大江之用轮船非特势力少逊，究亦有术穷之时。今令其入江，实有不借彼载攻之力。若顿诸海口，则又安闲而无所事事。且各船皆洋人为政，未必肯受华官之约束。我中国即欲讲求利器，无从得其端倪，历久之后糜费百万，深恐财尽力殚，有废然自返之一日。徒使廊庙远猷不能收经久之效验，甚足惜耳！

臣伏查沿海各省，如苏、浙、闽、粤皆有额设水师，其将领弁兵数万人，岁费兵饷及修船军火之资数百万两，闻粤省兵伍最虚，而船制颇坚，闽省兵数较充，而船制甚脆。至于江、浙二省又不如闽粤远矣。加以纪律不明，约束不密，曩时颇在各海口贩运违禁之物。道光十九年，海疆初次有事，守御诸军交绥而溃。迨和议既成，大吏因循，亦未整顿，年复一年，废弛弥甚。遇有应行出海会哨之事，靡不视为具文，以致洋面盗风所在充斥，其不可恃由来久矣。查咸丰年间江、浙二省办理海运，实由商人各自捐资，雇募外国轮船保护，往来得以晏然无恐，各商人自计犒劳之资，所费无几，而行驶遂无戒心，故情甚愿。即洋人新闻纸中亦恒云：洋面盗贼，中国若能设立轮船，专司缉捕，外国亦当助力，等语。并有见诸和约者，此时各国盟誓已坚，海岛无事，所资兵力不过捕盗而已。为今之计，若酌裁沿海额设水师之经费，以养新购之轮船，则国家不至多糜饷项，而其事亦经久可行。若改初议入江新购之轮船,移而巡海洋之盗贼,则中西借以永敦睦谊,商情亦因之允惬,如其专任轮船出洋巡缉,南至二粤,北至盛京,内外洋面分途逻哨,为益甚多。

至于酌量裁减沿海水师,尽可分别办理。查苏、浙二省兵力最疲,自宜概行裁撤。其闽、粤二省或酌留十之三四,或留十之五六。应责成该省督抚因地制宜,相机办理,大率不外先核兵伍虚数,就目下实有之人,加以淘汰。务使可收实用。一俟裁减妥善,整顿齐全,每年节省之款不下一、二百万,便可充轮船之饷而有余。一转移间,两善俱备。目下之费不患不充,将来亦不至难乎为继。如此办法,海口以内水师之军政改观,海门以外轮船之巡缉益力。相辅而行,则巨洋盗风可期弭戢。海外各国商人闻中国移此船为捕盗之用,无不欢欣鼓舞,相与有成。此中外两利之道也。

至若变化之术,所谓神而明之存乎其人。倘能商定此项轮船,皆由中国官员主持,然后选心计明白久于行阵之人为该船将领,并延揽智能巧思之士,以充幕僚,将弁悉心讲求,得其驾驶攻战之法,更于粤东、江苏海口设立船厂,令中国工匠学习整修轮船之事,以期尽通巧妙。其船兵士亦准逐渐换补中国之人,庶几此项利器乃可云中国所有耳。臣缘见轮船入江无用武之地,而沿海水师颓废已甚,二项经费极巨,应筹经久之良谟,用敢渎陈管见,是否有当,伏候圣主采择。惟事关军政大体,变通办理亦非易易。且闽、粤、苏、浙情形各有不同,其应如何办法,应请饬下沿海各督抚熟筹覆奏,以期有利无弊,出自圣裁。[宝鋆等纂:《筹办夷务始末》(同治朝)卷二十,第3—7页。]

5. 同治二年十月乙未谕议政王军机大臣

据阎敬铭奏:本年六月二十二日有上海高和顺米船由江南佘山口放洋北上,驶至黑水外洋遇盗,劫去货物并捐米一百余石,拒杀水手郑明瑞。现由石岛口岸放洋赴天津交兑,等语。海运米船近年经过东洋,颇觉安靖。何以黑水洋面忽有盗艇游弋肆劫?现在京仓所需米石,全赖海运源源接济。若不将洋面盗匪迅速扑灭,不独为米艘商船之害,将来南粮北上,亦在在可虞,于仓储甚有关系。阎敬铭现已咨会沿海各督抚一体兜拿,即著曾国藩、刘长佑、李鸿章分饬舟师,确探贼踪,协力剿捕……务将此股盗犯,悉数剪除以靖洋面。倘该总兵阳奉阴违,或安坐衙斋,虚报出洋跟缉,即著从严参办,毋稍宽纵。至此拿彼窜,原系该匪等惯技,况海面汪洋数千里并无关隘,可以遏截盗踪,必须南北各水师,分巡合捕,方克有济。曾国藩等务各檄饬沿海镇将,严密捕拿,毋得稍涉大意,致滋延蔓。将此由四百里各谕令知之。(《清穆宗实录》卷八十三,同治二年十月乙未,第4—5页。)

6. 督办军务闽浙总督署浙江巡抚左宗棠奏为定海厅地方文武讳盗疏防事

督办军务闽浙总督署浙江巡抚臣左宗棠跪奏。为定海厅地方文武讳盗疏防,请旨撤任,勒令缉拿,以资整饬事。窃臣接准署浙江提督秦如虎咨称,风闻定海厅地方于十月二十七日夜,有盗匪多人明火持械,入城抢劫典铺一案,事已逾月,并未据该管营员具报,即经委弁赴厅密查。旋据覆称:访得同治二年十月二十七日夜三更时分,突有盗匪数十人由东北城墙持械而进,随拥至竹家卫之阜源当铺隔壁米店,转进阜源当铺,劫去银洋、首饰等件,约共值银一万有余。当经护定海镇总兵袁君荣暨署定海厅同知叶宝田督带弁兵、差役赶赴该处救护,旋因盗匪开放洋枪,兵役复退至城中状元桥扼守,将近黎明,盗匪乃闯北门遁去。现在已逾一月,赃盗均未拿获。转咨前来。臣查定海地方孤悬海外,该营文武如果整饬有方,何致盗匪明目张胆入城肆劫,盗匪仅止数十人,搜抢竟至两时之久,该文武等督带兵役往捕,不能悉数歼擒,反行退守。顷始据获定海镇袁君荣、定海城守营都司姜东铖禀报捏称:是夜阜源当铺被贼撬洞行窃,显有避重就轻情弊。该员等既已疏防于前,复又讳饰于后,庸懦糊涂,言之深堪痛恨,应请旨将护定海镇总兵袁君荣撤去护任,署定海厅同知叶宝田、定海城守营都司姜东铖,应一并撤去署任,摘去顶戴,暂留定海厅地方,勒令协同缉拿。倘案无破获,再行从严参办。除分别檄饬遵照,并委员前往摘印,署理镇厅各缺及疏防专协各汛弁,另行查取职名,咨部办理外,谨据实具奏。伏乞皇上圣鉴训示。施行。谨奏同治二年十二月二十一日。议政王军机大臣奉旨:袁君荣著即撤去护总兵之任,叶宝田、姜东铖著一并撤去署任,摘去顶戴,暂留该厅勒限严缉。(北京:中国第一历史档案馆藏朱批奏折,档号:04-01-12-0495-058.)

同治三年(1864年)

7. 同治三年六月甲申恭亲王又奏

查同治三年四月初九日,军机处交出三口通商大臣崇厚奏,布路斯国遣使北来,由津赴京,呈递国书一折。四月初八日,奉旨:该衙门知道。钦此。据原奏内称:于三月十五日接据大沽委员禀报,现有布路斯国使臣名李福斯航海北上,欲由津进京。据该国领事官来署,呈出该使臣来函内称:该使臣到京欲见总理各国事务王大臣,转呈该国君主国书,等因。并据崇厚函称:布国坐来兵船在大沽拦江沙外,将丹国商船扣留三只,闻该国与丹国系属世仇,各等语。臣等查拦江沙,距大沽海口不远,无论何国与何国为仇,总不应在中国洋面报复,致惊中国地方。且外国持论往往以海洋距岸十数里外,凡系枪炮之所不及,即为各国公共之地,其间往来占住,即可听各国自便。今布国使臣李福斯初次奉使来京,一抵海口,即在拦江沙外滋事,若不令其将此事先行办结,即与会商公事,不但无以折该使臣虚矫之气,且恐各国以中国置之不较,将来借口执此为拦江沙外各国公共洋面之据,其势可以无所不为,不可不就此豫防其渐。臣等正在函致崇厚办理间,旋于四月十二日接到李福斯致臣等照会,内称现年本国君主特简为钦差入华全权大臣,饬令亲赍国书,赴京呈递,现已到京,望定期拜谒,等语。臣等因即给予照覆,告以在中国洋面扣留别国之船,乃显夺中国之权,于中国大有关系。该使臣既系伊国派来,即应将伊国与中国大有关系之事先为办结,方可定期接待,等因。臣等之所以先令该国办结此事者,所争原不在丹国,而在大局,欲借此以消其桀骜之心。且以辨明此地实系中国洋面,并非各国公共海洋。讵该使于接到臣等照覆后,仅将所扣丹国船三只放回二只。复给臣等照会,内称:该船被本国师船扣留,系属按照欧罗巴所定军法,其扣留处所相去海岸远近,亦属万国律例准拿敌船之处,并称此事国家定夺,非其所能干预,等语。臣等因其狡辩推诿,又给照复,告以此次扣船处所乃中国专辖之内洋,欧罗巴所定军法不能强中国以必知。既为全权大臣,又称不能干预,或俟另简真正有权之员,前来共事,至定期会晤一层,总须俟此事完结,方可接待商办,等因。该使知中国于此事所争甚力,因逢向来住京之布国学生,现充该国翻译官,名璧斯玛到署谢罪。并有照会前来,自认咎在布国,仍请定期接见。臣等再三斟酌,准其来署面晤。仍面告以扣留丹船一事,总须先为办结,方能以公使接待。该使无理可争,遂面允赶为办结。旋据照会所留丹船一只,本国领事已在天津预备洋银一千五百块作为此船之价,俟本国商议妥当,此船应属何人,即将此项交付。并据璧斯玛先后声称:此件李公使须回国商明,因俄罗斯陆路行走取道较近,已于五月十二日出京,各等因。该使出京后,由该翻译送到照会三件,均为商船在浙闽洋面被人欺凌及搁浅等事,显系该使自知失礼,欲撅拾已往之事,借以抵制。当由臣等行知通商大臣李鸿章酌量办理,现据察哈尔都统报称,该公使行抵张家口,于五月十九自雇车辆,起身出口。经守口弁兵查验放行,俟该使商明,再行相机办理。〔宝鋆等纂:《筹办夷务始末》(同治朝)卷二十六,第28—31页。〕

8. 同治三年六月甲申恭亲王奏折附录

布国照会:为照会事。现蒙本国大君主特简本大臣为钦差入华全权大臣,饬令亲赍御笔国书,赴京呈进大皇帝御览,以为本大臣奉命之据,本大臣遵即前来,现已到京,希望贵亲王定于何日何时本大臣亲赴贵署拜谒贵亲王列位大臣。为此照会。

给布国照覆:为照覆事。接准贵大臣照会,知贵大臣现来中国为全权大臣,业已到京,并定期与本衙门会晤,等因。本王大臣查贵大臣系贵国特简之员,自必材能出众,办事妥协,凡遇国家交涉事件,谅无不按照和约,持平办理。惟贵大臣坐来兵船,现在中国洋面,将丹国商船扣留,殊深诧异。查外国在中国洋面扣留别国之船,乃系显夺中国之权,于中国大有关系。贵大臣既系贵国派来,即应将贵国与中国大有关系之事先为办结,方可定期接待也。为此照覆。

布国照覆:为照覆事。昨接贵王大臣来文,已阅悉。本大臣奉特派入华,系为办理和约事件全权之大臣,更奉朱谕,谆谆示以持平办理。至于和约内所不载,如有本国所与贵国交涉之事,亦自能悉心商办。惟来文内称本国兵船将丹国商船扣留之事,为夺贵国之权,殊不可解。查该船原系本国与丹国动干戈之后,被本国师船噶喇唎扣留。并扣留该船系属按照欧罗巴所定军法,其扣留处所相去海岸远近,亦属万国律例准拿敌船之处,是以专办此事之责,竟为我国家定夺,非本大臣所能干预。此系实无可疑之事。即各国住京大臣意见无不相同。如贵王大臣有不相信之处,询问亦无不可。至于兴动干戈之时,民人未免惨遭此苦,故于扣留商船三只之后,本大臣饬令船只内载除系丹国货物,将各国与中国装运者一并缴还,并查出有与本国和好国之民船二只,饬令释放。因再希贵王大臣定于何日何时会晤,为此照覆。

给布国照覆:为照覆事。接准贵大臣来文,所称扣留丹国商船,系照欧罗巴所定军法一节。查此次扣留丹国货船处所,乃系中国专辖之内洋,贵国兵船前来中国,自当入境问禁,不得任意妄为,中国所辖各洋,例有专条,各国和约内均明此例。贵国和约内载有中国洋面字样,较各国知之尤切,何得云殊不可解。至欧罗巴所定军法,则不能强中国以必知。来文所称专办此事之责,为贵国定夺,非贵大臣所能干预,等语。查贵大臣既来中国,为全权大臣,所谓全权者系于贵国之事无不可以作主。今贵国首先违约,贵大臣不能干预,本王大臣将来何以与贵大臣办事?或俟贵国另简真正有权之员前来,本王大臣方能与之共事。至定期会晤一层,查中国洋面商船失事一节,系在贵大臣甫到天津,本王大臣未经接待之先,自应俟此事完结,方可接待商办一切也。为此照覆贵大臣查照。

布国照覆:为照覆事。前接来文所云扣留丹国船只,此事之责本大臣并无推诿之意,本大臣既奉命入华为钦差大臣,凡一切事务俱应代国行权。惟丹国船只被我国扣留,咎在我国。丹国亦不能向中国理论,中国亦无须任其责。本大臣特为申明,深愿将扣留丹船一事,与贵国办完。为此再希贵王大臣定于何日何时本大臣亲赴贵署会晤是幸。

给布国李福斯信:启者。昨接贵大臣照覆一件,均已阅悉。贵国扣留丹国船只一事,本王大臣等所以必欲贵大臣赶为办完者,缘滋事之处系属中国洋面,《中枢政考》所载界限甚明,外国无论与何国有隙,在中国洋面扣船,即属轻视中国。所以本王大臣等不能不向贵大臣理论者,非为丹国任其责,实为中国保其权。今贵大臣既屡次来文意欲见面晤谈,并照会内称扣留船只咎在本国,深愿将扣船一事办完,等因。本王大臣特先布函,定于四月二十八日三点钟在署相候。即望届时前来晤叙。将如何办完之处,妥办完结,即可认贵大臣有代国秉权之据。以便备文照覆办事,以敦和好可也。

布国照会:为照会事。前于本月初十日在贵署所商扣留丹国船只一事,兹特照覆贵署王大臣。所有前扣丹国船三只,其二只早已放归,下余船一只,现在亦将入海,本国领事官已在天津豫备洋钱一千五百块,作为此船之价,一俟本国衙署商议妥当,是船应属何人,行文来时,拟即将此项洋钱一千五百块交付可也。现在此事已将办完,本大臣甚为欣慰。为此照会。

给布国照覆:为照覆事。准贵大臣照会,扣丹国船,等语。查贵国兵船在中国洋面扣留别国船只,实有碍于中国之权,今贵大臣既称已在天津备价,俟贵国商议妥当,等因。仍望贵大臣于商议妥当办理完结后,即行照覆前来,本大臣得有实据,以便接待贵大臣可也。

布国照会:照会事。一千八百六十一年十二月,有得意志船一只,名阿勒拂勒得黑勒漫,系给勒漫阿里思之船,在福建厦门口禀称:阿勒拂勒得黑勒漫之船现在台湾各口浅阁,方欲前后推转,忽由岸上左近乡村之间来几百余人,各执枪刀,逞强上船,欺负满船之人,抢掳物件,并劫夺货财,共合抢去洋钱一万块。当即报明台湾地方官,恳请饬令该乡人或赔船货,或赔洋钱,乃屡经地方官谕,虽该乡人有钱能赔,而该管官无权,不能压令使赔,等语。本大臣查给勒漫阿里思船被乡人抢夺,大为吃亏,而该管官无权,不能料理,相应恳请贵国王大臣查照中国布国和约第三十三款,饬令台湾地方官设法拿获乡人,令其赔还。倘该地方官不能办理,本大臣即请贵国王大臣按第三十三款,照中国例给与处分。本大臣久知贵国王大臣办理和约之事,甚为明智,甚为公平,谅此事定然代本国办理妥协也。为此照会。

布国照会:为照会事。一千八百六十二年十月,据上海德意志嗳伯与定海镇台袁君荣、定海商民谷兰亭三人和约,在定海舟山豫备火轮船二只,保护由福州至宁波往来之船,最要紧者系特为保护载木之船。三人言定,嗳伯一人一船,袁君荣与谷兰亭二人伙为一船,当时言明如有利银,两处均分,系嗳伯一分,袁君荣、谷兰亭二人一分。嗳伯所领一只英船,名泰荣。袁君荣、谷兰亭所领之船,名崚赖。由其后袁君荣、谷兰亭之船单送木船,不与嗳伯之船同送,意在欲背和约之事,所得利息并不与嗳伯同分,因此嗳伯欲罚袁君荣、谷兰亭银七万三千五百五十两,等语。本大臣因此特恳贵国王大臣,转行饬令袁君荣、谷兰亭二人将银项照数赔与嗳伯。倘二人不肯赔银,请贵国王大臣饬令上海专派一员,会同本国领事官署一员,按理公平妥办。本大臣深信贵国王大臣必能将此事办妥协,务祈即照本大臣之意,妥为办理可也。

布国照会:为照会事。查去年六月二十七日,布国商船名阿妹底打,由福建厦门运货往宁波贸易,行至半途,因遇大风,暂驶在福建万州不开之口湾泊,修补船只,并买食物。因货主无银,暂把货物卖些。当时万州口内,还有三船。一为英国之船,名天津;一为丹国之船,名枯录立斯;一为额【俄】国之船,名录撒立嘎。后于七月初五日,福州府海关差人乘火轮船来至万州,查出阿妹底打卖货,将该船拉往福州。将船货入官,全行变卖,将银交官。虽船主甚不愿意,差人已变卖将银入官也。今本大臣查和约第七款内,虽有商船如在不开之口私做买卖,即将船货入官,等语。但和约第三十一款内载:商船遇有破烂及别缘故,急需进口躲避者,无论何口,均可进去,不用纳钞。如为修船之故,货物须上岸者,亦不纳税,等因。今据阿妹底打禀称:因无银修船,所以卖些货物,修补船只。本大臣意想,既欲修船。倘或一时无银,亦可少卖些货物,用银修船,何以福州差人竟将船货全行入官,似未能平允。曾经广州布国领事官屡次行文至福州海关评论,此事乃海关置之不问。本大臣特行照会,恳请贵国王大臣将此事严速查明,并请饬令福州海关将此船货价值以及自船货入官以后之利息全行交付阿妹底打。再本大臣并闻此船入官之时,海关差人凌辱此船布国之旗,似属无理。兹并请贵国王大臣行文严速查明,何人凌辱此旗,按例惩办,使布国甘心。为此照会。[宝鋆等纂:《筹办夷务始末》(同治朝)卷二十六,第31—38页。]

同治四年(1865年)

9. 广州将军兼署两广总督瑞麟署理广东巡抚郭嵩焘奏为特参疏脱洋盗事

广州将军兼署两广总督臣瑞麟、署理广东巡抚臣郭嵩焘跪奏。为特参疏脱洋盗,捏情妄禀之游击,请旨降为都司,以示惩儆,恭折仰祈圣鉴事。窃同治四年闰五月十二日,据广海寨外海水师游击花翎尽先副将李赞彪禀称,现值上班巡洋,闰五月初三日在广海洋面会遇英法洋官驾坐轮船,声称在□□洋面拿获洋盗郭耀华等二十一名,嘱令转解新宁县审办。当即另雇民船将郭耀华等押解赴县。是夜三更时候,驶经渔塘洋面,突遇漕冲客匪驾船拦截,彼此开炮轰击,互有杀伤,讵洋盗肥将汉等十名乘间脱逃,现将郭耀华等十一名先行解县审讯等情。臣等以该游击黑夜撞遇船只,何以知是漕冲客匪,肥将汉等如何脱逃,亦未据详细声叙,难保无贿纵情弊。当经行司饬提洋盗郭耀华等十一名,并同船押解弁兵,解省审办。一面檄调该游击来省查询。兹据委员广州府等审明具复:当日李赞彪接收洋盗,当时雇备民船两号,将郭耀华等十一名载坐一船,肥将汉等十名载坐一船,因洋次无镣铐、锁链,权将各犯用绳绑押禁舱库,派拨弁兵看守,分驾开行。李赞彪亲坐肥将汉等船内。是夜三更时候,船到渔塘洋面,风雨大作,郭耀华等一船先行,肥将汉等一船落后,李赞彪驶近岛边寄碇。讵意暗触礁石,船内进水,弁兵水手揭开舱板,前舱被救,肥将汉等乘间挣脱,或互相解放,脱出舱面,顺携船上刀枪,向李赞彪等拒伤,各自凫水脱逃。次早,追捕无踪,李赞彪虑脱洋盗十名,厥咎甚重,因该处洋面距漕冲不远,漕冲会匪平日常出滋扰,即控以客匪驾船截劫,希图减轻处分,委无受贿故纵情弊。并据郭耀华等供认,与肥将汉等在洋行劫属实,等由,具复前来。臣等查肥将汉等十犯既经郭耀举等供指确凿同伙行劫,即属决不待审重犯。惟该游击李赞彪在洋次遇英法洋官,嘱令转解,暂时用绳捆绑,雇船装载,固与寻常递解人犯镣铐、木封完固、一犯两役两兵押解者不同,旋因黑夜遭风,船库进水,弁兵仓忙救护,致乘间逃遁,亦与无疏脱者有间,惟事后虑干严议,辄捏禀漕冲客匪截劫,希冀从轻处分,实属糊涂冒昧,必须予以惩儆。查该游击前在江南军营带船打仗十余年,由兵丁渐升至花翎副将,相应奏明,请将尽先副将广海寨游击李赞彪降为都司,仍留广东补用,以观后效。臣等仍勒令随同接任之员将肥将汉等赶紧弋获,勿任借延。除饬司将洋盗郭耀华等十一犯,与疏脱弁兵另行解办外,所有游击疏脱洋盗捏禀被劫,特参降补缘由,谨合词会同水师提督臣温贤恭折附驿具奏。伏乞皇太后,皇上睿鉴训示。谨奏。同治四年五月初一日军机大臣奉旨:李赞彪等降为都司,仍留广东补用。余依议。(北京:中国第一历史档案馆藏录副奏折,档号:03-4770-096.)

同治五年(1866年)

10. 同治五年正月己卯又谕

马新贻奏总兵出尖巡哨,遇贼被害,调兵歼擒巨寇一折。此股外洋盗匪胆敢于水师巡哨之时,驾驶广艇,围裹师船,抗拒官军。致令署总兵刚安泰等同时战殁,实属罪大恶极。现经署副将张其光等统率师船,驶往剿捕,立将首匪梁彩斩馘,毙匪多名。夺获船只器械,并擒获戕害官军各犯,剿办尚属迅速。著马新贻将省城事宜妥为部署,即驰赴宁波海口,督饬在事各员弁,将余匪搜捕净尽。务绝根株,以清洋面。将此谕令知之。(《清穆宗实录》卷一百六十六,同治五年正月己卯,第16—17页。)

11. 同治五年十月己酉谕军机大臣

左宗棠奏筹办台湾吏事兵事,请责成该镇道等经理一折。台湾一郡远隔大洋,番民杂处,易启衅端。现当生齿日繁,洋舶来往,尤宜加意整顿,以奠严疆。该督以去闽在即,一切规画未暇致详,请饬该镇道等妥办,具见实心。所陈台湾积弊,兵制则班戍之期已废,有册无兵。战船无一存者,而修费不减。吏事则官索陋规以取盈,民好械斗以争胜。锢习相沿,殊堪痛恨。该督拟复班兵旧章,三年更戍,复设道标,以重事权。申明镇兵归道察看之例,以互相维制。移修船之费,以制船巡洋。募练水兵,裁革陋规,别筹津贴,以资办公各条。均属因时制宜之策。总兵刘明灯、道员吴大廷既据该督遴选派办,必须实力筹办,以挽颓风,不得以该督远行而玩忽,著吴棠、徐宗干随时督饬该镇道等认真厘剔,所有一切情形,或详由该督抚奏闻,或径由该镇道会衔陈奏。均著斟酌事之缓急办理。(《清穆宗实录》卷一百八十七,同治五年十月己酉,第23—24页。)

12. 左宗棠《请变通闽浙兵制疏》同治五年

闽浙总督一等恪靖伯臣左宗棠跪奏。为闽浙兵制急宜变通,谨拟减兵加饷,就饷练兵,以期实际事,窃自兵民分而不可复合,于是历代养兵之费最为繁巨。未有百年养之,不收一日之用者也。国朝绿营兵丁虽较前代为少,然亦六十万有奇。此次军兴东南各省,惟广西金陵曾有调用制兵之事,余皆招募勇丁,以资战守。用兵十余年,转战十数省,而绿营绝少调发。始以勇丁助兵,继且以勇丁代兵。始以将弁领兵,继且以文臣代将,此兵事之穷也。各省招募日繁,制兵名额未减,筹饷者既须筹战士之饷,又须饷不战之兵饷。无可筹,不得不节缩额饷应之。于是额饷积欠至数百万,待其呼号迫切,又不得不少为点缀,以服其心。然按营点缀,每兵给饷数钱,每月即需耗银数万两,在兵目得数钱之饷,不能半饱;在官月费此数万之银,已成虚掷。此饷事之穷也。夫五方风气各殊,民生其间,强弱亦异。故就各省而论,有可为兵者,有不可为兵者。然亦未可概论也。吴越秀良,而淮徐、颍亳、寿春、台处、金华之民则称劲健,关陇边塞之兵素称劲健,而自捻回猖獗,当事又议调南军。即以福建言之,负山面海,民情犷悍难驯,宜其可以为兵矣。然臣自入闽徂粤以来,肃清疆土,扫除剧寇,所用者仍只此旧部楚军,未尝借闽兵之力。而负嵎之土匪,伺路之盗贼,尚须留楚军剿捕,不敢辄用闽兵。崇安、建阳告警时,臣所部尚留兴化,比延平请兵,臣调标兵三百赴之,三日始克成行,一月撤归。则患病者竟有百人,询其故,曰水土不服也。可笑如此。谓闽兵之不可为兵欤。何以械斗则强,为匪盗则强,一隶伍符便怯弱至此。夫有兵不练与无兵同,练之不勤与不练同。今日之制兵,陆则不知击刺,不能乘骑;水则不习驾驶,不熟炮械,将领惟习趋跄应对,办名册,听差使。其练之也,演阵图,习架式,所教习皆是花法,如演戏作剧,何裨实用! 省标尚有大操、小操之名,届时弁兵呼名应点,合队列阵,弓箭藤牌,鸟枪抬枪,次第行走,既毕散归,不复相识。此外各标营则久不操练,并所习花法,所演阵式,而亦忘之矣。水师战船失修朽腐殆尽,将领巡洋会哨,但有文报,而无其事。遇需巡缉,辄雇民船代之。弁兵无船炮,无从练习,名为水师,实则就岸居住。一登海船,则晕呕不堪,站立不稳,遑云熟习沙线,惯历风涛。设遇有事,奚望其有万一之幸乎! 是则练兵为救时之急务矣。

兵之应练,将弁知之,即兵丁亦自知之,彼见勇丁之积功得官,未尝不欣羡也。知已之胆技怯弱,未尝不内愧也。将领之有志者,见兵不可用,亦未尝不思练兵以有为也。督抚提镇亦未尝不思练兵,以稍宽咎责也。而势固有所不能。营制马兵月饷银二两,马干一两,战兵月饷一两五钱,守兵月饷一两,米皆三斗,间用折价。近因库款告匮,有给银欠米者,有半银半票者,除省标八营外,各标协营水陆官兵银米牵算每月仅获半饷,而福建地方狭瘠,谷、米、豆、麦、棉、麻杂粮之收,不足供本地食用。物价本昂,素仰海船转运接济。近自番舶纷来,专海洋之利,沿海船商歇业,物价更形翔贵。米一斗需钱七八百,中价亦五百文。布一尺宽者需钱六七十,窄者亦三四十文。他物称是。从前银贵钱贱,兵饷易钱尚多,近则银价日低,物价日贵,兵情艰迫异常,计每兵所得月饷不足供一人十日之食,余二十日则悬釜待炊,衣履无出,其奉父母,养妻子者更无论矣。于是少壮者不愿入伍,而入伍者多老羸疲弱穷无所归之人。其市井之徒,或挂名册,藉以小贸佣工为本业,而以余暇应差操。至下府民人之借当兵支门户者,抗官府窝匪盗,名为兵,而从不与差操者,其志并不在饷,固不具论也。支以额饷之薄如此,又从而减折之。不能赡兵之身家,并不能养兵之口体,致不听其别营生理必不可得。兵既别营生理,不能按日演操,散居市廛,不能一呼即集。训练有所不能,施禁令有所不能及。心志因之而纷,精力因之而懈,技艺因之而生,汰革则无精壮,应募激劝则无骁锐可拔。如是谓兵之冗杂怯弱不可为兵,兵不任受。如是谓将之疏慵颓废不可为,将亦不任受也。是则加饷,又为练兵之急务矣。

福建通省每岁经出之费一百七十余万两,罄经入之款抵放,尚短二十余万两。频年兵事繁兴,协饷不到,入款积欠相因,实难敷衍,此时因练兵而加饷,饷从何出?臣按方今各省绿营通病,只因饷薄不能练兵。而饷薄亦实由于兵多耳。与其欠饷,曷若减兵;与其欠饷,而仍养此无用之兵,曷若练兵而并节此可惜之饷。即以闽浙言之,闽之兵额六万二千,浙之兵额三万七千二百,合计已近十万,岂不为多。如果一兵得一兵之用,制贼自有余力,何以巨贼入境,所至成墟,不但不能收一战之功,并不能为一日之守也。然则国家每岁所耗之饷,不重可惜乎!假令事前两省有素练之兵五万,以之援邻,以之保境,岂不绰然!何至远恃客军,多糜巨饷。惟其兵多,故饷不能厚。惟其饷薄,故兵不能精。此固前效之可睹者。

臣维兵之应亟汰者四:老弱疲乏之兵、吸食洋烟之兵、虚名占伍之兵、塘汛零星之兵,此皆无所用,亦不可练者。外此各标协营听差、传号、书识各名色不预操练之兵,实为军政之蠹,亦应酌量裁减,以实行伍,约计应汰之兵至少不下四成余。兵既减少,则员弁亦可酌量裁减,并所裁之廉俸、薪干亦可留养练兵。大概挑留可练之兵五成有余,即以裁兵四成有余之饷加给之饷米,并计守兵每月可得银三两,马战兵每月可得银三两数钱,日用足敷,无须别营生业,自可紧居勤练,而免散漫荒嬉之弊。塘汛零星之兵有名无实,甚或窝留娼赌,扰害地方,若并归总汛,聚居勤练,分段轮派巡缉,声势较完,访察易遍,较之三五错杂无人管束训练者自别,是减兵云者,只减无用不可练之兵。于兵制实无所损。加饷云者,即扣此项裁兵之银,于饷事亦无所加也。臣自广东凯旋,饬省标八营挑拣兵丁,为撤勇计操兵每日加饷银六分,挑兵三千名,分三起以次赴臣署箭道学习长矛、洋枪,无壳抬枪,署陆路提督罗大春挑练泉州标兵一千二百名,各协营转相效法,陆路渐有起色。水师各营咨行提臣李成谋,护海坛镇黄联升筹商办理。亦有端绪。大约水师以洋面为汛地,以樯帆为营阵,以炮械为技艺,弁丁必分两班,更换上船,出洋巡缉,熟知海岙形势,习用炮械,乃期得力。其减兵加饷与陆军同,见因船工停修,陆续赴粤东购造拖缯式船,必俟船齐,乃可定弁兵数目也。浙江郡县克复时，臣即饬逃溃兵丁不准收伍，此时议后常制，祇须少募新兵，较闽之裁减旧兵反为省事，臣咨浙江抚臣并檄藩司扬昌浚专主其事，与提臣黄少春熟商定议，以期画一。如蒙允行，臣谨当与闽浙抚臣、提臣细商一切事宜，妥为筹议，庶几兵精饷实，一挽绿营积弊。无负国家养兵卫民之意，谨据实缕陈。伏乞圣鉴训示，施行。（《清同治朝政务档案》卷一，北京：全国图书馆文献缩微复制中心，2010 年影印本，第 507—515 页。）

13. 左宗棠《筹办台湾吏事兵事疏》同治五年

调补陕甘总督闽浙总督一等恪靖伯臣左宗棠跪奏。为台湾吏事、兵事均宜及早绸缪，以惠边氓而弭异患事。窃臣忝督闽浙于今三载有余，初因浙寇未平，专意两浙，嗣浙事句当甫毕，巨逆李世贤、汪海洋由粤东分道犯闽，臣率诸军入闽讨贼。闽疆肃清，臣遵旨入粤。迨粤事速藏，臣始回闽治事，以次按治各郡县土匪。治军之日多，治事之日少，计自二月十八日回闽以后，甫七阅月，后奉恩命移督陕甘，自维时日迫促，智虑短浅，上孤朝廷倚注之恩，下负十郡士民望治之意，俯仰愧怍，莫可言宣。其最抱歉者，莫如福宁、台湾两府，初意拟俟各郡治匪事毕，再图次第整理。福宁一郡距省匪遥，尚易随时料量。至台湾则远隔大洋，声气间隔，该镇道等遇事专制，略不禀承。细察所办各事，无非欺饰弥缝，毫无善状。见檄调补台湾镇总兵刘明灯、台湾道吴大廷于抵台后逐加访察，冀可消患未萌，而吏事兵事应早为筹划者，不敢以去闽在即，稍事缄默。谨为我皇上一一陈之。

台湾设郡之始，议由内地各标营调兵，更番戍守，三载为期，用意至为深远。计额兵一万四千余，可谓多矣。咸丰初年，因内地兵事孔亟，班戍之制不行。见今存者不及三分之一，名册有兵，行伍无兵。一有蠢动，即须募勇。所募者本处游手无藉之徒，聚则为兵，散仍为匪。勒索骚扰，不问可知。从前台湾道设有道标以备调遣，近自道标裁撤，遇有剿捕之事，文员不得不借重武营，一切任其虚冒侵欺，莫敢究诘。武营纵兵为奸，营兵以通贼为利，全台之患，实由此起。道光四年，奉旨：镇兵归台湾道察看，久未奉行，群已习焉，忘之。今欲府兵制，则宜遵班兵旧章，三年更戍。欲重道员事权，则宜复设道标，俾有凭借。申明镇兵归道察看之例，以杜欺罔，而重操防。庶几互相维制，而军政可肃也。

台湾水师向设战船九十六号，今无一存者，而大修、小修之费仍不肯减。武营虚冒侵欺，借口定例，非文员所能禁革。而历任总兵从未有举而厘正之者，将弁炀蔽于下，镇臣回护于上。积习相因，由来已久。如欲剔除痼弊，移此款项制船巡洋，募练水兵，以求实效，必须镇道得人，同心共济，而部中不复以旧制相绳，庶几实事求是，而船政可举也。

台湾物产素饶，官斯土者，惟务收取陋规，以饱私橐。厅县有收至二万余两者。台湾道除收受节寿礼外，洋药、樟脑规费概笼入已。知府于节寿外，专据盐利，武营以亏挪为固然，殊不为怪，交代延不结算，自副将至守备多者十二任，少者八九任，四五任，并无结报，侵吞款项，不知若干。非廉明镇道，彻底清厘，何从穷其底蕴。见据吴大廷禀：拟将道署陋规樟脑、洋药等项悉数归公，永革节寿陋规，以昭清白。刘明灯亦毅然以裁陋规，革节寿为请。是皆正本清源之策。所不容已者，惟陋规。既已裁革，则必别筹津贴，以资办公，庶廉吏可为，乃收正己率属之效也。

清代近海管辖权资料长编

442

闽省文武锢习以办案索兵费为取盈之计,近时内地严加惩戒,此风稍止。台郡则远隔大洋,肆无忌惮,民俗挟仇械斗,胜者辄占败者室家田产,谓之扎厝。地方官不为按治,先勒索勇粮夫价。及其临乡,则置正凶于不问,或捕捉案外一两人,聊以塞责,民忿官之贪庸也。乃相率结会私斗,浸成巨案。谚云:十年一大反,五年一小反。大概由此。必赖廉正明干之道员,时以洗冤泽物为心,严操守,勤访治,孜孜奉公,不敢暇逸,庶几惠泽下究,人心固结,乃收长治久安之效也。

台湾生番性虽蛮野,却极驯顺。地方官如能清悫自持,以简佚之道处之,最易见德。从前生番献水沙,连六社之地,请得雉发,比于内地民人,疆臣以闻,而部议格之。生番鞅鞅失望,卒致游民句番私垦,徒长械斗之风。寝且藏垢纳污,终为逋逃之薮。只今台人言之,犹有余恨。夫驭边氓之道,与内地殊。此辈山兽河鱼,但能顺其性而抚之,勿有扰害,积渐自然自可无事。无论生番输款内附,供粮当差,于国家有益无损,即令稍有所费,亦当羁縻弗绝,以示恩信。岂有摈绝不受,坐视客民强占虐使,留为肇衅之端。况近自洋人入驻要口以来,游历内山,习知形势。设我弃而人取之,尤于事体非宜。见当生齿繁盛,游民辐辏之时,似宜弛垦荒之令,并听生番剃发,齿于编氓。所有番社情愿内附者,听之。但勿强为招致,于事理似无不可。至台郡虽属产米之区,近因番舶搬运颇多,地方官绅士民时有盖藏空虚之虑。禁止势有不能,则当社立仓,广谋储积,似不可缓。凡此均应由该镇道察看情形,随时等办者。臣原拟于诸务就绪后东渡一行,今去闽省,日无暇及。此幸刘明灯、吴大廷皆实心任事,相信有素,必能绸缪未雨,为东南奠此岩疆。以上所陈,可否仰恳皇上天恩,敕下该镇道察看地方情形,随时会衔陈奏。责成妥为办理,不胜感幸之至。所有台郡事宜,臣任内未及办理,谨拟责成新调镇道筹办情形,据实陈明。伏乞圣鉴训示,施行。(《清同治朝政务档案》卷一,第521—527页。)

14. 闽浙总督左宗棠等奏为前水师前营游击洪子杰在湄州洋面被劫杀事

再,前署福建水师提标前营游击洪子杰卸事挈眷附搭商船回省,在湄州洋面有被盗劫杀情事,经臣等饬查,兹准水师提臣李成谋咨覆:据护海坛镇黄进平开呈,据该标右营游击许鹏飞转据署守备吴钊禀称:遵查同治四年四月间,前署水师提标前营游击洪子杰由厦门搭坐金长兴商船回省。是月初一日船至金门镇所辖之崇武洋面,突遇盗艇连帮围劫,杀毙舵水人等,将官眷、搭客钉禁舱内,牵至海坛镇辖之湄洲西高洋面。又将洪子杰及其弟洪何丹、长子梅波、亲丁吴光信一并推溺海中,并将搭客杀害。全船行李、货物均被劫失。盗将洪子杰之妻洪詹氏及其次子、幼女、仆婢弃置浅滩,遇救得生,曾赴营呈报。并据金长兴船主童文利等赴闽安协报同前情。现复饬据差弁许朝纲查明属实。此案虽据闽安协禀报,于是月二十一、二,在莆田、湄州等洋击毁匪艇二只,牵获一只,并生擒盗犯李阿三一名,就近交厦门厅收讯。并在沪尾港寄碇,弁兵带到该船逃出水手林裕一名,据供四月十四日,曾见轮船在后垅港口击坏匪艇一只,击毙盗匪五名,生擒罗阿荛等三名,解交淡水厅收讯。惟当匪艇截劫,该洋汛员弁先既不能堵捕,延误半年之久,未据该营报获一犯,怠玩已极。准查明海坛镇辖专巡、协巡、分巡各职名咨请参奏前来,相应请旨将此案轮值专巡之海坛左营千总,前署右营千总陈奎光、协巡右营外委卢制胜、防守湄州汛右营外委□华、分巡委护右营游击提标前营守备准升福宁左营游击何海清一并革职,以示惩儆。再,总巡系前任海坛镇总兵黄进平,合并声明。除再查取金门镇辖巡防不力各职名,另行参办外,谨附片具奏。伏乞圣鉴。训示。谨奏。同治五年十一月初五日。十一月初七日军机大臣奉旨:"陈奎光等均著即行革职,该部知道。余依议。"钦此。(北京:中国第一历史档案馆藏录副奏折,档号:03-5043-053.)

15. 同治五年封贡船《针路》

同治五年六月初九日卯刻,放洋,未风兼西,用辰针(船由上向驾驶,故用辰针)。午刻,转正南风,用辰针,过竿塘。申刻,过东涌、东沙洋面。初十日,转西南风,用辰针。申刻,过半架山。十一日,转午风,用卯辰针。酉刻,过钓鱼山。戌刻,过久场岛。亥刻,用寅卯针。十二日卯刻,转午未风,用卯辰针。午刻,转巳午风,用寅卯针。未刻,过久米赤岛。申刻,风停。是夜,转巳午,微风。十三日,风停,船顺流而行。是夜亥刻,起丑风,用卯辰针。十四日,丑风,用卯辰针,夜同。十五日,转卯风,用辰巳针。辰刻,见姑米山。十六日,转寅卯风,用巳午针。申刻,驶近姑米山。酉刻,该岛有小船数十只来引。三更,进姑米山前寄碇。十七日卯刻,起碇,巳刻,进兼城港口下碇。申刻,起未申风,(正西南),起碇开行。戌刻,风停,船流不定。至十八日辰刻,开放大炮,该岛又有小船前来挽带。因海潮冲进,不能近山,小船亦难前驶。十九日,随流二百余里。申刻,起午未风,船向姑米山驾驶(此时向山而行),未用针。二十日,午未风,加巾顶,驶近姑米山(因见午未风色顺利,即向马齿山驾驶)。二十一日辰刻,到马齿山。酉刻,抵那霸港收泊。同治五年十一月初十日,登舟。巳刻,自那霸港开洋,丑寅风,针向酉。申刻,过马齿山。酉刻,丑风,针向辛戌。夜子刻,风暴。十一日未刻,丑风,针向辛戌。十二日,丑风,针向戌。夜子刻,丑风,针向辛戌。十三日,丑风,针向辛酉。未刻,丑风,针向辛酉。十四日,丑风,针向辛酉。夜子刻,丑风,针向坤申。十五日,子丑风,针向坤申。夜子刻,至四屿寄碇。[赵新:《续琉球国志略》卷之二,《还砚斋全集》,光绪十三年(1887)黄楼刻本,第24—27页。]

16.《灵迹》

臣等谨案:琉球自通贡以来,封使远涉重洋者,靡不仰借神庥,历蒙佑助,得以往来无滞。前《续志略》所载红光、鱼、鸟诸瑞,使臣于复命日据实陈奏,辄邀温旨褒锡恩纶。臣新等幸膺斯役,于到闽日遵照旧章,迎请天后、尚书、挐公各行像在船保护诏敕。于五年六月十九日舟抵球界之姑米外洋,连日因风帆未顺,水深不能下碇。是日适值暴期,断虹现于东北。午后,黑云陡起,海色如墨,一舟皆惊。臣等谨焚香,默祷天后、尚书、挐公并本船所供苏神各神前。入夜,墨云四散,仰见星光,阖舟额庆。又于十一月初十日自球返棹放洋,是夕复遇暴风,巨浪山立,越过船顶,船身几没,复触礁沙,势极危险。臣等复于神前虔祷,化险为平。此皆仰赖圣主洪福,而来往保护诏书、龙节,亦资神力。臣等溯查历届册封事竣,例得为天后、尚书、挐公请加封号或赐匾额,此次仍请照旧颁发。惟木船所供苏神,未列祀典;臣等查询闽省士民,据云:神苏姓、名碧云,系福建同安县人,生于明季天启年间。读书乐道,不求仕进。晚年移居海岛,洞悉海道情形,海船均蒙指引平安。殁后,于海面屡著灵异,兵商各船,均祀香火。每岁闽省巡洋,偶遭危险,一经吁祷,俱获安全。此次复屡叩护佑,可否援照海神之例,一并颁给匾额,用答神庥? 寻,得旨:允行。(赵新:《续琉球国志略》卷之二,《还砚斋全集》,第28—29页。)

同治六年(1867年)

17. 同治六年五月戊午谕军机大臣

张之万奏阜宁海匪聚众劫掠,请饬调轮船出洋夹击一折。阜宁地处海滨,毗连直东洋面。匪首沈如钗胆敢聚众抢掠,虽经张之万派兵拆毁其巢,而该匪驶至外洋,欲结幅匪滋扰。其计甚为狡恶,不可不亟行捕剿,以靖洋面。张之万雇募商船出洋追剿,恐未能得力。上海向有轮船及捕盗局绿皮艇师,原以备捕剿海盗之用。即著曾国藩、郭柏荫迅速调派出洋,奋力追击,务将首匪弋获,不使一名漏网。其江北沿海各隘口,并著张之万派兵严密堵截,毋令登岸。倘有接济匪粮者,著各严行查禁,以期迅速藏事,免滋后患。将此由五百里各谕令知之。(《清穆宗实录》卷二百零二,同治六年五月戊午,第11页。)

18. 同治六年十二月乙酉李鸿章附呈藩司丁日昌条款

一,创建轮船水师分为三阃。夫古来防边之道,西北则筑长城以为藩篱。沿海则自明以来设立炮台以为经,设立师船以为纬,皆所以制外而卫内也。国朝西至嘉峪关,东至凤凰城口外地方,悉入版图。长城之守早已不事,惟沿海炮台尚仍明制。然自海氛构衅,中国水师无能御敌,是不独师船不及轮船、夹板,即沿海炮台亦呆无所用,沿海兵制亦散而无统,是以洋人游弋海上,厚集其势,由一路伺隙进攻,而中国必须处处设防,不能互为援应,正犯兵家备多力少之忌,此其所以不胜也。今宜变通旧制,制造中等根驳轮船分驻内洋港口缘外国大号兵船只宜驰驶外洋,内港则潮退易浅,沙线错出,大船不敢骤入。且我若专守内港,则有险可恃,兼有陆兵可以接应。其根驳轮船约三十号,以一提臣督之,分为三路。一曰北洋提督,驻扎大沽。直隶、盛京、山东各海口属之。一曰中洋提督,驻扎吴淞口,江苏、浙江各海口属之。一曰南洋提督,驻扎厦门,福建、广东各海口属之。各路提标,皆精选兵将,宁优其饷,毋滥其籍。明其赏罚,新其纪律。无事,则出洋梭巡,以习劳苦,以娴港汊,以捕海盗。有事,则一路为正兵,两路为奇兵,飞驰援应。如常山蛇首尾交至,则藩篱之势成,主客之形异。[宝鋆等纂:《筹办夷务始末》(同治朝)卷五十五,第20页。]

同治七年(1868年)

19. 曾国藩《酌议江苏水师事宜疏》同治七年十一月初三日

窃臣拟酌改江南外海水师营制,业于本年四月初七日附片陈奏大概在案。伏思厘定新章,必须参稽旧制。查《中枢政考》所载:江南水师向分外海、内河两支。外海兵六千七百七十六名,官一百一十八员。内河兵八千零二十一名,官一百三十三员,其船数则无可稽考。道光二十四年,前督臣璧昌奏称江南旧例,营船二百七十五只业已破废不堪,另造舢板船一百三十五号,大舢船十二号,等语。约而计之,其船不过装载二千数百人。额定之兵,尚有万余人无船可载。有水师之名,无舟楫之实。不能不大为变通,讲求实际。窃谓水师之多少,宜以船只之多少为断,无船则兵无用武之地,官为虚设之员。欲定水兵之额数,必先筹口粮之入款,兼筹修船之经费。即如外海船只须用广艇、红单、拖缯之类,每造一号,动费数千金。夹底者,或万余金。加以大小修整、绳索、杠具、子药、炮械,所费更为不资。上而火轮兵船,用款尤钜。下而船板小艇,需费亦繁。竭江苏之物力,不过办船百余号,装兵三千余人而止。其不能不大裁旧制之兵,酌减旧设之官者,势也。

至于养兵之饷,旧制水师亦照绿营之例,有马粮、战粮、守粮等名目。平日或小贸营生,或手艺糊口,尚不足以自存。今既责令常住船上,不得不稍从优厚。故长江章程,兵粮月支二两七钱,或三两不等。较战粮已加一倍,较守粮几加二倍。今议江苏水师,亦宜仿照长江之例,外海则尚须略增。自军兴以来,绿营之兵无功,各省之勇著绩,兵丁亦颇以平素饷薄为辞。今欲一兵收一兵之用,不能不酌增口分者,亦势也。

惟既增出款,即须筹画入款。长江之饷,五省各留厘卡一处,系出于常赋之外,臣尚以太多为虑。江苏水师,则经费出自司库,断不能于正额之外,添出无着之饷,尤不可狃抽厘之说,留一永远之卡。溯查乾隆四十七年,增兵六万有奇。其时大学士阿桂上疏陈论,以为国家经费骤加不觉其多,岁支则难为继。臣国藩于咸丰元年在侍郎任内,奏请裁兵,即引伸其言,叹为远虑。今日整理水师,岂肯尽背前言。江苏水师,嘉庆道光年间,每岁用银若干,苏省无案可稽。此时约略计算,总不欲使新章之银,浮于旧制之外。如其不敷,更须酌裁陆兵以补救之。不独江苏为然也。即沿海各省整顿水师,均须核算饷项。如使新饷果浮于原数,即应兼裁陆兵,以酌济水饷。

盖水师久无战船,非修造两三年不能集事。陆路纵缺额兵,苟募勇两三月,即可成军。陆路则有事招勇,无事裁撤。水路则制器于多年,取用于一旦。权衡缓急,海疆似以水营为重。其他省之但有陆兵并无水师者,纵不遽议裁撤。趁此中原大定之际,亦可将出缺之弁兵,缓至二十年后再议募补。将来重募之日,尽可仿浙江之例,大减额兵,酌加口粮。此又因节省经费,而兼筹陆营之计也。谨议江苏水师事宜十四条,营制十六条,缮具清折。恭呈御览。伏乞敕下各衙门详细会议,归于至当。凡疆臣奏事,每畏部臣驳诘,亦古来之恒情。至此等大政则不畏驳诘,且惟恐其不驳,惟恐其少驳。目前多一诘难,日后少一愆尤。不特求部臣再三驳诘,即江苏前后各任如协办大学士湖广督臣李鸿章,在苏省用兵最久,洞悉水陆情形;两江督臣马新贻在浙江办理减兵事件,讲求已熟;江苏抚臣丁日昌,素有捍御外洋之志。并请敕下李鸿章、马新贻、丁日昌各抒所见。将江苏水师船政妥为核议,务使外防与内盗并谋,旧制与新章并顾。臣虽离两江,倘有所见,仍当续行陈议,期于利多弊少。不特江苏为然,即长江水师,亦乞敕下沿江五省督抚随时察看。如有不妥之处,三年以内,尽可奏明斟酌损益。

臣断不因系初议之人,稍存回护之见。臣之微意,不过欲使中国兵勇以舟楫为室家,以海洋为坦道。庶几事以屡试而渐精,人以狎水而渐壮。至于船式如何而后善,营制如何而后强,自当博采群言,不敢略执成见也。一俟江苏水师定章后,沿海闽粤各省,均可参酌办理。大局幸甚!所有酌议江苏水师事宜缘由。谨会同两江督臣马新贻、江苏抚臣丁日昌,恭折具奏。伏乞皇太后皇上圣鉴训示。谨奏。(李瀚章编:《曾文正公全集》奏稿卷二十七,台北:文海出版社,1974年影印本,第29—31页。)

20. 英桂《筹议变通浙省兵制章程疏》同治七年

福州将军兼署闽浙总督臣英桂跪奏:为遵旨变通浙省兵制,筹议章程恭折覆陈,仰祈圣鉴事。窃照浙省兵制经前督臣左宗棠奏奉谕旨,责成浙江藩司杨昌浚专主其事,当经恭录咨行,随据杨昌浚筹议情形,禀经督臣吴棠核奏在案。臣维浙省变通兵制,事关经久大政,必须通盘筹划,因时制宜。原奏所以议减兵者为增饷也。所以议增饷者,为练兵也。减兵、增饷、练兵为三大端。三者之中,各有次第条理,应就地势情形参以变通,设立章程,以定经久之制。兹据杨昌浚详称:浙省依山阻海,十一府之中,杭、嘉、湖、宁、温、绍、台七府皆滨近海洋。定制一抚标,一提标,五镇标,及各府城守共三十八营,额设提督一员,总兵五员,副将一十二员,参将六员,游击二十员,都司二十五员,守备五十三员,千总一百一十员,把总二百二十四员,外委三百一十一员,马兵七百三十三名,战兵九千五百二十九名,水战兵一千七百八十九名,守兵二万一千二百七十九名,水守兵三千七百二十九名,总计马、战、水、陆额兵三万七千五十九名。而驻于海滨杭嘉等府者共有三万余名,分驻湖、金、衢、严、处五府者,只七千余人。海疆偏重,形势了然。自国初以至道光年间,陆续裁并不少,今以三万七千余人额数计之,除杭属海防营向设六百五十四名,驻扎海塘,专顾塘工,不与征调,应请循旧毋庸议外,实计三万六千四百五名,自贼扰以后,溃逃之兵,奉禁收伍,各营多未足额,惟宁、温两处之兵为数较多,定海、衢州已复其旧。其中一将所辖,有陆路,有水师。一营所管有专汛,有分防。今既议裁,自不能不一律照办。惟加饷固人情所愿,而减兵又为人情所难。旧存营兵,留之诚属无用;去之,每易作奸。稍形操切,立见棘手。况各属地势情形,僻冲缓急各有不同。又当各就所宜,参以变通,庶臻妥善。今拟分别成数,将各该营共裁减水陆额兵一万三千八百二十九名,实应存兵二万二千五百七十六名,内酌留马兵五百名,战兵八千五百名,守兵一万三千五百七十六名,此减兵之大要也。各省兵饷数本一律,而见定兵制,以本省应裁之饷,加于本省应存之兵。虽闽浙接壤兵有多寡之殊,饷即不能无低昂之判。就数核加,仍不失旧日等差。一切摊扣虚估等弊,即当于加饷之中,一一厘剔。见议加饷皆银款,而非米款。裁省之饷米款,所余尚巨,银款所剩无多。非将裁存兵米折价凑给,不敷抵用。计减一万三千八百余人,每月可省米四千一百余石,应请照章折价,分别提解充用。虽此时田地多荒,南米征不足数,然定经久之制,自应以旧额之银米,尽数派给。至于征不足数,届时照例咨请户部拨补。

又兵既裁减,都守以下各官均应就所存兵数及地势情形,酌量裁改,廉俸亦可节省。水师巡洋口粮舵工炊粮应查照旧章支领,无庸再加。每月例扣饷建及应搭制钱,均仍照旧。绿营白事赏款及水师巡洋盘费,兵数既减,亦当有余,应同减省廉俸各款,俟办定之后,核明实数,统归裁兵增饷案内,拨充营中公用。总之,此次议增各款,皆就裁省各款抵用,不于额饷总数之外另有加增。此增饷之大要也。

至于练兵全在各营将领实心经理,任怨任劳,照章裁补。裁补之后,认真训练。承平之时,各营操演不过奉行故事,徒取外观,无济于用。军兴以来,尤形废弛,此后饷既增加,兵沾实惠,可免内顾之忧,士皆饱腾,即可绳以必行之法,应严定赏罚,力屏从前积习,事事讲求实际,人人以克敌致果为心。并请即照楚湘各军操练之法,酌定章程,刊发各标营,饬令熟讲精练。其各营器械见多杂凑佩用,不必整齐。近虽纷纷请领,以兵制未定,尚未发给。自后应责令各将弁添加查验,应修理者,赶紧就营修理。应请领者,亦即赴省请领。果能器械精良,技艺娴熟,斯兵气不患不扬,而良法美意不致沿为具文矣。

外海水师战船旧设二百余号,自经兵燹,毁失一空,温州、黄岩、宁波、镇海、定海各处,虽经浙抚臣购造黄【广】艇、快蟹等船,暂资得力。然船只不及当年之半,洋面辽阔,各营每虞不敷巡缉。此后应请款筹经费,陆续添造。查照按季分哨会哨定章,实力巡哨。凡平日虚报巡洋,惮怯远涉之弊,严行查禁,以期渐复旧观,而收实效。至于修造武营衙署、营房、购买马匹等项,均归善后案内,另行筹款办理。又制备各营旗帜、号衣、战船,岁需绳索、修舱应由各将弁详查成案,分别核办。

所有减兵、增饷、练兵详细情形,见经区分条款,筹议章程。如有未尽事宜,及应行变通者,仍随时再为酌定。臣复查该司道议裁兵、增饷、练兵章程,系各按地方情形,分别裁减,就时酌度,因时制宜,所增兵饷,亦系衰多益寡,仍旧分别等差,于额饷总数未尝另有加增,而各兵既沾实惠。训练从可责成,自于变通之中仍寓核实之道,应请如所请办理,庶兵归实用,饷不虚靡。臣谨会同浙江巡抚臣马新贻、浙江提督臣黄少春,合词恭折覆陈,并缮清单,恭呈御览,伏乞圣鉴,敕部议覆,施行。(《清同治朝政务档案》卷一,第683—689页。)

21. 闽浙总督英桂跪奏为审明积年巨盗黄迈陈无齿春等二十二名事

再,查同治六年九月及十二月间,臣英桂与前抚臣李福泰饬据福建海坛镇总兵鞠耀乾督率舟师,并记名总兵黄联开派拨补用副将周振邦,管带庆字等营师船,先后在洋擒获积年巨盗黄迈、陈无齿春等二十二名,解省审办。并据福建按察使康国器,以先据晋江县船户吴祥春在泉州深沪海防局禀报,该商船在乌龟洋面被劫。由海防局委员讯据,吴祥春之舵工吴青供指盗匪陈无齿春、陈广等于行劫后,船至湄洲地方,有匪徒陈豹、陈衮代为销赃。该处汛弁得贿故纵情事,详请饬提汛弁解讯。正在行查间,据海坛镇将汛弁林凤高解省发司确讯,经康国器督同福州府知府尹西铭提讯,林凤高坚供并无贿纵情事。质之盗犯黄迈等,金供均未同往湄洲,委不知情。惟内有刘林健一犯,据供:逸盗陈广(即叶广)一船,于同治六年八月二十一日,在乌龟洋面行劫后,驶往湄洲,托人行贿销赃,等语。诘其是否同往,则称得自传闻,亦未能切实指证。当将该犯刘林健暂行留质,饬提供指之舵工吴青,并查拘销赃之陈豹等到省,再行究明,分别办理,先将盗犯黄迈并案审拟解。经臣英桂会同前抚臣李福泰亲提勘审,按例拟办,恭折具奏在案。嗣刘林健一犯在监病故,饬委侯官县知县孙寿铭验讯详报,将刘林健照例戮尸,传首示众。由司催提舵工吴青到省,报明,饬发福州府讯办。兹据福州府知府尹西铭提同汛弁林凤高,讯供,议拟详,经福建按察使康国器以核明此案,晋江县船户吴祥春货船被劫,逸盗陈广等,将舵工吴青并水手人等关禁舱底,牵至湄洲贼仔湾海边。该处匪徒陈豹、陈枣前赴盗船商买货物,因吴青听闻盗匪与陈枣等,有恐被汛弁查知,须给银花用之言,旋于放回后,向吴祥春告知,禀由深沪海防局委员提讯,吴青口操土音,未经听明,误以汛弁得赃故纵等情具禀。现在质讯明确,实由吴青误听所致。当时汛弁林凤高先赴海坛请兵,并未在汛,委无得贿纵盗情事。惟吴祥春被劫一案失事地方,系林凤高专防洋面,该弁先即疏于防范,迨后又未报获一犯,实属庸懦无能,请将代办湄洲汛防六品顶戴效用林凤高即行斥革示惩。舵工吴青先因误闻陈枣等给银花用之言,向吴祥春告述,嗣吴祥春禀由海防局委员提讯后,复因口操土音,供未明晰查覆。吴祥春原禀本未指控汛弁得赃,尚无不合,请予释回安业。海防局委员禀报舛错,系由吴青供指不明。吴祥春船内舵水人等均已回籍,盗犯刘林健在监病故,刑禁人等讯无凌虐情弊,均毋庸议,监毙盗犯一名,管狱官例无处分,请免开报。销赃之陈枣等先经闻拿,逃逸,饬查无踪,仍饬各文武严缉务获,另结。等情议详前来。臣等复核无异,除将六品顶戴效用林凤高批饬斥革,咨部查照,并查取吴祥春被劫一案文武疏防职名,另行参办。一面分饬水陆文武严密查拿,务将逸盗陈广等暨销赃贼匪陈枣等悉获究报外,合将讯明汛弁,并无得贿纵盗缘由,谨合词附片陈明。伏乞圣鉴。谨奏。同治七年。(北京:中国第一历史档案馆藏朱批奏折,档号:04-01-08-0095-006.)

22.曾国藩等《续陈长江水师未尽事宜疏》同治七年

大学士两江总督一等侯臣曾国藩、署湖广总督湖北巡抚臣郭柏荫、兵部右侍郎臣彭玉麟跪奏。为拟补长江水师各缺,并续陈未尽事宜,恭折仰祈圣鉴事。窃长江水师营制事宜,臣等会同定议,于同治四年十二月二十八日具奏,钦奉谕旨,敕下军机大臣会同该衙门会议具奏。嗣于五年八月初七日,准兵部咨开:逐条会议具奏,奉旨允准。又于六年十一月初十日,接准兵部咨催长江所设各缺,均未奏补。有人饬令迅速拣员请补,以专责成,而符定制,等因。先后行文到臣。查各路水师以臣玉麟所部内江水师及前陕甘督臣杨岳斌所部外江水师,阅时最久,人数最多。扬岳斌赴陕甘之任,将水军调改陆路者居其大半,留江人员为数已减。此外又有黄翼升所部淮杨水师,李朝斌所部太湖水师,而江西、湖南、湖北三省水师中,亦各有资格较深,功绩较著之员。臣等公同商酌,以各军立营之先后,分此次得缺之多寡,遵照奏定章程,以大衔借补小缺,各加遴选,开单咨送。臣国藩、臣玉麟复加稽核,其岳洲、汉阳、湖口、瓜洲四镇总兵,择其劳绩最著,足膺阃寄者,拟定四员,请旨简放。其副、参、游三项营官二十四缺,都、守、千、把、外委七百七十四缺,拟定员名分析开单,恭呈御览。伏查定例,武职自守备以上遴补各缺,均须引见,补授。此次设立长江水师,百事创始。分防汛地,严定营规,虽以久募之勇,改为经制之兵,似若易于就绪,而裁撤各军,以此营而归并彼营,配补各缺,以江境而互调楚境,实觉头绪繁多,非数月半年所能定局。相应奏明,请旨暂缓引见,敕部先行颁给札付,以昭信守,仍俟立营停妥,各归本汛后,由部中分年分起调取引见,乃可从容料理。原奏所议事宜三十条,经部臣核覆允行。立法已属周密。惟创立水师,造端宏大,不厌详求。兹将未尽事宜,续议十条,另开清单,恭求训诲。

溯查咸丰三年,衡州试办水师之始,初非有旧例之可循,亦非能一办而即妥。大抵屡试屡变,渐推渐广,前月所立之法,后月觉其不备,而又增之。今岁所行之事,明岁觉其不便,而又改之。即如因船中无主,而始设哨官;因栖止不便,而始加雨篷;因巨艇不甚灵活,而全用舢板;因弁勇不可陆居,而另给座船;若此之类,皆履之而后知,试之而后改。逮规模之初定,遂习惯而成常,新旧所拟事宜四十条,皆就习惯者而著为令典。在目下已不敢谓立法之善,将来时移事异,更恐有窒碍难行之处。且法待人而后举,苟非其人,则虽前贤良法,犹或易启弊端。况臣等才智短浅,创议新章,深虑弊窦之丛生,致烦后人之讥议,夙夜兢兢,不胜之惧,所愿数十年后,滨江之督抚、提镇随时损益,以补今日之阙疏。遇事讲求,以冀将材之辈出,庶几有举不废,历久常新。则臣等所祷祀以求者也。其请铸关防、清单,请裁各缺清单,一并开列,恭呈御览,请旨敕下各衙门议覆,施行。所有拟补长江水师各缺,并续陈未尽事宜缘由,谨会同湖广总督臣李鸿章、漕运总督臣张之万、江苏巡抚臣丁日昌、署安徽巡抚臣吴坤修、江西巡抚臣刘坤一、护理湖北巡抚臣何璟、湖南巡抚臣刘崐、长江提督臣黄翼升,恭折具奏,伏乞圣鉴,训示。(《清同治朝政务档案》卷一,第698—702页。)

同治八年(1869年)

23. 同治八年三月壬辰兵部等部议

调任两江总督曾国藩酌改江苏水师营制事宜。

一,江苏水师应改为内洋、外海、里河三支,以资控驭。

一,内洋、外海营数,应以苏松镇川沙、吴淞二营改归福山镇管辖,并提督所辖南汇营,苏松镇中营、左营,狼山镇掘港营为外海六营。苏松镇右营、福山镇左营、狼山镇右营并新设通州、海门二营为内洋五营。

一,里河水师应以原设提标右营、太湖左营、右营并添设淞北、淞南二营为五营,专归提督管辖。

一,狼山镇新设通州、海门二营,应归江南提督专管,并由长江水师提督兼辖。

一,外海每营拨广艇二号,内洋每营拨三板十二号,太湖等营酌拨三板十三号至二十号不等,应即兴修。

一,续造轮船四号,分拨提督及苏松各镇,专巡外海、内洋。

一,江宁设立船厂,按年轮修战船,轮船应由上海船坞整理。

一,水师专以管船为主,每船设一官,大者设两官。其无船之弁兵,一律裁撤。

一,里河、内洋兵粮,照长江章程给发。外海较为辛苦,应递加以示区别。

一,前议设立淮扬水师,应行缓办。

一,太湖七营,改为里河五营。应裁员弁,遇有里河缺出,即行酌补。

一，所裁内河、外海及通州、海门两营守备等员，分归两提督先行序补。

一，苏松镇中军，应仍其旧。狼山、福山裁去中营，应以通州营游击为狼山镇中军，福山营游击为本镇中军，各留陆兵百名，以备差遣。

一，统计水师俸饷，岁需十五万余两。兵米杂费四万余两，核算历年司库实发银两，足敷支放，无庸另议款项。以上十四条。均应如所请办理。从之。(《清穆宗实录》卷二百五十五，同治八年三月壬辰，第9—10页。)

24. 同治八年十月丙午三口通商大臣兵部左侍郎崇厚奏

窃奴才于九月二十八日承准军机大臣字寄，同治八年九月二十七日奉上谕：沈葆桢奏新造轮船赴津请派大员勘验一折，等因。钦此。奴才前接沈葆桢来咨，以第一号轮船试演渐熟，专员监驶赴津候验，咨会前来。随于九月二十一日据监驶轮船之前台湾道吴大廷管驾官游击贝锦泉、福建候补同知黄维煊等禀报：新造轮船由关驶抵津郡，停泊紫竹林新关下候验，等情……据同知黄维煊游击贝锦泉呈阅沿海七省舆图。自奉天、直隶、山东、江苏、浙江至福建、广东，沿海五省舆图自湖南、岳州至湖北、江西、安徽、江苏。海门各处港口、岛屿、潮汐长落附近，内江外海分别详载，绘成总图分图二十三张，均考据据图度数。该员黄维煊等久在海口，于沿海沿江各省情形极为熟习，积数年之力，留心考校，所绘各图明晰详备，如再加校定镌刻颁发，可备外海长江讲求水师之用。奴才饬令黄维煊将图册赍送总理各国事务衙门查考，合并声明。[宝鋆等纂：《筹办夷务始末》(同治朝)卷六十九，第8—9页。]

同治九年(1870年)

25. 同治九年五月癸酉又谕

总理各国事务衙门奏：英国使臣威妥玛请于沿海水底暗设通线，谨将辩论各节据实密陈一折。洋人以贸易为本，时虑中国舟车迟滞，欲以外国之铜线诸法，试行于中国。上年议修英约时，英国使臣阿礼国即以此事屡次渎请，均经总理各国事务王大臣严词峻拒。现在该国使臣威妥玛复请由广州、汕头、厦门、福州、宁波各海口水底暗设铜线，通至上海。并称前议通线之法，俱系陆路明设。此次系在海底暗设，其线端一头在船只内安放，即在湾船埠口海面停泊，与从前所论迥殊，似与中国毫无亏损，等语。内洋、外洋绵亘数万里，轮船往来，络绎不绝。倘伊不告中国，暗设铜线，势亦无从禁止。该衙门现将沿海水底暗设数字揭清。并将线端不牵引上岸，离口另设别法，数语。重言申明。该使声称安线之处，如有民人损伤，地方官无须追偿修费。已由该使转饬局商遵办。是于变通转圜之中，仍寓检制防维之意。惟洋人得步进步，诡谲万端。经此次允办之后，难保不借端扩充。由海而江，由江而河，由河而陆，骎骎乎渐入内地，不可不豫为之防。著南北洋通商大臣，暨沿海各督抚，密饬各关道地方官先事豫筹，严密稽察，遇有洋人安设通线之处，止准在沿海洋面水底。其线端止准在船只内安设，即在沿海埠口向来停泊各洋船码头之外近海处所停泊,倘有将线端牵引上岸,不遵定章办理者,即照会领事官立时查禁,以杜将来流弊,而绝他国效尤之渐。将此由六百里密谕马新贻、瑞麟、英桂、丁日昌、丁宝桢、卞宝第、李福泰、崇厚,并传谕杨昌浚知之。(《清穆宗实录》卷二百八十二,同治九年五月癸酉,第11—12页。)

26. 同治九年八月辛丑署浙江巡抚布政使杨昌浚奏折

窃臣接奉军机大臣传谕:同治九年六月二十五日钦奉谕旨:现在各省沿江沿海口岸设立防兵能否真实可靠?著严饬各该处带兵各员随时训练,实力整顿,悉心办理,不可徒托空言,以期有备无患,等因。钦此。臣正在钦遵办理间,又奉七月十三日谕旨:津事尚无头绪,能否不至决裂,未可豫定。此时惟有先筹防守,以杜洋人窥伺之心。所有沿江沿海水陆官兵仍当懔遵前谕,力加整顿。并著将现办情形,详晰具奏,等因。钦此。

仰见圣主绥靖海疆,思患豫防之至意。下怀钦悚莫可名言。臣查浙江海口以宁波、镇海为最要,温州、乍浦次之,杭、绍、台所属又次之,定海、玉环则孤悬海面,道光年间之事可为前车。然其时洋人尚未占据腹地,现在宁波江北岸均为外人所占,比屋而居。温州近又准其通商,及内地各郡县亦皆有洋人传教往来游历,路径无不熟悉,且外国轮船飙疾异常,海底又可设电线,得信尤速。此时而言筹防,实有防不胜防之势。浙省额兵经臣于藩司任内详议减兵增饷,陆路共存兵一万九千余名,内江外海水师共存兵三千三百余名。自改章以来,叠经督臣与各前抚臣严饬认真训练,冀咸成劲旅。虽近来积习渐除,究竟新练之卒,未经战阵,且分防各汛,心力不一,可靠与否,殊无把握。巡洋钓艇等船大小六十余号,分隶沿海水师各营,以之出洋捕盗尚虞力有不足,若与外洋兵船角力于大海狂澜之中,胜负之数较然可睹矣!留防湖湘勇丁陆续裁撤,水陆仅存五千余人,水师巡缉内地河道,兼护厘卡,势难撤动。且船只甚小,于海口亦属无益。陆勇三千余人除留防省城九百余名外,余俱分布各府,借资弹压,此浙省沿海地势及留防兵勇之大概情形也。

臣初次奉旨后当即严饬滨海各营镇将力加整顿,结实训练,并密行宁绍台道文廉查明该郡城垣是否坚固,制兵是否精实,及地利险要炮台存废情形,详细禀覆。一面委员潜往宁定各处逐加察看,均尚未据覆到。窃维筹防外患,与剿捕内匪不同,遣将调兵不能秘密,官有举动民无不知。现在宁波地方中外尚属相安,若先事声张,设有刁徒乘机肇衅,节外生枝,愈难收拾。况彼族非一,兵端一启,无从区别,办理尤为棘手,至愚如臣不能不虑及于此。今为未雨绸缪之计,惟有移饬沿海各营先行挑选精兵各数百名,设立哨队,庶操演可齐,而征调亦易。业经函商署提臣及定温各镇办理,未知能否就绪。至宁波府城本有楚勇六百名,系提臣黄少春旧部,向称得力。台州现有湘勇八百余名,亦便于调用。并拟饬驻扎常山总兵黄有功所部新湘营、驻扎泗安副将罗启勇所部楚军右营,各添勇二百名,足成五百人一营,以备调遣。仰托皇上威福,彼族未必遂逞焉思逞,万一不得已而用兵,亦惟先就现有兵力相机办理,不敢豫先张皇,亦不敢因循贻误,以期仰副宸廑。[宝鋆等纂:《筹办夷务始末》(同治朝)卷七十六,第3—6页。]

27. 同治九年八月丙申又谕

马新贻奏筹防江苏省水陆大致情形一折。据称江宁扼东南形胜,为长江有事之所必争。万一洋船进犯,惟有设法御堵下游,毋令驶过焦山。若进逼金陵,则力扼下关,不令驶入内河。如登陆攻城,即于沿江扼要处所分路设伏。安徽、江西、湖北各省,以镇江为入江第一门户,金陵又为上游诸省屏蔽。江皖以上戒严,莫如分兵下堵。上海为各国通商荟萃之区,不可稍涉疑忌。苏州虽切近上海,而自松江以达昆太,港汊纵横,已密属李朝斌将外海、内洋、太湖各船调集吴淞,以备缉海盗为名,等语。所筹尚属周妥。天津之事,虽经总理各国事务衙门臣与法使再三辩论,能否即弭衅端,尚难豫定。江防仍应实力筹办,以壮声援。所有金陵上游沿江一带布置情形,与英翰日前所奏大略相同。即著马新贻随时会商英翰,督饬在事将士,择要驻扎,力扼上游。并一面咨商黄翼升,将分汛各师船归并本营,排泊操练,毋令畸零散布。上海口岸紧要,务饬上海道,遇有中外交涉事件。加意笼络,迅速办理。不得以各国现尚安堵,稍掉轻心。吴淞江口及苏松两府毗连形势,水陆要隘。既经李朝斌妥为布置,著即咨令该提督,将各营师船勤加操演,严密巡防。俾苏垣与上海两处,各有援应。仍密属张兆栋就近稽查,毋稍疏懈。上游诸省防守,并著咨商刘坤一、李瀚章悉心筹画。遇有警信,即可首尾衔接,毋为敌人所乘。此时江防筹备,惟当就苏省现有兵力,斟酌分拨。倘有意外之虞,总以扼住焦山,为防江第一要著。派募勇丁一层,自可临时筹度。该督素顾大局,务须处以镇静,弭患无形,慎勿先事张惶,致滋口实。将此由五百里密谕知之。(《清穆宗实录》卷二百八十八,同治九年八月丙申,第5—6页。)

28. 两广总督瑞麟广东巡抚李福泰奏折

窃照同治九年七月十五日接准军机大臣密寄,六月二十五日奉上谕:天津民教启衅,等因,钦此。仰见圣谟宏达,未雨绸缪至意。伏查粤省教堂随在皆有,上月天津信到,当经臣等晓谕附近居民不得窥伺生端,省外各府属通饬一律禁约。惟是各属民情浮动,刻须防范,而洋人性情叵测,尤应谋定几先。诚如谕旨暗中防维,实刻不容缓之举,窃念防外洋与防内匪不同,今日之防外洋,与昔年又不同。防于尚未决裂之时,与防于已经决裂之时尤为不同。臣等昕夕焦思豫筹守御,谨为我皇上详晰陈之。

粤省海口重地,虎门为上,蕉门、厓门等处次之。咸丰七年以后,藩篱尽撤久已,不足凭依。此外港汊纷歧,在在可通,实无扼要之所。不得已就近察看,惟东路之猎德,南路之大黄窖河面较窄,水势略平,两岸驻扎重兵,尚属有险可守。于此密排巨炮,连环夹攻,彼亦不能飞渡。此筹防于内河者也。从前洋船停泊外海,自换约后,平日轮船兵船任意游行,直趋腹地,迄不能禁。万一事有决裂,果能严行封港,杜绝往来,尚可妥办堵御。诚恐彼以兵船先期驶入,虽欲设防,实已缓不济急。事机至此,惟有就地相度形势,专扼要隘,严遏其登岸之路,在我有坚守之心,即在彼无常胜之算。此筹防于陆路者也。粤东练兵操阅已历二年,迩来尚见起色。又总兵方耀、郑绍忠等先经奏派分驻潮韶各属,督兵搜捕土匪,本年春夏间,又派参将邓安邦、副将戴朝佐分赴广属东、顺、香、新等县整顿捕务,统计各路兵勇,合之省练各营,足敷调拨。方耀一军仍备潮防,郑绍忠等营密迩省垣,朝发可以夕至,无庸另烦征调,此筹备兵勇之情形也。粤省防务大要在此数端,而目前鸱张之形,尚未显露,若遽苍黄布置,彼必以此借口,势将枝节横生,现在惟有不动声色,密饬各营勤加训练,密饬各库积备饷需,密饬省局广购军储,仍暗中设法联络以固结人心为要务,庶几有备无患,免至临事周章。臣等身任封圻,责无旁贷,务期实心经理,断不敢徒托空言。〔宝鋆等纂:《筹办夷务始末》(同治朝)卷七十六,第22—23页。〕

29. 同治九年十月辛亥兵部会议两广总督瑞麟等条奏新设赤溪协未尽事宜

所陈改驻都司一员,千总三员,把总五员,外委八员,额外外委二员,记委四员,马步守兵四百六十一名,及改赤溪营为水师,隶阳江镇管辖。变通巡洋章程,以阳江镇总兵为上班统巡,赤溪协副将为下班统巡。并移新宁县县丞改驻广海寨,均应如所请办理。从之。(《清穆宗实录》卷二百九十三,同治九年十月辛亥,第6—7页。)

同治十年(1871年)

30. 同治十年十二月己巳内阁学士兼礼部侍郎衔宋晋奏

闽省连年制造轮船,闻经费已拨用至四五百万,未免糜费太重,此项轮船将谓用以制夷则早经议和,不必为此猜嫌之举,且用之外洋交锋,断不能如各国轮船之利,使名为远谋,实同虚耗。将谓用以巡捕洋盗,则外海本设有水师船只。如果制造坚实,驭以熟悉沙线之水师,将弁未尝不可制胜,何必于师船之外更造轮船,转增一番耗费。将欲用以运粮,而核其水脚数目,更比沙船倍费,每年闽关及厘捐拨至百万,是以有用之帑金为可缓可无之经费,以视直隶大灾赈需及京城部中用款,其缓急实有天渊之判,此在国家全盛时,帑项充盈,或可以此札制新奇,示斗智角胜之用。今则军务未已,费用日绌,殚竭脂膏,以争此未必果胜之事,殊为无益。且闻制造原归帑项,而一切采买杂料皆系委员四出办理,即官为给价民间,亦不无扰动。闻历任督臣吴棠、英桂、文煜亦多不以为然。江苏上海制造轮船局亦同此情形。应请旨饬下闽浙、两江督臣将两处轮船局暂行停止,将每年额拨之款,即以转解户部,俾充目前紧急之用,其已经成造船只,似可拨给股商驾驶,收其租价,以为修理之费,庶免船无可用之处,又糜费库款修葺也。〔宝鋆等纂:《筹办夷务始末》(同治朝)卷八十四,第34—35页。〕

同治十一年(1872年)

31. 同治十一年三月癸巳又谕

瑞麟奏:请调拨闽省轮船赴征粤一折。广东钦州一带海港辽阔,捕盗巡洋极关紧要。必须大号轮船,方足御风涛而资巡缉。瑞麟所请将福建轮船调赴该省应用,系为绥靖洋面起见。著文煜、王凯泰即将闽厂已成之伏波轮船一号,派拨赴粤。即用原派管驾之弁兵水手人等驾驶前往,其月需工费薪粮等项,并即知照粤省,由瑞麟饬局筹款支发,以节浮费而归实用。将此各谕令知之。(《清穆宗实录》卷三百三十,同治十一年三月癸巳,第10—11页。)

32. 同治十一年四月甲子山东巡抚丁宝桢奏

窃前准总理各国事务衙门会同户部议覆福州将军文煜等奏续造轮船应如何分派各省一片。以闽局制造轮船原为备物制用,亟应分布海口,以期熟悉风沙。如广东、山东、奉天等省均属海道可通,若拨用闽省船只,即可节闽局薪粮,且不至以有用之船置之无用。应令各督抚体察情形,分别奏咨拨往应用,所需薪粮各费准由各省洋药厘金项下就近动支,等因。于同治十年十一月初六日奏奉谕旨:依议。钦此。咨行到前署抚臣文彬,转行藩臬二司并东海关监督筹议,禀覆在案。臣伏查东省海道绵亘三千余里,洋面辽阔,港汊分歧。登郡尤为天津咽喉,巡防护漕在在均关紧要。上年臣以登州水师废弛日久,力求整顿,酌议变通营制,制造师船,以期有备无患。业经胪列条款,奏蒙谕旨交部议奏。一面先行筹款委员赴粤查看船只式样,购觅料物,随时具禀核办。窃维前请购制拖缯船,原为内洋操防之用,以立水师根本,若再加轮船出洋梭织巡哨,防范尤为周密。且闽局成船日多,经费浩大,自当各省分拨,以维大局。[宝鋆等纂:《筹办夷务始末》(同治朝)卷八十六,第8—9页。]

33. 同治十一年六月辛巳恭亲王等又奏

同治十一年五月十七日,军机大臣面奉谕旨:李鸿章奏轮船未可裁撤折,同左宗棠、沈葆桢前奏各一折,一并交总理各国事务衙门议奏。钦此。臣等伏查陕甘督臣左宗棠原折内称:制造轮船实中国自强要著,自铁厂开工已造过轮船九号,为时尚止三年,此时日之可考者也。近来船式愈造愈精,原拟配炮三尊者,今可配炮八尊,续造之船竟配新式大洋炮十三尊,此成效之可考者也。又称工作之事创始为难,工作之费亦惟创始最巨。仿造轮船必先建厂,创造伊始,百物备焉。故始造数只所费最多,迨后续造则各项工程无须再造,经费专用之船工,而亦日见其少。窃维此举为沿海断不容已之举,此事实国家断不可少之事。若即行停止,毋论彼族得据购雇之永利,国家旋失自强之远图。且即因节费起见,言之停止,制造已用之三百余万能复追乎?定买之三十余万及洋员洋匠薪工等项能复扣乎?所谓节者安在乎?前江西抚臣沈葆桢原折内称:当左宗棠之议立船厂也,中国无一人曾亲历其事者,不得不问之洋将,洋将所见者外国已成之厂,而不知当日经营缔造之艰难。原议铸铁厂、打铁厂及模子厂、水缸兼铸铜厂、轮机兼合枱厂共五厂,后增八厂。厂基,购民田,钉木桩,培山土,所置机器需费甚巨。倘经停止,则发卖无承售之人,存储有看守之费,积日朽蠹,必归无用。轮船无一岁不修,数岁则一大修。工停而船无可修,则厂废,而船随之俱废。骤筹七八千万金,遣散不做工之洋人,清还不适用之物价,是省费而愈迫也。外人垂涎两厂非一日矣。我朝弃则彼夕取,枝节横生,有非意料所及者。反覆再三,窃以为不特不能即时裁撤,即五年后亦不可停。当与国家亿万年有道之长永垂不朽者也。

大学士直隶督臣李鸿章原折内称:国家诸费皆可省,惟养兵设防、练习枪炮、制造轮船之费万不可省。求省费则必屏除一切。国无与立,终不得强。苟或停止,则前功尽弃,所费之项转成虚糜,不独贻笑外人,亦且浸长寇志,各等语。

臣等溯查同治五年六月左宗棠首建设局造船之议,前两江督臣曾国藩、直隶督臣李鸿章等又均以力图自强,非讲求机器制造轮船不可。臣等意见亦复相同,是以先后议准,期于事之必成。朝廷行政用人自强之要,固自有在。然武备亦不可不请制于人,而不思制人之法与御寇之方,尤非谋国之道。虽将来能否临敌制胜,未敢豫期。惟时际艰难,只有弃我之短,取彼之长,精益求精,以冀渐有进境。不可惑于浮言,浅尝辄止。臣等于船厂未经亲历,实不能知其详。李鸿章、左宗棠、沈葆桢诸臣虑事周详,任事果毅,意见既已相同,持论各有定识。且皆身在局中,力任其难,自必确有把握。其间造商船以资华商雇领一节,李鸿章、沈葆桢俱以为可行,应由该督抚随时查看情形,妥筹办理。至李鸿章筹及嗣后添造兵船无可分拨,拟请裁撤各省内外洋红单、拖缯、艇船,而配以自造兵船,即以各船修造养兵之费,抵给轮船月费,等语。应由各该省督抚,另行奏请谕旨,饬部核议。[宝鋆等纂:《筹办夷务始末》(同治朝)卷八十七,第22—25页。]

34. 兵部议覆原任两江总督曾国藩续议江苏水师章程

一,外海六营分为三起,轮流巡哨。

一,内洋五营分界管辖,按期会哨。

一,里河五营各按汛地巡缉。

一,淞南、淞北、太湖左、右四营各添船三号,每号配兵十四名。

一,水营所遗陆汛,分拨附近各营兼管。

一,京口三营原辖之大沙洲,拨归陆汛巡防。

一,狼山镇属之海门营改隶苏松镇管辖。

一,苏松三营陆汛原留陆兵一百名,加留四百名,千总把总外委共十员,上海留兵二百名,汛弁两员。

一,江面失事处分,即照前次会议章程核议。

一,应造船只,分别派营驾驶。

一,裁撤千总八员,把总二十四员,改设外委三十四员,以符定制。

一,酌定外委薪粮。

一,外海六营营官衙署,各给差兵十名。

一,水师提镇兼辖陆营例,马照旧支给,不得兼支座船。太湖右营系以都司为营官,应给坐船二号。

一,内洋五营,升拔考验照外海水师例办理;里河五营照内河水师例办理。

一,增添稿书五十三名,书识二百八十六名。

一,里河水师各船需用旗帜、号衣等项,每年发银制给。

一,加给水师提督及苏松、狼山、福山三镇总官兵巡洋经费,稿书、书识五年役满,考职送部。

一，外海内洋各船共配炮位六百一十六尊，洋枪八百八十杆。

一，各船火药经费在上海苏州各局领给。

一，新立各营官兵俸薪养廉等项每年约需银二十三万两有奇，不至浮于旧额。

以上二十一条均应如所奏办理。从之。（《清穆宗实录》卷三百三十六，同治十一年七月壬辰，第14—15页。）

35. 同治十一年八月辛未又谕

彭玉麟奏酌筹水师事宜，请旨遵行一折。长江水师控制数省，关系綦重。彭玉麟所陈四条切中时弊，深堪嘉尚。提督一缺，管辖江面五千余里，非有智识阔远，天资忠亮，并秉性刚方，威克厥爱及操守清廉，敬慎畏法者，难以胜任。著统兵大臣及各直省督抚随时留心，自现任候补提镇以至偏裨，其才识足任此缺者，即行密保，候旨简用。其各营弁勇，有才堪造就者，并著责成各镇将随时咨明提督及沿江各督抚，留心考察，次第擢用。不使有用之才，沉沦末秩，用备干城之选。军营以诚朴为先，水师初设均能勤苦耐劳，所向有功。乃近来竟有修饰厨传，讲究应酬等事，种种恶习，深堪痛恨。所有各营摊派名目，著永远禁革。倘有仍蹈故辙，私立名目者，即照克扣军饷例治罪。该管督抚、提镇徇隐不参劾者，别经访闻，一并治罪，以肃军律。长江水师，经兵部议定，不得搀用另项水师人员。定章最严，近来该管提镇，有意见好，滥收外来人员，一标至二百数十员之多。迨经彭玉麟查阅，且有并无其人者，营制纷杂，几不可问。著照该侍郎所拟，提标止准酌留三四十员，各镇标止准酌留一二十员，此外概行遣撤。倘所留各员弁，有不安本分，暨别有嗜好者，即随时参革，毋得稍存姑息。各员弁用竣后，不准再行滥收。如有缺出，专于长江水师兵勇中拔补。水师额兵出缺，即于本地招募，借资得力。提督、总兵本属平行，长江水师岂容歧异。即著遵照定制办理，遇有各总兵所属汛地员弁缺出，即由该管总兵拣员署理，咨明提督请补。如提督叙补非人，该管总兵亦即咨明更正，用资整顿而杜弊端。另片奏：请停止水师肄习弓箭，以期专精一技，等语。水师所用本以使舵、放炮为优劣，何得借口演习弓箭，致开陆居之渐。著照所请。所有长江水师及江苏新改之外海、内洋、内河水师，均著专习枪炮，毋庸兼习弓箭。该提督随时操演及考拔各缺，亦著照旧章办理。经此次训谕后，该提镇及各该管督抚等，务当随时访察。遇有前项情弊，即行从严参办，庶不至真才废弃，陋习日深。用副朝廷廑念东南，整饬戎行至意。将此通谕知之。（《清穆宗实录》卷三百三十九，同治十一年八月辛未，第9—10页。）

36. 同治十一年十一月丁未大学士直隶总督李鸿章奏折

窃查本年五月间，臣于议覆制造轮船未可裁撤折内筹及闽沪现造轮船皆不合商船之用，将来开造商船，招令华商领雇，必准其兼运漕粮，嗣准总理衙门奏覆以闽造商船华商雇领一节。李鸿章、沈葆桢俱以为可行。应由该督抚随时察看情形，妥筹办理，等因。奉旨依议。钦此。旋准总理衙门函属遴委有心时事之员妥议章程。俟官船工竣，成规具在。承租者自争先恐后，诚为力求实济起见。臣反覆筹维，现尚无船可领，徒议章程，未即试行,仍属空言无补。因思同治六七年间,曾国藩、丁日昌在江苏督抚任内,叠据道员许道身、同知容闳创议华商置造洋船章程,分运漕米,兼揽客货,曾经寄请总理衙门核准,饬由江海关晓谕各口试办,日久因循,未有成局,仅于同治七年借用夹板船运米一次,旋又中止。本年夏间,臣于验收海运之暇,遵照总理衙门函示,商令浙局总办海运委员候补知府朱其昂等酌拟轮船招商章程。嗣又据称:现在官造轮船内并无商船可领。该员等籍隶淞沪,稔知各省在沪股商,或置轮船,或挟资本,向各口装载贸易,向俱依附洋商名下,若由官设立商局招徕,则各商所有轮船股本必渐归并官局,似足顺商情,而张国体。拟请先行试办招商,为官商浃洽地步,俟机器局商船造成,即可随时添入,推广通行。又江浙沙宁船只日少,海运米石日增,本届因沙船不敷,诸形棘手,应请以商局轮船分装海运米石,以补沙宁船之不足,将来虽米数愈增,亦可无缺乏之患,等情。臣饬据津海关道陈钦、天津道丁寿昌等复核,皆以该府朱其昂所议为然,请照户部核准,练饷制钱借给苏浙典商章程,准该商等借领二十万串,以作设局商本,而示信于众商,仍豫缴息银,助赈所,有盈亏,全归商认,与官无涉。朱其昂承办海运已十余年,于商情极为熟悉,人亦明干,当即饬派回沪设局招商,叠据禀称:会集素习商业殷富正派之道员胡光墉、李振玉等公同筹商,意见相同,各帮商人纷纷入股,现已购集坚捷轮船三只,所有津沪应需栈房码头及保险股份事宜,海运米数等项均办有头绪,并禀经臣咨商江浙督抚,臣饬拨明年海运漕米二十万石,由招商轮船运津,其水脚耗米等项悉照沙宁船定章办理。至揽载货物,报关纳税,仍照新关章程办理,以免借口。昨据浙江粮道如山详称:该省新漕米数较增,正患沙船不敷拨用,请令朱其昂等招商轮船分运浙漕,较为便捷。又准署两江督臣张树声函覆,以海运难在雇船,今有招商轮船以济沙卫之乏,不但无碍漕行,实于海运大有裨益。当严饬江海关道等和衷协力,勿致善举中辍,等语。是南北合力筹办华商轮船,可期就绪,目前海运固不致竭蹶。若从此中国轮船畅行,闽沪各厂造成商船亦得随时租领,庶使我内江外海之利,不致为洋人占尽。其关系于国计民生实非浅鲜。[宝鋆等纂:《筹办夷务始末》(同治朝)卷八十八,第24—26页。]

37. 总署致曾中堂(涤生)函

中堂阁下:径启者。设厂制造轮船一事,同治五年十月由季高奏准办理,当时与洋匠日意格、德克碑议以五年为期,造一百五十匹马力轮船十一只,八十匹马力轮船五只,共计大小轮船十六只,并教中国员匠监造、驾驶事宜,总计所费不逾三百万两。历经季高于五年十月、十一月两次具奏有案,旁谘群议,几于无义不搜。数年以来,计中国所有轮船,广东则购买飞龙等七号,福建则长胜、华福宝二船,江苏则铁皮海生等船,皆购自外洋,俱备巡洋捕盗之用,福建又有靖海一船,归厦门水师提督调用,福源小轮船在内港差使公干,皆非自造。现由各该省分别驾驶,其经费亦由各该省妥设筹拨,暂可毋庸置议。至设厂制造之轮船,江苏已成者四号,恬吉一船在长江解饷;其操江、测海、威靖三船前于十月二十四日接准少荃来咨,准阁下咨,据吴道大廷禀请,以每年二月、五月、七月分班,来往梭巡南洋,以期熟悉,等因。经阁下批,俟沪厂第五号轮船今冬告成,归入南北梭巡之内办理。其闽省已成轮船能否照此办理,咨商闽省督抚酌办,等语。具见荩虑周详,深为欣佩。惟闽省船厂所造轮船已成者五号,万年清、湄云、福星据报改为练兵船,伏波、安澜其第六号业已开工,第七、第八号前准星岩来咨,拟作兵船,亦已开工。旋于十月初三日,经星岩片奏以闽省洋药票税不敷轮船经费,续造之船如何分派各省,抑或另筹经费。有旨交议,经本处复奏,奉有谕旨,咨照在案。然各省能否分派尚不可知,即沿海各省每口分派一只,在闽省则分出一船,少一船之经费,在国家则无论何省,同此度支也。查闽省已成轮船大号三只,小号二只,每月需银九千余两,又建成夹板船,每月需银一千一百余两,共计每月需银约已一万一千余两矣,将来大小十二只,全行工竣,约计每月需银不下四万两。合之沪厂所造,续有增添及闽、粤、江苏三省购买之船,统计可得三、四十只,每月所需更巨,而税饷所入岁有常数,势必益形支绌,亟宜先事预筹,通盘核算,以期功收实效,饷不虚糜,方可持久。夫造船原以为自强之计,现在功未及半,而经费已虑不支,则自强者转以自累。况目下已成及购买各船,商船式样为多,不尽可作兵船之用,应如何变通办理,宽筹经费之处,再四思维,殊鲜良策,凤稌大才,硕画用思,合力筹商。溯查从前郭云仙在广东巡抚任内,函论此事,有官置轮船一时之利也,可以议行,而使商民得公置轮船,永远无穷之利也,一切皆可以是推行。官商各船运载货物,沿海畅行,以使洋人不得专其利,有益于国家之经费,亦必多矣,等语。丁雨生在上海道任内,有雇买火轮夹板船只,由地方官编以字号,如沙船之法,无事则任彼经商,有事则归我调遣,等语。是否可行?本处无从悬断。阁下来函以防范洋商之章,概以施之华商,恐于商情未顺。刻下讨论既久,疑义愈晰。各处华商,既以轮船为便,度也乐于从事。曾据丁雨生报:上海琼记等华商有议立新轮船公司之事,已可概见也。惟自议定华商雇买轮船章程,于今数年,并无照章请领之人,或以雇买则船价甚巨,商人力有不逮,亦未可知。然其中与洋商合伙者实已不少矣。倘以所造商船式样之轮船刊发船牌,令华商具结承租,驾驶运货,既属自造之船,即归户关报税,而关单起货开船等事,酌用洋商章程,似无不可,除正项货税并酌定租价,按章完纳船钞外,禁绝浮费,每年修艌及每月煤工等费悉归承租之商经理,则在官可省经费,而在商亦可夺彼利权也。倘有代官运送物件,亦照洋行轮船之例,一概给予脚费。若有商人情愿呈缴造价,查明实系土著商民,即照沙船章程给发牌照,填注商名,作为该商之船,日后有应修理之处,准其报明入厂,自与工匠议定修价,毋庸官为经理。章程果能简便,商民或可踊跃。万一有事,该船无可驾驶,坐费煤工,自必乐为官用,此一说也。或谓南省沙船从前有一、二千只,近来日少一日,不及六七百只,江浙每年海运时虑不敷,或由两省海运局酌配轮船,转运漕粮,协贴经费,为掍彼注兹之计。但须实系中国自造轮船,方准配运,不得稍有朦混。每船派员押运到津后,将米卸栈,委员守候验收,轮船即可驾驶出口,此又一说也。由前之说,所虑者洋商,恐夺彼利权,或将减价载运,商人无利可图,难期持久,不若官为之倡行之有益商民,可无顾虑也。闻天津来往轮船,皆系旗昌、怡和两行之船。前年另有洋行,亦到天津。而旗昌、怡和两行减价十分之七,直至该行之船不再到天津而止。长江轮船皆系金利源行之船,亦无他洋行轮船能走长江者,有利必争,彼族之长技,势所必然耳。由后之说,所虑者酌配运米,为时甚暂,所贴经费为数无多,于大局仍无裨益耳!此外有无妥善办法,本处未能揣度。惟望多一轮船之用,即多一轮船之利,方可为持久之计,免致才匮工废,贻笑彼人。且船厂工程,费亦巨万,将来照数造齐,即不再添造,尚可酌减工匠,为轮年修理各船之用。果能商民请领请租,并可陆续添造,若使半途而废,恐必生觊觎之心,致启意外之虑。又不可不计及者也。此事筹商已久,迄无定议,现为统筹国用起见,既有以开其先,必当有以善其后,用特密函奉商。尚望酌量现在情形,勿拘成说,熟筹良法,是为至祷。俟有定议,再当函咨季高,并经理船政诸公,会同办理,此颂。勋祉。十一月二十六日发,十二月初五日到。(《晚清洋务运动事类汇钞》卷上,北京:全国图书馆文献缩微复制中心,1998 年,第 371—375 页。)

38. 总署致李伯相(鸿章)函

少荃中堂阁下径启者:设厂制造轮船一事,同治五年十月由季高奏准办理,当时与洋匠日意格、德克碑定议,以五年为期,造一百五十四马力轮船十一只,八十四马力轮船五只,共计大小轮船十六只,并教中国员匠监造、驾驶事宜,总计所费不过三百万两。历经季高于五年十月、十一月两次具奏有案,旁谘群议,几于无义不搜。数年以来,计中国所有轮船,广东则购买飞龙等七号,福建则长胜、华福宝二船,江苏则铁皮海生等船,皆购自外洋,俱备巡洋缉盗之用。福建又有靖海一船,归厦门水师提督调用。福源小轮船在内港差使、公干,皆非自造。现由各该省分别驾驶,其经费亦由各该省妥议筹拨,暂可毋庸置议。至设厂制造之轮船,江苏已成者四号,恬吉一船在长江解饷,其操江、测海、威靖三船前于十月二十四日接准来咨,准涤生中堂咨:据吴道大廷禀请,以每年二月、五月、七月分班来往巡南洋,以期熟悉,等因。经涤生中堂批俟沪厂第五号轮船,今冬告成,归入南北梭巡之内,办理。其闽省已成轮船能否照此办理,咨商闽省督抚酌办,等语。具见荩虑周详,深为欣佩。惟闽省船厂所造轮船已成者五号,万年清、湄云、福星(据报改为练船矣)。伏波、安澜,其第六号业已开工,第七第八号前准星岩来咨,拟作兵船,亦已开工。旋于十月初三日经星岩片奏,以闽省洋药票税不敷轮船经费,续造之船如何分派各省,抑或另筹经费。有旨交议。经本处覆奏,奉有谕旨,咨照在案。然各省能否分派,尚不可知。即沿海各省每口分派一只,在闽省则分出一船,少一船之经费,在国家,则无论何省同此度支也。查闽省已成轮船大号三只,小号二只,每月需银九千余两。又建成夹板船每月需银一千一百余两,共计每月需银约一万一千余两矣。将来大小十六只,全行工竣,约计每月需银不下四万两,合之沪厂所造,续有增添及闽、粤、江苏三省购买之船,统计可得三四十只,每月所需更巨,而税项所入岁有常数,势必益形支绌,亟宜先事预筹,通盘核算,以期功收实效,饷不虚糜,方可持久。夫造船原以为自强之计。现在功未及半,而经费已虑不支,则自强者转以自累。况目下已成及购买各船,商船式样为多,不尽可作兵船之用。应如何变通办理,宽筹经费之处,再四思维,殊鲜良策。凤稚大才硕画,用思合力筹商。溯查从前郭云仙在广东巡抚任内,函论此事,有官置轮船,一时之利也,可以议行;而使商民得公置轮船,永远无穷之利也。一切皆可以是推行商各船运载货物,沿海畅行,以使洋人不得专其利,有益于国家之经费亦必多矣,等语。丁雨生在上海道任内,有雇买火轮夹板船只,由地方官编以字号,如沙船之法,无事则任彼经商,有事则归我调遣,等语。是否可行?本处无从悬断。涤生中堂来函,以防范洋商之章,概以施之华商,恐于商情未顺。刻下讨论既久,疑义愈晰。各处华商既以轮船为便,度亦乐于从事。曾据丁雨生报,上海琼记等华商,有议立新轮船公司之事,已可概见也。惟自议定华商雇买轮船章程,于今数年,并无照章请照之人,或以雇买则船价甚巨,商人力有不逮办,未可知。然其中与洋商合伙者,实已不少矣。倘以所造商船式样之轮船,刊发船牌,今华商具结承租,驾驶运货,既属自造之船,即归户关报税,而关单起货开舱等事,酌用洋商章程,似无不可。除正项货税,并酌定租偿,按章完纳船钞外,禁绝浮费,每年修舱及每月煤工等费悉归承租之商经理,则在官可省经费,而在商亦可夺披利权也。倘有代官运送物件,亦照洋行轮船之例,一概给予脚费,若有商人情愿呈缴造价,查明实系土著商民,即照沙船章程给发牌照,填注商名,作为该商之船。自后有应修理之处,准其报明入厂自与工匠议定修价,毋庸官为经理。章程果能简便,商民或可踊跃。万一有事,该船无可驾驶,坐费煤工,自必乐为官用。此一说也。或谓南省沙船从前有一二千只,近来日少一日,不及六七百只,江浙每年海运时虑不敷,或由两省海运局酌配轮船转运漕粮,协贴经费为挹彼注兹之计,但须实系中国自造轮船方准配运,不得少有蒙混,每船派员押运到津后,将来卸栈委员守候验收,轮船即可驾驶出口,此又一说也。由前之说,所虑者洋商恐夺彼利权,或将减价载运,商人无利可图,难期持久,不若官为之倡行之有益商民,可无顾虑也。闻天津来往轮船皆系旗昌、怡和两行之船。前年另有洋行,亦到天津,而旗昌、怡和两行减价十分之七,直至该行之船不再到天津而止。长江轮船皆系金利源行之船,亦无他洋行轮船能走长江者,有利必争,彼族之长技,势所必然耳。由后之说,所虑者酌配运米为时甚暂,所贴经费为数无多,于大局仍无裨益耳。此外有无妥善办法,本处未能揣度,惟望多一轮船之用,即多一轮船之利,方可为持久之计,免致才匮工废,贻笑彼人,且船厂工程经费亦巨万,将来照数造齐,即不再添造,尚可酌减工匠为轮年修理各船之用,果能商民请领请租,并可陆续添造,若使半途而废,恐必生觊觎之心,致启意外之虑,又不可不计及者也。此事筹商已久,迄无定议,现为统筹国用起见,既有以开其先,必当有以善其后。用特密函奉商,尚望酌量现在情形,勿拘成说,熟筹良法,是为至祷。候有定议,再当致商季高,并经理船政诸公,会同办理。此颂。勋祉。(《晚清洋务运动事类汇钞》卷上,第541—545页。)

同治十三年(1874年)

39. 同治十三年七月戊申江苏巡抚张树声奏报

承准军机大臣字寄同治十三年五月三十日奉上谕:总理各国事务衙门奏:日本兵扎番社,滨海防务请饬先事筹办一折。各省沿海口岸甚多,亟应一体设防,等因。钦此。又奉六月十二日寄谕:李鸿章奏遵旨筹派洋枪队航海驰赴台防,并请饬调驻徐铭军东来,以备南北海口策应一折。著照所请。即饬唐定奎统带所部步队六千五百人由徐拔赴瓜洲口,分起航海赴台,听候沈葆桢调遣。由李宗义、张树声饬调沪局轮船暨雇用招商局轮船驶赴瓜洲,以备该军东渡,等因。钦此。除恭录移行钦遵办理,并咨山东浙江各抚臣一体会商联络外,伏查日本开衅台番,骎骎内逼,虽经沈葆桢等反复诘责,至今坚不退兵,倭人狡诈多端,意指洵为叵测。江苏乃中外通商总汇,沿海滨江纵横各千余里,港屿林立,防不胜防,诚如总理衙门所奏,不趁此时振刷精神,一旦事变猝来,实属不堪设想。综核江南形势,以吴淞内洋为外海入江并南通黄浦内达苏松第一关键。惟洋面过阔,控扼匪易。其次则狼、福两山,以上如江阴之鹅鼻觜,丹徒之圌山关均属天生锁钥,乃长江下游门户。各该处向有墩台炮垒,军兴以后,废址仅存,臣于倭兵初抵台境时,即与督臣李宗羲往复函商,殆无虚日。并约提臣李朝斌来省,密筹备御事宜。先就现在水陆兵力扼扎江海各要隘,会哨分防,以壮声势。惟近日海上用兵,必恃西洋船炮,若但用相沿旧法,防务实无把握,急宜修筑江海炮台,密购外洋利器,用备不虞。而购炮筑台,委曲繁重,决非旦夕所能集事。所有筹款设防先期商办情形,业由李宗羲附片会陈圣鉴在案。苏省留防淮勇仅止二十余营,分戍大江南北,弹压巡防。臣与李宗羲会商,本拟将现驻徐州之淮勇十六营酌拨南来,移缓就急。适准李鸿章、沈葆桢先后来函,奏调该军赴台。即函嘱提督唐定奎整队以待。兹奉谕旨,又经飞饬钦遵,并饬苏松太道沈秉成、前台湾道吴大延等分别调雇沪局招商局各项轮船,驶赴瓜洲,装送唐定奎一军,分起东渡。并据徐州道禀报:唐军定于六月二十日自徐郡宿迁接续启行,兼程南下。江省少此劲旅,兵力更单,幸蒙我皇上通筹,并顾准调驻陕铭军移扎南北适中之地,借壮声援,计该营东下,约在中秋节以后。臣等现已密派妥员驰赴江阴、上海等处,查勘水陆形势,以备临时商调策应。苏沪华洋错杂,民气浮嚣,动辄谣言四起,当此边衅将开,大局未定之时,臣惟有不动声色,随时察看缓急,密商督臣,殚力筹维,断不敢稍涉张皇,致滋纷扰。亦不敢稍涉懈缓,贻误事机,以仰副圣主绥靖东南,有备无患之至意。[宝鋆等纂:《筹办夷务始末》(同治朝)卷九十六,第1—3页。]

40. 同治十三年七月壬戌福州将军文煜闽浙总督李鹤年等奏

福州将军文煜、闽浙总督李鹤年、福建巡抚王凯泰奏:窃臣等承准军机大臣密寄,六月初五日奉上谕:此外沿江沿海尚有扼要之处,亦当豫为防范,毋稍疏懈,等因。钦此。六月十二日奉上谕:福州一带沿海地方,文煜、李鹤年、王凯泰当实力筹防,务臻周密,不得稍存大意,致误事机,等因。钦此。当即恭录咨行钦遵在案。查闽省海疆北起浙江交界之福宁府,南至粤东交界之南澳镇,大小海口百余,厦门、金门、海坛、湄洲皆孤悬海中,其余港道宽者十余里,狭者数十丈,设防之法,以水雷拒其入,以炮台击其来,以沉船辅水雷之不足,以陆勇辅炮台之不足,更以乡团助陆勇之声势,大要不外此数端。

福州口以壶江为要隘,明臣戚继光歼倭于此,仍其址筑炮台,安大炮十六尊,船过无弗及者,守以三百人。进而稍北为马鞍山,地势宽阔,业经前陕西藩司林寿园仿筑西式炮台,守以五百人,与壶江遥遥相应。再进而为南北龟港,道甚狭,左为长门山,地险天设,拆去旧台,改建斜角三合土炮台,安炮二十四尊,守以千人。右为金牌寨,安炮十尊,守以三百人,与长门犄角,更于南北龟之后,派轮船二号,左右分扼。又进而为南北岸,除旧设炮台外,凿山为洞,南岸隐藏大炮十二尊,北岸四尊,各守以五百人。北岸上达连江,下达船厂,屯练勇千人以防之。有警则于长门口外安水雷数十尊,此林寿图到防后布置福州海口之详细情形也。

以北之东岱、白沙、濂澳、鉴江四口,安炮二十四尊,各配精兵百人。再北为福宁镇辖之三沙、大金、间峡、下浒、东冲、烽火、南镇、沙埕各口,共安炮七十一尊,该处皆深水大洋,东冲尤为宽阔,轮船不敷调拨,已饬福宁镇宋桂芳募陆勇一千人,并挑选镇兵分守各台。又募水师一营驻守东冲,饬局拨大炮十余尊,补其不足,有警则安水雷。此连江、罗源及福宁各海口布置之详细情形也。

福州之南则为海坛镇,其要隘有六,安炮三十七尊,已饬该镇黄联升以红单船分扼内海,修葺兵房,挑兵守台。再南则为兴化府属平海、黄竿、西亭、乌石、双溪、佩亭、沙溪、南目、璧头、三江口、宁海、青屿、四屿及泉州府属之安海、围头、大盈、连河、索武、深沪、永凝、祥芝、江口、秀涂、梅州、黄崎等口,多系浅水内洋,潮退即淤。明臣戚继光防倭时皆设营筑垒,遗址犹存,分饬赶紧修葺,以陆提各营挑兵守之,号召乡团以为之助。厦门为泉州门户,昨据署水师提臣李新燕咨报,勘得大担、小担两口孤岛难守,稍进而屿仔尾与白石头相对,最为扼要,仿筑西式炮台两座,各配大炮七尊,守以三百人。再进而为龙角尾、旗仔尾、曾厝垵、湖里汛、乌空圆、武口六处,各筑炮台一座,安炮五尊。此外五通、刘五店两口,为厦门后路,遵陆可达漳泉,各筑炮台一座,配炮五尊,守以二百人。臣等已饬局拨新购万斤洋炮十尊,大小铁炮五十尊,以资分布,如再不敷,则购西洋钢炮以辅之。有警则于大担、小担、浯屿、烈屿之间安置水雷,护以红单、拖缯,李新燕所部分守炮台,孙开华所部扼防陆路。金门与厦门相犄角,向无城堡,为入泉必由之路,虽孤悬难守,而关系亦要,已饬李新燕、孙开华等踏勘地势,添置炮台炮位,以期声势联络。厦门之南。南则铜山营,再南则为与粤连界之南澳镇。铜山、悬钟两城炮台两座,均已挑兵驻守,择要设防。此与泉漳三府各海口布置之详细情形也。

闽省宾海处所袤长千有余里,处处可以上岸,实属防不胜防,形势如此,臣等愈不敢稍涉大意。惟有随时督饬地方文武,严密防范,毋稍疏懈,以备不虞。至防海之法,尤重利器,据善后局报称已购到洋枪七十,俾购定洋药三万二千磅大钢炮二尊,万斤以下铁炮三十七尊,万斤铜炮五尊,飞轮炮五尊,火药五十万磅,水雷八十尊,臣等通盘筹划,尚恐不敷,仍饬赶紧购制。泉州居漳州、兴化之中,所属厦门等口与台湾对峙,为前明倭寇出入之所,臣鹤年拟俟布置有绪,亲赴各口查勘,暂驻泉州,以便居中策应。[宝鋆等纂:《筹办夷务始末》(同治朝)卷九十六,第22—25页。]

41. 同治十三年九月丙午大学士两广总督瑞麟广东巡抚张兆栋奏

澄海等县盗犯杨俊洸(即阿六),籍隶香山县,本系市井莠民,曾为洋行买办。平日强横不法,潜在潮州、汕头埠开张新兴行,辄将该处海坪擅自填筑,侵占官地,建造洋楼,冲碍商民会馆,并包抽海船钱文,接济匪乡军火,劣迹多端。先据新关委员及该埠万年丰会馆各行商禀控,经臣等檄饬惠潮嘉道、潮州府督同署澄海县戴裕源、新关委员恩佑等将该犯拿获到案,旋据署惠潮嘉道顾元勋、署潮州镇方耀等禀称:当提该犯杨俊洸讯明,该犯前于咸丰年间在澄海、潮阳两县属交界之妈屿地方开设行店,名为贸易,实则私贩人口出洋。遂于同治二年移入汕头,开张福源行,旋改新兴字号。该犯倚恃曾当洋行买办,借势横霸,动辄从中播弄,遇事武断挟制,历年汕头一带私贩人口出洋之案,该犯无不包庇。被拐亲属畏其报复,莫敢控告。迨至该犯获案,始据澄海县属华埔乡卢发等以伊子卢如国等被该犯掠卖出洋。又据揭阳县属东桥团乡林国珍以该犯抢劫洋船,杀毙二命,各等情,先后控经该署镇道等提同原告林国珍等当堂质讯,该犯无可狡赖,供认系香山县人,寄居潮州,于咸丰九年八月初二日,起意纠伙张大孙、林阿婆、黄阿时、黄阿良、陈阿愚、朱阿喜、朱阿庆、姚牛皮、陈阿英、马妈赐共伙十人各持刀械,驾艇在妈屿外洋行劫事主林国珍船只,得赃。当场杀毙林阿合等二命。又咸丰十一年,不记月日,起意诱卖并非情甘出口之卢如国等十八人出洋,并伙同伊兄杨承洸(即阿茂)、伊弟杨灏洸(即阿八)等于咸丰九、十、十一等年贩卖人口出洋多次,不讳。该犯始而供称报捐同知衔,饬将捐照缴验。又称委系从前混供,无从缴照。再三研诘,矢口不移。诘其何时充当洋行买办?如何填筑海坪,侵占官地,包抽海船钱文,接济匪乡军火?该犯一味枝梧,茹不吐实。经该署镇道等会同复加勘讯,将该犯杨俊洸审依江洋大盗及强盗杀人,均应斩枭例,拟以斩立决,枭示声明。潮州府属澄海县汕头地方,中外杂处人心浮动。该犯寄居汕头,曾充洋行买办,胆敢在潮州犯事,平日狡猾异常,诚恐别生枝节,未便稍稽显戮,遵照奏定严办盗犯章程,录供,禀奉批饬。将该犯于同治十三年五月二十九日就地正法,以昭炯戒,等情。备移臬司核明,具详前来。臣等复核无异。查例载江洋行劫大盗立斩枭示。又强盗杀人不分曾否得财,斩决枭示。又内地奸民设计诱骗愚民并非情甘出口者,但系诱拐已成,为首斩立决。各等语。又同治二年十一月初五日钦奉上谕:嗣后广东省距省较远各州县拿获行劫拒捕伤人,罪应斩决各犯,审实后解送该管道府,严讯录供具详,等因。钦此。通行遵照在案。该犯杨俊洸恃充洋行买办,平时劣迹多端。经臣等檄饬查拿,现据供认:起意将并非情甘出口之人诱卖出洋共有十八人之多;又伙同犯兄杨承洸等贩卖人口出洋多次;起意在洋杀毙二命。实属法无可贷,罪不容诛。据署镇道等将该犯按例拟以斩枭,于讯明后禀经批饬,就地正法,洵足以伸国法,而快人心。建造洋楼,业经饬县拆毁;填筑海坪,照旧开复故道。该犯行店房产查封变价,分别赔赃给主,入官充公。盗艇当时凿沉,无凭查起。被卖出洋之卢如国等,饬查卖至何国,俟有下落,另行办理。并通饬沿海各州县一体密查,如有匪徒包抽海船钱文,接济匪乡军火,随时严拿惩办。除饬严缉逸犯杨承洸等及张大孙等务获究办,及将供招咨明总理各国事务衙门、刑部外,谨附片陈明。[宝鋆等纂:《筹办夷务始末》(同治朝)卷九十七,第30—33页。]

42. 沈葆桢奏议洋务事宜

为遵旨详议海防事宜,仰祈圣鉴事。窃臣于本年十月十七日承军机大臣密寄。九月二十七日,奉上谕:总理各国事务衙门奏海防急宜切筹一折。所陈练兵、简器、造船、筹饷、用人、持久各条。著详细筹议切实办法。此外别有要计,一并奏陈。不得以空言塞责,等因。钦此。仰见我皇上宵旰焦劳,昭然若揭。伏读再四,感激涕零。臣咕哔迂儒,洋务非所谙习。年来待罪船政,不过因人成事,绝未窥见要领。然不敢不以采访所及,参以管见蠡测,为我皇上敬陈之。

原奏称拟外患较办发捻为更难,兵亦较办发捻宜更精,诚确论也。夫兵何以精?练斯精耳!以西洋枪炮之猛烈,贲育无所用其力,养潘无所施其巧。及观其练兵也,枪队则步伐止齐之节,纵横徐疾之序。炮队则旋转进退前却修整之法。测量炸弹远近迟速之方,断断讲求。若忘其利器之可恃也者。盖不以一人之力为力,而以千万人之力为力。不以一人之巧为巧,而以千万人之巧为巧也。然而练义勇之兵易,练经制之兵难。发捻事起。各省无不舍兵而募勇,明知兵之无用也。而大难甫平,转撤制胜之勇,而复用无用之兵。臣窃以为过矣。数年来封疆大吏。思矫兵之积弱,优之饷糈,使与勇等。束之营垒,使与勇偕。而海上军兴,复纷纷募勇,未闻以兵为可恃者。文法繁而积弊深故也。抚议一定,饷款不支。将又议汰勇留兵,用其所不养,养其所不用。明知之而故违之,自强其何术乎?若以西法练兵,不得不先以西法练将。将所不知,而兵欺之。将所不屑,而兵效之。今之名将,皆剿发捻立功者也。习故蹈常,则无从精进。而中年以外,百战之余。使舍其所长,折节于习学,非其所愿,亦非其所长。然不能尽晓其文,不可不深明其义。应请每省选知兵大将能耐劳苦者一二人,练勇二万,少则万人。分为两军,一驻省会,一驻冲要。屯扎大营,勿零星散布,专练洋枪洋炮。一时临敌奉调,即可遍征。选西洋通法者为之教习,我之大将待以宾友,朝夕与之讲明,切究其中要法。数年而后,陆营庶几可恃矣。水师则以熟狎风涛者为本,枪炮按日操演,尚可月冀而成。若夫水师与陆师异,外海水师与内江水师异,近日外海水师与向日之外海水师又异。绿营原额,不乏精壮。然城市熟而风涛疏,即曾制胜之洋枪队,陆路用之,犹患不足,岂能拨入水师!且迁地不良,若病眩晕。虽至精之计,无所用之。沿海渔户实繁有徒,招募非难,练习亦易。所独难者,管驾官耳。且浅言之,商船舵工各口之引水,其天资颖异,于西洋轮船中历练多年者,能充驾驭,然仅百中之一二耳。深言之,则必通晓华洋文理,明于算学兵法者,乃胜其任。非剿窃所能为功,上海出洋局十五年限满及闽厂学生,再令出洋学习二三年,必有堪膺斯选者。至迎剿、截击、尾追诸法,合数船操演,则其法备寓于中。应请将现有之兵轮船,延英国水师官一人教练,以二人副之。除奉差驰出外,余当按日合操。数年之后,水师亦庶几可恃矣。经费不足,宜将水陆冗兵之无用者,酌量裁汰。固不当立意纷更,亦不当意存迁就。总之,化无用为有用。是在督抚之因地制宜耳。(葛士俊编:《皇朝经世文续编》卷一百一,洋务一,台北:文海出版社,1866年影印本,第12—13页。)

43.丁日昌拟海洋水师章程六条

一,外海水师专用大兵轮船及招募驾驶之人。外海水师以火轮船为第一利器,尤以大兵轮船为第一利器。兵轮船两旁分上下层,皆列炮眼,多者三十六眼,少者二十四眼,首尾中舷亦列炮位,约计一船可装大炮四十余位,循环叠放,无坚不摧。一船可装兵丁水手六七百人,兼用风帆,行驶如飞,此等轮船偶一鼓轮簸荡,则在旁之小舢板等船已将攲覆,何况对敌。拟先在花旗购买此种兵轮船约二、三号,即以提督所演之陆兵赴船学习,由粗而精，一面招募中国能驾驶之人，优其廪饩。盖宁波、漳泉、香山、新会一带能驾驶轮船之人甚多，兹拟重价招募，分别等第，设法抚驭，使全船皆无须资助外人，方可指挥如意。其次则购买根钵轮船，以资浅水追剿之用。以上二种轮船初则购买，继则由厂自制，有此可恃，则沿海一切艇船皆可废弃不用，缘并五十号艇船之费，可以养给一号大兵轮船。并五十号阔头舢板之费，可以养给一号根钵轮船。海上争锋，纵有百号之艇船，不敌一号之大兵轮船。盖在内海剿盗，则非炮船不为功；在外海剿盗，则非轮船不为功也。

一，沿海择要修筑炮台。自道光以来，海上交兵，沿海炮台悉经毁损，故人人皆以炮台为不足恃，惟推原中国炮台之所以无用，非炮台之无用，乃台之式不合，其台炮之制不得其法，演炮不得其准，守台不得其人。查西人重城池，不如其重炮台。凡海口及要隘之地，无不炮台森列，严为防御，其炮台之式，下大上椭圆，四面安炮，迤逦起伏，首尾左右互相照顾，台下环池，与中国炮台迥异，拟仿照其式，沿海仍择要修筑炮台。其炮之制亦如西国演炮，必求其准。守台必求其人，与沿海水师轮船相为表里，奇正互用，则海滨有长城之势，而寇盗不为窥伺矣。〔宝鋆等纂：《筹办夷务始末》（同治朝）卷九十八，第24—25页。〕

44. 同治十三年十一月癸卯大学士直隶总督李鸿章又奏

正在缮折间，承准军机大臣密寄，十月二十八日奉上谕：文祥奏敬陈管见一折。台湾之事虽权宜办结，后患在在堪虞，等因，钦此。并钞录文祥原折到臣，查沈葆桢十月十四日来函，倭使大久保已抵琅峤，业经约期撤兵，自不致再有变局。惟文祥虑及日本距闽浙太近，难保必无后患，目前惟防日本为尤急，洵属老成远见。该国近年改变旧制，藩民不服，访闻初颇小哄，久亦相安。其变衣冠，易正朔，每为识者所讥。然如改习西洋兵法，仿造铁路火车，派置电报、煤窑、铁矿，自铸洋钱，于国计民生不无利益，并多派学生赴西国学习器艺，多借洋债与英人暗结党援，其势日张，其志不小，故敢称雄东土，藐视中国，有窥犯台湾之举。泰西虽强，尚在七万里以外，日本则近在户门，伺我虚实，诚为中国永久大患。

……

查西洋各国以船炮利器称雄海上已三十余年，近更争奇斗巧层出不穷，为千古未有之局，包藏祸心莫不有眈眈虎视之势。日本东隅一小国耳！国朝二百年来相安无事，今亦依附西人，狡焉思逞，无故兴兵，屯居番社，现在事虽议结，而履霜坚冰，难保不日后借端生衅。且闻该国尚在购器、练兵，窥其意，纵不敢公然内犯，而旁扰琉球、高丽，与我朝属国为难，则亦有不容坐视之理。故为将来御侮计，非豫筹战守不可。即为保目前和局计，亦非战守有恃不可。就中国现在局势论之，内地久已肃清，边疆亦经底定。各省不乏知兵之将，能战之兵，船政机器渐有成效，比庚申以前情形已异。前年天津之案，本年台湾之役，均能勉就范围，未始非因中国气势渐振，有以隐慑于其间，诚能借此机会，更加讲求，同心勠力，不为浮议所摇，不以多费中止。宽以时日，未有不克转弱为强者。秦襄修甲励兵，用复先世之仇；勾践生聚教训历二十年，而卒报强吴。况我国家大一统之规，果能惩先毖后，中外一心，安见雪耻复仇之无日耶！前此奉旨设防，当饬沿海口岸修筑炮台，置办器械，添募水陆兵勇,未尝不认真整理。然海上无大枝水师,无可靠战船,一旦猝然有警,臣自忖只能就陆地击之。若角逐于海洋之中,实未敢信有把握。是今日自强之道,陆军因宜整理,水军更为要图。前两江督臣曾国藩于发逆既平之后,既与侍郎彭玉麟创设长江水师,至今江面数千里,恃以无虞。臣愚以为此时整饬海防各师,比江防为尤急。虽沿海各省本有额设战舰,然以御外洋兵船,胜负不待智者而决。是必须扩充轮船,置备铁甲船,俾各练习驾驶,方有实际。明知其费甚巨,其效难速,而不能不如此也。

日本以贫小之国,方且不惜重资,力师西法,岂堂堂中夏,当此外患方殷之际,顾犹不发愤为雄,因循坐误以受制于人哉!论语云:人无远虑,必有近忧。又曰:欲速则不达。见小利,则大事不成。是在我皇上坚持定见,断以不疑。则自强之要,莫先乎此矣。近洋人入内地者愈布愈远,交涉事件益多,办理实形棘手,天津、台湾两案此其显然共见者,其余寻常龃龉之事,所在皆有。口舌之端,无非兵戎所伏。既不便一味迁就,又不可过于激烈。愚民但快一朝之忿,而不顾异日之忧。旁观惟工指摘之谈,而不知当局之苦,故目前即勉强敷衍,总难免决裂之一日。承饬议各条,洵为当务之急,而用人、筹饷二者,尤为紧要。足食,乃能足兵。有治人,乃有治法。而持久之道,亦即寓乎其中矣。抑臣更有请者,从来天下之安危,视乎民心之向背。外夷虽强,遇百姓齐心即不敢显干众怒。故必整顿吏治,以固结民心,庶于自强之根本更有裨益。

谨按:原奏各条将切实办法详细陈明。一,练兵一条。查海上宜专设重兵,臣所见亦适相符合。浙省水陆各标自经整顿较有起色,虽未经战阵,而兵皆精壮。近年挑选洋枪队,一切步伐号令,均效西法,尚属齐整。惟各省沿海地方辽阔,纵使设防,何能处处周密。况战守相为表里,有守之兵,无战之兵,有分防之兵,无游击之兵,一旦有事,终虑措手不及,顾此失彼。臣窃谓南、北、中三洋,宜设水陆三大枝,闽广合为一枝,江浙合为一枝,直隶、奉天、山东合为一枝。每枝精练万人为度,各设统领一员,帮办二员,仍听南北洋大臣节制,调遣。各置备轮船二十号,兵船商船各半,又铁甲船一二号,其先尽各省外海水师内严加挑选。挑选不足,再招募生长海上,熟狎风涛壮勇以益之。其口粮似宜比长江水师章程略为加重,无事则分防洋汛。兵船捕盗,商船载货,有事则通力合作,联为一气。兵船备战,商船转运。平时兵船不敷往,即在海口择要团扎,随时操练,更番出洋。大约水师闽广为长,浙江各省次之。至于陆路洋枪队不习风涛,不善驾驶,迁地弗良,恐难得力。外洋有此三大枝水军,练习三数年后,海上屹然重镇。可分,可合,可战,可守,近则拱卫神京,远则扬威海面。不惟内地之奸匪敛迹,外夷之要挟,亦可渐少矣。[宝鋆等纂:《筹办夷务始末》(同治朝)卷九十九,第31—39页。]

年月不详

45.《戴逆(潮春)倡乱》

福建小刀会时事。台湾雄峙东海,横亘千余里,土田膏腴,家多殷实,顾民气易动难静。康熙间,凤山朱一贵倡乱,旋就诛灭。至乾隆初,漳州有严烟者,偷渡台湾,传布五祖邪教,私挟教约一册,备载入会过香等事。于是彰化林爽文、南路庄大田、北路林小文等,转相纠约,因之作乱。厥后乱者凡三十余次,或随时戡定,或调大军荡平。若咸丰三年,内地海澄黄得美之乱,亦奉五祖邪说,称双刀会,亦名小刀。其会起自外洋,蔓延于沿海之漳、泉、同、厦,故又称天地会。厦门既平,黄位乘船阑出,至淡水、鸡笼头滋扰,旋往安南狲狒居焉。迨同治元年,复有彰化戴逆之变。(林豪:《东瀛纪事》卷上,台湾文献史料丛刊第8种,台北、北京:台湾大通书局与人民日报出版社,2009年,第1页。)

46. 丁日昌《批复苏松太应道等核议水师章程》

据禀及另单均悉。所议巡洋暂章尚未周妥。惟云巡缉洋盗,上自靖江起,下自羊山止,深恐一分界限,则我出彼归,我归彼出,势难绝其根株。其内江应自靖江起,外海不必限定自羊山止。缘羊山以下浙省各岛,尚有盗窝,必须穷其所往,庶可一劳永逸。今就折开各条,逐层参酌。

第一条,内江外海合力协击,固属众擎易举。第缉捕虽须各船联络一气,而内江外海不能不各分责成。即如狼、福山一带洋面,虽有七八十里之宽,只有中泓一线,可容大轮船行走,其余茫茫一片,俱是浅沙。若贼船在浅沙游驶,则大轮船可望而不可即,故内江宜以小轮船为经,添雇关快小广艇、阔头舢板及长龙舢板等船为纬。外海宜以大轮船为经,添雇大艇船、大钓船为纬。外洋师船尚可兼顾内江,内江师船难吃风浪,恐不能兼巡外洋也。

第二条,天平铁皮二轮船各配大广艇二三号,大钓船二三号,一轮船专任南洋,一轮船专任北洋,遇有紧急,可以互相策应。南洋则每月两次会哨于陈钱山,北洋则每月两次会哨于涨水虹,不必拘定驻守一处也。

第三条,管带员弁不必拘定都守千把,亦不必拘定文武官绅,只要熟悉勤练,便于捕务有济,月给薪水不妨稍优,其余仍照来议而行。

第四条,轮艇各船七日会哨一次。查外海轮船不拘风信,尚可时常会哨。其大艇船大钓船须俟风候潮,便难克期。至内江长龙、舢板宜长泊在狼福上下各港,如遇逆风,七日不能驶到吴淞。仆仆会哨,转致抛荒本业。拟长龙、舢板只须于所泊本港内外,就近梭巡,遇轮船艇船追贼至浅水时,即出而接应。小轮船似宜于海牛之外加添一只,沿江梭巡,督同中小艇船,每月会哨三次。并可稽察长龙、舢板各船有无在防。其小轮船、小艇船应如何择要驻扎,并定在何处会哨之处,统候褚委员李董事察看情形回沪,呈绘图说,再行核夺。

第五条,所定赏罚尚嫌太轻。盖赏罚明而后号令行,号令行而后缉捕力。该船等果能拿获首犯者,如王小娘、刘阿么等之类,每名赏给洋四百圆,破格奏奖;若能拿获十名以上,亦专案奏奖;如拿获寻常盗犯者,弁兵照拟赏给,管带则分别记功,五功以上酌奖。洋面失事,照例议处,失事三次以上,若无功可抵者,以军法从事,其余照行。

第六条,各口营汛,均有巡洋师船,不能因现有轮船协缉,遂将分内捕务置诸膜外,所见甚是。应由督部堂饬知崇明、狼山、福山三镇会同巡哨,彼此互相查察。营员弁兵赏罚,照前议章程办理。其各镇出洋,亦可附搭轮船前往督缉。

第七条,艇船宜拟编号圈。查缉捕艇船一有记号可认,商船固不致望而生畏,而盗船或且见而远飏。莫如密藏兵勇于商船,以为饵贼之计,而伏轮艇各船于左近。贼至则升旗或举炮为号,内外夹攻,庶收聚歼之效。其余照行。

第八条,体恤船勇;

第九条,宽给军械,均照行。

第十条,中外船只遭风搁浅,亟应救护。应饬沿海各州县于滨海居民编查保甲,设立望寮,严定赏罚。川沙南汇地方,各设八团,舢板二只,遇有中外遭风船只,一面救护,不准沿海居民肆抢;一面报知地方官设法办理。其舢板薪粮、照拟由巡道衙门筹款给发,其南汇县丞汛官应即移驻泥城,酌给薪水以专责成。

除十条外,本部院酌增二条。一,大洋行驶。轮船速而艇船迟,轮船吃水深而艇船吃水浅,内洋尚可将艇船拖带,外洋则风浪过急,无从拖带,故每每轮船遇贼,而艇船跟踪不上,贼若走避浅水,则轮船熟视之,而无可如何。查大轮船向有洋舢板数号,悬挂船旁,遇停泊则放舢板上岸。今以天平铁皮两船专司巡洋,应各添配坚固洋舢板二三号,并添募勇敢水手一二十人,如追贼至浅水,则可多放舢板往追,勇数既增,亦可上下搜捕。其舢板须能架放六磅小炮者,方能得力。

一,查沿海岛屿,如岱山、洋山、勒鱼山、小乍浦山、马迹山、陈钱山等处,皆有居民,或数千人,或数百人不等。其中有甘心为盗者,有胁逼为盗者,此等盗匪,凡拟下海行劫之先一日,盗首拖一竹枝,沿街行走,次日即纷纷持械下船,人满即开,盖由教化之所不及。故变本而加厉也。其每岛各有岛长,称曰柱首。一岛之事,皆柱首主之。此后凡轮艇各船所到,宜与岛民联络,编行保甲,先之以恩,结之以信,示之以威,务使皆为我用。并为之设立义学,宣讲圣谕,则不惟盗匪之接济可绝,而盗窝所在,能瞒官兵之耳目,必不能瞒岛民之耳目,是在统领者之虚心实力,刚柔并用,所裨益于大局者非浅鲜也。如有未尽事宜,仰仍悉心会议,禀复察夺。[盛康:《皇朝经世文续编》卷九十,海防,武进盛氏思补楼光绪二十三年(1897)刻本,第4—6页。]

光绪朝

光绪五年（1879 年）

1. 光绪五年五月庚寅又谕

前因总理各国事务衙门奏：请简派大员会办南洋防务。当经派令丁日昌专驻南洋，会同沈葆桢及各督抚，将海防一切事宜实力筹办。兹据丁日昌奏：双足痿痹，不能举步，一时尚难就道，等语。海防关系紧要，岂可专待丁日昌病愈始行筹办。因思海防与江防劳逸悬殊，夷险迥别。必须练习风涛，熟悉水战之大员督率巡查，方不至有名无实。著沈葆桢于外海水师提镇中留心选择，酌保数员，候旨简用。至江南制造局之轮船及福建船政局之轮船，可以供转运，不能备攻击，似宜选一深谙外海水师之大员统领是船，勤加操演。应否延致熟谙水师之西员。会同操练，并著沈葆桢斟酌办理。闻李成谋前在厦门整顿水师极为得力，现在闽海防务重于江防，著沈葆桢传知李成谋即赴福建厦门台湾一带，总统水师，并将船政轮船先行练成一军，以备不虞，归南洋大臣节制，随时与闽省督抚妥筹备御之策。其长江水师提督，即由彭玉麟会商沈葆桢、李瀚章选择结实可靠之员，奏请派署。所有长江水师各营，仍著彭玉麟实力巡阅，随时整顿，用副委任。船政局之兵轮船前因兵费不敷，将船勇裁减一半，以致不能成操。著何璟、李明墀、勒方锜设法筹款，速将兵轮船勇数照旧补足，认真操演。其商轮船亦应一律添给枪炮战勇，俾可合操，以期有备无患。至招商局轮船，计有二十余号，可否择其结实便捷者配给枪炮水勇，并豫备中国驾驶之人，著李鸿章、沈葆桢酌量筹办。江防专用长龙舢板，似亦可靖内匪，而不能御外侮。应否辅以浅水轮船及水雷等物，著各该督抚未雨绸缪，妥筹办理。现在日本恃有铁甲船，狡焉思启。则自强之策，自以练兵购器为先，著李鸿章、沈葆桢妥速筹购合用铁甲船、水雷以及一切有用军火，用备缓急，不得徒托空言。至购买铁舰等物，需用浩繁，应如何筹集巨款，并著该大臣等设法商办。上海为通商枢纽，两江总督应否仿照直隶办法，往来金陵、上海，以期呼应较灵，并著沈葆桢酌议具奏。此外用人、行政、练兵、裕饷各事，凡有关于自强者，各该将军、督抚等筹画所及，并著剀切敷陈，用资采择。将此由五百里密谕李鸿章、沈葆桢、庆春、彭玉麟、何璟、李瀚章、刘坤一、吴元炳、李文敏、裕禄、梅启照、李明墀、勒方锜、潘霨、邵亨豫，并传谕傅庆贻、李成谋知之。（《清德宗实录》卷九十五，光绪五年五月庚寅，第 5—6 页。）

2. 通政使参议胡家玉奏为海防紧要请设外洋轮船水师备不虞而固封守事

通政使参议臣胡家玉跪奏。为海防紧要,请设外洋轮船水师备不虞而固封守,恭折仰祈圣鉴事。窃自咸丰以来,准各国通商以后,中外臣工莫不以自强为急务,设船厂,购机器,练洋枪队,习洋人语言文字,凡所以为自强计者并用至密。洋人仍敢任意要挟,妄生觊觎者,挟以我外洋无制胜之师,无制胜之将,能守不能战也。海疆绵延八九千里,一处有警,处处设防,幸而无事,所费已不敷。计往年日本窥伺台湾,浙江一省防费近四十万,合之沿海各省支销应不下二三百万。今年日本占据琉球,广东一省请截关税,停协饷,开捐输,以充防费,沿海各省若均效尤,则度支立匮。臣愚以为与其株守于海口,不如角胜于洋面;与其周章于临时,不如绸缪于未事。权衡轻重,移缓就急,谨就管见所及,为皇太后、皇上约略陈之。

一,北洋宜设外洋水师也。北洋大臣驻扎天津,天津为京师屏蔽,洋人无事则已,有事必以全力注之,如围棋然,天津为通盘第一要著,不下要著,而下旁著,洋人不若是之愚。天津向无水师,大沽、葛沽有炮台而无战舰,株守一隅,毕竟可虑。拟请敕下北洋大臣,添设外洋水师提督一员,总兵二员,挑选轮船十余只,分配兵弁二三千,往来于南北两洋。令其熟悉海涛沙线,展轮停轮,装炮放炮诸法。有战船,有战将,有战兵,较之纸上空谈,徒以口舌争胜者,实当倍蓰。或谓现因饷需支绌,散遣防勇之不暇,何暇添兵。臣闻天津河水勇尚多,新城屯扎淮军亦复不少,拟请移缓就急,于此两军内选谋勇兼备之将,挑年力精壮之勇,以成北洋水师一军,有南省岁馈之饷以赡之,应无虑饷需不继也。

一,南洋宜设外洋水师也。江南海口虽不及天津吃重,而长江上达数省,防务亦不可松。江南提督水陆兼辖,其营哨多在内河,虽有沿海水师,而快艇舰船非风不行,非风不驶,捕盗尚虞不足,安能御侮。现在江路通畅,海气方炽,拟请敕下南洋大臣权衡轻重,移缓就急,调长江水师提督、瓜州、岳州两总兵为外洋水师提镇,南洋地面较宽,所用轮船应较北洋多三四只,所配水军亦应多拨千百人。一切弁兵书识,即于该提镇所管营汛内挑选。一转移间,于海防甚有裨益,昔日洋面视为畏途,今日洋面视为坦途,固无虑陆军之不宜于海也。

一,长江水师宜归总督统辖也。同治年间,原任两江督臣曾国藩等请设长江水师提督一员,岳州、汉阳、湖口、瓜州、狼山五镇二十四营七百七十四哨,战船七百三十号,兵一万二千余人,岁饷七十余万。臣时在兵部侍郎任内,颇疑设官太多,需费太巨,司员中有谓曾国藩老成谋国,具有深意,故第三条内有长江通商,处处与外国交涉之语,窥其设军之意,不惟可靖内江,亦可以御外侮,云云。臣闻之,将信将疑,嗣细加采访,金谓长龙舢板船身太小,不足当轮船一浪。询之前督臣杨岳斌、侍郎彭玉麟说亦相同。然则长江一提五镇,七百三十号战船,一万二千余兵,七八十万岁饷,非为御外侮计也。特借以捕盗耳,捕盗有汉阳、湖口、狼山三镇水师足敷巡缉,而靖江面也。该三镇就近由各总督调遣,不致鞭长莫及也。应请敕下,汉阳一镇归湖广总督统辖,湖口、狼山二镇归两江总督统辖,所以该三镇营哨及提标岳州、瓜州两镇标,调拨之营哨,如何并省,如何镇扎之处,应由各该督会同巡阅长江水师侍郎彭玉麟斟酌办理。

一，福建船厂宜专造铁甲轮船也。洋人制造军械愈出愈奇，从前轮船驶入内洋，已骇闻听，今复有铁甲轮船，炮子不能轰入，横行海上，所向无前。臣闻原任两江督臣沈葆桢来京，与臣谈及海防，非多备铁甲船不可，洋人亦每以铁甲船夸耀，是造铁甲船为今日当务之急。福建船厂造成铁胁船，而铁胁终不及铁甲，该厂岁拨闽海关税、道库银七十余万两，应请敕下船政大臣，嗣后鸠工庀材，专造铁甲船，连年增添，多多益善，分拨南北洋水师配驾，以壮军威，而备攻剿。洋人所恃者船坚炮利，我亦船坚炮利，则洋人失所恃，而我不致一无所恃矣。

以上四条，择时度势，仅就管见所及约略言之，为外洋水师之权舆耳。夫以长江一线尚须七百数十号战船，一万二千余兵防守，茫茫大海，无涯无际，而谓二三十号轮船，五六千兵勇，遂足以威服洋人，使不敢逞，议者必以为轻量天下事矣。然事有始末，功由渐进，九仞之山，基于一篑，所望时和年丰，饷需日裕，不独南北两洋水师日新月盛，推而至于沿海各提镇，均有轮船水师，均有铁甲船冲锋陷阵，南北洋声势联络，可战可守。从此观政海邦，不言强而自强矣。臣愚昧之见，是否有当，伏乞皇太后、皇上圣鉴。谨奏。光绪五年十二月初二日。(北京：中国第一历史档案馆藏录副奏折，档号：03-9383-045。)

光绪六年(1880 年)

3. 光绪六年正月庚寅又谕

昨日据王大臣等奏议办边防请筹饷节流等语。军兴以来，各省招募勇营，设立各局，原属权宜之计。事平以后，留防各营，叠经谕令裁减。现在水陆勇数尚多，原为弹压地方，缉捕奸究起见，而意存瞻徇。或安顿勇丁，或调剂统领营官者，实亦难免。至每办一事，动设一局，徒有局务之虚名，并无应办之实事。薪水、口粮糜费滋甚，其厘金、海运、督销等局，甚至有官绅并不在事，安坐而得薪水者，尤属不成事体。前因御史黄元善、戈靖先后奏请，叠次降旨。令各省迅即裁并，仍多视为具文。似此年复一年，饷源何由充足。除直隶、陕甘等省须办边防，云南、广西营勇无多，均无庸议减外。其余各省将军督抚，务将该省勇营详细斟酌，大加裁减。某处裁去几营，某营归并某营，即行分晰具奏。仍一面严查缺额，暨克减名粮等弊。并著懔遵前旨，迅裁各局。其某局应裁，某局应并，应留之局，实在有事可办者，约须几员。所有员役等薪粮，共需若干银两，务当详晰奏报。不得因委员等无可位置，稍为迁就。沿海各省，向有额设外海水师，原为平日绥靖海疆之用。自轮船驶行后，此项战船全无所用。亦宜变通旧制，分别裁汰。各该将军、督抚目击时艰，饷需支绌，谅能破除情面，实力奉行。不至仅听营官委员借口之词，一奏塞责。以上各节。每省每年可腾出饷需若干，经费若干，务须不避怨嫌，悉心酌核。于奉旨一月内，迅速妥筹具奏，一面咨报户兵二部，由该部随时稽查，以昭核实。将此谕知户部、兵部。并由五百里谕令各将军督抚知之。(《清德宗实录》卷一百零八，光绪六年正月庚寅，第20—21页。)

4. 光绪六年二月己未谕军机大臣

李鸿章奏筹办海防拟购铁甲兵船,并豫筹调拨事宜一折。铁甲船为防海利器,前以所费过巨,未经购置。现在筹办海防,事机紧要。李鸿章已函商李凤苞,定购八角台铁甲船两只:一名柏尔来,一名奥利恩。共约需银二百余万两。拟将前定蚊船、碰船暂缓购置,腾出经费,先购柏尔来一船,专归台湾调拨防守。所筹尚妥,需用款项即以前拨部库银三十万两,并何璟等奏明筹备三十余万圆,约银二十五万两。又,前谕何璟等筹解银六十余万两,通共合计,足敷购铁甲船之用。著穆图善、何璟、勒方锜于税厘项下,竭力筹拨,不可稍有耽延。合之原有的款,先凑成一百万两。由李鸿章汇付,以便船价两交,克期来华。如闽省一时未能如数解足,即著李鸿章先行通融筹垫,以济要需,仍由闽省陆续解还。其奥利恩一船,既须一年后交付。需用船价,除将南洋备购碰快船之款六十五万两抵用外,所短银两亦须豫为筹备,以资应付。俟该船到华后,应如何调派之处,著李鸿章与南洋大臣随时会商办理。并著何璟等,豫选管驾及轮机生徒舵水等六十人赴英,随同所雇洋员在船历练。将来修船及驾驶一切事宜,李鸿章仍当妥筹兼顾,分别商办。至养船之费,亦应筹定的款。福建既另设轮船水师,则原有之外海战船与各路绿营之兵、分防之勇,即可酌量裁减数成,庶经费不致竭蹶。著何璟等一并妥筹具奏。将此由五百里谕知李鸿章、穆图善、何璟、吴元炳、勒方锜,并传谕黎兆棠知之。(《清德宗实录》卷一百一十,光绪六年二月己未,第7—8页。)

5. 光绪六年七月丁丑谕军机大臣

詹事府右庶子张之洞奏:庐陈应防要地事宜开单呈览。所称江防应专派重臣督办,宜令彭玉麟亲驻吴淞、江阴等处及早筹备一条,自系为扼要设防起见。彭玉麟能否专驻各该处筹办,即著酌度具奏。其请禁上海卖煤与俄人一条,俄人近在上海购定煤至数千万斤之多,情殊叵测。著刘坤一、吴元炳饬令该道设法牵制,毋得任其取求。所称俄人专恃日本为后路,宜速联络日本,所议商务可允者早允。但得彼国两不相助,俄势自阻等语。著总理各国事务王大臣暨李鸿章、刘坤一酌度办理。其请饬讲习《防海新论》一条,著照所议。由总理各国事务衙门先将此书购备数十部,发交东三省将军等。并一面先行知沿海各督抚,于上海等处多为购买。分给诸将,细心讲求。务使外海内河情形,渐臻熟习。原单著摘钞给阅看。将此谕知总理各国事务衙门,并由五百里密谕李鸿章、刘坤一、彭玉麟、吴元炳、知之。(《清德宗实录》卷一百一十五,光绪六年七月丁丑,第13—14页。)

6. 光绪六年十一月丙寅谕军机大臣

梅启照奏请整顿水师,拟定各条,开单呈览,刘铭传奏请筹造铁路各一折。梅启照所称请饬船政局及江南机器局仿造铁甲船,豫筹购买外洋铁甲船及枪炮等件,推广招商局船赴东西洋各国贸易,添设海运总督,设立外海水师提督,裁改海疆各种笨船,严防东洋海疆,练习水战。长江水师添拨中号轮船各节。刘铭传所请筹款试办铁路,先由清江至京一带兴办,与本年李鸿章请设之电线相为表里,等语。所奏系为自强起见。著李鸿章、刘坤一按照各折内所陈,悉心筹商,妥议具奏。原折单均著钞给阅看,将此各密谕知之。寻,李鸿章奏铁路为富强要图,刘铭传请先办清江至京一带,与臣本年拟设之电线相辅而行。(《清德宗实录》卷一百二十三,光绪六年十一月丙寅,第1—2页。)

光绪七年(1881年)

7.光绪七年九月庚寅闽浙总督何璟奏

台州土匪金满经浙省兵轮及巡洋舟师痛加剿捕,势已穷蹙。现派提督曹志忠驰往闽浙交界,相机协捕。得旨:即著督饬曹志忠会同地方文武,严密防范,相机协捕。务期迅就扑灭,以靖海氛。(《清德宗实录》卷一百三十六,光绪七年九月庚寅,第2—3页。)

光绪八年(1882年)

8.左宗棠彭玉麟会商海防事宜折(光绪八年七月二十九日)

为会商海防事宜,恭折并陈,仰祈圣鉴事。窃臣等会同何璟、张树声、卫荣光筹议海防事宜,正具折间,臣玉麟适巡阅长江水师,驰抵江南省城,臣宗棠邀入署中,面商海防事宜,质以张树声、何璟、卫荣光之议,所见均同,除具奏外,谨将臣等思虑所及冀有裨于海防者,一并陈明,以备圣明采择。窃闽省设局制造轮船,臣宗棠于同治五年闽浙总督任内奏奉谕旨允行,嗣请设船政大臣总理局厂事务。交卸后,赴陕甘总督任内,于船政事务时复预闻。臣玉麟于长江海口涉历最久,所言防务情形,尚为确凿。兹就臣玉麟所见长江海口防务陈之。凡言长江海口者,多指吴淞,而吴淞实进黄浦江之口,为苏松扼要门户,于长江固不相涉也。外海入内之轮船,左为吴淞,其右有崇明县一岛。外洋轮船若不进黄浦江,即不必由吴淞海口入口,但由崇明北绕白茅沙,便可顺抵狼福山,径趋长江。缘福山南岸近年新长远沙,梗碍洪路,轮船不能直行,须绕狼山北岸,而入江阴,故吴淞设防不能抵其来路。查吴淞口南北宽不过十里,狼山、福山口南北宽百余里,由此冲入长江,其势甚顺。此时防长江海口,以狼福山为重,兼顾吴淞口,庶期周密。现查吴淞、江阴及圌山关、焦山、象山、都天庙等处,沿江炮台均修整坚固,其守炮台之记名提督吴宏洛、唐定奎、章其作、曾万友等均能认真操练,结实可靠。惟水面空虚,时切隐忧。长江长龙舢板不能禁海上风涛,其蚊子船,风大船小,头重脚轻,万难出洋对敌,只可作水炮台之用。其余各省兵轮船,归李朝斌每月调操,与臣玉麟每年巡阅一次者,亦不过于无事时虚壮海隅声威而已。设一旦有事,该各省各有应防之海口,方且自顾不暇,何能舍己芸人,置本省不顾,而应长江海口之调。纵以功令军令督责之,而亦有不行。至谓此时江防缓而海防急,宜先筹海而后防江,亦非确论。长江各省伏莽甚多,历年窃发有案,倘海疆有警,则乘间揭竿而起,势所必然。腹地多虞,防剿之军时被牵制,适足启盗贼之心,而张寇仇之焰。因思自强之道,宜求诸己不可求诸人。求人者,制于人;求己者,操之己。张佩纶原奏各海口可自为一军,是不必求于人,而求诸己也。与其购铁甲重笨兵轮,争胜于茫茫大海之中,毫无把握;莫若造捷灵轮船,专防海口扼要之地,随机应变,缓急可资为愈。臣玉麟于六年冬奏造小轮船十只,专防海口,不争大洋,即是自成一军,为自强之意。奉旨准照办在案。因南洋经费维艰,部议暂从缓筹。至今尚未开造,张佩纶原奏谓淮扬瓜洲等水师宜改西式江船。夫西式即火轮也,与其花费添造轮船于维扬瓜洲两标营,紊乱长江营制,转不得力,不如节此经费,赶造臣玉麟所奏小轮船十只,派长江久于战阵之员管带,选通习洋语算法之学生帮办驾驶以熟海道,募海上各岛渔户强壮者为勇丁,既可收熟谙风水沙性勇敢之人才,为将来推广之用,又可免敌人招此等渔户作奸细,为害内地,诚一举而备三善也。

该轮船归提督统领,勤慎操练,使炮火技艺纯熟,精益求精,不争大洋冲突,只专海口严防。无事则巡缉洋面,尽其力所能到以靖海盗;有事则齐集海口堵御,或诱敌搁浅,我船环而攻之,可以制胜;或伺敌船长驱大进,我船跟踪追击,断其后路,以便前途师船堵剿,断不致坐视豨突狼奔,任意猖獗也。臣宗棠细绎臣玉麟所议,专就长江海口而言,力主有海防无海战之说。据实之谈,洵足见诸施行。征其实效,与张佩纶原奏江南可自为一军之说,适相符合。惟就长江江防海口而言,两江总督为固圉之谋,无以加此。若筹兼顾南洋,则遇有警报,各省同一洋面自顾不遑,何能为两江之助,江南海口宜守,亦难应各省之援。其于兼顾之义,终鲜实济。自宜亟筹增制大轮船数只,以资调度,而速戎机。前闻闽厂开造快船,马力甚速,船亦合用。昨与李鸿章晤商,亦以为宜调快船一只,工料需价若干。据称:枪炮计约每只需银三十万两。臣宗棠默计经费虽难,亦只宜竭力筹维。未可稍存顾惜之见。计增制快船五只,需筹银一百五十万两,若求之南洋各省,恐等诸筑室道谋,无以应手。合之臣玉麟拟造小轮船十只,每只需工料炮价合银八万两,共银八十万两。两项船价共需二百三十万两。江南财力搜索已频,本难筹措。惟事关海防大局,不容束手。而细察淮盐加引一案,加意料理,犹有可为。窃计增置大小轮船,无论购自外洋,与在闽沪各厂局制造,均须分年办理。所需经费亦可分年解济,以应要需。现在淮盐加引试行之初,就票费一项划拨支应一年,内外轮船经费计可有余,此后销路渐畅,杂款亦可奏请酌拨。倘能接续解济要需,庶海口有备,南洋相庇以安,外海有船巡驶,更可常通声应,似于防务较有把握。臣等与李鸿章所见亦同,谨铁甲轮船两只可行长江,并著彭玉麟、李成谋加意筹备,毋为所乘。定海一厅四面环海,应增调闽省轮船以助兵力,并著何璟、勒方锜、谭钟麟、黎兆棠会商办理。将此由五百里密谕李鸿章、刘坤一、何璟、张树声、彭玉麟、吴元炳、谭钟麟、勒方锜、周恒祺、裕宽并传谕黎兆棠、李成谋知之。钦此。臣当即恭录传谕李成谋,一面饬长江水师各营不动声色,严密豫防,静以待动,不敢稍涉疏虞。查定章今年巡阅,臣系由下江溯流而上。长江提督李成谋衙署向驻下江,臣并函商该提督从缓出巡,以便就近督率水师将弁严防,由海入江各要隘。此时日本尚无举动,臣自应仍照章巡阅上驶,设或下江有警,该提督李成谋老成谙练,调度有方,极为可靠,再会同瓜洲镇总兵吴家榜督率水师舢板,一志同心,相机办理,必可得力,臣无论行抵长江何处。一闻警报,立即附搭招商轮船,星夜下驶,以重防务,而慰宸廑。合并声复,伏乞圣鉴训示谨奏。[俞樾编:《彭刚直公(玉麟)奏稿全书》卷二,台北:文海出版社,1966年影印本,第8—9页。]

9. 光绪八年十一月己丑闽浙总督何璟奏

署福宁镇总兵缪胜巡洋期满。并查缉台匪金满踪迹。得旨：匪首金满久未就获。昨有旨严谕陈士杰督饬上紧缉拿，即著该督饬令营员等随时查探金满踪迹，相机围捕，毋稍疏懈。(《清德宗实录》卷一百五十四，光绪八年十一月己丑，第8页。)

10. 光绪八年两江总督左宗棠饬办江海渔团札

照得江苏沿海沿江州县渔船甚多，捕鱼为业，于内洋外海风涛沙线无不熟谙，而崇明十浚尤为各海口渔户争趋之所，其中技勇兼全，熟悉洋务者，所在不乏，故洋船进海口，驶入内江，必价雇渔船水手引水，乃免搁浅触礁之虞。从前将才如壮烈伯李公及王提督得禄，近时如贝镇锦泉辈，皆出其中。本爵阁部堂察看苏松太通海各属，川沙、太仓、镇洋、宝山、崇明、嘉定、华亭、金山、奉贤、南汇、常熟、昭文、上海、江阴、靖江、通州、海州、海门、东台、盐城、赣榆、阜宁二十二厅州县，濒临江海，所有内江外海渔船不计其数，渔户水手除妇孺外，不下万数千人，每百人中挑选健壮三十人，计可练团勇四五千名，余则编成保甲，各县择适中之地，设一团防局。惟崇明地广人多，应设两团防局，而以吴淞口设立总局，每月各团操练二次，每月入操不过二日，每名每日应准酌给口粮，团总及教习甲长等按月给予薪粮，牌长团勇按操期给以薪粮，以资日食，并不苦以所难。甲长、牌长，均先行赏给功牌顶戴，俾资钤束，操练枪炮，技艺娴熟，行水泅水，超跃猱升，果有材艺出众者，挑充水勇，练成水军，益习水操，及泅水伏水等技，则沙之飞走，水之深浅，风潮礁石，无不熟悉于中。岂独捕盗、缉私、裕课、安商诸事有益已哉！江海关道职重海防，于所属府厅州县事宜责无旁诿，应即委令督办沿海渔团。苏州城守营参将熟习洋务，深明方略，兼耐劳苦，堪以会办，并刊发关防一颗，以昭信守。至渔团之设，全恃地方官力为襄助，裁汰陋规，痛除积弊，始期日起有功。该地方文武倘敢仍前玩泄，一任书差弊混，不即确查实数，遇事诿卸，即会禀撤参。[盛康：《皇朝经世文续编》卷九十，海防，第6—8页。]

光绪九年(1883 年)

11. 两江总督左宗棠陈明江南防军实存军营名数折

太子太保大学士两江总督二等恪靖侯加一等轻车都尉臣左宗棠跪奏。为江南防军应遵旨调拨，拟俟会商定局以期妥协，先将现在实存军营名数恭折陈明，仰祈圣鉴事。窃臣于光绪九年四月初一日承准军机大臣密寄，三月二十五日奉上谕：法越交涉一事，叠经谕令两广、云南督抚妥筹备御等因，钦此。仰见朝廷保小安边，先事预防之至意。伏查江南防军叠经各前督臣遣、撤、移、调，以现存各军营计之，约分三大支：一曰本省旧有之兵勇，如江南提督狼山、福山、苏松三镇所辖标营内洋外海水师及漕标各营外，又有由标兵挑练之新兵营及淮扬镇总兵章合才所统之合字七营，计三千五百人，新湘三营计一千五百人，均分驻要地，为防海防江而设也。……光绪九年四月初五日。(《清光绪朝中日交涉史料》卷四，北平：故宫博物院文献馆，1933 年，第20—21页。)

12. 粤督曾国荃等奏粤船巡海无益事机折

署两广总督曾国荃、广东巡抚裕宽奏。为钦奉谕旨恭折密陈事。窃奉上谕总理衙门奏越南事宜现有变局,等因。钦此。伏查署广东水师提臣吴全美所带舟师本年二月间钦奉谕旨,饬令认真探访,照前巡哨。业经臣等将各属船现须修葺熯洗,一时未能赴防缘由,恭折覆奏在案。具折后,经即督催善后机器各局将应修各船并日加工从速熯洗、修葺。原拟俟熯修工竣,即饬赶紧赴防。惟是臣等熟揣近日法越情形,粤东舟师出洋驻巡,于海防未必有裨。而于他族转虞起衅,实有不能不熟筹审处者。谨将实在情形详陈之。

查法人用兵越南,注意专在富良一江。富良江之北为越南谅山、高平等省,延袤千数百里,在在与粤西毗连,若溯富良江而西,则可由保胜直通滇省。中国保小捍边之策,首重粤西,次则滇南。现在粤西防军大半分驻越之北圻各省,广西藩司徐延旭业已出关,自必妥为布置滇军之驻越境者,尚在富良江之上游,中隔刘永福保胜一军,未与法国兵锋相接。至于粤东陆路与越接壤者,止有钦州一隅。彼此皆系边界,偏陬无关全局。水路之廉琼洋面,虽与越洋一水相通,其实巨浸渺茫,声势不相联络。目下越南各港口,法人均驻有兵船,近据探报,中国招商局代越运粮之船亦为法人所阻,并夺其粮米五万余石。顾粤东舟师若竟驶近越洋巡哨,港口之外,风涛汹涌,驻泊綦难,倘或避风驶入港后,与法船遥遥相对,则逼处之余,恐未能相安于无事,万一粤之兵船驶入港口,法人出而阻拦,彼时刚既启争,柔则示弱,尤觉进退不易。倘若于廉琼洋面驻扎操防,则与越南相距太遥,仍不足以壮声威,而资震慑。昨据越南陪臣阮翻来禀,法人有借助俄国师船之举,并闻该国续有兵舶东来,不日可抵香港。夫以法攻越屡胜之后,又复济师,揣厥隐情,显示戒心。于我其锋,未可遽撄。粤东舟师远出外海,后无应援。设若法人谓我援助越南,因而与我为敌,以在越境之战舰扼我军之前,以泊香港之师船截我军之后,腹背受敌,危殆堪虞。从来用兵若不能出于万全,即可未轻于一试。粤东舟师远出,彼族未必慑我威稜。转恐以衅自我开,腾其口实,在越南未蒙保护之益,而在中国海疆或反因此而多事。譬之,抱薪救火自燎,其疑,似非计之得也。目下应修各轮船尚未一律工竣,窃谓提臣吴全美一军只此数船,远不如外洋之利器。似宜仍驻虎门,逐日操练,不明作横海扬戈之举,但隐示勒兵观衅之形。庶声实之间,使人莫测,纵未能折冲制胜,总不致别肇他虞。较之跨海悬军,似觉稍有把握。臣等筹思商酌意见相同,正在恭折具奏间,钦奉寄谕:现闻法人在越南境内势更猖獗,等因。臣等奉旨后,复再四筹商,窃谓粤东舟师驰近越洋巡哨,实系无益事机,且恐别滋衅隙。臣等受恩深重,既有所见,何敢缄默自安。且此事利害较然,与其贻患于将来,曷若陈明于先事。所有粤东舟师未便前赴廉琼洋面驻扎缘由,谨合词密奏。光绪九年四月二十七日。[《清季外交史料》(光绪朝)卷三十二,台北:文海出版社,1985年,第23—24页。]

13. 光绪九年七月甲申谕创设渔团

两江总督左宗棠奏筹办海口防务,创设渔团,精挑内外洋熟悉水性勇丁,以资征防。得旨:即著左宗棠督饬邵友濂等核实办理,务臻妥善。期于实有裨益,毋致滋生弊端。(《清德宗实录》卷一百六十六,光绪九年七月甲申,第6页。)

光绪十年（1884年）

14.《翰林院侍讲龙湛霖奏边情紧急通筹全局办法折》

光绪十年三月初二日，日讲起居注官翰林院侍讲臣龙湛霖跪奏。为边情紧急敬陈管见，通筹全局。恭折仰祈圣鉴事。窃惟用兵之道，在审乎敌情敌势，量吾力所能为与为之。而可成者先立于不敝之地，然后起而应之，乃可要于成功，此兵法所谓先为不可胜以待敌之可胜者也。今者安南之事始，既失之因循，继又轻于一掷。廷臣以战为尝试，冀得一当以成功。疆吏以战为空谈，而徒苟且以从事。将非素习之将，兵非久练之兵，无惑乎锋刃未交，师徒已溃。刻下北宁被陷，边衅已开，欲战则无制胜之方，欲止又无中立之势。倘非计出万全谋定后动恐一误再误，贻国家无穷之忧。此我皇太后皇上所为日夜焦劳，而莫能自己也。夫琴瑟不调，甚者必改弦而更张之。更张奈何，亦曰审敌情敌势，量吾力所能为与为之可成者而已。法人秘密阴谋，其蓄之也甚深，其发之也有渐。索兵费，索云南，皆事势所必有。然而不遽发者，以安南之布置未定也。是彼之布置一日不定，则我之边患一日稍纾。今出兵攻之，攻之不克，既无救于安南。攻之克，则彼将舍安南而以兵船捣我之要害，如孙膑围魏救赵之计，是其祸不中于上海，即中于天津。此敌情也。法人国内空虚，又饷兵最厚。其势利速战，而不利持久。且其兵至精而至少，能直前决命，而不能合围。能专力一处，而不能分兵肆应，各道并攻。此敌势也。观敌情敌势，则我之所以自处者可知矣。

为今之计，莫若以安南委之，而我得以乘间布置。布置之法，自设防始。中国边圉虽宽，其为敌所必攻，不过要害而已。天津，京师之门户。吴淞，长江之咽喉。言海防者，以天津为最要，吴淞次之。云南之蒙自毗连保胜，广西之龙州壤接谅山，云南地产五金，尤法人所专注。言陆防者，以蒙自为最要，龙州次之。拟请于此四处设立重镇，以知兵大员统之。陆防守城，不若守险。海防守外洋，不若守内河。仿照剿办捻匪时划分地段之法，以某营扎某处。某处有失，惟某人是问。此外各口，非甚要害。即责成各督抚查照同治年间议覆海防成案，择要举行。此项防军，永远弗撤。此所谓以有定之兵，制无定之贼也。裁沿海缉捕之艇船，设轮船水师提督一员，总兵官数员，分驻北、东、南三洋各岛，无事，星罗棋布；有事，则联络为一，随敌所向，以为往来游击之师。此又以无定之兵，击无定之贼也。夫防之道饷宜厚，兵宜精宜少，宜土著。各省经制之兵约六十万，而养勇又多寡不等，究其实老弱去其二、三，虚额去其四、五。请宽其既往之过，核实简汰，归并为一。即用勇之饷，仍兵之名，精择勤练，计可得劲卒三十万人。分别驻扎营弁，则厚给薪资，严定虚冒口粮之罪，如此则兵不减少，推尺籍不同；饷不加多，惟名色不同。现在各省所募湘淮军居多，俟有缺出，即由土著挑补，此又裁兵并饷之大略也。自守之道，既得虚疑、恫喝无所肆其鸱张，兵船倏来无所容其挟制。又制一器，必求一器之精；购一船，必得一船之益。养精蓄锐，士饱马腾。然后明降谕旨，布告列邦，正其灭我属国之罪，遣将出关，且战且守，胜固战，败亦战，求久远之利，不贪旦夕之功，期以十年，誓灭此寇。何忧不克，何患不摧。即不幸而有挫伤,于中国大局若九牛一毛,固无损益也。先立于不敝之地制人,而不制于人。此吾力所能为与为之而可成者也。大凡与外洋交涉,以理胜,不如以势胜。势胜则理不足,而可强以为足;势不胜,则理虽足,而仍以为未足。故《万国公法》一书,有情中理,理中法,法中情,仍不外情、理、法中之势之说也。中国之积弱久矣,祸福安危间不容发,是在我皇太后皇上宸衷独断,力求自强之道,以固疆圉,以振国威,则天下幸甚! 臣民幸甚! 臣愚昧之见,是否有当,伏乞皇太后皇上圣鉴。谨奏。光绪十年三月初二日。(《清光绪朝中日交涉史料》卷十二,第31—33页。)

15.《请设沿海七省兵轮水师折》光绪十年四月二十五日

为请设沿海七省兵船水师,特派重臣经画,以一事权而规久远,恭折仰祈圣鉴事。臣维泰西各国所以纵横海上,难与争锋者,船坚炮利而已。二十年来,中外既通商定约矣,而各国钢船钢炮,制作日新月异。其鹰瞵狼贪,注目垂涎于亚洲之心,固路人所共知也。国家即今大治水师,犹惧不敌,若夫彷徨审顾,不为自强根本之计,诚恐海上之警殆无已时。查中国海岸东暨奉锦,南讫琼廉,延袤万有余里。各省海口,多者数十处,本属防不胜防。而俄据海参崴,以睨混同。倭袭琉球,以伺台澎。英取香港,法取越南,葡萄牙取澳门以逼粤三路。此为大海之险与彼共之矣。西洋各国,复辟红海以趋捷径。设海线以达军书,一旦有事,彼航海三万里,而征调应期,馈输不绝,排重溟之险,可以直叩门扃。我惟自扼海口,集陆路以御之。进则有利,退亦无害。客之势转逸,主之势转劳。此固论兵者所深忌,而筹海者所宜知者也。

自粤捻既平,中国稍稍治船厂,购机器,以能兵轮水师权舆。饷力之不充,人才之不出,水旱灾浸之不时,内外议论之不一,至今外海师船未改旧章,各省轮船未垂定制。无警则南北洋之经费,关关欠解。有警则南北洋之经费,省省截留。仍此不变,而欲沿海水师,足备攻援,足资战守,亦已难矣。同治年间,丁日昌请设三洋水师提督,左宗棠谓洋防一水可通。轮船闻警可赴,北、东、南三洋各驻师船,常川会哨,自有常山击蛇之势。若兼分三洋,转生畛域。李鸿章亦谓沿海口岸林立,处处宿以重兵,所费浩繁。意在以全力扼要害,而尤戒散漫分防。其后沈葆桢乃有轮船聚操上海之奏,臣考之西洋兵制,水师均专设海部,兵柄极重。英人赫德曾在译署献议,亦以请设总海防司为言。深惟二三老成之筹谋,参以五六海国之新制,水师之宜合不宜分,宜整不宜散,利弊亦略可睹矣。然则欲求制敌之法,非创设外海兵轮水师不可,欲收横海之功,非设立水师衙门不可。

水师政要,约有四端:曰审形势,曰练将才,曰治师船,曰考工用。海防之事,督抚不能不问。而各省既分疆域,即不能尽化町畦。若责成重臣举沿海口岸,分别要冲、次冲。何处可屯铁船,何处可建炮台,何处可修船坞,何处可伏水雷。将帅一家,水陆一气,始能血脉贯注,骨节灵通。虽海口之参狭,潮汐之往来,泥质之韧软,礁沙之厚薄,断非一耳目所能周,一手足所能举。而备多用分之弊除,斯集思广益之效著。则相地之任宜专也。

陆军宿将,强令巡海,固恐迁地弗良。即向带内江长龙舢板之楚将,不习风涛海径。向带红单艇船之粤将,不习机器测量理法,亦未敢轻于相委。南北洋轮船,近多募用洋员,延以重资,临敌请退,终难收客卿蕃将之益。欲求水师将材,惟出洋学徒,庶几中选。然非师船时时游弋,时时聚操,则技艺日就荒嬉,心志亦终归骄惰。无能者或以奔竞而猎迁,多艺者或以朴拙而淹滞,陶镕鼓舞,胥赖帅臣。则驭将之任宜专也。海上战守,莫要于师船。粤省之船,河海两绌。闽厂之船,兵船两绌。即赫德订购之蚊船,机露炮重。底平行迟,长于守港。难于涉海,亦非水师利用。

今定远、济远、镇远等铁舰既未来华。惟北洋超勇两船、南洋开济五艘,号称新式耳。然而中外条议,或谓艇船仍不可裁,或谓帆船亦不可去,或谓中国安置铁船之口岸甚多,或谓南洋水性过热,海虫水草足为铁船之害,非有深谙军事,熟悉洋情者详为考核,购船既受其欺,驻船未得其地,皆足启侮省威。至于罗经海线,考查宜精,鱼尾雁行。阵法宜讲,尤非专心一志,不能日起有功。则治船之任宜专也。购外洋军火有年,惟南洋北洋有克虏伯炮及各种精枪。而滇粤各军求呫嗫、士得士乃得之枪,尚为奇货可居。则各省之风气未开也。置外洋机器有年,而因陋就简,与规矩不能与巧,至今造船之材料,造枪炮之钢铁,均须购自外洋。则机器之大原未立也。诚得专员经理,南北采木之法,别其性质以代洋木。炼铁炼钢之法,宜先探其本。然后轮机配定何式,枪炮择定何种,用不杂而兵精,工不杂而艺精。其他水雷、鱼雷行军需用之器,择地择人,通筹兼顾。军火既免于缺乏,饷需亦免于虚糜。则简器之任宜专也。

惟是七省水师特派重臣经画,创办之始,必须持款千余万。办成之后,必须有经费数百万。统筹国用,亦知财力难胜。然以水师一军,应七省之防,即以七省筹水师。一军之用,各督抚通力合作,挹彼注兹。当不至束手坐视。而水师以渐扩充,远或七年,近或五年,积蓄经营,殚精竭虑,或可有成。夫以中国之大,圣谟之宏,畏天恤民,讲信修睦。苟彼族渐濡德礼,岂不宜诈虞悉泯,怀我好音。乃十年之中,丰大业之案甫定,而日本构兵。马嘉利之案甫弭,而俄人要约。东失中山,而南又挫于交海。何哉?彼以水师火器为长技,挟兵以卫商,挟战以要和。而我犹狃于旧船旧炮,不知改弦更张。徒欲将士以血肉相搏,文臣以口舌相穷,亦常不及之势矣。反复思维,自今遴选将帅,经画水师,在法事为后事,在海防为先著。应请专派大臣,将沿海七省水师改为兵轮,垂为经制。俾各省船厂机局,均归调度,以专责成。内政作而外御纾,庶几收惩病蓄艾、尝胆卧薪之效乎。应如何筹定饷项,建立衙门,请派大员之处,伏恳敕下军机大臣、总理各国事务衙门大臣,会同户部妥议具奏。臣殷忧深念,剀切披陈。伏乞皇太后皇上圣鉴。谨奏。(张佩纶:《涧于集》奏议卷第四,台北:文海出版社,1966年影印本,第2—5页。)

16. 光绪十年四月壬申谕军机大臣

署左副都御史张佩纶奏请设七省兵轮水师,派员经画一折。据称各省海口防不胜防,欲求制敌之法,须创设外海兵轮水师。其要曰审形势,练将才,治师船,考工用。责成重臣创办。各省督抚通力合作。以水师一军应七省之防,即以七省供水师一军之饷,等语。著李鸿章、曾国荃先行会议具奏,原折均著钞给阅看。将此由五百里各谕令知之。(《清德宗实录》卷一百八十二,光绪十年四月壬申,第28页。)

17. 光绪十年十二月壬午谕军机大臣

彭玉麟奏:在籍主事梁宏谏敬陈海防管见,呈请代奏一折。据称,现在船政机器各局所造皆小轮船,防内河有余,防外洋不足。若移此巨款,购买铁甲船,或就内地各机器局自造可得二十艘,并饬各省各捐购一号,照河工例给奖等语。所奏是否可行?著各将军、督抚等酌度情形,奏明办理。原折均著钞给阅看。将此由四百里各谕令知之。(《清德宗实录》卷一百九十九,光绪十年十二月壬午,第25页。)

光绪十一年(1885年)

18.《彭玉麟海防善后事宜疏》光绪十一年七月初七日

为遵旨筹议海防善后事宜,谨就管见所及,恭折具奏,仰祈圣鉴事。窃臣于五月二十七日准:兵部火票递到军机大臣字寄光绪十一年五月初九日奉上谕:现在和局虽定,海防不可稍弛,亟宜切实筹办善后,为久远可恃之计。前据左宗棠奏请旨饬议拓增船炮大厂,昨据李鸿章奏仿照西法创设武备学堂各一折,规画周详,均属当务之急。自海上有事以来,法国恃其船坚炮利,横行无忌。我之筹划备御,亦尝开立船厂,创立水师。而造船不坚,制器不备,选将不精,筹费不广。上年法人寻衅,迭次开仗,陆路各军屡获大胜,尚能张我军威。如果水师得力,互相援应,何至处处牵掣。当此事定之时,惩前毖后,自以大治水师为主,船厂应如何增拓?炮台应如何安设?枪械应如何精造?均须破除常格,实力讲求。至于遴选将才,筹画经费,尤应谋之于豫,庶临事确有把握。著李鸿章、左宗棠、彭玉麟、穆图善、曾国荃、张之洞、杨昌浚,各抒所见,确切筹议,迅速具奏。江苏、广东本有机器局,福建本有船厂,然当时仅就一隅所见,未合全局通筹。现应如何变通措置?或扼要设总汇之所,或择地添设分局,以期互相策应,呼应灵通。并著李鸿章等妥议奏办。总之,海防多年糜费业已不资,迄今尚无实际,由于奉行不力,事过辄忘,几成锢习。该督等俱为朝廷倚任之人,务当广筹方略,行之以渐,持之以久,毋得蹈常袭故。摭拾从前敷衍之词,一奏塞责。李鸿章、左宗棠折,著分别抄给阅看。将此由六百里各谕令知之。钦此。

伏见皇上乾惕为怀,励精图治,当海氛甫定之时,为未雨绸缪之计,以期有备无患,薄海永清,诚国家亿万年无疆之福。跪诵之下,钦服莫名。臣维泰西诸国,自道光中挟其兵轮、火器,横行海上。近者日本复从而效之,与西夷狼狈相倚,狡焉思逞,凶焰益张,海疆日以多故。我之属国琉球已并于倭,越南复入于法,俄与日本又复垂涎朝鲜,将肇衅端。及今若不力图自强,大修军政,则舐糠及米,后患何可胜言!谨将臣愚所及胪具于后,以备圣明采择焉。

一曰分重镇以领水师。中华濒海之地,自奉锦以迄琼廉,绵延七省万有余里,其间海口亡虑千数,若处处设防,遍布重兵,不使敌兵一人一骑登岸,非惟无此兵力,且亦无此办法。同治中丁日昌请设三洋水师提督,左宗棠谓海洋一水可通,轮船闻警即至,北东南三洋各驻师船,常川会哨,自有常山率然之势。若分三洋,转生畛域。李鸿章亦谓宜以全力扼要隘,而戒散漫分防。臣按沿海地段过广,在在设防,所费势必不给。然但建一军府,而三洋咸归其节制,亦觉辽阔,而运掉不灵。如立军府于津沽,则琼廉有事,待请命而始赴援,亦缓不济急矣。且海口各防隔绝太远,则稽察必疏,难保不别生弊窦,西洋英法等国兵制,水师仅专设一海部统之者,其疆域褊狭,不逮吾华十之一,势固有所不同也。臣拟设一总统驻扎吴淞,分设两大镇:一驻大沽,直隶及盛京、山东、江南各海口属之;一驻厦门,浙江、福建、台湾、广东各海口属之。每镇设铁甲船六号,大小兵轮十二号,其余海口分首冲、次冲,酌派兵轮驻守。精选兵将,勤加操练,讲求驾驶攻击之方,务期精熟。察视险隘沙礁之处,务使周详。将则优其俸薪,毋使有克扣。兵则厚其口粮,毋使有滥充。无事则出洋梭巡,以习劳苦,以练胆气,遇有漕船可以护送,兼可代运。有警则出兵,而应之邻镇,亦调师船助剿,察敌势之缓急,以定调船之多寡,不得歧视。至于水浅溜急及多沙礁口岸,敌船必不敢轻犯,可檄派地方防营守之。且水师闻警即至,或迎剿,或截击,或尾追,无难立时驱逐。该两镇归总统节制,其一切大事听总统调度。惟吴淞一口,为长江门口,除臣于光绪六年具奏,奉旨饬南洋大臣造二十丈长轮船十只,自成一军,因经费不给,仅造成一只,仍请饬催造九只外,须添置铁甲兵舰二只,并饬长江水师提督兼顾防范。其两镇帅每年周巡各海口一次,约期会哨于吴淞。凡海防事务其有宜因、宜改、宜行、宜革者,酌议会同具奏,以期悉臻妥善。如此,则军威可振,海氛可熄矣。

二曰练陆军以辅水师。沿海师船布防既密,则陆防似在所缓矣。然敌人狡谲,彼以舟师攻我要隘,如不能入。则密探旁路,以旱队绕出我后,使我惊遽失措,然后舟师乘隙而进,务遂其志。庚申天津之役,其陆军绕道北塘,畿辅震动,以致大沽守师因而溃败,可为前鉴。今设一总统两镇,专办海防水师,各宜精练,成为可靠之军。再练陆军一万数千人,厚给口粮,严革虚伍克扣之弊,必期一人得一人之用,择水师左近要隘驻扎,务须声势互相联属。倘敌或登岸,有水师缀其后,彼不能无反顾之虞。有陆师截其前,又难遂其豨突之毒。首尾夹击,不难一鼓歼旄。即令其冒死弗退,更番迭进,而我以两军之力抗之,彼亦断难久持。如是,则水陆相倚,奇正相生,外夷知守御之坚,必不复轻于尝试。况陆军逻巡海岸,则教民之私相勾结,接济淡水、煤米之路可绝,而盗贼之出入海壖者亦必因之潜踪。其裨益不尤溥哉!

三曰东三省之筹防宜豫。东三省为圣朝龙兴之地,屏蔽京畿。其地黑龙江以西,兴安岭以北,皆为俄壤,南与朝鲜接界。目今俄与日本又复窥伺朝鲜边界,蠢蠢有欲动之意。三省之防自不可缓。可否请旨饬下东三省将军、都统等,除各海口归北洋海防一体筹防外,其黑龙、松花、珲春等内江,设法创设兵轮,配购枪炮,分置要隘,不时巡阅操演,务令技艺娴熟,驾驶灵便,庶可有备无患。至于陆兵,则吉林劲旅天下无敌,其人率多材武,招练成军,自可得力。惟西夷陆战全仗开花大炮,其炮最能及远奇中。近越南谷松等战之败衄,皆职此故。避之之法,在立地营。南方卑湿,入处地营,多生疾疫。东三省地势高燥,自无虑此。宜择善为地营者,往教军士,俾人人皆知此法。由是水陆皆有战备,一旦有警,不难修矛偕作,迅扫凶锋,则此丰镐上都金汤永固矣。

四曰台湾以练勇办团为先。东南洋面,定海地仅弹丸,琼州土地硗确,又多瘴疠,皆非敌所措意。或旁务及之,我有两大镇铁甲兵轮调以御之,彼何能为也。物产富饶,矿利尤旺,为外夷所歆羡者,其台湾乎!道光中,英夷内犯江浙,旋犯台湾。近则倭人窥之于前,法夷扰之于后,蠢尔群夷其心盖无一日忘台也。我有台湾,濒海数省可资其藩卫。如失台湾,则卧榻之侧,任人鼾睡,东南洋必无安枕之日。故防海以保台为要。保台,尤以练土勇为要。何则?外来客兵皆非土著,多增一兵即多一寄食之人。台湾地孤悬海外,饷由内给,则筹运维艰。取之一台,则久必中匮。再值兵事严急,海道阻遏,即欲援济而无从。如日前之事已岌岌乎殆矣!惟募本地之勇,以台产养台人,而食不加多,即以台人护台地,而奋勇可必。须招集二十营,分为水陆两军。饷必从重,练必期精。俾成劲卒,用当前敌敢死之锋。至于防守险要,接应声援,御备缓急,为长久之计,又非团练不可。盖台之情形,与内地不同。台民性情直遂,易为感发,一也;好勇轻生,敢于战斗,二也;资产殷沃,重顾身家,三也;进有所资,退无所往,四也。近者暖暖村义民之战,月眉山土勇之战,皆能愤切同仇,力抗骄虏,若能认真举办,简任贤能,专领其事,随时随地亲身督劝,区画经营一如自谋其私,更不时操阅,以督率之,酌加犒赏以奖励之,行见民皆同泽,志可成城。此外兵轮铁舰分置于海口,水雷浮标潜存于港汊,其鹿耳、鸡笼、淡水不屹然为外海一巨镇乎![俞樾编:《彭刚直公(玉麟)奏稿全书》卷四,第4—5页。]

19.《筹海》

国家【慎】重于海疆,于南北洋各设兵轮,又特创海军衙门以为之统领。宏纲虽举,而目则未详。仅采撷诸说,略参末议,敢再以六事进。

一,定洋汛。沿海自广东乐会县起(接安南界),万四千里而北抵鸭绿江朝鲜界,卫所栉比,营汛鳞次,密则密矣。然以当今日之西师,则蟑臂类也!海疆委命于舟师,乃将则浮冒克扣,船窳兵单不之顾,终日营营,皆侵上剥下之计,军国大事未尝有丝毫虑(昔吾瑞安折造[塔波]),营船报款三千两,某协仅费包工千两,乾没其二。船成底薄,不敢哨洋。安放内港,待修而已。今年闻届大修之期,又可费二千两,往岁大修安营船领费五百两,司房扣去五十两,包工一百两,余三百五十两,则副将、都司,四六均分,船未放洋而渗未堪驶。瑞安设水师一百八十名,需饷项三千两,近副将、都守冒扣二千两,无复旧规。瑞安如此,其余可知。某协性畏风涛,不敢赴哨,尝纤道乘轿,逾岭而过,烽火营更可一叹。虬尝谓:天下有两等人心肝坏极,关吏营官,然则今日之水师将弁直孙恩、徐道、徐海、汪直之徒耳!此可为痛哭者也。虬请罢沿海防汛,更营制,设兵【轮】,分海疆为四:(近制以烟台南北分为二洋,北洋辖于直隶总督,南洋辖于两江总督)自成山以北至辽沈为北洋,而设提督行署于登州之威海卫(在文登县北九十里,至烟台水路一百三十里,从前北洋仅知严防旅顺,其实地利不如威海,有险可凭,攻守均便。近险隘处设影灯,施电报,分建炮台,筑铁马头,立水师学堂,遂成北洋雄镇,以之添建行署尽便[也]);成山以南至闽之五虎门为东洋,而设提督行署于浙之招宝山;五虎门以南至广东乐会县为南洋,而设提督行署于琼州;每洋各设水师提督一,南北梭巡,按季轮流防使,得于平时练习南北沙水风线,内港另筹鱼雷海军,以备不虞。再练外洋水师一枝,游驶新加坡、苏门答腊等处,无事则保护华民出洋,有事则断其归路,形格势禁。此致人而不致于人也。经费稍裕自备兵商巡船数号,每年环球一周,商以贸易,兵以测量,纠合公司,逐渐添置。五年之后谓富强无期者吾不信也。

一,设经略。四洋既设水师提督矣,宜就海军衙门特简经略大臣以辖之。斟酌长江水师营制,添设将弁,而仿西法考补。考泰西各国兵轮之制,由四副、三副、二副、【大副】,而后升至船主,皆亲身驾驶,以技而升,不阶别级,无弃材无[躐]等,故技以考校而愈精,今宜破除积习,超补一皆以技。四提督皆归经略节制。旅顺、台湾各设经略大臣,行署分驻半年(旅顺,东达朝鲜,北锁津沽,与烟台一水相对,洋面仅六百里耳,诚北洋大门户也。国家经营费逾数百万,近渐废弃,然地利终不可失也)。夏秋南北游巡,校阅水操,而海军成矣。夫英、美、德、法各国,其国都不足当中国数省地,越重洋入万里,称雄海上者,恃有战舰之力耳!此不可不求所以制之也。

一,制兵船。近日筹海防者均以铁甲船为急,考泰西各强国皆有铁甲数十号,似中国不可不为之备。然一船之费数在百万金以上,且仍购自外洋,是拾其所弃攻其所出,驾御稍不如法,直赍盗粮耳!非计之得也。虬谓御敌之道,当以柔制刚,以小制大。岳武穆之破杨太,林文忠之困义律。未尝[闻]皆以轮舟与之相角也。本国兵轮以外,可略购英之碰船(价重二十余万,能破铁甲)、英之快船(近英国阿摩士庄新出快船,快炮、铁甲、鱼雷均不足恃,价未详)数号,余悉编取蚊子小舟,以渔勇为之蜂屯蚁附,四散游徼,相机而动,困之于水,使不得锐意登陆,则顗鼠之技穷矣。夫西师之来不过十数艘耳,并力御之于外洋,上策也(魏源《海国图志》谓:守外洋不如守海口,守海口不如守内河。此亦淮阴侯背水阵,张任愿受降城之遗意也。不善用之,则自抉其藩篱,能无开门揖盗之虑耶),纵之入内,合各洋之师,孰为正兵,孰为应援,孰为后袭,四面包抄,以逸待劳,聚而歼之,亦其次也。中国不求其自精制造之法——购之外洋,讲求三十年,其成就乃竟若此,则事事过守成规,不能变法改制之所致也。

一,改炮台。扼之于外海,则有兵轮。御之于内港,则恃炮台。近日为炮台议者伙矣!然仅保护台基,升降炮位而止耳。夫番舶之来,其快如风,少纵即逝。是一台仅供一炮之用也,且炮力之里数,本有定率,敌若讲求,视吾略远之炮,先施以轰击吾台,是一台并无一炮之用也。以死御活,势常不及,然则奈何。曰于沿江地段较长扼要必由之处,平筑铁路二道,炮座皆施活架,随船上下,左右更换,如此则炮位无定,敌难轰击。炮不必多,而沿江有备,更能自制炮弹。(战船炮弹必须自制,左文襄光绪十一年分请增拓船炮大厂,疏词甚详切。大旨谓:近守口之炮弹,皆购自外洋,久必损缺。万一有事,各国既守公法,一概停卖,则由难而少,由少而无,诚有不堪设想者。拟就旧船厂开拓加增兴工铸造,虽经始之费需银五六十万两,而从此不向外洋买炮,即以买炮经费津贴炮厂,当亦有赢无绌。云何必徒费银出外洋哉!)如法演放,何泰西之足虑哉!(炮台之设,当先明炮力之重数,筑基稳固,方可演放。大沽、旅顺北洋之要扼也。记光绪十四五年间,两处炮台有因雨倾圮之处,因震坍败之事。皆未深究建置之法也。虬谓实炮台之法,当以太西为精。按英吉利每因山为炮台,故坚不易摧。炮位不以屋,故烟不自蔽。穴山以储火药,故不为敌炮所然。兵房建于山凹,故能以山自障。此因山为台也。其无山之处,则略仿比利时、北都爱司勾阿炮台之法,如今式炮台分内、外、上、中、下三层,中空而圆,砖石向内砌毕,外四围皆培以土,斜拖而下,而其顶每层数步留炮眼远视,但见大土堆而已,按美金楷理所译《兵船炮法》诸说,谓炮弹透土,难于透木,故欲阻弹者,土墙最宜,取用亦最便,日间击坏之处,夜间可以修补,但须筑之甚厚,则大弹不能透过。若如此则中国所有旧城,皆当广浚濠河,挖土培城,此一举两得之计,急宜未雨绸缪也。)

一,编渔团。左文襄之督江南也,值中法失和,创办渔团后,大宪以办理者之滋弊也,遂概行停办。虬谓渔团必不可撤,可汰;水师各兵就渔户中挑选(丁壮补充)足额练成海军,其余丁仿照江南旧章,设立渔团,局给以薪水,各授以操练之法,沿海七省十万人,不难致也。不急为之地,其杰而有材者恐不免有楚材晋用之虞矣! 一开海山,国初惩台湾之乱,惧奸民之济匪也;定迁海之令,于是,濒海居民皆令内徙,海中各屿不准搭盖。承平日久,禁网遂宽。县胥营弁资为利薮,而国家无丝毫之益也。他如山东之砣矶岛、北[隍]城岛、江南之大小洋山、浙之普陀山、大小落伽山、闽之大小柑山等处,岛屿纷出,大者容数千户,小亦数百户,诚为一一经理,添设官汛,升科起税,可即以其费充海军之需。夫郑经之据台湾,张煌言之守南田,许朝光、吴平(明海盗)之巢穴南澳,皆乘明季清初多事之秋,竭十数年之力,仅乃克之。今内寇外患,蠢然欲动,先事之谋其乌能已。岂可迁延不决,致再为澳门、香港之续哉! 朝廷于沿海防务致之,未尝不力购铁甲船,设炮台,南北二洋水师又定为会操之制,亦能自振,作者乃议及海战,则皆如谈虎色变者,以事事仅知摹仿门面,未尝深求其命脉弊病之所在,极力整顿,改弦更张,实事求是之故也。吁! 洋务岂易言哉![陈忠倚编:《皇朝经世文三编》卷四十五,海防一,上海:上海书局,光绪壬寅(1902)印行,第33—34页。]

光绪十二年(1886 年)

20.《张之洞察看船厂疏》光绪十二年

窃臣等前因粤省现无水师兵轮,六门海口内外扼守无具,当于闱姓捐款内提洋银二十万元,交署水师提督臣方耀等督饬员弁就省河黄埔设厂,选幕华工,采取香港华洋船厂图式,试造水浅兵轮四艘,以之防护海口,援应炮台。于光绪十一年五月具奏,奉旨:据奏试造浅水轮船,现已先造四艘,著俟造成后,详加察看,如果合用,再行奏明办理。该衙门知道。钦此。兹查该轮艘于上年冬间陆续造成浅水【舰】,名之曰广元、广亨、广利、广贞,入春以来,安配炮械,选派弁勇,工役,练习驾驶,渐次娴熟,经臣等于五月二十三日亲往阅练,操演。船身计长英尺一百一十尺,船面阔英尺一十八尺,舱深英尺八尺半,吃水英尺七尺半,合中尺六尺一寸有奇,工料多自港来,故皆以英尺估计。广元、广贞两轮,马力七十八匹,速率每四刻行英里九十,合华里三十三里;广亨、广利两轮,马力六十五匹,速率每四刻行英里九十里,合华里三十里,船面颇低,以便攻战,轮声甚小以免惊敌船。后皆双车暗螺,内用康邦卧机,内两船兼用咨水气柜,前后皆活桅两持,龙骨左右,带以铁胁,水浅上下辅以钢板,船头安四顿半后膛钢炮一尊,船尾安九生口径克虏伯钢炮一尊,桅盘、船腰各配一诺登飞连珠炮,共三尊。护炮皆有钢板,炮房与前奏所拟式样相符,当即驶赴虎门内之莲花山海面,树立炮靶,该四轮连环操演,审看炮力与船力相称,炮准约得什之五六,船身转掠颇灵,行驶亦速,机器一切磨光洁,虽系华工所造,视洋造者尚堪仿佛。计四轮本船工料,修建船厂工料,委员司事人等薪工,载运起落各项物料夫价,厂局什物绘图暨杂项,统共用银一十二万五千一百余两。炮枪各件系就台属现存者酌量配用,价值不在此内。另购存铁木各料银一万七千五百余两,除原拨闽姓捐款二十万元,合洋银一十四万两外,尚垫支银二千六百余两,准方耀咨据监造赤溪协副将吴迪文等造册具报,饬营务处司道点收。具详请奏前来,臣等伏查粤厂试造浅水兵轮,事属创办,工匠募之华人,机器造之本厂,款项由勉强罗掘而来,法式由集思考索而定,以视津、沪、闽厂局面恢闳,工用精博,远不相侔。今一年之内,成船四艘,总计船值炮械,大约每艘不过五万金。远而琼山浅洋,近而省河西海,均堪行驶。船头之炮可击水路八里,中靶五里,以之防护内河,暨近海各口,颇为合用。现经选派员弁管带分驻六门,内外会合所在,师船一体巡缉内河外海盗贼,比较各轮船丈尺、马力,照支薪费章程,每船月支薪工加饷公费等项银六百八十二两零,以符成案,应俟筹有款项再行添造多只,以固粤防。(邵之棠辑:《皇朝经世文统编》卷八十二,台北:文海出版社,1980年影印本,第5页。)

光绪十三年(1887年)

21. 闽浙总督杨昌浚奏为香港捕获海盗解闽惩办事

闽浙总督臣杨昌浚跪奏。为香港捕获海盗,解闽惩办,在事出力员弁遵旨择尤保奖,以示鼓励,恭折仰祈圣鉴事。窃照福建候补道刘倬云于光绪十一年十二月间,派委管驾艺新轮船之千总周泰和等购觅眼线,前赴香港捕获著名海盗张阿知一名。并两广督臣张之洞照会港官,续获张野一名,先后访延律师,暨由闽择提事主眼证,赴港质讯,将盗索还,该犯等亦延律师节节阻难。至十二年八月十六日甫将张阿知交出,航海解闽,审明正法。经臣恭折奏报,并声明在事员弁备历艰辛,非寻常获盗可比。俟张野一犯定议后,可否择尤酌保,以示奖励。奉旨:准其择尤保奖,毋许冒滥。该衙门知道。钦此。咨行钦遵去后。张野一犯,港官历讯三月有奇,臣与两广督臣张之洞函牍交催,并蒙总理衙门屡商英使,转催港督交解,至十一月初九日,甫允交出。十二月初六日,解回闽省,由兴化【府】提集人证,审明正法。复经附片奏明在案。臣查张阿知、张野为兴化著名海盗,党羽众多,兄弟同恶相济,纠伙掳掠,横行劫杀二十余年。道员刘倬云因奏派查办此案,访悉该犯等远逃香港,特为中国法令所不及。非刘倬云毅然捕拿,难期弋获,非张之洞一力主持,英使办事公道,难期索回。该犯等在港百计图脱,凶狡异常,劳费十余月,甫得解还,明正典刑,为地方除一大害。兴化斗掳之风于焉稍息,海洋亦称静谧,此后中国罪人不敢恃香港为逋逃薮,于大局殊有关紧,所有在事各员弁出洋获盗,备历艰辛,与内地情形迥别,拟照异常劳绩核奖,为实心办事者劝,相应遵旨择尤酌保,其出力稍次者量予外奖或存记续奖,断不敢稍涉冒滥。谨缮清单,恭呈御览,合无仰恳天恩俯准,照所请奖叙,以示鼓励。其首先获盗之守备衔优先千总周泰和,在差次积劳病故,并请交部从优议恤,以慰幽魂。此案犯已获办,地方官请将功抵过,所有失察职名应请免处,是否有当,除咨呈总理各国事务衙门暨咨部查照外,臣谨恭折具陈,伏乞皇太后、皇上圣鉴训示。谨奏。光绪十三年九月二十六日。(北京:中国第一历史档案馆藏朱批奏折,档号:04-01-16-0221-028。)

22. 光绪十三年杨昌浚刘铭传筹议澎湖海坛镇协互调事宜

再,海坛、澎湖镇、协互调案内,准到兵部咨:所有新改澎湖左营游击、守备作为台湾海外水师题补之缺,海坛左营都司,作为福建外海水师题补之缺。其原设实缺人员并千总、把总、外委、额外各弁,应否随缺移拨,抑或另行改补,饬令查明复奏。并造具管辖营汛司哨衔名,暨驻扎地方里数清册,送部核办,等因。经前督臣下,饬查妥议,造册详办去后。兹据署福建布政使、按察使张国正会同善后局司道详称:移准海坛协副将余致廷、前澎湖镇总兵吴宏洛先后查互调案内,改海坛中军兼管左营游击,为澎湖中军兼管左营游击,改澎湖左营都司为海坛左营都司兼管中军。改海坛右营守备为澎湖左营守备,兼理兵粮。其海坛兵粮,即归都司管理。惟澎湖、海坛虽有海外、外海之殊,究与水师、陆路互改有别。其现任实缺游击刘德安、都司杨兴隆、守备钟朝凤三员,均已先后随缺移拨。余照原议,概不更动。至千、把、外、额既无增减互调,且洋面情形各有熟习,今悉仍其旧,而免纷更。等因。造册送司,核与原课相符,转造清册,详请奏咨前来。臣核无异,除册咨部外,臣谨附片具陈,伏乞圣鉴! 谨奏。(林豪纂修:《澎湖厅志》卷十二,台湾文献史料丛刊第164种,台北、北京:台湾大通书局与人民日报出版社,2009年,第399—400页。)

光绪十四年(1888年)

23. 张之洞《筹议钦州新界善后事宜折》光绪十四年六月初四日

臣等于光绪十三年六月初一日承准军机大臣字寄,光绪十三年五月初十日奉上谕:此次所定粤省界务,将勘界大臣意见不合归入请示之白龙尾、江平、黄竹等处一律划归中国。江平、黄竹向为华民聚居,白龙尾地方岁只巡哨一及【次】,此后各该处善后事宜应如何设官分汛,妥筹布置,各该督抚务当悉心会商,奏明办理。等因。钦此。仰见圣主眷顾海疆,固围绥边之至意。当即行知藩、臬二司、海防善后局、营务处司道、高廉道、北海镇会议详覆,并咨商水陆提督及督办钦廉防务提督冯子材去后。上年十二月,臣之洞巡视粤海各口,复亲至白龙尾地方,登岸查阅该岛形势,督同该镇、道、府、州,咨询筹度,金以钦州地方本属荒阔难治,今复拓地定界,幅员愈广,控制愈难。惟于近边扼要分设县治,将钦州量为升改,以重事权,而资抚驭。其白龙尾一处为北海之蔽遮,南溟之门户。上可设炮台,下可泊兵轮,宜设专营弁兵驻守岛岸。再于龙门协酌派师船巡缉洋面,庶水陆各专责成,边海自臻静谧。臣之洞回省后,与臣大澂切实商办,询谋金同。当经饬司檄委署钦州知州李受彤、兼理灵山县印务以便统筹早定,第事体繁重,饬查复核,往复多次,始能定议。正拟具奏间,复准军机大臣字寄,光绪十四年四月二十六日奉上谕:钦州与越南交界划定后,曾谕张之洞等将各该处善后事宜,妥筹布置。迨张之洞巡阅各海口,据奏亲至钦州察看情形,其应行筹划事宜,现尚未据奏到。此次定界,将白龙尾、江平、黄竹等处一律划入中国,扼险设防,极关紧要。其十万大山一带田亩膏腴,惟素有匪踪出没。既经划入内地,其如何安民靖盗,著张之洞、吴大澂悉心会商,将新定各界设官分汛一切事宜妥速议奏,毋得再延缓,等因。钦此。

兹谨悉心会商,详加酌度。……酌古准今,惟有升钦州为直隶州,相度边要分建一县为辅车之依资,指臂之使。查防城司在钦州西南一百里,东达州治,西近东兴,前控白龙尾,后通广西南宁府属各隘,乃钦州西南之冲要。明万历间曾创建土城。国朝原设有廉防同知,驻扎防城。乾隆十二年始移防城同知于龙门,后复移驻琼州,复由琼州移改为赤溪同知。兹拟即其地建置防城县,应请添设知县一员,作为冲繁难烟瘴要缺,分钦州之东兴如昔司白龙尾及新收迤南之江平、黄竹,迤西之三娘湾、头、二、三甲地方,与防城隔一海港,仍应归钦州管辖。钦州既划出防城一县之地,截长补短,应于接壤州县分拨地段数处,增其式廓。……

新经划定白龙尾地方重山巨浸,界划中外,诚海防一大关键。拟请添设白龙营陆路都司一员,设兵一百名,并设该营中军千总一员,左右哨外委二员,驻守其地,即归钦州营参将统辖,当与水陆两提臣筹商。查惠州协副将之中军都司堪以拨调,所遗营务,该协右营守备驻扎归善县城,与府城近在咫尺,堪以兼管,毋庸再设。此外新收各界,江平拟增设千总一员。新设之防城县拟增设城守千总一员。以北仑汛千总移驻,所遗北仑汛应以思勒外委移补。思勒距江平十里,堪以兼顾,不必再补。嘉隆拟设把总一员,以三口浪汛移驻。三口浪汛应以埇仑汛外委移扎。埇仑汛以尖山汛把总补扎。尖山汛离钦州仅三里,不必再补。板兴拟设千总一员,以三十六村汛千总移驻。三十六村汛距王光汛十五里,应归王光汛兼管,毋庸再补。除旧有弁兵移驻外,所有新设之白龙营陆路都司一营应设兵一百名,防城城守千总应设兵三十名,江平增置千总应设兵二十名,共添设陆路额兵一百五十名。

其龙门协水师左营所辖汛地,悉属钦州地方。如北仑、王光等,皆与广西交界,鞭长莫及,荒远难稽,率多有汛无兵,几同虚设。兹当添设营汛之际,亟应区分水陆界限,一扫积弊。整顿操防,拟将该协左营原辖之滨海牙山炮台、石龟岭炮台、渔洲坪、渔埇港、三口浪、红沙湾等汛地弁兵仍归该协左营都司管辖,其余近内陆路汛地弁兵概拨归钦州营参将管辖。陆汛中有龙门协左营中军守备一员,分驻东兴,虚有水师中军之名,应改为钦州营陆路守备。其龙门协左营水师中军守备事务本系该协左营都司兼管,毋庸另设。经此次划拨之后,龙门协左营兵额较少,应增设中号轮船一艘,酌配练兵四十名,增设拖船二号,共配练兵七十名,归龙门协左营都司管辖,龙门协副将统辖减陆地之汛,增海面之船,亦于水师名称其实。统计水陆营汛共添设额兵二百六十名。查同治九年前督臣瑞麟奏裁冗兵,加饷练军,曾将钦州营及龙门协左右营裁减三成,额兵六百六十五名。边防紧要,不同内地。绿营口粮均照粤省练饷向章分别支给,添复额数应于广州等处缉捕轮扒各船所配练兵内裁并移拨,毋庸增设。

白龙尾为边海极冲,已经择定地势,拟筑炮台四、五座,以资控扼,而卫边氓。其购炮筑台事宜,即当筹款举办,专案奏报。新设额兵百名,力量尚单。现以冯子材所部萃军防勇分哨驻防,尚可联络一气。并拟新增之防城、江平两千总及东兴千总所辖之埇仑外委、那马、松柏隘、罗浮峒三汛地及原有裁存额兵归新设白龙营都司管辖。龙门协所管洋面今已远至白龙尾以西,其地盗匪出没无常。且附近洋面时有法船游弋,拟设中号轮船一艘,尚觉不敷。现由省城另派兵轮一艘驻泊白龙尾一带,协同往来巡缉。其滨海各港汛地盗匪,则责成该协左营都司督同师船及原有汛兵缉捕。内地支河盗匪,则责成钦州营缉捕。庶内河外海各有攸司,不同前此之漫无稽考。此又钦州添设水陆营汛之拟议办法也。[王树楠编:《张文襄公全集》卷二十四,北平:楚学精庐藏版,光绪丁丑(1907),第18—24页。]

24. 闽浙总督杨昌浚奏为捕获海盗请奖各员以昭激劝事

闽浙总督臣杨昌浚跪奏。为捕获海盗,请奖各员,遵照部驳,分别删改,恳恩准予奖叙,以昭激劝,恭折仰祈圣鉴事。窃照香港搜获海盗张阿知等解闽正法案内,在事出力员弁先经遵旨择尤保奖,旋准吏部以获盗未及三名,据请照异常劳绩核奖,与例不符,行令另核请奖。复经臣查案覆奏,恳恩准照原请给奖。钦奉准批:著照所请,该部知道。钦此。钦遵在案,兹复准吏部咨所获海盗张阿知等与剿捕要匪不同,不得援照核奖,应将原报奏明撤销,仍令另核请奖,等因。在部臣严核保案,自系慎重名器,恪循例章办理,臣亦何敢再三渎请。惟此次奏派大员带勇查办黑白旗匪党,先后捕获要匪十余名,其张阿知、张野二犯窜匿香港,特为中国法令所不及,各员弁远涉重洋不避艰险,合两省之力,历年余之久,甫能索回,明正典刑,使匪类闻风胆落。近年各省重大案犯,多恃外洋为逋逃薮,就地获送者绝无仅有。今于香港破获巨盗,事系中外交涉,较之内地捕获要匪,权自我操者,难易悬殊。核其劳功与办理洋务出力无异。既蒙恩准择尤保奖,且同案请奖之千总张进禄、把总崔世英、病故请恤之千总周泰和均经兵部议奏准奖、准恤,奉旨:依议。钦此。先后咨行到闽各员,事同一律似未便转令向隅。现据福建通商局司道,遵照部驳,将原请过优者分别删改,另缮清单,恭呈御览,可否仰恳特恩俯准给奖,以示鼓励。臣谨恭折具陈,伏乞皇太后、皇上圣鉴训示。谨奏。光绪十四年九月初七日。(北京:中国第一历史档案馆藏朱批奏折,档号:04-01-16-0226-113.)

25. 光绪十四年九月辛未张之洞奏议

辛未,两广总督张之洞奏:酌拟北海高州两镇巡洋章程。现既改设高州镇总兵,统辖外海水师,其巡洋上班应以高州镇为统巡,下班以阳江营游击为统巡。新设北海镇总兵,已将龙门协水师两营改归管辖。其巡洋上班应仍以龙门协副将为统巡,下班以北海镇为统巡。下部知之。(《清德宗实录》卷二百五十九,光绪十四年九月辛未,第14页。)

26. 粤督张之洞致总署英小轮入内地营业请令照章船货入官电

上年,有英商在省出租小轮拖渡入内地,经粤省严饬查拿,并照会英领事照章示禁。前日又有小轮名加兰山,香港装客货前往新宁县之长沙、获海各埠,回至省河,被粤关拿获,照章会讯证据确凿。又本月十三日,在新会县属之外海乡地方拿获洋轮土的芬多密麻一船,擅入内地,照约均应入官。讵英领事偏袒不服,借口系游历之船,并无私做买卖确据。详英使与钧署核断。查英约四十七款之英商船只如到别处沿海地方私做买卖,即将船货一并入官。译阅洋文则言:英商船只除已准通商口岸之外,不得违例到中国别处口岸,亦不得在沿海地方私做买卖。违者,船货并入官。又五十款之汉英文不符,以英文作为正义,等语,自应照英文。凡到中国别处各口岸,即应船货入官,固不论其私做买卖与否。且遍贴招牌字启载客收银,即是商船确据,何容强辩。中外船路限制,此端万不可开。请坚持责令充公,勿容狡饰,以儆效尤。再外海乡乃地名,系深入内河之地,非海面也。十一月初三日。[《清季外交史料》(光绪朝)卷七十八,第5—6页。]

27. 光绪十四年十二月乙酉闽浙总督卞宝第奏

新改澎湖镇总兵巡洋会哨事宜,请饬核议。(《清德宗实录》卷二百七十八,光绪十四年十二月乙酉,第16页。)

光绪十六年(1890年)

28. 头品顶戴闽浙总督卞宝第奏为搜获著名海盗出力员弁遵旨酌保数员事

头品顶戴闽浙总督臣卞宝第跪奏。为搜获著名海盗出力员弁,遵旨酌保数员,以示鼓励,恭折仰祈圣鉴事。窃闽省福清县属之南日、海坛及莆田县属之平海、东沙、莆禧等处濒临大海,港汊纷歧,盗匪出没其间,大为商旅之害。经臣派委道员刘倬云统带所部达字营勇,乘坐靖远轮船,会督地方文武认真查办,先后报获著名海盗林城吓等十二犯。解讯供认,在洋叠次抢劫,均属罪无可逭,照章批令,就地正法。此外拿获各余犯,讯明情罪较轻,分别监禁、锁礅、递籍、发落。经臣奏报,并声明在事出力员弁可否择尤酌保数员,以资奖励。钦奉朱批:著准其酌保数员,毋许冒滥。钦此。咨行钦遵去后,兹据新任汀漳龙道刘倬云、海坛协副将佘致廷开具各员弁衔名,呈请奏咨奖励前来。臣查海盗林城吓等风涛熟习,党类众多,平日驾船在洋叠犯劫杀重案,官兵往捕,鲜能得手。此次特派大员会督该文武等,设法捕获,所获皆积年巨盗,就地惩办,海洋渐臻静谧。所有在事各员弁出洋冒险,备历艰辛,与陆地捕盗情形迥别,相应遵旨酌保数员,其出力稍次者量予外奖,不敢稍涉冒滥,谨缮清单,恭呈御览,合无仰恳天恩俯准,分别奖叙,以示鼓励。除咨部查照外,臣谨恭折具陈,伏乞皇上圣鉴训示。谨奏。光绪十六年四月十九日。(北京:中国第一历史档案馆藏朱批奏折,档号:04-01-16-0229-018.)

29. 头品顶戴闽浙总督卞宝第奏为轮船捕获大伙洋盗审明惩办事

头品顶戴闽浙总督臣卞宝第跪奏。为轮船捕获大伙洋盗,审明惩办,恭折仰祈圣鉴事。窃照闽省洋面辽阔,盗匪出没靡常,缉捕巡防最关紧要。前将派驻台湾之伏波轮船调回内渡,以资差缉。经臣奏明有案,兹据兴泉永道吴世荣禀称:据南安县船户郑平良等呈报,伊船于本年六月二十三日晚驶抵萧厝洋面停泊,突遇匪船持械行劫,砍伤水手,郑有等落海。所有船只、洋银、衣物概被劫去,等情。经该道商同福建水师提督彭楚汉会委文武员弁分带兵勇,派发伏波轮船带同事主追捕去后。旋据伏波轮船管驾都司陈绍芳报称:七月初六日上午,巡至南日大洋,遥见盗船乘风飞驰,举动慌张,经事主指认,明确委系被劫原船,遂鼓轮船追近擒拿。该盗竟敢施放洋枪,抛掷火罐,持刀拒捕,轮船连放大炮,始各弭首就擒。获到海盗蔡竹陇(即黄昂)、菜香根(即黄爱和)、蔡红桥(即林红柑)、蔡秉亮(即陈怀农)、曾顶、曾东、林地、林铿、陈盘、林樵、曾象、曾景(即詹见,又名詹角)等十二名,另舱搜获尤白、刘友宾、陈有是(即乌有)、陈亮等四名,并起获原劫贼船及刀矛、枪弹等件,解由该道督同署厦同知张重飏、委员试用通判赖绍杰亲提研审。据蔡竹陇(即黄昂)供认,造意为首,纠同蔡香根等在洋行劫,得赃分用。蔡香根、蔡红桥、蔡秉亮、曾顶、曾东、林地、林地、林铿、陈盘、林樵、曾象、曾景各供认听纠伙劫。蔡香根刀伤水手落海,曾象在船瞭望,并各伙同拒捕不讳,实属同恶相济,凶悍异常,按例均应斩决枭示。除曾景一犯据供,另有在洋行劫盗犯侯连河等十余名,情愿指引掩捕。经该道会同提督彭楚汉,请暂行缓办,严加铸镣,交伏波轮船管驾都司陈绍芳,带同该犯作线,在兴泉一带洋面侦捕,能否依限指获正盗,分别办理外,其蔡竹陇等十一犯,经臣饬令,就地正法,传首犯事海口,悬杆示众,以昭炯戒。另舱搜获之尤白、刘友宾、陈有是(即乌有)、陈亮等四犯,讯系事后被诱上船,并无同场伙劫拒捕,按例拟徒,锁碇在案。臣查此案事主呈报失事后,该员弁等连日在洋巡缉,于惊涛骇浪之中,将盗犯人赃并获,无一漏网,洵属异常奋勇,据水师提督咨请保奖前来,臣复加删汰,谨将尤为出力人员随案奏保,可否仰恳天恩俯准,将首先获犯之管驾伏波轮船补都司后升用游击陈绍芳加二品顶戴,尽先把总蔡从虎以千总优先补用,正管轮闽浙尽先守备洪得意补守备后以都司尽先补用,专司机轮添油尽先守备陈光裕加都衔,出自鸿慈。其余出力末弁水勇,由臣咨部覆给奖励,除咨部查照外,理合恭折具陈。伏乞皇上圣鉴训示。谨奏。光绪十六年十一月二十四日。(北京:中国第一历史档案馆藏朱批奏折,档号:04-01-01-0976-024.)

30. 出使日本大臣黎庶昌密陈日本近日情形片

光绪十六年十一月二十一日,再密陈者:窃查日本一国面面阻海,地形险固,长约五千余里,南与浙江对峙,北与吉林近连,实为中国外海一大屏障。人民四千万,确有户籍可稽。近年事事求,海陆两军扩张,整饬工商,技艺日异月新,物产又极富饶,以中国三省之地,岁入洋银八千余万元,出亦如之。其力量几与西洋次等之国相敌。溯查隋唐通使往来甚亲,开元、天宝三数十年之间,效慕华风,倾诚悦服,亦如今日之崇尚西法。故隋唐旧制存于日本者尚多,至元世祖跨海远征丧师十万,乃启戎心,有明一朝遂为边患。国家威德遐远二百余年,海疆静谧,虽未尝通聘遣使,而文物声明一遵汉制,迫西洋各国通商后,明治维新,废藩置县,始有狡焉思逞之志。由是侵台湾,灭琉球,窥朝鲜,与我成为敌国。(《清光绪朝中日交涉史料》卷十二,第1页。)

光绪十七年(1891年)

31. 山东巡抚福润奏为救护外洋失事商轮各船出力人员照章恳恩奖励事

山东巡抚臣福润跪奏。为救护外洋失事商轮各船出力人员,照章恳恩奖励,恭折仰祈圣鉴事。窃照前经总理各国事务衙门续议,保护中外船只遇险章程内开,嗣后文武汛官遇有中外船只在洋而遭风触礁,瞬将沉没者,果能奋身冒险救出三十人以上,准其比照异常劳绩奏奖,每次不得过两三员,等因。东省成山镇铆岛一带,洋面暗礁林立,素称奇险,曾经前抚臣张曜严饬该县多设船筏,设法救护,并由东海关道委员设局协同经理。前经该县印委各员迭次救护船只出力,均经张曜会同北洋大臣李鸿章奏请奖叙。钦奉谕旨,允准在案。兹于光绪十六年六月初九日二更时分,招商局富有轮船驶至荣成县汪流口洋面,迷雾触礁,船底洞穿,极形危险。客商、水手四十余人争上杉板,致将船上铁柱断折,人众全数落水。经署荣成县知县廉存闻信,会同拯济局委员试用县丞费邦俊、候选县丞陈锦琦带领夫役各驾杉板,驰往救援。饬令熟谙泅水之人深入海底,将落海者全部救起,幸获生全者三十一名,淹毙十一名,船内尚有中外水手、搭客共五十四人。船身瞬将沉没,危在呼吸,该员等于波涛汹涌,风雾晦暝之际,设法将船内之人各用杉板渡送登岸,得庆更生。船身立时沉没,嗣后雇募民夫,捞获各色货物按半折价,值银三万两以上。经东海关道盛宣怀禀详有案。查该印委各员于招商局富有轮船触礁沉没,人已落水,仍能不避艰辛,救起三十一名,捞获尸身十一具,并救出船内中外客商、水手五十四人,捞获货物折价至三万两以上,洵属奋不顾身,异常出力,自应照章奖励以昭激劝。据该道盛宣怀查明具禀请奖。前抚臣未及具奏因病出缺,留交前来。奴才复查无异,相应吁恳天恩俯准,将六品衔调署荣成县事海丰县知县廉存以同知直隶州知州在任,尽先补用,总办拯济局委员山东试用县丞费邦俊免补县丞,以知县仍归山东尽先补用,帮办拯济局委员候选县丞陈锦琦俟选缺后以知县归部尽先选用,出自鸿慈。除饬取履历送部,并咨呈总理各国事务衙门外,所有救护外洋失事轮船出力人员,请照章奖励缘由,理合会同北洋大臣大学士直隶总督臣李鸿章恭折具陈,伏乞皇上圣鉴训示。谨奏。光绪十七年八月二十二日。朱批:著照所请,该衙门知道。(北京:中国第一历史档案馆藏朱批奏折,档号:04-01-12-0551-018.)

光绪十九年(1893年)

32. 光绪十九年二月丁巳谕军机大臣

有人奏:洋面巡防不力,请饬整顿一折。据称普陀山、温州、台州、福宁一带洋面屡有盗匪房船劫货,杀害商人之事,地方官不为越境缉拿。巡洋师船以讳盗为得计,甚且安居内港,洋面不靖,该员弁竟未之知。请饬认真整顿,等语。著谭钟麟、崧骏严饬水师将弁,实力梭巡,严拿匪类。倘有讳盗疏防情事,别经破案,立即严参惩办。不得有名无实,任意安居内港,虚糜饷需。(《清德宗实录》卷三百二十一,光绪十九年二月丁巳,第2页。)

33. 尚书衔山东巡抚福润奏为救护外洋失事商轮各船照章恳恩奖励事

尚书衔山东巡抚奴才福润跪奏。为救护外洋失事商轮各船,出力各员照章恳恩奖励,恭折仰祈圣鉴事。窃照前经总理各国事务衙门续议,保护中外船只遇险章程,嗣后文武汛官遇有中外船只在洋而遭风触礁瞬将沉没者,果能奋身冒险救出三十人以上。准其比照异常劳绩奏奖,每次不得过两三员等因。山东登州府属洋面,岛屿纷歧,礁石林立,历年船只多由失事。曾饬令该州县在于沿海紧要口岸设拯济局,多备船筏,设法救护,并由山东海关道委员驻局协同经理。历将救护出力人员随时分别保奏,均蒙俞允在案。兹光绪十八年六月初三日,招商局新盛轮船在荣成县成山西北黑驴岛洋面迷雾触礁,船身损坏,瞬将沉溺。搭客、水手各觅舢板逃命,已多落水。经前署荣成县事即用知县郑炽昌、参将用前荣成水师营游击陈廷樑,会同荣成县拯济局委员直隶候补县丞江开泰等,带领兵役驰往救护。登时救出中外船主水手三十九名,搭客五十四名,并雇觅泅水人夫尽五十日之力,陆续捞获浸水货物值银二万余两,均点交招商局收回。随时禀报,有案。该员等于炎天烈日洪涛巨浪之中,督率打捞,昼夜巡查,始终无误,实属异常出力,自应照章奖励以昭激励。据署东海关登莱青道李正荣禀请具奏前来,相应吁恳天恩俯准,将前署荣成县事即用知县郑炽昌俟补缺后,以同知仍归原省尽先补用,并先换顶戴。直隶候补县丞江开泰免补本班,以知县仍归原省补用,并加同知衔。参将陈廷樑以副将尽先补用。出自慈施,除饬取各该员履历咨送吏兵二部,并咨呈总理各国事务衙门查照外,理合会同北洋大臣大学士直隶总督臣李鸿章恭折具奏,伏乞皇太后、皇上圣鉴。谨奏。光绪十九年八月二十七日。

(北京:中国第一历史档案馆藏录副奏折,档号:03-5858-017.)

34. 尚书衔山东巡抚福润奏为救护外洋失事商轮各船照章恳恩奖励事

尚书衔山东巡抚奴才福润跪奏。为救护外洋失事商轮各船出力人员照章恳恩奖励,恭折仰祈圣鉴事。窃照前经总理各国事务衙门续议,保护中外船只遇险章程内开:嗣后文武汛官遇有中外船只在洋而遭风触礁,瞬将沉没者,果能奋身冒险救出三十人以上。准其比照异常劳绩奏奖,每次不得过两三员,等因。山东登州府属洋面,岛屿纷歧,礁石林立,历年船只多有失事。曾饬令该州县在于沿海紧要口岸设拯济局,多备船筏,设法救护,并由山东海关道委员驻局协同经理。历将救护出力人员随时分别保奏,均蒙俞允在案。兹光绪十八年十月初五日至初九等日,飓风大作,江浙商民于祥发、金晋源、祝大如沙船三只,均在烟台海口遭风触礁搁浅,或桅舵俱折,或船底洞穿,瞬将沉没,危在呼吸。经拯济局委员候补通判徐赓升、从九职衔张士廉、前署福山县海口巡检候补巡检叶继寿会同该地方官驾驶船筏冒险出洋救护。先后救出舵工、水手五十三名,并捞获落水淹毙之姜二、杨永年尸身二具,湿水货物多件。又,十九年三月二十二日夜,英商太古洋行黄埔轮船在荣成县镇铑岛洋面遭风迷雾,触礁破漏。据招商局委员禀,经署东海关监督登莱青道李正荣电达海军提督丁汝昌,派拨兵轮,并遴委拯济局委员同知直隶州用山东候补知县徐立言、县丞职衔李家杰,偕英领事官阿林格附搭商轮,会同署荣成县知县杨名鉴,俱各驰往救援。勘得该船误触礁石,不能行动,满船皆水。是处乱礁林立,波涛汹涌,迷雾之时,咫尺莫辨。随督率兵役奋力救出中外船主、水手、搭客人等六十四名,捞获货物悉随时交该行重庆、武昌、杭州、西安各轮船,计价约值十万余两。旋乘潮涨,同重庆等各轮船将该船拖出礁石,带至海岸设法修补完整,驶赴上海。均随时禀报有案。该员等于惊涛骇浪之中奋不顾身冒险援救,实属异常出力,自应照章奖励,以昭激劝。据署东海关监督登莱青道李正荣分案禀请奏奖前来,相应吁恳天恩俯准,将山东候补通判徐赓升免补本班,以直隶州知州补用,并加四品衔。从九职衔张士廉,以巡检不论双单月,归部尽先选用。前署福山县海口巡检候补巡检叶继寿免补巡检,以县丞仍留原省补用。署荣成县知县候补知县杨名鉴,俟补缺后以直隶州知州仍归原省尽先补用同知。直隶州用山东候补知县徐立言俟补知县后,免补同知直隶州,以知府在任候补。县丞职衔李家杰以县丞不论双单月,归部尽先选用,出自慈施。除将各该员履历咨送吏部查照,并咨呈总理各国事务衙门外,理合会同北洋大臣大学士直隶总督臣李鸿章恭折具陈,伏乞皇上圣鉴训示。谨奏。光绪十九年十一月十六日。(北京:中国第一历史档案馆藏朱批奏折,档号:04-01-12-0561-054.)

光绪二十年(1894 年)

35.《纪各国会议领海》上

《纪各国会议领海》(于海面立一定界限由滨海之国管辖谓之领海)事译日本亚东协会会报。

欧洲各国于领海一事论之綦详。而亚洲则默然耛置者,无他,欧洲各国航海之业风气早开,人人有破浪乘风,横行宇内之意,故于领海主权无不精思力行,以期进境也。虽然今日领海之权,已有一定界限,非若第十六世纪之视同荒漠矣。然终以举行未久,故长短广狭如何计算,虽有定例,尚未画一。其大要分甲、乙、丙三种。如左。

甲,由海岸施放巨炮,以弹丸能到之地为准;乙,由最低潮线之海岸起算,以距离三海里之地为准;丙,领海主国与他国特定约章以距离三海里以外之地为准。

自昔公法家因以上三种计算未能画一,难于通用各国,每有争执,近年讲求公法与往来交通等事,渐见整齐。兹以前述三法为本,而变通其方法,规定准则分为三纲。如左。

一,沿海各国平时因捍御边警,而定领海之界限;二,战时以局外中立之故,而定领海之界限;三,保护海上渔业之利,而定领海之界限。

总之,昔时言公法谈交际者,均偏执。最简括之说,谓一国应自保其利权,而各国应占之利亦当退让屈从。是言既出,莫不奉为圭臬,以为公法之正理,持之甚力,近始稍悟其非。一千八百九十四年一月三日,法国巴黎开国际公法会,会议紧要各款,其讨论最精详者,则领海一事也。领海一事久经欧洲各国公法名家之讨论研究。

一千八百九十二年,开万国交际公法会,由考查员他玛士巴克利君将所讨论各条报之会中,复经该会员审查,发交该会会议。

一千八百九十四年春期,会议订定大纲。四月九日,英京《泰晤士报》登录全文,兹译述如左。

一千八百九十四年三月,万国交际公法会在巴黎会议。预会者法国十五人,荷兰二人,俄国三人,德国四人,奥国二人,义国一人,瑞典、璐威三人,瑞士三人,西班牙一人,比利时三人,英国六人。领海制规纲领。

一千八百九十四年三月,万国交际公法会议定于法京巴黎。本会因领海与国家平日运行主权及沿海渔业有关,又战时局外之国保其中立,均须详定海面距离。惟以上两种距离时有混淆,甚悖理义。又向来采用之距离,率于最低潮线起,测以三海里为准,即保护沿海渔业,亦不完全,且亦不能与海岸巨炮弹道相应,故各国皆以为非理,各国政府特议定领海制规,俾得一律采用,其纲领如左。

第一条,凡沿海诸国应于一带海面保全其主权,惟第五条所载他国行其平和航海之权利,则不得以为有碍主权加以禁阻,此一带海面称曰领海。

注释:主权二字,本会会员先称所有权,继参以国家所行裁判法权之理,益臻明了。国家对一人言得以法人为所有者,对于他国言则其管辖土地权,即可名为主权。以主权为沿海之国所专有,则凡渔业之权利及海面应得之权利均属于沿海之国,其理显明,无待赘述。荷兰博士阿赛尔、德人哈忒门陈述意见谓:领海二字,乃世俗常用之语,故不必易以他字。本会会员斯罗登所著国际法,曾将领海及滨海字样分别证明其言滨海为由潮落之处起测,距离三海里之谓领海。为江河湾港环绕一国土地所及之境之谓。哈布尔会议时,法国博士罗诺尔将此区别,交出会议,云云。盖滨海较狭于领海国家之主权,虽不能畅行于领海,然或有可以行驶权利之处,至于滨海则不过扩充幅员而已,世俗通行之语,认定之利益,较诸一家之言所认定之利益迥相悬殊。故会员择用领海二字。

第二条,领海之界限由沿岸海潮退落最大之处起,测以距离六海里之地为准,为领海之定界。

注释:领海界限。近来概以六海里为准,实据向来已得之权利,而又参酌成例以定之者也。然初时各国所明认者仅三海里耳,试举二三例如左。

三海里之界限,一千八百八十二年五月六日,因北海渔业警察订《那勒海之约》,而明认之。至一千八百三十九年八月二日之约,英法亦明认之。其他各国之本国法律亦认之者多。英国复于一千八百七十八年因领海内刑事裁判权亦认明三海里之约。当一千八百七十年八月九日英国专订他国交战,英国人民守局外之律法,第二条有此法宜行于全境之语。是近邻领海之意,已包括其中矣。虽近邻领海之义,未经指明,而英国水师提督颁发海军司令官命令则谓近邻领海:一,指港湾河口及本国所辖之海岬;二,指全国海岸距离三海里为界。是已明述之矣。法国亦因阿尔及耳领海内禁止外人渔业之事,特于一千八百八十八年三月一日,亦认明三海里之界限,附载于国法之内。然本约改为六海里者,实由于各国之自图便利也。

领海之距离必由海潮退落最大之处起测者,此亦从实行推广之成例也。北海条约中有海岛(海洲亦同一语),此语可谓赘词,且徒起纷歧之议。盖岛洲之字,原以示与大陆土地之区别。曰海岸,则洲岛已包括其中。此全国边境所以定测三海里之界限也。

向来画定领海远近界限,各国谓须维持已得之权利,颇中肯綮,决无遽行翻覆之理。故瑙威国要求四海里界限,不为无当。爱尔兰与英国中隔圣佐治海峡,亦欲得四海里之界限。法国于肯喀尔海湾,亦援此例。惟斯特利克言西班牙一千七百六十年十二月十七日制定法令之后,亦于领海六海里内而行其权利。据列克姆所言,此条他国并未有所争论云。

总之,主三海里之界限者,盖知更易各国已定成例,实非易事。故北海渔业所定之《那勒海条约》,其会议委员特于三海里定例之外,另设二条如左。一,此约于各沿海已得之利权不得变更;一,此约如某国于海湾三海里以外有应得之利权,亦不得变更。

当时定议之人深虑以三海里为通行限制,颇觉窒碍难行,故特设以上二例,以为将来通融之计,而免各国于已得之权,有所抵牾。乃未几,瑙威即不愿遵从三海里之公约,必欲推广界限,意谓不宜泥守成例,以忽已得之权例【力】,苟遇有实在利益,不能不格外通融云。故领海界限率增至六海里。

第三条,凡国有海湾者,则其领海界限随其湾内沿岸之湾曲而定。惟遇湾口极狭之所,则于湾口对岸横画一直线为界。无论湾内之湾曲形势如何,其湾口左右两岸之距离,即照向来成例。除另订特别之界限外,其通行常例最阔以十二海里为限。

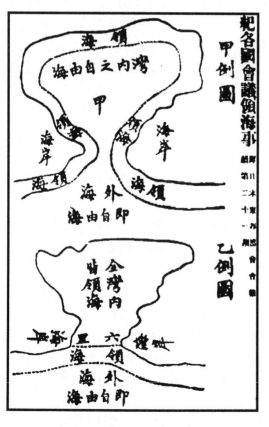

注释:测定湾内领海方法,向有二例如左。甲,凡于湾内沿岸回环纡曲之处按里测定。其两面测定线内,即认为领海界限。乙,与甲条不同,其湾内海面无论广狭均作为领海。惟于湾口最狭之所,就其左右两岸距离六海里以内之界限横书一直线,以立领海起测之界,再由界外海面测定三海里,或六海里之地。以定领海之线。一千八百八十二年,北海条约系用乙例;一千八百六十七年,英法二国领海条约则用甲例。惟湾口最狭距离之处横画直线,以定领海界限一事,北海条约及英法条约均以十海里代六海里。兹以甲、乙二例绘图如左。

甲例之图以湾内甲字部位为公众自由之海面,可为航运渔业之事,所以判别领海之内外者也。然以测量领海之制而言,似滨海界限例应如斯。而以陆地形势而言,则湾口已如门户。其湾内甲字部位似已归入领海,若定以湾内为自由海面,恐徒招议论之纷歧,反较领海之争议尤多也。是乙例图为较当。且此例于北海之约各国亦已明认之矣。北海条约曾定领海十里之制,是本于一千八百六十七年十一月十一日之英法条约,此条约因两国渔业而订。其缘起在一千八百三十九年八月二日之渔业条约及一千八百四十三年五月二十四日渔业规则,至十海里之界限,亦一千八百八十八年三月一日法国之渔业法律所明认者也。然以六海里之定制而更为十海里。其宗旨亦不过欲推广己国界限,包罗湾内之海面,而务夺其公众自由之利权而已。故测量之法,究以北海条约所明认者为通例。(《外交报》第二十一期,壬申七月二十五,上海:商务印书馆,1902年,第2—5页。)

36. 光绪二十年七月丁亥又谕

电寄李鸿章。电奏已悉。十一、二日,倭船在威海一带游弋往来。并据裕禄电称:金州大连湾口外亦有倭船游弋,敌情叵测,亟须兵舰截击。丁汝昌巡洋数日,何以未遇一船?刻下究在何处,尚无消息。李鸿章已专船往调。著再设法催令速回北洋海面,跟踪击剿。该提督此次统带兵船出港,未见寸功。若再迟回观望,致令敌船肆扰畿疆,定必重治其罪。需用快船,除购定阿摩士一船外,其智利二快船,著电知龚照瑷一并购定,赶紧送华应用。巴西大快船行迟价钜,从缓购买。(《清德宗实录》卷三百四十四,光绪二十年七月丁亥,第27页。)

37.《纪各国会议领海》下

第四条,凡遇他国交战,其沿海之国守局外中立之例,颁布中立之文,则其中立【领】海之界限可推广至六海里外,以由海岸开放之炮弹能及之地为准。该领海主国有画定之权。

注释:战时,沿海中立国之领海旧例仅三海里,甚不完足。故近年来各国订议诸员共倡推广之议。然欲改其弊者,意见亦复纷歧。或谓各国宜定画一之新界限,或谓宜以炮弹实在所及之地为准。按现行通例,以三海里为准,亦以其时巨炮最大距离测定者也。近时炮术日精,与曩时弹道比较相去悬绝。然领海界限须与弹道相等,故战时只能统观大势而定中立之界限,此实中立国当为之事而非泛言扩张者也。本条之意,盖本于此。今日新式大炮可击八海里至十一海里,与前此仅击三海里之炮相较,其远近之差可以概见。领海界限虽推广至八海里至十海里,仍未完足。盖局外中立之国推广此领海之界,不过欲免其危难,而于本国实毫无利益也。

领海界限总分二端:一为平时各国自行其主权;一为战时严守局外中立之例。故平日领海通例以六海里为准,而战时则随滨海国之主权增至六海里以外,得实行其管理之力。

第五条,各国一切船舶经行领海,但属平和无害,均得随意行驶。然沿海之国,可定立领海行船条例,并可以防备之故,而禁止之。又,战时可以中立之权,约束各国军舰,领海主国有施行之权,他国不能干预。

注释:领海本旨,一,在以大海供万国之利用;一,在保卫沿海主国之利权。故定领海之制,虽无事之日各国船舶可以平和行驶,盖大海与领海分界不过凭想象以推测之。大海则准行驶,而领海则必禁止,亦属必不可行之事。是与国境属地之明有限制者,不可同日语也。故以仁爱政略利便而言,实以许各国船舶平和行驶为当。

第六条,凡他国船舶驶过领海之际,其船中执事人对附船之人或船中货物犯有大小罪名,在领海主国管理法权之外,惟所犯之罪有伤领海主国权利,或船中执事及附船人等(原注:附船人等数字再考)应听从领海主国,照裁判法权处理者,不在此限。

注释:领海裁判权,一千八百七十八年八月十六日,英国法律载明:凡英国领海之内,倘有本国或外国船舶经过之际,船上人等无论本国及外国人,犯有大小罪名,均归海上裁判所审理,等语。照此法律,凡经行英国领海船舶在船人等犯有大小罪名,仍行审理。并未如本条置之管理法权之外,惟此法律于在领海内犯罪之外国人,仍设有特例。例言:凡在英国殖民地领海有犯者,非经国务大臣允许,不得勒令到堂审判。违者,被告得以政府并未允许缘由,抗辩云云。

第七条,凡各国船舶经行领海,其主国所设保护航海安全及巡警海面之特别规则,均应遵从。

注释:领海主国与他国除订有特别条约不加限制外,其余监督之权,均可任意执行。即如扣留他国船舶,或建设水寨;或禁止行驶;或抽收灯台税、码头税;或禁外人渔猎;或于外国船停泊之处及登岸之处,定立规制。皆归领海主国之权。故凡该国命令规则,各国船舶均应遵从。

万国公法:凡公许某国占据一部之海面,可行其专有之利权,亦应于领海内任其监察,保护航海安全之义务。本条末段本于北海条约第二条航海利益一语,北海条约内并未载明,而会议诸员则谓:沿海诸国因航海之利益有定立驶行规则之权利,是已先明认矣。但据此规则以为裁处,而欲沿海主国毫不侵害,其平和驶行之权,似甚难言。至如寻常船舶冲撞之事,其不遵此规则者,可照民事处治。华盛顿万国会议宣言谓:海上律法,即领海之内亦可参用。佛鲁吉罗有言:税关之权利及其他例外之事,皆归沿海之国主权之所有。

第八条,一,各国船舶除循例驶行外,如有别项举动,实见为在领海内有所违犯者,可以沿海主国之裁判权处置之。二,沿海主国有追捕在领海内犯罪外国船舶,即远出外海亦有拿获裁判之权利。但在外海拿获者,应速将该船舶所犯情节知照该本国政府,限定若干日。如无覆文辩驳,即照沿海主国法律办理。犯罪船舶倘逃入本国,或他国领海之内,追捕者只可中止。所有追捕之权利,不能入该船舶本国,或他国港内。

注释:一,沿海各国主权于外国船舶平和行驶者,自可宽容。此外遇有违禁之事,则不少宽假。

二,凡领海内有外船犯禁之事,追至外海,捕获无赦,是万国公法之所许也。如私贩货物或私行渔猎或肆行剽掠,限以六海里内方可拿获。则咫尺之间,便可脱逃,借免其罚。沿岸之国何能行其完全之主权乎?是本条所定,固为至当也。禁止私贩货物,可以格外防范,而行其禁止之权。故英、法、美三国法律,遇此等事,必严行查究。其界限极为宽广,征收关税。一千八百七十六年,英国法律第一百七十九条、第一百八十条,载有船主在船执事人等,有英国人过半,又船舶或全分或一分为英国人所有者,则于海岸九英里内行其裁判之权,若他国人,则三英里等语。故在此界内遇私贩货物之人,可将货物充公,或处以惩罚。又,英国法律税关吏有权得于九英里内检查一切船舶,并令将各种文书呈验。但就实事言,此规则中距海岸三英里以外,只能用之于英国船舶耳。美国于出入本港船舶在海岸十二英里内,亦行检查之权。法国则于百吨以下船舶,与上同一距离即二密里迈当以内亦行同等权利。税关管辖之界限扩充至三英里外,与国际条约及本国法律有所参差。故税关管辖界限非本于国际成例及外交学说之本旨也。荷伦有言:此例专为禁止私贩货物,在利益均沾之国彼此以好意相许,必无违言。扣留船舶为特别办法。遇有可疑船舶在本港适当之距离,扣留之后,即应酌夺释放。本此宗旨,故各国得互于领海以外,优行其权。

第九条,军舰及军舰相类之船舶之特别看待及管理,悉依旧行。

第十条,以上各条,凡两岸相距十二海里以内之海峡,亦可照行。但有以下之变更区别者不在此限。一,海峡不专属一国者,其归某国之领海,某国宜就中央界线行其主权;二,海岸专属一国,惟沿海主国之外另有二国以上往来交通,必须经由之海峡,不论离岸远近,该海峡应属于沿海之国之领海;三,由此大海至彼大海其航路之海峡,不得封闭。

第十一条,管理海峡之事,按照条约及特别成例者,悉依旧行。(《外交报》第二十二期,壬申八月初五日,第3—6页。)

38. 光绪二十年九月己丑又谕

电寄李鸿章。海军受伤大船二只,前经电谕昼夜加工修理,现在谅已修好。各船何日出巡洋面,守护炮台。著李鸿章迅速电覆。(《清德宗实录》卷三百四十九,光绪二十年九月己丑,第15页。)

39. 会典馆奏代呈中外海疆要隘全图折

光绪二十年十月十二日,大学士管理兵部事务会典馆正总裁官臣额勒和布等跪奏:为代进《中外海疆要隘全图》,恭折具陈,仰祈圣鉴事。前据翰林院编修贵铎面奉谕旨,恭绘奉省沿海口岸舆图。该编修因不谙画图事宜,当派会典馆提调官延熙会同编修贵铎敬谨绘图,恭呈御览。今据会典馆提调官延熙禀称:前会同编修贵铎所画海疆舆图,仅据该编修原图,将奉天沿海口岸山川道路手指口授绘图立说,并未距里开方,将各省沿海要隘有关防守者详细开载,当兹用兵之际,地图实首先要务,谨将各省解到舆图,择其沿海处所,北由黑龙江之混同江入海海口,南至钱塘江入海海口,计六省沿海各口岸炮台、电线并与朝鲜日本相对之处,及洋面海道与朝鲜日本两国紧要口岸,博采中外各图,开方距里,汇聚成图。将险要口岸立说图右,用备朝廷采择,呈请恭进代奏前来。臣等详加披阅,该提调官延熙所绘中外海疆要隘全图,尚属详明,于筹划军情不无裨益,谨将原图恭呈御览,并缮折据情代陈。伏乞皇上圣鉴训示。谨奏。光绪二十年十月十二日。

大学士管理兵部事务会典馆总裁官臣额勒和布、大学士管理吏部事务会典馆总裁官臣张之万、协办大学士吏部尚书会典馆总裁官臣徐桐、户部尚书会典馆总裁官臣翁同龢、协办大学士吏部尚书会典馆副总裁官臣宗室麟书、礼部尚书会典馆副总裁官臣宗室昆冈

（假）、礼部尚书会典馆副总裁官臣李鸿藻、兵部尚书会典馆副总裁官臣孙毓汶、工部尚书会典馆副总裁臣孙家鼐、都察院左都御史会典馆副总裁臣裕德（差）。（《清光绪朝中日外交史料》卷二十三，第56—57页。）

光绪二十二年（1896 年）

40.《书招商局账略后》

泰西立法以商务为重，而商务必立公司。公司者，以众人之财合而为贸易者也。只能取息，不能拔本，故其基业巩固，可垂久远。不第为众擎易举已也。泰西行之，而国日富。中国不行，而国日贫。固不待知者而知之矣！然华人非不羡公司之可以获利，可以久远，故未尝不仿而行之。当日沪上矿务迭兴，售卖股票者纷至沓来，禀请上宪或数万或数十万皆以沪上为总汇之区，而买股之人亦几如蚁之附膻，蝇之逐臭，无论富商大贾，皆不惜倾囊以博倍蓰之利。且或以变产而购之者，或有典质而购之者，甚至有向亲朋摒挡到处挪移者，以为获利在指顾间耳。不料一蹶不振，如浮云之过眼。不一二年，或致荡产，或致轻身，当时视如左券者，旋乃废纸之不如。于是华人一闻公司，股票，皆视为畏途。未始非当时办矿诸人，不能实心办理，因循卤莽之举，贻之害也。今虽金、银、煤、铁诸矿渐有起色，然亦十不得一，百不得一。统前计之，已得不偿失矣。惟招商、电报两局为中国公司中之巨擘，规模愈扩而愈充，余利愈积而愈厚。去年电报，除官利一分之外，再加一分余利。近今贸易获利之丰，亦可谓首屈一指矣。而招商轮船集资愈大，费用愈烦。一船之费多至十万金，一栈之费多至八十万金。所集股本不过二百万金，苟办理不善，必至亏折。乃观综结所置长江外海轮船共有二十五艘，自十万至五千资本，已一百十二万两矣。各埠局产及本埠栈房屋产存本有二百四十万两之多，此皆众目共睹断不能虚饰。如此二项，而论股本外已余银一百数十万两矣。照帐所该之款虽巨，而所存足以相抵，且其中备置新船之款四十余万及现存银洋十九万余，此皆显然赢余之款也。且从前所借洋款，均已还清。历年磅价，亦已在公积余利内支销清楚，则现在所存公积之银，皆为实在赢余之款矣。将来继长增高，更何可限量。如节略所云：迭经患难，深固不摇，诚非当局者之夸语也！其中自保险船一款，分外洋之利权，尤为算无遗策。自泰西各国来沪开设保险，各行华人皆趋之若鹜，虽有利无弊，而其利外溢，究属不少。阅账略有该自保船险规银一百六十余万两，及保趸船险四万两。如此巨款，若非自保，必为他人所有。虽账略中为所该之款，其实即为本局之赢余。且既归自保险船，一切自能格外留意，岂非一举而两善备哉！现在朝廷欲振兴商务，尚未睹商务之效。民人欲纠合公司，尚未悉公司之益。故不无徘徊观望，欲发仍留。乃自此账刊布，吾知富商大贾有接踵而起者矣！纱厂、丝厂之奋兴，未始非商局开其渐也。观于今日商务之蒸蒸日上，不禁回溯开创之始处处为难，苟非有胆识者，不能创此基业，亦非有继之者不能扩此鸿图。所以凡为天下之事，有治法，尤贵有治人也。窃意商局现虽积利之厚，置产之多，购船之盛，然不过在本国外海大江行驶。虽分太古、怡和各洋商之利权，而所得者究为本国之利，若能将来积利较多，购办大公司轮船，仿照泰西各国驶行外海,自往运货,不亦更可得外洋之利哉! 本国若置外洋公司船,吾知商贾之赴外洋者必多,如华商能亲赴外洋,信息既通,人情熟识,欲开风气,我往自较易于彼来,商务之兴,有不期然而然者矣。不特商贾易于彼来,即皇华使者,瓜代往来,亦易于迎送,不亦一举两得之事耶! 因论账略情形,而推及之。是尚有望于在局之领袖诸公焉。阅光绪二十一年通商各关华洋贸易总册,撮其大略系之以论。(邵子堂辑:《皇朝经世文统编》卷四十七,第31—32页。)

光绪二十三年(1897 年)

41. 山东巡抚李秉衡奏为救护外洋失事商船出力各员照章恳恩奖励事

山东巡抚臣李秉衡奏: 为救护外洋失事商船,出力各员照章恳恩奖励,恭折仰祈圣鉴事。窃照前经总理各国事务衙门续议保护中外船只遇险章程,内开: 嗣后文武汛官,遇有中外船只在洋而遭风触礁,瞬将沉没者,果能奋身冒险救出三十人以上,准其比照异常劳绩,奏奖,每次不得过两三员,等因。山东登州府属洋面,岛屿纷歧,礁石林立,历年船只多有失事。曾饬令各州县在于沿海紧要口岸,多备船筏,设法救护,并由山东海关道督同经理。历将救护出力人员随时分别保奏,均蒙俞允在案。兹光绪二十二年九月十五日,飓风大作,滨州人张允商船一只,在黄县海口遭风触礁,船底洞穿,瞬将沉没。值初更时分,情形尤为危急,当经该署黄县知县王扬芳驾驶船筏,多备灯火,冒险出洋。适东海关分卡委员教习知县周汝震闻信驰往,会同救护。勘得该船被风,误触礁石,桅舵俱已断折,满船皆水,不能行动,危在呼吸间。先后救出舵工、水手、搭客三十一人,内有搭客五人,被淹几濒于危,遇救得甦。全船人数幸未伤失。捞获湿货亦得十之七八,旋乘潮涨,将该船拖出乱礁之中,带至海岸。因破损过甚,不能修补,由该船户自行变卖,其捞获货物亦即点交具领,并将遭风之人,分别道路远近,酌给川资口粮,妥遣回籍。沿海居民委无乘机捞抢情事。禀报经臣批饬,东海道复查相符。兹据该关监督登莱青道锡桐以该员等,于惊涛骇浪之中,奋不顾身冒险援救,实属异常出力,照章禀请奏奖前来。相应吁恳天恩俯准,将署黄县事大挑知县王扬芳、东海关委员教习知县周汝震,均归候补班补用,出自鸿施,以昭激劝,除将各该员履历咨送吏部查照,并咨呈总理各国事务衙门外,理合会同北洋大臣直隶总督臣王文韶恭折具奏。伏乞皇太后、皇上圣鉴。谨奏。光绪二十三年二月十二日。(北京:中国第一历史档案馆藏朱批奏折,档号:04-01-12-0579-026.)

光绪二十四年(1898 年)

42. 两广总督李瀚章奏为查明花翎尽先候补守备区志刚并无开收田票事

再,已革广东督标中营花翎尽先候补守备区志刚,前因顺德协副将利辉被人奏参案内,有纵容该弁开收田票,坐收规费情事。经前督抚臣等审明,开收田票系区信等起意,为修理围基,清偿欠款之用,事与该弁无涉,亦未坐收规费,惟并不禁阻,究属不应,请照不应重律,杖八十。该弁以候补武弁,擅离营伍,干预乡事,请革去守备,拔去花翎,免其折责,奏明拟结在案。上年,据南海、三水两县局绅生员冯挺宗等以该革弁区志刚前因本乡患水,请假回籍,尚非擅离营伍,修理围基,又系本乡绅民分内应办之事,与干预他事不同。至区信等开收田票,原为清偿欠款,亦非区志刚所能禁阻,以此被参,实系被人牵累。该革员前次在乡帮同修筑仙迹渡滘、良涌、三围,始终其事,认真经理,现在三围堤身坚固,不致频遭冲决,实惟该革员之力为多,且自斥革后,深知愧奋,仍复在营投效,叠经拿获盗犯多名,解办,有案可稽。绅等近年获免水患,未便没其前劳,呈请查明该革员获盗案,据保奖开复等情。经臣张之洞批司核议,详办去后,兹据署广东按察使王景贤会同署广东布政使王之春详称,遵查该革弁区志刚,前奉奏参革职后,因其长于缉捕叠奉委令巡洋缉私,先后拿获斩枭首洋盗赵亚南、郑桂喜、冯亚保、龚帼栋、客亚就、郑亚机、江亚秋、叶亚宽、江亚柏、江亚闰、蔡枝和十一名,内赵亚南等八犯均经审明正法枭示。奏报,惟江亚柏、江亚闰、蔡枝和三犯因病身死。该绅等所称该革弁获盗多名,尚系实情。查历准吏部咨,嗣后,拿获著名巨盗一名或斩枭、斩决盗犯五名以上者,俱比照拿获捻匪章程保奏,指定应升官阶,免其送部引见等因。武员获盗事同一律。该革员区志刚前因水患请假回乡修理围基,尚非擅自离营,亦非干预他事。其区信等开收田票,又非该革员所能禁阻,以此被参实属被他人牵累。嗣又深知愧奋,拿获斩枭洋盗至十余名之多,不无微劳足录。应请开复原参处分,详情具奏前来。臣等复查无异,合无仰恳天恩俯准,将已革花翎尽先补用守备区志刚开复原官,赏还翎枝,仍以尽先守备归两广督标中营效力,以示鼓励,出自逾格鸿慈。谨合词附片具陈。伏乞圣鉴训示。谨奏。朱批:"著照所请,兵部知道。"光绪二十四年。(北京:中国第一历史档案馆藏朱批奏折,档号:04-01-17-0185-070.)

光绪二十八年(1902年)

43.闽浙总督许应骙奏为闽省就地正法人犯事

闽浙总督臣许应骙跪奏。为闽省就地正法人犯,恭折具陈,仰祈圣鉴事。窃照闽省山海交错,为洋盗出没之区。自台地外属以来,游勇会匪时复勾结为患,辄敢纠党持械杀人抢劫,实属情罪重大,未便稽诛,历经照章就地正法,先后条奏在案。兹查光绪二十七年分,福州府属拿获陈墳林一犯,讯认在洋抢劫巨贼。兴化府属拿获陈孟一犯,讯系刀铳会匪,拒毙营勇,并伤勇丁。泉州府属拿获胡帼堂一犯,讯系游勇,持械抢劫。又,张发、张楮(即张慈盏)、张寨、林屋、张乃五犯讯认,出洋行劫。建宁府属拿获张陈妹仔一犯,讯系会匪,叠次纠劫。汀州府属拿获李阿三(即陈阿四)一犯,讯认创立忠义堂,纠人入会,意图起事。以上各犯均系会匪、游勇、洋盗,情节较重,当由该管道府复审明确,先后经臣批准,就地正法,以昭炯戒。其余寻常盗案,仍照通行一律按例解勘。据福建臬司会同藩司、粮盐二道覆详请奏前来,除咨部查照外,谨缮折具陈,伏乞皇太后、皇上圣鉴。谨奏。光绪二十八年二月二十八日。(北京:中国第一历史档案馆藏朱批奏折,档号:04-01-01-1056-050.)

光绪三十年（1904 年）

44. 收粤督抚致外务部请代奏电

三月二十二日，承准外务部来电，以波罗的海俄舰东来，饬即按照中立条规妥为因应，等因。遵即密饬沿海文武各官遵照，并遴派谙习公法之文员，分往琼州、北海、汕头各海口，会同地方官相机因应。日来迭据探电，俄舰之第一二队已驶抵法属安南之金兰湾，并有向海南进发者。日俄两国于广东附近洋面恐不免有海战，将来两战国如有败兵逃舰来粤，自当按照中立条规妥办。惟是广东沿海二千余里，处处可以碇泊，如无线电探、海镜之类向未预备，旧有各兵轮船身甚小，只可内河差遣，难资外海梭巡，消息不克灵通，恐有战国之舰已至粤境，而地方官尚不即知者，或因文报稽迟，一往返动需多日者，此等为难情形，沿海各省所同，广东尤甚。谨先事陈明，除确探情形随时电商外务部，妥为因应外，谨请代奏。煊。骏叩马。（《清光绪朝中日交涉史料》卷八十四，第27—28页。）

45. 外务部致俄使雷萨尔战国兵船不得在中立国领海缉捕商船照会

为照会事。四月十四日，准照称：日本商轮被击一事，据阿大臣文称：日本公使徒告贵国政府违背局外而不知，其首先违背局外。查划界专条第七款内载：庙岛群岛不在界内，而续该款内载：中国责任不得让他国或临时，或常时，或全该群岛，或群岛之一分享用。又查日本即在该群岛备敌俄国，强买华船，并强招华人，现查询该沉船之华人即知为日本强买强招之事，等语。本大臣查日本政府所明驳者，系为战定后，向贵国政府因以未守局外索偿赔款之地，贵国地方官必须明晰公道查看确实之情，等因。当经转询日本驻京大臣去后，兹准覆称：繁荣丸乃系商轮，由我报馆包定，并不与军事相干，原可任便行驶，何得谓之享用。至称备战俄国一节，究指何事而言。又称强买、强招亦系毫无实据，等因前来。本部查日本繁荣丸既系商轮，照常经过中国海面，不得以享用论。其曾否备敌俄国，强买强招，已饬地方官详查，均无实据。至战国兵船不得在中立国领海缉捕商船，系属公例，俄国兵舰在该群岛附近将日本商轮击沉，此系有碍局外国之中立，不得谓中国未守局外，战定后如有索偿之事，应由两交战国自行理论，与局外国无涉，相应照覆贵大臣查照可也。须至照覆者。五月初十日。（《清光绪朝中日交涉史料》卷一百八十三，第4—5页。）

46. 光绪三十年七月戊寅署闽浙总督李兴锐奏

福建水师提督之设，原以控扼台澎，梭巡洋海。惟今昔情形迥异，闽省海军既未设立，提督所统不过石炮船、舢板。纵有巡洋之职，亦仅于沿海一行，虚应故事。查福建陆路提督驻扎泉州，与水师提督所驻之厦门相距甚近。若以之移驻厦门，将原有水师裁并，归其兼统，择要巡汛，节饷当复不少。下政务处练兵处议。寻奏：应如所请。将水师提督一缺即行裁撤。其陆路提督改为提督福建全省水陆军务，节制各镇，驻扎厦门，以符体制。依议行。（《清德宗实录》卷五百三十三，光绪三十年七月戊寅，第2页。）

光绪三十一年（1905 年）

47.《收署闽督致外务部电》四月初三日

艳电敬悉。三日、二十二、三等日，迭接俄领事函照：日本人在妈祖澳、白犬一带设立号令所。又称：日本人在厦门向南英海里十里岛安设无线电报。又据日本领事声称：俄人在沿海雇募引水之人，请查禁，各等语。前接钧署来电，俄舰东来，即经分饬沿海文武并各口税务司严密巡防，恪守中立，未据查有前项情事。查妈祖澳、白犬系长门外洋面群岛，派员乘坐轮船，周历巡探，并未见有日人在各处设立号令所及明暗标记，惟于距妈祖澳十余里之福澳地方，有日人一名在一小庙中居住，询据声称：在此养病，别无他故。告以中立条规。该日人次日亦即他往。又饬据厦门提道电覆，密派文武乘小轮赴厦南向近岸各岛密探，并无日本人设立无线电报。又饬据各口文武及税务司查覆，亦无俄人雇募引水人之事。业经函覆日俄领事，尊重中国中立，不得在距离中国各海岸三英里之内，有涉于军事举动，侵犯中立条规。查闽省海口以长门、厦门及三都之东冲为最要，而福宁之沙口三沙附近东冲，亦属紧要海港。各处岛屿林立，分派委员督率轮船昼夜梭巡，并于要隘岛上选派弁勇驻扎稽觇，严饬地方文武及税务司查禁商民渔船受雇战国，接济违禁货物。西例，凡中立国必有强权。我之洋面，已无海军实力。惟有预为防范，设遇战国有侵犯中立之事，力与辩驳阻禁，务请婉商日俄驻使，我国恪尽中立义务，幸勿侵犯，致损名誉，以全大局。至俄使所云三水湾设电杆，闽省并无三水湾，只有三都澳。因该处系商岸，现由闽省接立商线，与战事无涉。又云有小轮船由福州驶往该处一节，日本向有纪摄丸商轮一只，往来三都装运茶叶各货，条规例律准行，并无军事设施，仍乞照会俄使。至俄舰队探闻现在移驻安南湾滨、汉古湾，距金兰湾约五十海里，莫测所向，闽省地面安靖，探有确音及筹办情形，随时电闻，以纾钧谨。善叩冬。（《清光绪朝中日交涉史料》卷八十四，第38—40页。）

光绪三十二年（1906 年）

48. 商部为义国渔业赛会咨各省督抚文

为咨行事。案查义大利国于西历一千九百零六年，拟在祕拉诺地方设立赛会。特有渔业分会，中国各省及通水路各地方官应出示劝谕渔业公司，或渔业之人，预备赛会。当经本部咨行南、北洋大臣查照办理在案。

兹准本部顾问官翰林院修撰张謇呈称：欧洲渔业自西历一千六百八十二年英人始设会于伦敦，凡蓄鱼之法，捕鱼之器，莫不陈列，比较精益求精。由是订渔约，立渔政，设渔官，不数十年，由三海里渔界，扩充至二千五百余海里。德、法继之，美、俄继之，义、奥诸国又继之。渔业遂与国家领海主权有至密极切之关系。中国渔政久失，士大夫不知所谓海权。现在设立渔业公司，萌蘖方新，规模未著，安足预于列国之赛会。然窃谓中国渔政之兴，不可复贻悔于后时。七省渔业公司之名宜及此表明于世界，是有二义：一则正领海主

504

权之名;一则践合兴渔业之实。奉、直、东、江、浙、闽、粤七省渔业旧不相顾,非独民情之隔,亦由风俗之殊。今亦不能强沿海数千里之渔户,遽成团体。但能七省合共一总公司,各省各置一、二渔轮,不分畛域,声气相通,彼往此来,标识中国领海旧界,以固其表;而各立渔会,为之保护维持,俾各安其业,无诱于外,以固其里。又趁此会场,参考各国捕鱼、蓄鱼之法,先由总公司规仿改良,渐次及于各省总会,庶收联络合群之益,亦即学问竞胜之基。至赴会出品,应按日本博览会陈列章程,量为变通,分为渔界、渔具、渔船、鱼类、水产、制造为六类,详列一表,分寄沿海七省及皖、赣、鄂、湘诸省督抚,转饬各该关道及商务局,派员按表调齐,限期解送吴淞渔业赛会汇集出品公所,分别陈列,先自考察去楛留良,汰粗易精。或制模型,或照相片列表著说,附译英文。办成以后,派员赍往。此事关系海权渔利,所有筹办义国渔业赛会情形,理合呈部核夺,等因,前来。

查各国滨海实业,渔为大宗,卵化有学,饲蓄有法,而其要尤在设会研究,日新月异,俄、奥有水产博览会,德有海洋学博物馆,美有水产大学校,英法有渔业赛会,日本有水族院,不特本国鱼产搜罗务尽,即他国足供参考之品,亦往往不惜重资,购运陈列。中国海产品类繁多,时有异种,即船形网式南北亦殊。同治年间,曾有法人考求中国渔业,著为图画,携回巴黎,资实业家之参考。而中国沿海曾无专记之书,汇集之地。即今开办公司程度极稚,匪第海权、渔界茫然不知,即各省水产出品亦罕能状其形模,精求制造。张修撰所陈一切,不为无见,即所筹办法,亦尚切实可行。本部重视实业,一意振兴。凡各省物土民宜,莫不详加考究。矧兹江海水产,即不因赛会,亦应调查研究,陈列比较,俾供博览,借资改良。为此编列表格,按照张修撰所拟六类,增添子目,分咨沿海沿江各省派员查考本地渔业情形及所有水产品,按表填报。其有可以赛会之物,务宜装潢完整。限于光绪三十二年二月以前,径寄上海吴淞渔业赛会汇集出品公所汇收,陈列考究,听候派员带往义国赛会,实于渔业大有裨益,相应抄送表格,咨行贵督,饬属迅即办理,并希见复可也。须至咨者。(《外交报》第一百二十五期,乙巳九月二十五日,上海:商务印书馆,1905年,第4页。)

49. 商部头等顾问官翰林院修撰张为义国渔业赛会事咨呈署两江总督周文

为咨呈事。准贵大臣照会光绪三十一年三月初八日准商部咨:本年二月二十五日准外务部咨称:光绪三十一年二月二十一日准驻京义国巴使照称:本国于一千九百零六年,拟在祕拉诺地方设立赛会。该会内极关重要中特有渔业分会。今接得本国政府之谕,应请转达商部并海关总税务司,俾得通知各省及通水路地方官员,令其出示劝谕,或渔业公司,或渔业之人,均行豫备赛会,等因。详由本部札行总税务司外,相应咨行贵部,转行南、北洋大臣办理,等因,前来,相应咨行查照办理可也。等因,准此,相应请烦查照办理等因。准此。

查各国赛会皆为实业,其分地经市陈肆办物,犹之周礼司市之所掌。至其注意,则亦不外治市。所谓往者,使有利者使阜集万国之所长,觇众情之所重,参考研究,资以改良。光绪二十九年,日本就大坂开内国劝业博览会。三十年,美国就散路易斯开万国博览会。大坂工业盛处,散路易斯农业盛处也。今义国祕拉诺之赛会,明言特有渔业,可谓分明郑重。欧洲渔业,自西历一千六百八十二年始设会于伦敦。凡畜鱼之法,捕鱼之具,莫不陈列。比较精益求精。由是订鱼约,立鱼政,设鱼官,不数十年,由三海里之渔界,扩充至二千五百余海里,德、法继之,美复继之,义、奥诸国又继之。渔业遂与国家领海主权有至密极切之关系。中国渔政久失,士大夫不知有所谓海权,渔业公司之设,萌蘖方新,规模未著,安足与于列国之赛会。然窃以为中国渔政之兴,不可复贻悔于后时。七省渔业公司之名宜及此表明于世界,是有二义:一则正领海主权之名。领海主权附于渔界,中国渔界极远,然向来自视在若隐若现之间。近来各国认中国渔界亦似在若可若否之际。骤然自明告之,各国形迹差池,似因国势而难于置说。今趁此会场,得据英国海军第三次海图官局之图,表明渔界,即所以表明领海主权说非已出,事属有因,在人可视为寻常,在我可分明主客。此一义也。一则践合兴渔业公司之实。七省渔业旧不相顾,非独民情之隔,亦由风俗之殊,今亦不能强沿海数千里旧业渔户遽成团体,但能七省合于一总公司,各省置一、二渔轮,不分畛域,声气相通,彼往此来,标识中国领海旧界,以固其表,而各立渔会,为之保护维持,各安其业,无诱于外,以固其里。又趁此会场参考各国捕鱼之法,先由总公司规仿改良,渐次及于各省之总会,庶收联络合群之益,亦即学问竞胜之基,此又一义也。须至咨呈者。(《外交报》第一百二十五期,乙巳九月二十五日,第5页。)

光绪三十三年(1907年)

50. 赵尔巽致日本总领事照会为照会事光绪三十三年二月十七日

据渔业公司总办黄守家杰呈称:有贵国人阿部野利恭、本间锭吉等在大连设立水产组合及保护远洋渔业团,张示告白。经该公司派员查明,揭有所贴告示,并告白各一纸,呈送到辕。查沿海渔业,本军督部堂前于去年春间委员设立渔业公司,置备巡船枪炮定章保护,彼时阿部野利恭等创立清利公司名目,争散旗号,强收渔捐。我渔业公司正在诘阻间,适贵国西园寺总理来奉,大岛男爵之参谋官西川亦随同前来,出为排解。言明贵国军队未撤以前,鱼为日人所嗜,必期互相照料,借供军需。本军督部堂念切邦交,当饬该公司与之商立契约,暂时互相保护,分收捐款,并声明定于光绪三十三年黄花鱼汛期罢日。同归以后,即专由我渔业公司照常保护。经该公司钞录契约,禀明在案。现在撤兵届期,无须供给军用,自应遵照前议,贵国人不能再立名目干预渔事。乃阿部等竟设立公司,倡言保护。且查所张告示、告白,有括取黄渤海及奉天山东海陆一带渔利,或在山东崆峒岛,或赴熊岳海口,定必前往保护。并有多备轮船、快船,都督府添派官小火轮带领前往之语。似此情形,不但于去年原定之契约不符,且于两国之约章亦相违背。而告示、告白对于华民立言,并未商明我国,想亦贵总领事所不许。现距黄花鱼汛不远,若不速行禁阻,届时阿部等若带同船兵贸然而来,我渔业公司巡船员弁人等有保守海权之责,势必竭力抵御,深恐大启衅端。究竟阿部等此种行为曾否在贵国官署禀明有案,抑系彼等私自任意妄为,应请贵总领事速向贵国民政署询问明确,迅即示覆,以凭核办。相应钞录告示告白,一并照会贵总领事查照见覆施行。须至照会者。[《清季外交史料》(光绪朝)卷二百二,第19—20页。]

51. 盛京将军赵尔巽致外部电光绪三十三年四月初九日

高景贤行凶案请从严抗拒函。附照会稿。前据奉天渔业公司总办黄家杰呈称：关东州水产组合由华人高景贤勾串日人阿部野利恭、本间锭吉设立远洋渔业团，倡言括收黄、渤海及山东沿海一带鱼利，并擅出告示，等情。当经照会日总领事查阻。旋据该守电称：高景贤与日人本间至盖局持枪行凶，当将高景贤杀死，将本间护送晋省，恳交日领事发落，等情。因案情较重，即行派员前往详查情形。嗣据该守呈送高景贤行凶五响手枪一杆，子弹四粒，空弹筒一枚，佩刀一具，带枪证书一纸，伪造印示一张，并将本间锭吉护送到省，随即派员面询，嘱其自具始末书，沿途并未虐待，已送交日领事酌办。因正值黄花渔汛，暂饬黄守回省听候查察，另派忠守骏接办渔业公司，复委专员会同盖平县令验视高景贤尸体，呈候核办，免致日人横生枝节。现迭据日总领事照称：高景贤为黄守所谋杀，宜速严处，并要求赔偿本间锭吉营业损害及渔业园损失，并厚恤高景贤遗族至十数万之多。嗣又据照称：高景贤尸体交大石桥日本警署检验，均经先后照驳，一面饬交涉局连日与日总领事商议声明，如彼不牵涉渔业团事，本间当时虽与高景贤同往，略有嫌疑，究未帮同行凶，或致失业，未始不可量予资助。至高景贤私造伪印，擅出示谕，显有犯罪确证。黄守当时将其杀死，即有应得处分。当由我据情核办，不能由彼借词干涉。相持至今，稍有端绪，仍未护结。兹又据忠守骏电禀：日人连日带兵乘轮至我领海之鲅鱼圈设局，勒令各渔户领旗纳税，众情惶恐，抗阻不住，特先电咨钧部，要求日使禁阻。仍饬交涉局严诘日总领事，该渔业团举动是否都督府认许。据称：彼未深恐允，即电询答覆。彼明知该渔业团此举之无理，不能代为包庇，亦无力承认阻止也。查此案黄守杀高景贤为一事，远洋渔业团勒收渔户捐费又属一事。此次交涉局与日总领事会议，先已严为分别，彼亦尚未牵混。倘日人始终相持，竟恃强散旗收费，拟一面惩处黄守量赔本间，即为完结，不与续议；一面严诘该渔业团越界侵夺渔利，要求撤废。彼即横暴，谅亦无计可施。如两事界限稍混，彼既先有所恃，我终为其所制。况高景贤本系我国人民，且属应得重罪之犯，我自能秉公办理。前次日巡查安杀杨遵三，系以外国人杀我无罪之民，至今尚未见彼加以相当处理，更有何以抵御。即就渔业团而论，系由关东洲水产组合分设，依关东都督取缔规则，亦仅以租界地海面为限，何得擅出界外设局，当亦无理自圆其说。除将前次来往照会，并渔业团示谕分别钞附，用特详陈此事始末，务求钧部持定此旨，将前后两事划清，严与日使交涉，似易议结。否则渔利既损，海权亦失，此后侵夺他权利益，亦必用此惯技，明要不遂，以威力胁之，几致无法相抗，束手无策。东省前途不可收拾。巽对于此种无理取闹之事，尤非协力严拒不可。是否之处，统候卓裁示遵。无任感祷。四月初十日。[《清季外交史料》(光绪朝)卷二百二，第18—19页。]

52. 盛京将军来函

光绪三十三年四月初十日，盛京将军信称：前据奉渔业公司总办黄守家杰呈称：关东州水产组合，由华人高景贤勾串日人阿部野利恭、本间锭吉设立远洋渔业团，倡言括收黄、渤海及山东沿海一带鱼利，并擅出告示等情。当经照会日总领事查阻。旋据该守电称：

高景贤与日人本间至盖局持枪行凶,当将高景贤杀死,将本间护送晋省,恳交日领事发落,等情。因案情较重,即行派员前往详查情形。嗣据该守呈送高景贤行凶五响手枪一杆,余子四粒,空弹筒一枚,佩刀一具,带枪证书一纸,伪造印示一张,并将本间锭吉护送到省,随即派员面询,嘱其自具始末书。沿途并未虐待,已送交日领事酌办。因正值黄花鱼汛,暂饬黄守回省,听候查察。另派忠守骏接办渔业公司,复委专员会同盖平县马令验视高景贤尸体,呈候核办,免致日人横生枝节。现叠据日总领事照称高景贤为黄守所谋杀,宜速严处。又要求赔偿本间锭吉营业损害及渔业国损失,并厚恤高景贤遗族至十数万之多。续又据照请高景贤尸体交大石桥日本警署检验,均经先后照驳。一面饬交涉局连日与日总领事商议,声明如彼不牵涉渔业团事,本间当时虽与高景贤同往,略有嫌疑,究未帮同行凶,或致失业,未始不可量予资助。至高景贤私造伪印,擅出示谕,显有犯罪确证,黄守登时将其杀死,即有应得处分,当由我据情核办,不能由彼借词干涉。相持至今,稍有端倪,仍未议结。兹又据忠守骏电禀:日人连日带兵乘轮至我领海之鲅鱼圈设局,勒令各渔户领旗纳税。众情惶恐,抗阻不住。特先电咨钧部,要日使禁阻。仍饬交涉局严诘日总领事,该渔业团举动是否都督府所认许。据称彼未深允,即电询答覆。盖彼明知该渔业团此举之无理,不能代为包庇,亦无力承认阻止也。查此案黄守杀高景贤为一事,远洋渔业团勒收渔户捐费又属一事,此次交涉局与日总领事会议先已严为分别,彼亦尚未牵混,倘日人始终相持,竟恃强散旗收费,拟一面但惩处黄守,量贴本间,即为完结,不予续议;一面严诘该渔业国越界侵夺渔利,要请撤废。彼即横暴。谅无计可施。如两事界限稍混,彼既先有所恃,我终为其所制,况高景贤本系我国人民,且属应得重罪之犯。我自能秉公办理,前次日巡查妄杀杨遵三,系以外国人杀我无罪之民,至今尚未见彼加以相当处理,更有嗣可以抵御。即就渔业团而论,系由关东洲水产组合分设。依关东都督取缔规则,亦仅以租界地海面为限,何得擅出界外设局勒捐,当亦无理自圆其说。除将前次来往照会,并该渔业团示谕,分别抄附,用特详陈此事颠末,务求钧部持定此旨,将前后两事划清,严与日使交涉,似易议结。否则,渔利固损,海权亦失,此后侵夺他种利益,亦必用此惯技,明要不遂,以威力胁之,几致无法相抗,束手无策。东省前途不可收拾,选【巽】对于此种无理取闹之事,尤非协力严拒不可。是否之处,统候卓裁示遵,无任感祷。附钞件。(《盛京将军赵尔巽致外部高景贤行凶案请从严抗拒函》,《清季外交史料》卷二百二,第17—19页。)

盛京将军来函附件一

照钞致日本总领事照会。为照会事。光绪三十三年二月十七日,据渔业公司总办黄守家杰呈称:有贵国人阿部利恭、本间锭吉等在大连设立水产组合暨保护远洋渔业团,张告示告白。经该公司派员查明,揭有所贴告示,并告白各一纸。呈送到辕。查沿海渔业,本军督部堂前于去年春间委员设立渔业公司,置备巡船枪炮,定章保护,彼时阿部野利恭等创立清利公司名目,争散旗号,强收渔捐。我渔业公司正在诘阻间,适贵国西园寺总理来奉,大岛男爵之参谋官西川亦随同前来,出为排解,言明贵国军队未撤以前,鱼为日人所嗜,必期互相照料,借供军需。本军督部堂念切邦交,当饬该公司与之商立契约,暂时互相保护,分收捐款。并声明定于光绪三十三年黄花鱼汛期罢日回归以后,即专由我渔业公司照常保护。经该公司钞录契约,禀明在案。现在撤兵届期,无须供给军用,自应遵照前议,贵国人不能再立名目干预渔事。乃阿部等竟设立公司,倡言保护,且查所张告示告白,有括取黄渤海暨奉天山东海陆一带渔利,或在山东空同【崆峒】岛,或赴熊岳海口,定必前往保护,并有多备轮船快船,都督府添派官小火轮带领前往之语。似此情形,不但于去年原定之契约不符,且于两国之约章亦相违背,而告示告白对于华人立言,并未商明我国,想亦贵总领事之所不许。现距黄花鱼汛不远,若不速行禁阻,届时阿部等若带同船兵贸然而来,我渔业公司巡船员弁人等有保守海权之责,势必竭力抵御,深恐大启衅端。究竟阿部等此种行为曾否在贵国官署禀明有案,抑系彼等私自任意妄为,应请贵总领事速向贵国民政署询问明确,迅即示覆,以凭核办。相应抄录告示告白一纸,并照会贵总领事查照,见覆施行。须至照会者。(《照录致日本总领事照会》,《清季外交史料》卷二百二,第19—20页。)

盛京将军来函附件二

附抄告示告白二纸:

照录告示:关东洲水产组合为告示晓谕事。照凡住在关东洲内渔户,例应概入本组合,以维渔权。只因有地势有隔远等情,未迨合群莫遗,兹本组合为洲内所有渔户联为一团,于关东洲海陆渤黄海以及奉天、山东沿海一带等处括收渔利起见,另设改良保护远洋渔业团,以合众力,而保利权。查近来沿海盗贼横行,民船被害,无日无之,殊属不可藐视之势。故一经创立,本团即派小轮三只常在渔区一带洋面守望,以便策应。如遇水贼行劫,立刻驶救。并如遇风浪等险,亦均赴拯,以期俾各渔船稍事顾虑。又倘遇有势强贼匪捍防不得力,亦应由当道临机调派鱼当,妥行保护。此国家保民之理同然也。本国本为阜护利起见,故举办本国需款,务从撙节。除购置轮船等次外,经费莫多,凡所有办法一俟妥定章程,列举款目,以资众赌,为此告示各地大小渔户一体知悉,届本国告成之日,即均踊跃入团,均霑利泽为要。现在各国之注重渔业,有日倍一日之势,如以如此饶水产之区漠置同闻,岂得言亨天福。意鱼法与保护妥得相洽,诚除入本国外,亦无良道也。洲内外渔户随意领旗,不准两造逼勒,其宜迫时户劝家导,胆敢或迟,贻悔须知。告示者。右谕通知,明治四十年三月□日;光绪三十三年二月□日。(《朝鲜档》光绪三十三年,第49页。)

宝贴。总理奉天金省沿海等处商船事宜,并保护远洋渔业团事务局,高□为告示晓谕事。照得本总理蒙关东洲水产组合差委,设立远洋渔业团,为保护奉天、山东沿海一带渔业,以维权括收渔利起见,昨既出示兹又思商船一体保护,同沾其益,派有轮船兵丁往来巡查,故商船与渔船可免寇盗劫掠,尔商船等须要亲赴旅顺大连青泥洼等处所设分局领取旗号,看视船只大小,缴纳保护之费若干,如载有货物,查明货价,一百分抽取五分,自经缴费领旗后,倘遇失事,由本局包赔,决不食言,诚恐人未周知,故再示谕。为此示仰奉天沿海商船渔船人等知悉,尔等欲保海上平安,速来本局挂号。缴费领旗,以便一体保护,不致疏失,其各遵照。切切特示!右仰通知。明治四十年三月□日,光绪三十三年四月□日。(《朝鲜档》光绪三十三年,第45—50页。)

53. 日本领事书茂照会奉天总督赵尔巽

为照会事。本月七日,中二月二十五日夜,贵国人高景贤及本邦人本间锭吉至盖平之贵国渔业公司内持枪暴行,高景贤当场格杀,将本间护送奉天交付本馆一事。由渔业公司总办黄家杰报经贵国总督阁下,札饬交涉总局函请本馆为事后之警戒,当经本馆电请大岛都督查询事实,并请其警戒去后,至一昨日夜,准交涉总局将本间送交本馆。并于昨夜接都督府石塚民政长官电覆:谓高景贤系旅顺住民,为关东洲水产组合渔业团之事务员。盖平渔业公司事业上豫有敌视之关系,因高景贤为我渔业团员,助理该团事务,于渔业公司事业有至大妨害,故用计将高景贤招去,有谋杀之形迹。嘱向贵总督要求将谋杀加害及为不法监禁之该公司总办,及有关系者一同逮捕,等因。前来。本馆即提本间讯问由。本间将当时之事实另纸陈述。查此案缘黄总办两次函招,谓有商议事件,故高景贤及本间遂前往。高景贤等本在他处住宿,更用甘言力劝,是以移住该公司内,不料至夜半时分,将高景贤杀害,并将本间及高景贤从人郭岐山捕缚。虽黄总办称高景贤与伊争议后,放枪拔刀乱砍,故而格杀。然查本间及高景贤同宿,并不闻有枪声,且此次同行中及高景贤之住宅内亦未持有枪及刀剑,设高景贤果有恶意,然公司内有多数人员,高景贤亦知众寡不敌,断无单身先自下手行凶之理。且同行之本间就寝后高景贤无何等之援助,亦不敢独自一人开始战斗。无论如何查察,无可认为高景贤暴行之处。黄总办之辩解不过欲以正当防卫之词,借可推卸。至用诈谋招来谋杀,早已无可疑也。查黄总办谋杀我租借地内之住民,且欲防害我渔业团之事业,本处为保护我租借地内住民之性命财产,及我国人民之事业起见,苟贵国官局有此等不法行为,不得不要求严重处分。又本间并无何等之武器亦,无何等抵抗之行为,竟乘其熟睡时将其捕缚,解至奉天。且途中仍将其捆缚,甚为虐待。其本人及渔业团之事业所有损害,必须要求相当之处置。至黄总办以下,于此事之暴行有关系者,即从严处罚。并对高景贤之遗族,与以相当之赔偿金,及吊慰金。本间及渔业团,亦当酌与相当之赔偿金。至高景贤之从人郭岐山,亦请即速释放。为此抄送本间之始末书,照请贵总督查照可也。须至照会者。奉天总督赵【尔巽】,日本代理总领事书茂。(《朝鲜档》光绪三十三年,第50—51页。)

54. 奉天总督赵尔巽覆照日本领事书茂

为照覆事。本年三月初三日接准贵总领事三十二号公文,内开谋杀高景贤,虐待本间,等因。本军督前据黄守家杰电禀:高景贤持枪行凶,当时格杀,等情。正派员查办,复据该守禀称:前因高景贤擅出示谕,括收黄、渤海及山东一带渔利,特函招来局,拟面加商询。二月二十五日,高景贤与日本人本间前来,适黄守外出,由局电知,始回本局接晤。其时本间已由局员留住客厅,遂于是晚先问高景贤括收渔利及擅自出示缘由,讵料高景贤未陈颠末,骤持手枪行凶,幸未得中,复欲利用佩刀加害,当经该局巡弁救护,致将高景贤杀死,并将高景贤身带之伪造印信、示谕,及借用本间交与高得胜所带手枪证书呈送请验前来。军督详加复核,前次该守函招高景贤商询,本属正办,迨高景贤到局,而黄守适有事外出,得电始回局传见,足见毫无豫谋之意。贵总领事谓函招为用计,并疑为谋杀,实近臆断。

　　至证明高景贤未有枪及刀剑且无可认为暴行各节。查高景贤之持枪,现有搜出之带枪证书为凭,其放枪也,则有局屋之弹子痕迹可证,是高景贤之死,自是出于正当之抵御。至其缚送本间,因既与行凶之高景贤同来,即有嫌疑之人。又因恐其言语不通,倘知高景贤已死,或虑加害,致有自戕情形。不得已为保护起见,特暂行束缚以免不测。此次仅送交贵总领事查核,原与有抵抗行为要请讯究者不同。且核与沿途,止可拘送,不可凌虐之约,亦属合符。况本间至省时,本军督派员询及当时情形,本间自具始末书中,亦有款待甚周之语。贵总领事谓为虐待,似属无根据之词。若以高景贤为租借地内住民,应由贵处保护。查租借地内之住民,照约仍归我国官吏管理。如以高景贤为水产组合事务员,贵总领事特代其遗族要请赔偿。查高景贤行凶被杀,固无抚恤之例。即为贵国人之雇用人,因犯罪处死,亦无索偿之理。至谓损害渔业团事业,无论高景贤之杀死,与渔业团毫无关紧。即就关东洲水产组合事业言之,该组合非因条约上结果,由我国允诺设立之事,贵总领事尤不得借词索取偿金,致生枝节。相应照覆贵总领事,请烦查照,须至照覆者。右照会。大日本驻奉代理总领事吉田茂。

　　附录:日本代理总领事官吉田茂等照会

　　陈者,盖平渔业公司黄总办谋杀关东州民高景贤拘留其从者郭加本间,以凌辱一事曾以公文第三十二号照请处分在案。兹都督府石塚民政长官电报:高等随行之从者,贵国人郭凤明目下尚拘留盖平,待贵总督之处分。今即要求贵总督阁下速将此人引渡于大石桥警务署长,等因。尚祈饬就便向该署长引渡为幸。特此照会。明治四十年四月十七日。大日本代理总领事官吉田茂。

　　大清国奉天总督赵:

　　陈者,准旅顺石塚民政长官电,请将盖平渔业公司黄总办所斩杀高景贤之尸体迅速引渡于石桥警务署长,等因。望速饬令。即便向该署长引渡为幸。特此照会大清国奉天总督赵。大日本代理总领事官吉田茂。明治四十年四月十八日。

　　为照覆事。兹准贵国领事第三十五号、三十七号公文,内开:顷接石塚民政长官电训:高景贤从者郭凤明、高景贤死体应引渡大石桥警务署长,等因。准此。查此项高景贤杀死一案,前次照会贵总领事情形,皆属直接对于个人关系,毫不牵涉他种问题,且高景贤暨从者皆系我国人民,无论如何,断无引渡贵国官署之理。现在郭凤明暂留该局,业由本军督派员提讯,倘无关涉,自能饬即释放。贵国石　民政官忽请引渡,或于此事未悉原委,贵总领事于条约范围必能明晰,当亦认要请引渡,为不合。为此照覆贵总领事。请烦查照转告,免生枝节。须至照会者。右照会。大日本驻奉代理总领事官吉田茂。

　　光绪三十三年四月十二日,收日本高尾亨面递联大人节略,称关于熊岳城附近海面大连渔业团之行为一案,日本政府查,苟于他国领海内猥以强力押迫保护殊属不稳当,经电致关东都督府,速即禁止。嗣经驻清林公使来电,以清国政府现将此事甚为焦虞【虑】,等情。痛切声报帝国政府,再行电致都督府,速令渔业团之船只由清国领海内退去,等语。切实电训各在案。谅现已照训办理矣。再奉天赵将军前向驻奉帝国署总领事云:该将军拟将所有未结各案,于其离任以前,和衷商定为盼,等语。帝国署总领事亦以为然,乐意和衷。现正会商,惟各悬案内如在盖平杀害高景贤一案,黄总办之行为殊属不法,实无遮掩之词。倘或赵将军因以此案未结,遂使致各项悬案,亦难了结,殊为惋惜。甚望赵将军鉴察,于此与帝国署总领事和衷商定,凡有将来酿起纷纠之端,务须新任督抚履新前商定结局,以副两国睦谊之意。速电致该将军为盼。

附钞电一件。帝国外务大臣致驻奉署理总领事电。关于熊岳城附近海面,日清渔民纷扰一案,帝国政府向关东都督府,速即饬令大连渔业团所派船只撤回之事,再行电训在案。查帝国政府诚心尽意,办理此案之善后事宜。乃赵将军实有猜疑帝国诚意之形迹,殊为惋惜,帝国政府现正讲究速即处分之办法。而赵将军并未悉其结果如何,反执有累及事端于他等事,其责不得不归清国政府矣。速向将军转告前因为要。(《朝鲜档》光绪三十三年,第58—59页。)

55. 外务部发盛京将军赵尔巽电光绪三十三年四月十三日

蒸电计达,来函阅悉,准日本馆节略开。日政府已电令渔团退出中国领海,惟高景贤案黄总办不妥,实难遮掩。倘因此案未结遂致各案难了,殊为惋惜。甚望将军与领事和商,凡有将来酿起纠纷之端,务须新任督抚履新以前商结,以副睦谊,各等语。查高案、渔团本系两事,该渔团计已退出,希将高案并未结各案仍照前电与日领和商,速为了结。并电复外务部。元。(《清光绪朝中日交涉史料》卷七十,第59页。)

56. 闽浙总督松寿奏为查明镇海营参将徐文庆平日声名甚劣不孚众望事

再,查署浙江定海镇总兵请补绍兴协副将本任镇海营参将徐文庆,平日声名甚劣,不孚众望。此次定海厅已革武生徐仁依因事被押,地方痞棍借词求放,乡民聚众,闻厅署毁学堂,掳人要挟。该署镇近在同城,临时并不出为弹压,致酿巨案,实属畏葸无能,有忝厥职,未便姑容。相应请旨将署浙江定海镇总兵请补绍兴协副将本任镇海营参将徐文庆即行革职,以示惩儆。所遗定海镇篆务,查有统领浙洋水师营务处补授衢州镇总兵吴杰,才识明练,办事认真,堪以就近委署。除檄饬遵照徐文庆所遗绍兴协副将员缺,闽省现有应补人员应请扣留另补外,谨附片陈明。伏乞圣鉴训示。谨奏。光绪三十三年六月初八日。朱批:"著照所请,该部知道。"(北京:中国第一历史档案馆藏朱批奏折,档号:04-01-16-0295-008.)

57. 光绪三十三年九月癸卯谕军机大臣

上年岑春萱奏请将广东水师陆路两提督归并一缺。经政务处会议奏准,改为水陆提督,自系为节省经费统一事权起见。现闻广东内河、外海等处,盗贼充斥。肆行劫掠,大为行旅之害,甚且扰及外人,致令啧有烦言,隐图干预。若不亟思整顿,肃清匪踪,后患何可胜言。查该提督所辖地方寥廓,水陆情形,又各有不同。步队、兵轮运用迥别,际此多事之时,一切巡缉弹压事宜,恐非一人所能兼顾,似应规复旧制。仍将水师陆路提督,酌分两缺,各专责成。或添设水师总兵一员,扼要驻扎,借资补助。究应如何办理?方能防范周妥,控制得宜。著张人骏体察现在情势,规画广省全局,筹议切实可行办法,迅速具奏。寻,奏:拟请将水陆提督仍分二缺。下会议政务处议行。(《清德宗实录》卷五百七十九,光绪三十三年九月癸卯。)

光绪三十四年(1908年)

58. 正月初六日粤督张人骏致外部辰丸私运军火应按约充公电

顷据水师巡弁李炎山等由澳门电禀:日商船第二辰丸装有枪二千余枝,码四万。初四日巳刻到九洲洋中国海面卸货,经会商拱北关员见证,上船查验,并无中国军火护照。该船主无可置辩,已将船械暂扣,请示办理前来。查洋商私载军火及一切违禁货物,既经拿获,按约应将船货入官,系照通商条约第三款并统共章程办理,历经总署咨行有案。自应按照遵办,迭饬将船货一并带回黄埔,以凭照章充公按办。谨先电闻,并请照知日使。

[《清季外交史料》(光绪朝)卷二百一十,第1页。]

59. 正月十三日日使林权助致外部辰丸被粤扣留奉令抗议照会

为照会事。据驻广东本国领事电称:本国商船第二辰丸装载货物,由本国开往澳门,于本月五日,即华历正月初四日上午抵该口附近,适是日海面浪大,潮水不顺,未能进口,不得已在九洲洋方面,东经一百十三度三十八分二十秒、北纬二十二度九分四十五秒地点暂为下锚,等待潮水浪顺。至下午,忽见中国炮舰四只驶来,近处有广东水师吴参将及其余官员。来船告云,此处系中国之领海,并禁止一切交通上岸而去。讵至次日上午,吴参将等带领执军器之水兵二十多名复来该船,告示奉广东总督之命,将船拖至黄埔,等语。并不听船长陈辩,撤去船尾所挂之帝国旗,代以中国国旗。且由各舰添派水兵多名,纷入机器房,作为种种放纵行动。后该船受许多困难,仅至虎门之对岸斜西地方停泊,仍被华官拘留不放,等情。又据该领事转据第二辰丸船长声称:该船并未在中国领水卸货,其所装载虽多为军械,而系运澳之物,曾经由该口葡官允准有案。驻广东该国总领事亦认此事。且所载之货运至何地,预先表明可知。该船确非在中国领海私走者。查第二辰丸下锚地点是否在中国领海内,如重行精测,自可显然。惟假定该处实属中国领海,本国船只遇有风浪,尽可躲避寄碇,不应阻碍。今贵国炮舰忽将商船第二辰丸拖去拘留,显系违约。若其撤去本国国旗,尤为狂暴。至执军械之水兵闯入船舱,窃去货物一事,举动野蛮,令人骇异。兹本大臣基于本国政府之电训,对于贵国官宪之暴戾不法提出抗议。并望贵国政府迅即电饬该地方官速放该船,交还国旗,严罚所有非法之官员,并陈谢此案办理不善之意,以儆效尤。是为切要,须至照会者。[《清季外交史料》(光绪朝)卷二百一十,第1—2页。]

60. 正月十四日外务部发两广总督张人骏电

真电悉,顷准日本林使照称:据驻广东领事电:本国商船第二辰丸装载货物由本国开

513

往澳门,于华历正月初四上午抵该口附近,适海面浪大,未能进口,在九洲洋方面东经一百十三度三十八分二十秒、北纬二十二度九分四十五秒地点下锚。下午忽见中国炮舰四只驶来,有水师吴参将等官来云:此处系中国领海,并禁止一切交通岸上而去。次日吴等带领执军器之水兵二十多名复来,将船拖至黄埔撤去所挂帝国国旗,代以中国国旗,且添派水兵,纷扰机器房船。至虎门对岸斜西地方停泊,仍被华官拘留等情。查下锚地点是否在中国领海内,如重行精测自可显然,今贵国拘留商船显系违约,撤去国旗,尤极狂暴。水兵闯入船舱,窃去货物,蛮野可骇。本大臣将本国政府电训提出抗议,请即电饬该地方官速放该船,交还国旗,严罚非法之官员,并陈谢此案办理不善之意,等因。本部查该使照称:经纬分秒与来电不符,究竟尊处所测是否精确难移,并有何人见证,来电所称贿银百元及加贿千元有无确实凭证?能使彼无可抵赖?果否撤其国旗?请迅饬确切查明,速行电复。此案既经日使交涉,本部又势难遥度。仍由尊处就近与该领事据理商结,较为周妥。并将办理情形,电知本部为要。外务部十四日。(《清光绪朝中日交涉史料》卷七十三,第6页。)

61. 正月十六日两广总督张人骏致外务部电

现据日领照称:日商船第二辰丸载运军火,有澳门葡官准照,并经彼国神户税关水上警察所特许,其停泊中国领海为一时风波,或待潮并无不合案,请将船释放,并欲处罚员弁,等语。查正月初四日并无风波,该日船在中国水面停泊,自早十点至晚六点,经八点钟之久,是日下午二点,海潮最高,何不趁此时起碇赴澳,竟在该处预备起卸,并由关员及缉捕轮船巡弁上该日船询明,船主确运有军火,将行起卸,直认不讳,始将该船扣留,自应照关章会讯分别办理。查同治十三年五月,虽有英轮由新加坡领有坡督准状,至海南洋面私贩,由本省巡船拿获到省充公一案,事同一律。敝处以海关监督之权,饬税司照关章会讯,秉公分别查明办理,最为和平正当。总之,该船应否释放,或应充公,非会同查讯后不能决断。应请钧部照请日使,转饬广州日领遵办。盼电复。人骏。咸。(《清光绪朝中日交涉史料》卷七十三,第7—8页。)

62. 正月十六日粤督张人骏覆外部电

现据日领照称:日商船第二辰丸载运军火有澳门葡官准照,并经彼国神户税关水上警察所特许,其停泊中国领海为一时风浪,或待潮,并无不合,请将该船释放,并欲处罚员弁,等语。查正月初四日并无风波,日船在中国水面停泊,自早十点至晚六点,经八点钟之久。是日下午二点海潮最高,何不趁此时起碇赴澳,竟在该处预备起卸,并由关员及缉捕轮船巡弁上该日船询明,船主确运有军火,将行起卸,直认不讳,始将该船扣留。自应照关章会讯,分别办理。查同治十三年五月,虽有英轮由新加坡领有坡督准状,至海南洋面私贩,由本省巡船拿获到省充公一案。事同一律,敝处以海关监督之权,饬税司照关章会讯,秉公分别,查明办理最为和平正当。总之,该船应否释放,或应充公,非会同查讯后,不能决断,应请钧部照请日使,转饬广州日领遵办。盼电覆。(《清光绪朝中日交涉史料》卷二百一十,第3页。)

63. 正月十七日葡使致外部华船在葡领海捕获日船祈饬速放照会为照会事

现知有中国海关兵船于本月初六日在葡领海面喀罗湾捕获日本轮船二辰丸一艘,迫令同至广州口岸。查该船系装载枪支,运卸澳门。该船被拿,有违葡国所领沿海权,并有碍葡国王权,阻害澳门商务。本署大臣甚为驳斥。想此事仅系因中国兵船管带官才短,不明职守,因该轮船不应在葡国所领海面捕拿,本署大臣定望贵爵迅速转饬,即刻释放,以便该船随便前往所拟往之处,为荷。正月十七日。(《清光绪朝中日交涉史料》卷二百一十,第5页。)

64. 正月十七日两广总督张人骏致外务部电

十四日电敬悉,咸电谅达。查据日商船第二辰丸在中国水面停泊,载有军火预备起卸,当时由拱北关洋员会同缉捕轮船管驾巡弁等测明确,在经东一百壹十三度三十七分三十秒、纬北二十二度八分十秒,由吴游击敬荣援引国际公法,与该商船船主辩论。又指经纬线度证解系中国领海,该船主无词,始有邀该游击到船上卧房行贿,请释之事。现有关员等在场见证,是巡弁关员等所测定之经纬度数已为该船主承认无误,乃始则行贿,继以加贿,终且愿听将船货带入虎门斜西河面。不仅洋关员之证为可凭也。至该商船籍旗因巡弁等在该船上与船主援约据理相辩论之际,忽有澳门派来葡国兵船,势将恃强干涉,不得已,商之船主,暂换龙旗,以免葡船干预,横生枝节,系为一时对待葡兵起见,并无别意。葡船驶去,立将龙旗收回,该商船现在斜西停泊,并无阻其不挂籍旗。前经札饬粤关税司按海关会讯章程办理。总之,该船应否充公或释放,非会同日领查讯不能决断。查同治十三年,拿获英船在海南走私中国蓬洲巡轮,曾发炮击其柁桅,拘带到省会,讯后断令充公,英国并无异说。比较情节,此次对待日商船,实更和平,且不遵照条约即将船货充公,仍照关章会讯分别判断,尤为正当办法。日人何能独异。本日派魏道瀚、温道宗尧往晤日领商办。据日领面称:此案如经会讯,即系欲将该船充公。渠奉彼政府命案放该船。未饬准照关章会讯,无权另允办法,等语。查日领恐经讯明,该船不免充公,强词抵制,意图含恫喝,似宜坚持会讯办法,免堕狡计。现在两粤盗匪充斥,接济匪械多由外洋转运。此案倘被狡脱,日后商船畅运军火,势必不敢查缉,为患无穷,除已电驻日李使,与日外部据理交涉外,务请钧部妥商日使,转饬日领照章会讯。切盼电复。人骏。铣。(《清光绪朝中日交涉史料》卷七十三,第9—10页。)

65. 正月十九日两广总督张人骏致外务部电

十七日电知悉。前获日商轮二辰丸,据拱北关税务司宝璧及巡船管驾吴敬荣会同测量,确在中国九洲洋海面,距澳门甚远,该处为洋关缉私轮船巡缉界内,葡使称为"葡领海面属实",属强词。应请大部坚持驳拒,候讯明分别办理。是所至祷。人骏。巧。(《清光绪朝中日交涉史料》卷七十三,第11—12页。)

66. 正月二十五日两广总督张人骏奏为涂运泰假公济私事

再,花翎留粤外海水师尽先补用游击涂运泰委充省城西关巡营分局巡佐,竟敢借查戒烟为名，串词棍徒，在外勒索巨款，假公济私，实属贪劣不法。兹据巡营总局司道查讯确实，详请奏参革职、讯办前来。臣查涂运泰身为职官，现充巡佐，辄敢籍端讹诈，败坏警律，断难稍事姑容，即经饬发南海县监禁、讯办。相应请旨将广东外海水师花翎尽先补用游击涂运泰即行革职，并拨去翎枝，以使归案讯明，按办。除咨部查照外，谨附片具陈。伏乞圣鉴训示。谨奏。朱批："著照所请，该部知道。"光绪三十四年正月二十五日。（北京：中国第一历史档案馆藏朱批奏折，档号：04-01-16-0296-039.）

67. 正月二十五日两广总督张人骏奏为傅荣贵被讦克扣勇粮事

再，前管带韶安水军后营奏留广东外海水师花翎尽先补用游击傅荣贵被讦克扣勇粮、侵挪旷饷，经前督臣周馥将该管带撤差，提省，咨行查讯，未据讯明，卸事。臣抵任后，叠次饬催讯究。兹据水陆巡防营务处兼缉捕局司道查讯明确，该游击傅荣贵身为管带，罔知检束，任性妄为，勇额以私人挂名，旷饷则托故侵挪，复违犯营规，在船开赌，实难姑容。禀请奏参革职，驱逐回籍，由处追缴挪用旷饷，等情前来。臣复核无异，相应请旨将奏留广东外海水师花翎补用游击傅荣贵即行革职，拔去翎枝，追缴挪用旷饷，驱逐回籍，以肃营伍，而重公款。除咨部查照外，谨附片具陈。伏乞圣鉴训示。谨奏。朱批：著照所请，该部知道。光绪三十四年正月二十五日。（北京：中国第一历史档案馆藏朱批奏折，档号：04-01-16-0296-042.）

68. 正月二十八日外务部发两广总督张人骏电

漾电悉。此案日使屡照抗议，并面称该轮既有澳门政厅准单，日本税关亦给凭准，决不能为私运。九洲洋，即属中国领海。该轮开往澳门在该处停泊，并未起卸，粤省用水师强拿，擅下日本国旗，竟似战时捕获举动。断不能照关章会讯，务请电致粤督，将该轮速行释放。并须要求陈谢擅下国旗一节。若扣留愈久，则将来赔偿愈多，等语。当答以水师本有助关缉私之责，此事该省早得密报，恐有匪人混入该轮，故添派水师以备不虞，不能以捕获之例附会。换下旗章一节，当将前次来电之语，剖晰告知。嗣据装署总税务司称：当时由关员会同水师查询时，关本拟俟军械起卸后，将驳船扣留，现既将该轮扣留，论理自当照关章会讯。惟当初办法未免稍骤，以致日人有所借口，若日使坚不肯会讯，或将日船先行释放，只将军火扣留商议，似易结束，等语。该税司所称办法亦不为无见，日来尊处与日领磋商有无端倪，彼此各执一词，相持难下。如将日轮先行释放，只扣留军火，再议办法，似较易就范，尊意以为如何。希酌核电复。外务部。二十八日。（《清光绪朝中日交涉史料》卷七十三，第17—18页。）

69. 正月二十九日使日李家驹致外部辰丸事日外部不允会讯电

二辰丸私运军火一案，迭准粤督电嘱，商请饬知日领照章会讯。当与外务官磋商两次，未肯照办。顷因林董销假，始得会晤。林出意见书相示，大致分别三款：一，该船所载军火确系运往澳门，领有神户税关及澳门进口准单，决非私运；二，该船停泊之处属葡国领海,经葡国声明;三,华官谓该船长承认起卸,并无凭据。末附案语。略谓:清国主持之说全属无理,乃妄用兵舰拘船甚为不合,加之撤换船旗尤属侮辱。惟从速将船释放,赔偿损失,惩办华官。否则迁延愈久,责任愈重。恐有意外之嫌,务请贵公使将此意见电达政府。顾念邦交,照此迅结,等语。

驹当据粤电各节逐层斥驳,并谓彼之意见专持一面偏词,而置事实于不顾,甚至以我所举事实为无据,自非照章会讯不可。若不肯会讯,即系情虚。且此案本应就地讯结,不得遽涉国际。当将要领提出依序说明:一,该船停处是否中国领海,自有中葡两国约章可据,不能由日本武断;二,该船长承认起卸,对证自明;三,既在中国海面卸货,而无承购凭照,即应照章扣留候讯。至彼谓决非私运各情,尽可申辩。然不得谓华官扣留之不法也。以上情节一经证明,曲直自见。至撤换船旗,是否侮辱,自有法律可援。现暂不必牵及此。驳斥之大略也。

驹查彼国议院近以对清外交不振,攻讦当局甚力。彼等以不安于位为虑,故近来反竟出强硬手段,以谢国民观。于此必不肯会讯。径向北京交涉,并有遣舰赴粤夺还该船之说,其欲肆强权已可概见。应如何应付之处,祈核夺示遵。正月二十九日。[《清季外交史料》(光绪朝)卷二百一十,第14—15页。]

70. 正月三十日粤督张人骏致外部日运枪械确系济匪电

电敬悉。日商所运军火虽有澳政厅准照、日税关给凭输出,于日输入于澳对于彼不为私。在中国海面停泊起卸,对于我即为私。已将此说照驳日领在案。且前项枪支查明实系澳门广和店华人谭璧理等购以济匪,葡领来文,亦经声明该枪并非澳官所购,况辰丸吃水深不能到澳埠,约章关章经纬海界,通商各埠海线深浅,应该船主所稔知,是其由日起已蓄意由中国海面卸货图利济匪,毫无疑义。且汽笛鸣而葡军即出盘艇旋来,非预备接卸有意在中国水面运送违禁军火而何。当时将其原船连货带回,系由巡弁商允船主,曾经船上华日两国搭客哗责。该船主无词,始听九龙税司雇到引水英人带入虎门内斜西河面,实与强拿有别,至暂易龙旗系为抵制葡兵轮不测举动。前电已陈,不赘。此案关系重要,全仗钧部维持。骏拟照关章会讯,原期导入和平转圜较易。裴税司云云。骏原有此意,徒以日领一味坚持,无可通融。是以相持至今。尊示拟将日轮先行释放,只扣军火再议办法,自应通融办理。请钧部照会日使,转饬日领遵照。并乞电覆。但日人狡诈,不知大体,该船释后,恃无质证。又肆要索,恐意中之事。钧部预杜其谋。正月三十日。[《清季外交史料》(光绪朝)卷二百一十,第16页。]

71. 二月初二粤督张人骏致外部先释日船日领不肯具结电

二辰丸案遵钧部勘电,拟将日轮先行具保释放,只扣军火,再议办法。舱物委魏道瀚、温道宗尧向驻粤日领商办,告以准示,云云。彼仍坚执奉伊外部训令,只索放船,并所要求亦不通融,不特未允由船主结存海关待查,所运军火亦不允起存,且谓当日该船停泊之处系属葡界,经魏道瀚等面折以当辰丸停泊处,我国海关缉私权所及,向来澳关贩运烟膏出口在该处装载轮船必须中国拱北关核给准单,关权所至即我国领海铁证,况葡人驻澳本无领海界址,并未查定何有葡领之说。日领虽无词,而仍持前说。似此实无可与商,全仗钧部维持,商明日使转饬日领,始能就范。是此案耽延时日,实彼无理坚持所致,不能以拖累该船久停咎我。此意应否向日使婉切声明,祈酌之。又,本日魏道等晤英领,据询及该船所载太古行煤斤如何着落,当告以部示办法,日领尚未首肯太古煤斤,应向日领交涉。英领深以此办法为和平对待。在我占理已足,日使不应再有违言。渠见日领当以为劝等语。并以附陈本案曲直,实已大白。尚求钧部切商日使,坚持为祷。二月初二日。[《清季外交史料》(光绪朝)卷二百一十,第17页。]

72. 二月初二日日使林权助与那中堂等会商二辰丸案语录

二月初一日午后三点,日本公使林权助偕翻译高尾亨至那宅会晤,那中堂【桐】宫保大人、梁大人接见。告以昨日送去照会,谅已阅悉,所说请第三国人公断一节,因贵大臣既不肯会讯,又不愿派人彼此会查。本部欲和平速了此案,以副贵大臣之意。方拟提出公断一法,未知贵大臣可能同意否。

林云:照会已经阅悉,公断一层能允与否,当请示政府后再说。惟我想该轮既得澳门准单,运送军火并无不合,似无须公断。粤督来电所举各证,请给我一看。

答以来电甚多,只当大略摘录。当将论据大略一一说明。

林云:粤督所举各证,我意俱不足为证。论该轮装煤赴港,却有合同。装枪赴澳,亦有准单。鸦片必须向海关请特别准照,系载在条约。军火既无明文,不能相提并论。惟拱北关电称一千八百九十年该处海关曾奉理船厅通谕,如有船只在此处起卸货物,当即拘获一节,是否指不论何种货物而言。其不准起货处所有无一定范围。

答以该税司覆电,系专指此次二辰丸停泊之处而言。此外并无言及本部不能。即答容再查明奉覆。

林云:公断一层,我意我们政府不能答应,假使中日两国请英提督公断该处海面究系属何国领辖,不能不一并查及,则葡国亦不能不使之干预。贵国可能愿意。

答以公断,是专断此案领水是另一件事,不能使葡国干预同断。且葡国所主张者全属无据,曾有照会来部声明,我们已经驳覆。

林云:我意现只有请将该船释放,并陈撤下国旗之非是。

答以若将该轮先行释放,再行查明核办。本部格外通融,亦尚可商量。惟撤旗一节,查系海关扦手所撤,扦手则谓奉兵船官员之命而行。尚须待查。

彼此议论,拟出办法三款。一,先将第二辰丸释放,另行具结候查;二,军火先行扣存,俟查明后另行核办;三,下旗一节,俟查明究系何人错误,酌量办理,以表歉忱。

林阅后云:具结释放,是决办不到。扣存军火,亦不能允。下旗一事,该兵船管带须担其责任,不必问系何人所下。我当请示政府后再说。总之,无故扣留该船,显系违约;扣船应由海关,不能用水师。且该轮白日停泊,并无潜运躲避形迹,不必拘拿。

答云:你说你的理,粤督说他的理,我们无从遥断,故拟请人公断,你又不肯答应。以上办法是通融到极处了,还请贵大臣考量考量。

林又云:该处海关前所发之通谕,我意总是疑惑,若如所谕,尚可为此案之证据。惟我想若是如此,于澳门交通大有不便,请贵部将下开各端,再行详查,以为后日之参考。一,不准起卸货物有何界限?二,是否不论何货均不准起卸?三,大船不准在该处停泊,当向何处停泊?又云我意此案了结后,应由贵国与葡国商一澳门发给准单章程,以杜后患。日本亦当商一军火出口章程,以维持中国之治安。

正议论间,林接由使馆送来一电。阅毕,云:今已得政府回训,不允公断办法。并云我国外务大臣曾对贵国公使言明此事,即宜速了。不然日本当行相当之手段,曾否将此语电达贵部。

答以已接电,惟我们答应如此办法,已是通融之至。只是贵国不肯答应。

林云:我当即电政府,请贵大臣再行考量。临行又云:我想军火一层有一相当办法,使承办商人不至大吃亏,而使贵国可以放心,云云。遂辞去。二月初二。[《清季外交史料》(光绪朝)卷二百一十,第17—19页。]

73. 二月初三日外部致张人骏李家驹辰丸停泊之所系中国领海电

初二、二十日电计达,悉辰丸案。葡使照称:喀罗湾岛海面系属葡领等语,粤督东电谓该船停泊之所为中国海关缉私船所及,日领无词以对。查喀罗湾即过路湾之转音,本系中国土地。道光季年葡人私占西隅之地,中国迄未认为葡属。按照粤省来图,绘入葡占界内者也。地段甚小,即以十三年约文言之,其所称现时情形不得改变一节,亦仅指过路湾西角一隅而言,日船系在过路湾迤东扣住。据海关洋图距葡占迤西之地相隔太远,其为中国领海无疑,除照驳葡使外,希查照。二月初三日。[《清季外交史料》(光绪朝)卷二百一十一,第1页。]

74. 二月初三日外部致张人骏辰丸案换旗与扣船分别办理电

附照会。辰丸船案东电所拟,将船释放,仍扣存军火各节。现在与日使竭力磋磨,至换旗一事,准艳电称:以此举为巡弁认其误,未尝不可,等语。日使亦以换旗为耻辱,词意坚肆,必应分作两截办理,方少纠缠。本部现将此事钞出,备文道歉。文如下云云,并希尊处将办事失当员弁量为惩戒,冀可先了此节。希查照办理。即电覆。二月初三日。

附外部致日使道歉换旗照会第二辰丸撤换国旗一事

迭准贵大臣来照,抗议此事。据粤督来电,该巡弁等因日船所运军火,未有中国护照,停泊中国海面,预备起卸,以致生出误会,致将旗章暂时改换。本爵大臣殊为可惜,深抱不安。业经电致粤督,即将办事失当之员弁加以惩戒,以表歉忱。除私运军火一案,另行照覆外,相应先行照会贵大臣查照,转达贵国政府可也。[《清季外交史料》(光绪朝)卷二百一十一,第1—2页。]

75. 二月初四日粤督张人骏致外部日船运械济匪若交涉失败则约章成废纸电

二件辰丸事应付将穷,两粤治匪益难着手。自西南盗案,西邻责言,英舰横来,捕权几失。钦防匪炽蔓草将滋,加以各属报劫,殆无虚日。查粤中盗匪专恃枪械,得械则张,失械则伏。寻常毛瑟、拗兰短枪值仅数元,购来资盗资匪,动值十余元,数十元不等,利市十倍,奸商设肆倚澳门以为薮,自改章整顿缉捕以来,特于私运私贩军火一节悬重赏,立严法,通饬文武尽力查缉。前查香港英督来督署晤谈,优礼敦言,与相晋接,幸得商允,由港严禁军火运澳,即法人于查匪搜械,亦竭力相助。即如驱逐孙汶,按章交犯等事是其明证。数月以来,所属各江劫掳之案虽未尽绝,已减少十之六七。钦防一带前往缉获军火两船以后,匪事渐就牧平,年内各处报纸遂有由东洋购济匪械之说。现在案经缉获,确系居澳华商私贩,征诸已事,证以探闻,显系遁饰。日本与国,理应秉公办理,乃出其强权,甘作野蛮举动。国势强弱异形骇,虽忧愤填膺,际此主忧臣辱之时,释彼船,惩员弁,鸣炮谢过各节,一纸文书,均即办到,原非难事,但此案失败,则条约关章均成废纸。查缉济匪军火之令立须收回。即不收回,亦同虚设。粤事诚不知所以善其后。此案于无可设法之中,应如何维持转圜,全仗钧部主持。无任盼祷。二月初四日。[《清季外交史料》(光绪朝)卷二百一十一,第2—3页。]

76. 二月初四日粤督张人骏致外部日船运械济匪若交涉失败则约章成废纸电

初一日,电敬悉。冬电两道谅达。二辰丸案遵证以华洋官商论列之言,皆无不合。赫税司所持异议,不知何所见云。然日人强词夺理,直欲破坏我条约关章,钳制我治内清匪之法,以利害所关,历上钧部电。已按实在情事痛切言之,遵据报称:孙逆本有五路起事之谣,惠潮、肇庆、钦廉在广省实居其三,盖以香澳外附,政令不及,水陆交通,匪党倚为购械运济之地。今英人已于香港严禁购械,并断其由港运澳转济之谋,匪党始不得不专以澳为根据地,另图往东洋购运,避香港往达澳门。证以本案探报之言,实已信而有征。查澳门水浅地僻,商务不旺,几同村落,恃娼寮赌馆为命脉。娼赌之薮,盗匪之窟,小者为劫贼之逋逃,大者即为匪党之外府。该处除制熟烟膏出口外,别无出产,平时只有来往广州、香港轮渡数艘及小轮出入捕鱼拖船,小船麇集,附泊内地,尤良少莠多。向无外海大轮到澳,与香港情形迥不相同。即以澳门属葡领地而论,只指澳门方围数十里而言,四面原皆中国地界。先时每年尚需纳租于我,本属租界。后因粤官漫不经心,致被佁意占据,俨然视为属地。然于领海权初无所有也。又误于金登干分界之说彼始占及十字门水面,然界址究未划定,且经声明未定界前,仍照旧址,广东官商士民现在仍不明认,即令澳门鸦片膏出口盘上商轮,亦须拱北关核给凭照。况枪支枪码进口乎。若因此案遂将九洲洋面认为彼界,将广州所属水口,东扼香港,西扼澳门,中国反无领海矣。矧该处入急水门口将二百里,两岸有沙田民业,实系内港。并无外海,何公海之可言!又查澳门葡兵不及二百人,卖枪之店皆是华人,华官订购枪械向在香港,与澳门华商从无交易。此二千余枪、四万余码,非贩以济匪而何。查察两粤匪情,澳门接济匪械之路不断,盗匪必无清日,揭竿蠡起,仓猝可成。虽有善者不知其可。且本案失败,我国从此于各国商轮私运军火无敢过问,国权浸失,桀黠生心,滋蔓将及于沿海各省,如大局何!忧虑所及,难容缄默。全仗钧部,苦心毅力,设法维持。两粤幸甚。二月初四日。[《清季外交史料》(光绪朝)卷二百十一,第3—4页。]

77. 二月初四日日使林权助致外部扣船一案送呈译文请答覆节略

日昨委派阿部参赞面交贵宫保扣船一案日文节略,兹将译文送呈,即希查阅为荷。附节略译汉文。二月初四日。

关于日本第二辰丸轮船被中国广东水师拿获一事,于日历明治四十一年三月四日准中国政府提议如左:一,先将第二辰丸释放,另行具结候查;二,军火先行扣存,俟调查明后另行核办;三,下旗一节,俟查明究系何人错误酌量办理,并表歉忱。以上各节帝国政府鉴于事理断难承允。

乃帝国政府仍主张如左:该轮赴澳门白昼公然鸣哨行走,缘其吃水稍深,驰至该口附近海面下碇,并报知澳门,乃广东水师误为在中国境内私走者,不理船主人力辩,并未向日本官宪先行商洽,突来拿获,且撤国旗,派令持军械之水兵多名,强行看管拖去。其为与战时拿获无异。查该轮停泊之处,即使系中国领海,广东水师之行为实近海盗,其横暴不法,非区区言词所能掩饰也。若其撤去日本国旗,侮辱已极,是以帝国政府前向中国政府要求左开各事:一,即将第二辰丸及所载货物尽行释放;二,侮辱日本国旗一事,中国政府须依适当之方法,向帝国政府表明歉意;三,中国政府应严罚所有关系不法拿获第二辰丸之中国官员;四,中国政府应赔偿为不法拿获第二辰丸所生之损失。以上所要求鉴于广东水师之横暴情事,至为正当。中国政府现已略认其行为不是,而尝试弥缝。帝国政府殊多遗憾。帝国政府顾念国家之威严及保护臣民之义务,并查明实在情形,不得已提出正当之要求,乃中国政府难于匡正所属官员之非法逡巡不进,帝国政府甚深诧异。

中国政府所言第二辰丸停泊之处。系中国领海,即使果有确据,亦未可任听广东水师擅行拿获,并侮辱日本国旗。该轮所载军械等件本系公然运澳者,广东水师只能向之警告监视,不许其在中国境内起卸,倘该轮不遵,实行起货,则中国可为适当之措置。今该轮曾无起卸情事,正在准备运澳时,突被持兵器之兵员强行拿获,并侮辱国旗。广东水师之无礼不法已极,不待言也。况该轮停泊之处葡国官宪言明,确系葡国领海。因思其所属何国中葡两国尚未议定,要之该处即使属于中国帝国政府,不以广东水师之行动为是,乃依然主张其行动尤为不法。如以上所叙,因此所议,此事中葡两国未划定界址以前,暂为悬案一节,未能照允,并碍难久待也。

中国政府又谓第二辰丸货物中有煤炭,本应运至香港交英商太古洋行者,合同订明,非遇万不得已之事,不得驶往他处。可见该轮赴澳不过托名,实则希图在中国领海内私卸,等语。然运煤一事是否立有此等合同,无庸查询。即使果有此事,其实行不实行,只太古洋行有论议之权,当与中国政府无涉。查该轮往澳,先期禀明日葡官宪,领有准运军火执照,并白昼公然鸣哨驶走,其非私运可证也。至所载军火,日本商人只有运澳之责,起卸后是否归于土匪之手,固非其所知。如中国虑及此事,自当另有适当之方,惟不得侵害日本国旗及船只。如广东水师也,并如欲防范外国军火私运,希望帝国政府相助,则中国自行实力办理。一面商请帝国政府,谊重邦交,谅必不辞协助矣。

以上所开事理极为明白,无庸候查。帝国政府只望中国政府断乎反省,迅速表明应允帝国政府所要求之意。如仍不允,帝国政府为尊重国家之威严及保护臣民之义务,不得已不可不下适当之手段,用特先行声明,即望中国政府熟思之,并克日明确答覆。是所盼切。二月初四日。[《清季外交史料》(光绪朝)卷二百十一,第14—17页。]

78. 二月初五日外部致林权助辰丸案仍请照章会审秉公商结节略

广东扣留第二辰丸一案,光绪三十四年二月初三日接准节略,要求办法四端,均已阅悉。除误换旗章一节,业经另行照会道歉,并电粤将失当之官弁惩戒外,兹将广东水师在中国领海扣留船械系属照约办理,并无不合之处,开陈于左:

查粤东盗匪充斥,水陆屡见劫案,为中外商旅之累,加以钦廉等处余孽未清,探原其故,实因外洋接济军器,致匪势益觉蔓延。中国官吏既有保护中外商旅,维持地方安宁之责,在领域境内自有查缉私运违禁货物之权。各国均表同情。此次该轮私运军火,在中国领海希图起卸,该项军火已查明委系澳门华商广和店谭璧理等购以济匪,并非澳门官用,于中国治安大有关系。该船主又自认将在该处起卸,及准备一切安置卸货机器,关员及水师上船时,见货舱已开,并有箱只一件在舱面上,是该轮未领中国护照,希图起卸,即属私贩。按照中日条约第五款,例应扣留。此广东水师会同关员将该轮留查,系属职务上不得已之举,应行声明者一也。

该轮既已被扣,自不能驶回广州,讯查以定办法,并非既行充公。按照海关章程商请会讯,洵属和平公允。关章载明:如被告不遵船货入官,必公司查核之后,方能驳辩,等语。海关会讯章程为各国所共认共守者。此次粤省商请会讯,贵国领事不肯照办,强索释放,是无异诉讼,只许甲造申述,不准乙造陈说,而欲强行定案,实非公平办法。是该案迁延日久,系日本领事不肯照章会讯所致,自无议及赔偿之理,此应行声明者二也。

该轮只于英国太古洋行订立合同装煤至香港,载明非遇万不得已之事,不得驶往他处,并未订有运械合同,即使领有澳厅准单,只能直运赴澳门。乃该轮经过香港,并未入口,就该轮吃水之深,断不能驶入澳门,若非私运,自应预先通知中国海关,请在中国领海内起卸护照,断不能擅自停泊,着手起卸,既被粤省扣留。如有正当理由,会讯后自有相当之处置,断无只以一面之词要求释放之理。此应行声明者三也。

九洲洋面该轮停泊之所,曾经中国海关布告,不准在该处停泊起卸之处,据税务司贺璧理面称,当时布告案卷悉存,该处海关事隔多年难以记忆。惟过路湾一带海面确为中国海关时常巡缉之处,葡官并无异言,等语。更足证该处海面实为中国之领水,凡货物不领关单,尚不能在通商口岸以外起卸。军火为违禁之物,尤当扣留查办。此应行声明者四也。

总之,中国政府对于此案始终以和平速了为宗旨,惟于事实上有不能不会同查明之情形,乃贵国政府既不愿照章会讯,复不愿请人公断。本部重念邦交前开办法,系属格外通融。除下旗一节,业经照办外,其先将该轮释放,另行具结及军火先行扣存,俟查明后另行核办两节,实为和平公允办法。此二节商定一面彼此派员查明情形,秉公商结。尚希贵大臣转达贵国政府顾念两国邦交,照允见覆。是为至盼。二月初五日。[《清季外交史料》(光绪朝)卷二百十一,第25—27页。]

79. 二月初七日粤督张人骏致外部录呈代日船驳运军火船户梁亚池等供词电

昨据水师巡弁等觅出当日在澳门受雇,由葡巡船拖往过路湾迤东,向二辰丸驳载军火之盘艇,名梁就利,送由粤海关庆税司取供。兹由该税司取具梁就利盘艇船户梁亚池、冯亚一等摹印供词。并由该税司签押录呈前来。据梁亚池供称:小的艇名梁就利,正月初四日,有不知姓名葡人七名雇往澳洲附近沙滩,土名沙沥,以葡人身穿号衣与巡兵相同。小的之艇系用葡国小轮船拖往,附泊于该处停泊之日本轮船,约有半点钟之久,闻系雇来驳运军火往澳门,尚未接载,旋由葡轮拖开。据冯亚一供称:系梁亚池伙伴,该艇附泊于辰丸。辰丸轮上起货钩,即挂起一箱,正拟卸至该艇,旋因该艇系于辰丸之缆缩忽断,该艇即流至辰丸船尾,致未接载。余供与梁亚池略同。又据覆讯梁亚池等因,供该艇此次受葡人雇往接载军火,未领有拱北关准单,曾向葡人问明,葡人说无须请领。驳艇向该处接载货物,不领拱北关照,是乃第一次,各等语。现在该驳艇及船户人等,仍留粤关以备质证。用特录陈钧部察核。二月初七日。[《清季外交史料》(光绪朝)卷二百十二,第3页。]

80. 二月初八日外部致张人骏日使节略是否相符希妥筹速覆电

辰丸案迭次与日使辩论,并将来电及拱北关所引证据,择要驳覆。顷又据日使面递节略,内称:一,二辰丸停泊之处属中葡相争未定,按中葡约自局外观之,该处属葡领水,业经照会在案。贵政府谓过路湾一带中国海关巡缉所及葡无异言,为中国领水之证。葡官则谓,拱北关原为查缉鸦片而设,澳门政厅承诺在湾仔岛西,名加勃利太范脱附近即葡领水内检查,该岛附近处应认为葡领有。千八九九年二月,澳门政厅在该处扣留沙船一案。千八九一年十二月,拱北税司报告有该船在葡领水加勃利太范脱岛被扣之语,均是为证。该岛附近处,即过路湾之东,为此次辰丸停泊处。葡官虽允中国海关在该处巡缉,不能即目为中国领水。至所称千八九九年中国海关曾经布告往来船只,如在该处起卸,即可拘获一节,甚为可疑。以葡官所称及该关之权力言之,该关未必能擅专发如此布告。

二,该辰丸停泊处属中属葡,日本亦不为此案之主脑。所论据者,辰丸既得澳政厅准单及日官凭单,公载军火赴澳,因当时潮势于近澳吃水相近之处,在过路湾东约二迈余停泊,白昼鸣汽,报知澳门,即由该处港务局派小轮及领水人前往,是该轮所装之军火运澳交纳买主,并未在中国领水起卸,即有预备起卸情节是为预备至澳后起卸,并非在中国领水内私运私贩。该船船主业已声明,该项军火系向澳运送,证以前次证据,实无可疑。广东水师不顾该声明及证据逞威,强行将该轮拖去,且将日本国旗卸下,似此举动,殊属无可回护。该船及货中国终无可以扣留之权力,故日本政府前已向贵政府要求四端,最为妥当办法,并声明不必会讯,等因,经本大臣详述在案。无论中政府如何辩论,终不足以辩护。所以请贵政府速允照办要求之四端也。

至卸旗一节,粤督称系属巡弁等之误会,贵部仅电粤将办事失当之员弁惩戒。如此办法,日本亦不能满意。侮辱国旗自有当例陈谢。应请辰丸释放后,中国兵舰对于该轮所升之日本国旗鸣炮若干响,以表谢意。至下旗及当时拘获辰丸之指挥官最担责任,应将各官加以相当处分,并通知日本为要,等语。

该使此次节略所有引葡官前案税司报告情事,是否相符。彼所论据各节若仍以前言相诘难,终不足以钳其口。尊处有无切实案据,足资驳辩之处,希再详细查考,妥筹速覆,以备因应。至于电所称英提所议足证公论,惟会讯公断两节屡商林使,均未照允,现要求愈力,未知能容局外调停否?仍应内外合商办法,以免久延。二月初八日。[《清季外交史料》(光绪朝)卷二百十二,第3—4页。]

81. 二月初八日外部致葡使日船系在中国领海被获照会

为照会事。光绪三十四年正月二十七日,准照称:辰丸轮在北纬道二十二度八分十杪,英国中经东经道一百十三度三十八分十杪两道相交处被获,距喀罗岛两迈半远,系葡国所属领海,距中国最近之地有三迈半有余之远,有碍本国属地无羁留商务之权。若粤督有疑私运,应与澳督直达。惟因无事之故,两总督向未直达该船已有澳政府之引水人。该引水人奉澳督命令坐澳政府小船前往,足见该船前往澳门,并领有澳准运执照,请将该船并所载货物释放,等因。此案日船二辰丸私运违禁军火,预备起卸,当被中国巡弁关员将船扣住。查该船被扣地方确系中国领海,前经照会声明,应与葡国毫无干涉,现在中国海面严禁济匪军械,各国均表同意,此项被扣军火据澳员声称,并非澳官所用,而粤省访查系在澳华商订购接济匪徒。该澳官辄发执照殊属不应。此次中国官弁在中国领海实有巡缉禁货之权,其他国商务并无妨碍,相应照覆贵大臣查照可也。须至照会者。二月初八日。[《清季外交史料》(光绪朝)卷二百十二,第5—6页。]

82. 二月初十日粤督张人骏致外部辰丸军火系澳门华商广和店所购电

二辰丸案。据华洋各报所载,该轮船主报告神户辰马商会书略云:本船于正月初四午前十一时到该处,鸣汽笛数,次午后二时半,始有从澳门来之广和店伙,即收货之主人乘小汽船并带驳船来,正将驶近本船停泊,忽有中国炮舰四只围绕本船,仅许该店伙得上本舰,此外即不许近。是皆中国炮船管带来船,云:此船虽有澳门葡官执照,若系停泊澳门领海,当无异言。今既停泊中国领海,则不可不服从中国之命令。云:但木船以澳门领海区域极狭小,且水线太浅,其深处不过二寻,故本船虽应照海关上停泊于澳门投锚地,而澳门货主来函,则言明当在中国海面,本船满载吃水当在二十三尺以上,现在投锚地方吃水四寻,自此处可接近于陆地,若必使本船投锚于水深二寻之澳门领海,万办不到,等语。查该船主报告书华洋各报均多登载,大致相同。现就报告各节而论,则此次军火确系澳门华商广和店所购。该店伙用轮拖带驳艇驶附辰丸,实为起卸军火确据。且声明货主函致该轮言明,当在中国海面。尤为欲在华界起卸军火铁证。至二辰丸查系十二月二十七日由神户开行,计程不过五日,应可抵香港,且经太古洋行与该船订有合同运煤赴港卸载,乃该轮历七日之久,路经香港并不入口卸煤,而绕出澳门外之中国海面逗留,足见该轮徘徊觅地,欲在沿海私卸军火,毫无疑义。此事关系甚重。华洋报所载船主报告书特录呈钧核,乞参酌维持为叩。二月初十日。[《清季外交史料》(光绪朝)卷二百十二,第8页。]

83. 二月初十日外部致张人骏粤商会干预辰丸案希饬属查办电

上年十一月二十日钦奉谕旨,严饬京外各衙门如有好事之徒借端干预,纠集煽惑,必宜从严禁办,等因。想已通行晓谕。乃此次辰丸案出,复有粤商陈基建等贸然纷电枢部,并有大部不明海线,遽徇其请,海权领土断送外人,本会自保财命,合筹对付,等语。一昧喧嚣,全无法纪。查该商屡次来电,均系任意谤讪。若不严加惩徼,不特该商气焰益张,商民滋惑,并恐外人因其恣扰,枝节更多。务希饬属切实查办为要。二月初十日。[《清季外交史料》(光绪朝)卷二百十二,第6页。]

84. 二月十一日日使林权助致外部扣留辰丸提议赔偿损害请照允照会

中国扣留第二辰丸轮船一案,帝国政府因顾念两国友谊,酌量中国政府困难实情,兹提议条件如左:如中国政府实时照允,帝国政府可允将此案和平议结。

一,中国政府对撤换国旗一事,应派兵舰升炮以表歉忱,乃解放第二辰丸时,令其兵舰近现在该轮停泊之处升炮,并先期知照日本国领事阅视,实行撤换国旗一事,帝国政府必要求中国将此案应担其责之兵舰管驾官等从严加罚。其办法帝国政府应任中国政府自行秉公办理。

二,中国政府应即时将第二辰丸放行,不得立有条件。

三,第二辰丸拟运澳门之军火,知为中国官宪所挂念,帝国政府可竭力不令其再运该埠。惟中国政府应备价收买此项军火,订价日本金二万一千四百元。

四,中国政府应声明俟查核扣留第二辰丸实情,将应担其责之官员自行处置。

五,中国政府应将此案为扣留第二辰丸所生之损害赔偿,帝国政府俟查明后即行告知其数,应核实算定。此外帝国政府将下开一事告明中国政府,乃日本政府对中国政府私运军火办法将来不可辞,取相当协助,与此案不相牵连矣。只望中国政府速允上开条件,照办,俾得早日和平完结,是为切盼。明治四十一年三月十二日,即光绪三十四年二月十一日。[《清季外交史料》(光绪朝)卷二百十二,第6—7页。]

85. 二月十二日粤督张人骏致外部日舰果来夺船可听其所为不可先行释船电

辰丸案下旗一节此时业已道歉,将来结案仍可声炮致礼,应另为结束,提出不计外,现在专办者为扣船一事,彼此各有凭证,各执一理,自非会讯,不能分别是非。非第三国公断,不能判定曲直。我请会讯,请公断,原为彼此争执必求一是起见。讯断后曲在我,曲在彼,皆未可知,并非强以所难。先以日人为不合。日如理直证确,何惮而不会讯,不公断。乃日人不肯会讯,不允公断,即具结,释船,留械,俟查。亦不允许,其恃强无理实为环球所罕闻。报载:兵舰来华之说,难保必无。兵舰果来,我仍以礼相待。广州为各国通商口岸,彼未得各国之允许,谅亦不能遽启兵端。揣其伎俩,不过以兵力胁我释放船械而已。论者谓兵至释船,有伤国体,不如先自释放,可全邦交。此未之深思也。盖兵至而释放,与先自释放,其伤国体一也。而利害得失大有区别。未会讯,未公断,未具结,徒以慑彼恫喝之虚声,遽将船械先释,则此事之错我先自认,各国必从而非笑。日人必益肆要求索赔。

偿索惩弁,得步进步,我不能再置一词,英之煤,他国之货,皆将责于我。窃恐释船之后,要索愈多,决非一释所能了事。至于以后军火无权再缉,领海且属之葡人,后患之大尤不可思议。此先自释船之说也。中日强弱悬殊,人所共知,若彼以兵舰之力恃强要挟,我允释船是出于不得已,并非情愿,亦非理亏,不过强弱不敌,迫于压力,各国固能谅我,或且代抱不平。释船之后,在我仍可不作为结案。将此事曲直布告各国,非我所认可。除释船外,此外各节以及预防后患之处,我仍有权力争。此兵至释船之说也。总之,由前之说,系我先认错;由后之说,系我出于不得已。则各国尚有公论。二说之利害得失,孰轻孰重,何去何从。蒸电恐未详尽。用再缕陈。敬求钧部指示。二月十二日。[《清季外交史料》(光绪朝)卷二百十二,第8—9页。]

86. 二月十三日外部致林权助辰丸案贵政府愿和平办结足征顾念邦交节略

光绪三十四年二月十一日,准贵大臣面交节略。本部已经阅悉。辰丸一案,贵国政府愿和平办结,与本部意见相同。并允此案办结后,嗣后中国严禁私运军火办法,贵国政府亦当设法相助,等因。足征贵国政府顾念邦交,实深感激。兹将答覆各节开列于左:

一,误换国旗一节,业经本部于光绪三十四年二月初四日照会道歉,并电粤督将办理失当之员惩戒在案,自当由粤督酌予以应得之处分。至贵大臣节略内称释放辰丸时,令兵舰近现在该轮停泊之处升炮,并先知照日本领事,等因。既系通例,中国政府自可照允。

二,中国政府允将辰丸即行释放。

三,粤省此次扣留原为防止军火运入内地起见,日本政府既知此事为中国官宪所挂念,允将该项军火不再运往澳门,欲以日金二万一千四百元,由中国自行收买,自当电知粤督,先将军火起卸,按照此价购买。

四,中国官吏为自保治安起见,致在本国领海内发生此次交涉,应由本政府查明此案实在情形,如有误会失当之官吏,由中国政府酌量核办。

五,第二辰丸损失之处亦可允给实数,不得逾多。惟贵国政府既未查明,应由粤督酌核情形,与驻粤日本领事另行商定。

查中国近来匪徒不靖,实有私行长济军火情事,迭经本部照商各国,严禁入口。治安所关,各国均表同意。贵国与中国密迩,邻交关系尤切。禁止私运军火,贵国政府既允设法协助,即须妥商认真严禁,以保公安,而昭睦谊。用特声明,尚希贵大臣转达贵国政府查照。见覆为荷。二月十三日。[《清季外交史料》(光绪朝)卷二百十二,第9—11页。]

87. 二月十三日粤督张人骏致外部辰丸案粤绅来函颇具条理呈请采择电

顷接粤绅邓华熙、梁诚、杨晟、易学清、吴应扬、关以镛、钟锡璜、卢维庆、张圣封、黎国廉、苏元瑞、许应镕等一百八十九人联函,以辰丸案日人并不遵关章会讯,惟索释船谢过,虽属国际交涉,绅等未敢妄干,惟念此事关系重大,徇日,则各国效尤。我国禁令不行于境内,将来与葡办理澳门划界事,葡以此为领海之案证,侵我国权。绅等近顾身家,远维全局,不能缄默。

查日人所恃不外一谓领有日葡执照,二谓该船非海关缉获,三谓候潮入口并未起卸,四谓擅下国旗数端。握要,则在不肯明认缉获地为中国领海。查中国领海海图自有定界,据公法家言:海权不一其说。然于领海尽限外若干里始有公海。该处为珠江西口,属香山县,是内港,非外洋。业经测明经纬,凡各国商船在该处上落货物,必须先向拱北关请给准单,在中国海关缉私船范围之内,故当葡舰带驳艇前往起卸,巡轮弁等有权驱逐,葡人不能异议。指明经纬度与辰丸船主查看,该船主亦不能狡辩,称系候潮入澳,是已默认该处系中国领海,不应运送违禁之军火。故以候潮抵塞,即有日葡执照,无中国护照,我国自应有海关行其缉私之权,且辰丸吃水深,澳门口当潮涨时,亦不能驶入,岂非有意在中国该处海面运送军火。况该船往来香港、日本,此次为英商太古行订运煤斤合同法明非遇不得已之危险,不得他往。乃不入港起货,先行弋往九洲洋面,尤不得谓非私运澳门。葡兵不过二百人,澳商所运军火如是之多,非以销流内地,接济匪盗而何。至擅下日旗,亦不得不尔。当日马蛟仔所带拖驳船载有兵士,均带军装,志在挑衅,日船改悬龙旗,始不敢逞是。此举系属保护,并非侮辱。所陈各节但执定领海主义,其余不难解决。若虑日逞强权,将本案提出由各国公断,不宜迁就。各等语。持论颇具条理,特据转陈,以备钧部采择。二月十三日。[《清季外交史料》(光绪朝)卷二百十二,第11—12页。]

88. 二月十三日粤督张人骏致外部中国如价买辰丸军火则不能赔偿及惩官电

十一日,电敬悉。尊处现已与日使商议将来查禁私运军火办法,并将现扣军火由中国备价购回,自系万不得已之举。但必先与订明,此系中国笃念邦交,格外通融办法,不能因此认作误拿解脱私运之罪,不能另索赔偿,不能惩究扣船员弁,以后日本不得再运军火私往澳门。凡军火由日船运入中国境内,必有驻日钦差或中国官许可之凭据,方准运入起卸。如再违禁私运,仍照约章缉拿,充公,罚办,明立专条,永远遵守。如彼允一一照行,始可许以价买。否则,仍与坚持未可迁就。至英人调停,虽未可尽恃。然广东商务英为最盛,如果匪械不绝,匪党横行,于英人商务实大有妨碍。我虽欲尽保护之职而不可得,此意似不妨明示英使,俾知此事利害,与彼实有关系。又英使谓拘留太骤一节,即云太骤,即非不应拘留。可知查辰丸,系于正月初四日驶至九洲洋中国内港停泊八点之久,葡船拖带驳艇已来两次,时将昏暮,深恐其乘夜深私卸,中国员弁不能再候,势不得不上日船。次日葡船复来,执持军械,势将强夺,故不得不下旗抵御,将日船扣留似不得谓之太骤,若再迟延,即缓不及事。英使未明此中底细,故有是言。请再详细转告为叩。二月十三日。[《清季外交史料》(光绪朝)卷二百十二,第12—13页。]

89. 二月十四日粤督张人骏致外部辰丸案日人屈于公论已渐和平乞坚持电

昨电谅达。顷接东洋密函电云:船主报告仅云:澳门水浅不能前驶,并无中领【海】及公海之说,前开图议未发表报论。分三问题,即领海、私运、国旗三项。初甚重领海,因葡认公海,遂专重国旗,而引澳门免状、神户证书,以证非私运。各报初极威迫,谓要求不遂,继之以战。后见我坚持,西报亦多公允,暴论渐平。朝日、国民二报谓:两国关系甚大,未可以此失和。大隈亦以林董各报为非。总之,我有真实证据,即可据理力争。而私运最重,尤不能放松。理直,即公海亦可无妨,国旗,乃照例问题,请西人调停,亦妙,等语。就其所言,是日人屈于公论,已渐就和平。谨以密陈,用备参考,仍乞始终坚持大局,幸甚。二月十四日。[《清季外交史料》(光绪朝)卷二百十二,第13页。]

90. 二月十四日外部致张人骏日船案领海与禁运均可办到宜速商结电

文元覃等电均悉。辰丸案本部与日使商定办法,尊处即行照办,自可和平完结。查辰丸停泊之处,确系中国领海,已于致日使条件内声明,自与葡界并无牵涉,断不虑其借口侵占。至事后查禁私运军火,日使既允设法协助,与商订章程,认真严禁,亦不虑再生后患。尊处迭次来电,所虑以上两层。现在均可办到,足宽厪念,而免群疑。至此案发,自粤省能否妥结,原非本部专负责任,何难照尊议坚持拖延。惟各处消息紧迫,若因内外推诿,另生意外枝节,恐将牵动全局。近日迭接驻德法俄比荷各使电称,博采外间议论,体察此事情形,皆以和平速结为请。南洋大臣一再函电,亦同此意,本部审度时势,不得不赶紧商结,大局所关,想执事自能稔悉也。二月十四日。[《清季外交史料》(光绪朝)卷二百十二,第13—14页。]

91. 二月十五日日使林权助致外部日船照会

第二辰丸被扣一案,本月十三日,本使面交贵大臣等节略一件。十五日,接准贵部答覆节略。内称本使节略内所开五项之条件均行承诺。惟赔偿损害之额,应由广东总督与日本领事商定,等因。当即转达于帝国政府。兹奉覆电:并无异议。并称此案之和平商结,实为满足,等语。特以达知于贵国政府,本使不胜欣幸之至。贵部节略第四项载有:致在本国领海内发生此次交涉一语,按第二辰丸前停泊之地点决定其是否属于贵国领海,殊非我交涉之目的,前已预为声明。此次之和平商结,与该领海问题并无关系。且帝国政府并不认须于此际决定该领海问题。特此声明,即希查照可也。二月十五日。[《清季外交史料》(光绪朝)卷二百十二,第14页。]

92. 二月十五日日使林权助致外部日船照会(译文)

关于扣留第二辰丸轮一事,日历本月十三日本大臣晤那、袁二大臣,面交节略在案。嗣本月十五日接阅贵部答覆节略,知贵政府将本大臣节略所开五事尽行照允。惟提议赔款数额应由粤督与日本领事另行商定,当经请示本国去后,现奉政府覆电:所报各节,蔑有异议。自可照允此事,得和平商订,甚为满意,等语。本大臣以之转达贵政府,亦深欣幸。再贵部节略第四有致本国领海内发生此次交涉一句,查断定二辰丸原泊之处系属中国领海与否,非我交涉之目的,早经声明。此次和平商订,实与领海问题无涉,本国政府之所关系,不以此时断定此问题之争论为紧要,相应一并声明。二月十五日。[《清季外交史料》(光绪朝)卷二百十二,第15页。]

93. 二月十六日粤督张人骏致外部请与日使订章严禁私运军火电

十四日电谅达,辰丸一案钧部顾全邦交,以速结为准,自是正办。辰丸泊处既认明系我国领海,嗣后再有此等运载军火之船在该处即附近一切中国领海私图起卸违禁物件,自可照约切实办理,毋虑再生枝节。惟中日条约所订本不应运送军火,妨我治安。关章会讯行之数十年,各国已经公认,日本恃其强权,均遭废堕。其事后查禁军火设法协助一节,以前事推求后事,似尚在可恃不可恃之间,拟请由钧部与日使明定专章,通行遵守。则此案失败,尚可为补牢未晚之计。全仗钧部主持。二月十六日。[《清季外交史料》(光绪朝)卷二百十二,第15页。]

94. 二月十八日外部致张人骏辰丸案办结情形电

铣电悉。辰丸案日使辩论终持该轮所载军械等件本系先期禀明日、葡官,领有执照,公然运澳者。广东水师只能向之警告监视,不许其在中国境内起卸,倘该轮不遵,实行起货,则中国可为适当之措置。今该轮曾无实行起卸情事,运澳时突被拿获,并侮辱国旗实,为不法无理。至此次军火是否归于土匪之手,固非所知。如中国虑及此事,自当另有适当之方法。惟不得侵害日本国旗及船只等语。本部虽迭经驳论,惟尊处迭次来电,亦云该轮尚未实行起卸,至军火济匪虽有可疑,究无确据。按之法理,自不能遽行扣留。下旗一层,来电称恐有决裂,显犯公法。云云。此乃战时公法,何能适用于平时。至称悬挂龙旗,为保全该轮客货,原船可任便驶回,等语。更为不得要领。何能遽以驳辩。总之,办理交涉须有无可指摘之理,方能立于不败之地。此案实由当初失之太骤,操切从事,致本系正当之办法,转为他人所借口,使我情理虽足,不通适用法律。设尊处平心审度,当以何法结束。本部以本案之论据未足,不得不为愈后之计。故先商允善后办法,始与定结本案条件。审情度理,具有苦心。不特为维持和平计也。粤中士民不察,集合鼓噪,甚有罢市暴动之说,殊为诧异。遇事献替,固亦士民之责。惟当审查一事,与政府所以如此办理之原委,不应故为反对,借词生事,希将此案情节与所以办结之故,凯切晓谕,以免误会为要。二月十八日。[《清季外交史料》(光绪朝)卷二百十二,第15—16页。]

95. 二月十九日外部致葡使请商澳门政厅嗣后勿给军火执照照会

按照通商条约第三款内载:凡有违禁之物品,如火药、大小子弹、炮位、大小鸟枪并一切军器等类,不准贩运进出口,等语。诚以贩运军火关系非浅,设有接济匪徒情事,于国内治安、各国商业均受影响。该约明立专条,原为防微杜渐,各国均表同意,查澳门一埠接近广东,中国奸商以转贩军火为名,时有影射,向澳门政厅领取执照,由他国私运军火,转贩中国内地济匪迭经粤督查悉,只以澳门政厅可发给执照,致办理诸多为难。此次日本辰丸私载军火,查系澳门华商广和店谭碧理请领澳厅执照,希图接济匪徒,业经本部于光绪三十四年二月初八日照会在案,现在中国内地匪徒时有蠢动,广东钦廉等处余孽未靖,西江劫案时出。现正整顿巡防稍有头绪。中国官吏有维持国内治安,保卫各国商民之责,若不绝私运军火接济之源,何以收切实严缉之效。英国于香港出入军火,已允严切查禁并不准军火运往澳门。贵国与中国睦谊素敦,自当顾念中国查禁军火之意,与通商条约第三款所规定禁止私运军火设法协助,相应照会贵署大臣,转达贵国政府,饬令澳门政厅,嗣后除澳官用军火由驻粤领事先期照会粤督查照,转饬海关查验,准其经由中国海面运往澳门外,此外不论何国商人向澳门政厅请领贩运军火执照,一概不得给发。其有奸商私购军火运往中国各处者,亦请澳门政厅设法协查,以维公安。如有在中国境内被官缉获,即须按照条约一律充公。即希查照,见覆为要。二月十九日。[《清季外交史料》(光绪朝)卷二百十二,第16—17页。]

96. 二月二十三日粤督张人骏致外部检验辰丸军火数目似有分运电

辰丸所订军火事由。税司会同李镇、魏道等向该船查起点验,内四十箱均写有号数次第错杂,最多且数为二百号,是四十箱外,尚有一百六十箱,每箱廿四枝,系千八八四年式九响毛瑟,共九百六十枝,均新枪。每枝估值三元四仙,共值二千九百十八元四角。又五十箱无号数,每箱十枝,系千八七一式单响毛瑟,共五百枝,均旧枪,内有三枝配件不全,每枝估值三元四仙,共值一千五百二十元。又四箱,亦无号数,每箱十枝系文耨士十三响马枪加刀,尚余四十四,系新枪,每枝估值二十元,共值八百元。另四十箱,每箱码一千粒,内有三十四箱系天津制造局制,余六箱,系欧制。均旧式,计失少六十一粒,实共三万九千九百三十九粒,每千码估值二十三元七角五仙,共值九百五十。统计值番银六千一百八十八元四角,系由礼和洋行会同税务司估计。遍查并无马枪合用之码,购枪断无不配码之理。其枪码以及九响毛瑟,尚有一百六十箱,定系另起分运。现本案议结,日人复允协助禁运军火入华,应否照请日使转致彼国,询明是批军火承售之商,究竟此项马枪码子分运交付何处,以便设法查起。祈钧裁。二月二十三日。[《清季外交史料》(光绪朝)卷二百十二,第20页。]

97. 二月二十四日外部致林权助商议查禁军火办法六条照会

二月十九日,接准照称:日本大藏大臣业已通饬各税关,嗣后由日本运往澳门之军火,除有澳门政厅准单外,并经证明该项军火运澳后实不至有私运入中国各处情事者,不准许可出口,等语。查日本政府此次通饬全系体谅中国政府及该省地方官挂念有军火接济匪徒等情之意,经此次通饬,实际上已与禁止军火运往澳门无异。于此见日本政府于中国政府所顾虑之处全表同意,等因。查此次贵国政府通饬各税关查禁军火私运澳门,并体谅中国政府禁止军火入口之意,实深感激。惟澳门接近中国内地,若准军火入澳,则私运中国内地之虑在所不免。兹际中国各处伏莽蠢动,广东钦廉等地余孽未清,西江防务整顿方有头绪,若不绝军火私进之源,何以收严缉密防之效。英政府前已允香港军火不准运往澳门,其属澳门官运者,亦由英领先行知照粤督,然后运澳。凡此格外严禁之举,无非顾念友邦之谊。贵国与中国密迩邻交,关念尤切,迭次接准贵大臣节略,皆允俟辰丸案了结后,即行商议禁止私运军火办法,认真办理。现在辰丸案业已全照贵国政府之主张和平商结,贵国政府又明言中国政府所顾虑之处全表同意,自应将运往澳门之军火,除澳门官用之外,一概禁止出口,以符贵国政府实际禁止军火运往澳门之意。庶与英政府所允之办法不至有异。于中国治安关系匪浅。兹拟禁止私运军火办法六款,即希贵大臣查照,转达贵国政府。通饬施行,实纫交谊,并希见覆。

一,凡中国军营局所订购枪弹炮件一切爆烈品(下均统称军火),须由各该省详报陆军部核准,由该省督抚将军发给护照,始准向日本官厂或商店订购。如查无中国督抚将军印发护照者,无论官厂、商店,均不得擅与订卖。

一,凡请领护照订购之军火,须由各该省将名色件数,由某处入口,运抵某处,电达陆军部,再行分别行知各该关监督税务司验明无误,方准起卸。其先运作样军火,须订购之营局等处行知该关监督,请领准运护照,俟货到口,凭照报关,查验后方准起卸。

一,日本军火运往澳门者,除系澳门政厅官运得准其出口,一面由驻粤日本领事知照两广总督查照外,无论何国人,如向日本购运军火往澳门者,日本税关当禁其出口。

一,日本商轮载运军火,无论往何处,不得在中国海面为中国巡洋舰或海关巡船巡缉所到之处起卸,及换船拨运,等事。违即按约将船货扣留,分别充公。

一,凡日本军火出口运往接近中国内地,或毗连中国内地各处,须先将该项军火名色件数通知中国政府,如中国政府以为不能准运之时,得商请日本政府阻止出口。

一,日本商轮载有军火,无论运往何处,如需在中国海面为中国巡洋舰或海关巡船巡缉所到之处暂时停泊。该巡洋舰巡船均得上该轮查询,如认为不能在该海面停泊之时,除遇万不得已,不能开行外,得命令该轮于若干时内开出该海面。如该轮抗不遵照,得由中国官行相当之处置。二月二十四日。[《清季外交史料》(光绪朝)卷二百十二,第20—22页。]

98.《论外国军舰碇泊中国领海权》译日本明治四十一年三月外交时报

中国收回利权之说,近方盛行,至不许外国军舰泊其领海。本年一月九日西字报:开尼斯得去年十二月广东访函曰:近有迫使华人非常激烈一问题,即外国巡洋舰碇泊中国领海一事是也。华人以为悬挂洋旗之船舰,不得其政府允许,而擅泊于海岸及江河港口者,即侵害中国之主权。此其举动之见端实始于英舰之在广东西江者。(按:西江向为中国海盗猖獗之所,外国商船行驶其间,无不横遭攻击劫掠,而中政府警察之力竟不能及之,西江流域之交通益陷于危险。昨年夏,英汽船之遇难者,不可缕数。)苟以英兵舰而巡察其间,则于弹压崔苻必有极大之效力,以是英人请于粤督,谓宜速行设法巡缉。又由中政府建造巡船多艘,船长以外人任之,须英人。此种办法一日不可或缓,云云。粤督仅迁延时日,绝无整顿之意,借口于库帑匮乏,以为饰辞,于是英人明知与地方官言必无成效之可睹,乃径向北京政府谋,备述英国商务所受损害日益加甚,长此不已之状。并谓:此事善后之法,宜由中国海关担其责任,中政府允之,即命海关拨银二十万两,为建设巡船之用。且与英人约,谓必以此等船舰恢复西江之治安。顾两粤人民,闻此消息,愤激非常,谓政府大受英之屈辱,以江河施行警察权,向为地方警察之责任,海关不当干涉。于是公然开会集商决与抗议,力争中国国民之名誉,而隐然有抵制英货之思想矣。英人见华人爱国之情若是,亦不能不稍稍顾虑。近者英巡洋舰队司令官至广东,声告粤督谓:若使外国船长執掌中国公务,而不许英之所请,则英必命英炮舰至西江、北江,以当巡察之任。自有此说,而华人益怒,攘英之气焰益高,南部一区,不独反对英人之念不可遏止,即于北京政府亦斥为卖国,诽谤攻讦而不已。查南部中国近者革命之流毒方兴,故其人民敢于屏斥外人,违抗朝旨,中政府欲挽救之,果将出以何道耶!是非吾辈所可知矣!此开尼斯报之言也。

夫外国军舰碇泊中国领海之权利,存乎中法一千八百五十八年六月二十七日一所订天津条约第二十九条,其言曰:法国皇帝陛下因其军舰之驻在,欲维持其商船船员中善良之秩序纪律,并易于施行领事权,于紧要案件应行军舰判断,故得常泊于中国重要各港之内。又因此等军舰之驻在甚多不便,故一切须行紧要之手段。至其指挥官等管理水陆交通及船员等事,应遵照第三十三条所定条款而受命令其军舰得免征一切税项。按此条文,不独法行之,即英亦得均霑其权利,日本现行中日通商行船条约第二十五条第二款亦得均霑此利益也。苟英而不得此权,则日本亦惟委弃耳!此所当极意研究之问题也。

按:外国军舰之泊我领海,亦屡见,不一见矣。岂始于英人之于西江,欲泊则泊,更何所顾忌而不为耶!况又有西江盗匪之可以借口耶!呜呼!欲拒外侮,其必自修明内政始矣。(《外交报》第二百六期,戊申三月二十五日,上海:商务印书馆,1908年,第15—16页。)

99.《论中葡领海问题》

凡独立国之国家无不有领土主权。此领土主权绝对不容他国之侵犯。然此犹仅指陆地言之,于海面更有所谓领海。领海者,由海岸至一定距离之间,因与陆地有紧要连接之关系,看作陆地之延长。凡在领土上之主权,亦得及于领海。是领海权之有无关系,一国主权之存在与丧失也。各国规定领海之范围,亦无确定标准。美国、丹麦则主张五海里,法国采四海里,英国于千八百三十九年与法国订结渔业条约,则主张十海里。千八百九十三年,万国国际法学者会议,议决适用六海里。然据英国千八百六十六年裁判所之宣告,为保护沿岸之航海及通商利益,当设一定标准之权利。而其权利延长之范围,以炮弹可及之陆地为限。是为英国采用三海里之起原,亦为当时国家一般采用之通例。至二十纪后,情势一变,科学进步,炮弹之射击力益猛,可由公海而达于陆地。各国知非扩张领海权之范围,不足以保护国家之权利。而维持中立之规则,故三海里之说已非现今所能奉为准的。因此今夫亭虞芮争田之讼而平鲁卫不睦之衷,此非具挥斥八极之气量者,未易当霸主之徽称也。近世名王若拿破仑、权相若梅特涅者,庶或能之。至于今日则吾闻其语,而未见其人矣。就令实有其人,亦岂吾国之福。以四千年声名文物之旧邦,不能自行其政,而至控告于他人。其自处之资格居何等乎!况所谓平和者,安能保万国之和,不过为之调人而已。然且有调人之形式,而无调人之责任。不过研究利害,辨别是非,以待两造之取决而已。其果能通过与否,非惟无此威权,实亦无此资格也。而遽举吾国安危存亡之所系,以质成于陌路之人,滋虑其费时而罔效矣。

自铁血主义之昌明,所谓公理者,不过一鲸吞蚕食之假面已耳!以俄皇之野心,而自命为弭兵之向戍,吾安知今日之平和会,非与俄皇弭兵之举同一命意也哉!就令其主持公道,发乎至诚,而列强眈眈逐逐之雄图,又岂区区一会之力所能驯狮而缚象也!去岁开会之时,韩皇派遣专使,吁戚衔哀,而举会会员坐视其泣血秦庭,曾无一人焉出空言,以相劳苦者,尚安望其能力持公义以遏横流也耶! 矧即发言界址,越界收捐屡起,交涉政府坐误不速为勘定,以致辰丸事件发生,日本主张公海,葡国主张为彼国领海,而我国无确实证据可以证明。在我国领海捕获,以致为日本借口为不法行为,蔑视我国主权,卒遭失败。呜呼! 是谁之过耶! 焉有两国勘界之重要问题,而因循至二十年之久,必待国权丧失后,而始图之晚矣! 不观俄日议和后,不逾年而桦太之界线已定。现当国权伸张时代,我不速为抵制,彼即蚕食无已。辰丸被捕,日本国际法学者亦谓被捕之处是否为中国领海,于国际法上大有关系。据彼国学者所称:拘捕之地,在通路圈岛之冲二英里许之地点,彼政府主张为葡国领海。然据近日会勘中葡界务者之报告,前山海之青州、马留洲、槟榔石、青角、荔枝湾为葡国领海,其通路圈之九澳为中国领土。依国际法规定,凡领海之起算点,若沿海之外有岛屿,即不以沿岸起算,而以岛屿为起算点。路通圈岛之二英里许,即以三海里为领海说,亦为中国之领海无疑。使政府早日勘定界线,明定领海之权限,则日政府亦何敢谓非我国领海,而葡国亦不敢妄指为己国领海。我国以国家自卫权之理由,有当然裁判辰丸之权限。无论其为是否私运接济匪类,我国由领海拘捕而置之裁判,于国际法甚为正当。领海权之关系独立国之主权行使,如此重要,今惟冀政府速制定海图,声明主张之学说,以杜后患,始可与列国争衡耳。(《外交报》第二百十八期,戊申七月二十五日,上海:商务印书馆,1908 年,第 2—3 页。)

100. 界务纪闻

外务部以粤海三洲、七洲、九洲各洋,均在中国领海权力范围内,可以实施中国之海界禁例,不得指为公海。因即牒告驻华各使谓:嗣后各国兵商轮船在该海线内,如有私运军火,违犯禁例之事,中国当实行干涉,为正当之处置,并拟汇集沿海七省各近海界线,由部中测绘处统绘海界全图,作为中国领海定线,即向各国宣布,一律公认。(《外交报》第二百十七期,戊申七月十五日,上海:商务印书馆,1908 年,第 6 页。)

101. 粤督张人骏致外部辰丸案日领要求赔偿业允撤销文

光绪三十四年九月初八日,接广州口日本领事照会,将辰丸损失应行赔偿款项数日开列调查书送请核办前来,本部堂当以粤省商民因此案交涉致生种种恶感,迭经剀切劝谕,近始稍觉消融。今若复提及赔款,深恐民情忿激,再有抗议滋生事端,于两国商务均有妨碍,应请撤销偿款,以敦睦谊等由。照覆去后,合将日领来文及本部堂照覆稿一件钞录咨呈。以备酌核办理。为此咨呈贵部,谨请察核施行。须至咨呈者。十月二十九日。

附录:照译日本领事来函

敬启者前因扣留我国轮船二辰丸所生损失之实数,本领事与贵部堂商定之后由贵国赔偿协定在案,即在我国政府查定辰丸事件损失之实数载明调查书,饬令本领事准据该查定之额,与贵部堂商议,以期妥结本案。该调查书内第一项至第九项之额,在我国政府精密调查,按照北京协定,计算损失之实数,而至于第十项及第十一项,均系清国商民对辰马商会、安宅商会要求之损失全额。该两项之额即照清国商民为直接之损失陈说者计算索取。而该第十项及第十一项于辰马商会、安宅商会由贵国政府领收损款,即将其全额转交贵国。该商民于该两商会一无所利者也。贵部堂若对该两项清国商民之损失,另与华商协议,如伊等对辰马商会、安宅商会撤回要求,则我亦撤回该两项矣。所有本案调查书关系书单都存在本领事处。倘有对于该调查书意义不解者,即可对贵部堂详细说明,以便准据该调查书内速为商定,而妥结此案可也。九月初八日。[《清季外交史料》(光绪朝)卷二百十二,第21—22页。]

102.《论国家对于洋海之主权》

领地主权云者以主权之作用,从领土之方面观察而定之名,称谓有一定之土地在于一定统治权之下者也。文明未发达,交通未频,数人智之所及者,止知实土之为国家疆域而已。及文明大启,交通频繁,然后知主权之所在不得以土地尽之。夫地下、空中两界主权之能统治与否,儒者尚以为莫大之问题。况海洋之有实地可指者乎!此领海主权之疑问,外交家所由列为专门者也。罗马法谓海洋不得为主权及所有权之客体,此欧人最初之说也。至中古而观念一变,得以海洋为统治权之目的物。如威尼斯之于阿德里铁克海、坚厄之于里克阿海,皆酿成国际之交涉,数十年而未定。而罗马法王且中分地中海西半为西班牙、葡萄牙两国之所有。由是决决巨海得为领地主权之客体通行于各国矣。近世以来,因争论海上之主权,经莫大之困难者,荷兰是已。荷商以赴东印度之航路为葡、班两国所阻,于是其法学家格鲁鸠者起而主张海洋自由之说,其意以为海水当如空气之自由,不得以为主权所施之目的物,故海面不能为一国所闭镇。一时诸国学者同声附和。而最为反对者,则惟英国英王查理斯第一,至请荷政府罚禁格氏。而同时有塞尔任者,著《锁海论》以驳格氏之说,谓海洋应为一国领地主权之客体。其时诸国方争扩商战之权,故格氏之说卒失败。而塞氏之说,大为列国之所欢迎。经二百年而格氏之说始复兴。今且公认其言,奉为外交之准则矣。然未尝纯用自由也,盖公海虽任令何国悉得行驶船舶,而沿岸内海及狭义之领海仍得听主国之闭锁。然自此以后,领海之界线应去岸若干里而后得自由,又为外交学家聚讼之问题。当时所定以潮退时,离岸三海里为主权所及之限。盖本荷儒宾格寿氏之说,近时国际泆协会议决。谓军火日精,领海当扩为六海里,以便守御英国学者,直谓当延长至十海里,然当时均未能实行也。

领海有广狭二义。广义者,包沿岸海及领海而言;狭义,则专指港湾海峡而言。港湾以内其入口最狭之部分可施防御之实力者,谓之领海。十九世纪以前,所谓领海之界线,不能越出六海里外。就今日之法规言之,虽在六海里外,而本国能由陆路施防御之实力者,亦得其领海。至海峡更有三种之别,有连结领海者,有连结公海者,有连结于公海、领海之间者。甲种不致有问题。其有待辩论者,乙、丙两种而已。连结公海之海峡以三海里为标准,若两陆地属于一国,以离岸各三海里两面合成六海里为标准。连结公海领海之间者,归陆地所属之国占有。然遇有通行船舶,以万国公共之利益为目的者,不得阻其航驶。此其大略也。

吾国为东亚独立之邦,东南两面皆边,巨海北起吉林,南抵琼崖,经过八省袤延万数千里,悉吾国独有之海线,而更无他国分其利权,天然之形势,本欧西诸国所未有也。然正惟以独立之故,乃拥有大好之形势而不自知,遂使诸国之兵舰商船悉得任意航行,如入无人之境,驯致反客为主。而我之航海船舶反寄于他人范围之下。不平之事盖莫有过于此者矣。人第知胶湾、濠镜之类为外人所占有,而不知稽天巨浸中,岛屿林立,我足迹所未尝至,舆图所未尝纪,而彼族已窟穴其间,为殖民之新地者,实止一二区而已哉!闻政府有测绘海图之举,此真今日之急务矣。故略举西儒辩论领海之学说,刺取其最要者,以告体国经野之君子。(《外交报》第二百三十一期,戊申十二月初五日,上海:商务印书馆,1909 年,第 2—3 页。)

103. 光绪中叶各省内河外海战船名色与数量

水师有内河、外海之分。初,沿海各省水师,仅为防守海口,缉捕海盗之用,辖境虽在海疆,官制同内地。至光绪间,南北洋铁舰制成,始别设专官以统率之。其内河水师,天聪十年,自宁古塔征瓦尔喀,以地多岛屿,初造战船……道光以后,海警狎至,木质旧船不敌外洋铁舰之坚利。同治五年,始仿欧洲兵轮船式,于福建省开厂制造轮船。江苏初设轮船四艘。十一年,广东、山东各设轮船一艘,奉天设小轮船一艘,咸配置水师。其后沿海各省购置兵轮,岁有增益,旧式水师战船分别裁汰。至光绪中叶,综各省外海、内河实存师船之数,奉天外海缯船十艘。直隶外海长龙船二艘,先锋舢板船四十八艘。山东外海拖缯船十四艘,内河哨船六艘。江苏外海轮船二艘,艇船八艘,内洋轮船二艘,舢板船六十艘,内河舢板船、艇船三百八十五艘,长江舢板船七十六艘,督阵舢板船七艘,长龙船十艘,巡哨舢板船一百二十八艘。安徽舢板船二百八十二艘,长龙船十五艘,八团船一艘,枪划十艘,护卡巡船十五艘,督阵舢板船七艘,轮船二艘。江西长龙船十五艘,舢板船二百六十三艘,督阵舢板船六艘,轮船一艘。福建外海长龙船一艘,舢板船十九艘,小艇十四艘,哨船十四艘,龙艚船二艘,拖艚船一艘,内河炮船三十艘。浙江外海钓船二十七艘,艇船十二艘,龙艚船十七艘,哨船二艘,快船一艘,内河大舢板船五十八艘,中舢板船八十四艘,飞划船四十九艘,长龙船、座船二百十三艘,枪船八艘,炮船五艘。湖北督阵大舢板船八艘,长龙船十二艘,舢板船一百八十艘。湖南督阵大舢板船四艘,长龙船四艘,舢板船六十艘。广东外海大小轮船二十二艘,巡船十四艘拖船十艘,长龙船一艘,扒船一艘内河两橹桨船一艘,橹船一艘,桨船四十艘,巡船一百九十六艘,急跳船十五艘,平底桨船二艘,快哨船二艘,快船十四艘,快桨船七艘,舻船四艘,船二艘。(赵尔巽主修:《清史稿》卷一百三十五,志第一百一十,第 4014—4028 页。)

104. 福宁左营游击刘振光管带艺新轮船都司杨永年拿获洋盗事

再,据福宁左营游击刘振光、管带艺新轮船都司杨永年禀称,洋次据船户陈阿鸭喊报,伊船于本年正月十八日,驶至浙辖炎亭洋面,被盗行劫,铳毙水手二命,受伤一人,船货俱被劫去等情。该游击等即带师船轮船同往巡缉。二十二日早晨,至北关洋面,盗船与被劫原船联泊该处,经陈阿鸭指认无疑,随停轮围捕。该盗开枪抗拒,我船连放大炮,击伤落海者数人,余驾杉板奔逃上山,各弁勇跟踪追捕。适温州红单师船都司张信成,并中军守备谢世英驾坐艇船踵至协拿。旋获盗匪叶昌濂、李阿三、叶宝江、单成地、金涌年、金景多、陈友培、李汉秋、池品行等九名,解省讯办,陈阿鸭被劫船只发还,承领,等情。当饬福建臬司督同福州府等提集讯明,金涌年、金景多、陈友培三名,均系被盗牵劫掳船伙,取具在省行户顾乾泰等连环保结发文,领回。其李汉秋、池品行二犯供认,听从盗首老麻即张麻皮叠次在洋行劫得赃,并拒敌官兵不讳。叶昌濂、李阿三、叶宝江三名供系被胁在船服役,并未随行上盗。单成地一名供被强占渔船关在舱内,向系安分,有原籍临海县海门地方店户可询,等语。时据浙江温州等营先后报获盗犯黄老四、王怀义等多名。解归温处道讯办,臣随饬将叶昌濂等四名解温备质。旋据该道禀覆,所讯与闽省讯供相符,将叶昌濂、李阿三、叶宝江三名照洋盗案内被胁服役之例,拟徒锁碫。单成地一名,递籍查明办理。李汉秋、池品行二犯,由福建臬司覆讯明确,即行正法枭首,犯事海口示众,以昭炯戒。除温州等营获盗审办情形,由浙江抚臣覆办外,此次福宁巡洋员弁一经事主喊报,立即越境追拿,破获贼盗,计斩枭者二名,徒罪三名,浙省亦从而跟拿获盗,惩办,洵属著有微劳。据福宁镇总兵曹志忠禀,请覆奖前来合无仰恳天恩俯准,将管驾艺新轮船升用游击,优先都司杨永年俟补游击后以参将补用,福宁左营游击刘振光交部议叙。出自鸿慈,除咨部查照外,臣谨附片具陈,伏乞圣鉴训示。谨奏。【光绪朝】(北京:中国第一历史档案馆藏朱批奏折,档号:04-01-17-0189-027.)

105.《台东直隶州舆图全图》

台东州,系后山新辟。光绪初年,移台防同知于埤南。逮十四年分省,裁同知,改为台东直隶州,奏驻水尾地方,居卑南、花莲港之中。并于卑南港设州同,花莲港添设州判,因水尾州城未建,知州暂驻卑南,州同、州判尚无专员。由中权以达前山,则自璞石阁抵台湾府属之云林县,计程二百六十余里。中隔生番,鲜人行走。凡往台东者,悉皆取道凤山。又距卑南大溪六十里之外洋,有火烧屿,孤立海中,横直二十余里,南向有湾可泊小船,能避北风,有居民五百余丁,种地为生。计州城东至沿海之狮球山港,民站二十五里。南至恒春县城三百七十里。西至秀姑峦生番地界五十余里。北至宜兰县交界之苏澳三百一丨里。(《台湾地舆全图》,台湾文献史料丛刊第185种,台北、北京:台湾大通书局与人民日报出版社,2009年,第71—72页。)

宣统朝

宣统元年（1909年）

1. 正月十七日外部致张人骏准刘使电

澳门事。葡请两国各派员会勘电,选准刘使电称:续与葡外部磋商,彼允公断作罢,撤兵撤舰,均在派员后。惟停止收钞、浚海不言,暂时则须申明,以勘界时期为限,迫各节允洽商换文件,彼以撤舰有关主权,不肯形诸文牍,当以撤兵亦不列牍,为抵制。昨准拟送文稿所叙浚海一层,浑言缪辖,海道内不兴工程缪辖二字,虑贻日后争索海权之口实,商令删去,彼坚不允。遂将撤兵、撤舰、收钞、浚海四端概不列牍。现拟仅一条云:两国立即各派一大员,查照丁亥葡京节略及中葡条约第二款,将澳门及其附属地之界址会勘订定,呈候政府裁决,可否? 照此备文互换。又称葡政府拟派工程提督马沙铎为勘界专员外,部谓该员现在葡京曾充东斐洲属地巡抚,与英属两次勘界,均能和衷妥办,拟约华员在香港会齐,等语。除彼以四端虽不列牍,仍应由葡外部当面切实声明,必照各节办到,断不翻悔,则与立文稿无异,所拟一条,即可备文互换外,特先电闻,希查照。外。正月十七日。澳门档。(《清宣统朝外交史料》卷一,台北:文海出版社,1985年,第18—19页。)

2. 正月二十日使法刘式训致外部与葡外部订期实行派员撤兵撤舰电

晟发电计达。顷晤葡外部,遵十八日电,切实与商,彼称葡勉允撤舰,已属通融,断不能立据贻笑,苟不欲践言,虽立据亦无益。贵国何如此见疑,等语。一再磋商,彼始允提早实行期限,以示真心和平解决之意。现与订明所有派员撤兵、撤舰、收钞、浚海各端,均定于西十二号,即二十二日,彼此实行,如此定议是否可行? 乞速核示。又外部面称:马沙铎系告退提督,现作为文职派充专员,人极和平,等语。拟请允认,免生枝节。训。皓。正月二十日。澳门档。(《清宣统朝外交史料》卷一,第25页。)

3. 正月二十一日外部致高而谦迅与粤督商勘澳界事电

本日电旨计达。澳界事,上年因葡派方济格沙等三人为勘界员,不洽华情,商令改派。嗣葡人在马料河勒收地钞,拟浚海道,且遣兵轮来澳,意在强占。本部照请葡使禁止此等举动,阻派兵轮,并催易员勘界。一面电令刘使亲赴葡都,与葡廷交涉,而英人居间调停,要我撤去驻扎兵队,旋经刘使再四磋商,始定彼此派大员勘界,我撤兵队一处,彼撤炮舰,停收钞,罢浚海,均于二十二日实行,此现在派员勘界之缘因也。葡派马沙铎为勘界员,系告退提督,曾充巡抚,据刘使谓颇有声望,人极和平,本部业已允认,葡外部拟约华员,在香港会齐,该员即迅速起程赴粤,先与粤督商酌,一切除所有案卷汇齐钞寄外,即遵照并将起程日期电覆。外。正月二十一日澳门档。(《清宣统朝外交史料》卷一,第25—26页。)

4. 正月二十三日粤督张人骏覆外部葡领云澳门勘界请先议撤舰撤兵电

昨午接二十日电,敬悉。因期迫遵即电知。葡领云顷准钧部电,据刘钦差电称:澳门勘界事订议条款,昨诣葡外部互换文件讫,贵国应撤去寄泊该处海面炮舰,停收地钞,罢浚海之议,我国应撤原驻防营一处,以示两国和平办理澳门界务之意。均定于西历本月十二号,即中历正月二十二日,同时彼此实行等因,现已电饬前山厅遵照,将原驻关闸内防营一处议撤,应请贵领迅电澳督,将撤炮舰,停收钞罢,议浚海各端届时与前山厅撤兵队一处并行,以符定议,等语。盖撤兵一处,自应以关闸内为最当,因该处有关闸为限驻兵,虽撤界址,仍可不清,而该处即彼所谓猎巴,该驻兵亦在前年规复之列,于撤兵之议相符,兹准该领覆电,云:顷接来电所论重要之事,闻之诧异,惟本总领事未接钦差示知,其中或有未清楚之事,贵部堂既接外部主意之电,请将电文照会本总领事,以便办理,等语。当仍照前电语意具文照覆,合先电陈,俟办理如何情形再达,惟应否请钧部照询葡使,赶令电饬葡领澳督遵照之处,候裁,人骏。养。正月二十三日。澳门档。(《清宣统朝外交史料》卷一,第26—27页。)

5. 正月二十九日外部致张人骏中葡勘界宜内外协筹希与高而谦妥酌电

宥电悉,葡舰既先期离开澳门,且系前赴英界,即是实行撤去,无从责以与议不符。至收钞、浚河两端,客腊各电明谓葡人押人勒收地钞,直逼内地,并订造浚河机器,测量河道,电招工师,此次乃谓:现非收钞之时,浚河只有此议。前后语意轻重悬殊,本部前因来电有葡人占领海权,强夺民地,葡舰来澳,事机危急,等语。词气迫切,故特令刘使赴葡交涉。葡廷始谓粤督语多失实,本部仍据尊处报告与之力争。并托英人居间再四磋磨,始允限期,我撤兵队一处,彼即实行三端。揆诸现在情形,葡舰未来者,停派;已来者,引去。收钞、浚河亦无形迹。且认我撤兵为非放弃权利,于勘界以前之事,似可作为结束。原议撤舰撤兵不形文牍,互尊主权。本部前电极明,彼我业经实行无异,自应无庸置议。总之,界务早定,方免种种缪轕。本部已电令高【而谦】可迅速起程赴粤,先与尊处商酌,一切将来勘界,关系重要,允宜内外协筹,彼此同在局中,成败利钝自必周计无遗,执事公忠体国,务祈按切事情,随时与该司妥酌,电部,是所殷盼。外,正月二十九日。澳门档。(《清宣统朝外交史料》卷一,第35页。)

6. 正月二十九日外部致张人骏中葡勘界宜内外协电

宥电悉。葡舰既先期离开澳门,且系前赴英界,即是实行撤去,无从责以与议不符。至收钞、浚河两端,客腊各电明谓:葡人押人勒收地钞,直逼内地并订造浚河机器,测量河道,电招工师,此次乃谓:现非收钞之时,浚河只有此议,前后语意轻重悬殊,本部前因来电,有葡人占领海权强夺民地,葡舰来澳事机危急,等语。词气迫切,故特令刘使赴葡交涉。葡廷始谓:粤督语多失实。本部仍据尊处报告,与之力争。并托英人居间再四磋磨,始允限期我撤兵队一处,彼即实行三端。揆诸现在情形,葡舰未来者,停派。已来者,引去。收钞、浚河亦无形迹,且认我撤兵为非放弃权利,于勘界以前之事似可作为结束。原议撤舰撤兵,不形文牍,互尊主权。本部前电极明,彼我业经实行无异,自应无庸置议。总之,界务早定,方免种种缪辖。本部已电令高【而谦】可迅速起程,赴粤先与尊处商酌。一切将来勘界,关系重要,允宜内外协筹,彼此同在局中,成败利钝自必周计无遗。执事公忠体国,务祈按切事情,随时与该司妥酌,电部,是所殷盼。外。正月二十九日。澳门档。
(《清宣统朝外交史料》卷一,第39—40页。)

7. 二月初五日粤督张人骏覆外部葡欲举澳门环岛而有之应妥酌办理电

正月二十九日电敬悉,撤舰撤兵,遵正月二十三日钧电,应详查澳督已否实行,彼此同时举办。正月十八日,葡舰已赴港修理。二十一日,葡领于此议尚无所闻。是葡舰之去计似无,与于三端之议参观去年四月间选准钧电,葡使请撤拱北老望等处驻兵。又刘使电称:葡外部请中国勿置兵澳境。又李使电称:英外部据葡使诉告华兵入澳,各节。并承钧部电示,遽许撤退,即属认为彼界所关尤大,等因。宥电所陈特就收地钞、罢浚海、撤炮舰三端,照现办情形而论,可实见诸行事者。惟撤舰一节,葡舰以修理为名先去,即无从与我之撤兵同时举办,两国界务交涉,凡先撤兵者例视为退让示弱,事关机要理合据实商请裁示。至于收钞,则葡人押勒浚海则测量南环,并开订购机船,招延公司,皆去冬之事,历经电达在案,诚见葡人举动亟亟不遑,其先由澳门围径三数里租地,近已据有全澳,浸淫逮于滨九洲洋之东南各岛。丙午夏秋,潜移水标贴近湾仔。去冬,且派舰驻银坑。十二月十五日,准钧电彼政府,竟谓常派兵轮前往本国属地,直将认银坑为其所属,欲举澳门四面环岛海面而有之。事势实已日逼,前后语意原无轻重于其间。总之,界务一日未定,缪辖一日不清。卓见无遗,鄙意默察葡人已渐易狡悍为阴柔,力诋粤官屏不与议,于内外协筹周计,最非彼愿。今故议地必择香港勘员,不取粤官,此次复谓骏所言失实,特施种种离间手段,然其术甚浅,钧部谅已烛其狡谋也。高司到粤后,应即从长妥酌办理,际此将勘未勘之时,狡诡举动有所闻见,仍当随时电陈,诸乞钧察,主持为祷。人骏。支。二月初五日。澳门档。(《清宣统朝外交史料》卷一,第47—48页。)

8. 二月二十四日粤督张人骏致外部查明日商私据东沙岛电

顷据查明,蒲拉他士即东沙岛情形。由香港轮行十六点钟可到。岛之东面沙碛,因抱作半月形,产玳瑁,多燐质,日人自丁未秋到该处经营,岛南有水码头,岛上设小铁轨,德律风,吸水管等物。初时,水咸不可饮。经已安有制淡水机厂,近系凿池蓄雨水为用。该厂已废,日本式房屋约二三十座,皆草率成工者。日人竖旗,并立木椿一柱,书明治四十年八月,背面书西泽岛字样。办公所一区,事务人名浅沼彦之及两医生员弁等。

与之问答,据称:系受台湾西泽吉治委任,在此经商,并非公司,系个人生理,亦未知日政府曾否与闻。惟去年夏,台督曾派官吏六人至此。现在计有日本男女大小一百零一人,又由台招来工人三十三名住此。日本商轮约每月一至,或二、三至不等。并不识此岛应属何国,等语。

又,查香港华字报载:有十九日印登日人在惠州插旗传闻一段。谓敝国人百余名在惠州东沙地方插旗,并驱土人渔船。敝领事查无此等情事,亦未知此说何来,烦为更正。香港日本领事署。上一节可见该岛日人只系经商私往,政府或未闻知,其驱逐渔船,已据渔民具控,有案证。以两次往查情形,该日商西泽频年所为殊属不合,自须商令撤回,应否由钧部与日使交涉,或先由粤向日领询问,俟覆答后再作计较。均酌示办。人骏。漾。二月二十四日。蒲岛档。(《清宣统朝外交史料》卷二,第6—7页。)

9. 二月二十四日外部覆张人骏东沙岛事请询日领俟其答覆再办电

漾电悉。日人前年即在该岛纠人建屋,极力经营。现又添设铁路、电话、码头等项,是其布置,业已大备。我于此时始经查系我属,本已后时,现只好照漾电所称,先由尊处询问日领,看其如何答覆,再行核办。并转江督。外务部。二月二十四日。蒲岛档。(《清宣统朝外交史料》卷二,第7页。)

10. 查获日本商船二辰丸号走私枪支案

粤水提李军门派宝璧轮船管带吴荩臣参戎在九洲洋面查获日本商船二辰丸所载快枪七千余枝,弹码无数。葡人谓非华界,阻之。吴参戎据经纬线与争,葡人始无言。当将该船带回虎门内斜西洋面,改悬龙旗,电告外务、陆军两部,并请粤督张安帅派员驰往起卸。安帅拟照中日商约第三款办理,悉数充公。二辰船主坚欲索还,驻广州日领事力助之。日使且照会外务部谓:二辰既奉本国特凭,又有葡官护照,请即释放,并须惩罚宝璧员弁。葡使亦出而干涉,迭称查获之处系在葡领海面之喀冈湾,非华官权力所及。擅自捕获,有碍葡国海权。二辰所载军火,实系运往澳门,非入中国内地,宜即释放。外务部照覆日、葡两使,谓确在中国领海捕获,请即转饬遵照海关会讯章程,持平办理。又电咨安帅,提出实据,与日领及二辰船主和平议结。时安帅已加派温钦甫观察,会同拱北关税司与日领正式交涉,乃日领不允会讯。安帅方拟俟其逾订限会讯之日期后,即行照章充公。时日使迭至外务部抗议,大言恫吓,且有兵舰和泉丸驶入澳门附近海面以示威。安帅因拟令吴参戎偕帮同查获二辰之西人入京,向外务部证明私运军火证据,而驻粤之英水师提督面告安帅,谓应请第三国公断,勿遽释放。否则必多枝节,且军火运入内地,大碍英国商务,日领不愿会审,本提督当切实令其照会,毋得肆意欺侮,云云。然日领一意固执,延不会审,安帅欲依照税司所称会讯逾期,应即充公之法办理,适外务部见赫总税司德开呈节略十七款,劝与日人和平商办,以为扣留愈久,索偿愈巨,并虑其肆用强权,别生枝节,爰以请英水师提督公断,照会日使。日使却之,因电请安帅,速与日领和平议结,不必将全案送部。安帅即询粤海关税司以办法,据谓:节略全出遥揣,未悉细情,随即逐条驳正,安帅因据以复外务部。略谓：必令日人出具保结，始可释放。外务部旋以英使两向日使劝解，坚持未允，英使调停之说亦不可恃。因与日使议定结案办法，兹录其条款如下：

一，政府允将卸下日旗之官员加以惩处，并向日政府谢罪。又允派一兵轮在二辰停泊地左近，于驻粤日领事前鸣炮致谢；二，二辰丸立即释放；三，扣留之军火由政府买回，共价日金二万一千四百圆，并承日本政府共表同情，劝令该货主承允，免为革命党所得；四，拘获二辰之官员，政府允为查明惩罚；五，二辰被扣留后所受损失，中国允为赔偿，其数由粤督与日领公平酌核。又因日本应允将来如遇日本商轮装运军火来华，必为严密防范，故中国政府特表明感激之意。（《外交报》第二百二期，戊申二月十五日，上海：商务印书馆，1908年，第9—11页。）

11. 澳门前山厅湾仔界务

前由粤督张安帅咨外务部略称：湾仔至马骝洲一带，向为中国领海。陆路亦有关闸围墙为界，而葡人既将望厦汛龙田村、青洲各地任意侵占，且又筑垒于湾仔外海之过路环、荔枝湾、石澳等处，并欲伸其权力于湾仔内地，亟应照会葡使，即将各地收回，明定界线。至其办法则已分别水陆各路，拟定如下：一，陆路由澳门至前山，原定以望厦木栅为界，仍宜按照原址勘定；一，前山海内外原有青洲、马骝州、槟榔石、青角、荔枝湾、过路环、九澳向为中国领土；一，湾址、青洲、马骝州以内，又马骝州以外以至十字门过路环各处，所有内海海面均为中国领海；一，所有侵占之陆路望厦木栅、马交角各地及港湾之青洲、槟榔石、荔枝环、过路环等处须一律由中国管领；一，由湾海瓦窑头以至澳门之海面，须分定界限，不能侵越。外务部方拟派员赴勘，而粤督以日轮二辰丸贩运军火，系由葡人议订运澳，既在中国九洲洋面查获，乃犹认为葡属领海，强词争执，且时于湾仔附近经营，亟图扩张权力，若不速定界址，后患何堪设想，因又电商外务部，速派勘界专员赴粤。（《外交报》第二百四期，戊申二月十五日，上海：商务印书馆，1908年，第8页。）

12. 二月二十九日粤督张人骏致外部日领谓东沙岛原不属日电

东沙岛事，已照会日领，请饬西泽撤退。昨该领来署面称：此事彼毫无所闻，已电彼外部，得覆再达，等语。顷准胡大臣来电：谓东京报章登载此事，询问情形，已覆电详达，应否由钧部电饬胡大臣，向日外部交涉。一面仍由粤与日领竭力磋商之处，候卓夺。人骏。俭。二月二十九日。蒲岛档。（《清宣统朝外交史料》卷二，第39页。）

13. 闰二月初一日粤督张人骏又致外部日领谓东沙岛原不属日电

东沙岛事。顷日领来署，谓该岛原不属日，彼政府亦无占领之意。惟当认为无主荒岛，倘中国认该岛为辖境，须有地方志书及该岛应归何官何营管辖确据，以便将此等证据，电归外部办理。至西泽经营该岛，本系商人合例营业，已费甚巨。日政府亦曾预闻，应有保护之责，等语。当答以东沙系粤辖境，闽粤渔船前往捕鱼停泊，历有年所。岛内建有海神庙一座，为渔户屯粮聚集之处。西泽到后，将庙拆毁，基石虽被挪移，而挪去石块及庙宇原地尚可指出。该岛应属粤辖,此为最确证据,岂能谓为无主荒境。且各国境地如山场田亩,非必有人居方有辖权。与之反覆辩论,彼始终执一索据之说。议无归着。查该岛情形历久隶粤,已无疑义。乃西泽毁我庙宇,逐我渔民,在岛年余,获利甚厚。揣彼用心,以为神庙已毁,无可作证。又知中国志书,只详陆地之事,而海中各岛素多疏略,故坚以志书有语方能作据为言。其用意狡谲,情见乎词。前准午帅九月艳电,称:两江派员所绘海图,亦有此岛,拟请午帅迅将前图饬绘数张寄粤。一面由粤设法详考证据,再与日领驳论。应否由钧部电商驻日胡使,与日外部交涉。统乞酌示遵办。祈电覆。人骏。闰二月初一日。蒲岛档。(《清宣统朝外交史料》卷二,第39—40页。)

14. 闰二月初三日外部致张人骏东沙岛经纬度数请觅确据覆部电

东沙岛事。上月二十四、三十日两电均悉。旋准胡使电述日小村外部口气与日领所称亦略同,本部查历次江督来电,内列经纬度数各不相符,当向税司取图详查。图内有碧列他岛,按其度数与江督电称该岛在北纬线二十度四十二分,东经线一百十六度四十三分之语颇相符。合而又与各电内日人现据之岛在北纬十四度一节相背,究竟东沙岛是否即碧列他岛,在我总须考明度数,多搜证据,方好与人交涉。且日人意在索据,仅执神庙旧址及渔船停泊各说不足以资应付,希将上开度数再加详考,并设法觅查确证。电部核办。外。闰二月初三日。蒲岛档。(《清宣统朝外交史料》卷二,第42—43页。)

15. 闰二月初四日粤督张人骏致外部日人侵夺东沙岛证据电

顷据驻粤日领照覆,日政府视蒲岛为无所属之岛,未认为日领土。中国如有已得该岛确证,日政府必当承认。惟日商因该岛久经放弃,以美意开办事业。中政府当妥为保护,等语。查该岛向名东沙,与附近琼岛之西沙对举,沿海渔户倚为屯粮寄泊之所,海神庙建设多年,实为华民渔业陉要之区。青港有华商行店转输,该处渔业商民具控,以日人强暴为词。志书虽漏载,而遍查海图及舆地各书,列有此岛,均指粤辖,证据已足。西泽擅自经营,毁庙、驱船种种不合。实系日人侵夺,并非华人放弃,似未便予以保护。粤无出海大船,稽察亦恐难周,拟仍饬商令撤退之说。并要以毁庙、损失渔业及私运燐质各项之赔偿,应否电胡大臣,与日外部交涉,并乞卓夺。祈电覆。人骏。江。闰二月初四日。蒲岛档。(《清宣统朝外交史料》卷二,第44页。)

16. 闰二月初五日外部覆胡惟德日政府未认东沙岛为日属希酌核提议电

东沙岛事。感、冬电均悉。此事本见前年时报。本部据江粤详查,辗转迟延。近始迭准粤督电称:该岛距汕头百五十英海里,向名东沙,与琼岛西沙对举。现有日商西泽私带日人,盖房升旗,并设铁路、电话、轮船码头。该岛旧建有神庙,西泽毁基移石,兼逐渔户,当以岛为粤辖。照会日领撤回准覆。日政府未认为日属,如有确证日,必承认。惟日商营业中当保护,详查海图地志,列有此岛,粤证据已足。请电胡使,商日外部撤退日商。并要以毁庙、损失渔业及私运燐质各项之赔偿,等语。除电该督详考经纬度数,俟覆到再由部照会日驻使,并续电外,希酌核与日外部提议,并电覆为要。外务部。闰二月初五日。蒲岛档。(《清宣统朝外交史料》卷二,第45—46页。)

17. 闰二月初六日粤督张人骏覆外部东沙岛系我国旧名有各种图记可证电

初三日电敬悉。江电谅达。按东沙岛本系我国旧名,沿海渔民称谓相同。其名其地载在《柔远记》海图,甚非无据。建庙、屯粮、渔业,尤公法所特认。庙本完善,且有存粮,为西泽所毁拆并有旧址。据九龙税司报告:见有华民新泗和渔船尚在该处驻泊,控诉被逐情形。查该船系属于该处开设兴利字号之华店渔船,往来该处,可知者近四十年。何得谓华人放弃。丁未九月初六日,准钧部电,指有辖岛一区,当北纬十四度四十二分二秒,东经一百十六度四十二分十四秒。查之英国海图,该处汪洋一片,并无岛屿。离粤太远,自难引为粤辖。而粤中又无可用以远行探海之大轮,不免望洋兴叹。嗣接午帅电开,该岛在北纬二十度四十二分,东经一百六十度四十三分。复查英海图始知该岛英名蒲拉他士岛,即粤辖东沙岛数处,并无指称日人现据之岛在北纬十四度之说。现既查明距粤海界甚近,且有琼海西沙岛对举之称。西沙岛已派员仍雇用海关轮船往查,加以各项证据,细绎《中国江海险要图》,明指该岛为粤离澳十三里,可决为粤辖,据以与争。钧部查图,复有碧列他岛之名,当系蒲拉他士译音之转。日人近且易名西泽矣。鄙意拟执我国向有东沙之名为断,我国舆地学详于陆而略于海,偏于考据方向远近,向少实在测量。记载多涉疏漏,沿海岛屿往往只有土名,而未详记图志。欲指天度与言旧书无考,所特者仍是英国海图,其他证据现正刻意搜求,要不外于渔业所在,《柔远记》《江海险要图说》所载各端,持此与争,不为无效。统乞主持,无任盼祷。人骏,歌。闰二月初六日。蒲岛档。(《清宣统朝外交史料》卷二,第47—49页。)

18. 闰二月初九日外部致胡惟德现正搜求东沙岛证据希持此与争电

初五日电计达。顷又准粤督电,东沙事,日领晤谈,窥其意可认为华属。惟称须妥为保护,否则政府仍作为无主之岛看待。又以西泽经营费工本应予限议撤退后,其所营房屋机件、铁路等物,必有相当办法。彼持商业应保,我持渔业被毁,力与磋磨,冀酌中议结,务以收回该岛为宗旨。现先由粤与日领事商办。应否电胡使暂缓提,以免互歧等语。现已将此节补照日使,并电覆粤。外务部。闰二月初九日。蒲岛档。(《清宣统朝外交史料》卷二,第48页。)

19. 闰二月十二日粤督张人骏致外部报查明葡船名号及寄碇地方电

昨电谅达。葡兵舰前泊鸡颈外洋面,名华士啰当嘛,系挂葡旗,并非和兰商船,现尚与巷亘利亚葡舰同在香港停泊,据广元官轮管带周炳鉴查报前来,合电陈。人骏。文。闰二月十二日。澳门档。(《清宣统朝外交史料》卷三,第1页。)

20. 闰二月十七日外部致张人骏东沙岛事如商有了结办法希电覆电

东沙岛事。准日使覆称:由粤督与日领和平商结,本国政府甚以为然。政府早将办法饬知日领,兹当再行电示,惟有应请留意者,西泽到该岛创始营业全系善意,此事结局纵定为中国领地,而对于该商平善事业应加相当之保护,请电粤商善后办法,以昭和睦,等语。尊处既与日领开议,如商有了结办法。希随时电覆。外。闰二月十七日。蒲岛档。
(《清宣统朝外交史料》卷三,第4—5页。)

21. 三月二十六日粤督张人骏致外部日认东沙岛为我属现正磋磨电

东沙岛事。据日领面交条款,以西泽因经营该岛拟作永图,费资五十一万元。一,采燐磺鸟粪;二,采海产;三,开牧场。归中国领土,则关口税之外,变永图为限期之事业。其影响即:一,燐磺及肥料需要者不欲为特约;二,中止新规制造事业;三,中止牧场计划。三十年间欲收回五十一万额,一年须得二十万之利益,等语。当列单要以先将东沙岛交还中国,岛上西泽安设各物业由两国派员详细公平估值,由中国收买,岛上庙宇被毁及沿海渔户被驱逐,历年损失利益交由两国派员详细公平估值,由西泽赔偿。所采岛产,应纳中国正半各税,应令西泽加一倍补完。本日复据该领面商洋务处魏道、伍道,开送草单,内载:交还布拉达斯岛之事情,非清国收买该岛物业之价额确定,则不能办理,故先要商定左开各项:一,清国收买西泽物业一事并无异议;二,西泽绝无驱逐渔民之事,而西泽到该岛之时,庙宇无存;三,该岛放弃无所属之状体,西泽深信该岛为全然无所属之地,投巨资创始永年经营之计,尚未得毫厘之利,而因为认过损失更大,实不得纳税再重损失,云云。此案岛为我属,彼已承认。特为西泽要索厚利自难轻许,现在设法磋磨。合先电陈。人骏。有。三月二十六日。蒲岛档。(《清宣统朝外交史料》卷三,第25—26页。)

22. 四月初四日粤督张人骏致外部乞查各使请设东沙岛灯塔事电

东沙岛事闻。壬午癸未间,帆艇航路尚多驶经该岛,各国公使早有会衔公文致赫总税司及总理衙门,请在东沙岛添设灯塔,当时香港各报纸颇有持论。此事惟闻海关文卷,经拳匪烧毁无存,未悉钧署旧案有无,各公使请设灯塔之件,乞详查赐示为叩。人骏。江。四月初四日。蒲岛档。(《清宣统朝外交史料》卷三,第33页。)

23. 四月十九日外部致张人骏东沙岛灯塔事前有札饬各关文希查照电

东沙岛设灯塔事。江电悉,当历查壬癸间旧挡,并无公使会衔公文,因函询裴税司。据覆:庚子后档案不全,无从检查。惟同治七年五月初三日,即西一千八百六十八年六月二十二日,总税司通饬各关札文,有择定中国沿海险要二十处,亟须妥设灯塔,逐年兴建。其洋文内有千八七四年内,应筑成东沙岛灯塔。至今仍未安设,该税务司亦未明何故,等情。除将原函并洋汉文钞咨外,希查照。外。四月十九日。蒲岛档。(《清宣统朝外交史料》卷四,第5—6页。)

24. 四月二十七日粤督张人骏致枢垣东沙岛正待勘估电

窃查粤辖东南海面第十三离澳,英海部图载译称蒲拉他士,原名东沙岛。闽粤渔户倚为避风屯泊之所,建有庙宇,积有余粮。丙午秋被占于日本商人西泽吉次,经营逾年,改名西泽岛。拿爆捕鱼,视为已有。华民渔船,多遭驱逐。丁未骏抵任,准外务部电询饬查。节经考核图籍,询访渔民,会商外务,总两江督臣,搜求我属实证,该岛孤立大洋,风涛极恶,粤无出海坚固大轮,商由南洋派到飞鹰猎舰,委员会往勘明,被占属实。遂向驻粤日本领事交涉。该领初以无主荒岛为言,迭与指证折辩,乃认为我国领土。而又以西泽经营该岛费资甚巨,欲求收回本息,意在久假不归,当列单,要以先将东沙交还我国,岛上西泽安设各物业经由两国派员公平估值,由我国收买。岛上庙宇被毁及沿海渔民被逐历年损失利益,亦由两国派员公平估计,由西泽赔偿。所采岛产、海产应补纳我国正半各税。随据该领复以交还该岛,非中国收买。该岛物业之价额确定不能办理,其余赔偿损失补纳税项各节,多不认允。经骏面与反复磋磨,兹于本月二十四日接该领文开,以奉彼政府命令,谓此案中国亦有和平办理之意,今考出妥结办法,两国派员到岛,一估值西泽事业,以估收买之价;二查核庙宇存在之时,渔户被西泽驱逐之事实,有其事则须令调查西泽赔偿额。一、二两项协定后,所余出口税一事并允存其名义,由收买价额内割一小额支出。如此互相妥协结案,实合事实。相应照请。查照来文存据在案。

伏念该岛虽属弹丸,而界居潮州、惠州外海,于辖土海权不无关系。始而考求图志经纬,继而访察查勘,在我证据既足,乃与日本领事开议,彼坚称属荒岛以相抗,几经辩难,甫认我辖。而借口保商,思索重利。持之又久,幸托朝廷威信,渐就范围。现在论议粗定,正待勘估以为结束。该处海面时有飓风,著名险恶。粤舰万难前往,月初派勘榆林港外西沙各岛,系用伏波、琛航驶赴。该两船年久朽窳,机器陈旧不灵,遇风几遭覆没,此外更无可派之船。现在东沙定由两国派员往勘,势既难缓,又非急促可了。可否请旨饬下北洋大臣,于海容、海筹、通济三船中酌派一号,克日来粤应用,以三个月为期,事竣即行遣回。是否有当伏乞圣鉴训示。请代奏入。骏。有。四月二十七日。(《清宣统朝外交史料》卷四,第10—11页。)

25.五月十九日粤督张人骏致外部会勘东沙岛日已派船请催海筹来粤电

东沙岛事。日人已派船,闻二十一日可到。由驻粤日领会同粤员前往勘估。迭电萨军门催海筹速来。昨询据烟台道电覆:该船须俟派验火药洋员到验后,尽本月内开粤等语。此事系两国商定派员会勘,日舰越国前来,我船转致后期,按之交际交涉,均非其道,关系邦交,现无战事,其重要似非验火药可比。请钧部迅催萨军门,立电海筹,即刻起碇,兼程来粤,毋令外人违言,牵动东沙议案全局。切盼电覆。骏。效。五月十九日。蒲岛档。(《清宣统朝外交史料》卷四,第32页。)

26.《论日本对于大东沙岛不得主张先占之理由》

大东沙岛,在英伦格林威子午线之北纬二十度四十二分三秒,东经一百十六度四十三分十四秒,适在广东省汕头正南,距汕约一百六十海里。素为我国之领土,征之陈伦炯所著《海国见闻录》,谓惠州甲子港之西,有岛名大东沙,东北为田尾表岛,西南为南碣岛。东沙岛位置即在碣石镇之南海中,向为碣石镇所属。按陈书成于雍正八年,即西历一千七百三十年,陈父为碣石镇总兵,其书或成于先世亦未可知。英人蒲拉他士,当一千八百六十六年,即我国同治五年曾航海遇风避泊于此,测量深浅,西图遂以蒲拉他士之名名之。实即我国广东之大东沙岛也。英人虽以蒲拉他士名该岛,而不以蒲拉他士所发见据为己国领有者,诚以该岛非无主土壤,我闽粤渔民就岛以捕鱼为生者,历有年矣。中国渔船在该岛经营渔业甚久,且岛中有渔户经营之建筑物,不能不认为中国领土。惟当时英人不知我国本有大东沙岛之名,故以蒲拉他士名之。若该岛果为无主物,毫无他国领土之证,则英国当早据发见之理由而先占之。又何俟日人今日之强辩乎!日人西泽吉治之入岛经营事业也,在光绪三十三年驱逐我闽粤渔船,拆毁渔户所存储杂粮之建筑物,欲攘为己有,混称无人岛,谓由西泽氏所发见,树木标于上,名西泽岛。该岛饶有燐矿,而海产物亦丰富,陆地森林亦茂盛,温度适宜,西泽欲于该岛大有所为,遂出此暧昧之手段,希图占有此岛。嗣经粤省大吏叠与交涉,遂谓测量此岛而介绍于世界者为英国,英既不欲占领,而抛弃之。中国又不执为本国领土之措置,顷从事该岛事业,与其地最有关系者为日本人。以此而认为日本之领土,非不正当。虽然其所持之说,曰无人岛,曰英国之抛弃,曰中国不执为本国领土之措置,无非欲借此主张国际法上之先占为取得领土之权。原夫先占,必定为无主之土壤。大东沙岛之有中国渔人足迹,已历有年,渔业为本国人民特有之权利,他国人民不能在本国领海以内捕鱼,为国际团体所公认。中国渔民既有住居营业于该岛,何得谓之无主。学者间虽有谓未开化人不得与文明人享受共同之权利,遇野蛮未开化土人所居之地,仍得目之为无主,以其无国家之组织,故无所谓国权。此则不然,中国开化之早,文明久著于世界,斯例之不适用可知。其次谓英国之抛弃,抛弃之土地,固为近时学者所主张。得先占者,惟英人蒲拉他士之测量斯岛,已知其地非无主,故英国不得收入版图,是岂得谓为英国之抛弃耶!至谓中国又不执为本国领土之措置,似指吾国无占有该岛继续之行为,以国际法原理论之,凡先占之国家,若其后无继续实行其主权于此土地之上,终不能承认其为先占。以先占不过一事实耳!如西班牙之先占加尔令群岛,而德意志又先占之。德谓西班牙之先占,是岛仅一事实,而无继续实行主权之行为,故得以此理由对抗之。大东沙岛早置于吾国广东省碣石镇管辖之下,岁有闽粤渔民来往其间经营渔业,即为吾国行政权所及之地。焉得谓中国无主权继续之行为耶!观于日本所持以上之理由,甚不确当,其不能主张国际法上之先占,毫无疑义。况英人又明言中国渔民久处斯岛,承认为中国之领土耶!日政府之当局者,亦自知其所持之不足战胜。惟欺吾国国防之不足,海图之不精,而姑以之尝试。幸吾国持之尚坚,卒使让步。不至如间岛问题之错综复杂,虽然西泽入岛既已经营年余,驱逐渔船,采掘燐矿不知几次,而吾人直至今日始有所闻,与之谈判,日人之讥我不执为本国领土之措置者,亦宜矣!(《外交报》第二百四十七期,己酉五月二十五日,上海:商务印书馆,1909 年,第 2—3 页。)

27. 六月十二日澳门勘界大臣高而谦呈外部澳门附属地应否承认乞裁夺电

葡使说帖,大端以澳门全岛所有附属地全系得自海盗之手,原始即有占据管理之实。

中国又复承认在后援引公法,历史条约,水陆形势以及一向行政与华官明允默认情节。以证其曾有占据之实,并不得不占据之理。无非以符相连岛屿,自应保存。查澳门原系租借各岛,亦并非无主之地。无论其始是否有心占据,未经主国明允,何得收入版图。所引公法,均无效果,不难驳拒。惟条约既允属地,又未指明,殊费讲解。默察舆情,切近者谓难废约,志在保海权,惟仍居少数。在远者主张旧址,索取侵地,则众口一词。薄海内外,函电纷驰,莫不以尺寸勿让为言。谦身处局中,觉反汗之不易,虑旁观之有辞,愈欲于原址之外,搜求属地,以为抵塞,既恐识见迂谬,贻误事机。又虑贪得无厌,难以为继。现在彼族指索之地,已见明文。应付之方,自宜立决。究竟应否于原租界之条约所允彼族已占之陆地,如村庄觅地与之示不食言,抑须先全行驳拒。且俟相持不下之时,允给关闸以内之地,俾期就范。或操或纵,一出一入,所关均属至大,实难率决,理合呈请核示祗遵。再龙田、旺【望】厦等村,十三年以后,尚在香山完粮,在我自视为新占惟潭仔、过路环二岛,均有彼族旧占之地,应否实时提议,与龙、旺【望】各村互相抵换,保我主权,并乞裁夺。又,查葡使亦系事事请示,故每星期议一次,且可延缓,理合附陈。而谦谨禀。真。六月十二日。澳门档。(《清宣统朝外交史料》卷五,第47—48页。)

28. 六月十四日外部覆高而谦与澳不相连各岛无论已占未占均予力驳电

真两电均悉,所筹极周洽,驳语亦精当。至应付之方,宜先查明旧日界址,作为澳门于原界之外,查彼最先占据之地作为附属,示不食言。其与澳不相连各岛,无论已占、未占一概极力驳拒。潭仔、过路环两岛彼虽旧有盗占之处,亦不过一隅区区数亩之地,断不能指为旧占全岛证据,能一并拒绝最好。倘万不得已,只可于澳门附近觅地,照所占亩数抵换。希即照以上宗旨与葡员磋议,随时电部为要。外。寒。六月十四日。澳门档。(《清宣统朝外交史料》卷五,第48—49页。)

29. 六月十八日高而谦呈外部葡使谓久占之地即有主权应调查再议电

寒电敬悉,谨遵照办。今日会议当将驳案宣示,葡使谓照约办理,两使之见既同,先查澳门原址,再察属地,两使所见亦尚无异。惟在葡使之见澳门原址系全岛,并非半岛,则其所属自不在原岛之内。且谓关闸系明万历二年中国所建,以为两国界限,此时全岛已归葡有,所属必在各岛条约,不用岛字者。因当时或疑群岛中有未为葡国占据之故,旋因占租两说争持甚久。葡使意甚坚,谓所纳者系船钞,并非地租。并索租约,且言占据之说已承认于节略及条约矣。盖该约中国系承认葡国有永远占据澳门及其属地之权,并非此时方允葡国得以占领也。此外各处设立炮台,海陆均有巡兵,谓非占据而何!如澳门果系租借,则中国自有主权,何必与葡立约以防鸦片。光绪三十年,商约亦曾声明澳门内港口岸之主权,其余若解犯等事经列任粤督明文承认者指不胜屈。此外若谓炮台置水陆巡防,澳门、潭子、过路环各岛上炮台耸立,中国未尝驳拒,历年已久,非被占据而何!无非欲声明确系占据,援引公法:久占之地,即有主权。嗣因彼此均有说帖,各须研究,俟下星期再议。谦当即上省调查案卷,如何情形,容当续陈。谦禀。筱。六月十八日。澳门档。(《清

30. 六月癸卯浙江巡抚增韫奏议

浙江巡抚增韫奏：浙江宁波府属南田兀峙外海，贴近三门，与宁海、定海、玉环等厅县相为犄角，诚为东浙屏蔽，南洋要冲。近来垦辟渐广，生齿日繁。自非专设文武员弁，不足以资治理。拟请设一厅治，名曰：南田抚民厅，以宁波府水利通判移驻，请定为海疆冲繁要缺，仍归宁波府管辖。并拟添设管狱官，以向驻郡城兼甬东巡检事四明驿丞，随通判移驻，即为南田巡检兼司狱官。四明驿丞，作为裁缺，所遗驿丞巡检事务，就近改归宁波府经历兼管，各专责成。至武职员弁，拟请以提标左营游击，移驻南田适中之樊岙，与抚民厅统辖水陆全境。原驻郡城守备千总二员，移设龙泉、鹤浦两塘，分驻巡防。把总一员，随同游击驻扎樊岙，作为城汛。凡原隶左营驻扎郡城外额各弁以及水师巡洋战守兵丁，一律随同改驻南田各岙。仍归提标统辖。下部议。（《宣统政纪》卷十六，宣统元年六月癸卯。）

31. 六月廿六日外部覆高而谦葡若借他国势力希婉劝葡使电

来电均悉，顷英使面称澳界事若照华官所拟办法，恐难办到。当答以此事现由高大臣在澳与葡员会议，本部不便再行议及。惟就我私意，葡人在澳不过居住贸易，按约得久享此益，万不可有贪土之想。既非在彼屯兵，欲筑军镇，何取于附近小岛。今粤民对于此事甚不安靖，若恃他国势力强占无益之地，粤人心必不服，将来必不相安，不如与高大臣和衷商订为宜，等语。希照此意婉劝葡使以期就范。外。宥。六月廿六日澳门档。（《清宣统朝外交史料》卷六，第51页。）

32. 六月廿六日高而谦呈外部葡使悍言占据因有所恃应驳拒电

葡使所敢悍言占据者，一恃我无租约；再恃本约洋文系承认占据，商约复承认港口附属地字样，英文又可解为不相连等处；三恃公法向来辟地殖民久占应得主权；四恃粤从前有明许默认之事；五恃租金久远不纳，已逾公法合例限期；六恃若交海牙会判断，彼可处优胜地位。现在无论如何，自应竭力驳拒。一面预筹办法，呈候大部主持。谦。径二。六月二十六日。澳门档澳门。（《清宣统朝外交史料》卷七，第3页。）

33. 六月廿六日高而谦呈外部澳门事似以延宕为愈电

延宕办法。此案结已失地，不结亦失地，盖澳门全岛青洲、潭仔、路环久被占据，在其掌握之中，恐无索回之望。大、小横琴尚非十分扼要，两国均不十分重视。若仍旧不动，彼此当可涣然，不至再起争端。至于对面山我现有兵驻守，彼难逾越，若由华使一力驳拒，至于相持不下之日，拟以意见不同，自行求退，呈请政府，另简贤员续议，政府即以葡之要索出于条例之外，延宕不派，待时再议，亦息事宁人之策，似比即结为愈。谦禀。径四。六月二十六日。澳门档。（《清宣统朝外交史料》卷七，第3—4页。）

34. 六月廿七日高而谦呈外部海牙判断恐各国袒葡不如自与磋议电

海牙判断。欧美之于东亚本有不同种族之成规,益以中国政治未尽修明,必以此地属葡为优。葡人布局已久,既有可借之词,必有袒葡之意。澳门为无税口岸,便于通商,一也;英人虑葡穷蹙,将地献于他国,于己不便,二也;法人在彼有电灯公司之利益,三也;葡人拟开内河,已与法荷议明,购彼黄浦江浚河机器,包修河道,法荷均有利益,四也。有此数大国主持其间,海牙会必为葡国之辩护士,难免全败,反不若自与磋议,尚有得半失半之望。谦禀。径六。六月二十七日。澳门档。(《清宣统朝外交史料》卷七,第5—6页。)

35. 七月初十日外部覆高而谦澳门前案并无各岛字样须划清旧占新占电

虞电悉。查十三年中葡议约时,赫【德】、金【登干】除陈四款外,并无他项声明之语。惟赫总税司有节略呈署云:在葡京两国会议缮立节略画押之日,乃系西历一千八百八十七年三月二十六日,即华丁亥年三月初二日。是时所有葡国已经居守管辖各处,即为澳门之属地,等语。本部前于闰二月十九日函内,业经叙及。兹葡使既提前案,查该节略内并无各岛字样,但以画押日所已占者为限,若执此作据,则十三年以后新占之地自无由滥入属地界内。现在须分清旧占、新占地段,如能照本部寒电抵换因应,必不得已,即照冬电办法,与葡磋议。外务部。蒸。七月初十日。澳门档。(《清宣统朝外交史料》卷七,第47—48页。)

36. 巴西代使吉致外部请示知中国领海管理权专律照会(附节略)

为照会事。窃本代办奉本国政府之命,调查贵国关于领海管理权三则。谨列如下:一,在领海界内,对于他国之船其警察裁判权有无限制;二,如甲国逃亡犯人被乙国捕获于丙国船之内,由该犯本国要求交还,应如何办理;三,领海界内有他国商船之犯事,是否将犯人送至该船所属之国审判,抑即由犯事处办理,等因。相应照会贵亲王查照,示知贵国专律如何,俾得申覆本国政府以尽委任。须至照会者。十一月二十七日。法律档。

第一问:如外国船只上有巡警拿人问题,管理领海埠港之权,是否有所限制?第二问:如甲国之逃犯在乙国领海内之丙国船只上为搭客时被拿,而本国又索交还系作何办法?第三问:如在领海内,外国船上犯罪是否应归该船所属之国审判?抑归据有该领海之国办理?对答上项问题须视为万国公法,抑为无治外法权之中国而设。余今按照中国情形条答如下:

一,治外法权得以施行于领海埠界与中国陆地无异。中国对于外国船只举动实为中法条约内数款所限制,以下所译之一千八百六十年中法条约第三十九款。实足解说第一问。法国人民有约各国人民仿此。如有不协争执事件,均归法国官员办理。遇有法国人与外国人争,中国官无权干涉。至于法国船只,按照一千八百四十四年条约专折商船而言,华官亦不能干涉,均归法官及该船主自行料理。观此则可知,中国巡警绝无权力能干涉法国船只。有约各国船只仿此,虽有时曾实行干涉,然亦必预先得有领事或船主之应许。

二，依余解说法律，该犯在外国船上时，中国按照上引条约断不能干涉。如遇此等事件，譬如逃犯为法人，船为德船，依余之意，无论华官、法官，苟非得船主或别项德官之允许，不能捕拿此犯。如犯人并未行出领海，外国船主将其送交该犯所属国之领事，则中国无权可以干涉。治外法权全由条约发生，即任令外国官员管理其在华之人民财产之谓。然如罪人已经逃出该管官员范围，领事或律官仅为审判起见，能否将其追回起岸，此实一甚大甚新之问题。外国或将谓彼之法堂可以任便办理该国罪犯，绝非中国之事，此等议论余亦不能谓其允当也。

三，如在中国领海内外国船上犯罪，自归该船所属之国办理，然如犯罪之人系第三国之民，则不能如此。依余观之，该船虽无法律限制大约，亦必将该犯送交该犯所属国之领事。譬如英人在中国境内德国船上犯罪，英官向德人要索，德人自将该犯移交英官，任凭按照英律审判定罪。然亦可辩论，该犯既在中国领海内犯罪，全属中国管辖之下，与德国绝无关系，缘此等事件本属中国范围，惟既无治外法权，则英国实代中国行法也。如治外法权不行之地，在领海内外国船上犯罪，则归领有该海之国办理。该船如系兵船，不在此例。(《清宣统朝外交史料》卷十二，宣统元年十一月二十七日，第8—10页。)

37. 外部丞参呈堂宪研究外国船在中国领海内应如何施行司法权事

谨将外国船在中国领海内，中国应如何施行司法权一事研究所得，缮具清单，恭呈钧鉴。

拟答巴吉使第一问：凡外国船泊于中国领海者，所有船内生出民刑事件，倘于中国治安无碍，或外国船之船长不求中国帮助，中国即不干涉，故中国之司法权及警察权对于外国商船实有如上所举之限制，惟有特别条约者，不在此限。外国船仅在中国领海通行者，除有侵害中国利益之情事外，中国概不干涉，惟航海之警察规则，概须遵照。谨按：外国船在中国领海界内，中国应如何施行司法权及警察权一事，应分为二节研究：一，外国船在中国领海经过；二，外国船在中国领海停泊。外国船仅在领水经过，与领海国无大关系，除有侵害领海国利益情事外，似可不必干涉。惟所有航海警察规则，应一律使之遵照。至于在中国领海停泊之外国船，按英国主义，除有特别条约者应遵约办理外，应使之全服我国司法权及警察权，方与法理相符。惟船内种种细微事件，均由我国干涉，不免生出种种外交争端。似嫌琐屑，故拟采用法国主义。除案情重大，有碍我国治安，或由该船船长请求我为之帮助外，概不干涉。如是，既不失我主权，又免外交争论。为策似尚妥便，是否有当？恭后钧裁。

谨将英法等国历来办法附呈钧鉴。一，外国商船通行领海时，据英国主义，凡通行领海之外国商船，如船内出有民刑案件，亦归英国管辖。然仅在领海通过，实与领海国无大关系，于此而仍施行国权，实多不便之处。故学者多反对之。一千八百九十七年，万国公法会议，于此事件议定，除有侵害领海国利益情事外，领海国概不干涉。故我国亦宜遵守万国公法会议所议决者办理，方为合宜。惟航海之警察规则，无论如何概须遵照。

二，外国船舶在领海停泊之时，各国于此问题有二主义：甲，英国主义。按此种主义,盖严行领土主权者。当十九世纪之初,各国莫不采用斯法。故一千七百九十六年,普国领海规则第五条内载:凡在外国港内之普国船舶所有船内之普国人民,如有民刑诉讼,归该地裁判所管辖。又一千八百七十八年,英国颁布领海裁判条例:凡在英国领海内,即自英国海岸三海里内之水面,所有犯罪案件不论其人为英人,为外国人,在英船内犯罪,抑在外国船内犯罪,统归英国裁判所管辖,各等语。具见此等主义实为当时所通行,且自法理论之此主义亦属正当无误。惟外国船舶内发生种种细微事件,一一皆由领海国干涉,则外交上不免生出种种争论,且放任之,置之不问,亦于领海国毫无不利不便之处。自十九世纪之初叶,乃有所谓法国主义者出焉。乙,法国主义。按法国主义,凡在法国港湾之外国商船所有船内船员间之犯罪,苟不紊乱法国港湾之秩序,又不请求法国为之帮助,法国即概不干涉。如一千八百六年,北美商船组敦号及沙利号事件,法国即实行此种主义,由北美领事自行管辖。法国置之不问主义,渐为学者及实际上所采用。如公法大家霍爱敦氏初极主张此属地主义,即英国主义,谓船内发生之案件,除有特别条约外,概归领海国管辖。嗣见此案法国所采用之法制及判例,乃幡然改图,极赞法国主义之方便,谓主义深合公法之原则,将来必可邀各国之承认云。现在除英国一国外,各国莫不采用此主义。且一千八百九十八年之万国公法会议,亦承认法国主义,决议参用之。

拟答巴吉使第二问。谨按此间似系指犯人在本国犯罪,乘他国船舶,逃至中国境内,由该国请将犯人获交自行治罪。问中国应如何办理之意。查交犯一事,近今学说指为国际之道德,不论有无交犯条约,均应协力获交以昭睦谊。惟交犯一事,应备左列五条件方为合宜。有此五条要件,则不问其犯人在他国船上,抑亦他种地方,如在我国境内。我国即宜设法获交,以符国际法律共助之义。

谨将要件列左:一,须由该国将犯人姓名及所犯情节通知中国;二,所犯情节颇重,且中国法律亦视为有罪者;三,所犯非关涉政治;四,犯人非中国人;五,此人现在未曾在中国犯罪。谨按右举各节,拟答如左,是否有当,恭候钧裁。

凡犯人曾在本国犯罪,逃至中国,经该国将犯人姓名及所犯情节通知中国,请为获交惩治,中国当查所犯轻重,又查中国法律上是否亦视为有罪,如犯情颇重,中国法律又视为有罪,则中国当设法获交。所有获犯经费,应由该国偿还。惟犯人如系中国人,或所犯系属政治犯人,又此人现在中国犯有罪案,则不能获交。但犯人之本国曾与中国结有特别条约者,一切遵约办理。

拟答巴吉使第三问。凡在中国领海内停泊之他国商船,遇有工役在船内犯罪情事,应按照案件之轻重及有无妨碍治安为断,如犯罪甚轻,且无碍中国之治安,该工役即由该船所属国管辖,中国概不干涉。如工役在中国岸上犯罪甚轻,又于中国治安无碍,则由中国地方官将该犯执交该船船长,由船长责罚后,通知中国地方官。其案情重大,有关中国治安者,仍由中国管辖,惟有特别条约者,不在此限。

谨按本问亦可分为二层研究:一,工役在船内犯罪;二,工役在岸上犯罪。工役在船内犯罪应如何办法,可照第一质问所答各节,按其情节轻重分别办理。至于工役在岸上犯罪,按之法理不论罪之轻重,有无妨碍治安,除有特别条约应遵约办理外,本应一律由领海国管辖。惟案情甚轻,于领海国之治安又无甚妨碍,不妨由领海国地方官将工役执交该船船长,由船长将工役责罚后,通知中国地方官,则彼此均甚方便。盖往往有因地方官管辖此种细微事件,致令船舶不能起碇,殊多不便之处。如先年日本船在英属玛岛曾演此事,嗣经几许交涉,该岛太守乃设法措辞,将该犯交还船舶,始能起行。故工役犯情甚轻而无碍者,以执交该船长责罚为便也。(《清宣统朝外交史料》卷十二,宣统元年十一月二十八日,第10—14页。)

宣统二年(1910年)

38.《论渤海湾渔业权》留学日本法政大学毕业生仁和邵义撰

夫国家之有领海主权,与陆地之领土无异。在国际法上限于一定之区域,距离以内即属于沿海岸国家之版图。故苟在一国之领海范围内,其国家即有自由使用及收益处分之权利,而绝对不许他国之侵害。自国际交通以来,各国认通商繁盛之利益,遂以条约特许外国船舶碇泊本国之领海以内及自由航行。在今日国际间虽认为共同之原则,然关于国防、警察及财产诸方面仍不能不加以特别严重之监督也。

领海主权之最重者,除国防、警察外,即财产权是也。沿海渔业为国家财产权之一,关系沿海岸人民之生活及国家之富源,故国家应保护人民以独占,非本国臣民不能享有捕获之权利,为国际法所公认。

一千八百三十八年及一千八百六十七年英法条约,与一千八百七十四年英德条约,及一千八百八十四年义奥条约,皆彼此确认有沿海渔业之独占权也。故各国之鼓励远洋渔业者,惟限于公海得为之。若他国之领海范围以内,则绝对不可侵犯。如有侵害及私捕之嫌疑,被侵害之国家得追捕其船舶,没收其渔具,并处私捕者以刑罚。曩时美国曾拘获日本私捕之渔人,而处以监禁之罪。俄国曾没收日本私捕之渔船,是其先例也。

渤海湾为我国最大之海湾,日本自得继承租借旅大以来,就窥伺我渤海之渔业。时有私捕渔船出没其间,以夺我沿海人民之生计,而损我国家之主权。去岁日人曾在镇南浦龙岩浦之间,以炮击我山东渔船之在公海者。今岁又有日本渔船三十余号在渤海湾养马岛以东,擅行私捕,获利甚厚。待我国行政官吏觉察,诘以在领海内私捕,侵夺我之权利。日本领事反主张谓在我沿海岸三海哩以外,应属公海,不在领海范围之内。日领事之藐视我国行政官吏,不知国际上规定海湾之先例,遂强词巧辩,以侵占我海权。普通所谓三海哩以内,谓之领海,指沿海岸而言,自潮退时水陆分界线之点起算,然此犹英国所取炮弹达于海岸相距离之标准,虽为多数各国所采取,而究不能认为确定之原则。例如,美国当分离战争之际,西班牙曾宣言以玖马岛之周围六海哩间为领海。一千八百九十四年,美国曾向列国提议,以五海哩为领海。瑞典则认六海哩为领海。那威以四海哩为领海之最少里数,遇必要时得更为扩张。故三海哩之说,仅为日本所采取主义,而未足为概括之断定。

况海湾之解释,与沿海岸之领海更异。海湾除其入海之周围当然属于一国之领域。普通自湾口十哩以内之水面,俱尽作领海。一千八百三十九年,英法两国所结渔业条约,承认自湾口十哩以内为领海。一千八百八十年六月,丹麦国政府关于海湾渔业发布,凡海湾自海口十哩以内为领海,德国承认之,命令人民不得侵害丹麦国海湾渔业之权利。是年,德国政府亦向列国声明,自湾口十里以内为本国领海,国际间已认为通例。然此犹指定十哩以内为领海者。就令海口超过十哩以上之海湾,亦得认为领海。如法国之康加尔湾、荷兰之齐德尔湾,因其所产牡蛎繁盛,俱认为领海,以保护渔业之独占权。又英国之布尼斯德湾、纽西兰属之孔普勘湾,其湾口广十五哩,入陆地四十哩至五十哩不等,亦认为本国之领海,列国与学者间亦无所异议。况我国之渤海湾,起自山东省之钦岛,至辽东半岛之岬端,其距离仅八九哩,则渤海湾之全属我国领海,其得行使我国领海主权,又何疑焉!

(《外交报》第二百十三期,庚戌六月二十五日,上海:商务印书馆,1908 年,第 2—3 页。)

综合性资料

沿海各省通志选录

1.《福建通志》选录

镇守福建将军,驻扎福州省城。

总督福建军务部院,驻扎福州省城,原辖浙闽二省。雍正五年十二月奉文专辖福建;十二年,奉文兼辖浙闽。

巡抚福建提督军务都察院,驻扎福州省城。

镇守福州左翼副都统,驻扎福州省城。

镇守福州右翼副都统,驻扎福州省城。

四旗营:

协领四员,参领四员,防御二十员,骁骑校二十员,副骁骑校二十员,领催二百二十二名,马兵一千四百一十八名,步兵三百四十七名。饷有定额,俱驻福州省城。各该旗汛内轮防闽县三江口水师营,见下。

新设水师旗营。协领一员,佐领二员,防御二员,骁骑校六员,副骁骑校六员,领催二十四名,兵四百七十名,教习兵一百名。饷有定额。战船一十四只,驻防闽县三江口。

将军标左右二营:

左营。副将一员,都司一员,千总二员,把总四员,马步战守兵共九百三十名。饷有定额。

右营。游击一员,守备一员,千总二员,把总四员,马步战守兵共九百三十名。饷有定额。俱驻防福州省城。

督标中左右三营:

中营。中军副将一员,都司一员,千总二员,把总四员,马步战守兵共一千三百九十一名。饷有定额。

左营。参将一员,守备一员,千总二员,把总四员,马步战守兵共一千三百九十二名。饷有定额。

右营。参将一员,守备一员,千总二员,把总三员(雍正十一年设),马步战守兵共一千三百九十二名。饷有定额。俱驻福建省城。

内拨防闽县南台水师营兵丁共七百五十名。

新设督标水师营。参将一员,守备一员,千总二员,把总四员,兵九百名。(内督标中、左、右三营,轮拨兵丁七百五十名。水师提标中、右两营轮拨水兵七十五名,闽安左、右两营轮拨水兵七十五名)。饷有定额。战船四只,哨船四只,驻防闽县南台。巡防圆山水寨、崇新寨、登高山寨,兼辖大桥、埔头、鼓岐、魁岐、磕坑、胁头、君竹、红山、田螺湾、山尾等塘,把总一员,兵一百四十名,哨船二只。

抚标左、右二营:

中军参将一员,兼管左营事,守备一员,千总二员,把总四员,马步战守兵共六百五十一名。饷有定额。

右营。游击一员,守备一员,千总二员,把总四员,马步战守兵共六百五十一名。饷有定额。俱驻福建省城。

内轮防闽县壁头汛,兼辖林浦塘,轮防罗星塔汛,兼辖姑庵、峭门等塘,把总一员,兵一百名,哨船四只。

福州城守营左、右二军(略)。

闽安镇标左、右二营,副将一员,驻扎闽安镇城。

左营。游击一员,守备一员,千总一员(雍正十一年复设一员),把总四员,步战兵共八百一十六名。饷有定额。战船一十四只,内拨督标水师营一只。驻防闽安镇城,兼守内港船只及出洋分巡守备一员,把总一员,兵二百五十三名,战船五只。拨守南北岸二台并东岐、长柄、象洋三处烟墩,共兵四十一名。分巡内洋梅花水汛把总一员,步战兵五十名,战船一只。拨守金牌炮台并琅琦山烟墩瞭望共兵三十三名。分巡内洋五虎门把总一员,兵五十名,战船一只。驻拨外海定海所千总一员,兵一百二十名,战船二只。拨守定海烟墩瞭望兵三名。轮防外洋南北竿塘,兼辖白犬、东沙及出洋分巡游击一员,兵二百一十名,战船四只。拨守南北竿塘二处烟墩、瞭望共兵六名。驻泊外海黄岐汛把总一员,兵五十名,战船一只。

右营。游击一员,守备一员,千总二员,把总三员(雍正十一年复设一员),步战兵共八百一十六名。饷有定额。战船一十四只,内拨督标水师营一只。分防北茭海汛千总一员,兵一百八十名,战船三只。分防外海濂湾门把总一员,兵八十名,战船二只。分防外海东冲口把总一员,兵七十名,战船二只。驻防外海大西洋,兼防芙蓉山及出洋分巡守备一员,把总一员,共兵二百名,战船三只。拨守大西洋、芙蓉二处烟墩瞭望共兵六名。分防罗湖千总一员,兵一百六十名,战船三只。拨守罗湖烟墩、瞭望兵三名。拨防大金【山】汛(属罗湖汛兼辖),兵三十名,战船一只。拨守大金山烟墩瞭望兵三名。随防闽安镇兵八十四名。

长福营左、右二军(略)。

海坛镇左、右二营:总兵官一员,驻扎本汛。

左营。中军游击一员,守备一员,千总二员,把总四员,步战守兵一千一百五十二名。饷有定额。战船一十九只。驻防海坛汛中军一员,守备一员,千总二员,把总二员,兵七百五十七名,战船十一只。拨守平潭炮台并君山、大练二处烟墩瞭望共兵二十六名。分防外海磁澳水汛,兼辖盐埕澳、鼓屿门等汛把总一员,兵二百八十名,战船六只。拨守磁澳、葫芦澳、鼓屿等烟墩瞭望共兵九名。分防内海万安一带水汛,把总一员,兵八十名,战船二只。

右营。游击一员,守备一员,千总二员,把总三员(雍正十一年复设一员),步战守兵一千一百五十二名。饷有定额。战船二十只。驻防海坛汛游击一员,守备一员,千总一员,把总二员,兵七百二十四名,战船一十一只。拨守平潭炮台兵一十名。分防外海观音澳,兼辖分流尾、娘宫、前江阴、壁头、三江等汛,千总一员,共兵一百九十五名,战船五只。拨守观音澳、分流尾、跨海等处烟墩瞭望并壁头汛炮台共兵一十九名。分防外海南日汛,兼辖湄洲、平海澳等汛,把总一员,共兵一百九十五名,战船四只。

连江营(略)。

罗源营(略)。

兴化城守左、右二营(略)。

陆路提标中、左、右、前、后五营(略)。

泉州城守营(略)。

同安营(略)。

水师提标中、左、右、前、后五营。提督总兵官一员,驻扎厦门。

中营。中军参将一员,守备一员,千总二员,把总四员,步兵九百六十名。饷有定额。战船一十四只。内拨督标水师营一只。驻防厦门中军参将一员,千总一员,把总三员,兵五百五十八名,战船一十只。分防浯屿汛,兼辖岛美汛并浯屿南北炮台、烟墩守备一员,共兵一百九十六名,战船一只。分防海门汛,兼辖容川码、青浦等汛千总一员,共兵一百三十名,战船二只。分防高崎汛把总一员,兵三十名。分防大担门兵四十名,战船一只。拨守厦门港炮台兵六名。

左营。游击一员,守备一员,千总二员,把总四员,步兵九百六十名。饷有定额。战船一十四只。驻防石码镇城游击一员,千总一员,兵二百五十名。随防厦门守备一员,千总一员,把总三员,兵五百九十一名,战船一十三只。分防福浒汛把总一员,兵五十名。拨守小担门炮台并五通山瞭望共兵二十三名。拨防大担门兵四十名,战船一只。拨守厦门港炮台兵六名。

右营。游击一员,守备一员,千总二员,把总四员,步兵九百六十名。饷有定额。战船一十四只,内拨督标水师营一只。驻防厦门游击一员,守备一员,千总二员,把总三员,兵六百八十九名,战船一十三只。分防三义河,兼辖玉洲澳头、东尾、石美、许茂、乌屿等汛把总一员,共兵一百八十五名。拨防大担门兵四十名,战船一只。拨守大担后炮台,兵四十名。拨守厦门港炮台兵六名。

前营。游击一员,守备一员,千总二员,把总四员,步守兵九百六十名。饷有定额。战船一十四只。驻防厦门游击一员,守备一员,千总二员,把总三员,兵七百七十八名,战船一十三只。分防桥梁尾汛,兼辖海沧、三都、鼎尾、新安、白礁、排头门等汛把总一员,共兵一百一十名。拨防大担门兵四十名,战船一只。拨守黄厝社炮台并白石头镇南关二处瞭望共兵二十六名。拨守厦门港炮台兵六名。

后营。游击一员,守备一员,千总一员(雍正十一年复设一员),把总四员,步守兵九百六十名。饷有定额。战船一十四只。驻防厦门游击一员,守备一员,千总一员,把总二员,兵七百四名,战船一十三只。分防刘五店汛,兼辖浔尾洲、湾头、石浔、高浦、马銮等汛把总一员,共兵一百七十名。拨防大担门兵四十名,战船一只。拨守大担前炮台兵四十名。拨守厦门港炮台兵六名。

金门镇标左、右二营。总兵官一员,驻扎本汛。

左营。中军游击一员,守备一员,千总二员,把总四员,步战守兵共一千一百五十二名。饷有定额。战船十七只。驻防金门汛中军游击一员,守备一员,千总一员,把总一员,兵八百五名,战船一十一只。轮防深沪汛千把总一员,兵三十五名,战船一只。轮防祥芝汛千把总一员,兵三十五名,战船一只。轮防崇武汛千把总一员,兵七十名,战船一只。轮防黄崎汛千把总一员,兵三十五名,战船一只。拨防烈屿汛兵八十三名,战船二只。拨防金龟尾、许坑、欧厝、彭林、古宁、董水、大嶝、小嶝等汛并大坠山、烈屿、金口尾、许坂、欧厝等处瞭望炮台,共兵八十九名。

右营。游击一员,守备一员,千总二员,把总四员,步战守兵共一千一百五十二名。饷有定额。战船一十六只。驻防金门汛游击一员,守备一员,千总一员,把总一员,兵六百九十五名,战船七只。轮防围头汛千把总一员,兵三十五名,战船一只。轮防镇海汛千把总一员,兵八十五名,战船二只。轮防井尾汛千把总一员,兵七十名,战船二只。拨防将军澳兵三十五名,战船一只。轮防料罗汛千把总一员,兵八十五名,战船二只。拨防官澳汛兵四十五名,战船一只。拨防官澳、刘湾、金山港、田浦、峰上、陈坑等汛并料罗、田浦、峰上、陈坑各处瞭望炮台,共兵一百二名。

漳州镇标中、左、右三营(略)。

漳州城守营(略)。

漳浦营(略)。

海澄营(略)。

云霄营(略)。

诏安营(略)。

铜山营。参将一员,守备一员,千总二员,把总四员,步战守兵共一千二百名。饷有定额。战船一十六只。驻防铜山镇城参将一员,守备一员,千总一员,兵四百九十九名,战船四只。派拨铜山城内山顶墩台瞭望兵三名。派拨铜山汛铜砵山顶墩台瞭望兵三名。分防陆鳌汛千总一员,兵五十七名。分拨陆鳌山顶墩台瞭望兵三名。分防陆鳌水汛把总一员,兵一百四十名,战船三只。分防古雷汛把总一员,兵一百三十七名,战船二只。派拨古雷汛尖山顶墩台瞭望兵三名。派拨内港社巡查水汛兵三十名,战船一只。分防悬钟水汛,兼辖扼守畲州把总一员,兵一百四十名,战船三只。分防北山苏尖汛,兼防北山汛宫仔前炮台瞭望巡查八尺门水汛、扈头礁汛、松柏门汛千总一员,兵共一百八十五名,战船三只。八尺门、扈头礁、松柏门三汛各设八桨船一只。

南澳镇标左营(右营属广东)。总兵官一员,驻扎南澳镇城。

左营。中军游击一员,守备一员,千总二员,把总四员,步战守兵共一千一百五十九名。饷有定额。战船一十五只。驻防南澳镇城守备一员,千总一员,把总一员,兵六百一十五名,战船八只。出洋分巡游击一员,千总一员,兵二百八十一名,战船四只,分防深澳口,兼防左炮台等汛把总一员,兵八十一名,战船一只。分防洋林湾把总一员,兵八十一名,战船二只。分防云澳泰字楼炮台把总一员,兵五十一名。分防青澳汛兵四十一名,拨守金山、云澳、深澳等处烟墩瞭望共兵九名。

延平城守左、右二营(略)。

建宁镇标中、左、右三营(略)。

枫岭营(略)。

邵武城守左、右二营(略)。

汀州镇标中、左、右三营(略)。

福宁镇标中、左、右三营(略)。

烽火门营。参将一员,守备一员,千总二员,把总三员(雍正十一年复设一员),步战守兵共九百一十二名。饷有定额。战船一十三只。驻守秦屿城参将一员守备一员,把总一员,兵二百九十九名,战船一只(烽火汛艇船一只,秦屿汛哨船一只)。拨守牳屿、南透二处烟墩瞭望共兵六名。出洋分巡,本营将备轮班带领兵二百四十名,战船四只。拨守大小嵛二山烟墩瞭望共兵六名。分防外海三沙汛千总一员,兵九十名,战船二只。拨守三沙、五澳二处烟墩瞭望共兵六名。分防外海斗米汛把总一员,兵八十名,战船二只。拨守斗米山烟墩瞭望兵三名。分防外海南关汛千总一员,兵九十名,战船二只。拨守南关、屏风二处烟墩瞭望共兵六名。分防外海沙埕汛把总一员,兵八十名,战船二只。拨守南沙埕、南镇二处烟墩瞭望共兵六名。

桐山营(略)。

台湾镇标中、左、右三营,挂印总兵官一员,驻扎台湾府城(雍正十一年题请挂印)。

中营。中军游击一员,守备一员,千总二员,把总四员,步战守兵共九百一十名。内地按班拨戍,饷有定额。驻防台湾府中路口游击一员,守备一员,千总二员,把总四员,兵九百一十名。

左营。游击一员,守备一员,千总二员(内一员雍正十一年复设),把总四员(内一员雍正十一年复设),步战守兵共九百三十名。内地按班拨戍,饷有定额。驻防台湾府北路口游击一员,守备一员,千总二员,把总四员,兵九百三十名。

右营。游击一员,守备一员,千总二员,把总四员,步战守兵共九百三十名。内地按班拨戍,饷有定额。驻防台湾府南路口游击一员,守备一员,千总二员,把总四员,兵九百三十名。

台湾城守营左右二军(略)。

南路营(略)。

北路营(略)。

淡水营。都司一员,千总一员,把总一员(雍正十一年复设一员),步战守兵共五百名。内地按班拨戍,饷有定额。战船六只。驻防淡水港都司一员,兵二百九十名,战船四只。分防炮台汛兼辖港北、小鸡笼等塘把总一员,共兵五十名。分防大鸡笼城,兼辖大鸡笼港金包里塘千总一员,共兵一百六十名,战船二只。

台湾水师协镇标中、左、右三营,副将一员,驻扎安平镇汛。

中营。游击一员,守备一员,千总二员,把总四员,步战守兵共八百五十名。内地按班拨戍,饷有定额,战船一十九只,炮架八座,炮台七座,烟墩十一座。随防安平镇城兵四十名。分防内海安平镇汛千总一员,把总一员,兵八十五名,战船七只。轮防内海鹿耳门汛,守备一员,把总一员,兵一百五十名,战船三只,炮架八座。分防内海盐水港汛把总一员,兵一百二十名。分防外海汶港汛,兼辖外海北门屿、马沙沟、青昆身等汛千总一员,共兵九十五名,战船二只,炮台四座,烟墩六座。分防外海大港汛,兼辖外海昆身头、蛲港等汛把总一员,共兵六十名,战船一只,炮台三座,烟墩五座。拨随副将出洋总巡兵九十名,战船二只。分巡鹿耳门外中路洋面游击一员,兵一百六十名,战船四只。贴防北路营半线汛兵五十名。

左营。游击一员,守备一员,千总一员(雍正十一年复设一员),把总三员(雍正十一年复设一员),步战守兵共八百名。内地按班拨戍,饷有定额。战船一十八只,炮台四座,烟墩四座。随防安平镇城兵七十名。分防内海安平镇汛,兼辖内海水城海口千总一员,共兵一百三十名,战船七只。分防内海笨港汛守备一员,把总一员,兵二百三十名,战船三只,炮台一座,烟墩一座。拨防内海猴树港汛并海丰港炮台共兵十名,炮台一座,烟墩一座。分防内海三林港汛,兼辖三林港炮台把总一员,共兵五十名,战船一只,炮台一座,烟墩一座,分防内海鹿仔港汛,兼辖鹿仔港炮台把总一员,共兵九十名,战船二只,炮台一座,烟墩一座。拨随副将出洋总巡游击一员,兵四十名,战船一只。拨巡本汛洋面兵一百八十名,战船四只。

右营。游击一员,守备一员,千总二员,把总三员(雍正十一年复设一员),步战守兵共八百五十名。内地按班拨戍。饷有定额。战船一十九只,炮架七座,炮台五座,烟墩二十一座。驻防安平镇汛游击一员,千总一员,兵一百名,战船六只。随防安平镇城把总一员,兵七十名。轮防内海鹿耳汛把总一员,兵一百五十名,战船三只,炮架七座。分防外海打狗汛,兼辖岐后、万丹、西溪、东港、淡水港、茄藤港、放索、大军麓等汛把总一员,共兵一百三十名,战船二只,炮台,五座烟墩十一座。分防打狗、岐后、西溪、东港、淡水港汛洋面千总一员,兵一百二十名,战船三只。拨随本标左营游击出洋总巡兵五十名,战船一只。分巡本汛洋面守备一员,兵一百八十名,战船四只。贴防北路营半线汛兵五十名。

澎湖水师协镇标左、右二营,副将一员驻扎澎湖。

左营。游击一员,守备一员,千总二员,把总四员,步战守兵,共一千名。内地按班拨戍,饷有定额。战船一十八只,炮台六座,烟墩六座。驻防内海妈宫汛游击一员,千总一员,把总二员,兵二百二十七名,战船七只。轮防妈祖澳、新城内海港口把总一员,兵二十八名。拨防内海妈祖澳、新城东港并港口共兵七十八名,战船一只,炮台一座。分防外海八罩汛,兼辖外海八罩、挽门、水埯将军澳等汛,并将军澳,炮台把总一员,共兵二百八十四名,战船二只,炮台三座,烟墩三座。分防外海嵵里汛,兼辖双头挂、风柜尾、文良港、龟鳖港等汛千总一员,共兵一百三十五名,战船二只,炮台二座,烟墩三座。拨随副将出洋总巡兵一百一名,战船二只。分巡八罩洋面守备一员,兵一百四十七名,战船四只。

右营。游击一员,守备一员,千总二员,把总四员,步战守兵共一千名。内地按班拨戍,饷有定额。战船一十八只,炮台四座,烟墩六座。驻防内海妈宫汛游击一员,千总一员,把总二员,共兵三百三十三名,战船九只。拨防妈祖澳新城并内海新城西港共兵五十六名,炮台一座。分防内海妈祖澳港口把总一员,兵五十名,战船一只,分防外海西屿头、内外堑,兼辖竹篙湾、缉马湾、小门等汛,把总一员,共兵一百七十三名,战船一只,炮台三座,烟墩五座。分巡外海大北山、瓦硐港、赤崁澳、通梁港等汛,千总一员,共兵一百名,战船一只,烟墩一座。拨随副将出洋总巡兵九十名,战船二只。分巡西屿头洋面守备一员,兵一百九十八名,战船四只。(郝玉麟监修:《福建通志》卷十六,文渊阁四库全书第527册,上海:上海古籍出版社,2012年,第16—82页。)

2.《浙江通志》选录一

杭州府

杭州,枕江负海,钱塘县沿江,仁和、海宁二县濒海。江口两山夹峙,南曰龛山,属绍兴萧山县界;北曰赭山,属海宁县界。旁有小山,曰鳖子山,谓之海门。江流经府西而南,东接海宁县界,出海门以入于海。故鳖子门控扼要害,乃省会之锁钥。而海宁则濒海为县,东达澉浦,南临大洋,石墩、凤凰、黄湾诸山皆沿海必备之险也。石墩山在海宁县东五十里,下有小港,外通大洋。凤凰山直插海中,虽为海宁县之水口,实乃省城之下关。黄湾山在海宁县东六十五里,旁近大海,有黄湾浦与澉浦接,北通峡石、袁花诸处,最为险要。

……

国朝经制。额设杭协、城守、钱塘、水师二营、城守营。副将统辖都司、千把、外委等官十三员,兵八百五十七名(俱详见兵制)。除分防内地各汛外,兼防海宁县汛,水师营都司金书统辖千把外委等官十一员,兵六百五十六名(俱详见兵制)。除分防内地各汛外,兼防鳖子门、河庄山汛。鳖子门、河庄山汛千总及外委把总轮防驻兵八十一名,领唬船四只。(康熙五十六年福浙总督满保题请,将本营防守运河快唬船十五只内,抽调四只,改为唬船,赴本汛巡防;雍正五年六月,改为大唬船。本汛原系杭协城守营海宁汛兼辖,康熙五十六年福浙总督满保题请,将本营原防余杭县汛归城守营管辖,其海宁汛所辖鳖子门、河庄山汛改归本营管辖。)

海宁县汛把总及外委千总防守驻兵八十八名,辖台十八:潘家坝、华家衖、将军殿、关帝殿、马牧港、牛皮墩、秧田庙、庙前台、五里亭、十里亭、廿里亭、范家堰、周家墩、石墩、小尖山、大尖山、谈山岭、凤凰山。

海宁在城驻防,初系督标把总。康熙十年,改城守营千总管辖,小亹河南起至谈山岭止,沿海十九处烽台。县设兵二百名,河南炮台设兵十五名,河北炮台设兵十名。五条圩至谈家岭每台设兵五名。尖山,顺治二年,设营。中军都司一员,带兵五十名,驻守。康熙间巡海大人题定,海宁县拨杭州城守营千总一员,带兵二百,各分插沿海一带,将尖山经制官撤赴回营。

(谨按:防海事宜至本朝而大备,其全省大纲已具见于前。惟卫所、兵船、烽堠、台寨与营伍之相摄,哨守之相联,俱分各府登载。但因时制宜,皆取前明之制而损益之,故仍列明制于右,以见圣朝规画损益之尽善云。)

嘉兴府

嘉兴,地处浙西,惟平湖、海盐二县之境东临大海,南澉北乍,延袤百七十里,相望宁绍,诸山隐隐列拱,白沙、梁庄、西海口、秦驻山、黄道港诸处皆为郡境之冲,而乍浦一关,尤称紧要,控据海岸,翼蔽金山,外通羊、浒大洋,实与江省相为唇齿云。(白沙湾在平湖县东南五十三里,距乍浦二十里,滨海。梁庄在平湖县东南四十里,东去独山五里,距乍浦一十五里,滨海。西海口在海盐县东北五十里,南通大洋,北近平湖,浙西之咽喉也。秦驻山在澉浦镇东北十五里,山下长隄沿海。黄道庙港滨海,与南岸临观二卫相峙,极为冲要。)

……

国朝经制。额设嘉协、城守营,专司陆路,兼辖乍澉二城。又设乍浦水师营,巡防洋汛。满洲水师营,驻扎乍浦所城,弹压海疆要地。

嘉协营副将统辖左右两营,都守千把等官一十四员,兵一千四百五十名(俱详见兵制)。除驻守府城,分防内地各汛外,其沿海仍设乍浦、澉浦二汛。乍浦所城,右营守备防守,驻兵一百五十三名,快哨船二只。澉浦所城,两营拨把总轮防,驻兵一百名,快哨船一只。

乍浦水师营参将统辖守备、千把、外委等官七员,兵五百名(俱详见兵制)。战船十只,内水艍船二只,南缯船四只,哨船四只,分防乍浦口址。按期酌配官兵,编定专汛,随艅扼守,跟艅更番出洋巡哨。

乍浦口址,天妃宫口,辖炮台一(原防嘉协右营兵三十名,今撤归府城汛),西山觜口辖炮台一(原防嘉协千总一员,兵三十名,今撤归府城汛),本营千总防守,驻兵六十名。

乍浦海汛:游守千把四员,驾船四只,轮巡二月一换,辖洋面七:大羊山、小羊山(大小羊山相倚,中隔一港,三四里许,大羊山稍东南,小羊山稍近西北,正北有小山,错杂交浮洋面,正东为上川、下川、徐公、马迹,东北为大七、小七,正南双头洞、姚姓浦、长白山,正西为浒山、滩山,西南为大小渔山,为东霍、西霍。闽省商船之收入乍浦者,必由东霍、西霍之北,浒山滩山之南,西向入口。收入上海者,必由大七、小七,西向入口。)滩山、浒山、黄盘山(与独山相对)、中四屿山、笑杯山(乍浦西南与镇海营接界)。

乍浦满洲水师营,副都统统辖协领、佐领、防御、骁骑校等官四十二员,满洲、蒙古拨什库等兵一千六百名,绿旗水手兵四百名,(俱详见兵制)。战船二十二只,内大赶缯船九只,小赶缯船九只,南缯船四只,防守乍浦各门,兼管西山觜炮台,与绿旗水师营协同教习水师船务。

宁波府

宁波,三面际海,北面尤孤悬海滨,吴淞、海门呼吸可接,东出镇海,大洋辽阔,南连闽粤,西通吴会,舟山突起中洲,延袤四百余里,控扼日本诸蕃,厥惟咽喉之地。故以要害而论,镇海为宁绍之门户,舟山为镇海之外藩。海上设备多途,宁波当全浙之冲,尤不可不厚集其力也。

......

国朝经制,额设提督大臣,驻扎宁波府。初驻省城,顺治十六年,移镇宁波。康熙二年,复设水师提督于宁【波】,改前提督为陆师,移镇绍兴。七年,以海氛渐息,罢水师提督,并于陆师复由绍兴徙镇宁波,弹压海疆,节制全省水陆官兵,仍设总镇于定海,兼辖象协、昌石、镇海三营,巡防海汛要地。

提督统辖标下中、左、右、前、后五营,参、游、守、千、把等官四十员,兵四千二百三十五名(俱详见兵制)。除驻防府城外,其沿海仍设穿山、霩𩇕、大嵩所、湖头渡汛,又增设嶀崎、盐场、足头、应家棚诸汛。

穿山汛(东五里至黄崎港海口西,六十余里至育王岭西,与宁波城守营接界;又至孔墅岭,与镇海营接界;南至羊洛河,与昆亭汛接界;北十里,至横水洋海口为界。)左营千把总轮防,驻兵一百五十五名,辖口址一,台六,汛地八。穿山街口址(去所城五里),大渔山台(三十三里至东堵河台),东堵河台(十二里至林大山台),林大山台(十二里至穿山村台),穿山村台(十三里至小门山台),小门山台(去所城五里,至司前山台十一里),司前山台(去官庄汛五里),八凤洋汛(去大渔山台六里,七里至大碶头汛),大碶头汛(十三里至贝家碶汛),贝家碶汛(五里至朱家塘汛),朱家塘汛(八里至霞浦张汛),霞浦张汛(五里至山门汛),山门汛(二十一里至白峰汛),白峰汛(十一里至官庄汛),官庄汛(十里至袁家岭山,与霩𩇕汛接界)。

霩𩇕汛(东二十里至岐头洋海面,西至虾𠆧康,山台,与昆亭汛接界;南至梅山港海口,北至袁家岭与穿山汛接界)。左营千把总轮防,驻兵七十名,辖汛地一,台四。康头汛(去虾康山五里),东山台(去所城十里,四里至总台山台),总台山台(十里至箬雷山),箬雷山台(镇海县东南一百三十里,本台十三里至虾康山台),虾康山台(十里至东岙山台,与昆亭汛接界)。

昆亭汛(东至东岙山台,与霩𩇕汛接界,西至合岙,与前营大嵩汛接界,南五里至青龙港海口,北至杨洛河,与穿山汛接界)。左营千把总轮防,驻兵九十五名,辖台四,汛地三。东岙山台(去所城五里,十里至菖蒲山台),菖蒲山台(十里至狮子山台),狮子山台(十里至庙东山台),庙东山台(去合岙五里),三山汛(十里至慈岙汛),慈岙汛(十里至合岙汛),合岙汛(五里至穿鼻山,与前营大嵩所接界。本标穿山、霩𩇕、昆亭三汛旧隶镇海营,雍正二年改归本标管辖)。

大嵩所(东十一里至赵家台,与嶀崎汛接界;西十一里至球琳台,与盐场汛接界;南十里至涂边,隔港面十余里与象山营接界;北至狭石岭十五里,与宁波城守营接界)。前营游守千把等官四员,分防驻兵三百六名。

嶀崎汛(东五里至合岙汛之穿鼻山,与昆亭汛接界;西十一里至大嵩所,城南十里至涂边隔港面二十里,与象山营接界;北至鄞县内地,与宁波城守营接界)。前营把总分防驻兵一百五十五名,辖台一,赵家台。

盐场汛(东五里至大嵩桥,又一里与大嵩所接界,西十里至足头台,与足头汛接界,南十里至涂边隔港面二十余里,与象山营接界,北至鄞县内地,与宁波城守营接界)。前营把总分防驻兵一百六十名,辖台三:球琳台、黄牛岭台、横山台。

足头汛(东七里至黄牛岭,与盐场汛接界;西二里至火爬岭,与湖头渡接界;南五里至涂边,隔港面二十里,与象山营接界;北至鄞县内地,与宁波城守营接界)。前营把总分防驻兵五十五名,辖台一,足头台。

湖头渡汛(海面十里,东十五里至足头汛西,二十里至风同口,与应家棚汛接界;南临涂边隔港面十余里,与象山营接界;北至奉化县内地,与宁波城守营接界)。前营千总分防驻兵一百七十五名,辖台一,长岭台。领哨船五只(康熙十年,本汛设哨船十只;二十五年,拨三只给海关巡查;二十九年,海关呈报巡船失水,本汛随奉文又拨交哨船一只,实存哨船六只;三十六年,海关以哨船大,难于驾驶,将留用船三只仍归原汛,本汛实存哨船九只;雍正二年闰四月,又拨交镇海营哨船四只,今本汛现存哨船五只。)

应家棚汛(离奉化县七十五里,隔山有鹿头悬山。顺治十八年,设寨城戍守后,隔东三里至杨村汛;西五里至黄贤界牌,南里许至海涂,北里许至大山,系奉化县内地)。后营中军守备分防驻兵三百名,辖汛地三。马头台汛(离奉化县城九十六里),杨村汛(离奉化县城七十八里),石盆汛(离奉化县城八十三里)。

定海镇驻扎定海县(原驻定海,即今之镇海。康熙二十二年,移驻舟山,改为舟山镇。二十五年,改舟山为定海,仍为定海镇。)总兵官统辖,标下中、左、右三营,游击、守备、千把、外委等官四十四员,兵二千八百四十一名。(俱详见兵制)。战哨船四十二只。分防沿海各陆汛,按期酌配官兵驾船,更番出洋巡哨。

中营陆汛:盐仓汛(盐仓岙在县西南,与紫薇刘河两岙接壤,抵南道头六里,东南为螺头门,东北为竹山门,定民往来问渡经由之处,亦沿海一带控扼之所。)辖台一,晓峰台(晓峰山在县西南六里,盐仓岙北)。螺头汛(距县二十里),辖台一,螺头台(盐仓岙南)。紫薇汛(自岑港峡门岭过峡为紫薇岙,南历溪口岙、泽头岙,与盐仓连界,北循郑思岭,以西山与岑港连界)辖台一,天童台(天童山距县西北十六里)。大沙汛(大沙岙在县极西南,连岑港,北对外海长白港,东界小沙,西邻碇齿)辖台一,郎家山台。小沙汛(小沙岙在县北,东通马岙,西接紫薇,北界长白港,自大塘至后湾,通临海口)辖台一,崎山台。马岙汛(马岙山在县西北四十里,东距碇碶,西连小沙,南通刘河,北界大洋,与秀山近)辖台二:三江台、袁家台。碇碶汛(碇碶岙距县二十五里,东北距灌门,北接马岙,南邻白泉)辖台一,碇碶台。

左营陆汛:甬东汛(甬东岙在县东附郭南际道头,东控十六门,西连长冈,北抵岭脚,西南至竹山门)辖台一,青垒台(在县东南七里青雷头山,外临海。洋舟由十六门沈家门出入,必取道于此)。吴榭汛(去甬东二十余里,三面绕山,南则海波喷激,与潮上下,筑塘捍之)辖台一,榭浦台(在县东二十里烟墩山临海)。舵岙汛(舵岙在县之极东,三面环海,外即莲花洋与普陀、桃花诸山,南为沈家门。)辖台一,石埠台。大展汛(大展岙南接芦花岙,西连洞岙,东出为黄大洋,直接螺门一带)辖台二:赤石台(在县东北五十里,赤石山外临大洋)、塘头台。白泉汛(白泉岙西界干硴,东接北埤,北则沿海口,潮水涌入为浦)。辖台一,程家山台(在北埤岙北)。道头汛(在甬东岙南,商舶往来必集之地)。辖炮台一。沈家门汛,辖炮台一。普陀汛(普陀山在县东二百余里,东通日本,西接莲花洋,南至朱家尖、石牛港诸汛,北距黄大洋,凡商舶往来候风于山下,谓之放洋,盗贼觇伺出没,实汛防之要地)。

右营陆汛:岑港岙汛(岑港岙在定海县西北,即横水洋,东界紫薇,西距大沙,南则双鸭山、小岙、涨齿、五筊诸处,皆濒于海)辖炮台一。

中营海汛:内洋:旗头汛,辖洋面三十三。龟山(北距左营道头汛南至小渠山)、小盘峙、吞铁港(在盘峙东南)、火烧门(在定海县西南)、大渠山(离定海县约三十里,突峙海中深广里许)、小渠山(离定海县约四十里)、摘箬山(离定海县约十里)、虎颈头、乱石港、箬帽门(北界右营汛)、狮子礁、小茅山(离定海县约三十里,北近大渠)、猫门、粮长岙、升罗山(西距霹霳北为旗头山)、旗头洋、虾岐门、虾岐山(离定海约四十里,人多网捕于此)、稻篷礁、插排山、洹泥(港系首冲,防汛船会哨处)、六横山(离定海县约六十里,北近虾岐山)、椒潭、田岙、缸爿礁、大涂面、官山头、朴蛇山(北距霹霳,东近六横)、梅山港、上梅山(东至朴蛇山,北至霹霳所)、箬帽屿(梅山南)杨三山(东达梅山,西至黄牛礁)、黄牛礁(镇、定两邑水程往来之半)。

内洋:青龙汛辖洋面二十五:青龙山(梅山东)、青龙港、下梅山、汀齿港、汀齿山(北即青龙山)、佛肚山(西至汀齿南至温州屿)、温州屿(汀齿东)、孝顺洋、蒲门(系首冲)干门(为钱仓所藩篱)、东屿(北近温州屿)、西屿(在东屿西)、鸡娘礁、鸡笼山、金地袄、道人港、乱礁洋、馒头山(定海县东北十里)、将军帽山(在东屿南)、白岩山(一名白箬,象山北距西屿南至青门)白岩洋、碗盏礁、石擎礁、青门宫(山南属昌石营辖,山北属本营辖)、鞍子头山。

中营外洋汛:辖洋面六:双屿山、双屿港、白马礁、尖仓山、五爪山(西距东屿)、四礁头。

左营海汛:内洋沈家门汛辖洋面三十七:道场礁、十六门(即石衕山定海县东南)、野猪礁、鲚鱼礁、嵩山、抅山(西北水汛属中营辖)、大干山(距定海县约五十里东至马秦门)、长屿、马秦门、马秦山、老鼠山、大佛头山、桃花山(西南水汛属中营辖)、马蚁山(距定海县八十里,渔民网捕之处)、点灯山(在马蚁山西)、登埠山(距定海县九十里,南为桃花山)、树次山(距定海县六十里)、鸡冠礁、乌沙门(系首冲,出此门即大洋)、卢家屿(距定海县六十里,北接沈家门山)、沈家门、藕颈头、分水礁(登埠山北,卢家屿东)、金钵盂山(距定海县一百里莲花洋中)、顺母涂山(距定海县一百十里,渔民网捕之处)、石牛港(一名香火礁,与马秦山相近)、朱家尖(去定海县一百里,山尖最为耸拔,可以瞭远)、白沙港(白沙山距定海县八十里,港口即曰白沙港)、缸爿礁(与金钵盂相连)、莲花洋(往洛迦必经此洋)、普陀山、大洛迦山(普陀山东)、洛迦门、小洛迦山(北距大洛迦山)、羊屿、东闪、西闪。

内洋长涂汛辖洋面三十:塘头觜(离定海县七十里)、幞头礁、笑杯礁(西与兰山相近)、香炉花瓶山、黄大洋(定海县东北接近灌门,最为险要)、官山(山南距秀山西北属右营汛)、秀山(在定海县北有兰山缀其中,两山合名为兰秀,周约五十余里,四际皆大洋,而西北箬帽山为列屏,东南灌门相襟带)、灌门(定海县东北有大石悬峙,中流潮水回旋冲激可畏)、梁横山(西距螺门)、钓门山(西至灌门,北至青黄肚山)、青肚山、黄肚山(并在钓门北)、螺门(东距梁横)、分水礁(西至竹屿,东至长涂,北至栲鳌山)、泥礁、竹屿港、长涂港(岱山西南回环,周广与南道头两处为第一碇地)、栲鳌山(距定海县一百六十里长涂西)、南庄门、东剑山、西剑山(距定海县二十里,山东为东剑,西为西剑)、牧羊头、东岳觜山、西岳觜山(并距定海县一百八十里)、衢港洋(一名半洋,一名汉洋,春夏渔汛各船俱集于此,西界右营鲞篷礁)、大衢山(离定海县三百余里,宽广百余里,四山环聚,地势平衍,宋元时与岱山统名蓬莱乡。自明初迁遣之后,永行废弃。康熙二十八年,请复三乡,而蓬莱乡止复岱山,其衢山以地处险远,未经议复,仍为禁地。山北属外洋汛,山南属内洋汛)、礁潭、乍浦门、黄沙岙、沙塘岙。

左营:外洋汛辖洋面二十五:倒斗岙、庄前竹、癞头屿(北至小衢山)、小衢山(癞头屿北)、石子门(定海县北)、潮头门(定海县北)、大衢山(山北一带山顶瞭台一座)、衢东、鼠狼湖(西距大衢山)、烂冬瓜山(南至大衢西,北至小衢)、狮子礁(西北为鼠狼湖)、五爪湖、霜子山(小衢山东)、环山(小衢山东)、西寨山(东寨山西,五爪湖北)、东寨山(东南俱大洋)、菜花山(西南邻东西寨山)、黄星山(南临大洋,西距狮子礁)、庙子湖(东至青帮)、青帮山、三星山(东庙子湖,西霜子山)、霍山、羊鞍山、船礁、九礁(山南洋汛属中营辖)。

右营海汛:内洋岑港汛辖洋面三十三:竹山门(定海县西南五里,南至盘屿山)、盘屿(山东南水汛属中营辖)、盘屿港、大王脚板、鸭蛋港、寡妇礁(在竹山门西,左茅山,右螺头一名点灯礁,去定海县三十里,礁石巉岩,舟触立碎)、蟹屿(东距盘屿,北至螺头)、蟹屿港、螺头门(定海县西南二十里,出此即横水洋)、洋螺山(距定海县二十五里)、横水洋(定海县西约半潮可到,潮长【涨】则北自海州苏州诸大洋而趋于南,出旗头;退则南自温台诸大洋,而趋于北出。西堠、桃天海水奔赴,冲激震荡,极为险害。舟欲东西而水横于其中,故名)、半洋礁(一名碗盏礁,在横水洋之半,故名)、鸟屙礁(距定海县约五十里)、外钓山(距定海县五十里)、中钓山(距定海县六十里)、里钓山(山高十余丈,周广五里,地肥可耕)、岑港(定海县西北四十五里,港口南北,舟航鳞集,为定海要汛)、潭头、泥湾(定海县北五里,地窄而腴)、黄牛礁、双尖、三山、茅礁、黄岐港、穿鼻港、大树山(自螺头过横水洋六十里,即抵其地,广亘八十余里,北为覆门大洋,东南为旗头洋,东北为大猫洋,西与镇邑穿山所为邻,一苇可渡,故大树虽属悬洲,殊近内地)水蛟门、寿门、售门、白鸭屿、大猫山(南邻镇海陆汛,西至大树山)、猫港、长柄。

内洋港汛辖洋面十五:沥港(定海县北八十里近金塘山)、天打岩、金塘山(离定海县约八十里,巨浸海中,周百余里,泉甘土肥,山田涂荡数万亩,洵称沃壤。弃之则反为逋逃盗贼渊薮。康熙三十七年,知县李侗详请开垦,渐次成熟。山西水汛。隶镇海营辖)、横档山、西后门、小李岙、刁柯山(距定海县一百二十里)、鱼龙山(距定海县一百四十里,东为刁柯山)、菜花山(距定海县一百十里)、插翅山、兰山(距定海县九十里,与秀山连)、桃天门(定海县西北,为北洋必由之路)、系马桩、爪连山(距定海县七十里)、五屿(距定海县一百里)。

内洋岱山汛辖洋面十九：岱山(在定海县北,屹峙海中,为翁洲之屏,北距县约一百五十里,两潮可到,其地宽广而窈深。东西十五里,南北三十五里,可耕可庐,从此由北洋而上,为大衢、小衢,再上为洋山,即与江南接界矣。宋时属蓬莱乡,住扎巡检司,又设寨军一百二十名戍守)、蒲门(山外属左营辖)、高亭、南浦、五虎礁(北至岱山,东距拿山)、拿山(距定海县八十里,岱山南)、峙中山(北近鳌山)、鳌山(峙中山北)、龟山(鳌山之北)、龟鳌洋(因龟鳌两山得名)长白山(龟山南)、长白港、马目山(东近长白山,南至中营大沙吞,汛八里,山周二十余里,一名马墓)、马目港、虎礁头、爪连门(马目山北)、桃花女山(距定海县七十里)、韭菜塘、八斗吞。

右营外洋汛辖洋面十九：姚姓浦、尖刀头、售港门(近岱山)、东沙角、篦箕礁、栲门(近岱山)、燕窝山(岱山北)、鲞篷礁(又名铁墩山,南至东垦山,外属左营辖)、东垦山(东南近岱山)、西垦山(东垦之西)、双合山(又名两头洞,山顶设瞭台一座,北至西垦,西至花果盒山)、分水礁、笑杯山(东至双合山,北至花果盒)、花果山(北距虾爬礁)、虾爬礁(大羊山在其北)、大渔山(南至练槌山,北至大羊山)、练槌山(西界本营沥港汛东霍山)、小渔山(东至大渔山,西距鱼腥脑)、鱼腥脑(山北与乍浦营接界,西距本营沥港汛西霍山)。

象山城守营(顺治三年设,初隶黄岩镇,雍正七年十月改隶定海镇),驻扎象山县城,副将统辖都守千把外委等官二十五员,兵一千二百六十二名。(俱详见兵制),除内守县城外,余分防沿海各汛。钱仓寨汛(距县城东关五十里故明钱仓所,康熙九年改寨),都守轮防,驻兵一百八十名,辖台四：鸡报台(距县三十里)、涂茨台(距县三十里)、中堡台(距县五十里)、蒲门台(距县五十里)。

爵溪城汛(距钱仓寨六十六里,故明爵溪所),千把总轮防,驻兵一百二十名,辖台六：田湾台(距县三十里)、金井台(距县三十五里)、岳头台(距县二十五里)、龙洞台(距县二十里)、屏风台(距县二十里)、长沙台(距县二十五里)。

关头汛(距爵溪城七十里),千把总轮防,驻兵四十名,辖台三：黄吞台(距县三十五里)、乌江台(距县五十里)、七里台(距县六十一里)。

泗洲头汛(距关头汛三十五里,县西南三十里),千把总轮防,驻兵四十名,辖台三：灵岩台(距县四十里)、泗洲台(距县四十里)、花墙台(距县三十里)。

西周汛(距泗洲头汛五十里),千把总轮防,驻兵五十名,辖台一：虾蟆台(距县三十里)。

海口汛(距西周汛八十八里),千把总轮防,驻兵五十名,辖台二：马吞台(距县三十里)、白屿台(距县三十里)。

湖头汛(距海口汛四十里),千把总轮防,驻兵一百五十名,领哨船四只,每只配水兵十五名,辖口隘一：龙屿口隘(县西北四十里)。

朱溪汛(距湖头汛三十里),千把总轮防,驻兵五十名,辖台二：下章台(距县四十里)、木瓜台(距县四十里)。

昌石水师营(雍正八年改水师),都司金书统辖千把外委等官五员,兵五百六十五名(详见兵制)。战船六只。驻防昌国卫、石浦所及分巡新设海汛。

陆汛：昌国卫汛，守备防守，把总随防，辖台六：乌石山台(卫东一里，台北十五里至田下岭台)、田下岭台(本台北十五里至交绾、梓树岭，与象协关头汛接界，二十里至王家篓台)、王家篓台(北十里至松夅台)、松夅台(北十里与象协田湾台接界，西南四十里至灵夅台)、灵夅台(西南十里至小太平台)、小太平台(西南十里至竹山台)。

石浦所汛，千总防守，辖台四：竹山台(南十里至厉家坪台)、厉家坪台(南十里至井水台)、井水台(南十里至前山台)、前山台(距所城十里)。

海汛：内洋石浦汛，把总及外委千把巡防，驾双篷舢船二只，配兵各五十名。辖洋面十四：石浦港、铜钱礁、铜瓦门、獭鳗觜山(宁台分界，北至淡水门，南接黄标洋汛)、牛栏基(山顶设瞭台一座，南至秤锤山，属黄标洋汛)、金沙滩、淡水门(东为牛栏基，南至獭鳗觜)、外淡水门、鹁鸪觜(淡水门北)、半边山(南至鹁鸪觜，北接锁门)、锁门(锁门山南为半边山)、鸡鸣涂、鸡鸣礁、里担门(锁门北)。

内洋淡水门汛：巡防石浦汛，千把兼管，辖洋面十八：中擎山(东至外旦门)、外旦门、屏峰山(旦门、中擎之南)、桃仁桃核山(南至中擎，北至珠山)、岳头港、锯门、珠山(西为龙洞口)、龙洞口(里旦门北)、大目山(外旦门北，东为韭山)、大目洋、小目山、虾篰门(东近青门，南近牛栀)、筊杯礁、棉花礁、牛门(西距象山县十里，北近牛扼山)、牛扼山(西距爵溪所十五里)、青门宫(虾篰门东，山南属本营辖，山北属定标中营辖)、鞍子头(青门宫东)。

外洋汛：守备千总轮巡，二月一换，驾赶缯船二只，配兵各六十名。随艍快哨船二只，配兵各三十名。辖洋面五：三岳山(北近外旦门，西距半边山)、将军帽山(大目山北)、南韭山(本汛极东)、九龙港、八亩礁。

镇海水师营：顺治三年设，旧名定海营，康熙二十五年更名镇海，本陆师，雍正六年改水师，驻扎镇海县城，参将统辖，守备、千把、外委等官一十四员，兵一千一百五十五名(俱详见兵制)。除内守县城外，余分防沿海陆汛及轮巡新设海汛。

陆汛：镇海关口(在县城南大浃港口，汛守要冲也。明嘉靖中设指挥一员，旗军五千名，盘诘舟航，官哨战船亦泊于此。)千把总专防，外委、千把总协防，俱二月一换，驻兵一十三名，稽查出入船只。

陆汛：招宝山(在县城东北，屏翰县城，雄峙海口，临其上，可以下瞰城中。明嘉靖中建威远城于山顶，山下即沿江汛)，外委、千把总轮防，二月一换，驻兵一百五名，辖汛地四：沿江汛(招宝山下，西至滚江汛)、滚江汛(二十里至清水浦)、清水浦(二十里至三官堂)、三官堂(西南为鄞县内地)。

陆汛：笠山城。千把总专防，外委、千把总协防，俱二月一换，驻兵二百一十名，辖口次一，台四，汛地五。小港口次(小浃港内通东江，出穿山所，达府城，极险要)、竺山台(台下即小港口次)、张师山台(十里至打鼓山台)、打鼓山台(六里至路石山台)、路石山台(二十里至东港碶汛)。东港碶汛(十里至石门汛)、石门汛(七里至慕孝陈)、汛慕孝陈汛(西至鄞县内地)、大跳觜(大跳山县东南十五里五里至青屿汛)、青屿汛(距打鼓山台九十里)。

本营：原营招宝山城，兼顾镇城、滚江、龙山所、穿山所、霩霱所、昆亭寨六汛。康熙五十六年，改设笠山城汛，将滚江汛拨归招宝山汛管辖。雍正二年，本营改为水师，将穿山、霩䨇、昆亭三汛拨归提标左营管辖。

陆汛:龙山所千把总专防,外委千把总协防,俱二月一换,驻兵一百八十名,辖台八,汛地六。汪家路台(距县城八里十里至鹭鸶台)、鹭鸶台(十里至路南台)、路南台(十里至蟹浦台)、蟹浦台(蟹浦在县西北五十里,即古之渤澥,宋置戍于此,十里至青溪山台)、青溪山台(青溪港可入金家岙)、石塘台(距所城四里)、伏龙山台(县西北八十里,伏龙山,一名箬山,首尾跨东西两海门,南距所城十里,屹临水际,为番舶必由之道,十里至施公山台)、施公山台(县西北九十里,商舶往来,地极险要)。金家岙汛(在所东北,与邱家洋相连,东对烈港海洋,北望洋山、三姑大洋,最为险要,四里至邱家洋)、丘家洋汛(三十三里至宣家堰汛)、宣家堰汛(三里至松浦汛)、松浦汛(五十里至息桥汛)、息桥汛(八里至畈底塘汛)、畈底塘汛(西至鄞县内地)。

海汛:督巡将备一员,专巡千把总一员,随巡千把、外委等官四员,俱二月一换,领哨船八只,内水艍船一只,赶缯船一只,各配兵八十名;快哨船二只,各配兵四十名;哨船四只,各配兵三十名。辖洋面十一:镇海港(在县城南,自蛟门海洋分派为支江,向西溯流,谓之大浃港)、蛟门山(在县东,去岸约十五里,环锁海口,吐纳潮汐,一名嘉门山,出此即大海洋,昔人称蛟门虎蹲,天设之险是也。东系定镇标右营洋汛)、虎蹲山(在县东五里海中,登岸即小港口次)、捣杵山(北系定镇标右营沥港汛)、金塘山(山东南北俱系定标右营洋汛)、太平山(障金塘之西北,山之东北系定镇标右营汛)、沥表觜山(东北系定镇右营汛)、后海(后海山县东南六十五里)、东霍山(东北系定标右营汛)、西霍山(北系乍浦营洋汛)、七姊妹山(山北系乍浦营洋汛)。(《浙江通志》卷九十七,海防三,文渊阁四库全书第521册,上海:上海古籍出版社,2012年,第1—46页。)

3.《浙江通志》选录二

绍兴府

绍兴,北乃海之支港北流,薄于海盐东极,镇海之蛟门,西历蒍赭,入鳖子门,抵钱塘。所属山会等五县,并皆边海。萧山去海二十里,山阴去海四十里,会稽去海二十里,上虞去海六十里,余姚去海四十里。自三江至龙山,延袤三百余里,中有宋家娄、蛏浦、临山、泗门、胜山、古窑、松浦,均为要冲之地。曹娥、钱清、浙江三水所会,谓之三江海口。在府东北,港口深阔,直通大洋。稍东有宋家娄。若从此趋陡门,一带海塘,则竟抵郡城。若越港而北趋浙西,则赭山其关键也。蛏浦在府东北四十里,北对浙西石墩,南至府城,通连大海,由沿江塘路至百官、梁湖,直抵上虞,东自称山西至宋家娄,接山阴界,凡二十六里。泗门港为余姚县东北之喉襟,越港而北为浙西澉浦,胜山即悬泥山,在余姚县东北七十里,北浸于大海,俗呼为胜山,港深而广,倭舶可乘潮以入。

……

国朝经制,额设绍协城守营(顺治六年设),副将统辖左、右两营,都、守、千、把、外委等官三十一员,兵一千八百七十二名(详见兵制)。除驻守府城分防内地各汛外,其沿海仍设临山、观海二卫,三江、沥海二所,又增设夏盖山、周巷等汛。

三江所(东至偶浦三十里,与沥海所接界;西至行伍山四十五里,与萧山县汛接界;南至羊望村、市东村一十里,与山阴县汛接界;北至海塘十里抵海),左营千把总轮防,驻兵五十名(康熙二年,提督改驻绍兴府城,绍协副将移防三江所;八年,提督移驻宁波府,绍协副将仍旧驻府城。其三江所拨右营都司防守后,改设千把永防),辖台五,口次一。龟山台(龟山,即乌峰山,一名曰白洋山,在山阴县西北五十里滨海,东至党山台五里)、党山台(党山,一名碧山,在山阴县西北四十八里;东至蒙池台二十里)、蒙池台(东至宣港台十里)、宣港台(东至桑盆台十里)、桑盆台(东至偶浦五里)。偶浦口次(康熙五十六年,增设,东渡偶浦江十里,与沥海所接界。本所原设乌峰、宋家溇、镇塘、马鞍四台,于康熙五十六年奉裁。又宽山一台改归萧山县汛)。

沥海所(东至上虞县六都二十里,与夏盖山汛接界;西至会稽县三十三都抵海;南至上虞县七都偶浦江,与三江所接界;北至会稽县三十三都,半里抵海)。左营千把总轮防,驻兵九十四名(原系右营都司驻防,康熙四十七年,都司移驻临山卫,以原防浒山所把总移驻本所,改归左营管辖),辖台二,口次一。北门台(东十里至踏浦台)、踏浦台(东五里至万寿庵,与夏盖山汛接界)。西汇嘴口次(康熙五十六年,增设,东至本所城五里,西北抵海。本所原设判官新炮二台,于康熙五十六年奉裁)。

夏盖山汛(东至上虞县五都、陈仓堰,与临山汛接界;西至上虞县六都万寿庵,与沥海所汛接界;南至上虞县雁埠、南塘三十里,与余姚县汛接界;北抵海)。右营千把总轮防,临山守备兼辖,驻兵二十九名,辖台二。荷花台(本台倒入海中)、顾家台(东至黄家路十里乌盆地方,与临山汛接界;西至夏盖山十里)。

临山卫(东至徐家路十五里,与周巷汛接界;西至陈仓堰十五里,与夏盖山汛接界;南至长霸四十里,与余姚县汛接界;北抵海。)左营中军守备防守,驻兵一百四十四名(原系都司驻防,康熙四十七年都司改驻余姚县,以原防沥海所守备移驻本卫)辖台二,口次一。谢家台(东至方家台十里)、方家台(东至道塘台,与周巷汛接界;西至谢家台十里)。黄家路口次(康熙五十六年增设,东二十里至谢家台,本卫原设周家路一台,于康熙五十六年奉裁)。

周巷汛(东至余姚县破山五十里,与观海卫汛接界;西至徐家路二十里,与临山汛接界;南至李港河十五里,与余姚县汛接界;北抵海)。右营千把总轮防,驻兵九十九名,辖所城一,台五。许山所城(原系千把总专防,康熙四十七年原防把总移驻沥海所,改归左营管辖;本所并归周巷汛,东北至胜山台二十里)。胜山台(西至赵家台十里,东至曲塘台十里,与观海卫接界)、道塘台(西至方家台十里,与临山汛接界;东至周巷十里)、垫桥台(西至周巷十里,东至崔家台十里)、崔家台(西至垫桥台十里,东至赵家台十里)、赵家台(南至浒山城二十里)。

观海卫(东至慈溪县松浦闸桥二十五里,与镇海营龙山所接界;西至破山二十里,与周巷、浒山所接界;南至慈溪县土湖岭三十里,与慈溪县接界;北抵海。浙之重地在宁绍,而绍之重地在观海。观海安,则自余姚、上虞、会稽、山阴、萧山以抵钱塘,海寇难于出没。故卫城为二郡之重地。)右营千把总轮防,驻兵一百十九名,辖台七。曲塘台(西至胜山台十里,与周巷汛接界;东至鸣鹤场二十五里)、东山台(东至下宝台三里)、下宝台(东至淹浦台十里)、淹浦台(东至旗山台十里,又至古窑台五里)、旗山台(西至淹浦台十里,东临海)、古窑台(东至松浦台五里)、松浦台(东至闸桥半里,与镇海营龙山所接界。)本卫原设新浦一台,于康熙五十六年奉裁。又本卫所辖龙山所改归镇海营统辖。)

台州府

台州,三面阻山,一面滨海。南自温州蒲岐,北抵宁波昌国,海岸五百余里。临黄宁太之间,四塞孤悬,七港错列,论适中之地在新河,论形势之急在海门。由海门而上,直薄府城,增设兵船,严御港口,与桃渚、健跳、松门分守合备,当不在随汛出洋之例矣。(海门港一名椒江渡,港水流入二十里,之中一分台州城下,一分黄岩城下,为台郡之咽喉。论者谓:海门之防视镇海为急,镇海水港既狭,港外连山,远近皆可泊船分哨。今海门港一潮之远,止有三山一座,形小势弱,并无隐蔽。港外四望汪洋,更无山澳回抱。且西去府城仅九十里,故其所系甚重也。松门港纤索屈曲,东岸为朱门山,又东为捣米门、积谷山及下洋、大陈澳诸处,外即大洋,直抵日本,北至化屿、龙王堂、鲤港、横门、大潭、深门诸处,与新河三汊港接;南至鸡脐、钓棚、峒礁、鹿头、爿屿、骊洋、邱山诸处,与灵门接;隘顽在其南,隘顽有急,此港责守也。灵门港东近海中鸡脐山,与松门港接;南接楚门洋坑,下接峒礁山、中州港,南出海中茅堰山,与蒲岐港接;北出海中邱山,与灵门港接;桃渚港外接大海,北达健跳,有盐塘、除下、仙岩诸海湾。健跳港有长洛渡,阔四百余丈,出海往茅头大洋,上接海中茶盘山,至练陀等处,下接海中青屿、黄毛览至牛头、桃渚诸处。新河港港口浅狭,大船难入。)

......

国朝经制。额设黄岩总镇,兼辖台协、宁海、太平各协营,巡防海疆要地。黄岩镇驻扎黄岩县城(顺治十一年,调定海镇驻黄岩;十四年,改为宁绍台镇,驻府城;康熙二年,移右路水师镇驻黄岩;八年,改设黄岩协,移宁绍台镇驻宁海;九年,裁宁海镇,改黄岩协为宁台总镇;十五年,改为水师提督;十九年,复为宁台镇;寻,复改黄岩镇)。总兵官统辖标下中、左、右三营游击守备千把外委等官四十二员,兵二千五百七十五名(俱详见兵制)。战哨船二十五只,内水艍船三只,犁缯船四只,中犁缯船一只,赶缯船一只,双篷艍船三只,双篷舢船十只,八桨哨船三只,永防海门卫陆汛,按期酌配官兵驾船,更番出洋巡哨。

海门卫汛,右营游击中营守备防守,左营把总协防,驻兵三百名,领大巡船二只,哨船一只,辖台六。牛头颈炮台(系新设,有官一员,兵五十名,巡船一只,南一里至本卫)、家子汛炮台(系新设,有官一员,兵十六名,巡船一只,西五里至棚浦台)、棚浦台西(五里至三山台)、三山台、烽堠台(北三里至牛头颈台界)、牌头台(去烽堠台五里。康熙五十六年,福浙总督满保巡阅海疆,题设牛头颈炮台,本标三营轮拨把总一员,本汛拨兵五十名在台瞭望,巡船一只派兵十名巡防;雍正七年,署浙江总督性桂巡视海道,于海门添设大巡船二只,各配兵十名,添设家子汛炮台一座,本标拨外委把总一员,本卫拨兵十名,在台瞭望,巡船一只,拨兵十名巡防。)

中营海汛：内洋主山汛，辖洋面七：主山（府东南一百七十里，纪青山东山顶设炮台一座）、黄礁门（西至深门）、深门（东北为三山）、三山（西北至海门口，东北距老鼠屿）、老鼠屿（东距川礁娘娘宫）、川礁娘娘宫（东北为纪青山）、纪青山（东即主山）。

中营外洋汛，辖洋面四：大陈山（中、右二营方界）、凤尾山、东箕山、西箕山。

左营海汛：内洋牛头门汛，辖洋面五：牛头门、白岱门（北白岱门东南距米筛门）、米筛门（南为圣堂门）、圣堂门（南属本标中营汛）、靖寇门（北属宁海营健跳汛）。

左营外洋汛，辖洋面五：鹅冠山、雀儿岙、东屿、西屿、大渔山。

右营海汛：内洋鲎壳岙汛，辖洋面七：鲎壳岙（山顶设炮台一座）、沙镬门（西南至龙王堂）、龙王堂、鸡脐山（东南为杨柳坑）、杨柳坑（东至石塘山）、石塘山（山顶设炮台一座，安兵七名）、椰机山（北属本标中营汛）。

右营外洋汛，辖洋面三：钓棚、螭洋、洞正山（西南属温标玉环营汛）。

台协城守营副将统辖中、左、右三营，都守千把外委等官三十六员，兵二千七十三名（俱详见兵制）。除驻扎府城内守县城外，余永防沿海各汛。

关头寨汛（东距府城一百里），右营千把轮防，驻兵八十五名，辖台三。门杰台（寨北七里至本台，又北四里至栅下台）、栅下台（北八里至金家台）、金家台（北十里至涅浦汛）。

涅浦汛（距府城一百二十里），右营把总轮防，驻兵四十三名，辖台一，涅浦台（本汛北三里至本台，又东十里至赤礁汛）。

赤礁汛（距府城一百三十里，系海口稽查船只要隘处所；西北十五里至田岙山台，与宁海营汛接界），右营把总永防，驻兵八十五名。

吴都汛（距府一百二十里），中营千总轮防，驻兵三十六名。

小雄寨汛（距府百二十里，系海口稽查船只要隘处所），中营把总轮防，驻兵八十五名，辖台四。昌埠台（去寨十里）、高湖台（去寨三里，北十里至虾蟆台）、虾蟆台（北至吴都汛九里）、上郑台（去吴都汛三里）。

泗淋汛（距府一百二十里，系海口稽查船只要隘处所），中左二营把总轮防，驻兵三十名。

梅岙汛（系海口稽查船只要隘处所），左营把总轮防，驻兵三十名。

桃渚寨汛（距府一百二十里，系海口稽查船只要隘处所），左营守备永防，把总轮防，驻兵二百二十名，辖台六。上长台（北十里至千山台）、千山台（北十里至石柱台）、石柱台（北至桃渚寨二里）、手炉台（在桃渚寨北二里）、张司岙台（在梅岙汛北五里，本台北六里至太平台）、太平台（北五里至泗淋汛）。

垦埠汛（距府城一百二十里），左营千总轮防，驻兵四十八名。

三石汛（距府城一百三十里），中营把总轮防，驻兵三十六名。

前所寨汛（距府城一百二十里），系海口稽查船只要隘处所。南临椒江，与海门对峙。右营都司中营守备永防，驻兵四百五十名，辖台六。画眉台（北十里至岸头台）、岸头台（北十里至三石台）、三石台（西至三石汛一里）、竹屿台（在三石汛东北九里）、新亭炮台（系新设，中营外委把总领兵十六名，在台永驻瞭望，小巡船一只在江面巡逻。本台二十里至章安台)、章安台(系新设,右营外委把总领兵十六名在台永驻瞭望,小巡船一只在江面巡逻,本台东十里至本寨)。小圆山炮台(距府城一百二十一里,南通大海,西至前所寨,南渡江十里,至海门卫),中营把总永防,驻兵五十名。

宁海营驻扎宁海县城,参将统辖左、右二营,守备千把、外委等官二十员,兵一千一百七十三名(俱详见兵制)。除内守县城外,余永防沿海各汛。

石桥汛(东与台协赤礵汛接界),左营外委千总防守,驻兵十九名,辖台一。田岙山台(西距本汛十里)。

西廓汛(距县城一百一十里,北十里至大横渡汛),左营千总轮防,驻兵二十三名,辖台二。白岩台(东十里至咽喉台)、咽喉山台(南距本汛五里)。

大横渡汛(距县城一百里),左营把总轮防,驻兵十九名,辖台二。大山台(东距本汛十里,西南二十里至火焰台)、火焰山台(东至千阙坭二十里,与健跳汛接界)。

窦岙汛(距县城七十里,健跳汛北二十里),左营把总轮防,驻兵三十名,辖台一。窦岙司台(在健跳汛西三十里)。

海游寨汛(距县五十里),左营千总永防,驻兵四十四名,辖台三。窦岙山台(北十五里至风坑山台)、风坑山台(北距本寨十五里)、老鼠山台(在本汛北二十里,东二里至曼岙汛)。

曼澳汛(西二十里至东澳汛),左营百总防守,驻兵二十九名。

东澳汛(距县城三十里),左营把总轮防,驻兵二十六名,辖台三。牛腿山台(在本汛南十里,东五里至牛腿汛)、烂头山台(在牛腿汛东二十里)、王见山台(在东山汛东十里)。

牛腿汛,左营外委把总防守,驻兵三十二名。

东山汛(西距烂头山台四里),左营外委把总防守,驻兵三十六名。

越溪寨汛(距县城二十里),右营千总永防,驻兵一百名,辖台一。石墙头台(西距本汛十里,东二十里至柘浦汛)。

柘浦汛(距县城五十里),右营把总轮防,驻兵四十名,辖台一。柘浦山台(西北距本汛二里,东三十八里至胡陈汛)。

胡陈汛(距县城八十里),右营千总轮防,驻兵五十五名,辖台三。杨梅山台(在本汛南十里,西十里至桐岙山台)、桐岙山台(东十里至香花山台)、香花山台(西十五里至大胡汛)。

大胡汛(距县城一百一十里),右营把总永防,驻兵一百二十四名,辖台三。山头冯台(在本汛南十里,南逼大海)、车岙山台(在本汛东十五里,东南十里至松岙山台)、松岙山台(南临海)。

溪下应汛(距县城五十里),右营把总轮防,驻兵四十六名。

上下浦汛(在溪下汛北三十里),右营外委把总防守,驻兵九名。

缸窑汛(上下浦汛北十里),右营外委把总防守,驻兵二十名。

海口汛(缸窑汛北十里),右营外委把总防守,驻兵二十名。

西垫汛(海口汛北十里,距县城六十里),右营把总轮防,驻兵四十四名。

健跳汛(距县城一百五十里,雍正七年改水师),左营守备永防,领把总一员,兵二百五十名。战哨船六只(内水艍船二只。系黄岩镇标拨入)。八桨哨船四只(系定镇标拨入),汛期酌配兵船出洋巡哨。

健跳海汛:辖洋面二十一:靖寇门(南属黄标左营汛)、狗头门、茶盘洋、五屿门、满山、宁台屿、三门、罗汉堂、玉夷、长山门、九龙港、石浦所(北属定标中营汛)、林门、南田山、大佛头、罗源、珠门(南属黄标左营汛)、急水门、花澳、青门、迷江山。

太平营,驻扎县城。参将统辖守备、千把等官六员,兵七百七十五名(俱详见兵制)。除内守县城外,余分防沿海各汛。

松门卫守备永防,千总协防,驻兵二百九十一名,辖台寨八,塘汛口址五。平六都台(卫北十三里本台,北十里至盘马山台)、盘马山台(北三里至盘马山寨,盘马山寨北十里至林家浦台)、松门山台(距县五十里,东南抵海)、林家浦台(北十里至七都湾台)、七都湾台(北五里至金清汛张鸟汇)、乌沙浦台(北五里至六都台)、六都台(北五里至淋头塘)、淋头塘(系新设,北八里至苍山口址)、猫儿河塘(系新设,乌沙台西五里)、苍山口址(系新设,东北八里至河头口址)、河头口址(东南三里至松门台,又东三里至干岙口址)、干岙口址(北八里至本卫)。

隘顽寨汛,把总永防,驻兵一百三十七名,辖台四,汛地口址三。白岩山台(北距寨城五里)、沓岭山台(寨北十里,东十里至石桥后山台)、石桥后山台(东十三里至沙角口址,又东十里至四都台)、四都台(西十里至沙角口址)、沙角口址、河头口址(西十五里至大坞根汛)、大坞根汛。

江下汛,把总轮防,驻兵一百十一名,辖台寨五,口址三。下娄山台(西南十五里至青屿台)、青屿山台(西五里至大麦山台)、大麦山台(西南至平头山台)、平头山台(北半里至干岭寨)、干岭寨、青龙山口址(本汛东五里,又东五里至小坞根口址)、小坞根口址、湖雾口址(十里与温州大荆营汛接界)。

金清汛,把总轮防,驻兵八十八名,设小巡船二只,辖台四,汛地二。金清台(本汛东五里,又东六里至洋屿台)、洋屿台(东八里至双桥台)、双桥台(东五里至洪家场台)、洪家场台、洋屿汛(洋屿台东三里)、张鸟汇(本汛南六里)。

温州府

温州,襟带大海,府东九十里有双昆海口,内控郡城,外连岛屿,为郡境之门户。北毗台、宁,南连闽、粤,北至台州府三百三十里,自海道而南至福州府二百二十里,延袤四百余里,深洋最多。自流江至镇下门、江口、飞云、海安、黄华、蒲岐诸港止,所在水路冲达。外则霓岙、三盘、南麂、南龙均为海山之要害,而玉环岛岙孤悬,水陆交错,实温台之门户,全浙之藩篱。戒备尤不容以不密也。

……

国朝经制。额设温州总镇,驻扎温州府城(顺治二年设副将,至十三年改设总镇),兼辖平阳、瑞安、乐清、大荆、磐石玉环各协营。(原管处、金、衢三协,康熙四十九年八月,设处州镇,处、金、衢三协改归处州镇管辖。玉环营,雍正六年新设,巡防海疆要地)

温州镇统辖标下中、左、右三营,游击、守备、千把、外委等官四十二员,兵二千五百二十八名(俱详见兵制)。战哨船二十二只(原管二十七只,雍正二年八月,奉文右营题改陆路,瑞安营改为水师,右营分管战船九只拨归瑞安营管驾。雍正六年五月,奉拨快哨战船四只,归中营二只,左营二只。今现在船共二十二只),分防沿海各汛,按期酌配官兵,驾船更番出洋巡哨。

中营陆汛,千石汛,千把轮防,一年一换,驻兵三十名,辖汛地一,罗浮汛。

状元桥汛,千把轮防,一年一换,驻兵三十名,辖烽墩三座。

左营陆汛,宁村寨城游守驻防,驻兵八百四十三名,辖台寨口次十一。茅竹山寨(去寨城二十里,十里至龙湾山台)、龙湾山台(东北即海,隔海二十余里对磐石营后陈隘口,一里至黄石山觜)、黄石山觜台(四里至蓝田台)、蓝田台(一里至新台)、新台(五里至沙村台)、沙村台(十里至老城堡)、老城堡(五里至七甲台)、七甲台(十里至四甲台)、四甲台(十里至大梅头山台)、大梅头山台(五里与本标右营汛接界)、宁村寨(康熙八年设宁村营官兵防守,至二十三年,奉裁题归本营管辖)。

右营陆汛:梅头汛(原属瑞安营,兼辖海安所)。蒋岭汛(系新设),辖汛地五。白塔、雾前、陶山、大峃街、峃口。曹村汛(系新设,兼辖宝乡汛。本营汛雍正二年八月,为请更闽浙等事案内题为陆营,将瑞安原管梅头汛并白塔、宝乡二汛,改归本营管辖)。

中营海汛辖洋面七:霓岙(在府东百余里,东南风可以泊船)、三盘(四周皆小山,南北风可以泊船)、长沙、黄大岙(与黄华港直冲)、大门、鹿西(据海道之冲)、双排。

左营海汛辖洋面七:凤凰山(山高大,四面皆海,可以泊船)、大丁山、小丁山(皆凤凰山傍)、铜盘(近南龙,可寄碇取水)、南龙(南龙山在霓岙东北)、白脑门(与中营汛接界)、北麂(共有三岙,可以泊船樵汲)。

本标中营原管海汛内三盘、霓岙、大门、黄大岙、鹿西、长沙、白脑门、铜盘、大衢、南龙各汛。左营原管海汛内,镇下关、北关、金乡、南麂、官山、琵琶、凤凰、大丁山、小丁山、北麂各汛。右营原管海汛内,横址、梁湾、小门、双排、茅砚、乌洋、大岩头、方江屿、大青山、小青山、黄门、坎门、车首头各汛。以上三营海汛,于雍正二年八月为请更闽浙等事题改右营为陆路,瑞安、磐石并为水师,将三营海汛自南至北分作四股:南洋一股,白镇下关与福建烽火门海汛接壤起,北关、官山、金乡、琵琶、南麂,北至大四屿,与左营海汛交界止,归瑞安营管辖;中段一股,南自大四屿,与瑞安营海汛接壤起,凤凰、大丁山、小丁山、铜盘、南龙、北麂,北至白脑门,与中营海汛交界止,归左营管辖;又中段一股,南自左营白脑门海汛接壤起,霓岙、三磐、长沙、黄大岙、大门、鹿西、双排,北至鹿西,横址与磐石营海汛交界止,归中营管辖;北洋一段,南自鹿西、横址,与中营海汛接壤起,大岩头、梁湾、黄门、坎门、乌洋、大青山、小青山、茅砚山、方江屿,北至车首头,与黄岩镇标海汛交界止,归磐石营管辖。雍正六年,为敬陈查复浙洋等事,题设玉环营为水师,将磐石营改仍为陆路。其磐石营所管各海汛,归玉环营管辖。

平阳营,驻扎平阳县城,副将统辖都守、千把、外委等官二十五员,兵一千一百七十七名(俱详见兵制)。除内守县城外,余分防沿海各汛。

江口汛,左营把总防守,外委把总协防,驻兵九十一名。

宋埠汛,左营把总防守,驻兵四十六名。

墨城汛,左营千总防守,驻兵四十六名。

南岸汛,左营把总兼防,驻兵三十五名。

蒲壮寨城,左营守备、千总防守,外委千把协防,驻兵一百四十一名。

镇下关,左营把总防守,驻兵四十六名。

金乡寨城,右营都司、千总防守,外委、把总协防,驻兵一百六十二名。

桥墩寨,右营把总防守,驻兵六十六名。

舥艚汛,右营千总防守,驻兵六十二名。

北港汛,右营把总防守,驻兵三十四名。

沙园汛,右营把总兼防,驻兵二十二名。

碇埠头汛,右营把总防守,驻兵五十名。

瑞安营,驻扎瑞安县城。副将统辖左、右两营,都司、金书、千把、外委等官十七员,兵九百三十二(名俱详见兵制)。战船九只,四只内洋巡哨,五只外洋巡哨。除内守县城外,余巡防水陆海汛要地。

陆岸:江岸汛(系要冲,东临大海,南临江口,西十二里至瑞安县城,北至蜈蚣桥河,与镇标右营梅头汛接界),把总防守,驻兵一百一十名,辖台四。东山台(建海边山顶,十里至江岸台)、江岸台(海口首冲,近本汛)、上玛台(距本汛五里),北岸炮台(海口首冲)。

飞云北岸汛(东十二里至江岸汛,南过江五里,与平阳营南岸汛接界,西五里至扶人呑,与镇标右营白塔汛接界;北五里至北湖岭平,与镇标右营汛接界)把总防守,驻兵四十名。海汛守备领千把总,轮巡辖洋面六:北关、官山、金乡、琵琶、南麂(南麂山北接凤凰山,山呑阔大,坐临深海,海外皆大洋,别无山呑,乘潮御风,直抵飞云渡)、大四屿(与镇标左营汛接界)。

乐清营(顺治十五年设),驻扎乐清县城,副将统辖都司、金书、千把等官七员,兵八百九十名(俱详见兵制)。除内守县城外,余分防沿海各汛。

蒲岐汛(东五里至铧锹汛,与大崧汛接界;西三十里至三凤桥,与后所汛接界;南三里抵海;北二里至河,与大崧汛接界),把总轮防,一年一换,驻兵一百三十名,辖台六。娄呑山台、万桥口台、竹屿台、牛鼻洞台、白沙岭台、白沙山台。

大崧汛(东十里至龙潭岭,与清江汛接界;西二十里至贾呑,与蒲岐汛接界;南七里至岳头,抵海;北三十五里至左原岭,与清江汛接界),千总轮防,一年一换,驻兵九十五名,辖台五。铧锹山台、下湾山台、小崧山台、大崧山台、三江口台。

清江渡汛(东十里至东泽岭,与大崧汛接界;西三十里至石岱山,与大崧汛接界;南三里至渡口北,二十里至窑呑岭,与大荆营汛接界),把总轮防,一年一换,驻兵一百三十名,辖台二,汛地三。梅呑山台、江岩山台、清江岭、江岩汛、窑呑岭。

后所汛(东二里至三凤桥,与蒲岐汛接界;西五十五里至馆头口,与温州城守营接界;南五里至三塘浦,与南岸汛接界;北三里抵县城),千总轮防,一年一换,驻兵八十五名,辖汛地三。馆头汛、马山拨汛、下印拨汛。(本汛康熙五十六年增设馆头、马山、下印三汛,原隶磐石营,雍正二年,改归本汛。)

南岸汛(东五里至三塘浦,与后所汛接界;西三十里至柳市,与磐石营汛接界;南三十里至后桥,与磐石营汛接界;北五里至石马桥,与后所汛接界),把总轮防,一年一换,驻兵九十名,辖台四,汛地一。南岸口台、南岸山台、盐盘台、沙头台、沙头汛(本汛雍正二年增设)。

大荆营(康熙元年设)游击统辖,(原系参将,雍正二年,改游击)守备、千把外委等官十三员,兵六百七十一名(俱详见兵制)。分防沿海各汛。

大荆城游击防守,千总随防,驻兵二百四十五名,辖汛地二。盘山岭汛、黄泥桥汛。

水涨汛,把总及外委把总防守,驻兵六十四名,辖台三。陡门台、火烧潭台、北峰岭台。

巽坑汛,把总及外委把总防守,驻兵六十六名,辖台二。白箬岭台、跳头山台(本汛原管放牛垣要口,雍正二年奉裁)。

横山汛,把总及外委把总防守。驻兵六十六名,辖汛地二。大坟要口、静底汛(本汛原管下塘渡口,雍正二年奉裁,又大井头汛,雍正六年奉裁)。

大芙蓉汛,守备防守,把总及外委把总随防,驻兵一百五十名,辖台二,汛地三。西店岭台、海口台、荆竹岭、水口庙汛、珠屿汛(本汛原管荆竹孔汛、西沿汛、陌西台,雍正六年奉裁)。

蔡奤汛,千总及外委千总防守,驻兵七十四名,辖台二,汛地一。朴头山台、蔡奤山台、蒲奤汛(本汛康熙二十七年增设朴头山、蔡奤山台,蒲奤汛原隶芙蓉汛,雍正六年改归本汛)。

磐石营,驻扎磐石寨城,都司统辖,千把等官三员,兵二百九十七名(俱详见兵制)分防沿海各陆汛。

陆汛,千把总分防,辖台汛十四。天妃墩台、西山台、洋田台、池奤台、曹田台、岐头台、地团台、西一铺、东一铺、大桥汛、黄华关、百华铺、地团汛、翁垟汛(本营自康熙九年复设寨城,分防天妃台、馆头汛、马山、拨下印拨、西一铺、木台、西山台、东一铺、木台、洋田台、大桥汛、池奤台、曹田台、黄华、关寨城、岐头台、百华浦汛、地团汛地、团台、翁垟汛、沙头汛、沙头台于雍正二年间为请更闽浙等事案内,本营改水师,将馆头汛、马山、拨下、印拨、沙头汛、沙头台裁,归乐清营管辖,将温州镇标右营所管海汛自小门起,至车首头止,汛内所辖梁湾、大岩头、黄门、坎门、乌洋港、大乌山、小乌山、茅岘山、方家屿等汛拨归本营巡防。于雍正六年间,为敬陈查复浙洋等事案内,本营仍改归陆路,将前辖海汛俱归新设玉环营巡防。本营仍分防天妃台、西一铺、西山台、东一铺、洋田台、大桥汛、池奤台、曹田台、黄华关、岐头台、百华浦、地团汛、地团台、翁垟汛。)

玉环营(雍正六年新设),参将统辖左右两营,守备、千把、外委、功加等官十九员,兵八百九十六名(俱详见兵制)。战哨船一十六只,左营八桨船四只内,二只在后坎汛沿边巡查,一在楚门汛沿边巡查,一在大成奤汛巡查。右营战船八只,内一只专防坎门汛,一贴防长屿,一贴巡坎门、长屿,一轮巡内外洋汛,四留泊本营江口。快哨船四只,内一只哨巡乌洋港,一哨巡梁湾,一哨巡黄门,一哨巡沙头,巡防水陆海汛要地。

左营,陆汛杨岙寨城参将及守备防守,驻兵九十八名,汛期轮巡,洋汛二月一换。后坟汛,千把总轮防,一年一换,驻兵一百七十名,辖口址九。车首头(离城三十五里)、里岙、水孔口、塘洋口、塘洋山台(离城十五里东青山)、东青山(半在城内)、西青山(西青山在城外)、西滩、坎门。

楚门汛,千把总轮防,一年一换,驻兵九十名,辖口址八。桐林、梅岙、楚门口、楚门山台、琛浦(离城二十五里)、下湾、芦岙、沙岙。

大城岙汛,千把总轮防,一年一换,驻兵九十名,辖口址八。南大岙、普竹、连屿、白磴渡、大麦屿、大古顺、小碟、鹭鸶湾。

右营海汛:内洋坎门汛,千把总专防,二月一换,领战船一只,兵六十五名,辖台七。坎门、大岩头、梁湾、乌洋港、大乌山、小乌山、方家屿。

内洋长屿汛:外委千把贴防,二月一换,领战船一只,兵三十四名,辖洋面九。车首头、分水山、女儿洞、干江、冲担、沙头、洋屿、大鹿、披山(以上二汛,别有外委、千把一员领战船一只,兵三十四名,轮巡。)

内洋乌洋汛,外委、千把轮巡,二月一换,领哨船一只,兵十五名,内洋梁湾汛,外委千把轮巡,二月一换,领哨船一只,兵十五名。

内洋黄门汛,外委、千把轮巡,二月一换,领哨船一只,兵十五名。

外洋沙头汛,外委、千把轮巡,二月一换,领哨船一只。兵十五名。(《浙江通志》卷九十八,文渊阁四库全书第521册,第1—48页。)

4.《钦定八旗通志·战船》

战船每船长十一丈至一丈九尺,阔二丈三尺五寸至九尺六寸各有差。天津、山东、福建船均属外海,江西、湖广船均属内河,江南、浙江、广东船分属外海内河。外海定限三年小修,六年大修,九年再大修,不堪修者,更造。内河定限三年小修,八年大修,十一年再小修,十四年再大修,不堪修者,更造。其修造之费,有正价,有津贴。正价各以其直无定额,津贴每正价百两自加四、加六、加八、至加倍、倍半有差。由工部准兵部移咨核覆修造,各令本省道员会同副将等官弁监造,工竣,报部题销。

康熙三十四年,谕战船关系紧要,修理银数核减太过,恐临用之时,因船料单薄,复行大修,以致贻误。著工部会同户、兵二部再行确议,具奏。寻,议准:令各督抚将军、提镇将修理战船银,照各地方工料价值,据实确估,具题,工竣报销。

五十二年,覆准:战船风篷、桅索除应修之年毋庸别给外,每岁于朋扣余剩银内,给与制办。又议准:各营艍犁、赶缯等船于船头船尾刊刻某营某镇某号捕盗船名。

雍正六年谕:各省修造战船于造成之时解送总督亲验,总督委中军每向监造文员需索规例,为之徇隐,是以工料皆属虚糜,其实不能坚固。朕思战船关系紧要,嗣后船厂附近省城者,著在城之督抚、提镇及布按两司于承造完工之日,公同验看。倘有不能坚固完好及浮冒侵蚀等,即揭报题参,按律治罪。是年议准:浙江乘造战船船底木用大号坚固松木,每长一丈面,梁阔三尺三寸,船身及正桅均长一丈二尺。头号艍船阔二丈二尺五寸,船身增长八丈九尺,舱深七尺九寸,板净厚三寸一分。二号赶缯船阔一丈九尺五分,船身减长七丈九尺,舱深七尺一寸,板净厚二寸九分。三号双篷舽船阔一丈七尺五寸,船身减长六丈六尺,舱深六尺一寸,板净厚二寸五分。四号快哨船阔一丈四尺,船身减长四丈八尺,舱深五尺,板净厚二寸。每板长一丈【尺】均用钉三。又议准:奉天战船身长七丈四尺,宽一丈八尺七寸,二十一舱。

八年,谕:向来外省各标营沙唬、赶缯等船,原令道员会同副将监督修造。道员遴委同知、通判承修,副将遴委都司、守备监修。闻承修之人备办物料必俟监修验看,自千总以及游、副遂层层需索,不一而足。及如式修造,赴各标营交收。又有验看勒索之弊,迨交收之后,一任船置河干,雨淋日晒,船中器械、绳索为头舵人等窃盗变卖,而该管将弁概不追究。夫始则借端勒索,后则听其毁弃。岂非以承修之责专在文员,而监修武弁置身局外,遂至视同陌路。此等痼弊,闻各处仍然。而京口将军标下为尤甚。嗣后修造标营战船,著道员、副将会同领价,道员、遴委丞倅,副将遴委都守,协同办料修造,如系将军标下之船,即遴委参领以下等官同领同办。其船交收之后,在汛停泊,责令头船苫盖浇洗,每岁令该管将弁出具印结,送督抚察核。如有升迁事故,具结交代。至船有小修、大修、拆造之不同,是以工料多寡悬殊,今闻船未发厂,头舵人等已将在船什物私行盗卖。即届小修,亦必令其拆换加备,甚属不法。嗣后著将什物一并具册移交。如有损缺,将该管官弁及头舵人等分别参追。

十年,议准:山东登胶南北二汛海口赶缯船,照雍正六年浙江题定之例,身长七丈三尺,板厚二寸七分;双篷舽船身长六丈四尺,板厚二寸五分。

福建大号赶缯船身长九丈六尺,板厚三寸二分;身长八丈,板厚二寸九分;二号赶缯船身长七丈四尺及七丈二尺,板均厚二寸七分;双篷艍舽船身长六丈,板厚二寸二分。

江西、南湖营沙唬船身长四丈四尺至六丈八尺,板厚一寸三分至一寸六分。

直隶天津水师营大小赶缯船身长七丈四尺,板厚二寸九分;身长八丈六尺,板厚三寸;身长六丈五尺,板厚二寸六分。

以上每板一尺概用三钉。

江南修造战船应用板片薄厚、铁钉数目,照浙江省所定分寸。沙船一丈【尺】三钉。赶缯船尺板四钉。京口营船九丈以外,梁头栈板均净厚三寸九丈以内,梁头栈板净厚二寸八分,量定三寸三分,用一钉以收一尺三钉之实。苏州、狼山、川沙、吴淞等营船身长四丈七尺至十一丈,板厚二寸二分至三寸六分,每板一尺用三、四钉有差。

湖北、湖南战船身长三丈二尺至七丈八尺八寸,板厚一寸二分至二寸二分,每板一尺用三、四、五钉有差。

广东战船身长一丈九尺至九丈,板厚一寸至三寸一分,每板一尺用三、四、五、六钉有差。各省战船宽九尺六寸至二丈三尺五寸有差,均令道员会同副将等官监督。

广东外海战船委道员,内河委知府,各会同副参等官监督。

十一年,议准:直省修造战船,报销限期。直隶限以四月,福建台湾限以十月,其余各厂限四月,山东限六月。江西大修、拆造限三月,小修限两月。江南限四月,湖广大修拆造限六月,小修限四月。浙江限四月,广东琼州限六月,其余各厂限四月。均以工竣日起限。

乾隆元年,议准:江南各厂拆造沙唬船,每部价百两加津贴银一百二十五两。拆造后小修,每百两给银一百二十五两。大修给银一百三十五两。再次小修,给银一百五十两。艍缯船大小修每部价百两,加津贴银一百八十两。拆造一百五十两,淮厂唬船拆造及拆造后小修每部价百两给银一百三十两。小修后大修,给银一百三十八两。修造赶缯船加增银照各厂例画一遵行。

二年,覆准:山东登胶南北两汛,额设赶缯、双篷艍船,凡届大小修拆造之年,照部定价值每百两量贴银百两,工完报销,仍节省银三四十两。

三年,议准:广东各标营外海战船拆造,加八津贴;大修,加六津贴;小修,加四津贴。

五年,议准:浙江缯艍船大小修、拆造照江省缯艍船之例津贴,拆造每部价百两,加津贴银一百五十两;大小修每百两,均加津贴银百五十两外,又别加三十两。艍哨船照江省沙唬船之例,小修、拆造每部价百两,加津贴银一百二十五两;大修每百两,加津贴银百三十五两。

八年,奏准:福建修造战船津贴银,福、泉、漳三厂,小修每正价百两,加津贴银一百三十两;大修,加一百二十两;拆造,加百有十两。台厂小修,每正价百两,加津贴银百有十两;大修,加百两;拆造,加九十两。

十二年,覆准:福建台厂修造战船照例给与津贴,并别加三分外,再加运费银二分。

外海战船:盛京,六;直隶,八;山东,二十四;江南,八十三;福建,三百四十二;浙江,一百九十七;广东,一百六十六。

内河战船:江南,二百五十;江西,四十六;浙江,二百二十一;湖广,一百二十七;广东,三百九十二。(《钦定八旗通志》卷四十,文渊阁四库全书第664册,上海:上海古籍出版社,2012年,第37—45页。)

5.《钦定八旗通志·水师营建规制·战船》

战船:健锐营,乾隆十六年,设战船八只。十八年,添战船二十四只。二十一年,裁汰八只。二十三年,裁汰八只。二十六年,裁汰八只。三十六年,裁汰四只。现计战船四只。

天津水师营战船:雍正三年十二月,奉旨差教习蔡勇、林全往江南、浙江、福建监造战船,计江南造送大赶缯船六只,小赶缯船六只,舢板船十二只。浙江造送大赶缯船五只,小赶缯船五只,舢板船十只。福建造送大赶缯船五只,小赶缯船五只,舢板船十只。三省共送至战船六十四只。

金州水师营战船:康熙五十四年设,计船十只。乾隆十九年,裁汰四只。其修造定例自初造后三年小修,又三年大修,又三年,如船身尚堪修理,准再大修。否则,拆造。凡应修之先,查勘船身如尚坚固,缓修一年。其拆造改为大修,大修改为小修。

旅顺口水师营:战船十只。康熙五十三年,自山东送至齐齐哈尔水师营大战船十只,二号战船十五只,江船五只,划子船十只。墨尔根水师营二号战船六只,江船四只。黑龙江水师营大战船十只,二号战船四十只,江船十只,划子船十只。乾隆三十八年,将齐齐哈尔、黑龙江二处划子船裁汰。其三处大战船身长八丈三尺,头宽三尺,中宽一丈三尺,梢宽七尺五寸,连楼二十二舱,舱深四尺二寸,大桅长六丈二尺五寸,小桅长三丈二尺五寸。二号战船身长七丈一尺,头宽三尺五寸,中宽一丈零五寸,梢宽四尺八寸,连楼二十二舱,舱深三尺八寸。大桅长四丈五尺,小桅长二丈五尺,江船身长五丈二尺,头宽一尺九寸,中宽八尺二寸,梢宽一尺五寸,连楼十四舱,深二尺八寸,桅长三丈。

江宁府水师营战船:雍正五年二月,奉旨:江宁驻防满洲官兵照天津水师营例设立水师营,每年春、秋二季于镇江拨大小沙船二十只,发往江宁以备演习。乾隆十六年,奉旨裁汰京口水师营左营旧设哨船二只,沙船八只;右营旧设沙哨船六只,高资营旧设艍犁船三十二只,沙船四十四只。乾隆十八年,裁汰左营哨船一只,拨交东海营;裁汰右营哨船一只,拨交狼标右营;裁汰高资营艍犁船八只,沙船二十只。二十七年,将军奏明沙哨船身阔底平,行走迟缓,请改造海哨船。计改左营沙哨船为海哨船十八只,改右营沙哨船为海哨船十只,改高资营沙哨船为海哨船十二只。三十三年,又改高资营艍犁船八只,为外海快哨船。是年,即裁去八只。五十八年,又裁左营海哨船十只,右营海哨船二只,高资营海哨船六只。以上船只俱由常镇道承办。

乍浦水师营战船:雍正六年四月题准:照天津之例,左营设大号赶缯船五只,小号赶缯船四只,南缯船二只,俱编为"宁"字号。右营设大号赶缯船四只,小号赶缯船五只,南缯船二只,俱编为"谧"字号。乾隆十五年,将南缯船裁汰。三十三年,裁"宁"字大赶缯船五只,小赶缯船一只,"谧"字大赶缯船二只。四十七年,俱一例改造小赶缯船。此处船只由乍浦同知专办,委理事、同知承估。工竣之后,都统验收,发营。

福州府水师营战船:雍正六年,奉旨:福建驻防添设水师营兵六百名,配给战船,于乌龙江下流三江口地方演习。计大赶缯船二只,二号赶缯船二只,双篷艍船二只。又因洋屿上下一带小港湾汊甚多,再设小巡船八只,以备巡查。乾隆十年,奏准裁汰双篷船二只,改造大八桨船四只。三十三年,奏裁汰缯船二只,小巡船二只。计赶缯船长七丈一尺,阔一丈七尺,十九舱,桅长七丈一尺。八桨船长四丈,阔一丈二尺,十四舱,桅长四丈二尺。小巡船长三丈二尺,阔九尺,十四舱,桅长三丈二尺。

广东广州水师营战船:乾隆十一年,设外海缯艍船六只,橹桨船八只。十九年裁汰缯艍船二只。四十年,又裁缯艍船二只,橹桨船四只。

湖北荆州府水师营战船:康熙二十八年三月,题准:设立武常荆岳四水师营,拨派内河"顺"字号沙船十只,"广"字号战船六只,"大"字号巡江船四只,"丰"字号战船十四只,共二十四只,分防差操。二十七年,提督题请裁减。二十八年,经部议:照旧存留,奉旨:依议。(《钦定八旗通志》卷一百十九,文渊阁四库全书第666册,第1—6页。)

6.《畿辅通志·天津水师营》

天津水师营,雍正四年设。都统一员,协领四员,佐领四十八员,防御四十八员,骁骑校四十八员,以上俱满洲缺。协领二员,佐领十六员,防御十六员,骁骑校十六员,以上俱蒙古。领催、前锋甲兵二千名,炮手一百四十四名,马二百匹,每岁应支俸饷马干等银六万六千九百二十三两,米一万一千二百二十七石四斗五升,截漕支给。(附载教习守备二员,千总七员,功加五员,捕盗正舵工四十名,伙长十六名,副舵工、押工、正缭手、正碇手、正阿班、正舡班共一百二十名;副缭手、副碇手、副阿班、副舡班共六十名,水手三百名,每岁应支俸薪工食等银一万二千五百九十九两一分一厘九毫九丝二忽,米一千九百二十九石六斗,截漕支给。)(唐执玉监修:《畿辅通志》卷三十八,文渊阁四库全书第508册,上海:上海古籍出版社,2012年,第19—20页。)

7. 陆丰县之内外洋

陆邑东有乌坑、大平,折而之内洋剑门坑,又折而之罗溪、旗头嶂,绵亘二百余里,水环山束,溪谷含呀,许山新田,坑背扼要。东南至览表渡、石埔、大礁石、黄礁石、太平凹、湖子澳、双人石、白礁,与潮州府惠来县交界。西南至大德港口空壳山,与海丰县交界。

内洋:一亚妈礁,一港心石,一鸡尿礁,一旗石澳,一金狮凹,一许公礁,一小屿石,一东礁门,一洲狮澳,一大白礁,一礁子,一滴水凹,一棘石,一奇石港,一大湾,一叠西,一峡石,一锣鼓石,一二虎,一虎头,一乌墩港,一金屿。外洋:一纲尾礁,一乌礁,一赤礁,一羊牯屿,一草屿。(卢坤、邓廷桢主修,王宏斌校点:《广东海防汇览》卷二,石家庄:河北人民出版社,2009年,第60—61页。)

8.《虎门览胜》

大溪山,一名大屿山(同上),一曰硐洲(元·吴莱:《古迹记》),俗曰大姨,有小姨与俱峙。(杜臻:《粤闽巡视记略》)在县南百余里,为急水、佛堂之障,山有三十六屿,周围二百余里。山中有村落,多盐田。(县志)宋绍兴中,招降其人,宋右等选少壮者为水军,老弱者放归,立砦砦水军,使臣一员,弹压官一员,无供役,宽鱼盐之禁,谓之"醃造盐"。庆元三年,盐司峻禁,遂哨聚为乱,遣兵讨捕,徐邵夔等就擒,遂据其地。经略钱之望与诸司请于朝,岁季拨摧锋水军三百以戍,季一更之,然兵势孤远,久亦生乱。庆元六年,复请减戍卒之半,屯于官富场,后悉罢之。(明·应苍梧:《军门志》)嘉庆十四年,总督百龄,围张保于此,将以火焚之,保乘间遁去。二十二年,总督蒋攸铦饬候补知府彭昭麟查勘该处孤悬海外,为夷船必经之所,又有大澳、东涌二处,可以收口泊船。二处亦俱有村落,居民稠密。其东涌向无汛房,唯大澳口,原设守兵十三名,虽有鸡翼炮台,派大鹏千总一员,带兵四十名,驻扎防守,但地势阔宽,距东涌大澳口遥远,势难兼顾。请在东涌口添设建汛房八间,围墙五十丈。抽拨大鹏营外委一员,兵丁二十名,分驻。并请在大澳口西面近左右村二处,各建垛墙四十丈。北面汛防,后亦建垛墙四十丈,以备随时添兵架炮之用,从之。其山势极旷衍,凹凸岪颜,虽置大鹏之兵于此,不足以资分守,惟澳口多鱼艇,民蛋【疍】丛杂,不下数千艘,人皆狂悍善泅,皆知水道,即印以火烙,编其保甲,设澳长以率之,严出入以驭之,则渔艇可利于师舟。设不得其道,亦未尝不可以为寇也。是在参戎者善用之。上下磨刀山,在大屿北,龙鼓山南,其洋名以山分上下,大屿之要津也。(卢坤、邓廷桢主修,王宏斌校点:《广东海防汇览》卷三,第68页。)

9. 新宁县的内外洋

白蕉山,在县东南一百六十里,层障耸翠,石出海际,望如堆雪。铜鼓山,在城东南二百里,嶂峦叠叠,东出飞鹅峰,俯瞰大洋,风涛触石,声如铜鼓,其下为铜鼓海。泥涌河,在城南二十五里,由冲菱墟顺流至广海、烽火角入海。矮峒河,在县南四十里,下流望峒,入广海。大牌海,在广海卫之南。大金门,海在上川山之左,流接铜鼓海。小金门,海在上川山之右,诸彝入贡,遇逆风则从此进。南门洋,在寨南一里,汪洋浩瀚。潭窖河,在新宁县径,逶迤三十里,上通上川、下川,以至广州。下通广海大洋,以出铜鼓、角背、口子设炮台若干,戍以水军,寇至不得入,又不敢越我而过险。设夷昧于一来,我潜师从潭窖出,表里夹攻,必将片帆不返矣。

内洋:一独崖,一东窖口,一鱼塘湾,一鹿胫,一旗坛,一西窖口,一胡椒石,一白蕉湾,一大排小沙湾,一台冲,一麒麟阁,一莆草角,一青兰角,一沙兰涌,一牛头湾,一椰子角,一双洲口,一望头前,一菰箕角,一官涌口,一泥嘴,一横山,一上川岛,一下川岛。外洋:一黄茅洲,一大角头,一铜鼓角,一大金岛,一小金岛,一笔架岛,一穿龙岛,一乌猪岛,一桅甲门,一沙底洋,一平洲,一黄麖门,一木壳洲,一琵琶洲,一狗练角,一蟒洲岛,一亚公角,一神洲,一鬼洲,一北渡津,一娘澳。(卢坤、邓廷桢主修,王宏斌校点:《广东海防汇览》卷三,第96—97页。)

10.《广东省海防汇览·三路海防图》

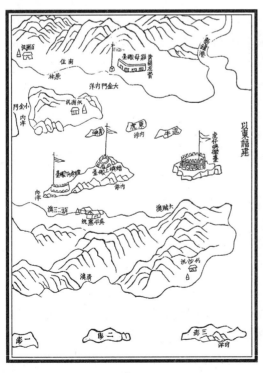

<table>
<tr><td align="center">图一</td><td align="center">图二</td></tr>
</table>

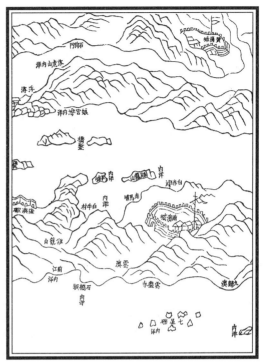

图三

图四

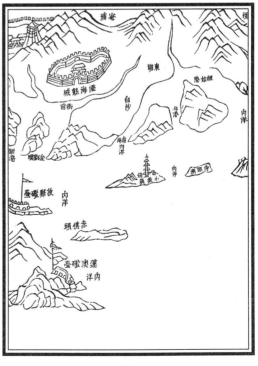

图五

图六

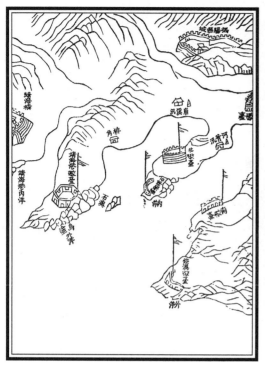

图七

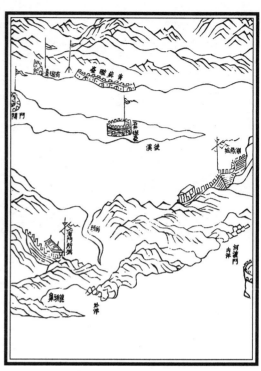

图八

图九

图十

图十一

图十二

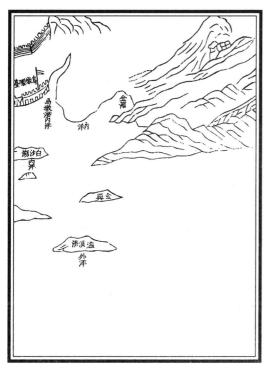

图十三

图十四

图十五　　　　　　　　　　　　图十六

图十七　　　　　　　　　　　　图十八

图十九

图二十

图二十一

图二十二

　　南澳孤悬海中,四面汪洋,为漳、潮两郡门户,商船往来要冲。深澳,南北风,可泊船百艘。宰猪澳,南风,可泊船七十只。青澳,北风,可泊船六十只。长山尾,南风,可泊船百只。大莱芜,暂可寄泊。浮沉澳,可避飓风。莲澳,西南风,可以暂泊。河渡门,可容一船进至南澳,顺风一潮水。港深口狭,北风,难进;南风,难出。海门,东距达濠,西北界连潮州镇属,南即汪洋大海,为东路海防要隘。钱澳大流,水深一丈五尺,小流,一丈,东南风可泊。赤澳,水浅,石礁甚多,可以暂泊。东风,至钱澳一潮水。神泉澳,白艚船可进。外澳,可暂泊,北风。苏公澳,水深一丈二尺。甲子湾港口狭,进港可泊。若西南风盛发时,贼过,一时难出外面,亦难久泊,大流,水深一丈,小流,五尺,大船东南风可进。碣石城三营,襟山带海,南邻汪洋,所有营汛在在俱关紧要。湖东港水浅,惟小哨可进。平海枕山面海,上通碣石镇,下达大鹏,其大星港为商盐船只聚集之区,巡防紧要。田尾港,可湾大船,大流,水深二丈,小流,一丈五尺,大船南风入。碣石港,深五尺,小流不可进。淡水港、白沙湖西,南风可泊。乌墩港,大流水深六尺,小流三尺,大船至东海溏;另,小河可通至海丰县;遮浪澳,大流,水深二丈,小流,一丈五尺,东北风,可湾泊。汕尾港,大流,水深二丈五尺,小流,二丈,大船,北风,可暂泊。长沙港,东南风,可泊。大星港,大流,水深八尺,小流,四尺,大船,西南风,可泊进;东北风,可泊。

图二十三　　　　　　　　　　　　　　　　图二十四

图二十五

图二十六

图二十七

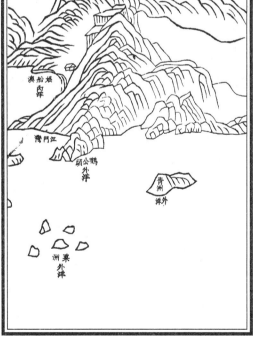

图二十八

图二十九

图三十

图三十一

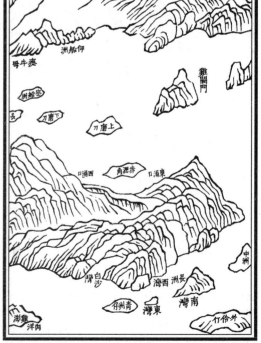

图三十二

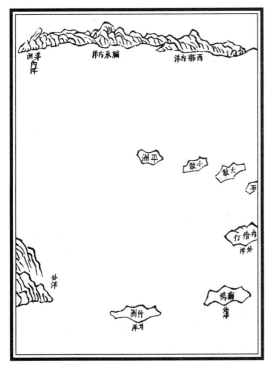

图三十三

图三十四

图三十五

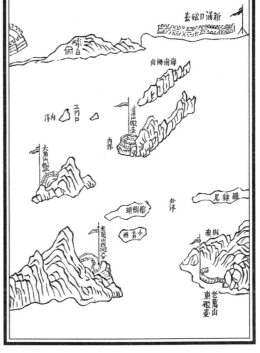

图三十六

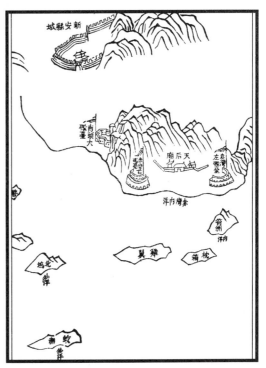

综合性资料

591

图三十七

图三十八

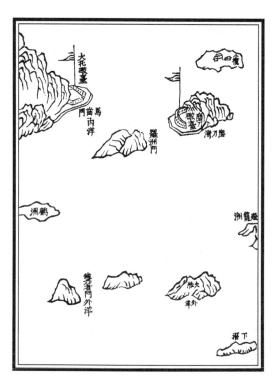

图三十九

图四十

图四十一

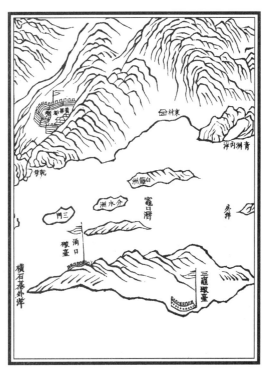

图四十二

图四十三

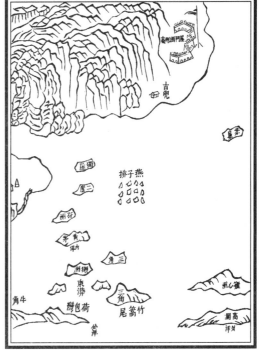

图四十四

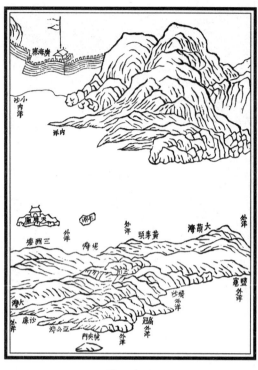

图四十五

图四十六

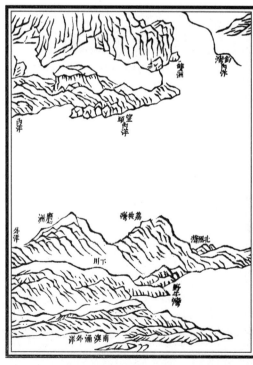

图四十七

图四十八

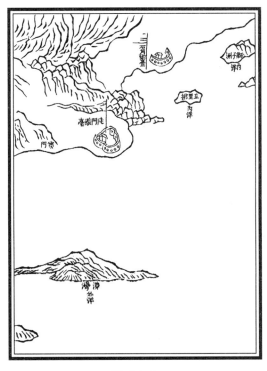

图四十九

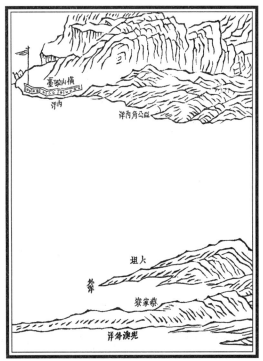

图五十

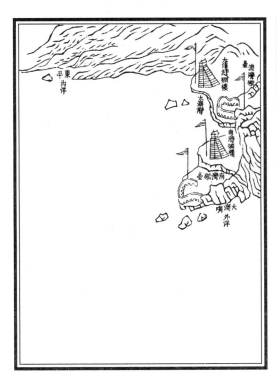

图五十一

图五十二

　　沱泞湾,大流,水深三丈,小流,一丈五尺,东北风,可泊。娘船澳,大飓风可泊。龙鼓澳,大船可泊,独畏东风。佛堂门、将军澳,可避飓风。大屿山孤悬海外,内有大澳、东涌、二虎。其东涌与西涌两港通流,港外水深八九尺,港内水深三丈。又,赤沥角,一山斜蔽于前,最为孤僻,容易藏奸。南头寨,澳大,东南风可泊。沙角炮台,坐落镇远南山之外,夷船出入,粤省冲要海道,扼截要区。新涌在虎门之南,外控大海,内连虎门寨城,为商渔出入握要。万山,屹立海中,最为荒险,附近无深大之澳,大船难以排泊。惟外临汪洋,商夷船只往来起驳,最为险要。镇远、南山二炮台,与横档炮台、月台斜峙,相去不远,均系扼截省会门户,防守商夷船只出入要区。蕉门炮台,外临大海,内连大小虎,近年水深,船多由此,防守须严。十字门,水深三丈,洋舶至,湾泊于此。磨刀湾,外临大海,内联香山,附近澳门,商渔船只出入最要之区。虎跳门炮台东西,分属香山、新会,内达大河,外连洋海,至为险要。崖门,外俯汪洋,内通新会大河,为商船出入冲要之区。广海寨,壤连山海,其大澳、横山、上下川等处,为商渔聚集防守最要。上下川,可泊船只。

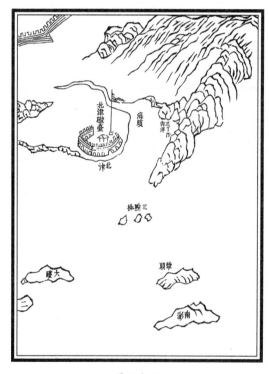

图五十三

图五十四

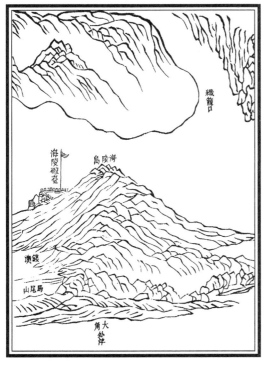

图五十五

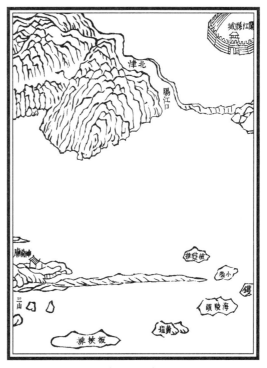

图五十六

图五十七

图五十八

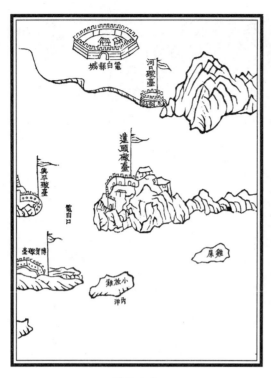

图五十九

图六十

图六十一

图六十二

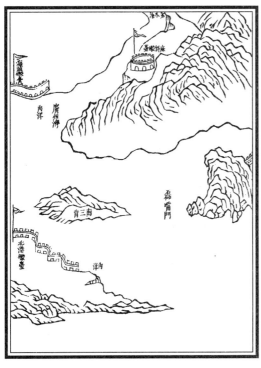

图六十三

图六十四

图六十五

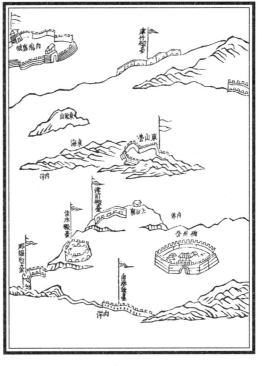

图六十六

图六十七

图六十八

图六十九

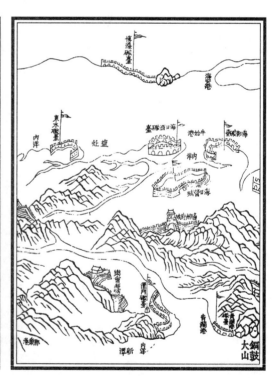

图七十

图七十一

图七十二

图七十三

图七十四

图七十五

图七十六

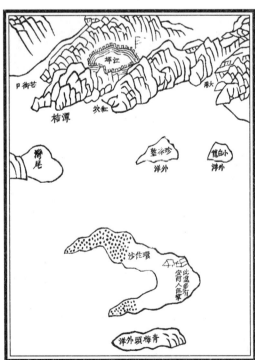

图七十七

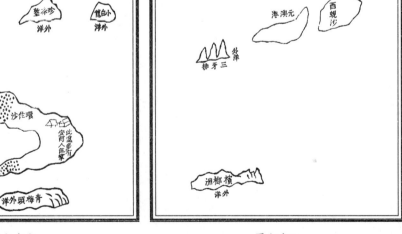

图七十八

图七十九

图八十

图八十一

阳江上通香山、广海，下达吴川、硇洲，为西路沿海要地。其大澳海陵、兴平、水东等港为商渔疍船繁集之所，据守最宜严密。海陵澳西曰咸澳，此处可泊船，不畏四面风，海寇每潜泊于此。双鱼港，水深六尺难于湾泊。莲头澳水深七尺，东南风可湾泊。电白海口水浅，四边山低，有大飓风，不堪湾泊。放鸡山，可暂时寄泊船只。赤水港，南北风可泊。限门港，大流，一丈，小流，八尺。港口水浅有沙，极险恶，甚难出入。驶至芒苧，另易浅水河船，至梅菉、硇洲，大流，一丈五尺，小流，一丈，四面临海，东南尤浩瀚无际。大船可从南边进，东北风可湾船。东山，即东海，地皆平坦，孤悬海外，四面汪洋，与硇洲中隔沙行，素为奸薮。前后皆有沙，水浅，大船所不能进。龙门地处极边，与越南交界，南面汪洋，商夷船只往来，防守最要。港内有七十二径，俱相通，可容千余艘。通明港，水深，可泊大船。雷州港，水深，可泊船数百。涠州洋面，龙门协与海安营交界，商船往来，最易藏奸，常须侦缉。海安港，上通硇洲，下达龙门，南望海口，汪洋北枕，徐闻地面，为官民商渔舟车往来冲要。琼崖，地处极南，东、西、南三面，汪洋无际，为巡防至要。清澜港各港，有海贼聚散，往来抛泊，邀截商船。以上杂引《筹海重编》，国朝侍郎温汝适、总兵黄标两"海图"，阮元等修《通志·海防图营册》。（卢坤、邓廷桢主修，王宏斌校点：《广东海防汇览》卷二，第1—25页。）

11.《广东通志·海防图》卷一百二十四

图一

图二

图三

图四

图五

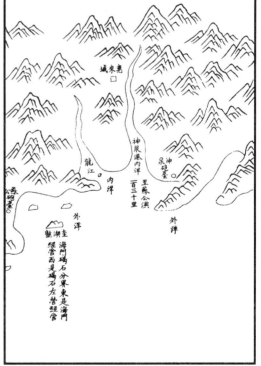

图六

图七

图八

图九

图十

图十一

图十二

图十三

图十四

图十五

图十六

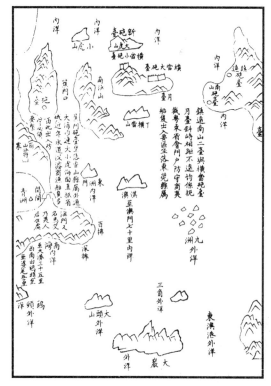

图十七

图十八

图十九

图二十

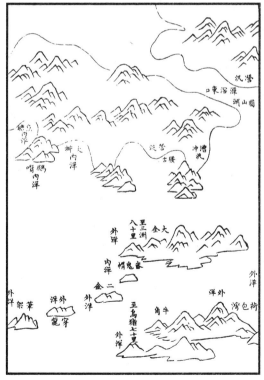

图二十一

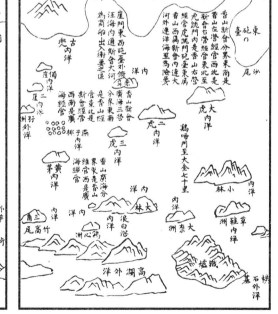

图二十二

图二十三

图二十四

图二十五

图二十六

图二十七

图二十八

图二十九

图三十

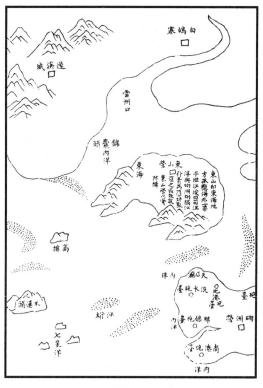

图三十一

图三十二

图三十三

图三十四

图三十五

图三十六

图三十七

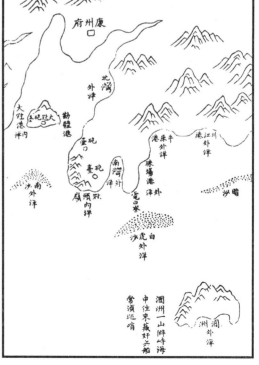

图三十八

图三十九　　　　　　　　　　　　图四十

图片来源：阮元主修：《广东通志》卷一百二十四，见《续修四库全书》第 671 册，上海：上海古籍出版社，2002 年，第 731—770 页。

12.《广东海防汇览·方略十二·巡哨一》

海口所，为琼郡咽喉。铺前港居东，马袅港居西，乃琼郡之肘腋也。其地皆属险要，而铺前尤为吃紧。海口、铺前、马袅三港现有水师战艘，防范周密，毋庸置议。但水师所辖汛地东至会同县之潭门，西至临高县之马袅而止，其余州县亦各有港口通海，系琼镇陆路兵丁防守，从未设有水师兵船，诚虑贼艇飘忽突至，官兵无船，难以追剿。似宜撤回防砲及巡吴川、白鸽等处之战船，分拨于儋、万、崖三州，每州港口抽水师协千、把总一员，带兵一百名，驾船二只轮流巡哨，使水陆互为声援，庶几万全。（郡守贾堂详议《陆水县志》）

大海汪洋，渺无涯涘。琼郡孤悬海中，府属州县濒海港口，处处可以进舟湾泊，在在可以登岸取水，即使多设巡逻船只，犹惧不虞。查目今巡海哨船，不过十有余只，所以伙贼往往易于乘潮肆掠，则船少疏虞之过也。应请于要害港口增设巡船，选练水兵，调拨巡逻，联络不绝。其巡查以船票为凭，凡无船票及无货物者，即系歹船。巡海哨船须各分地方，以专责任。如某日某船巡逻某处，各有记簿，倘遇事发，即查该地方系属何人巡守，则疏玩之罪既难逃辞，而游奕小丑亦惧我之有备，而争相遁迹矣。（同知姚哲《详议》）

海上巡逻固须多设船只，其陆地僻处遥远者，旧制止设营汛兵丁，并无船只可以巡海。应请各州县水陆紧要处所，逐一清查分晰，某港某口一带水路，系海船所巡，某州某县陆路若干远近,系汛守兵丁所巡。其有陆路汛守而兼巡海口者,即酌量添船添兵之法。务使水陆巡查各得其实,庶地方不致推诿,而防御实受其益矣。(俱同上)

四十三年,覆准:广东沿海地方派定千把总带兵会哨,副参将每月巡察,每年春秋之际委令镇臣统巡。(雍正年修《会典》)

八月,两广总督郭世隆疏言:前奏添造战船,俱经报竣,设立船兵自南澳至龙门,令守备、千总、把总逐日带领巡哨,副将、参将、游击每月会巡一次,水师总兵春、秋二季驾船二十,分巡外洋至琼州,按季更替,以次川巡。(《东华录》)

四十八年,覆准:闽、粤、江、浙四省每年轮委总兵官亲领官兵,自二月初一日出洋,在所属本汛洋面周遍巡查,至九月底撤回,遇有失事、获贼,照例分别题参、议叙。如总兵官不亲身出洋巡哨者,令该督、抚、提指名题参。如有奸船出入海口者,若遇失事,将陆营守口官于每案各罚俸一年。(雍正年修《会典》)

四十九年,覆准:江、浙两省停其会哨,行令闽、粤、江、浙、山东五省督、提、镇等仍照定例派拨官兵,专力游巡。各该总兵官不时出洋亲身监督,遇贼追擒,无分疆界,务获净尽,以靖海洋。(同上)

五十年,奉上谕:朕于水陆兵丁年久,深悉其情事,船至海洋必竢风候,若不候时,不察风汛而欲强行,必至兵船同损。官兵皆朕历年养育之人,如遇有贼,自应效死。若无贼而徒以巡哨受伤,实为可惜,总兵须留意。钦此。(《防海备览》)

五十七年,覆准:南澳属闽、粤交界,琼州孤悬海外,额设南澳总兵及琼州水师副将,应令各带标员专巡本管洋面,自南澳而西,平海营而东,分为东路,以碣石总兵、澄海水师副将轮为统巡,带领协镇标员及海门、达濠、平海等营员为分巡。自大鹏营而西,广海寨而东,分为中路,以虎门、香山二协水师副将轮为统巡,带领二协标员及大鹏、广海二营游守等官为分巡。自春江协而西,龙门协而东,分为西路,以春江、龙门二协水师副将轮为统巡,带领二协标员及电白、吴川、海安、硇洲等营员为分巡。共派为三路,每年分为两班巡查,如遇失事,照例查参。(雍正年修《会典》)

兵法有奇正,贼势有大小,出其不意,敌乃可致。往者游魂猖獗,贼首三十二等百十连艘,聚泊大莱芜、小莱芜等处,明目张胆受千把总馈献而不辞,哨船之出,非所畏。今所谓贼,不过无赖之辈,饥寒逼身,三五成群,踏斗而出,遇船少人弱,则夺而驾之。因其舵水、粮食凑集,匪类所夺船渐大,然后敢公然行劫。其为贼也有限,其窥伺在商船货贝、财帛、衣粮,又必孤行离援,乃肆其侮,非立意与官兵哨船为敌者也。见商船则趋,见哨船则避。哨船轻而浮,其行速;商船重而滞,其行迟。哨船旗帜飞扬,牌刀高挂,商船无之,此贼所能辨也。鄙意哨船之出,当如商船行径,勿张旗帜,勿挂刀牌,多运小石压载,以疑货物,有急可当军器。行莫连艘,但度策应所可及,若断若续。遇贼船对敌,然后举大炮为号,众哨齐集,堵截环攻,擒贼获船,百不失一。若夫装点军容,张扬声势,是呼贼船使之避耳,非真心捉贼者也。(同上)

雍正十三年,覆准:福建南澳镇左营及金门镇之铜山洋汛归南澳镇巡察,每年上班巡期委右营守备与广东镇协会哨,左营游击与海坛、金门两镇会哨,该总兵官驻镇弹压。下

班巡期委右营游击出巡,总兵官亲率兵船与两镇会哨,以左营游击留营弹压。(《防海备览》)

乾隆元年,覆准:广东西路洋面分为上下二路,自春江至电白、吴川、硇洲为上路。上班以春江协副将为总巡,下班以吴川营游击为总巡。率领春江、电白、吴川、硇洲各营员为分巡,均于放鸡洋面会巡至硇洲一带。自海安至龙门为下路,上班以海安营游击为总巡,下班以龙门协副将为总巡。率领海安、龙门各营员为分巡,均于琼州洋面会巡所属一带。至上路之电白营游击上班随巡,听春江协副将统领,电白营守备下班随巡,听吴川营游击统领。如遇本营洋面失事,分别题参。(同上)

十五年十月,总督阿里衮会奏言:该臣看得洋巡会哨一案,先经闽浙督臣喀(即喀尔吉善)奏请,闽浙两省统巡,两月一次,分巡每月一次,指定处所,定以日期。其江南、广东二省并请画一,定议遵行。部议以福建南澳与广东联界,而南澳总兵又系广东、福建两省总督兼辖海面,向来作何会哨,果否俱能克期,并作何立法稽查,不致虚应故事,应并行督抚、提督详悉妥议、具题等因。前任督臣陈大受接准部咨,当经移行遵照。嗣准前任广东提督臣黄有才转据沿海各镇协营查明,定议移覆。因南澳与闽省会哨日期亦须商定,又经咨移闽浙督臣查议,暨咨明内部在案,续准将议定日期移覆,复经臣檄行布政使等汇案核议具详去后,兹据布政使司布政使石柱会同署按察使司印务两广盐运使范时纪详称:查粤东海洋自南澳西至龙门,长亘数千里,琼州僻处西南一隅,孤悬海外,节奉题定,分路分班派委游巡。每年上班于二月初一日出洋,至五月底撤师。下班于六月初一日出洋,至九月底撤师。琼州一协,专巡本管洋面。上、下二班俱委该协副将为统巡。南澳一镇亦系专巡本管洋面,上班派右营守备出巡,下班派右营游击出巡,与粤省镇协会哨。其自南澳而西,平海营而东,分为东路,上班以碣石镇总兵为统巡,下班以澄海协副将为统巡,带领该镇协标员及海门、达濠、平海各营员为分巡。又自大鹏营而西,广海寨而东,分为中路,上班以虎门协副将为统巡,下班以香山协副将为统巡,带领二协标员及大鹏、广海两营员为分巡。又自春江至电白、吴川、硇洲为西上路,上班以春江协副将为统巡,下班以吴川营游击为统巡,带领春江、电白、吴川、硇洲各营员为分巡。又自海安营至龙门为西下路,上班以海安营游击为统巡,下班以龙门协副将为统巡,带领海安、龙门各营员为分巡。但统巡各镇将递年虽依期出海,向未定有会哨之例,其在洋游巡,或疏或密,或远或近,并有无怠惰偷安,潜泊岛屿,茫无稽考,立法殊未周详。今议照闽、浙两省之例,定以两月会哨一次,上班定以三月初十、五月初十为期,下班定以七月初十、九月初十为期。三月初十,碣石镇巡至南澳之深澳,与南澳镇会印通报。虎门协副将与春江协副将会哨于白沙洋面,仍巡回本路龙门洋面,与龙门协副将会印通报,系属本路地方,毋庸定以日期。五月初十,碣石镇与虎门协副将会哨于平海大星澳洋面,春江协副将与海安营游击会哨于硇洲洋面。七月初十,澄海协副将与香山协副将会哨于平海大星澳洋面,吴川营游击与龙门协副将会哨于硇洲洋面。九月初十,南澳镇与澄海协副将会哨于莱芜洋面,香山协副将与吴川营游击会哨于广海大澳洋面,龙门协副将与琼州协副将会哨于白沙洋面。各该会哨处所均属各路舟师必到交界地方,并非越境远涉。至届期会哨,各镇将酌量风信顺逆,预为驾驶前赴,则逐渐戗驶,自可依期而至,但克期一日,未免太速,风信有顺逆之分,则驾驶有难易之别，或因飓风忽起，即须收泊躲避，恐难应期不爽，似应宽以十日之期，定以初十日至二十日，其先到者，务在定议洋面等候，如值黑夜及风色不正，即在附近港澳寄泊，若天明风正，仍赴议定洋面梭织听候。一到会合，即联衔盖印通报，倘过二十日仍未见到，明系不谙水师，有心规避。先到之员务即具文通报，仍即巡回本路洋面，不得私自会印。如此则彼此似无飓风之虞，亦免愆期之咎。其先到之员在于交界处所等候，与本路洋面比邻，原可照应，或即在本路界内，应到处巡查，既亲身在洋，似无贻误。至会哨定有处所，或在洋中，或在岛屿，一经联衔通报，虽可以为征验，但恐其私自会哨，似应密差标员稽察，毋庸赍捧令箭等候。再分巡员弁历来原有会哨，但未有一定次数，今应定以每月与上下邻境舟师各会哨一次，定以半月分别上下或先西而后东，或先东而后西，彼此预为酌定，务使不致歧误，一经会合，即联衔通报，不得私自会印，如有懈怠捏饰，即令统巡官揭参，统巡、分巡各于上下接界按期会哨，往来梭织，以为声援联络。分巡之勤惰更得借以稽察，即统巡之怠惰偷安亦难容，其假借弭奸匪而肃海洋，实为绥靖海疆之善策。至南澳与闽洋界连，该镇总兵与闽省金门镇会哨日期，闽省现议每年止于六月十五日一次，其余粤省日期两不相值，原无妨碍等由前来，臣复核无异。臣谨会同广东巡抚臣苏昌、广东提督臣林君升合词具题。

十八年四月十七日，司道会议称：查巡检等官既各分管地方，又无刑名钱谷之事，巡缉稽查，是其专责，似应照依各该员分管疆界责令按月周巡一次。如边海地方何处有港汉，可通内河？向有何项船只出入，盘诘稽查是否严密？何处系界接大洋，或有岛屿险远，有无奸匪出没，现在如何巡缉防范？所管地方共有出海商渔船只若干，是否俱系编号、领照？舵水是否相符？商船系往何处贸易？每年回港几次？渔船出洋采捕，是否依期归港？有无站洋为匪？分别取具澳甲埠保切结。何地设有墩台、营汛？桨哨船只各有兵役几名，果否实力巡缉？日逐于经历处所，将目击情形随时登记，并细加体访，同所取各结一并申送该州县复核。并确查该员实系亲身巡历，加结申报府道，汇核通报。如果巡查实力，一年之内，地方俱属绥靖，将巡历之捕役、督率之州县各予记功一次。如因巡查而拿获大伙匪徒，紧要人犯，按其事之大小开列职名，附请拔擢议叙。如属外结，亦量予记功。司道等仍于各员因公进见时，细加查询，所管地方道里远近，应酌定一月两月巡至一次之处，先行造册通报查核。但地方情形不同，何处应行巡查？何处应行会哨？海口船只如何稽查编保？必须地方官各就该地情形条分缕晰，确切定议，再行复核饬遵。（档册）

十九年四月，两司会详称：查得粤省与邻省交界处所会哨，必须画一行之，便易而无扞格，始可遵循，垂之永久。请设定蓝色令旗一面，宽约二尺许，上写某营军令字样，盖用营印，一伙会哨时日目兵执持为号，再用照票一纸，长约尺许，宽六七寸，上写某营某汛弁兵姓名，于某年某月某日与某省营汛在某处地方会哨字样，先由该营将备刊刷盖印，照一年之数颁发，按期填用，应咨明邻省转饬各营一体颁发，各汛届会哨之期彼此对换，所换邻省之票按期缴送本营弁，每季汇送统辖之镇协查验转报备考，其会哨次数除旧系每月两次外，其新添各处应每月俱定为一次，上月会哨密订下月日期，前后参差，使奸匪莫测。该专辖之员不时勤加查察，每半年游巡一次，稽其勤惰。统辖大员每年巡阅营伍之时亦清查一次，倘有虚应故事，扰累地方，即严行参究。文职各官均有地方之责，亦应令自州县至道府或遇停讼及公事之便出巡之时，亲行察勘，随时报查。以上专辖、统辖各武职，及道府各官巡查，均毋庸与邻省订期会巡，惟应认真办理，并请移咨江楚各省，转饬知照。（司案）

四十六年二月，兵部奏言：议得近经前署广督李瑚以广东船户李万利船至电白县属内洋被抢一案，将疏防之专、兼、统辖并在洋随巡季巡各员弁职名开参，臣部照例议处。至统巡官例有处分，行令补参送部去后，今据两广总督觉罗巴延三覆称：查电白营递年出洋，分为上下两班，上班统巡于二月初一日起至六月初一日止，下班统巡自六月初一日起至十月初一日止，船户李万利系乾隆四十四年十月十二日被抢，是时班期已满，并无统巡，所取职名无凭查开等因，移咨到部。查各省水师营分巡查洋面，原有旧定章程，粤省统巡官据该督查明，每年自二月起至九月止，分为上下两班出洋巡查，其自十月起至次年正月止，向因是时海内风信靡常，未有统巡之员。虽属相沿旧例，但思海洋重地，特派官兵按期轮哨，原以消弭贼匪，卫安商旅，自宜递相更换，周而复始。今该省自十月起至次年正月止，竟无统巡之员，若虑冬令风信靡常，则李万利船只被抢正在撤巡期内，商船既可行驶，巡船岂独不能出巡？况季巡、随巡，冬令既仍在洋巡哨，何独统巡竟不出洋？且在洋之季巡、随巡多系千把微弁，恐无大员弹压，心存怠惰，以致有名无实，殊非慎重海防之道。臣等未敢以该省遵行已久，因循照覆，相应奏明，请旨敕交该督，将粤省所属洋面，或按营分添设一班轮流巡哨，或将巡期改为六月一班，递相更换之处，按照地方情形悉心筹酌，覆奏到日再议。并令各镇嗣后将巡洋将备及汛守官弁职名按季分晰造册送部，遇有失事，以凭核办。如此分别酌改，庶洋面哨巡并无空缺，稽查较为严密，于海疆稍有裨益。并请通行凡有洋面省分一体详查更正，以昭画一。是否有当？伏候圣谕遵行。奉旨：依议。钦此。

五十五年六月，大学士公阿桂等议奏言：查乾隆四十六年内，据前任广督巴延三奏称：遵照部议酌改巡洋会哨日期案内，请将外海水师各镇协营各路巡洋每年改定六个月为一班，分为上下两班递相更换，周而复始。统巡各员，上班会哨日期仍以三月初十日、五月初十日为期，毋庸更易，下班统巡各员会哨日期改为八月初十日、十月初十日，俾免迟误。其会哨处所，仍俱照原定洋名，以免纷更等因。经臣部议覆具题，奉旨：依议。钦此。嗣经臣部题覆，原任浙江定海镇总兵陈标并不遵例会哨议处一案，钦奉谕旨：外省巡洋每多视为具文，饰词捏报，殊非慎重海防之道，著该督抚按照各处洋面风信平顺之期，另行会商，庶各该镇等不得借词风阻迟误。钦此。续据闽浙督伍拉纳等奏称：海坛、金门二镇每年三、九两月于涵头港会哨之期，其时风信靡常，并多海雾，改为四、八两月等因。奉朱批：此议是，该部如所议行。钦此。钦遵各在案。今据两广总督公福康安以粤东海洋风信，春令多系东北，夏秋多系西南，冬令北风盛发，其九月间风信查与平时相似，粤省会哨之期亦不在此月，节据该镇协等具覆均请照依旧定章程办理。惟据碣石镇唐述先呈请，该镇上班巡洋应于三月初十日至深澳洋面，与南澳镇会哨；五月初十日至大星澳，与左翼镇会哨。按照常年风信，类皆顶逆，请将两次哨期互相更换。臣与提臣高琼公同核酌，海洋风信靡常，会哨自两路而来，此顺彼逆，原难一致，总在统巡各员随时体察，即果有台飓，暂为收泊，一俟风定，即可设法戗驶，依期会哨，应饬照旧遵行，毋庸另议等语。臣等悉心酌议，海洋巡缉，立法极严，各省督抚自应酌量该处情形，定期会哨，以昭慎重。五十四年十月内，钦奉恩旨：嗣后各该镇会哨，如实有风大难行，许其据实报明督抚，并令该镇等彼此先行知会。即或洋面风大，虽小船亦不能行走，不妨遣弁由陆路札知，以便订期展限，再行前往。钦此。是圣谕详明，原已示体恤而崇实效。今据总督公福康安按照该省原定章程毋庸另议更张，自属实在情形，应如所奏办理。奉旨：依议。钦此。

五十七年九月，大学士公阿桂等奏言：臣等查洋面匪盗出没，理宜实力巡防，以期严密，广东遂溪县属之涠洲海岛，前据福康安酌拨弁兵移驻，并声明于该岛添设炮台、汛房在案。今据该署督郭世勋奏称，福康安钦奉谕旨进京，嘱臣确勘，不必以原奏移驻在前，稍存草率迁就。臣叠檄催勘，兹据雷琼道俞廷垣等先后禀称，涠洲四面大洋，时有飓风猝发，猛烈非常，若建盖兵房，难保经久。且四面礁石鳞列，随潮伏现，战舰亦难停泊，而淡水又不足供多人食用。其中地土只可种植杂粮，若兵丁在彼驻防，即需运米接济，输载殊费周章。该岛不产竹木，春夏只生茅草，过此更无可资炊爨。历次饬查该处，实难驻兵防守，未便因前奏稍存迁就等语。自属实在情形，应如该署督所奏，毋庸移驻添设，至该处既不便设兵防守，则巡缉更宜严密，自应遴派员弁，以专责成。该署督所称海安、龙门两协营水师额设兵内，每营派拨兵一百五十名，每月责成该协营副将、游击饬令千把、外委各一员，带领兵目各七十五名，配驾哨船，令赴涠洲梭织游巡，具结联衔通报。下月仍由各协营先期拨派更番出巡，并令各该副将游击严密督察，如能拿获盗匪，分别升赏。如潜行燂船、汲水，或停泊偷安，致有失事，或盗匪私赴涠洲，即将管驾员弁兵丁，该管副将、游击一并分别参处。其涠洲东南斜阳一岛，与涠洲相距仅三十里，一体责令各弁兵顺带巡查等语。亦应如该署督所奏办理，嗣后该署督等惟当按月严饬员弁实心巡缉，毋致始勤终怠，如此则虽无驻兵设汛之名，而有缉盗巡洋之实，于海疆似有裨益矣。奉旨：依议。钦此。

五十八年九月初一日，奉上谕：前因英吉利表文内恳求留人在京居住，未准所请，恐其有勾结煽惑之事，且虑及该使臣等回抵澳门，捏词煽诱别国夷商垄断谋利，谕令粤省督抚等禁止勾串，严密稽查。昨又据该使臣等向军机大臣呈禀，欲于直隶、天津、浙江、宁波等处海口贸易，并恳赏给附近珠山小海岛一处，及附近广东省城地方一处居住，夷商收存货物种种，越例干渎，断不可行，已发给敕谕，逐条指驳，饬令使臣等迅速回国矣。外夷贪狡好利，心性无常。英吉利在西洋诸国中较为强悍，今既未遂所欲，或致稍滋事端，虽天朝法制森严，万万率服，英吉利僻处海外，过都历国，断不敢妄生衅隙，远越重洋。但观该国如此非分干求，究恐其心怀叵测，不可不留心筹计，预为之防。因思各省海疆最关紧要，近来巡哨疏懈，营伍废弛，必须振作改观，方可有备无患。前已屡次谕知，该督抚等督饬各营汛于英吉利使臣过境时，务宜铠仗鲜明，队伍整肃，使之有所畏忌，弭患未萌。今该国有欲拨给近海地方贸易之语，则海疆一带营汛不特整饬军容，并宜预筹防备，即如宁波之珠山等处海岛，及附近澳门岛屿，皆当相度形势，先事图维，毋任英吉利夷人潜行占据。该国夷人虽能谙悉海道，善于驾驶，然便于水而不便于陆。且海船在大洋，亦不能进内洋也。果口岸防守严密，主客异势，亦断不能施其伎俩。著传谕各该督抚，饬令认真巡哨，严防海口。若该国将来有夷船驶至天津、宁波等处，妄称贸易，断不可令其登岸，即行驱逐出洋。

倘竟抗违不遵,不妨慑以兵威,使知畏惧。此外如山东庙岛地方,该使臣曾经停泊,福建台湾洋面,又系自浙至粤海道,亦应一体防范,用杜狡谋。各该省督抚惟当仰体朕心,会同该省提督及沿海各镇等不动声色,妥协密办,不可稍有宣露,致使民情疑惧。或如办理疏懈,抑或过涉张皇,俱惟该督抚是问。此系朕思虑所及,先行指示,想来亦不致有此事也。将此遇便传谕各该督抚遵照妥办,并谕沿海各提镇知之。钦此。

五十九年四月　日,总督觉罗长麟奏言:窃查水师各营巡洋会哨,必须严正大员稽查监哨,庶使惟怯将备各知顾畏,不敢藏匿湾泊,趋安避险。广东水师各营,自总兵副将以至都守每年分为上下二班巡洋会哨,向来即由提臣派委参游、都守等官稽查监哨,并不取结报部,是无论总兵出洋,参游监哨,系以属员稽察,上司固属有名无实。即都、守出洋,而以都、守监哨,亦必至同官相应,彼此瞻徇。臣前在浙江巡抚任内见水师出洋,均委道府大员监哨,取结报部,广东事同一例,应请嗣后凡水师镇将大员出洋,悉委文职道府监哨,其参、游都守应行会哨之小营汛委令同知通判监哨,均按季饬取监哨各员并无扶同徇隐印结,送部核查,倘有不实,一经臣等查出,即将监哨各员一体严行参处。如此办理,则巡缉可期实在,而海洋渐可肃清。

嘉庆四年,总督觉罗吉庆奏覆:御史黄熙条奏略言:原奏水师将弁每年三、四月南风盛时,于盗船出入要隘分布堵截,令不能乘风而出,至九、十月北风盛时则截其归路等语。查粤东本地海盗无多,联帮盗船俱来自安南夷洋,每当春夏之交,乘风潜入粤海游弋,官兵追捕严紧,即逸入闽浙洋面,秋冬则乘北风复回夷地,来时空船,则走内洋,追劫掳商船,赃物满载而去,则由外洋潜回夷地,外洋烟波浩渺,不但并无隘口,亦且山岛皆无,势难堵截。臣吉庆到任后,相度情形,奏分三路兵船常川游巡,遥见贼船,即驶往追捕,无盗时即在南澳、万山、佛堂门、电白、涠洲、海安沿海各大岛澳湾泊,使探船查报,一闻盗至,迅速驶往追捕,沿海口岸炮台,复派官兵防守。近年以来,洋盗较前知惧,惟盗踪出入靡常,游巡搜捕不容稍有懈弛。臣等现在严饬三路兵船先事预防,相机探缉,以期事必有济,所有该御史奏请随时堵截匪船,亦与缉捕有益,通饬三路镇将一体相机办理。再粤东向来游巡、会哨不过缯艍船两三只,本地盗贼尚可缉拿,如遇夷匪联帮,即不能捕获。臣等以正当需兵捕盗之时,若分拨三路捕船及防守炮台兵丁,照例巡哨,转以有用之兵置之无用,业经附片奏明。各营巡洋会哨请俟三路兵船撤回之后,再行办理。海口仍令巡船搜查、缉捕,合并声明。

五年二月,奉上谕:各省沿海水师向例设有统巡、总巡、分巡及专汛各员出洋巡哨,近因各省奉行日久,渐有代巡之弊,即如统巡一官系总兵专责,今则或以参将、游击代之,甚至以千总、把总、外委及头目兵丁等递相代巡,遇有参案到部,则又声明代巡之员,希图照离任官例罚俸完结,殊非慎重海疆之道。著通谕沿海省分各督抚,嗣后均令总兵为统巡,以副将、参将、游击为总巡,以都司、守备为分巡。倘总兵遇有事故,只准副将代巡,或副将亦有事故,准令参将代巡,不得以千把、外委等滥行代替,以杜借端规避之弊。至山东水师向不参送统巡疏防职名,殊未允协,嗣后该省亦应一律遵办,以昭画一。此次通谕之后,各督抚等务令水师各员亲自出洋梭织巡查,以期绥靖海洋。倘敢仍前代替,借端推诿,一经部臣查出，或被科道纠参，则惟各该督抚是问，将此通谕知之。钦此。

七年二月初十日，布政使常龄、按察使陈文会同详称：奉牌准提督孙全谋咨开，准本部堂咨开，嘉庆六年三月十六日，据南澳镇禀称：本年二月二十五日，舟次奉本部堂照行前事，粤东洋巡以总兵为统巡，副将、参游为总巡，都司、守备为分巡。查南澳镇向不入粤省派拨上下班统巡，第该镇管辖粤省之镇标右营及澄海协、海门、达濠共五营，现拟作为东路，以该镇及澄海副将为上下班统巡等因。又准提督咨同前因各到职，奉准此。惟查各营上班例巡先于正月初一日遵照旧例出巡，经将正、二两月分兵出洋盐菜银发给去后，今接奉新定章程，准以驾艇缉捕，兼理例巡，即如现派上班统巡之署澄海协郑文照、总巡之南澳右营游击林国良均系驾坐米艇，所有驾艇之兵既支口粮，应令停支例巡盐菜银两，其配驾战哨船者，照支盐菜银。至东路统巡镇协饬赴归湖会哨，查归湖洋面是否即系碣石中营所属之白沙湖，抑或别营所管洋面，细询南澄等营舵兵，均未确悉。又总巡、分巡会哨旧有章程，应否仍照旧定日期处所每月会哨两次，出具联衔印结，交原派监哨官缴报。其总巡一项，如何酌议会哨之处，似应仰候核夺。再查职属东路原配米艇十一只，联为一帮。如遇镇协统巡会哨之期，若一齐带往归湖，恐有顾此失彼，若镇协自己坐船及随巡千把总二船带往，未免过单，似应临时酌量情形妥协办理，以应会期。倘或一时捕匪吃紧，万难分身赴会，可否仍遵照督部堂前奏，奉旨暂停之例，权宜变通之处，未敢擅便，请察夺核示等由，到本部堂，相应咨商酌核见覆等因，到本提督，准此。查新定洋巡章程系属永久遵循，而三路米艇缉捕系因洋面未靖，派拨巡缉，俟海面平靖，即行撤回。惟因各路洋面应派拨总兵统巡，而水师总兵均经派委督驾米艇缉捕，是以责令兼理统巡。查例巡与缉捕原自判然，未便牵扯，缉捕兵船则支口粮，例巡兵船则支洋赏，原无重支。其东路统巡会哨定在归湖洋面，查归湖系碣石镇左营与海门营交界，在甲子泒之东，神泉洋面之归湖墩，洋图备载，自可遵照于此会哨。至各路统巡镇协原定酌带千把船二只，总巡酌带千把船一只，分巡带千把船一只。如值统巡前往会哨，统巡官并带千把船二只，共船三只，但其经由各总巡所巡洋面，而总巡应随统巡前往，直至非该员总巡洋面止。过境，又有总巡之员随统巡前往，是总巡并带千把又共船二只。又统巡经由分巡所巡洋面，而分巡亦应随统巡前往，直至非该员分巡洋面止。过境，又有分巡之员随统巡前往，是分巡并带千把又共有船二只。则统巡往来洋面，统巡、总巡、分巡并各所带之船共有七只，船不为单。如总巡前往会哨，各分巡亦应随同前往，总巡、分巡并各所带之船共有四只，船亦不单。再统巡、总兵、副将新定巡洋章程，业经指定统巡会哨洋面日期，自应遵照会哨，左翼、碣石、南澳三镇虽均督驾兵船缉捕，第仍兼理统巡，遇应会哨之期，似应饬令酌量情形顺道前往会哨。至粤东洋巡，向无总巡，今已定有总、分，其会哨洋面日期自应酌定，俾有遵循。即分巡会哨，虽旧有章程，但各路洋巡已改，其会哨似亦应量为更改。兹本提督谨按洋图酌定总巡、分巡、会哨洋面日期，列单咨送。再崖州营僻处琼州之南，东西两路洋面距海口、海安二营遥远，不论由东、西洋面至海口，均须南风前往，北风方可回巡，若照各营一律定拟总巡、分巡会哨，恐该营兵船远出，洋面空虚，致有鞭长莫及之虞。今拟将崖州营上班总巡、分巡由西路至新英港洋面，与海口营总巡、分巡会哨一次，下班总巡、分巡由东路至东澳港洋面与海安、海口二营总巡、分巡会哨一次,均毋庸定以日期,令该总巡、分巡随时酌量情形前往会哨,以免顾此失彼。所有各路总巡、分巡、会哨洋面日期,其中恐或有相离稍远,遇风帆不顺,往返需时,有应行量为更易者,应请裁夺。至出海各员均应实力哨巡,难容稍有捏饰。所有各路总巡、分巡、会哨日期应否饬令具报,各统巡就近查核通报。如遇风暴,或不能依期会哨,即据实具报察核,倘有捏饰情弊查出,揭报严参,咨覆到本部堂准此。仰司即便会同按察司,立将咨内所议各款悉心查核妥议,详覆察夺,等因。奉此,本司等伏查,粤东洋巡向无总巡,今已定有总巡,其会哨洋面日期自应酌定,俾有遵循。即分巡、会哨虽旧有章程,但各路洋巡已改,其会哨似亦应量为更改,但本司等未能周历各营洋面,究难深悉情形,应请如提督所议,总巡、分巡、会哨洋面日期,永定章程,庶得遵循,以免贻误。再提督拟将崖州营上班总巡由西路至新英港洋面,与海口营总巡、分巡会哨一次,下班总巡、分巡由东路至东澳洋面,与海安、海口二营总巡、分巡会哨一次,均毋庸定以日期,令该总巡、分巡随时酌量情形前往会哨,以免顾此失彼。所议亦属妥协。再大鹏、左翼二镇营前请更改会哨洋面日期,业经提督议覆,毋庸更改,惟电白与吴川二营原议在白茅会哨,今既改在那荥洋面会哨,亦照现定章程咨报。(督署案)

十五年八月初六日,总督百龄会奏言:窃照全粤盗艘虽经荡涤,诚恐或有漏网匪徒混迹商渔之列,且闽洋余匪尚未剪除,倘若巡缉稍疏,必致遁逃滋蔓。臣百龄于剿办盗匪乌石二等完竣后,酌派师船一百六十号,分遣各镇将督驾,按段搜巡,并奏明俟将巡缉章程应如何厘定洋面界限,兵船多寡,另行会筹定议具奏,以期事有专责,饷不虚糜。兹臣百龄回省后与臣韩崶、臣童镇升悉心会商筹议。查嘉庆六年间,前督臣吉庆、前提臣孙全谋会奏,准部核定洋巡章程内,将粤洋区分东、中、西上、西下四路设立洋巡船只,就各镇协营所辖洋面地方,派拨镇将备弁等员,率带本管兵丁,每船三、四、五十名不等,配置炮火器械,定为统巡、总巡、分巡、会哨各名目,分别上、下两班,先将各员职名造册送部,遇有失事,即按照原报各职名题参疏防等因,奉行在案。嗣因洋匪充斥,盗艘日聚日多,师船亦渐加增,每船兵数亦加配至七八十名,或百余名。何处报有匪船,即往何处缉捕,即船不能守定一方,又未便分帮散处,以致常川出洋,竟无安岁。且出洋兵丁为数过多,则水师应管之各口岸炮台、汛堡,不能不以陆路兵丁贴防代守,纷纷征调,不特经费多糜,而以陆兵派守水汛,既未能追捕海盗,转致陆兵营汛兵单,不足以资防御。臣百龄自上年四月到粤后,体察情形,窃以海氛一日不靖,粤省水陆地方均难措置,缘彼时各巨帮匪船百十为群,纵横海面,不得不先其所急,筹计剿堵为事。今水师营制现遵旨筹议更设,另折奏请训示。所有应派巡洋舟师,亦须因时制宜,详晰厘定。所谓兵可百年不用,不可一日不备也。臣等督同各司道、镇将再四商酌,现在洋面已无大帮盗匪,若仍令舟师以缉捕为名,连樯聚泊海港,固属虚糜。然竟照旧定事宜,以本汛之官兵巡本汛之洋面,船则零星散布,兵则各守一隅,于声势未能联络。设本境有聚匿匪艇,或闽洋有逃窜盗帮,势难迅速兜擒,亦不足以昭慎重。且汪洋数千里,海面岛屿错杂,原难保无一二奸徒潜踪啸聚,从前舟师若能一闻窃发,立往剪除,何至蚁聚蜂屯,久而滋众,譬之癣疥不治,遂成疽疮,因循养痈,致难猝灭,是昔日所以致患之故,正此时所为切要之图。伏查现存新旧米艇及节次捕获投诚之大小船只为数不少,炮火枪械亦复有盈无绌,水师兵丁除额设一万九千余名外,现于增设水师提督案内复议请添八百名,当此兵充、船足之际,甫经戡乱之初,自应就新定水师营制,参以旧设洋巡章程,斟酌损益,分路巡缉,俾不疏于稽防,庶永期于安谧。臣等议将现在派段搜捕之一百六十号师船挑出一百四十号,拟于虎门迤东大鹏营所辖之佛堂门起至虎门迤西广海寨所辖之大澳止一带洋面区为中路,设船三十号;南澳镇、澄海协、达濠、海门等营所辖洋面区为东上路,设船三十号;碣石镇、平海营所辖洋面区为东下路,设船二十号;新设之阳江镇、广海、电白、东山等营所辖洋面区为西上路,设船二十号;新设之海口协、龙门协、海安、崖州等营所辖洋面区为西下路,设船三十号。仍定以统巡、总巡、分巡、会哨名目,责成各镇将备等官率带各路兵丁按照派定界限,分别上下两班实力巡哨搜捕。惟查嘉庆五年钦奉谕旨,各省水师均令总兵为统巡。钦此。今中、东、西洋面区分五路,上下十班,粤东水师总兵三员仅敷统巡三班,其余七班应照总兵遇有事故,副参代巡之例,于东上路、中路上班,西上路、下路下班均以副将为统巡,于东、西下路上班,中路下班均以参将为统巡。其东海地方处西上、下两路之中,孤悬海面,前曾奏定专派船二十号在彼巡防,今西上、西下两路皆设有师船,其东海一处应酌留船十号,交硇洲、吴川二营都司守备管驾,巡缉东海硇洲、广州湾一带洋面,仍与西上、下两路师船分期会哨。所有各路师船统归水师提督督巡,随时稽查勤惰。倘该镇将等所管洋面或有匪船窃聚,即将该员立予参革,留缉,重惩,俾将领咸知警惕,庶不致复蹈从前委(萎)靡之习。仍令提督于每年春秋两次亲往东、西两路分查洋面,夏、冬二季游巡内河,并校阅水师技艺。仍将查过情形自行陈奏,并咨报总督衙门,以便派员复查。如此纲举目张,星罗棋布,海路既不致空虚,水师亦得均劳逸。船虽分而势合,兵虽少而用精,于巡防益昭严密。并查各路额设兵丁数目,仅足敷上、下两班换替,无虞短缺,其换回巡洋兵丁,即可于本管各口岸炮台汛堡分驻防守,以免内河匪艇偷越出海之弊,所有节年贴防弁兵,亦可全数撤归陆路本营巡缉土匪,不特贴防口粮经费概可节省,而于水陆营伍秩然不紊,庶足以各专责成。至现在设立巡船共计一百四十号,系于新造、旧存、收缴各米艇内挑备坚固,倘出洋日久,或有被风浪损坏者,自应随时更换修补。又于存船内挑贮三十号,以备替用。其旧存应行拆修米艇,此时均可毋庸修造。惟久泊河干,必致朽坏,应与存剩、收缴、投诚各船验系糟旧不足备用者,均遵照前奉谕旨,概行拆变。将价银缴存司库,以备随时修补巡船之用。再查,现派师船一百四十号系就船身大、中、小均匀酌配兵丁,虽每船多寡不同,而以中号配兵五十名为断,共配兵七千名。嗣后所需口粮若循照缉捕章程,每名每日仍给银五分,为数似觉稍多,但现将洋面区分五路,缉捕余匪,分班出洋或往来千里,或数百里之间,远历风涛,动需半载,较之各巡各汛得以兼顾室家者,究有不同。若遽令裹带本身粮饷,恐穷卒赡养眷属无资,似无以示体恤。兹臣等酌中定数,应恳皇上天恩,每兵每日酌给银三分,以资口食。又每船舵兵一名,除日给口粮银三分外,请加给银三分。又每船配管船武弁一员,请日给口粮银五分。又每船请照例岁给燂洗修、换篷索银五十两,统共每年所需弁兵口粮、燂洗、篷索等项,共应支银八万六千六百三十二两,即在于缉捕经费项下按数支给,以视历年岁支捕费十余万两,为数实大有节省。仍俟二三年后洋面实在安静,再将巡船量为裁减,仍照洋巡旧规分拨办理,毋庸支给口粮,以昭核实。臣等谨按现在洋面情形筹议分路派船搜缉缘由,合词恭折具奏。奉上谕:百龄等奏筹议分船巡缉洋面章程一折,览奏俱悉。广东洋面绵亘数千里,近年来藏垢纳污,几成盗薮。自百龄到任以后,严杜接济,大振军威,将各路著名首伙大盗分别剿抚,一律荡除,此次复筹议善后章程,分布各路师船,责成巡缉,所办实为周安。此时洋面肃清,已无大股盗匪,但寻常劫夺小盗尚难保其必无,若不随时捕获,则日久啸聚,恐又萌蘗滋事。百龄等务当督饬各路镇将,在于所管洋面认真巡逻,期于有盗必获。但闻弁兵等积习相仍,往往于真盗不能捕获,转将滨海贫民,如渔船疍户人等安拿报官,塞责邀赏,以致诛及无辜。从前伍拉纳在闽浙总督任内任性妄为,即有此等情事,最为可恨。百龄认真办事,现将粤洋巨盗收捕一空,海疆安谧,勋绩已成,业经身膺懋赏,其平素居心详慎,岂尚复存邀功之心? 朕亦断不疑其有此,但恐弁兵人等积习未除,间或安拿滋事,用是谆谆训谕。该督等惟当随时密查,凡于捕获案犯必须详细研鞫,以期罚当厥辜,设竟有安拿邀功之人,即当严参办理,不可姑息,仍不得任伊等借口因循,并真盗亦不认真缉捕,经理方为得宜。其所议派员分段巡哨挑用船只,以及酌给捕盗口粮等项章程,均照该督等所请行,将此通谕令知之。钦此。

谨按:折内巡哨及挑选师船,给发巡洋兵丁口粮,凡三事牵连叙及,究其要旨,以巡哨为主,故编于此焉。

巡洋官兵以六个月为一班,每年分为上下两班,俱令总兵统率将备弁兵亲身出洋巡哨,遇有失事,分晰开参,照例议处。(《中枢政考》)

沿海各镇、协、营总巡,三月初十日,碣石镇巡至深澳,与南澳镇会印通报,阳江镇与春江协副将会哨于广海大澳,海安营游击与海口营参将会哨于白沙,仍巡回本路。龙门与龙门协副将会印通报,系本路地方,毋庸定以日期。五月初十日,碣石镇与阳江镇会哨于平海大星澳,春江协副将与海安营游击会哨于硇洲。八月初十日,澄海协副将与香山协副将会哨于平海大星澳,硇洲营都司与吴川营都司会哨于广州湾。十月初十日,南澳镇与澄海协副将会哨于莱芜,香山协副将与吴川营都司会哨于广海大澳,龙门协副将与海口营参将会哨于白沙。

各省水师人员按季巡洋,不得滥行代替,无论何省总以总兵为统巡,亲身出洋督率,将备巡哨以副将、参将、游击为总巡,都司、守备为分巡,倘总兵遇有紧要事故,不能亲身出洋,只准以副将代统巡。副将遇有事故,偶以参将代之,不得援以为常。其余游击、都司均不准代总兵为统巡,都司、守备不准代副、参、游击为总巡,千总、把总不准代都守为分巡,目兵不准代千把、外委为专汛。派员出洋责令统巡总兵专司其事,按季轮派,一面造册送部,一面移送督抚、提督查覆。如于造册报部后,原派之员遇有事故不能出洋,应行派员更换者,亦即随时报明,出具印甘各结。倘有越级委派代替,无故更换者,该总督、巡抚、提督据实查参,将统巡总兵照例议处。如总督、巡抚、提督不据实查参,率行转报题咨者,将提督照例议处。总督、巡抚,交吏部覆议。倘本官畏怯风波,不肯出洋,临期托病,私行转委所属员弁代替,经总督、提督、总兵查出揭参者,将本官参革提问。(俱同上)(卢坤、邓廷桢主修,王宏斌校点:《广东海防汇览》卷二十三,第657—678页。)

13.《广东海防汇览·方略十三·巡哨二》

乾隆十五年十月,题定巡哨章程。

春江协属水师右营,所管阳江县属洋面,从前议准自春江至电白、吴川、硇洲为西上路,上班以春江协副将为统巡,带领协镇员弁及春江、电白、吴川、硇洲各营员为分巡,其每年上班副将带领协标、随巡千把,配驾兵船于二月初一日出海,统巡西上路一带洋面。三月初十日,东与虎门协副将会哨于广海大澳洋面,嗣于乾隆十二年内奉行,与左翼镇会哨。五月初十日,西与海安营游击会哨于硇洲洋面,均照例联衔会印通报。五月底撤师。

春江协标水师右营守备,所管阳江县属洋面,从前议准,原定巡期每年上班右营守备于二月初一日出洋,分巡所属洋面,听本协副将统巡,每月照例酌定与上下邻营会哨各一次,通报。上半月西与电白营洋巡员弁舟师会哨于春江、电白交界之青洲洋面,下半月东与广海寨洋巡员弁舟师会哨于春江、广海交界之葛洲洋面。五月底撤师。

春江协标中军都司,每年下班轮派带领随巡千把,配驾兵船于六月初一日出洋,分巡协属右营海面,听吴川营都司统巡,原定巡期每月照例酌定与上下邻营会哨各一次,通报上半月西与电白营洋巡员弁舟师会哨于春江、电白交界之青洲洋面,下半月东与广海寨洋巡员弁舟师会哨于春江、广海交界之葛洲洋面。九月底撤师。

嘉庆七年二月,两司议定会哨日期:

上班(班)

东路

统巡:澄海协与左翼镇三月初十日在归湖会哨。

总巡:除随统巡会哨外,南澳镇右营与碣石镇中营五月初十日在归湖会哨。

分巡:除随统巡、总巡会哨,澄海协左营与达濠营正、二、五各月每月二十日在莲澳澵会哨,海门营与碣石镇左营正、三、五各月每月二十日在归湖会哨,澄海协左营与南澳镇右营二、四、六各月每月二十五日在五屿会哨,海门营与达濠营二、四、六各月每月二十五日在龙潭鼻会哨。

中路

统巡:左翼镇与澄海协三月初十日在归湖会哨,左翼镇与春江协五月初十日在广海大澳会哨。

总巡:除随统巡会哨外,碣石镇中营与南澳镇右营五月初十日在归湖会哨,平海营与左翼镇左营二月初十日在筲州会哨,广海寨与电白营二月初十日在大澳会哨,平海营与碣石镇中营四月初十日在乌山头会哨,左翼镇左营与广海寨四月初十日在龙穴会哨。

分巡:除随统巡、总巡会哨外,碣石镇右营与平海营正、三、五各月每月二十日在乌山头会哨,碣石镇左营与海门营正、三、五各月每月二十日在□□会哨(原文有空缺),左翼镇左营与左翼镇中营正、三、五各月每月二十日在龙穴会哨,香山协左营与香山协右营正、三、五各月每月二十日在三灶会哨,碣石镇右营与碣石镇左营二、四、六各月每月二十日在东桔会哨,左翼镇中营与香山协右营二、四、六各月每月在龙穴会哨,左翼镇右营与香山协左营二、四、六各月每月二十五日在龙穴会哨,大鹏营与平海营二、四、六各月每月二十五日在三管笔会哨。

西上路

统巡：春江协与雷琼镇三月初十日在硇洲会哨,春江协与左翼镇五月初十日在广海大澳会哨。

总巡：除随统巡会哨外,电白营与广海寨二月初十日在大澳会哨,硇洲营与雷州营二月初十日在广州湾会哨,电白营与硇洲营二月初十日在广州湾会哨。

分巡：除随统巡、总巡会哨外,春江协右营与电白营正、三、五各月每月二十日在青洲会哨,吴川营与硇洲营正、三、五各月每月二十日在广州湾会哨,春江协右营与广海寨二、四、六月每月二十五日在葛州会哨,吴川营与雷州营右营二、四、六各月每月二十五日在广州湾会哨。

西下路

统巡：雷琼镇与春江协三月初十日在硇洲会哨。

总巡：除随统巡会哨外,雷州营与硇洲营二月初十日在广州湾会哨,海口营与雷州营四月初十日在高排会哨,海口营与崖州营在新英港会哨。崖州营僻处琼州之南,距海口洋面窎远,总巡会哨不能指定日期,应令崖州营总巡随时酌量情形与海口营总巡会哨一次,毋庸定以日期。

分巡：除随统巡会哨外,龙门协左营与海安营正、三、五各月每月二十日在涠洲会哨,龙门协左营与龙门协右营二、四、六各月每月二十五日在三口浪、乌雷二汛适中海面会哨,海安营与海口营左营二、四、六各月每月二十五日在铜锣沙会哨,海口营左营与崖州营在新英港会哨。崖州营僻处琼州之南,距海口洋面窎远,分巡会哨不能指定日期,应令崖州营分巡随时酌量情形与海口营分巡会哨一次,毋庸定以日期。

下班

东路

统巡：南澳镇与碣石镇八月初十日在归湖会哨。

总巡：除随统巡会哨外,海门营与碣石镇左营十月初十日在归湖会哨。

分巡：除随统巡、总巡会哨外,澄海协都司与南澳镇右营七、九、十一各月每月二十五日在五屿会哨,澄海协右营与达濠营七、九、十一各月每月二十五日在莲澳法会哨,澄海协都司与澄海协右营八、十、十二各月每月二十日在莱芜会哨,海门营与达濠营八、十、十二各月每月二十日在龙潭会哨。

中路

统巡：碣石镇与南澳镇八月初十日在归湖会哨,高州镇与碣石镇十月初十日在广海大澳会哨。

总巡：除随统巡会哨外,碣石镇左营与海门营十月初十日在归湖会哨,香山协与春江协都司九月初十日在大澳会哨,大鹏营与左翼镇中营九月初十日在筲洲会哨,大鹏营与碣石镇左营十一月初十日在乌山头会哨,香山协与左翼镇中营十一月初十日在龙穴会哨。

分巡：除随统巡、总巡会哨外,碣石镇中营与碣石镇右营七、九、十一各月每月二十五日在□□会哨(原文有空缺),左翼镇左营与左翼镇右营七、九、十一各月每月二十五日在龙穴会哨,香山协右营与香山协左营七、九、十一各月每月二十五日在三灶会哨,平海营与大鹏营七、九、十一各月每月二十五日在三管笔会哨,平海营与碣石镇右营八、十、十二各月每月二十日在乌山头会哨,左翼镇左营与大鹏营八、十、十二各月每月二十日在筒州会哨,香山协左营与广海寨八、十、十二各月每月二十日在燕子排会哨,香山协右营与左翼镇右营八、十、十二各月每月二十日在龙穴会哨。

西上路

统巡：高州镇与龙门协八月初十日在硇州会哨,高州镇与碣石镇十月初十日在广海大屿会哨。

总巡：除随统巡会哨外,春江协都司与香山协九月初十日在大澳会哨,吴川营与雷州右营九月初十日在广州湾会哨,春江协都司与吴川营十一月初十日在白茂会哨。

分巡：除随统巡、总巡会哨外,电白营与吴川营七、九、十一各月每月二十五日在那隶湾会哨,广海寨与春江协右营七、九、十一各月每月二十五日在葛洲会哨,电白营与春江协右营八、十、十二各月每月二十日在青洲会哨,硇洲营与雷州右营八、十、十二各月每月二十日在广州湾会哨。

西下路

统巡：龙门协与高州镇八月初十日在硇洲会哨。

总巡：除随统巡会哨外,雷州营右营与吴川营九月初十日在广州湾会哨,海安营与雷州营右营十一月初十日在高排会哨,海安营与崖州营在东澳港会哨。崖州营僻处琼州之南,距海安洋面窎远,总巡会哨不能指定日期,应令崖州营总巡随时酌量情形与海安营总巡会哨一次,毋庸定以日期。

分巡：除随统巡、总巡会哨外,龙门协右营与海安营七、九、十一各月每月二十五日在涠洲会哨,龙门协右营与龙门协左营八、十、十二各月每月二十日在三口浪、乌雷二汛适中海面会哨,海口营右营与海安营八、十、十二各月每月二十日在铜锣沙会哨,海口营右营与崖州营在东澳港会哨。崖州营僻处琼州之南,距海口洋面窎远,分巡会哨不能指定日期,应令崖州营分巡随时酌量情形与海口营分巡会哨一次,毋庸定以日期。

十五年奏定《分段派拨巡洋章程》：

粤东洋面向分东、中、西三路,西路海道广阔,又有西上路、西下路之分。兹厘定巡洋章程,东路南澳、碣石海道绵长,亦应分别上、下两路,派船巡缉,以专责成。合计设立师船一百四十号,分派中路、东上、下、西上、下各路洋面巡缉会哨,定为上下两班更替,以均劳逸。先将各员职名造册送部,遇有失事,即按照原报各职名开参。

东上路设立师船三十号,配南澳右营、澄海左、右营、海门、达濠各营水师兵一千五百名,巡缉南澳镇右营、澄海协左、右二营、达濠、海门二营所辖洋面。

南濠、澄海、达濠、海门各营,共额设水师兵三千七百四十一名,除配驾师船一千五百(名)外,尚存营兵二千二百四十一名,足敷防守。

上班

统巡：澄海协副将。

总巡：南澳镇右营游击。

分巡：澄海协左营守备、海门营守备、达濠营守备，并带各营千把总分巡派定洋面。南澳镇右营守备派在下班分巡，上班无守备，出洋应照嘉庆六年部议，以千把总作为协巡，每年三月、五月订定日期，至碣石、甲子洋面，与碣石镇会哨。

下班

统巡：南澳镇总兵。

总巡：海门营参员。

分巡：澄海协中军都司（分巡该协左营洋面）、南澳镇右营守备、澄海协右营守备，并带各营千把总分巡派定洋面。海门、达濠二营守备派在上班分巡，下班无守备，出洋应照嘉庆六年部议，以千把总作为协巡，每年八月、十一月订定日期，至碣石思子洋面与碣石镇会哨。

东下路设立师船二十号，配碣石镇标三营、平海营水师兵一千名，巡缉碣石镇中左右三营，及平海营所属洋面。碣石、平海各营共额设水师兵三千二百七十七名，除配驾师船一千名，尚存营兵二千二百七十七名，足敷防守。

上班

统巡：平海营参将。

总巡：碣石镇中营游击。

分巡：碣石镇右营都司（兼分巡镇标中营洋面，中营派千总协巡）、碣石镇左营守备（兼分巡镇标中营洋面），并带各营千把总，分巡派定洋面。平海营守备派在下班分巡，上班无守备，出洋应照嘉庆六年部议，以千把总作为协巡，每年三月、五月订定日期，东上甲子洋面与南澳镇会哨。

下班

统巡：碣石镇总兵。

总巡：碣石镇左营游击。

分巡：碣石镇中营守备（兼分巡镇标左营洋面，左营派千把总协巡）、碣石镇右营守备（兼分巡镇标左营洋面）、平海营守备，并带各营千把总分巡派定洋面，每年八月、十一月东上甲子洋面与南澳镇会哨，九月、十二月西下路大鹏、佛堂门洋面与中路提督会哨。

中路虎门设立师船三十号，配水师提标中左右三营、香山协左右营、大鹏营水师兵千五百名，巡缉水师提标中左右三营、香山协、大鹏营所辖各洋面，新设水师提标五营，及香山、大鹏等各协共额设水师兵六千九百五十四名，除配驾师船一千五百名外，尚存营兵五千四百五十四名，足敷防守。

上班

统巡：香山协副将。

总巡：水师提标中营参将（总巡提镇中、左、右三营洋面）。

分巡：水师提标左营游击(兼分巡提标右营洋面,右营派千把总协巡)、水师提标右营守备(兼分巡提标左营洋面)、香山协左营都司、香山协右营守备、大鹏营守备,并带各营千把总分巡派定洋面,每年三月、五月驶往大澳洋面与阳江镇会哨。

下班

统巡：大鹏营参将。

总巡：水师提标右营游击(总巡提标中、左、右三营洋面)。

分巡：水师提标左营守备(兼分巡提标右营洋面,中营派千把总协巡)、水师提标中营守备(兼分巡提标右营洋面)、香山协右营都司、香山协左营守备,并带各营千把总分巡派定洋面。大鹏营守备派在上班分巡,下班无守备,出洋应照嘉庆六年部议,以该营千把总为协巡,每年九月、十二月驶往大鹏、佛堂门洋面与碣石镇会哨。

水师提督不时出洋督巡,每年春季二月往西巡至龙门,秋季八月往东巡至南澳,稽查各镇协营洋面,并阅水师营伍,夏季六月、冬季十二月往内河各营游巡,外海、内河有无盗匪情形,提督按春、秋二季自行陈奏一次,并咨报总督衙门查考。

西上路设立师船二十号,配阳江镇标左右营、广海寨、东山营水师兵一千名,巡缉阳江、广海、电白、东山各营所辖洋面。新设阳江镇、东山营及广海寨共额设水师兵二千六百零七名,除配驾师船一千名外,尚存营兵一千六百零七名,足敷防守。

上班

统巡：阳江镇总兵。

总巡：广海寨游击(总巡阳江、广海、电白各洋面)。

分巡：阳江镇右营都司、阳江镇左营守备,并带各营千把总分巡派定洋面。广海寨、东山营守备俱派在下班分巡,上班(班)并无守备,出洋应照嘉庆六年部议,以该营千把总作为协巡。每年三月、五月往大澳洋面与中路虎门师船会哨。

下班

统巡：海口协副将。

总巡：阳江镇中军游击(总巡阳江、广海、电白各洋面)。

分巡：阳江镇右营守备、广海寨守备、东山营守备,并带各营千把总分巡派定洋面。每年八月、十一月驶往吴川洋面与东海兵船会哨。

西下路设立师船三十号,配海口左右营、海安、龙门协左右营、崖州营兵丁一千五百名,巡缉西海之海口、乌石、草潭、涠洲、沙桁及琼州所属澄临、儋崖、昌感各洋面。龙门、海口、海安崖州各营共额设水师兵四千四百三十一名,除配驾师船一千五百外,尚存营兵二千九百三十一名,足敷防守。

上班

统巡：崖州营参将。

总巡：海口协中军都司(总巡海口、海安各营洋面)、龙门协左营都司(总巡龙门协左、右二营)。

分巡：龙门协右营守备、海安营守备、海口协左营守备(分巡左、右二营洋面,左营派千把总协巡），并带各营千把总分巡派定洋面。崖州营守备派在下班分巡，上班并无守备，出洋应照嘉庆六年部议，以本营千把总作为协巡。每年三月、五月驶往吴川洋面与东海兵船会哨。

下班

统巡：龙门协副将

总巡：海安营游击（总巡海安、海口各洋面）、龙门协右营都司（总巡龙门协左、右二营洋面）。

分巡：龙门协左营守备、崖州营守备、海口协右营守备（分巡左、右二营洋面，左营派千把总协巡），并带各营千把总分巡派定洋面。海安营守备派在上班分巡，下班无守备，出洋应照嘉庆六年部议，以本营千把总作为协巡。每年九月、十一月往西巡至龙门、白龙尾，该处与夷洋交界，无由会哨，责成钦州文武禀报，平时在海口、乌石、草潭、涠州、沙桁及琼州所属洋面常川巡缉。

西路东海地方设立师船十号，酌驾吴川、硇洲各营兵丁五百名，即派硇洲营都司、吴川营都司、吴川营守备并带各营千把总在于东海、硇洲、广湾洲洋面巡缉。吴川、硇洲二营共额设水师兵一千三百三十二名，除配驾师船五百名外，尚存营兵八百三十二名，足敷防守。每年三月、五月驶往吴川与西下路西海师船会哨，八月、十一月与西上路兵船在吴川洋面会哨。

十六年奏改《雷琼镇厘定派拨巡洋章程》：

西上路

上班（设立师船二十号，上下两班，俱于阳江镇标左右二营、广海寨共三营轮派兵丁一千名，在各该营所属洋面巡缉。）

统巡：阳江镇总兵（统巡镇标左、右二营、广海寨、吴川、硇洲营、东山营各属洋面）。

总巡：阳江镇右营都司（总巡阳江镇左、右二营、广海寨各属洋面）。

分巡：阳江镇左营守备（分巡本营洋面，兼分巡镇标右营洋面）、广海寨守备分巡本管洋面，并各营管驾千把总。每年三月初十日，在黄茅洲洋面，与中路虎门师船会哨；五月初十日，在硇洲洋面，与西下路海口师船会哨。

下班

统巡：阳江镇中军游击（统巡镇标左、右二营、广海寨、吴川营、硇洲营、东山营各属洋面）。

总巡：广海寨游击（总巡镇标左、右二营，广海寨各属洋面）。

分巡：阳江镇右营守备（分巡本营洋面，兼分巡镇标左营洋面）。

协巡：广海寨（该营现班应派守备分巡，因该营守备派在上班分巡，下班并无守备，应照洋巡旧规酌派千把总一员协巡本营洋面），并各驾千把总，每年八月初十日在黄茅洲洋面，与中路虎门师船会哨，十一月初十日在硇洲洋面，与西下路海口师船会师。

西上路东海地方（设立师船十号，上下两班，俱于硇洲、吴川、东山三营轮配兵丁五百名，专在东海、硇洲、广州湾各属洋面巡缉）。

上班

总巡：硇洲营都司(总巡硇洲营、吴川营、东山营所属硇洲、广州湾、东海洋面)。

分巡：吴川营守备(分巡本营洋面,兼分巡硇洲营洋面)。

协巡：东山营(该营现班应派守备分巡,因守备派在下班分巡,上班并无守备,应照洋巡旧规酌派千把总一员协巡本营洋面),并各营管驾千把总。每年上班洋巡遇会哨之期,未便随同统巡官往他处会哨,应令专在东海、硇洲、广州湾洋面巡缉。

下班

总巡：吴川营都司(总巡吴川营、硇洲营、东山营所属广州湾、硇洲、东海洋面)。

分巡：东山营守备(分巡本营洋面,兼分巡吴川营洋面)。

协巡：硇洲营(该营现班应派守备分巡,因该营无守备,应照洋巡旧规酌派千把总一员协巡本营洋面),并各营管驾千把总。每年下班洋巡遇会哨之期,未便随同统巡官往他处会哨,应令专在东海、硇洲、广州湾洋面巡缉。

西下路

上班(原设师船三十号,今议分十号交龙门协,拨配官兵统巡本协洋面,尚存师船二十号,上下两班轮配海口协、海安营、崖州营,共六营兵丁一千名,在各该营所属洋面巡缉。)

统巡：海口协副将(统巡海口协左、右二营、海安营、崖州营各属洋面)。

总巡：崖州营参将(总巡崖州营海口协左、右二营、海安营各属洋面)。

分巡：海安营守备(分巡本营洋面)、海口协右营守备(分巡本营,兼分巡左右营洋面)。

协巡：崖州营(该营现班应派守备分巡,因该营守备派在下班分巡,上班并无守备,应照洋巡旧规酌派千把总一员协巡本营洋面),并各营管驾千把总。每年三月初十日在涠洲洋面与龙门协兵船会哨,五月初十日在硇洲洋面西上路与阳江兵船会哨。

下班

统巡：雷琼镇总兵(统巡海口协左、右二营、海安营、崖州、龙门协左、右二营各属洋面)。

总巡：海安营游击(总巡海安营、海口协左、右二营、崖州营洋面)。

分巡：海口协中军都司(分巡海口协左、右二营洋面)、崖州营守备(分巡本营洋面)。

协巡：海安营(该营现班应派守备分巡,因该守备派在上班分巡,下班并无守备,应照洋巡旧规酌派千把总一员协巡本营洋面),并各管驾千把总。每年八月初十日在涠洲洋面,与龙门协兵船会哨,十一月初十日在硇洲洋面,与西上路阳江兵船会哨。

西下路龙门协(于海口帮内议分兵船十号,上下两班轮配该协左右二营兵丁五百名,专在所属白龙尾及涠洲洋面巡缉)。

上班

统巡：龙门协副将(统巡龙门协左、右二营所属白龙尾及涠洲洋面)。

总巡：龙门协右营都司(总巡龙门协左、右二营所属白龙尾及涠洲洋面)。

分巡：龙门协左营守备(分巡龙门协左、右二营所属白龙尾及涠洲洋面),并两营管驾千把总。每年三月初十日在涠洲洋面,与海口师船会哨,五月初十日巡至白龙尾。该处系夷洋交界,无由会哨,责成钦州文武禀报,并令雷琼镇不时稽察,务使常川巡缉。

下班

统巡:雷琼镇总兵(统巡龙门协左、右二营所属白龙尾、涠洲及海口协、海安营、崖州营各属洋面)。

总巡:龙门协左营都司(总巡龙门协左、右二营所属白龙尾及涠洲洋面)。

分巡:龙门协右营守备(分巡龙门协左、右二营所属白龙尾及涠洲洋面),并两营管驾千把总。每年八月初十日在涠洲洋面,与海口、海安师船会哨,十一月初十日巡至白龙尾,系夷洋交界,无由会哨,责成钦州文武禀报。

以上西上路、西下路各股兵船厘定统巡、总巡、分巡会哨名目,以专责成,仍循照原奏章程,按照派定段落,互相联络,实力巡缉。(卢坤、邓廷桢主修,王宏斌校点:《广东海防汇览》卷二十四,第679—698页。)

14.《广东海防汇览·方略十四·缉捕一》

明季倭寇之患,垂三十年,流毒数千余里,面(而)终得歼除净尽者,以其舍舟登陆,而陆兵可以坐制其命也。今海寇之勇远逊于倭寇,然各省会兵剿捕,总未见焚贼一巢,擒贼一首者,何故?盖贼之用计愈狡而踪迹愈幻矣。闻之曾经被劫者,贼必指索银米,而以其船为质,又择壮健者入其巢,以为役。否则戕其人,取其货,冒充商人以售于他郡。所驾之船固商船也,所验之票固护照也。交易既毕,翩然获利而去。彼贼首者固宴然处海岛间,既得商舶以赍盗粮,又得商船以为胁从,而即资其船与人,以消其赃物,何为登岸杀掠,自投罗网而膏斧钺哉?要之贼船未尝无停泊之处,贼党未尝无屯聚之时,苟仑将出洋,势必金鼓振天,旌旗耀日,贼已如鬼如蜮,纷然四散而避之,而兵船不能持久也,兵粮必不能重载也。一旦撤兵,内地则仍啸聚而行劫耳。故剿捕之法,只需诈伪商船以待其来,遇贼少则藏精锐于舱底,施机括于战场,诱其登而擒之,俾余贼之瞭望者不觉。遇贼多则远者,御以长矛,近者沃以沸汤,致其死以敌之,俾我兵之赴援者可继。或贼所停泊、屯聚多至数十艘者,宜多备小舟,藏发矿佛郎机于柴草内,自黑暗中顺风纵火而击之,小舟焚而炮亦发,贼船无不为斋粉者。特兵间之储费有限,既费而又无从开除,是以贼船之畏兵船,反不如畏岭海大船之能不惜所费而并力杀贼也。(国朝·褚华《海防集览序》)

海战之弊有四:万里风涛,不可端倪,白日阴霾,咫尺难辨,一也;官有常汛,使贼预知趋避,二也;孤悬岛中,难于声援,三也;将士利于无人,掩功讳败,四也。(姜宸英《海防总论拟稿》)

防海之法,莫善于戚继光之会哨,今宜仿而行之。于大洋要害处及附近紧要港澳,分哨以为防限,而于道理适均处,定为两寨会哨之联络呼应,戈船相望,更于每寨之中,添游奕以巡之,错综迭出,虽支洋穷澳无不按焉,此防盗之良法也。又莫如王家彦之选民兵、编乡兵而外,更联渔兵。夫渔兵,即沿海之渔户也。今试举行此法,既分哨、会哨以巡查之,练民兵,编乡兵,而官军勿惊扰之。复使沿海之为渔者合其势,厚其饷,侦贼所在,以为海上耳目而牵制之,此亦防寇之良法也。而又添设战船,教习水战,以时检阅激赏,或遏寇于远洋,使之不能啸聚,或击寇于近洋,使之不能达岸,而且招之以散其党,抚之以诱其来,捣其巢穴,以扑灭其踪迹,则寇将无可托足,而剽窃攻夺之患,不有日衰而日熄者哉!抑更有请者,寇之所急者食,民之所贪者利,比者海中奸人往往伪作商贾,厚挟金钱以入省会,而奸牙愚民之徒谓:与其平价与民,不若重价与寇,诚养痈之大患也。今严盘诘之法,首重海关,次及海口、汛防等处,于商之买米出入者,务诘其里居姓氏,必与符引相合,来历清明,方可出境,以慎重乎讥(稽)察非常之意,而官吏之勾引潜通者,其弊又丛生,是则在文武大吏公忠体国者,严为之防,以清其源而已矣。(沈德潜《海防论》)

一曰禁接济以绝贼资。夫坚壁清野,兵家所先,贼踪迹在水,其精神未尝顷刻不在陆,而其巢穴又未尝顷刻敢离水也。彼多掠金钱,所不足者,粟米耳。奸民贪数倍之利,阴售之。诚禁接济,则贼无所得食,必登陆,则失其所恃,失其所恃,则人能制其死命。此司马仲达之所以困公孙渊也。二曰练乡兵以卫村堡。贼既登陆掠食矣,非敢尽登也。必以其半守船,以其半登陆焉。夫海船莫能近岸抛泊,潮至以小船往来,潮退即行于泥中耳。沿岸之民,方其未登,俯而击之便。及其既登,隘而伺之便,但苦无兵器火药也。诚立殷户为雄长,授之火械,俾募豪勇,而官又为之明斥堠,伏奇兵为相策应。一村团练,村村皆然。此李崇之所以平充盗也。三曰谨间谍以携贼党。夫贼非异人,即吾民耳,掠商渔而乘其船,胁其人,故党日蕃焉。计一船之真盗、巨盗无几,余皆被掳耳。吾无以制贼,毋论既掳者畏贼,即未掳者慕贼,诚开胁徒之生路,重悬购贼之赏格,乡兵既控之于陆,水兵又要之于水,被掳者知贼之虚实,必内应而相图求脱。此高仁厚之所以破阡能也。四曰择水将以教攻战。夫水战之法,只在冲犁、放火、夺上风、烧篷棚、射柁工,即破敌矣。然数者,贼与我共之,恒以被掳前驱使吾之火药器械几尽,乃出精锐,乘吾倦。吾舵公、缭手畏贼,而不敢直逼贼船。债帅纨绔乳臭,晕呕忙乱,又何暇指挥哉?诚择将于老渔,简兵于海户,以遇船驾铳,突入贼围。募水工,入水凿沉贼艘,或诱之入港,而绝其归路,或与之夜战,而乘其所之,此岳武穆之所以破杨么也。接济禁,则以饱待饥。乡兵练,则人自为战。间谍紧,则以贼攻贼。水将择,则辅周国强。兼此四者,而后贼可歼也。(周之夔《海寇策》)

乾隆三十一年七月二十六日,奉上谕:苏昌奏称:福鼎县知县赵由俶首先访查洋案,拿获邻省邻境盗犯二十余名,等语。赵由俶颇属能事,著出具考语,送部引见。此等盗案,近来广东、福建、江南、浙江等省拿获颇多,该犯等出入海洋,前后犯案不一而足,地方官既已审讯属实,即应就案完结,虽各省另有犯案,亦不必彼此行查,使凶徒得稽显戮。至迩年以来,海洋积匪累累就获,现在地方官留心查办,固属可嘉。但从前数年,何以寂无报闻?皆由所在文武员弁因循玩忽,故贼匪得潜匿洋面滋事。今各省既上紧防缉,则贼犯自无可逋藏。著各督抚再行严饬沿海州县加意搜捕,其邻近省份并互相关会,一体协力擒拿,务绝根株而清海境,毋得稍有纵弛,致奸徒幸逃法网。钦此。

五十四年二月,布政使许祖京、按察使姚棻会详称:缘高、廉、雷、琼四府,地处海滨,洋面辽阔无际,贼匪易于驾船游奕,窥伺劫掠,实为商船之害。地方文员止能于事后,察其泊岸卖赃时设法缉捕,而于在洋行劫之际,无从着力,全赖水师营员认真巡哨,查拿盗匪,方可敛迹。惟是水师营员向来只就本营口岸带兵驾船巡防,以致贼匪东追西窜,易于兔脱,自应设法会缉,以靖盗迹而安商旅。兹据雷琼道等文武会禀称,查雷、琼二郡濒临大海,设立水师,原期绥靖洋面以安商旅,自安南内讧以来,节奉檄行,诚恐夷逆溯迹入口,即经职道设法派员,于各口岸实力巡防,尚无夷匪溃入之虞。惟内地齐桅匪船,结伙多人,往往于商艘必经之所肆行劫掠,甚或私带军火器具,连船并劫。追据事后报官,会营追捕,盗迹已远,一时无从跟缉,目击情形,深为痛恨。虽捕盗原无疆域之分,而地广势孤,有非独力所能周遍。上年十月间,署龙门协副将陈大勳到琼会哨,公同筹议。若各就本营管辖,日岸(夜)巡防,恐东追西窜,匪徒尚易脱漏,嘱其回钦州时禀商镇道,设法会办。兹准高廉镇、道府札商,非四府文武会同围捕,不足以靖海疆而除商累。并绘图按照各府营相距要害之处,定期毕集,并力协拿,俾盗船无可逃逸。议拟章程,会办等因,奉批核明妥议,通详本司等。遵查涠州、锦囊、行沟、七星岭、大洲各海面,系商船往来经由停泊之所,时有盗船游奕伺劫,该道等以涠洲洋面,界在龙门、海安、海口三营,共拨兵六百名。锦囊、行沟界在电白,吴川、海安三营,拨兵四百名。七星岭界在硇州、海口二营,共拨兵三百名。大洲界在海口、崖州二营,共拨兵四百名,定期会缉一节。查搜拿盗匪,固属海疆首务,而营防汛地口岸守御,亦关紧要。若于一营之中拨兵数百名之多,非惟于操防有误,抑且各兵巡哨,均须裹粮而行,洋面风汛靡常,多则难行之久远,应请于该道等拟订兵数,各酌减一半。如涠州洋面酌定龙门拨兵一百五十名,海安拨兵一百名,海口拨兵五十名。又锦囊所属行沟,酌定电白拨兵一百名,吴川、海安各拨兵五十名。又文昌县所属之七星岭酌定硇州拨兵一百名,海口拨兵五十名。又万州所属之大洲,酌定海口拨兵五十名,崖州拨兵一百五十名。以上派拨各兵,饬令该管营员督率会同,定期驾船轮班,认真缉捕,庶贼匪易于擒获,海洋可以肃清,而于各营操防亦不致有贻误。又该道等禀请,营员出洋捕盗,令地方官雇备坚固快大双桅商船移送乘坐一节。查近闻各营员遇有海洋失盗,经地方官移知缉贼,必须州县雇备民船乘坐,并给予盘费。如不雇备,即不肯前往,最为恶习。殊不思擒拿洋盗,系水师营之专责,原有额设兵船,若一遇出洋捕盗,概令地方官雇备商船,则兵船几为虚设。设地方官一时不能多雇,势必借词推诿。应请饬令该道等会同营员查明各营额设兵船,共有若干只,是否足敷配驾。抑必须添雇民船,确切核定只数,饬令地方官先期雇备,给定船价、口粮,移送营员出具收领,徼送道府查核,事竣押还地方官验放、具报。如地方官因外洋失事,文员例得免参,任意膜(漠)视并不雇送者,照溺职例揭参。或虽雇送而临期迟延,在三日以内者,记大过二次;三日以外者,禀请参处。其有于雇备之时短发船价,不给口粮,并任听差役澳甲,得钱卖放,并于事竣验放之后,私自揞留,及船已敷用,借端滥封他船,肆意需索扰害船户者,该管道府查明具报,将玩役澳甲照例从重治罪,地方官分别查参营员兵丁。于事竣后不将船押还者,查明有无揞留勒索情弊,亦照此办理。仍令该道等将何营必须添雇民船若干之处,先行详晰通报,以凭查考。又该道等禀请洋面缉捕,每获正犯十名,官记功一次,如遇考缺,核记功之多寡分别升补,兵赏银五十两,所获多者,以次递加一节。查文武各官如果不分疆界,实力侦缉,有能拿获邻境盗犯,自有议叙保荐专条。倘系木(本)境应捕各犯,虽获至十名,究属该员分内之事,定例止免其详细指出

（原文如此——编者注）。如贼船停泊，必依据海岛有淡水之处，瞭望官兵船来，即遁去，外洋官兵退后，复回。又商船虽带火药军器，一遇贼船并不敢与敌，船中所有随其所取各条，实为切中海洋贼匪情弊。粤省雷、琼等府地方均濒临大洋，向年多有盗劫等案，前经福康安于总督任内随时缉获惩创，近年以来盗风稍知敛戢。但恐日久玩生，且本年秋间即据郭世勋奏：拿获洋盗萧亚二、黄亚机等，审拟具奏，可见奸匪仍未净尽。不知各海口有无似康熙年间洋盗情形，著长麟、郭世勋留心访查，加意整顿。并将现在如何查办之处，即各抒己见，据实奏闻。钦此。伏查广东省海洋辽阔，岛屿最多，臣等考稽志书，圣祖年间，如现今之龙门协等处，均有盗匪盘踞其间，高州、廉州、雷州等府时多扰累。嗣后特设龙门协官兵，以据其巢。又复于硇州、吴川、海口、广海、平海、大鹏等处建设营汛，星罗棋布，盗匪随失所凭依。节年以来，复蒙皇上力整水师，谆谆训海，福康安在粤时又复竭力搜拿，痛加惩治。迄今高、雷、廉三府民歌乐利，安堵宁居，而海运客商倍于从前，是盗匪顽梗之风较之圣祖年间，实为敛戢。惟是广东海面，外接夷洋，港汊纷歧，皆通去路，防范稍疏，则遗蘖复出而滋扰。缉拿严密，又复远遁以藏身。臣郭世勋于署总督任内，节经查拿办理，具奏有案。臣长麟到任两月以来，又日于提臣及司道、镇将等悉心筹画，业经叠次札饬各镇。臣亲率舟师于交界处所，分投堵缉，分派将备，各就汛地，按段截拿。仍专委熟谙水师之都司黄标率领弁兵由东路一带尾追搜捕，都司朱朝振率领弁兵由西路一带尾追搜捕。复叠札沿海道府州县，各于陆路海口多拨干役，一体协拿，且不时密委佐贰试用等官，改装易服，分投各处，密考潜稽其勤惰。臣长麟现亦尾随出省亲赴沿海一带校阅督查，惟考盗匪并非起于近时，缉捕亦未宽于一日，何以缉捕多年而盗仍未熄？抑或者弁兵之缉捕虽严，盗匪之党援易结，兵捕一盗，而盗又纠数伙以益之。兵有巡缉不到之处，盗无分离散伙之时。若不先设法以离其党，恐萌蘖不免蔓延，根株难期净尽。且纠伙更有深入痛恨，不可不亟行分别查办者。臣等闻凡盗匪行劫，每将客船之舵公水手及捕鱼之渔户、蛋（疍）户抢掠，过船胁逼入伙，甚至将被掳之人用木棍捆缚，系于船旁，令其手执器械，警怖商客。被掳之人既畏盗势之凶，又不知有自首免罪之例，遂不免屈身从盗，又惧犯事攀扯，即再不敢弃盗为良，以致盗匪日聚日多。若于被掳之初，即明示以生全之路，一面缉捕，一面即将强盗自首免罪之条广为宣布，便力擒与计诱兼行，俾盗匪党羽日渐分离，斯剪除无难馨尽。臣等现出示晓谕，有能乘间脱逃投首，免其治罪，乘势擒盗送官及逃回指控聚盗之所，领官查拿者，赏给银两以示奖励。自出示后，已有被掳水手赴潮阳县、归善县投首。臣等现在批饬严审，如并未从盗属实，即行取具的保，予释归家，以期被掳之人闻风踵至。如有可疑，仍留候，待质切。或投首之人不皆被掳之辈，不妨于诱至内地后，再行密为查办，亦较之海捕搜擒，事半而功倍。今蒙皇上垂询，不敢不据实直陈。奉旨：军机大臣会同该部议奏，伍拉纳亦著人议。钦此。大学士公阿桂等奏言：查自首免罪，本有成例，但愚民未必尽知，今该督等出示晓谕，使其闻风踵至，以期离散匪党，未始非熄盗之法。至称被掳之人有能乘势擒盗送官，及能逃回，指控聚集处所，领官查拿者，除免罪外分别奖赏一节。此等被掳之人既经为盗，如闻拿紧急，希图免罪，自行投首，迨缉捕稍缓，难免故智复萌，仍行入伙，即乘间逃回，岂肯将盗匪聚集之所据实指控？且业经被掳，又安能擒盗送官？所奏恐终属有名无实。总之,查拿盗匪,惟在督饬将弁兵丁,于各海口实力巡防,购线侦缉,遇有上岸销赃之犯,立即盘获,严行根究。并于平时责令地方官编列保甲,严密稽查,不使无业之徒私通盗匪。并严禁内地米石私行出洋,及蛋(疍)户、渔船为盗耳目等事。如果能实力奉行,自可期匪徒敛戢洋面,日就肃清。所称现在投首水手令于审明后取保省释,如有可疑,仍留待质之处,固为设法招致起见,但仍督饬令地方官留心查察,是否实系弃盗为良,别无诡秘踪迹,不可任其狡展,致有疏纵。所由会议缘由,理合恭折具奏。奉旨:依议。钦此。

六十年十二月十日,署总督朱珪奏言:奉上谕:朱珪近日督率所属,屡获盗犯,尚属留心。惟阅折内称,李关六等各在夷地捕鱼度活,四月间在洋行劫后,驶回夷地销赃俵分,等语。所云夷地,自即系安南一带海滨,贫民捕鱼为活,虽难禁止,然亦不应听其私往夷地久住,以致纠约为匪,行劫销赃。著该署督即严饬沿海文武,嗣后随时查禁,毋令渔户人等潜赴夷地,滋生事端。再福建、浙江洋匪,前经谕令该署督一体严拿,目下北风当令,恐匪徒见闽、浙二省追捕紧急,乘风窜入粤洋。朱珪务宜董率水师将弁,实力截拿,勿任远飏漏网,此为最要。钦此。又奉上谕:嗣后闽浙、广东洋面遇有此等盗船,无论其果系安南并各外夷盗匪,抑系内地匪徒假装服饰,一经拿获,概行正法。其李发枝等要犯,并著督饬将弁设法查拿务获,以净根株。钦此。臣自到粤以来,所办盗案,研鞫情形,多属闽粤奸民,间有长发侏离,诘之,则本系钦州一带民人,寄居江坪夷地者,辄按其罪名,一律正法,此向来办理之实情也。至销赃处所,多在夷地,自应严饬沿海文武,随时查禁,毋令渔户人等潜赴夷地,久住生奸。臣现复严饬派委东路之碣石镇总兵梁秉畲统领、署副将钱梦虎、署参将鞠应蛟等兵船二十只,与闽省合力堵拿,左翼镇总兵觉罗西密扬阿督中、西雨(两)路,副将谢恩诏、游击黄标等兵船二十只,往来巡缉,及委署香山协副将林国良领臣令箭,上下稽查。遇有盗船,实力擒御,不得任其讳饰纵飏。所有臣遵旨,再加叠饬办理情形,恭折奏陈。(卢坤、邓廷桢主修,王宏斌校点:《广东海防汇览》卷二十五,方略十四,第699—712页。)

15.《广东海防汇览·方略十五·缉捕二》

嘉庆四年九月初五日,总督觉罗吉庆会奏言:窃臣等奉上谕:御史郭仪长奏:缉捕洋盗情形,获盗须分真伪一折。广东、广西滨海地方盗匪出没,自须得其贸易之地,泊船之处,出入之时,然后缉捕得力。该御史所奏于洋面事宜是否可行,著察看情形,悉心妥议、具奏。钦此。伏查粤东海盗多系来自夷洋贼匪,窝藏俱在安南顺化、新洲等处,而白龙尾洋面在华夷交界之间,距江坪甚近,为盗匪来往必经之所,打劫赃物,亦潜赴江坪消(销)卖,其广东、钦州及广西、南宁奸商亦有私赴买运者。臣抵任后即闻白龙尾有盗船湾泊,江坪夷地有内地奸商潜赴代消(销)赃物之事,曾经清字附片奏明查办,将奸民驱逐,并在思勒安设兵卡截拿,并咨提臣孙全谋带领兵船六十号赴白龙尾缉拿,盗匪闻信俱逃窜夷洋藏匿,彼时如赶赴夷洋,又恐安南惊惧,是以未经擒获。现在责令西路之游击魏大斌、何英等常赴该处查拿。至禁绝江坪消(销)赃,诚为要事,如果赃无消(销)处,盗匪自必敛戢。前虽于思勒设卡,南宁之上思州亦饬令堵截,未派有大员稽察,不足以昭慎重,请嗣后思勒设卡之处,责成高州镇高廉道稽察,南宁府属之上思州责成左江镇左江道稽察。倘仍有消(销)赃情事,先将该镇、道严参。如此分别办理,则要地均有大员轮查,防守者亦必加倍小心,奸商自不敢潜赴买赃。亦系清肃盗源之一法。又洋盗出没之候,春夏乘南风窜入粤洋,伺劫商船,秋冬即乘北风驶回安南夷洋。现在粤东防缉事宜,已派三路兵船相机游巡,认真缉捕。白龙尾复责令西路兵船及龙门协兵船会巡办理,似已周密。今该御史所奏,虽属实情,毋庸另行查办。又原奏获盗案内被胁之年壮力强者,分配哨船,给与钱粮,令将弁管束,随同出洋缉盗等语。查粤东审办洋盗案件,臣等详加审讯,甘心入伙及掳捉日久,在洋帮同打劫者,始行拟斩。在船为盗服役,并未打劫者,问拟发遣。止被押禁而未从盗服役者,审明立予省释。诚以罪关生死,真伪自应慎重。如事主报明被掳者,亦必详加查办,不敢稍有错误。其应行释放,及投首盗匪,亦必察看其人,如果并无凶暴情状,可以收用者,方令跟随官兵出洋作线缉捕。设稍有可疑者,即不肯轻令跟随官兵,以昭慎重。缘此等人奸良难辨,多用颇有关系。今该御史所奏年壮力强之人,合将弁管带缉捕,窃恐人心叵测,未便轻遽施行。至于被劫之船,许其开列人数、姓名、年貌、籍贯,报明存案,俟拿获时查对相符,讯明释放一节。现在粤东即照此办理,臣并咨明闽浙督抚,如有粤省商船在闽浙洋面被劫,及闽浙商船在粤洋被劫,船主呈报者,均各彼此移咨,饬知地方官查照办理。又守汛兵丁畏盗不捕,及至远飏,始放枪炮,谎称追捕一节,最为可恶。从前水师一二号巡哨船只,猝遇匪船数十联帮而至,望见即行放炮,使盗船闻知远避,不敢缉拿,诚为恶习。今粤东分派三路大帮兵船,令总兵黄标、钱梦虎、林国良,游击魏大斌、何英、都司许廷桂等带领巡缉,复有提臣孙全谋督拿,声势颇大,盗匪渐知畏惧,实无从前水师恶习。该御史所奏,亦毋庸议。谨就粤省现在办理实在情形,恭折覆奏。

七年,御史陈昌齐奏略言:今春以来,凡离海五十里内外处所掠财帛、焚庐舍、劫人口,不一而足。查屡次由海上岸之洋匪,卒不过一二百人,至行劫时,辄有陆居会匪多人,持械助凶。每行劫后,又在海滨招伙,给丁壮等安家银,每人数十两,诱令下海。沿海居民类皆自少采捕为生,习拳勇,熟水势,向为匪等所畏惧,自经匪等招诱,从匪者往往而有。因思重赏之下必有勇夫,可以为盗,即可用以捕盗,似宜令地方官明张告示,有能相率出洋剿捕,或乘匪等上岸,并力歼擒,送官验实者,除将所得军械交官外,其财务、船只并陆路上或有匪党产业,一概给予获匪之人充赏。即已经听诱下海之丁壮,若能设法歼擒多匪,连船械等物运来投首,亦准免罪为民,一体给赏。其擒获勾引助凶之会匪,确有证据者,亦照此办理。则当该匪行劫,在塘汛切近之地,官兵自可闻信趋剿。或官兵未到之时,丁壮亦必图赏力捕。仍须令地方官详稽户口,妥编保甲以清续行入匪之源。于各埠头访拿济匪粮物,于各市镇严缉代匪销赃,以绝水陆勾连之路,庶几洋面肃清,而地方可臻安谧矣。

(国朝吴应逵《雁山文集》)

九年,总督倭什布会奏言:臣等伏查粤东十府三州,幅员辽阔,其中广、惠、潮、肇、高、雷、廉七府,俱系滨海之区,琼州孤悬海中,绝无依傍,海道自东至西,绵亘三千余里,东与闽省连疆,西与越南接壤,形势险要,广远甲于他省,自古迄今无不以防夷、捕寇为要务。溯查乾隆五十四年以前,沿海穷渔贫蛋(疍)什伍纠结,伺劫商盐船只,并无大伙联艘,敢与官兵抗拒之事。迨安南阮光平父子有国,惯以篡贼为能,招集内地亡命,给与炮火、米粮、器械、船只,俾其至闽粤洋面,肆行劫掠。盗匪出,有经年累月之粮,归有消(销)赃窝顿之所,纠聚日多,声势遂甚。其自安南驾船而来也,一由白龙尾而入廉、雷各洋面,缘白龙尾附近江坪,其消(销)赃之所也。一由顺化港而入琼州洋面,缘顺化港为安南富春门户,富春其国都也。此两路盗船驶入粤洋,非百号,即数十号,其志总在直趋福建、浙江。及其饱掠而归,仍由原船驶入江坪、富春,沿途虽有剽掠,并不近岸、登岸。各营水师全用米艇配兵,东西邀击,岁有擒歼。盖船多则力敌,而沿海口岸村庄,亦赖以安堵。此数十年来安南篡贼及官兵在大洋击贼之情形也。今自阮光缵失国之后,新藩阮福映晓知大义,驱逐奸匪,向日之为旧阮勾结窝留者,已被芟夷。其余党则仍审回内洋,复图纠结,出没为奸。该匪等远行已缺资粮,退归又无巢穴,因常在粤东洋面游奕伺劫,而大帮水师兵船常行在海缉捕,匪船站脚不住,又无从得食,于是分驾船只,各于所在港汊潜驶,登岸劫掠村庄。官兵分则势单,合则顾此失彼,往往闻信追拿,匪船已扬帆而逸,此近日贼船猝聚猝散,不时登陆,官兵大艘在洋难期得力之情形也。查筹海捕盗,原无一定之规,就目前盗情而论,以千百无籍之徒,久估沧波,米粮乏绝,又不能退入越南,除登岸劫掠之外,别无生计。查粤省自东至西,沿海炮台一百余座,额设兵丁止三千七百四十余名,而水师出海官兵,终年有数千名在船,既不便更番替换,又不能增戍添防。所有在洋在岸缉捕防堵事宜,必须急行变通,妥密规画。务为彼劳而我逸,勿任彼逸而我劳,方可绥靖疆隅,剪除凶丑。兹参酌折衷,敬为皇上陈之。

十年二月,总督那彦成奏略言:窃查捕盗舟师三路,署提督魏大斌带四十三号米艇自大鹏营至电白一带为中路。南澳镇总兵杜魁光带米艇十一号,署总兵林国良带米艇十号,外搭配雇觅货船、料船十四号,自南澳至平海一带为东路。至西路止有参将何英带十余号米艇在琼南一路,近有遭风损坏者,所剩兵船不满十只。惟海疆辽阔,东西绵延三千余里,知名炮台百有余处,此外港汊纷歧,处处均可上下。内海舟师大帮扫除追捕,而岸口防守缉查,更关紧要。现拟责成各文武地方官员以专其任,令有海口各州县责其访缉奸商、土匪接济勾通,劝谕约束各村团勇为分巡分防。而各州县才具不齐,费用不足,交本府督率办理,相机通融筹画,为督巡督缉。至各道员事本简,少专责,令在所属境内不时来往巡查,为总巡总缉。各海口炮台换拨可靠千把,或用都守修整器械,稽察出入,为分巡分缉;各镇协大员常川巡逻稽查,守台兵弁如有不妥之人,立即办理更换,仍严缉私自出入勾通接济之人,为督防督缉;至提督为通省大员,带印入海,险涉风涛,少(稍)有疏虞,大体攸关,更难住手,转须大帮兵船为其防护,且通省水陆兵丁六万有余,只有提督一缺,应查应办事件,不宜废弛。魏大斌既不胜任,而水师又不得人,应请旨或调或简,无论水陆人员,但须勇往、精明可为统率之人,令其在于陆路来往巡防,亦可探访贼踪,总持全局,相机调度布置,为总巡总缉。臣仍另委妥信之人,严密访查,师船以捕获大帮贼匪为功,旷日糜费为罪。各地方以访获私通,断绝接济为功,失察透漏为罪。如此海陆巡察、防缉,文武并力,或期于事有益。至于陆路内河各州县地方,近来土匪、烂崽以及会匪,往往潜煽会众,动至数百余人,肆其抢掠。臣抵粤未及一月,已有两案,其余潜滋暗长者,当不止此。此实臣前次未多经见之事,竟不图一变至此。大约由于洋盗不靖,奸民恃有遁逃之所,故敢肆行无忌。然事不能保其必无,总在留心,先事办理,亦应责成于本道府督办本属地面捕务。查各州县往往顾及处分,以致因循酿成大案。今请但能有事办结,不但恩思【恩】免其处分,仍可加之鼓励。又若购线、解囚各人费数既多,所需亦不能少。州县爱惜小费,贻误事机,亦所时有。仍责合本道府于所属州县通融协济,一属有事,各属帮办,亦以缉获烂崽、土匪为功,若致酿成事端,将道府一体严加治罪。

照得殄灭寇盗,绥靖边疆,全资兵威,亦仗民力,本部堂从前办理博永会匪,深悉民情。因思海洋盗贼伎俩,只回【会】鼠窃。而游奕数载,久稽刑诛者,不过以鼓枻扬帆上下风涛之内,往来岛屿之旁,师船跟踪,东剿则西窜,南追则北逸,非不能用我捣犁,未免阻其出没。本部堂博采舆论,披览士民条议,均称本省蛋【疍】民以江海为田庐,以舟艇为家室,凫水弄潮,极其便利。而红单船一项,其船多系合伙朋修,装运货物,所获盈余,舵工、水手均得公分,本为同财共命之心,莫不齐心协力。近因贼匪充斥,扰害江洋,该船修理坚整,尤为洋盗所垂涎,往往并力追劫,夺其船只,视人货之多寡,定勒赎之重轻。舵工、水手逼令服役,稍不如意,即行杀死,抛尸海中,家属尚不知信,船户大小妇女奸占轮宿,并无放回,资货既已朽折,人命复难保全。莫不恨切骨髓,怀报仇雪恨之心。而地方官于该船户苦害情形,既鲜据实禀报,于装运货物,又恐其遭劫遗累,不轻放行,以致株守坐食,困顿无聊。本部念兹船民,均我赤子,遭贼匪如此荼毒,被贼匪如此凌辱,不胜切齿,业已广修战舰,整饬水师,出洋搜捕,亟思戮其鲸鲵,冀得拔诸水火。该船户等既怀自畏之心,兼切同仇之志,正可帮同官兵杀贼立功,为此晓谕红单船户人等,尔等有情愿出洋杀贼者,约会数船、十数船,公议家道充裕,办事明干之人为首,呈明该管府厅州县,将船中舵工、水手姓名居止并军械、器具,造赍清册。探明贼匪湾泊,官为给发执照,径前手捕。如能拿获著名大盗,多杀贼匪,立将为首之人奏予职衔、顶戴。愿入伍者,即行拔补。帮同出力之人,赏给银两。其沿海大小渔船为贼所苦,不能渔捕者,亦准禀地方官,照依办理。查现在接济之禁既严,贼匪无粮可食,尔等以谙习木(水)道之人,攻饥疲日久之贼,自易得手。地方官察其悃忱,好为鼓励,则办贼之方,即为保民之政。一应投册请照,无任书役需索、压候,该船户等惟有黾勉从事,俾洋面早清一日,则可早营一日生计。此后坦行无警,俯仰有资,岂非商民之福?毋得假托捕盗为名,夹带犯禁之物,自干罪戾。

据新安县禀报,五月二十三日有渔户陈建寿、欧声耀等禀称:该渔户随同兵勇出洋巡缉,见有匪船十只驶入鲤鱼门伺劫,即便合兵追剿,奋勇围捕,打沉盗船三只,获盗陈亚甲、叶二湖等三十二名,当经本部堂饬令该县传齐出力渔户,当堂给赏。陈建寿、姚开琼二名将所获船只及盐斤二十余石,尽数给赏外,仍各赏五两。欧声耀、郑成绚、张德金、郑有发、郑全满、吴德利六名,将贼船给赏外,亦各赏银五两。受伤渔户郑亚长、郑阿五、冯阿九三名除经该县拨医调治外,另各赏银十两。并合该县逐一询明,该渔户等如有愿行入伍者,即行给与名粮,用示奖励,在案。查各属沿海渔户以海为生,终朝采捕,涉历风涛,籍觅微利,情殊可悯。一遇匪船游奕,往往连船掳去,逼胁为盗,致令安分百姓陷于匪党,身犯刑章,实堪痛恨。因思尔等渔船沿海生理,自一二十只至数十只不等,人船不少,朝出暮归,声势亦易联络,且终年在洋,水性熟悉,如果随同官兵奋勇缉捕,何难擒获匪徒?即盗船往来踪迹,亦易于侦探,其有欲近岸图劫者,尽可预先报知官兵,早为堵御。若虑日后出洋,盗船报复,尔等于获盗后,本部堂准其补食名粮,毋须再行采捕,亦何惮而不为?为此明白示谕,嗣后尔等船只出洋,必须联属同行,归港一律湾泊,遇有盗警,官兵在岸防堵,及配驾船只出洋截拿,尔渔船水手人等,即协同跟随,实力擒捕。如果获有盗匪,立即优给赏银,愿入伍者,即行拨补,似此同心奋勉,庶盗匪知所畏惧,不敢近岸,尔等亦得安居乐业。经示谕之后,尔等遇当防盗之时,漠然不顾,查出定当究惩。如不肖书吏及守口弁兵因此封派尔等船只,借称防御及勒令尔等出洋捕盗,尔等指名首告,即当立予严办,不稍宽贷也。

(以上总督那彦成示)

十四年五月十七日,总督百龄会奏言:窃照雷州府遂溪县属之东海地方,经前督臣吴熊光于十一年正月内会同前抚臣孙玉庭、提臣钱梦虎等议,请设立参将专营,并于田头村拨兵巡守,激沙添设炮台,南坑建筑土城,所需兵丁一千一百余名,在于督标后营抽裁八百四十名,提标抽裁二百六十余名,就近招募新兵驻守等因。奏奉部议准,遵行在案。嗣于十三年十一月,吴熊光又以东海不产砖木,停止建营,奏请将原议招募新兵,除田头村已移设兵一百名外,其余一千名应改募水师,添船缉捕。钦奉谕旨:东海地方移驻营汛,招募新兵一事,先经议准办理,兹又请将原议招募新兵之处,改募水师,添改船只,配驾以成劲旅等语。东海地方孤悬海外,向为盗薮,究竟应否添设营汛,以资控制之处,悉心筹画,即行定议,奏闻办理。钦此。臣等伏查东海地方向为盗薮,从前吴熊光等议请建营,自系因地制宜,亟需筹画之事。即使该处不产砖木,亦宜设法购运。何以时阅三年,忽又畏难中止?现在究竟应否建营,必须确切查明,方可定议。臣等凛遵训示,悉心筹画,与藩司衡龄、臬司陈若霖、粮道章铨及在粤年久之府县等公同详核,并询之高州镇臣樊雄楚,佥称:东海形势实难建营,众论无异。缘东海之激沙地沙土松浮,掘深三尺,即已见水。就合建筑城堡炮台,亦难经久。且系弹九【丸】之地,海外孤悬,又与广州湾遥遥相对,以一隅株守之兵,当四面可通之路,殊不足以资控制。自不若设船巡缉,较为便易。吴熊光始而未经详查,继之事不可行,又迁延日久,不得不更改前议。此前后具奏,情节不符之实在缘由也。至所请将原议招募新兵一千名改募水师,添造兵船一节。查前项招募之兵,原为东海建营而设。今既停止建营,添造兵船,将陆兵改募水师,其应添船若干,如何分配兵丁,应派何员管带,吴熊光续奏折内,又未议及。今臣等另折奏请,将登花船改造米艇四十只,按大、中、小号,应水师兵二千八百名。核计吴熊光所议,另募水师兵一千名,尚少兵一千八百名。若使全行招募,则舟师不能安置眷兵,势须用单身,应募之人恐良歹不分,转难稽察。若以一千名仍前招募,以一千八百名派自各营,不惟卒伍参差,且粮饷亦难画一办理。臣等再四筹商,请将配驾米艇四十只之巡兵,即于通省额设水师内,按数均匀轮派,并选派副将参游等员率领备弁,分番管带。以二十只专在东海巡防,以二十只在西路洋面往来策应,于缉捕益昭严密。其一切经费,均在商捐捕盗项下支给,毋庸动帑。所有吴熊光原议改募水师之一千名亦可停止招募。又所议裁撤督标后营及提标兵丁一节。臣等伏思分营隶兵,原有定额,督标五营并设,忽裁后营,既于营制未协,而裁兵遽失生计,更难保其不流荡为匪。且粤省陆路口岸,正当侦缉奸寇、防堵接济之时,多一兵可得一兵之用,尤不宜轻议裁革。且现在业已停止另募水师,应请将吴熊光议裁之督标后营兵丁八百四十名,饬合仍归原伍,以符旧制。现在已经抽裁者,粮饷照例截旷,其陆续补额之兵,俟钦奉恩旨允准后,再分别到营月日,支领钱粮,俾免牵混。至提标议裁之兵丁二百六十名内,除吴熊光奏明募有新兵一百名移防田头村汛地,业已开支粮饷,无庸撤回外,尚有募兵一百六十名,亦请一并归还提标原营。如此核实办理,庶事不纷更,而于巡防缉捕事宜,更可收有备无患之益。

十七年正月二十七,署总督韩崶奏言:粤东洋面自荡平匪帮后,厘定巡洋章程,派拨舟师一百四十号,区分五路,梭巡会哨。中路虎门、澳门、新安、大澳各洋面及东西上下各洋,均一律安靖。惟东路之南澳,界连福建,闻闽洋搜捕余匪,尚未净尽,每虑伺隙窜入,必须严密巡防,即如现办本案盗犯崔明、郑阿洞等均系闽洋盗犯,甫经窜入粤境,当即拿获解办。委巡各员防捕尚为认真。臣现复严饬南澳镇胡于铉、碣石镇曾文华督率舟师,实力巡缉。如遇闽匪窜入,立即堵截围拿,不留余隙。其西下路之琼州、龙门一带逼近越南,恐有漏网逸匪,从前逃往夷洋躲避,复思乘间窜回,尤应加紧防捕,现在严饬西路巡洋舟师及沿海协营,督饬台汛员弁一体慎密堵防,不容稍有松懈。兹水师提臣童镇升循照奏定章程,酌带师船,拟于二月初间,亲往高、廉、雷、琼西路各洋面,督缉巡查,以期永靖瀛壖,商民乐利。谨附片陈奏。奉朱批:所办甚是。整饬极难,废弛甚易,勉守百龄章程为要。钦此。

二月十九日,总督蒋攸铦会奏言:窃臣攸铦上年冬间恭觐天颜,蒙皇上厪念海疆,谆谆训谕,感佩服膺,无时敢忽。抵粤后,与臣崶和衷商办,留心访察,半月以来,知粤东近日缉捕事宜,有亟应详晰上陈者。外洋地方辽阔,自前任督臣百龄与臣崶剿抚兼办,渐就绥康,嗣后厘定章程,派分五路师船,常川巡缉,迩来尚属安靖。惟濒海州县,前于洋盗未靖时,因广雇商渔船只帮同缉捕,内有捞缯渔船一种,携带炮械,随同侦缉,向资其力。事竣后,陆续饬令将炮械呈缴,其中安分守法者,俱已先后呈出,间有无知愚顽或因驶泊僻远之地,尚有私留,未经呈缴净尽。虽未敢公然劫掠,但烟波浩渺之中,难保不潜出滋事,现在商委妥员会同营县,严密稽察,并出示晓谕,务令悉数呈缴,不准复行留匿。一面责成水师提臣,督率各路水师镇将备弁,认真巡缉,并饬沿海营县,将师船停泊开行及境内有无匪船之处,按五日一报,以凭查核。倘有稽延捏饰,即行严参,不使匪迹复萌。外洋当可无虑。内河则自臣崶与前督臣百龄、松筠节次督拿匪犯多名,严办以后,不逞之徒颇知儆惧,报案尚少。惟陆路广州、韶州、肇庆三府,错环处所,上年冬间报案频闻。如三水县之古灶墟、西南墟及阳山县之七巩墟,南海县之九江等案为甚。此等匪贼多系惠潮一带客民赴广、韶等属种山、佣工者,以及各本县无业匪徒。于冬间纠约抢劫,得赃即散。各案据报时,臣攸铦尚未到任,即经臣崶督饬,交武员弁拿获著名贼匪杨短生等多名,审拟,具奏在案。现复严督营属,上紧缉拿,随获随办,不任稍有懈驰。惟是粤东近年查拿匪盗,缉捕紧严,统计前后获到正法之人已不啻盈千累百,而劫案何以仍然不能尽绝?臣等相与悉心商确,连日就失事各地方体察情形,于到案人犯研究原委。始知惩创于事发之后,更须防范于未发之先。又必得其地以截伏窜之途,尤在得其人以收督捕之效。水陆梭缉,刑教兼施,庶可杜蔓延而清勾结耳。盖粤东广、韶一带内河则港汊多歧,陆路则冈岭环互,水陆相为表里。水严,即窜入陆路;陆严,则由水驰逃。该匪等之忽聚忽散,必有窝藏聚集之地。臣對前会奏明,添设船卡,派拨员弁、兵丁分路巡缉,兹臣攸铦与臣對就现在情形,覆加细酌,须于适中要隘处所,选派能事文武大员,派给随员酌带兵役,居中调度,四路侦缉,一有贼踪,立即分投围截,庶当时不能逃窜,事后亦易追拿。其员弁兵丁饭食口粮及修葺船卡工费,向于酌留关盐盈余银六万两津贴岁修米艇之外,撙节支用。倘实有不敷,当再妥协筹议,另行奏办。

　　二十三年五月,布政使赵慎畛、按察使玉辂会详称:奉批,据候补道陈廷杰、水师提标中军参将吴绍麟禀称:案奉札,以粤东洋面久已肃清,今春夏以来劫案叠出,且内惟陈发金、吴子剑被劫二案,据报获犯数名,首要亦尚在逃,其余竟全未破获。此数起盗匪,必有粤省匪人在内,饬道前往虎门,面见水师提督及署水师提标中军参将吴绍麟会商缉捕之法,或访拿积窝,或严查口岸,应从何处下手? 何处可有踪迹? 何弁可以任事? 其洋面巡缉应如何? 或分或合,使盗船无行动之暇,并即熟筹,就近速行。各该营县皆应扮商诱缉,购线办理。兹发去银一千两,该道带去,应给何县何营,即就近给发,但期获案,不惜多费等因。经职道廷杰携带银两驰赴虎门,时值水师提督巡洋未回,当即遵札面晤,职绍麟亦已接奉饬同前,由现署东莞县吉倅同时到寨会督,通盘熟筹缉捕之法。职道等伏思,粤东洋面缉匪事宜立法本已周备,讵本年春夏以来,连有商民陈发金、吴子剑、郭肇同、叶胜利、张振声等被劫五案之事,获报寥寥。此数起盗匪必有粤省匪人在内,亟应设法侦缉。职道等悉心讲求,计惟内而严查口岸,外而扮商诱缉。遵照指示,略参末议六条,奉批仰司查议。遵查该道等禀称:一、粤东洋面辽远,广州府属为中路,肇庆府属为西上路,惠属为东下路,潮属为东上路,南澳镇为闽粤门户。各营县所管滨海最要口岸共三十九处,各地民奸良不一,忽渔忽盗,及通盗济匪,皆难报其必无。如查察稍有未周,奸民积而成习,有二十一年平海营洋面破获劫盗三案,皆是新安县人之事。相应查开沿海最要口岸名目,请责成该管营县严查口岸,密踪匪踪,访拿积窝。如应添派熟悉捕务之佐杂文员帮同稽察,省城干员较多,由宪台量才酌派,以期得力。并令于各口岸之外,雇备民船,扮商诱缉,如能获报邻境、本境新旧各案,分别照例办理外,所有用过扮商经费,核实给发示劝。如该管境内嗣有失事,即属奉行不力,亦惟该管文武是问,等语。本司等查盗匪之往来自如,皆由口岸之稽查疏忽,是责成口岸之营县,实为要务。应如该道等所禀,责令该管营县严查口岸,访拿积窝,并令雇备民船,扮商诱缉,经费准其报销,仍以有无获犯、失事,分别劝惩。又该道等禀称:一、舟师、商船式样不同,虽远在洋间,约略可辨,则盗匪之辨认舟师为易。而盗匪游弈往来,行踪诡秘,与从前之大帮匪船不同,则舟师之辨认盗匪较难,必得另雇商船扮商诱缉。兹查南海县属福、潮船行,经理闽来商船,有大福潮船,舵灵船坚,能向大洋超(越)驶。又香山属有民船名大捞缯船,出洋捕鱼,往来灵便。兹雇大福潮船二只,各酌配兵三四十名,选有署香山右营都司黄正嵩、署千总樊立勋,熟悉闽粤内外洋面情形,缉捕可信,委令该二弁各驾一船,同为一起改装商贾,无分闽粤大洋,往来诱缉兜捕。又雇大捞缯船四只,各酌配兵三四十名,派署大鹏营参将蔡廷芳管驾二只,自大鹏起至南澳一带扮商诱捕,卑职绍麟管驾二只为一起,自虎门起扮商游巡,由东路沿洋探踪搜捕,兼查各路扮商各船,稽勤惰而归核实。是大福潮船超越外洋,诱缉于外,大捞缯船络绎梭织,诱缉于内,中间又有各协营县雇备民船扮缉,则节节有备,似已周密等语。本司等查洋面捕匪,自宜扮商诱缉,该道等议以另雇商船,派委熟悉洋面之都司黄正嵩等,配兵分路诱捕,应如所禀办理。又该道等禀称:一、现议遴弁雇船之外,须带眼线,当此创始之时,如用非其人,势必贻误,似应先传张振声呈报案内被劫红头船只之船户王以龙,又叶胜利呈报案内未知何往之船户王亚五,查明饬传前来,交都司黄正嵩等带往闽粤各洋,以凭指认被劫原船。其张振声报案内舵水翁亚实等系曾被闽匪关禁、逃回,现既失业,即传令到案,照兵丁例发给口粮,分派各船带同出海,作为认盗线目。如一案速获正犯,即可从此究出另案。一面仍由各委弁自行雇觅可信眼线最关紧要,其现在被劫红头船只之船户王以龙等更可指认无讹,应如所禀,觅线往缉,以期盗匪速获。又该道等禀称:一、香山营所管澳门、老万山等处,番舶经由,地当最要,未便远离,阳江镇所管西上路,碣石镇所管东下路,此外各协管星罗棋布,各辖方隅,皆系出洋巡缉,其在洋或分或合,除会哨之外,原无一定。海洋辽阔,如有大伙匪船,舟师宜合力会捕。今粤洋间有匪船出没,尚属无多,舟师宜分兵散缉。其合也,不可顾此失彼。其分也,仍应联络声援,庶令盗匪刻刻防兵,不予以暇。应请通饬巡洋舟师,一体留心,相机分合,似可毋庸另立章程。至南澳镇所管闽粤交界要洋,系闽匪入粤必由之路,澄海营唇齿相依,为东上路要隘,今各洋先后具报失事各案,均称福建绿头船匪船,诚恐闽匪劫去粤船牌照,得以冒混出口,应请行饬南澳镇分派舟师严密防堵以杜闽匪闯入,并令澄海各营随时查察,如有惠州船牌照到境,必须盘诘来历,似亦密捕未破各案之一端等语。本司等查现在盗匪无多,舟师自宜分兵散缉,仍应联络声援,应如该道等所禀,饬令巡洋舟师一体留心,相机分合。其南澳镇系管理闽粤交界要洋,澄海营亦属要隘,现在闽匪既劫去粤船牌照,恐有冒混出口情事,亦应如该道等所禀,饬行南澳镇分派舟师堵缉,并令澄海各营如有惠州船牌照到境,立即详细盘诘,倘有支离闪烁,来历未明,即解交地方官彻底审办。又据该道等禀称:一、此次议办海洋缉捕事宜,系因粤洋久已肃清,忽有劫案五起而设,职道等就现在洋面情形计议,应请奉批之日起,以三个月为限,期满核其功过,分别奖惩。所有现在各弁兵扮商出海,相应给发两个月口粮。除守备以上,系自备资斧,千总以下每弁一员日给银八分,每兵一名日给银五分,由卑职绍麟会同现署东莞县吉倅按名,即于奉发银内支领,事竣报销。如有不敷,由吉倅就近垫付具报。其雇备福潮船二只,大捞缯船四只,必得预先往雇,业经职道廷杰分札南海、香山二县赶紧价雇,专差压赴虎门,交卑职绍麟配兵,照议办理,船价一并报销,等语。本司等查弁兵扮商出海,自应各给口粮,同船价一并报销,应如所禀办理。本司等仍严饬南海、香山二县分别速雇福潮船及大捞缯船,专差压赴虎门,交该参将吴绍麟配兵应用。至据议俟奉批日起,以三个月为限。期满核其功过,分别奖惩之处,亦应如所禀办理。以上各条本司等悉心核议,均属可行。复查该道等所禀缉捕事宜,以扮商诱捕为要,固为洋面缉匪之良法,第恐阳奉阴违,仍致有名无实。该水师提督中军参将吴绍麟既据具禀驾船巡游,兼查各路扮商船只之勤惰,应请责令该参将实力查察。如各路扮商船只有偷安畏葸,停泊海边,捏报出洋者,立即飞禀拿问,从重治罪。其实在出洋诱缉,拿获巨盗者,亦即优加奖擢。本司等仍密饬委员分投稽察,务在劝惩并施,信赏必罚,庶人皆用命,盗可速擒矣。(督署案)

七月,九峰司巡检陈铨禀称:职于嘉庆二十年署潮阳县招宁司巡检,历时九月,得悉沿海情形,设法防堵,行之稍有著效,不敢避躁进妄渎之嫌,略陈其概,并绘具五省连疆海图,以备采览。查招宁三面濒海,东北由浔洄至草屿为磊石港口,西北由凤港至虎子屿为河道港口,西南则南高法有广澳炮台,东南则葛州澳马耳连放鸡山有莲澳炮台。北连海门,南接南澳,即闽粤洋面门户,为匪船乘间滥入伺劫之路。沿海居民,利在鱼盐,以采捕为耕种,各港船只年给印照,朝出暮归,例禁越境。而招宁所属春冬开采之际,则有界连闽省诏安之浅澳柘林、铁湖等处打舺艚船,充斥盘踞,每三十号为一艚,风汛顺利,动辄驶至三四十艚,大小即千余号,其中难保无匪船混迹、滋扰。分段师船有菜鱼之利,弛不之禁,习以为常。职于二月到任,正开帆采捕之时,地方绅耆联名公禀。职即乘驾小船亲诣沿海各艚,申以例禁,谕以利害,若不退出闽洋,即当会营查拿,统作匪船究治,遵限于五日内概归闽港。至本港渔船县照可稽,即不难于编查,由是海口稍为安静,四月二十间,探有闽省绿头船二只在广澳汛属游奕、伺劫,职捐雇民船,移会守备窦振龙,配驾兵丁壮勇,日夜堵缉,幸免贻误。因思近来匪船多系零星小号,每船承载不过二十余人,出没不时,并非连帆结艚,可为对敌。每遇商船、渔船联帮驶寄,且为退避,一遇舟师,即便远飏。在舟师船身大,驾驶既不便捷,又非从前连帮守助,可以并力穷追。职将实在情形,禀明印官,一面会同营员与地方绅士,熟筹计议,就近于本港拖风渔船择其殷实船主,配驾壮勇船四号,壮丁十名、六名不等,给以炮火、器械,令其连帮驾驶,与舟师遥分犄角,可以诱敌,可以截拿。无事,则听其采捕安业;有事,则责其并力掩捕。仿照古者寓兵于农之意,壮勇责成绅士保结雇募,官给口粮,遇有拿获匪船,变价,半给充赏,半充捕费,明其赏罚,以示劝惩。官捐其费,民食其力,绅士分其任,既无妨于民业,亦无虑滋流弊。行之五月之久,而闽匪闻风,未敢东向窥伺粤洋,即内地土匪亦皆敛戢。所以职属一隅终其任,而竟无商渔船只被劫之事,此行之稍著成效者。类而推之,沿海地方,无不可行,似为堵缉海防之一助。所虑地方文武不尽实力分任其劳之为难耳。所有各路师船之文委员例限半年更换,职愚以此项经费,委派似可裁撤,名为随同稽查,实仍安居陆地。职初至各处港口,地方风汛期刻以及何处可以湾泊?何处潮汛可以压帆、掩捕?不易熟诸。迨六月期满,地方之东西南北略可指认,而又易一员,徒为水师营员添帮贴之累,而于捕务无益。若以为稽查勤惰,则该管文武各有专司,与其责之一呼应不灵之委员,何如责之该管现任之职守,此委员似宜裁撤之情形也。再,各路分段师船湾泊港口,抽查渔盐之利者多,而实力会哨,留心防堵之事者少,应严裁革,使港口无利可图,自然各尽力于海事矣。且各港渔船去此陋规,责以前项派船联帮,诱敌掩捕之事,必能为其所用,此陋规之有防【妨】于公事,似宜严禁之原委也。又有不肖文武,实系内洋被劫,赔给赃物,捏报外洋,邀免处分,以启刁劣商船,实系外洋被劫,故意驶回港口捏报内洋,希图诈赔者。此从前商夷固有难言之隐,而营员亦间有不白之冤,二者密委确查,分别严办,庶事无枉纵,而政得其平矣。(同上)

琼属除定安一县无海外,余皆濒临大海,港汊纷歧。又多与夷洋接壤,现值匪船聚集夷境,此拿彼窜,若非水师出洋诱缉,必致扰及内地,民难安枕。惟盗匪乘坐之船,多系劫掠客商渔户而得,水师船至见是商渔船,未便遽施枪炮,即或查其形迹可疑,跟踪搜验,该匪必假托商渔船。饬令验照,并有牌照可验。或寄碇于偏僻洋面,望见师船,已张帆远遁,难以诱令潜出,并力兜擒。是拿盗有效,莫如诱拿一法。盗船所利者,商渔船之货物、水米,若令师船改载商渔船,每船配拨弁兵携带军械、鸟枪,隐伏舱内,或分或合,出洋巡查,盗船见是商船,必拢近行劫。号炮一响,各船赶至协拿,以逸待劳,最为得力。查琼属民船不惯行走外洋,难以雇用。查有儋州红鱼虾舢各船只,船身较大,堪载弁兵,乘风亦属便捷。惟是该渔船捕鱼是其恒业,今欲令其舍其恒业,受雇出洋,必须厚给口粮,并酌与燂洗、篷索、花红等费。如有受伤或至伤毙者,如何分别轻重,优加恤赏之处,先为议定,自可乐于效用。计船计日,为费滋多,则筹款不可不预也。(道光十二年雷琼道王铸、雷州府徐宝森《裹陈》四条之一)(卢坤、邓廷桢主修,王宏斌校点:《广东海防汇览》卷二十六,第713—730页。)

16.《广东海防汇览·方略二十五·驭夷一》

顺治十二年,覆准:荷兰国贡使来京人数不得过二十名,仍令该督抚择谙晓荷兰语三、四人偕来。(雍正年修《会典》)

十三年,议准:荷兰入贡,贡役不得过百人,入京贡役止二十名,余留住广东,该地方文武官严加防卫,俟进京人回,一同遣还,不得久住海滨。

十六年,总督题准:暹罗国再来探贡,所带压船货物,地方交易,其抽丈船货税银清册,移送户部察核。

康熙六年,覆准:暹罗贡船不许过三只,每船不许过百人,来京员役二十二名,其接贡、探贡船概不许放入。

七年,题准:西洋贡船,以后船不许过三只,每船不许过百人。

八年,题准:令西洋正、副贡使及从人二十二名来京,其留边人役,该地方官给与饮食,仍加防守。(俱同上)

六十一年,覆准:暹罗国奏称,彼国有二红皮船前因禁洋被留,令广东督抚查明交贡使带回。其在广驾船水手人等,系内地者,各发原籍安插。系暹罗夷人,令随船回国。(嘉庆年修《会典》)

雍正二年十月,奉上谕:暹罗国钦遵圣祖仁皇帝谕旨,不惮险远,进献谷种、果树及洋鹿、猎犬等物,最为恭顺,殊属可嘉。作何奖赏,著定议具奏。所奏谷种、鹿犬已经差官送京,各种果树俟来岁春和,另行委解。知道了。运来米石令地方官照粤省现在时价速行发卖,不许行户任意低昂,所奏每米一石定价五钱,则贱买贵卖,非朕体恤小国之意。著行文浙闽,此次已到之米石。该国现经发运续到者,皆照粤省一体遵行,嗣后且令暂停。俟有需米之处,候朕降旨遵行。其压船随带货物,本当照例征税,但该国王既能输诚向化,冒险远来,此次应输税银,著一概免征。来船梢目徐宽等九十六名,虽系广东、福建、江西等省人民,然往居该国,历经数代,各有亲属妻子,实难令还归。著照所请,免令徐宽等回籍,仍在该国居住,以示宽大之典。钦此。

四年六月，谕意达里亚国教化王：览王奏请，援释放德里格之例，将广东监禁之毕天祥、计有纲一体施恩释放，等语。查德里格于康熙五十九年因传信不实，又妄行陈奏，我圣祖仁皇帝念系海外之人，从宽禁锢。及朕即位后，颁降恩诏，凡情罪可原者，悉与赦免，开以自新。德里格所犯与赦款相符，故得省释。彼时广东大吏未曾以毕天祥、计有纲之案入大赦册内，具题上闻。今据王奏请，朕查二人所犯非在不宥之条，即王不行陈奏，朕亦必察出施恩。今特降旨与广东大吏，将毕天祥、计有纲释放，以示朕中外一体、宽大矜全之至意。兹因使臣回国，再赐人参、貂皮等项，用展朕怀，王其收受。故兹敕谕。

五年，议准：西洋博尔都葛尔国王感被德化，遣使来京，不比寻常进贡。所带贡物，令其由水路来京。其来使从人，愿带来京者，听；愿留粤省者，令该地方官从丰拨给房舍食物。

七年，奉旨：暹罗国王遣使远来贡献方物，具见悃诚。朕念该国远隔海洋，赍送不易，欲酌量裁减，以示恩恤远藩之意。但此次贡物既赍送前来，难以带回，著照往例收纳。其常贡内有速香、安息香、袈裟、布匹等十件，无必须用之处，嗣后将此十件免其入贡，永著为例。钦此。

乾隆三十一年，覆准：嗣后西洋人来广，遇有愿进土物及习天文、医科、丹青、钟表等技，情愿赴京效力者，在澳门令告知夷目，呈明海防同知，在省令告知行商，呈明南海县，随时详报总督具奏请旨，护送进京，仅带书信等物件，由海防同知、南海县交提塘转递。（俱同上）

乾隆五十八年八月十九日，奉上谕：现在译出英吉利国表文内，有恳请派人留京居住一节，虽以照料买卖、学习教化为辞，但伊等贸易远在澳门，即留人在京，岂能照料数千里外？至于天朝礼法，与该国风俗迥不相同，即使留人观习，亦岂能效法？且向来西洋人惟有情愿来京当差者，方准留京，遵用天朝服色，安置堂内，永远不准回国。今伊等既不能如此办理，异言异服，逗留京城，既非天朝体制，于该国亦殊属无谓，或其心怀窥测，其事断不可行。但该国王具表诚恳，非若使臣等自行禀请之事，可以面加驳斥，已颁给敕书，明白谕驳。此次该国航海远来，念其尚为恭顺，是以诸加体恤，今该贡使到后，多有陈乞，屡为烦渎，看来此等外夷究属无知。今又不准其留人在京，该国王奉到敕谕后，或因不遂所欲，心怀触望，恃其险远，借词生事，亦未可定。虽该国远隔重洋，历都越国，断不敢妄生衅隙，但或于澳门地方串通勾结，欲滋事端，不可不预为之防。长麟到广东后，务宜不动声色，随时留心，虽该贡使目睹天朝体制森严，四夷畏服，断无意外之虑。设该国无知妄行，或于澳门小有滋扰，该处贸易之西洋人等多系西洋别国之人，并非该国所属，想未必皆与彼一心，临时当先安顿在彼贸易之西洋别国人等，使其各安生业，不致为所勾结。则英吉利即有诡谋，亦断不能施其伎俩。但此不过为先事防范，预行指示。长麟惟当存之于心，不可略有宣露，稍涉张皇【惶】，转致夷人疑虑。至郭世勋在巡抚任内有年，近又兼署督篆，办理诸务，均属妥协。长麟到任后，不可以新授总督，多有更张。诸事惟当与郭世勋和衷商榷，绥靖海洋，方为不负委任。至外省遇有外藩经过之事，照料接待往往不能适中，或因朕令稍加恩视,该督抚等即踵事增华,过于优待,以致漫无节制,长其骄恣。或令稍加裁抑,即过于减损,又失怀柔之道,非过即不及。节经降旨训谕,此等外夷向化来庭,朕惟视其来意,伊若恭顺驯谨,则即量予加恩。伊若有不谙礼制之处,亦即绳以礼法。该督抚等总当酌量事体轻重,照料得宜,方为妥善。此次英吉利贡使回国,若其船只尚在珠山等候,该贡使等应由京赴浙上船开行。若其船只业已先回,则该贡使等须由长江,亦当由浙江起旱前赴广东澳门,附该国买卖便船回国。是该贡使行走两路,皆不出浙江、广东地方。长麟于该贡使经过时,所有饭食等事自应照例供给,俾无缺乏。至于礼貌,一切总须自存体统,以示威重。伊等如妄有干请,即当辞严义正严加驳斥,不可过事优容,以致启其冒渎无厌也。钦此。

三十日,奉上谕:现在英吉利国贡使瞻观事竣,于九月初三日起程,由内河小路行走,赴广东澳门,附该国贸易便船回国,已派松筠沿途照料。其经过各省接替护送之提镇大员已派庆成、富成、王柄、王集、托尔欢矣。此次派出松筠及接护各提镇大员,原为催趱弹压,俾贡使等知所畏惧。所有经过省份、营汛、墩台自应预备整肃,倘松筠等有稍需兵力弹压之处,即应听其檄调,俾资应用,若呼应不灵,致有掣肘,惟该督抚是问。钦此。

敕谕英吉利国王知悉:咨尔国王,远在重洋,倾心向化,特遣使恭赍表章,航海来庭,叩祝万寿,并备进方物,用将忱悃。朕披阅表文,词意肫恳,具见尔国王恭顺之诚,深为嘉许。所有赍到表贡之正副使臣,念其奉使远涉,推恩知礼,已令大臣带领瞻观,锡予筵宴,叠加赏赉,用示怀柔。其已回珠山之管船、官役人等六百余名虽未来京,朕亦优加赏赐,俾得普沾恩惠,一视同仁。尔国王表内恳请派一尔国之人住居天朝,照管尔国买卖一节,此则与天朝礼制不合,断不可行。向来西洋各国有愿来天朝当差之人,原准其来京,但既来之后,即遵用天朝服色,安置堂内,永远不准复回本国。此系天朝定制,想尔国王亦所知悉。今尔国王求派一尔国之人住居京城既不能,若来京当差之西洋人在京居住,不归本国,又不可听其往来,常通信息,实为无益之事。且天朝所管地方至为广远,凡外藩使臣到京驿馆,供给、行止、出入俱有一定礼制,无从听其自便之例。今尔国欲留人在京,言语不通,衣服殊制,无地可以安置,若必似来京当差之西洋人,令其一例改易服色,天朝亦从不肯强人以所难。设天朝欲差人常往尔国,亦岂尔国所能遵行?况西洋诸国甚多,非止尔一国,若俱似尔国王恳请派人留京,岂能一一听许?是此事断难行,岂能因尔国王一人之请,以致更张天朝百余年法度?若云尔国王为照料买卖起见,则尔国人在澳门贸易非止一日,原无不加以恩视,即如从前博尔都噶尔亚、意达里亚等国屡次遣使来朝,亦曾以照料贸易为请,天朝鉴其悃忱,优加体恤,凡遇该国等贸易之事,无不照料周备。前次广东商人吴昭平有拖欠洋船价值银两者,俱饬令该管总督由官库内先行动支帑项,代为清还,并将拖欠商人重治其罪。想此事尔国亦闻知矣。外国又何必派人留京,为此越例,断不可行之请。况留人在京,距澳门贸易处所几及万里,伊亦何能照料?即若云仰慕天朝,冀其观习教化,则天朝自有天朝礼法,与尔国不相同,尔国所留之人即能习学,尔国自有风俗制度,亦断不能效法中国,即学会亦属无用。天朝抚有四海,惟励精图治,办理政务,奇珍异宝,并不贵重,尔国王此次赍进各物,念其诚心远献,特谕该管衙门收纳。其实天朝德威远被,万国来王,种种贵重之物,梯航毕集,无所不有。尔之正使等所亲见,然从不贵奇巧,并无更需尔国制办物件。是尔国王所请派人留京一事,于天朝体制既属不合,而于尔国亦殊觉无益,特此详晰开示,遣令贡使等安程回国,尔国王惟当善体朕意,益励款诚,永矢恭顺以保义。尔有邦共享太平之福,除正、副使以下各官及通事、兵役人等正赏、加赏各物件另单赏给外,兹因尔国使臣归国,特颁敕谕并赐赍尔国王文绮珍物,具如常仪,加赐彩缎、罗绮、文玩、器具诸珍,另有清单,王其只受,悉昭眷怀。特此敕谕。

十月,奉上谕:长麟奏管带英吉利贡使,趱出浙境日期,及该夷等悦服恭顺情形一折,览奏已悉。又据奏,该贡使向护送之道府等称,该国王此次进贡实是至诚,我们未来之前,国王曾向我们商议,此次回去,隔几年就来进贡一次,是早经议定的,惟道路太远,不敢定准年月,将来另具表文,再来进献,若蒙恩准办理,即将表章贡物呈送总督衙门转奏,也不敢强求进京,只求准办,就是恩典等语。此尚可行,著长麟即传知该使臣,以尔国王此次差尔航海远来,输诚纳贡,大皇帝原为嘉许,赏赍优加,嗣因尔等不谙中国体制,冒昧渎请,天朝定例极严,应准应驳,无不按例而行,尔等所请于例不合,是以未准,大皇帝并无嗔怪尔等之心,尔等不必害怕。今据尔禀称,将来尚欲另具表文再来进贡,大皇帝鉴尔国王恭顺悃忱,俯赐允准。但海洋风信靡常,亦不必拘定年限,总听尔国之便,贡物到粤。天朝规矩,凡外夷具表纳贡,督抚等断无不入告之理。届时表贡一到,即当据情转奏。大皇帝自必降旨允准,赏赐优渥,以昭厚往薄来之义。尔等回国时,可将此意告知尔国王。以此次尔国王所请未邀允准,系格于定例,大皇帝并无怪意。尔国王尽可安心,将来具表进呈,亦必恩准,从优赏赍。如此明切晓谕,不特该使臣闻知,益加悦服,将来回国告知该国王,亦必弥深欣感也。至此次该国贡船因其初次效忱,是以将所带货物免其税课。嗣后该国进贡,除贡船装载物件外,其余应纳应免,惟在该督等会同监督,查照定例,临时酌办。固不可于例外加征,亦不可越例宽免,使夷人等多得便宜,妄生觊觎也。钦此。

五十九年,奉上谕:据奏荷兰国贡使搭坐商船来粤,船商咭时现已装货完毕放洋,业据咭时将入口出口船料税银等项全数交纳。荷兰国贡使远来纳贡,恭顺可嘉,所有该贡使搭坐商船,除进口货物照例纳税外,其应纳船料及出口买带货物,著加恩免其交税。今此项出口船料等税,业据全交,著俟贡使回国时,仍令给还,以示柔远怀来至意。钦此。

六十年十二月,奉上谕:朱珪奏英吉利国呈进表贡一折,该国王因前年贡使进京,赏赍优渥,特具表文土物呈进,具见悃忱。虽未专使来粤,有何不可,已准其赏收,并发给敕书一道及赏赐缎匹等件。朱珪接到后,可即交与该国大班波朗转送回国,俾该国王益加感戴恭顺,以示怀柔。至天朝官员例不与外夷交际,其致送前任总督监督礼物,朱珪饬令寄回,所办亦是。钦此。

嘉庆十年二月初七日,奉上谕:据倭什布等奏英吉利国呈进表贡,请旨遵行一折,并据将译出表文贡单呈览。该国王重译输诚,情词恭顺,从前乾隆六十年间,该国曾经附进表贡,蒙皇考高宗纯皇帝俯赐赏收,加以锡赍,赐之敕书,此次既据该国王备进方物,交夷船恭赍到关,自应照例赏收。著那彦成等即行查照办理,并将贡物委员赍京呈递,彼时再行颁给敕书、赏件，俾遂忱悃而示怀柔。至另片所奏该夷目禀称：该国宰相有寄呈天朝中堂书一封、总督书一封、礼物各一份，又该国公班理事官寄呈总督、关部书各一封、呈关部礼物一份，业据倭什布等以天朝法制，大臣官员不准与外番交接，谕令毋庸呈出，带回本国等语，所办甚是。但外番呈进表贡，例由总督关差转奏，寄书通问，尚属有因，至寄呈天朝中堂之书，必系因国王从前进贡时，知有和珅在朝，且管理西洋堂事，是以此次专函备礼，看来所寄之书，未必系遍致大学士公函，现在倭什布等已将原信发还，不妨向该夷目等将该国王所寄中堂之书，究系寄与何人之处讯问明晰，遇便覆奏。至该国与咈兰西国构衅与兵，不过蛮触相争，尽可置之不问。惟所称该国有护货兵船四只来广一节，近闻外洋货船到粤，各该国均有兵船护送，亦不独英吉利国为然，必系因洋面不能肃清，自为守卫之计，各国货船在外洋行走，恐遇盗劫，自设护卫，原与天朝无涉，迨驶至澳门，已近内地口岸，或致有窃掠之事，岂不贻笑外夷？该督等当严饬地方文武，整饬巡防，使澳门一带商船停泊，得以安静无虞。至伊等护货兵船，向来自必定有湾泊处所，总当循照旧规，申画界限，勿令任意越进为要。再阅该督译出该国原表内称，遇有别项事情，要我出力，我亦十分欢喜效力等语。此言似非无因，自系闻洋面时有盗警，或需伊等兵力帮同缉捕，是以隐约其词，亦未可知。海洋地面，番舶往来，原应内地官兵实力查缉，焉有借助外番消除奸匪之理？那彦成到任后，惟当遵照节次谕旨，修明武备，整顿营伍，使奸徒闻风自远，以慑外夷而靖海疆，方为不负委任。钦此。

三月，总督那彦成会奏言：窃臣等接奉上谕，据倭什布等奏，英吉利国呈进表贡，请旨遵行一折，自应照例赏收，著那彦成等即行查照办理。钦此。当即钦遵谕旨，传谕夷目，以该国王呈进表贡，业荷大皇帝赏收，并谕以大皇帝君临万国，恩被四表，无论内地外夷，均系大皇帝百姓，即如汝国钟表、大呢、羽毛等物，原非中国必需之物，所以准汝国贸易通商者，皆出大皇帝垂怜外夷子民，一视同仁之恩。此次汝国王恭进表贡，大皇帝鉴汝等恭顺之心，谕令赏收，谕令我等大人们好生恩待汝等，并管束内地商人平允交易。汝国来此贸易之人，亦须安分，谨遵禁令，毋得有违。将进到表贡，委官恭送进京，再降恩旨至汝国王子大臣等。与中堂大人们书信礼物，天朝法度森严，大臣从无外交之事，汝等带来礼物断不必送出，惟所带书信必须交出，我大人们也不敢私自拆阅，将原封恭呈大皇帝御览，再请发回。至汝国管理贸易头人，不过专为汝国贸易事务，并无别项面见禀议事件，只须在此好好管束汝国之人，不得违禁生事。自来中国大人，从无私谒私见之例。我大人们谨遵大皇帝恩旨，体恤夷商，管教内地民商，公平贸易就是了。汝等须知天朝法度，须感大皇帝之恩等语，明白晓谕，该夷目等人人额庆欢忭，叩头感服。伏查外洋各国夷人见小图利，中国布帛、茶叶等物亦其日用急需，各夷国又自互相蛮触，是以生恐别夷国间其往来贸易。其书信因从前未经收受，是以带回澳门。今臣等明白宣谕，伊等呈出原封书信礼单，臣等又将副本令人译出清稿，一并呈览。

查各国洋船向来湾泊，均有一定处所，澳门离省三百余里，系西洋夷人常川居住，向止准西洋夷船二十五只更替贸易，其余各国夷船，例应收泊黄埔。欲收泊黄埔，必须先进虎门。虎门离省一百六十里，山岸阴沙，自然天险，其护货兵船只准在虎门外之潭仔、零丁等洋面湾泊。而黄埔、虎门、潭仔、零丁等处,层层炮台,常川均有兵船巡防。该夷船收埔时,臣等两衙门仍派有武弁关役弹压稽查,立法极为周备。至各国夷商俱无兵船,惟英吉利国货船有兵护送,而该国商船亦无兵船,惟其国王货船始有兵船四只护送,其兵船在虎门外交易后,随同货船回国,不准少(稍)有逗留。臣等两衙门亦派有兵役防送,其余各夷国货船内均有炮火器械,自资防范,于例原准携带。至该国原表称欢喜效力等语,隐约其词,诚如圣谕,自系闻洋面不靖,或需伊等出力之意。查夷人不过沾沾计利,即如上年澳门夷目愿备兵船二只,帮同师船出洋缉捕。臣延丰即以体制不符,且不能得力,与倭什布议,以后停止夷船协捕,于本年正月会奏在案。而此二只洋船迄今无踪,亦实无遭风失事等事。细揣其情形,不过借协捕为名,可以免此二船出入纳税。而英吉利国自亦得闻此事,希冀效尤免税。又恐澳门夷船出力有功,或待彼国冷淡,其意不过如此。至各该国夷船船只既大,多载炮火,向来洋盗俱不敢抢劫。澳门等要处,又有师船巡防,不至少【稍】有疏失,可以毋廑圣念。惟海疆要地,各外夷接壤最多,洋面不靖,令外夷亦有风闻,臣等或身任封圻,或职司关钤,急切办理不能得手,昼夜图维,同深愤恨,惟有同心协力,务靖洋氛,惠商安民,以仰副皇上柔远安良之意。谨奏。奉上谕:那彦成等覆奏英吉利国呈进贡表一折,览奏俱悉。英吉利献表输诚,呈进方物,前已降旨加恩赏收,现在那彦成等奏明专员赍京,俟到京时颁给敕书赏件,用示怀柔。至折内称澳门夷目愿备兵船协同缉捕之处,延丰以体制不符,且不能得力,与倭什布商议停止。所见甚是。缉捕洋匪,内地自有兵船,岂有天朝借资外夷之理?且安知伊等不窥探虚实,因此生其轻视之心。乃倭什布、三义助上年于夷船请往协捕时,冒昧允准。今该夷船已查无踪迹,可见并非认真出力,那彦成、延丰能见及此,较之倭什布、三义助有识多矣。至各国洋船,向来湾泊既有一定处所,自当仍循其旧。那彦成等惟当督率所派员弁,随时留心稽查,弹压,勿稍疏懈。又据覆奏译出英吉利贡使所带该国宰相寄呈天朝中堂大人书信一节,那彦成等谕以礼物断不必送出,惟所带书信必须交出,我们也不敢私拆,将原封呈览等语。此语甚是。但看所译寄与天朝中堂书信,其语气似专向一人而言,并非公信。那彦成等当再加以询问,究竟书内所指中堂系属何人?若该使臣称系寄呈天朝中堂之公信,则当明白告之,以总督关部俱驻扎粤省,经管各国夷船,尔国寄呈书信,尚无不合。至于天朝大学士不止一人,皆随大皇帝在朝办事,从无外交,尔国宰相不应寄呈书函礼物,此后不得再有呈递。那彦成等询问时,看该使臣如何登【答】覆,著随时具奏。钦此。

二十一年七月,奉上谕:此次英吉利国贡使到天津时,谢筵不遵礼节。至通州,已称叩跪必能如仪,迨至御园,朕将次升殿,正、副使臣俱托病不能瞻观,是以降旨即日遣回。但念该使臣虽有失礼之愆,该国王万里重洋奏表纳贡,其意亦为恭顺,未便绝之已甚,转失字小之意。因将该国王贡品内择其至轻微者,地理图四张、画像二张、铜板印画九十五张加恩赏收。仍赏给该国王白玉如意一枝、翡翠玉朝珠一盘、大荷包二对、小荷包八个,交该贡使领赍回国,以示厚往薄来之意。该贡使等领到赏件,极为欣感,亦颇形悔怍,现已自通州启行,俟到粤后,著蒋攸铦等仍照例给与筵宴一次。并谕以尔等福分浅薄,已至宫门不能瞻仰天颜。大皇帝怜念尔国王慕化输诚,仍酌收贡件,并赏尔国王贵重品物,尔等应感激天恩,迅速回国,俾尔国王敬悉恩意。其未收贡件,均妥为照料上船,勿令损失。倘晓谕之后,该贡使等复将未收贡物恳乞赏收,总以业经奉有明旨,不敢渎请,正言拒绝。钦此。

敕谕英吉利国王知悉:尔国远在重洋,输诚慕化,前于乾隆五十八年先朝高宗纯皇帝御极时,曾遣使航海来庭,维时尔国使臣恪恭成礼,不愆于仪,用能仰承恩宠,瞻观筵宴,锡赉便蕃。本年尔国王复遣使赍奉表章,备进方物,朕念尔国王笃于恭顺,深为愉悦,循考旧典,爰饬有司,俟尔国使臣至日瞻观宴赉,悉仿先朝之礼举行,尔使臣始达天津,朕饬派官吏在彼赐宴,讵尔使臣于谢宴时即不遵礼节,朕以远国小臣未娴仪度,可从矜恕,特命大臣于尔使臣将次抵京之时,告以乾隆五十八年尔使臣行礼,悉跪叩如仪,此次岂容改异(易)。尔使臣面告我大臣,以临期遵行跪叩,不致愆仪。我大臣据以入奏,朕乃降旨于七月初七日令尔使臣瞻观。初八日,于正大光明殿赐宴颁赏,再于同乐园赐食。初九日,陛辞,并于是日赐游万寿山。十一日,在太和门颁赏,再赴礼部筵宴。十二日,遣行。其行礼日期仪节,我大臣俱以告知尔使臣矣。初七日,瞻观之期,使臣已至宫门,朕将御殿,尔正使臣忽称急病不能动履,朕以正使猝病,事或有之因,只令副使入见,乃副使二人亦同称患病,其为无礼,莫此之甚。朕不加深责,即日遣令归国。尔使臣既未瞻观,则尔国王表文亦不便进呈,仍由尔使臣赍回。但念尔国王数万里外奉表纳贡,尔使臣不能敬恭将事,代达悃忱,乃尔使臣之咎。尔国王恭顺之心,朕实鉴之,特将贡物内地理图、画像、山水人像收纳,嘉尔诚心,即同全收。并赐尔国王白玉如意一柄、翡翠玉朝珠一盘、大荷包两对、小荷包八个,以示怀柔。至尔国距中华遥远,遣使远涉,良非易事。且来使于中国礼仪不能谙习,重劳唇舌,非所乐闻。天朝不宝远物,凡尔国奇巧之器,亦不视为珍器。尔国王其辑和尔人民,慎固尔疆土,无间远迩,朕实嘉之。嗣后毋庸遣使远来,徒烦跋涉,但能倾心效顺,不必岁时来朝,始称向化也。俾尔永遵,故兹敕谕。

九月,总督蒋攸铦奏言:奉上谕:蒋攸铦等奏,详查英吉利国入贡情形一折,朕览奏,甚为欣悦。该督等于数千里外所论事理与朕前后饬办情形,无一不相符合,实能深知朕心,遇事能见其大,可嘉之。至现在英吉利贡使已由内地回粤,该督即遵前旨派员接护,不必问及京中之事。若有干求,总以正言杜绝,不可姑息,示以整肃。仍照例筵宴一次,令其乘坐原船回国,并谕知该正使,以呵当东既在粤充当大班,即不应派充副贡使,本系尔国错误,呵当东此次既已承充贡使,则不应复令留粤,即令该正使带回本国,永远不准再来澳门。至啵臣等五人,该督查明,如系夷人,令该贡使等一并带回。若系内地商人,即分别远处安置,此后不许仍在澳门居住。并谕知该使臣等,现在天津口岸已奉大皇帝谕旨,不许尔国船只再至该处收泊。如有违禁到彼者,该处官吏必立即驱逐,不准登岸。尔国船只总应照向例在粤洋收口,以遵定制。将该贡使等礼遣回国,如一二年后,该国王复遣使来贡,该督总【总督】遵昨降谕旨,将来贡据情转奏,由粤送京,颁赏之件,亦由京发往。其贡使令其在粤守候,由彼筵宴遣回,毋庸令其复来京师等因。钦此。伏念臣等识浅才庸,仰蒙简畀海疆重寄,凡遇外夷交涉时间,防范中不可骤启其疑,羁縻之尤须微杜其渐。仍时时凛遵圣训,慎密持循,以冀办理得臻妥协。乃以管蠡之敷陈,特蒙纶绰之褒奖,寸忱缕感,弥切惭惶。遵查英吉利国驶往天津贡船五只,业有三只驶回粤洋,并该国货船每年在海关纳税数目，及酌议办理各缘由，均经臣等先后具折奏蒙睿览。现闻未到二船，遭风漂泊吕宋，如果属实，约计九月内该二船亦可回粤洋。尚在贡使未到粤之前，可饬随同回国。臬司明山、南韶连镇总兵何君佐现已遵旨前赴与江西交界之南雄州接护贡使。臣等札饬沿途营汛弁兵甲仗，务须一律整肃，以壮声威而崇体制。倘贡使到粤后，妄有干求，臣等定当严词杜绝，断不姑息。查粤东向来筵宴暹罗国贡使，系于未入宴之先，臣等会同将军、都统、海关监督，率同司道等在巡抚衙门大堂带领该贡使行三跪九叩之礼，望阙谢恩，然后入宴。兹英吉利国贡使在天津筵宴时，谢宴已不能如仪，且查乾隆五十八年粤东并未给予筵宴，应遵旨颁赏使臣筵席三桌，仍照例赏给牛羊等物，以广皇仁。至该国来粤管理贸易大班，系该国王选派，数年一换，向不知会粤省。该国夷情贪诈，如从前充当大班之喇弗、嗌花臣、司当东及现在代办之觅加府等数人内，惟嗌花臣人稍诚实，余皆性情诡谲，大率恃其船坚炮利，货众税多，夸耀于在粤贸易之各国。而又妄思干请，以遂其垄断牟利之心。凡夷商来粤贸易多年，每有能通汉语，粗识汉字者，随从呵当东入都之啵臣等五人，均系夷人，内马礼逊一名，系其书记。该五人俱不过随侍之人，无足轻重，非呵当东可比。若概责令贡使一并带同回国，转恐滋其疑惧。此时该贡使或将五人一起带回，或留一二人随后回国，似可听从其便，更足以昭覆帱之仁。盖夷情多诈，而复多疑，驾驭在经权并用，国体宜崇而尤宜慎，措置宜宽猛兼施。臣等惟有随时随事悉心筹度，期归妥善，以仰副圣主谆谆垂训之意。谨奏。又同日片奏言：再英吉利国大班呵当东曾随同前次贡使入都，又在粤年久，习知天朝礼节，乃此次奉使到京，不克成礼，钦奉谕旨，饬令随同正使一并回国。经臣等拟具晓谕各国夷商，示稿密陈圣鉴，恭俟奉到朱批：并同当东回国之后，再将告示给发晓谕。顷阅邸抄，恭读上谕，以此次英吉利国贡使至天津筵宴，不能如式。又将原船私行驶去，系苏楞额、广惠之咎，其至通州不能演礼，迨行至宫门，复借词延宕，不克成礼，系和世泰、穆克登额奏对未明之咎，交部严议，通行中外。仰见圣明，至公无私，中外一体之至意。第夷人愚昧无知，万一误会，纶音转移，咎在大臣陈奏不明，竟以朝服未到为口实，而臣等节次所奉谕旨并未明发，恐其借词延宕，彼时再行奏明请旨往返，须迟至月余，办理不无窒碍。盖英吉利夷人固属狡悍，不知礼义，其是非之心，亦未尽泯。如果直揭其非，正言驳诘，未尝不理屈词穷，可否仰恳天恩，再行颁发明谕，以粤海关贸易之事，系天朝怀远恩施，内地无须外洋之货税，外洋必资内地之物用，百余年来深仁厚泽，各国均沾，而英吉利船只较多，受恩更渥。该使臣等在天津谢宴不能如式，行至通州不肯演礼，迨至宫门又复借词延挨，不克成礼，种种愚昧无福，是以不收表贡。嗣念贡使等虽有失礼之愆，该国王重洋纳贡，极为恭顺，仍赏收图画至轻之物三件，并颁给白玉如意贵重等物四件，将使臣等礼遣回国，以示怀柔。至副使呵当东在粤年久，习知礼节，较之正使罗耳阿美土德等初至中华者，更属不合。现在因钦派大臣不能教习贡使演礼，各予议处，则该副使呵当东亦应令其随同正使回国，听该国王自行查办。嗣后该国货船姑准其仍在广东贸易，不得驶往他处，致干驱逐。天朝为万国共主，凡朝贡诸国，恪恭将事者，莫不渥承恩泽。倘有失仪者，亦即加之屏斥，国法一本至公，不独于英吉利一国为然也。如此明白宣谕，令臣等转发行该贡使知照，不特伊等无可置喙，而各国共凛然，于朝仪不可稍紊，益生其敬畏之诚。臣等因事关控制外夷,管窥所及,不敢不密陈于圣主之前。计贡使十月初旬,始可行抵粤省。装载贡物及置买茶叶,尚有旬日耽搁,至速亦须十月望间放洋回国。如蒙俞允,仰祈圣恩颁发谕旨,敕部由驿五百里递发,到粤尚不为迟。俟贡使由虎门出口后,谨将上谕刊布,晓谕各国夷商一体遵照。谨奏。(卢坤、邓廷桢主修,王宏斌校点:《广东海防汇览》卷三十六,第893—908页。)

17.《广东海防汇览·方略二十六·驭夷二》

前山村南二十里,陆路沙径,状如莲根,彝人居澳中,自名为莲花座。先是番船泊无定所,择海滨之湾环者为澳。若新宁则广海、望峒,香山则浪白、濠镜、十字门,东莞则虎头门、屯门、鸡栖。明嘉靖三十二年,番船趋濠镜者,言舟触风涛,水渍湿贡物,愿暂借濠镜海地晾晒。海道副使汪柏许之,时仅草舍数十间。后商人谋利者,渐运砖瓦、木石为屋,若聚落然,居住输租。自是诸澳俱废,惟濠镜澳独为舶薮矣。未至三里许,明万历二年,设关闸,委官守之,每逢一、六日开关,岁放米若干石,每月六启闭。广肇南韶道发封条六道,令文武官会同验放,事已,闭关。复就其聚庐大街中贯四维,各树高栅,榜以"畏威""怀德",分左右定其门,籍以《旅獒》:"明王慎德,四译咸宾,无有远迩,毕献方物,服食器用。"二十字,分东西各十处,使互相维系讯(稽)查,毋得容奸,听海防同知及市舶提举司约束。四十一年,海道俞安性详请两院勒碑禁约五款:一、凡新旧夷商敢有仍前畜养倭奴,顺搭洋船贸易者,许当年历事之人前报严拿,处以军法。不举,一并治罪。一、凡新旧夷商,不许收买唐人子女。倘有故违,举觉而占吝不法者,按名究追,仍治以罪。一、凡番舶到澳,许即进港,听候丈抽。如有抛泊大调环、马骝州等处外洋,即系奸刁,定将本船人货俱焚戮。一、凡夷商趁贸货物,俱赴省城公卖输饷。如有奸徒潜运到澳,许夷执送提调司报道,将所获之货尽行给赏报者,船器入官。敢有违禁接买,一并究治。一、凡澳中彝寮,除前已落成,遇有坏烂,准照旧式修葺。此后敢有新建房屋,添造亭舍,擅兴一土一木,定行拆毁焚烧,仍加重罪。(《香山县志》)

国朝康熙五十七年,覆准:澳门夷船往南洋贸易,及内地商船往安南贸易,准其行走,不在禁例,仍行文该督严饬地方文武各官不时巡查。如有澳门夷人夹带中国之人,并内地商人偷往别国贸易者,查出之日,照例治罪。如该管官盘查不实,徇情疏纵,事发,从重治罪。(雍正年修《会典》)

雍正三年,覆准:西洋人附居澳门,如有夹带违禁货物并中国之人偷载出洋者,地方官照讳盗例,革职。(同上)

九年,同知印光任议:一、洋船到日,海防衙门拨给引水之人,引入虎门,湾泊黄埔,一经投行,即著行主、通事报明。至货齐回船时,亦令将某日开行预报,听候盘验出口。如有违禁货物夹带,查明详究。一、洋船进口必得内地民人带引水道,最为紧要。请责县丞将能充引水之人,详加甄别,如果【系】殷实良民,取具保甲、亲邻结状,县丞加结申送,查验无异,给发腰牌、执照,准充,仍列册通报查考。至期出口等候,限每船给引水二名,一上船引入,一星使禀报县丞,申报海防官,据文通报,并移行虎门协及南海、番禺一体稽查防范。

其有私出接引者,照私渡关津,从重治罪。一、澳内民夷杂处,致有奸民潜入其教,并违犯禁令之人窜匿潜藏,宜设法查禁,听海防衙门出示晓谕,凡贸易民人悉在澳夷墙外空地搭篷市卖,毋许私入澳内,并不许携带妻室入澳。责令县丞编立保甲,细加查察,其从前潜入夷教民人,并窜匿在澳者,勒限一年,准其首报回籍。一、澳门夷目遇有恩恳上宪之事,每自缮禀,浼熟识商人赴辕投递,殊为亵越。请饬夷目,凡有呈禀,应由澳门县丞申报海防衙门,据词通禀。应具详者,具详请示,用昭体统。一、夷人采买钉铁木石各料,在澳修船,令该夷目将船身丈尺数目、船匠姓名开列呈报,海防衙门即传唤该匠,估计实需铁斤数目,取具甘结,然后给与印照,并报关部衙门给发照票,在省买运回澳,经由沿途地方汛弁,验照放行。仍知照在澳县丞查明,如有铁钉、木石余剩,缴官存贮。倘该船所用无几,故为多报买运,希图夹带等弊,即严提夷目船匠人等讯究。一、夷人寄寓澳门,凡成造船只、房屋,必资内地匠作,恐有不肖奸匠贪利,教诱为非,请令在澳各色匠作交县丞亲查,造册编甲约束,取具连环保结备案。如有违犯,甲邻连坐,递年岁底,列册通缴查核。如有事故新添,即于册内声明。一、前山寨设立海防衙门,派拨弁兵弹压番商,稽查奸匪,所有海防机宜,均应与各协营一体联络,相度缓急,会同办理。老万山、澳门、虎门、黄埔一带营汛,遇有关涉海疆民夷事宜,商渔船只出口入口,一面申报本营上司,一面禀报海防衙门,其香山、虎门各协营统巡会哨日月,亦应一体查报。(《澳门纪略》)

乾隆元年,奉上谕:朕闻外洋红毛夹板船到广时,泊于黄埔地方,起其所带炮位,然后交易,俟交易事竣,再行给还,此向来之例也。乃近来夷人所带之炮,听其安放船中,与旧例不符。朕思从前洋船到广,既有起炮之例,此时仍当遵行,何得改易?著该督察照旧例,并将朕旨宣谕各夷知之。钦此。(雍正年修《会典》)

十六年闰五月,布政司详准:粤东开洋已久,番舶日增,商货云集,荷兰等国夷船虽各有大班弹压,商梢人等亦俯就约束。而昔年禁令,未可遽行遗忘。今大班亚哗时携带番妇同行,例当驱逐。但系该船大班既由澳门而至省馆,姑从宽典,以示圣朝怀柔之意。然其渐不可防,禁令之行,当先之于澳门,若任其来省,已为无及。嗣后有夷船到粤,先令委员查明有无妇女在船,有则立将妇女先行就澳寓居,方准船只入口。若藏匿不遵,即报明,押令该夷船另往他处贸易,不许进口。倘委员徇隐不报,任其携带番妇来省,行商故违接待,取悦夷人,除将委员严参,行商重处外,定将夷人船货一并驱回本国,以为违犯禁令者戒。

二十七年,奉上谕:据奏英吉利夷商伯兰等以丝斤禁止出洋,夷货难于成造,吁恳代奏酌量准其配买,情词迫切一折。前因出洋丝斤过多,内地市值翔踊,是以申明限制,俾裕官民织纴。然自禁止出洋以来,并未见丝斤价平,亦犹朕施恩,特免米豆税,而米豆仍然价踊也。此盖由于生齿日繁,物价不得不贵。有司恪守成规,不敢通融调剂,致远夷生计无资,亦堪轸念。著照该督等所请,循照东洋办铜商船配搭绸缎之例,每船准其配买土丝五千斤,二蚕湖丝三千斤,以示加惠外洋至意。其头蚕湖丝及绸绫缎匹,仍禁止如旧。钦此。

二十九年,覆准:每船准带丝一万斤,饬令统在上丝及二蚕粗丝内匀配,其头蚕湖丝缎匹等项,务须严行查禁,不得影射夹带滋弊。凡丝斤到粤出洋,责令该道府、监督逐层盘查,妥协办理。

四十二年四月二十三日,奉上谕:李侍尧奏:前在粤省时,见近年外洋脚船进口,全载棉花,颇为行商之累,因与监督德魁严行饬禁。嗣后倘再混装棉花入口,不许交易,定将原船押逐。初不知缅地多产棉花,今到滇后,闻缅匪之晏共、羊翁等处,为洋船收泊交易之所,是缅地棉花悉从海道带运,似滇省闭关禁市有名无实等语。所陈切中缅匪情弊,著传谕杨景素会同李侍尧、德魁于海口严行查禁,如有装载棉花船只,概不许其进口,务实力奉行,勿以空言塞责,仍不时留心访察。如有胥役等受贿私放者,立即重治其罪。钦此。

五十四年十月,总督福康安会奏言:窃照奉旨严禁大黄一案,臣福康安会同前抚臣图萨布等,札饬司、道、府、州,督属实力查禁,并传集省城行商、通事严切谕禁,取有各国大班依结,实力奉行在案。嗣复钦奉上谕,伍拉纳奏:每年令兴泉永道官买大黄五百斤,带交台湾镇道配发各铺,缴价领售,其琉球贡使回国购买药料时,所需大黄每岁不过三五百斤之数,无许官伴人等夹带等语,所办甚是等因。钦此。兹复接准部咨,内开奉上谕:大黄药料为民间疗病所必需,不可查办过当,以致因噎废食。其内地省份如台湾、琼州、崇明等处,地悬海外,著地方官酌定限制,给与官票呈验,以防私贩偷漏。其余各府州县均听其照常贩运,毋庸发给官票等因。钦此。仰见我皇上利用厚生宽严交济之至意。伏查粤东地处海疆,多通洋面,若大黄任其出洋,势必辗转入于俄罗斯境内,自应亟为设法查禁。但民间疗疾,在所必需,防范过严,又恐商贩裹足,以致内地药材短缺。诚如圣谕不可因噎废食。查大黄出产川陕二省,商人运贩到粤,于省城、佛山两处售卖,每年约二十余万斤,其卖于洋行各国夷人约十余万斤,内地各府州地方,亦约销十余万斤。臣等督同在省司道悉心酌议,除广、肇、惠、潮、南、韶、高、廉、雷九府,直隶嘉应、连州、罗定三州俱系内地,遵旨应听商民照常贩运,毋庸发给官票,致滋纷扰外,其琼州一府孤悬海外,与闽省台湾、江苏之崇明相似。该府所属多系紧接外洋,岁需大黄,应即严定限制,以杜透漏。至外洋各国与俄罗斯海道,一水可通,难保无偷漏之事。但各国疗疾亦所必需,似未便竟行禁绝。臣等公同酌核所有琼州一郡,应照台湾之例,准商民等由省城、佛山每年贩买五百斤,前往售卖,官为给票,一路关隘口岸查验放行。无官票及多买夹带者,即严拿治罪。其西洋各国应照琉球之例,每年每国贩买亦不得过五百斤,饬令省城洋行及澳门商人将售买大黄数目及卖与何国夷人,均于洋船启棹之先,分晰列册,呈缴南海、香山二县,一面通详,一面移行守口文武员弁,按册稽查。如有夹带多买,一经查获,严拿行商、通事,从重治罪,仍将大黄变价归官,于保商、夷商名下各追十倍价银充公。至暹罗一国与粤东不通贸易,大黄一项,嗣后应行禁止。惟遇该国进贡之年,贡船回国时,每次准其买带五百斤,俾资疗治。其安南一国贡道不由粤东,臣福康安前在粤西时,于办理善后事宜折内奏请申明例禁,毋许内地民人私贩药材、绸布等物至安南售卖。现在阮光平已钦奉恩封,恪修职贡,该国向来贡使回国,例准购带药材,嗣后亦应照琉球之例,每次贡使回国时,准其购带大黄五百斤,即以本年阮光显等回国为始。如此则海外琼州一郡,既已明定限制,各国所买,为数又属无多,自不致复有多余漏入俄罗斯境内。所有本港船只,一概严行禁止,不许丝毫夹带,致滋偷漏。如经查出,即照私贩硝磺例从重治罪。臣等仍随时督饬地方官,及守口员弁严密稽查，按月结报，如有私纵，即严参办理，务使内地商运流通，洋贩净绝，俟俄罗斯通市之后，仍听照常卖运，毋庸复设禁防。所有臣等现已遵旨查禁大黄出洋，及酌定章程缘由，谨缮折覆奏。

五十七年二月二十七日，署总督郭世勋会奏略言：伏查药料内大黄一项，为民间疗疾所必需，本不在查禁之列，恰克图不准与俄罗斯通市，而外洋各国多与俄罗斯海道可通，是以酌定章程严禁私贩，每年只准携带五百斤，俾资疗疾，使其仅数自给，不能转售他境。经军机大臣议奏，令该督等转饬通事，明切晓谕，以天朝因不与俄罗斯通市，恐各国多贩大黄转售，是以不准多带，非与各国有所吝惜，俟俄罗斯通市之后，仍听照常卖运，毋庸复设禁防等因。奉旨：依议。钦此。钦遵在案。是于查禁透漏之中，仍寓惠恤远夷之意。兹阅邸抄俄罗斯仰蒙皇上天恩准其开关通市，大黄为外洋诸夷所亟需治病之药，若仍令照数购带，不敷济用，未免向隅，仰恳圣慈，俯将大黄仍准各夷商照常买运，其限以五百斤定数，俾边远夷民得除疵病之祸，共臻寿域。该夷等感沐高厚生成，自必倍昭恭顺矣。

乾隆五十八年，饬谕英吉利国王知悉：尔国王远慕声教向化，惟殷遣使恭赍表贡，航海祝厘。朕鉴尔国王恭顺之诚，令大臣带领使臣等瞻观，锡之筵宴，赍予骈蕃，业已颁给敕谕，赐尔国王文绮珍玩，用示怀柔。昨据尔使臣以尔国贸易之事，禀请大臣等转奏，皆系更张定制，不便准行。向来西洋各国及尔国夷商赴天朝贸易，悉于澳门赴市，历久相沿，已非一日。天朝物产丰盈，无所不有，原不借外夷货物以通有无，特因天朝所产茶叶、瓷器、丝斤为西洋各国及尔国必需之物，是以加恩体恤，在澳门开设洋行，俾得日用有资，并沾余润。今尔国使臣于定例之外，多有陈乞，大乖仰体天朝加惠远人抚育四夷之道。且天朝统驭万国，一视同仁，即广东贸易者，亦不仅尔英吉利一国，若俱纷纷效尤，以难行之事妄行干渎，岂能曲徇所请？念尔国僻处荒远，间隔重瀛，于天朝体制原未谙悉，是以命大臣等向使臣等详加开导，遣令回国，恐尔使臣回国后禀达未能明晰，复将所请各条缮敕，逐一晓谕，想能领悉。据尔使臣称：尔国货船将来或到浙江宁波、珠山及天津、广东地方收泊交易一节，向来西洋各国前赴天朝地方贸易，俱在澳门设有洋行收发各货，由来已久，尔国亦一律遵行多年，并无异语，其浙江、宁波、直隶、天津等海口均未设有洋行，尔国船只到彼，亦无从销卖货物，况该处并无通事，不晓谙尔国语言，诸多未便。除广东、澳门地方仍准照旧交易外，所有尔使臣恳请向浙江宁波、珠山及直隶天津地方船泊贸易之处，皆不可行。又据尔使臣称：尔国买卖人要在天朝京城另立一行收贮货物发卖，仿照俄罗斯之例一节，更断不可行。京城为万方拱极之区，体制森严，法令整肃，从无外藩人等在京城开设货行之事。尔国向在澳门交易，亦因澳门与海口较近，且系西洋各国聚会之处，往来便宜。若于京城设行发货，尔国在京城西北地方，相距辽远，运送货物亦甚不便。从前俄罗斯人在京城投馆贸易，因未立恰克图以前，不过暂行给屋居住，嗣因设立恰克图以后，俄罗斯在该处交易买卖，即不准在京城居住，亦已数十年。现在俄罗斯在恰克图边界交易，与尔国在澳门交易相似，尔国既有澳门洋行发卖货物，何必又欲往京城另立一行？天朝疆界严明，从不许外藩人等稍有越境掺杂，是尔国欲在京城立行之事，必不可行。又据尔使臣称：欲求相近珠山地方小海岛一处，商人到彼，即在该处停歇，以便收存货物一节。尔国欲在珠山海岛地方居住,原为发卖货物而起,今珠山地方既无洋行,又无通事,尔国船只既不在彼停泊,尔国要此海岛地方,亦属无用。天朝尺土,俱为版籍,疆址森然,即岛屿、沙洲亦必画界分疆,各有专属。况外夷向化天朝交易货物者,亦不仅尔英吉利一国,若别国纷纷效尤,恳请赏给地方,居住买卖之人,岂能各应所求?且天朝亦无此体制,此事尤不便准行。又据称:拨给附近广东省小地方一处居住尔国夷商,或准令澳门居住之人出入自便一节。向来西洋各国夷商居住澳门贸易,画定住址地界,不得逾越尺寸,其赴洋行发货,夷商亦不得擅入省城,原以杜民夷之争论,立中外之大防。今欲于附近省城地方另拨一处给尔国夷商居住,已非西洋夷商历来在澳门定例,况西洋各国在广东贸易多年,获利丰厚,来者日众,岂能一一给拨地方分住?至于夷商等出入往来,悉由地方官督率洋行商人,随时稽察,若竟毫无限制,恐内地民人与尔国商人间有争论,转非体恤之意,核其事理,自应仍照定例在澳门居住,方为妥善。又据称:英吉利国夷商自广东下澳门,由内河行走货物,或不上税,或少上税一节。夷商贸易往来纳税,皆有定例,西洋各国均属相同,此时自不能因尔国船只较多,征收稍有溢额,亦不便将尔国上税之例,独准减少,惟应照例公平抽收,与别国一体办理。嗣后尔国夷商贩货赴澳门,仍当随时照料,用示体恤。又据称:尔国船只请照例上税一节。粤海关征收船料向有定例,今既未便于他处海口设立交易,自应仍在粤海关按例纳税,毋庸另行晓谕。至于尔国所奉之天主教原系西洋各国向奉之教,天朝自开辟以来,圣帝明王垂教创法,四方亿兆率由有素,不敢惑于异说,即在京当差之西洋人等居住在堂,亦不准与中国人民交结,妄行传教,尤属不可以。上所谕各条原因,尔使臣之妄说,尔国王或未能深悉天朝体制,并非有意妄干,朕于入贡诸邦诚心向化者,无不加之体恤,用示怀柔。如有恳求之事,若于体制无妨,无不曲从所请。况尔国王僻处重洋,输诚纳贡,朕之锡予优加,倍于他国。今尔使臣所恳各条,不但于天朝法制攸关,即为尔国代谋,亦俱无益、难行之事。兹再明白晓谕尔国王,当仰体朕心,永远遵奉,共享太平之福。若经此次详谕后,尔国王或误听尔臣下之言,任从夷商将货船驶至浙江、天津地方,欲求上岸交易,天朝法制森严,各处守土文武恪遵功令,尔国船只到彼,该处文武必不肯令其停留,定当立时驱逐出洋,未免尔国夷商徒劳往返,勿谓言之不预也。其凛遵毋忽。特此再谕。

嘉庆十四年四月,总督百龄会奏言:窃照澳门一隅,自前明嘉靖年间大西洋人纳税租住,迄今二百余年,樯帆云集,贸易交通。上年英吉利国兵擅自登岸,震慑天威。旋即退去,而防微杜渐,尤须筹定章程。臣等检查档案,从前议奏防范外夷规条本为详备,因日久玩生,致滋弊窦,除再申明例禁,督令切实奉行外,至于今昔情形不同,有应随时增易者,谨分晰数条,为我皇上陈之。

一、外夷兵船应停泊外洋,以肃边防也。外夷来广贸易,先将货船停泊伶仃等处外洋,报明引进黄埔河面,以便查验开舱,从不许护货之兵船驶入内港,近年以来渐不恪守旧章。嗣后各国货船到时,无论所带护货兵船大小,概不许擅入十字门以及虎门各海口,如敢违例擅进,经守口员弁报明,即行驱逐,一面停止贸易。庶边防严肃,该夷人等不敢萌轻视之心。

一、各国夷商止准暂留司事之人经理货帐,余饬依期归国,不许在澳逗留也。查外夷商船向系每年五、六月收泊,九、十月归国。该夷商或因货物未销,或有行商挂欠未清,向准在粤海关请照,下澳暂过住冬,仍俟行帐算明,即于次年催令回国。迩来该夷等竟有在澳久居,迁延不去者,名数较多,且种类不一,诚恐别滋事端。嗣后各夷商如销货归本后,令其依期随同原船归国,不得在澳逗留。即有行欠未清,止准酌留司事者一、二名在澳住冬清理,责令西洋夷目及行商人将留澳夷人姓名,造册申报总督及粤海关衙门存案,俟次年即令归国,亦申报查考。如敢任意久住,或人数增多,查出,立即驱逐。

一、澳内华夷,宜分别稽查也。查澳内西洋人房屋,自乾隆十四年议定章程,止许修葺,不许添造。嗣因西洋夷人生齿日繁,以致屋宇逐渐增添。至澳内华人原议不准携带妻室,以杜贩卖子女之弊。嗣因西洋夷目呈称,华夷贸易惟赖殷实华人,方足取信,若室家迁移,则萍迹靡定,虚实难稽,是以住澳华人仍准携带妻室,安土重迁,亦难概令挈眷远徙。惟澳内为地无多,华夷杂处,若不定以限制,恐日致蔓延。应将西洋人现有房屋若干、户口若干逐一查明,造册申报。已添房屋姑免拆毁,不许再行添造寸椽。华人挈眷在澳居住者,亦令查明户口,造册存案,止准迁移出澳,不许再有增添。庶于体恤之中,仍寓防闲之意。

一、夷船引水人等,宜责令澳门同知给发牌照也。查各国夷船行抵虎门外洋,向系报明澳门同知,令引水人带引进口。近年竟有匪徒冒充引水,致滋弊窦。嗣后夷船到口,即令引水先报澳门同知,给予印照,注明引水船户姓名,由守口营弁验照放行,仍将印照移回同知衙门缴销,如无印照,不准进口,庶免弊混。

一、夷商买办人等,宜责成地方官慎选承充,随时严察也。查夷商所需食用等物,因言语不通,不能自行采买,向设有买办之人,由澳门同知给发印照,近年改由粤海关监督给照。因监督远驻省城,耳目难周,该买办等唯利是图,恐不免勾通外内商贩私买夷货,并代夷人偷售违禁货物,并恐有无照奸民从中影射滋弊。嗣后夷商买办应令澳门同知就近选择土著殷实之人,取具族长、保邻切结,始准承充,给与腰牌印照。在澳门者,由该同知稽查,如在黄埔即交番禺县就近稽查。如敢于买办食物之外,代买违禁货物,及勾通走私舞弊,并代雇华人服役,查出照例重治其罪,地方官徇纵,一并查参。

谨案:原奏五事,最后夷船起货,令洋行按股分拨一条,经廷议指驳,且与本书无涉,故不录。

十九年十月,总督蒋攸铦会奏略言:窃照粤东省地居濒海,番舶云集,各国夷商借资贸易,以裕生计。该夷商等因远涉重洋,每货船十数只,有兵船一、二只护送,抵粤后俱泊外洋,由该国通事报明澳门同知,饬令内地熟悉沙线民人,将货船引带由虎门海口驶入黄埔内港湾泊,纳税售货。其兵船仍泊外洋,俟贸易事竣,货船出口,该兵船仍护送回国。是于怀柔之中,仍寓防闲之意,立法原为妥善。溯查贸易各国,有佛兰西、荷兰、吕宋、米利坚、英吉利、嘛波立、瑞国、连国等处货船,每年多寡不齐。自嘉庆七年以后,各国船只稀少,惟英吉利国祖家船、港脚船,米利坚国船为多。此外只吕宋国间有船一、二只来粤。近闻英吉利与米利坚彼此构衅时,相劫夺货财,此系洋商传闻之词,且事在夷洋,不值过问。本年夏间有米利坚国货船一只进口,随有英吉利国罢尽仁兵船,随带之小快艇衔尾驶追,经守口员弁登时将该船逐出外洋。臣等当饬洋商通事严诘英吉利大班嗌花臣，因何不行约束，令其切实禀覆。旋因英吉利国及米利坚国时有货船驶至，而英吉利之护货兵船虽不敢驶入内洋。时至虎门外海口往来游奕，屡经驱逐，倏去倏来，情形诡谲，必须示之以威。臣等当即就近调齐中路巡洋舟师排列虎门海口，檄令提标中军参将吴绍麟等督率各备弁申明号令，整肃队伍，连环操演枪炮，以壮声威。一面檄委办事明干之佛冈同知福荫长偕同香山县知县马德滋亲赴澳门，饬传该大班嗌花臣面加诘责。据通事译，据该大班禀称，实因米利坚曾在外洋抢过该国货船，挟有仇隙，希图乘间报复等语。臣等复饬该委员等谕以该二国在海外有无蛮触一面之词，不足深究，兹既驶至内地洋面，即应凛遵天朝禁令，何得妄思报复？应速饬该国兵船远泊外洋，等候货船护送回国。如敢不遵，不但将该兵船立时击沉，定当奏明大皇帝停止该国贸易。若米利坚国兵船有违功令，亦应一体照办。天朝大公无私，并不稍存偏护，亦不能稍为姑息等。谕该大班随递禀谢罪，其罢尽仁兵船旋已扬帆回国，尚有护送货物兵船二只俱在外洋往年湾泊地方。现在各夷商照旧贸易，安厘如常。臣等访得南洋诸夷以英吉利为最强，而并非富饶，惟借贸易为资生之计，其货物不到内地，亦别无销售之处，且呢羽、钟表中华尽可不需，茶叶、土丝彼国断不可少，是其不能不仰给于贸易者，其理易明。惟是怀柔驾驭，必当杜渐防微。向来兵船护送货船到粤，货船自行进口，兵船即驶往零丁、潭仔洋面停泊。嘉庆十四年原奏，但称不许进十字门及虎门各海口，语涉笼统。嗣后应仍其旧，不得驶进内洋，亦不准于所护货船出口之后，复有逗留，致干驱逐。

二十二年六月，总督蒋攸铦会奏言：窃照福建之武夷茶，及由安徽入浙江之松罗茶为西洋夷人必需之物，而各夷中又惟英吉利销售更多。从前商人悉由江西内河贩运来粤，近因洋面平靖，希图迅速，渐改为海运。溯查嘉庆十八年始有海运进口之茶七十六万四千七百九十余斤，至二十一年竟有六百七十三万三千九十余斤，所增之数，已不啻十倍。查夷人虽以贸易中华，借裕国用，但别项货物绝其互市，犹可支吾岁月，惟茶叶为日食疾病所必不可少，若一经禁止出洋，即于伊等生命有关，实为控制之要道。今若任听商人惯由海运，相沿日久，难保无奸商串通黠夷，于海中偏僻岛屿随处寄碇，私相买卖，各夷恃有得茶捷径，势将无复顾虑。合无仰恳天恩，敕下闽浙、安徽各督抚，只以茶叶由海运粤，必致夹带违禁之物，私售外夷，严行查禁，并出示晓谕产茶之区及各海口，自嘉庆二十三年为始，概令仍归内河过山贩运来粤，以收控驭之益。其贩往江南、天津之茶，向由海船装载者，在所不禁。

道光十四年六月，总督卢坤会奏言：二月十九日准户部咨，奉上谕：前据御史黄爵滋奏，纹银洋银应并禁出洋，杜绝仿铸，从重科条罪一折，当交刑部妥议具奏。兹据刑部将仿铸洋钱明定治罪科条具奏，著照所以办理。其禁止洋银出洋，于海洋交易事宜，是否可行，著沿海各督抚体察情形，妥议章程，酌核具奏等因。钦此。仰见皇上于杜绝偷漏之中，寓体恤商民至意，跪诵之余，不胜钦感，当经臣卢坤咨行钦遵。臣祁埙抵任，接准移交，随会同行据司道转饬广州府等详查妥议，由署广东藩司李恩绎、署臬司李振翥、署盐运司李本榆、督粮道郑开禧，核明会详前来。臣等伏查洋银一项来自夷船，内地因其计枚定价，既不必较银色之高低，又无需秤分两之轻重，远行服贾，便于携带。是以东南沿海各省市廛通行，而粤东为夷人贸易之所，行用尤广，大商小贩，无不以洋银交易，海口出入，向不查禁。御史黄爵滋因内地每有仿造洋银，即于纹银无异，奏准将洋银一并禁止出洋，原为慎重海防起见。臣等详加体察，并传洋商伍绍荣等查询，粤省洋银出洋，有内地商贾携带者，有外洋夷船携带者。在内地商贾或由别省载货来售，或由粤省揭货资径贩，多系航海往还，资本盈千累万，其中固多贸迁货物，而有时无货可贩，或货少本多，即携资而归；或携本往别省置货，钱既多难带，金银出洋又干例禁，势不能不携带洋银，亦势不能因商贾携有洋银即禁其不由海洋行走，此内地商贾来往，不能无出海之洋银也。至夷船载运洋银来粤，系备买货找价之需，所带洋银多寡不定，其置货内地，货物或多或少，亦听其自便，如进口货多，出口货少，该夷船所带洋银即有余剩，势不能禁其不仍行带回。即内地洋商与夷人交易，除以茶叶、大黄、湖丝、绸缎等物易换洋货之外，价值如有不敷，既不便强令夷人添置货物，又不准官银交兑，向以番银找给，历经奏明有案。既从番银找给，夷人即不能禁其不载运回帆，此外洋夷人来往不能无出海之洋银也。是禁止洋银出洋，于广东商夷交易均有窒碍，且恐因禁止洋银而转致金银偷漏，更于海防非宜。至内地仿造番银，名为土板，其银色成本原未必轻于外洋，而经纪交易向不行用，即间有掺入洋银行使者，亦必挑出发换，不特不能行之夷人，即内地商贾亦不行使，更必不因此为纹银出洋之虑。所有广东省洋银出入海口，应请仍照旧章办理，免其查禁。臣等仍谕饬洋商确遵定例，毋任夷人私带纹银出口，并饬各海口严查。如有奸贩携带纹银出洋与贩鸦片，即行拿获究办，以杜偷漏而肃海防。所有遵旨查议缘由，臣等谨合词恭折具奏。

九月初十日，总督卢坤会奏言：窃臣等奉上谕：有人奏近闻英吉利国大舶终岁在零丁洋及大屿山等处停泊，名曰趸船。凡贩鸦片烟者，一入老万山，先以三板艇剥赴趸船，然后入口省城，包买户谓之窑口，议定价值，同至夷馆免价给单，即雇快艇至趸船，凭单交土。其快艇名快蟹，亦名扒龙，炮械必具，每艇壮丁百数十人，行驶如飞，兵船追拿不及。各洋呢羽等货税课较重，亦由趸船私相售卖等语。海防例禁极严，岂容夷船逗留售私漏税。且鸦片烟流毒内地，叠经降旨严行饬禁，自应实力查拿，务使根株净尽。若如所奏，趸船之盘踞不归，快蟹之飞行递送，输灌内地，愈禁愈多。各项货物恃有快蟹、趸船售私，纹银之出洋，关税之偷漏，未有不由此。著该督等督饬所属，即将趸船设法驱逐，快蟹严密查拿，勿任仍前停泊，致启售私漏税等弊。该夷船如或驱此泊彼，巧为避匿，即责成巡哨水师认真巡缉，从严惩办，毋得稍有讳饰。并著将查办情形先行据实具奏。钦此。又先准军机大臣字寄三月二十七日奉上谕：本日据程祖洛奏称，闽省奸民之贸易广东者，习学番语，即在澳门交接夷人，勾引来闽，并据现获之王略供认在澳门生理，常与夷人交易，稔知夷情。凡夷船之带有鸦片烟土者，必先寄泊广东外洋，勾引私船，发卖净尽，再收内洋，报税开舱等语。现在严禁鸦片，较前查拿甚紧，夷船不能获利。又素闻内地奸民通信，以官兵驱逐夷船不肯用火器轰击，遂致心存藐玩。于闽省洋面有不遵驱逐之事，转敢施放枪炮，肆行拒捕。向来营员驱逐夷船，曾经降旨不准用炮轰击，原期于示威之中，仍寓怀柔之义。乃该夷船一遇官船驱逐，胆敢施放枪炮，且该夷人船只较大，外洋本所熟悉，官兵驾驶小船，洋面未能遍识，又不敢擅用火器，其应如何防范之处，该督抚等务当随时体察情形，斟酌妥善，以靖洋面而杜私贩。钦此。伏查外洋鸦片流入中华，由来已久，其初本以药财贩运入关，完税行销，沿海商民沾染外夷习气，煎膏吸食。迨嘉庆四年前督臣以鸦片有害民生，禁止入口，贩运者不得入关，而吸食者传染日广，夷人随私带鸦片烟土在外洋寄泊销卖。臣卢坤前奉谕旨饬令查明鸦片烟延入内地之由，为拔本塞源，一劳永逸之计。到任以后，查访近年鸦片行销日盛，皆由土棍驾驶快船透漏，节经咨行舟师，将在洋停泊夷船随时催令开行，并严禁民船蛋(疍)艇与夷船交易接济，并严拿走私土棍，先后经各员弁在洋用枪炮击沉快艇不少，复据香山协迭次拿获与夷船交易民人及私走快蟹艇只。本年又将向夷船贩买烟土之李亚祖等人船并获，起获烟土，业将办理情形并历次拿获快艇缘由，奏蒙圣鉴在案。钦奉前因遵复，与臣祁𡎊及新任海关监督彭年会同详查英吉利番船贩卖鸦片烟土，实为内地民生财用之蠹。呢羽等货虽现在访查，尚无偷漏实迹。查核海关税银，征银一百六十六万九千两零，比较历年收数有增无减，第恐匪徒走私，日久渐生偷税之弊，亦不可不防其渐。惟鸦片来自外夷，其发源既无从查禁，夷船来粤多在零丁外洋及磨刀洋面寄泊，各该处均为贸易商船进口、出口必由之地，寄泊夷船少则四、五只，多则二、三十只，历据巡洋员弁随时禀报批饬催逐，有即时开行者，亦有称因探听货物行市及守风修杠延逗者。该处远在外洋，离省数百里，何船趸载鸦片，巡洋兵船亦不能搜查确实，未便于众船聚泊之时，遽用炮火轰击，致失天朝怀柔之义。其趸船一项，常年在洋，当众船聚集之时，混杂其中，难分玉石。惟有于各国商船回飘以后查明，如有在洋趸私船只，即调集水师，大加兵威，严行驱逐。第鸦片虽系夷船载来，若无地匪勾串贩运，该夷人即有私货，亦从何行销？近年历次严拿快艇，该夷船即不能获利，更可见夷人全借土贩表里为奸，则严拿走私尤为握要。现在饬令香山协派拨巡船二只，在于夷船湾泊洋面常川巡查，一切买卖食物民蛋(疍)艇只，均不许拢近夷船私相交易，以杜接济。遇有土棍驾驶快艇向夷船兴贩鸦片及私卖呢羽等货，即时查拿解究，从重分别治罪。并责成内河营县派拨巡船在于各海口及一切通海港汊，分定段落，昼夜轮流巡缉。遇有奸贩偷越进出，即行拿解。各关口一体实力严查，无论外海、内河，有能拿获走私漏税人赃，即照拿获鸦片烟之例，分别奏请议叙。即不能人赃并获，但能拿获私艇者，官弁量予鼓励，兵役酌给奖赏。如员弁疏于巡缉，或兵役得规故纵，除兵役照例治罪外，将该管官从严参办。仍饬地方官访拿开设窑口土棍，照姚九等一例查抄严办，免其从前失察之咎。如视为具文，别经发觉，从重参办。并饬令洋商传谕英吉利夷商，互相查察，如有一船偷漏税货，即将众船不准贸易，使其彼此自相稽察，防闲更为周密。谨会同海关监督臣彭年据实具奏。又片奏言，英吉利夷人所恃不过船只高大坚厚，安放炮位较多；内地师船因需巡历浅洋，不能如夷船之高大。然其在洋趸船仅止数只，若厚集兵力，设法驱逐，该夷船亦安能违抗？第夷情狡猾，惟利是图，其私贩鸦片历年已久，获利甚重，断不甘心舍弃，被逐以后势必百计诡谋，或伺官兵撤后仍复前来，或因穷蹙无归窜驶他省。即如闽省讯据王略供出，夷船因广东查禁严紧，不能获利，即赴越闽洋，是其明证。外洋辽阔，不特闽浙、江苏彼此连界，即北洋亦一水可通，各省均有巡缉舟师，而重洋浩渺之中，番舶乘间出没，势难防堵无遗，设被潜行游奕，勾串地匪随处售私，匪唯鸦片之透漏益广，且内地海洋口岸均被外夷行驶熟悉，尤非所宜。总之势成积重，骤难挽回。屡经周咨博采，有谓仍照昔年旧章，准其贩运入关加征银税，以货易货，使夷人不能以无税之货私为售卖纹银者；有谓应弛内地栽种罂粟之禁，使吸烟者买食土膏，夷人不能专利，纹银仍在内地转运，不致出洋者。其说均不无所见，然与例禁有违，窒碍难行。更有谓内地所得，不偿所失，不若从此闭关，停止外夷贸易。不知夷人在粤贸易已阅二百余年，且亦不止英吉利一国，万无闭关之理，况又奸贩到处皆有，勾串外夷为鬼为蜮，纵使闭关亦未必即能尽，更无此办法。臣等受恩深重，故不敢畏葸苟安，养痈贻患，亦不敢徒饰侈言，不顾全局，悉心筹画，与其挺（铤）而走险，各处蔓延，不若暂为羁縻，严加约束，外则巡以舟师，内则谨防海口，使其不致行销无忌，亦不致越驶他省，再行徐图禁绝。至偷漏税货，重在各口严查，不在戛船之有无也。

又片奏言：臣等前因英吉利夷目律劳卑擅至省外夷馆居住，欲与内地文武衙门文移书信往来，不遵旧制，屡次晓谕，任意执拗，当经照例将该国商船封舱停止贸易。嗣该夷兵船二只驶入黄埔内河停泊，又经臣等调派水陆弁兵分路防堵，檄调外海师船驱逐间，该夷目畏惧悔罪，吁求放行。据洋商转据各夷商两次禀求，遵照旧章领粤海关牌照，由臣等于八月十九日委员押逐出口。该夷兵船亦即于是日退出，均经会折奏闻在案。该夷目现在澳门寄住，极为安静。澳门附近洋面现饬阳江镇师船巡查，陆路亦饬原派弁兵镇静弹压。兹据洋商伍敦元等转据该国散商化林治等以夷船云集，禀请开舱贸易，以便趁此风汛扬帆回国等请前来。臣等查英吉利夷商在粤贸易，均系遵守章程，相安无事，前此封舱，皆因夷目律劳卑一人之过，与众商无涉。该散商等深知律劳卑违抗之非，并无一人附和，均尚通晓大体。自七月十二日封舱以来，阅时几及两月，夷船停泊咸潮海水之中，货物久贮，折耗已属不少，本年该国来粤商船，较往年更多，重洋远越，数千人仰望圣朝恩泽，买卖沾利，未便使众商停船久候，当即会同商议，批准开舱照旧贸易，仰副皇上恩威并济，怀柔远人之至意。仍饬洋商传谕各夷商，总须永远恪遵法度，自能久沾乐利。倘有一人违玩，即将众人买卖全行停止。俾自相约束，奸徒无从播弄。至该国公司局散以后，一切事宜应归何人司总以专责成之处，臣等现在与粤海关监督会同饬商妥议，并将应行整顿章程分别办理，谨合词奏闻。

十五年正月，总督卢坤会奏言：窃外洋夷人来粤贸易，自乾隆二十五年奏定防范规条以后，嗣于嘉庆十四年、道光十一年经各前督臣、抚臣先后酌议章程，奏准遵行，立法已属周密，第奉行日久，竟成具文，或渐生流弊。上年英吉利公司局散，该国商人自来贸易，司总无人，虽经谕饬该夷商等寄信回国，仍派大班来粤管理，现在商多人杂，事无统属，必应颁发章程，俾资遵守。惟是事有今昔之殊，且英夷公司既散，贸易情形与前亦稍有不同，除旧章无须更议，各条照旧申明晓谕，并将查办夷欠，严拿私走各章程先经专案具奏外，尚有应行酌量增易规条，经臣等率同藩臬两司详加筹议，肃体制以防逾越，严交结以杜汉奸，谨出入之防，专稽查之责，庶防范益昭详慎，仍严饬洋商公平交易，各顾大体，俾诸番共沾圣泽，咸凛畏惧，谨合词恭折具奏。

一、外夷护货兵船不准驶入内洋，应严申禁令，并责成舟师防堵也。查贸易夷人酌带兵船自护其货,由来已久,向例只准在外洋停泊,俟货船出口,一同回飘,不许擅入海口。自嘉庆年间以来,渐不恪守旧章,上年又有闯入海口之事,虽该夷船驶入内河浅水之处,毫无能为,而防范总应周密。除虎门一带炮台现在分别增建,移设填铸大炮,筹备堵御外,应申严例禁。嗣后各国护货兵船如有擅入十字门及虎门各海口者,即将夷商货舱全行封舱,停止贸易,一面立时驱逐,并责成水师提督,凡遇有外夷兵船在外洋停泊,即饬各炮台弁兵加意防范,并亲督舟师在各海口巡守,与炮台合力防堵。弁兵倘有疏懈,严行参处,务使水陆声势联络,夷船无从闯越。

一、夷人偷运枪炮及私带番妇、番哨人等至省,应即责成行商一体稽查也。查夷人除随身携带刀剑枪各一件,例所不禁外,其擅将炮位及鸟枪、军械并番妇人等运带赴省,定例责成关汛兵弁稽查拦截,惟关汛固有盘查之责,而夷商在省外夷馆居住,其房屋皆系向行商租赁,该商等耳目切近,断无不知,自应一体责令稽查。嗣后各国夷人,概不准将枪炮、军械及番妇、哨人等运带至省。如有私行运带者,责成租馆行商查阻,不许令其入馆,一面赴地方官呈报,如有容留隐匿,即将该行商照私通外国例治罪。关汛弁兵不行查出,仍分别失察、故纵,从重究处。

一、夷船引水、买办应由澳门同知给发牌照,不准私雇也。查澳门同知衙门向设引水十四名,遇夷船行抵虎门外洋,应报明该同知,令引水带引进口,其夷商在船所需食用等物、应用买办,亦由该同知选择土著殷实之人承充。近来每有匪徒在外洋假充引水,将夷人货物诓骗逃走,并有匪类诡托买办之名勾串走私等弊。迨事发查拿,因该匪徒诡托姓名,无从缉究。嗣后澳门同知设立引水,查明年貌籍贯,发给编号、印花、腰牌,造册报明总督衙门与粤海关存案。遇引带夷船,给予印照,注明引水船户姓名,关汛验照放行。其无印花腰牌之人,夷船不得雇用。至夷船停泊澳门、黄埔时,所需买办,一体由该同知给发腰牌,在澳门由该同知稽查,在黄埔由番禺县稽查。如夷船违例进出,或夷人私驾小艇在沿海村庄游行,将引水严行究处。如有买卖违禁货物及偷漏税货,买办不据实禀报,从重治罪。

一、夷馆雇用民人,应明定限制也。查旧例贸易夷人,除通事、买办外,不准雇用民人。道光十一年奏准:夷馆看守门户及挑水、挑货人等,均由买办代雇民人。惟愚民骛利鲜耻,且附近省城多谙晓夷语之人,若听夷人任意雇用,难免勾串作奸,自应定以限制,并宜专以责成。嗣后每夷馆一间,无论住居夷人多寡,只准用看门人二名,挑水夫四名,夷商一人,雇看货夫一名,不许额外多用。其人夫责成夷馆买办代雇,买办责成通事保充,通事责成洋商保充,层递钳制。如有勾串不法,惟代雇保充之人是问。仍令该管行商按月造具各夷商名下买办人夫名籍清册,送县存案,随时稽查。其挑货人夫令通事临时散雇,事毕遣回。至民人受雇,为夷商服役之沙文名目,仍永远禁止。倘夷人额外多雇人夫,及私雇沙文服役,将通事行商一并治罪。

谨案:夷商雇请民人服役,自嘉庆十四年筹定六事,其买办条内代雇华人服役,查出治罪,徇纵地方官查参。是夷商雇用民人,概行禁止。揆之现在情形,恐有窒碍,而道光十一年议定八款,于雇请服役,应议变通条内,嗣后夷馆应需看货、守门及挑水、挑货人等,均由买办雇请。其人数多寡并未定以限制,且令行商将人夫名册送县存查,一切章程概未议

及,较之嘉庆年间所定条例,又觉太宽。惟道光十五年新定条款,适中可行。盖体恤之中,仍寓裁制之道焉。

一、夷人在内河驶用船只,应分别裁节,并禁止不时闲游也。查夷人入口贸易货船停泊黄埔,其在省城澳门往来,向惟英吉利公司船户准坐驾插旗三板船只。此项三板,船身较大,上有舱板,易于夹带器械及违禁货物,现在公司已散,所有插旗三板船,应行裁革。至夷人在夷馆居住,不准擅自出入。嘉庆二十一年前督臣蒋攸铦任内,酌定每月初八、十八、廿八三日,准其附近游散一次。近年该夷人往往不遵旧章,必须重申禁令。嗣后各夷人船到黄埔,或在省城、澳门往来通信,只准用无篷小三板船,不得再用插旗三板船只。其小三板经过关口,听候查验,如有夹带违禁货物及炮位、器械,即行驱逐。在馆居住夷人,只准于初八、十八、廿八三日在附近之花地、海幢寺散游一次。每次不得过十人,限申刻回馆,不准在外住歇饮酒。如非应准出游日期,及同游至十人以外,并赴别处村落、墟市游荡,将行商、通事一并治罪。

谨案:故事:英吉利国公司船户遇有公事往来,坐驾插旗三板船,非夷目船户不得坐驾。此奏新定条例称,三板船身较大,上有舱板,易于夹带器械及违禁货物。现在公司已散,所有三板船应行裁革。是此项船只既便夹带,最难防范,毋论公司散合,应一律永远裁禁矣。但此奏尚未议及,附记于此,备他时筹核焉。

一、夷人具禀事件,一律由洋商转禀,以肃政体也。查外夷与中华书不同文,其中有粗识汉字者,亦不通文义,不谙体制。具禀事件,词不达意,每多难解,并妄用书信,混行投递,殊乖政体。且同一夷务,或由洋商转禀,或由夷人自禀,办理亦不画一。嗣后凡夷人具禀事件,应一概由洋商代为据情转禀,不必自具禀词。如系控告洋商事件,或洋商抑揞不为转禀之事,仍许夷人自赴地方官衙门禀讦,立提洋商讯究。右互市。(卢坤、邓廷桢主修,王宏斌校点:《广东海防汇览》卷三十七,第909—931页。)

沿海各府州县厅志选录

18.《会哨》

提标各官每年出洋巡哨,分中、南、北三路。中哨轮值右、前、后三营游击一员,领千把总、外委四员,带五营战、守兵,驾坐哨船四只,巡缉金、厦洋面,订期会哨,听金门镇调度。北哨轮派五营千把总、外委四员,领五营战、守兵,驾坐哨船四只,巡缉北洋,订期会哨,听海坛镇调度。南哨轮派五营千把总、外委二员,领五营战、守兵,驾坐哨船二只,巡缉南洋,订期会哨,听南澳镇调度。每哨四个月,以二、六、十等月为始,哨满更代,迭相轮转。右、前、后三营期满,轮值驾船带兵巡哨汛地内洋,五营守备按期巡哨汛地港面。(周凯:《厦门志》卷三,台湾文献史料丛刊第95种,台北、北京:台湾大通书局与人民日报出版社,2009年,第91页。)

19.《操演》

操演。提标五营军士,有轮换出洋随缉者,有戍守汛地者,有在营差操者,平时挑选,由千、把教习技艺。按期提督选将备一员为督操官,教演熟习,中军参将阅之。每年之冬,提督阅之,水、陆操各一次。陆操,五营会合大小二十四队及杂色兵共一千八百八十五名;水操,用船十只,合兵五百七十六名。五年,总督巡阅一次。陆操,提标五营,合金门左右二营、南澳左营、铜山营兵一千四百五十六名;水操,提标五营,合金门、南澳、铜山各营共兵五百七十六名。(周凯:《厦门志》卷三,台湾文献史料丛刊第95种,第92页。)

20.《班兵》

班兵,海外台、澎之戍兵也。三年一更,分四起作两年春、秋二季配换。头起,提标五营拨换安平营[兵]二百三十七名,艋舺营兵十九名,澎湖左营兵八十九名,外委一员;二起,拨换澎湖左营兵一百三十名,额外一员;三起,拨换澎湖左营兵一百三十名,外委一员;四起,拨换沪尾水师兵一百一十五名,外委一员,澎湖左营兵八十一名,额外二员。(凡换班兵丁,上府各营换艋舺、淡水等营者,由五虎门对渡;换彰化各营者,由蚶江对渡;其督抚将军三标、陆提标换班台郡凤山各营者,均由厦门配渡。总督方维甸奏定:营船、商船并用。后因水师各营弁多封商船,总督庆保通饬禁止。适遇饷银,班兵公务紧急,凡台饷皆厦门提标大号战船配载。兵船不敷,方准添雇。亦须预期详请批准,檄行由厦防同知备办协济。道光十三年,总督程祖洛专定水师各标兵船,不准雇用商船。)(周凯:《厦门志》卷三,台湾文献史料丛刊第95种,第92页。)

21.《官俸》

水师提督:全年俸银八十一两六钱九分三厘有奇,薪银一百四十四两,心红纸张银二百两,蔬菜烛炭银一百八十两,马匹草乾银二百四十两,养廉银二千两。

中营参将:全年俸银三十九两三钱三分九厘有奇,薪银一百二十两,心红纸张银三十六两,蔬菜烛炭银四十八两,马匹草乾银九十六两,养廉银五百两。

四营游击:全年俸银各三十九两三钱三分九厘有奇,薪银一百二十两,心红纸张银三十六两,蔬菜烛炭银三十六两,马匹草乾银七十二两,养廉银四百两。

五营守备:全年俸银各十八两七钱零五厘有奇,薪银四十八两,心红纸张银十二两,蔬菜烛炭银十二两,马匹草乾银四十八两,养廉银二百两。

五营千总:全年俸银各十四两九钱六分四厘有奇,薪银三十三两三分五厘有奇,马匹草乾银二十四两,养廉银一百二十两。

五营把总:全年俸银各十二两四钱七分一厘,薪银二十三两五钱二分九厘,马匹草乾银二十四两,养廉银九十两。

五营外委:名粮每月战饷银一两五钱,米折银一钱五分,本色米一斗五升;经制外委养廉全年十八两,额外外委无。

五营额外:粮饷与战饷同。

康熙四十二年,原准亲丁随粮。乾隆八年,改随粮为养廉,名粮删去亲丁名目。四十六年,以名粮挑补实额,各官准照文员之例,添给养廉。附原设五营各官随粮旧额:提督军门随粮八十名,中军参将随粮二十名,左、右、前、后四营游击随粮各十五名,五营守备随粮各八名,五营千总随粮各五名,五营把总随粮各四名,五营外委随粮各一名。水师提标多世袭人员,附载《会典》世爵俸银:一等轻车都尉兼云骑尉俸银全年二百三十五两,一等轻车都尉俸银二百一十两,二等轻车都尉俸银一百八十五两,三等轻车都尉俸银一百六十两,骑都尉兼云骑尉俸银一百三十五两,骑都尉俸银一百一十两,云骑尉俸银八十两,恩骑尉俸银四十五两。(周凯:《厦门志》卷三,台湾文献史料丛刊第95种,第93页。)

22.《兵饷》

战兵:每名每月饷银一两五钱,米折银一钱五分,本色米一斗五升。

守兵:每名每月饷银一两,米折银一钱五分,本色米一斗五升。

中营战兵:除外委名粮外,共四百二十八名,全年饷银共七千七百零四两,米折银共七百七十两四钱,本色米共七百七十石零四斗。守兵:四百十三名,全年饷银共四千九百五十六两,米折银共七百四十三两四钱,本色米共七百四十三石四斗(闰月外加)。

左、右、前、后四营战兵:除外委名粮外,各营四百三十三名,全年饷银各七千七百九十四两,米折银各七百七十九两四钱,本色米各七百七十九石四斗。四营守兵:各四百十三名,全年饷银各四千九百五十六两,米折银各七百四十三两四钱,本色米各七百四十三石四斗(闰月外加)。

俸、饷各项,五营按季派员赴布政使司承领到营,各官支取官俸,兵饷存贮厦防厅库,逐月支付守备发给。米折银按季在粮道库承领,亦逐月交守备发给。本色米由粮道檄厦防同知碾给,五营逐月发给各兵印照,赴厦防厅恒裕仓关支。以上俸、饷各项全年支过,于次年二月内造册通详咨部。附已裁新兵口粮,每月每名饷银一两五钱,米折银一钱五分,本色米一斗五升。四营兵六十一名,全年饷银一千零九十八两,米折银一百零九两八钱,本色米一百零九石八斗。(周凯:《厦门志》卷三,台湾文献史料丛刊第95种,第94页。)

23.《优恤》

乾隆二十四年,各直省绿营兵丁遇有红白事件,官给赏银。白事若本身及祖父母、父母、妻子,红事若娶妻、嫁女、娶媳。凡祖父母、父母白事,如子孙多人俱在领赏之例者,但视一人给与。娶妻、嫁女、娶媳红事,无论长子、次子、长女、次女均准赏给。白事银四两,红事银三两。

乾隆三十九年,直省各标营余存营库银两毋庸买谷,按年于四月间青黄不接,借给各兵自行买粜。不计丰歉,每名借银一两五钱;俟七月起、至十一月止,逐月就饷匀扣归款。

乾隆五十三年,台湾换防兵丁远涉重洋,费用较多,照新疆换防之例,一体支给行粮、坐粮,以资养赡。

乾隆五十五年,台湾、澎湖各营戍守兵丁于应得钱粮外,每名每月加给饷银四钱,在于叛产租息、变价及盐课盈余等项下拨补。

嘉庆二年,福建台湾、澎湖等处戍守班兵分作四起派往,限两年换竣。第一起:限正月初一日出营,粮饷以四月初一日住支;第二起,限七月初一日出营,粮饷以十月初一日住支;第三、第四起,限次年正月、七月初一日出营,粮饷以四月、十月初一日住支。将起住粮饷日期,造报咨部。

嘉庆十五年,台湾换防兵应支粮饷,例按四月十日起,止该兵班满之日,即行停饷。今议班满候代兵丁,仍支饷银一半。新派换防兵丁,先予半饷;俟其到台后,再将班兵饷停止。

嘉庆十六年,闽省巡洋缉匪弁兵,如往别境并本境在洋追捕,每名每日给口粮银四分,在于交商生息项下动支。如仅在本境内洋巡缉,只给额设盐菜匀发银两,不准支领口粮。

嘉庆十六年,水提标征存营库租项,归贮厦防同知库,仍照旧例,于此项内借给各兵买谷,扣收归款。

嘉庆二十年,因洋海肃清,出洋弁兵口粮银改为每名每日给口粮银三分(总督汪志伊奏)。

嘉庆二十四年,水提标五营弁兵出洋巡缉口粮名数,原无定额,今海氛既靖,定以五百名为数,支给口粮。如遇载班兵、运饷等差,就中抽拨,不准额外多派支销。

道光元年,准各标营兵丁借给谷价银两,由提镇折奏咨部(俱本《会典》)。

提标各兵,按年届七月十五日,每名借给银三钱,为中元银。于厦防同知库贮营租项内拨支,俟自八、九两月饷银扣完归款。又各兵每于年终时,拨厦防同知贷营租项内借给度岁银每名一两五钱,俟自次年二月起,至七月止就饷匀扣归款。又每名度岁米五斗,亦拨厦防同知恒裕仓贮积谷项内借给,俟自次年三月起,至十二月止,就各兵应支本色米额内按十个月匀扣归仓。俱由提督咨部(三条档案,失年月)。

按:提标有征收厦门房池租银三万二千一百八十七两有奇,为存营库银两。嘉庆十六年,归厦防厅同知贮库(每年由中营解厅五百八十五两零),仍由营照旧借给青黄不接谷价银。初由提督转咨督、抚咨部,道光元年部准由提督专折奏咨。七月中元,每兵借银三钱以祀其先,谓之中元银;岁底每兵借银一两五钱,谓之度岁银;均由提督札行厦防厅于房池租项下拨给,照例扣完。又岁底每兵借给米五斗,亦札行厦防厅于积谷项下借给,均照例按月扣完,由提督咨部。又水师提标有缉匪银两,兵丁每名加九分,以贴哨船各兵巡缉盗贼之需,向藩库支领。厦门各行商于嘉庆初年捐银七千八百两,归厦防厅查收,拨为此款津贴。每年由布政司文檄支取银五千四百两有奇,两月发一次。其余不足银两,由厦门先行垫发,于藩库收存米艇生息项下归补。(周凯:《厦门志》卷三,台湾文献史料丛刊第95种,第96—97页。)

24.《军器》

火药局:五营同一局,在北门城内箭道边(乾隆十七年建)。火药、铅子均备贮三年。火药四万三千一百斤零四两,铅子二万零二百九十斤。

军器局:五营各一局。中营局在北门城内,左营局在西门城内西庵宫侧,右营局在北门城内,前营局在南门城内武庙侧,后营局在北门城内箭道边(俱乾隆十七年建)。花铁盔甲二千七百七十七顶身,弓箭一千二十三副,鸟枪二千三百七十七杆,藤牌、牌刀各三百六十六面口,腰刀三千八百四十八口,行营炮五十位,金龙大旗九十五杆副,金飞虎火攻大旗十杆副,虎衣、帽、裤五十五副,战衣三百九十三领副,火攻衣四百五十五领副,大、中、小铳炮二百十四位,百子炮一百十二门,子母炮五十位,单帐房一百九十架,夹帐房三十六架,铜锣锅二百零七口,铁斧、钺、镰、镢各二百把,红彝炮四十一位,头巾顶二十七架,战被四十领,得胜号帽三千一百四十八顶,得胜号褂二千三百身,战箭三万八千七百六十枝,棕蓑衣一百零五领,盔尖并缨一千五百枝,盔衬帽一千五百顶,大凉棚五架,双手带刀二百十二把,长枪七十五杆,片刀六十三把(俱本营册)。(周凯:《厦门志》卷三,台湾文献史料丛刊第95种,第100—101页。)

25.《防海略》

防海事例极广,水师提标五营所分厦门汛地,是其专责。而巡防外洋,北至烽火,南至铜山。提督巡阅亦如之,节制金门、海坛、南澳三镇,兼辖台湾、澎湖全省水师军务。平日派员与厦防同知稽查海口,商、渔各船出入及私渡奸民,则事例宜详。有事则率全军注之,不分浙、粤,凡岛屿之远近、沙线之险夷、风云潮汐之当测、停泊樵汲之有所,尤宜预讲也。故采掇旧闻,以访诸凤谙者附之于卷,俾军士商贾资所考证。若谓即此可尽防海之事,则不敢云。为防海略。

康熙二十八年,水师总兵官俱应亲身出洋,督率官兵巡哨。违者,照规避例革职。

康熙四十二年,沿海各营有岛屿洋面,派定船只,以将、备带领常川驻守,其余各汛,以千、把游巡。

康熙四十三年,沿海地方以千、把总会哨,副、参将每月分巡,总兵官于每年春、秋二季出洋总巡。

康熙四十八年,准闽、粤、江、浙四省每年轮委总兵官亲领官兵,自二月初一日出洋,在所属本汛洋面周遍巡查,至九月底撤回。遇有失事、获贼,照例分别题参、议叙。

康熙五十年,浙闽捕鱼船只,不许越省行走。令沿海一带水师营管辖,取州、县官保结,送沿海一带提镇、副将,令其约束。五十一年,准内地往台湾之人,该县给发照单。良民情愿入台籍居住者,令台湾府、县查明出具印文,移付内地府、县知照。该县申报该道稽查,报明该督、抚存案,文武汛口员弁,验照放行。

康熙五十一年,奸匪船只出入海口。若遇失事,将守口官罚俸一年。至盗从外洋窃发,非守口官所能越汛稽查发觉,咎在分巡、委巡,将守口官免议。外洋行劫之后,散党登岸混冒入口,守口官失于觉察,仍照例罚俸。其盗由海口以内夺船偷越出洋,失事发觉,将失察守口各官照海洋失事初参例,降一级留任巡缉。

康熙五十三年,各标营船巡哨,刊刻某营第几号哨船照。兵丁、舵工、水手例各给与腰牌,刊明姓名、年貌、籍贯。

康熙五十五年,福建水师提标五营、澎湖水师二营、台湾水师三营派拨兵船,各书本营旗帜,每月会哨一次,彼此交旗为验。

康熙五十五年,凡内洋失事,专、兼各官仍照内地盗案处分(今改为照内地无墩防处所武职之例,印捕官,初参,停升;二参,罚俸一年;三参,罚俸二年;四参,降一级留任。兼辖、统辖官,初参,罚俸三月;二参,罚俸六月。拿获及半未获盗首,印捕官,初参,罚俸一年;二参,罚俸二年。)外洋被劫难定,专汛、兼辖应将文职免其处分。倘系内洋失事捏称外洋,后被事主告发,或查出之日,将专、兼各官皆照讳盗例处分。

康熙五十六年,海坛、金门二镇各分疆界为南北总巡。每岁提标拨船十只,将六只归于巡哨南洋总兵官调度、四只归于巡哨北洋总兵官调度,均于二月初一日起、至九月底止,期满撤回。

康熙五十八年,凡往台湾之船,必令到厦门出入盘查,一体护送,由澎而台。从台而归者,亦令一体护送,由澎到厦,出入盘查,方许放行。又往台之人,必由地方官给照。单身游民无照偷渡者,严行禁止;如有违犯,分别兵民治罪。哨船偷带者,该管专辖各官分别议处。

雍正七年,拿获偷渡过台人犯,问明从何处开船,将失察水汛及本地文武各官照失察奸船出入海口例议处。

雍正十二年,洋船偷渡民,每在初出洋面之际。福建海船挂验出口,该官弁押交大担汛,转交浯屿汛,拨船押送东碇以外洋面,俟其乘风放洋后,方许回汛。

雍正十三年,福建南澳镇左营及金门镇之铜山洋汛,归南澳镇巡察。

乾隆三十七年,内洋失事,文武带同事主会勘。外洋失事,听事主于随风飘泊之处,带同舵水赴所在,不拘文武衙门呈报。该衙门即讯明由何处放洋,行至被盗处所约有若干里数?将该事主开报赃单,报明该管文武印官,查照洋图定为何州、县营汛之辖,一面飞关所辖州县会营差缉。其事主即行宁释,毋庸候勘。以事主报到三日内出详驰递,督抚衙门查核,行查海关各口,将税簿、赃单互相较核。有货物相符者,即将盗船伙党姓名呈报关拿。(此条,现奉以洋图为凭,须事主指认,不必带往海洋。)

嘉庆六年,福建巡洋兵官,每年自二月起至五月止为上班,六月起至九月止为中班,十月起至次年正月止为下班,按双、单月轮班巡哨。又各省沿海水师分巡各官,如派拨不敷,准以千总、把总出洋,作为协巡开报。

汛口

文汛口,在厦门城南玉沙坡(一名海沙坡),距厦门城三里,离同安县水程一百里(离县陆路七十里,过江三十里,合百里)。厦防同知司理。厦门为通台贩洋,南北贸易商船正口,厦防同知为司口专员。凡渡台及南北经商、贩洋之船出入,挂验牌照,稽查舵水人等箕斗及搭客姓名籍贯给照放行,盘收台运兵谷、兵米,传递台湾文书夹板,管理地方事务。其汛口,俗呼文汛口。

武汛口,在玉沙坡,与文汛口近。水师提标中营参将司理。商船出入,赴口挂验。

大担汛口,在厦门南海中,距城水程五十里。与浯屿、小担屿犄角声援,皆海口要害。水师提标五营将备轮管。挂验南北船、台船牌照(单月轮右、前、后三营游击,双月轮中、左、右、前、后五营守备各一员巡防,兼辖大担炮台汛及守口水哨。)

炮台汛口,在玉沙坡,与文、武汛口毗连。提标五营弁[兵]轮守(五营按月轮派千、把总一员领兵防守),兼查出入商船牌照。

以上文、武各汛口稽查船只出入饷课,由海关征收。

汛地

高崎汛,城西北三十里,通同安驿站大路之正渡。提标中营弁兵防守。北临海,至大沉礁与浔尾汛交界;南至塘边观音亭八里,与金鸡亭汛接壤;西至竹坑社八里,与马銮汛交界;东至钟宅洪水桥十里,与蛟塘汛接壤。

五通汛,城东北三十里,由厦抵刘五店要津。提标左营弁兵防守。东临海至找仔屿,与右营水汛交界;西陆路十五里至洪山柄中仑社,与金鸡亭汛接壤;南至塔埔虎仔山十里,与东澳汛接壤;北至坂尾社东垹五里,与高崎汛接壤。

蛟塘汛,城东北二十五里。……提标左营兵戍守(隶五通汛)。

金鸡亭汛,城东北十五里。提标后营兵戍守。东至张仑二里,与蛟塘汛接壤;西至乌石埔社七里,与高崎汛接壤;南至麻灶社十里,与深田堆接壤;北至金山仔七里,与蛟塘汛接壤。

东澳汛,城东二十里许。提标右营兵防守。东临海以槟榔屿为界,远望金门烈屿,水程约五十里;西陆途至洪山柄八里,与蛟塘汛接壤;南至长沙五里,与黄厝社水汛交界;北至莲山头乡四里,与五通汛接壤。

安海汛(即湖里汛),城南八里,为厦要隘。提标前营弁兵汛守。北负山;南临海至白石头外港,与大担汛交界;东至何厝乡五里,与东澳汛接壤;西至西边社八里,与曾厝垵汛接壤。

白石头汛,城南十五里,与担屿相表里,为海口要地。提标五营轮派弁兵防守。南临海,与小担水汛交界;北与曾厝垵汛接壤;东至何厝社,与黄厝社炮台汛接壤;西与安海汛接壤。

曾厝垵汛,城南十里许。内固厦门,外控担屿、浯屿之冲,安海汛为其协防。提标前营兵防守。东至烟墩脚三里,与黄厝社汛接壤;西界鸟坑圆汛一里,南界白石头汛二里,北至溪边社二里。

鸟坑圆汛,城南八里。为次要之地,安海汛与之协防。提标前营兵防守。南临海一里,与鼓浪屿水汛交界;东界曾厝垵汛五里;西至大埔头二里,与厦港炮台汛接壤;北至西边社,与曾厝垵汛接壤。

以上九汛为内汛,在厦门本地,同安县属。

鼓浪屿汛,在厦城西南隔水相对,水程二里,为厦辅车。提标前营弁兵防守。北临海水程一里,与嵩屿外汛交界;南临海水程一里,与圭屿水汛交界;西至内厝澳临海水程三里,与嵩屿汛交界;东一里至鹿耳礁临海,与厦港炮台汛交界。

大担炮台汛,屹峙海中,与小担屿对,皆厦岛外藩。前后设汛,提标右、后二营弁兵防守。又设哨船巡防,曰水汛。前炮台汛,系提标后营轮派千总、把总领兵防守。汛地北与后炮台汛连界,南隔海与小担汛交界,东临海与金门水汛交界。后炮台汛,系提标右营轮派千总、把总领兵防守。汛地东临海与金门水汛交界,西临海与白石头水汛交界,北隔海与东澳汛交界,南与前炮台汛连界。其水汛系提标五营轮派千总、把总、外委五员各带兵四十名驾船侦巡,协防大、小担汛,为海口重地。

小担汛,在厦门南海中,水程五十里,险同大担屿。提标左营弁兵防守。东至狮球三里,临海与金门右营水汛交界;西临海,至丈八礁;南隔海水程约十五里,与浯屿汛交界;北隔海五里,与大担汛交界。

鼎尾汛,在厦门西北,水程五十里。提标前营兵防守。东五里与新垵汛接壤,西至龙门岭、五通岭十里;南至苏岭、云窝岭十里;北至下游社十里,与同安营陆汛接壤。

白礁汛,在厦门西,水程六十五里。提标前营兵防守。南临海水程五里,与嵩屿水汛交界;北陆途八里至通心亭,与同安营陆汛接壤;东八里,与海沧汛接壤;西十里至壶屿桥,与壶屿汛接壤。

高浦汛,在厦门西北,水程三十五里,向称重地,明置千户所。今提标后营兵防守。南临海,与排头门汛交界;北陆途四里至杏林社,与同安营灌口陆汛接壤;西陆途五里,与马銮汛接壤;东临海水途二里,与浔尾汛交界。

马銮汛,在厦门西北,水程四十里,明设戍砦,隶高浦所。今提标后营兵防守。东临海,与高崎汛交界;西十里至市头崎,与同安营灌口陆汛接壤;北五里至排头社,与高浦汛交界;南临海,隔港与鼎尾汛交界。

石浔汛,在厦门北,水程百十里,为溪海接流入县之区。提标后营兵防守。东至龙崛社二里,与同安营洪塘汛接壤;西临海,与窑头汛交界;南至石崎社二十里,与刘五店汛交界;北至吴厝街二里,与同安营岳口陆汛接壤。

浔尾汛,在厦门西北,水程五十里。隔海与高崎汛对,水程三十里,往同邑大道。提标后营弁兵防守。东、西、南三面临海,刘五店、高浦、高崎三汛交界;北至后店宫十里,与同安营和山埔陆汛接壤。

丙洲汛,在厦门北,四面环海,距厦水程九十里,为同邑内户。提标后营兵防守。南水途,与刘五店汛交界;东、北水途,俱与石浔汛交界;西与同安营埭头汛交界。

以上十汛为外汛,与厦门隔海,同安县属。

浯屿汛,在厦门南,孤悬大海中,距厦水程七十里。水道四通,外控大、小担屿之险,内绝海门、月港之奸,为澄、厦扼要地也。旧置水寨,统以钦依把总。康熙间,设浯屿营游击。寻,改设提标中营守备驻防。如守备公干驻厦,委以千总、把总分驻,领兵防守。东至九节礁一里,与金门右营交界;南至大礁半里外海与金门右营水汛交界,内海五里至岛美辖汛与漳镇右营陆汛接壤;西至青屿十五里,与小担水汛交界;北至刺屿尾镜台礁,与海门汛交界。

岛美汛,在厦门南,水程七十里,隔海对浯屿。提标中营兵防守。东、北俱临海水程五里,与浯屿汛交界;西至深坞四里、南至浮游一里,俱与漳镇右营陆汛交界。

大径卓崎汛,在厦门南,水程六十里,近南太武山麓。提标中营兵防守。东至户阄礁水程五里,与深坞水汛交界;西至长沙垵水程十里,与青浦汛交界;南至港尾水程十里,水尽处与漳镇右营陆汛接壤;北至破灶洋水程五里,与前营水汛交界。

深坞汛,在厦门南,水程六十里,近接卓崎。提标中营兵防守。东界岛美汛,水程五里;西至户阃礁水程五里,与大径水汛交界;南至海边,与漳镇右营陆汛交界;北至青屿水程二十里,与小担汛交界。

海门汛,在厦门西,水程五十里。离海澄县三十里许,环海而立,船出入要冲。提标中营弁兵防守。东至青浦汛,水程二里;西至大泥美、南至海门山脚各一里,俱与漳镇右营陆汛交界;北水程十里,与圭屿汛交界。

溶川码汛,在厦门西水程八十五里海澄城外,近港口铳城,内海船只停泊往来处也。提标中营兵防守。北临海至漏仔洲二里,与乌礁汛交界;南至文庙一里、东至涂城一里,俱与漳镇右营陆汛接壤;西八里,与龙海桥汛交界。

青浦汛,在厦门西南水程五十里,隔海望海门。提标中营兵防守。东至刺屿尾十二里,西至观音亭七里,南至大庙前一里,俱与漳镇右营陆汛接壤;北临海七里,与圭屿汛交界。

圭屿汛,在厦门西,水程四十里,屹立海中,为厦岛之内臂,漳郡之外户。明置铳城御寇,今城久圮。提标中营兵哨守。东、北水途,俱与前营水汛交界;南水途,与青浦汛交界;西水途,与海门汛交界。

海沧汛,在厦门西,水程五十里;内海船往来要地。提标前营弁兵防守。西八里,与白礁汛交界;东至钱屿八里,与桥梁尾汛交界;南临海至莲花礁,与圭屿汛交界;北三里,与三都汛交界。

桥梁尾汛,在厦门西三都、海沧之交,水程七十里。提标中营兵防守。东、南临海三里,俱与嵩屿汛交界;北八里至龙店;西至钱屿八里,与海沧汛交界。

三都汛,在厦门西,水程四十里,近坂尾。提标前营兵防守。东三里至龙店,西七里至龙门岭,南八里至海沧,北五里至苏岭、云窝岭,俱与前营辖汛接壤。

嵩屿汛,在厦门西,水程三十里,由陆往漳州大道,隔海与厦门相望。提标前营弁兵防守。东、南临海各三里,与鼓浪屿汛交界;西至岭上社、北至筐日社各三里,俱与海沧汛接壤。

排头门汛,在厦门西北,水程二十里,近高浦,内海船往来必经也。提标前营兵防守。东、南、北三面俱临海,自火烧屿至蚝酱、镜台等处港中各三里,与后营筼筜港、高浦、马銮三水汛交界;西七里至龚厝社,与新垵汛接壤。

新垵汛,在厦门西,水程五十里,近鼎尾。提标前营兵防守。东八里至龚厝社,与排头门汛接壤;西五里,与鼎尾汛交界;北临海水途二里,与高崎汛交界;南至苏岭十里,与三都汛交界。

以上十四汛,与厦门隔海,皆海澄县属。

石码寨汛,在厦门西,水程百里,离漳郡水程亦如之,为厦、漳扼要。康熙间,移镇门城筑此,居民商贾集辏。水师提标左营游击驻防,管辖各汛,调度巡哨。东二里至龙海桥,与溶川码汛交界;西六里,与福浒汛交界;南至南台汛张厝社大路三里,与漳镇右营陆汛接壤;北临河水程一里,与乌礁汛阶河相望。

木屐街汛,在厦门西,水程百里。提标左营弁兵防守。东二里,界龙海桥汛;西连石码寨、南至南台汛各一里;北临河与乌礁汛隔河相向,水途一里。

龙海桥汛,在厦门西,水程九十里有奇,龙溪、海澄之交。提标左营兵防守。东八里,界溶川码;西一里,界港口汛;南三里至港,与漳镇右营陆汛接壤;北一里,与木屐街汛交界。

南台汛,在厦门西,水程百十里。提标左营兵防守。东二里,界港口汛;西五里,界福浒汛;南至祖山头,与漳镇右营陆汛接壤;北一里,与木屐街汛交界。

乌礁汛,在厦门西,水程八十里。提标左营兵防守。四面环河,东至漏仔洲十里,与中营水汛交界;西至洲头五里,与右营水汛交界;南一里,与木屐街汛交界;北一里,与许茂水汛交界。

福浒汛,在厦门西,水程百十里;与三叉河隔水相望,势为犄角。提标左营弁兵防守。东五里,与南台汛交界;西一里,与福河汛交界;南至上南坂社四里,与漳镇右营陆汛接壤;北临河水途一里,与许茂汛交界。

福河汛,在厦门西,水程一百一十里。提标左营兵防守。东一里,与福浒汛交界;西四里,与北溪头汛交界;南三里至上南坂社,与漳镇右营陆汛接壤;北临河,与三叉河汛相向,水途一里。

北溪头汛,在厦门西,水程百十里有奇。提标左营兵防守。东与福浒汛交界;西三里至隔头社,与漳镇城守营陆汛接壤;南至陈店社,与漳镇右营陆汛接壤;北临河水途三里,与三叉河汛辖地长洲社相向。

三叉河汛,在厦门西,水程百十里,为漳、厦溪海汇流中、南、北三港要隘,内海船必经之地。旧设守备防海,后寇平撤去,今提标右营兵防守。东临河水途二里,与澳头汛交界;西至长洲社二里,与漳镇右营陆汛接壤;南临河水途一里,与福浒汛交界;北二里至马崎山下,与漳镇城守营陆汛接壤。

澳头汛,在厦门西,水程百里有奇,近江东,离果堂寨一里。提标右营兵防守。东五里,与东尾汛交界;西临河水途二里,与三叉河汛交界;南临河,与福浒汛交界;北至果堂山下一里,与漳镇城守营陆汛接壤。

东尾汛,在厦门西,水程百里有奇,近玉洲汛。提标右营兵防守。东三里,与玉洲汛交界;西五里,与澳头汛交界;南临河,与许茂水汛交界;北至东山尾一里,与漳镇城守营陆汛交界。

许茂汛,在厦门西,水程百里,居三叉河之左。提标右营兵防守。四面环河;东与乌礁汛交界,西与福浒汛交界,南与石码汛交界,北与玉洲汛交界。

玉洲汛,在厦门西,水程百里,为漳、厦船只出入要地。提标右营弁兵防守。东二十里,与石美汛交界;西三里,与东尾汛交界;南临河水途二十里,与许茂水汛交界;北至官港四里,与漳镇城守营陆汛接壤。

石美汛，在厦门西，水程七十里。提标右营兵防守。东五里，与壶屿汛交界；西二十里，与玉洲汛交界；南至大河，与左营水汛交界；北至丁厝社十里，与漳镇城守营陆汛接壤。

港口汛，在厦门西，水程九十里许。提标左营兵防守。东一里，与龙海桥汛交界；西二里，与南台汛交界；北一里，与木屐街汛交界；南至张边社一里，与漳镇右营陆汛接壤。

壶屿汛，在厦门西，水程七十里。提标右营兵防守。东至桥头港心礁一里，与白礁汛交界；西五里，与石美汛交界；南临海至草洲三里，与中营水汛交界；北至果堂山石碑一里，与漳镇城守营陆汛接壤。

以上十六汛，与厦门隔海，皆龙溪属。

柏头汛，在厦门北，水程九十里，为防奸之所。提标后营弁兵防守。东十五里，与刘五店汛交界；西临海五里，与丙洲汛交界；南临海港心礁，与高崎汛交界；北与同安营马厝巷陆汛接壤。

刘五店汛，在厦门东北，水程七十里，与五通隔海相对，水程三十里，泉州往来要隘。提标后营弁兵防守。东至时厝社四里，与澳头汛接壤；西、南俱临海，至离浦屿与高崎、五通二汛交界；北至石崎社二十里，与石蟳汛交界。

澳头汛，在厦门东北，水程八十里，地逼外海，为厦次要。提标后营弁兵防守。东临外海，与金门镇标右营大嶝水汛分界；西至时厝社四里，与刘五店汛交界；南临海，至港中与东澳汛交界；北至彭厝社五里，与金门镇左营接壤。

以上三汛，与厦门隔海，皆马巷厅属。

厦岛四面环海，各外汛距城水程，皆以西南诸渡头计之。然风有顺逆、潮有涨退，迟速难准。所载里数，犹外海更数约略为定。其分派弁兵额数，详《兵制》。

按：厦门以大小担、浯屿为门户，险要称最；次则白石头、玉波坡、鼓浪屿、湖里、高崎、五通六汛，为厦门咽喉出入要隘；次则海门、石码、海澄、福浒、玉洲、海沧、嵩屿、澳头、浔尾、柏头、刘五店十一汛，为通泉、漳要冲。水师各分汛地，派营弁领船驻泊巡缉。其他数十小汛，亦皆戍以兵丁，声势连络。水陆分哨，又按时分派五营官兵驾八桨快船，梭织往来。其大担门，则五营公派兵船巡缉防守，又时派游击、守备督巡。小担、浯屿，亦各有分防专守。此内港巡缉之规制也；名曰汛哨。大担门以外，汪洋大海，金门镇标所专管。南北沿海各汛，近处谓之内洋；外海深水处，谓之外洋。提标五营又与三镇标舟师交错互巡，名曰洋哨。分中、南、北三路：中路，右、前、后三营轮派游击一员，领千把[总]、外委带兵驾战船四只，巡历将军澳、灯火、垵、林晋屿、镇海、旗尾、东碇、塔仔脚、料罗、北碇、围头各洋面，会同该处兵船哨缉，听金门镇调度，谓之中哨。北路，五营派千把[总]、外委四员带兵驾战船四只，巡历围头、永凝、祥芝、崇武、湄洲、平海、南日、磁澳、三沙、烽火各洋面，会同该处兵船哨缉，听海坛镇调度，谓之北哨。南路，五营派千把总、外委二员带兵驾战船二只，巡历镇海、陆鳌、杏仔、古雷、铜山、苏尖、宫仔前、悬钟、南澳各洋面，会同该处兵船哨缉，听南澳镇调度，谓之南哨。每年以二月至五月、六月至九月、十月至正月，分三班更迭轮值,周而复始。哨满回代。提督又分年亲自南北巡阅督缉,而沿海各处又有陆汛共相接引,山海巡防,内外交守,大小相维,防海之制,可谓周且密矣。(周凯:《厦门志》卷四,台湾文献史料丛刊第95种,第103—108页。)

26.《海防》

其洋面则有巡哨。澎湖旧制:每岁于二月起至九月底止,副将坐驾兵船四只出洋,在于左、右两营所辖洋面总巡。自二月起至五月底止,两营游击各带兵船四只出洋,在于本辖洋面分巡。自六月起至九月底止,两营守备各带兵船四只出洋,在于所辖各洋面,梭织哨捕。又十一月、正月系单月分,两营游击各带兵船四只,出洋轮巡。十月、十二月系双月分,两营守备各带兵船四只,出洋轮巡。定例:凡将备出洋巡哨,每月于初二日,在南势左、右两营交界之花屿洋面,兑旗会哨;十六日,在北势左、右两营交界之岛屿洋面,兑旗会哨。澎湖两营新章试办洋期:自正月起至六月底止为上班,属副将统巡,总带两营兵船六只(各营应派三只)出洋督缉。两营都司分巡,各驾兵船一只。两营千把总专巡、两营外委协巡,各驾兵船一只,分段巡缉。自七月至十二月底止为下班。秋季属左营都司统巡,冬季属右营都司统巡。俱总带两营兵船六只,出洋督缉,各该三个月之期。两营千把总分巡、两营千把总专巡、外委协巡,各驾兵船一只,分段巡缉。(以上营册)。(林豪纂修:《澎湖厅志》卷五,台湾文献史料丛刊第164种,第163—164页。)

27.《淡水厅舆图纂要》

岛屿(查,沿海岛屿为海口之关键,不可不载。余在深水外洋,形迹隐约无关紧要者,不及备载。此外沿海自南至北,并无海岛,唯鸡笼口外岛屿处,附载于后。)鸡笼屿:大鸡笼山北,端圆尖秀,屹立海中,与大鸡笼隔海不远,大加蜡保可见。桶盘屿:在鸡笼西南,为鸡笼口关锁。烛台屿、山寮屿、香炉屿、扛轿屿,以上四屿,在桶盘屿左右。

水(查,淡属溪水,均系自东首内山条条西流,而出海口。自南至北,海汊林立。其在平原或大或小,或浅或深,或用渡船,或用桥架,或可涉而过,均不甚险要。其入于海而口又狭小,沙线隔,不能停泊船只者,谓之溪口。若海口宽阔,可以进出船只者,谓之海口,均关紧要。故将逐条海口阔狭、深浅,其海潮所到船只可泊等处,分别南北详细开载,以昭详慎。另附海防重轻情形于后。)隙仔溪:在城南五里,源出金面山,自东至西而入于海。溪面甚狭,口门宽三丈。深须大雨之时,方有三四尺之水。一经晴霁,便成小沟,行人涉水而过。口外均系沙线包裹,船只不能出入,故溪名。

香山澳海口:在隙仔溪南,离城八里,源出宝斗仁山,西流而入于海。实系盐水港之口门,其口门相近之处,另有一澳名香山口,离深水外洋五里,澳阔二十余丈,深约一丈二尺。潮水涨至盐水港过渡之处而止。一经潮退,便成旱溪。澳口唯三五百石商船可以停泊,出入须乘潮涨。一经潮退,便不能出入。七八百石以上大船,间有遭风驶入者,停在澳外洋面,不能进口。有汛兵、口书、澳甲随时稽查船只。

中港溪海口:在香山口之南,离城二十五里,源出五指山脚,南流至三湾,遂西流而入于海。该处如遇山内暴雨,水路方深。若无溪流,渐狭渐浅。口门阔三十五丈,深一丈二尺,潮涨至进口十里而止。过渡处设有渡船,外来船只亦唯三五百石商船,可乘潮出入于口门内半里许,七八百石大船间有遭风收泊者,均在口外洋面,不能进口。有汛兵、口书、澳甲随时稽查船只。

后垄港海口:在中港口之南,离城四十里,源出内西潭,至海丰庄蛤仔市西下,至街仔尾分而为二:一绕后垄溪之北而入于海,溪流细浅,沙线丛杂,溪高于海,潮不能进,【船】不能泊入,系属小溪,而非海口,行人涉水而过。一由后垄街之南而入于海,乃名海口。其口门较中港口尤少,阔不过二十丈,深八九尺,设有渡船,二三百石之海船可以乘潮出入于口门内,略大商船,遭风收泊者,均在口外洋面,不能进口。潮水涨至乌尾地方止。有汛兵、口书、澳甲随时巡查。

打那叭溪:在后垄口之南,离城六十里,源出铜锣湾,经五湖四海,绕打那叭而入于海,来源既短,溪又浅狭,行人涉水而过。口门宽六丈零,深五六尺。口外沙泥淤塞,潮涨至口内二里许,不能停泊船只,故以溪名。

吞霄溪:在打那叭溪之南,离城七十里,源出内湖,受吞霄街后之水入海。来源较打那叭溪更短,溪亦浅狭,行人涉水而过。口外沙线丛杂,口门宽三丈余,深五六尺,潮涨至口内半里许,不能停泊船只,故以溪名。

苑里溪:在吞霄溪南,离城八十里,源出大坑口、铜锣湾西面诸山之水,绕蓬嵌山,曲曲而入于海。来源较打那叭、吞霄诸溪为长,而溪面浅狭,行人涉水而过。口外沙线丛杂,口门宽六丈余,深五六尺,潮涨至口内半里许,不能停泊船只,故以溪名。

大安溪海口(附房里溪、土地公港):在苑里溪南,离城九十里,源出火焰山北、铜锣湾山后面内山,湾曲过鲤[鱼]潭西下,出角山口以后,泛滥无定。溪面宽约二里许,中间沙积成堆者三、四条,已有居民,水势分歧杂出。在北边近于房里街者,为房里溪,宽二十余丈,深七八尺,有渡船以济行人。稍南,则土地公港,宽十余丈,深三尺,行人涉水而过。在南边近于大安者,为大安溪,又名顶店溪。宽二十余丈,深七尺零,亦有渡船。口门宽三十余丈,深七八尺。房里、土地公港等口均系沙泥塞积,不能泊船,唯大安口外沙线稍顺,春、夏时可泊二三百石小船,随潮出入。秋、冬水涸,不能停泊,大号商船,并无停歇者。潮涨至口内一里许。亦设有汛兵、口书、澳甲随时稽查。

大甲溪:在大安口之南,离城一百零二里。出自淡、彰两处内山番界,不知其源,受石壁、铁砧山、大甲城诸水,而入于海。溪面阔三里许,溪中巨石嵯峨,水势湍急,为淡、彰交界之险要(附议于后)。设有渡船,以济行人。溪口虽宽,近海之所沙线杂出,南分数条,至彰化界内五叉口相近之处而止。彼此渡船可以往来,外洋船只不能收泊。溪高于海,潮至口门而止,故仍以溪名。以上皆城南之溪水海口也。(《台湾府舆图纂要》,台湾文献史料丛刊第33种,台北、北京:台湾大通书局与人民日报出版社,2009年,第251—253页。)

28.《西港》

西港(一名旗后港,一名打鼓港),在大竹里,县西南十六里,源受丹凤澳,西行,由港门(旗后、打鼓二山,左右对峙,相距七八丈,若巨灵擘画然,故曰。港门当中有鸡心礁及港外各暗礁,皆舟行所宜谨慎者也),通外海(浪平可泊轮船)出入(按此港潮之涨退,不过八尺,为他邑所无),内为通商口岸,华洋杂处,商贾云集,经筑炮台,置成守,洵台南之门户也。

(卢尔德纂辑:《凤山县采访册》丙部,台湾文献史料丛刊第73种,台北、北京:台湾大通书局与人民日报出版社,2009年,第63—64页。)

29. 艋舺营参将

艋舺营参将辖艋舺陆营兵七百七名。罗源营兵一百九名(内外委一员),桐山营兵七十名(内外委一员),长福营右军兵三十六名(内额外一员),福宁镇右营兵一十八名(内外委一员),建宁镇中营兵一十六名(内外委一员,督标右营额外一员),枫岭营兵六名,延平协右营兵一十三名。右艋舺营旧额上府兵二百六十七名。海坛镇右营兵一十八名,海坛镇左营兵四十六名,烽火营兵一十八名,闽安协左营兵三十三名,闽安协右营兵五十名。右艋舺营新拨入上府兵二百一十五名,督标水营兵五十名。

艋舺营参将辖沪尾水师营兵七百七名。督标水师营兵一十五名,海坛镇左营兵五十六名,内外委一员,海坛镇右营兵五十九名,烽火门营兵二百四十四名,(内外委一员),福宁镇左营兵十九名(内额外一员),闽安协左营兵二十一名,闽安协右营兵二十一名。右沪尾水师营上府兵四百三十五名。

艋舺营参将辖噶玛兰营新旧兵七百二名。延平协左营兵四十二名(内外委一员),延平协右营兵四十一名(内外委一员),建宁镇中营兵四十二名,建宁镇左营兵四十一名,建宁镇右营兵四十一名,汀州镇中营兵三十五名,汀州镇左营兵三十六名,汀州镇右营兵三十七名(内额外一员),邵武协左营兵四十一名(内额外一员),邵武协右营兵四十一名(内额外一员)。右噶玛兰营旧额上府兵三百九十七名。

福宁镇右营兵三十三名,海坛镇右营兵七名,建宁镇中营兵一十四名,建宁镇左营兵十名,建宁镇右营兵六名,福宁镇中营兵三十名,连江营兵五十名,长福营右军兵五十名,罗源营兵三十五名,长福营左军兵十名,连江营兵十二名,延平左营兵十三名,兴化协左营兵十五名,兴化协右营兵十五名。右噶玛兰营新拨上府兵三百名。

北路协辖竹堑右营兵七百二十六名。福宁镇中营外委一员,福宁镇右营兵一百三十三名(内外委一员),福州协右军兵一十八名,建宁镇右营兵一百六十四名(内外委一员),长福营左军兵七十三名(内外委一员),桐山营兵一百零五名,枫岭营兵一百零八名(内外委一员),海坛镇左营兵二十二名。右北路右营上府兵六百二十四名。

以上艋舺、沪尾、噶玛兰、北右凡四营,上府兵二千二百四十一名,由八里坌配渡入五虎门。

艋舺参将辖艋舺陆营内:金门镇左营兵五十名,金门镇右营兵五十名,水提标中营兵二十五名,水提标左营兵二十五名,水提标右营兵二十五名,水提标前营兵二十五名,水提标后营兵二十五名。右艋舺营新拨下府兵二百二十五名。

艋舺参将辖沪尾水师营内:铜山营兵七十九名(内额外一员),金门镇右营兵二十六名(内外委一员、额外一员),水提标中营兵二十三名,水提标左营兵二十三名,水提标右营兵二十四名(内外委一员),水提标前营兵二十三名,水提标后营兵二十三名,金门镇左营兵二十四名,南澳镇左营兵二十七名。右沪尾营下府水师兵二百七十二名。

北路协辖竹堑右营内:陆提标前营兵五十四名(内外委一员),陆提后标营兵四十三名(内外委一员,额外一员),漳州镇右营兵五名。右北路右营下府兵一百零二名。合前、兰、艋三营,共下府兵五百九十九名,仍由鹿港配渡蚶江。(陈培桂、林豪纂修:《澎湖厅志》卷七,台湾文献史料丛刊第172种,第157—180页。)

30.《船政》

《皇朝通典》云:福建外海战船名号凡十:曰赶缯船,曰双篷艍船,曰双篷船,曰平底哨船,曰圆底双篷艍船,曰白艕艍船,曰哨船,曰平底船,曰双篷哨船,曰水底艍船。台湾厂承修额设战船九十六只,内艋舺营应大小战船十四只,编"波"字号者六只,原设也。"知"字号四只,"方"字号四只,添设也。舵工炊粮兵丁一十四名,即水师守兵也。按:雍正三年,准:台湾水师等营战船在台设厂,委台道台协监造。乾隆六年,议准:闽省战船桅木仍令各道采办。除台湾远隔海洋,仍循旧例。嘉庆十年,议准:台湾水师兵船单微,添设同安梭船,编"善"字号,分设配缉。十五年,议准:守港无须多船,裁去"善"字号船。又以鹿耳港水势平浅,另造守港船十六只,编"知"字号。八桨快船十六只,编"方"字号。分设防守。道光七年,奏准:"知"、"方"两【字】号裁汰。另造白底艍船十六只,编"顺"字号,十六只编"济"字号,分拨台协中、左、右、艋舺四营分管。艋舺得四分之一,以抵"知"、"方"旧额。此即新添八船也。嗣以道厂战船需料,樟木为多,率产于淡之内山番界,在艋舺设军工厂,例由道委员办运,为防海哨船所用。道光二十三年,台湾道熊一本复札淡水同知,召充匠首,采制军料,运厂策应,以副战舰之需。定照旧章,限以三月完半,六月完全。所有该匠,收售樟栳醾藤,即为斧锯运料之资。而私栳滋盛,奸民招集亡命,串通蠹役,于内山搭寮设灶,私煎私售,历经严禁在案。嗣经奏开征税,旋复禁止。惟军工运料,仍旧办理。(陈培桂、林豪纂修:《淡水厅志》卷七,台湾文献史料丛刊第172种,台北、北京:台湾大通书局与人民日报出版社,2009年,第187—188页。)

31. 淡水厅港澳

大安港。小口,在苑里溪南,距城西南八十五里,离深水外洋十余里。口门阔二十余丈,深七八尺,港内无山,包裹多石汕,忌溪流冲击。春夏可泊小舟,设大安汛,厅设口书一、澳甲一。道光二十二年,洋船犯此,沉之。(《石甫文钞》)

淡水澳口

后垄澳,在中港口之南,距城西南四十里,汇诸溪水入海,口门较小,内港阔二十丈余,深八九尺,大船不能进口,所泊只载二三百石者。潮涨至乌眉而止,与兴化南日对峙,为水陆扼要。设后垄汛,厅设口书一、澳甲一。有文馆兼办中港。

中港澳,在香山口之南,距城西南二十五里,浅狭多飞沙,须内山雨则溪流冲突,口门阔三十五丈,深一丈二尺。潮涨至进口十里而止,所泊三五百石之船,出入在半里许。大船遇风多泊口外,设中港汛。

香山澳,在隙仔溪南,距城西十里,离深水外洋五里,口门阔二十余丈,深一丈二尺。潮涨至盐水港而止,退即旱溪。三五百石之船乘潮可入,为南北大路。设香山塘,厅设口书一,澳甲一。

竹堑港小口,距城北十里,离深水外洋十余里,浅而多汕口。门阔二十余丈,深八尺零,潮涨至口内半里许而止。一二百石之船乘潮可入。雍正九年,置巡司。道光七年,创石城港南北二线,泊舟候潮,与福清、海坛对峙,北右营游击驻此。设竹堑海口塘。嘉庆十年,蔡牵盗船窜此,并在鹿井头等处游奕。咸丰四年,会匪黄位由鸡笼逸此。

南嵌澳,在中坜溪之北,距城北一百一十里(《通志》作七十里)。口门阔六七丈,深三四尺,潮涨至口门而止。口外沙线阻隔,船不能进,故或以溪称,与福州闽安镇关潼对峙,设南嵌塘,厅设澳甲一,附香山,兼司稽查。

艋舺澳,距城北一百十五里,凡运军工之艍仔船,及内地小渔船泊此。设艋舺营。

关渡门,距城北一百六十里,从淡水港入潮,分流两支。东北与西南不浑。设海关验卡,详见"关榷"。

八里坌正口,在沪尾港之南一里许,为台湾三大口之一。有街,原设都司巡检,今移驻艋舺。新庄旧址尚存。又设八里坌汛,因与沪尾毗连,守防关验及船只出入,多在沪尾。厅设口书一,澳甲一。

沪尾港,即淡水港,在龟仑岭之北,艋舺之南,距城一百七十里(《通志》作二百里),离深水外洋十余里,口门阔三箭许,深二丈余,两边暗沙围抱。口门虽紧,五六百石之船随时出入。大船须候潮,为经商要津。鸡笼以南咽喉也。自沪尾至艋舺水程三十里。关渡在适中之区,两山夹峙,阔一箭地,三四百石之船及大号者,尽可乘潮直抵。艋舺以上港口,旧有荷兰炮城,后外口门北峰造新炮台,增建营房。战船凡十有四只。今又设海关。嘉庆十年,蔡牵窜此焚掠,朱濆复寇之。

小鸡笼澳,在八里坌正口旁,土名假港。口门较正,口似阔,多暗沙及鲁古石,船触之立碎。凡进口以炮台望远楼为准。设小鸡笼塘。

金包里澳,距城东北一百六十里,离深水外洋十余里。设金包里汛。

深澳,在鸡笼港西二十余里,距城东北一百七十余里,离深水外洋二十余里,小渔船可泊。其汛兵归石碇堡三瓜汛带管。

三貂澳,距城东北二百余里,离深水外洋二十余里,遇风浪作,即小渔船亦难停泊,设大三貂港口汛。

八尺门,距城东北二百二十里,鸡笼港之东。隔港为三貂山。

鸡笼港,距城东北二百五十里,离深水外洋十余里。口门愈出愈阔,难以丈计,深三丈零,两边沙线隐没水底,宜防。三面皆山,独北面为海,可泊大小船只,出入不必候潮。与福宁、沙埕、烽火对峙,为北洋第一扼要。其环列左右各屿,离十里为鸡笼屿,周围十余里。八里桶盘屿。又左十里,狮球屿。右十里,独台屿、抬篙屿。又十五里,香炉屿。三十里,鸡心屿、草屿(即乌屿)。三十五里,花矸屿。炮城在港北入口之地,荷兰时筑,俗呼红毛城。设大鸡笼汛。厅设澳保一,今又设海关。康熙十二年,伪郑毁鸡笼城,恐我师进扎。二十二年二月,伪将何祐,复驱兵负土仍旧址筑之,并于大山别立老营以为犄角。道光二十一年,洋船犯此,炮折其桅破之。咸丰四年,会匪黄位由厦门窜此。八年春,位余党复来游奕。(陈培桂、林豪纂修:《淡水厅志》卷七,台湾文献史料丛刊第172种,第182—186页。)

32.《五营汛防》

中营水师。中军参将一员,驻扎厦门城内,首领五营军务。守备一员,驻防海澄浯屿汛。千总二员,把总四员,外委六员,额外四员,实兵八百四十一名(战兵四百二十八名,守兵四百十三名),战船九只,桨船五只。防守城东门,轮派千把总以下一员,兵十名(城内防守五营,各分地界存案)。分防高崎汛,外委一员,兵三十名。分防浯屿汛,守备一员,兵一百名,战船一只,兼辖深坞澳口等五汛,共领兵一百九十四名(深坞澳口汛兵二十五名,岛美汛兵二十名,卓崎汛兵十三名,大径港口汛兵十一名,浯屿南北炮台兵三十二名)。分防海门水汛,千总一员,兵六十名,战船二只,兼辖容川等四汛,共领兵一百三十三名(容川码汛兵三十名,青浦汛兵二十名,十八间塘兵三名,圭屿汛兵二十名。以上各汛,隔水海澄县属)。巡防大担门,输派外委一员,兵四十名,战船一只。厦门外武庙堆兵十名;怀德宫堆、水仙宫堆、鬼仔潭堆、接官亭堆各兵五名。

左营水师。游击一员,领兵二百名,防驻龙溪石码寨。守备一员,驻防厦门城外洪本部渡头。千总二员,把总四员,外委六名,额外四员,实兵八百四十六名(战兵四百三十三名,守兵四百十三名),战船八只,桨船四只。防守城北门,轮派千把总一员,兵十名。分防木屐街汛,千总一员,兵一百三十六名,战船一只,兼辖南台等四汛,共领兵一百八十六名(南台汛兵二十名,港口汛兵十名,龙海桥汛兵十名,乌礁汛兵十名)。分防福浒汛,把总一员,兵五十名,辖北溪头等四汛(北溪头汛兵十名,福河汛兵十名,以上各汛,隔水龙溪县属)。五通汛轮派外委额外一员,兵十四名。蛟塘汛兵六名,隶五通汛,俱在厦门。分防小担门汛,外委一员,兵四十名,战船一只,隔水同安县属。巡防大担门,轮派外委一员,兵四十名,战船一只。厦门草仔垵堆兵十名,系山后堆、火仔垵堆移此。程厝口堆、外清箭道堆,各兵五名。

右营水师。游击一员,驻防城外双连池,分巡内外洋。守备一员,驻防城外打锡箔巷。千总二员,把总四员,外委六员,额外四员,实兵八百四十六名(战兵四百三十三名、守兵四百十三名),战船九只,桨船二只,防守城南门,轮派千把总以下各一员,兵十名。分防玉洲汛,千把总一员,兵五十名,战船一只;辖三叉[河]等六汛,共领兵一百八十五名(澳头汛兵二十名,石美汛兵二十名,三叉河汛兵五十名,许茂汛兵十名,东尾汛兵三十名,乌屿汛,兵五名。)以上各汛,隔水龙溪县属。分防大担后炮台汛,外委一员,兵四十名,隔水同安县属。东澳汛,兵十名,隶大担后炮台汛。巡防大担门,轮派外委一员,兵四十名,战船一只。厦门石泉堆、石烛堆、宝月殿堆、王公宫堆、黄厝宫堆、养真宫堆,各兵八名。靖山头堆,兵二十名(原配兵八名,后添兵十二名)。

前营水师。游击一员,驻防城外万寿宫,分巡内外洋。守备一员,驻防城外厦门港。

千总二员,把总四员,外委六员,额外四员,实兵八百四十六名(战兵四百三十三名,守兵四百十三名),战船十只,桨船四只。防守镇南关,轮派千把总以下一员,兵二十名。分防海沧汛,千总一员,兵六十名,战船一只,兼辖桥梁尾等七汛,共领兵一百一十名(桥梁尾汛兵五名,三都汛兵五名,新垵汛兵五名,排头门汛兵五名,嵩屿汛轮派外委一员,兵二十名,鼎尾汛兵五名,白礁汛兵五名。)以上各汛,隔水海澄县属。分防鼓浪屿汛,轮派外委额外一员,兵四十名,与厦门隔水。分防安海汛,轮派外委额外一员,兵三十名,协防乌坑园、曾厝垵等汛,黄厝社炮台配兵一名,安海汛、黄厝社俱在厦门。巡防大担门,轮派外委一员,兵四十名,战船一只。厦门打石字堆兵十名,后堀桥堆兵五名,尪下桥堆兵六名,后崎尾堆兵十名。

后营水师。游击一员,驻防城外关仔内,分巡内外洋。守备一员,驻防城外局口街。千总二员,把总四员,外委六员,额外四员,实兵八百四十六名(战兵四百三十三名,守兵四百十三名),战船十一只,桨船四只。防守城西门,专派千总以下一员,兵十名。分防刘五店汛,千把总一员,兵五十名,战船一只,兼辖澳头等七汛,共领兵一百八十三名(澳头汛轮派外委一员,兵二十名,石浔汛兵二十名,丙洲汛兵十名,浔尾汛轮派外委额外一员,兵四十名,高浦汛兵十名,马銮汛兵十名,柏头汛轮派外委一员,兵二十名)。分防大担前炮台汛,把总一员,兵四十名,以上各汛,隔水同安县属。巡防大担门,轮派外委一员,兵四十名,战船一只。厦门金鸡亭汛兵三名,圣林塘汛兵五名,深田内堆、桂州堆,配兵十名,溪岸尾堆兵二十名(系尾头堆移此),内水仙堆兵十名(系新设),斗涵堆兵五名。

五营公汛。大担门水汛,五营既各派营弁一员,船一只,兵四十名防守巡缉。大担为厦口要冲,又专派将备按月轮值,单月轮右、前、后三营游击一员,双月轮五营守备一员,巡防汛口,稽查船只,兼查大担水汛哨船。白石头汛,五营轮派千把总一员,匀配兵五十名。水操台,五营轮派外委额外一员,匀配兵共二十五名。厦门港炮台,五营轮派千把总一员,匀配兵二十五名。演武亭,五营轮派外委额外一员,匀配兵共二十名,共相防守。(以上汛地在漳州府属者,康熙二十一年进剿台、澎,暂交陆路管辖。二十三年,仍归水师。)[周凯:《厦门志》卷三,道光己亥(1839)刻本,第7—8页。]

33. 潮州府之内外洋

内洋:一虎仔屿,一鸡母港,一大小金门;外洋:一深屿,一隆澳,一蜡屿,一洋屿,一西阁,一长山尾,一前江澳,一王屿,一侍郎洲,一海山,一溪南,一溪北。

南澳,在闽广之交,去悬钟水口约三十余里。洪武间,居民负险作乱,遂为贼巢,小舟须鱼贯而入,官兵攻剿颇难,内田约五万余亩,官给牛种,屯军耕种,以扼寇盗之险,而免输将之劳。

大莱芜,海底有沙汕一道,沉水礁三,一在汕下,一在澳内,一对亚子门。东控南澳,贼艘必经之地,为海防最要。(县志)内洋:一莱芜,一溪东溪港,一东港口,一沙汕头,一三湾,一南洋,一山头仔,一樟林,一盐灶。

钱澳山,旁即海门所(《广东舆图》),为海船湾泊之所,距县东南二十五里,高约四十余丈,周围五里,迤东三里,曰莲花峰。宋文丞相尝登此,以望帝舟。其北有山,曰钟南山,临于沧海之上,有石田,曰镇海将军。得胜关,在其西,有牛角、睡虎、伏龙等石,及宋元题刻甚多。双髻山,即曾山,距县西北二十五里,高数百丈,周围数十里,为近县尖秀山。航海者,望此为准。上有岩,曰宝峰岩,石室天成,深广八尺,多文贝、紫草、朱艾,服之祛毒,其支趋练江,曰石龟山,大流经其下,巨石林立,石龟如筹,为邑之右臂,距县十里。石井山,距县北六十五里,高约五十余丈,周围十里。旧有城垣,为海口重地,设防讯。黄冈山,距县南四十八里。南山,距县南一百余里,高数百丈,绵亘约九十里,连峰接岫,深林峻岭,西通长乐,南通惠来、海丰,盗贼出没,常负固焉。

内洋:一南炮台,一钱澳,一河渡门,一角石汛,一葛洲,一澳头,一连澳。外洋:一钱澳表,一广澳表。

靖海港,在海门西六十里,距县城五十里,在乌涂溁炮台西五里,通惠来之西石乡,鸣珂乡,商渔船聚泊于内。沿海迤西一带,计四十余里,有石碑、赤澳、前尖溪、东澳角四炮台,为海防最要。

内洋:一靖海港,一神泉港,一澳脚,一溪东,一华埔,一金泉洲,一赤州,一文昌,一石师尾,一石碑澳。外洋:一东澳,一芦园,一茭梭,一西溪,一赤沙澳,一华澳,一乌涂尾,一排兜。

内洋:一虎仔屿,一鸡母港,一大小金门。外洋:一深屿,一隆澳,一蜡屿,一洋屿,一西阁,一长山尾,一前江澳,一王屿,一侍郎洲,一海山,一溪南,一溪北。

内洋:一莱芜,一溪东溪港,一东港口,一沙汕头,一三湾,一南洋,一山头仔,一樟林,一盐灶。靖海港,在海门西六十里,距县城五十里,在乌涂溁炮台西五里,通惠来之西石乡,鸣珂乡,商渔船聚泊于内。沿海迤西一带,计四十余里,有石碑、赤澳、前尖溪、东澳角四炮台,为海防最要。

内洋:一靖海港,一神泉港,一澳脚,一溪东,一华埔,一金泉洲,一赤州,一文昌,一石师尾,一石碑澳。外洋:一东澳,一芦园,一茭梭,一西溪,一赤沙澳,一华澳,一乌涂尾,一排兜。[周硕勋纂修:《潮州府志》卷四,光绪十九年(1893)珠兰书屋重刻本,第7—8页。]

34. 营制(营署附)

军营驻邑辖之内者,其大纲有三:曰总镇标营,驭全台者也。台协水师营,防海口者也。城守营,为邑治而设者也。并详于后。

旧制:镇守台湾总兵官一员,雍正十一年议准,照山、陕沿边之例,为挂印总兵,带方印,驻台湾府城镇北坊。

中营中军游击一员,守备一员,千总二员,把总四员,马步战守兵八百三十五名(内除外委六员,额外三员,实兵八百二十六名),马四十匹,驻防中路口,营在镇北坊。

左营游击一员,守备一员,千总二员,把总四员,马步战守兵八百五十五名(内除外委六员,额外三员,实兵八百四十六名),马四十匹,驻防北路口,营在镇北坊。

右营游击一员,守备一员,千总二员,把总四员,马步战守兵八百五十五名(内除外委六员,额外三员,实兵八百四十六名),马四十匹,驻防南路口,营在东安坊。

协镇台湾水师,营在安平镇(镇城一座,坐北向南,红毛所建。雍正十一年,总督郝玉麟奏准:就城内建仓贮粟三万石,交营收管,递年籴米给兵,以免赴府支运之劳)。本协副将一员,中营游击一员,守备一员,千总二员(俱驻防安平镇,仍与右营轮防鹿耳门),把总四员(内二员随防安平,二员分防大港、蚊港二汛),步战守兵七百八十二名(内除外委六员,额外三员,舵工炊粮十五名,实兵七百五十八名),战船一十五只(俱"平"字号,旧为一十九只,乾隆二十五年裁其一,至三十三年又裁其三),炮架八座(鹿耳门汛),炮台七座(外海蚊港汛四座,大港汛三座),烟墩十一座(蚊港六,大港五)。

左营游击一员(驻防鹿仔港),守备一员(驻防笨港),千总二员(内一员随防鹿仔港,一员分防大突炮台),把总四员(内二员随防鹿仔港、笨港,二员分防新店、三林港),步战守兵七百三十三名(内除外委六员,额外三员,舵工炊粮十六名,实兵七百零八名),战船一十六只(俱"定"字号。旧为一十八只,乾隆三十三年裁其二),架炮八座(在安平内有铜炮一座,乃伪郑所遗),炮台七座(安平镇三,笨港一,海丰港一,三林港一,鹿仔港一),烟墩十一座(安平七,笨港一,海丰港一,三林港一,鹿仔港一)。(按:左营旧驻安平,乾隆五十三年移驻鹿仔港。其旧管炮台、炮架、烟墩在安平者,归安平营下管辖,其在鹿仔港应有增设属彰化、嘉义辖下,未考其详。)

右营游击一员,守备一员,千总二员(俱驻防安平镇,仍与中营轮防鹿耳门),把总四员(内二员随防安平,二员分防打鼓、东港),步战守兵七百八十二名(除实,与中营同),战船一十五只(俱"澄"字号,旧为一十九只,乾隆二十五年、三十三年两次裁汰,与中营同),炮架十四座(鹿耳门七,安平七),炮台五座(在打鼓港),烟墩二十一座(安平十,打鼓十一)。嘉庆十年,台湾镇道奏准:添造梭船三十号(另编"善"字号),把守鹿耳门暨巡外洋缉捕,俱归台协副将统带。又奏准:添设全台水师兵凡一千一百四十四名。又额外外委十名,除分派北路淡水外,台协每营各派水兵三百三十名。计三营,凡添兵九百九十名。

城守营驻防邑治,营在大北门内本营。参将一员,左军守备一员(驻防凤邑冈山),千总一员,把总二员(与千总轮防府治及罗汉门、凤邑冈山),右军守备一员(驻防嘉义下加冬),千总二员(内一员,乾隆五十三年增设),把总二员(与千总轮防府治及嘉义目加溜湾、大武垄下加冬)。左军马步战守兵五百四十名(内除外委四员,额外一员,实兵五百三十五名,以八十五名驻防府治,以四百五十名分防本邑罗汉门各汛及凤邑冈山各汛)。右军马步战守兵六百三十九名(内除外委六员,额外一员,实兵六百三十二名,以一百七十三名驻防府治,以四百五十九名分防本邑大穆降各汛又嘉义下加冬各汛)。左、右军凡马四十匹。凡各营兵皆自内地拨戍,三年期满更代。

附考:康熙二十三年,设镇标中、左、右三营,府城内外汛塘俱系三营拨兵分防。雍正十一年,总督郝玉麟奏准:添设城守营,将仓库、城门、炮台及各汛塘悉归防守,仍将三营之兵撤回府治,以资弹压。又考:康熙二十三年设道标营,拨镇标营守备一员,左营千总一员,左、右营把总各一员,中、左、右三营兵各一百名,入道标营。六十年裁,其各官兵仍归本营。又考：台营原无马兵。马兵之设，自乾隆五十三年始也。（谢金銮等纂：《续修台湾县志》卷四，台湾文献史料丛刊第 140 种，台北、北京：台湾大通书局与人民日报出版社，2009 年，第 247—250 页。）

35.《营制》

安平水师协标中、左、右三营。副将一员（驻扎安平镇汛），中营游击一员（分巡鹿耳门外中路洋面），守备一员（轮防内海鹿耳门汛），千总二员（内一员分防内海安平镇汛，一员分防外海蚊港汛，兼辖外海北门屿、马沙沟、青鲲身等汛），把总四员（内一员分防内海安平镇汛，一员轮防内海安平鹿耳门汛，一员分防内海盐水港汛，一员分防外海大港汛，兼辖外海鲲身头、蛲港等汛），步战、守兵八百五十名（内地按班拨戍，以四十名随防安平镇；以八十五名分防内海安平镇汛；以一百五十名轮防内海鹿耳门汛；以一百二十名分防内海盐水港汛；以九十五名分防外海蚊港汛，兼辖外海北门屿、马沙沟、青鲲身等汛；以六十名分防外海大港汛，兼辖外海鲲身头、蛲港等汛；以九十名拨随副将出洋总巡；以一百六十名分巡鹿耳门外中路洋面；以五十名贴防北路营半线汛）。战船一十八只（内海安平镇汛七只，鹿耳门汛三只，外海蚊港汛二只，大港汛一只，拨随副将出洋总巡二只，分巡鹿耳门外中路洋面四只。平一、平二、平三、平四、平五、平六、平七、平八、平九、平十、平十一、平十二、平十三、平十四、平十五、平十六、波七、波八）。炮架八座（鹿耳门汛）。炮台七座（外海蚊港汛四座，大港汛三座）。烟墩十一座（外海蚊港汛六座，大港汛五座）。

左营游击一员（驻防安平镇汛），守备一员（分防内海笨港汛），千总二员（内一员，雍正十一年添设。一员驻防安平镇汛；一员分防内海安平镇汛，兼辖内海水域海口），把总四员（内一员，雍正十一年添设。一员分防内海笨港汛，一员分防内海三林港汛，一员分防内海鹿子港汛，兼辖鹿子港炮台），步战、守兵八百名（内地按班拨戍。内以一百名驻防安平镇汛；以七十名随防安平镇城；以一百三十名分防内海安平镇汛，兼辖内海水域海口；以一百三十名分防内海笨港汛；以十名拨防内海猴树港汛并海丰港炮台；以五十名分防内海三林港，兼辖三林港炮台；以九十名分防内海鹿子港汛，兼辖鹿子港炮台；以四十名拨随副将出洋总巡；以一百八十名拨巡本汛洋面）。战船一十八只（安平镇汛七只，笨港汛三只，三林港汛一只，鹿子港汛二只，拨随副将出洋总巡一只，拨巡木汛洋面四只，定一、定二、定三、定四、定五、定六、定七、定八、定九、定十、定十一、定十二、定十三、定十四、定十五、定十六、定十七、定十八、波五、波六）。炮架八座（安平镇汛内有铜炮一座，伪郑所遗），炮台七座（安平镇汛三座，笨港汛一座，海丰港汛一座，三林港一座，鹿子港一座），烟墩十一座（安平镇汛七座，笨港汛一座，海丰港一座，三林港一座，鹿子港一座）。

右营游击一员（驻防安平镇汛），守备一员（分巡本汛洋面），千总二员（一员驻防安平镇汛，一员分防打鼓、岐后、西溪、东港、淡水港汛洋面），把总四员（内一员，雍正十一年添设。一员随防安平镇城，一员轮防鹿耳门汛，一员分防外海打鼓汛，兼辖岐后、万丹、西溪、东港、淡水港、茄藤港、放索、大昆麓等汛），步战守兵八百五十名（内地按班拨戍。内以一百名驻防安平镇汛;以七十名随防安平镇城;以一百五十名轮防内海鹿耳门汛;以一百三十名分防外海打鼓汛,兼辖岐后、万丹、西溪、东港、淡水港、茄藤港、放索、大昆麓等汛;以一百二十名分防打鼓、岐后、西溪、东港、淡水港汛洋面;以五十名拨随本标左营游击出洋总巡;以一百八十名分巡本汛海面;以五十名贴防北路营半线汛)。战船一十八只(安平镇汛六只,鹿耳门汛三只,打鼓汛二只,分防打鼓、岐后、西溪、东港、淡水港汛洋面三只,拨随本标左营游击出洋总巡一只,分巡本汛洋面四只。澄一、澄二、澄三、澄四、澄五、澄六、澄七、澄八、澄九、澄十、澄十一、澄十二、澄十三、澄十四、澄十五、澄十六、澄十七、澄十八),炮架十四座(鹿耳门汛七座,安平镇汛七座),炮台五座(打鼓汛),烟墩二十一座(安平镇汛十座,打鼓汛十一座)。

澎湖水师协标左、右二营。副将一员(驻扎澎湖),左营游击一员(驻防内海妈宫汛),守备一员(分巡八罩洋面),千总二员(一员驻防妈宫汛,一员分防外海嵵里汛,兼辖双头跨、风柜尾、文良港、龟鼊港等汛),把总四员(二员驻防妈宫汛,一员轮防妈宫澳、新城内海港口,一员分防外海八罩汛,兼辖外海八罩、挽门、水垵、将军澳等汛并将军澳炮台),步战守兵一千名(内地按班拨戍。内以二百二十七名驻防内海妈宫汛;以二十八名轮防内海妈宫澳、新城内海港口;以七十八名拨防内海妈宫澳、新城、东港并港口;以二百八十四名分防外海八罩汛,兼辖外海八罩、挽门、水垵、将军澳等汛并将军澳炮台;以一百三十五名分防外海嵵里汛,兼辖双头跨、风柜尾、文良港、龟鼊港等汛;以一百一名拨随副将出洋总巡;以一百四十七名分巡八罩洋面)。战船一十七只(妈宫汛七只,拨防内海妈宫澳、新城、东港并港口一只,分防外海八罩汛二只,分防外海嵵里汛二只,拨随副将出洋总巡二只,分巡八罩洋面四只。乾隆二十五年内裁一只)。(绥一、绥二、绥三、绥四、绥五、绥六、绥七、绥八、绥九、绥十、绥十一、绥十二、绥十三、绥十四、绥十五、绥十六、绥十七),炮台六座(妈宫澳一座,八罩汛三座,嵵里汛二座),烟墩六座(八罩汛三座,嵵里汛三座)。

右营游击一员(驻防内海妈宫汛),守备一员(分巡西屿头洋面),千总二员(一员驻营,游防妈宫汛,一员分巡外海大北山、瓦硐港、赤嵌澳、通梁港等汛),把总四员(二员驻防妈宫汛,一员分防妈祖湾港口,一员分巡外海西屿头、内外堑,兼辖竹篙湾、缉马湾、小门等汛)。步战守兵一千名(内地按班拨戍。内以三百三十三名驻防内海妈宫汛;以五十六名拨防妈祖澳、新城并内海新城西港;以五十名分防内海妈祖澳港口;以一百七十三名分巡外海西屿头、内外堑,兼辖竹篙湾、缉马湾、小门等汛;以一百名分巡外海大北山、瓦硐港、赤嵌澳、通梁港等汛;以九十名拨随副将出洋总巡;以一百九十八名分巡西屿头洋面)。战船一十六只(妈宫汛九只,妈祖澳港口一只,分巡外海西屿头、内外堑等汛一只,分巡外海大北山、瓦硐港等汛一只,随副将出洋总巡二只,分巡西屿头洋面四只,乾隆二十五年内裁二只。)(宁一、宁二、宁三、宁四、宁五、宁六、宁七、宁八、宁九、宁十、宁十一、宁十二、宁十四、宁十五、宁十六、绥十八)。炮台三座(外海西屿头),烟墩六座(外海西屿头五座,大北山瓦硐港一座)。武职共一百一十四员,战守兵一万二千六百七十名,战船八十九只。(余文仪纂修:《续修台湾府志》卷九,台湾文献史料丛刊第 121 种,台北、北京:台湾大通书局与人民日报出版社,2009 年,第 369—382 页。)

36.《兵制》

台湾水师协镇标中、左、右三营：副将一员,驻扎安平镇汛。

中营：游击一员,守备一员,千总二员,把总四员,步战守兵八百五十名(内地按班拨戍,饷有定额),战船一十九只(平一、平二、平三、平四、平五、平六、平七、平八、平九、平十、平十一、平十二、平十三、平十四、平十五、平十六、平十七、平十八、波七),炮架八座,烟墩七座。

一,随防安平镇兵四十名。

一,分防内海安平镇汛千总一员,把总一员,兵八十五名,战船七只。

一,轮防内海鹿耳门汛守备一员,把总一员,兵一百五十名,战船三只,炮架八座。

一,分防内海盐水港汛把总一员,兵一百二十名。

一,分防外海蚊港汛,兼辖外海北门屿、马沙沟、青鲲身等汛。千总一员,兵九十五名,战船二只,炮台四座,烟墩六座。

一,分防外海大港汛,兼辖外海鲲身头、蛲港等汛。把总一员,兵六十名,战船一只,炮台三座,烟墩五座。

一,拨随副将出洋总巡兵九十名,战船二只。

一,分巡鹿耳门外中路洋面,游击一员,兵一百六十名,战船四只。

一,贴防北路营半线汛,兵五十名。

左营：游击一员,守备一员,千总二员(内一员雍正十一年添设),把总三员(内一员十一年添设),步战守兵八百名(内地按班拨戍,饷有定额),战船一十八只(定一、定二、定三、定四、定五、定六、定九、定十、定十一、定十二、定十三、定十四、定十五、定十六、定十七、定十八、波五、波六),炮架八座,炮台七座,烟墩十一座。

一,驻防安平镇汛,游击一员,千总一员,兵一百名,战船六只。

一,随防安平镇城,兵七十名。

一,分防内海安平镇汛,兼辖内海水城海口。千总一员,兵一百三十名,战船七只。

一,分防内海笨港汛,守备一员,把总一员,兵二百三十名,战船三只,炮台一座,烟墩一座。

一,拨防内海猴树港汛,并海丰港炮台兵十名,炮台一座,烟墩一座。

一,分防内海三林港汛,兼辖三林港炮台。把总一员,兵五十名,战船一只,炮台一座,烟墩一座。

一,分防内海鹿仔港汛,兼辖鹿仔港炮台。把总一员,兵九十名,战船二只,炮台一座,烟墩一座。

一,拨随副将出洋总巡游击一员,兵四十名,战船一只。

一,拨巡本汛洋面兵一百八十名,战船四只。

右营：游击一员,守备一员,千总二员,把总三员(内一员雍正十一年添设),步战守兵八百五十名(内地按班拨戍,饷有定额),战船一十九只(澄一、澄二、澄三、澄四、澄五、澄六、澄七、澄八、澄九、澄十、澄十一、澄十二、澄十三、澄十四、澄十五、澄十六、澄十七、澄十八、波八),炮架七座,炮台五座,烟墩二十一座。

一,驻防安平镇汛游击一员,千总一员,兵一百名,战船六只。

一,随防安平镇城把总一员,兵七十名。

一,轮防内海鹿耳门汛,把总一员,兵一百五十名,战船三只,炮架七座。

一,分防外海打狗汛,兼辖岐后、万丹、西溪、东港、淡水港、茄藤港、放索、大昆麓等汛,把总一员,兵一百三十名,战船二只,炮台五座,烟墩十一座。

一,分防打狗、岐后、西溪、东港、淡水港汛洋面,千总一员、兵一百二十名,战船三只。

一,拨随本标左营游击出洋总巡兵五十名,战船一只。

一,分巡本汛洋面守备一员,兵一百八十名,战船四只。

一,贴防北路营半线汛兵五十名。

澎湖水师协镇标左、右二营。副将一员,驻扎澎湖。

左营:游击一员,守备一员,千总二员,把总四员,步战守兵一千名(内地按班拨戍,饷有定额),战船一十八只(绥一、绥二、绥三、绥四、绥五、绥六、绥七、绥八、绥九、绥十、绥十一、绥十二、绥十三、绥十四、绥十五、绥十六、绥十七、绥十八),炮台六座,烟墩六座。

一,驻防内海妈宫汛,游击一员,千总一员,把总二员,兵二百二十七名,战船七只。

一,轮防妈宫澳、新城内海港口,把总一员,兵二十八名。

一,拨防内海妈宫澳、新城、东港并港口,兵七十八名,战船一只,炮台一座。

一,分防外海八罩汛,兼辖外海八罩、挽门、水垵、将军澳等汛,并将军澳炮台,把总一员,兵二百八十四名,战船二只,炮台三座,烟墩三座。

一,分防外海蒔里汛,兼辖双头跨、风柜尾、文良港、龟鳖港等汛,千总一员,兵一百三十五名,战船二只,炮台二座,烟墩三座。

一,拨随副将出洋总巡兵一百一名,战船二只。

一,分巡八罩洋面守备一员,兵一百四十七名,战船四只。

右营:游击一员,守备一员,千总二员,把总四员,步战守兵一千名(内地按班拨戍,饷有定额),战船一十八只(宁一、宁二、宁三、宁四、宁五、宁六、宁七、宁八、宁九、宁十、宁十一、宁十二、宁十三、宁十四、宁十五、宁十六、宁十七、宁十八),炮台四座,烟墩六座。

一,驻防内海妈宫汛,游击一员,千总一员,把总二员,兵三百三十三名,战船九只。

一,拨防妈祖澳、新城并内海新城、西港,兵五十六名。

一,分防内海妈祖澳港口,把总一员,兵五十名,战船一只。

一,分巡外海西屿头、内外堑,兼辖竹篙湾、缉马湾、小门等汛,把总一员,兵一百七十三名,战船一只,炮台三座,烟墩五座。

一,分巡外海大北山、瓦峒港、赤崁澳、通梁港等汛千总一员,兵一百名,战船一只,烟墩一座。

一,拨随副将出洋总巡兵九十名,战船二只。

一,分巡西屿头洋面守备一员,兵一百九十八名,战船四只。

武职大小共一百一十二员,战守兵一万二千六百七十名,战船九十八只。(刘良璧纂修:《重修福建台湾府志》卷十,台湾文献史料丛刊第74种,台北、北京:台湾大通书局与人民日报出版社,2009年,第315—328页。)

37.《营制》

台协水师:中、左、右三营,驻扎安平镇。镇城一座,坐北向南,营兵分驻城内外。雍正十一年,总督郝玉麟奏准,就城内建仓,贮粟三万石,交与该营收管。每年籴米给兵,以免赴府支领之劳。

中营,步战守兵八百五十名。内除二百一十五名分防诸罗县蚊港、盐水港等汛,五十名贴防北路营半线汛外,以四十名随防安平镇,以八十五名分防内海安平镇汛,以一百五十名轮防内海鹿耳门汛,以六十名分防外海大港汛,兼辖外海鲲身头、蟯港等汛,以九十名拨随副将出洋总巡,以一百六十名分巡鹿耳门外中路洋面。战船一十九只:"平"字号一至十八,又"波"字第七号,内除诸罗县蚊港汛二只外,实在安平镇汛七只,鹿耳门汛三只,大港汛一只,拨随副将出洋总巡二只,分巡。

左营,步战守兵八百名,内除二百八十名分防诸罗县笨港等汛外,以一百名驻防安平镇汛,以七十名随防安平镇城,以一百三十名分防内海安平镇汛、兼辖内海水城海口,以四十名拨随副将出洋总巡,以一百八十名拨巡本汛洋面。战船一十八只:"定"字号一至六、九至十八,又"波"字第五、第六号。内除诸罗县笨港、三林港、鹿仔港共六只外,实在安平镇汛七只,又拨随副将出洋总巡一只,拨巡本汛洋面四只。

右营,步战守兵八百五十名,内除二百五十名分防凤山县打鼓等汛,五十名贴防北路营半线汛外,以一百名驻防安平镇汛,以七十名随防安平镇城,以一百五十名轮防内海鹿耳门汛,以五十名拨随本标左营游击出洋总巡,以一百八十名分巡本汛洋面。战船一十九只:"澄"字号一至十八,又"波"字第八号。内除凤山县打鼓汛及淡水港等汛洋面共五只外,实在安平镇汛六只,鹿耳门汛三只,拨随本标左营游击出洋总巡一只,分巡本汛洋面四只。

澎协水师左、右二营,驻扎妈宫澳,坐西北,向东南。康熙六十一年,建仓贮粟五千石,以豫兵米之需。

左营,步战守兵一千名,内以二百二十七名驻防内海妈宫汛,以二十八名轮防内海妈宫澳新城内海港口,以七十八名拨防内海妈宫澳新城东港并港口,以二百八十四名分防外海八罩汛、兼辖外海八罩、挽门、水垵、将军澳等汛并将军澳炮台,以一百三十五名分防外海崎里汛兼辖双头跨、风柜尾、文良港、奎壁港等汛,以一百一名拨随副将出洋总巡,以一百四十七名分巡八罩洋面。战船一十八只,俱"绥"字号。妈宫汛七只,拨防内海妈宫澳新城东港并港口一只,分防外海八罩汛二只,分防外海崎里汛二只,拨随副将出洋总巡二只,分巡八罩洋面四只。

右营,步战守兵一千名,内以三百三十三名驻防内海妈宫汛,以五十六名拨防妈宫澳新城并内海新城西港,以五十名分防内海妈宫澳港口,以一百七十三名分巡外海西屿头内外堑兼辖竹篙湾、缉马湾、小门等汛,以一百名分巡外海大北山、瓦硐港、赤嵌澳、通梁港等汛,以九十名拨随副将出洋总巡,以一百九十八名分巡西屿头洋面。战船一十八只,俱"宁"字号。妈宫汛九只,妈宫澳港口一只,分巡外海西屿头内外堑等汛一只,分巡外海大北山、瓦硐港等汛一只,随副将出洋总巡二只,分巡西屿头洋面四只。

以上水陆各营兵丁,俱由内地按班拨戍,例限三年抽换,不准就地推补。(王必昌纂修:《重修台湾县志》卷八,台湾文献史料丛刊第 113 种,台北、北京:台湾大通书局与人民日报出版社,2009 年,第 241—247 页。)

38. 台湾水师各营官弁

协镇台湾水师：副将一员(驻扎安平镇)。中营：游击一员(分巡鹿耳门外中路洋面)，守备一员(轮防内海鹿耳门汛)，千总二员(内一员分防内海安平镇汛，一员分防诸罗县外海蚊港等汛)，把总四员(内一员分防内海安平镇汛，一员轮防内海安平鹿耳门汛，一员分防外海大港等汛，一员分防诸罗县咸水港汛)。

左营：游击一员(驻防安平镇汛)，守备一员(分防诸罗县笨港汛)，千总二员(内一员雍正十一年添设，随防安平镇汛，一员兼辖内海水城海口)，把总四员(内一员十一年添设，各员分防诸罗县内海笨港，彰化县三林港、鹿仔港等汛及鹿仔港炮台)。

右营：游击一员(驻防安平镇汛)，守备一员(分巡本汛洋面)，千总二员(一员随防安平镇汛，一员分防凤山县打鼓、岐后等汛洋面)，把总四员(内一员雍正十一年添设，各员随防安平镇及轮防鹿耳门汛，分防外海打鼓汛兼辖岐后、万丹等汛)。

协镇澎湖水师：副将一员(驻扎妈宫澳)。左营：游击一员(驻防内海妈宫汛)，守备一员(分巡八罩洋面)，千总二员(一员随防妈宫汛，一员分防外海峙里汛，兼辖双头跨、风柜尾、文良港、龟鼊港等汛)，把总四员(二员随防妈宫汛，一员轮防妈宫澳、新城内海港口一员分防外海八罩汛，兼辖外海八罩、挽门、水垵、将军澳等汛，并将军澳炮台)。

右营：游击一员(驻防内海妈宫汛)，守备一员(分巡西屿头洋面)，千总二员(一员随防妈宫汛，一员分巡外海大比山、瓦硐港、赤嵌澳、通梁港等汛)，把总四员(二员随防妈宫汛，一员分防妈祖湾港口，一员分巡外海西屿头、内外堑，兼辖竹篙湾、缉马湾、小门等汛)。

(王必昌纂修：《重修台湾县志》卷九，台湾文献史料丛刊第113种，第290—291页。)

39.《水陆防汛》

北路水师无专设，属安平协标分防。康熙二十三年，设立水汛：大线头、蚊港分防中营千总一员，目兵一百五十名，哨船三只。

鹿仔港分防左营把总一员，目兵一百名，哨船二只。内分笨港四十名，哨船一只，猴树港十名。四十三年，添设沿海官兵哨船游巡，设炮台、烟墩、望高楼于要地。查大线头近年港口沙壅，而青峰阙、蚊港为县治以南扼要之地，将大线头拨归陆汛，水师官兵船只调归蚊港，添兵三十名，共一百八十名。以中营游击、守备一员轮防，原分防千总为随防千、把总，添设北门屿、马沙沟、青鲲身三汛。查笨港地方广阔，内港纡回，为县治以北扼要之地，添兵八十名，哨船一只，合猴树港共一百三十名，哨船二只，以左营游击守备一员轮防，带随防千、把总一员。查鹿仔港近年沙壅，港口浅狭。

三林港原系鹿仔港汛巡逻，港道稍宽，且居鹿仔、海丰二港之中。将原设鹿仔港分防把总兵船移调三林港，添兵二十名，共七十名，哨船一只，仍留鹿仔港一汛。

海丰港原系笨港汛巡逻，添设海丰港一汛，游、守按季轮更，千、把总一岁再更。各港汛并设炮台、烟墩、望高楼，以防意外之警。其鹿仔港以上崩山、后垄、中港、竹堑、南嵌、淡水、鸡笼七港，以水土不宜，或港道浅狭，概无设防，唯于南风盛发之时，就笨港、三林港二汛之内,轮拨把总领兵驾哨船一只,前往淡水、鸡笼游巡。北风时听其撤回原汛。

蚊港,在县治西南六十里。港口为青峰阙、猴树港、咸水港、茅港尾、铁线桥、麻豆港等处出入所必由,港在青峰阙之内。轮防安平协中营游击、守备一员,随防千、把总一员,目兵一百八十名,哨船三只。设炮台三,烟墩三,望高楼一。内分:北门屿,在蚊港青峰阙之南。有小港,可停泊取汲之所。南隔马沙沟沙线六里。目兵二十名。设炮台、烟墩、望高楼各一。马沙沟,与北门屿斜对。沙线水浅,止可取汲。南隔青鲲身沙线三里。目兵三十名。设炮台、烟墩、望高楼各一。青鲲身,南隔鹿耳门水程二十余里。沙线水浅,止可取汲。目兵十名。设炮台、烟墩、望高楼各一。以上三汛,俱属蚊港随防千、把总兼辖。

笨港,在县治西北三十里。南与猴树港毗连,北至海丰港水程一潮,商贾船只辏集之所。轮防安平协左营游击、守备一员,随防千、把总一员,目兵一百三十名,哨船二只。设炮台三,烟墩三,望高楼一。内分猴树港,在县治正西三十里。南至蚊港水程一潮。目兵十名。属笨港随防千、把总兼辖。

三林港,南距海丰港、北距鹿仔港各水程一潮,取汲之所。轮防安平协左营千、把总一员,目兵七十名,哨船一只。内抽目兵十名防守港岸。设炮台、烟墩、望高楼各一。另分海丰港,在三林、笨港之中,取汲之所。目兵十名,防守港岸。设炮台、烟墩、望高楼各一。鹿仔港,在崩山港之南。目兵二十名。设炮台、烟墩、望高楼各一。以上二汛,属轮防三林港千、把总兼辖。三林港千、把,仍属笨港游、守兼辖。

淡水炮城,在淡水港之北,正当入港之口,荷兰时筑。癸亥间,郑氏葺之。与福州北茭洋相对,为鸡笼以南咽喉。中大炮二十一位。

鸡笼炮城,在鸡笼港之北,由大鸡笼渡港。另浮一大屿于海中,周可十余里,怪石巉岩,番社在屿内,八尺门在屿东。炮城在屿之西南,正当入港之口。荷兰时筑,俗呼谓红毛城。距福州七更水程,与沙埕烽火门相对,为台湾北洋第一扼要之地。中大炮二十七位。入港则为鸡笼内海,距八里坌汛陆路百有余里,崎岖跳石以行,凡三、四日乃至。

青峰阙炮台,在青峰阙港口之南。港外有南、北二鲲身沙线,港水东入蚊港,为县治以南第一扼要之地。荷兰时筑。制略如城,中有井,今圮,故址半淹于海。故所遗炮为咸水沙壅,手按之皆如蠹粉,不堪用矣。(陈梦林等纂修:《诸罗县志》卷七,台湾文献史料丛刊第141种,台北、北京:台湾大通书局与人民日报出版社,2009年,115—122页。)

40. 诸罗县水陆防汛附论

右水师防汛,在县南者四,在县北者五,而淡水、鸡笼不与焉。岂非太平无事,故两地之水汛可以不设欤?(按:鸡笼至鹿耳,旧称东港,见何乔远《名山藏》。自内地视之,外洋也。自台湾视之,犹内海也。)

当此太平,岂惟淡水、鸡笼得借口水土不宜,即蚊港、笨港亦只严出入,谨斥堠,一千、把总已足,无必游、守之轮防也。何者?各港非有富商巨贾挟重资以往来,所载者五谷、糖、菁、菜籽、鹿脯,其货为盗贼之所不取。装载之船,俗谓之杉板头,双桅者十无二三。非有巨舰连樯之相望,其船为盗贼之所不用。(故鹿耳以北,未闻有在洋行劫者。然蚊港、笨港、三林各路亦既次第置兵矣,鸡笼、淡水为一郡要领。无鸡笼、淡水,则诸罗之吭已扼,而台、凤之臂可把也。)

且自鸡笼以南至半线三百余里,又益以山后之三百余里,地非小也。大肚、大甲、大安之险,中土稀有也。(水师游巡止于南风时,一过淡水、鸡笼二港,非久泊其地也。)

陆路设防,淡水八里坌官兵一百二十名,中间分南嵌各塘者七十,则淡水实兵五十名耳。今虽四方宁谧,而洋面游魂尚有出没。万一不逞之徒潜引贼艘伺我无备,汛兵寡弱,不足相敌。半线隔远,不能相救。一处震惊,四方骚动。大甲、大安摇足,即大肚以南未得安枕矣。明万历间,倭有侵鸡笼、淡水之耗。曾未几时,台湾竟属于倭。及归荷兰,乃于两处各筑炮城而坚其壁垒。郑氏之末,屯七镇以戍之。岂不以此为敌之所必攻而我之所必守与?(迩者圣天子深维沿海苞桑之计,特命饬查各海口旧设炮台。而制府满公加意边圉,檄水师哨守鸡笼。愚以为此二城者,宜及今无事,以时培垒完堞。淡水南岸,宜度地增设炮城,与北岸对峙,以遏北来之冲。添设鸡笼一汛,水师官兵五百人,永镇其地。与淡水陆师为犄角之势。而后垄一港,港澳深阔,战舰乘潮可入。且其地扼斗六门、八里坌之中,亦宜设炮台、烟墩,如鹿仔、海丰各汛之例。)

县治以南,则惟蚊港、青峰阙最为扼要,炮台炮位宜加修饬,庶乎台海之北有备而无患矣。虽然,筹海者必统全局而筹之,未可以一方之无事为幸也。(方今台海多事,莫如西路。澎湖、大担门之外,盗贼时时见告矣。防贼之法月异而日新,贼之剽掠叠见而侧出,则以治贼未穷其蹊径而尽其根株,设防未权其重轻,而扼其要领也。)

夫贼非有垵墺停泊之处,不能窥伺商艘之去来。而非遇风清日朗之时,不能驾驶出洋以行劫。何者?彼虽走险如鹜,未尝不自惜其生也。视商艘必经之地,择垵墺于若远若近之间,为暂时寄生之穴。使猝遇台飓,可以无恐。于是当风日晴朗出洋探望,哨船则飐而远去,商船则乱流以截之,乘风以尾之。风恬浪静,则出杉板小舠以促之。(故西路之贼,其出没必于澎湖沟,必于大担、料罗之搭界,以此二处岛屿丛杂,垵墺可泊,哨船既不轻出,遇风又不敢出,故可以安意而肆志。此所谓先穷乎贼之蹊径,而后可以治贼者也。由台至厦水程十有一更,约六百余里,顺风二日夜可到,非甚远也。中间水师有安平、澎湖两协,有金门镇,有提督标,凡为营一十有三,额兵一万二千有奇,兵非不足也。各标大小哨船二百号,船非不多也。而犹有漏网睥睨于此六百里之水面,得无与虎兕出柙,龟玉毁椟者等欤?借而曰:贼不泊垵墺,不畏台飓,能终岁乎大洋,吾末如之何也。)

其畏死贪生与人同,治贼者亦可于此求其法矣。夫兵,诡道也。鸣鼓角,张旗帜以威敌者,彼与我为敌者也。若今之贼艘,非有楼船犀甲之众能抗拒我也。耀军容以出之,又于未出之先扬言某月某日某将出哨,即何异使之闻之而丞避哉?(今若定为轮哨之法,除分防各汛,匀台、厦、金门哨船为东西两班,每班船不过三只,按月为期。画澎湖之某屿为东西之中界,东南风发,则在安平者顺风而哨澎湖,在澎湖者顺风而哨大担。西南风发,则在金、厦者亦如其法,以至澎湖、鹿耳。出不拘时,以天色晴明为准,以风为候,以二月半清明前起十月半小雪后止,常川交错。凡可停泊垵墺,毕力搜捕。申严赏罚之令,获真正贼艘者,千、把总以上各迁其秩,贼艘财物悉以分赏卒伍。洋面失事者,值月巡哨官兵一体严处,不得互推疆界以外洋为辞。其逾月报满者免。鼓旆以疑之,多方以误之,设伏以诱之,使贼望往来之商艘,惊为官兵之诱敌。并会海坛、南澳、铜山出游巡以截南北之奔逸。官兵获贼,则迁秩而受赏。失贼,则诖误而任罚。贼进无可得之利,退无可藏之穴,不闻风解散,悉为擒矣。)

抑更有说焉!浯屿(距厦门一潮水程)者,左连乎金门,右临乎岐尾,外控大、小担屿之险,内绝海门、月港之奸。明初福建通置五水寨,浯屿居一焉。嘉靖间,移入中左所(即今厦门),倭遂据之,以掠兴、泉、漳、潮。所以本朝平台之初,另设浯屿一营,以水道四达,浯屿实扼其要。金、厦之有浯屿,犹台南之有澎湖也。石码在漳之内地,西距漳郡四十里,东距海澄十里,又东而厦门水程一潮,在漳郡则有漳镇总兵官,海澄则有海澄营游击水师提标中营防汛,厦门则有水师提督官兵,如张密网。今乃驻水师左营游击于石码,而浯屿仅以一哨船委之中营千总,不亦轻重之失其伦欤?今若移石码游击于浯屿,增拨兵船责成以搜捕大担门一带之奸艘,与金门水师往来游徼,而又益以澎、台常川会哨之严,无或苟具文书视为故事,犹有浮游水面为台海往来之忧者,必无是理矣。(陈梦林等纂修:《诸罗县志》卷七,台湾文献史料丛刊第141种,第122—128页。)

41.《金门兵防志》

金门一岛屹立外洋,与厦门镏五店桴鼓相应,声势联络,为漳、泉二府海口要地。东接台、澎,呼吸可通。其有系于东南沿海大局,正匪浅矣。前人相度要害,特于料罗重集兵船,以资防守。国初当事诸公,几经筹划,以为后浦地势包藏,港道深稳,可以进战退守,并设三营,而以总兵莅之,与游、守分哨梭巡,俾顾外洋全局。今值海不扬波,无庸虚糜正帑,于是或移或撤,仅存一营。然而山川如故,基址犹新,倘不笔之于书,何以备后人因时制宜之用。爰考旧章,稽营册,参以各家之说,为兵防志若干篇,而以《沿海略》附焉。(林焜熿纂修,林豪续修:《金门志》卷五,台湾文献史料丛刊第180种,第77—78页。)

42.《兵防志》附录

金门四面环海,所辖洋面七百余里,属汛亦多,在在需兵防守。乾隆间,裁去左营弁兵,以中营游击兼管左营事,盖一时权宜之计,尚存其名,将为后来议复地也。自同治五年制府以湄洲为贼艘出没之处,奏请将金门右营弁兵移设湄洲,并改金门总兵为副将,左营将备俱裁,但设中军都司一员,兵五百而已。夫湄洲地僻民稀,既为贼薮,则设营防守非尽无益,然金门沿海要地,不无孤虚之患矣。查金门之料罗与台湾之鹿耳门呼吸相通,盗船时常寄泊,其为扼要之区,尤甚于湄洲。若额兵稀少,难资防范。愚以为宜就前裁之弁兵千余名中复留三百名,守备千把总各一员,外委二员以守料罗。留兵一百名,千把总外委各一员,以守金门城,稽查海船出入,以顾海疆大局。于近时裁兵就饷、增饷练兵之计,固无甚损。若谓兵已奉裁,不便议复,则于中、左二营中已移之兵各拨回三四十名,又即所裁金门两营余剩月米折为兵饷,可设兵二百零名,共得兵四百名,统归协镇管辖调遣,无糜饷之虚,而有守险之益。此两全之策也。且金门一隅,又不但关乎沿海大局,正以密迩厦门,互为犄角也。即如咸丰三年海澄会匪踞厦门,贼使七十余只直犯金门,幸官绅协力,水陆夹击,摧败其锋。后官军收复厦门,实恃金门为进兵之路。况金、厦水师原为控制台、澎,不得不布置严密。诚以台地民情浮动,郡城与金门对渡,舟师闻变立赴,彼五百兵何足应援!又查福建水陆各协标未有仅设专营者,如安平协与台镇毗连而设三营,澎湖小于金门,闽安僻在内港而各设左、右两营,额兵均不下千余名。乃金门孤悬外洋,尤为重地,而但设专营,倘副将带兵巡洋,都司一员留兵无几,安能内外兼顾,而无疏虞之患哉?再四图维,唯望下采刍荛者,择前二说而酌剂行之,于洋防大计或者不无少裨乎!闽之汛地,俱近外洋,非同安梭式赶缯船不可以攻大敌。

泉之沿边,既有永宁卫、金门诸所矣。又于浯屿之地特设水寨,选指挥之勇略者一员以为把总,仍令各卫指挥一员及千百户轮领其军。又设战船,以时习战法。南日以下、铜山以上悉资之,其责任可谓专且重矣。以此重镇而必设于浯屿者,盖其地突起于海中,为同安、漳州交会要区,而隔峙于烈屿、大小担之间,最称冲险。贼之自东南外洋来者,此可以捍其入;自海沧月港而中起者,此可以遏其出。稍有声息,指顾可知。江夏侯之相择于此者,盖有深意焉。其移于厦门也,则在腹里之地矣。夫惟水寨移于腹里,则把总得以纵欲偷安,军官亦效尤而废弛。贼寇猖獗于外洋,而内不及知。逮知而哨捕焉,贼已盈傲去矣。甚至官军假哨捕以行劫,而把总概莫之闻焉。使或闻之,则亦掩饰罔上以自救过。故水寨不复于浯屿,其乱不可已也。

四月东南风汛,澳中奸民哨聚驾驶,从南澳入闽,截劫商船,内外浯屿、料罗、乌沙而上,出烽火、而入于浙。八、九月风起,则卷帆顺溜,剽掠而下。泉州洛阳桥之西南为围头,其内港所入,为晋江县安海桥;其西,为马巷厅澳头(围头泊船防礁,内洋有大小嶝二屿);其北岸,为金门镇属同安县,并属马巷厅。其要口为料罗、官澳、乌沙头、塔仔脚,皆有暗礁、沙汕之险。东北外洋东碇屿,远船以为准。西有烈屿,其澳名城仔角,东有沙汕。又西有大、小担门二屿崎立,船从中过,皆炮台。澳头西为埭头,其内港入于同安县。又其西南为后溪港、为关浔港,皆内入于同安。又其西为灌口港,渡水曰鹭岛(即厦门),为水陆之会。盖北自乍浦、锦州、天津,南自安南,东至日本、琉球、吕宋、红毛、噶喇巴,洋船之所通往,自隋、唐以来,其放洋针路皆准诸此,四方商贾云集也。

金门主山曰北太武,海船所望为标准者。其山脉自南安属之鸿渐歃髻山发祖,由大小泊、鸡屿、角屿、草屿穿脉渡海而来,为官澳、青屿,错缀如列星焉。由官澳递南,接海中之大嶝、小嶝。复南,为金山港盐场太使所驻。港口有白碣、潭口等礁。对面为董水汛,其西可达马家巷。由金山港稍南为刘澳汛,海中浮汕,曰海割、曰赤礁。对面为澳头,其地西通镏五店,入同安之水道也。由刘澳汛稍南,为鸡髻头,为平林汛,为古宁头汛,为湖下汛。海中有小屿,曰井仔坡。有汕,曰乌沙。康熙间我军与郑氏将周全斌鏖战处。自湖下折而东南,为后浦中港,协镇、县丞所治也,有文武口、海关在焉。港内有董屿,甚小,后浦之罗星也。稍东,为金龟尾汛,后浦之下臂也。对面之山为烈屿,周三里许。烈屿东北有罗汉礁、鸟礁。由罗汉礁折而东南,为西湖。下则有城仔角、鼎等礁。由鸟礁转而西南,则有草屿、马鞍、槟榔屿。又南,有三脚礁、虎仔屿、九节礁。由是而东南为浯屿汛,大小礁,再西南为狮球、大担、小担,为入厦水道,则属提标管辖矣。凡海船渡厦门者,由烈屿西北过鸟礁、草屿,转而西南入白石头、曾厝鞍以至玉沙坡,直抵厦门港。若由烈屿东南出鼎、虎仔屿,经大小担以入厦门,则系外洋水道。自金龟尾、塔仔脚折而东,为金门旧城。海中有汕,曰海翁汕。昔日汕浮起如平地,故港口包藏,可以泊舟;今则汕已沉没。其东海中小屿曰东碇,相去较远。碇南系提标管辖,皆汪洋外海矣。自金门城而东北为古坑汛、欧厝汛。港口有小礁,曰鸟觜尾,曰瓮仔礁,曰小姐礁。自欧厝汛而北,为料罗炮台汛。道光间,总兵窦振彪、巡道周凯所造以防海者。其水程尤近澎湖,故明设水澎游击于此。自是而北为峰上汛、田浦汛,以至隔海之小米盾、大米盾。又东北远屿为北碇。又北为围头水汛、深沪水汛、祥芝水汛暨所属之石圳、永宁及海中小坠、大坠等处,为晋江县辖,而属金门协防守汛地,皆外洋也。自田浦折而西南,接西岑汛以至青屿,金门沿海四围已转一周矣。自大坠而北,为崇武,为大窄,为小窄,为黄崎,皆湄洲管辖,陆则惠安属地。(林焜熿纂修,林豪续修:《金门志》卷五,台湾文献史料丛刊第 180 种,第 96—102 页。)

43.《武备略》第六

国家择要设营,几费筹画。澎地小于台湾,曾不及二十之一,乃当时设官置戍,皆举以闻。而经制水军,亦视台湾十有其四者,诚重之也。裁兵而后,汛守虚悬,冀复旧规,用资守险。是以考其沿革,纪其前后章程,兼采众说而折衷之,以贡区区之一得。卷帙稍多,别为海防列于后焉。猥琐之诮,所弗敢辞。为《武备略》第六。

……

康熙二十二年,讨平郑氏,澎湖遂列版图,东南半壁始安衽席。乃设副将一员驻扎,统辖两营戍兵二千名,控制外洋,为海疆要缺。协以统将,将以统率弁兵,瀚海无波,则画方以守。戈船下濑,则合力以攻。如康熙六十年,台匪朱一贵作逆,窃有全台,七日之内,渠凶授首,何莫非澎湖两营固若金汤,得以驻兵进剿之故也哉。

妈宫澳新城东汛:营房七间,东港口炮台一座,汛兵二十八名,战船一只,配兵五十名,系专汛官管辖。嵵里汛:系外洋最冲要口。营房三间,烟墩、炮台各一座,汛兵十五名,按季轮派千把总一员,战船一只,配兵六十名驻防,统辖文良港、风柜尾二汛。东至阴阳屿,西至鸡笼、桶盘屿,南至虎井屿,北距妈宫陆路二十五里。文良港汛:系外洋次冲要口。营房三间,烟墩一座,按季派外委一员,战船一只,配兵五十名协防。东至阴阳屿,西距妈宫陆路三十里,南至锁港,北至鸡膳屿。风柜尾汛:系外洋次冲要口。营房三间,烟墩、炮台各一座,按季派目兵防守,汛兵十名,四至与嵵里汛同。八罩将军澳汛:系外洋最冲要口。营房五间,烟墩、炮台各一座,汛兵二十八名。按季派千把总一员,战船一只,配兵八十名驻防,统辖挽门、水垵二汛。东至东、西吉屿,西至金鸡屿,南至半坪、头巾诸屿,北至虎井屿。挽门汛:系外洋最冲要口。营房五间,烟墩、炮台各一座,驻汛兵二十八名。按季派外委一员,战船一只,配兵六十名协防。东至金鸡屿,西至草屿,南至大屿,北至桶盘、虎井等屿。水垵汛:系外洋最冲要口。营房五间,烟墩、炮台各一座。按季派目防守,汛兵二十八名,四至与挽门汛同。以上左营。

妈宫澳新城西汛:营房七间,西港口炮台一座,余与左营同。西屿内堑汛:系外洋最冲要口。营房五间,烟墩三座,炮台一座,汛兵二十八名。按季轮派千总一员,战船二只,配兵一百名驻防,统辖外堑、小门二汛。东至师公礁,西至外堑、山鼻尾,南至桶盘屿,北至大仓仔屿。外堑汛:系外洋最冲要口。营房五间,烟墩三座,炮台一座。按季派外委一员,汛兵十五名。东至鼻尾,西至清水墩,南至花屿、猫屿,北至吼门。小门汛:系外洋次冲要口。营房五间,烟墩三座,炮台一座,属外堑汛管辖。按季派目兵防守,汛兵三十名。东至吼门,西至鼎湾屿,南北皆汪洋大海。北山汛:系外洋次冲要口。营房十间,烟墩三座,按季派千把总一员,战船二只,配兵一百名驻防,兼辖吉贝汛。东至乌屿,西至姑婆屿,南至中墩、湾贝,北至北礁。吉贝汛:系外洋次冲要口。营房五间,烟墩一座。按季派外委一员,战船一只,配兵五十名协防。东至蓝、笨屿,西至目屿,南至险礁,北则一片大海,渺无涯际。以上右营。(林豪纂修:《澎湖厅志》卷五,台湾文献史料丛刊第164种,第135—153页。)

44.《海防》附考

乌石港沙汕之外,即系大洋深水。查兰属洋面,与通台南北异风,潮汐反汛。缘北来有鸡笼、泖鼻之险,南去万水朝宗,落漈不远。每遇船只入兰,必依岛屿而行。否则东风一扇,便如弱水倾舟矣。又如内地商船,必候南风顺渡。及至泖鼻,又须另候北风,方得入兰抵港。故创始章程内,谓其难于巡缉,毋庸议设水师哨船。惟每届南风盛发之际,内地白底艍、乌艚等盗船常有窜入游奕,则责成艋舺营水师守备于每春、夏季巡哨之便,驾坐本营哨船,赴该港外洋,常川巡哨,遇盗兜擒。(陈淑均纂,李祺生续辑:《噶玛兰厅》卷二上,台湾文献史料丛刊第160种,台北、北京:台湾大通书局与人民日报出版社,2009年,第41—42页。)

45. 苏澳外洋

苏澳离城南五十里,为兰界东势之尽头,澳口即深水外洋。该澳内宽外窄,中有石礁锁束,左为北风澳,右为南风澳,皆可避风涌。当春、夏间,内地渔舟、小商艇,亦有收泊于此者。相其口道,似较便于乌石港,然人烟未能稠密,诸船亦不甚往来也。相传自明嘉靖四十二年间,林道乾寇海,曾踞数月,以伙伴病损过多,始行徙去。今自嘉庆二年春,洋逆蔡牵拢靠沙仑,上岸打掠。十二年秋,朱渍谋占为巢,来此窜泊。至十五年夏,尚有贼帮再来游奕。而其间又有林暖结匪勾番,伪号千岁者。设非附入版图,则烟瘴虽除,而萑苻终未艾也。现以道光五年,安设弁汛,在澳巡防。该澳西南岸逼近斗史、大老阁诸生番社,仍设隘寮,民人自为募丁防守。由水而南更数里有一大窝,深广不可以丈计,号曰东澳。再陆行百五十里,或舟行西南六、七十里,有七社番黎,名曰奇莱。近有汉人到垦其地,而诸番亦往附之。苏澳虽市。亦兰中八景之一也。海道之险有三:厦门至鹿耳水程十二更,至鹿港七更。五虎门至八里坌六更。更各六十里。云天汪洋,方面难识,全凭舵工捧指南针,以候风信,定趋向。子午稍错,南犯吕宋或暹罗、交趾,北则飘荡不知所之。其险一也。舟至大洋，不遇台风，可以无患，受患多在港口。如澎湖沟有岩石，鹿耳门左右夹铁板沙，五虎门山风闪拂，八月后正月前即难行。番垵、王宫两口不宽深，其地偏僻，海口皆有沙线拦截。舟至港门下碇，风帆未收，风浪突起，即被沙裂。其险二也。海洋中有红水沟、黑水沟，海水皆碧，红黑二色，终古不淆。而黑水沟尤险，广百余里，袤长莫溯其源，极深无际，波涛瀿洄。舟至此，桅篷俱动。其险三也。航海者必择船择人，并择载。船欲其大，又欲其坚。大则可以御风潮，坚则可以抵沙石。舵工、水手必谙港道，明针路。其负载太重，极穷无赖，乐祸幸灾者，不可不防。船大而固，舵工老干，载七八分货物。其先不必急，俟出海（船上主政名出海），请登舟乃行。其后不可缓，船抵港门下碇，即雇小船登岸。禹之行水也，行其所无事。士君子一行作吏，出处进退，皆平心任运。至于海上往来，尤宜行所无事，丝毫不庸勉强。（陈淑均纂，李祺生续辑：《噶玛兰厅》卷二上，台湾文献史料丛刊第160种，第42—43页。）

46.《台东直隶州后山全图》

台东州，系后山新辟。光绪初年，移台防同知于埤南。逮十四年分省，裁同知，改为台东直隶州，奏驻水尾地方，居埤南、花莲港之中，并于埤南添设州同，花莲港添设州判。因水尾州城未建，知州暂驻埤南，州同、州判尚无专员。由中权以达前山，则自璞石阁抵台湾府属之云林县，计程二百六十余里，中隔生番，鲜人行走。凡往台东者，悉皆取道凤山。又距埤南大溪六十里之外洋，有火烧屿；孤立海中，横直二十余里。南向有湾，可泊小船，能避北风。有居民五百余丁，种地为生。（无名氏：《台湾地舆全图·台东直隶州后山全图》，台湾文献史料丛刊第185种，台北、北京：台湾大通书局与人民日报出版社，2009年，第71—73页。）

47. 大安港

大安港小口，在大甲堡，距城西南五十八里，源出台湾县之罩兰内山，西北行二十里，至本邑吞霄堡之鲤鱼潭。复西行二十余里，至大安港入海，离深水外洋十余里。口门阔二十余丈，深丈余。港内无山包裹，多石汕，忌溪流冲击。可进载五六百石之船。设大安汛，县设口书一，澳甲一。（沈茂荫纂修：《苗栗县志》卷十一，台湾文献史料丛刊第159种，第174—175页。）

《大清会典事例》选录

48.《吏部·处分例·海防》

五十五年，吏部准：凡内洋失事，专兼各官，仍照内地盗案定例处分（今改为照内地无墩防处所，武职之例。印捕官，初参，停升；二参，罚俸一年；三参，罚俸二年；四参，降一级留任。兼辖、统辖官，初参，罚俸三月；二参，罚俸六月。拿获及半，未获盗首印捕官，初参，罚俸一年；二参，罚俸二年。）若果系外洋被劫，难定专汛、兼辖，应将文职免其处分。倘系内洋失事捏称外洋，后被事主告发，或查出之日，将专兼各官皆照讳盗例处分。既经事主告发,该管督抚若不查明,据实揭报题参者,照徇庇例议处。(光绪朝《钦定大清会典事例》卷一百二十,吏部一百四,第7页。)

49.《吏部·处分例·海防》

五十一年,准:内地往台湾之人,该县给发照单。如地方官滥给往台湾照单,经该督抚题参一次者,罚俸六月;二次者,罚俸一年;三次者,降一级留任;四次者,降一级调用。如有良民情愿入台籍居住者,令台湾府县查明,出具印文,移付内地府县,知照该县,申报该道稽查,仍令报明该督抚存案。若台湾府厅县官不行查明,以致奸宄丛杂居住,经该督抚查出题参,照隐讳例议处。

又议准:奸匪船只出入海口,若遇失事,将守口官罚俸一年。至盗从外洋窃发,原非守口官所能越汛稽查。遇有失事发觉,咎在分巡、委巡,将守口官免议。至外洋行劫之后,散党登岸,混冒入口,守口官失于觉察者,仍照定例罚俸一年。其盗由海口以内夺船偷越出洋,遇有失事发觉,即将失察守口各官,皆照海洋失事初参例,降一级留任。本案内如有逸盗,勒限一年缉拿。全获,准其开复。限满,不获,照所降之级调用。若本案已无逸盗,定以三年有能拿获别汛奸船以及本汛并无失事者,皆令该督抚查明具题到日,亦一例准其开复。

五十三年,准:渔船出洋不许装载米酒,进口亦不许装载货物。违者,严加治罪。其守口各官不行盘查者,照失察奸船出入海口例,罚俸一年。

五十五年,准:凡内洋失事,专兼各官仍照内地盗案定例处分。(今改为照内地无墩防处所武职之例,印捕官,初参,停升;二参,罚俸一年;三参,罚俸二年;四参,降一级留任。兼辖、统辖官,初参,罚俸三月;二参,罚俸六月;拿获及半,未获盗首,印捕官,初参,罚俸一年;二参,罚俸二年。)若果系外洋被劫,难定专汛、兼辖,应将文职免其处分。倘系内洋失事,捏称外洋,后被事主告发,或查出之日将专兼各官皆照讳盗例处分。既经事主告发,该管督抚若不查明据实揭报题参者,照徇庇例议处。

五十九年,准:沿海各省出洋商船炮械、军器概行禁止携带。如地方官不严查禁止,致商船仍行私带者,照失察鸟枪例,罚俸一年。

雍正五年,准:山东民人往奉天贸易及奉天民人有过海者,凡船出口入口,该州县给予印票,将客人姓名货物及卖货地方,同船户、水手姓名开载票内。守口官验明,挂号放行。其往奉天佣工人等,该州县查明姓名、年貌、籍贯,给予印票,方许航海。俟到卸船地方,守口官验对印票,年貌相符者,准其入口。回时该地方官于原领票内钤印,令其带回本地察核。如贸易佣工人等并无印票,或与票内年貌未符,及兵役人等刁难勒索,守口官自行查出者,免议。如有疏纵等情,降二级调用。

七年,议准:每年沿海各汛出巡之后,督抚不时密加体访。倘遇洋面失事,文武官弁如有恐吓贿嘱不行通报情弊,该督抚访实题参,照讳盗例议处。

又议准:拿获偷渡过台人犯,问明从何处开船,将失察水汛及本地文武各官,照失察奸船出入海口例,罚俸一年。如文武衙门隐匿不报者,或被告发,或被上司查参,将该管之兼专文武各官,皆照讳盗例分别议处。

八年,准:如有将黄金贩卖出洋者,照铁货、铜钱等物私出外境下海律治罪。其督关官、口官弁受贿故纵者,与犯人同罪。失于觉察者,照律参处。若官弁兵役借端留难,抑勒商民者,查参议处,分别治罪。

九年,谕:据广东布政使奏称铁器一项所关綦重,不许出境货卖,律有明禁。乃粤东地方出产铁锅,凡洋船货买,向未禁止。到任后检查案册,见雍正七、八、九年造报夷船出口册内,每船所买铁锅少者自一百连至二三百连不等,多者买至五百连,并有至千连者。按铁锅一连大者二个,小者四、五、六个。每连约重二十斤不等,百连约重二千余斤。如一船带至五百连,约重万斤。带至千连,约重二万斤。计算每年出洋之铁,为数甚多,诚有关系。请嗣后此项铁锅应照废铁之例,一并严禁,毋论汉夷船,概不许货卖出洋。违者,该商船户人等即照捆载废铁出洋之例治罪。官役通同徇纵,亦照徇纵废铁例议处。凡遇洋船出口,仍交与海关监督一并稽查。至于商船每日煮食之锅,仍照旧置用,官役不得借端勒索滋扰。如此则外洋之铁不致日积日多,于防奸杜弊之道似有裨益。至煮食器具,铜锅、砂锅皆属可用,非必尽需铁锅,亦无不便外夷之处,于朝廷柔怀远人之德意,原无违碍,等语。尺铁不许出洋,例有明禁,而广东夷船每年收买铁锅甚多,则与出洋之功令不符矣。所奏甚是。嗣后稽查禁止及官员处分,商人船户治罪之处,悉照所请行。倘地方官弁视为具文,奉行不力。经朕访闻,或别经发觉,定行从重议处。粤东既行查禁,则他省洋船出口之处,亦当一体遵行。著该部通行晓谕,永著为例。

十二年,复准:商人置货贩洋,由本籍地方取结给照。其中小本商民,请照而往,迨从外番贸易,回至内地,复欲奔回本籍请照,程途稍远,势所不及。又有已在本籍请照到厦,其报配之船业至满载,欲搭别船,因照违碍,废时守候,于小商多有不便。饬令厦防厅查明此等情节,即取具行户、船主保结,准其赴厅请给印照前往。该厅将给照缘由,一面行知该地方官。其请照各商,仍俟回棹之日,赴厅销单。如该厅有蒙混给照,令该督抚严查题参,将该厅照盘查商船不实给照例,降三级调用。如该厅胥役有勒索等弊,亦令该督抚分别知情、失察题参,将该厅照衙役犯赃例,分别议处。其该船舵水、货客回棹之日,或有在番地因帐目不清及别项事故者,仍照例取具同乡邻船客商水手等甘结,报明厦防厅。移文该地方官存案,下期回日报销。

又准:海洋重地非内地可比,该汛地方文武官弁拿获偷渡外番十名以上者,专管官纪录一次,兼辖官毋庸议叙。二十名以上者,专管官纪录二次,兼辖官纪录一次。三十名以上者,专管官加一级,兼辖官纪录二次。四十名以上者,专管官加二级,兼辖官纪录三次。五十名以上者,专管官以应升之官即用,兼辖官加一级。倘不实力稽查,以致疏纵十名以上者,专管官罚俸一年,兼辖官免议。二十名以上者,专管官降一级留任,兼辖官罚俸六月。三十名以上者,专管官降二级留任,兼辖官罚俸一年。四十名以上者,专管官降三级留任,兼辖官降一级留任。五十名以上者,专管官降一级调用,兼辖官降二级留任。至官弁兵役如有徇隐贿纵,该督抚分别严参治罪。其各官弁有降级留任之案,倘能别案拿获,按其拿获名数抵销。如三年内并无过犯,稽查严密,本汛内果能肃清,令该督抚提镇查明保题,准其开复。若有偷渡人犯,希冀开复,捏饰讳隐,一经发觉,题参,交部议处(今增为照隐匿己身罪过,详请开复例,罚俸一年。)该督抚提镇不行详查,混行保题者,亦交部议处(今增为照不行查明遽请开复例,罚俸六月。)(光绪朝《钦定大清会典事例》卷一百二十,吏部一百四,处分例,海防,第6—11页。)

50.《吏部·处分例·地方缉捕窃盗一》

一,内洋失事,仍照例文武带同事主会勘外。如外洋失事,听事主于随风飘泊进口处,带同舵水,赴所在文武衙门呈报。该衙门即讯明由何处放洋,行至被劫处所,约有里数若干,即将事主开报赃物,报明各该管印官。该文武印官查照洋图,定为何州县营汛所辖,飞关所辖州县,会营差缉。事主即予省释,毋庸候勘。至详报督抚衙门,无论内外洋失事,以事主报到三日内出详驰递,以便据报行查海关各口,将税簿、赃单互相较核。有货物相符者,即将盗船伙党姓名呈报关拿。至守口员弁,倘有规避处分,互相推卸,或指使捏报他界者,将推诿员弁交部,照例议处。其稽察关口员役,如于未接文檄之先,能查出匪船拿获禀报者,分别议叙,吏役酌量给赏。如奉到文檄,能按照单据实查出,飞移所在地方,将盗犯拿获者,免其处分。(谨案:以上四条,均系乾隆三十二年定例。)

一,内洋失事,仍照例文武官带同事主会勘外,如外洋失事,听事主于随风飘泊进口处,带同舵水,赴所在文武衙门呈报。该衙门接据报呈,以事主所指被劫地方为准,倘事主不能指实地名,即将洋图令其指认。如在本县该管洋面被劫者,即行差缉,一面移会交界县分,一体缉拿。如所报系在邻县,或邻省洋面被劫者,该县一面缉拿,一面将报呈飞移失事地方,并详报该督抚分别咨行,毋庸传同事主会勘。仍令该督抚严饬所属,不分畛域,实力奉行。地方文武官倘有借词推诿,或令事主改换报呈,或令盗犯捏供别处者,照规避例,参革究办。至详报督抚衙门,无论内外洋失事,以事主报到三日内出详驰递,以便据报行查,海关各口将税簿、赃单,互相较核。有货物相符者,即将盗船伙党姓名呈报关拿。若守口员弁,有规避处分,互相推卸,或指使捏报他界者,将推诿员弁交部照例议处。其稽察关口员役,如于未接文檄之先,能查出匪船拿获禀报者,分别议叙,吏役酌量给赏。如奉到文檄,能按照单簿据实查出,飞移所在地方,将盗犯拿获者,免其处分。(谨案:此条道光八年改定。)(光绪朝《钦定大清会典事例》卷七百七十六,刑部五十四,兵律关津,违禁下海,第6—8页。)

51.《户部七·流寓异地》

五十五年,准:粤东雷廉二府交界海面之涠洲及迤东之斜阳地方俱系孤屿荒地,贫民搭寮居住,日聚日多,不免与洋盗串通滋事。饬地方官逐一递回原籍安置,并将寮房概行烧毁。此外广州等八府属海岛贫民,聚处有年,俨同村落,户口多寡不同,良莠亦复各异。若概行驱逐,未免失业无依。将散处外洋,离汛较远之校椅湾等三十二处搭盖寮房一百五十八间,共一百六十二户。现有寮房概行拆毁,并询明各户本籍住址,抚恤安插。其附近碳台塘汛之海南栅等八十三处,共一万六千七百三十一户,久成村市,并设有澳长稽查,向无窝匪盗窃之事,免其拆毁,就地编排保甲,申叙条款,出示晓谕。此后毋许续行占住,以免良莠混杂。该管营县按月亲赴踏查,年底道府通报。现经拆毁向无寮房各岛,即专责营员随时查勘,统于年终汇折具奏。如有虚应故事,捏饰容隐,严参究处。(光绪朝《钦定大清会典事例》卷一百五十八,户部七,流寓异地,第9—10页。)

52.《户部六十·海运·沿途段落道里》

第一段,海船自上海县黄浦口岸东行五十里,出吴淞口入洋,绕行宝山县之复宝沙,迤至崇明县之新开河,计一百一十里。又七十里至十滧,是为内洋。十滧可泊船,为候风放洋之所,隶崇明县属。第二段,自十滧开行,即属外洋,东迤一百八十里至佘山(一名蛇山,又名南槎山),系荒礁,上无居民,不可泊,但能寄碇,为东出大洋之标准,系苏松镇所辖。第三段,自佘山驶至大洋,向正北微偏东行至通州吕泗场对出之洋面,约二百余里,水深十丈,可寄碇。从此以北,入黑水大洋,至大洋梢对出之洋面,约一百四十里,系狼山镇右营所辖。又北,如皋县对出之洋面起,至黄沙洋港对出之洋面,约二百六十里。又北,泰州对出之洋面起,至黄家港对出之洋面,约二百二十里,系狼山镇掘港营所辖。又北,至斗龙港对出之洋面,约二百里。又北,至射阳湖对出之洋面,约一百二十里,系盐城营所辖。又北,至黄河口对出之洋面,约一百二十里,系庙湾营所辖。黄河口稍南,有沙埂五条,船行遇东风,则虑浅阁,宜避之。又北,至安东县灌河口对出之洋面,约九十里,系佃湖营所辖。又北,至海州赣榆县鹰游门对出之洋面,约一百八十里,系东海营所辖。计自佘山大洋以北起,至鹰游门对出之洋面止,约共一千五六百里,统归狼山镇汛地。(光绪朝《钦定大清会典事例》卷二百十一,户部六十,海运,沿途段落道里,第1—2页。)

53.《户部·俸饷·各省兵饷》

(同治十三年),又准:广东省外海水师统带官,带船十号以上,月支薪水银五十两,公费银一百五十两。带船数号以上,月支薪水银五十两,公费银五十两。每船管驾官一员,月支银十八两。舵工一名,月支银十二两。按船之大小,酌配水勇。每名月支银五两。其以步守兵充补舵工、水勇,照内河章程,一律扣除饷米银两。(光绪朝《钦定大清会典事例》卷二百五十八,俸饷,各省兵饷四,第31页。)

54. 福建分防内外洋之绿营将备数量

福建绿营:提督二人(内外海水师一人),总兵官七人(内外海水师二人,内兼水师陆路一人),副将十人(内外海水师四人),参将十六人(内外海水师五人),游击三十人(内外海水师九人),都司二十五人(内外海水师八人),守备六十人(内外海水师十七人),千总八十四人,把总一百七十九人,外委三百二十三人,额外外委二百二十二人。(光绪朝《钦定大清会典事例》卷五百五十,兵部九,官制,福建绿营,第1—2页。)

55. 浙江分防内外洋之绿营将备数量

浙江绿营：提督兼水师一人,总兵官五人(内外海水师二人,水师兼陆路一人),副将十二人(内外海水师二人),参将六人(内外海水师二人),游击二十人(内外海水师十人,内河一人),都司二十三人(内外海水师三人,内河二人),守备五十三人(内外海水师十七人,内河一人),千总一百九人,把总二百十三人,外委二百八十八人,额外外委一百六十二人。

(光绪朝《钦定大清会典事例》卷五百五十一,兵部十,官制,浙江绿营,第1页。)

56. 广东分防内外洋之绿营将备数量

广东绿营：提督二人(内水师一人),总兵官七人(内水师一人,兼水师陆路二人),副将十四人(内外海水师三人,内河水师二人),参将十六人(内外海水师四人,内河水师二人),游击二十七人(内外海水师五人,内河水师三人),都司三十四人(内外海水师八人,内河水师三人),守备八十二人(内外海水师二十人,内河水师八人),千总一百六十八人,把总三百二十七人,外委四百九十一人,额外外委三百十五人。(《钦定大清会典事例》卷五百五十四,兵部十三,官制,广东绿营,第1页。)

57.《礼部·恤典·官员兵勇士民恤典》

道光二十四年,议定：伤亡官员兵丁照阵亡例议恤。又议准：土司官兵阵亡伤亡者,俱立传入祠。又议准：村民阖门殉义,奉旨追赏职衔者,照所加职衔例,议给祭葬银两,设位入祠。又议准：文武官员阵亡者,先由吏、兵二部议给荫恤。得旨后,移文过部,自一品至九品,题请给予一次致祭,并造葬银两。不论历俸年分,如职卑而所委署职衔大于本职者,准照署衔给予。外委照把总例,未入流照九品例。如奉旨减半议恤者,祭葬银俱减半。军营病故者,亦给予减半祭葬银两。兵丁阵亡者,无祭葬。又议准：革职官员在军营效力,阵亡伤亡,并立传入祠。其并非出洋捕盗,止系因公飘没,而事非差遣(如奉调考验班满换回等项。)及立功后在军营病故,及打仗未出者,不立传,不入祠。又议准：官员因公身殁者,文职由吏部,武职由兵部具题,奉旨后移文到部,题请祭葬。大洋、大江、黄河、洞庭、洪泽等湖,因公差委遭风飘没者,照阵亡官例,按品级给予祭葬。内洋内河飘没者,减半给予。虽系外洋外河,因公飘没,而事非差遣者,照减半例,再减半给予祭葬银两。(光绪朝《钦定大清会典事例》卷四百九十九,礼部,恤典,官员兵勇士民恤典,第2—3页。)

(嘉庆)二十五年,议准：嗣后在部候选陆路武职并现任陆路人员,有愿改水师,核其籍隶海滨,饬发水师总兵官,交与出巡外洋将备,带赴外洋认真试验。酌以半年为期,如果谙习水务。由巡洋将备,出具切实印结,该总兵官加具保结呈。凡部发人员,照例扣满三年,轮缺补用。试验期满,倘不能谙习水务,将本员照蒙混具呈例议处。至世职云骑尉,定例发标学习,三年期满;恩骑尉,五年期满;武举效力,三年期满。此等人员多有期满后呈改水师者,今于发标效力时,豫先呈明,分派外海各营,随同出洋巡哨。扣满三年,如果明习水师,取具保结,分别送部引见,咨留轮缺补用。倘于外海不宜,亦照蒙混具呈例议处。如不豫行呈明,既在陆营收标,概不准复行呈改。直隶天津水师,照山东登州水师之例,设有豫保,有愿改水师者,与浙江、福建、广东、山东有水师省分,一体准其呈改。

道光五年,谕:前据赵慎畛校阅闽省长福等营水陆官兵,分列等第,升拔降补具奏。当照议交部办理。嗣经兵部以拔补各缺内,有停升住俸限缉之案,与例不符,议驳。兹该督奏称:查阅营伍,考核员弁,与寻常循例升用不同,且阅兵时升拔降补,系当场宣谕,员弁有无处分,不能一一稽核。若俟校阅事毕,检查成例,转不足以昭惩劝。并称:向来阅兵案内,凭技艺而不计处分,录寸长而并不计缺次,系援照成案办理。所奏未尝不是。惟激扬人才于鼓励之中,仍须示以限制。若概言破格录用,亦恐启趋避幸进之渐,况升迁、调补各员弁,总须候旨明白宣示,以示奖励。即奉旨之后,部臣查有违例处分,亦准奏明驳斥。朕一秉大公,从不豫存成见。部臣照例办理,亦不容稍有轩轾于其间也。所有技艺优娴之千总曾宝光等,著该督先行存记,将来如有相当缺出,酌量升用。此次该督请将曾宝光遇缺即升,把总黄长安、孙得升、杨得贵等递行升拔之处,仍照部议,不准行。

十年,奉旨:各省外海水师营分巡缉关系紧要。各项改用人员定例所载试验之法,极为详备。惟半年之期较促,难以周知,嗣后著定以一年试验。所有带验出洋月日,经过地方,该将备于保结内详悉开载。并令该镇于巡洋时,将该员随带出洋,亲加考验。其果否谙习水师,不畏风涛,加结报明该督抚,认真稽核,并报部备查。其有不谙水师者,即将该员照例议处。至保举准改后,仍著勤加察看,随时甄汰,以免冒滥。至内河水师,向无呈改之例,均由内河兵丁升转。其平日缉捕本与陆路无异,惟历俸悉照外海之例,一年即准升擢,未免过优。著将内河人员历俸一年,改为历俸二年,遇有缺出再行题补,以示区别。

又奉旨:前据孙尔准奏:请严定改用外海水师人员之例,当交军机大臣会同兵部议奏。兹据奏,改用水师人员向例与应升降调候补人员,相间轮用。改用人数,不敌三项之多,得缺难易迥殊。嗣后著准其补用、应题二缺后,轮补改用水师一人。其豫保人员,仍照旧例办理。至此项改用人员,是否能收实效,不在历俸之浅深,而在试验之宽严。如果该督抚认真考察,该员等自不得不勤历外洋,习练技艺。即素未谙晓之员,亦知儆畏,不敢滥行呈改。若同涉风涛之险,历俸又显有区别,转不足以昭平允。所有该督请将改用人员历俸二年,方准保题之处,著毋庸议。又,该督奏称:改用将弁一时均不得人,皆因呈改之后,不肯留心学习。嗣后在京各省武进士、武举及候补、候选等官,悉照闽粤水师效力之例,毋庸在部呈改。如实有熟谙水性擒贼立功者,由该督抚保题送部。其外省世职陆路呈改人员,亦著照此例办理。至业经改用之武进士、武举、云骑尉等官,即饬令有水师各省督抚严加考察,倘于外海不宜,随时甄别,照蒙混具呈例议处,以肃洋政而励人材。

十六年,谕:邓廷桢奏:请将降将降调总兵留省差遣一折。广东高州镇总兵万荣因将伊子更换籍贯,收入本标。部议降调,系属私罪。该督辄借晓畅营伍为词,奏请留省差遣,实属冒昧。两广水陆各营人材不乏,如果该督留心训练,足资差委,何必以获咎之员,违例奏留。邓廷桢著严行申饬,所请不准行。

二十二年,谕:祁𡎴奏称:粤东外海水师乏员,请酌量变通一折。该部奏称:该督因水师乏人,请拣选酌保,自应量为变通,著准其于陆路将备内酌保游击、都司各一员,守备、千总、把总各二员。仍令带赴外洋试验,一年期满,果能擒贼立功,熟谙水性,准其保题送部引见。至云骑尉、恩骑尉及随营武举,有愿改水师者,并著准其随时呈改,照例补用。惟外海水师与陆路迥不相同,必须于洋面情形身亲阅历,方能胜任。著责成该督及水师提镇将所保人员及呈改水师各员,饬令前赴外洋,实心讲求水师事宜。果能熟习风涛,足资得力,方准轮缺挨补,不得虚应故事,有名无实。倘改用水师之后,于海外巡防不能留心学习,除将所保之员撤回外,并将原保之该上司照例议处,决不宽贷。

二十三年,谕:朕恭阅皇祖高宗纯皇帝实录,内载乾隆十五年六月谕:水师兵丁与陆路不同,在陆路则以汉仗、弓马为能,而水师则专以水战为事。况将弁为兵丁之领袖,凡风云气色、岛屿形势以及往来驾驶之法,尤须练习有素,方可指挥士卒,操纵得宜。嗣后各省拔补水师千把,务留心选择通晓水性、熟练舟师之员,方许呈送考验,等因。钦此。仰见皇祖慎重水师,豫储将帅之至意。必应永远遵循,毋致日久生懈。近来水师将弁不尽得人,每遇出洋巡捕之事,甚至畏避风潮,逗遛近岛。总缘拔补千把总时,总督、提镇多取汉仗弓马,而不求实在谙习水师之人。循资按格,渐历大员,其于水师一切机宜,未能洞悉。则所呈送保举之人,安望能得习知水性熟练舟师者耶!现在各省善后章程,饬令水师兵弁演放枪炮,尤须不畏风浪,惯能驾驶,方能施放有准。著通谕沿海总督、提镇等,于拔补千把总时,务须留心选择,或谙识风云,或周知岛屿,或驾驶船只得宜,或施放枪炮有准,核实送呈,秉公考验。该总督、提镇均系受恩深重之人,各宜为国求才,实心遴选。俾水师日有起色,毋负朕谆谆训诫之意。

二十五年,奏准:嗣后武进士、武举各项世职、候补、候选并陆路营员,有呈改水师者,列名报部,随带出洋考验。其不宜外海者,随时甄别拨回。有营分者,仍回原营当差。无营分者,仍回原处。将改用水师之名注销,免其处分。其尚堪造就者,一年期满,准该镇将加结申详督抚,咨留报部存查。除熟谙水性、擒贼立功,仍照例办理外。其虽未擒贼立功,而能谙习水性、精熟枪炮者,亦准于试验一年咨留后,再学习一年。期满果堪补用,由该督抚出具考语,保题送部。即以咨留之日,扣满年限轮补。至各项世职、随营武举,向例三年学习,应再加试验一年,始准保题。以上各项人员,保题后各按本班照例轮补。如咨留保题暨得缺后,查有不谙水性,枪炮未能精熟者,将该员咨回原处,照蒙混具呈例议处。其原验之咨留保题官,亦照例议处。

二十六年,议准:驻防旗人武举,不准改用水师。

三十年,谕:直省司、道、府、厅、州县以及营伍员弁内,各督抚见闻所及,随时察看,自必知之最悉。如查有才德兼优,诚心任事,确有实据者,著出具切实考语,秉公具折酌保数员,候朕简用。履任后除公罪不论外,如有作奸犯科,身罹私罪,惟该保之督抚是问。其有贪婪不法,以刻为明,或年老昏愦不能办事者,亦著据实参奏,不准姑容。又奏准:各省督抚保举之员,均由部调取引见,恭候钦定。(光绪朝《钦定大清会典事例》卷五百六十七,兵部二十六,保举,第14—22页。)

58. 外海水师将士

南汇营(外海水师),游击一人(驻扎宝山县),都司二人,守备一人,千总一人,外委一人,额外外委七人,兵九十名。……

　　○狼山镇总兵官一人(驻扎通州,统辖本标中、右二营,兼辖通州、掘港、泰州、泰兴、三江五营)。

　　中营中军游击一人,中军守备一人,千总二人,把总三人,外委三人,额外外委五人,兵五百三名。

　　右营(内洋水师),游击一人(驻扎北岸上游),中军守备一人,千总二人,把总四人,外委五人,兵二百四十名。

　　通州营(内洋水师),游击一人(驻扎北岸下游),都司二人,守备一人,千总二人,把总三人,外委四人,兵二百四十名。

　　掘港营(外海水师),游击一人(驻扎吴淞口),都司一人,守备二人,千总一人,把总一人,外委一人,兵一百四十名。

　　泰州营都司一人(驻扎泰州),千总一人,把总三人,外委五人,额外外委五人,兵三百十八名。

　　泰兴营守备一人(驻扎泰兴县),把总二人,外委二人,额外外委五人,兵一百九十二名。

　　三江营(内河水师),守备一人(驻扎三江口),千总一人,把总一人,额外外委三人,兵一百五十九名。

　　……

　　○苏松镇水师总兵官一人(驻扎崇明县,统辖本标中、左、右三营,兼辖海门一营)。

　　中营中军(外海水师),游击一人,都司一人,守备一人,千总二人,把总一人,外委一人;中军(陆防),守备一人,千总一人,把总四人,外委五人,兵六百五十五名。

　　左营(外海水师),游击一人,中军守备一人,千总二人,外委一人,兵九十名。

　　右营(内洋水师),游击一人,都司一人,千总二人,把总四人,外委五人,兵二百五十名。

　　○海门协(内洋水师),副将一人(驻扎太仓镇洋县刘河口),都司二人,守备一人,千总三人,把总三人,外委四人,兵二百五十名。

　　……

　　○福山镇水师总兵官一人(驻扎常熟县福山堡,统辖本标左、右二营,吴淞、川沙二营)。

　　左营(内洋水师),游击一人,中军守备一人,千总二人,把总四人,外委五人,陆防千总一人,外委一人,兵二百五十一名。

　　右营陆路都司一人(驻扎常昭城),千总一人,把总三人,外委五人,额外外委三人,兵四百八名。

　　吴淞营(外海水师),参将一人(驻扎太仓州宝山县吴淞口),都司一人,守备一人,千总二人,把总一人,外委一人,额外外委十人,兵一百五十名。

　　川沙营(外海水师),参将一人(驻扎太仓州宝山县吴淞口),守备一人,千总二人,外委一人,额外外委九人,兵九十名。(光绪朝《钦定大清会典事例》卷五百九十二,兵部五十一,绿旗营制,江南水师,第3—5页。)

　　○闽浙总督兼巡抚一人(节制二巡抚、三提督、十二镇,驻扎福州府,统辖本标中、左、右三营,兼辖抚标左、右二营、南台水师一营)。

　　中营中军副将一人,中军都司一人,千总一人,把总三人,外委五人,额外外委五人,兵四百七十五名。

　　左营参将一人,中军守备一人,千总一人,把总三人,外委五人,额外外委六人,兵四百七十名。

　　右营参将一人,中军守备一人,千总一人,把总三人,外委五人,额外外委六人,兵四百七十名。

　　○抚标左营兼中军参将一人,中军守备一人,千总一人,把总二人,外委四人,额外外委五人,兵三百九十一名。

　　右营游击一人,中军守备一人,千总一人,把总二人,外委四人,额外外委四人,兵三百九十六名。

　　南台外海水师营参将一人(驻扎南台),中军守备一人,千总一人,把总三人,外委四人,额外外委五人,兵四百四十九名。

　　……

　　○福宁镇总兵官一人(驻扎福宁府,统辖本标中、左、右三营,其左营系水师提督节制,兼辖海坛、闽安二协,烽火门、桐山、连江、罗源四营)。

　　中营中军游击一人,中军守备一人,千总一人,把总二人,外委三人,额外外委三人,兵四百五十五名。

　　左营外海水师游击一人(驻扎霞浦县三沙),中军守备一人,千总一人,把总二人,外委五人,兵三百八十五名。

　　右营游击一人(驻扎宁德县),中军守备一人,千总一人,把总三人,外委三人,额外外委五人,兵四百五十四名。

　　○海坛协外海水师副将一人(驻扎福清县海坛汛,统辖本标左、右二营)。

　　左营兼中军外海水师都司一人,中军守备一人,千总二人,把总二人,外委六人,兵四百八十七名。

　　右营外海水师都司一人(驻扎福清县平潭汛),千总二人,把总二人,外委六人,兵四百八十五名。

　　○闽安协外海水师副将一人(驻扎闽县闽安镇,统辖本标左、右二营)。

　　左营兼中军外海水师都司一人(驻扎连江定海汛),中军守备一人(驻扎闽县闽安汛大西洋),千总二人,把总三人,外委四人,兵四百四名。

　　右营外海水师都司一人(驻扎大西洋),中军守备一人(驻扎大西洋),千总二人,把总三人,外委四人,兵四百四名。

　　烽火门营外海水师参将一人(驻扎霞浦县葦屿堡),中军守备一人,千总一人,把总二人，外委六人，额外外委三人，兵三百八十四名。

……

〇福建水师提督一人(节制三镇：福宁镇左营、广东南澳镇左营，驻扎厦门。统辖本标中、左、右、前、后五营，兼辖金门一协，铜山、湄州二营)。

中营外海水师中军参将一人，中军守备一人(驻扎浯屿汛)，千总一人，把总二人，外委六人，额外外委四人，兵四百十名。

左营外海水师游击一人(驻扎石吗城寨)，中军守备一人(驻扎厦门福山社)，千总一人，把总三人，外委六人，额外外委四人，兵四百十名。

右营外海水师游击一人(驻扎泉州府厦港)，中军守备一人(驻扎同安县厦门霞溪)，千总一人，把总三人，外委六人，额外外委四人，兵四百十名。

前营外海游击一人，中军守备一人，千总一人，把总三人，外委六人，额外外委四人，兵四百十名。

后营外海水师游击一人，中军守备一人，千总一人，把总一人，外委六人，额外外委四人，兵四百十名。

〇金门协外海水师副将一人(驻扎同安县金门汛)，中军外海水师都司一人，千总一人，把总三人，外委六人，兵五百四十七名。

铜山营外海水师参将一人(驻扎漳浦县铜山汛)，中军守备一人，千总二人，把总二人，外委六人，额外外委四人，兵四百九十一名。

湄州营外海水师游击一人(驻扎莆田县)，中军守备一人，千总一人，把总三人，外委六人，兵四百十名。

〇闽粤南澳镇外海水师总兵官一人(驻扎饶平诏安县适中镇市)。

左营兼中军外海水师游击一人(驻扎诏安县深澳汛)，中军守备一人，千总二人，把总二人，外委六人，兵四百七十三名。

〇福建台湾巡抚一人(驻扎台湾府城，节制二镇)。

〇台湾镇总兵官一人(驻扎台湾府中路口，兼辖台湾北路、台湾水师二协，台湾城守台湾南路、台湾嘉义、台湾艋舺、台湾恒春、台湾道标、台湾南路、下淡水七营)。

中营中军游击一人，中军守备一人，千总一人，把总三人，外委四人，额外外委三人，兵四百七十二名。

〇台湾北路协副将一人(驻扎埔里社，统辖本标中、右二营)。

中营中军都司一人，千总一人，把总三人，外委六人，额外外委五人，兵七百六十二名。

右营游击一人(驻扎台湾府)，中军守备一人，千总一人，把总二人，外委六人，额外外委三人，兵五百四十三名。

〇台湾水师协外海水师副将一人(驻扎安平，统辖本标中、左、右三营)。

中营中军外海水师都司一人，千总一人，把总一人，外委二人，额外外委三人，兵三百六十三名。

左营外海水师游击一人，中军守备一人，千总一人，把总一人，外委一人，额外外委二人,兵三百三十二名。

右营外海水师都司一人,千总一人,把总二人,外委二人,额外外委二人,兵三百三十三名。

……

台湾艋舺营外海水师参将一人(驻扎艋舺渡,兼辖沪尾、噶玛兰二营),中军守备一人,千总一人,把总二人,外委三人,额外外委二人,兵四百三十七名。

沪尾营外海水师守备一人(驻扎沪尾炮台塘),把总一人,外委二人,额外外委三人,兵二百四十三名。

……

〇澎湖镇外海水师总兵官一人(驻扎澎湖妈宫汛,统辖本标左、右二营)。

左营兼中军外海水师游击一人,中军守备一人,千总一人,把总四人,外委二人,兵四百五名。

右营外海水师都司一人,千总一人,把总二人,外委二人,兵三百六十三名。(光绪朝《钦定大清会典事例》卷五百九十三,兵部五十二,绿旗营制,福建水师,第1—3页。)

〇浙江巡抚一人(驻扎杭州府,统辖本标左、右二营,兼辖海防一营),中军参将一人(兼辖左、右二营)。左营守备一人(兼辖巡盐千总),千总一人,把总四人,外委五人,额外外委六人,兵三百六名。

右营守备一人,千总一人,把总四人,外委五人,额外外委五人,兵二百九十八名。

……

〇浙江水陆提督一人(节制五镇,驻扎宁波府。统辖本标中、左、右、前、后五营,兼辖杭州、嘉兴、湖州、绍兴、乍浦五协,太湖、宁波城守、澉浦、海宁四营)。

……

左营外海水师游击一人,中军守备一人,千总二人,把总四人,外委六人,额外外委四人,兵四百二十二名。

右营外海水师游击一人,中军守备一人,千总二人,把总三人,外委六人,额外外委四人,兵四百二十一名。

……

〇乍浦协外海水师副将一人(驻扎嘉兴府,统辖本标左、右二营),水兵二百五名。

澉浦营外海水师都司一人(驻扎嘉兴府),千总一人,把总一人,外委一人,兵一百八十名。

……

〇定海镇总兵官一人(驻扎定海县,统辖本标中、左、右三营,兼辖象山一协,镇海、定海城守二营)。

中营外海水师中军游击一人,中军守备一人,千总二人,把总四人,外委六人,额外外委三人,兵六百七名。

左营外海水师游击一人,中军守备一人,千总二人,把总四人,外委五人,额外外委二人,兵六百六名。

右营外海水师游击一人,中军守备一人,千总二人,把总四人,外委六人,额外外委三人,兵六百六名。

象山协副将一人(驻扎宁波府,统辖本标左、右二营,兼辖石浦一营)。

……

石浦营外海水师都司一人(驻扎宁波府),中军守备一人,千总一人,把总四人,外委四人,额外外委一人,兵四百七十一名。

镇海营外海水师参将一人(驻扎宁波府),中军守备一人,千总二人,把总四人,外委六人,额外外委三人,兵五百八十八名。

……

○海门镇总兵官一人(驻扎台州府海门卫城,统辖本标中、左、右三营,兼辖台州一协,海门城守、宁海、太平三营。)

中营外海水师中军游击一人,中军守备一人,千总二人,把总四人,外委六人,额外外委三人,兵三百五十八名。

左营外海水师游击一人,中军守备一人,千总二人,把总四人,外委三人,额外外委三人,兵三百五十七名。

右营外海水师游击一人,中军守备一人,千总二人,把总四人,外委五人,额外外委三人,兵三百五十七名。

……

海门城守营外海水师守备一人(驻扎台州府),千总一人,把总四人,外委六人,兵三百五十五名。

○温州镇总兵官一人(驻扎温州府,统辖本标中、左、右三营,兼辖乐清、瑞安、平阳三协,玉环、温州城守二营)。

中营外海水师中军游击一人,中军守备一人,千总二人,把总四人,外委六人,额外外委三人,兵四百二十五名。

左营外海水师游击一人,中军守备一人,千总二人,把总四人,外委六人,额外外委三人,兵四百二十五名。

……

○瑞安协外海水师副将一人(驻扎温州府,统辖本标左右二营)。

左营兼中军都司一人,千总二人,把总二人,外委四人,额外外委三人,兵三百五十人。

右营守备一人,千总二人,把总二人,外委三人,额外外委一人,兵二百五十人。

……

玉环营外海水师参将一人(驻扎温州府)。

左营兼中军陆路守备一人,千总一人。把总二人。外委二人。额外外委一人,兵二百五十三名。

右营外海水师守备一人,千总一人,把总二人,外委三人,额外外委二人,兵二百五十三名。(光绪朝《钦定大清会典事例》卷五百九十三,兵部五十二,绿旗营制,浙江水师,第3—5页。)

○高州镇水师兼陆路总兵官一人(驻扎高州府城,统辖本标左、右二营,兼辖罗定一协,阳江、硇州、吴川、电白、东山、阳春六营)。

......

阳江营外海水师游击一人(驻扎阳江厅城),中军守备一人,千总一人,把总五人,外委六人,额外外委三人,兵三百八十九名。

......

吴川营外海水师都司一人(驻扎吴川县城),中军守备一人,千总一人,把总三人,外委四人,额外外委二人,兵四百一名。

电白营外海水师守备一人(驻扎电白县),把总二人,外委二人,额外外委二人,兵三百一十七名。

东山营外海水师守备一人(驻扎遂溪县东山墟),千总一人,把总二人,外委二人,兵二百三名。

......

○ 广东水师提督一人(节制五镇,驻扎东莞县虎门寨。统辖本标中、左、右、前、后五营,香山、顺德、大鹏、赤溪四协,新会、前山二营)。

中营中军外海水师参将一人,中军守备一人,千总三人,把总六人,外委八人,额外外委十二人。兵一千八十一名。

左营外海水师游击一人(驻扎新安县城),中军守备一人,千总二人,把总四人,外委六人,额外外委三人,兵六百六十八名。

右营水师游击一人(驻扎东莞县虎门寨),中军守备一人,千总四人,把总五人,外委十人,额外外委十一人,兵一千三十九名。

前营水师都司一人(驻扎东莞县城),千总二人,把总二人,外委四人,额外外委二人,兵四百六名。

后营水师游击一人(驻扎增城县属新塘),中军守备一人,千总二人,把总四人,外委六人,额外外委六人,兵七百七十名。

○香山协外海水师副将一人(驻扎香山县城,统辖本标左、右二营)。

左营兼中军都司一人,中军守备一人,千总二人,把总三人,外委七人,额外外委四人,兵五百九十二名。

右营都司一人(驻扎香山县黄梁土城),中军守备一人(驻扎香山县城),千总二人,把总四人,外委七人,额外外委二人,兵五百九十名。

......

○大鹏协外海水师副将一人(驻扎新安县九龙寨城,统辖本标左、右二营)。

左营兼中军都司一人(驻扎新安县大鹏所城),中军守备一人,千总二人,把总五人,外委七人,额外外委四人,兵五百四十六名。

右营守备一人(驻扎新安县东浦所城),千总二人,把总四人,外委七人,额外外委四人,兵四百八十四名。

〇赤溪协外海水师副将一人(驻扎赤溪厅,统辖本标左、右二营)。中军都司一人,千总二人,把总二人,外委三人,兵四百六十四名。

右营都司一人(驻扎新安县广海寨城),千总一人,把总三人,外委五人,额外外委二人,兵五百二十二名。

……

〇碣石镇总兵官一人(驻扎陆丰县碣石卫城,统辖本标中、左、右三营,兼辖平海一营)。

中营中军外海水师游击一人,中军守备一人,千总二人,把总四人,外委六人,额外外委一人,兵六百四名。

左营外海水师游击一人(驻扎陆丰县甲子所城),中军守备一人(驻扎陆丰县参将府汛),千总二人,把总四人,外委六人,兵五百五十三名。

右营外海水师都司一人(驻扎海丰县捷胜所汛),中军守备一人(驻扎海丰县墩下寨汛),千总二人,把总四人,外委六人,兵五百八十三名。

平海营外海水师参将一人(驻扎归善县平海所城),中军守备一人(驻扎归善县稔山汛),千总二人,把总四人,外委七人,兵四百七十九名。

〇琼州镇水师兼陆路总兵官一人(驻扎琼山县城,统辖本标左、右二营,兼辖崖州一协,海口、万州、儋州、海安四营)。

……

〇崖州协外海水师副将一人(驻扎崖州城内),中军陆路都司一人,水师守备一人,千总一人,把总二人,外委三人,额外外委四人,兵五百八十六名。陆路千总一人,把总五人,外委七人,额外外委六人,兵一百八十八名。

……

儋州营陆路游击一人(驻扎儋州城内),中军水师守备一人,千总二人,把总二人,外委三人,额外外委三人,兵三百七十四名。水师千总一人,把总二人,外委五人,额外外委二人,兵二百七名。

海安营外海水师游击一人(驻扎海安所城),中军守备一人,千总二人,把总四人,外委六人,额外外委二人,兵五百二十一名。

……

〇南澳镇总兵官一人(驻扎南澳城,分管闽粤二省,统辖本标左、右二营,兼辖澄海、海门、达濠三营。其左营属福建水师提督节制)。

右营外海水师游击一人,中军守备一人,千总二人,把总四人,外委九人,额外外委二人,兵七百三十六名。

澄海营外海水师参将一人(驻扎澄海县城,统辖本标左右二营)。左营兼中军守备一人,千总二人,把总四人,外委五人,额外外委一人,兵四百五十二名。

右营守备一人(驻扎澄海县樟林寨堡汛),千总二人,把总四人,外委五人,额外外委一人,兵四百四十七名。

海门营外海水师参将一人(驻扎海门所城),中军守备一人,千总二人,把总五人,外委六人,额外外委一人,兵六百十四名。

达濠营外海水师守备一人(驻扎潮阳县达濠城),千总一人,把总二人,外委三人,额外外委一人,兵二百六十二名。

〇北海镇水陆总兵官一人(驻扎廉州府城,统辖本标左、右二营,兼辖龙门一协,雷州、钦州、徐闻、石城、灵山五营)。

……

〇龙门协外海水师副将一人(驻扎钦州龙门岛。统辖本标左右二营)。

左营兼中军都司一人,千总二人,把总四人,外委三人,额外外委四人,兵四百一名。

右营都司一人,中军守备一人,千总二人,把总四人,外委五人,额外外委二人,兵五百四十名。(光绪朝《钦定大清会典事例》卷五百九十五,兵部五十四,绿旗营制,广东水师,第1—9页。)

59.《兵部·八旗处分例·巡洋》

康熙五十三年,议准:盛京海洋以佐领、防御、骁骑校为分巡,协领为总巡。如有行船被盗,由该将军题参,将分巡、总巡各官,照江、浙、闽、广之例议处。

乾隆二十九年,奏准:盛京所属洋面并内外海洋事主货船如有同日在一处连次被劫二三只者,无论是否一案盗伙。三月限满,不获,将分巡、委巡、专汛、兼辖并协巡佐领、防御、骁骑校等官降二级调用。统巡、统辖、总巡并总巡协领等官,降二级留任。若巡哨各官,能于限内将一案盗伙全获者,免其议处,不准议叙。能获盗过半兼获盗首者,分巡、协巡等官,降二级留任。统巡、总巡各官,降一级留任,逸犯照案缉拿。

嘉庆三年,奏准:盛京地方海洋失事,疏防限满,该将军题参,将协巡官住俸,限一年,缉贼。二参限满,不获,协巡官降一级留任,再限一年缉贼。三参限满,不获,协巡官降一级,仍留任,再限一年缉贼。四参限满,不获,降一级调用。总巡官初参,罚俸一年,限一年缉贼。二参,降一级留任,罚俸一年,贼犯照案缉拿。

六年,奏定:官员在洋因擒拿盗匪被害,该管巡哨各官捏报遭风淹毙,或本系遭风淹毙,捏报被贼戕害者,俱革职。将军等不行查明,率行题报,俱降二级调用。

道光二年,奏定:驻防水师署任人员轮派出洋巡哨。遇有失事,如在疏防限内撤巡,并卸委署之任者,照离任官例议结。如已经撤巡,而署任尚未交卸者,仍照承缉官例,议处。

又奏定:江宁将军京口副都统每月派协领等官二员,驾船二只,每船带旗兵二十名。江宁官兵东巡至京口,京口官兵东巡至狼山,西巡至江宁。将所到日期报明该将军、副都统、总督、巡抚、提督、总兵,互相查考。倘有不按期接界巡查,该将军等查出题参。将派巡之员降一级调用。失察之将军等,罚俸六月。

又奏定：海洋接缉盗案之员，如系两月、三月一轮巡哨者，俱俟该员二次轮巡仍不获贼，该将军等将职名咨参，将该员罚俸三月。如系四月换巡者，二次轮巡不获贼，罚俸六月。在洋巡缉半年者，回哨无获，罚俸六月。一年在洋侦捕者，限满不获，罚俸一年。贼犯俱照案缉拿。如接缉限内，但能获贼，虽不及半，均免其议处。若能拿获过半者，纪录二次。全获者，纪录三次。若贼伙止二三名，接缉官于限内拿获一半，兼获盗首，及接缉过半者，于免议之外，仍纪录二次。其拿获一半，盗首未获者，止免其议处，毋庸议叙。

又奏定：盛京沿海地方，遇有失事之案，如盗从外洋窃发，原非守口官所能越汛稽察，咎在出洋巡哨之员，将守口官免议。若盗由海口以内夺坐船只，出洋为盗，将失察之守口官，降二级调用。若守口官自行拿获者，免议。至外洋行劫之盗散党登岸，混冒入口，守口官失于觉察者，降一级留任，限一年缉拿。全获，开复。限满，不获，降一级调用。如于限内盗犯被邻境拿获者，减为降一级留任。

四年，奏定：金州之铁山至菊花岛等处，盛京所属海汛，令水师营官兵巡查。至铁山与山东隍城岛中间相隔一百八十余里，并无泊船之所。自铁山起九十里之内，令盛京官兵巡哨。隍城岛起九十里之内，令山东官兵巡哨。如遇失事，量其境界相近，详查议处。（光绪朝《钦定大清会典事例》卷六百一十，兵部六十九，八旗处分例，第1—2页。）

60.《兵部·绿营处分例·武职荐举》

（道光十二年），又奏准：江南、浙江、福建、广东、山东武进士并候补候选等官有熟习水性，愿改外海水师者，均呈明该督抚，豫先列名咨部。饬令出巡将备带赴外洋试验，定以一年为期。所有带验出洋月日，经过地方，该将备出具印结详悉开载。并令该管总兵于巡洋时，将该员随带出洋亲加考验，果否谙习水师，不畏风涛，加具保结，报明督抚，认真稽核。并报部备查。果能熟谙水性，擒贼立功者，由该督抚保题送部，引见叙用。其有不谙水师者，即将该员照蒙混具呈例，降一级调用。若各省陆路改用水师人员，呈明该督抚豫先列名咨部。发交出洋试验，亦定以一年为期，如果谙习，悉照候补候选呈改等官，由出巡将备及该管总兵一律加具印结，题请改补。业经题补之后，仍复勤加考察，倘于外海不宜，即随时甄汰，照例议处。并将冒昧出结之原验官降一级调用，率行题改之督抚交吏部议处。至世职云骑尉、恩骑尉并随营武举，有愿改外海水师者，于发标学习时，即呈明督抚豫先列名咨部，分派外海各营，随同出洋巡哨，扣满三年，果能熟谙水性，擒贼立功者，该督抚悉照候补候选呈改等官，一律取具带验出洋镇将印保各结，分别结送部引见，咨留补用。如试验时，查有不谙水务及准改补缺后，倘于外海不宜者，亦照例分别议处。

（道光）十八年，谕：给事中曹宗瀚奏：豫储水师人材一折。各省水师员弁必得谙习水性，不畏风涛，方足以资巡缉。现在海洋静谧，而武备不可不实力讲求。是在各督抚平日留心，豫储干城之选。朕叠经降旨令直省督抚于副将内保举堪胜总兵之员，以待擢用。各督抚有遵旨保奏者，亦有奏称无员可保者，自系意存慎重，惧干滥保之愆。但思该督抚职司校阅，果平时训练有方，举劾悉当，自必咸知勤奋，何至竟乏人材。况水师副将亦有表率营伍之责,如有不谙水性,不习风涛者早当参撤,何以平日姑容。迫至保举之时,辄称无员可保。嗣后著两江、闽浙、两广总督等认真甄别,将庸劣各员严行参处,毋得任其恋栈。其有操防得力,缉捕勤能者,随时察核,据实保奏,以昭激劝。庶几收得人之效,而武备益修矣。(光绪朝《钦定大清会典事例》卷六百一十四,兵部七十二,绿营处分例,第3—6页。)

61.《兵部·绿营处分例·海禁二》

(乾隆)四年,又议准:外洋商船头巾插花,照旧准其备用,毋庸禁止。至沿海各省,凡系内洋商渔船只头巾插花并所竖桅尖,一例严行禁止。如有私带出洋,查出照例治罪。守口官弁,照失察夹带违禁货物例,分别议处。其山东省出外洋商船,亦照各省之例,准其制用头巾插花。其内洋商渔各船,一概不许制用。如有私用者,查出治罪。失察员弁,照例议处。乾隆六年,奏准:拿获偷渡之民人,隐匿不报者,官革职;兵责四十板,革粮。贿纵者,官革职,兵革粮,皆治罪。又奏准:拿获偷渡之人,讯明从何处开船,将该守口官弁照疏纵偷渡外洋例,按人数分别议处。拿获者,照拿获偷渡外洋例,按人数分别议叙。若弁兵因公差委,所乘船将无照之人偷载,专管官知情者,革职提问;不知情者,革职。兼辖、统辖官不揭报题参者,皆照不揭报劣员例,议处。又议准:南洋诸国米多价贱,商船回棹,买米压载,或有余剩,或未买米载回,均听从商便。其商船往贩诸番,自宜定限。应以三年为限,逾期不归,舵工、水手人等不许再行出洋。其外洋汛地如有停泊洋船,查验船照,有经阅多年者,勒令入口,交地方官查讯详究。

乾隆七年,又准:商船在内地沿海省分贸易者,以二年为限。二年之后始归者,嗣后不许再行出口。往贩外洋者,以三年为限。逾限不归者,该商及舵水人等勒还原籍,永远不许出口。其外洋停泊船查验船照,已逾多年者,勒令入口。交地方官讯究详查……

(乾隆)十三年,议准:民人偷渡,兵在外洋拿获者,仍照例分别给赏。如偷渡船尚在沿海口岸,兵于本管界内拿获,原系分内之事,毋庸给赏。若将别汛沿海口岸偷渡民人盘查擒获者,照外洋拿获例,减半赏给。但不得因有赏银,将沿海口岸不应盘查之船,借端需索滋扰。又准:杂粮麦豆偷运出洋,除接济奸匪者,与米一例科断外,若止系图利,计所运数目,照二谷一米之例,减等问拟。至官弁受贿故纵及失察处分,仍照米谷例行……

乾隆十九年,议准:嗣后商船实因贸易稽留在外,今愿回籍,或本身已故,遗留妻妾子女愿回籍者,均准其附船回籍。令船户出具保结,于进口时报明该管官,令归本籍安插。携回资财,地方官不得借端需索。至无赖之徒,原系偷渡番国,潜住多年,充当甲必丹,供番人役使,及本无资本,流落番地,哄诱外洋妇女,娶妻生子。迨至无以为生,复图就食内地以肆招摇诱骗之计者,仍照例严行稽查,该督抚随时酌量办理。(光绪朝《钦定大清会典事例》卷六百三十,兵部八十九,绿营处分例,第2—5页。)

62.《兵部·绿营处分例·巡洋捕盗》

康熙四十六年,题准:江、浙、闽、广海洋行船被盗,无论内外洋面,将分巡、委巡、兼辖官各降一级留任;总巡、统辖官,各罚俸一年。盗限一年缉拿,不获,将分巡、委巡、兼辖官各降一级调用;总巡、统辖官各降一级,罚俸一年。如被盗地方有专汛之官,照分巡官例议处。其巡哨期内,本汛并无失事,别能拿获海盗一船者,将专汛、分巡、委巡、兼辖官各纪录一次;拿获二船者,将专汛、分巡、委巡、兼辖官各纪录二次;总巡、统辖各官纪录一次。拿获再多者,照数递加。

五十五年,议准:海洋缉盗较陆地倍难,无论内外洋面,但能获一半者,各官皆免议处。

五十六年议准:山东省海洋行船被盗,照江、浙、闽、广之例议处。又议准:山东省登州南汛失事,以分巡千把为专汛,胶州游击为兼辖;北汛失事,以分巡千把为专汛,登州守备为兼辖;东汛失事,以分巡千把为专汛,成山守备为兼辖。

雍正三年,议准:洋面失事,巡哨各官恐吓赂嘱,不行通报者,照讳盗例,议处。

七年,议准:外洋失事,咎在出洋巡哨之官,将守口官免议。至外洋行劫之后,散伙登岸,混冒入口,守口官弁失于觉察者,罚俸一年。其有盗由海口内夺船出洋行劫,将失察守口官弁降一级留任。盗犯,限一年缉拿。全获,开复。限满,不获,照所降之级调用。若本案盗犯经别汛拿获,定以三年之内有能拿获别汛盗船,或本汛并无失事者,该督抚具题,准其开复。

十三年,议准:海洋接缉盗案之官,如系两月一轮巡哨者,初次巡期,不获,记过图功。下次轮巡,仍不获,罚俸三月。系三月一轮巡哨者,初次巡期,不获,亦记过图功。下次轮巡,仍不获,罚俸六月。在洋巡缉半年者,回哨无获,罚俸六月。一年在洋侦捕者,限满,不获,罚俸一年。盗犯皆照案缉拿。

乾隆六年,奏准:海洋接缉官如限内但能获盗,虽不及半,皆免处分。若能拿获盗首伙盗者,照陆路接缉获盗例,分别议叙。

二十九年,奏准:盗犯由海口以内夺坐船只,出洋为盗,失察守口各官降二级调用。至外洋行劫之盗,散党登岸,混冒入口。守口官失于觉察,降一级留任。限一年缉拿,全获,开复。限满,不获,降一级调用。如于限内盗犯被邻境拿获者,降一级留任。

三十年,议准:嗣后内洋失事,仍照旧例文武带同事主会勘外,如外洋失事,应听事主于随风飘泊进口之处,带同舵水赴所在文武,不拘何衙门呈报。该衙门即隔别讯明,由何处放洋,行至被劫处所,约有里数若干。即将该事主开报赃物,报明各该处印官。该文武印官即查照洋图,定为何州县营汛所辖,一面飞关所辖州县会营差缉。其事主即予保释,毋庸候勘。至于详报督抚衙门,毋论内外洋面失事,总以事主报到三日内出详,驰递。以便据报行查海关各口,将税簿赃单,互相较核。有货物相符者,即将盗船伙党姓名,具呈关拿。至守口员弁倘有规避处分,互相推诿,或指使捏报他界者,查明将推诿之员弁,照申报盗案互相推诿例,降一级调用。其稽查关口员弁,于文檄未至之先,拿获匪船者,照拿获邻境首盗之例,加一级。如已奉到文檄,能据实查出,将盗犯拿获者,免其盘查不实处分。

四十五年,谕:本日兵部进呈引见武职人员履历内,有系因洋盗未获,部议降调,送部引见之员。已饬令该部将名签撤扣,不准引见。本年粤省盗犯纠伙多人,肆劫洋面。各员弁如果留心盘诘,于盗犯初次下洋,潜行上岸时,严行查察,缉获无难,何至海洋有肆劫之事。乃该员弁等平时既不能实心查缉,及至盗案发觉,部议降调,该督复为中上考语。给咨送部引见,是适启其傲幸之心,于海疆营伍大有关系。嗣后广东福建等省外洋水师营分,各该员弁如有失察洋面盗案者,俱著部议实降。内阁票拟时,毋庸双签进呈。

四十九年,奏准:广东省永靖营驻扎番禺县属沙湾、茭塘地方。如各处拿获盗犯讯系沙湾、茭塘两处民人,究明偷越月日,将失察之汛口员弁,照失察奸民出口例,议处。一二名者,罚俸一年;三名以上,降一级留任;五名以上,降一级调用;十名以上,降三级调用。若因沙湾、茭塘俸满业经升用人员,前任内有该二处强劫之案,别经拿获者,照不实力稽查例,降一级调用。其非由沙湾、茭塘俸满即升者,仍止照前例,分别名数议处。

五十九年,奏准:台湾水师将弁按照巡期,亲历各处实力巡哨,遇有失事,若于巡期内将本境应行缉捕之犯,能于疏防限内拿获及半者,免其议处。一案盗犯全行拿获者,准其加一级。疏防限外全获者,准其纪录二次。能首先拿获邻境劫掠盗犯一案,本任并无承缉逃盗者,准其送部引见。

嘉庆三年,奏准:福建、浙江、江南、广东、山东五省水师武职各官任内,有承缉洋盗未获案件,应得处分,如能于邻境失事未经拿获之案及本辖洋汛从前失事未获之案,将盗犯全获,或拿获及半一案,均准其抵销本任承缉一案处分。该督抚等将拿获邻境及本辖之案,先行报部注册。俟本身承缉盗案已满四参送部时,再行声明报部议抵。若本身并无承缉盗案,能获邻境盗犯一案者,准其送部引见。如拿获邻境盗案未能及半,止准按名议叙,不准抵销。倘有捏报拿获,及以少为多,报部请抵,别经发觉,将本员革职提问。咨报之督抚、提镇等官,照徇庇例,降三级调用。

又奏准:福建、浙江、江南、广东、山东五省海洋,按期轮派官兵巡哨。若行船被劫,无论内外洋面,初参限满,不获,专汛、兼辖、分巡各官住俸,俱限一年缉贼;二参,降一级留任,再限一年缉贼;三参,降一级仍留任,再限一年缉贼;四参,降一级调用。如有委巡、随巡之员,照分巡官例,议处。统辖、总巡、统巡各官,初参,罚俸一年,再限一年缉贼;二参,降一级留任,罚俸一年,贼犯俱照案缉拿。

四年,奏准:福建、浙江、江南、广东、山东等省水师人员,遇有疏防盗案,一体改照陆路设有墩铺之例,初参,分巡、兼辖、专辖各官住俸;二参,无获,降一级留任;三参,无获,降一级仍留任;四参,无获,降一级调用。

又奏准:各省水师人员能拿获洋盗一案,无论本辖、邻境,俱准其抵销本任承缉一案。如并无承缉疏防之案,遇有拿获,仍照向例办理。

五年,奉旨:海洋处分,从前本系二参,为期较迫。嗣经兵部按照陆路设有墩铺之例,改为四参。期限已宽,若仍照二参不获之例,声请开复,则水师员弁势必无所顾忌,将致缉捕懈弛,殊非整饬海疆之道。四参,开复之处,著照部议停止。

六年,奏准:海洋巡船被盗焚劫,巡哨各员革职,船只著落各该员分赔、补造。地方专汛兼统之员能于限内拿获盗犯首伙过半者,免其处分。若疏防限满,不获,该督抚据实题参,将专、兼之员,降二级留任;统辖及总兵官,降一级留任,俱戴罪限一年缉拿。限满,获盗尚未及半,将专兼、统辖各员均照原降之级调用;提督降一级留任,盗犯照案缉拿。巡船在洋被盗焚劫,希图动项造补,捏报遭风,规避处分者,巡哨各员均革职提问。扶同徇隐之专汛、兼统各官,一并革职。不据实揭报之总兵,照徇庇例,降三级调用。不行查参之提督,降二级调用。未经查出遽行题报之督抚,降二级留任。专兼各员并无随同徇隐情事,督抚提镇查明据实参奏者,均免其处分,仍令题参疏防,照巡船被盗之例办理。

又奏准:外国夷船被劫。巡洋各弁失于防范。初参限满不获。分巡、委巡、专汛、兼辖各官。降二级调用。总巡统辖官。降一级调用。盗犯交接巡各官勒限缉拿。统巡总兵官。降一级留任。

又奏准:洋面失事,事主于何营呈报,该管协巡等官,即速知会失事洋面连界之汛,带领事主赴洋会勘。定为何州县营汛所辖,立即禀报统巡、总巡官,转详该将军、督抚、提督。一面行查海关各口,将税簿、赃单,较核呈验;一面严饬水师各营,勒限缉拿。一俟疏防限满,即将曾否获贼,开具职名题参。如与邻境互相推卸,或指使捏报他界,或借词耽延,并不赴洋速行查勘,依限呈报,致题参疏防逾限半年以上者,系守口官弁查验迟延,即将守口员弁降一级调用。若系巡洋员弁会勘迟延,将巡洋员弁降一级调用。或统巡官转报职名迟延,及将军督抚等题参迟延者,均降一级留任。

又奏准:邻境盗匪被官兵追缉到汛,在洋巡缉之员未能协同拿获,致被别汛获犯,供出追捕地方、并经由月日,将该汛未能协捕之巡洋各员弁,降二级留任。总巡上司,降一级留任。

又奏准:海洋巡哨,如遇失事,有以千总、把总作统巡、总巡开参者,除将千总、把总照专汛本例议处外,其未经出洋之统巡、总巡官,仍照本例议处,勒限缉贼。并查明滥行派委之该管上司职名送部,将总兵降二级调用。不据实查参之督抚提督,降一级调用。

又奏准:官员因擒拿盗匪被害,该管巡哨各员捏报遭风淹毙,或本系遭风淹毙,捏报被贼戕害者,俱革职。该督抚提镇不行查明,率行题报,俱降二级调用。

九年,奉旨:兵部议处吴淞内洋连劫商船,将疏防之提镇各员请旨革职一折。江南省水师废弛日久,此案吴淞内洋地面竟被洋匪劫掳商船至四十号之多,其时该处炮台额兵四十名,仅有二人在彼防守,其余三十八人全行离汛。即使此二人技艺过人,亦岂足资缉捕。是该管镇将等于所属营汛平日漫无约束。其因循玩误,实非寻常疏防可比。除把总朱成秀等前已降旨分别严惩外,提督哈丰阿、总兵谢恩诏、参将陈配高,均应照部议,即予革职。但念该员等曾任大员,尚不至全行废弃,哈丰阿,著赏给二等侍卫,另降清字谕旨,令其前往新疆换班。谢恩诏,降为都司。陈配高,降为千总。仍交兵部将该二员带领引见。嗣后水师该管大员务当实力训练,于防汛班兵常川巡察,毋使一名旷误。遇有应行缉捕之时,亲身督率,不避艰险,俾洋面日就肃清,毋得仍前怠玩,致干重咎。

十二年,奏定:海贼上岸止系掳劫,并未焚毁乡村者,专汛官,降三级调用;兼、统各官,降一级调用;总兵,降一级留任,戴罪图功;提督,罚俸一年。在洋分巡、随巡官,照专汛官例,议处;总巡、统巡官,照统辖官例,议处。如海边居民被贼登岸劫掠,并未掳去男妇,亦未焚毁乡村者,该督抚题参疏防,照海洋失事例,议处。如海贼甫经登岸,并未杀伤兵民,即能击剿杀退者,免议。

又议定：嗣后海洋失事，所有统辖各官，二参，罚俸一年之处，改为二参，降一级留任。

又奏准：嗣后巡洋员弁所获盗犯，除该督抚业经查明邻境、本境及全获、获半之案，仍照旧例办理外，如所获之犯不能灼知其为邻境、本境及全获、获半者，即以名数多寡，定其甄叙等差。有能拿获盗犯十名者，准其抵销本任承缉一案。拿获二十名者，准其抵销本任承缉二案。如所获邻境盗犯，除抵销之外，再有多获者，按其所获名数，仍照旧例，给予议叙。

又议定。嗣后拿获海洋行劫盗犯，罪应斩枭斩决，数在三名以上者，方准该督抚奏请送部引见。如所获系绞罪以下，并斩枭斩决等犯未及三名，自应照拿获伙盗例，议叙，不准送部引见。倘所获实系重犯应凌迟者，即拿获一二名，亦准该督奏请，送部引见。

十五年，议定：副将以下，无论候补人员，仍照原例核给议叙。如总兵果能留心缉捕，首先拿获盗犯。核与副将以下等官引见之例相符者，准其给予加一级。其与引见之例不符者，仍照拿获伙盗例，每名纪录一次。若系督同属员协拿者，仍毋庸给予议叙。

道光十三年，谕：程祖洛奏：参总兵营伍废弛，并巡洋惰误之守备，请一并革职办理一折。福建海坛镇总兵万超身任专阃，素耽安逸，所属洋面，劫案频仍。除前此魏元烺查参各案不计外，据程祖洛续经查出在洋被劫至十二案之多。且督率无方，种种乖谬，必应从严惩办。海坛镇标右营守备陈承恩惰误巡洋，致多失事，亦难宽贷。万超、陈承恩著一并革职。仍将万超留于闽省，责令随同舟师巡缉，勒限三个月，将被劫各案全数弋获，再准回籍。如届限无获，即将万超在海滨枷号一个月，满日释回，以示惩儆。

又谕：向来海疆巡洋定例，各省皆以总兵为统巡，其次有总巡、分巡、委巡、随巡各目，遇有失事，应与该管洋面之专汛、兼辖、统辖人员一并开参，分别议处，勒缉赃盗。原冀众志协同，各齐心力，以肃洋政。近来闽浙二省海洋失事之案，往往止参专汛、兼统一二人，余悉置之不议。迨兵部饬查，始行开参，而限期已逾，案多悬宕。并有积至数案，始行开参者，以致案多遗漏。巡洋人员遂以议处不及，渐生懈弛之心。海洋寥廓，匪船易于窜逸。不分责于协缉，而欲以一二专汛、兼统之力肃清海面，势必不能。嗣后闽浙督抚、提镇，暨有洋面地方督抚提镇，凡遇有海洋失事，将专汛、兼辖、统辖、统巡、总巡、分巡、委巡、随巡各员弁，均照例按限开参，勒令缉贼。不得一案止参一二人，亦不得积至数案，始行开参。倘仍蹈前辙，即将该督等交部照规避徇庇例，严加议处不贷。

十六年，议定：闽浙等省洋面以千、把总为专巡，以外委为协巡，以都司、守备为分巡，副、参、游击为总巡，总兵为统巡。遇有失事，仍以二参完结。初参限满，不获，将专巡、协巡、分巡各官均降一级留任，贼犯限一年缉拿；二参，不获，各降一级调用，贼犯交接巡官照案缉拿。若总巡、统巡、各官初参限满，不获，总巡官罚俸一年，统巡官罚俸六个月，俱限一年缉拿；二参，不获，总巡官降一级留任，统巡官罚俸一年，贼犯照案缉拿。至随巡员弁，倘遇失事，咎与所随之人同。如系随统巡之人，二参，即以罚俸一年议结。系随总巡之人，二参即以降一级留任议结。系随分巡之人，二参即以降一级调用议结。如有统巡而无总巡，或有分巡而无随巡，准该督抚于折内声明，以免驳查。惟闽浙提标五营，每年酌派员弁，巡查内地各镇协所属洋面，名曰游巡。遇有失事，在巡期内获盗过半者，免议。若疏防限期未满,先已回营,盗尚未获,即照离任官议以罚俸一年完结。贼犯交接巡官勒限一年缉拿。限满不获,将接巡官罚俸一年,贼犯照案缉拿。

十七年,谕:钟祥奏:筹议合巡洋面,核实稽考,等语。闽浙洋面辽阔,虽有会哨旧章,恐稽考难周,必须设法整顿,以归核实。据该督等筹议,应立合巡钳制之法,使官弁不能畏险偷安,而稽察易周,亦不能捏饰混报。所议井井有条,用心周到,可嘉之至。著照所请。所有闽省南洋九营,除提标中营毋庸添拨船只外,其余提标左、右等八营,准其添拨哨船八只。北洋四营,准其添拨哨船五只。每船俱配兵载械,派员统带。各按南北,逐营会合,来往梭巡。无论南北巡船,行至闽安镇海口,俱令禀报该督。其南境哨船巡回之时,必过厦门,即令就近禀报该提督。北境哨船巡回之时,必过福宁镇,即令就近禀报该镇总兵,以凭稽察。庶足杜偷安而壮声势。其每营分段巡查,仍照旧章办理。至此项合巡船只,仍随时换派官兵,俾均劳逸。所需口粮等费,查照常例一体支发,毋庸另筹。浙江洋面,亦著该督咨行该抚及提镇等一体办理。该督仍督饬镇将实力整顿,随时分别勤惰,以示劝惩。如该营员弁等再有畏险偷安巡缉不力等弊,即著严参惩办。

十九年,奏准:巡洋员弁果能熟谙水性,不畏风涛,于巡哨期内并无失事案件。每哨一次,准记功二次。于每季换班时,详报上司存核。有记功至八次者,无论俸满与否。如系千总,由督抚、提镇严加考核,发交统巡大员带领出海试验属实,即报督抚出见。如系把总,由副参等官严加考核,详明督抚、提镇,饬交隔营副将参将带领出海,试验属实,准其拔补千总。其守备以上各官,均由该管统领随时察看,详记档册,于保荐案内切实声明。若有不谙水性,畏惧风涛,初次,暂行记过二次。再行出洋试看,倘仍不得力,即改拨陆路,令其习练弓马,以观后效。至所带兵丁,如有熟谙水性,不畏风涛者,每哨一次,亦准记功二次,于换班时报明存案,积至记功八次,遇有外委缺出,秉公考验,尽先拔补。如系不谙水性,畏惧风涛,其记过之处,亦查照千总等官,一律办理。并令该督抚等将记功记过人员,随时报部,以备查核。

又奏准:巡船舵工,如熟悉海洋驾驶事宜,准其给予舟师外委之牌,照额外外委之例,造册咨部。遇经制外委缺出,一体遴选拔补。

二十三年,谕:禧恩奏:酌议巡洋会哨章程一折。览奏,均悉。哨船会哨,必得三省联为一气,方能周密。既据该将军妥议章程,酌加缜密,以期慎重。著照所议,准其将水师营额设战船十只内,每年派拨六只,每船派兵丁水手六十名,分为三路,派官三员,带领巡洋。南至山东交界之隍城岛以北地方,赴山东登州镇衙门呈验照票。东至岫岩大孤山,与朝鲜交界处所,由岫岩城守尉查验照票。西至锦州洋面,与直隶交界之天桥厂,赴锦州副都统衙门呈验照票,以杜弊混。其直隶通永镇哨船巡至天桥厂,亦著赴锦州副都统衙门呈验印照。其山东哨船巡至隍城岛以北地方,即由水师营协领查验照票。并著该将军分咨直隶总督、山东巡抚,以归画一。该副都统等各将每年验过船只,造册报明该将军衙门查核。该将军仍会同各副都统严密稽察,明定赏罚,以示劝惩。该会哨官兵等果能认真巡缉,于一年之内捕获盗匪三起,官则遇缺升转,兵亦记名拔补。倘敢畏避风涛,潜匿逗遛,贻误会哨,立予严参惩办,俾知儆畏,庶几巡查周密,不致日久视为具文。

又谕：嗣后沿海水师各提镇著于每岁出洋时具奏一次，俟出洋往返事毕，洋面如何情形，据实具奏。其实在因公不能出洋，即著自行奏明，均令咨禀该省总督，以凭查核。并责成各该总督破除情面，密访明查。倘敢偷安畏避及奏报不实，随时分别参办。各该总督皆系朕特简大员，受恩深重，如稍存瞻顾之私，扶同徇隐。经朕别有访闻，除将该提镇严行惩处外，必将各该总督一并严惩不贷。

二十七年，谕：各省沿海匪徒在洋行劫，最为地方之害。水师将弁务须竭力兜擒，毋任远飏。倘遇该匪声称投首，难保非穷蹙无路，借辞脱逃。若遽信以为真，必致堕其诡计。且此等匪徒在洋抢劫，扰害商贾，罪不容诛。尤未便于仓猝接仗之时，不察情之真伪，遽欲准其投首。嗣后著无论江面海面，该管兵等遇有盗匪正在开仗兜拿之际，倘该匪等乞怜投诚，一概不准。务宜尽力搜捕，毋许一名漏网，以靖洋面而杜奸诡。

三十年，谕：陈庆偕奏：洋面防捕情形一折。东省洋面甚长，水师四散分巡，习成怯惰，以致船炮废弃，劫掠横行，亟应大加整饬。兹据该抚亲勘情形，奏请将三汛师船、四县水勇合而为一，专派统带、协带等官往来策应。并于最要岛屿安设大炮，以壮声援，责成登莱青道督查调遣，随时劝惩。所办尚称妥协。该水师将弁等自当振刷精神，不使兵勇狃于积习。如能出洋尽力防捕，奏闻，即予恩施。若再因循懈弛，著即从严参办。

同治十一年，谕：瑞联等奏：拟拨轮船巡缉，并筹议经费一折。据称奉天省南滨大海，口岸甚多，时有贼匪游弋。若调轮船巡缉，实为便捷，等语。著文煜、王凯泰酌度情形，派拨小号轮船一只，配齐舵工水手。委员驶赴奉天牛庄海口停泊，听候调遣。并将船内经费章程，详细咨明都兴阿等核实支给。俟轮船驶抵奉省，都兴阿等当遴派得力弁兵，随时出洋，认真巡缉。并可令该弁兵等随同驾驶，以资练习。（光绪朝《钦定大清会典事例》卷六百三十一，兵部九十，绿营处分例，巡洋捕盗，第1—18页。）

63.《兵部·绿营处分例·外海巡防》

(乾隆)十二年，奏准：江南海洋，每年二月至九月，苏松镇标中、左、右、奇四营之游守八人，分为四班，每营游击分巡两月。各营守备与游击错综换班，每人随游击分巡两月。川沙、吴淞二营之参将守备共四人，每人分巡两月。未轮班之各营委拨弁兵驾舟随巡。至于十月至正月，令镇标四营、川、吴二营，每营各管二十日。如有失事，将分管之营题参，该镇总兵官仍亲身巡察。所有出洋回汛日期，仍报督提稽考。狼山镇标于二月初一日起，右营游击率领中、左、右三营官兵在于内外洋面巡哨，至九月底期满回营，该镇总兵官亦亲身巡察。将出洋回汛日期，报督提稽考。

……

嘉庆五年，议奏：各营水师人员按季巡洋，以总兵为统巡，亲身出洋，督率将备巡哨。以副将、参将、游击为总巡，都司、守备为分巡。倘总兵遇有紧要事故，不能亲身出洋，止准以副将代统巡。副将遇有事故，偶以参将代之，不得援以为常。其余游击、都司，均不准代总兵为统巡。都司、守备，不准代副参游击为总巡。千总、把总，不准代都守为分巡。目兵不准代千把、外委为专汛。派员出洋，责令统巡总兵专司其事。按季轮派，一面造册送部，一面移送督抚、提督查核。如于造册报部后，原派之员遇有事故不能出洋，应行派员更换者，亦即随时报明，出具印甘各结。倘违例滥派代替，或无故滥行更换者，该督抚、提督据实严参，将统巡总兵官降二级调用。督抚提督如不据实查参，率行转报题咨者，将督抚提督降一级调用。倘本官畏怯风波，不肯出洋，临期托病，私行转委所属员弁代替，经总督提督总兵查出揭参者，将本官革职提问。奉旨：各省沿海水师。向例设有统巡、总巡、分巡及专汛各员，出洋巡哨。近因各省奉行日久，渐有代巡之弊，即如统巡一官，系总兵专责，今则或以参将游击代之，甚至以千总、把总、外委及头目兵丁等递相代巡。遇有参案到部，则又声明代巡之员，希图照离任官例，罚俸完结，殊非慎重海疆之道。著通谕沿海省分督抚，嗣后均令总兵为统巡，以副、参、游击为总巡，以都司、守备为分巡。倘总兵遇有事故，止准副将代巡。或副将亦有事故，准令参将代巡。不得以千总、把总、外委等滥行代替。以杜借端规避之弊。至山东水师三汛，向不参送统巡疏防职名，殊未允协。嗣后该省亦应一律遵办，以昭画一。此次通谕之后，各督抚等务令水师各员亲身出洋。梭织巡查，以期绥靖海洋。倘敢仍前代替，借端推诿，一经部臣查出，或被科道纠参，则惟各该督抚等是问。

又奏准：巡洋官员，由统巡总兵按季照例轮派，务于应届出洋之前，先期派定。并将职名一面具文造册送部，一面移送督抚提督查核。并将具呈报部日期填明，春季不得逾正月，夏季不得逾四月，秋季不得逾七月，冬季不得逾十月。如呈送迟延，违限十日以上者，将总兵官罚俸一年。一月以上者，降一级留任。（光绪朝《钦定大清会典事例》卷六百三十二，兵部九十一，绿营处分例，外海巡防，第4—12页。）

......

咸丰三年，题准。山东省登州镇总兵改为水师，兼辖陆路。文登协副将改为水师副将，仍兼辖陆路。新旧水师共三营。其新改文登水师营所辖洋面分为西南路、西路两路洋面。自成山头起迤西至马头觜交界止，为西南路。内龙口崖、马山、竹岛、养鱼池、俚岛、倭岛、碙矶岛、石岛各外洋，成山头、孤石、杨家葬、马头觜各洋面，以左哨千总为专巡。自成山头起迤西至芝罘岛交界止，为西路。内海驴岛、鸡鸣岛、刘公岛、浮山岛、栲栳岛、养马岛、崆峒岛、芝罘岛各洋面，以右哨把总为专巡。两路洋面，以守备为分巡，以副将为总巡，以总兵为统巡。每年会哨处所，左哨千总由成山头迤西南，巡至马头觜交界，与水师前营文武互相结报。右哨把总由成山头迤西，巡至芝罘岛交界，与水师后营文武互相结报。其前营所辖洋面，自江南交界之莺游山起，至新改文登水师营交界之马头觜止，共计洋面一千六百八十里，各按所辖洋面，实力巡缉。自胶州头营口起，至莺游山交界止，洋面八百四十里，以左哨千总为专巡。自头营口起，至乳山口交界止，洋面五百四十里，以右哨二司把总为专巡。自乳山口起，至马头觜交界止，洋面三百里，以右哨头司把总为专巡。以上各洋面，以守备为分巡，游击为总巡。其经制额外等弁分配船只，随时调派。至每年会哨处所，分为东西两路：西路以左哨千总巡至莺游山交界，与江省东海营会哨；东路以右哨头司把总巡至马头觜交界，与新添文登水师营会哨，互相结报。其后营所辖洋面，自天桥口起往东至芝罘岛西，与文登水师营交界止，计洋面二百四十里；往西至直隶省大沽河交界止,计洋面七百二十里;往北至北隍城岛迤北洋面,与奉天旅顺洋面交界止,计洋面三百三十里,共计一千二百九十里。各按所辖洋面实力巡缉。自天桥口起,由长山岛迤东至芝罘岛西至文登水师营交界止,洋面二百四十里为东路,内有长山岛、大小竹山岛、纱帽岛、湾子口、刘家旺、八角各外洋,以左哨头司把总为专巡。惟西路洋面七百二十里,较四路绵长,裁拨一百二十里,均匀西北路管辖。嗣后西路自天桥口由龙口西起,至直隶省大沽河交界止,洋面六百里为西路。内有小依岛、屺姆岛、三山岛、小石岛、芙蓉岛各外洋,以右哨头司把总为专巡。自天桥口由龙口往西北至高山岛西北外洋止,洋面二百四十里为西北路。内有桑岛、黄河营、大小黑山岛、猴鸡岛、高山岛各外洋,以右哨二司把总为专巡。自天桥口由砣矶岛往东北至北隍城岛迤北洋面,与奉天旅顺洋面交界止,洋面二百四十里为东北路。内有南北隍城岛、大小钦岛、砣矶岛各外洋,以中哨千总为专巡。四路洋面,以中军守备东路东北两路为分巡,游击为四路总巡,总兵为四路统巡。从前水师后营守备专顾北路,今改为东路、东北两路分巡之责。并改饬西北路把总,就近与天津兵船会哨。其北路仍饬千总在隍城岛迤北洋面,与奉天旅顺营兵船会哨。东路仍饬东路把总在芝罘岛迤西交界,与文登水师营兵船会哨,互相结报。凡三营所辖洋面,遇有疏防案件,指名岛屿,各按所巡界址,照例开参。如并不亲身出洋者,该抚据实指参。仍将巡洋各职名、会哨各日期,按季造册送部查核。(光绪朝《钦定大清会典事例》卷六百三十二,兵部九十一,绿营处分例,外海巡防,第16—19页。)

64.《兵部·恤赏阵亡官员》

(嘉庆)十二年,奏准:出洋巡哨,擒拿盗贼被害官员,奉旨照阵亡例赐恤者,从前原系照军营打仗阵亡例,一律议给恤赏。其应得世职袭次完时,给予恩骑尉世袭罔替。后改为世职袭次完时,俱毋庸给予恩骑尉。惟是官员出洋巡哨,冲风破浪,艰险异常。其擒拿盗贼被贼戕害者,与军营官员带兵打仗阵亡者,原无区别。嗣后外洋水师官员,如有擒拿盗贼,致被戕害,经该督抚具奏,奉旨照阵亡例赐恤。并奉旨交部议恤,俱应照阵亡例议恤。按其应得世职袭次完时,仍给予恩骑尉,世袭罔替,以广皇仁。原例所载毋庸给予恩骑尉之处,应行删除。

又题准:额外外委出洋巡哨,被贼戕害以及遭风身故,照马兵阵亡例,议给恤银七十两。

又题准:水师官兵在洋被风漂失,该督抚一闻禀报,即委员确切详查。一面分咨沿海各督抚,令地方官一体挨查。如果查无下落,取具地方官印结送部。兵部将漂失官兵照出洋巡哨遭风漂没身故例,减半议恤。官员仍照漂没身故例,降等给予荫赠。

(嘉庆)十三年谕:浙江提督李长庚宣力海洋,忠勤勇敢,不辞劳瘁,懋著威声。数年以来,因闽浙一带洋盗滋事,经朕特命为总统大员,督率各镇舟师,在洋剿捕。李长庚身先士卒,锐意擒渠,统兵在闽浙台湾及粤省洋面,往来跟剿,艰苦备尝,破浪冲风,实已数历寒暑。每次赶上贼船,无不痛加剿杀,前后歼毙贼匪无数,擒获贼船多只。蔡逆亡魂丧胆,畏惧已极。闻李长庚兵船所至,四处奔逃。正在盼望大捷之际,乃昨据阿林保等奏到,李长庚于上年十二月二十四日由南澳洋面驶入粤洋,追捕蔡逆,望见贼船,止剩三只,穷蹙已甚。官兵专注蔡逆,穷其所向。追至黑水洋面,已将蔡逆本船击坏。李长庚又用火攻船一只,乘风驶近,挂住贼船后艄。正可上前擒获,忽暴风陡作,兵船上下颠播。李长庚奋勇攻捕,被贼船炮子中伤咽喉、额角,竟于二十五日未时身故。览奏,为之心摇手战,震悼之至。朕于李长庚素未识面,因其在洋出力,叠经降旨褒嘉,并许以奏报擒获巨魁之时,优予世职。李长庚感激朕恩,倍矢忠荩,不意其功届垂成之际,临阵捐躯。朕披阅奏章,不禁为之堕泪。李长庚办贼有年,所向克捷,必能擒获巨憝。朕原欲俟捷奏到,将伊封授伯爵。此时李长庚虽已身故,而贼匪经伊连年痛剿之后,残败已极,势不能再延残喘。指日舟师紧捕,自当缚致渠魁。况李长庚以提督大员,总统各路舟师,今殁于王事,必当优加懋奖,用示酬庸。李长庚著加恩追封伯爵,赏银一千两,经理丧事。并著于伊原籍同安县地方,官为建立祠宇,春秋祭祀。其灵柩护送到日,著派巡抚张师诚,亲往同安,代朕赐奠。并查明伊子现有几人,其应袭封爵,俟伊子服阕之日,交该督抚照例送部引见,承袭。其李长庚任内各处分,著悉予开复。所有应得恤典,仍著该部察例具奏。

又谕:据阿林保等奏:提督李长庚等在粤洋追剿蔡逆匪船并闽浙两洋舟师剿捕分帮土盗,各获胜仗缘由等折。除李长庚中炮身故,已另降恩旨优恤外,所有随同在事出力之提督张见升、总兵许松年等均著交部议叙。护副将项统打仗受伤,即著以副将升用。其伤亡兵丁,用示酬庸。李长庚著加恩追封伯爵,赏银一千两,经理丧事。并著于伊原籍同安县地方,官为建立祠宇,春秋祭祀。其灵柩护送到日,著派巡抚张师诚亲往同安,代朕赐奠。并查明伊子现有几人,其应袭封爵,俟伊子服阕之日,交该督抚照例送部引见,承袭。其李长庚任内各处分,著悉予开复。所有应得恤典,仍著该部察例具奏。

又谕:据阿林保等奏:提督李长庚等在粤洋追剿蔡逆匪船并闽浙两洋舟师剿捕分帮土盗,各获胜仗缘由等折。除李长庚中炮身故,已另降恩旨优恤外,所有随同在事出力之提督张见升、总兵许松年等均著交部议叙。护副将项统打仗受伤,即著以副将升用。其伤亡兵丁,均照外委例赐恤。线民等,均著照例赏恤。其余受伤弁兵,除例赏外,如有因伤身故者,仍照阵亡例赐恤。

又谕:据吴熊光等奏:总兵林国良率师船驶至了洲洋面,追击盗匪乌石二等,轰沉匪船数只,贼匪纷纷落水。正在得手之处,复有盗船陆续驶至,帮同拒捕。林国良亲身督战,适遇飓风大作,坐船被贼火焚烧,林国良与署都司林道材受伤阵亡,等语。林国良等督师剿捕洋匪,临阵捐躯,实堪悯恻。总兵林国良,著加恩从优照提督例赐恤,并赏给云骑尉世职。署都司林道材,著加恩从优照都司例赐恤。其伤亡淹毙弁兵,并著查明照例恤赏。

(光绪朝《钦定大清会典事例》卷六百四十,兵部九十九,恤赏,第19—24页。)

65.《兵部·恤赏·阵亡兵丁》

雍正十二年,奏准:沿海外洋。凡官兵巡哨及因公差委,如有遭风受困,没水登岸,幸获生全者。官准军功加一级,外委于补官日加一级,兵丁并食名粮之舵工水手,皆照军功头等伤例,给赏。其或飘没身故者,官以现在职任照阵亡例,分别荫赠,给予祭葬银。外委及兵丁并食名粮之舵工水手,亦照阵亡,分别给予祭葬银。其奉调考验之官弁、兵丁,照军功例,减一等。凡船内舵工、水手有被淹身故者,如系雇募之人,照军功二等例,予恤。其击碎之船,概免赔补。若系内洋巡哨,因公差委,又停泊海口岛屿等处,或修造战船,遭风击碎,亦免赔补。其遭风受困幸获生全者,官准军功纪录二次,外委于得官日纪录,兵丁人等照军功二等伤例,减半给赏。其飘没身故者,官照阵亡例,减一等,分别荫赠,减半给予祭葬银。外委及兵丁等,亦照阵亡例,减半给予祭葬银。至应给祭葬银,如无妻子亲属领受者,给银二两。该督抚提镇遣官致祭。其在黄河、大江、洞庭、洪泽等湖,皆系危险地方,官兵因公差委及领运弁兵下埠人等,遭风受困,或幸获生全,或飘没身故,所有加级纪录荫赠恤赏,皆照外洋之例行。

(乾隆)二十九年,奏准:出洋巡哨差委官兵,遭风坏船,被溺身故,该督抚逐案题明请恤。如外洋、内洋、内河、内江等处,因公差遣,或一二兵丁遭风溺故,并未坏船,该督抚照例动项,分别恤赏报部,岁底造册,汇题请销。

(乾隆)六十年,谕:各处乡勇能知大义。随同官兵打仗即与兵丁无异。嗣后如有杀贼阵亡者,即照兵丁之例议恤。

(嘉庆)十七年,谕:汪志伊等奏台湾换回弁兵在洋遭风淹毙一折。据称:此次台湾换回之督标五营四起弁兵伍得喜等配坐商船,于二月初七日夜在澎湖洋面陡遇暴风,至外洋小金屿地方,冲礁击碎,淹毙弁兵及水手人等一百余人,等语。可悯之极,不忍览视。向来官兵因公差委遭风飘没者,系照巡洋官兵淹毙之例办理。此次淹毙弁兵九十余员名,内如有曾经出兵打仗及杀贼受伤者,着该督抚查明,加恩照阵亡例赐恤。该弁兵等均有名册可稽,即据实查核,毋稍冒滥。其未经出兵受伤,仍照巡洋例议恤,嗣后弁兵设遭风淹毙,均着照此例分别核办。至其余淹毙水手及凫水得生兵丁,仍照例恤赏。沉失官制军械,均查明,照例咨部办理。再,海洋风涛危险,官兵远涉,亦应加以慎重。着该督抚饬知各将领,于往来配渡时,均宜察看风汛,诹吉开行,俾资顺利,毋得冒险轻涉,致有疏虞。钦此。遵旨议定。巡洋官兵遭风淹毙,如有曾经出兵打仗及杀贼受伤者,照阵亡例,议恤。其未经出兵受伤,仍照巡洋例,议恤。(《钦定大清会典事例》卷六百四十一,兵部一百,恤赏,第1—4页。)

66.《礼部·朝贡·赒恤·拯救》

崇德二年定。凡内地民人驾船被风飘至朝鲜境内者,令该国解送。

康熙二年,暹罗国正贡船行至七洲海面,遇风飘失,止有护贡船一只来至虎门,仍令遣回。

二十三年,议准:朝鲜国解送飘海内地人口,赏差官银三十两,小通事八两,从人各四两,于户部移取。嗣后外国有解到飘失人口者,均照此例赏给。其彼处收养飘失人口之人,行令该国王奖赏。

四十一年,琉球贡使回国,飓风坏船,柯那什、库多马二人,以拯救免。奉旨:着地方官加意赡养,俟便资给发还。此等船损坏皆因修船不坚所致,嗣后贡使回国时,该督抚验视其船,务令坚固。

四十二年,奏准:琉球国入贡员役有先回者,将拯救在闽之柯那什、库多马二人附回。

四十五年,福建商船遭风飘至朝鲜国南桃枝地方沉没,该国王令地方官拯救,货物给还商人,差官押送,递发各原籍。嗣该国王报称:募善泅者,取得黑角象牙苏木等物,除交该国王奖励赏赐外,奉旨:黑角象牙解送京师,有累驿递,苏木亦不必变价,均令该国王酌量处置。

四十六年,琉球国入贡附回飘风商民十有八人,饬行原籍安插。

四十九年,朝鲜国广州人七名,往本国海州贸易,被风飘至江南泰州,救存。该抚照琉球国失风例给予口粮棉衣,委官护送至京。奉旨:著朝鲜通事一名,由驿递送至朝鲜所属易州地方,由彼转送归籍。

五十二年,琉球国神山船载人三十名,飘至闽省地方。安插柔远驿,按名支给口粮银米,附贡船归国。

五十四年,琉球国人四十三名飘至广东文昌县,递送闽省,给予口粮,附贡船回国。

雍正七年,谕:览福建巡抚所奏,吕宋被风夷船既开往广东佛山,著广东督抚给予口粮,加意抚恤,听其候风回国。嗣后凡有外国船飘入内地者,皆著该地方询明缘由,悉心照料,动公项给予口粮,修补舟楫,俾得安全回国。

乾隆二年,谕:沿海地方常有外国船遭风飘至境内。朕胞与为怀,内外并无歧视,岂可令一夫失所。嗣后如有飘泊人船,著该督抚督率有司,动用存公银,赏给衣粮,修理舟楫,并将货物给还遣归。将此永著为例。

五年,福建巡抚奏称:莆田县民人出洋贸易,遭风飘至朝鲜国楸子岛,拯救得生,该国王给以薪米衣服,又为修整舟楫,加给食米三十石,俾得回籍,等语。中国商民出洋遭风,朝鲜国王加意资助,俾获安全,甚属可嘉。著该部行文传旨嘉奖。又谕:据浙江提督奏称:江南商民五十三人被风飘入琉球国叶璧山地方,彼处官员捞救人货,供给养赡,该国王遣都通事,护送福建交卸,等语。中国商民飘入外洋,该国王加意养赡资送,不令失所,甚属可嘉。著该部行文,传旨嘉奖。遣来都通事,著该督抚赏赉。又,福建提督奏称:苏禄国王遣番目人等送回内地遭风海澄县商民二十五人,奉旨嘉奖。

十七年,谕:据福建巡抚奏称:琉球国贡使在洋遭风,业经收回本岛,该国王将原船修葺,并将闽县遭风船户蒋长兴等、常熟县商民瞿长顺等留养二年,给予口粮,随船护送来闽,等语。中山王尚敬素称恭顺,今贡船遭风,堪为轸念。又将内地遭风商民留养附送至闽,甚属可嘉。著于进贡常例外,加赐该国王蟒缎闪缎、锦缎各二端,彩缎、素缎各四端,以示嘉奖。其在船官伴水梢人等,该抚分别赏赉。

又谕:据福建巡抚奏称:同安县民林顺泰船在洋遭风,飘至琉球国宇天港地方。该番目遵国王之令,代为修葺,资给口粮,俾得回棹,等语。琉球远隔重洋,素称恭顺。今番目遵其王令,将内地遭风商船修葺资送,诚款可嘉。著赐该国王蟒缎、闪缎、锦缎各二端,彩缎、素缎各四端,以示嘉奖。番目,著该督抚优加赏赉,交与国王颁给,均俟贡使回国带往。又,朝鲜国人十二名被风飘至浙江定海县地方,照例伴送来京,安插馆内,给予口粮,附贡使归国。又,朝鲜国人七名飘至福建台湾地方,照例送京安插,附贡使归国。

二十六年,福建商民二十四人遭风飘至朝鲜,该国王差员送至凤凰城,转发回籍。其赍咨来京员役,照例赏给银两。

三十二年,日本国人十八名遭风飘至吕宋国宿雾地方,因该处向无日本往来船只,适有海澄县船户在彼贸易,顺带回闽。经该抚照例抚恤,觅船载往宁波,附搭日本贸易船只回国。

三十四年,山东商民十有八人遭风飘至朝鲜,该国王拯救资赡,修茸船只,由水路遣回原籍。又鲜丹国人十三名,往安南贸易,在洋遭风,飘至广东,照例抚恤,附搭商船回国。

三十六年,没来由国人十二名,噶喇吧人九名,遭风飘至广东地方,均照例抚恤,分别遣令回国。

四十年,英吉利国人四名遭风飘至广东,照例抚恤,遣令回国。

四十一年,安南国人八十八名遭风飘至广东,照例抚恤,遣令回国。

四十二年,朝鲜国人九名遭风飘至山东,船只尚未伤损,该抚厚给衣粮,听其仍驶原船,由水路回国。

四十三年,广南国人男妇四名口遭风飘至广东,照例抚恤,遣令回国。

四十五年,奏准:琉球国贡船附载朝鲜飘入该国男妇十二名口到闽,该抚委员伴送到京。现在朝鲜使臣回国,尚须时日。所飘人内有妇女三口,未便久令居住,应派通事,先行护送回国。

五十三年,琉球国王遣都通事驾船来闽,迎接敕书赏赐物件,随带跟役水手共八十八员名,在洋遭风,货物银两俱被飘没。适遇渔船渡载,并未漟溺人口。经该抚安置馆驿,给予衣粮,并赏银千两。令夷使自行购料,造船回国。

五十九年,吕宋国人四十名装载货船,遭风飘至闽省,准其将货物输税发卖,事竣遣令回国。

六十年,琉球国人十一名遭风飘至朝鲜,该国王拯救资赡,送交凤凰城,照例抚恤。委员送至闽省,遣令回国。又吕宋国人二名遭风飘至浙江,因原船损坏,赏给银两、衣履,委员护送至闽,附便回国。

嘉庆元年,安南国人一名,驾船贩米,在外洋被贼,乘间跳海,飘至广东洋面,遇渔户捞救。该抚照例抚恤,遣令回国。又奏准:日本国人三名遭风飘至吉林地方,船只货物俱经飘没。该将军照例抚恤,送京安插,交浙省便员带回,令该抚转附便船回国。

二年,朝鲜国人十名遭风飘至琉球,附贡船至闽,委员送京,交该国领时宪书赍咨官顺带回国。

八年,谕:据闽浙总督奏:查明琉球国二号贡船在洋遭风,飘至台湾地方,冲礁击碎,救援人口上岸,抚恤缘由一折。外藩寻常贸易船只遭风飘至内洋,尚当量加抚恤。此次琉球国在大武仑洋面冲礁击碎船只,系属遣使入贡装载贡品之船,尤应加意优恤。其捞救得生之官伴、水手人等,著照常例加倍给赏。至所装贡物,除常贡各件业经沉失外,其正贡船只据称既与常贡船同时开驾,至今尚未到闽,自系同时遭风。现经移知浙粤等省沿海口岸一体确查。如查无踪迹,或亦已飘没沉失。所有正贡、常贡物件均毋庸另备呈进。该督等即缮写照会,行知该国王。以此次该国遣使入贡船只在洋遭风,冲礁击碎,人口幸无伤损,所有贡物行李尽皆沉失,此实人力难施,并非该使臣等不能小心护视所致。现已奏明,特奉恩旨,优加抚恤。其沉失贡物,远道申虔,即与赍呈赏收无异,谕令不必另行备进。所有此次赍贡、使臣等回国,该国王毋庸加以罪责,以副天朝柔怀远人至意。嗣后遇有外藩贡船遭风飘没,沉失贡物之事,均著照此办理。又,越南国夷目阮文年等五十六人遭风飘至广东,该督照例抚恤,并将破船及所带木料,代为公平变价,送钦州,饬交江坪夷目,转送回国。

十二年,琉球接贡船只在洋遭风。奉旨:除捞救得生官伴、水手人等,该督抚加倍赏给,并照例赏银一千两,以作雇船资用外,另赏银五百两,给淹毙六十三名夷人家属,以示轸恤。

十五年,谕:据百龄等奏:暹罗国赍贡使臣抵粤一折。该国贡船在香山县属荷包外洋突遇飓风击坏,沉失贡物,此实人力难施,并非使臣不能小心防护。其沉失贡物不必另行备进,用昭体恤。所有郑佛恳请敕封之处,著该衙门照例查办,俟该使臣回国,即令领赍。

道光二年,谕:颜检奏:抚恤遭风难夷一折。琉球夷人米喜阜等在洋遭风,由朝鲜远送至闽,情殊可悯。著加恩每名每日给盐菜口粮,俟回国之日,另给行粮一个月,以示朕怀柔远人至意。又奏准:琉球国人遭风,原船损坏,将所存物件优给价银,妥为抚恤,委员护送至闽,附便回国。

又谕:叶世倬奏:琉球国贡船遭风,请分别抚恤一折。琉球国例贡二号船在闾头外洋遭风击碎,淹毙夷使人等十名,情殊可悯,除该抚照例优恤外,著加恩赏银一千两,给夷官雇觅商船回国。其沉失贡物,毋庸另备呈进。

三年,谕:叶世倬奏:日本国难夷遭风来闽,循例抚恤送浙,遣发回国一折。日本国夷船一只在洋遭风,被飘到闽,船破货失,情殊可悯。除照例抚恤外,所有该难夷幸次郎等三十名,著即派拨员弁由陆路送至浙江乍浦,遇有往贩东洋船只,附便遣回。

又谕:叶世倬奏:抚恤琉球国遭风难夷一折。琉球国夷船在洋遭风,现据山东省将该难夷等护送到闽,著妥为安顿。自安插日起,每人日给银米。回国之日,另给行粮一个月,在存公项下动给。即于浙江省送到难夷比嘉等三船内,将该难夷附搭回国。

又谕:赵慎畛奏:请抚恤朝鲜国难夷一折。朝鲜国夷船在洋遭风,飘流闽省。除该督业经照例给予口粮抚恤外,著加恩将该难夷金光宝等委员护送进京。俟有该国贡使之便,饬令带回。

又谕:前据赵慎畛奏:朝鲜国遭风难夷金光宝等九名飘流闽省,当经谕令将该难夷委员护送进京。兹据礼部奏:查明该难夷到京名数与原奏人数不符,且无委员护送,又无咨文,仅系沿途经过州县接递护送行走。至山东兰山县以后,并未派员照料,实属疏玩之至。赵慎畛、琦善,俱著交部议处。其因何不照向例派员伴送给咨到部之处,著赵慎畛明白回奏。

又谕:孙尔准奏:琉球遭风难夷,请分别抚恤一折。琉球国难夷钱化龙、川城等船只在粤闽两省洋面遭风流离,情殊可悯。钱化龙等六名自五月初四日安插日起川城等四名自五月十二安插日起,俱著照例给予口粮。回国之日,另给行粮一个月,并加赏羊酒、布棉、茶叶等物,准其在存公项下动给报销。钱化龙等俟本届接贡船只到闽,附搭回国。至川城等船是否堪以驾回,俟护送到时,验明办理。务饬加意安顿,毋致失所。

又谕:阮元等奏:暹罗遣接使臣船只在洋遭风一折。本年七月内暹罗国遣来接载使臣回国正副船只,行抵广东新安县属洋面遇风,将正贡船飘撞击碎,飘失公文货物,并沉溺舵水、客民多名。现据该督等逐一查讯,著将水梢黄栋等安顿驿馆,妥为抚恤。其籍隶本省难民,即行饬令各回原籍。

五年,谕:阮元奏:暹罗国贡使在洋遭风一折。暹罗国世子郑福应行承袭,现在权理国政,因值例贡之期,虔备方物,遣使入贡,并恳请敕封。该国使臣在洋遭风击碎船只,表文贡物,尽行沉失,并淹毙水手多名,深堪悯恻。该国使臣万里航海,幸获生全。朕念其远道申虔,即与诣阙赍呈无异,自应优加抚恤。除该督业经照例犒赏,并丰给饮食,制备衣服医药调理外,该使臣即令其在省休息调养,毋庸远道来京。应领诰敕,著该衙门照例撰拟,俟颁发到粤,该督抚等即交该使臣捧赍回国。其沉失贡物,免其另行备进。现在捞获桅木等件,并著变价发给该使臣收领。

十年,奏准:朝鲜国护送内地飘风商民之差官金学勉未经进京,仍照例赐银。

十一年,谕:广东巡抚朱桂桢奏:据暹罗国大库吓雅打侃禀称:上年十二月,该国六坤洋面捞救遭风厦门船一只,询系福建署台湾澎湖通判乌竹芳眷属,报经该国王谕令迎接资赡。兹值例贡之便,附载送回粤省。并据南海县具报:该眷属附坐贡船,业已护送登岸,等语。暹罗国远隔重洋,素称恭顺。今该国王因内地官员眷属遭风,飘收到境,拯救资赡,附载贡船到粤,诚款可嘉。著赏赐该国王蟒缎二匹、闪缎二匹、锦缎二匹、彩缎四匹、素缎四匹,以示嘉奖。其大库吓雅打侃,亦著该督抚优加赏赍,交该国王颁给,俱俟贡使回国之便带往。

又谕:闽浙总督孙尔准奏:据南澳镇总兵报称:在洋巡缉,瞭见夷船一只,驰往查探。据夷人带同通事,开呈红单,称系越南行价陈文忠、高有翼,奉本国王命,驾船护送福建省故员李振青眷属及难民等来闽。旋据兴泉永道等禀称:该夷船驶进厦门口,将该故员亲属及难民等先送上岸,等语。越南国远隔重洋,素称恭顺。今该国王因内地官员眷属遭风,飘收到境,拯救资赡,派员护送到闽,诚款可嘉。著赏赐该国王蟒缎二匹、闪缎二匹、锦缎二匹、彩缎四匹、素缎四匹,以示嘉奖。其官伴、水梢人等并著闽浙总督查明,照例给予口粮。回国之日,另给行粮,并动项赏给修船银两。该使臣所带货物,准其就近发售。所有颁赏该国王缎匹,著广西巡抚于本年贡使回国之便带往。

十三年,谕:卢坤等奏:越南国呈照会捕盗咨文,并报知飘失师船,已在该国收泊,款给修整送回一折。上年十二月二十五日广东提标中营二号米艇配坐官兵七十员名,遭风飘流越南茶山洋面收泊。经该国王迎救抵次,优给供顿资用,代修船只。在彼阅四月之久,外委梁国栋因遭风受瘴身故,复为遣官料理,祭赠有加。及师船起程,各兵又有赏赍,并拨医随行,派员帮驾,添械防御。已于本年五月十四日驶进虎门。该国王因内地兵船遭风,飘收到境,优待款留,种种周详曲到,虔恪尽礼,可嘉之至,著降敕褒奖。并赏赐该国王蟒缎四匹、闪缎四匹、彩缎四匹、素缎四匹。

又谕:钟祥奏:夷船遭风飘入内洋,地方官办理未协,请交部议处一折。琉球国永张等姓夷船一只,于七月初间遭风飘至山东日照县境洋面,船未损坏。旋即乘风驶行,该县知县音德巡查抚恤,尚属周到。惟未能设法拦阻,听候奏明办理,与历办章程不符。音德,著交部议处。

十四年,谕:卢坤等奏:越南国差官护送广东遭风师船弁兵回粤一折。本年三月二十六日,广东左营外委陈子龙在琼州府厂领驾左营一号捞缯船一只,兵丁共二十七人,遭风飘到越南清华省地方。经该处官目接引入港,资给钱米,复经该国王派官前往,设燕款待,分给外委弁兵银米等物。并将船只器械代为燂洗修补,旋派差官李文馥等驾船护送回粤。越南远隔重洋,素称恭顺。今该国王因内地兵船遭风,飘泊到境,优给供顿,种种周详。虽据该使人禀称,此系分内应办之事,不必具奏。该督等即传谕该国王,现已奏请恩施。大皇帝闻汝拯救师船,资赡送回,虔恪尽礼,可嘉之至,自应优加奖赐,以广怀柔,著降敕褒奖,并赏赐该国王各样缎匹。此次该国带有压舱货物及将来出口货物,俱著加恩免其纳税。仍循照旧章先行开舱,起货销售,俾免稽迟。所有颁给该国王赏件,著该督等先行文该国王知之。俟敕谕发下,即将赏件一并交兵部,由驿递往广东。遇有该处船只之便,该督等即饬令携带回国。如无便船,则移交广西巡抚,酌量妥寄。至该国差官李文馥等,亦著该督等优加赏赉,交该国王颁给。

二十一年,谕:程矞采奏:使臣船只遭风,请将疏于防护之知县议处一折。琉球国贡使船只在江苏郭家行地方遇风溺,淹毙从人、舵水等十一名,情殊可悯。著江苏巡抚即行厚加赒恤,并著沿途妥为护送。署桃源县知县左辉春于该使臣过境,遭风舟,未能先事防护,著交部议处。

二十四年,谕:耆英等奏:越南国王款给被风师船,并官兵获盗,办理情形一折。上次广东捕盗船遇风飘抵越南,经该国王派员款劳护送,曾降敕奖谕,并赏赐缎匹以示褒嘉。此次署海口营守备邝勉管带兵勇,出洋追盗,至越南国顺安门之尖玻罗洋面,擒获匪犯,押解回帆,驶至越南东京洋面,猝遇风雨,损坏师船,进港停泊修艌。该国委员致送应用物料等件,又经该国王差官慰问,送给资斧食物,并属留盗犯二名,另行押送。该国王于内地师船被风湾泊,先后遣官款劳,优予供给,实为虔恪尽礼,朕心嘉悦之至,著再行降敕褒奖,并赏赐该国王金瓶、如意缎匹等件。该督接奉谕旨,即先行知该国王。仍俟奉到敕谕赏件,遇有该国便船,携带回国。

二十五年,谕:耆英等奏:越南国解犯船只现已抵粤一折。该国王款给被风师船,并派员押解盗犯,赴粤交收,实属恭顺。所有此次压舱货物,著加恩免其纳税。

咸丰元年,谕:徐广缙、叶名琛奏:越南国差官护送广东遭风弁兵回粤一折。广州崖州协把总吴会麟管带兵丁五名,水手四名,驾船至省,领运硝磺回营,于上年十一月十八日由琼州海口行驶,被风漂至越南国顺安汛洋面。经该国王资给钱米,派拨官兵驾船护送,于本年六月十二日回至广东,实属恪恭尽礼,可嘉之至。著降敕褒奖,并赏赐该国王各样缎四。其该国行价黎伯梃等,亦著该督等从优赏赉,交该国王颁给。

五年,议准:朝鲜国王护送美国难夷四名,咨交兵部,派员递至江南,交两江总督查讯上海等处海口,令该国贸易之人,附便回国。

七年,谕:前年福建兵船遭风飘至越南国,由该国供给钱米银一千余两,经两广总督叶名琛遵旨将银两给还,该国王坚辞不受,具见悃忱,可嘉之至。著降敕褒奖,并赏给该国王金瓶、如意缎匹等件,以示朕怀柔远人之至意。

同治三年,奏准:琉球国护送山东遭风难民之官伴等被匪艇抢劫,妥为安插,并分别遣令回国回籍。

八年,奏准:朝鲜国拯救珲春飘入南述、令得等二名。该民人拔刀肆扰,应由吉林将军查明惩办。该府使革职拿勘处分,令该国王酌量轻减。

光绪四年,奏准:飘收朝鲜国难民梁孟然等十二名,到京,交该国使臣附带回国。

九年,奏准:琉球国遭风难民比嘉等九名在洋被劫,飘流到闽。奉旨:著迅速查明系何处洋面滋事,督饬该管各官认真捕拿惩办。(光绪朝《钦定大清会典事例》卷五百十三,礼部二百二十四,朝贡,第12—17页。)

67.《兵部·军器·外海内河巡哨》

(道光)二十三年,谕:浙江风气柔弱,武备废弛。必当大加振作,力挽颓风。其造船一节,著即照江省之例,先行制造同安梭二只,八桨船四只,酌雇水勇数十名,先在江海演习。如果驾驶得力,再行奏请制办。又谕:璧昌奏:验试同安梭船,并添造阔头三板船只,分交各营认真巡防一折。据称同安梭船吃水较深,于外洋相宜。著即饬令苏松镇督同将弁等在外洋驾驶巡防,俾资得力。其续造阔头三板船只,著派给苏松、福山二镇、并京口左右营管驾。一面仍饬该员弁等依式接造十一只,以备派给各营。(光绪朝《钦定大清会典事例》卷七百十二,兵部一百七十一,军器,外海内河巡哨,第11页。)

68.《刑部·兵律关津·违禁下海》

一,沿海采捕出洋船只,务将本船作何生业贸易,于照内详细填注,俟到口上岸之日,稽查官弁令将货物核对,除与原照相符者即行放进外,若货物与照内不符,即时盘诘。如系来历不明,移交地方官审鞠。或来历有因,亦详记档簿。遇洋面报有失事,地方官即开具失单,关查各口。设有被窃日期,并所失货物,与档簿相符者,立即根究严拿。仍饬兵役人等,不得借端索诈指留,影射滋事。如有失察故纵及扰累无辜情弊,各照讳盗诬良例,分别治罪。(谨案:此条乾隆二十五年定。)

一,出洋船只。除商船仍将在船舵水人等并填给照外,其渔船止将船主年貌、姓名、籍贯及作何生业,开填入照。并将船甲字号大书、深刻于桅篷船傍。出口时,责成守口员弁将该船前往何处,作何生业并在船舵水年貌、姓名、籍贯逐一查填照后,钤盖印戳。并将所填人数照登号簿,遇有一船为匪,按簿查缉。倘州县官将照给予匪人,及汛口文武员弁查填不实,均交部分别议处。

一,租赁船只出洋为匪之案。除犯该徒罪以下船主不知情者,仍照自造商船租与他人例,杖一百,枷号三月外,其犯该流罪以上者,船主虽不知情,照夹带违禁货物,接济外洋,原保结之人治罪例,杖一百,徒三年。船只入官充赏。失察地方官,照例议处。如船主实有事故,不能亲自出洋,别令亲属押驾,许赴地方官呈明取结,将亲属开填入照,方许出洋。如未呈明,以顶冒论罪。

一,海关各口。如遇往洋船只倒换照票,务须查验人数,登填簿籍,钤盖印戳,始准放行。进口时,责成该委员吏役稽查。其有人照不符,船货互异,即送地方官审究。如失于查察,致匪船滥出滥入,审明系何处口岸。有委员者,将该委员照例议处。无委员者,将该吏役责革,加枷号一月。并将失察之该管官,交部议处。倘关口员役借端需索,照例分别参处,治罪。(光绪朝《钦定大清会典事例》卷七百七十六,刑部五十四,兵律关津,违禁下海,第5—7页。)

69.《刑部·刑律贼盗·劫囚·白昼抢夺》

一,凡出哨兵弁,如遇商船在洋遭风,尚未覆溺及著浅不致溺,不为救护,反抢取财物,拆毁船只者,照江洋大盗例,不分首从,斩决枭示。如遭风溺,人尚未死,不速救护,止顾捞抢财物,以致商民淹毙者,将为首之兵丁,照抢夺杀人律,拟斩立决。为从,照伤人律,拟斩监候。所抢财物,照追给主。如不足数,将犯人家产变赔。在船将备如同谋抢夺,虽兵丁为首,该弁亦照为首兵丁例治罪,虽不同谋而分赃者,以为从论。若实系不能约束,并无通同分肥情弊,照例议处。如见船溺,虽抢取货物,伤人未致毙命者,不计赃,为首,杖一百,流三千里。为从,减一等。若商船失风被溺,商民俱已救援得生,因而捞抢财物者,兵丁照抢夺本律,杖一百,徒三年。计赃重者,从重定拟。该管员弁,照钤束不严例议处。如淹毙人命在先,弁兵见有漂失无主船货,捞抢入己不报者,照得遗失官物坐赃论。如见船溺,阻挠不救,以致毙人命者,为首阻救之人,照故杀律,拟斩监候。为从,照知人谋害他人不即救护律,杖一百。官弁题参革职,兵丁革除名粮。如有凶恶之徒,明知事犯重罪,在外洋无人处所,故将商人全杀灭口,图绝告发者,无论官兵,但系在船同谋,均照强盗杀人律,不分首从,拟斩枭示。以上弁兵,除应斩决不准自首外,其余事未发觉,而自首,杖一百,徒三年。流罪以下,概准宽免,仍追赃给主。如有误坐同船,并未分赃之人,能据实首报,除免罪外,仍酌量赏给。其哨船未出口之前,取同船兵丁不致抢物为匪连名甘结,令在船将弁加结,申送该管上司存案。巡哨回日,仍取同船兵丁甘结,转送该管上司。其上司如不系同船,失于觉察,或通同庇匿,及地方州县若据难民呈报,不即查明转详,反行抑讳,及道府不行查报,督抚、提镇不行查参者,均照例议处。再营汛弁兵如有能竭力救护失风人船,不私取丝毫货物者,该管官据实申报督抚、提镇,按次纪功,照例议叙。倘弁兵因救护商人,或致受伤被溺,详报督抚,查明优恤。其边海居民以及采补各船户,如有乘危抢夺者,均照抢夺本律治罪。有能救援商船,不取财物者,该督抚亦酌量给赏。(谨案:此条雍正九年定。)

一,大江、洋海遇有商船遭风著浅,乘机抢夺者,除有杀伤,仍照定例问拟外,其但经得财,并未伤人,罪应杖徒者,将首从人犯各照本律加一等治罪。(谨案:此条乾隆二十六年定,嘉庆六年将此二条修改,分列三条。)

一,凡大江洋海,出哨官弁兵丁,如遇遭风商船,尚未溺,及著浅不致溺,不为救护,反抢取财物,拆毁船只者,照江洋大盗例,不分首从,斩决枭示。如遭风溺,人尚未死,不速救援,止顾捞抢财物,以致商民淹毙者,为首,照抢夺杀人律,斩立决;为从,照抢夺伤人律,斩监候。如见船溺,抢取财物,伤人未致毙命,如刃伤及折伤以上者,斩监候。伤非金刃,伤轻平复者,发伊犁等处当差。未伤人者,为首,照抢夺律加一等,杖一百,流二千里;为从,杖一百,徒三年。赃逾贯者,绞监候。如有凶恶之徒,明知事犯重罪,在外洋无人处所,故将商人全杀灭口,图绝告发者,但系同谋,均照强盗杀人律,斩决枭示。如见船溺,并未抢取货物,但阻挠不救,以致商民淹毙者,为首,照故杀律,斩监候;为从,照知人谋害他人不即救护律,杖一百。官弁,题参革职;兵丁,革除名粮。如淹死人命在先,弁兵见有漂失无主船货,捞抢入己者,照得遗失官物坐赃论罪。(谨案:嘉庆十一年,将例内发伊犁等处当差句,改为发极边烟瘴充军。年在五十以上,发近边充军。又于兵丁革除名粮下,增均折责发落五字。)

一,大江、洋海。出哨兵弁,乘危捞抢之案,所抢财物,照追给主。如不足数,将首犯家产变赔,无主赃物入官。其在船将备,如同谋抢夺,虽兵丁为首,该弁亦照为首例治罪。其不同谋而分赃者,以为从论。若实系不能约束,并无同谋分赃情弊,照钤束不严例,议处。以上弁兵,除应斩决及枭示者,不准自首外,其应斩候、绞候者,若事未发觉而自首,杖一百,徒三年。军流以下,概准宽免。如系闻拿投首,应斩候、绞候者,杖一百,流三千里。军罪以下,减二等发落,仍追赃给主。如有误坐同船,并未分赃之人,能据实首报,除免罪外,仍酌量给赏。其哨船未出口之前,取同船兵丁不致抢物为匪连名甘结,令在船将弁加结,申送该管上司存案。巡哨回日,仍取同船兵丁甘结,转送该管上司。其上司如不系同船,失于觉察,或通同庇匿,及地方州县若据难民呈报,不即查明转详,反行抑讳,及道府不行查报,督抚、提镇不行查参者,均照例议处。再,营汛弁兵如能竭力救护失风人船,不私取丝毫货物者,该管官据实申报督抚、提镇,按次记功,照例议叙。倘弁兵因救援商人,或致受伤被溺,详报督抚,查明优恤。

一,凡边海居民以及采捕各船户,如有乘危抢夺,但经得财,并未伤人者,均照抢夺本律,加一等,杖一百,流三千里。为从,各杖一百,徒三年。若抢取货物,拆毁船只,致商民淹毙,或伤人未致毙命者,俱照前例分别治罪。若能救援商船,不取财物者,该督抚亦酌量给赏。(《钦定大清会典事例》卷七百八十七,刑部六十五,刑律贼盗,第12—18页。)

70.《工部·船政·战船一·外海内河战船名目》

康熙十三年,议准:各省战船,定限三年小修,五年大修。

雍正三年,议准:江南外海战船于苏、扬、镇三府水次设总厂三,每年委道员一人监修,遴选副将或参将一人公同监督,会同布政使确估兴工。道员许遴委同知通判每厂各一人,副将许遴委都司守备每厂各一人,分司其事。广东、福建、浙江、山东外海战船,均照江南之例。

又准：山东省南汛战船仍在胶州船厂，北汛战船仍在登州船厂修理。

又题准：浙江省宁波、温州二府各设一厂，定海镇标等营战船及提标前营、象协、杭协各哨船归宁厂，温州镇标战船归温厂。分委宁台、温处两道监督修造。其两厂监督副参将遴委之营弁，均令报部。

又准：福建省福州、漳州二府各设一厂，福厂，委粮驿、兴泉二道，轮年监修。漳厂，委汀漳龙道监修。其两厂监督副参将遴委之营弁，均报部。台湾水师等营战船于台湾设厂，文官委台湾道，武官委台协副将，会同监督修造。

又准：广东省外海战船，广、惠、肇三府于省城河南地方、潮州府于庵埠地方，高、雷、廉三府于高州芝艻地方，琼州府于琼州海口地方，共设四厂。委道员二人监修，武职令有战船之该管副将或游击、守备等官协理。

乾隆六年，又议准：浙江战船。船底艒木用松木。每艒长一丈，面梁阔三尺三寸。船身及正桅均长一丈二尺。头号艍船，阔二丈二尺五寸，船身增长八丈九尺，舱深七尺九寸，板净厚三寸一分。二号赶缯船，阔一丈九尺五寸，船身减长七丈九尺，舱深七尺一寸，板净厚二寸九分。三号双篷舢船，阔一丈七尺五寸，船身减长六丈六尺，舱深六尺一寸，板净厚二寸五分。四号快哨船，阔一丈四尺，船身减长四丈八尺，舱深五尺，板净厚二寸。每板长一尺，均用钉三。

又议准：奉天战船。身长七丈四尺，阔一丈八尺七寸，二十一舱。

又议准：东省登、胶南北二汛海口赶缯船，照雍正六年浙江省题定之例，身长七丈三尺，板厚二寸七分，双篷舢船，身长六丈四尺，板厚二寸五分。

福建省大号赶缯船，身长九丈六尺，板厚三寸二分。身长八丈，板厚二寸九分。二号赶缯船，身长七丈四尺及七丈二尺，板均厚二寸七分。双篷艍舢船，身长六丈，板厚二寸二分。

江西省南湖营沙唬船，身长四丈四尺、至六丈八尺，板厚一寸三分至一寸六分。

直隶省天津水师营大小赶缯船，身长七丈四尺，板厚二寸九分。身长八丈六尺，板厚三寸。身长六丈五尺，板厚二寸六分。以上每板一尺，概用三钉。

江南省修造战船，应用板片厚薄铁钉数目。照浙省所定分寸。沙船一尺三钉，赶缯船尺板四钉。京口营船九丈以外，梁头栈板，均净厚三寸。九丈以内，梁头栈板净厚二寸八分。量定三寸三分用一钉，以收一尺三钉之实。苏狼川吴等营船。身长四丈七尺至十一丈，板厚二寸二分至三寸六分。每板一尺，用三四钉有差。

湖北湖南二省战船。身长三丈二尺至七丈八尺八寸，板厚一寸二分至二寸二分。每板一尺，用三四五钉有差。

广东省战船。身长一丈九尺至九丈，板厚一寸至三寸一分。每板一尺，用三四五六钉有差。

各省战船。阔九尺六寸至二丈三尺五寸有差，均令道员会同副参等官监督。广东省外海战船委道员，内河委知府，各会同副参等官监督。（光绪朝《钦定大清会典事例》卷九百三十

71.《工部·船政·战船二·外海内河战船名目》

(乾隆)十七年,准:广东省高雷二府属外海战船,自改归省城河南地方修造,缘届修之船,已不坚固,远涉重洋,多遭风击碎。应将海安营、雷州协右营战船大小修归琼州之海口厂。吴川、电白、硇洲三营战船大小修归高州之芷芛厂。

三十一年,奏准:嗣后浙江省修造乍浦绿旗、满洲各营战船,均改委乍浦理事同知查估后,将绿旗营战船十只,委乍浦总捕同知承办。满洲营战船十八只,委总捕同知会同乍浦营参将承办。

又,江南省崇明镇标四营快哨船四只,照大艍船式,改造六只。

又题准:广东省硇洲营被风击坏之第七、第八号外海拖风船二只,裁改为内河快马船二只,编为"硇"字第一第二号,以利巡防。

又广东省儋州营拨防新英港、桐栖港桨船四只,裁汰。

三十二年,浙江省定海镇标水艍大船三只,改设快哨船三只,补额巡防,并添设钓船十二只。

三十三年,江南省奇兵营号船六只裁汰。又广东省平海营内河六橹桨船一只,裁改为外海拖风船。

又江南省苏松镇标中、左、右、奇四营外海快哨船四只,裁改为大艍船六只。又江南省京口高资营艍犁船十六只裁汰。

又福建省水师各营战哨船五十只,浙江省各标协营战哨船六十四只,均裁汰。又广东省外海战船三十二只,裁汰,内缯船改拖风船一只。缯艍拖风等船改设内河快船十只。又裁汰内河战船五十六只,内橹船二只,改造外海拖风船一只。

……

嘉庆十五年,谕:工部奏江苏省修造战哨船只,请分别外海内河画一办理一折。各省战哨船只原各按水道之险易,驾驶之劳逸,分别内河外海,定限修造。今江苏省哨船、小哨船二项,本隶外海。何以旧例转照内河例限办理,其提标右营哨船本隶内河,何以旧例又照外海例限办理。名实殊不相符。嗣后哨船之隶外海者,著照外海例限修造。隶内河者,著照内河例限修造。所有现在题报各案,即著照该部此次奏定章程,画一核办。(光绪朝《钦定大清会典事例》卷九百三十七,工部七十六,战船二,第1—19页。)

72.《工部·船政·战船三·外海内河战船名目》

道光二十四年,奏:江南省江海营船二百七十五只,向归道厅州县分厂承造,因例价过少,承造之员或竟迟延不造,或帮贴价值,包给营员。故旧日营船,虽有二百七十五只之多,实则不获一只之用。拟减为一百三十五只,归于江宁、苏州两厂,照市价承造。奉谕:璧昌等奏:筹议江南水师船政,酌定章程,并陈明从前积弊一折。江南水师营船为内外洋会哨巡防之用,关系甚重。兹据该督查明,不堪应用者多至二百六十余只,历任修造经管

733

各员本难辞咎。惟历年既久,物故者多,著毋庸查参。经此次明定章程之后,如再蹈从前积习,著该督即行严参治罪,决不宽贷。又议准:江南省,内洋、长江利用大小舢板,外洋利用大舺船。现在江宁、苏州两厂分造,概照民价办理。仍令将用过工料银两,造具成规细册,送部具题。其大舺船每只每年给修理银一百五十两,大舢板每只每年给修理银一百两,小舢板每只每年给修理银五十两。五年之后,必须修理者,大舺船每只不得过八百两,大舢板每只不得过五百两,小舢板每只不得过二百五十两。十年之后,再行拆造,该督临时查验。如可节省,不得徒循年限,概请兴修。其每年油艌银九万七千六百两,五年大修银六万一千六百两,由承办之道厅州县分别捐解。各处捐款,定以四季解司。其现造之大舺船,每只照市价需银二千九百五十九两五钱二分,大舢板船每只需银一千五百五十二两八钱,小舢板船每只需银八百两。惟民价随时低昂,难以预卜。设遇翔贵,动用捐款,作为津贴。不准在司库造船本款之外,丝毫请增。倘时价减落,捐款积有剩存,即提作造船本款之用,以期节省库项。此次营船改定章程。所有旧设船只,令该督遴委妥员,照例按成确估变价,造册送部核办。(光绪朝《钦定大清会典事例》卷九百三十八,工部七十七,船政,战船三,第8—9页。)

73.《吏部·处分例·军政》

康熙二十九年。题准:自新造之年为始,届满三年准其小修,再届三年准其大修。又届三年,如船只尚堪修理应用,仍准大修。若果朽坏不堪,该督抚查明保题到日,准其拆造。(光绪朝《钦定大清会典事例》卷一百一十七,吏部一百一,处分例,军政,第18页。)

《福建省例》选录

74.《各省外海战船总略》

查,各省设立外海战船,丈尺不同,名色各异。要皆随江海之险,合驾驶之宜,以供巡防操演之用也。

其修造定例,康熙二十九年题准:自新造之年为始,届三年准其小修,小修后三年大修。再届三年,如船只尚堪修理,仍令再次大修。如不堪修理,该督等题明,拆造。乾隆二十六年十二月内,钦奉上谕:阿尔泰奏:登州镇南汛二、五两号战船及东汛七号船,现届拆造之年,验明船板钉镶,尚属坚固,毋庸拆造。应请大修一次,等语。甚得核实办公之道。向来各省修造船只,徒循大小修及拆造例限,初不问其实在应行修造与否。在承办者利于开销,而上官亦但知岁月相符,并不悉心查勘。此皆故套相沿,于公事视同膜外,最为恶习。前此已传谕各省矣。今阿尔泰能力破流弊,加意厘正,洵可为各省法式。著将此折抄寄各该督抚、将军等,令其一体实力查验,照此办理。毋任稍有冒滥,致滋弊窦。仍令每次具折奏闻。钦此。自钦奉谕旨之后,各省督抚俱于各项船只届期修造之先,实力查勘。有届应修造而勘明船只尚属坚固缓修一年者,有拆造改为大修,大修改为小修者,并有应拆造、大小修而所用工料银两较题定之数节省者,均于未经题估之先专折奏报,年底造册报台准咨,以闽省渔船往浙,为数不少,如令配足食米,务须勒定限制,方免夹带。验运出口之时,作何盘验稽查,不致有妨民食,行令妥议通详,等由。奉督宪檄饬,闽省渔船往浙捕鱼,食米不敷,俱向宁属告籴,为数甚多。今秋绍属被灾,商民请照赴籴,势难兼顾,行知闽省沿海地方官,如遇闽船赴浙采捕,计地计口,应需食米若干,扣定填照,汛口查验放行,不得空船出口,亦不得多带透漏等因。(《福建省例·船政例》,台湾文献史料丛刊第199种,台北、北京:台湾大通书局与人民日报出版社,2009年,第605页。)

76.《船只如式刊刻油饰书写》

一件。商渔之禁令日弛,洋面之匪船渐广,特严立限稽查,以靖海洋事。乾隆三十七年六月初十日,奉总督部堂钟宪牌:照得沿海省分大小商渔船只成造之时,例取澳甲、户族、邻保甘结,十船连环互保,验明柁水年貌,方准给照行驶。采捕一年期满,赴原籍换照。逾限不换,不准出洋。复因洋面匪船混杂,猝难认识辨别,雍正年间,题定船头至鹿耳梁头与大桅上截一半,福建均用绿油漆,浙江均用白油漆,广东均用红油漆,江南均用青油漆,并于船头刊刻某省某县某字号。又内外洋大小船只,毋论布篷、篾篷俱于篷上书写州县、船户姓名,仍于船尾刊刻姓名、州县。复因商渔书写刊刻之字号细小模糊,易滋弊窦,又经题定,篷上字画,定以径尺,船头两舷刊刻字号,不许模糊缩小。乾隆年间,又经定例,沿海一应采捕及内河通海之各色小艇,亦照商渔取结给照,一体编烙,刊刻书篷,以便稽查。又经浙藩司详定,通行闽浙两省,船大者于两舷及头尾刊刻省分、县分、船户姓名、字号,船小者止于两舷刊刻省分、县分、船户姓名、字号。定例原属严密,使内地贸易采捕之商渔船篷书写刊刻与头桅之油饰颜色灿然明朗,一目了如,则奸匪之于内洋,无从托足,不特游巡舟师可以识认追擒,即商渔船只亦可望风趋避,诚肃清洋匪,莫安商渔之第一要义也。无如有司视为具文故套,无关轻重,商渔给照,惟任之澳甲、船保、胥役朦胧递结,即予给照,柁水既未点验,船只亦未赴勘,以致油饰书篷只成纸上空谈,刊刻字号亦属虚应故事,甚至牌照逾限又不严查换给,听其飘流各省,竟不过问。及至押回换照,又任其捏饰遭风失水,代为捏详销案。且照票任其借顶转售,可以一照而影射数船。推原其弊,皆由于不书篷,不刊号,可以张冠李戴,而在洋游移之船皆属无字无号之一艘。游巡舟师不能辨识追踪,被害商渔无从物色告捕。近如浙省革弁戴国梁听同事主,误认匪船,枪伤陈养毙命。又如闽省晋江县人蔡祚,私租蔡宗兴船只往浙采捕,在定邑洋面行劫事主王正宗、刘枝商船,现已破案,获犯审拟,已属明验。且查阅浙省报抢报劫,每每称声音似闽人。并有惠安往浙商船,被浙弁诬拿为盗,几成冤狱者。在闽各县,岂可不于桅篷油饰编刊处切实留心,以免贻患?况迩年以来,洋匪日滋,多有闽属之晋、惠、同、澄等县奸小不法,皆由无识有司玩忽疏纵所致。现届商渔各船贸捕时候,若不严行通饬晓谕,何以靖海洋而别商艘。除行浙省文武查办外,合饬通行遵照,备牌行司,即便移行遵照。迅将现在境内各船只如式刊刻书写,照例送辖道及就近海防丞倅查验结报,方准出口贸易采捕。续有进口之船,随到随即押令如式刊刻油饰书写,呈验结报,再令出洋贸捕。自此番饬行之后,地方官及守口文武仍有不遵,一经查出,立即严行参处。如守口文武徇隐放行,不行据实举报,经别口查出,或经游巡舟部,汇总开单咨送军机处查核,奏闻。

至修造限期,向例小修限三个月完工,大修、拆造限四个月完工。雍正六年,九卿议定:小修展限四个月,大修拆造展限六个月完工。乾隆二十四年,复经军机大臣等议定:仍照向例办理。

其修造船只需用工料银两,有部价、协贴之分。部价系动支司库正项钱粮,协贴则在于各州县耗羡银内派拨。从前并未报部有案,自雍正十年耗羡归公之后,始行定议,将协贴银两在于耗羡项下动支。内江苏、浙江二省,不论大小修、拆造,每部价一百两量加津贴,自一百二十五两至一百八十两不等。山东省,照正价加倍动给。广东省小修每百两加四十两,大修加六十两,拆造加八十两。福建省,小修加十,大修加九,拆造加八。又于应加津贴之外,每百两另加银三十两。惟台厂远隔重洋,一应料物运送维艰。复于应加津贴并另加三分之外,再加运费银二分。所有各省报销册籍,俱照此例开造。

至分年修造之例,先于康熙五十七年定议:各省船只届应修造之期,该督抚一并题明,先修一半,仍留置一半在汛巡防。俟前半完工到汛,即将后半续修。工完,一并题销。嗣因各省办理不能画一,于乾隆二十四年据江南提督王进泰奏请,仍照旧例先后分修。经军机大臣议准,通行有船各省一体遵照在案。惟是前项船只,各省标营设立年久,该督抚等有以旧船丈尺做法与配驾情形未能合宜,因拆造之时将长阔丈尺稍为更变,而名色、号数仍照从前编定者,有因配驾不同,将丈尺、做法、名色、号数从新更正者,又有原系分隶各营,而现在归并一处,并将此处船只改隶他营者,亦有船身丈尺较前稍增,所用银两按数扣算,数目过多者,并有丈尺较前减少而声明成造坚固,兼之时价昂贵,用价较前加增者,变更不一,斯章程难定。当于乾隆十三年,经工部奏请通行各省督抚,将旧有各项船只以及续行改造船只,一体详查,按照船身丈尺、做法、需用工料价值,酌定成规,送部查核。嗣于乾隆二十六年二月内,吏部等部会议:贵州巡抚周人骥条奏,将有关成例案件,督率司员详细检查。如有应行增入之条,一并汇齐奏明,颁行各省一体遵循,等因。随于本年七月内,于奏请纂辑各省物料价值则例案内,并请将战船成规详查更定。嗣于乾隆三十三年钦奉谕旨,令将应裁、应改之处,悉心筹议。随经奏明,将物料价值则例先行赶办,缮册进呈。其各省战船,行令各督抚详查核议奏报到部,再行编辑成书,颁行各省遵照办理。再查,盛京金州水师旅顺营设有战船六只,例系浙、闽二省分造驾送。凡届大小修之期,所需物料、匠役由该将军核明银数,行文该二省办解拨送。其大小修年限,先于雍正五年议定:照内河战船办理。嗣于雍正十二年,据该将军以前项船只风涛冲击,易于朽坏,题准照外海战船之例办理。除工料银两按例造报外,并无外加津贴银两。合并声注。(《钦定福建省外海战船则例》,台湾文献史料丛刊第125种,台北、北京:台湾大通书局与人民日报出版社,2009年,第1—4页。)

75.《往浙捕鱼额带食米》

一件。遵批详事。乾隆二十二年三月,奉署巡抚宪钟批:据前藩宪德详:查得闽省渔船春冬二汛往浙采捕案,于乾隆十二年间,经高前司会议详准:每人每日准给食米一升,如出外洋者,准带一升,久经通饬遵照在案。嗣因浙省宁绍各属偶被遍灾,米粮缺少,奉宪师盘获,讯明系由何处出口,即将守口文武严参,并究有无受贿纵放情由,从重处治。本部堂为绥靖洋洋起见,不惮痛切告诫,特为岧责监司人员,照例稽察,督率查办。倘玩忽官吏仍视为具文,定即立登白简,后悔无及。文到,即日先具遵依送查。火速切速等因。(《福建省例·船政例》,台湾文献史料丛刊第199种,第616页。)

77.《外洋失事事主带同柁水赴所在文武不拘何衙门呈报讯明追缉》

一件。晓谕事。乾隆四十年二月二十日,奉总督部堂钟、巡抚部院余宪牌:照得闽省沿海一带,商艘络绎,如有失事,即应呈报追缉,以靖海洋。乃近闻福、泉各郡仍有艚船借捕鱼放钓为名,结伙连综,或在浙省洋面,或在本省草屿、三沙等处游移窥伺,肆行抢劫。事主虑恐报案,在县守候失业,隐忍不报,无凭追缉。即有访获盗匪,供出在洋抢劫,既无报案可稽,辗转行查,赃消伙散,追究愈难,以致贼匪益无忌惮。查外洋失事,随处可以呈报,本毋虑守候羁延。仍有明条,诚恐口岸拘泥延累,以致讳匿纵漏,亦未可定。合亟出示晓谕。为此,示仰沿海汛口文武员弁并商船人等知悉:嗣后如有,务照现行成例,听事主随风进口,带同柁水,赴所在文武不拘何衙门呈报。讯明由何处放洋,行至被劫处所,约有里数若干。将开报赃物报明,各该管印官、该文武印官即查照洋图,定为何州县营汛的辖,一面飞关所辖州县,会营差缉。一面即将事主人船,立速省释,毋庸候勘,致滋延累。其汛口员弁,凡遇艚船出入,各宜加谨盘诘。如有形迹可疑,即拿赴地方官查究,毋稍纵漏,毋违等因。除出示晓谕外,合并行知,备牌行司,照依事理,即便会同藩司移行沿海各道府,照抄多张,遍贴晓谕,仍一体遵照办理,毋稍违忽干咎,等因。(《福建省例·船政例》,台湾文献史料丛刊第199种,第619页。)

78.《渔船饬令照式书写分别刊刻船户姓名字号》

一件。禀请宪核饬遵以别奸良而靖海洋事。乾隆四十年十月二十四日,奉总督部堂钟宪牌:乾隆四十年十月十九日,据浙江定海镇总兵官林云禀称:窃照福建渔船,每年春汛捕鲚,冬汛钓魟,来至定海、镇海、象山三县地方,投行赴县缴牌换单,群赴定海洋面网捕。从中奸良不一,屡有觊觎劫窃。本职自上年抵任以来,细察情由,皆因此等渔船篷号直书其姓名,书在篷底下截,刊刻字号、县分、姓名仅在两旁舣边,并将姓名间有排在水仙门板上刊刻。而出洋捕鱼之后,如系宵小起意劫窃,将篷蹲下,姓名不见。且用旧篷在于字上遮拦,更使灭迹。其进口时,将旧篷移过,仍以遵书篷号安分之船。至两旁刊字,或用泥涂抹,或用板遮掩,甚至将水仙门板脱下,则其姓名均难识认,不惟事主无从指报跟缉,而游巡舟师虽梭织哨捕,亦难骤于追获。即今四、五月份具报被抢二案,据呈皆系闽船,亦此行踪诡秘,行抢孤舟。叠经本职飞饬跟缉,赃贼务获解报外,查定例内外洋面大小船只,无论布篷、筏篷,俱于篷上书写州县、船户姓名,仍于船尾刊刻姓名、州县。又浙藩司详定船大者于两旁及头尾刊刻省分、县分、姓名、字号,船小者止于两旁刊刻省分、县分、船户姓名、字号。此立法防奸,最为周密。无如篷号直书,篷一蹲下,姓名依然不见。来定之船,无分大小,皆仅两旁刊字,头尾俱不并刊。设或任其巧伪掩饰,终成纸上空谈,仍属虚应故事。现届冬汛,此等渔船,纷纷来定钓趾。本职管窥,檄行营汛会县,于其进口之际,饬令将篷面已有直书省县、渔户姓名之外,仍于篷面两旁,每页空隙之中,挨页递书直添姓名,复于篷背每页之中横添写某县渔户姓名各字样。其篷面直书暨篷背横书之处,字之大小,定以尺余,用粉用墨书写。另于图式注明。白书便于夜间所视,墨书便于日间远视。再刊刻字号,无分船之大小,除两旁已有刊字,复于头尾横写某县、渔户姓名字样。如白地者以墨书写。如此则在洋行驶,掩于东者不能掩于西,四顾照明,不难认识,并饬各营汛口,凡遇渔船到埠投行,即实力查验。倘有人照不符,冒名顶替,及代驾出洋等弊,移县查讯,分别递解回籍。一面收牌呈送本职,转缴本部堂,发交原籍县分安插。并恳宪台通饬沿海营县,嗣后俱令一律加添刊刻书写,庶奸渔亦能敛迹,地方宁静,而海洋攸赖不浅。绘具图式,呈送察核批示等由,到本部堂。据此,除批据禀似属可行,仰浙布政司立即查议通详察夺等因印发外,合并饬行,备牌行司,即便会同按察司,立将发来图式,一体查办,妥议通详察夺,仍将原式即日先缴备查。事关海洋章程,务须迅速议,毋得违延等因。计发图式三纸,照绘贴说,原式即缴。(《福建省例·船政例》,台湾文献史料丛刊第 199 种,第 622 页。)

79.《各属盘获人照不符务必切实究明》

一件。敬禀者:七月初三日,接奉钧札内开:浙江李提军查访南关情形一札,备极详细。今将原札图说封送查阅。又夹单匪船诸弊,会同查议,即日禀办,以便批行饬遵。并奉发原札、洋图、夹单,办竣仍缴等因。本司等遵查闽浙海道通连,奸船易于透越,恐有潜存屿岛,出没为匪,全在舟师哨巡实力,岸口盘诘认真,匪徒庶知警畏敛迹。兹查闽省各洋面并孤屿僻岛,凡可容匪之处,节奉严饬水陆舟师,梭织侦巡,无不严密。而烽火所辖之南关洋面,实为闽浙出入之门户。今浙海现奉檄查,业于北关内外洋面岛屿,添拨弁兵,于出入溢口以及孤僻岛屿之处,互相关会,分布哨巡。并请大人分行总统镇将,实力严督梭巡。按其换期,取结通送查察。至奉发浙提督单开匪船诸弊各条,本司等查闽省禁戢匪船诸弊,节次立法议详,已极周备。兹查单开盘获人照不符,字号不明,以及追拿弃赃灭迹各人船,地方官自当详加审诘,原不容任其狡辩。或因已无赃据,即颟顸率结。查闽省历来有盘获此等匪船,经营禀报移县,均经各该县讯供通详,批行确审,分别按拟办理,原无自行完结。惟是查缉海洋船匪,审办应行慎重。应请再加通饬闽省沿海各县,有盘获前项各匪船,务须切实究明,有无为匪,照例通详究拟,毋得任犯狡供,仅以解籍了事,匿报率结,致有纵漏。又单开船只在洋过限不归,致托原籍亲友代为呈县换照一条,查各属商渔船只,领照驾驶,定例一年限满,将旧照呈县验销,换给新照。是船与照原不容相离。若船只过限不回,致托本籍亲友呈换新照,既无旧照缴验,该管地方官岂容漫无稽察,即行给与新照?此等弊窦,苟非澳保、经承串通朦混,即系别有影射所致。但既经浙省查有似此情事,闽省自难保其必无。并请通行严饬,嗣后船户届限换照,及商船换照,均须查明人船是否在籍,察验旧照相符无弊,方准换给。如有代呈请换,即行严查人船,著落追拿究详。倘地方官任其朦混,以致人船久留在洋为匪,一经发觉,查有代换船照情弊,即将混行换给之该地方官按例严参。均于缉究洋匪,益有责成慎密矣。缘奉钧谕,理合议禀。是否伏候大人察夺训示。(《福建省例·船政例》,台湾文献史料丛刊第199种,第535页。)

80.《船只缘事留人不留船》

一件。宪禁顿弛、商困难堪事。乾隆四十二年七月十六日,奉总督部堂钟批本司详:查得该船户徐魁春等呈控船只出入口岸,各汛口借端需索一案。缘海洋地方辽阔,奸宄易于潜踪,是以凡有船只出口,则稽其往来,一遇夹带禁物,逗留洋面,均可立时举发,洵属廓清海洋善政。无如胥役人等借巡查之名,多方勒索。前于乾隆三十七年间,福清县经承杨华、澳差魏发勒索船户许列辉、陈仲就两照发觉,经本司议拟详明,并列款出示各海口,复刊入省例永远遵行在案。只因日久玩生,致该船户等复又赴司呈请查禁。随经批行福防同知先行示禁,一面查议详去后。兹据署福防同知福州府徐元查明各原案,逐条议前来。本司复查厦门定例,凡遇船只缘事,客货装满,课饷攸关,只留船户究讯,船听放行,谓之留人不留船。但犯事情节轻重不同,已经前司详定。情轻者只留船户正身一人,在籍候质;情重,具详候示。虽已明晰,似专指船户而言。其柁水并船户应请俯如该摄厅所议,嗣后如系船户之缘事,情节轻者船听放行,仍留船户质讯外,如遇柁水犯事,并非重情,果与船户无涉,即留缘事之柁水正身候质,毋许搁延拖累。至该船户所称兵役下船验查,预将赌具私放舱中,指为在船夹带,肆其诈骗等语。现在虽无告案,而兵役乘机弊害,亦不能保其必无。亦应如该摄厅所请,通饬沿海各口员弁严行查禁,如有前项情节,许该船户人等扭禀喊究,尽法惩处。或该船户凭空捏控,审明即予反坐。至于船照逾限在三个月以内者,例得免议,听有司官照例换照,不得私行议罚。应请再行申饬,以后如敢借端索诈,留难阻滞,或被告发,或经访闻,定将员弁、兵役分别参处。又该船户等呈请酌带油麻、灰钉等项,请于照内填明一款。查铁钉、油灰、棕丝、黄麻各物,例严出口。因贩海船只赖为修补船只杠棋之需,案奉题定外洋行走之船,动经数月,铁钉、油灰、棕丝、黄麻等物,一概不许携带,恐洋中风水莫定,一时无措,请照旧例备带,仍于照后填明数目,以备查验。并将动用缘由,令同船之人出具甘结存案。倘有借端多带情弊,仍照夹带违禁货物例治罪等因,遵照在案。但前次所定则例,系指外洋船只而言。今该船户等船只出海贸易,近则福、兴、泉、漳四府,远而粤东、江浙、山东,以抵盖州、天津、关东锦州等处,虽属内地,而海洋浩淼,冲风破浪,并无二致。所有防船物料器用,若非预行备带,恐一时需用,无处购觅,转多未便。是以向来俱仿照洋船之例,准其随带,但不定以限制,填明照内,不特兵役等得以借端需索,且亦恐船户等多带滋弊。应如厅请,查照外洋准带之例,按船只之大、中、小,分别数目携带。如梁头一丈五尺以外者为大船,许带铁钉六十斤,油灰六十斤,棕丝五十斤,黄麻八十斤;梁头七尺以上者为中船,许带铁钉四十斤,油灰三十斤,棕丝三十斤,黄麻六十斤;梁头七尺以下者为小船,许带铁钉二十斤,油灰二十斤,棕丝二十斤,黄麻四十斤。俱于本籍县领照换照时,即于照内注明。仍著同船之人出具动用缘由甘结存案。如有额外多带,立即查拿,交地方官治罪。庶修补有借,即稽查亦属有凭。至所请并带铁锅二口,究与杠棋等物有间,亦应如厅请,毋庸置议。又该船户呈控装载运厦料物,请照旧定章程,毋许官差贴封一款。案经本司详定,泉、台二厂委弁丁役在省办运料物需用,商船概照民间时价,自行雇募,克期装配,到即起卸,毋许扣克短少守候,亦毋庸官差贴封滋扰,同船行借端抽扣为弊,一并永远革除,明白出示在案。今据该船户等以地棍刘梓盛冒认船行,串通厂役并闽差倪福等混封勒索等情呈控,经该摄厅檄饬闽县,将冒认船行之刘梓盛同差倪福一并惩儆,不许再行滋事,听其另办外,应照该摄厅所请,再行查照原议,大张晓谕,责成台厂委弁、泉厂差丁,凡需船运料赴厦,概照民间时价,自行雇募,开明各料所编字号、价银,付船户收执,以便到厦照数交收,永不许假手船行,致有抽扣。如料物未齐,不得预雇,勒令船户守候。其水脚工价银两,须照定约实价,公平兑给,毋得以七折给发。复以钱作银及以番银浮算,侵肥短给。再有不遵,或串通混封勒运舞弊,一经告发,立拿详究。并将玩纵滋扰之委弁及该差丁一并查处。至料物运至厦门,须令随到随即起卸,不得故意掯延。倘有在船劈裂折断,按照省编字号原价赔还,残料给与船户变抵。则原料不致有亏,而船户亦免赔累。以上各条,均系查照详定原案,核明转详,伏候宪台察夺批示,移行沿海所属一体遵照,并刊入省例,以垂永远等缘由。

奉批:如详移行沿海各营县,转饬所属一体遵照,并出示晓谕,仍即刊入省例,永远遵行,毋许阳奉阴违,及勒索等弊,致干察究。并候抚部院衙门批示。缴。

又奉署抚部堂钟批:如详移行沿海所属一体遵照,并刊入省例,永远遵行,毋许阳奉阴违,致干严究。仍候督部堂衙门批示。缴。奉此,经即通饬移行遵照在案。(《福建省例·船政例》,台湾文献史料丛刊第199种,第637—640页。)

81.《出海小船查明烙号》

一件。遵札议事。乾隆五十年五月二十六日,奉前总督部堂富宪札:照得沿海地方,凡关稽察洋匪出没之事,自应慎重办理,不宜稍有纵弛。今本部堂检查定例,有沿海一应采捕及内河通海之各色小船,地方官取具澳甲、邻佑甘结,一体印烙编号,给票查验。如有私造、私卖及偷越出口者,俱照违禁例治罪,等语。细绎例义,似属沿海一带内河,凡有可以出海之各色小船,俱应取结验烙,编号给照。凡遇出口采捕营生,均赴文武汛口验照。庶此等船户如有在洋逗遛者,汛口文武各官均得随时稽察,不致任其出入无忌,为害商民。惟内河小港不通外海之处,一应农船俱可不必请照。今查各属有底无盖小船,间有未经请照,在洋犯事,虽奉大部议,未经驳查,但现有卢日享乘坐有底无盖小船,驾至镇岐外洋陈振基船上贩买私盐;又有李加远起意纠伙为盗,亦坐此等有底无盖小船驶至五虎山外,停在连江县四屿山脚边行劫周宗海客货。是有底无盖之船,既可乘坐出洋为匪,即在通海各色小船之内,何以司招又声明例不给照?合亟饬查。札到该司,即便查明闽省有底无盖可以通海小船,如果定例不必给照,即照录例文一纸禀送查核。如无此例,即会同藩司细绎例义,查明可以通海之内河有底无盖小船,应否饬令地方官概行取具连环保结,验烙给照。即朝去晚归,亦必赴经过汛口查验。倘有在洋逗遛日久方归者,亦听汛口员弁盘诘,以期洋面肃清,商艘免遭劫掠之处,妥议通详核夺,毋迟,此札。等因。

奉此,又奉署巡抚部院富批:前署司会同盐法道呈详:闽县船户卢日享载私被获一案议拟缘由,奉批:如详饬将卢日享等照拟杖责,援赦宽免。黄开盛等缉获另结。惟查定例,沿海一应采捕及内河通海之各色小船,地方官俱应取具澳甲、邻佑甘结,一体印烙编号,给票查验。原以杜沿海穷民借名采捕,私置船只,出入无忌,在洋滋事,为害商民。今卢日享置造有底无盖小船,既可驾至外洋贩卖私盐,自即在例载一应采捕及内河通海各色小船应取甘结给照之内,何以又称仅在内河,不能驾驶出洋,未经请照? 仰再细绎例义,会议详夺。余照行。仍候督部堂衙门批示。缴。

奉此,该本司按察使李会同前升司布政使徐会议得:查定例沿海一应采捕及内河通海之各色小船,地方官取具澳甲、邻佑甘结,一体印烙编号,给票查验。如有私造、私卖及偷越出口者,俱照违禁例治罪,等语。是沿海一带内河,但有可以出海之各色小船,俱应照例办理。闽省各属凡系有底无盖小船,向因不能出洋,是以向未给照查验,相沿已久。今匪徒既得借采捕为名,出入无忌,为害商民,在洋犯事者不一而足。如卢日享在镇岐外洋贩卖私盐,李加远至五虎山外四屿山脚边行劫客货,诚如宪饬有底无盖之船,既可乘坐出洋,即在通海各色小船之内,自应一概取结给照查验,不许偷越出口,以杜奸匪而靖海疆。应请通饬沿海各州县,一切有底无盖小船,凡有水港可以撑驾出海者,概令地方官彻底清查,遵照定例,责令澳甲、邻佑逐一查明,果系诚实良民,取具连环保结,验烙给照,方许采捕营生。即朝出晚归,亦必赴经过文武汛口,听候查验,不许私自偷越。如有出海逗遛日久方归者,汛口文武员弁留心盘诘,并令保结之澳甲、邻佑互相查察。倘再有私自置造,或私相顶卖,并未遵例给照之船,一经汛口员弁查获,即送印官照例究报治罪。仍责成该管知府严禁船房、澳甲,不许假以取结给照为名,勒索分文。汛口员弁兵役亦不得借端勒索,致滋扰累。并令该地方官将内河通海有底无盖各色小船姓名,取结给照若干,造册移送文武汛口查照办理。庶沿海采捕穷民不至复出为匪,洋面得以肃清,商艘可免劫掠。于海疆地方,洵有裨益。是否有当,缘奉饬查,相应会议详,伏候宪台察夺批示,以便通饬遵照等缘由。

奉批:既据查明沿海匪徒借采捕为名,乘坐有底无盖小船,出入无忌,为害商民,在洋犯事者不一而足,仰即通饬沿海各州县,将内河可以通海之有底无盖各色小船,概令彻底清查,照例取具澳甲、邻佑甘结,验烙给照。凡出入往来,均赴经过汛口听候查验,不许私自偷越。如有出海逗遛日久方归者,汛口员弁俱随时盘诘,并责成澳甲、邻佑稽查。倘踪迹可疑,即行禀报。仍令该管知府严禁船房、澳甲,不许假以取结验烙给照为名,勒取分文使费。查验之汛口文武员弁兵役,亦不得借端需索。余俱如详饬遵。仍候督部堂衙门批示。缴。先奉总督部堂富批:如详通饬遵照。仍候抚部院衙门批示。缴。(《福建省例·船政例》,台湾文献史料丛刊第199种,第650—654页。)

82.《大小行商被劫船只请就船户原报被劫洋面履勘》

一件。为遵批议详事。乾隆六十年九月十三日,奉署总督部堂觉罗长批本司呈称:厦门大小行商金裕丰等以被劫船只请就船户原报被劫洋面履勘,毋须将事主人船带同勘讯,以昭体恤,以杜刁索,议请严行饬禁缘由。奉批:如详,移行沿海营、县一体遵照,毋得阳奉阴违,扰累商民,致干未便。仍候署抚部院批示。缴。奉此,又奉署巡抚部院魁批:如详,速即移行遵照。仍候督部堂批示。缴。奉此,除移行一体遵照在案。计粘抄议详一纸:查得闽省近年以来,洋匪充斥,商船被劫之案殆无虚日。所在文武各官,一经事主呈报,自应照例迅速勘详,随时释宁,以靖海洋,以恤难商。兹据行商金裕丰等以被劫船只,赴失事地方禀明,无如胥役多方索诈,官长畏避处分,推卸寝延,等候累月,候勘无期,生业废弃,恳请饬就船户原报被劫洋面,随时讯明,免解指勘,以杜刁索延缓,等情。赴宪辕具呈。奉批:速议详夺,等因。本司查乾隆三十三年间,奉前抚宪檄饬,凡遇事主呈报在洋被劫,不论文武汛官,一据事主就近赴报,即遵例讯明失事处所,不分内外洋,将事主船只立即释宁,令其开驾,总不许将失事事主、商民船户违例勒指守候,等因。又查乾隆四十年二月,奉前督抚部堂院饬行,嗣后如有外洋失事,听事主随风进口,赴所在文武衙门呈报,讯明由何处放洋,行至被劫处所约有里数若干,报明该文武印官查照洋图,定为何州县营汛管辖,飞关所辖州、县,会营差缉,即将事主人船立速省释,毋庸候勘等因,出示晓谕,并通行遵照各在案。盖以事主既经呈明失事处所,印官即可会营赴勘,毋须事主再行守候也。无如迩来吏治废弛,沿海营、县每遇事主报劫之案,率多任意延搁,泄泄从事,或图规避处分,彼此推诿,以致事主经时守候,胥役多方索诈,皆所不免。若不严行饬禁,流弊伊于胡底。应请再行申明成例,通饬沿海各厅、县,嗣后如有商船在洋失事,毋分内外洋,听事主就近赴所在文武衙门呈报,由何处放洋,在何处被劫,指有失事洋面者,将事主立时释宁,令其开驾。该管印官照依洋图定制,查系何州、县、营汛管辖,即行飞关会营履勘查缉,总不许将事主人船带同勘讯,以昭体恤。如此次饬行之后,各营县仍敢阳奉阴违,或畏避处分,捎留刁难,或任听胥役借端索诈,致令事主废时失业者,则该管县既不能缉盗安商,又复玩延滋扰,一经告发,或被访闻,官则立登弹章,役则严提杖毙,庶沿海员弁胥役,稍知儆畏,而失事难商,不致有向隅之泣。缘奉批饬,是否允协,理合议详,伏候宪台鉴核批示,以便遵饬遵照。(《福建省例·船政例》,台湾文献史料丛刊第199种,第666—667页。)

83.《地方拿获轻赃窃匪体照粤省成例严行究治》

一件。赃轻窃匪,仰请体照粤省成例,设法重惩,以安闾阎事。乾隆四十年十一月初二日,奉抚宪批臬司折禀:窃照闽省濒临海疆,商民辐辏,近来沿海一带窃劫频闻。本司莅任后留心察访,会营饬县严密查拿,业将贼犯倪德理、王长等拿获,发县究治,并蒙宪谕,将贼船焚毁示众,俾知儆惕。沿海贼匪,近已稍知敛戢。将来拿获贼犯,除赃物次数繁多及在外海窃劫,自应随案饬县律究外。惟查内地各处轻赃窃贼,按律不致问徒,地方官执讯案情,惩以枷杖,伊等视为儿戏,或乘间脱逃,或过后复犯,每多不知畏惧悛改。而省会地方更有游手棍徒,聚集街市,非乘人多剪窃掏摸,即俟夜静穿穴行偷。此等窃贼日渐滋多,殊为闾阎之害,非加重惩,莫能大戒。本司才略短浅,用切图维。敬请宪训,仰蒙宪台谕知在粤曾经设法重惩,奏明酌办,并蒙详示机宜,实足为戢匪安良之治法。闽省同属海疆,自应体照遵办。敬请嗣后遇有此等赃轻窃贼,不必按律计赃。初犯即严行枷杖。

再犯,带枪悬铃充警,交捕巡等官约束点卯。如拿获较多,未便聚处一方,即照发六百里外安插之例,派拨离省较远之州县,交捕巡严行管束。二年无过,许详明,予以自新,仍不许出境。如此则小窃匪徒,均知畏惧敛散,而省会亦不致多滋扰害矣。除贼船一项,现在设法稽查,另容具禀外,理合将惩治小窃,体照办理缘由,肃禀宪鉴,伏祈训示,饬遵等缘由。肃禀宪鉴,伏祈训示饬遵等缘由。(《福建省例·刑政例》上,台湾文献史料丛刊第199种,第910页。)

84.《澎湖添复尖艚船额往台贩运粮食议定稽查章程》

一件。遵札查议详事。奉兼署总督部堂张札:案照澎湖地方,向不产米,从前澎民设有尖艚船二十七只,通台运米,接济澎湖民食。迨后台属船准其通澎运济,于是澎民所置尖艚船只渐次消乏。嗣因公中堂福(康安)条奏台湾善后事宜案内,严禁海口偷越,遂以台澎渔舟古等船节据清查,禁止出口,仍请议复尖艚船额,改给商照,通台贩运。当据前司议准澎湖厅所请,准其复设尖艚二十七只,改给商照,概作商船,编列字号,往返台澎,载运粮食接济,毋许改易渔船。其稽查之法,责成台湾管口员弁稽察。将准设尖艚船只,自澎湖妈宫澳出口,前赴台湾各港贸易,往返均不得夹带违禁货物。如违拿究。仍定限以一个月回澳,逾限即行查拿究办。并于该船挂验出口时,将查验某船载运货物,挂往何港贸易。其台湾入口处所,亦照查明于何日进口,何日出口回澎,载运米谷若干。按季备填循环印簿,通送查考。倘有不法渔户,并未换给商照,混借渔牌,夹带商货,偷越进出,照例治罪,具结行保究处。仍严禁口胥人等,毋许借端留难,掯索滋累在案。无如日久懈生,迩年台属各口图索规例,擅立限制,尖艚每船只准载米八十石,留难勒掯而缴规。各渔船,台属文武各口,任听偷越满载贩运,毫无顾忌。遂改尖艚额船遭风击碎劫失者,船户视为畏途,无人造补,渐次减少,现仅存船十一只。汛口仍然掯勒,以致澎湖民食不敷。本年二月间,方部堂渡台,节据该处耆民船户金呈具控,批查饬禁。旋据台湾张道详,以此时正本清源,自应议复尖艚船额,严禁渔船,不许透越来台,则澎湖民食自然充裕。查澎湖额定尖艚船二十七只,系乾隆五十六年议准之案,迄今已越二十载,地方生齿日繁,食指较前浩大,似应量为加增。职道管见,应请饬令澎湖厅于现有渔船四百七十二只内,择其船身较大者一十九船,改给尖艚商照,连原有十一只,合计共三十船,编列字号,往来台属各口,运米接济澎湖民食。其尖艚船只载运米石、薯丝,悉听船户之便,毋庸定以限制。仍严饬台澎守口员弁,遵照定例,稽查盘验,毋许借端掯勒。其从前一切陋规,概行革除,不许丝毫需索。倘有违犯,官则严参,役则治罪。所有兵役往来、解犯及赍送公文一切差使,俱配尖艚船只。并严禁澎湖渔船,嗣后只准在澎采捕,朝出暮归,不准透越台地。澎属文武衙门,亦不许借差使为名,擅给单照,令渔船过台。如台属口岸,查有澎湖渔船违例到口,揽装米货,无论有无单照,即严行查拿,船户照私出外洋例治罪,船货入官。仍将澎湖守口员弁,照例查参。倘台属口岸得规私纵,别经发觉,一体严办等情。当经方部堂查渔船与尖艚船不同,若将渔船挑充改给尖艚商照,不改船式,仍使渔船混冒,势难稽查。批令断不可行。如有添造尖艚船,再行给照办理,余照所议饬行遵照。并令出示晓谕去后,兹复据该道详,据署澎湖通判黎溶详称：澎湖渔船向无出洋，惟有厅民潜往台地，创置沙艚、杉板头等船，其船式与尖艚船样无异，越赴台、凤、嘉各邑，混请渔船牌照，私自来往台澎。从前都以沙艚、杉板头等船，押令改给尖艚商照，挂号通往贩运水口有所稽查。现在澎民倘有在台置驾沙艚、杉板头等船，应如厅详，查照原办章程，概行查押，改给尖艚商照，仍于船舣头尾刊书商船户厅籍姓名，及篷之面背横竖大书商船户厅籍姓名，俾远出近入，认识昭然，似可无虑冒混等情前来。本署部堂察核该道先后所详情节，以沙艚与尖艚船式同名异，改给商照十九只，改名尖艚，与所剩尖艚十一只，凑成三十只，编列字号等情，自可照议办理。但立法必须慎之于始。此项船只改给商照之后，出入各口，应如何设立循环簿验报，查禁需索等弊，应归何衙门稽查以专责成，并船只遭风损失，如何补额，均应妥立章程。所有沙艚船除改尖艚十九只之外，其余沙艚尚有若干，应作何著落，亦应议明饬遵。再核之张道前详所叙，并核署台湾府徐汝澜详称，近来横洋糖船，潜往澎湖寄碇，另觅小船来台装运糖米，驳载回棹，规避配运官谷。尖艚船只若多载米石，恐受大船觅载转运，并恐其私透接济等语。此节似非无因，究应如何防范之处，亦应议定章程，以杜弊端。全行查案饬议。札到该司，即便遵照前指各情节，核明先后各原案，悉心妥筹核议，开列章程条款，通详察夺。澎湖孤悬海岛，民食攸关，此案应由该司妥速议详，不必转移台湾，致滋宕延。其余凡给渔照各船，一面移行查明各项名目、只数、置造月日、何年月日由何衙门给与渔照，迅速清查，造册通报，切勿稍任违延等因。（《福建省例·船政例》，台湾文献史料丛刊第199种，第686—690页。）

85.《洋政条款》

一，巡洋须勤练而又不可徒事海捕也。缉捕系水师之专责，固在于临时之勇往无前，尤在于平日之操演有素。语云：巧者不过习者之门。盖言熟则自能生巧也。今乃安坐逍遥，虚糜粮饷，把柁敲戗之不讲，风云沙线之不知，一旦强之于洪涛巨浪之中，为蹈险狂驰之计，毋怪其望洋而叹，向若而惊也。平时必先留心讨论，何船宜于内洋，何船宜于外洋，何船便于相持，何船便于追逐。篷桅杠索，诸色坚完，破浪冲风，随时应变，自然有恃无恐，履险如夷矣。至于天时地利，尤须讲求得宜。查闽洋上通江浙，下达广东，最为冲要。其间本有南北之分。如福宁、海坛会辖之磁澳、苦屿门以下谓之南洋，以上谓之北洋。该处与长乐之东狮、白犬外洋毗连，所有泛海诸船，皆按节候风汛，分别内外抛泊。如秋、冬时候，多系西北风汛，各船若自南洋驾往北洋，必在磁澳、苦屿门、松下等洋面寄碇，俟风汛稍顺，方能驶过南茭。如当春、夏时候，多系东南风汛，各船若自北洋驾赴南洋，亦当寄碇东狮、白犬各洋面，再行开驾。故磁澳、东狮等处，实为南北之咽喉。若将大号兵船，派拨四、五只，秋、冬巡守磁澳、松下、苦屿门，春、夏巡守东狮、白犬，遇有船只寄碇，即行稽察。形迹可疑者，立即搜查，自可获盗。至浙洋与福宁接连浙省匪船窜入闽洋，多在秋、冬。闽省匪船窜往浙洋，多在春、夏。苟能于北茭汛外，确按风汛，实力巡防，则闽、浙相通之路，盗船不能往来任意矣。粤洋与漳州接连，粤省匪船窜入闽洋，多在夏、秋，闽省匪船窜往粤洋，多在冬、春。苟能于桐山、悬钟确按风汛，实力巡防，则闽粤相通之路，盗船不能来去自如矣。如此，则天时地利之宜既合，彼客我主之势又分，较之追艅海捕，徒劳而无获者，得失劳逸，相去为何如耶？

一，汛口须认真挂验，严禁得规徇放也。舟师缉捕，固关紧要，然犹裁其流也。正本澄原之道，则汛口之挂验为尤要。苟能实力稽查，毫无假借，则盗艇无从入洋，又何事于舟师之捕？无如司事之员，但计其规利之有无，而不问其人船之良否。浑忘为朝廷之关隘，而直视为饱壑之利源，积习不返，驯致萑符充斥，大费爬梳，实堪痛恨！此时按例挂验，固不待言，然其要尤在于辨其人之盗与非盗，而不必拘泥于牌照之符与不符。盖其人而非盗也，则柁水偶有多少而不致悬殊，货物偶有参差而并非违禁。其平居可信，保结可凭，原不必吹毛求疵，羁留勒掯。如系积惯盗匪，则其人之行踪形色，其船之货物器械，必有破绽，从此追根，真盗自无所逃遁。所虑者一有欲心，正利其年岁之偶误，箕斗之偶歧，毛举细故，以为把持讹索之地。而真正盗船，既出重资，势难再诘。虽吞舟之鱼，围围洋洋，任其漏网矣。是一番檄饬，苦口婆心，本属弭盗之良图，转为病商之虐政，岂不戾哉？嗣后各口岸皆当涤虑洗心，见利思义，实力挂验，以清盗源。如再有视稽查为利薮，借严檄为护符，仍蹈前车，但知牟利者，三尺具在，严参惩办，决不姑容。

一，各澳渔船，皆令归籍领照也。海滨渔户，罕有身家，驾出外洋，安能必其守法？全赖该管之县于给照之时，查明是否果系良民，讯取族邻确实供给，验烙给照，庶可杜绝弊端。若人非本辖，其身家焉能洞悉？近来渔船牌照，多非本籍所给。即如近日郭龙兴一船，讯系惠安民人，所领乃浙江太平县牌照。隔省尚可冒领，本省更不待言。试思渔户在本籍请领船牌，何等近便，今乃越境向别邑请领，道里既□□禹，人情非熟，何乐乎为此舍近图远之事？盖缘平日本非良善，同籍族邻，莫肯保结，而别邑之胥吏，又利其资而不顾其弊，是以纷纷越境请领，其故可想而知，不可不严行示禁。嗣后渔户造船，该管之县细加查访，讯取族邻供结，确系良善，然后验给船牌，不得任听胥役朦混滥给。仍彻底查明，如有越领别邑船牌者，押令将原照缴销，速归本籍换照。限三个月查明办竣。倘不实力奉行，致有未换船照，一经查出，即将该县撤参。各县仍严禁船政房胥，无得苛索照费。如被船户控告，从严究办。并将该县参处。

一，严禁外洋孤山断屿，毋许搭寮挂网，以防盗匪潜踪也。各县海口岛屿，离县弯远，虽有汛兵防守，稽察难周。至如外洋岛屿孤悬，四面环海，更难查察。从前因奸民在彼搭寮窝置，曾经勒碑永远示禁。按季出具并无窝留印结，汇送咨部。近来舟师懈弛，并不巡逻驱逐，印结亦属具文。如闽县五虎门外之南竿塘、沪澳、妈祖澳、竿塘尖，连江县之上中竿塘、八使、下目、津沙、牛角、芹角各澳，进屿门、东洛、西洋山、长岐、马鞍屿，霞浦县属之马砌、魁山、笔架山、四礵山、君竹台山、火焰山、大目屿、小目屿、淳鹰、东涌等处，奸渔搭盖寮屋，插桩挂网，在所不免。现据连江乡耆倪邦栋等呈控，是其明证。并闻竟有在彼长年居住，聚集人众，开园种山，不听驱逐者。将来必为逋逃之薮，不可不及早驱除。仰该管文武各官，刻速飞赴各禁岛，将寮网拆毁，奸民驱逐，遵照前定章程，取具各澳甲等切实甘结，加具印结，按季申送。倘不实力办理，将该管文武员弁，照例参处。（《福建省例·船政例》，台湾文献史料丛刊第199种，第700页。）

86.《八里坌对渡五虎门开设口岸未尽事宜》

一件。为遵旨等事。两本司会详八里坌对渡五虎门开口未尽事宜，胪列清折，呈请宪示遵行。

一，对渡船只应预备油麻棕钉以济急用也。查海洋船只携带油灰等物，台厦对渡虽无例案，但查省例内载，乾隆四十二年，经内洋船户徐魁春呈请，经前司议详，该船等贸易，近则福、兴、泉、漳四府，远而粤东、江浙、山东等处。内地往来，冲风涉浪，并无二致，防船物料，自所必需，仿照外洋船只之例，准其随带，定以限制。大船许带铁钉六十斤，油灰六十斤，棕丝五十斤，黄麻八十斤；中船许带铁钉四十斤，油灰三十斤，棕丝三十斤，黄麻六十斤；小船许带铁钉二十斤，油灰二十斤，棕丝二十斤，黄麻四十斤。至准带钱文，大船十五千文，中船十千文，小船五千文。久经遵行在案。今八里坌对渡五虎门，既有水洋五百余里，候风驾驶，动经月余，是往来海洋浩瀚，冲风破浪，损失之虞，事所常有。所有防船备用之物，自不可少，应请援照定例，准予分别酌半随带，以备应用。即于照内填明，仍令同船之人出具动用缘由甘结存案。至随带出口钱文，贩运土产食物，并以资食用，若亦照按定船只之大、中、小分别酌半准带，为数无几，恐杜弊而反滋弊，转于商民未便。应请体照乾隆二十五年前抚宪钟奏准，商民移带本钱出闽安口贸易者，每船准带十五千文之数，同油麻棕钉等物均于照后填明数目。到口稽查，倘额外多带钱文，即令自行易银验放，多带油麻棕铁等物仍照夹带违禁货物例治罪。

一，驾驶八里坌船只，应雇觅泉厦舵工代驾，以从商便也。查八里坌系属台湾北路与鹿仔港水洋相通，惟泉厦熟识舵工方能驾驶。省港船只鲜有经由，兼之横洋浩淼，若不准令雇募，虽欲踊跃争趋，未免观望不前。应请五虎门对渡八里坌船只，准雇泉厦舵工一人代为顶驾，仍于本船照内尾单腰牌填明该舵工籍贯姓名，以备出入汛口稽查。再此项舵工既系船户雇募，如有滋弊，即将雇倩不慎之船户一并治罪，俾各知所警畏。防范之道，益见严密。俟一年后港道熟悉，即行停止。

一，八里坌新口应免配兵粟，以节脚费也。查淡防年征供粟，支放兵粮之外，向系留贮在仓。惟彰化一县年额应运内地兵眷米粟，匀拨附近鹿仔港配运。该处船只并无别项差使，尚无积滞贻误，行之已有成效。先据淡防、福防二厅，均称彰化县鹿仔港仓离八里坌水次五百余里，若舍近而就远，不但虚糜运费，而海洋风汛靡常，守候需时，辗转驳运，实为船商之累。况甫经开口，船只多寡尤难预定。再四熟筹，似应暂行免其配运，以省脚费，并恤商艰。且俟试行一二年后，如果堪以匀配，再行酌议。

一，五虎门出口船只，回棹仍由五虎门入口，以凭稽查也。查福宁、兴化二府船只，有愿往八里坌买米，既准由五虎门挂验出口，自应仍由五虎门挂验入口，以凭稽查。惟是海洋风汛靡定，间有猝遇风暴，漂收附近兴化、福宁之各澳口，或船只损坏，或冲礁渗漏，势必起盘货物，然后方堪修补。若必令其驾至省港，未免船货两滞。应请即令该处汛口查明遭风属实，限十日内取供，通报各宪，并移会福防同知衙门查考。仍即一面验明米数相符，准其就地发粜，货物照例征输。庶于商民利便，仍与税额无亏。至该船内或有搭载渡客，在淡水地方既有行铺认保，开明年貌、籍贯、姓名、住址总单，令船户呈送管口员弁，验明名数、年貌符合,随时放行。倘有捏报及羁延等弊,立即究办。如该船商仍愿往八里坌买米,应令将原船驾赴南台验明,仍由五虎门挂验出口,以符定例。

一,汛口书役,应酌给公费,以资办公也。查八里坌新设口港,应招募行保、海保及口差、经书,并设立小船引带商艘,一切纸张、饭食等费均不可少。是以请照新定章程,每船文员衙门准收番银五元,武职衙门准收番银三元。至福防同知衙门巡查人役,较之八里坌新口究有区别,请定每船准收番银二元,以咨办公。均经奉准部在案。所有海关衙门查验税饷,闽安武汛验挂出入,均属就近稽查,非八里坌新口专设巡役可比。且查核蚶江厦门设口案内,俱无议给。今海关税口,闽安武汛未便歧异,应毋庸议。

一,船只缘事,人留待质,船听放行,以恤商艰也。查各处海口需索陋规,现在奉宪大加惩创,兵役人等自必咸遵法纪。惟恐有不肖之徒,或与船户等素有嫌隙,或阴图吓骗未遂,预将赌具禁物私放舱中,反禀首究办,致人船俱滞者,亦未可定。前经船户徐魁春等佥呈查禁在案。今应请申饬示禁,嗣后船只到口,如遇船户、舵水人等缘事,只留正身一人候质,船听放行,毋许人船并留,致误风汛,以省拖累,以示招徕。

一,内地行保,请毋庸议给笔资,以昭画一也。查行保人等朦混滋扰,惟在守口之员弁认真查办,并不在笔资之有无。况查厦门、蚶江设口案内,行保均无议给笔资之处。今五虎门设口,事同一辙,自可毋庸议给,以杜需索,以昭画一。至此外或尚有未尽应办事宜,仍随时察核,另详办理等由。

乾隆五十七年二月初九日,奉总督部堂觉罗伍批:据议条款,悉属妥协。如详刊入例册,移行一体遵守,毋得阳奉阴违,有干严谴。至拘留人船,最为商累,据请申饬示禁,并候出示通颁晓谕。仍候抚部院批示。缴。折存。

又奉巡抚部院浦批:仰候督部堂批示遵行录报。缴。折存。奉此,合就刊入例册颁行。(《福建省例·海防例》,台湾文献史料丛刊第199种,第709页。)

87.《筹议海防章程》

闽浙总督臣钟祥、福建巡抚臣魏元烺、浙江巡抚臣乌尔恭额跪奏:为遵旨筹议海防章程,恭折奏祈圣鉴事。窃准兵部咨:道光十六年四月三十日,奉上谕:御史王藻奏:请将沿海港汊村庄设法编查履勘,以绝窝线而清盗源一折。各省沿海地方文武员弁平日认真稽查,盗匪与奸民不能暗相勾通,根株尽绝,洋面自可肃清。如该御史所奏,沿海地方港汊村庄距海远近不等,盗船敢于入港,总由奸民为之窝线,代消赃物,添雇舵工水手,或稔知村内殷实之家,勾通入劫,盗去而人不敢过问。沿海一带,虽设有水师总巡、分巡各名目,往来会哨,多属虚应故事,潜匿港口,仅令微末弁兵代巡捏报。无怪海洋劫案时闻,不可不严加防范。惟各省近海处所,情形不同,应如何稽查周密,自当因地制宜。著直隶、山东、江苏、浙江、福建、广东沿海各督抚妥议章程,据实具奏。折并发。钦此。遵即移行提镇并藩、臬两司、沿海道府,悉心妥议。臣等查闽浙洋面,南至广东,北至江苏,极为辽阔,即以温州界分闽浙,亦各绵亘二千余里,其间岛屿林立,港汊纷歧,匪类易于潜藏,防范必须周备。臣等因匪踪多系由陆入海,而销赃又必由海上岸,业经责成陆路文武清庄查缉。又恐水师避险偷安，议定南北合巡之法，由臣等与水师提镇各按就近洋面，委员亲查，似可期有实效，亦经奏闻。现又遵旨：筹议编查防范章程，各由该管藩、臬两司汇核具详。臣等复斟酌损益，务期可行。谨列六条，敬为皇上陈之：

一，沿海港汊村庄、岛屿，宜实力编查以靖盗源也。保甲为缉匪良法，闽浙两省无论腹地沿海，均已遵照奉行。即岛屿居民，亦已在编查之内。其有例禁岛屿，不准搭寮居住者，仍系随时封禁，以杜奸宄潜藏。立法已属周备，毋事另行查勘。惟奉行日久，难保不视为故事。而沿海编氓，多无恒业，其中良莠不齐，或流而为盗，乘机出洋；或窝顿消赃，指引行劫。若非严行访察，实无以靖盗源。嗣后编查保甲，总期简便易行，核实有效。十家为甲，设立甲长一人。每编十甲，设立总甲一人。不及十甲者，即按三、五甲为一总。责成地方正印亲往抽查，谕令甲长、总甲互相稽访。如有济匪消赃、窝藏勾引、代雇水手之家，密速报官拿究，优予奖赏。知情容隐，一体治罪。其各处岛屿，并令巡洋舟师，于经过之时，留心稽察。倘视为故事，奉行不力，即严行参处，以儆怠玩。

一，海口要隘及偏僻沙涂，必应稽查周到，俾无纵漏也。查匪徒潜赴外洋窃劫，行踪虽秘，要皆自内而出。及已得赃，在洋无从出脱，亦必仍至口岸觅销。若有奸民勾通入盗，亦不能越过隘口。是海口之稽查出入，实为最关紧要。闽浙沿海口岸要隘，虽各设有营汛，派拨员弁兵役巡查，惟地势宽广，尚虑巡缉未能周到。且两省之偏僻沙涂，未能概设汛守者，所在多有。防范稍弛，即多偷漏。应于各口相距辽阔之处，均令各捐卡房一座，由该管文武添拨兵役，轮替驻巡。其偏僻沙涂，亦饬该营县酌派兵役，梭织巡查，用昭周密。并责成守口员弁及该管文武，凡遇船只出入，验无牌照，形迹可疑，或于偏僻不常泊船之处，以小舟渡人上岸、上船及起卸货物者，均即严行盘诘。由该管地方官究明果系盗匪，即将原获之兵役，视获犯之多寡，罪名之轻重，量予奖赏。倘敢疏纵，别经获犯，究明曾在何处口岸、沙涂出入潜泊，即将该管员弁、兵役分别参惩。仍晓谕各总甲人等互相稽察。倘兵役人等敢有得贿庇庇情事，即行据实禀首，以便尽法惩办。

一，报造商渔等项出海船只，宜联环保结，不准出租，以杜影射也。查民间商渔各船，原应取具行户人等保结，报明州县，方准成造。完日验明，书篷烙号，设簿稽查，给予照票，以杜弊混。并不准租与他人。迩年以来，每有租赁船只出洋及在洋劫占商船驾驶行劫者，奸良莫辨，洋政不肃。自应责令地方官，嗣后遇有民人报造船只，务须查明确系本籍良民，照例取具行户、族邻人等切结，方准成造。完日亲验给照，不准行户人等通同私造。照保甲之法，十船编为一甲，取具连环保结，方准出洋。概不准其出租。并令依限换照，不准逗遛洋面。如一船为匪，九船连坐。倘敢私造及将船出租，致令匪徒出洋为盗，无论是否知情，均将船主等照知情之例从重治罪，船只入官充赏。如遇捕鱼□黄钓鱼□带之时，每每连帮出海，任其所之，设有为匪通盗，本籍无从遥制。应令各该厅县另设簿籍，于其出洋时，登明姓名甲号，并核其渔汛，酌定回棹日期，于簿籍及船照注明，取具同时领照各船连环保结，使之互相稽察。一船为匪，即将同行各船均照保甲、邻右匪匪不报之例究惩。回棹逾违定限，亦即查究。附近沿海沙涂，向有随潮捕捉鱼蜇小船，并照保甲之例，十船编为一甲，命派渔总一名，责成按号稽查，辰出酉归，不许擅离远驶。如有不归本埠停泊，反为匪通盗,立即禀究。渔总徇隐,一体连坐。

一,水师巡洋,应遵新定合巡章程,认真巡缉,以肃洋政也。查海洋巡缉责重,水师原不准虚应故事。现在闽省先已奏明,于常例巡船之外,加派兵船十三只,委员统带,划分南北营分,以八只为南洋合巡,以五只为北洋合巡。浙省洋面,亦已议定分派兵船十只,委员统带,以四只为南洋合巡,以六只为北洋合巡,均令各按南北,逐营会合例巡官兵船只,连帮巡缉。并令于巡至总督提镇驻扎切近之处,禀报稽查,既可以杜偷安虚报,并可以壮声援。嗣后各该合巡船只会齐之后,闽省总须八船、五船,浙省总须四船、六船,连舶合巡,不准退歇短少。仍各按划定南北营分,自首至尾,往回周历,方准轮替。所有例巡船只,于合巡至汛,亦总须跟随,巡至下段交代,再回本段巡缉。如有偷安隐澳情弊,即由统带合巡之员随时禀揭。其各营例应按期自行会哨之处,仍由提镇随时认真督查,不得有名无实,俾肃洋政。

一,沿海各属米谷,非奏明拨运,不准私载出洋,以杜偷漏接济也。查米石例禁出洋,是以商渔船只随带食米,均应填给印票,由守口员弁查验放行。其朝出暮归之小船,例不准其配米,向有定制。第恐不肖船户,冀图厚利,私自多买米石,偷运出洋,接济盗粮。守口兵役,得规容隐。此等情弊,不可不防。应令守口员弁逐细查验,如有暗藏多带,即将人船送县究办。倘偷漏出洋,致被别处拿获究出,即将未能查出之员弁严行参处。如系兵役卖放,亦即从严惩办。若有密赴地方官禀首,将偷运之船户人等从重治罪,米谷全行赏给。如禀首之人挟嫌妄指,仍即照例坐诬,以严海禁,而免济匪。

一,私藏枪炮军火器械,宜严行查禁收缴也。查军火器械,例禁私藏。向来办理洋盗案内,起获军火器械,随手撩弃,复为匪徒所得,积习相沿,亟应查禁。现俱责成沿海地方文武并巡洋舟师,在于沿海各岛屿,挨处实力搜查收缴。凡有私藏枪炮器械,务均收缴净尽,列折禀报,分别配用、销毁,不准借口防盗,适以济盗。如收缴不力,仍有藏匿制造等弊,一经破获,必即究明来历,立拿私藏私铸奸民及容隐之保甲,分别究办。失察员弁,从重参惩。其硝磺火药,并责守口员弁严行稽查,毋许偷漏出洋。如有疏纵,事发究明,亦即从严究办。

以上六条,臣等详察情形,因地制宜,会商定议。惟从来有治人而无治法,各该文武果皆实心实力,总可日起有功。倘或视为具文,仍于防维无裨。臣等查外洋失事,陆路文武,并无处分之例,难保不妄分畛域。应即责成沿海镇道,督饬陆路文武,协同缉办。如有洋匪在岸潜藏,不能破获,即当一体参惩。至水师合巡,可以钳制稽查,不致仍前捏混。倘有借口风潮不利,随处寄碇迁延者,即当酌按玩误军法之例,从重奏参。如此办理加严,庶期所定章程,奉行尽力。是否有当,伏乞皇上圣鉴训示。谨奏。道光十七年四月初八日奏,同治十三年六月修例更刊。(《福建省例·海防例》,台湾文献史料丛刊第199种,第723页。)

88.《水师各营弁兵出洋缉匪口粮查照武职俸廉之例两月一领两月一销》

一件。筹议支给缉匪弁兵口粮章程,以恤营艰,而裨捕务事。嘉庆十七年二月十五日，奉总督部堂汪批：本署司王绍兰会同署臬司海庆呈详：查闽省缉匪弁兵口粮，上年八月内，经前司详奉总督部堂汪、巡抚部院张会奏：凡有缉匪弁兵，如往别境并本境之外洋追捕，其口粮照旧每名每日给银四分。若仅在本境内洋巡缉，只将额设盐菜匀发，不准支销口粮。责成藩司核对营县报文，详明分别办理。钦奉朱批：依议办理，户部知道，钦此。并经前司详定章程，由营暂垫，俟历过一季，确按实数造册请领，由司核明详给，即可查照领册，分年分营造册报销，毋庸另取销册各在案。自详定章程以来，各营均以无项垫给为词。且水提标及金门镇标出洋缉匪弁兵口粮，系在厦门房租银内借支。本署司等伏查近来海洋虽已渐就肃清，而吴属、王钳、陈帼帼等帮零星土盗，尚未歼除，亟须严饬各舟师上紧追捕，以绝根株。所需口粮，各营既以无项垫应，纷纷详咨，自应筹一善策，以恤营艰，而裨捕务。本署司等再三筹议，似宜仿照支销武职俸廉之例，由营先行请领，由司核明详给。其应扣之项，于下次请领时声扣。庶几营中弁兵口粮，不致缺乏，而多领之银，即可随时扣回无虞纠缠延宕。惟是内地各营俸廉，或按季请领，或两月、一月请领，系按营分离省之远近，以定请领之章程。且武职俸廉，系就营中并院司册案核定应给应扣之数。而缉匪弁兵何日在于本境之外洋及别境缉捕，应给口粮；何日在于本境之内洋巡缉，不给口粮；须将沿海各厅县报折逐一核对。而沿海厅县离省之远近不一，报折到省迟早不同，上次给领之口粮，势难即于下次请领时核明应扣实数，按数扣回。此时自宜按照情形，酌中定议，庶易遵行，而免格碍。

应请通移各营，先将现在洋中缉匪弁兵正、二月分口粮，备具册领通送，发司核明，通详给领。限令三月内造具实在别境并本境之外洋缉捕弁兵应给银数销册，并实给印结，具文通送，发司查对沿海厅县报折，核实详销。如有应行扣回之银，在于请领五、六月分口粮内扣回。其三、四月分口粮即照二月间在洋弁兵名数请领，限令五月内造具实给销册印结通送，由司核详，将应扣之银于请领七、八月分口粮内扣回。以后递相照办。如有初次出洋之舟师，亦先领两个月口粮，于次两月内造销，于下两月内口粮核扣。若有何营弁兵续经撤回，前领之银，即于应给饷内扣回，以免追解悬宕。如此办理，则上两月领给之银，次两月即行报销。其多领之银，下两月即可扣回。在水师不致有缺乏口粮之虞，而司库所动银两可以随时核销扣回，无患纠缠悬宕。将来按年报销，即可查照已送、已详之销册，汇造销册，检同印结送部，不须再向各营另取册结，致滋延搁。倘各营于上两月领回之银，次两月尚无销册印结通送，其下两月之银不准给发。是否可行，理合具文详请察核批示，以便移行遵办等由。

奉批：如详移行遵办。仍候护抚部院批示。缴。又奉护理巡抚部院景批：如详移行照办。查缉匪弁兵口粮，奏改章程以来，已历半载。各营如果无项垫应，所有上年八月二十八日出奏起至年底止，已经历过月日之口粮，何以并不遵照奏案造册请领？可知缉捕事宜，各营全不照办，徒费院司再三筹画之苦心。至各营兵船何日在于本境之外洋及别境追捕，应给口粮；何日在于本境之内洋巡缉，不给口粮；全赖沿海各厅县报折与营册互相核对，以定准驳，而免浮冒。乃各厅县奉文以来，按旬查报甚少，遇有各营请领请销口粮，凭何核定？均属玩忽。该司务再檄饬沿海各厅县，并加内札严催，速照奏定章程按旬折报。

其以前未经造报之处,即日查明补报。如再违玩,择尤参处,以示惩儆。仍候督部堂批示录报。缴。奉此。(《福建省例•缉匪例》,台湾文献史料丛刊第199种,第1185页。)

89.《申饬沿海文武羁累呈报窃劫之事主以恤难商而清洋匪事》

一件。乾隆三十三年十月,奉巡抚部院鄂宪牌:照得沿海盗贼,于内外洋面空阔无人之境,窥伺窃劫。被害船商,非挟资往贩,即载货求售,海洋风信靡定,欲赴失事地方呈报,非风潮不顺,则岛澳窎远,已属趑趄不前。更遇沿海文武衙门,凡遇船商呈报窃劫,初则诘讯失事岛澳,移东向西,指令赴报。及至定界难移,则又反诘讯其失赃之虚实。即已准报,而文武订期会勘,会勘之后提讯船户、柁水、货客,吊验货单行簿。种种刁难措延,无所不至。不但盗贼久已远飏,真赃久已销运,无辜难商、柁水,守候羁累,不堪其苦。总因汛口文武只图免报一案,即少一案处分。更恐匪船出洋,即系本境之艘,更干滥给印照,纵匪出口之严例。以是历来在洋失事之船,鲜有赴失事地方衙门呈报被窃被劫者。近日沿海捕获洋匪,逐案究出窃劫之商船,皆系从前未经呈报之案。由此以推,在洋被害之商船隐忍不行呈报者,不可胜数,因而纵漏之盗贼,更不可计算矣。其弊皆由地方官与汛口文武冀免处分,苦累事主之处所致。本部院查乾隆三十年十二月内、部议准条奏内失银一段:内洋失事,仍照旧例,文武带同事主会勘外,如外洋失事,听事主随风飘泊进口之处,带同柁水赴所在文武不拘何衙门呈报,该衙门即隔别讯明,由何处放洋,行至被劫处所约有若干里数,即将该事主开报赃物,报明各该管印官。该文武印官即查照洋图,定为何州县营汛的辖,一面飞关所辖州县,会营差缉。其事主即行释宁,毋庸候讯。至核详报督抚衙门,无论内洋、外洋,总以事主报到三日内出洋驰递,以便据报行查海关各口等因,通行遵照在案。条例内虽止就内外洋盗劫案件而言,其内外洋被窃之案自应一例查办。乃查近日沿海文武衙门仍有不遵定例,推诿不受呈报者,即准呈报,而辗转订期会勘,不即转移、转报,勒令难商船只停泊等候者,本应查实立予参处,本部院宽其已往,策以后效,除发示沿海各口晓谕商民外,合行严饬。为此牌仰该府官吏照牌事理,即便严行申饬沿海各县暨海防丞倅以及汛口县丞、巡检各官,自本部院饬行之后,凡遇事主呈报内洋被劫,汛官即日呈报印官,印官即日会营赴勘,将某日接报,某日赴勘,于文内明白声叙,总限三日内勘明,五日内报出。其事主呈报外洋被劫,则不论文武汛官以及水师汛防衙门,一据事主就近赴报,即遵例讯明事主、船户、柁水确供,指定失事处所,一面转报本管印官,一面通报督抚衙门查核。其事主船只不分内外洋,一经勘明讯供,立即释宁,令其开驾。仍将何日开驾,前往某处,于文内声明。至在洋被窃之案,如系内洋,则赴本处汛口报明。文武汛官立即讯明被窃情形,开具失赃清单,即转报印官。事主船户立即释宁,毋庸令其再赴印官讯供。如在外洋被窃,亦照外洋被劫之案,不拘赴何衙门呈报。讯明船户柁水各供,指定失事地方转报,不得仍令赴失事地方官候讯,致滋守候。其内外洋凡有呈报被窃之案,俱令并报各本府。该府仍按月将内外洋被窃之案,开具清折,通报各衙门查核。嗣后总不许将在洋失事商民船户,违例勒指守候,致干察出严参。文到仍饬取遵依送查,毋违等因。除行福、兴、泉、漳、福宁、台湾各府外,合并饬行。为此牌仰该司道官吏照依事理,即便遵照转饬毋违

751

等因。乾隆三十三年十月二十二日,巡抚福建部院鄂行。(《福建省例·刑政例》,台湾文献史料丛刊第 199 种,第 898—900 页。)

90.《各营未参武职疏防饬开报饬遵事》

一件。同治八年十二月二十七日,奉总督部堂英宪牌:据福建傅署臬司会同福建邓藩司详称:窃奉宪台牌开:案查闽省各营应开武职疏防及失察竹铳职名,前据福臬司开折呈请径檄饬催,勒限开报,以清案牍等情,当经本部堂列单分饬开送。嗣因日久未据开报,业将该管将备先记大过一次,并三次勒催开折驰送察办,各在案。迄今日久,仍未将应参职名开送,亦无只字具,实属玩违。除再第四次飞檄饬催各标镇协营遵照各前檄,克日查明所辖各营员弁疏防,同二、三、四参及失察竹铳各职名,再限文到五日内开折驰送察办。如再逾限不开,定即奏参,决不宽贷外,合并备牌饬司,即便一体分移遵办,一面遵照前檄,将长福营前开疏防职揭赶紧移催查明,分案列揭送司,由司详办。并将逃凶庄书仲、郑乌乌二案,迅速分催海坛镇、福州协查开。又同安营禀复纪商等各案,并非该营辖地,请饬水师营开报,该司亦即查明移催开参。仍妥议开报章程,申明例限,详请通饬遵守,毋违等因。

奉此,除分移各标镇协营遵照单开赶紧开报,移司核参外,本司等遵查:闽省山海交错,民刁俗悍,抢劫斗杀之案,层见叠出。所有应参武职疏防失察各职名,前数年因办理军务,未能兼顾,以致积压较多。接任人员非意有回护,即相率因循,亦竟延不开报。参罚不严,缉捕即因而废弛,实于地方大有关系。现在全省肃清已久,亟应认真厘查,一律开报,万难再任宕延。迨奉宪檄严催,前经由司查案开折,详请径檄饬催,并由司开单,节次移行催办去后。迄今日久,仅准延平协开报数案,由司分别核转驳查。又准长福营将各案专防职各笼统列折送司,并不将兼协统各职名及各官任卸开报迟延各日期,逐案分晰声叙,碍难核转。又经由司报明移驳妥开在案。此外各营任檄频催,开报仍属寥寥,实属不成政体。自应遵照宪檄,申明例案,并严定惩处章程,以挽积习。

本司筹查海洋失事,无论内外洋面,应将专汛、兼辖、分巡、统辖、总巡、统巡各官一并开参,如有委巡、随巡之员,均照分巡官例参处。道路村庄失事,应将专防、协防、兼辖、统辖各官一并开参。其铳毙人命之案,应将失察竹铳之专汛官开参。至开报职名迟延,如系本身处分,应以参限届满之日起,扣计迟延若干月日。如系前任处分,应以到任之日起,除听给例限三个月外,扣计迟延若干月日,声明各官任卸日期,将迟延职名分别开报参处。均有定例及历办成案可稽。应请通饬各标、镇、协、营查照前指,将前次单开各案,应参武职疏防暨二、三、四参、并失察竹铳及开报迟延各项职名,赶紧逐案分晰开送核参,不得汇案笼统开报,以免辗转驳查之烦。

至此次通饬之后,拟请由各标镇协营督饬各营都守严押经识,于奉文之日起,勒限一月内,将历年未参各案,赶紧查明,扫数开报。如逾限不报及含混开报者,即将该营都守各记大过一次,再限一月开报。倘再任前玩延,即将该都守再记人过三次,并提玩识解省,督造究处。如两月以外,查有查无开报及延不查者,即择尤揭请撤参,并将督催不力之上司一并参处。

似此明定章程,庶各营弁共知整饬,不徒尘牍可清,捕务亦堪期起色矣。是否有当?合将遵檄核议缘由,具文会详察核,批示祗遵等情到本部堂。据此,查闽省各营应开武职疏防并二、三、四参及失察竹铳各职名,先截至同治四年止,因各营开报寥寥,业经第五次尽檄飞催,再限文到五日内查明开折驰送。其自同治四年起应参各职名,前经列单饬开各营亦延不开送,且无只字具,并经分催各在案。兹核来详,遵檄申明例案,并严定惩处章程,均属妥协。应即如详通饬遵办,以昭画一。除详批示,并照行各标镇协营查照两司详定事理,严饬依限开报,倘再逾限不开,定即分别记过撤参提究,断不宽贷,凛遵外,合并饬遵,备牌行司,即速会同藩司,一体分移遵办毋延。又奉督宪批司会详前由。奉批:仰即查照另檄遵办。仍俟抚部院批示。缴。又奉巡抚部院下批:仰俟督部堂核示遵行。缴,等因。奉此,移行遵照在案。(《福建省例·刑政例》,台湾文献史料丛刊第199种,第1023页。)

91.《酌议巡洋功过章程核议详事》

一件。奉兼署总督部堂文、巡抚部院王会牌:照得台湾孤悬海外,缉捕巡防最关紧要。前因水师各营以乏船借口,从不出洋,业经筹制拖缯师船分拨驶往。各员弁自应选配兵丁,亲率出洋巡缉,以卫商旅,而靖海洋。兹本兼署部堂部院访闻,近有内地匪船,载运私盐,赴台湾沿海一带售卖,而空船回内,即在洋面游驶,遇船牵劫。非特台地课盐销路日形阻滞,即各口商船亦皆畏缩不前,以致税稞、厘金均因而渐绌。且台郡各国通商,遇有外国商船失事,不为保护拿犯,尤易借口生端。前有英商德记驳船被匪牵劫,节经领事官向台湾道照催追缉,由道叠次移营,竟复虚报出洋,仍不巡缉。迄今犯无一获,洋氛愈炽,劫掳频仍。捕盗巡洋,系水师之专责,即因师船一时未到,亦应雇募商船配用,乃竟偷安畏葸,坐视盗艇横行,实堪愤懑!德记驳船被劫一案,系在安平所辖洋面,应先将安平协唐署副将摘去顶戴,其余各营员弁视此后之能否振作,以定黜陟。除照行台湾镇、台湾协副将、澎湖协副将、艋舺营参将遵照,立即亲督舟师出洋搜缉,务将此项匪船克期悉获,解交文员审办。嗣后各宜认真整顿,常川巡洋,讲求捕务,一洗从前积习。倘再泄玩,定即撤任,严参。仍将遵办缘由驰报察夺外,行司即速转移遵办。一面由司酌议巡洋功过章程,详候通饬遵守。仍由司移饬内地沿海营县舟师一体查缉,毋任匪船载私赴台,贻台洋之患。如敢视为具文,一经台营捕获究明,由何处贩私运往并将该管营县一并撤参,并移盐道查照,切速等因。奉此,遵即分移遵照在案。

本署司伏查兵部则列内载:副将以下官员拿获邻境海洋盗犯,罪应斩枭斩决数至三名以上,奏请送部引见。如罪应凌迟者,即拿获一、二名,亦准送部引见。如获斩枭、斩决等犯未及二名,按其罪名,分别议叙。罪应斩枭、斩决者,每名加一级。系绞罪以下者,按其首从分别议叙。又行船被劫,无论内外洋面,初参,专汛、兼辖、分巡各官住俸,外委停其援补。二参,专汛、兼辖、分巡各官降一级留任,外委重责二十棍。三参,专汛、兼辖、分巡各官仍降一级留任,外委革去顶戴。四参,专汛、兼辖、分巡各官降一级调用,外委革退。委巡之员均照公巡官例议处。统辖、总巡、统巡各官,初参,罚俸一年。二参,降一级留任。

又查道光十五年兵部奏定闽省巡洋章程内开：海洋失事，以专巡、协巡、公巡、委巡、总巡五项职名开参，如有偷安潜泊，并不亲历外洋，或无故托词委员代巡者，由该管镇将查明严参。该镇将徇情庇护，由该督及提督查察，一并指参，各等语。详加查核，获盗议叙之例，较之记功为优。失事议处之例，较之记过为严。只须应由申明定例，即足以示惩劝，本毋庸再议功过。倘有虚报出洋并不亲历巡缉者，该管镇将遵照定章查明严参。若仅予记过，实不足以蔽辜。惟查闽省近年办理拿获洋盗之案，往往破格奏奖，奉旨允准，所以奖励者至优极渥，而各属员弁获盗则请奖恐后，失事则交相讳匿。盖事主在洋被劫，或则人船俱亡，或因离城窎远，自行投报者甚属寥寥。即有一、二报案，应参职名任催不开。是海洋失事参缉之例，不几同虚设矣？似此疲玩成风，言之实堪痛恨！本署司愚昧之见，巡洋员弁有无虚报出洋及洋面有无失事，断难瞒该管上司耳目，应请责令该管上司破除积习，认真稽查。遇有前项情事，立即据实揭参。仍遵照定章，将派拨巡洋职名按季造册，并将巡历洋面，分别有无失事获盗，取具印结，通送核办。一面察看勤惰，逐一密加考语，另开清折，按季随册送候两院宪查核。如有失事，立即通报，将专巡官摘顶限缉，一面照例开参。倘敢仍前讳匿不报，一经发觉严参惩办，并将徇庇之上司一并参处。

至欲杜讳匿之弊，除随时访查外，凡拿获洋盗，供出行劫次数，如查无报案，即将当日巡洋员弁分别撤参究治。该管上司原报不实，并即分别记过撤参，以示惩儆。其获盗出力人员，自应查照定例及历办成案，分别详请奏咨，从优奖叙。各该管上司如果督率有方，举劾无私，应请宪台察核存记，或汇案保奖，或量予升署，以昭激劝。至台湾海口私盐之多寡，实足征巡洋之勤惰，应由台湾镇道随时查察。如果船私仍前充牣，抢劫频闻，即将巡缉不力员弁先行择尤揭参，一面严饬捕获私盐，究明由何处贩运前往，据实具报。由司查明该管营县，一并详请撤参。如此分别办理，功过黜陟，考核严明，俾各知所观感，庶洋政渐有起色矣。是否有当，合将酌议缘由，具文详，伏乞宪台察核，批示只遵等因。

于同治十年九月初四日，署臬司傅详奉兼署总督部堂文批：如详移行遵办，仍候抚部院批示。缴。又奉巡抚部院王批：如详移行遵办。仍候督部堂批示。缴。奉此，移行遵照在案。（《福建省例·刑政例》，台湾文献史料丛刊第199种，第1042页。）

《清朝续文献通考》选录

92.《兵考·水师·外海》

臣谨案：西人谓海岸最长则其国最强，中国自东三省南至粤洋，海线计六千余里，能善用之，浃浃乎地球头等强国矣！乃者海通以来，未睹其利，屡撄其害。几疑开海之适以自伐，守舟楫之恒制，坚脆利钝无一相敌，向若而叹海，讵任咎耶！光绪十一年，始立海军，以前南北洋所有水师之制，均于外海水师隶焉。谨纂以为海军之滥觞。

乾隆五十九年，兵部议：闽浙总督伍拉纳奏：查勘珠山，即舟山，距定海县城五里，对岸有岛一座，名五奎山，隔洋面六里，峰势高出众山，全洋岛屿俱可瞭望，且外洋船只前赴定海者，皆于此停泊，实为扼要。请添设一汛，即于定海镇标中、左、右三营内抽拨水师兵五十名,派千总一员,率领驻扎,并拨驾营船往来巡哨,以资防守。应如所请,但此项兵丁若令常川驻扎,恐日久怠玩,应令照汛弁戍兵之列,每届半年轮换一半。

嘉庆五年,谕各省沿海水师,向例设有统巡、总巡、分巡及专汛各员出洋巡哨,近因各省奉行日久,渐有代巡之弊。即如统巡一官,系总兵专责,今则或以参将游击代之,甚至以千总、把总、外委及头目兵丁等递相代巡。遇有参案到部,则又声明代巡之员,希图照离任官例罚俸完结,殊非慎重海疆之道。著通谕沿海省分各督抚,嗣后均令总兵为统巡,以副、参、游击为总巡,以都司、守备为分巡。倘总兵遇有事故,只准副将代巡,或副将亦有事故,准令参将代巡,不得以千总、外委等滥行代替。至山东水师三汛,向不参送统巡疏防职名,殊未允协。嗣后该省亦应一律遵办,以昭画一。此次通谕之后,各督抚等务令水师各员亲身出洋,梭织巡查,以期绥靖海洋。

十一年,谕:朕恭阅皇考《高宗纯皇帝实录》载乾隆五十五年谕旨:沿海各省设立战船,原以捍御海疆,巡哨洋面,关系綦重,水师兵丁自以试演水务为急,乃该弁兵等辄称船身笨重,雇用民船,其意以民船出海捕盗,俱用本船舵水,不须兵丁驾驶,是以借词推诿,该弁兵止习马射枪炮等项,而于水师营务转不留心学习,用违所长,殊非核实之道。著各督抚等严饬舟师,实力训练,俾驾驶娴熟,于战船出入风涛,务期帆舵得力。各督抚于考拔时,令其操驾篷船、泅水出没、留心验看,如果合式方准拔补。似此行之日久,自能悉臻纯熟,便于行驶。于水师实有裨益。钦此。至各督抚等如果实力钦遵,则水师兵丁自能娴习驾驶,于出海巡哨又何须别资舵工。乃近来该弁兵等于操驾事宜,全不熟习,遇放洋之时,仍系另行雇募。此等舵工技艺高下迥殊,其雇值亦贵贱悬绝,向来各省商船俱不惜重价雇募,能致得力舵工。至兵丁等出资转雇,价值有限,往往合该兵丁等数名分例,亦仅得次等舵工,是名为舟师,实不谙习水务,又岂能责其上紧缉捕乎!若水师不能操舟,即如马兵不能乘骑,岂非笑谈。战船出没风涛,呼吸之间,一船生命所系,若非操驾得力,有恃无恐,焉能追驶如意,此于水师捕务关系不浅。嗣后著沿海各督抚均行通饬,所管舟师勒期训练,务令弁兵等于转帆、摴舵、折戗、驾驶及泅水,出没各技艺,人人娴习,择其最优者派令充当舵工,专管操驾。如果超众出力,以一兵而收数兵之效,念其所得分例有限,又何妨即以把总超拔,优给粮饷。倘能屡次出洋,加倍勤奋,于本船缉捕有效,并著该督据实奏闻,自必随时施恩升擢。如此明示奖励,则水师弁兵岂不人人踊跃,奋勉争先,更可收得人之效。该督抚等务当实力奉行,酌量妥办具奏,以期水师行伍日有起色,绥靖海洋。

二十一年,谕:直省沿海地方,如广州、福州、浙江之乍浦,江南之京口,俱设有水师驻防,其绿营在各沿海省分者设有外海水师,岁时操演,按期会哨,定制周详。天津为畿辅左掖,大沽等海口直达外洋,从前曾建设水师驻防,后经裁撤。该处拱卫神京,东接陪都,形势紧要,自应参考旧制,复设水师营汛,以重巡防。其应如何分驻满汉官兵,增设统辖大员及一切建置事宜,操防规制,著大学士、军机大臣会同该部详细妥议具奏。

又谕:大学士会同兵部议奏添设绿营水师一折。添设水师绿营兵一千名,即著两江、闽浙、两广总督各就该处地方情形,共抽裁名粮一千名,交天津新设之水师营官弁照额募充,分营管辖。

二十二年,谕:上年大学士会同兵部议奏天津添设水师,请将新添水师兵一千名分为左、右两营,归天津镇总兵统辖。该镇向系专管陆路,且每年有催趱漕运差使,事务本繁,今将水师两营归其统辖,恐洋面一切巡缉操防未能兼顾,著再添设天津水师总兵一员,将添设水师营弁兵丁令其管辖,以专责成。

道光十年,谕:兵部议御史宋劭谷奏请呈改水师章程一折。各省外海水师分营巡缉,关系紧要,各项改用人员定例所载试验之法,极为详备。惟半年之期较促,难以周知。嗣后著定以一年试验,所有带验出洋月日,经过地方,该将备于保结内详悉开载,并令该镇于巡洋时,将该员随带出洋亲加考验。其果否谙习水师,不畏风涛,加结报明。该督抚认真稽核,并报部备查。其有不谙水师者,即将该员照例议处。至保举准改后,仍著勤加察看,随时甄汰,以免冒滥。

又谕:前据孙尔准奏请严定改用外海水师人员之例,当交军机大臣会同兵部议奏。兹据奏改用水师人员,向例与应升降调候补人员相间轮用,改用人数不敌三项之多,得缺难易迥殊,嗣后著准其补用应题二缺后,轮补改用水师一人,其豫保人员仍旧照例办理。至此项改用人员是否能收实效,不在历俸之深浅,而在试验之宽严。如果该督抚认真考察,该员等自不得不勤历外洋,习练技艺。即素未谙晓之员,亦知儆畏,不敢滥行呈改。若同涉风涛之险,历俸又显有区分,转不足以昭平允。所有该督请将改用人员历俸二年,方准保题之处,著毋庸议。又该督奏称:改用将弁一时均不得人,皆因呈改之后不肯留心学习。经军机大臣等酌拟章程,著照所议。嗣后在京各省武进士、武举及候补、候选等官,悉照闽粤水师效力之例,毋庸在部呈改。如实有熟谙水性,擒贼立功者,由该督抚保题送部,其外省世职陆路呈改人员亦著照此例办理。至业经改用之武进士、武举、云骑尉等官,即饬令有水师各省督抚严加考察,倘于外海不宜,随时甄别,照朦混具呈例议处,以肃洋政而励人材。并著兵部即将各条纂入则例,遵照办理。

十三年,谕:国家设兵卫民,水师与陆路并重。际此承平日久,尤宜整顿水务,实力讲求。上年广东廉、琼二府所属外洋,毗连越南处所,有内地游匪杨就富与越南奸民陈加海句串劫掠,本年福建又有闽安水师营洋面屡经失事之案。可见水师将弁甚难其人。夫水师兵丁与陆路不同,陆路以汉仗弓马为能,水师则以水战为事,全在能识风涛,熟知沙线,娴习乎抢风折戗,神明乎破浪操舟。自然行阵整齐,戗驶利便,枪炮联络,施放喷筒火药,皆能有准。猝遇盗船,出奇制胜。惟所纳之无不如志,即有盗贼穷蹙入海逃逸者,亦能追擒奸毙。庶几鲸鲵浪靖,海不扬波。近来水师废弛。徒有出洋之名,而无出洋之实。盗劫之案层见叠出,甚至夷船舶进内洋,毫无觉察。似此因循疲玩,将来倘又有此等小丑跳梁不靖,尚复成何事体!将弁为兵丁领袖,总须练习有素,方可指挥士卒,操纵得宜。其考核兵丁,固须以技艺之优劣为拔补之等差,尤当以捕务之勤能分等第之高下。水师保送俸满千总,尤宜详慎,以为储才地步。水师提镇向归督抚考核,著通谕沿海督抚等,嗣后务当督饬水师提镇实心训练,实力缉捕。无事则以训练之精,储缉捕之用。有事则以缉捕之效,验训练之精。遇有盗劫等案,破除情面,据实参奏,毋许徇隐。倘仍有游匪出劫及洋面失事等情,该督瞻徇不奏,经朕访闻,则惟该督抚是问。决不宽贷。

十九年,谕:给事中袁玉麟奏胪陈水师积弊请严饬查禁一折。国家设立水师,原以巡哨洋面,捍卫海疆。乃近来各省渐形废弛。以致在洋被劫之案层见叠出,而各处缉获者甚属寥寥,若如该给事中所奏,水师营务积弊,各海洋静谧,专阃大员竞尚浮华,需索包庇习为固然,甚至冒粮扣饷均所不免。又水师升途较捷,各该员等无论是否熟谙水性,辄纷纷呈改,该管总兵未免意存瞻徇,逐一保题从无驳归陆营之事。至修造战船,武弁索取规费有加无已,文员赔累不堪,遂多草率从事,以致实堪驾驶者,竟属无几。是有水师之名,无水师之实。积弊相沿,废弛已极,不可不严行查禁。著通饬各该省督抚、提镇,详加稽核,其有将备索扣之弊,即著该督抚严密访查,从重参办。如有不习水性,畏惧风涛之弁兵,立即甄汰。其呈改招募,著一并认真试验办理,不得稍存瞻徇。并转饬各员弁修验战船,各宜认真,以资实用。经此次训谕之后,凡有水师营务积弊,务须一律涮除,认真操练。倘有阳奉阴违,将来别经发觉,朕惟该督抚、提镇是问。

二十年,两广总督林则徐奏:广东虎门海口为中路扼要之区,于嘉庆十五年设立水师提督,驻扎其地。西则香山,东则大鹏,形成两翼。查香山协向驻副将,管辖两营,额设弁兵一千七百零九员名,兵力较厚。大鹏原止一营,额设参将一员,管辖洋面四百余里,其中有孤悬之大屿山,广袤一百六十余里。是以道光十年,已将大鹏分为两营,而所设弁兵只九百九十八员名,较之香山营制,已有轩轾。且所辖尖沙嘴洋面,近年更为夷船聚泊之区。该处山高水深,风浪恬静,夷船倚为负嵎之固,上年调集官兵,痛加剿击,始行全数退出。恐兵撤之后,仍复联樯而来,占为巢穴。当又相度形势,在于尖沙嘴及官涌两处添建炮台二座。见在工程将竣,已于另折缕析奏报在案。查尖沙嘴、官涌两处,大鹏左营额设参将一员,守备一员,千总二员,把总三员,外委五员,额外外委二员,步守兵四百九十七名;右营额设守备一员,千总一员,把总三员,外委五员,额外外委二员,步守兵四百七十五名。除分班出洋外,尚不足以敷巡守。

应将大鹏改营为协,拨驻副将大员统带督率,与香山协声势相埒。据司道核议会详,并咨准陆路提臣查核前来。外海水师副将共有四缺,内除香山协应与大鹏分张两翼,毋庸更议外,其龙门一协,地处边陲,与越南夷地紧连。崖州一协,系烟瘴之区,且外临大海,内控黎人,均为边疆要地,未便改抵。惟澄海一协,虽与闽省接壤,而上接南澳,下连潮州,有水陆两镇为邻,尚属易资声援,应将澄海协副将改为大鹏协副将,移驻大鹏所辖扼要之九龙山地方,居中调度。其澄海协之都司改为大鹏协副将中军都司,兼管左营事务,驻扎大鹏所城。并于大鹏左营添设把总二员,外委二员,额外二员,步战守兵连新添外委额外名粮共二百九十一名。大鹏右营设千总一员,把总一员,外委二员,额外二员,步战守兵连新添外委额外名粮共二百零九名,以把总一员,兵七十五名,专防右营官涌炮台。以把总一员,驻防九龙炮台,将原驻九龙炮台之千总一员移防左营尖沙嘴炮台,并带新设额外外委一员,兵丁一百三十名。又以外委一员,兵丁十五名,防守前经裁撤,今应设回与尖沙嘴对峙之左营红香炉汛。

又大鹏额设大小米艇六只,捞缯船三只,分拨配巡,不敷派遣。应设大、中米艇四只,左、右营各半,以千总一员,把总一员,外委二员,兵丁二百零四名配驾。又添快船二只,以额外二员,兵丁五十六名配驾。其余外委一员,额外一员,兵丁十二名,随防九龙。听候副将差遣。所添员弁船只,先尽水师各营移拨。应请在阳江镇右营抽拨千总一员。海门营抽拨把总一员,外委一员。龙门协左营抽拨外委一员。龙门协右营抽拨外委一员。阳江镇右营抽拨大米艇一只。海安营抽拨大米艇一只。龙门协左营抽拨中米艇一只。海门营抽拨中米艇一只。又在龙门协右营抽拨捞缯船一只,归入海安营配缯,所需配船、弁兵、舵工、口粮、随船移拨支给。

至议抽兵丁五百名,水陆匀拨。水师应抽兵丁二百五十名,现在外海内河防堵巡缉,在在需人。若概于额设步守兵内抽拨,未免顾此失彼,应在水师提镇协营酌量抽拨步兵三十七名,守兵九十四名,酌裁马兵,改补步兵一十名,连拨外委本身步粮三名,共得步兵五十名,守兵九十四名。尚需添补步兵二十五名,守兵八十一名,在水师各营马粮较多营分,将马粮三十三名改为守兵,步粮较多营分,将步粮一百六十四名改为守兵,均各归还原营兵额,同马兵所改步兵一十名,递年节存马步粮料等项银两,拨补增添步守兵丁一百零六名岁需经费之用。此外仍需把总二员,外委一员,步兵连外委本身名粮七十五名,守兵一百七十五名,应于督标五营及永靖营,酌抽把总二员,陆路提标五营,酌抽外委一员,其原食马粮一分,勿庸随拨。并于陆路各营匀拨步兵七十五名,守兵一百七十五名,共兵二百五十名,均归大鹏入额。其外委仍食本身步粮,并在大鹏步兵数内添设额外外委四员,仍支本身名粮,以资差遣。

至澄海地方,应将澄海协改为澄海营,即将大鹏参将移驻,作为澄海营参将。澄海原有守备二员,分为左、右二营,左营守备驻扎篷州所城,右营守备驻扎樟林所城,均未便移改。将大鹏左营守备改为澄海左营,中军守备驻扎县城,经管两营钱粮。其澄海左营守备改为左营左军,分防守备仍驻篷州,有营仍循其旧,以资防守。所以现改大鹏协副将都司,乃澄海营参将左营中军守备、左营左军分防守备,俱照旧定为外海水师题补之缺,其水陆各营抽拨兵丁所需粮饷、公费、红白等项以及一切军装器械,俱由各营拨出随带,毋须另添。

惟大鹏添设大快船二只,各营无可抽拨,应另行制造。如此改调添设,因地制宜,似于海疆控制大有裨益。

二十一年,谕:杨芳前奏请将水师改为陆路,谅以其时虎门失守,中路水师不能得力之故。兹据奕山等体察情形,虎门扼中路之冲,实为外海藩篱。必借舟师之力,以资捍卫。若改为陆路,不但自弃天险,而香山新安等县,声势不能联络,贼艘益无顾忌。所有杨芳前奏,著毋庸议。统俟筹办善后事宜,如有应行变通之处,再由该将军等酌议,具奏。

二十二年,谕:水师驾舟出洋,施放枪炮,与陆路情形不同,全在带领巡哨各员平日加意讲求,庶使该员弁等技艺精纯,能于洋面施放有准。著江苏、浙江、福建、广东、山东各督抚、提镇,严饬所属勤加训练,于考拔弁兵题升将备时,即以此为去取。

二十三年,谕:御史江鸿升奏请饬水师提镇出洋巡缉一折。据奏:近日广东洋面不靖,闽浙各洋时有匪徒出没,沿海奸民恃海洋为后路,必宜认真巡缉,遏绝奸萌,等语。近年沿海水师不能得力,兵丁、将备但利水师之速于升转,而于海防一切机宜,平时既不讲求,临时率多避就。总由各该提镇养尊处优,不以身作则,将领以下相率效尤。每届出洋巡缉之时,托故不行,转相推诿,甚或畏避风潮,逗留近岛,讳匿盗案,捏报虚词。言之愤恨,昨因广东水师提督吴建勋于廉州洋面盗匪迁延观望,特旨降为副将。各该提镇自当知所儆惧,嗣后沿海水师各提镇著于每岁出洋时具奏一次,俟出洋往返事毕,洋面如何情形,据实具奏。其实在因公不能出洋,著自行奏明。均令咨禀该省总督,以凭查核。并责成各该总督破除情面,密访明查,倘敢偷安畏避及奏报不实,随时分别参办。各该总督皆系朕特简大员,受恩深重,如稍存瞻顾之私,扶同徇隐,经朕别有访闻,除将该提督严行参处外,必将各该总督一并严惩不贷。

臣谨案:国家设立水师,欲永求巩固海防,非第备一时巡缉之用也。西人谓:欲求水师优胜,第一,造船须精;次之,兵丁须熟练;次之,身体须强健。乃我以疲癃昏迈之提镇将之重以不学无术,有望洋而叹焉。耳闻捕盗之令,迁延观望吴建勋特其一也。

三十年,谕:御史王本桧奏:浙省水师废弛已极,兵则怠惰偷安,官则因循推诿。间或搜捕零匪塞责,遇大帮洋盗不敢过问,等语。水师营务积久废弛,势所不免。缉捕之要,首在整饬舟船炮械,严杜奸民接济,而总在将弁得人,方足励戎行而收实效。著通饬沿海各督抚,按照该御史所陈六条,核实办理,并督饬弁兵按期出洋会哨,不准虚应故事。倘查明将弁中有怯懦无能,视巡洋为畏途者,即行据实严参惩治。

又谕:陈庆偕奏洋面防捕情形一折。东省洋面甚长,水师四散分巡,习成怯惰,以致船炮废弃,劫掠横行,亟应大加整饬。兹据该抚亲勘情形,奏请将三汛师船,四县水勇合而为一,专派统带协带等官,往来策应,并于最要岛屿,安设大炮,以壮声援,责成登、莱、青道督查调遣,随时劝惩。所办尚称妥协。该水师将弁等自当振刷精神,不使兵勇狃于积习,如能出洋尽力防捕,奏闻,即予恩施。若再因循懈弛,著即从严参办。

咸丰三年,谕:前据向荣奏请调广东水师战船,已有旨饬令飞咨叶名琛等调拨应用。见在贼匪东窜,江防万分吃紧,已命向荣驰赴江宁,迎头截击。著叶名琛、柏贵即将该省外海水师柁舸战船并快蟹、大扒等项,凑足百只,多备子药,遴委水师,干镇将大员统带,星速由海道驶抵江宁,听候该大臣拨用。并一面飞咨向荣等,一面奏闻,万勿稍有迟误。

八年,谕:瑞麟等奏请复设水师,以重海防,并酌筹增饷各折片。天津海口原设水师,于道光元年、六年先后将水师总兵及水师营裁撤,见值海氛未靖,自应亟筹复设,以重防务。本日已谕知黄宗汉、庆端等,于闽广两省抽调大号战船、艇船各二只备齐器械,派员管带来。设水师二千名,与马步官兵共成三千名,除将原额抵补外,共添兵一千三百余名。及添盖兵房等,均著照议办理。惟直隶提督移至大沽海口一节,从前立法酌量通省形势,安设提镇以资弹压,自有深意。今专为防海起见,于形势有无窒碍,著僧格林沁会同庆祺筹酌。或将天津镇总兵加提督衔,准其专折奏事,而提督仍驻古北口,以符旧制。著妥议具奏。

同治七年,直隶总督曾国藩奏《酌改江苏水师营制章程》。

八年,兵部等议调任两江总督曾国藩酌改江苏水师营制事宜。

一,内洋外海营数应以苏松镇川沙、吴淞二营改归福山镇管辖,并提督所辖南汇营、苏松镇中营、左营、狼山镇掘港营为外海六营。苏松镇右营、福山镇左营、狼山镇右营并新设通州海门二营,为内洋五营。

一,狼山镇新设通州、海门二营,应归江南提督专管,并由水师提督兼辖。

一,外海每营拨广艇二号,内洋每营拨杉板十二号,应即兴修。

一,续造轮船四号,分拨提督及苏松各镇协,专巡外海内洋。

一,江宁设立船厂,按年轮修战船。轮船应由上海船坞整理。

一,水师专以管船为主,每船设一官,大者设两官,其无船之弁兵一律裁撤。

一,里河内洋兵粮照长江章程给发,外海较为辛苦,应递加以示区别。

一,所裁外海及通州海门两营守备等员,分归两提督先行序补。

一,苏松镇中军应仍其旧,狼山、福山裁去中营。应以通州游击为狼山镇中军,福山营游击为本镇中军,各留陆兵百名,以备差遣。均应如所请办理。

臣谨案水师营制议准凡十四条,余见内河水师。

九年,谕:沈葆桢奏请简派轮船统领一折。据奏:新设轮船,约束操演以及稽查联络,其难较战船数倍,亟需知兵大员统率,借资训练。福建水师提督李成谋前隶杨岳斌外江水师,叠著战功,著作为轮船统领。英桂、沈葆桢即传谕该提督,务当申明纪律,严加约束,以肃营规。兵船恃枪炮为声威,若技艺生疏,非特不能制胜,且临敌仓皇,将有自焚之患。近日轮船所用枪炮,多于后膛安放子药。英桂等即责成李成谋随时驾驶出洋,周历海岛,勤加操演,俾该员弁等熟习风涛,悉成劲旅,不得性耽安逸,致令训练皆属虚文,有名无实。轮船号数渐多,不能不分布各口,若彼此各不相习,势必心志不齐,难期用命。李成谋身为统领,尤当将各船联络一气,以壮声援。

又谕:英桂、沈葆桢酌保水师人才,开单呈览,均著照所请给予奖励。该员等尚未著有劳绩,此次破格给奖,借资观感。英桂、沈葆桢务当督饬各该员等实力讲求,以资驱策。国家不惜数百万帑金,创制轮船,原以筹备海防,期于缓急足恃。见在已成之船,必须责成李成谋督率各员弁驾驶出洋,认真操练。技艺愈精,胆气愈壮,方足备御侮折冲之用。至所称拣调弁兵,分配轮船,常川训练之处,即著会议章程,迅速具奏;需用枪炮等件,亦当悉心讲究,认真制造备用。

又,两江总督曾国藩奏:福建前任台湾道吴大廷来津,臣屡与接晤,其学精才练,议事尤有通识,诚堪胜艰巨之任,目下沿海防务亟宜筹备,闽沪两处铁厂成船渐多,而未尝议及海上操兵事宜。臣于七月十九日曾经具奏一次,操兵之法其要全在船主得人,既为一船之主,第一,贵善于使船,熟悉掌舵看火等事,而后合船之水手兵役,皆可俯首听命。第二,贵明于海道沙线,兼善阅看地图。第三,贵娴于战阵,能审进退分合机宜。三者兼全,即洋人亦不可多得。中国武员中尤难其选。臣愚以为须求之文员中得一素谙戎机,讲求地图,兼明洋务,而又不惮风涛者,综理其事。始则博求将才。采访可为船主之员;继则出洋督同操练,稽其勤惰;终则遍询外国水战事宜,暗师其法,而取其长,乃可日起有功。该道吴大廷熟悉船政,于兵事洋务讲求有素,近年南北往返,屡涉重洋,不畏艰险。又久在闽浙,颇留心,可为船主之才。见在上海船厂道员冯焌光等专讲造船及枪炮等事,无暇兼顾操兵,拟请将吴大廷调至江南综理轮船操练事宜。该道久驻闽厂,闽沪亦可联络一气,于整顿海防实有裨益。

十年,两江总督曾国藩奏《续定江苏水师章程》。

臣谨案:江苏水师酌改营制初议十四条。嗣八年经督臣马新贻、提臣李朝斌等核办,复斟酌损益,厘定新章二十五条,至是又删并为二十一条。

十一年,谕:丁宝桢奏请调拨闽省轮船赴东巡缉一折。山东海面辽阔。登州一郡尤关紧要。必须大号轮船出洋巡哨。方为周密。丁宝桢请调福建安澜轮船赴东备用,于巡防自属相宜。著文煜、王凯泰酌度情形,如可将安澜轮船拨赴山东,即著配齐舵工水手,委员驶往山东烟台地方,听候该省驾用。并著丁宝桢于山东水师内遴选得力弁勇,令其逐渐练习,庶日久技熟,易于驾驶。并责成该海关监督,就近钤束差遣,以一事权而收实用。

又谕:瑞麟等奏拟拨轮船巡缉一折。据称奉天省南滨大海,口岸甚多,时有贼匪游弋,若调轮船,巡缉实为便捷,等语,著文煜、王凯泰酌度情形,派拨小号轮船一只,配齐舵工水手,委员驶赴奉天牛庄海口停泊,听候调遣,并将船内经费章程,详细咨明都兴阿等,核实支给。俟轮船驶抵奉省,都兴阿等当派得力弁兵,随时出洋,认真巡缉,并可令该弁兵等随同驾驶,以资练习。

十二年,谕:李鹤年、王凯泰奏请饬署任提督统领轮船,等语。提督李成谋见在调补长江水师提督,轮船事务势难兼顾,李鹤年等以署提督罗大春在闽年久,熟习情形,拟令该员接统。著即照所请,所有轮船统领应办事宜,即责成该署提督经理,务令随时校阅,俾臻娴熟。沈葆桢见已到工任事,亦当随时查察督饬认真妥办,毋稍懈弛。

光绪五年,两江总督沈葆桢奏:窃各省举办海防,奉天、直隶、山东、苏、浙、闽、粤,皆有兵轮船常川驻泊,无事则练习操演,有事则捍卫藩篱,意至善也。第各管驾由引港出身者,驾驶尚能胜任,而操演漠不关心。由学堂出身者,操演可守定章,而战阵未窥实际。万一临事,张皇失措,适觉资敌,可虞。各海口形势不同,各轮船操法亦复未能一律,风鹤有警,零星散布,处处孤立,用以自固门户,不敢谓确有把握。而海道四通八达,一摇百动,偏隅受损,全局皆虚。是宜责成威望素著之大将,于适中之地,按期联舸操演,号令归一。以时察其枪炮之良楛,马力之迟速,俾各船脉络筋节一一贯注。各将士无事如临大敌,设有调遣,指臂既习,或分或合,运掉皆灵。江南提臣李朝斌自接办江南轮船操务以来,念念不忘所事,吴淞口为南北海疆适中之地,洋面辽阔,能容多船,拟仿照长江水师之意,请旨饬该提督作为外海兵轮船统领。各省兵轮船间两月一赴吴淞口,听该提督亲督合操。操毕,仍回原省。何处有警,即由该提督率之以向何处。彼此联为一气,缓急乃有足凭。其所以尤宜于吴淞者,缘该处为通商最盛码头,泰西人耳目所集,且时有各国兵船来往操演,若不合法,必有指其谬而非笑之者。借以为他山之错,冀可得众美所归。相应请旨饬下沿海各督抚臣,将所属兵轮船按两月一次,饬赴吴淞口,责成李朝斌督率合操。大局幸甚。

六年,内阁学士张之洞奏:李鸿章新购蚊子船颇称便利,惜为数不多,其价尚廉,似宜向欧洲续造数十艘,专派统领,分屯北洋大沽、营口、烟台三处,一方有警,两口赴援,伺敌登岸,困其舟师焚之,敌无归矣。惟舟师海战,淮人十不敌闽广人一。请敕闽广督臣,择熟悉海战将弁数人,招募闽广精锐,来津听用。

七年,直隶总督李鸿章奏:此次记名提督丁汝昌赴英带船,升旗回华,欧洲诸国始知中国亦有水师。自五年十月臣奏派该员督操蚊船,与中西各员研究观摩,颇有心得。今又出洋,多增历练。臣详与咨询,于西国船炮制造运用之妙,体会更深。顷委以统领北洋水师重任,督同员弁,切实讲求操练,以期渐成劲旅,可收指臂之助。目今水师人才,尤为难得。该提督久经大敌,远涉重洋,谋略机宜均臻妥洽。合无仰恳天恩另单存记,破格擢用,遇有水师提督缺出,即予简放,以备折冲御侮之选。

八年,谕:翰林院侍讲张佩纶奏:江南形势当先海而后江,宜改长江水师提督驻吴淞口外,狼山、福山、崇明三镇均隶之,专领兵轮出洋聚操,责大臣以巡江,兼顾五省;责提督以巡海,专顾一省。移江南提督,治淮徐,辖陆路。闽浙同一总督,辖境宜改福建水师提督,为闽浙水师提督。以浙江之定海、海门两镇隶之。浙江提督专辖陆路,等语。即著左宗棠、何璟、彭玉麟等将海防事宜通盘筹画,会同妥议具奏。

又,钦差大臣兵部侍郎彭玉麟等奏,原折称:江南形势当先海而后江,于是乎有改设提督之议,所陈正自有见。臣玉麟谓就江海大势论之,若由吴淞南岸进口,系入黄浦江,为苏松扼要门户,与长江无涉,其北即崇明县岛。若由外海入江,但由崇明北绕白茅沙,便可直抵狼山、福山,径趋长江而入江阴,是则江海毗连,非经营海防,无以固江防之门户。而非经营江防,则江先不静,何有于海。有并重之势,斯不可无分任之人。江南提督所统水师凡三大支:曰内洋,曰外海,曰里河。

原议水师章程,拟造兵轮四号,分拨提督及苏松狼山福山三镇,为专巡外海内洋之用。以无船可拨,至今阙焉。然三镇互率巡洋之师艇,更番迭出,月有常期。提督亦时出会巡,常至浙省、东省之界而止。本省之洋面盖无弗至者焉。李朝斌自督操兵轮以来,出洋是其专责,而从前限于经费,成轮无多,尚须兼顾解饷应差各事,欲其络绎洋面,壹意操巡,则非续造多艘,不足以壮海师之帜。旧章长江提督以半年驻下江太平府,以半年驻上江岳州府。诚以长江水师管辖江面汛地,上自荆州、岳州、洞庭、沅江,西进湖口、吴城、饶州、鄱阳湖,下及安徽沿江,直达江苏江阴为止,水程近六千余里,合两岸而计之,路逾万里仅以六百二十一哨,分布其间恐其照料难周,乃为此按年轮驻之计,而本署有应办之公事,巡次有递及之地段。臣玉麟每岁与李成谋实迭为上下,犹赖长江诸镇星罗棋布,节节钤束,盖兼顾若斯之难也。今若以长江提督驻吴淞口外,而以江南提督移驻淮徐,徒于淮徐两镇之外益一专辖陆路之提督,是偏重也。臣玉麟自奉命巡阅,无日不以江防之利害,引为身图。而平时联络诸镇,申儆军实,使将士无敢即安者,实惟李成谋是赖。长年仆仆,非臣玉麟之所敢辞万一。海上有意外之波澜,江防岂有独安之风鹤,遥遥天堑,到处戒严,臣玉麟相其缓急赴之可也。若移李成谋远在外洋,断难回顾,别遴指臂之助,恐以未习而不灵。独任手足之劳,或因奔命而滋困。顾此失彼,其势显然。臣等窃以为事不辞难,而谋宜素定。海防、江防宜因绪推广,就势变通,斯为两得之道。江南提督,责在海防者也。尚宜多畀以得力之兵轮,使海上一军卓然有以自立,委任而责成功焉。目下先就见有之兵轮,无事率之出洋,操巡并重;有事则以战以守,咸取资焉。其有平时督率不力,临事退缩不前者,惟该提督是问,是为推广之说。防海乃能防江也。长江提督责在江防者也,仍由臣玉麟每年督同巡阅,而分驻岳州府之半年,改驻吴淞口外,俾与李朝斌就近会操兵轮,以通江海之气脉。有事仍专力江防,使防海者无后顾之虑。是为变通之说。防海亦须防江也,似此则江防、海防两有所属矣。

又原奏内称:浙江定海与瓯海皆毗连,闽中闽浙又同一总督辖境,故以浙隶江不如以浙隶闽,宜改福建水师提督为闽浙水师提督,割浙江之定海、海门两镇,隶之浙江提督,仍驻宁波,专辖陆路,各等语。臣何璟、臣岑毓英,查以福建水师提督请改闽浙水师提督,自系为闽浙沿海水师事权归一起见。当经咨商福建水师提督彭楚汉,复称以闽浙洋面合之,台湾相距约三千余里,无事尚难兼顾,有事则重洋往复,风汛靡常,呼应恐难便捷,等语。臣等悉心查核,自裁兵加饷以后,闽省水师各营实存兵六千九百余名,陆路各营实存兵一万六千二百余名,台澎各营实存兵四千五百余名,福州驻防八旗营兵二千名,水师旗营兵三百四十名,统计存兵只三万余。有事尚资勇力,是台内满汉兵数并无六万余及一万五千余之多也。闽省内地水师各营原设拖缯战船,除裁减外,仅存二十七船,并新设小号龙艚快艇,共四十船。台澎各营见存战船四号,小哨船二号,船政先后造成轮船二十三号,除损坏二号,及拨配各省外,实仅留闽十船,另有购成轮船三号,蚊子铁甲船二号,是闽中师轮各船,亦实无三百艘之多也。论闽浙两省前明迭被倭患时,以两省事权无所统属,乃从巡按杨九泽言,设浙江巡抚,兼制福兴漳泉建宁五府军事,嗣后添设总督,专主征调,而闽浙沿海营卫一循其旧。大抵海防之道,不外战、守二端。战则宜厚集兵力,非通力合作,联南洋五省为一气,不足以备征调而资应援。守则因势设险,各就形势所在及财力所能为者,密为部署。其势又非分疆别界,无以专责成而期缜密。似提督之改设与否,皆于至计无关也。但前明之倭形同盗贼,今之倭则学步泰西,俨为劲敌,势固强弱不同,前明防闽浙,多在近岸,故戚继光得义乌练卒三千,而所向克捷。今则门户远在台澎,自非水陆兼营,何能声气联络,事之难易,正复悬殊。见在琉球既废,敌情叵测,闽省首当其冲,台湾尤为彼族垂涎,牖户绸缪,奚容稍缓。臣何璟历年筹办海防,臣岑毓英两次渡台布置各节已节经奏报有案。张佩纶谓中西战事所恃主客劳逸,可兼练陆军以胜之,不敢专主水师,诚为确论。闽省水陆各军前经奏明,变通旧章,挑立练营,数年来行有成效,见复会商各提镇,酌筹推广,认真训练,务期精益求精,悉成劲旅。至闽浙水师应如何期会联络,声息相通,并将散处各轮船随时酌调操防,用固疆圉,而规久远,并当与浙江抚臣、船政大臣,分别妥筹办理。

十一年,钦差大臣兵部尚书彭玉麟奏:泰西诸国自道光中挟其兵轮火器横行海上,近者日本复从而效之,与西夷狼狈相倚,狡焉思逞,凶焰益张。海疆日以多故。我之属国琉球已并于倭,越南复入于法,俄与日本又复垂涎朝鲜,将肇衅端。及今若不力图自强,大修军政,则饰糠及米,后患何可胜言。谨将臣愚所及胪具于后。中华濒海之地,自奉锦以迄琼廉,绵延七省万有余里,其间海口亡虑千百,若处处设防,遍布重兵,不使敌兵一人一骑登岸,非惟无此兵力,且亦无此办法。同治中丁日昌请设三洋水师提督,左宗棠谓海洋一水可通,轮船闻警即至,北东南三洋各驻师船,常川会哨,自有常山率然之势。若分三洋,转生畛域。李鸿章亦谓宜以全力扼要隘,而戒散漫分防。臣按沿海地段过广,在在设防,所费势必不给。然但建一军府，而三洋咸归其节制，亦觉辽阔，而运掉不灵。如立军府于津沽，则琼廉有事，待请命而始赴援，亦缓不济急矣。且海口各防隔绝太远，则稽察必疏，难保不别生弊窦，西洋英法等国兵制，水师仅专设一海部统之者，其疆域褊狭，不逮吾华十之一，势固有所不同也。臣拟设一总统驻扎吴淞，分设两大镇：一驻大沽，直隶及盛京、山东、江南各海口属之；一驻厦门，浙江、福建、台湾、广东各海口属之。每镇设铁甲船六号，大小兵轮十二号，其余海口分首冲、次冲，酌派兵轮驻守。精选兵将，勤加操练，讲求驾驶攻击之方，务期精熟。察视险隘沙礁之处，务使周详。将则优其俸薪，毋使有克扣。兵则厚其口粮，毋使有滥充。无事则出洋梭巡，以习劳苦，以练胆气，遇有漕船可以护送，兼可代运。有警则出兵，而应之邻镇，亦调师船助剿，察敌势之缓急，以定调船之多寡，不得歧视。至于水浅溜急及多沙礁口岸，敌船必不敢轻犯，可檄派地方防营守之。且水师闻警即至，或迎剿，或截击，或尾追，无难立时驱逐。该两镇归总统节制，其一切大事听总统调度。惟吴淞一口，为长江门口，除臣于光绪六年具奏，奉旨饬南洋大臣造二十丈长轮船十只，自成一军，因经费不给，仅造成一只，仍请饬催造九只外，须添置铁甲兵舰二只，并饬长江水师提督兼顾防范。其两镇帅每年周巡各海口一次，约期会哨于吴淞。凡海防事务其有宜因、宜改、宜行、宜革者，酌议会同具奏，以期悉臻妥善。

三十四年，东三省总督徐世昌奏营口添制钢甲巡洋舰二艘，一切机件为英国摆林厂所造，舰长英尺一百零五尺六寸，宽二十尺，深八尺六寸，吃水六尺，马力二百七十四，容煤五十六吨，供燃一百三十点钟，速率每点钟平水计行十一英里，每舰配设三十七密力马克沁机炮各二尊，随带子弹一千颗，又配设马克沁自行开放机器炮各二尊，随带子弹二万颗。

（刘锦藻编：《清朝续文献通考》卷二百二十四，兵考二十三，水师外海，北京：商务印书馆，第1—16页。）

图书在版编目(CIP)数据

清代近海管辖权资料长编 / 王宏斌汇编、点校. ——
上海：上海古籍出版社，2019.12
ISBN 978 - 7 - 5325 - 9361 - 3

Ⅰ.①清… Ⅱ.①王… Ⅲ.①近海—管辖权—中国—
清代 Ⅳ.①D997.4

中国版本图书馆 CIP 数据核字(2019)第 217684 号

清代近海管辖权资料长编

王宏斌　汇编点校

上海古籍出版社出版发行

(上海瑞金二路 272 号　邮政编码 200020)

(1) 网址：www.guji.com.cn

(2) E-mail：guji1@guji.com.cn

(3) 易文网网址：www.ewen.co

上海天地海设计印刷有限公司印刷

开本 787×1092　1/16　印张 51.75　插页 5　字数 1,133,000

2019 年 12 月第 1 版　2019 年 12 月第 1 次印刷

ISBN 978 - 7 - 5325 - 9361 - 3

K·2708　定价：248.00 元

如有质量问题,请与承印公司联系